上海市级专志

上海汽车集团
股份有限公司志

下 册

上海市地方志编纂委员会 编

上海社会科学院出版社

目　　录

Contents

第八篇

基建装备

概　　述

1957—1980 年,上汽通过固定资产投资,形成整车整机批量生产能力。其中 1957—1960 年,累计投资 0.14 亿元,固定资产净值达到 0.39 亿元,公司从零部件制造进入整车整机制造,其中三轮汽车形成千辆级规模。1961—1970 年,累计投资 0.51 亿元,固定资产净值增至 1.14 亿元,手扶拖拉机、中型拖拉机和摩托车年产分别超过 6 000 台、1 000 台和 2 000 辆。1971—1980 年,累计投资 1.27 亿元,包括 1975 年完成的上海牌轿车 5 000 辆年产能力建设,公司固定资产净值增至 2.74 亿元,形成轿车、载重车、拖拉机和摩托车四大龙头产品;上海牌轿车年产超过 5 000 辆,拖拉机年产超过 1 万台,摩托车年产超过 8 000 辆,上汽成为中国轿车批量最大的制造基地和拖拉机生产的重要基地。

"七五"至"十二五"的 6 个五年计划期间,上汽持续不断实施大规模资金投入和大规模基建装备建设,装备规模迅速壮大,装备水平发生脱胎换骨的巨变,建成上海第一支柱产业,形成中国汽车行业规模最大的整车和零部件制造能力。

"七五"和"八五"期间,上汽实施以实现上海桑塔纳轿车国产化为主要内容的大规模投入,10 年累计投资 92 亿元,其中整车 39 亿元,零部件 50 亿元,汽车服务贸易 3 亿元,形成 20 万辆轿车年产能力,公司资产总额和固定资产净值分别增至 311.68 亿元和 68.97 亿元。"九五"期间,实施以形成别克和帕萨特两个中高级轿车整车制造能力和零部件配套能力为主要内容的大规模投入,5 年累计投资 276.81 亿元,其中整车 186 亿元,零部件 84 亿元,汽车服务贸易 7 亿元,形成 40 万辆轿车年产能力,公司资产总额和固定资产净值分别增至 1 034.54 亿元和 216.08 亿元。"十五"期间,实施以快速做大规模为主要内容的大规模投入,5 年累计投资 361 亿元,其中整车 224 亿元,零部件 104 亿元,汽车服务贸易 23 亿元,形成 133 万辆汽车年产能力,公司资产总额和固定资产净值分别增至 1 303.54 亿元和 422.63 亿元。"十一五"期间,实施以自主品牌、合资品牌和新能源汽车三者并举为主要内容的大规模投入,5 年累计投资 656.8 亿元,其中整车 471.6 亿元,零部件 134.3 亿元,汽车服务贸易 40.9 亿元,形成 369 万辆汽车年产能力,公司资产总额和固定资产净值分别增至 2 916.19 亿元和 348.64 亿元。"十二五"期间,在继续推进自主品牌、合资品牌和新能源汽车三者并举的同时,实施以电动化、智能网联化、共享化和国际化"新四化"转型发展为主要内容的大规模投入,累计投资 1 569.6 亿元,其中整车 1 114.7 亿元,零部件 394.7 亿元,汽车服务贸易 60.5 亿元,形成 525 万辆汽车总年产能力。公司资产总额和固定资产净值分别增至 5 116.31 亿元和 711.89 亿元。

1981—2015 年,上汽共计投资 2 956 亿元,其中整车 2 035 亿元,零部件 767 亿元,汽车服务贸易 134 亿元。1991—2015 年,上汽共计实施基建装备项目 4 600 多个,其中整车 20 亿元以上项目 24 个,零部件亿元以上项目 190 个。

第一章 整车制造重要工程

20世纪50年代末—70年代,公司实施轿车、载货车和拖拉机等工程项目建设。80年代和90年代,上海大众汽车有限公司和上海通用汽车有限公司相继开始实施重大工程建设。进入21世纪,上汽通用五菱汽车股份有限公司、上海汽车集团股份有限公司乘用车分公司和上汽大通汽车有限公司相继开始实施重大工程建设。至2015年,上汽整车累计投资2035亿元,形成525万辆汽车年产能力,整车制造能力中国领先并具有世界先进水平。

第一节 上汽大众重要工程

上汽大众汽车有限公司(简称上汽大众)作为上海乃至中国轿车工业具有代表性的乘用车制造企业,始终是上汽投资建设的重点。至2000年3月,该公司先后在上海安亭实施一期工程、二期工程和三期工程建设,建成汽车一厂、汽车二厂、汽车三厂、发动机一厂、发动机二厂5个工厂以及企业技术中心和试车场,累计投资96.2亿元,形成68.5万辆整车年产能力。2008年4月,该公司走出上海,投资15.9亿元建设南京生产基地,形成15万辆整车年产能力。2011年1月起,先后建成仪征、宁波、新疆、长沙生产基地,合计投资333.5亿元。至2015年,上汽大众总投资524.95亿元,建成8个整车厂及2个发动机厂,形成193.5万辆轿车年产能力,成为具有世界水平的整车制造企业。

图8-1-1 上海大众汽车一期工程总装车间

一、一期工程

【项目报批】

1985年3月,上海大众汽车有限公司(简称上海大众汽车)成立后,启动一期工程建设。1987年10月,上海汽车拖拉机工业联营公司(简称上海汽拖联营公司)会同上海市机电设计研究院编制完成《上海大众汽车有限公司轿车项目初步设计方案》,并上报上海市建设委员会(简称上海市建委)、上海市计划委员会(简称上海市计委)和上海市机电工业管理局。该方案提出工程设计目标为年生产能力轿车3万辆、发动机10万台,总投资10.59亿元。1988年1月,受国家计划委员会委托,上海市计委和建委主持召开上海大众汽车项目初步设计审查会,会议原则同意该初步设计方案。同年2月,上海市建委批准上海大众汽车工程项目初步设计方案。

【建设过程】

上海大众汽车一期工程利用上海汽车厂洛浦路 63 号厂房和场地,实施汽车厂和发动机厂两大部分改造。汽车厂在利用原有车间厂房及部分站房设施基础上改扩建包括冲压车间、车身车间、油漆车间和总装车间及物料仓库、工模具修理车间、维修车间、培训部、食堂、生活楼及其他工程公用动力设施等,共计 50 个单体,形成单班 3 万辆整车及维修和配件年产能力;发动机厂利用原有厂房改扩建机加工、热处理和装配车间等主要生产车间以及质量控制中心、产品工程部实验中心等,共计 44 个单体,形成 10 万台发动机年产能力。项目由上海市机电设计研究院承担土建设计,主要施工单位有上海市建五公司,宝钢五冶二公司、五冶三公司和五冶机电公司。

1985 年 2 月 28 日,项目第一项扩建工程 3 000 平方米总装车间破土动工。1987 年 10 月,发动机厂整发动机装配流水线落成投产,德国大众汽车公司(简称德国大众)董事长哈恩按动第一条装配线开关,同日生产出第一台整发动机。1988 年 5 月,发动机厂短发动机建设工程启动。同年 10 月,总装车间落成。当年,土建工程全部结束,新增和改造面积 16.88 万平方米,汽车一厂和发动机厂建筑面积分别达到 21.03 万平方米和 10.74 万平方米。1989 年 5 月,发动机厂短发动机装配线和整发动机装配线接通并通过验收投产。同年 9 月 28 日,第 5 万辆上海桑塔纳轿车驶下总装流水线。同年 10 月,油漆车间落成。同年 12 月,车身车间改造完成,四门两盖生产线投入生产。1990 年 1 月,第一条大件冲压生产线第 5 台 600 吨单动压机和一台 800/600 吨双动压机开机试模。同年 4 月,一期工程项目基本建成。到 1992 年年底,实际完成投资 10.03 亿元。

上海大众汽车一期工程建设期间,中共中央总书记胡耀邦,中共中央政治局委员胡启立,中共中央政治局委员、国家计委主任宋平,中共中央政治局委员丁关根,中共中央政治局委员、国务委员兼外交部部长吴学谦,中共中央政治局委员、上海市委书记、市长江泽民,国务委员张劲夫,国务委员、中国人民银行行长陈慕华,国务委员、机械电子工业部部长邹家华,中共上海市委副书记、市长朱镕基,中国汽车工业联合会代理事长蔡诗晴,上海市副市长黄菊等分别前往建设工地视察。

【工艺装备】

一期工程建成后,上海大众汽车拥有主要生产设备 356 台/套。其中包括:冲压车间的英国 Veron 公司和济南第二机床厂联合设计和制造的 11 台最新式大型压机,并设有地下废料输送链,为中国当时自动化程度最高的冲压车间。车身车间由 4 条分拼线、2 条总拼线、1 条四门两盖线、1 条调整线和 1 个点凸焊中心组成,采用达到国际水平的西雅基焊机、螺柱焊机和二氧化碳半自动点焊机以及黏合等先进工艺,生产线配备德国大众赠送的试用性机器人。油漆车间由预处理、阴极电泳、车身密封、中涂、面漆、检验 6 条流水线和供漆室、废水处理站、废气燃烧炉、二氧化碳自动灭火系统等 9 个辅助配套设施组成,为国际最新的轿车喷漆工艺,工序之间自动传送,平均 3.5 分钟完成一辆轿车油漆。总装车间由全长 871 米的装配线、空腔喷蜡线、总装线、发动机环形预装线及检测和调整线组成。车辆输送由悬链式和板式输送线完成,全线由电子计算机控制。发动机厂拥有 20 世纪 80 年代最新工艺技术的曲轴、凸轮轴、缸盖、缸体、连杆等零件机加工流水线,设备多为数控和程控机床,同时配备 14 台自动监测机、自动泄漏检查机、三座标测量机以及 31 台气动量仪和在线量仪,实现发动机自动检测功能;同时安装一条 96 米长非同步发动机装配线,并配有油封、中间轴、缸盖、活塞连杆、机油泵、排气歧管和飞轮 7 条分装线,关键螺栓拧紧扭矩由计算机控制。

【建设成效】

1990年4月,上海大众汽车一期工程建成,中共中央总书记江泽民专门题词:"祝贺上海大众建成投产,为我国四化建设贡献力量。"4月18日,上海大众汽车举行成立5周年庆祝大会,中共中央政治局常委、国务院总理李鹏出席,为上海大众汽车车身生产线、发动机生产线和冲压车间建成投产剪彩,并题词"为发展中国的轿车工业而努力奋斗"。

上海大众汽车一期工程边生产边建设,经济效益良好。1985年建设第一年,生产轿车1 733辆。1991年5月15日,单班生产桑塔纳轿车100辆,形成两班6万辆整车、10万台发动机年产能力。同年,该公司生产轿车35 005辆,发动机36 736台,短发动机36 207台,销售收入35.89亿元,净利润4.43亿元,上交税金7.45亿元,投资利润率44%,投资利税率116%。

二、二期工程

【项目报批】

1988年12月,国务院发出通知,要求第一汽车厂、第二汽车厂和上海轿车生产基地按照"高起点、大批量、专业化"原则加快发展。1989年8月,上海市市长朱镕基,副市长黄菊和顾传训听取上海汽拖联营公司关于轿车大项目方案的汇报。同月下旬,顾传训带队赴北京向国务委员邹家华作专题汇报。

1991年2月6日,邓小平在上海市市长朱镕基陪同下视察上海大众汽车,表示满意并寄予希望。当天,上海大众汽车董事会举行特别会议,决定1995年推出桑塔纳轿车新车型,将生产能力扩大到年产15万辆。同年4月,上海汽车工业总公司(简称上汽总公司)向上海市计委和上海市外国投资管理委员会(简称上海市外资委)上报《关于上海大众汽车有限公司"八五"期间第二期扩建工程项目建议书的报告》。同月,上海市计委向国家计委和中国汽车工业总公司上报该报告。同年10月,国家计委、国务院生产办公室就此请示国务院。11月,国家计委、国务院生产办公室下达国务院予以批准的通知,该项目正式立项。

1991年年底,上海大众汽车会同上海市机电设计研究院、华东建筑设计院、中国船舶总公司第九设计研究院、国家能源工业部华东电力设计院共同完成上海大众汽车二期工程初步设计和可行性研究报告。上海市经委和市计委预审同意后,于1992年1月向国务院生产办公室和国家计委上报该项目可行性研究报告。同年7月,国务院经济贸易办公室(简称经贸办)和国家计委就此请示国务院。9月,国务院经贸办、国家计委下达国务院予以批准的通知。11月,经上海市建委组织审查后,下达《关于上海大众汽车有限公司第二期改造工程初步设计的批复》予以批准。

【建设过程】

上海大众汽车二期工程是对位于嘉定县安亭镇新米泉路的汽车二厂进行改扩建和位于安亭镇于田路的上海大众汽车发动机厂进行改造,主要建设内容包括:汽车二厂改扩建冲压、车身、油漆和总装车间以及锅炉房等公用辅助设施共45个单体项目;发动机厂扩建24个单体项目,改造7条自动线;配套市政工程新建和拓宽墨玉路、米泉路、于田路等5条总长11 680米市政道路,建设变电站、自来水厂、煤气厂和污水处理工程等;项目征地10万平方米,改扩建建筑总面积18.2万平方米。工程由上海市建五公司总承建,整体工程获1995年度上海市建设工程白玉兰奖,车身车间和总装车间获1996年国家鲁班奖。

1992年1月,上海大众汽车二厂新建冲压车间建成投产。同年1月,二期工程全面开工建设。9月,冲压车间钢板开卷生产线建成。1993年年底,该工程被定为上海市1994年工业系统一号工程。12月27日,桑塔纳2000型轿车在汽车二厂总装线下线,标志着上海大众汽车二期工程提前建成。该工程历时3年,主要生产车间实际施工周期比国家原定工期缩短2/3。同日,举行1994年上海市工业系统一号工程上海大众汽车二期工程基本建成庆祝仪式,上海市副市长蒋以任为轿车下线剪彩。1995年4月20日,上海大众汽车举行成立10周年暨汽车二厂全面竣工投产庆祝大会,中共中央政治局委员、上海市委书记、上海汽车工业领导小组组长黄菊出席,机械工业部副部长吕福源、上海市副市长蒋以任、德国驻华大使赛茨出席。

上海大众汽车二期工程建设期间,中共中央政治局常委、全国人大常委会委员长乔石,中共中央政治局常委胡锦涛,中共中央政治局常委、中央军委副主席刘华清,中共中央政治局委员李铁映,中共中央政治局委员、国务院副总理李岚清,中共中央政治局委员、上海市委书记吴邦国,国家机械工业部部长何光远,中共上海市委副书记、市长黄菊,中共上海市委副书记王力平,上海市副市长蒋以任等分别前往视察或现场办公。

【工艺装备】

上海大众汽车二期工程原计划投资20亿元。工程建设中由于汇率变化,建筑安装费用价格走高以及工艺变更导致总装及油漆车间适当增加面积等因素,实际投资23.65亿元。

该工程投入主要工艺设备271台/套,其中金切机床15台、锻压机械15台、进口设备232台。主要进口设备包括德国舒勒公司、埃尔福特公司的大型压机,美国ABB公司的轿车涂装生产线,德国申克公司的转鼓试验台、前轮定位仪,日本富士公司的模具,日本平松机械公司的焊接设备,英国汉敦公司的油漆返修线等,均代表当时国际汽车工业一流水平。车身车间增加20多台自动焊机,工位间增加6条往复式自动输送线和4台机器人测量器;油漆车间由预处理、阴极电泳、PVC密封、中涂、面漆、验收和返修7条线组成,车身底部PVC喷涂由机器人完成,中涂和面漆采用静电喷涂,油漆利用率由手工喷涂的50%提高到85%,并降低漆雾排放;总装车间建有数公里长的悬链,生产节拍2分钟生产1辆车。

【建设成效】

上海大众汽车二期工程新增单班年产能6万辆(其中桑塔纳2000型轿车3万辆),形成20万辆整车和15万台发动机年产能力,年新增销售收入150亿元,每年可向国家缴增值税、所得税等9.5亿元,竣工当年即1995年生产桑塔纳轿车16万辆,其中桑塔纳2000型轿车2.93万辆。1996年实现达纲生产20万辆,其中桑塔纳2000型轿车8.51万辆。上海大众在继续保持国内轿车工业领先优势的同时,为上海汽车工业建成上海第一支柱产业奠定坚实基础。1988—1995年,连续8年被评为全国十大生产型最佳合资企业。

1995年11月,上海大众汽车二期工程与一期工程一起通过国家验收,机械工业部部长何光远、副部长吕福源,上海市副市长蒋以任参加验收,国家部委、上海市主管单位和专家充分肯定上海大众两期技改项目。中共中央政治局常委、国务院副总理朱镕基,中共中央政治局委员、国务院副总理吴邦国及国家计委副主任曾培炎分别发来贺信。1997年4月,上海大众汽车桑塔纳轿车二期技术改造项目被评为国家"八五"技术改造优秀项目。同年9月,该项目和桑塔纳2000型轿车项目获1997年度中国汽车工业科技进步奖一等奖。1999年1月,再获1998年国家级科学技术进步二等奖。

三、三期工程

【项目报批】

上海大众汽车一、二期工程建成后,1995 年成为中国轿车工业第一家年产能力达到 20 万辆的整车企业,国内市场占有率 50％。随着"九五"中国汽车市场新的竞争阶段的到来,公司面临新的挑战。

1995 年 4 月 20 日,中共中央政治局委员、上海市委书记、上海汽车工业领导小组组长黄菊在上海大众成立 10 周年和二期工程全面建成庆典仪式上发表讲话,要求上海大众汽车进一步规划好下一步发展,早日实现年产 30 万辆轿车的目标,为上海和全国轿车工业的振兴和发展作出更大贡献。1996 年 12 月 30 日,黄菊到上海汽车工业(集团)总公司(简称上汽集团)现场办公,指出上海汽车工业发展又到了一个转折点,上海第一支柱产业旗帜不能丢,要增强紧迫感、抓住好机遇,壮大胆子、探索路子、迈大步子,坐立不安、奋发图强。

1997 年 4 月,上海大众汽车董事会决定建设新的整车厂,生产即将在欧洲投产的德国大众第三代上海桑塔纳轿车即帕萨特 B5 车型。同年 6 月,国家经济贸易委员会批复同意《上海大众汽车有限公司 EA827 发动机技术改造项目可行性研究报告》。1998 年 3 月,《联合开发第三代上海桑塔纳轿车项目可行性研究报告》获国家经贸委批复同意。1999 年 3 月和 5 月,国家经贸委先后批复同意上海大众联合开发第三代上海桑塔纳轿车部分工艺设备技术改造项目的项目建议书和可行性研究报告。2000 年 4 月,上海市建委和经委批复同意该项目初步设计方案。第三代桑塔纳轿车及汽车三厂项目、EA827 发动机技术改造及发动机二厂项目合为上海大众汽车三期工程。

【建设过程】

上海大众汽车发动机二厂土建于 1994 年 6 月启动建设,1996 年 8 月竣工,主要施工单位为上海市建五公司等。EA827 发动机技术改造项目建设于 1995 年 10 月启动,扩建发动机缸体、缸盖、曲轴、装配、凸轮轴和连杆等生产线,1998 年 3 月建成投产。第三代桑塔纳轿车及汽车三厂项目由上海机电设计院承担土建设计,主要施工单位有核工业华兴工程公司、上海市建五公司、上海市建七公司等。项目于 1997 年 10 月打下第一根桩,同年 11 月冲压车间开工。至 1999 年 11 月,车身车间、总装车间、油漆车间及配套设施均实现竣工合格验收,历时 2 年。项目总占地面积 44.15 万平方米,完成建筑面积 21.31 万平方米,完成单项工程 25 项,新增 15 万辆整车年产能力。两大项目完成总投资 62.53 亿元。

三期工程建设期间,中共上海市委常委、上海市常务副市长蒋以任于 1999 年 1 月 4 日和 8 月 20 日,中共上海市委常委、上海市副市长韩正于同年 7 月 27 日先后到上海大众就三期工程建设现场办公。中共中央政治局委员、国务院副总理吴邦国于 1999 年 11 月 26 日前往视察。同年 11 月 3 日,德国总理施罗德在上海市市长徐匡迪陪同下前往参观,并启动帕萨特轿车生产线电子按钮。同年 12 月 15 日,帕萨特轿车下线,中共中央政治局委员、上海市委书记黄菊出席下线仪式并启动电子按钮。2000 年 3 月 30 日,中共上海市委副书记孟建柱视察汽车三厂。同年 4 月 15 日,上海大众举行汽车三厂投产仪式。5 月 12 日,中共中央总书记、国家主席江泽民视察新建成的上海大众汽车三厂。

图 8-1-2 至 6　上汽大众冲压、车身、油漆、总装四大工艺

【工艺装备】

上海大众汽车三期工程整体制造工艺达到 20 世纪 90 年代世界汽车工业的最新水平。项目新增主要设备及模具 2 482 台/套,其中进口设备 1 675 台/套。冲压车间配备当时国内唯一的 2 000 吨自动给料冲压生产线;车身焊接车间采用国内首例激光焊接技术;油漆车间预处理及阴极电泳、自动注蜡等生产线大量采用世界先进技术,实现车身 12 年防蚀穿保证;总装车间对车门、驾驶舱、动力总成、前围模块四大件采用模块方式装配和 61 台机器人及计算机控制等高新技术,体现当时世界汽车制造技术和制造管理的最高水平,标志着上海大众从传统制造向现代制造转变。发动机二厂新增设备 315 台/套,包括进口设备 253 台/套,以及 2 V/5 V 缸盖生产线、2 V/5 V 缸体生产线、2 V/5 V 曲轴生产线、2 V/5 V 连杆和凸轮轴生产线、2 V/5 V 发动机装配线等 9 条自动半自动生产线,发动机制造实现数字控制、柔性化生产和全自动在线检测,代表了世界汽车发动机制造先进水平。

【建设成效】

1998 年,上海大众汽车发动机二厂改造项目完成后,形成年产发动机 10 万台能力,投产当年生产 EA827NF(即 EA113)2V‐QS 发动机 7.3 万台,并出口发动机曲轴 6.8 万套。1999 年产量为 9.4 万台。1999 年 10 月,由国家经贸委主持的上海帕萨特轿车国家级项目鉴定会宣布,该车达到 90 年代末国际先进水平并通过国家级项目鉴定。2000 年 3 月,帕萨特轿车投入生产,汽车三厂形成 15 万辆帕萨特轿车年产能力,上海大众汽车产品形成普通桑塔纳轿车、桑塔纳 2000 型轿车和帕萨特轿车 3 个车型。汽车三厂投产当年产量 3 万辆,上海大众产销超过 22 万辆。

1999 年,该项目冲压车间、总装车间、质控中心被评为上海市白玉兰奖。2001 年 10 月,该项目通过上海市经委等委办局的鉴定验收。

四、南京工程

【项目报批】

上海大众汽车南京基地前身为南汽集团和意大利菲亚特集团合资成立的南京菲亚特汽车有限公司(简称南京菲亚特)。2008 年 3 月,上海大众汽车董事会通过收购南京菲亚特资产成立上海大众南京分公司的决议,并与南京汽车集团公司、南京菲亚特签署两份收购南京菲亚特的《资产转让协议》。

2008 年 5 月,上海、江苏两地发改委就此项收购事宜分别上报国家发展和改革委员会(简称发改委)。6 月,江苏省发改委下达《关于核准上海大众汽车有限公司南京分公司轿车项目的通知》,同意上海大众收购原南京菲亚特有效资产并设立南京分公司。

【建设过程】

上海大众汽车南京分公司位于南京市江宁区高新技术开发区,厂区占地面积 63.5 万平方米,已有建筑物面积 26.84 万平米,拥有原菲亚特冲压、车身、油漆、总装、动力总成等生产车间生产设备以及相应配套的辅助设施、生活设施,具备年产 6 万辆轿车生产能力。

该项目由上海市机电设计研究院有限公司设计,上海绿地建设(集团)有限公司、江苏金陵建工集团负责工程施工,南京南汽建设监理有限公司负责监理。2008 年 1—7 月,1 352 名原南京菲亚特员工分批至上海大众汽车接受培训。2 月,项目土建开工。3 月,工艺符合性改造项目启动。4 月,上海大众汽车南京分公司开业,中共江苏省委常委、南京市委书记朱善璐等出席。同年 8 月 20 日,第 1 辆通过全工艺环节的桑塔纳志俊轿车下线。10 月 29 日,该基地当月生产的第 1 万辆车驰下总装线,整个改造工程历时 174 天。

【工艺装备】

上海大众汽车南京基地实际完成投资 15.91 亿元。项目均在原有厂房和设备基础上进行改造,新增和改造设备 156 台/套,其中新增进口设备 10 台/套。冲压车间利用上海大众汽车二厂模具进行改造,主要设备为 2 条贯通式布置的冲压生产线,A 线为 6 台机械式压力机组成的 7 000 吨冲压生产线,B 线为 6 台机械式压力机组成的 5 500 吨冲压生产线。车身车间利用原上海大众桑塔纳志俊轿车生产设备进行适应性改造并新增必要设备,建成总拼、底板、补焊、前围、后围、前底板、空中输送和自动输送 8 条生产线,并将批准的进口设备改为国产设备。油漆车间新增高速静电喷涂系统、面漆线自动仿形擦净机、静电喷涂全自动仿形喷涂等进口设备,可满足 14 种颜色需要。总装车间利用原有 2 条装配线上主要设备 36 台,其中进口设备 9 台,改造及新增雨淋等设备和激光机、玻璃涂胶机、车轮定位仪、汽车诊断仪等设备。

【建设成效】

上海大众汽车南京分公司是该公司第一个沪外制造基地,项目当年改造、当年投产、当年产生经济效益,同时成为上南合作后南京汽车工业率先产生效益的项目。2008年9月5日,第1万辆车下线。同年10月,月产超过1万辆,创造了江苏省轿车月产历史纪录。2008年生产3.77万辆。2009年10月6日,累计产量突破10万辆。同年,产量超过设计能力达到9.3万辆,销售收入64.63亿元。投资税前利润由原批准的1.14亿元,提升到3.31亿元,增长2.9倍。2010年8月,转至该基地生产的第一辆桑塔纳轿车B2车型下线。同年11月2日,当年第10万辆车下线,至年底全年生产12.89万辆。2008—2010年累计生产25.96万辆。

2010年2月,上海大众汽车南京分公司获南京市委市政府授予2009年度南京市十大工业重点项目建设先进企业称号。同年,分公司被列为年度南京市工业50强企业,新型B级轿车项目被列为南京市年度50个新型工业化重点大项目。

五、仪征工程

【项目报批】

2009年,上汽集团决定整合生产基地资源,将该集团的仪征基地改建为上海大众仪征分公司。2010年11月,上海汽车集团股份有限公司(简称上海汽车)总裁办公会议审议批准仪征工厂项目及其生产车型的可行性研究报告,同意项目立项实施。2011年4月,上海大众汽车30万辆乘用车项目获江苏省发改委核准并报国家发改委备案。

【建设过程】

上海大众汽车仪征分公司位于江苏省仪征市扬州(仪征)新城镇汽车工业园区。项目由上海市机电设计研究院设计,中国核工业华兴建设有限公司、上海绿地建设(集团)有限公司、中国建筑第二工程局有限公司等10家公司施工,委托上海同济工程项目管理咨询有限公司等5家公司监理。

项目自2011年1月开工建设,同年4月,新油漆车间开工。2012年3月,首辆油漆车身在油漆车间下线。同年7月26日,项目建成投产,第1辆Polo轿车下线。江苏省委书记、省人大常委会主任罗志军,省委副书记、省长李学勇,省委常委、秘书长樊金龙,副省长张卫国,扬州市委书记、市人大常委会主任谢正义等出席庆典仪式。仪征基地在单体项目逐一竣工后,抓紧新设备安装调试并对设备能力测试、测算和验收,同时向政府主管部门提出竣工验收申请及档案备案工作,并通过消防、环保、安全、卫生等方面的验收。

【工艺装备】

上海大众汽车仪征工厂占地128万平方米,新增建筑面积48.37万平方米,新建冲压、车身、油漆、总装车间、技术中心及办公生活楼、能源中心、加油站等辅助设施。

该项目采用德国大众标准化工厂设计。冲压车间新增设备367台/套,配置高速全集成横杆柔性自动冲压生产线、机械和液压多曲线试模压机等。车身车间新增设备1 618台/套,涵盖白车身总成和分总成漆前组装、焊接、铆接、胶接、螺柱连接以及磨光检验等工序,生产主线采用多种车型柔性共线生产,配备柔性多车型切换装置、在线测量装置、激光纤焊装置、EMS(电动自行小车系统)车身输送线、定位焊夹具等先进设备。油漆车间新增设备 755 台/套,主要设备包括前处理生产线、电泳生产线、PVC(聚氯乙烯)密封生产线、面漆喷漆生产线、注蜡生产线、色漆 ESTA(喷涂)机器人等。总装车间新增设备 331 台/套,配备高精枪数据采集系统、驾驶舱模块等生产检测辅助设备及工装器具,保证工艺和设备具有同类产品先进水平,实现柔性生产和精益生产。此外,技术中心新增设备 328 台/套,装备质保部门新增设备 229 台/套,IT 部门新增设备 758 台/套。

上海大众仪征分公司项目批准投资 44.29 亿元,实际投资 41.48 亿元,改造和新增设备共 8 727 台/套,其中新增设备 8 318 台/套,大部分设备从德国引进,达到国际先进水平。

【建设成效】

上海大众汽车仪征基地高起点建设,实现了人流、零部件物流、生产物流、产品物流"四流"独立,分布合理高效,成为全球先进的汽车制造工厂之一。2012 年 9 月,该基地生产的全新桑塔纳后续车型投产。同年 12 月和 2014 年 2 月,斯柯达昕锐和昕动轿车先后投产。2014 年生产 37.89 万辆轿车,提前一年达到年产 30 万辆纲领。2013—2015 年,累计生产 91.49 万辆,项目总体效益和完成的各项指标均高于预测指标,成为江苏仪征市新的经济增长点。

六、宁波工程

【建设过程】

为进一步扩大生产布局,上海大众汽车于 2011 年在浙江宁波杭州湾建设宁波基地一期项目,生产明锐后续车型、大众 A＋车型等新产品。同年 5 月,宁波市发改委批准上海大众汽车宁波分公司年产 30 万辆乘用车工程项目。同年 11 月完成国家发改委备案。

上海大众汽车宁波基地一期项目建设地位于浙江省宁波市杭州湾新区,用地约 187.6 万平方米。2011 年 12 月,冲压车间和油漆车间土建工程开工建设。2012 年 1 月,项目进行奠基仪式。同年 2 月,车身车间和总装车间开工建设。同年 11 月,首个焊点仪式在车身车间举行,进入试生产阶段。2013 年 10 月 24 日,举行项目建成暨首辆轿车下线仪式。

上海大众汽车宁波基地一期项目建设期间,中共浙江省委书记赵洪祝,浙江省两任省委副书记、省长夏宝龙和李强,浙江省委常委、宁波市委书记刘奇等先后参加签约、奠基、下线仪式和视察项目建设。

【工艺装备】

上海大众汽车宁波基地一期项目总投资 117.59 亿元,新增工艺生产设备 3 973 台/套。其中:冲压车间新增 1 条 69 000 千牛横杆集成式高速冲压线,1 条 81 000 千牛横杆集成式高速冲压线及相关废料输送线。冲压设备能力达到 486 万冲次/年。车身车间生产主线进口设备约 1 500 台/套、国产设备约 400 台/套,选用全自动冲压线、机器人电阻焊等先进设备,主生产线由底板一定位焊线和补焊线、底板二定位焊线和补焊线、总拼一至五线和补焊线、门盖装配和调整线等 15 条生产线组成,车顶和后盖应用激光焊技术。油漆车间进口和国产设备各为 434 台/套和 26 台/套,采用无中涂新工艺,用新型水性色漆替代原中涂和色漆功能,车身采用翻转运输方式降低单车废水排放量,工件采用阴极电泳漆并设有温度自控系统,密封生产线、色漆和清漆内腔及外表面采用机器人操作,喷漆室采用干式漆雾分离技术。总装车间进口和国产设备各为173台/套和157台/套,设置驾驶舱、底盘、车门4个模块,采用底盘大总成装配方式,车辆检验输送线实现人和车辆同步输送,汽油、空调制冷液、制动液、防冻液和风窗清洗液由加液中心用管道输送至各给液点。

上海大众汽车宁波一期项目投产后至2015年年底,累计产销超过34.6万辆轿车。

七、新疆工程

【建设过程】

2011年11月,新疆维吾尔自治区发改委下发核准批复,同意建设上海大众汽车新疆生产基地乘用车项目。2012年2月,该项目完成国家发改委备案。同年5月28日,项目在乌鲁木齐经济技术开发区奠基,中共新疆维吾尔自治区委书记张春贤,自治区人大常委会主任艾力更·依明巴海,自治区副主席史大刚,全国政协常委蒋以任等出席奠基仪式。

该项目施工单位主要包括上海绿地(集团)有限公司、南通建工集团股份有限公司、中国十冶集团有限公司等,由建科监理有限公司、河南智达建设监理有限公司、上海大通工程监理有限公司监理。自2012年5月启动至2015年分三个阶段实施:第一阶段2012年5月—2013年8月,形成SKD(半拆散件总成)装配;第二阶段2013年8月—2014年1月,形成MKD(中途拆散件总成)和完整总装线;第三阶段2014年1—12月,CKD(全散件组装)实现车身和油漆完工。2015年没有项目。

【工艺装备】

上海大众汽车新疆项目总投资15.24亿元,新征土地41万平方米,新增建筑面积13.5万平方米。新建车身、油漆和总装等生产车间,配套冷冻站、空压站、废水处理站、生产消防水泵房等辅助设施。设计产能年产5万辆乘用车。

该基地为低成本非标准化工厂。项目新增主要生产设备663台/套,其中总装车间39台/套、车身车间313台/套、油漆车间311台/套。总装车间拥有内饰线、最终装配线、UPS(多功能电气)检测线等主生产线,驾驶舱模块、底盘模块等部装线,主装配线采用可移动式加液设备,设置驾驶舱和底盘模块。车身车间采用机器人焊接,车顶后盖采用激光钎焊,主线有底板一线、底板二线、总拼一/二线、总拼三线和装配调整线5条生产线。油漆车间包含前处理生产线、电泳生产线、PVC生产线、中涂生产线、面漆喷漆生产线、报交生产线,采用3涂层3烘干涂装工艺,前处理及电泳清洗系统采用逆流清洗方式减少废水排放。

项目建成投产后,实现了新疆地区制造乘用车的零突破。至2015年,该基地共生产25 925辆桑塔纳轿车。

八、长沙工程

【建设过程】

2012年10月,上海汽车集团股份有限公司(简称上汽集团)向湖南省发改委上报《上海大众汽车长沙工厂项目可行性研究报告》。同月,湖南省发改委批复同意。

上海大众汽车长沙项目位于湖南省长沙市经济技术开发区。项目新增用地 167.73 万平方米，新增建筑面积 48.19 万平方米。主要建设内容包括新建冲压、车身、油漆、总装车间和办公生活楼、技术中心、车体分配中心，以及入库检验棚、装车棚、总装准备车间和相关配套 8 个单体等辅助建筑。2013 年 5 月，项目开工建设。2015 年 5 月，项目建成投产，投资总额 120.8 亿元。项目由上海建工二建集团有限公司、湖南省工业设备安装有限公司、上海绿地(集团)有限公司施工，上海同济工程项目管理咨询有限公司监理。

【工艺装备】

上海大众汽车长沙项目新增主要生产设备 2 259 台/套，辅助设备 106 台/套，除部分关键和重要工序采用进口设备外，大部分采用国产设备。冲压车间新增 1 条 69 000 千牛横杆集成式高速全自动冲压线、1 条 81 000 千牛横杆集成式高速全自动冲压线、1 条 8 000 千牛开卷落料线以及铝板废料输送线，配备 21 000 千牛机械试模压机和 21 000 千牛液压试模压机各 1 台。车身车间采用德国大众标准工艺布置，主线位于车间中部，底板和总拼实现多系列车型自由柔性混线生产，核心生产区域及特殊工艺均采用自动化生产线，包括 90 台机器人、180 台焊钳连变压器一体式单悬挂式点焊机。油漆车间拥有前处理生产线、电泳生产线、PVC 密封生产线、面漆喷漆生产线、注蜡生产线。运用水性、无中涂 2010 工艺，车身粗密封、底部密封、面漆内外表面喷涂等采用机器人施工，采用干式喷漆室实现通风循环利用并对清漆废气进行处理。总装车间由内饰线、底盘线、终装线、检测线等主生产线，车门底盘模块等部装线以及物流周转区、返修区组成，采用模块化装配工艺，采用 UPS 电气自动检测装置进行自动检测，采用多轴定扭矩自动螺栓拧紧装置进行车轮安装。

该基地首次采用光伏发电系统、雨水回收系统、空调余热回收系统等。工厂运营后，每年二氧化碳将减排 9 000 余吨，单车节约用水 1.6 立方米，每年节约电费约 30 万元。项目获国家住建部颁发的最高等级三星级 GBDL(绿色建筑设计商标)证书。2015 年 8 月 13 日，长沙工厂通过质量体系(ISO9001&VDA6.1)认证首次审核。

项目建设过程中，中共湖南省委书记徐守盛，中共湖南省委副书记、代省长杜家毫等先后视察工程。2015 年，长沙基地生产新朗逸改款车型和途安后继车型，当年生产 3.46 万辆轿车。

九、其他工程

【EA888 发动机项目】

2008 年 1 月，上海大众汽车决定改造发动机一厂，用于生产 EA888 发动机。同年 6 月，会同上海机电设计研究院编制《增资生产 EA888 发动机技术改造项目申请报告》;7 月，获上海市发改委核准批复。2010 年 1 月，再次会同上海市机电设计研究院编制《EA888 发动机二期扩建项目申请报告》;同年 9 月，获上海市发改委核准批复。

EA888 发动机项目位于上海大众汽车发动机一厂内，一期对 2 号厂房约 2 万平方米建筑进行改造，新增建筑面积 1 022 平方米;二期主要是工艺调整和设备改造。项目由南通建工集团股份有限公司勘察，上海岩土工程勘察设计研究院设计，上海市机电设计研究院监理。

一期项目于 2008 年 7 月开始改造，内容涉及缸体、缸盖、曲轴、连杆四大部件机加工生产线和装配线，改造缸体生产线 77 条，缸盖生产线 66 条，曲轴(含凸轮连杆)生产线 28 条，装配线 30 条，生产辅助设备 74 台/套。2010 年 3 月，首批 EA888 发动机投产。同年二期项目开始扩能，以 2 号厂房工艺调整和设备改造为改造主体内容，包括 2 号厂房内给排水系统、冷却循环水系统、室内消防系统改造及厂房局部区域给排水改造，车间压缩空气管道改造，2 号厂房工艺新增设备的电力配电、3 号厂房润滑站照明以及维修中心电力配电等，至 2013 年全部竣工，实际投资 10.48 亿元。2013 年项目达纲，生产 EA888 发动机 41.39 万台，为规划 30 万台产能的 137.97%，新增效益 18.39 亿元。

【EA888 发动机三期项目】

上海大众汽车于 2011 年开始实施 EA888 发动机三期项目。同年 8 月，上海市发改委批准该项目立项。由上海岩土工程勘察设计研究院、上海市机电设计研究院、南通建工集团股份、上海同济工程勘察设计管理等有限公司设计、施工或监理。

2012 年 2 月项目开工奠基，2013 年 12 月竣工投产，总投资 18.65 亿元。项目占地面积 3.82 万平方米，建筑面积 4.22 万平方米。新建发动机车间、办公楼、能源中心等建筑，新增设备 482 台/套，其中生产设备 275 台/套。缸体生产设备 75 台/套，包括 EA888 缸体线专机、珩磨机、加工中心、加工机械手，以及各种清洗设备和装配设备。缸盖生产设备 60 台/套，包括加工中心、加工机械手、压装及密封测试设备、罩壳装配机、自动拆罩壳设备、导管座圈压装机等，以及缸盖清洗设备。曲轴生产线设备 77 台/套，包括曲轴机械手、曲轴磨床、淬火回火机、滚压校直机、曲轴外铣机床、曲轴钻深油孔机床、曲轴车拉机床、止推档精车滚压机、曲轴端面齿加工机等，以及各种清洗抛光设备。连杆生产设备 20 台/套，包括连杆机加工涨断设备、滚压机、清洗机、珩磨机、Giustina 磨床等。装配设备 43 台/套，包括连杆拧松及轴瓦装配机、曲轴分装设备，油底壳体、主轴承盖、缸盖和罩壳、链轮下罩、进气管、离合器、涡轮增压等拧紧机，平衡轴轴承、油封及闷盖等压装机，发动机热试台架附属通风系统、缸体平面/缸盖平面/油底壳下体平面涂胶等设备，以及三坐标测量等各种检测设备。大部分进口设备从德国引进。

2014 年，生产 EA888 发动机 50 万台，提前 1 年达到年产 45 万台的达纲指标。该项目产品是 EA888 系列中的第三代，在动力性、燃油经济性和排放上均达到国际先进水平。

【途观 Mode K 项目工程】

2007 年 4 月 25 日，上海大众汽车决定实施 Mode K 途观轿车项目。2008 年 12 月，会同上海市机电设计研究院编制该项目技术改造可行性研究报告。2009 年 4 月，上海市发改委下发项目核准批复。

该项目于 2009 年 4 月启动，利用现有厂房和公用动力设施，新增部分生产、研发和测试设备以及辅助设备，共新增和改造生产设备 225 台/套，冲压模具和检具 2 625 套，测试、研发和输送等设备 25 台/套。包括改造和新增车身车间拼焊接工艺设备及辅助设备、油漆车间涂装工艺设备及辅助设备、总装车间工艺设备及辅助设备以及冲压车间 Mode K 车型模具及检具，改造和新增部分试验、测试、输送和研发等设备。车顶总拼、侧围、后盖、左右前门、左右后门均应用激光焊技术，采用新型节能变压器与焊钳一体悬挂式焊机，门盖部件采用国际先进压焊工艺，达到节能环保效果。项目总投资 12.51 亿元。

2009 年 12 月，该项目竣工投产。至 2012 年，项目新增销售轿车 35.82 万辆，新增销售收入 722.02 亿元，达到可行性报告预期目标。

【朗逸轿车改型变型技术改造工程】

为扩大 A 级车市场份额,上海大众汽车于 2009 年启动朗逸轿车改型和变型技术改造项目。2011 年 6 月和 8 月,朗逸轿车改型和变型申请报告先后获上海市发改委核准批复。

2012 年 8 月,全新朗逸上市。同时汽车二厂年产能力仍保持在规划产能 20 万辆。2013 年生产达纲,新朗逸产量 18.69 万辆,营业收入 173.2 亿元。

【汽车二厂新油漆车间工程】

2012 年 4 月,为执行国家节能减排和环保法规,上海大众汽车决定用国际先进技术改造厂房及陈旧工艺设备。2013 年 4 月,上海市嘉定区发改委下达批复同意项目实施。该项目由上海市机电设计院设计,上海绿地建设(集团)有限公司施工。

2013 年 12 月,项目开工,2015 年 1 月,项目竣工,总投资 18.89 亿元。项目新建涂装车间,建筑面积 7.28 万平方米;新增配套的车体分配中心、能源中心、连廊、综合楼、变电站、生产辅楼等。涂装车间新增前处理、电泳、PC、喷漆、报交和注蜡生产线,其中进口设备 380 台/套,国产设备 184 台/套。该项目是上海大众汽车安亭工厂率先采用 2010V 水性涂装工艺的油漆车间,设备和废弃资源处理均达到国际领先水平。

【斯柯达 Yeti (SK316 CS)工程】

2010 年 12 月,上海大众汽车、捷克斯柯达汽车和德国大众决定共同开发生产 SK316 CS 新车型。2011 年 8 月,《上海大众斯柯达 Yeti 车型项目可行性研究报告》获上海市发改委核准。

该项目利用汽车三厂现有厂房设施和工艺设备,通过新增部分生产和辅助设备,实现汽车三厂同步生产 SK316 CS 车型。改造内容为新增冲压、车身、油漆、总装车间部分设备。项目新增设备 536 台/套,其中进口设备 313 台/套。包括门板总成、门内板 OP10 落料模、侧围外板 OP60 侧成形冲孔翻孔模、车身车间 KUKA 机器人、总拼主线自动焊夹具、Yeti 黑车顶生产线工艺设备、注蜡设备、底盘模块装配线、Yeti 仪表板模块设备和采购组合主模型、PSD 全景天窗安装设备、Yeti 门头道密封条安装设备等新增外覆盖件四门两盖,车顶、翼子板、侧围及相应的内板自制冲压件模具。大部分进口设备均从德国引进,总投资 18.03 亿元。

2013 年 6 月,项目竣工投产。同年 11 月,上海大众汽车斯柯达品牌推出 SUV 车型 Yeti 野帝,至 2015 年生产达纲,汽车三厂年产 SK316 CS 新车型 7 万辆。

表 8‑1‑1　1985—2015 年上汽大众基建装备主要项目一览表

序号	项 目 名 称	建设地点	投资总额(亿元)	建设周期	形成年产能力
1	上海大众一期工程		10.03	1985 年 2 月— 1990 年 4 月	3 万辆,发动机 10 万台
2	上海大众二期工程	上海	23.65	1991 年 11 月— 1995 年 11 月	单班年产 6 万辆,3 班年产 15 万台发动机
3	上海大众三期工程		62.53	1994 年 6 月— 1999 年 11 月	15 万辆,发动机 10 万台

〔续表〕

序号	项 目 名 称	建设地点	投资总额 （亿元）	建设周期	形成年产能力
4	南京基地工程	南京	15.91	2008 年 2 月— 2008 年 10 月	6 万辆
5	仪征基地工程	仪征	79.93	2010 年 11 月— 2012 年 7 月	30 万辆
6	新疆基地工程	乌鲁木齐	15.24	2012 年 5 月— 2014 年 12 月	5 万辆
7	宁波基地一期工程	慈溪	117.59	2012 年 1 月— 2013 年 10 月	30 万辆
8	长沙基地工程	长沙	120.8	2013 年 5 月— 2015 年 5 月	30 万辆
9	EA888 发动机三期工程	上海	15.84	2012 年 2 月— 2013 年 12 月	发动机 45 万台
10	南京基地产能提升工程	南京	63.33	2009 年 12 月— 2015 年 8 月	提升产能至年产 30 万辆

资料来源：上汽大众汽车有限公司

第二节　上汽通用重要工程

20 世纪 90 年代中期，中美最大合作项目上海通用汽车有限公司（简称上海通用汽车）和泛亚汽车技术中心有限公司（简称泛亚技术中心）开始实施工程项目建设。至 2015 年，上汽通用汽车有限公司先后在上海浦东、山东烟台、辽宁沈阳和湖北武汉建成金桥北厂、南厂和金桥新厂，烟台东岳一期、二期、三期和动力总成一期、二期和三期扩能，沈阳北盛一期、二期和三期，武汉工厂一期和二期 6 个制造基地 14 个项目，总投资 452 亿元，形成 174 万辆轿车年产能力，公司成为具有世界水平的整车制造基地。

一、金桥北厂工程

【项目报批】

"八五"期间，为填补中高级轿车制造空白，上海汽车工业总公司与美国通用汽车公司（简称美国通用汽车）合资设立上汽第二家整车合资企业。1996 年 9 月，上海汽车工业（集团）总公司成立后立即上报关于合资建立上海通用汽车的《可行性研究报告》。同年 12 月，中共中央政治局委员、上海市委书记、上海汽车工业领导小组组

图 8-1-7　上汽通用信息楼

长黄菊到上汽集团现场办公，要求上海通用汽车项目迈大步子，做到1998年12月出车、1999年上市"两个后墙不倒"。1997年1月10日，国务院办公会议批准浦东轿车项目可行性研究报告。同年4月28日，国家外贸部下达同意批复。

据此，上汽集团会同美国通用汽车、上海市机电设计研究院于同年6月共同编制该项目初步设计方案并上报。7月，上海市计委、市建委下达《关于上海通用汽车有限公司项目初步设计的批复》，原则同意该项目初步设计方案并分二期实施。

【建设过程】

上海通用汽车一期工程建于浦东金桥，由上海机电设计院绘制工程总图，上海市第三建筑工程公司、上海市第五建筑工程公司、上海宝冶建筑有限公司等单位施工，上海市建筑科学研究院监理部和上海同济大学监理部监理。

1997年1月10日，上海通用汽车项目打下第一根桩基。1998年1月，上海市市长徐匡迪宣布该项目为上海市一号工程。3月7日，上海市一号工程建设誓师大会召开，中共中央政治局委员、国务院副总理吴邦国，中共中央政治局委员、上海市委书记黄菊和上海市市长徐匡迪分别发来贺电。4月和8月，冲压车间首台大型压机启动和第一辆别克白车身下线。10月，国内首台具有国际先进水平的自动变速箱下线。1998年12月17日，项目建成首辆别克新世纪轿车下线，并创造国际同类汽车工程项目23个月建成出车的纪录。黄菊启动别克轿车生产线按钮，徐匡迪发表讲话，国家计委主任曾培炎、国家机械工业局局长邵奇惠、美国驻华大使尚慕杰等出席，上海市副市长蒋以任主持下线仪式。1999年4月12日，上海通用汽车批量投产并形成年产10万辆生产能力。

上海通用汽车项目建设期间，中共中央政治局常委、中纪委书记尉健行，中共中央政治局委员、国务院副总理吴邦国，中共中央政治局委员、全国人大常委会副委员长邹家华，中共中央政治局委员、上海市委书记黄菊，上海市市长徐匡迪，中共上海市委副书记龚学平，中共上海市委常委、宣传部部长金炳华，中共上海市委常委、秘书长宋仪桥，上海市副市长蒋以任，上海市副市长、浦东新区党工委书记周禹鹏等分别视察建设工地或现场办公。

【工艺设备】

上海通用汽车金桥北厂项目是具有柔性化生产、一体化管理、计算机网络控制运行，具有20世纪90年代汽车制造世界先进水平的整车项目。项目占地面积54.54公顷，绿化覆盖率33.9%，总建筑面积21.22万平方米。项目建成冲压车间、油漆车间、总装车间及装配仓库、动力总成车间，以及行政办公楼及生活楼，煤气、变电、热交换、冷冻、空气压缩、消防、废水处理、汽车试验场等22个单体建筑，固定资产投资12.98亿美元，折合人民币108.37亿元。该项目新增设备1388台/套，其中进口设备617台/套。冲压车间拥有2条具有自动换模、自动开卷落料和冲压功能的压机生产线，每条压机线由一台2000吨压机和4台1000吨压机组成，是国内同类压机中最先进的设备。车身车间由底板主线、侧围拼装焊接、门盖拼装、总拼焊接32台机器人自动生产线，以及车身机运线、涂胶等组成，具有国际领先水平。油漆车间拥有预处理、中涂、面漆、阴极电泳、密封等生产线，其中可使用水溶性油漆的设备为国内首家，达到环保零排放标准。动力总成车间加工区域由壳体、阀体、侧盖、支架和槽板5条生产线组成，采用国际一流的数控加工中心机床设备。总装车间流水线引入美国通用独特的体现精益生产的T型设计，具有柔性化、自动化作业、多种车型共线生产的特点,并在中国首次运用,先在驾驶舱模块区域进行预总装,同时在其装入车身之前进行全面电子检测,确保车辆装配全过程受控的先进技术。

【建设成效】

上海通用汽车金桥北厂项目建成标志着上汽集团拥有上海大众汽车和上海通用汽车2家国内一流的整车制造企业,实现浦东浦西联动发展战略,并开始具备中高级轿车制造水平。项目建成后,上海通用形成两班年产10万辆整车、18万台发动机和10万台变速箱能力。1999年投产首年,生产2.33万辆别克轿车,实现销售收入52亿美元,利润1.64亿美元。2002年,销售突破10万辆,达到11.08万辆,比2001年增长89.9%,成为中国增长最快的汽车企业。

图 8-1-8 至 11　上汽通用冲压、车身、油漆、总装四大工艺

二、金桥南厂工程

【项目报批】

2003年5月,为实施上汽集团制定的2007年三大战略目标,上海通用汽车启动二期工程建设并编制完成金桥南厂项目《可行性研究报告》。该报告经上汽集团上报后,上海市经委于同年6月批复同意。而后,上海通用汽车委托上海市机电设计研究院编制完成二期扩建工程《项目初步设计》。上汽集团向上海市建委上报《关于上报上海通用汽车有限公司二期扩建工程项目初步设计的请示》。同年10月,上海市建委批复同意。

【建设过程】

上海通用汽车金桥南厂项目位于浦东金桥上海通用汽车一期工程厂区南侧,2003年9月19日启动。项目新征土地24.61万平方米,建筑面积15.48万平方米,固定资产投资3.48亿美元,折合人民币28.89亿元。主要建设项目包括冲压车间、车身车间、油漆车间、总装车间、车身分配中心和整车检测线等。项目由上海机电设计研究院设计,上海岩土工程勘察设计研究院勘察,上海同济建设监理咨询有限公司和上海振华工程监理公司监理,上海市第一建筑工程公司、上海住总集团建筑发展有限公司、上海宝冶建筑有限公司等施工。

2005年5月28日,该项目建成投产。中共上海市委副书记、市长韩正出席投产仪式并启动生产线,中共上海市委常委、组织部部长、市国资委党委书记姜斯宪,上海市副市长胡延照等出席仪式。同年9月,项目全面竣工交付使用。

【工艺设备】

上海通用汽车金桥南厂项目定位于高起点、质量一流的样板型工厂,在设备工艺先进性、环保、质管和安全生产等方面向国际先进水平看齐。特别是实施SAPIS－Auto(汽车行业信息技术集成解决方案)信息系统,实现采购、物流、制造、财务和营销等整条价值链信息整合和优化,在全球汽车行业处于领先水平。其中总装生产线具备多款不同车型共线柔性化生产能力,既适应规模化生产,又适应特殊设计的小批量生产。

该项目新增设备612台/套,包括进口设备300台/套。冲压车间新增设备8台/套,包括日本、韩国等国进口的车身覆盖件模具及配套检具,瑞典ABB机械手、德国MW1 800吨5工序机械全自动压机线和开卷落料线等先进设备。车身车间新增27台/套设备和7条流水线,包括德国、美国、意大利、日本等国进口的底板主线以及侧围拼装焊接、门盖拼装、总拼机器人焊接自动生产线和电动夹具、全自动检测设备、车身机运线及涂胶等设备,技术处于国际领先水平。油漆车间新增9台/套设备和7条流水线,包括德国进口的预处理、中途、面漆、阴极电泳和密封剂喷浇等生产线,属国际领先水平。总装车间新增93台/套设备和9条流水线,包括德国、法国、意大利、瑞典等国进口的部件装配、底盘总成装配、发动机合装等设备,内饰、车灯、底盘、车门、前后桥及发动机等输送线和分装线,轮胎、座椅、线索、制动管路、车轮定位等电动设备和检测设备,以及专用夹具、测试仪等设备。车身分配中心新增设备40台/套,包括德国进口的ASRS(自动化主体仓储与检索系统)高架库位堆垛机、动力滚床、监视和凸轮升降机、皮带横移机等设备,为国内先进水平。整车检测线大量应用世界先进的自动化高精度检验测量手段,包括美国进口的非接触式激光四轮定位仪和数字式

CCD（电荷耦合器）成像灯光校准仪、转毂台和整车动态测试设备、雨淋试验房、全球客户评审规范灯光检验等一流检验设备和设施。

【建设成效】

2005年金桥南厂项目建成后，新增双班制10万辆中级轿车及其变型车年产能力，上海通用汽车年总产能达到48万辆，规模实力在国内汽车企业位居前列。2005年投产当年生产72 828辆，新增销售收入72.52亿元，上交税收8.64亿元，同年，上海通用汽车销售达到32.5万辆，确保上汽集团提前实现2007年生产汽车100万辆目标。以后该基地始终保持满负荷生产，产量连年增长。2007年生产达纲，新增销售收入222亿元，利税10.92亿元，同年，上海通用汽车销售50万辆。

三、东岳一期工程

2002年，上海通用汽车开始走出上海实施低成本扩张，与上汽集团、通用汽车（中国）公司（简称通用中国）联合在山东烟台组建上海通用汽车第2个整车制造基地即东岳基地。该基地一期项目包括车身和动力总成两个技改项目。

【东岳车身工程】

2002年12月，国家经贸委下达对烟台车身有限公司、山东大宇汽车发动机有限公司和山东大宇汽车零部件有限公司实施重组的批复，批准山东汽车项目框架方案。同月20日，山东烟台整车项目兼并重组发布暨生产线启动仪式在烟台车身有限公司举行，国家经贸委副主任欧新黔、上海市常务副市长蒋以任，山东省常务副省长韩寓群、副省长王仁元、省政协副主席林书香、中共烟台市委书记焉荣竹和代市长周齐等参加，烟台生产的第1辆赛欧轿车驶下生产线。2003年，上海通用汽车编制完成并上报上海通用东岳工程项目实施方案，获山东省发计委批复同意。

2003年2月，上海通用汽车东岳车身项目开工建设。项目由机械工业部第四设计研究院设计，机械工业部第四设计研究院勘察分院勘察，烟台新世纪建设监理有限公司监理，烟建工业设备安装公司施工。该项目利用原烟台车身有限公司50万平方米土地面积，19.16万平方米建筑面积，增加新车型生产所需的冲压件模具及部分工位器具，对涂装车间、总装车间、出厂检验车间进行适应性改造，完善厂区公用动力及站房设施，实现年生产10万辆赛欧及雪佛兰系列轿车的能力。项目总投资26.67亿元。

2004年5月，项目建成投入试生产。2005年8月正式投产。该项目新增或改造设备3 064台/套，进口设备124台/套。其中冲压车间增添模具、工装及设备134台/套。车身车间主要由底板总成线、总拼线、补焊线和白车身调整线组成，新增和改造设备327台/套，包括日本进口的赛欧轿车生产线和韩国进口的雪佛兰轿车生产线。油漆车间主要由前处理和电泳、PVC密封和底涂、中涂、面漆和检查、精饰、注蜡等生产线组成，新增和改造设备173台/套。总装车间主要由内饰装配、底盘线、机运线和检测线组成，新增和改造设备479台/套。2004年年底经上级批准，企业启动以V-CAR系列为主的增资填平补齐技改项目，投资23.18亿元，产能达到20万辆。

【东岳动力总成工程】

2004年，上海通用汽车鉴于1.4升~1.6升发动机和与之匹配的变速器需求较大，拟对上海通用汽车东岳动力总成有限公司生产线进行改造,生产新一代直列4缸发动机系列产品,生产纲领为年产37.5万台。经上报后,山东省发改委于同年8月向国家发改委进行备案。

2004年5月,上海通用汽车东岳动力总成技改项目开始实施。项目由机械工业部第四设计研究院、上海市机电设计研究院设计,各部分分别由有资质专业工程公司建设和监理。项目利用原山东大宇汽车发动机有限公司45.57万平方米土地和12.56万平方米建筑和设备进行适应性改造,增加铸铁、铸铝、铸造车间部分模具,改造发动机车间机加工和配装线,新增凸轮发动机用缸盖设备,并迁入上海通用1.6L SOHC发动机生产线。项目投资8.28亿元。

2005年4月,项目完成设备安装调试,同年6月举行投产仪式。山东省副省长王仁元、烟台市代市长周齐等参加。7月6日,中共中央政治局常委、全国人大常委会委员长吴邦国前往视察。同月项目试生产,8月批量投产。

【一期工程建设成效】

上海通用汽车东岳一期项目在设备工艺先进性、环保、质量管理、安全生产等方面延续上海通用汽车先进管理模式,通过信息化实现营销、采购、物流、制造、财务等业务流程的整合优化,在汽车行业处于领先水平。项目建成后,成为上海通用汽车第一个沪外制造基地,并结束山东省没有轿车工业的历史。雪佛兰系列及赛欧轿车成功移至烟台生产,整车年产能达到10万辆,部分设备年产能达到20万辆,发动机项目产能达到37.5万台,公司成为山东省汽车工业的龙头企业。2005年,东岳基地生产轿车86 969辆、发动机130 366台。

四、东岳二期工程

继东岳基地一期工程建设后,为进一步扩大产能形成多系列多品种轿车生产能力,上海通用汽车实施东岳基地二期工程建设,主要包括整车填平补齐、动力总成GF6自动变速箱和GEN3新型发动机项目。

【整车填平补齐技改工程】

2004年11月,山东省发改委下达文件,同意上海通用汽车东岳基地对现有生产线进行填平补齐技术改造。2005年2月,项目开工,由烟台市勘测设计研究院有限公司勘察,机械工业第四设计研究院设计,中建八局、烟建集团有限公司承建。项目在原有52.3万平方米土地基础上,新增88.7万平方米,新增建筑面积6.44万平方米,实施冲压车间适应性改造,车身车间扩建改造,新建油漆车间和原车间适应性改造,新建卸货棚、停车场等6项单体工程,总投资23.18亿元。2006年10月,项目竣工。

该项目新增和改造设备1 845台/套,其中进口设备224台/套。冲压车间新增一条由1台18 000千牛压力机及4台8 000千牛压力机组成的全自动冲压生产线。车身车间调整底板线、总拼线和补焊线,自动化率提高20%。新建油漆车间,建成前处理、电泳、密封、中涂、面漆及精饰等生产线,并采用绿色环保的水溶性油漆涂装工艺。总装车间改造原有机运线,延长门线和仪表板装配线,新增内饰线、最终装配线和最终检查线的工位。车体分配中心扩充4条机运储存线,并引入车身自动识别系统。

【GF6 自动变速箱工程】

2005 年 2 月,山东省发改委批准上海通用东岳动力总成 GF6 自动变速箱项目。同年 9 月,项目开工,由上海机电设计研究有限公司设计,上海外建建设监理咨询有限公司监理。项目新增建筑面积 3.95 万平方米,新增加工中心、三坐标测量仪和泄漏测试等装备计 510 台/套,其中进口装备 306 台/套,包括 GF6 自动变速箱壳体、变扭器壳体、槽板和阀体加工线各 1 条,壳体、变扭器壳体、阀体槽板和齿轮离合器输出等部装线各 1 条,以及变扭器总成装配线、变速器总装线及测试线等,总投资 19.21 亿元,工艺装备具有国际先进水平。2006 年 12 月,厂房建设竣工。2008 年 1 月,项目投产。

【GEN3 新型发动机工程】

2006 年 6 月,山东省发改委核准上海通用汽车东岳动力总成 GEN3 新型发动机项目。2007 年 5 月,项目开工,投资 2.11 亿美元,折合人民币 17.05 亿元,由上海机电设计研究有限公司设计,上海外建建设监理咨询有限公司监理。项目在原有发动机车间厂房 GEN2 发动机生产区域西侧新建 GEN3 发动机生产区域,新增进口设备 136 台/套,建成缸体、缸盖和曲轴生产线各 1 条,缸盖、发动机总装线各 1 条以及物流、信息、质保系统等专用装备,配有国际一流的数控加工中心机床设备,实行柔性化生产,属国际先进水平。2009 年 5 月,项目竣工投产,引入通用汽车先进的 Ecotec 1.6 升～1.8 升系列发动机并实现量产。

【建设效果】

上海通用汽车东岳动力二期工程中的动力总成 GF6 自动变速箱为美国通用汽车专为亚太地区开发的低成本、高质量和功能领先的全新自动变速器。2008 年投产后,形成 3 班 3 运转年产 60 万台能力。二期工程中的动力总成 GEN3(通用汽车第三代发动机制造平台)新型发动机是基于通用汽车 Ecotec(通用汽车高科技打造的具有全球顶尖水平的四缸发动机系统)的技术,制造工艺达到国际先进水平,建成后形成年产 30 万台能力,2010 年产量超过生产纲领,达到 33.2 万台。二期工程中的东岳汽车填平补齐技改项目建成后形成两班 24 万辆年产能力,2007 年生产轿车 15.3 万辆,新增产值 107 亿元。至 2010 年,该基地先后生产雪佛兰品牌的赛欧、景程、乐骋、乐风和新乐骋、新赛欧轿车等车型,累计产量 104 万辆。2010 年,产量超过生产纲领,达到 27.8 万辆,完成产值 167 亿元,为上海通用该年成为中国第一家年产销 100 万辆轿车企业提供保证。

五、北盛一期工程

【项目报批】

2004 年 3 月,为响应中央振兴东北老工业基地号召,进一步加快辽宁省汽车工业发展,同时解决金杯通用汽车有限公司(简称金杯通用)经营困难,在国家有关部委和辽宁省支持下,上海通用汽车和上汽集团、通用中国、金杯汽车股份有限公司共同签署《沈阳金杯通用汽车有限公司股权转让协议》。同年 4 月,金杯通用和上海市机电设计研究院编制完成《技术改造项目可行性研究报告》,随后辽宁省发改委上报国家发改委。同年 6 月,国家发改委下达《关于金杯通用汽车有限公司更换法人股东及调整产品项目可行性研究报告的批复》,同意由上海通用汽车为主体对金杯通用进行兼并重组,将部分产品转移至沈阳生产,并实施扩建项目。

【建设过程】

上海通用汽车北盛一期项目位于辽宁省沈阳市大东区,建设内容主要维修改造原金杯通用三大车间生产线和设备,移入 GL8 商务车生产线安装调试生产。项目由上海市机电设计研究院、机械工业部第四设计研究院设计,沈阳化工建设总公司、沈阳天北建设总公司、沈阳电业局变电分公司和沈阳鸿远建筑装修装饰有限公司施工,沈阳建筑大学建设项目监理公司、辽宁方圆建设项目咨询公司监理。项目固定资产投资 2.1 亿元。

2004 年 3 月,项目开始改造。6 月,别克 GL8 商务车从上海移至北盛基地批量生产,标志着北盛一期项目竣工完成,成为上海通用汽车第 3 个整车生产基地和沪外第 2 个生产基地。该项目新增主要工艺设备 6 套/条、改造设备 3 套/条及相关的专用配套设备和专用工装模检具。车身车间新建拼焊生产线,安装 GL8 平台与君威轿车共用工装,改造原有人工补焊和调整线,设备车身机运线、车身底板线、车身前围焊接生产线、车身前盖生产线、车身门盖线、车身侧围焊接生产线和车身总拼线等。油漆车间改造各设备的门洞尺寸,前处理设备内部的喷淋装置,更换部分分泵、阀门,更换脱脂磁性过滤袋、电泳设备内部喷淋装置和超滤系统,增加电泳设备用冷冻水机组,调整电泳烘房和面漆烘房热风吹嘴等。总装车间改造原内饰线和最终装配线成为内饰线,改造原底盘线以适应新车型,新增一条短的原底盘线和车门、仪表板、发动机分装线等。

【建设成效】

该项目建成后,实现上海通用汽车别克轿车全新一代 GL8 陆上公务舱系列产品异地生产,新增生产能力 5 万辆,增加产能 67%。2004 年,该基地产销 1 万辆轿车,销售收入 22.6 亿元,利润 0.8 亿元,项目实现当年改造、当年投产、当年赢利。2005 年,产量增加到 2.3 万辆。

六、北盛二期工程

【项目报批】

上海通用汽车北盛一期项目建成后,为进一步扩大产能,上海通用决定实施北盛基地二期增资扩建技术改造项目。2004 年 12 月,该项目可行性研究报告上报。2005 年 1 月,辽宁省发改委下达《关于上海通用(北盛)汽车有限公司增资扩建项目可行性研究报告的批复》,予以批准。同年 3 月,该项目经辽宁省发改委上报国家发改委备案。

2006 年 7 月,上海通用汽车北盛基地决定在已批准的增资扩建技术改造项目基础上,将生产车型由轿车化运动型多功能车改为雪佛兰系列轿车及其变型车。此方案经上报后,国家发改委于 2008 年 4 月批复辽宁省发改委,核准上海通用汽车北盛轿车二期项目产品调整报告。

【建设过程】

上海通用汽车北盛基地二期工程建于沈阳市大东区,毗邻北盛基地一期项目。项目新征地 32.5 万平方米,新增建筑面积 13.55 万平方米。固定资产投资实际完成 24.64 亿元。项目由上海机电设计研究院和沈阳市城市煤气设计研究院等单位设计,湖南省建筑工程集团有限公司和上海宝冶建设有限公司等单位施工,上海三维工程建设咨询有限公司、上海建通工程建设有限公司、沈阳东北工程监理有限公司和辽宁方圆建设项目管理有限公司监理。

项目于 2005 年 10 月动工,2008 年 12 月竣工,中共辽宁省委书记张文岳、辽宁省省长陈政高、中共沈阳市委书记曾维,沈阳市市长李英杰等参加竣工仪式并启动生产线,第一辆雪佛兰轿车试装车驶下生产线。

北盛二期工程技术改造内容包括:车身车间改建车身拼焊生产线1条,新增机器人105台,其中焊接机器人83台,总拼补焊线引入在线测量系统。涂装车间新增涂胶和抓料机器人9台,滚边机器人9台,测量机器人4台,自动化率达到53%。油漆车间改建油漆生产线1条,率先采用水性中涂工艺,由24台机器人组成。总装车间改建内饰线、底盘线、轮胎和座椅输送线各1条,内饰线采用可升降的推板输送系统,风挡玻璃涂胶工艺由涂胶机器人完成,SPS系统采用单车装配配料集中于随行料车与生产线同步的供料系统,终装线采用国内整车厂首创的技术环形推板链,底盘线采用反向摩擦线以及车体分配机运系统及物流、信息、质保系统等专用装备。

【建设成效】

该项目建成后,上海通用汽车北盛基地新增年产15万辆整车能力,基地总产能达到20万辆,成为美国通用汽车继北美、韩国之后第3个紧凑型全球车平台生产基地。2009年4月,北盛开始生产雪佛兰科鲁兹轿车车型,加上2005年开始生产的别克GL8轿车,公司进入双品牌运营阶段,当年雪佛兰科鲁兹轿车产销9.23万辆,总产销从2008年的3.52万辆增加到13.2万辆。2010年,科鲁兹轿车产量超过产能达到19.26万辆,累计产销28.49万辆;公司总产销24.69万辆,助推上海通用汽车2010年成为中国第一家年产销100万辆的轿车企业。2010年,上海通用汽车北盛基地累计产销51.79万辆。

七、东岳三期工程

【项目报批】

2009年,上海通用汽车将原在金桥基地生产的Delta(通用汽车紧凑级车型平台)系列轿车,以及上海通用东岳汽车南厂生产的、上海通用汽车泛亚汽车技术中心主导开发的赛欧2系列小车移至上海通用汽车东岳汽车三期项目规划厂区(即后来的北厂)生产。2009年12月,上海通用汽车东岳三期产能扩建项目立项实施。2010年3月,经山东省发改委对该项目予以核准。

【建设过程】

2010年6月,东岳汽车三期项目开工。2011年12月,全线贯通,首辆轿车下线。2012年5月,正式投产。东岳汽车三期项目无新增土地面积,新增建筑面积20.97万平方米,完成投资24.01亿元,新建车身车间、油漆车间、总装车间、车身分配中心和配套的生产辅助设施,以及新建改造配套公用设施等。

项目拥有装备2 571台/套。其中:新建的车身车间首次采用高速传输的GEO-pallet(高速随行工装)系统和5+1内外总拼工装系统、高密度机器人焊接系统等,焊点自动化率高达63.3%。新建的油漆车间运用壁挂式喷漆机器人、干式文丘里等先进工艺设备,挥发性有机化合物排放比传统车间降低80%。新建的总装车间采用先进的EMS+VAC(电动单轨机运系统+可升降吊具)车身输送系统、可升降多平台柔性化机运系统、备胎自动安装机器人等,全线SPS(成套零件配给)供料比例高达56%。新建的厂区设施采用自然采光设计、太阳能光伏供电、中水回用系统等环保技术,最大限度地降低运行能耗。

与此同时,东岳汽车还实施冲压车间扩建项目,项目由机械工业部第四设计研究院有限公司设计,烟台市飞龙建筑开发集团有限公司施工,烟台开发区勘察岩土工程有限公司勘察,烟台圣凯建设工程咨询有限公司监理。项目新增一条 2250T 国产全自动冲压生产线及相应配套设备,完成投资 1.97 亿元。2012 年 5 月投产。

【建设成效】

东岳汽车三期项目暨东岳整车北厂达产后,为东岳汽车新增 2 班 24 万辆/年产能力。加上南厂产能,东岳汽车整车总产能达到 2 班 48 万辆整车生产能力。2014 年达纲年,新增销售收入177.45 亿元,新增税后利润 7.28 亿元。

八、东岳动力总成发动机工程

为满足发动机性能升级需要,上海通用汽车东岳动力总成有限公司分三期实施 FAM(小型发动机)B/C 项目,引入泛亚技术中心研发的最新小型发动机产品。2009 年 12 月,FAM B/C 一期、二期以及由通用欧洲动力总成开发的 FAM I GEN3 系列发动机项目同时立项。2011 年 4 月,FAM B/C 三期项目立项,引入 GEN2 系列 1.4 升~1.5 升四缸发动机。2011 年 6 月和 12 月,上述项目先后获山东省发改委批复同意。项目均位于上海通用汽车东岳动力总成厂区。

FAM B/C 一期项目利用发动机车间、物流中心进行工艺改造。2010 年 10 月,首批设备进厂,2011 年 7 月,C14 型号发动机批量投产。项目投资 9.63 亿元,新增工艺设备 158 台/套,其中进口设备 129 台/套,国产设备 29 台/套,建成 FAM C 1.4 升发动机、FAM C 1.5 升发动机和 FAM B 1.2 升发动机生产线。

FAM B/C 二期项目和 GEN3 发动机二期扩能项目同步实施。2011 年 2 月开工建设,GEN3 发动机于同年 9 月批量投产,C14 型号发动机于同年 10 月批量投产。2 个项目投资 16.51 亿元,新建 2 号发动机车间和 2 号 LOC,用于 FAM B/C 系列和 GEN3 系列发动机生产以及零部件储存配送。新增工艺设备 394 台/套,其中进口设备 191 台/套,国产设备 203 台/套。2 号发动机车间厂房首次在生产车间使用钢纤维地坪,提高地坪使用寿命,降低维护成本。

FAM B/C 三期项目利用第二发动机车间厂房进行工艺改造,2012 年 6 月,首批设备进厂,2013 年 3 月,曲轴线批量投产,同年 6 月,缸体缸盖线批量投产。项目投资 7.84 亿元,主要内容为机加工扩能,新增工艺设备 127 台/套,其中进口设备 93 台/套,国产设备 34 台/套。

FAM B/C 一期项目 2012 年达纲时,年产 B12、C14、C15VVT 发动机 24 万台,年营业收入22.94 亿元,年利润 2.66 亿元,税前利润率 11.6%。FAM B/C 二期项目和 GEN3 发动机二期项目于 2014 年达纲,年产发动机 35 万台,年营业收入 43.08 亿元,年利润 6 亿元,税前利润率 13.9%。FAM B/C 三期项目 2014 年达纲,年产发动机 24 万台,并逐步替代 S200 发动机,年营业收入 22.93 亿元,年利润 2.7 亿元,税前利润率 11.8%。

九、北盛三期工程

【项目报批】

2011 年,上海通用汽车决定建设北盛三期项目。该项目由北盛整车扩建项目、为整车配套的

SGE 发动机项目和 SGE 发动机二期 3 个项目组成,项目注入美国通用汽车国际领先的制造工艺。同年 6 月,辽宁省发改委下达《关于上海通用(沈阳)北盛汽车有限公司扩建(三期)项目申请报告核准的批复》予以批准。7 月,沈阳市政府与上汽集团签署《进一步深化战略合作协议》。8 月,项目获国家发改委备案通知书。三期(扩建)项目采取施工手续审批和施工同步进行的方式,并在 114 天内完成全部施工手续,创下上海通用汽车建设项目审批最快纪录。

动力总成 SGE 发动机项目生产新一代小排量发动机,2012 年 6 月获国家发改委批复同意。

【整车扩建工程】

上海通用汽车北盛扩建三期(扩建)项目建设地点位于沈阳市大东区汽车城产业园区,项目新增面积 221.08 万平方米,新增建筑面积 26.68 万平方米,实际完成投资 34.56 亿元。项目由上海市机电设计研究院、机械工业第四设计研究院有限公司等设计,中国建筑一局(集团)有限公司、上海宝冶集团有限公司、上海市第五建筑有限公司、江苏省苏中建设集团股份有限公司、湖南省工业设备安装有限公司、沈阳新元建设集团有限公司、威海建设集团股份有限公司、上海住总集团建设发展有限公司等施工,沈阳市建设工程项目管理中心、辽宁方圆建设项目管理有限公司等监理。

2011 年 3 月,车间厂房钢结构启动施工;5 月,项目正式启动;7 月,进行土地平整,并在施工后58 天内完成全部主要单体桩基施工;7 月底,各车间主钢结构安装完成;9 月,项目举行奠基仪式。2014 年 8 月,举行上海通用北盛汽车成立 10 周年暨三期项目投产仪式。

该项目新建的冲压车间拥有 2 条高速全自动冲压生产线、1 条全自动开卷落料生产线,最高冲次可达每分钟 18 次。车身车间拥有国内最先进的车身生产线,配备随行工装、高速辊床、高密度补焊和涂胶、柔性滚边系统、视觉在线质量监控等一系列先进工艺设备及 518 台机器人,自动化率超过 80%。油漆车间采用世界最先进绿色环保技术,包括国内首条可有效减少污染物排放的薄膜磷化底泳透力电泳线和干式文丘里等新工艺。总装车间运用最新智能技术提高自动化程度和整体工艺水平,满足通用汽车全球生产工艺的要求。雨淋喷房模拟世界上最大雨量 4 倍到 5 吨的喷水量,对每辆车进行 360 个喷嘴 90 秒的强力水冲击测试。动力总成车间为通用全球第 1 个量产最新一代 Ecotec 小排量发动机生产车间,该系列发动机采用中置直喷自然吸气技术和中置智能直喷涡轮增压技术,可大幅提高燃油经济性和动力性。其余配套建筑有物流运作中心、公用动力中心、预留二期扩建场地、VDC 整车发运中心、高速试车道、行政楼、一般仓库等。

【发动机工程】

北盛三期发动机项目建设地在沈阳市大东区汽车城产业园区三期(扩建)项目厂区内,新增建筑面积 5.12 万平方米。2011 年 9 月与整车(扩建)项目同时奠基。项目由上海市机电设计研究院有限公司设计、上海住总集团建设发展有限公司施工,沈阳市建设工程项目管理中心监理。2014年 8 月,与三期项目同时举行投产仪式,主力产品为 1.4T、1.5 SIDI 和 1.5T 发动机。2014 年 4月,SGE-I(1.4T)项目投产,年产能 30 万台。2015 年 6 月,SGE-II 扩能项目投产,新增年产能 15万台。合计产能 45 万台发动机。

该项目实际完成投资 20.43 亿元,建设内容包括 SGE-I 缸体、缸盖、曲轴加工线及发动机装配线及配置工艺设备,SGE-II 缸体、缸盖、曲轴加工线和发动机装配线扩能设备,产品性能达到国内外领先水平,同时性价比具有明显的竞争优势。

【建设成效】

上海通用汽车北盛三期项目年产能为 30 万辆整车。新工厂采用世界先进水平的工艺设备及国际高标准环保设施,通过移植并延伸上海通用金桥生产基地柔性化精益管理体系和质量体系,使北盛新工厂集精益化、敏捷化、柔性化、模块化于一体,成为具有国际一流、国内领先水平的先进绿色环保工厂。三期新工厂与一期、二期工厂形成北盛基地北、南两大厂区,产品涵盖别克、雪佛兰两大品牌,四大平台共 6 款车型,规划总年产能达 50 万辆整车及 45 万台发动机。

十、武汉工程

【武汉乘用车一期工程】

2012 年 1 月,上海通用汽车上报关于武汉分公司乘用车一期项目的《可行性研究报告》。2 月,湖北省发改委下达同意的批复。

上海通用汽车武汉一期项目建设地位于湖北省武汉市江夏区,总占地面积 27.16 万平方米,规划总建筑面积 33.01 万平方米,项目由上海机电设计院设计,上海建工二建集团公司、江苏省苏中建设集团公司、江苏金陵建工集团公司等单位施工,武汉华胜工程建设科技公司和武汉鸿诚工程咨询公司监理。

2012 年 9 月,工程开工。2015 年 1 月建成投产,第一款别克全新英朗下线,项目新建冲压、车身、油漆、总装车间以及公用动力站房、售后配件配送中心、行政楼等配套辅助设施等。新增设备 11 630 台/套,其中进口设备 10 190 台/套,总投资 70 亿元。冲压车间新建 2000T 全自动冲压生产线 2 条,800T 全自动开卷落料生产线 1 条,每条冲压生产线由 1 台 2000T 带数控液压拉伸垫的闭式四点单动压力机及 3 台 1000T 闭式四点单动压力机组成,具有全自动开卷落料和冲压功能,是国内同类压机中最先进的设备。车身车间主生产线由底板总成线、侧围内板和外板总成线、白车身总拼线、白车身补焊线、门盖生产线及白车身调整线组成,重要定位点焊、补焊和大焊钳使用处均通过 410 台/套焊接机器人完成,自动化程度 80%,具有国际领先水平。油漆车间拥有前处理电泳线、粗细密封及底部喷胶线、中涂喷漆线、面漆喷漆线等先进生产线,中涂、色漆、罩光漆采用三喷一烘工艺,主要工艺设备均采用国外先进设备。总装车间包括内饰线、底盘线、最终装配线、检测线、发动机分装线、门分装线等,具有柔性化自动化作业、多种车型共线生产特点。

一期工程建设期间,中共湖北省委书记李鸿忠、省长王国生、副省长许克振,中共武汉市委书记阮成发、市长唐良智前往视察或出席相关活动。武汉市政府向其颁发工业投资最佳企业奖。

2015 年工程投产当年,生产整车 24.5 万辆、配套发动机 29.1 万台,实现销售收入 208.0 亿元、利润 40.7 亿元、上交税收 13.3 亿元,实现当年投产当年达纲。

【武汉乘用车二期工程】

2014 年 3 月,上海通用上报武汉分公司乘用车二期项目《可行性研究报告》,同年 6 月,湖北省发改委批复同意。8 月,该项目签约。2015 年 1 月,二期项目在一期项目竣工投产的同时开工建设。

上海通用汽车武汉二期工程建设地位于武汉分公司厂区北侧预留地,项目新建冲压、车身、油漆、总装车间和办公辅楼、车体分配中心、新车检验车间 PDI(出厂前检查)、装车发运棚,以及相关配套的废水处理站、总装加液站及门卫等辅助设施,新增建筑面积 21.87 万平方米,项目由上海机电设计院设计,上海建工二建集团公司、江苏省苏中建设集团公司等单位施工,武汉华胜工程建设科技公司和武汉诚信工程咨询公司监理。

二期项目沿用一期项目柔性化精益生产管理体系,产品规划、生产制造、零部件采购等纳入上海通用运营体系。项目总投资 75 亿元,新增设备 2 905 台/套,其中进口设备 1 620 台套。包括冲压车间新增高速冲压生产线 3 条,剪切生产线 1 条,22050T 高速冲压生产线由 1 台 2000T 带数控液压拉伸垫的闭式四点单动压力机及 3/4 台 1000T 闭式四点单动压力机组成。车身车间白车身拼焊生产线 1 条,由底板分拼、地板主线、侧围分拼、侧围内板总拼、侧围外板总拼、共用补焊、门盖安装、整车检点等组成,钢电阻焊、铝电阻焊、Arplas(阿普拉斯)焊接、自冲铆接、激光焊、激光钎焊和铝螺柱焊等均由 480 台/套焊接机器人完成,自动化程度高达 100%。油漆车间拥有前处理电泳线、粗细密封及底部喷胶线、中涂喷漆线、面漆喷漆线等生产线,主要工艺设备均采用国外先进设备。总装车间包括内饰线、底盘线、最终装配线、检测线、发动机分装线、门分装线等,具有柔性化、自动化和多种车型共线生产的特点。

至 2015 年年底,该项目尚在建设之中,计划于 2017 年建成投产,届时将新增两班 24 万辆整车生产能力。

【武汉动力总成工程】

2012—2015 年,上海通用汽车决定武汉基地陆续实施小型发动机、FAM BC 小型发动机、SGE 配套发动机、配套发动机二期、下一代 C 系列发动机等 5 个发动机,并分别取得湖北省发改委立项核准批复。项目累计投资约 101 亿元,由上海市机电设计研究院、机械工业第四设计研究院负责工程设计,中国一冶集团有限公司、湖南省工业设备安装公司等单位施工,武汉华胜工程建设科技有限公司、武汉鸿诚工程咨询管理有限公司监理。

动力总成项目建设地点位于武汉分公司厂区内西北侧预留地,按照乘用车一期、二期项目配套需求于 2012—2015 年陆续开工建设,其中小型发动机项目于 2012 年 11 月开工,FAM BC 小型发动机项目和 SGE(小排量汽油发动机)配套发动机项目于 2013 年 8 月开工,配套发动机二期项目于 2014 年 9 月开工,下一代 C 系列发动机项目于 2015 年 12 月开工。建设内容包括配套厂房及车间辅助设施,新增建筑面积 14.4 万平方米。

动力总成项目新增设备共 709 台/套,其中进口设备 639 台/套。主要内容为:小型发动机项目新增缸体、缸盖、曲轴加工线各 1 条,发动机总装线 1 条,缸盖分装线 1 条,含加工中心共 68 台/套设备,其中进口设备 59 台套。FAM BC 小型发动机项目新增缸体、缸盖、曲轴加工线各 1 条,发动机总装线 1 条,缸盖部装线 1 条,含加工中心及各类检测设备共 74 台/套,其中进口设备 66 台套。SGE 配套发动机项目新增缸盖分装线 1 条,发动机总装线 1 条,含加工中心共 176 台/套设备,其中进口设备 159 台/套。配套发动机二期项目分为 SGEIV/V 发动机车间和 NGCI 发动机车间新增缸体、缸盖、曲轴加工线各 1 条,发动机总装线 1 条、缸盖分装线 1 条,含加工中心共 273 台/套设备,其中进口设备 246 台/套。下一代 C 系列发动机项目新增 NGCIII 发动机车间缸盖装配线 1 条、缸盖缸体装配线 1 条、曲轴生产线 1 条、装配线 1 条,含加工中心等主要设备 118 台/套,其中进口设备 109 台/套。

动力总成 5 个项目中小型发动机项目、FAM BC 小型发动机项目、SGE 配套发动机项目分别于 2014 年 7 月、2015 年 7 月和 12 月相继建成投产,使武汉分公司具备年产 78 万台发动机生产能力。配套发动机二期项目、下一代 C 系列发动机项目至 2015 年尚处建设期,计划于 2017—2018 年建成投产。

十一、凯迪拉克工程

【项目报批】

2012年8月,为满足国内豪华车市场快速增长的消费需求,上海通用汽车决定实施建设凯迪拉克专属工厂、泛亚技术中心金桥基地以及物流中心这一集研发、制造、物流为一体的新型、高效研发生产区域,总投资37.46亿元(折合6.14亿美元)。2013年1月,上海市发改委下达项目核准的批复,并同时上报国家发改委。同年4月,国家发改委同意该项目备案。

【建设过程】

凯迪拉克专属工厂建于上海通用汽车申江路东侧金穗路567号,由上海市机电设计研究院和机械工业第四设计研究院设计,上海建工五建集团有限公司、上海公路桥梁(集团)有限公司、龙元建设集团股份有限公司、江苏省金陵建工集团有限公司和上海鸿盛工程建设有限公司施工,上海建通工程建设有限公司和上海电力监理咨询有限公司监理。

2013年6月,上海通用汽车凯迪拉克专属工厂及泛亚汽车技术中心(金桥)举行奠基仪式。上海市副市长、中共浦东新区区委书记沈晓明,上海市副市长周波,上海市政协副主席、浦东新区区长姜樑等出席奠基仪式。同年9月,项目动工,2015年12月,启动试生产。

【工艺装备】

该项目新增土地面积75.02万平方米,新增建筑面积23.05平方米,建成车身车间、车身辅楼、涂装车间、涂装辅楼、车身分配中心(含连廊)、总装车间、总装辅楼、公用联合站房等单体建筑9个。项目专属产品为凯迪拉克Omega P-Lux及其变型车和凯迪拉克C1UL SRX及其变型车,规划产能2015年生产2.1万辆。

车身车间新增设备52台/套,其中进口设备18台/套,主要包括底板分拼、侧围分拼、侧围内板总拼、侧围外板总拼、共用补焊、门盖安装、整车检点等生产线,大规模应用全球领先的车身制造工艺和连接技术,包括铝电阻焊、自攻螺栓连接、自冲铆接、激光焊、激光钎焊和铝螺柱焊等工艺,全部由机器人完成,共有机器人563台,是国内首个具备全铝车身制造能力的车身车间,连接工艺自动化率达到100%,代表车身制造工艺最高水准。涂装车间新增设备37台/套,包括进口设备17台/套,主要包括前处理电泳、粗细密封及底部喷胶、中涂喷漆、面漆喷漆、整理报交等生产线,喷涂工艺自动化率100%。喷房干式漆雾收集技术和废气处理系统的引入,达到世界级绿色环保水平。总装车间新增设备91台/套,包括进口设备29台/套,主要包括内饰、底盘、最终装配、检测、发动机分装、门分装等生产线以及轮胎、座椅、仪表盘等输送线运用业界领先的智能物联网系统,支持多款车型柔性生产,并对所有关键质量信息上传和追溯。车身分配中心由分配中心主体、连接车身车间的连廊、连接总装车间的连廊以及车身车间机运平台和总装车间机运平台组成,可贮存车身84辆,起到平衡车身、油漆和总装三大车间节拍差异,达到均衡生产和排序的要求。

【建设成效】

2015年项目建成后的试生产期间,共生产整车2.1万辆。竣工后在产车型4个,分别是凯迪拉克 XT5、CT6、XT4 和别克 GL8,未来还将陆续增加 4 个车型,达到 8 个产品共线生产,年最大产能可达 30 万辆。凯迪拉克工厂具有自动化率高、智能化程度高、环保等级高、质量管控能力高的特点,代表当今汽车制造全球顶尖水平。随着专属工厂品牌体验中心的建成,将更好满足国内消费者对凯迪拉克品牌和产品的体验需求。

十二、GFX 自动变速箱工程

GFx 9 速前轮驱动自动变速器系列是美国通用汽车专为亚太地区开发的低成本、高质量和功能领先的全新自动变速器系列,将被应用于上海通用各种中高级、中级和紧凑型轿车及运动型多功能车和旅行轿车系列的多款车型。2012 年 5 月,上海通用决定实施 GFx 自动变速箱项目,计划投资 16.65 亿元。2014 年 4 月,该项目经上海市浦东新区金桥经济技术开发区管理委员会批复立项。项目由机械工业部第四设计研究院有限公司设计,龙元建设集团股份有限公司施工总承包,上海建通工程建设有限公司监理。

该项目位于浦东新区金穗路 567 号,项目总占地面积 3.79 万平方米,总建筑面积 4.59 万平方米。2014 年 12 月,项目开工建设,2015 年 5 月完成基础施工,同年 9 月完成钢结构主体施工,至年底,项目尚在进行之中。GFx 自动变速箱项目首次集成 ETRS(电子选换档)功能模块,标配支持自动起停功能和支持 BAS 的整车应用,是北美通用汽车最新动力总成技术。项目主要生产设备共 96 台/套,其中进口设备 93 台/套,进口设备主要有主装配线、离合器壳体分装线、Button up(测试)分装线、油泵分装线、壳体分装线、变扭器壳体分装线、阀体分装线、电磁阀体分装线等,检测设施有变速箱功能测试机、电磁阀体功能测试机、阀体功能测试机等,以及 CNC 设备 56 台、高压去毛刺机 6 台、泄漏测试机 4 台、三坐标 6 台及精滤油系统、检具等。国产设备为 3 条集中切屑处理线。

十三、新能源电池工程

2013 年 6 月,上海通用汽车决定建设新能源电池项目,计划投资 8.7 亿元。同年 8 月,该项目经上海市发改委批复立项。

该项目位于浦东新区金穗路 567 号上海通用金桥基地,占地面积 1.59 万平方米,建筑面积 1.69 万平方米,由机械工业第四设计研究院有限公司设计,中铁十局集团有限公司施工总承包,上海建通工程建设有限公司监理。2015 年 8 月,项目动工,同年 12 月完成钢结构主体工程。计划于 2016 年 9 月竣工,项目将新增电池组总成装配、焊接、测试等总计 133 台/套设备,激光扫描焊接首次采用世界领先的三维扫描振镜技术,生产线将大量使用机器人,其中蜘蛛机器人采用独特构造的 6 轴机型,具有内置视觉传感和力传感,装配线自动化率将达 75%,实现柔性化精确装配。电池检测将首次应用 3D 扫描技术对焊接质量进行无损检测,红外热成像探测在电池充放电测试过程中实现非接触全轮廓范围内实时温度监控,确保产品测试安全,完备的电性能测试系统可模拟实际工况对产品进行性能测试,确保产品质量。

新能源电池配套项目完成后,产品将配备高端车型凯迪拉克 XT5,在凯迪拉克型谱中首次采用智能轻度混合动力系统。

表 8 - 1 - 2　1997—2015 年上汽通用基建装备主要项目一览表

序号	项 目 名 称	建设地点	投资总额 （亿元）	建设周期	形成年产能力
1	金桥北厂工程	上海	108.4	1997 年 1 月— 1998 年 12 月	10 万辆
2	金桥南厂工程		28.89	2003 年 9 月— 2005 年 5 月	20 万辆
3	金桥新厂工程		80	2013 年 6 月—	16 万辆
4	东岳整车一期工程	烟台	26.67	2003 年 2 月— 2004 年 5 月	10 万辆
5	东岳整车二期工程		23.18	2005 年 2 月— 2006 年 10 月	20 万辆
6	东岳整车三期工程		25.3	2010 年 6 月— 2012 年 5 月	24 万辆
7	东岳动力总成一期工程		8.28	2004 年 5 月— 2005 年 6 月	37.5 万台
8	东岳动力总成二期工程		36.7	2005 年 9 月— 2009 年 5 月	90 万台
9	东岳动力总成三期工程		33.98	2010 年 10 月— 2013 年 6 月	87 万台
10	北盛整车一期工程	沈阳	2.1	2004 年 3 月— 2004 年 6 月	5 万辆
11	北盛整车二期工程		24.64	2005 年 10 月— 2008 年 12 月	15 万辆
12	北盛整车三期工程		55	2011 年 9 月— 2014 年 8 月	30 万辆
13	武汉工厂工程	武汉	70	2012 年 6 月— 2015 年 1 月	24 万辆

资料来源：上汽通用汽车有限公司

第三节　上汽通用五菱重要工程

　　上汽通用汽车五菱汽车股份有限公司（简称上汽通用五菱）自 2002 年合资成立至 2015 年，先后在广西柳州、山东青岛、重庆以及印度尼西亚，投资 237.65 亿元，建成柳州河西整车及发动机工厂、青岛整车和发动机工厂、宝骏整车及发动机工厂、重庆整车及发动机工厂、印尼工厂，共 17 个工程项目，固定资产规模达到 169.5 亿元。2009 年，上汽通用五菱年产销突破 100 万辆微型车，成为中国第一家产销破百万、规模最大的微型车企业。2013 年，公司实现整车销售累计超过 1 000 万辆；2015 年，公司形成各类乘用车和微、小型商用车年产销 218 万辆能力。

一、柳州西部一期工程

【项目报批】

21世纪初,上汽集团开始走出上海并进军微型车制造领域。2002年6月,上汽集团、通用中国、五菱汽车合作打造中国最大世界领先的微型汽车生产基地。7月,上汽通用五菱开始研究西部工厂一期项目建设并形成可行性研究报告。2003年9月,广西壮族自治区桂林市经贸委下发《关于同意〈上汽通用五菱前处理电泳生产线、涂装车间厂房、喷漆生产线技改项目可行性研究报告〉的批复》。据此,上汽通用五菱编制冲压车间和总装车间技术改造方案并上报政府部门。2005年3月,广西壮族自治区桂林市重工业委员会发函同意项目备案。

【建设过程】

上汽通用五菱西部工厂一期项目位于柳州市河西路18号,项目建设包括涂装车间、总装及冲压生产线3个分项目,由中国机械工业第四设计研究院总承包设计及施工。2003年10月,土建与设备进入施工现场开始交叉施工。11月,举行涂装车间工程奠基和雪佛兰轿车SPARK下线仪式,广西壮族自治区政协副主席王汉民、中共柳州市委书记吴集成、柳州市市长陈向群等出席。2005年1月16日和5月4日,中共中央政治局常委、国务院副总理黄菊和中共中央政治局常委、中央纪委书记吴官正在中共广西壮族自治区委书记曹伯纯陪同下先后前往视察。6月,涂装车间开始试生产。同年10月,总装车间开始试生产。12月,冲压生产线G线开始试生产。

【工艺装备】

上汽通用五菱西部一期工程涂装车间技改项目完成投资5.64亿元,冲压和西部总装一期技术改造项目完成投资1.69亿元,合计7.33亿元。涂装车间改造包括前处理电泳和喷漆生产线技术改造、车间厂房及公用动力建设,建成后拥有18台机器人和带有集中送排风系统的文丘里式喷漆室,计算机网络控制的自动化生产PMC(生产物料控制)、AVI(自动车辆识别)、ANDON(暗灯)、PHS(热冲压工艺过程)等系统管理系统,带有直燃式废气处理装置的桥式烘干炉及废处燃烧烘干装置,分类处理及生化废水处理系统,废水排放达到国家环保一级标准。总装车间新增1条总装生产线,1条整车检测线和部分新型机运及电控系统,一次规划分步实施,一期达到3班年产20万辆能力,能适应SPARK乐驰、五菱之光、五菱鸿途3种车型共线生产。西部厂区冲压车间新建1条大型冲压生产线,由1台22 500千牛闭式单动多连杆式压机和3台10 000千牛闭式四点单动压机组成,采用贯通式布置。该工程按照美国通用全球汽车工艺标准,达到国际先进水平。

【建设成效】

该项目实施后,上汽通用五菱西部工厂总装生产能力增至18万辆,冲压生产能力增加153万件。2004年,公司产销24万辆,国内微型车市场占有率24.9%。2005年以后,产销量快速上升,当年产销34万辆,国内微型车市场占有率30.6%。2006年,产销46.6万辆,国内微型车市场占有率37.3%,位居国内微型车企业第一。

二、柳州西部二期工程

【项目报批】

2007年9月,上汽通用五菱决定实施西部工厂二期工程建设,以进一步提升产能,形成西部工厂"平台百万化、平台差异化、平台乘用化"战略。同年12月,与机械工业部第四设计研究院完成工程设计和图纸审查。该工程设计方案上报后,2008年3月,广西壮族自治区桂林市重工业委员会下达《关于核准上汽通用五菱汽车股份有限公司西部工厂二期项目技术改造项目的函》,予以核准。

【建设过程】

上汽通用五菱西部工厂二期工程以柳州市河西路18号原有西部工厂为基地,对涂装、冲压、车身、总装车间和公用配套等设施进行适应性改造,包括冲压车间新增1条冲压生产线,车身车间主要新增1条调整线,涂装和总装车间将能力扩充1倍,利用现有厂房和库房面积改造为仓库,新建1.8万平方米冲压件库和零部件库房等。项目由中国机械工业部第四设计研究院承建。

2007年12月,涂装车间举行开工仪式,二期工厂开始建设,2008年2月,涂装设备进场安装,3月,输送线设备特构基础进场施工;4月,设备进场安装;8月,开始设备调试;10月,第一辆车下线开始正式生产;12月,二期工程竣工。2009年5月,西部工厂二期冲压新线全线自动化项目开始安装。同年6月投入试产。

【工艺装备】

上汽通用五菱西部工厂二期工程实际使用资金5.84亿元,生产工艺基本按照美国通用全球汽车工艺标准实施,达到国际先进水平。项目引进压力机、机械手、拆垛上料系统、喷漆机器人、集中供漆系统等进口设备,新增试模压力机、落料压力机、车身调整线、滑撬输送线、电泳后打磨室、漆泥处理系统等国产设备。其中涂装车间新增1条生产线,采用3层结构,关键设备液压式集中供漆及供胶系统选用进口设备,其他设备选用国产优质设备。涂喷房新增P200基座式机器人4台,面涂喷房新增P500轨道式机器人16台,并带有集中送排风系统的文丘里式喷漆室,采用计算机网络控制的自动化生产和管理系统,属国际先进水平。冲压车间新增落料压力机1台、FANUC搬运机器人7台、废料输送线1套。总装车间配置内饰和底盘装配线、最终装配线、发动机分装线、发动机后桥合装线、1台制动液、冷媒二合一进口加注机、1台法国进口防冻液加注机,新增1条输送线。

【建设成效】

该项目实施后,西部工厂二期工程形成28万辆整车年产能力,西部工厂一期和二期合计年产能力达到38万辆。东部工厂和西部工厂总的年产能力达到90万辆。2008年年底,西部工厂二期工程竣工后,上汽通用五菱于2009年年产销突破100万辆,达到106.5万辆,比2008年增长63.7%,成为中国第一家年产销100万辆的汽车企业,不仅继续位居国内微型车市场首位,而且位居中国汽车企业第1。2010年,产销进一步升至123.45万辆,比2009年增长15.9%,继续保持国内汽车企业领先地位。

三、柳州发动机一期工程

【项目报批】

为加快建设柳州西部工厂新一代五菱小排量发动机制造能力,2004年11月,上汽通用五菱成立发动机工厂技术改造项目组。2005年6月,该公司柳州基地发动机工厂奠基,广西壮族自治区政府主席陆兵、副主席杨道喜出席仪式。2005年8月,上汽通用五菱和上海机电设计研究院编制《发动机技术改造项目可行性研究报告(含项目建议书)》,并上报政府部门。2007年4月,国家发改委下达批文予以核准。5月,国家发改委再次发文确认该发动机增资项目符合国家产业政策,为国家鼓励的内外资项目。

【建设过程】

该工程由机械工业部第三设计研究院设计,湖南省建筑工程集团总公司施工,湖南大学建设监理中心监理,柳州市建设工程质量监督中心负责质量监督,实际投资15.13亿元。

2005年6月,发动机一期工程开工建设,2006年6月,联合厂房主体工程竣工,同年7月,第一台设备进厂安装,8月,第一台韩国Gamma(伽玛)发动机从生产线下线。同年10月28日,中共中央政治局常委、国务院总理温家宝前往视察。2007年7月,第一款B12发动机投产,同年12月,第二款B11发动机投产,至此,发动机一期项目竣工。

【工艺设备】

该发动机项目新征厂区试车场北外侧9.06万平方米和西外侧1.61万平方米建设用地,新增建筑面积4.8万平方米,包括生产车间、外协件库、入库检查区、毛坯堆放区和生产辅助区组成的联合厂房,以及动力辅房、油罐区、废水处理站等生产辅助设施。其中生产车间由发动机机体、缸盖和曲轴加工区、发动机装配区和质量控制、零件中转等区域组成。

该项目主要加工设备供应商为德国E-cell-o(用友)公司,其中缸体加工线可满足B10－B12柔性化生产,缸孔和曲轴孔加工设备具有实时在线测量功能,清洗设备配有高柔性夹具和Uson高精度全自动试漏仪,另配有高精度ACCURA2三坐标测量仪及缸体缸盖上下料传输辅助系统、激光打标机等高精度设备;缸盖加工线采用法国Promess(普罗梅萨)自动伺服电缸加工工艺,可精确监控压装过程压力和压入距离,具有防错识别功能;曲轴加工线采用高精度高速加工的四轴联动卧室镗铣加工中心和FANUC31i数控操作系统;数控拉床和外铣机床定位精度高并自带ARTIS(刀具监控及机床状况)监控系统,实现自动换型功能;数控磨床采用数控形式,具有重复定位高精度功能,满足主轴颈连杆颈磨削运动高精度要求;实验设备采用德国ZEISS(蔡司)专利技术,由ZEISS生产的高精度日本ACCURA2(讴歌)三坐标测量仪、玻璃陶瓷等先进测量设备组成。另有去毛刺日本Fanuc(发那科)机器人、双工位测量机、adcole(埃蒂科)测量仪以及双H/H/I三种型号机械手等先进设备。

【建设成效】

上汽通用五菱柳州发动机一期项目是该公司首次运用美国通用汽车GPDP(全球动力系统)动力总成开发流程,整合股东方开发理念及低成本高价值造车理念实施的第一个发动机项目。项目形成 GMDAT 1.1 升和 1.2 升前后驱动发动机 30 万台年产能力,主要为五菱之光、五菱鸿途、五菱荣光等微型客车以及"五菱小旋风"单排双排货车车型配套。2009 年,该项目生产达纲,年产发动机 41.94 万台。2010 年,生产发动机 47.5 万台。

四、青岛整车一期工程

【项目报批】

为进一步拓展北方市场,打造"南北联动、东西呼应"生产格局。2005 年 6 月,上汽通用五菱与颐中(青岛)运输车辆制造有限公司签署收购该公司资产协议,并在此基础上成立青岛分公司。中共山东省委副书记、青岛市委书记杜世成等出席签约仪式。2006 年 9 月,上汽通用五菱决定实施青岛基地整车一期项目建设。随后,编制上报《年产 20 万辆微型汽车技术改造项目报告》。同年 12 月,青岛市发改委下发核准通知。

【建设过程】

上汽通用五菱青岛分公司项目位于青岛经济技术开发区太行山路北端,厂区占地 42.13 万平方米。项目利用预留发展面积在原有建筑基础进行扩建,新增土地 9.66 万平方米,新增建筑面积 8.86 万平方米;新建冲压车间 E 线和 D 线,涂装车间空压站、消防水泵房、制冷站、成品车交接区等设施。项目由机械工业部第四设计研究院设计,中国建设第八工程局和江苏南通三建集团有限公司施工,山东省建筑工程监理公司监理。

2007 年 4 月,该项目第 1 个单体项目开工。同年 8 月,设备特构进场施工。10 月,总装设备安装开始。2008 年 1 月,开始单机调试。同年 3 月,举行整车项目投产仪式。4 月,项目主要工程竣工。

【工艺设备】

青岛分公司整车一期工程实际投资 10.66 亿元。总计新增设备 431 台/套,包括进口设备 120 台/套。其中冲压车间配置设备 40 台/套,包括 22 500 千牛闭式单动多连杆式压机 1 台、10 000 千牛闭式四点单动压机 3 台、线头拆垛子零件传输子系统自动化线、二轴拆垛机械手、光学扫描对中台及废料输送线。车身车间配置设备 10 台/套,包括 CO_2 焊机机器人 20 台的焊接线 1 套、车身调整线 2 套、主线到调整线输送系统 1 套、调整线至涂装车间输送系统 1 套。涂装车间配置设备 48 台/套,包括前处理及阴极电泳设备、喷涂机器人、中涂喷漆室、输送系统、集中供漆、输胶系统等设备。总装车间配置设备 44 台/套,包括 2 条带有底盘装配和最终装配的内饰装配线,发动机后桥合装 AGV(自动导引车)小车 8 台、制动液与冷媒加注机 1 台、防冻液真空加注机 1 台、VIN(车辆识别号码)/VSN(车辆配置代码)码标记设备及返修设备 3 台、风挡玻璃涂胶设备 2 台。以及整车检测线淋雨线 3 套、ABS 测线制动台 1 台、检测线车速台 2 台、检测线侧滑台 2 台、检测线四轮定位仪 2 台、检测线大灯仪 2 台、发动机油、变速箱油加注机 1 台。此外,还有公建配套设备 289 台/套。

【建设成效】

该项目在原有基础上进行适当技术改造,实现资源互补、产品升级、低成本扩张、规模化量产的预期目标。项目实施后,青岛分公司总装生产线形成 30 万辆小型商务车年产能力。2008 年投产后,当年产销 13.24 万辆。2009 年和 2010 年,整车先后销售 35.75 万辆和 42.29 万辆,助推上汽通用五菱成为国内第一家年产 100 万辆汽车企业。

五、青岛发动机一期工程

【建成过程】

2006 年 9 月,上汽通用五菱在规划实施青岛分公司整车一期工程的同时,决定建设与整车同步的发动机项目,并上报《关于上汽通用五菱汽车股份有限公司青岛分公司发动机生产项目的请示》。2007 年 6 月,青岛市发改委下发予以核准的通知。

该技术改造项目位于青岛经济技术开发区太行山路北端,由上海市机电设计研究院有限公司设计,机械工业部第四设计研究院勘测,上海宝冶建设有限公司施工,青岛高园建设咨询管理有限公司监理。2007 年 7 月,项目奠基并开工建设。2008 年 8 月,第 1 台 B12Gamma 发动机下线。同年 12 月,发动机装配线具备批量生产能力。2009 年 3 月,举行项目投产暨整车 30 万辆下线仪式。同年 10 月,第 1 台 C14SOP 发动机下线。

【工艺设备】

青岛分公司发动机一期项目实际投资 10.39 亿元,节约资金 1.88 亿元。项目新建发动机联合厂房及附属公用站房,新增建筑面积 2.92 万平方米;建成缸盖、缸体、曲轴机加工生产线及手动输送系统、曲轴自动输送系统柔性生产线、总装生产线和机加工线 CNC(计算机数字化控制精密机械加工)加工中心等。

缸盖、缸体、曲轴机加工生产线和总装生产线总体具有国际先进水平,其中缸体加工线进口设备 60 台、国产设备 10 台,打标及追溯系统 2 套,滚道传送系统 2 套;整线采用 QC&A(质量控制与问责)系统对零件进行追踪,确保零件可追溯性;关键尺寸使用意大利 marposs 在线测量并进行尺寸补偿,确保关键尺寸;缸盖加工线由加工中心和辅机组成,进口设备 50 台,国产设备 10 台;曲轴加工线设备 28 台套,其中国产设备 2 台,进口设备 26 台套,进口设备主要来自德国、日本、美国和意大利,采用自动输送系统;其中曲轴龙门机械手全自动传送曲轴,并有打标追溯系统,监测曲轴从上线到下线全过程;曲轴测量机实现曲轴 100% 检测,防止缺陷零件流出;曲轴加工中心采用德国 MAGIASGmbH(MAG 工业自动化系统公司)进口加工中心,满足 B12/C14/B15 柔性化生产。发动机装配线由 ABB 公司总承包,为进口设备,其中全自动工位 21 个、半自动工位 9 个。

【建设成效】

该项目建成后,形成 C14 和 B12 发动机 3 班生产 35 万台年产能力,其精益性成为美国通用汽车发动机的标杆。生产的小排量高性能发动机为五菱荣光、五菱鸿途、五菱之光、SPARK 乐驰等车型配套。2009 年,生产发动机 13.70 万台。2010 年 12 月,累计第 50 万台发动机下线。同年,该项目年产发动机 40.03 万台,利润总额 3.09 亿元。

六、柳州东部工程

【建成过程】

2009 年 7 月,上汽通用五菱决定实施东部工厂技术改造。同年 11 月,广西壮族自治区经委发函核准同意。

2009年7月,项目开工建设。9月,新东部涂装车间举行开工仪式,广西壮族自治区主席马飚、副主席杨道喜出席。2010年4月,涂装区域厂房设备进场安装。5月,东部车身车间E线投入生产,第一台白车身下线。8月,新东涂C线工艺设备调试,11月,第一台合格车下线。2011年1月,项目正式投产开始三班满负荷生产。

【工艺装备】

该项目建设地为柳州市河西路18号东部工厂厂区,实际投资4.96亿元。项目投入工艺装备包括:东部车身车间新增2条N109/N108生产线、1条N109/N106P生产线、1条N400生产线等4条主焊线,2条新车身调整线,空中输送线,BDC(物流)机器人,CO_2焊机22台。涂装车间新建生产线,改造原涂装B线,工艺设备有电泳烘炉、面漆烘炉各1套,日本进口喷漆机器人18台,美国GRACO电动泵等。总装车间局部改造生产线,新建3条检测线,改造后的生产线为柔性线,主要设备有BDC1套、集中供液系统1套、风挡玻璃涂胶系统1套、四轮定位仪3台、淋雨间3台、大灯仪3台、制动台3台、CARE(产品交付前,用户接受审查和评估)线2条、汽油库1个。通过改造,东部工厂形成32.24万辆微型汽车产能能力,柳州基地年产能力提升至50.74万辆。

七、柳州发动机二至七期工程

【发动机二期工程】

2009年10月,上汽通用五菱决定实施柳州发动机二期项目。2010年8月,广西壮族自治区工业和信息化委员会核准同意。10月,国家发改委确认该项目国家产业政策鼓励项目。该工程由机械工业第三设计研究院设计,广西建工集团第五建筑工程有限责任公司、广西壮族自治区冶金建设公司施工,核工业柳州市地质勘察院勘察,上海同济工程项目管理咨询有限公司负责工程监理,柳州市建设工程质量监督中心负责质量监督。

柳州发动机二期工程于2010年2月开工,2011年2月竣工,同年8月投产。项目实际投资5.43亿元,新增建筑面积1525平方米。新增装备包括:缸体生产线由加工中心和辅机组成,进口设备32台、国产设备4台,打标及追溯系统1套,滚道传送系统1套;缸盖生产线由加工中心和辅机组成,进口设备26台、国产设备4台,打标及追溯系统1套,滚道传送系统1套;曲轴生产线设备21台套,其中国产设备2台,进口设备19台套。装配线整线为进口设备。缸体线和缸盖生产线年产能力为3班17.5万台,曲轴线和装配线年产能为35万台。

项目实施后,柳州发动机工厂生产B12/B15发动机,匹配上汽通用五菱产品以及部分上海通用汽车车型。

【发动机三期工程】

2010年9月,上汽通用五菱决定实施柳州发动机三期项目。同年10月,国家发改委确认该项目符合国家鼓励发展的内外资项目。2011年6月,获广西壮族自治区发改委下达通知予以核准。该工程由机械工业部第三、第四设计研究院设计,广西冶金建设工程有限责任公司、广西建工集团第二安装建设有限公司施工,柳州市水文地质勘察院勘察地质,上海同济工程项目管理咨询有限公司监理,柳州市建设工程质量监督中心质量监督。2010年2月,项目开工建设,2012年9月竣工,

B15 GP50 DVCP(垂直连续电镀铜生产线),B12 I 代机型投产。

柳州发动机三期项目实际投资 3.66 亿元,占地面积 8 857 平方米,建筑面积 1.11 万平方米。新增装备包括:由加工中心和辅机组成的缸体生产线,进口设备 32 台、国产设备 4 台,打标及追溯系统 1 套,滚道传送系统 1 套;由加工中心和辅机组成的缸盖生产线,进口设备 26 台、国产设备 4 台,打标及追溯系统 1 套,滚道传送系统 1 套;整线采用 QC&A 系统零件追踪,关键尺寸使用意大利 marposs 在线测量加工;曲轴生产线新增 3 台加工中心、1 台车车拉、1 台连杆颈铣床、1 台油孔钻、1 台车床、2 台双砂轮磨床及 1 台油孔钻,共计 10 台套,其中进口设备 9 台、国产设备 1 台。

【发动机四期工程】

2011 年 6 月,上汽通用五菱启动发动机四期工程建设。2012 年 3 月,广西同意立项,同年 8 月,国家发改委予以备案。该工程由机械工业部第四设计研究院设计勘察,上海宝冶集团有限公司施工总包,上海同济工程项目管理咨询有限公司监理,柳州市建设工程质量监督中心监督。

2011 年 9 月,该项目开工,广西壮族自治区主席马飚、副主席杨道喜,中共柳州市委副书记、市长郑俊康出席开工仪式。2013 年 9 月,项目投产,实际完成投资 9.93 亿元。缸体生产线新增加工中心、辅机,进口设备 68 台,国产设备 19 台。整线采用 QC&A 系统对零件进行追踪,关键尺寸使用意大利 marposs 在线测量并进行尺寸补偿;缸盖生产线分两个模块,新增加工中心、辅机进口设备 57 台/套,国产设备 20 台/套,整线采用 Flexnet(企业执行系统)对零件进行追踪,关键尺寸燃烧室高度使用意大利 marposs 在线测量进行加工;曲轴生产线进口设备 38 台/套,国产设备 6 台套。发动机四期投产后,其工艺按照美国通用汽车全球汽车工艺标准,达到国际先进水平。项目建成,宝骏基地新增 3 班年产 17.5 万台发动机能力。

【发动机五期工程】

2014 年 7 月,上汽通用五菱开始实施柳州发动机五期工程项目。2015 年 3 月,国家工业和信息化部(简称工信部)发文同意项目备案。4 月,国家发改委确认该项目符合国家产业鼓励的内外资项目。

2014 年 11 月,项目开工,至 2015 年尚在建设之中。项目利用现有厂区扩建发动机联合厂房及公用站房,购置工艺检测设备,实现 3 班新增 36 万台发动机年产能力,预计实际完成投资 10.68 亿元。项目将新增由加工中心和辅机组成的缸体生产线,有进口设备 73 台套,国产设备 22 台套;由加工中心和辅机组成的缸盖生产线,有进口设备 55 台套,国产设备 23 台套。缸体和缸盖线均采用 Flexnet 系统对零件进行追踪,关键尺寸燃烧室高度使用意大利 marposs 在线测量进行加工。曲轴生产线进口设备 40 台套、国产设备 8 台套。

八、宝骏工程

【柳州乘用车工程】

为实施通用汽车全球制造体系,形成商用车、乘用车和微小型车用发动机并举的生产格局。2010 年,上汽通用五菱向广西壮族自治区工业和信息化委员会上报《乘用车搬迁一期技术改造项目》,同年 12 月获得核准。2011 年 10 月,工业和信息化部装备工业司同意项目备案。项目由机械工业部第四设计研究院有限公司设计,广西冶金建设公司广西建工集团第二、第三、第四建筑工程有限责任公司,广西建工集团第二安装建设工程有限公司,广西铭君建筑工程有限公司施工,中国轻工业南宁设计工程有限公司、深圳市龙城建设监理有限公司、湖南湖大建设监理有限公司、上海同济工程项目管理咨询有限公司、广西桂能工程咨询集团有限公司监理。

该项目位于柳州市柳东新区官塘片区,2011年7月,项目开工建设。2012年11月,第1辆宝骏630轿车下线,基地正式投产。中共广西壮族自治区党委书记、人大常委会主任郭声琨,自治区主席马飚等出席奠基仪式。项目完成投资25.33亿元,占地面积153.33万平方米,建筑面积46.4万平方米,新建车身车间、涂装车间、总装车间、冲压车间,新建公用系统,新建厂区综合办公楼、能源中心、管网、污水处理、培训中心等公共设施。

冲压车间新建2条冲压线,4序冲压A/B线,试模压力机、研配压力机各1台,板料清洗机2台以及起重机、平板车废料输送线等。车身车间新建1条车身主线A线、侧围线、门线、1条补焊线、1条调整线调整A线及车身至涂装集运输送线。涂装车间有前处理电泳线、烘房、打磨工作区、胶线、UBS(车轮罩边涂胶)线、中涂喷房、面漆喷房等设备,其中关键设备和电控装置工艺泵、阀门、自动喷漆机械人、集中式调输漆系统、燃烧器等为进口设备。总装车间建成生产线A线,使用内饰滑板线,包含内饰线、底盘线和终线,3条检测线,1条care线,建有轮胎分装线、座椅输送线、发动机分装线。

2013年和2014年,宝骏基地分别生产整车17.57万辆、37.44万辆。

【宝骏二期工程】

2014年9月,上汽通用五菱决定实施宝骏二期建设项目,同年12月,广西壮族自治区发改委同意核准。2015年3月,国家发改委同意备案。项目由机械工业部第四设计研究院有限公司设计,广西建工集团第四建筑工程有限责任公司施工,中国轻工业南宁设计工程有限公司监理。

项目新建冲压车间、车身车间、涂装车间、总装车间、资源再生室、自制件库、车身分总成、分装线及SPS(零部件成套供应)、集配中心LOC(物流优化中心),CUC(综合站房)以及成品停放场等。占地面积299.98万平方米,建筑面积66.15万平方米。2014年11月21日,宝骏基地二期项目启动,2015年8月21日,宝骏二期整车工厂竣工投产。项目建设期间,广西壮族自治区主席陈武、副主席陈刚,柳州市委书记郑俊康,柳州市市长肖文荪,上汽集团党委书记、董事长、上汽通用五菱董事长陈虹,以及自治区、柳州市各部委相关领导出席了启动和投产仪式。

该项目总投资22.58亿元,新增设备包括:冲压车间新建2条线XL冲压线C/D线,采用单臂断续线式生产,包括1台研配压力机、2台板料清洗机。车身车间新建4条主焊线、1条车身调整线和1条车身共用补焊线,新建车涂BDC(存储物流)缓冲区输送线1条。涂装车间新增前处理电泳线、烘房、打磨工作区、上胶线、UBS线、中涂喷房、面漆喷房等,其中关键设备工艺泵、阀门、自动喷漆机械人、集中式调输漆系统、燃烧器等为进口设备;新增前处理电泳输送线、地面输送线、烘炉输送线、前处理线、电泳线各1条,中涂喷房和面漆喷房各2个,以及电泳烘炉、加热闪干炉等。总装车间新建总装BC线使用内饰滑板线,还建有门线、轮胎、座椅、发动机、座椅等分装线。宝骏基地项目严格遵循通用汽车全球制造体系和标准建设,突出环保、低碳、节能,成为符合通用全球最高生产标准的绿色生产基地。2015年,宝骏基地生产整车48.88万辆。

九、青岛发动机二期扩能工程

2012年,上汽集团同意上汽通用五菱青岛发动机工厂二期扩能项目实施,总投资8.58亿元。同年11月,青岛市发改委批准青岛发动机产能扩建二期项目立项。2013年1月,国家发改委出具

《汽车生产企业投资项目备案通知书》。该项目由机械工业部第四设计研究院设计勘测,青岛建安建设集团有限公司施工,青岛高园建设咨询管理有限公司监理。

该项目利用青岛分公司原有土地,扩建二期厂房,与一期组成联合厂房,新增建筑面积3500平方米。新增机加工、装配、检测试验设备和公用动力设施,实现多品种发动机混线生产;新建缸体机加生产线、缸盖机加生产线及总装配线,按标准产能17.5万台/年建设;新建曲轴机加生产线,按标准产能24万台/年建设。

2012年10月,青岛发动机二期产能扩建项目开工;2014年9月,发动机工厂二期在装配线项目竣工后投产。项目实际投资7.05亿元。

项目新增装备:缸体线新增加工中心和辅机,其中进口设备34台,国产设备3台,打标及追溯系统1套,滚道传送系统1套;缸盖线新增加工中心和辅机,其中进口设备27台、国产设备5台,打标及追溯系统1套,滚道传送系统1套;曲轴线新增16个工位以及工位间运输工件的机械手,共26台套,其中进口设备23台/套、国产设备3台/套。

项目建成后,青岛分公司新增3班年生产能力17.5万台。

十、重庆工程

【建设过程】

2012年9月,上汽通用五菱董事会决定实施重庆基地工程建设项目,总投资37.93亿元。2013年3月,项目获重庆市发改委批复同意立项。同年5月,获国家工业和信息化部发函确认备案。项目由机械工业部第四设计研究院有限公司设计勘测,湖南万力建设集团有限公司、重庆新越建设集团有限公司、江苏南通三建集团有限公司等施工,重庆三环建设监理咨询有限公司、重庆建渝工程建设监理有限公司、重庆中泰工程监理有限公司、重庆设计院恒佳工程技术咨询公司监理。

2013年6月,上汽通用五菱重庆基地开工建设,重庆市市长黄奇帆出席仪式并讲话。2014年12月,该项目竣工投产。重庆市市长黄奇帆先后出席开工和竣工仪式。2015年5月,发动机工厂竣工投产,首台N12型发动机下线。

图8-1-12 上汽通用五菱重庆分公司竣工投产

【工艺装备】

上汽通用五菱重庆基地项目建筑面积24.37万平方米,实际投资34.5亿元。建设内容主要包括:新建冲压车间、车身车间、涂装车间、总装车间、发动机联合厂房、零部件喷涂厂房、零部件注塑厂房、整车集配中心、IT机房、综合能源站房、公用站房、质量GCA(全球客户评审)试验路段、行政办公楼等配套公用动力设施。

冲压车间新增2条单臂机械手连续冲压的四序大型冲压生产线,1条开卷落料线。车身车间新增3条车身主线和对应车型的门盖、侧围、四大分总成线,2条机器人公共补焊线,1条调整线,车架总成线、机器人公共补焊线、白车身调整线。涂装车间采用成熟先进的涂装工艺技术及设备,反渗透装置、机器人自动喷涂、喷漆室洁净技术等。总装车间主线由内饰滑板输送线、集放式悬挂输送机和最终线滑板输送线组成,形成每小时 60 辆总成装配生产能力。发动机工厂主要生产设备采用国外高效、高精度、数控柔性设备,有大进给数控机床、加工中心、珩磨自动线等组成;发动机部装及总装采用国外自动拧紧机器人和伺服变距系统;曲轴线采用 iMQL(微量润滑)先进切削技术;发动机测试引进华依公司全自动冷试台,不用燃油、防冻液、无燃烧废气,无环境污染,缩短检测时间,提高检测质量。项目实施后,整车工厂新增生产能力 32.25 万辆。

十一、印尼工程

【建成过程】

为拓展海外市场,2012 年 8 月,上汽通用五菱启动印度尼西亚市场调研。2015 年 1 月,决定实施印尼建厂项目,总投资 25.52 亿元。同年 10 月,该项目获广西壮族自治区发改委批复同意。项目由中国汽车工业工程有限公司设计勘查和施工,由 Rizky Indera Cipta 负责工程监理和质量监督。

项目位于印度尼西亚西爪哇省勿加西芝加朗中心区德达玛绿地工业园区。2015 年 8 月,项目开工建设。2015 年 11 月,打下第一根钢柱。至 2015 年年底,项目尚在建设中,计划于 2017 年 7 月竣工投产,形成 15 万辆整车年产能力,预计实际完成投资 24.27 亿元。

该项目购地 30 公顷,建设全新海外整车制造工厂,包含冲压、车身、涂装、总装四大车间及公用配套设施,包括工厂物流、成品车测试跑道以及办公区域等。主

图 8 - 1 - 13　2015 年 8 月,上汽通用五菱
印尼工程开工建设

要装备包括:冲压车间新建 1 条四序连续模式的冲压生产线;车身车间 CN113R 与 CN210MR 共用 1 条主线,以及调整线、门盖线和专用件,有 14 台简单自动焊和 8 台机器人。车身所有工艺工装设备均在国内设计制造,运输到印尼进行安装调试。涂装车间新建 1 条生产线,包括前处理电泳线、电泳烘干炉、UBC 底涂、焊缝密封线及胶烘干炉、3C1B 中面涂线及烘干炉、喷漆机器人以及相应的机运链,拥有输漆输胶、纯水制备、超滤制备、空调通风、供配电、消防喷淋、七氟丙烷灭火、二氧化碳灭火等设备。电泳系统采用前处理传统磷化技术,烘干系统包含电泳烘干、胶烘干和面漆烘干。总装车间包括 2 台先进的 VIN 激光标签,前悬挂助力臂 2 套,座舱助力臂 1 套,机器人涂胶系统 1 套,发动机和后桥举升 RGV(有轨制导车)6 台,汽油加注机 1 台,半轴驱动螺母拧紧机 2 套,四五轴变距轮胎拧紧机 2 套,齿轮油加注机 2 台,制动液、防冻液、冷媒 3 合 1 抽真空加注机 1 台,洗涤液加注机 1 台和 16 套电动拧紧枪,采用先进的定扭矩电池拧紧扳手,运用 3D 摄像头的四轮定位仪 1 台,大灯仪 1 套,高速动态测试台 DVT(汽车动态测试)1 台,尾气分析仪 1 套,雨淋房吹干室 1 套和 1 条塑料板链的 CARE 线。

表 8 - 1 - 3 2003—2015 年上汽通用五菱基建装备主要项目一览表

序号	项 目 名 称	建设地点	投资总额 （亿元）	建设周期	三班形成年产能力
1	柳州工厂西部一期工程		7.44	2003 年 9 月— 2006 年 12 月	19 万辆
2	柳州工厂西部二期工程	广西柳州 河西基地	6.65	2007 年 9 月— 2009 年 6 月	19 万辆
3	东部工厂技术改造工程		5.46	2009 年 7 月— 2011 年 1 月	32.25 万辆
4	青岛整车一期工程		12.79	2006 年 9 月— 2008 年 3 月	21.5 万辆
5	青岛整车二期工程	青岛分公司	6.72	2010 年 7 月— 2011 年 10 月	21.5 万辆
6	乘用车搬迁一期技术改造 工程	广西柳州 宝骏基地	26.62	2011 年 2 月— 2012 年 11 月	32.25 万辆
7	宝骏二期整车工程		22.58	2014 年 9 月— 2015 年 8 月	32.25 万辆
8	重庆第三基地整车工程	重庆分公司	37.93	2012 年 9 月— 2015 年 5 月	整车：32.25 万辆 发动机：35 万台
9	印尼工程	印尼工厂	25.52	2015 年 6 月—	8 万辆
10	柳州发动机一期工程	广西柳州 河西基地	19.22	2005 年 6 月— 2007 年 12 月	35 万台
11	柳州发动机二三期工程		12.23	2009 年 10 月— 2012 年 9 月	35 万台
12	柳州发动机四期工程	广西柳州 宝骏基地	13.73	2011 年 6 月— 2013 年 9 月	35 万台
13	柳州发动机五期工程		14.33	2014 年 7 月—	35 万台
14	青岛发动机一期工程	青岛分公司	14.21	2006 年 9 月— 2009 年 3 月	35 万台
15	青岛发动机二期工程		8.58	2012 年 6 月— 2014 年 9 月	17.5 万台

资料来源：上汽通用五菱汽车股份有限公司

第四节 上汽乘用车分公司重要工程

2005—2015 年，上海汽车集团股份有限公司乘用车分公司（简称上汽乘用车分公司）分别在上海临港、江苏南京和仪征以及英国长桥建设自主品牌乘用车制造基地，累计投资 216.29 亿元，形成 42.5 万辆整车和 90 万台发动机制造能力。

一、临港工程

【项目报批】

2005年,上海汽车集团股份有限公司(简称上汽股份,2007年9月后简称上海汽车,2011年12月后简称上汽集团)决定在原上海大众汽车临港制造基地投资建设自主品牌制造基地。2006年2月,负责上汽自主品牌建设的上汽汽车制造有限公司(2007年1月更名为上海汽车乘用车分公司,简称上汽乘用车分公司)编制上报临港基地工程项目可行性研究报告。同月,上汽集团、上汽股份与上海临港经济发展(集团)有限公司签订深化战略合作协议。同年4月,中共上海市委副书记、市长韩正视察上汽集团,听取自主品牌建设汇报。

2005年5月,上海市发改委对《关于调整上海大众临港汽车制造基地项目暨转报上汽临港产业基地工程项目(一期)可行性研究报告(含项目建议书)的请示》作出批复,同意上海大众临港基地项目后续处置权转予上汽集团,原则同意上汽集团编制的

图8-1-14　上汽乘用车分公司临港基地
机器人焊接生产线

《上汽临港产业基地工程项目(一期)可行性研究报告(含项目建议书)》。6月,上海市建委对《上汽临港产业基地工程项目(一期)初步设计的请示》作出批复,同意该项目总图设计及相关技术指标。

2008年,上海汽车拟在上汽临港产业基地工程项目(一期)基础上进行局部调整和改扩建。经上报后,同年5月,上海市发改委下达批复,指出该项目符合国家汽车产业发展政策和上海产业优化升级导向,对增强自主创新能力、提升上海产业能级具有重要意义,同意该项目在上汽临港产业基地工程项目(一期)基础上进行局部调整和改扩建。同年12月,上海市城乡建设和交通委员会批复同意上海汽车《关于上报上汽临港产业基地自主品牌新产品技术改造项目初步设计的请示》及由上海市机电设计研究院有限公司编制的初步设计和概算。

【建设过程】

上汽乘用车分公司临港基地项目位于上海南汇临港装备产业园区中的重装备区,由上海机电设计研究院有限公司总体设计(除涂装车间外),工程监理为上海建科工程监理咨询有限公司,焊接类车间施工总承包单位为上海第二建筑有限公司;装配类车间施工总承包单位为陆海建设集团有限公司;机加工车间及生活楼、能源中心、废水处理站、降压站、CKD仓库、售后配件仓库等公用配套设施的施工总承包单位为上海住总集团建设发展有限公司。涂装车间由原机械工业第四设计研究院有限公司与浙江舜江建设集团有限公司组成的联合体共同组织设计与施工。

2006年12月,上汽自主品牌临港基地一期工程开工。项目占地面积120.71万平方米,建筑面积34.17万平方米。主要建设内容包括建成冲压、焊接、涂装、总装车间等工艺完备的整车厂和动

力总成车间及各项辅助设施,将上汽乘用车分公司宝山工厂发动机生产线整体搬迁至临港基地,形成整车 15 万辆和发动机 32 万台年产能力。2008 年 9 月,全部项目建成投产,上海市常务副市长杨雄启动生产线按钮。同年 11 月 22 日和 12 月 20 日,中共中央政治局常委、国务院总理温家宝,中共中央政治局常委、全国政协主席贾庆林先后前往视察。

【工艺装备】

临港基地项目主要工艺设备包括 179 个机器人和 34 台加工中心以及先进完整的冲压、焊接、涂装、装配和发动机生产、检测等设备,具有高度自动化程度和世界一流水平。其中:冲压车间拥有国产 800 吨、1 000 吨、1 600 吨、2 000 吨单动机械压力机 9 台,意大利进口机器人冲压自动化线 2 条,西班牙进口开卷落料线 1 条,芬兰进口 50 吨/20 吨双梁桥式起重机 4 台,美国进口 18 吨料垛翻转机 1 台。焊接车间采用意大利、日本进口机器人 149 台,国产自动化焊枪 168 把,意大利进口总拼工装夹具 300 套。涂装车间采用国产前处理全系统和电泳全系统设备各 1 套,国产文丘里喷房、烘房及设备各 3 套,美国进口喷胶机器人、喷漆机器人 26 台,国产输调漆系统 25 套。总装车间采用日本进口玻璃涂胶机器人 2 台,德国杜尔进口转毂 3 套,德国进口组合式移动加注单元 2 套,美国进口四轮定位以及大灯调整设备 3 套,瑞典进口轮胎拧紧机 4 台,德国进口电气检测设备 1 套,国产 SPS 小车和 AGV 合装小车各 35 台,德国进口踏板力检测设备 1 套。动力总成车间采用国产和德国进口立式加工中心 14 台,意大利进口卧式加工中心 20 台,德国进口测量机 1 台,国产 5 台,意大利、德国进口装配/拆卸机 8 台,国产和进口清洗机 8 台,德国进口导管座圈压装机 1 台。所有装备在国内具有领先水平,进口总拼工装夹具、卧式加工中心、测量机、导管座圈压装机等装备具有国际领先水平。

该工程实际投资 23.52 亿元。此外,临港基地荣威 550、MG6、MG3 车型及 K4、KV6 系列发动机投入 6.4 亿元,项目总投资逾 29 亿元。该项目获上海市优秀工程设计一等奖,基地涂装生产线获得中国机械工业科学技术奖。

【建设成效】

临港自主品牌基地建成后,与仪征基地、南京基地一起成为上汽乘用车分公司自主品牌国内三大生产基地,上海汽车初步完成按产品平台构建的生产布局。基地建设全面体现精益化、敏捷化、柔性化、模块化和高质量的先进设计理念,并在制造管理、节能环保等方面达到国际先进水平。2008 年和 2009 年,该基地先后生产荣威 550 轿车 84 214 辆、MG6 车型 142 辆。2010 年,生产荣威 550、MG6 和 MG3 轿车 97 313 辆。

二、南京工程

【项目报批】

2006 年 3 月,南京汽车集团公司(简称南汽集团)收购英国罗孚汽车公司研发及生产设备,于南京高新区建设南汽名爵工厂并进行生产,此为该基地一期工程建设。2007 年 12 月,上南全面合作后,南汽名爵工厂纳入上汽乘用车分公司,实施统一规划、统一研发、统一采购、统一制造、统一销售的一体化管理。2008 年 6 月,上海汽车同意南汽集团上报的《南汽名爵工厂优化改造项目》和《NSE 项目生产基地及预算调整方案》(两个项目合为南京基地二期工程建设)立项实施。同年 9 月,南汽集团上报《关于核准轿车及发动机项目的请示》。10月,江苏省发改委下达通知核准该项目。同年12月,江苏省发改委将该备案报告上报国家发改委备案。

【建设过程】

南京基地二期工程项目主要对位于南京高新技术产业开发区的上汽乘用车分公司南京基地原有工艺及产能进行优化改造,包括 AP 系列整车项目和 NSE 发动机项目,形成 AP11/AP12 轿车16.75 万辆、1.3 升～1.6 升 NSE 系列小型发动机 25 万台年产能力,实现新 A 级车车型与原有产品共线生产,总投资 25.66 亿元。项目由机械部第四设计院设计,日本富士株式会社、中国三安建设集团有限公司、天永机械电子(上海)有限公司施工,南京南汽建设监理有限公司监理。

2008 年 5 月,南京基地二期项目开工建设。同年 5 月和 6 月,该基地先后开始生产 MG 轿车 TF 车型和 MG3 车型。同年 10 月,举行自主品牌南京基地发动机及全球性 A 级车平台启动仪式,中共江苏省委副书记、省长罗志军,中共江苏省委常委、南京市委书记朱善璐,上汽集团董事长、党委书记胡茂元,南京跃进汽车集团公司董事长王浩良等共同启动项目按钮。2010 年 3 月,工程建成投产,罗志军和江苏省常务副省长赵克志、省人大副主任李全林、南京市人大常委会主任陈家宝等出席庆典。

【工艺装备】

南京基地二期 AP 系列车型项目中,新增冲压模具检具 24 套;车身车间新增前围、前地板和后地板分拼以及左右侧围、地板总成、车身总成生产线,改造白车身分拼、总成、补焊、调整生产线,改造门盖焊接包边中心;涂装油漆车间新增中涂面漆自动喷涂设备和机运系统,改造烘房和电器控制系统。同时对厂区相关环保、消防、安全防护等公用辅助设施进行适应性改建。

南京基地二期 NSE 小型发动机项目新增发动机缸体、缸盖、曲轴、凸轮轴和连杆等生产线以及发动机装配生产线、发动机热试验及行能测试设备、缸体缸盖切削液集中供应系统。其中机加工配备德国进口具有国内先进水平的装配机、珩磨机、镗铣专机、动平衡机、滚压校直专机各 1 台,美国进口具有国际领先水平的自动加工线 2 条,意大利进口国内领先的称重分组机 1 台、测量机 2 台。装配生产部配备国产冷试机 2 台,车身生产部配备日本进口国内领先的总焊夹具 1 套。

【建设成效】

南京基地二期项目建成,标志着上汽乘用车自主品牌平台化战略布局基本完成。该基地形成 AP11/AP12 车型轿车 16 万辆、NSE 发动机 25 万台年产能力,基地总产能达到轿车 20 万辆和发动机 50 万台。2008 年,上汽乘用车分公司南京基地生产轿车 9 680 辆。2009 年 5 月开始生产 MG7 车型,当年产销 1.59 万辆。与此同时,年底开始生产荣威 350 轿车车型,当年产销 5.65 万辆。2008—2010 年,累计产销 8.57 万辆。

三、仪征工程

【建设过程】

上汽乘用车分公司自主品牌仪征基地前身为江苏仪征汽车制造厂。1999 年 1 月,重组为上汽集团仪征汽车有限公司。此后,成为上汽自主品牌制造基地。2006 年,上汽汽车制造有限公司上报《关于发展轿车及发动机项目核准的批复》并获国家发改委批准。工程由上海市机电设计研究院设计,上海住总集团建设发展有限公司承建,同济工程监理咨询有限公司监理。

2005年9月,项目开工建设。该工程利用原仪征赛宝老生产车间进行适应性改造,分为仪征一厂和仪征二厂两个厂区,总占地面积31.28万平方米,维修及改造利用原建筑面积9.22万平方米,实际投资6.34亿元。工程建设期间,上海市市长韩正、上海市政协主席蒋以任、上海市副市长胡延照分别前往视察。同年12月,荣威750轿车在仪征基地投产。

【工艺装备】

上汽乘用车分公司仪征一厂建设项目工程包括冲压和车身车间,按照精益投资规划,该厂未整体建设冲压车间,部分冲压件利用上海汇众仪征轻客厂冲压生产线进行加工,其他冲压件外购,冲压模具由上汽乘用车分公司投资。车身车间由总拼线、补焊线、白车身装配调整线组成。白车身总拼焊接区使用专用夹具与机器人结合的方式进行拼焊;主焊接线使用的机器人及焊机系统、总拼夹具为瑞典进口,螺柱焊机为德国进口;机运线、其他分拼线及悬挂式点焊机、二氧化碳焊机等设备为国产,自动化程度15%。

仪征二厂工程包括主生产线、油漆车间、内饰装配和总装车间。主生产线由总拼线、补焊线、白车身装配调整线组成。白车身总拼焊接区使用韩国进口专用夹具与机器人结合的方式进行拼焊;主焊接线除部分使用机器人点焊外,大部分为国产常规悬挂式点焊机、二氧化碳焊机、螺柱焊机等,自动化程度为30%。油漆车间主生产线由前处理电泳线、密封胶及底部喷胶线、中涂线、面漆线、检查精修报交线、喷蜡线以及空调送风机组等组成,设备均为国产优质品牌。总装车间由新老两个车间组成,车间一工段利用原赛宝总装车间,适应性改造总装线并新增内饰线1条;车间二工段为新扩建,由生产车间、周转场地和生活楼组成,建成主生产线和各部件分装线。

【建设成效】

上汽乘用车分公司仪征基地是上汽自主品牌第一个生产基地。2007年3月,该基地生产的上汽首款中高档自主品牌轿车荣威750在全国上市销售。至8月10日,荣威750上市4个月销量累计超过1万辆。2008年6月,荣威550投产。同年8月,荣威550迁至上汽乘用车临港工厂生产。至2010年年底,该基地生产达到白车身年产能10万辆、整车年产能3万辆纲领。2007—2010年,仪征基地共生产轿车56 319辆,其中荣威750车型48 604辆、荣威550车型7 715辆。

2010年7月,因上汽乘用车自主品牌集中发展临港、南京和英国长桥3个基地,上汽乘用车分公司仪征基地转由上海大众汽车接管,成为上海大众汽车仪征分公司。

四、英国长桥工程

上汽乘用车分公司英国长桥基地位于英国伯明翰长桥,前身为英国罗孚汽车公司长桥工厂。2005年7月,南汽集团收购罗孚汽车公司包括长桥工厂在内的部分资产,并设立南汽英国有限公司和南汽名爵英国有限公司。2007年12月上南合作后,归属上汽乘用车分公司,定位为"上汽英国制造"的海外制造基地。2008年2月,上海汽车下达英国长桥基地项目前期研究的通知。同年3月,国家发改委下达关于上南合作的批复,南汽英国制造基地归属上汽后发展定位及产品规划获国家批准。据此,上海汽车先后于同年4月和2009年8月,下达英国长桥基地产品和工程建设的批复。

该项目设计、监理和施工均由上汽乘用车英国公司制造工程部负责,实际投资 348.7 万英镑。2009 年 8 月,项目开工建设。2011 年 1 月,完成竣工验收。4 月 12 日,MG6 GT 车型下线。中共中央政治局委员、中共上海市委书记俞正声前往视察。同年 8 月,国务院总理温家宝访英期间到该基地参加新车 MG6 下线仪式。

该项目主要对英国长桥工厂原有总装车间装配线和检测线进行维修和适应性改造。主要改造内容包含机运线体和吊具维修和改造,优化扩建装配线上下升降机,新建动力总成预装线,改造底盘和副车架预装线以及整车合装线,新增电动工具、加注设备、轮胎拧紧机、工装机械手、电器检测设备,改造车间机运系统、升级 ECOS(嵌入式可配置实时操作系统)电器检测设备及检测线设备。

项目建成后形成年产 9 600 辆轿车能力,并实现 MG3 和 MG6 混线生产,产品全部销往英国为主的欧洲市场。

五、临港 SGE 发动机工程

【项目报批】

为开发生产具有共享知识产权的 SGE 型发动机产品,2012 年 6 月,上汽集团决定在临港基地现有 NLE、K4 发动机工厂基础上新建 SGE 发动机工厂。2013 年 4 月,上海市城乡建设和交通委员会批复并同意上汽集团上报的《有关上汽临港产业基地自主品牌新产品技术改造项目初步设计再次调整的请示》。2014 年 3 月,该项目获上海市发改委批复,同时由上海市发改委向国家发改委备案。

【建设过程】

该项目建设地位于自主品牌临港基地 NLE、K4 发动机工厂内,该项目占地面积 4.21 万平方米,建筑面积 4.71 万平方米,实际投资 11.43 亿元,由上海市机电设计研究院总体设计,上海地矿工程勘察有限公司进行工程勘察,上海东方投资监理有限公司负责工程招投标,上海建科工程咨询有限公司监理。

2013 年 11 月,项目开工。2015 年 3 月,首款 SGE 1.5T 发动机投产。同年 8 月,SGE 1.4T 发动机投产。新建厂房、物流场地、办公生活辅助设施、3 号能源中心。

【工艺装备】

该项目建成后的动力总成车间设备包括:14 台立式加工中心,其中 5 台为德国进口设备,9 台国产设备,35 台德国进口卧式加工中心,以及测量机 2 台、珩磨机 2 台、装配/拆卸机 5 台、密封测试机 3 台、清洗机 6 台、导管座圈压装机 1 台、进口回转力矩检测机 1 台、短发动机水油道密封检测机 1 台,均为德国引进设备。国产设备还包括自动曲轴轴向间隙检测机 2 台、螺栓自动拧紧机 8 台、热试设备 4 台。缸体、缸盖、曲轴、凸轮轴、连杆 5 条生产线均由柔性加工中心、加工专用机床、自动线组合机床、密封测试机、装配辅机、清洗机等组成,用辊道和部分机械手进行整线连接而成。机加工尺寸由定频次送三坐标进行全面测量,关键尺寸配置在线测量工位进行全检。发动机装配线由环形输送辊道形成流水线,按工艺流程布置不同的工位工装设备,在辊道上流转完成装配。

SGE 型发动机具有高功率、低油耗、低排放等优势,该项目建成后,用于上汽多款乘用车品牌车型。

六、临港整车分拨、零部件物流工程

2011年10月，上海汽车批准上汽乘用车在临港基地扩建整车分拨中心及新建零部件物流中心项目。2012年2月，临港产业区管理委员会批准该项目；同年6月，再批准项目调整。

整车分拨中心扩建地点位于上汽乘用车临港基地厂区北侧，占地面积13.31万平方米，新增3 328个库位。零部件物流中心扩建地点位于临港基地厂区东南侧，占地面积1.92万平方米，配套面积6 300平方米，总建筑面积1.86万平方米。项目由上海市机电设计研究院总体设计，上海建科工程咨询有限公司监理，上海住总集团建设有限公司施工，至2015年年底，实际投资7 135万元。

整车分拨中心项目于2013年1月开工建设，零部件物流中心项目于同年4月开工建设，2014年9月交付运行。

七、上汽—正大泰国合美乐工程

为把握泰国及东盟市场发展机遇，上汽集团与泰国正大集团开展战略合作，共同投资设立整车制造公司和整车销售公司，生产和销售MG品牌产品。2013年4月，上汽集团总裁专题会批准上汽乘用车关于上汽—正大泰国合美乐过渡工厂规划方案。批准第一阶段起步期先租赁厂房，进行油漆车身的总装。第二阶段在泰国当地选址建立新工厂，计划于2017年年中新工厂投产，项目总投资12.7亿元。

第一阶段的合美乐过渡工厂规划建设总装生产线，并根据销售情况适时提升节拍进行扩能。该项目由机械工业部第四设计研究院总体设计；按照泰国相关法律法规，由泰国供应商KPI进行施工图转化并报政府管理机构IEAT（泰国工业管理局）审批，并由KPI公司进行施工；由机械工业第四设计研究院派专业团队现场监督，泰国KPI公司、机械工业部第四设计研究院有限公司等施工及安装。2013年7月，合美乐过渡工厂开工建设。同年12月，总装设备安装完成，MG6车型出车。2014年6月，实现MG6车型投产。2015年1月，ZP11车型投产。

该项目建有综合类装配车间，关键工艺设备包括：日本进口的玻璃涂胶机器人1台、美国进口的转毂1套、法国进口的加注单元6套、美国进口的四轮定位及大灯调整设备1套、德国进口的电气检测设备1套、国产内饰台车线1条、国产可自动升降EMS线1条和单板链最终线1条、国产雨淋房1套、国产轮胎装配线等1套。

至2015年年底，第二阶段项目仍在建设中。

表8-1-4 2005—2015年上汽乘用车分公司基建装备主要项目一览表

序号	项目名称	建设地点	投资总额（亿元）	建设周期	形成年产能力
1	临港40JPH整车工程	临港	24.12	2006年12月—2008年10月	16万辆
2	研发中心扩建工程	安亭	22.5	2010年12月—2015年6月	形成包括结构开发、NVH开发、动力学开发、新能源开发、等产品开发、测试与验证能力

〔续表〕

序号	项 目 名 称	建设地点	投资总额（亿元）	建 设 周 期	形成年产能力
3	发动机 SGE 工程	临港	21.98	PG8—PG1（2011 年 2 月—2015 年 3 月）车间及设备调试（2014 年 10 月—2015 年 3 月）	30 万台
4	发动机 SGE PLUS 1.5T 工程		1.46	2014 年 8 月—	
5	整车 BP11 工程（包括仪征基地）	仪征	9.71	2005 年 9 月—2006 年 12 月	2.4 万辆
6	整车 BP31 工程	临港	9.33	2009 年 9 月—2012 年 4 月	10.8 万辆
7	发动机 NLE 工程		8.3	2013 年 6 月—2014 年 6 月	10 万台
8	研发中心扩建工程	安亭	7.71	2009 年 7 月—2011 年 12 月	形成造型设计与动力总成开发、测试及验证能力
9	整车 AS21 工程		7.67	2012 年 2 月—2014 年 10 月	8.5 万辆
10	整车 EP21 工程	临港	7.38	2015 年 6 月—	3.5 万辆
11	整车 IP21 工程		7.24	2005 年 7 月—2008 年 6 月	10.8 万辆
12	安亭研发中心一期扩建工程	安亭	6.91	2006 年 6 月—2008 年 10 月	形成乘用车中小改型设计能力
13	整车 S100 工程		6.86	2006 年 11 月—2011 年 7 月	2 万辆
14	整车 AS22 工程		5.65	2012 年 2 月—2014 年 10 月	8.5 万辆
15	整车 EP11 工程（含南京基地）		3.25	2009 年 10 月—2012 年 10 月	0.3 万辆
16	整车 IP22 项目		3.23	2007 年 5 月—2009 年 12 月	10.8 万辆
17	临港发动机（K4\K6）40JPH 工程	临港	2.72	2006 年 12 月—2011 年 4 月	18 万台
18	宝山发动机工程		2.52	2004 年 8 月—2006 年 12 月	17 万台
19	整车 BP34 工程		2.18	2014 年 8 月—	1 万辆
20	整车 IP24 工程		2.18	2010 年 2 月—2013 年 12 月	1.5 万辆

〔续表〕

序号	项目名称	建设地点	投资总额（亿元）	建设周期	形成年产能力
21	整车 ZP11 MCE3 工程		1.64	2015 年 2 月—	4.8 万辆
22	整车 AS24 工程		1.53	2015 年 6 月—	1.8 万辆
23	整车 BP32 工程	临港	1.29	2010 年 12 月—2014 年 12 月	10.8 万辆
24	临港 IP22/23 EU 工程		1.29	2008 年 4 月—2010 年 3 月	2 万辆
25	整车 BP12 工程	仪征	1.27	2008 年 4 月—2011 年 2 月	2.4 万辆
26	整车 IP21MCE 工程		1.18	2010 年 5 月—2013 年 5 月	5.5 万辆
27	整车 IP22/23 MCE 工程	临港	1.17	2012 年 4 月—2014 年 8 月	3.9 万辆
28	整车分拨工程零部件物流工程		1.03	LOC：2012 年 2 月—2014 年 9 月 VDC：2012 年 2 月—2013 年 6 月	仓储
29	整车 BP13 工程	仪征	1.03	2007 年 10 月—2011 年 9 月	2.4 万辆
30	AP11 工程		5.75	2008 年 5 月—2010 年 3 月	20 万辆
31	NSE 发动机工程	南京	12.17	2007 年 4 月—2010 年 3 月	25 万台
32	南汽名爵工厂改造工程		1.9	2008 年 6 月—2010 年 3 月	生产线优化及配套设施填平补齐

资料来源：上海汽车集团股份有限公司乘用车分公司

第五节 上汽大通重要工程

一、无锡工程

2009 年，为加快实施乘用车和商用车并举的发展战略，上汽集团决定利用英国轻型客车制造商 LDV 集团有限公司（简称英国 LDV）破产契机收购其技术和资产。同年 10 月，上海汇众汽车制造有限公司（简称上海汇众）和英国 LDV、伯明翰冲压有限公司签订《资产买卖协议》。随后，上汽集团决定结合解决上南合作后无锡新雅途遗留问题，由上海汇众收购无锡汽车车身有限公司全部股权，成立上海汇众无锡分公司，将该分公司在收购英国 LDV 轻型客车全部知识产权和资产、无锡汽车车身有限公司资产基础上投资改造，将该分公司建设成为上汽集团自主品牌商用车制造基地。

2009年12月,上海汽车向江苏省无锡市惠山区发展和改革局上报《关于上报上海汇众汽车制造有限公司无锡分公司(筹)商用车项目申请报告》,无锡市惠山区发改局就此报请江苏省发改委核准。

2010年4月8日,无锡轻客基地开工建设。5月,上海汽车总裁办公会议审议通过《上海汇众无锡轻客(LDV)基地建设项目可行性研究报告更新及SV61车型项目G6报告》。6月,江苏省发改委下达无锡基地商用车项目核准批复。该项目由江苏省苏州地质勘察院负责勘察,机械工业部第四设计院和上海市机电设计研究院设计,中国核工业华兴建设有限公司、江苏弘盛建设工程集团有限公司和红阳建设集团有限公司施工,上海振华工程监理有限公司监理。

该项目位于江苏省无锡市惠山区金惠路199号,总投资15.90亿元,新增土地38.79万平方米,一期总建筑面积10.42万平方米,其中利用原有建筑面积6.64万平方米,新增建筑面积4.09万平方米;新建冲压车间和涂装车间及辅房,扩建总装车间和车身车间及辅房,新建天然气调压站用房等。2010年8月,车身车间贯通,首辆白车身下线。9月,首辆第一阶段工程样车EP1装配完成。2011年11月,项目竣工,新增3.5万辆(2班)、5万辆(3班)年产能力。12月,上汽集团决定上海汇众整车和零部件业务分拆为整车和零部件公司两个子公司。其中整车业务从上海汇众分离,新设上海汽车商用车有限公司(简称上汽商用车)负责运营,并将上海汇众整车的产品公告和生产资质包括无锡轻客基地转移至上汽商用车。

二、SV71 MPV 工程

为打造宽体轻客和窄体轻客两大产品平台,提高大通品牌市场占有率和品牌知名度,有效利用无锡工厂产能,2011年2月,上汽集团总裁办公会批准《上海汇众无锡轻客(LDV)基地建设项目可行性研究调整报告及SV71车型项目G8报告》,2012年8月,批准该项目《可行性研究报告(G6)》。项目建设于2012—2013年先后获江苏省无锡市惠山区发改局批准立项。

项目位于江苏省无锡市惠山区上汽商用车无锡分公司,利用该分公司已有土地、厂房等资源进行改扩建。规划总投资为12.05亿元,项目规划新增建筑面积2.36万平方米,包括扩建车身车间厂房,新建总装零部件中转厂房、售后件及SKD散件包装库等。由上海市机电设计研究院有限公司设计,上海广厦(集团)有限公司、华仁建设集团有限公司、中核华兴建设有限公司施工,无锡建设监理咨询有限公司、无锡苏诚建设顾问有限公司监理。

项目建设周期为2012年8月—2014年4月,新增主要工艺装备包括:冲压车间新增31套自制件模具;车身车间新增SV71车身分拼和总拼设备,表条线进行柔性化改造;涂装车间SV71与SV61共线生产,新增涂装前处理、底部喷涂吊具、雪橇,新增两台喷漆仿形设备和两台涂装机器人;总装车间与SV61共线生产,延长底盘线,新增6个工位、增加2套EMS小车,新建发动机、后桥分拼线、新建车门线。项目实施后,四大工艺的生产能力均为11JPH(11辆/小时)。

三、SK81－01/02皮卡工程

2014年6月,上汽集团总裁办公会议批准《上海汽车商用车有限公司SK81皮卡项目产品开发G8立项》。此后,继续批准该项目可行性研究报告和补充报告。同年8月和12月,该项目先后获江苏省无锡市惠山区发改局批准。

SK81皮卡项目位于江苏省无锡惠山经济开发区,在上汽商用车更名的上汽大通汽车有限公司

（简称上汽大通）无锡分公司厂区内，利用部分现有厂房及公用动力设施进行改扩建，规划投资24.28亿元，新购2号地块面积18.33万平方米，规划新增建筑面积22.46万平方米，新建车身车间、涂装二车间和总装二车间，同时满足轻客、MPV、皮卡及后续SUV等多个产品平台的产能需求。项目由上海市机电设计研究院、机械工业第四设计研究院设计，江苏启安建设集团有限公司、华仁建设集团有限公司、江苏龙海建工集团有限公司施工，无锡建设监理咨询有限公司监理。

项目规划新增主要工艺装备包括：冲压工艺新增1条大冲2线，用于生产SK81、SV91车身大型覆盖件，由1台2000T和3台1000T机械压力机组成。车身工艺新增SK81车身焊装生产线并预留SV91共线生产工位，选用焊接机器人，采用激光焊。涂装工艺新增前处理生产线、电泳生产线、密封生产线、喷漆生产线、精饰报交生产线、注蜡生产线及预处理电泳输送链、烘干室IMC（反向轨道输送链）输送链、废气沸石转轮浓缩处理装置等。总装工艺新增内饰线、SUV皮卡底盘线、最终装配线、检测线、雨淋线和最终检查线共7条主生产线，设有仪表板装配线、车门装配线、底盘AGV（电磁导向自行小车）装配线等分装线以及返修区等生产区域。SK81皮卡项目建设期为2014年8月—2017年4月。至2015年12月底，项目尚在建设中。

四、SV91 SUV 工程

SV91 SUV项目于2014年启动前期可研工作。2015年2月，上汽集团2015年第四次总裁办公会议审议批准《关于SUV项目产品开发G8立项及相关产能建设的汇报》。项目建设工程于2015年11月获江苏省无锡市惠山区发改局批准。

SV91 SUV项目在江苏省无锡惠山经济开发区上汽大通无锡分公司厂内建设，与SK81皮卡项目产能建设同步规划实施。项目总投资15.44亿元。项目建设工程主要为原有车身厂房改建为总装二车间，由上海市机电设计研究院有限公司设计，江苏龙海建工集团有限公司施工，无锡建设监理咨询有限公司监理。

项目规划新增主要工艺装备包括：冲压车间新增整套车身模具，按激光焊要求，提升相关覆盖件所需模具精度。搬迁现有车身车间生产线至新车身车间，调整生产布局，SV6、SV7与SK8、SV9合并生产，在SK81车身焊装生产线基础上新增SV91共线生产工位，新增分装线，新增车顶激光焊工艺。SV91涂装在涂装二车间生产，与现有产品共线生产，新增三效蒸发工艺。利用原车身车间厂房改造为新总装车间，SV7、SK8、SV9合并生产。共设有内饰线、SUV皮卡底盘线、最终装配线、检测线、雨淋线和最终检查线共7条主生产线；还设有仪表板装配线、车门装配线、底盘AGV装配线等分装线，以及返修区等生产区域。

项目建设期为2015年2月—2017年10月。项目建成后，上汽大通无锡分公司将形成20万辆年产能力。至2015年12月底，项目尚在建设中。

五、其他工程

【专用车基地项目建设】

2011年6月，上海汽车总裁办公会议审议通过《上海汽车商用车有限公司专用车业务规划及专用车基地建设项目可行性研究报告》。7月，江苏省无锡市惠山区发改局批准该建设项目。2014年4月，惠山区经信局同意项目备案。

该专用车项目建设地位于江苏省无锡市惠山经济开发区金惠路199号，由上海机电设计研究院有限公司设计、上海广厦有限公司施工、上海同济项目管理咨询有限公司监理。项目投资1.19亿元，新增辅助厂房建筑面积1.67万平方米，厂房内设涂装作业区、总装作业区、整理作业区、焊接调整作业区、钣金作业区、原材料和零部件以及木工车间等加工及辅助区域及辅房、办公室等。建筑面积1.71万平方米。建设周期为2011年7月—2012年3月。

该项目新增主要工艺装备包括：机器人三维激光切割机、数控弯管机、等离子切割机、摇臂钻床、直刃磨刀机及下料用模具等钣金设备；CO_2保护焊机、斗式工程车车身焊接设备及补焊设备、车身焊接工位、白车身吊装工装设备、斗式工程车工装化生产工装等车身设备；喷烘一体机干式油漆烤房、费斯托集尘式打磨机、上壶面漆盆腔、打磨吸尘器、小型零部件烘房及原上海申联搬迁、改造的喷漆烘房等涂装设备；四柱举升机、半自动封边机、刻字机、斗式工程车地盘分装工装及生产工位、新能源电磁拆装工装、高压洗车机等总装设备；精密裁板锯、木工平刨床、立式木工镂铣机、缝纫机、雕刻机、削皮机、锁边机、数控精密推台锯等木工设备；便携式四通道称重仪、军标淋雨试验室、油漆附着力测试仪、金属表面涂层测厚仪、数子荧光示波器、接地电阻测试仪、程控耐电压绝缘测试仪、电池测试仪、专用车烟尘废气排放系统等检验设备；多功能焊接平台、万能总拼台、柔性组合式单梁悬挂起重机、移动式高频逆变微电脑多功能电焊机、全电动托盘对多车、蓄电池固定平台搬运车等特装、物流及试制设备。

2013—2015年，上汽商用车所属无锡申联专用汽车有限公司累计销售专用改装车1.31万辆，实现销售收入3.11亿元。

【大冲一线工程】

2011年2月，上海汽车总裁办公会议审议通过《无锡轻客（LDV）基地建设项目可行性研究调整报告及SV71车型项目G8报告》，同意先行建设大冲一线项目。2012年1月，该项目获江苏省无锡市惠山区发改局备案同意。

大冲一线项目位于江苏省无锡市惠山区经济开发区上汽商用车无锡分公司厂区内，建筑面积5 959平方米。项目由上海市机电设计研究院有限公司设计、中国核工业华兴建设有限公司施工、上海同济工程项目管理咨询有限公司监理。建设周期为2011年2月—2014年4月。

该项目总投资1.28亿元，主要工艺设备包括新增加1条大冲生产线，有4台压机自动线、50吨行车，以及自制件21个、模具84副。冲压线采用国内最大、世界第二的锻压设备生产商济南二机床公司生产的全封闭防护、全自动线冲压线。

冲压线投入生产的2014—2015年，累计为1.57万辆整车提供冲压件，合计冲压冲次产能达到32.97万次。

第六节　其他整车整机重要工程

一、南汽集团工程

【江宁基地基础工程】

2013年8月，上汽集团批准《南京汽车集团有限公司江宁基地（南维柯、南汽研究院搬迁）基础建设项目可行性研究报告》，2014年11月，南汽集团向南京市经信委上报企业技术改造项目备案申请表,2015年1月,南京市经信委批复立项备案。项目由上海市机电设计研究院设计,南京建工集团有限公司、南京久大路桥建设有限公司、中建八局第三建设有限公司、中国核工业华兴建设有限公司施工,南京南汽建设监理有限公司、江苏建发建设项目咨询有限公司监理。

该项目规划投资8.2亿元,新增建筑面积9 353平方米,在利用原有搬迁研发试制设备基础上,改造和新增部分试验设备及设施,新增发动机试验、整车排放试验、整车NVH(振动噪声和平顺性)试验、整车道路试验、四立柱道路模拟机、传动试验、结构试验、材料试验等设备及配套设施85套。利用江宁基地原有公用配套设施,根据新增建筑物情况完善厂区给排水管网、动力管网、车间变配电所等,新增公用动力、动能技术服务设备及配套设施23套。

2015年10月,项目开工建设,至12月底,车桥车间完成钢结构立柱施工,办公楼完成单体基础浇筑,南汽研究院动力总成及整车试验室、产品研发楼、南汽动能分公司综合检修试验楼开始建筑基础施工。至2015年年底,项目尚在建设中。

【自主品牌乘用车产能提升工程】

2014年6月,上汽集团批准《南汽集团自主品牌乘用车产能提升项目可行性研究报告》;12月,南汽集团向南京市发改委提交该项目请示报告。2015年7月,江苏省发改委核准项目;12月,完成国家发改委项目备案。项目由机械部第四设计院设计,南京长山建设有限公司、南京市大厂建筑安装工程总公司、上海绿地建设(集团)有限公司、江苏舜元建设集团有限公司、江苏邗建集团有限公司施工,南京南汽建设监理有限公司监理。

南汽集团自主品牌乘用车产能提升项目主要是对南京浦口基地原有工艺及产能进行优化改造。焊接车间新增1条焊接生产线,新增悬挂式点焊机及相应的控制设备、焊接生产线和焊接工装夹具、机械化输送设备,焊装车间至2号涂装车间的白车身输送连廊。新建2号涂装车间,新增前处理连续式喷浸电泳及摆杆链输送系统、烘干炉及IMC输送系统、文丘里式喷漆室、内部外部喷涂机器人、废气处理装置焚烧设备、液压(电动)驱动集中供漆系统,2号涂装车间至总装车间的涂装后车身输送连廊。对总装车间生产线进行改造,新增车身储存线、内饰线、底盘线、最终装配线、检测线、淋雨室、CARE线、动力总成合装线等。此外,建设配套联合站房、改扩建1号污水处理站、新建车体分配中心。项目新增建筑面积6.72万平方米,新增停车场4.2万平方米,总投资14.52亿元。

2015年8月,项目开工建设,至12月底,完成2号涂装车间一层楼板浇筑,完成公用动力站房桩基的施工及深基坑的浇筑,并启动基坑防水处理工程。至2015年年底,项目尚未竣工。项目建成后南汽集团浦口基地整车产能将从20万辆提升到40万辆,发动机维持50万台生产能力。

【南京涂装车间VOC减排工程】

2015年,上汽集团批准《南汽集团南京涂装车间VOC(挥发性有机化合物)减排项目》。7月,经向江苏省发改委汇报,同意项目作为南汽集团自主品牌乘用车产能提升项目的子项进行核准;12月,完成国家发改委的项目备案。

该项目利用工厂现有场地,新建涂装车间,增加废气排放处理系统,现有涂装车间增加内腔喷涂机器人,喷漆室进行循环风改造。新增设备包括:沸石转轮吸附浓缩装置、TAR(废气焚烧集中供热装置)燃烧设备与废气焚烧RTO(蓄热斗热力焚化炉)设施及其相应配套设施。项目实施后南京现有和新建涂装车间最终非甲烷总烃排放浓度<30毫克/立方米,单位涂装面积VOCS(挥发性有机化合物)35克/平方米,现有涂装车间喷漆废气的总排放量<450 000 N立方米/小时,新建涂装车间清

漆废气的排放量＜130 000 N立方米/小时。项目由机械部第四设计院设计,总投资 11 188 万元。

2015 年 10 月,VOC 减排项目基建及设备采购进入招标阶段。预计 2017 年 11 月底之前投入使用。

二、上汽依维柯红岩工程

2007—2015 年,上汽依维柯红岩商用车有限公司(简称上汽依维柯红岩)先后建设商用车项目、30 万后桥项目及研发机构建设项目,累计投资 20 亿元,形成年产整车 4 万辆能力。

【整车一期工程】

2007 年 7 月,上汽依维柯红岩上报《关于报请重庆红岩商用车整车项目一期工程初步设计方案》,取得重庆市北部新区建设管理局批复,原则同意该工程初步设计并批复。该项目位于重庆北部经济技术开发区,北部新区经开园区黄茅坪 B04 号地块,投资总额 29.75 亿元,由上海市机电设计研究院设计,中建三局建设工程股份有限公司、浙江精工钢结构有限公司施工,上海同济工程项目管理咨询有限公司监理,重庆南江地质队工程勘察院负责勘察。

上汽依维柯红岩整车一期项目于 2006 年 10 月—2008 年 6 月完成设备订购,2007 年 6 月奠基,2008 年 3—6 月设备安装调试完成。2008 年 4 月项目竣工投入使用。

该项目新征土地面积 45.67 万平方米,新增建筑面积 15.58 万平方米,新建总装、驾驶室涂装、驾驶室冲压焊接、车架底盘装配等厂房,办公楼、整车检测及返修车间等辅助设施。新增设备 960 台/套,其中进口设备 88 台/套、国产设备 872 台/套。总装车间包括底盘预装线、驾驶室装配线、整车总装线、整车检测线等,其中发动机分装线采用滚道式装配线带随行夹具和定扭矩拧紧工具,拥有高度集中化电子电器测试装置,其整车检测采用国际知名品牌的定扭矩拧紧工具,是当时国内唯一能对四轴车功能进行检测的整车检测线,也是国际重卡行业最先进的整车检测线之一。涂装车间包括驾驶室涂装线、底盘涂装线、塑料件涂装线工段,驾驶室涂装线采用独特的 J—JUMP(前处理电池传输系统)输送方式,采用人工和机器人喷涂相结合的 3 涂层体系涂装工艺。车架车间采用连续通过的喷淋式设备,是国内唯一对横梁纵梁等单件分别进行阴极电泳底漆涂装后,再对组装后的车架进行底盘涂装的生产厂,提高了整车底盘防腐等级。车架纵梁加工采用进口三面数控机冲孔线,生产线加工柔性大,可对订单快速响应。

2010 年,该项目生产达纲,形成 4 万辆重型汽车年产能力。2010 年,上汽依维柯红岩销量 30 511 辆,销售收入 71.13 亿元,利润 1 084.64 万元。

【30 万根车桥一期工程】

2012 年 4 月,上汽集团总裁办公会议审议通过《上汽依维柯红岩 30 万根车桥项目(一期)可行性研究报告》,同意立项实施。

该项目位于重庆市双桥经济技术开发区工业园区,用地面积 18.70 万平方米,建筑面积 11.94 万平方米,其中一期工程 6.46 万平方米。项目由东风设计院有限公司重庆分公司设计,重庆建工第三建设有限公司实施,重庆亚太工程建设监理有限公司监理。2013 年 10 月,一期工程开工建设,2015 年 4 月,第 1 根前桥下线,2015 年 9 月,竣工投产。

30 万根车桥一期项目完成投资 3.89 亿元。新建机加工车间、装配涂装车间、辅助办公楼等 6 个单体工程,1 号联合厂房、桥总成库房、实验室、废水站等 7 个单体。新增设备 173 台套,其中进口设备 48 台。项目建有 12 条机加工线、3 条装配线和 1 条涂装线。车桥装配线采用先进的自动检测技术及定值拧紧技术;涂装线采用高效、环保的喷涂工艺;桥壳总成、主减速器壳及总成、差速器壳及总成加工单元配置进口卧式加工中心等高精度、高效率、柔性化数控设备,关键工序实现在线检测,适用于单级减速桥及双级减速桥等各类产品加工;各生产线采用先进的精益物流配送系统,保证物流有序运行。此外,高精度的三坐标测量机、刀具配送中心等设施的应用,提升新产品加工精度。

一期项目建成后,形成 17.5 万根的产能,其中前桥 10 万根、双级桥 5 万根、单级桥 2.5 万根。

三、南京依维柯工程

【产品换型改造工程】

2006 年,南京依维柯汽车有限公司(简称南京依维柯)与南京汽车工程设计研究院有限公司编制上报《产品换型改造项目申请报告》,2008 年 3 月获江苏省经贸委批准。此后,该公司上报依维柯 08 款、跃进 08 款、2830.5 变速箱等子项目工程建设报告,同年 6 月获南汽集团批准。

图 8-1-15　南京依维柯总装车间

图 8-1-16　南京依维柯黑墨营基地搬迁

该项目于 2008 年 3 月启动,2009 年 12 月竣工。项目包括依维柯 08 款项目、跃进 08 款项目及 2830.5 变速箱项目。依维柯 08 款及跃进 08 款项目建设主要新增冲压模具及焊接线,对原有装配线等进行改造;2830.5 变速器项目主要新增磨齿和热处理两种工艺。项目关键设备采用进口设备,总装引进意大利 ABS(防抱死制动系统)检测设备,变速箱引进德国等国家的车床及立卧加工中心、滚插磨齿机、齿轮检测中心、三坐标测量机、热处理生产线等。项目由南京东南联合工程设计有限公司承接设计和施工,实际完成投资 1.48 亿元。

项目建成后至 2010 年,依维柯宝迪系列产品投产,并全面取代都灵系列产品;跃进 8 款项目累计开发窄体、中体、宽体三大

图 8-1-17　南京依维柯黑墨营冲压车间

类并匹配达到国二、国三排放标准发动机的产品,共计 22 个系列 56 款车型;2830.5 变速器技术改造项目实施后,变速箱分公司新增 1 个产品,产能得到提升。该项目实施后,南京依维柯产品水平总体达到 20 世纪 90 年代初国际水平。

【新宝迪开发工程】

2011 年 12 月和 2012 年 11 月,《南京依维柯汽车有限公司新一代宝迪产品开发项目可行性研究报告》和该项目调整报告先后获上汽集团批复。

该项目建设地位于江苏南京的南京依维柯厂区,无新增建筑面积,主要建设内容是:新增车身冲压模具和检具;新增焊接工装,对现有地板焊装线焊装工艺进行改造;新建总焊和左右侧壁焊装线,对车间其他方面进行适应性改造;总装工艺新增侧窗涂胶机器人及对装配线进行适应性改造;机加工工艺新增后桥加工设备。2012 年 7 月设备进场改造启动,12 月调试安装,2013 年 3 月试生产,实际完成投资 2.15 亿元。

该项目建成后由于国家柴油国四标准延迟实施,影响 PD14 国四产品市场销量,2013 年实际产销 235 辆,实际销售收入 4 241 万元,远低于可行性研究报告 21.17 亿元的年销售收入目标。

【黑墨营基地搬迁工程】

2013 年 8 月,上汽集团总裁专题会议同意南京依维柯黑墨营基地搬迁项目立项。2015 年,上汽集团总裁专题会议批准跃进业务从南京南维柯剥离,原搬迁项目中属于跃进业务的项目内容,由上汽大通继续实施。

该项目建设地点为南京浦口经济开发区桥林片区汽车产业园,厂区占地面积为 113.58 万平方米,其中南维柯公司用地 84.31 万平方米批准投资 14.93 亿元。项目由上海机电设计研究院设计,冲焊联合厂房、总装厂房由中国核工业华兴建设有限公司施工,涂装厂房由湖南安装工程有限公司施工,变速箱、专用车、旅行车等厂房由南通四建集团有限公司,施工,冲焊、总装、装用车、旅行车厂房建设由江苏建科公司监理,变速箱、涂装厂房由南汽监理公司监理。2014 年 12 月,桥林基地打下第一根桩。2015 年 7 月,桥林搬迁项目一标段冲焊厂房开工;8 月,涂装厂房开工;10 月,一标段总装、检测、综合开工。

该项目按 7.8 万辆整车产能进行设计,并预留 15 万辆整车产能拓展空间。土建及厂区管网由南汽集团投资,南京南维柯租赁使用。生产设备工装及车间公配设备由南京南维柯投资,主要包括第二车身厂冲压车间安装搬迁 2 条冲压生产线,对 A 线压力机进行自动化改造,增加 8 台 ABB 机器人,新增 1 条开卷剪切线为高速横切线;焊接车间搬迁改造 1 条焊接生产线,新建 1 条 2 个品种共线的焊接生产线;涂装车间新建涂装生产线,采用自动喷涂机器人替代手工喷涂工艺;第二总装厂总装车间新建总装生产线,引进非接触供电技术 AGV 小车,应用二维码识别定位技术;检测车间利用搬迁设备和新购设备建检测线,采用综合转毂动态检测方案,对整车动态性能进行综合检测;变速器车间利用原有设备、添置新设备建生产线采用动力积放式辊道线+随行托盘输送方式;旅行车车间添置新设备生产线及相关配套公用动力设施。

至 2015 年年底,项目仍在建设之中。该搬迁项目建成后,将形成依维柯轻型客车、卡车、越野车、旅行车等合计 6 万辆/年、变速箱 7.2 万台/年的产能规模。

【F1 系列发动机工程】

2012 年 11 月和 2014 年 11 月,上汽集团总裁办公会议先后审议批准南京依维柯 F1 系列发动机一期和二期可行性研究报告,同意项目立项。

该项目建设地位于该公司在南京浦口经济开发区桥林片区的汽车产业园,无新增建筑面积。一期建设的主要内容是:利用上汽菲亚特红岩 F1 发动机装配线进行发动机装配,由南京依维柯承担缸体、下气缸体及油底壳、排气歧管、前盖、凸轮轴、飞轮等模具投资及技术许可费用进行部分零件的国产化工作。至2015年年底,项目尚未竣工,计划于2016年10月完成并投产,预计实际投资8473万元,形成装配、测试线、机加工生产线5万台年产能力。

F1系列发动机二期建设土建及厂区管网由东华实业有限公司投资,南京依维柯租赁使用。项目生产设备工装及车间公配设备由南京依维柯投资,主要包括:卧式加工中心、珩磨机等机加工生产线,缸体、缸盖装配线、外装线、后装生产线、测试台架等装配线。该项目于2015年10月签订装配生产线合同,计划于2016年12月投入使用,预计投资1.13亿元,机加工和装配扩产至7.5万台年产能力。

四、上海申沃客车工程

为加快上海城市客车发展,1999年11月,上汽集团与瑞典沃尔沃客车有限公司沃尔沃(中国)投资有限公司投资组建上海申沃客车有限公司(简称上海申沃客车)并上报《关于上海申沃客车有限公司合资技改项目可行性研究报告的请示》。2000年1月,机械工业部对提出的该项目初审意见表示同意;5月,国家发展计划委员会下达批复,予以批准。

2000年11月,该技改项目开工建设。项目由上海市机电设计研究院设计编制,上海岩土工程勘察设计研究院承担地质勘测,上海住总(集团)总公司、南通二建集团有限公司施工,浦东建设工程咨询公司、上海振南工程咨询监理部监理,上海东方投资监理有限公司、上海沪港建设咨询有限公司审价。项目通过每年边生产边改造方式进行,2005年7月基本结束,实际完成固定资产投资2.87亿元。

该技改项目建设主要内容有:局部改造底盘车间,安装1条底盘装配线和底盘部件预装线,增加动力、电气管线、行车、叉车等辅助设施;局部改造车身车间,南厂房安装底架组合铆接和焊接车身左右侧壁焊接,北厂房安装车顶拼接及车身组焊接装配,购置CO_2气体保护焊机、焊接烟尘处理设备、车身骨架合装机、客车底架举升机、客车车顶提升翻转机和客车侧蒙皮拉伸机;局部改造涂装车间,增加车顶发泡房、腻子打磨房及相关吸尘通风设备;扩建总装车间内饰工段,安装2条总装配线,增加压缩空气管道、电气插座箱、行车等辅助设施;新建检测工段,安装排故、整车检测、喷蜡、新品试制、全自动车辆安全检测线等设备,以及公用动力配套设施及场地道路改造。项目新购设备1164台/套,包括国产设备1071台/套,进口设备93台/套。

上海申沃客车项目建成后,有效提升了上海城市客车制造水平和上海城市公交客车档次。2006年,该公司年产新概念城市客车1459辆,低入口客车1辆,新概念城郊车2辆,国产车1097辆,合计年产2559辆,年销售收入10.33亿元。2008—2010年,上海申沃客车连续在全国大型城市客车市场占有率排位前3名。特别是2010年上海世博会期间,上海申沃客车提供了337辆新能源公交客车,成为国内客车第一家规模化研发和量产新能源客车的企业。

五、上汽仪征多用途轻型客车工程

2002年,上汽集团仪征汽车有限公司(简称上汽仪征)成为上汽自主品牌赛宝多功能车制造基地并启动项目建设。同年6月,上报该基地技术改造项目初步设计的请示,9月,获上海市建委批复同意。2003年5月,上海汽车股份有限公司作为上汽自主品牌建设责任主体,主导上汽仪征实施生产多用途轻型客车技术改造。

该项目位于江苏省仪征市北郊永和路 12 号,由上海市机电设计研究院和中国机械工业部第四设计研究院设计、上海东海工程局和上海南亚建筑工程公司等施工、上海外建建设咨询监理公司和上海汽车工业设计所监理。项目实际完成固定资产投资 3.57 亿元。

上汽仪征多用途轻型客车技术改造项目于 2001 年 6 月启动,2002 年 7 月竣工,同年 10 月投产。项目主要内容是:对原汽车一厂、汽车二厂、底盘厂厂房进行维修改建;完善 28 个建筑单体,维修及改建建筑面积 9.28 万平方米,利用原建筑面积 2 798 平方米,新建建筑面积 3 063 平方米。汽车一厂新建污水处理站和冲压仓库,维修改造原生产车间及公用设施厂房,调整总装配套件仓库、总装车间、车身车间、冲压件仓库、油漆车间和检测线;新增车身焊接工艺设备和工装器具,引进葡萄牙 OPEL 工厂二手车身专用焊接、控制装置、涂胶装置等工装设备,增添自动进给螺柱焊机、固定式点焊机焊接设备;新建油漆车间,改建前处理、电泳底漆、焊接密封、防震隔热胶喷涂、中间涂层、面漆喷涂、检查报交以及空腔喷蜡等生产线;改建总装车间,改造利用机运线,形成内饰线、底盘线、最终装配线和检测线 4 条主线,引进加液设备、四轮仪、制动测试等先进设备。汽车二厂在原有 3 条冲压线基础上,新增运模小车等辅助设备,恢复车间生产功能。底盘厂在利用油漆线部分原厂设备基础上,将联合厂房东侧二跨改造为后桥油漆和后桥加工,重新组建半轴、轮毂、焊接和后桥装配生产线,改造不符合涂装作业标准的涂装设备,建立专用理化试验室。

六、上汽唐山曹妃甸新能源汽车工程

为加快发展绿色环保公共交通用新能源客车,2009 年 11 月,上汽集团与中共河北省唐山市委和唐山市政府洽谈新能源客车合作意向。2010 年 8 月,与唐山市政府签订《上汽唐山曹妃甸绿色能源汽车项目合作洽谈备忘录》。2011 年 2 月,上汽集团、唐山市公共交通总公司、海兴(唐海)投资有限公司合资成立上汽唐山客车有限公司;9 月,河北省工业和信息化厅核准该项目。该项目由上海机电设计研究院设计,河北建设集团有限公司总承包,恒久集团有限公司施工钢结构。

2011 年 9 月,该项目主体工程建设开工。2012 年 2 月,土建和设备安装竣工,进入生产准备阶段,2013 年 9 月建成投产。项目实际完成投资 2.94 亿元,购置 CO_2 气体保护焊机、检测线控制系统及各类车辆安全性能检测设备组成车辆安全性能检测线,新增等离子切割机等新能源客车实验测试切割等主辅设备共 199 台/套,形成底盘、车身、总装、调试、涂装和最终检测等工艺流程。

2013 年投产当年,上汽唐山客车有限公司产销 500 辆燃气公交客车;2014 年产销客车 605 辆,包括 515 辆天然气公交客车、40 辆混合动力城市客车以及 50 辆纯电动城市客车;2015 年产销客车 361 辆,包括 130 辆天然气客车和 231 辆新能源客车。

七、上海彭浦工程机械一期工程

2012 年 5 月,上海彭浦机器厂有限公司上报《关于临港新城选址建厂的建议报告》。2013 年 2 月,上汽集团编制上报《上海彭浦机器厂有限公司业务体系改善提升计划及迁建项目可行性研究报告》;4 月,获上海市发改委批复同意。

该项目位于上海市浦东新区临港地区沧海路 288 号,由机械工业部第一设计研究院完成整体设计方案,施工单位为上海建工五建集团有限公司。项目占地面积 31.2 万平方米,其中一期项目

图 8-1-18　上海彭浦生产线

占地面积 15.3 万平方米,建筑面积 7.98 万平方米。2014 年 1 月,项目开始实施;5 月破土动工;2015 年 11 月,土建工程竣工,并投入试运营,实际投资 6.26 亿元。

项目主要建设内容包括新建备料综合厂房、推土机联合厂房等 11 个单体建筑,新增焊接、涂装、装配、金加工等生产线,拥有加工中心等主要关键设备 11 台/套。包括进口数控滚刀刃磨床 1 台、数控插齿机 1 台、数控卧式加工中心 3 台、数控成形磨齿机 1 台。建设推土机结构件后桥箱、左右结构、平衡梁等

5 个机器人组成的焊接生产线,推土机结构件、铸锻件、整机及零件等自动化涂装线,推土机整机及部件综合性集成流水线,废水综合处理系统。购置 FARO Prime3.7M6 轴测量机器手、精密检定仪、超声波测厚仪等 3 台,购置 PDM 数字化软硬件,建立数据库。项目竣工将形成推土机年产能力 800 台、挖掘机年产能力 100 台。

八、上海牌轿车工程

【上海牌轿车小批量产能工程】

从 1960 年开始,上海汽车制造厂制造整车主模型和车身、左右前后门、发动机盖车顶及行李箱盖等大型冲模 8 套,拼装台 29 套,中小型模具 500 余副,购置 630 吨压机和一批焊机。1964 年,凤凰牌轿车更名为上海牌轿车,当年小批量生产 50 辆。1965 年,该厂进行技术整顿,制造内外主模型 141 块及全套铝质样板,自制拼装台 33 套、拼焊模夹具 88 副、敲胎模 100 余种、小型工艺装备 884 套,自制件工装系数达到 0.94。同时改进焊接工艺,减少气焊增加点焊,点焊率达到 70%,车身、左右门、前后风窗、底架及元宝梁等基本达到互换。1972 年,上海牌轿车年产超过 500 辆,为 550 辆。

【上海牌轿车 5 000 辆产能工程】

1972 年 10 月,一机部下达 5 000 辆上海牌轿车年产能力扩建任务。上海汽车厂扩建厂房,1973 年,轿车车身制造和装配迁入嘉定安亭洛浦路新厂区。1975 年建成 2.6 万平方米连跨新厂房。在此期间,冲压工艺自行制造 1 台 1 500 吨 3 点单动宽台面油压机,用来冲制车顶、左右 4 门和 2 盖等大型覆盖件;焊接工艺建立车身和底架拼焊生产线,车身拼焊线全长 96 米,输送线呈 90 度拐弯布置,底架拼焊线配备多头焊机、悬挂式及固定式焊机、CO_2 气体保护焊机及电弧焊机等;涂装工艺建立车身电泳涂装线和喷胶生产线,带有超滤装置的电泳涂装线,包括车身前处理、阳极电泳、喷淋系统及烘干设备,车身喷胶生产线采用循环式热风烘干;总装工艺建成全长 130 米,设 26 个工位的间歇式 1 号输送线和连续式 2 号输送线组成的装配流水线,间歇式 1 号线由后桥装配线、前桥装配台、侧翻台组成,连续式 2 号输送线由前桥分装线、车轮分装线、车门分装线、传动、制动、雨淋试验台组成,其中制动试验台采用数字显示新技术。经过技术改造,形成年产轿车 5 000 辆能力。

1976 年,上海汽车厂上海牌轿车产量突破 2 000 辆,达到 2 500 辆。1980 年突破 5 000 辆,达到 5 300 辆。

【上海汽车厂迁建工程】

20世纪80年代初,上海汽车厂位于上海安亭洛浦路,生产上海牌轿车。1984年10月,中德双方签署的《上海大众汽车有限公司合营合同》规定,上海汽车厂12万平方米厂房场地应在1986年3月前交付上海大众汽车,在此基础上建设上海大众汽车一期工程。同时,上海汽车厂部分设备和60%职工划属上海大众汽车。

为确保上海大众汽车一期工程按期开工,妥善安置上海汽车厂留厂职工,同时鉴于桑塔纳轿车形成批量前上海牌轿车既有市场需求又能维持横向配套企业生产经营,上海汽拖联营公司决定迁建上海汽车厂与嘉定县工业公司联合经营,利用位于安亭的上海汽车发动机厂空余车间场地,并另行征地填平补齐四大工艺,继续生产上海牌轿车,抢时间、争速度确保当年9月完成土建,4季度搬迁,年底出车50辆。1985年11月,上海市经委批复《同意上海汽车拖拉机工业联营公司与嘉定县工业公司在安亭建立上海汽车厂》,企业性质为国集联营。

上海汽车厂迁建联营项目由上海机电设计院承担总体设计和土建设计、工艺设计,嘉定设计公司承担土建工程。迁建工程以上海汽车发动机厂490型发动机下马后约9 000平方米空余厂房、厂区西北角13 500平方米空地,以及汽车厂搬迁的设备为基础,嘉定县另行征地25亩,增加土建面积5 000平方米。

中共嘉定县委和县政府将上海汽车厂迁建列为1985年第一件大事。1985年1月,嘉定县政府召开会议,要求做好迁建工作动员,明确有关部门和乡镇责任。3月底,工程设计、征地、拆迁、"三通一平"基本就绪。4月,施工队伍进场施工。9月下旬,10 400平方米厂房土建工程竣工,比常规工期缩短200多天。与此同时,为保证搬迁当年生产出车,上海汽车厂在主体厂房旁搭建简易总装车间,10月上旬完成土建施工,随后立即安装设备。同年11月起,开始大规模设备安装。同年12月10日,第一辆上海牌轿车在简易总装车间组装成功,至年底共装配50辆,实现当年搬迁当年生产出整车的目标。至1986年3月,500余台生产设备全部搬迁安装完毕,历时90天,缩短工期180天,保证上海大众一期工程如期实施。

1986年11月4日,公司和嘉定县政府召开胜利完成上海汽车厂迁建庆祝大会,对上海汽车厂迁建工作给予肯定。1988年7月14日和1989年3月6日,上海市市长朱镕基和中共中央政治局委员、中共上海市委书记江泽民先后视察上海汽车厂。至1991年年底,上海汽车厂在新址累计生产上海牌轿车29 108辆。

1991年4月,上汽总公司向上海市计委和外资委上报《关于上海大众汽车有限公司"八五"期间第二期扩建工程项目建议书的报告》,提出在上海大众一期工程基础上,将上海汽车厂以增资方式并入上海大众,并在上海汽车厂厂址进行扩建改造,使上海大众形成单班年产6万辆轿车、三班年产15万台套发动机的能力。该报告请示国务院。同年11月,国家计委和国务院生产办公室下达通知,告知上海大众二期工程项目建议书已经国务院批准,要求照此执行。

1991年11月25日,最后一辆上海牌轿车驶下总装生产线。该车从1966年开始批量生产,25年共计生产77 041辆,年均生产3 081辆。1992年1月1日,上海汽车厂和2 000多名员工加入上海大众。

九、上海三轮汽车、交通4吨汽车、SH 15吨汽车工程

【上海58型三轮汽车工程】

上海58-Ⅰ型三轮汽车是上汽从零配件制造向整车制造,形成整车批量生产的第1个产品。

1958—1961年,上海汽车装配厂三轮汽车车身生产尚处半手工半机械方式,1961年1月投入使用第1条三轮汽车总装配输送线。同年,该厂迁往嘉定县安亭镇。1962年11月在安亭新厂房安装新的双轨总装输送线,全长90米,15分钟装配1辆三轮汽车。1964—1966年,各主机厂按照改进的设计方案完成一系列技术改造,提高工艺装备系数和工艺装备质量。在各主机厂大搞技术改造的高潮中,上海汽车厂试制成1500吨宽台面液压机,实现纵梁体一次下料与冲孔工艺,试制成用ϕ10点焊代替56只铆钉的全焊车架,质量超过当时日本同类产品的工艺水平,冲模总数从376副增加到1013副。三轮汽车的生产利用各生产厂原有厂房和设备,合理调整和充实提高,较快形成三轮汽车专业化协作生产格局。3个主机厂为生产三轮汽车所花的基建投资和技术措施费用,总投资不足1000万元,不到新建相同规模新厂所需投资的1/10,相当于同期上缴利润的1.5%。1969年,上海58型三轮汽车年产达2571辆。

【交通牌4吨载重汽车工程】

1958年年初,上海市交通运输局将试制4吨载重汽车的任务下达给上海货车修理厂。1958年7月,4吨载重汽车投入试生产。

1959年,该厂开始制造专机大会战,制成发动机缸体、缸盖、变速器、前后桥生产流水线,驾驶室全套工装模具、大梁压模和2000吨油压机等专用设备。1965年,4吨载重汽车正式投入生产,当年生产604辆。1969年起,上海重型汽车厂形成4吨载重汽车年产3000辆能力,投资400万元,建成载重汽车大梁、车身(冲压及焊接)、油漆、总装配4个车间,共有建筑面积23107平方米。1971年建成后4吨载重汽车年产量超过1000辆。

【SH361型15吨倾卸汽车工程】

1969年1月,上海市交通运输局作出《关于试制15吨载重汽车的决定》,试制任务交予上海货车制造厂。同年9月5日,第1辆SH361型载重汽车诞生。

1973年,该厂自制专用设备73台,初步形成减速器壳等11条生产线,其中15吨减速器壳生产线是由1条输送带、1台升降机和21台专用机床组成,桥壳生产线由6台专用机床组成。1975年,该厂建成15吨载重汽车底盘金加工车间。至此,15吨载重汽车形成年产1000辆的生产能力。同年,生产15吨载重汽车502辆。

十、丰收-35型拖拉机工程

1961年2月起,上海拖拉机厂对丰收-35型拖拉机进行4轮试制;至1965年,共自行设计制造专机158台、专用夹具700副、专用量具900件、专用刀具213种;1966年进入批量生产,年产608台。

1966年,农机部向上海市农业机械制造公司下达年产3000台计划并投资180万元用于该项工程建设。1969年,上海市政府向公司下拨拖拉机技术改造费用135万元。同年开始,上海丰收拖拉机厂开展技术革新,98种211件零件推行少无切削,40多种零件改用自动车床加工,平均提高工效30%以上。1971年,农机部进一步下达年产5000台计划,增加拨款120万元。至1975年,上海丰收拖拉机厂拥有高效专机128台,生产流水线和半自动生产流水线7条。其中包括:液压泵盖转塔式组合机床和冷打花键机、差速器3工位组合机床和制动器壳生产线、离合器盖镗括专机、后桥壳体生产线、液压机盖3工位流水线、差速器壳粗车机床、整机总装环形流水线,生产壳体缸盖类的曲柄自动线、液压缸二头镗 7 孔钻机、离合器三大壳体 8 孔钻机、离合器盖三等分自动分度铣专机、电镦头机、电泳涂漆流水线、制动器盖生产线等,同时拥有加工罩壳、油箱、仪表板、挡泥板等大型复杂件冲压件的生产设备。1975 年,拖拉机年产突破 5 000 台。

1973 年 6 月,第一机械工业部(简称一机部)拖拉机技术改造调查组提出丰收-35 型拖拉机 2 年内进行技术改造,在第 4 个五年计划期间,尽快实现年产万台能力的设想。1975 年,一机部批复同意对生产丰收-35 型拖拉机的 12 个主机厂和主要协作配套厂进行技术改造,总投资 2 868 万元,其中上海丰收拖拉机厂投资 770 万元、征地 39.6 亩。

1978 年 8 月,国务院批示同意上海拖拉机行业按专业化协作分工进行改造,生产中型轮式拖拉机,年产纲领 2 万台,其中丰收-35 型拖拉机年产 12 000 台,上海-50 型拖拉机年产 8 000 台,总投资 3 300 万元,总建筑面积 38 500 平方米,征地 67.2 亩,列入上海市拖拉机项目基建计划及设备成套计划。

十一、上海牌拖拉机工程

1960 年 7 月,上海市农业机械制造公司将手扶拖拉机生产任务转给上海拖拉机厂和诚孚铁工厂。1962 年,上海拖拉机厂建成油漆、铸造和总装 3 条生产流水线,使手扶拖拉机质量稳定提高。至 1970 年,国家向上海拖拉机厂投资 270 万元建设年产手扶拖拉机 1 万台项目。项目建成后该厂建筑面积由 12 756 平方米增至 53 378 平方米,设备由 161 台增至 743 台,固定资产原值由 236 万元增至 1 184 万元。1970 年,手扶拖拉机生产突破 8 000 台,为 8 050 台。

1970 年 6 月,上海机电一局和上海市拖拉机汽车工业公司将试制 45 马力中型拖拉机的任务下达给上海拖拉机厂及与之配套的上海农业药械厂(上海内燃机厂前身)。1971 年起,国家向上海拖拉机厂投资 1 080 万元,实施上海-50 型拖拉机和工农-11 型手扶拖拉机各年产 5 000 台建设项目。该厂进行专机大会战,自行设计制造后桥壳体、变速箱和半轴套管专机流水线。1972 年 7 月,由洛阳设计院设计的有级变速连续式装配流水线投入使用,产量从原月产 30 台提高到日产 30~35 台,工效提高 30 倍。扩建后该厂建筑面积增加到 85 605 平方米,设备增加到 1 079 台,其中自制专用设备 188 台,形成后壳体加工、液压机盖加工、制动器壳体加工、液压泵装配、拖拉机总装配等 15 条生产流水线。固定资产原值增加到 4 184 万元。1973 年,工农-11 型手扶拖拉机年产达到 1 万台,1989 年,上海-50 拖拉机年产达到 12 000 台。

上海拖拉机内燃机公司成立至"八五"期间,共投资 17 048 万元,对上海 504 型和 654 型拖拉机、495A 型和 375 型柴油机以及喷油嘴偶件等进行技术改造。投资建造新的拖拉机总装车间,由洛阳拖拉机设计院设计,将原线的有级变速改为无级变速,流水线总长由 80 米延长至 148 米,19 个工位增至 28 个工位,拖拉机日产量由 30 台增至 55 台。同时,增加 2 个液压校验台、2 个液压合拢台和 2 个磨合台,装配采用整机油漆新工艺,装配一次合格率从 80% 提高到 93% 以上,1998 年 12 月,形成年产 495A 型柴油机 5 万台和 50 型拖拉机 2 万台能力。

十二、幸福摩托车工程

【合资前工程】

1964 年 4 月,宝山农机厂、宝山五金配件厂及上海自行车二厂摩托车部分合并成立上海摩托车制造厂,生产 250 型摩托车、750 型三轮摩托车,建立 5 个生产车间和 2 个后方车间,拥有各种设备

图 8 - 1 - 19 上海易初摩托车装配线

517 台。金属切削采用通用机床,焊接以手工焊为主,涂漆零部件采用手工喷涂方式进行生产,整车总装采用单机单辆装配调试。

从 1979 年开始,上海摩托车厂改变"小而全"生产方式,将发动机、变速箱、减震器、化油器、离合器、车轮总成、油箱总成、灯具、座垫等零部件转给有关专业厂生产,该厂只生产车架、挡泥板、后轮鼓等零部件和整车总装。同时,采用新工艺新技术,挡泥板等钣金件采用冲压机模压成型,车架拼装在 20 个工位组成的环形流水生产线上以二氧化碳保护焊焊接而成,车架前端上下轴承孔后轮鼓钻孔采用专机加工,整车总装在由 41 工位组成的流水生产线上进行。基建装备工程实施后,该厂建筑面积由 12 192 平方米扩大到 33 000 平方米,主要生产设备由 27 台增加到 361 台,250型摩托车年产突破多年 4 000 辆上下徘徊的局面,1984 年增至 24 219 辆,比 1979 年提高 5.05 倍。

【合资后工程】

1985 年 1 月上海—易初摩托车有限公司成立后,引进日本本田公司摩托车制造技术,并进行较大规模技术改造,投资 1.25 亿元,实施 72 个项目,完成建筑总面积 3.54 万平方米,增添设备 563台/套,其中进口设备 41 台/套,引进美国、日本、德国、意大利等国先进设备,建成冲压、焊接、油漆、总装等 19 条生产流水线。至 1995 年,公司占地面积 29.71 万平方米,建筑面积 10.44 万平方米;主要设备 845 台,其中高精度、大型和数控设备 38 台,形成 30 万辆摩托车年产能力。

【王港工程】

1994 年 2 月,上海—易初摩托车有限公司决定在上海市浦东新区王港乡工业开发区建造摩托车生产现代化新工厂;3 月,该公司与上海市机电设计研究院联合编制并上报《王港摩托车一期工程项目可行性研究报告》;7 月,上海市建委批准该项目实施。

1994 年王港项目开工建设,1996 年 10 月竣工。项目由上海市第五建筑有限公司总承包,中国京冶建筑工程公司分包主厂房钢结构部分。该项目总投资近 9 亿元,占地面积 17.8 万平方米,建筑面积 5.9 万平方米,建成机械加工车间、发动机装配车间、整车装配车间、热处理车间、计算中心及降压站、配电所等配套设施,其中联合车间采用 24 米×24 米柱距大跨度网架结构,创造了14 400 平方米焊接网架一次吊装成功的亚洲纪录;新增设备 244 台/套,其中日本、德国、意大等国进口设备 74 台/套,包括零部件拼焊和车体焊接机器人流水线、部件装配和装配生产线、由 15 台加工中心组成的发动机加工流水线等。项目形成 20 万辆摩托车和 30 万台摩托车发动机年产能力。

第二章　整车研发基地重要工程

1989年、1991年和1996年,上海大众汽车有限公司、上海汽车工业技术中心和泛亚汽车技术中心有限公司相继开始实施整车研发基建装备建设。至2015年,上海汽车集团股份有限公司技术中心共投资39亿元建成3个重要工程,泛亚汽车技术中心有限公司共投资32.8亿元建成4个重要工程,上汽大众汽车有限公司技术中心共投资37亿元建成4个重要工程,上汽形成包括整车造型、车身和发动机开发能力,研发水平位居国内领先地位。

第一节　自主品牌研发基地重要工程

一、上汽技术中心金桥分部工程

【项目报批】

1991年,上海汽车工业总公司(简称上汽总公司)投资1.2亿元在浦东金桥建设产品研发和试验基地分别投资2个技改项目。1991年7月12日,上汽总公司对汽车研究所上报的整车车身液压试验室项目进行审议,同意该项目建设内容及选址地点为浦东金桥开发区25号地块,总面积约1万平方米。同年10月,该方案获上海市经济委员会(简称经委)批复。1991年8月2日,上汽总公司上报车身设计、造型室、计算机中心项目建议书。项目选址在逸仙路50号汽车研究所。1991年10月8日获市经委批复。

【建设内容】

整车车身液压试验室项目,主要建设内容是进口道路模拟试验台、道路载荷谱采集器、HP模态分析系统各1套,以及相应的配套设备。新建道路模拟试验室、车身模态分析试验室及变电室、锅炉房等1366平方米。车身设计、造型室、计算机中心项目,主要建设内容是建设整车设计室、车身造型室和计算机中心共2646平方米。引进主计算机(带25台终端)一套,CAD/CAM(计算机辅助设计/计算机辅助制造)工作站系统12套;大型绘图仪、电脑雕刻、人体模型等,增添国内设备53套。

图8-2-1　热能风洞实验室

图8-2-2　底盘KC试验台

图 8 - 2 - 3　台车碰撞模拟试验台

【建设成效】

该 2 个项目于 1991 年 7 月启动,至 1993 年 6 月竣工,两个项目的建设初步形成 20 世纪 90 年代初轿车车身开发能力和 CAD/CAM 开发系统,为上汽技术中心形成轿车开发、测试完整体系奠定基础。1993 年 12 月,上海汽车工业技术中心金桥分部开始实施自主品牌产品的研发试制。

二、上汽技术中心扩建一期工程

【项目报批】

2005 年 11 月,上海汽车集团股份有限公司(简称上汽股份,2007 年 9 月后简称上海汽车,2011 年 12 月后简称上汽集团)上报汽车工程研究院一期扩建的请示。同月,上海市经委下达《关于同意上海汽车集团股份有限公司汽车工程研究院自主品牌研发中心扩建项目(一期工程)可行性研究报告(代项目建设书)的批复》,予以批准。同年 12 月和 2006 年 6 月,上海市经委批复项目两次调整报告。

2007 年 4 月,上汽股份决定注销该汽车工程研究院,其资产由新设立的上海汽车股份有限公司技术中心承接管理。同年 11 月,该技术中心更名为上海汽车集团股份有限公司技术中心(简称上汽技术中心)。

【建设过程】

上汽技术中心项目建设地址为上海市嘉定区安研路 201 号,一期征用土地 25.33 万平方米,新增建筑面积 6.60 万平方米,实际投资 5.85 亿元,由上海市机电设计研究院设计,上海市岩土工程勘察设计研究院有限公司勘察,上海市第一建筑有限公司施工,上海同济工程咨询有限公司监理。该项目于 2005 年 11 月立项,2006 年 9 月开始施工,2008 年 10 月建成投入使用。

【研发试制设备】

上汽技术中心一期项目建设 1 号 2 号研发楼、2 号试验楼、试制车间、联合站房、35 千伏降压站等 7 个建筑物完成建筑面积 5.82 万平方米。项目主要工艺设备有:安置于试验楼内从事整车及零部件系统试验和分析的设备仪器,其中包括整车排放测试系统(含环境舱、底盘测功机、排放分析仪等)、减震器示功机、带环境结构测试台、新能源电机电池试验室、电子电器 LABCAR(试验车架)试验台等,设备仪器总数 584 台套。安置于试制车间的设备仪器,主要有焊接设备、分装、料架输送设备、三坐标测量机、柔性支架、烤漆房、雨淋试验设备、金加工设备等,设备仪器总数 277 台套。用于造型设计制作的主要设备有造型测量铣削设备、模型制作工具、木工机械、多光源灯箱等。其中的整车排放测试系统配备当时全球最先进的排放采样与分析设备,能满足法规认证、整车开发、一致性检查等各类试验需求。

【建设成效】

该项目一期工程建成后,上汽技术中心形成乘用车中小改型造型设计能力、新产品造型方案的参与设计能力、电子电器技术系统开发能力、车身结构更改和内饰系统集成设计能力、悬架/制动/转向系统设计匹配验证能力、动力总成排放标定及电控系统集成能力。

三、上汽技术中心扩建二期工程

【报批建设】

2007 年 10 月,上海市经委批准上汽技术中心自主品牌研发中心扩建项目(二期工程)设备备案。2008 年 6 月,上海汽车总裁办公会议批准并上报技术中心建设(二期工程)项目;8 月,上海市经委批准该扩建项目。

该项目建设地为上海市嘉定区安研路 201 号,分为两个阶段。2-1 期工程于 2009 年 11 月开工建设,2011 年 12 月建成投入使用。项目投资总额 7.7 亿元,新增建筑面积 3.3 万平方米,包括造型车间、动力总成研发楼、动力总成试验车间一期、危险品仓库、油罐区加油站等。项目由上海市机电设计研究院有限公司设计,上海市岩土工程勘察设计研究院有限公司勘察,上海市第一建筑有限公司施工,上海同济工程项目管理咨询有限公司监理。

2-2 期工程于 2012 年 12 月开始施工建设,2015 年 12 月建成并投入使用。项目规划投资总额 22.5 亿元,新增建筑面积 15.1 万平方米,包括 3 号研发楼及食堂、安全试验车间、整车耐久试验车间、综合试验车间、动力总成试验车间二期、热能风洞试验车间及辅房、新能源汽车试验试制车间、2 号联合站房、1 号样车库等。项目由上海市机电设计研究院设计,上海市岩土工程勘察设计研究院有限公司勘察,中国核工业华兴建设有限公司、上海绿地建设(集团)有限公司、上海住总集团建设发展有限公司等单位施工,上海同济工程项目管理咨询有限公司监理。

【研发试制设备】

2-1 期工程新增研发装备包括造型车间:油泥模铣削平台及设备 6 套、五轴铣加工设备、VR 造型评审设备、模型加工工具、快速成型设备、木工房设备等;动力总成试验车间一期:发动机耐久台架 2 台、发动机性能台架 6 台、变速箱台架 2 台、动力总成台架 1 台、混合动力台架 2 台、动力总成 NVH 台架 1 台、无负载台架 2 台;动力总成研发楼:发动机与变速箱试制装配与拆解设备、精密测量室、电空调及热管理系统台架、冷起动试验台、部分零部件试验台(气道、配气)等;2 号试验楼:整车高温性能试验室(含环境舱、底盘测功机)、整车低温性能试验室(含环境舱、底盘测功机)。

2-2 期工程新增研发装备包括动力总成试验车间发动机性能台架 3 台、发动机耐久台架 8 台、动力总成台架 1 台、变速箱台架 1 台、光学发动机台架 1 台、混合动力联调台架 1 台、部分零部件试验台(缸体、喷雾)等。综合试验车间包括结构、车辆动力学、NVH 和质保 4 个实验室。结构试验室内设备有多轴道路模拟、四通道道路模拟(带环境舱)、MAST(多轴模拟振动)振动 3 个试验台、20 通道柔性试验台架、整车质心惯量试验台、6 个高低温环境舱等;车辆动力学试验室装备有车辆 K&C(运动学特性和平顺特性)测试台、制动性能试验台、转向性能试验、弹性体试验台、底盘硬件在环台、EPS(电动转向系统)开发试验台等;NVH 试验室装备有整车二驱转鼓半消声室、整车四驱转毂半消声室、全消/混响室、四通道整车异响室、变速箱半消声室、零部件异响室、零部件惯量室、结构动力学特性试验室及整车密封性试验室等;质保试验室设施装备有材料中心试验室、质量分析中心、精密测量室和整车道路试验站等。安全试验车间装备有整车牵引碰撞试验系统台、车碰撞试验台、行人保护试验台、各类安全碰撞假人及假人标定台等。整车耐久试验车间装备有四驱转鼓 1 台、二驱转鼓 3 台。热能风洞试验车间有风洞主体(空气循环风道、环境舱、四驱转鼓与阳光模拟系统)、浸车区、车辆准备区及辅助配套设施。2 号试验楼有欧 5 排放试验室(含环境舱、底盘测功机、排放分析仪等)、零部件电磁兼容试验室(3 米法)、电器/电子综合开发试验室、车载信息娱乐系统试验室、整车 HIL 试验室、娱乐系统声学试验室等。新能源试验车间有燃料电池系统,氢安全及关键零部件开发和测试,动力系统联调及高压电安全测试,储氢、供氢、加氢以及燃料电池整车试制的四大功能区域。

【建设成效】

通过项目实施,上汽技术中心在车辆安全、车辆动力学、底盘结构、车身内外饰、动力总成、空调、振动噪声、电子电器、造型、排放等多个领域形成与自主开发需求相适应的研发、试验和试制能力。具备整车和动力总成完全自主的全新工程技术开发能力,并建立起完善的前期研究和前期工程能力。制定完善的设计标准、试验认证规范及整车平台标准,建立完善的产品数据和知识管理系统,实现了真正的自主研发。

四、动力总成试验基地工程

【项目报批】

2005 年 6 月,上海汽车集团股份有限公司汽车工程研究院上报《关于自主品牌产品动力总成开发与国产化试验能力建设的报告》;12 月,上汽股份下达批复,同意该技改项目,即 528 项目的《可行性研究报告(含实施方案)》。528 项目归属上海内燃机研究所,建设地为上海市杨浦区军工路 2500 号上海内燃机研究所内。设计单位为机械工业部第四设计研究院,施工单位为上汽建筑工程有限公司,监理单位为上海汽车工业工厂设计所。

【建设过程】

2004 年 12 月,该项目开工建设,2009 年 10 月建成。项目分为 528 一期和 528 二期。一期实际完成投资 1 297.42 万元,二期实际完成投资 1 764.96 万元。一期项目无新建建筑,主要针对自主品牌产品动力总成开发调整各试验室布局,满足动力总成试验室功能需要,改造准备间和第一试验厂房 1、2、4、10 和 12 号试验室及仓库,改造面积 1 411 平方米。建设完善自主品牌发动机试验测试系统。项目新增各类试验测试装备 27 台套,包括:CW160 测功系统、CW260 测功系统、190 千瓦电力测功系统、台架非标系统、试验条件系统、测量控制系统、恒温恒湿系统、冷冻机组及全四象限电机驱动系统及扭矩测量系统、台架控制及常规测量系统、CAN(控制器局域网)网络分析系统、NI(基于美国的)多通道数据采集及分析系统等。

二期项目主要对 1～5 号、7 号、9 号和 13 号控制室(试验室)以及外循环水系统进行适应性改造,新增 11 台/套 2XCW150 和 1XCW150 两种型号的电涡流测功机试验系统设备。

【建设成效】

项目实施后,上海内燃机研究所开始具备自主品牌动力总成试制试验功能,包括动力总成开发选型能力、集成应用开发能力、失效分析能力和模拟设计能力,完善与掌握发动机关键技术电子控制、增压排放控制、噪声振动控制能力。

第二节　泛亚技术中心重要工程

1996—2015 年,泛亚汽车技术中心有限公司(简称泛亚技术中心)先后实施 4 个工程项目建设,总投资 32.8 亿元,形成动力总成标定、底盘调校、外饰工程、内饰工程、风洞试验五项核心能力并具备车身、整车及发动机开发能力,拥有可同时开展 3～5 个车型的整车和发动机研发能力的国际先进工艺装备,成为国内领先的一流汽车研发基地。

一、一期工程

1996 年 9 月,国家计划委员会(简称计委)下达同意在上海浦东合资成立浦东轿车项目和技术开发中心项目的批复,1997 年 1 月,国务院办公会议批准上海浦东轿车项目可行性研究报告后,泛亚技术中心于 1997 年 3 月启动一期工程建设。

该项目位于上海浦东金桥宁桥路 669 号基地和浦东新区龙东大道 3999 号王港基地。由中国船舶工业总公司第九设计研究院设计,上海市第七建筑工程公司施工,上海南珠科技发展总公司监理。2001 年完成宁桥路厂区改造,2004 年 9 月完成虚拟现实中心建设,2005 年底盘实验室及试制车间竣工,2006 年 6 月一期工程竣工,实际完成投资 4.16 亿元。主要建设内容包括原上汽技术中心固定资产投入、宁桥路基地改造和王港基地改造 3 部分。原上汽技术中心增加整车和发动机性能试验、发动机耐久试验、整车道路模拟实验和计算机分析系统等设备;宁桥路厂区实施冷冻实验室建设、发动机耐久试验改造、发动机测试试验改造、信息系统改造项目等项目;王港厂区实施试车道和工程车辆停车场兴建,改建建筑面积 1.41 万平方米,包括设计实验部、样车试制车间、动力总成部、K&C 实验室和虚拟现实中心 5 个单体工程,新增汽车振动噪声试验中心设备、汽车排放耐久实验室设备等 16 台/套,其中进口设备 13 台/套。

二、二期工程

2004 年 6 月,美国通用汽车公司(简称美国通用汽车)董事长兼首席执行官瓦格纳在沪宣布,将与上海汽车工业(集团)总公司(简称上汽集团)共同增资泛亚技术中心 21 亿元,打造国际一流汽车研发基地,建设国内最大全功能试车场。同年 10 月,上汽集团上报《关于申报中美合资泛亚汽车技术中心实施方案的请示》;11 月,上海市发改委下达批复予以批准。

泛亚技术中心二期工程(增资改造项目)建设工程于 2005 年 8 月开工建设,至 2011 年 3 月,热能风洞试验室竣工。项目由中国船舶工业总公司第九设计研究院设计,上海市第七建筑工程公司施工,上海南珠科技发展总公司监理。

二期增资项目总投资 3.47 亿元,实施试验楼、联合厂房、综合试验楼、整车碰撞试验室、热能试验区等建设或改建。至 2011 年 3 月,该中心项目拥有各类试验设备 600 余台,包括 2 条白车身焊接线、4 个车身总拼台、1 条总装线和 20 个举升机,以及车门手工包边、三坐标测量实验室、激光跟踪仪、便携式三座标测量仪、挡风玻璃托台、仪表盘负载臂、门分装、四轮定位、GCA 灯光室等设备。动力总成完成升级改造的大型成套设备 28 台/套,包括发动机性能开发台架 3 台/套,发动机耐久认证台架 10 台/套,动力总成台架 3 台/套,变速箱功能检查台架 1 台/套。项目中最具代表性并在国内领先的有：中国当时投资规模最大、具有国际先进水准、拥有行人保护试验系统、台车模拟试验系统和整车碰撞试验系统的安全试验室，中国当时国内功能最完备的汽车振动噪声试验室，包括悬架运动学及顺从性测试系统、制动惯量试验台、制动拖滞力矩及磨损试验台的底盘试验室，拥有24通道道路模拟机和风量气密试验系统的结构试验室，材料试验室的整车空气质量采样舱，电磁兼容试验室中美国通用面向全球的第一个既能测试零部件又能测试整车的紧凑型电磁兼容试验的半电波暗室，国内整车行业第一个具有全球领先水平的整车热力学风洞，拥有高温整车性能转鼓、低温整车性能转鼓、整车耐久转鼓、常温排放、低温排放和燃油蒸发等7个试验室、当时国内投资规模最大具有国际先进水准的整车排放及性能试验室。

项目建成后，泛亚技术中心总资产从1997年成立之初的4.1亿元，增加到2011年的13.1亿元，形成动力总成标定、底盘调校、外饰工程、内饰工程四项核心能力并具备车身、整车及发动机开发能力，成为国内领先的一流汽车研发基地。

三、广德研发试验中心工程

【项目报批】

2007年8月，上海通用汽车有限公司（简称上海通用汽车）在安徽广德建设全功能试车场，10月，与广德县政府签署项目合作意向书。2008年6月，安徽省发改委下发《关于同意开展上海通用汽车研发试验中心（广德）建设项目前期工作的函》；12月，项目获安徽省发改委核准批复。

【建设过程】

上海通用汽车研发试验中心建于安徽省广德县邱村镇，总投资16.43亿元，由上海市政工程设计研究总院（集团）有限公司设计，上海市岩土工程勘察设计研究院有限公司勘察，中铁十局集团有限公司、中交一公局第五工程有限公司、上海城建（集团）有限公司、中铁四局集团有限公司、湖南省工业设备安装有限公司等单位施工，北京路桥通国际工程咨询有限公司、上海市建通工程建设有限公司和上海同济工程项目管理咨询有限公司监理。

上海通用汽车研发试验中心于2009年10月奠基，2012年7月基本建成开始试运营，同年9月举行竣工仪式。该项目占地面积5.7平方公里，用地面积1.37平方公里（占总面积24.2%），新增建筑面积2.4万平方米，建有总长60公里具备70种典型特征路面试验道路，以及完善的配套试验辅助设施，试验道路和设施按照美国通用汽车全球最先进的试验道路技术标准设计建造，同时模拟中国典型路况条件，兼顾全球化和本地需求。具体建设内容包括：新建高速环道、耐久性试验路、长坡桥、强化试验路、腐蚀试验路、动态广场、操纵稳定试验道路、噪声试验道路、新增加油站、检修厂房、停车场等辅助设施，新建办公室、生活公寓等配套设施及防护道路和连接道路等，并新增部分检验检测设备。

该试车场是国内投资规模最大、面积最大、设施最全面的综合性全功能试车场，处于世界先进水平。拥有国内试验条件最好的高速环道，环道长度达9 036米，为国内之最；最大侧倾角度为国内试车场最小，试验舒适性、安全性指标最高。项目建有12万平方米国内面积最大和技术标准最好的动态广场，场内有国内外试车场中独一无二的长坡桥，长约1.2公里、高差约50米，功能兼顾动力总成开发和整车耐久性试验。

【建设成效】

该试车场能满足总质量 7.5 吨以下汽车产品开发和认证试验、标准法规研究和验证试验、质量检查和鉴定试验以及试验室和计算机模拟试验工况的采样试验等技术要求,可同时容纳 140 辆汽车试验,年试验总里程可达 2 000 万公里。由 18 种道路组成的操纵性平顺性试验环路是国内最完整的 R&H 试验道路,为提升汽车底盘、整车舒适性能和操控性能开发奠定设施基础。项目建成后充分满足通用汽车与上汽集团以及在华合资企业中长期全系列产品开发试验的需要,加快新产品开发速度,令上汽通用汽车和泛亚技术中心业已领先的汽车研发设施更加完备,本土化研发能力得到进一步加强。

图 8-2-4 黑河寒区实验基地

图 8-2-5 广德试车场长坡桥

四、汽车热能试验室工程

2008 年 6 月,泛亚技术中心董事会批准建设热能风洞试验室。2009 年 3 月,上海市浦东新区政府颁发该项目核准通知。

该项目建设地位于泛亚技术中心王港基地,占地 1 485 平方米,可用建筑面积 3 197 平方米。项目于 2009 年 3 月启动,2011 年 3 月竣工,由上海市机电设计研究院设计,苏中建设集团股份有限公司施工,上海三维工程建设咨询有限公司监理。

图 8-2-6 热力学风洞实验室

泛亚技术中心汽车热能试验室项目实际完成投资 9 982.83 万元,新增设备仪器 85 台,主要包括 1 套风洞试验系统及 1 套四驱底盘测功机,其中风洞实验系统包括环境模拟仓、高速风机、牵引电机、可变角度全光谱日照模拟系统、雨雪模拟系统、温湿度调节系统、电气控制系统、数据采集系统以及监控系统等子系统,通过对整车实际运行工况的模拟,采集车型性能试验室数据,提高空气动力学方面的设计开发能

图 8-2-7 子系统安全实验室

力。项目建成后,上海通用汽车和泛亚技术中心成为国内唯一拥有热力学风洞的整车制造与研发企业。

五、金桥工程

泛亚技术中心金桥基地与凯迪拉克专属工厂同时于 2012 年 8 月上报可行性研究报告,并于 9 月 27 日获上汽集团总裁办会议审议批准。2013 年 1 月,上海市发改委下达核准批复并上报国家发

图 8-2-8 整车车内空气质量测试采样舱

改委,4 月,国家发改委发出同意备案的通知书。

该项目建于上海通用汽车申江路东侧金穗 567 号,2015 年 11 月启动施工,由同济大学建筑设计研究院、上海市机电设计研究院设计,中国建筑第八工程局有限公司、中铁十局集团有限公司、苏中建设施工,上海建通工程建设有限公司监理。项目计划总投资 21.13 亿元,规划新建综合实验楼、样车库、技术中心大楼(含设计部及整车架构楼)、信息楼及辅助生活设施,占地面积 4.16 万平方米,新增建筑面积 26.58 万平方米。其中综合实验楼拥有电子电气试验

室、前瞻设计及造型中心、材料试验室、底盘试验室、精密测量区、样车库等;技术中心大楼主体建筑 16 层,包括设计部及整车架构楼,分为展示区、办公区、造型大厅、模型加工区、整车架构试验室、评审室、办公室等,并预留缩比模型风洞实验室建设场地。

项目建成后,拥有可同时开展 3～5 个车型的整车和发动机研发能力的国际先进工艺装备。包括:前瞻造型及设计中心配备带测量装置和数字化功能的五轴联动数控铣床,造型大厅配备三坐标测量仪,电脑三维虚拟模型评审室配备车身评审台位和车身模型(1:1)制作,室内评审室配备 2 个大型回转台,前期车辆开发工作室配备 1 套沉浸式虚拟现实中心和 1 个人机可用性试验室,电子电器试验室配备 12 套标准开发测试台架、12 套 Dspace(实时仿真系统)模拟器、主动安全试验设备、转毂台架设备等。售后附件技术开发区具有远程诊断中心区安装屏幕显示、音像采集、声音采集、诊断数据采集分析等功能;价值工程区配备标杆车型全方位静态展示及研究分析设备,包括整车及零部件拆解分析、整体断面切割分析、重要子系统深入拆解分析、整车测量、白车身及零部件系统扫描建模、零部件储存展示三维数据库等设施。

第三节　上汽大众研发基地重要工程

一、技术中心工程

至 2015 年,上汽大众汽车有限公司(简称上汽大众)先后实施 4 次技术中心工程项目建设,累计投资约 37 亿元,形成包括整车内外造型、车身开发、发动机、底盘和电器部分总成开发,以及整车集成开发和认可的本土开发能力,成为中国汽车工业具有领先地位的技术中心。

【首次工程建设】

1989年,上海大众汽车有限公司(简称上汽大众汽车)在一期工程建设期间,以汽车一厂主办公楼为基地,建设企业技术中心。该项目总建筑面积11 000平方米,1991年1月,建筑竣工,1992年7月,建成启用。

【扩建工程报批】

1996年3月,上海大众汽车在联合开发桑塔纳2000型轿车基础上,着手规划扩建技术中心并开展试制试验基地和试车场项目工程建设。1997年4月,上汽集团上报《关于报批上海大众汽车有限公司技术中心试制试验基地土建项目可行性研究报告的请示》。1998年1月,国家经贸委下发批复予以批准。而后,上海大众汽车编制上报《技术中心扩建试制试验基地项目初步设计》,10月获上海市建设委员会(简称建委)批复同意。该项目建于上海市嘉定区安亭镇洛浦路58号上海大众汽车厂区,由上海市机电设计研究院设计、上海电力建设工程公司总承包、上海市建筑科学研究院监理。

图8-2-9 整车阳光模拟试验室

图8-2-10 整车侧碰试验　　　图8-2-11 整车光源室　　　图8-2-12 四通道车身试验台

【扩建项目实施】

1997年5月,上海大众汽车技术中心扩建工程奠基,1998年1月,土建开工;1999年11月,项目建成,德国总理施罗德和上海市市长徐匡迪前往参观,并为该中心揭幕。该项目占地面积49 191平方米,新建筑面积41 983平方米,完成固定资产投资5.18亿元。建成试制车间、整车试验楼、发动机试验楼、造型车间、质保中心和办公楼、综合试验楼以及冷冻站和空压站等辅助设施共8个单体;建成车身、车身饰件造型与评审工作室、CAD/CAM/CAE系统工作室、试制车间、试验楼、整车试验室、发动机等各类试验室、同步工作室、质保测试室和新车型展示厅。主要设备包括:德国WENZEL精密仪器有限公司的RA系列水平式标测量机,总长28米的当时国内和亚洲最长的大型标造型平台,购自德国Instron公司的台车碰撞模拟试验系统,填补中国汽车试验用大型消声室领域空白的汽车声学和振动试验室。扩建后的试制车间拥有上海锻压机床厂的1600吨压机,日本OKADA公司的大型五轴铣床,以及国内领先的雨淋室、测量室、油漆间等试制设备。

【扩建工程成效】

该项目以CAD/CAE(计算机辅助工程)/CAM/CAT(计算机辅助测试)为主要手段,将轿车开发的造型、设计、工程分析、试制和试验各个环节组成一个有机高效的开发系统,基本具备整车开发能力并融入德国大众开发体系,标志着上海大众汽车技术中心整车试制试验能力达到与德国大众同等水平。2001年10月,上海市经委组织项目验收,认定该项目建成国内一流的轿车开发中心,达到建设要求。

二、试车场工程

1998年,上海大众汽车启动技术中心试车场一期工程报批程序。1999年8月,上汽集团上报《关于上报上海大众汽车有限公司技术中心试车场项目一期工程扩初设计的请示》,并获上海市建

图8-2-13 安亭试车场

图8-2-14 铁饼路试验

委下达批复予以批准。项目由上海市政工程设计院及德国OBERMEYER(欧搏迈亚)公司设计,主要建筑工程由中国铁道部第四工程局承包,试验道路路面由德国STRABAG(施特拉巴格)公司承包,技术装备工程建设由中国电力技术进出口公司承包,整个工程由OBERMEYER公司及北京路桥通工程监理公司监理。

该项目建于上海市嘉定区安亭镇园工路1199号,距上海大众汽车约2公里,占地1.4平方公里,东西长1 800米,南北宽780米,呈椭圆形状。1997年5月,试车场工程启动。1999年11月,完成强化实验道路(EVP)建设。2003年2月,建成耐久实验道路(EWP)、坡道(STH)、高速环道(SBA)、制动试验道(BPS)和动态试验区(FDF)。

该项目一次规划、分步实施,一期工程占地0.87平方公里,主要建设总长24公里的道路,包括高速环道4.72公里,含18种模态路面和6种坡道的交变耐久试验道15.15公里,制动试验道0.9公里,含15种特殊模态路面的强化试验

道3.226公里。同时建设有纵向和横向滑水试验装置的动态试验区以及办公、生活、维修、变电站等辅助建筑,合计19个单体建筑面积2 998平方米,实际完成投资10.25亿元。

2009年,在一期建设基础上,试车场扩建声学试验广场,以及底盘开发评价道路、异响分析道路、涉水和通过性试验道路等特殊性能道路,使汽车试验工程道路品种更加丰富,更贴近中国市场。

上海大众汽车试车场是中国第一家为轿车开发试验而建造的专业试车场,该项目吸收国际同类试车场先进设计经验和施工工艺,包含符合欧洲轿车试验标准的完备试验路段,试验结果等效于欧洲最大的德国大众埃拉(Ehra)试验场。试车场建成后,仅该公司产品从德国大众转到上海试验,每年可节省9 000万元。

三、试车场新增试验室工程

2010 年 11 月，上汽集团下发《关于批准〈上海大众试车场区域新增试验室项目可行性研究报告〉的通知》。2011 年 4 月和 8 月，嘉定区发改委和上海市发改委先后批准试车场区域新增试验室及配套土建项目。

该项目建设地在上海大众汽车已建试车场内，2012 年 3 月，汽车碰撞中心奠基，5 月开工建设，12 月竣工使用。新增设备分别布置在试车场排放试验区、碰撞及声学试验区。排放试验区位于试车场引桥入口西侧，面积 21 040 平方米；碰撞及声学试验区位于试车场西南侧，区域面积 58 677 平方米。项目新增排放试验、声学试验、碰撞试验设备 48 台套，总投资 2.58 亿元。

该项目汽车碰撞中心牵引系统采用德国先进设备，可进行正碰、侧碰、后碰、180 度车对车等速碰等碰撞试验，行人碰撞保护、气囊点爆等所有被动安全试验，满足国标、欧标、美标等法规及 C–NCAP（中国新车评价规程）、Euro–NCAP（欧洲安全新车安全评鉴协会）认证的各种碰撞安全试验的要求。

第四节 上汽通用五菱研发基地重要工程

1999 年 2 月，柳州五菱汽车有限责任公司成立技术中心。2002 年 11 月，上汽通用五菱汽车股份有限公司（简称上汽通用五菱）合资成立后至 2015 年，在位于广西柳州河西路 18 号上汽通用五菱西部厂区的技术中心及柳东新区宝骏基地，先后实施 10 次重要的工程项目建设，总投资 3.9 亿元，建成具有国内领先地位的微型车研发体系。

一、技术中心工程

【技术中心造型楼工程】

2009 年 3 月，上汽通用五菱董事会批准实施技术中心造型楼建设项目并予上报。同月，广西壮族自治区柳州市柳南区发展经济局发函同意项目备案。2009 年 3 月，项目启动，由广西建工集团第五建筑工程公司施工总承包。工程主要在占地 2 400 平方米土地上新建一幢建筑面积为 5 164 平方米的 3 层建筑，第一层为产品造型设计、油泥模型加工、模型制作、光栅检查、虚拟现实评审室、样车评审、研发样车陈列及辅助设施房，第二层用于造型设计工作室，第三层为办公室。2009 年 10 月，土建工程完成；12 月，建筑装修装饰工程完成。2010 年 1 月，建筑给排水工程完成；2 月和 3 月，建筑电气工程和消防系统安装工程相继完成；4 月，工程竣工，实际完成投资 1 377 万元。上汽通用五菱技术中心造型楼建成后，具备独立产品开发造型设计、油泥模型加工、模型制作、光栅检查、虚拟现实评审室、样车评审等功能，形成自主研发多个全新车型项目的造型设计能力。

【技术中心造型能力二期工程】

2012 年 9 月，上汽通用五菱董事会批准实施技术中心造型能力建设二期工程项目并予上报获批。项目实际投资 4 667 万元，由柳州市建筑工程集团有限责任公司承建施工，2013 年 10 月开工，预计于 2016 月 12 月竣工。

项目新增龙门五轴加工中心设备1台、三轴油泥铣床设备2台、3D打印设备2台、三维扫描设备1套、桔皮仪1台、光泽仪1台、木工设备工具1套以及手绘屏、造型电脑工作站等汽车创意设计模型制作设备。该项目建成后,将提高公司独立产品开发造型设计、油泥模型加工、模型制作、光栅检查、虚拟现实评审室、样车评审等能力,形成自主研发多个全新车型项目的造型设计能力。

【技术中心新试制车间改造工程】

2012年11月,上汽通用五菱董事会批准实施技术中心新试制车间改造项目;同月项目启动。2013年12月,厂房改造工程完工。2014年2月,设备安装改造工程完工;同年3月,老试制车间工艺设备整体搬迁到新试制车间,新试制车间全面投入使用。2015年6月,新试制车间新增1条焊接线项目;同年9月建设完成投入使用。新试制车间实际完成投资2133万元,改造项目内容包括原旧厂房内部及外部适应性改造和工艺设备新增及改造。厂房适应性改造由柳州市建筑工程集团有限责任公司施工总承包,工程主要为对占地11700平方米的旧厂房建筑进行地面基坑、厂房立柱、天面等修复,外墙适应性改造,内部功能区域分隔等。工艺设备新增及改造主要包含新增机加工、焊接、装配、降温除尘等设备,以及对行车、钢结构、IT等设备进行改造翻新使用。

该新试制车间改造完成后,设有样车车身制造区、样车总装制造区、物料区、机械加工区、样件制造区、工装调试区、测量区等7个功能区域。具备样件自主设计制造能力,具备同时开展6个项目样车车身制造、10个项目总装制造能力,具备机械加工及工装集成调试能力、工装测量调试及样车样件检测能力、样车制造物料管理拉动能力等。

【技术中心车内质量控制工程】

2013年9月,上汽通用五菱执委会批准实施技术中心车内空气质量控制项目并予上报。10月项目启动,由机械工业部第四设计研究院施工总承包。2014年11月,完成设备基础施工、分析室、化学品室、样品处置室、气味分析室及零部件试验室改造等土建工作。2015年5月,完成设备安装调试等工作;7月,工程竣工,实际完成投资1486万元。项目引进整车车内空气质量采样舱、零部件采样舱(袋子法)、安捷伦气相分析仪、安捷伦液相分析仪、雾化分析仪等。该车内空气质量控制项目完成后,具备分析整车车内空气分析及评估、车用零部件有机物挥发分析等测试能力。

二、整车排放、发动机台架试验室工程

【试验室一期工程】

2007年6月,上汽通用五菱董事会批准实施整车排放及发动机台架整体实验室一期建设项目。2008年6月,该项目获得核准。项目由机械工业部汽车工业天津规划设计研究院总承包。

2007年,该项目启动。2008年4—10月,先后完成设备调验并投入使用。项目占地面积4000平方米,新增建筑面积400平方米,实际完成投资5003万元。新建/改建整车试验室厂房及油库油泵房、联合站房等附属设施,建成整车排放及发动机台架试验室,新增包括电涡流测功机、电力测功机并采用德国策尔纳技术的发动机耐久性台架设备;由车辆排放分析系统、定容采样系统、排放测试系统、司机助和环境站等组成的发动机排放分析设备;引进AVL(奥地利李斯特公司)性能台架和高精度测量仪器,具有自动系统集成控制功能并满足高标准发动机开发要求的发动机性能台架设备;由48寸紧凑型底盘测功机、车辆轮胎固定装置、车辆对中装置、冷却风机、转鼓盖板等组成,

适用测试前轮驱动和后轮驱动的两轴车辆底盘测功机;以及道路负载模式、速度控制模式、速度控制和牵引力控制模拟等设备。项目还引进试验台自动控制系统、交流电力测功机、环境仓、数据采集记录仪、发动机排放分析仪等进口设备,新增试验准备用车辆举升机、试验准备用操作台、电涡流测功机等国产设备。

2010年,项目竣工并形成发动机200台和整车1000辆的年检测能力,整车排放试验可满足国Ⅲ、国Ⅳ的Ⅰ、Ⅵ型试验要求,发动机台架试验能满足2.0L发动机研发试验。

【试验室二期工程】

2009年6月,上汽通用五菱董事会批准实施整体试验室二期项目建设。项目由机械工业部汽车工业天津规划设计研究院总承包,引进AVL(奥地利李斯特公司)的油耗仪及空气弹簧,新增凯迈(洛阳)机电有限公司的发动机台架工艺设备。项目启动后,于2009年10月完成室内改造工程,11月完成室内装修工程,12月完成排水工程,2010年1月完成电气工程,至4月完成设备调验并投入使用,2010年5月,项目验收。项目实际完成投资922万元。二期项目建成后,可满足2.0L发动机研发试验。2010年10月,上汽通用五菱申报该试验室为国家级试验室,通过中国国家认可委员会认证(CNAS)的合格评定。

三、产品试验室能力工程

【柳东环模试验室工程】

2013年6月,上汽通用五菱董事会批准环模试验室建设项目,总投资5600万元。项目占地面积2061平方米,建筑面积3145平方米,一楼为准备区、设备区、试验舱等,二楼为办公区和备品备件区。2014年10月,项目破土动工。2015年5月,建筑封顶,设备进场安装。预计2016年投入试运行。项目由中汽研汽车工业工程(天津)有限公司设计并施工。

环模试验室建有全光谱日照模拟系统、四驱底盘测功机、温湿度控制系统、循环风道等关键设备。建成后将实现-30℃至60℃的环境模拟功能,同时包含日照、迎面风、道路负载等车辆运行环境的模拟,可进行各类环境整车性能试验,将有效减少产品开发对测试环境的依赖,缩短开发周期和开发成本。

【柳东NVH试验室工程】

2013年7月,上汽通用五菱董事会批准实施NVH试验室一期建设项目。该项目于2013年启动,2015年9月进入设备安装阶段,11月完成底盘测功机机械及电气安装,12月声学尖劈开始安装,预计2016年5月试运行。项目总投资6000万元,新建占地面积7800平方米的NVH试验室厂房、建筑面积1万平方米的试验区及三层办公附楼,新建整车噪声试验室,设有AVL(奥地利李斯特公司)静音底盘测功机、西门子NVH性能测试设备等。项目由中汽研汽车工业工程(天津)有限公司设计并施工。

该试验室建成后可实现对车辆实际运转时车内噪声振动以及车外噪声进行测试分析,对静态车辆进行振动灵敏度、声音灵敏度测试,为产品开发、评价、诊断及改进提供服务。同时试验区预留NVH试验室二期建设用地,用于完善NVH性能试验。

【柳东电子电器试验室工程】

2014年7月,上汽通用五菱董事会批准电子电器试验室建设项目,总投资6400万元。项目占地面积4344平方米,建筑面积8782平方米,为2层电子电器试验室。2015年4月,项目破土动工,预计2016年竣工投入试运行。项目由中汽研汽车工业工程(天津)有限公司设计并施工。电子电器试验室建设包含模拟整车试验室(HIL)、网络测试试验室(CAN)、电性能及电平衡试验室等先进测试试验室建设,也包含灯光、背光、开关等乘用化试验能力建设。项目完成后,将提升公司电子化试验能力,保障网络架构和软件功能的稳定性和可靠性,也可从开关、背光灯方面显著提升整车乘用化感知质量。

【柳东动力总成试验室工程】

2014年9月,上汽通用五菱董事会批准实施动力总成试验室项目建设。项目位于柳东新区宝骏基地旁,占地面积1500平方米,新增建筑面积3200平方米。由机械工程部汽车工业天津规划研究院总承包,由中汽研汽车工业工程(天津)有限公司施工。项目于2015年3月启动,预计2018年7月工程竣工,计划投资5500万元。项目将引进AVL(奥地利李斯特公司)的动力总成台架,包括五电机测功机、电池模拟器、功率分析仪、振动分析仪等设备。该总成试验室建成后,将具备动力总成、变速器、传动系统、混合动力试验等功能,形成自主研发多个全新车型项目的动力总成开发能力。

第五节　其他整车整机研发基地工程

一、上海申沃客车研发基地工程

2000年8月,上海申沃客车有限公司(简称上海申沃客车)董事会决定建立产品研究开发部。该部设在公司办公大楼5楼整层,建筑面积1425平方米,另有试制试验车间600平方米,承担整车及零部件试制改制任务,具备钳加工及装配、钣金加工及装配、机械安装调试、电器安装调试、样板制作、车辆试车及检测等功能。

该研发部拥有的新产品试制试验设备包括:发动机热平衡测试装置,新能源整车绝缘检测的绝缘检测仪,检测气密、油密、液密、进气密等各类小型压力装置,灯光、制动、重量、喇叭、车速、侧滑等检测设备,转向(助力)、制动踏板、驾驶座舒适度力度表及淋雨试验设备、空调制冷加温、噪声分贝仪等试验装备,以及等离子切割机、进口CO_2焊机、管路供气系统、红外线扫描仪、手动弯管机等28台套试制设备。2008年,该公司开发部与工信部合作指定试验场进行检测的主要设备有:车辆动力性和经济性试验的专业转鼓试验台、车辆可靠性试验装载专业数据的收集检测设备、整车和零部件动力集成试验的混合动力台架。至2010年,该公司在产品研发上投入近1亿元。

二、南京依维柯研发基地工程

南京依维柯汽车有限公司(简称南京依维柯)产品研发机构为产品工程部。该研发机构拥有主要研发试验设备659台/套,包括:整车电子电器类设备20台套,其中包括Labcar测试台架、可编程直流电源、网络总线分析记录仪、泰克示波器、手持式示波器、发动机试验台等;产品试制类8台套,其中有 5T 电动单梁起重机、组合式移动汽车举升机、四柱举升机等;材料试验类 3 台/套,其中有电热鼓风干燥箱、金相试样切割机、洛氏硬度计;道路试验验证类 12 台/套,其中有整车道路操纵稳定性试验系统、非接触式速度仪、整车控制器软硬件测试仪、声级计、汽车道路试验系统、燃油流量计、整车策略标定测试设备;总成试验类 2 台/套,包括振动噪声测试仪、数显式液压脉动试验机。跃进产品工程部拥有液力万能试验机、电子万能拉力机等,电喷汽油机流量计、数显式液压脉动试验机、整车道路操纵稳定性试验系统等 20 余台实验检测设备。

至 2015 年,该公司产品工程部研发基地共投入研发资金 2.91 亿元,具备较为完整造型设计、整车及动力总成、系统及零部件、材料等试验验证能力。研发基地以跃进 N12、Power Daily 开发项目为载体,建立用于管理产品配置、EBOM、数模、图纸、标准件、分类、属性、DMU 电子装车等产品开发的产品数据管理系统,较为齐全的产品开发与质量保证流程体系,具备整车架构、动力总成集成、底盘性能集成、悬架系统、整车电气集成、线束开发、整车网络、车身附件系统、车身内外饰的关键技术设计开发能力及常规的整车道路试验验证能力。

三、上汽依维柯红岩技术中心工程

【整车项目一期技术中心工程】

2007 年 4 月,国家发改委发文同意成立上汽依维柯红岩商用车有限公司(上汽依维柯红岩),批准在重庆北部新区建设整车一期工程,其中包括建设企业技术中心。该技术中心包括办公楼和试制试验车间,试制试验车间占地面积 3 456 平方米,建筑面积 4 249 平方米;办公楼占地面积 2 832 平方米,建筑面积 10 044 平方米。项目由上海机电设计研究院设计,重庆南江地质工程勘察院勘察,广厦重庆第一建筑(集团)有限公司施工,上海同济工程项目管理咨询有限公司监理。

该项目于 2006 年 5 月开始建设,2009 年 12 月建成投入使用,投资 630 万元。项目新增工艺装备 108 台/套,其中包括德国车辆燃油油耗仪、英国车载温度压力测试系统、英国 VBOX(整车基本性能)数据采集系统、日本方向盘测力计系统、丹麦便携式 NVH 测量仪、美国车载多功能测试仪、中国台湾地区风速风量风温测量仪、MEMSIC 公司光纤陀螺仪,以及国产便携式汽车称重仪等。

【技术中心台架试验能力提升工程】

2014 年 4 月,上汽集团总裁办公会议审议批准《上汽依维柯红岩商用车有限公司技术中心台架试验能力提升项目可行性研究报告》,10 月,重庆市北部新区管委会下发批文,项目原则通过立项。该项目建设地为重庆市北部新区金山大道黄环北路 1 号,批准投资 9 000 万元,其中一期工程投资 4 350 万元。由重庆同乘工程咨询设计有限公司土建设计,美国 MTS(美特斯)系统公司工艺设备安装设计,重庆北江岩土工程勘察设计有限公司勘察。2014 年 9 月,该项目完成设备招标。2015 年 4 月,完成土建设计。至 2015 年年底尚在建设中,预计 2017 年 5 月竣工。该项目一期建筑面积 4 494 平方米,包括台架试验室厂房和车架弯曲、车架扭转、多自由度振动疲劳、重型零部件 4 个试验台和紧固件、电器试验室、循环水泵房等。项目实施后,能满足公司现有各种车型整车及零部件台架试验需求。

四、上海彭浦技术中心工程

上海彭浦机器厂有限公司于 2005 年成立技术中心。2015 年,该技术中心随公司搬迁至上海市浦东新区临港装备产业园。技术中心位于公司技术楼,建筑面积约 500 平方米,试验场地约 2 000 平方米,配备大型关键零件试制加工设备、检测设备及工程机械综合性能试验台。研发装备有图形工作站、镗铣加工中心、数控滚齿机、数控折弯机,数控钻铣床、数控弯管机、噪声测量仪、瞬时油耗测量仪、发动机测速表、PT 泵试验台、机械变速箱试车台、传动试验台、液力变速箱部件试验台、离合器部件试验台、液压元件试验台等。检验设备包括三坐标测量仪、磁粉探伤仪、超声波探伤仪、分光光度计、光栅分光光度计、油品颗粒度检测仪、光谱仪、高频红外碳硫分析仪、显微硬度计、万能工具显微镜、万能测齿仪、投影三米测长仪、液压万能材料实验机、扭力扳手交验器、大模数齿轮周节仪、多功能齿轮检查仪等。2010—2015 年,公司在产品研发上投入总额近 3 900 万元。

第三章　汽车零部件重要工程

　　"七五"期间，上汽开始加大汽车零部件工程项目投入。至 2015 年，上汽零部件企业累计投资 767 亿元，建成 369 个工程项目，其中 3 000 万元～1 亿元项目 179 个，1 亿元～5 亿元项目 167 个，5 亿元以上项目 23 个。公司形成中国规模最大最先进的汽车零部件制造体系。

表 8－3－1　"七五"至 2015 年上汽汽车零部件基建装备建设情况表

业务板块	企业名称	累计投资(亿元)	累计建成项目(个)	其中				资产总额(亿元)	总占地面积(平方米)	总建筑面积(平方米)	总产能(万件套)	其中上海地区产能(万件套)
				3 000 万元以下(个)	3 000 万元~1 亿元(个)	1 亿元~5 亿元(个)	5 亿元以上(个)					
动力系统	上汽变速器	161.95	31	—	12	14	5	161.95	919 756	434 736	575	195
	上海大众动力总成	72.3	6	—	—	—	6	72.36	284 358	135 859	145	145
	上柴股份	22	5	0	0	4	1	53	600 700	307 746	28.5	23.5
	大众变速器	18.7	8	3	1	3	1	18.72	49 608	30 262	48.118 8	48.118 8
	上海萨克斯动力	3.8	4	0	2	2	0	3.82	59 330	29 464	480	380
	上菲红动力	15.43	2	—	—	1	1	16.83	199 901	76 544	7.1	0
底盘系统	上海汇众	64.53	58	15	22	21	0	59.36	619 152	318 856	415	140
	上海采埃孚	33.64	10	—	2	8	—	54.98	105 460	72 867	364	167
	上汽制动系统	11.5	7	—	2	5	—	1146	89 800	36 500	16 327.11	16 327.11
	中国弹簧	7.71	23	13	10	0	0	13.70	24.39	12.93	弹簧：2 000 稳定杆：900	弹簧：1 000 稳定杆：500
	联谊工贸	0.81	—	—	—	—	—		19 000	15 155	1 020.31	1 020.31
内外饰系统	延锋汽车饰件	139.02	110	—	58	49	2	139.02	1 531 439	1 392 388	6 076	3 121
	上海小糸车灯	13.04	8	1	2	6	—	40.59	191 602.45	118 085.37	1 889.13	—
	申雅密封件	4.36	3	—	2	1	—	9.15	19 468	28 941	4 050 万米	—
	上海天合	1.57	3	—	3	—	—	1.57	42 123	25 336	382.9	382.9
电子电器	联合电子	56	9	2	—	3	4	128.71	414 765	213 454	10 141	30
	上海实业交通	9.05	7	1	3	3	—	46.29	153 335	103 885	5 413	5 161
	上海法雷奥电器	13.6	7	0	2	4	1	23.0	77 813	52 850	1 110	1 110

[续表]

业务板块	企业名称	累计投资(亿元)	累计建成项目(个)	其中				资产总额(亿元)	总占地面积(平方米)	总建筑面积(平方米)	总产能(万件/套)	其中上海地区产能(万件/套)
				3000万元以下(个)	3000万元~1亿元(个)	1亿元~5亿元(个)	5亿元以上(个)					
金属成型	上海赛科利(合并)	27.69	14	1	6	6	1	31.51	487 630	180 700	1 882.65	1 114.32
	上海掩内	15.12	14	—	7	7	—	26.18	949 179	482 601	351	208
功能件	上海三电贝尔	7.45	12	2	8	2	0	26.74	10 820	10 820	436	436
	上海纳铁福	46.07	26	3	2	21	—	37.75	393 371	175 600	1 200	360
	上海菲特尔莫古	3.25	1	—	—	1	0	3.25	41 410	25 081.05	2.174(亿件)	2.174(亿件)
	幸福摩托	1.58	5	2	4	0	0	4.3	67 009	37 685	266.9	266.9
热加工	上海皮尔博格	11.04	5	—	5	—	—	—	—	94 589	490	241
	上海科尔本施密特	13.92	13	3	6	4	0	4.70	51 259	35 602	2 255.82	2 255.82
	上海圣德曼	4.3	13	4	9	0	0	4.3	123 094	67 651	260	260
	华东泰克西	9.07	4	1	1	1	1	9.07	141 000	34 000	160件缸体	0
新能源	大连新源动力	1.03	1	—	—	1	—	1.63	266 552	19 007	300	0
	华域汽车电动	0.7	11	—	11	—	—	22.29	22 000	66 000	33.75	33.75
	合计	789.4	413	50	179	167	23	—	—	—	—	—

资料来源：上汽集团所属企业

第一节　底盘重要工程

一、上海汇众底盘工程

【成立前工程】

上海汇众汽车制造有限公司(简称上海汇众)由上海重型汽车厂、上海汽车底盘厂和上海第二汽车底盘厂于1992年1月合并组成。上海重型汽车厂从1958年5月试制生产第一辆4吨载货汽车始,工厂建筑面积18 659平方米,主要生产设备209台。1969—1978年,试制产生15吨载重汽车和32吨矿用自卸载重汽车时,工厂进行技术改造,占地面积和建筑面积分别扩大到14.6万平方米和8.5万平方米。

图8-3-1　上海汇众冲压车间

1982年,该厂引进美国伟步公司35D矿用汽车制造技术,生产规模扩大,到1991年,占地面积198 629平方米,建筑面积76 254平方米,主要生产设备683台,其中进口设备54台/套,精、大、稀设备46台,生产桑塔纳轿车车桥为主导产品,还生产载重车、矿用车等。

上海汽车底盘厂从1956年生产钢板弹簧、活塞、汽缸套始,采用台式车床、钻床等机床,组成活塞生产流水线,生产设备176台,厂房建筑面积850平方米。到1968年,生产汽车转向器、减震器和三轮汽车及上海牌轿车底盘,生产设备326台,工厂占地面积和建筑面积分别为98 581平方米和21 700平方米。1969年后,生产上海211型越野车,生产设备增加到440台,工厂占地面积和建筑面积分别是32 000平方米和25 300平方米。1981年后,企业进行较大规模改造,引进英国阿姆斯特朗减震器制造技术等,技改后工厂占地面积及建筑面积扩大至37 351平方米和36 341平方米,各类设备662台/套,主

图8-3-2　上海汇众桑塔纳车桥生产线

要设备543台/套,其中金切设备408台/套,进口的关键设备及试验设备26台/套,形成S40系列减震器50万只总成和5万套转向系统总成的年生产能力。

上海第二汽车底盘厂从1963年加工动力链条起步,到1965年6月生产58-Ⅰ型三轮汽车后桥总成,工厂占地面积28 921平方米,建筑面积8 254平方米,设备264台。1969年后,该厂生产SH130 2吨载重汽车前后桥总成和SH760上海牌轿车底盘,新建厂房16 500平方米,生产设备增至471台。从1981年开始,生产SD620底盘产品、SJ520救护车、SD630旅行车、SD120A双排座轻型客货两用车等,工厂占地面积56 092平方米,建筑面积48 706平方米。1988年开始,该厂被列为

桑塔纳轿车前悬挂总成配套厂,投资2546万元(含141万美元),建造桑塔纳前悬挂总成车间,引进德国大众二手八工位金加工流水线一条、焊接生产线两条以及制动盘专用磨床、涡流探伤设备等,形成年产桑塔纳轿车前悬挂总成3万台套能力。1991年,该厂占地面积15.5万平方米,建筑面积6万平方米,主要机床设备993台/套。

【成立后工程】

上海汇众成立后至2015年,先后实施重要工程建设项目近43个,其中3000万元～1亿元项目22个,1亿元～5亿元项目21个,包括桑塔纳轿车前悬挂总成及车轿总成配套项目、中高级轿车后桥、副车架、转向管柱总成、金桥前后悬挂装配、安亭生产基地、EPSILONII(新一代别克君威平台专用名称)结构件扩能等项目,累计投资达64.53亿元,形成总产能415万台/套能力。1992年8月—1994年9月实施9期桑塔纳轿车底盘配套项目工程建设,投资10亿元,新增各类冲压、专机、铣床、磨床、车床、钻床、理化检测试验设备689台/套,形成桑塔纳轿车底盘配套30万套能力。1996年10月—2015年先后实施11期中高级轿车配套工程建设项目,投资14.16亿元,新增各类设备704台/套,形成15万台/套后桥、副车架、横向导臂等底盘产品能力。2003年3月—2015年,先后在仪征、南京、烟台、沈阳、宁波、武汉等地投资16.35亿元,实施14期与上汽通用汽车有限公司、上汽大众汽车有限公司的配套项目。

表8-3-2 1992—2015年上海汇众3000万元以上建设项目一览表

序号	项目名称	建设地点	投资总额(万元)	建设周期	形成年产能力
1	桑塔纳轿车前悬挂总成及车轿总成15万辆配套项目	上海市浦东南路1493号汇众本部、上海市汶水路251号重型汽车厂	19750	1992年3月—1995年3月	桑车前悬挂、后桥、副车架、下摇臂等15万台/套
2	配套生产12万台/套桑塔纳轿车后制动毂项目	上海市灵石路699号内燃机配件总厂	4041	1993年12月—1994年12月	桑塔纳轿车后制动毂12万台/套
3	桑塔纳轿车新增前悬挂总成10万辆配套项目	上海市浦东南路1493号汇众本部	11376	1994年9月—1996年10月	桑车前悬挂总成10万台/套
4	桑塔纳轿车新增前悬挂支柱焊接总成10万辆配套项目	上海市汶水路251号重型汽车厂	4712	1994年9月—1996年10月	新桑车前悬挂支柱焊接总成10万台/套
5	桑塔纳轿车新增前悬挂支柱焊接总成10万辆配套项目	上海市浦东南路1493号汇众本部	9306	1994年9月—1996年11月	新桑车前悬挂支柱焊接总成10万台/套
6	新增桑塔纳轿车10万辆减振器总成配套项目	上海市浦东南路1942号汽车底盘厂	14510	1994年8月—1996年10月	新桑车减振器总成12.5万台/套
7	桑塔纳轿车新增车桥总成10万辆配套项目	上海市汶水路251号重型汽车厂	30230	1994年12月—1996年10月	桑车车桥总成10万台/套
8	全国配套减振器"双加项目"	上海市浦东南路1942号汽车底盘厂	4728	1994年10月—1996年12月	奥迪、捷达前后减振器7万台/套

〔续表〕

序号	项目名称	建设地点	投资总额（万元）	建设周期	形成年产能力
9	新增10万辆桑塔纳轿车后制动毂配套项目	上海市灵石路699号内燃机配件厂	3 749	1995年11月—1996年12月	桑塔纳轿车后制动毂10万台/套
10	中高级轿车减振器悬挂总成配套项目	上海市浦东南路1942号汽车底盘厂上	9 755	1996年7月—1997年3月	SGM整车前后悬挂总成10万台/套
11	中高级轿车转向管柱总成配套项目		13 532	1996年7月—1997年3月	SGM整车转向管柱总成10万台/套
12	中高级轿车后桥桥架配套项目	上海市汶水路251号重型汽车厂	18 410	1996年7月—1998年12月	SGM整车后桥桥架10万台/套
13	中高级轿车付车架、下摇臂配套项目		21 264	1996年7月—1998年12月	SGM整车付车架、下摇臂10万台/套
14	中高级轿车前后悬挂装配项目		20 790	1996年7月—1998年12月	W-CAR前后悬挂总成10万台/套
15	中高级轿车后桥桥架配套项目		12 820	1997年4月—1999年12月	5万台/套,另加10%备配件
16	中高级轿车副车架下摇臂配套项目建设内容调整		11 573	1997年4月—1999年12月	5万台/套,另加10%备配件
17	中高级轿车前后悬挂装配项目调整	上海市申江路1800号轿车车桥厂	13 935	1997年4月—1999年12月	5万台/套,另加10%备配件
18	中高级轿车前后悬挂加工项目	上海市浦东南路1493号车桥厂汇众本部	8 800	1997年4月—1999年12月	5万台/套,另加10%备配件
19	中高级轿车转向管柱总成配套项目	上海市浦东南路1942号汽车底盘厂	4 642	1997年4月—1999年12月	5万台/套,另加10%备配件
20	中高级轿车减震器总成配套项目		6 044	1997年4月—1999年12月	5万台/套,另加10%备配件
21	上海汇众汽车制造有限公司重型车技术改造项目	上海市汶水路251号重型汽车厂	10 000	2001年5月—2003年10月	重型车2 000台
22	轿车底盘厂安亭生产基地投资项目	上海市园福路258号轿车底盘厂	49 960	2004年3月—2005年12月	底盘结构件107万套
23	烟台汽车零部件厂一期技改项目	山东省烟台市长江路280号烟台子公司	4 570	2004年5月—2006年10月	11.5万件/套轿车零部件
24	烟台汽车零部件厂二期技改项目	山东省烟台市长江路280号烟台子公司	6 920	2006年2月—2007年12月	底盘结构件及装配54万套

〔续表〕

序号	项 目 名 称	建 设 地 点	投资总额（万元）	建设周期	形成年产能力
25	烟台汽车零部件厂三期技改项目	山东省烟台市长江路280号烟台子公司	6 500	2008 年 8 月—2011 年 10 月	20 万件/套轿车零部件
26	烟台汽车零部件厂四期技改项目		9 850	2011 年 6 月—2012 年 12 月	7.5 万套结构件、26.55万套装配能力
27	汽车底盘系统迁建安亭生产基地技术改造项目	上海市园福路258号轿车底盘厂	30 205	2010 年 3 月—2012 年 10 月	底盘结构件 30 万台/套
28	上海汇众汽车车桥系统有限公司	上海市园国路211号安亭子公司	27 500	2010 年 3 月—2013 年 10 月	
29	南京汇众汽车底盘系统有限公司项目	江苏省南京市新锦湖路18号南京子公司	43 680	2010 年 4 月—2011 年 12 月	底盘结构件 53 万台/套
30	汇众仪征汽车底盘系统有限公司轿车底盘模块预装项目	江苏省仪征市汽车工业园屹丰大道100号仪征子公司	7 500	2011 年 3 月—2012 年 11 月	33 万套乘用车底盘总成装配能力
31	沈阳汇众汽车底盘系统有限公司项目	辽宁省沈阳市大东区轩盛三路2号沈阳子公司	36 686	2012 年 3 月—2014 年 11 月	60 万套底盘结构件装配能力
32	EPSILON II 底盘结构件全球配套扩能项目	上海市园福路258号轿车底盘厂	9 528	2010 年 6 月—2013 年 4 月	15 万台套 EPSILON II底盘结构件
33	MQB 平台底盘零部件设备投资项目		4 900	2013 年 1 月—2014 年 2 月	34 万套 MQB 机构件生产能力
34	慈溪子公司及 MQB 底盘装配项目	浙江省宁波杭州湾新区滨海六路180号宁波子公司	4 850	2013 年 1 月—2014 年 2 月	34 万套总成预装能力
35	武汉汇众汽车底盘系统有限公司	湖北省武汉市江夏经济开发区凯迪拉克大道18号武汉子公司	9 800	2013 年 1 月—2014 年 10 月	30 万套总成装配能力
36	技术中心产品开发能力建设项目	上海市浦东南路1493号汇众本部	19 590	2013 年 6 月—2014 年 3 月	产品开发检测
37	烟台 SGM 新平台零部件配套项目（四期）	山东省烟台市长江路280号烟台子公司	9 700	2011 年 3 月—2012 年 6 月	结构件 57 万台/套、模块装配 42 万台/套
38	长沙汇众生产基地建设项目	湖南省长沙市大众东路198-1号长沙子公司	18 620	2014 年 6 月—2015 年 5 月	结构件及模块装配37 万台/套
39	南京汇众 MQB A2 及 B 平台产品配套项目	江苏省南京市新锦湖路18号南京子公司	6 405	2014 年 6 月—2015 年 5 月	结构件及模块装配31 万台/套

〔续表〕

序号	项目名称	建设地点	投资总额（万元）	建设周期	形成年产能力
40	MQB A2 及 B 平台产品配套项目	上海市园福路 258 号安轿车底盘厂、上海市沈浦泾路 165 号汽车底盘厂、内蒙古自治区包头市东河区生态工业(铝业)示范园区包头子公司	22 773	2014 年 6 月—2015 年 5 月	结构件及模块装配 31 万台/套
41	E2XX/C1XX 等平台产品配套项目	上海市申江路 1800 号轿车车桥厂、上海市园国路 211 号安亭子公司、上海市沈浦泾路 165 号汽车底盘厂	25 765	2015 年 4 月—	E2XX/C1XX 结构件及模块装配 54.8 万件
42	C-MODEL 底盘模块装配项目	上海市园福路 258 号轿车底盘厂、上海市申江路 1800 号轿车车桥厂	4 132	2015 年 8 月—	底盘装配模块及金加工转向节各 4.8 车套
43	设立佛山分公司暨技术改造项目	广东省佛山市南海区狮山镇华沙路中欧科技合作产业园佛山分公司	5 344	2015 年 10 月—	副车架及控制臂焊接件 24.1 万套

资料来源：上海汇众汽车制造有限公司

二、上海采埃孚转向机工程

1995 年，上海采埃孚转向机有限公司开始引进德国采埃孚(ZF)齿轮集团转向机系统技术，先后在上海、烟台、武汉等生产基地开展一期扩初、二期增值扩产、三期电动助力转向系统和经济型轿车动力转向机等 8 个工程项目建设，累计投资约 33.64 亿元，合计厂房建筑面积 8.61 万平方米，新增生产和检测设备 434 台/套(含线)，其中，进口关键设备 228 台/套。

表 8-3-3　1995—2015 年上海采埃孚 3 000 万元以上建设项目一览表

序号	项目名称	建设地点	投资总额（万元）	建设周期	形成年产能力
1	采埃孚一期工程	上海	19 731	1995 年 8 月—1996 年 6 月	16 万台转向机
2	采埃孚二期工程	上海	24 979	1996 年 11 月—1998 年 3 月	30 万台/套转向机及 10 万套阀组出口
3	经济型轿车动力转向机项目		9 810	2002 年 4 月—2004 年 11 月	15.5 万套经济型轿车动力转向机
4	上海采埃孚转向系统北方建厂项目(烟台一期)	烟台	24 945	2010 年 10 月—2011 年 6 月	63.9 万件液压转向机

〔续表〕

序号	项目名称	建设地点	投资总额（万元）	建设周期	形成年产能力
5	二期项目（暨建设年产100万套吸能式转向管柱项目）	烟台	20 200	2012年10月—2014年12月	91.35万套转向管柱和105.3万套中间轴
6	三期项目（暨建设汽车底盘电子控制系统关键零部件—电动助力转向系统项目）		87 290	2012年10月—2015年5月	102.7万套EPSdp和56万套EPSc
7	电动转向管柱系统项目	武汉	35 100	2013年7月—2014年10月	2015年生产128.2万台/套转向机
8	双小齿轮电动助力转向系统二期项目	武汉	114 323	2014年10月—2015年10月	150万件双小齿轮电动助力转向机（2020年预计）

资料来源：上海采埃孚转向机有限公司

图8-3-3　上汽制动系统制动钳组成装配线

图8-3-4　上汽制动系统生产线

三、上汽制动系统工程

1994年上海汽车制动系统有限公司合资成立后，引进美国埃梯梯（ITT）公司轿车制动系统先进技术和产品。同年9月，启动"桑塔纳制动钳后分泵20万辆配套项目"，投资2 770万美元。项目占地3.68万平方米，建设1.13万平方米厂房，新增各类生产设备和检测设备30台/套。

至2015年，该公司在位于上海嘉定叶城路915号的厂区内又先后实施6期工程项目建设，累计投资11.5亿元（含首期项目），其中：1999年12月，实施中高级轿车电子防抱死装置（ABS）前轮制动钳制动系统技改项目，扩建联合厂房2 520平方米，引进德国制动钳专用加工设备7台、OP20装配线等；2001年10月，实施中高级轿车ABS、轮制动钳配套、制动系统开发国债技改项目，新增进口设备7台/套；2009年，实施液压制动部分产品产能扩充项目，新增各类生产设备和夹具15台/套，其中引进设备11台/套，进口二手设备3台/套，进口加工中心6台/套；2009年，实施液压制动部分产品技改项目，新增进口机械加工设备10台，新增国产刀夹具等工装1套、制动钳装配线1条；2011年实施第二代柱塞制动主缸助力器技改项目，新增进口机械加工设备11台/套。

表 8-3-4　1994—2015 年上汽制动系统 3 000 万元以上建设项目一览表

序号	项目名称	建设地点	投资总额（万元）	建设周期	形成年产能力
1	汽车制动系统制动钳、后分泵 20 万辆桑塔纳轿车配套项目	上海市嘉定工业开发区 11 号地块叶城路 915 号	2 770 万美元	1994 年 7 月—1995 年 6 月	制动钳产能 20 万套
2	中高级轿车 ABS 前轮制动钳配套制动系统技改项目		8 800	2000 年 1 月—2000 年 6 月	制动钳产能新增 40 万套；ABS-MK20 液压电控单元 10 万套
3	中高级轿车 ABS、前轮制动钳配套、制动系统开发国债项目	上海市嘉定工业开发区 13 号地块招贤路 385 号	19 600	2000 年 11 月—2003 年 1 月	制动钳产能 100 万台套；ABS-MK60 液压电控单元 30 万套
4	电子驻车制动系统(EPB)		20 800	2012 年 9 月—2013 年 4 月	2014 年达到 32.7 万件；2015 年达到 67.2 万件
5	第二代柱塞制动主缸助力器新产品技术改造项目		13 500	2010 年 11 月—2015 年 5 月	99.76 万件
6	2010 液压制动系统部分产品技改项目	上海市嘉定工业开发区 11 号地块叶城路 915 号	9 000	2010 年 8 月—2012 年 12 月	645 万件
7	液压制动系统部分产品产能扩充项目		15 500	2009 年 7 月—2015 年 9 月	237.59 万件

资料来源：上海汽车制动系统有限公司

四、中国弹簧工程

上海中国弹簧制造有限公司前身为中国弹簧厂。1956 年，公私合营后的中国弹簧厂厂房面积为 897 平方米，以手工作业为主，仅有 15 台陈旧简陋机床设备。到 1980 年。厂房面积从 897 平方米增加到 7 649 平方米，机床设备从 15 台增加到 45 台，实现专机生产，并应用专用测试设备，形成生产各类汽车弹簧的专业工厂。

1989 年 3 月，该厂首次投资 1 569 万元，实施桑塔纳轿车悬架弹簧技术改造项目，新建 6 015 平方米厂房，新增制造设备 127 台/套，其中国内配套设备 120 台/套，引进设备 7 台/套，包括德国 Scherdel 公司 3 条弹簧全自动生产线。形成轿车悬架弹簧 3 万辆至 6 万辆配套年产能力，为该厂生产各类悬架弹簧奠定基础。1991—1993 年，该厂实施"八五"一期、二期前悬挂项目工程项目，投资 6 979 万元，新增建筑面积 1.93 万平方米厂房，新增工艺设备 53 台/套，其中进口设备 8 台/套。项目建成后形成悬挂弹簧 175 万件年产能力。

1995 年 7 月，该厂实施全国轿车悬架弹簧配套项目，投资 7 947 万元，新增悬架弹簧冷、热卷生产线各 1 条，进口设备 5 台/套，国产设备 22 台/套，项目采用国内 11 台自制非标设备替代进口设备。新增轿车悬架弹簧 120 万件年产能力，产品加工达到国际先进水平。

2011年6月,该公司启动上海中炼增资及高强度弹簧钢线扩能技改项目,投资11 370万元,项目拥有拉拔机、涡流探伤仪、感应热处理生产线,增加ITW(高强度弹簧钢)生产线4条,包括进口设备14台套,形成14 400吨年产能力。建成的2条ITW生产线,自2013年投产后年均生产ITW线材7 500吨。

1987—2015年,上海中国弹簧制造有限公司先后实施5期技术改造项目,累计投资7.71亿元,形成2 000万件轿车悬架弹簧、900万件稳定杆年产能力,公司成为中国汽车弹簧行业制造规模最大、制造水平最高的企业。

五、上海联谊发动机部件工程

2009年8月,上海联谊汽车拖拉机工贸有限公司实施汽车发动机零部件配套项目。2010年1月,上报上海市城乡建设和交通委员会;3月10日,上海市建设和交通委员会批复同意。项目位于上海市嘉定区上海国际汽车城零部件配套园区,由上海市机电设计研究院设计,上海舜杰建设集团有限公司施工,投资总额10 500万元。

2010年5月,项目开工建设,用地面积1.9万平方米,建有包括注塑车间和装配车间在内的联合厂房13 405平方米,以及办公楼等建筑,总建筑面积15 155平方米。项目引进奥地利威猛巴顿机械设备有限公司制造的12台机械手,采购7台国产海天注塑机,以及焊接机、弯管机等设备,项目按现代化物流布局,配置机械手自动化辅助生产。2011年7月,项目竣工投产,形成汽车发动机车用功能性塑料件及管件1 020万件双班年产能力,注塑件1 194万件双班年产能力。

六、亚普汽车部件工程

亚普汽车部件有限公司于2012年9月实施长春分厂一期项目,投资15 281万元,用地面积40 121平方米,建筑面积21 053平方米,新增2台/套多层共挤吹塑设备、粉碎机、供料系统、水冷定型机以及运输设备等,2014年竣工投产,当年生产塑料油箱约56万只。2012年8月,启动开封子公司新建项目,投资13 958万元,建有2台套油箱吹塑生产线,形成年产50万只塑料油箱的生产能力。2012年3月,启动佛山子公司新建项目,投资17 364万元,新增油箱吹塑生产线2条,形成年50万只塑料油箱生产能力,2013—2015年,累计生产塑料油箱约70万只。2013年4月,启动宁波子公司新建项目,投资16 793万元,新增2条油箱吹塑生产线,形成年50万只塑料油箱生产能力,2014—2015年累计生产塑料油箱36万只。至2015年,该公司累计投资9.44亿元,总产能达到300万套油箱、420万套油管,销量占国内乘用车市场近1/3,居中国同行第一。

表 8-3-5 2010—2015 年亚普汽车 3 000 万元以上建设项目一览表

序号	项目名称	建设地点	投资总额(万元)	建设周期	形成年产能力
1	亚普汽车零部件成都生产基地(一期)工程	四川省成都龙泉驿区(成都经济技术开发区)经开区南四路488号	7 600	2010年3月—2010年9月	50万台/套
2	亚普扬州分厂增资扩建项目	江苏省扬州市华扬东路88号	7 300	2010年11月—2011年3月	300万台/套(加油管)

〔续表〕

序号	项目名称	建设地点	投资总额（万元）	建设周期	形成年产能力
3	亚普长春分厂新工厂工程	吉林省长春西新经济技术开发区首善大街388号	2 800	2011年9月—2014年7月	50万台/套
4	亚普佛山厂房一期工程	广东省佛山市南海区狮山镇松岗众兴路6号	1 600	2012年3月—2013年12月	25万台/套
5	亚普汽车部件（开封）有限公司燃油箱项目	河南省开封市魏都路北、十大街西	10 300	2012年8月—2013年12月	50万台/套
6	亚普重庆分厂增资扩建工程	重庆市两江新区云枣路5号	6 100	2011年9月—2012年11月	25万台/套
7	亚普燃油系统（宁波杭州湾新区）有限公司年产75万只油箱项目	浙江省宁波杭州湾新区福轩路111号	11 600	2012年5月—2013年5月	75万台/套
8	亚普扬州第二分厂扩建工程	江苏省扬州市华扬东路88号	8 500	2011年9月—2013年11月	120万台/套（加油管）
9	亚普长春分厂新工厂二期工程	吉林省长春西新经济技术开发区首善大街388号	3 500	2014年2月—2014年11月	25万台/套
10	亚普研发中心扩建工程（研发大楼）	江苏省扬州市扬子江南路508号	6 100	2011年9月—2012年12月	—

资料来源：亚普汽车部件有限公司

第二节 动力总成重要工程

一、上汽变速器工程

1985年之前，上海汽车齿轮总厂建筑面积6.08万平方米，先后自制主、被动螺旋伞齿轮和壳体专用机床133台及生产流水线3条。1974年，从美国格里森公司引进全套铣齿机13台/套。1985年后，从国外引进各种关键设备107台/套，生产流水线4条，改造老厂房4.91余万平方米，扩建生产车间、立体仓库、"三废"处理中心、理化计量中心、锅炉房、降压站、空压机站、冷冻库等，新建面积7.3万平方米，全厂建筑面积增至12.5万余平方米。

改革开放以后，该公司技术引进和技术改造项目分3个阶段，从1987年开始，投资桑塔纳轿车变速器项目，进口二手设备，形成3万台年产能力，之后实施将年产能提升到6万台、8万台的技改项目。1992年，该厂开始投资桑塔纳轿车五档变速器技改项目，从7万台开始，逐步实施新增5万台和10万台项目；2000年，该公司开始实施自动变速器技改项目，先后实施4T65-E自动变速器技改和扩能项目，GF6自动变速器技改和产能提升改造项目，GF9自动变速器项目等；从2009年开始，投资实施双离合器自动变速器工程项目，包括七档干式双离合器自动变速器等。

1987—2015年，上海汽车变速器有限公司实施的技术引进和技术改造项目中，3 000万元以上投资项目40个，累计投资157.08亿元。40个项目中3 000万元~1亿元项目12个，1亿元~2亿元项目14个，2亿元~10亿元项目10个，10亿元以上项目4个，形成汽车变速器575万台年产能力。

图 8-3-5 上海汽齿总厂桑塔纳轿车变速器生产线

图 8-3-6 上海汽齿总厂桑塔纳轿车变速器装配线

表 8-3-6 1987—2015 年上汽变速器 3 000 万元以上建设项目一览表

序号	项 目 名 称	建 设 地 点	投资总额（万元）	建设周期	形成年产能力
1	桑塔纳变速器 3 万台套技改项目		10 621	1987 年 11 月—1990 年 9 月	桑塔纳变速器 3 万台/套
2	桑塔纳变速器 6 万台填平补齐技改项目		3 410	1990 年 10 月—1992 年 12 月	桑塔纳变速器 6 万台
3	桑塔纳变速器 8 万台技术改造项目		15 163	1991 年 7 月—1993 年 12 月	桑塔纳变速器 8 万台
4	桑车五档变速器增 7 万台技术项目	上海市嘉定区嘉罗路 500 号	22 778	1992 年 7 月—1994 年 12 月	桑塔纳变速器 15 万台
5	桑塔纳五档变速器 7 万台配套技改项目		15 087	1992 年 7 月—1994 年 12 月	新增 7 万台桑塔纳五档变速器
6	桑塔纳变速器新增 5 万台技术改造项目		22 180	1994 年 1 月—1995 年 12 月	桑塔纳变速器 20 万台
7	桑塔纳五档变速器新增 10 万台项目		59 560	1994 年 12 月—1997 年 7 月	桑塔纳变速器 30 万台
8	桑塔纳 330 项目		5 100	2000 年 10 月—2001 年 12 月	桑塔纳齿轴 10 万台及刃磨计量能力
9	经济型轿车手动变速器技改项目		15 671	1999 年 11 月—2002 年 12 月	F15 手动变速器 5 万台
10	4T65-E 自动变速箱部件配套技改项目	上海市嘉定区叶城路 506 号	18 262	2000 年 4 月—2002 年 9 月	4T65-E 自动变速器核心部件 5 万台/套
11	4T65-E 自动变速箱部件扩能项目		8 860	2003 年 1 月—2004 年 6 月	4T65-E 自动变速器核心部件 7 万台/套
12	科技开发中心试制试验车间新增设备项目	上海市嘉定区嘉罗路 500 号	4 640	2005 年 2 月—2006 年 12 月	—

〔续表〕

序号	项 目 名 称	建 设 地 点	投资总额 （万元）	建设周期	形成年产能力
13	GF6 自动变速器核心部件技术改造项目	上海市嘉定区叶城路506 号	111 731	2005 年 6 月—2010 年 12 月	GF6 自动变速器核心零部件 60 万套
14	4 万套自动变速器核心零件技术改造项目		3 440	2006 年 5 月—2007 年 11 月	新增壳体 4 万套
15	6 万套自动变速器核心零件技术改造项目	上海市嘉定区宝嘉公路 189 号	4 120	2007 年 8 月—2009 年 8 月	新增壳体 6 万套
16	新增 4 万套自动变速器核心部件技术改造项目		3 650	2009 年 2 月—2010 年 1 月	新增壳体 4 万套
17	GF6 自动变速器核心部件热处理技改项目	上海市嘉定区嘉罗路500 号	4 182	2009 年 2 月—2010 年 1 月	20 万套 GF6 自动变速器核心零部件热处理能力
18	双离合器自动变速器总成项目		86 650	2009 年 7 月—2014 年 12 月	DCT360 自动变速器总成 12.5 万台
19	GF6 五期新增 30 万套自动变速器核心部件技术改造项目		53 270	2011 年 1 月—2013 年 2 月	GF6 自动变速器核心零部件 90 万台套
20	SCM 六档手动变速器总成 5 万台项目		19 600	2011 年 6 月—2012 年 12 月	SCM 手动变速器 5 万台
21	EDU 项目（一期）		4 850	2011 年 9 月—2012 年 12 月	EDU 混合动力变速器总成 200 台
22	SH16M5M6 手动变速器总成技术改造项目		7 370	2013 年 10 月—2014 年 6 月	SH15 手动变速器总成 30 万台
23	DCT250(X44F)七速干式双离合器自动变速器项目（在建）	上海市嘉定区汇旺路600 号	267 480	2011 年 9 月—	DCT250 自动变速器总成 30 万台
24	整体搬迁项目（在建）		170 900	2012 年 3 月—	—
25	试制试验中心"十二五"规划及一期项目（在建）		13 812	2012 年 3 月—	
26	GF9 自动变速器配套技术改造项目（在建）		32 700	2014 年 8 月—	2017 年达纲形成 GF9 自动变速器核心零部件 30 万套
27	技术中心试制试验设备二期项目（在建）		32 690	2015 年 1 月—	—
28	EDU 二期扩能项目（在建）		15 450	2015 年 1 月—	EDU 混合动力变速器总产能 1.8 万台
29	EDU 三期新增 7JPH 项目（在建）		23 300	2015 年 2 月—	2016 年形成 EDU 混合动力变速器 6 万台年产能力

〔续表〕

序号	项目名称	建设地点	投资总额（万元）	建设周期	形成年产能力
30	沈阳上汽金杯汽车变速器有限公司	辽宁省沈阳市铁西区沈阳经济开发区开发大路8号	14 798	2003 年 4 月—2005 年 4 月	JK72 手动变速器总成 18 万台
31	山东上汽汽车变速器有限公司		18 585	2004 年 7 月—2008 年 12 月	D16、D20 系列变速器总成 30 万台
32	山东上汽二期项目	山东省烟台市福山区永达街 969 号	18 800	2008 年 10 月—2012 年 12 月	SH63 手动变速器总成 15 万台 Y4M 手动变速器总成 5 万台
33	M1X 15 万套六档手动变速器总成项目		66 300	2012 年 7 月—2014 年 4 月	M1X 手动变速器总成 15 万台
34	NMT 手动变速器总成（一期）项目（在建）		74 200	2014 年 10 月—	2016 年形成 NMT 手动变速器总成 30 万台
35	柳州上汽汽车变速器有限公司增资项目	广西壮族自治区柳州市阳和北路西 1 号	5 166	2006 年 3 月—2006 年 8 月	SC69 手动变速器总成 10 万台，SC63 手动变速器总成 30 万台
36	柳州上汽汽车变速器有限公司二期项目		4 820	2008 年 5 月—2010 年 5 月	SC69&SH63 手动变速器总成 15 万台，SC63 手动变速器 60 万台
37	柳州上汽汽车变速器有限公司三期项目（在建）	广西壮族自治区柳州市阳和北路西 1 号 广西壮族自治区柳州市阳和中路 6 号	16 687	2012 年 4 月—	SC63 手动变速器总成 90 万台，SC16（SC69）手动变速器 60 万台
38	柳州上汽汽车变速器有限公司柳东分公司柴油机项目（在建）	广西壮族自治区柳州市柳东新区	16 700	2015 年 6 月—	—
39	柳州上汽汽车变速器有限公司柳东分公司一期工程建设项目（在建）		275 082	2015 年 12 月—	2017 年达纲形成 S08T 涡轮增压发动机 35 万台
40	商用车变速器发展规划设想及一期项目	江苏省南京市江宁区秣陵街道竹山路 551 号	23 333	2011 年 5 月—2012 年 4 月	重卡和轻卡变速器 23 万台

资料来源：上海汽车变速器有限公司

二、上柴股份工程

2009 —2015 年，上海柴油机股份有限公司分别在上海市杨浦区军工路 2636 号、江苏省海安县城东镇动力大道(中)8号、上海市青浦工业园外青松公路5399号、上海市杨浦区军工路2630号等地工厂,先后实施重型车用柴油机、轻型柴油机、船电产品技改、中轻型柴油机开发、海安铸造公司、上海菱重增压器产能提升、船电发动机合资等7个重要项目建设。

图 8‐3‐7　上柴股份重型柴油机装配线

项目总投资 23.46 亿元,合计征地 245 308 平方米、新增建筑面积 47 731 平方米、改建建筑面积 36 317 平方米;新增主要设备 571 台/套,其中进口设备 107 台/套,包括意大利、奥地利、美国的发动机生产线、柴油机缸体和缸盖机加工线、总成装配线、高效数控机床、加工中心;国产设备 410 台/套,包括金加工设备、数控机床、专用设备等;形成 R/H/D/C/E/G/W 七大系列轻重型柴油发动机 28.5 万台、发动机进气增压涡轮增压器 109 万台年产能力。

表 8‐3‐7　2009—2015 年上柴股份 3 000 万元以上建设项目一览表

序号	项目名称	建设地点	投资总额(万元)	建设周期	形成年产能力
1	重型车用柴油机项目	上海市杨浦区军工路2636号	45 240	2009 年 6 月—2012 年 6 月	年产国Ⅲ和国Ⅳ排放标准重型车用柴油发动机 3 万台
2	开发制造轻型柴油机项目		27 976	2010 年 6 月—2015 年 12 月	年产国Ⅳ和国Ⅴ排放标准轻型柴油发动机 5 万台
3	船电产品技术改造项目建设		6 276.3	2010 年 1 月—2014 年 8 月	年加工机体 1 万件,柴油机装配及试车 7 000 台能力
4	中轻型柴油机开发制造项目		43 946	2011 年 8 月—2014 年 8 月	年产国Ⅳ和国Ⅴ排放标准中轻型柴油发动机 5 万台
5	易地建立海安公司建立铸造公司项目	江苏省海安县城东镇动力大道(中)8号	60 000	2011 年 10 月—2013 年 9 月	年产中大型机体/缸盖铸件 5 万吨
6	上柴股份上海菱重增压器产能提升项目建设	上海市青浦工业园外青松公路5399号	7 620	2012 年 7 月—2015 年 1 月	年新增发动机进气增压涡轮增压器 109 万台
7	上海柴油机股份有限公司与三菱重工业株式会社成立船电产品合资公司项目	上海市杨浦区军工路2630号	43 586	2012 年 4 月—2015 年 12 月	年产 5 000 台船电发动机

资料来源:上海柴油机股份有限公司

三、上海大众动力总成工程

2004—2015 年,上海大众动力总成有限公司在上海市嘉定工业园区大众动力总成厂区,先后实施合资生产汽车发动机、增资扩产 EA111 发动机 60 万台、新增 EA211 发动机技术改造、EA211 三期工程、EA211 一期工程技改等 6 个重要项目建设。

项目总投资 70 亿元,新增占地面积 28.4 万平方米,总建筑面积 13.5 万平方米;新增主要设备大部分为进口设备,包括缸体加工线 3 条,缸盖加工线 3 条,曲轴加工线 4 条,连杆加工线 3 条,缸盖罩壳机加线 1 条,凸轮机加工线 1 条,管子机加工线 1 条,缸盖罩壳模块装配线 1 条,发动机总装线 3 条,共 20 套;形成台汽车发动机 145 万年产能力。

表 8-3-8 2003—2015 年上海大众动力总成 3 000 万元以上建设项目一览表

序号	项 目 名 称	投资总额 (万元)	建设周期	形成年产能力
1	合资生产汽车发动机项目	207 184	2003 年 12 月— 2005 年 3 月	2009 年形成 EA111 四缸直立式汽油发动机 30 万台年产能力
2	增资扩产 EA111 发动机至 60 万年产能项目	116 162	2010 年 1 月— 2011 年 1 月	2011 年形成 EA111 发动机 30 万台年产能力
3	新增 EA211 型发动机产品技改项目	84 913	2011 年 3 月— 2012 年 8 月	2012 年维持 60 万台 EA111 发动机产能前提下,实现共线生产 EA211 发动机
4	EA211 三期工程项目	177 690	2012 年 3 月— 2013 年 8 月	2013 年形成 EA211 型发动机 70 万台年产能力
5	一期工程 EA211 型发动机产品技改项目	94 269	2013 年 4 月— 2015 年 3 月	2015 年形成新增 EA211 型发动机 45 万台年产能力
6	质量能力提升项目(扩建通用厂房质量风险中心)	21 883	2015 年 6 月—	2015 年项目尚在建设中

资料来源:上海大众动力总成有限公司

四、大众变速器(上海)工程

2002—2013 年,大众汽车变速器(上海)有限公司分别在上海市嘉定区博乐南路 100 号、上海市嘉定区昌吉路 29 号等工厂先后实施大众汽车变速器公司合资、MQ200 NGA 手动变速器、MQ200 新增 10 万台产能技术改造 3 个重要项目建设。项目租赁上海汽齿总厂建筑面积 3 万平方米联合厂房,2013 年起项目租赁上汽大众汽车有限公司建筑面积 57 800 平方米联合厂房,新增主要设备 637 台/套,包括进口德国、瑞士的产品装配线、加工中心、滚齿机、剃齿机、珩孔机、电子束焊接、磨齿机、连续炉生产线、多用炉生产线、热处理实验设备及部分国产设备。2013—2015 年,在上海市嘉定区昌吉路 29 号实施 MQ200 系列新增 5 万台技术改造、工厂搬迁技术改造等 2 个重要项目建设。

2002—2015 年,5 个重要项目累计投资 18.7 亿元,形成 MQ200 变速器 55 万台年产能力。

表 8‑3‑9　2002—2015 年大众变速器(上海)3 000 万元以上建设项目一览表

序号	项 目 名 称	建 设 地 点	投资总额 (万元)	建设周期	形成年产能力
1	大众汽车变速器(上海)有限公司合资项目	上海市嘉定区博乐南路100号	80 640	2002—2003 年	27 万台
2	MQ200 NGA 手动变速器增资项目		24 831	2003—2009 年	40 万台
3	MQ200 系列新增 10 万台产能技改项目		27 493	2010—2013 年	50 万台
4	MQ200 系列新增 5 万台技改项目		9 937	2014 年—	55 万台
5	搬迁技改项目	上海市嘉定区昌吉路29号	30 335	2013—2015 年	搬迁到安亭,同时引入热处理和轴车加工工艺

资料来源:大众汽车变速器(上海)有限公司

五、上海萨克斯动力工程

1991—2015 年,上海萨克斯动力总成部件系统有限公司及前身上海离合器总厂在上海市青浦区华新镇纪鹤路 3189 号厂区,先后实施 15 万辆桑塔纳离合器配套,奥迪、高尔夫轿车联离器配套,轿车和轻卡离合器双加技术改造,轿车液力变矩器开发,乘用车离合器扩能技术改造 5 个重要项目建设。

项目总投资 4.03 亿元,征地 5 万平方米,新增建筑面积 2.3 万平方米;新增设备 260 台/套,其中进口设备有奥地利转底炉等热处理设备,国产设备有离合器总成装配线、辊棒炉、600 吨给进压机、单点压机、电子束焊机、磷化生产线、数控车床等;形成液力变矩器 10 万套、乘用车离合器 400 万套年产能力。

表 8‑3‑10　1995—2015 年上海萨克斯动力 3 000 万元以上建设项目一览表

序号	项 目 名 称	投资总额 (万元)	建设周期	形成年产能力 (万台套)
1	15 万辆桑塔纳离合器配套项目	3 952	1991—2012 年	年产桑塔纳轿车离合器 10.8 万套
2	奥迪、高尔夫轿车联离器配套项目	2817	1993 年 3 月—1994 年	年产高尔夫轿车离合器 13.5 万套
3	轿车、轻卡离合器双加技改项目	8 798	1995 年 1 月—1997 年 11 月	年产轻卡、轿车离合器 82 万套
4	轿车液力变矩器开发项目	13 435	1998 年 5 月—2000 年 5 月	年产液力变矩器 10 万套
5	乘用车离合器扩能技改项目	11 300	2008 年 2 月—2012 年 6 月	年产离合器 300 万套

资料来源:上海萨克斯动力总成部件系统有限公司

六、上菲红发动机工程

2007—2015 年，上汽菲亚特红岩动力总成有限公司在重庆市经济技术开发区经开园黄茅坪 B07

图 8-3-8　发动机产品装配线

厂区先后实施 10 万台（C9、F1C、NEF）柴油发动机、C13&C11 柴油发动机 2 个重要项目。

项目总投资 24.29 亿元，占地 20 万平方米，新增建筑面积 70 782 平方米；新增设备 107 台/套，其中进口设备包括德国、日本、意大利、韩国的卧式加工中心、三坐标测量仪、油雾收集处理系统、乳化冷却液设备、启动试验台、性能试验台等，国产设备包括缸体机加线、缸盖机加线、主轴承盖装配机、压装机、水道油道测漏机、喷涂线等；形成发动机 7.1 万台年产能力。

表 8-3-11　2007—2015 年上菲红 3 000 万元以上建设项目一览表

序号	项目名称	投资（万元）	建设周期	形成年产能力
1	10 万台柴油发动机项目（C9、F1C、NEF）	134 405	2007 年 10 月—	2018 年达纲，年产 19 万台发动机
2	C13&C11 发动机项目	46 227	2014 年 11 月—	2019 年达纲，年产 C11 8 000 台，C13 4 000 台

资料来源：上汽菲亚特红岩动力总成有限公司

第三节　汽车饰件重要工程

一、延锋饰件系统工程

延锋汽车饰件系统有限公司及其前身公司于 1956—1978 年主要生产工艺性协作的木模和铝模。固定资产为 170.1 万元。1978—1987 年，主导产品从工艺性模具逐步转向聚氨酯汽车内饰件产品。在此期间，企业经历第 5 个五年计划的改造，投资 1 477.8 万元，从德国引进方向盘、座椅芯、仪表板生产线及测试设备。

1996—2015 年，该公司共实施内饰、座椅、安全、电子、外饰等 7 个大类投资项目，

图 8-3-9　延锋饰件系统座椅生产线

累计投资金额 164.84 亿元、8 225 万美元、10 409 万泰铢和 123 200 万卢比；建设 3 000 万元以上项目共 139 个，其中：3 000 万元～1 亿元项目 75 个，1 亿元～2 亿元项目 41 个，2 亿元以上项目 23 个；项目投资地域包括沪内 47 个，沪外 80 个，美国、泰国、印度等国 12 个，该公司成为国内规模最大的汽车饰件系统制造企业。

表 8‐3‐12 1996—2015 年延锋饰件系统 3 000 万元以上建设项目一览表

序号	项 目 名 称	建 设 地 点	投资总额（万元）	建设周期	形成年产能力
1	新增桑塔纳 2000 涂装保险杠技改项目	上海市嘉定区安亭墨玉路 540 号	43 000	1996 年 7 月—1998 年 11 月	10 万台/套桑塔纳 2000 型仪表板、门把手、方向盘、座椅总成、手球、遮阳板
2	延锋江森成立项目	上海市浦东新区康安路 669 号	2 869 万美元	1997 年 12 月—1998 年 9 月	整椅 40 万台/套，座椅面套 50 万台/套以及机械零件 80 万件
3	延锋伟世通(重庆)公司成立暨 C195 轿车配套项目	重庆市开园金开大道 1999 号	14 140	2001 年 10 月—2004 年 1 月	内饰件 5 万台/套
4	设立延锋伟世通(北京)汽车饰件系统有限公司	北京市顺义区林河工业开发区顺通路 55 号	12 750	2002 年 11 月—2005 年 11 月	内饰件 19.5 万台/套
5	东风伟世通成立项目	湖北省武汉市经济开发区耀华路 48 号	18 194.5	2003 年 4 月—2006 年 4 月	内饰件 153.51 万台/套
6	重庆延锋江森合资项目	重庆市经济技术开发区北区长福西路 4 号	6 225	2003 年 10 月—2006 年 1 月	冲压件 5 万件，整椅 18.8 万台/套
7	延锋百利得(上海)汽车安全系统有限公司成立和增资项目	上海市浦东新区康桥工业区康意路 467 号	22 580	2003 年 2 月—2006 年 2 月	安全件 406.5 万件
8	延锋伟世通 Touran 仪表板配套项目	上海市嘉定区墨玉路 540 号	3 276	2004 年 10 月—2006 年 1 月	仪表板 8 万台/套
9	延锋伟世通北京吉普饰件配套工程项目	北京市顺义区林河工业开发区顺通路 55 号	6 975	2004 年 2 月—2006 年 2 月	内饰件 9.5 万台/套
10	延锋伟世通技术中心项目	上海市徐汇区钦州北路 1001 号	18 527.89	2004 年 4 月—2007 年 4 月	新建技术中心
11	延锋伟世通金桥汽车饰件系统有限公司	上海市浦东新区金桥出口加工区巨峰路 2166 号	23 000	2004 年 11 月—2007 年 11 月	座舱 43.8 万台/套、IP14 万台/套、CNSL34 万台/套、DP20 万台/套
12	延锋伟世通 SGM60 仪表板国产化		5 942	2005 年 10 月—2006 年 1 月	仪表板 15 万台/套

〔续表〕

序号	项目名称	建设地点	投资总额（万元）	建设周期	形成年产能力
13	广州东风江森座椅有限公司合资项目	广东省广州市花都区新华镇红棉大道39号	3 375	2005年1月—2007年1月	整椅17.7万台/套
14	吉翔顶饰易地技术改造项目	上海市浦东新区康花路204号	9 375	2005年6月—2007年6月	冷模法顶饰41.5万件，遮阳板156.2万件
15	延锋百利得（上海）汽车安全系统有限公司成立和增资项目	上海市浦东新区康桥工业区康意路467号	22 580	2003年2月—2006年2月	安全件406.5万件
16	延锋伟世通模具公司合资项目	上海市浦东新区金穗路778号	20 000	2006年10月—2009年1月	模具213副
17	延锋江森引进汽车座椅调角器生产技术改造项目	上海市浦东新区康安路669号	3 340	2006年12月—2010年12月	DR2K调角器（左右）各200万件
18	延锋伟世通金桥Deltawave1仪表板、副仪表板配套项目		3 984	2007年10月—2010年1月	仪表板、副仪表板12万台/套
19	延锋伟世通金桥二期厂房建设工程项目		9 950	2007年3月—2011年3月	DP24.4万台/套、IP15.4万台/套、模具213副
20	延锋伟世通金桥EPSOLON&J1饰件技改项目	上海市浦东新区金桥出口加工区巨峰路2166号	15 125	2007年9月—2011年9月	内饰件41万台/套
21	延锋伟世通金桥DCX-WD&WK门内板出口、DELTA WAVE II仪表板、副仪表板、门内板配套项目		22 962	2007年11月—2011年11月	内饰件59.7万台/套
22	延锋彼欧汽车外饰系统有限公司成立项目	上海市嘉定区福海路1055号6幢	68 446	2007年2月—2010年2月	汽车外饰产品297.42万台/套
23	延锋江森研发中心建设项目	上海市浦东新区康安路669号	4 470.26	2007年3月—2009年3月	新建技术中心
24	南通延锋江森座椅面套有限公司	江苏省南通市出口加工区中央路/广兴路	6 471	2007年4月—2009年4月	座椅面套66.76万台/套
25	烟台延锋江森座椅有限责任公司成立项目	山东省福山高新区上庄工业园延锋路5号	3 500	2004年8月—2008年8月	整椅20万台/套
26	武汉江森云鹤汽车座椅有限公司合资项目	湖北省武汉市经济技术开发区零部件加工区1号地	12 661	2007年3月—2012年3月	发泡和整椅96万台/套

〔续表〕

序号	项 目 名 称	建 设 地 点	投资总额 (万元)	建设周期	形成年产能力
27	延锋伟世通(合肥)汽车饰件系统有限公司成立项目	安徽省合肥市锦绣大道南,天都路东,始信路西	15 250	2007 年 12 月— 2012 年 12 月	IP,DP,CNSL 等内饰产品 31 万台/套
28	沈阳延锋江森座椅有限公司成立项目	辽宁省沈阳市大东区小什字街 21 号	7 500	2007 年 8 月— 2011 年 8 月	整椅 16.4 万台/套
29	延锋江森 Delta 汽车座椅零部件配套技改项目	上海市浦东新区康安路 669 号	3 844	2008 年 5 月— 2011 年 5 月	汽车座椅金属零部件 108.5 万件
30	延锋江森江森鹤华金属零部件增资项目	上海市嘉定区安亭镇安晓路 255 号	7 965	2008 年 10 月— 2013 年 1 月	汽车座椅金属零部件 246 万件
31	延锋彼欧浦东工厂项目	上海市浦东新区东胜路 339 号 1 幢	10 960	2008 年 4 月— 2011 年 4 月	汽车外饰产品 25 万台/套
32	延锋伟世通金桥通用北盛 SGM258 仪表板门内板新产品配套项目	上海市浦东新区金桥出口加工区巨峰路 2166 号	5 221	2009 年 3 月— 2011 年 3 月	门内板 4 万台/套
33	延锋电子尼桑 P32 系列仪表配套项目	上海市松江区工业开发区美能达路 300 号	6 016	2009 年 11 月— 2011 年 11 月	汽车电子仪表 39.1 万台/套
34	延锋彼欧南京江宁分公司项目	江苏省南京市江宁经济技术开发区胜太西路 68 号	11 981	2009 年 9 月— 2014 年 9 月	汽车外饰产品 35 万套
35	重庆徐港电子有限公司港城新厂房投资搬迁项目	重庆港城工业园海尔路—海尔工业园	5 565	2009 年 9 月— 2010 年 9 月	汽车音响 42.6 万台/套
36	建立延锋美国汽车饰件系统有限公司项目	美国密歇根州沃伦市弗瑞卓路 14275 号	6 623	2009 年 1 月— 2011 年 1 月	门内板 13 万台/套
37	延锋伟世通汽车饰件系统有限公司技术能力提升项目(安亭分部)	上海市嘉定区安亭墨玉路 540 号	11 977	2009 年 8 月— 2012 年 8 月	新建技术中心安亭分部
38	延锋伟世通汽车饰件系统有限公司技术能力提升项目(柳州路分部)	上海市徐汇区柳州路 399 号	22 523	2009 年 8 月— 2012 年 8 月	新建技术中心柳州路分部
39	延锋伟世通南京汽车饰件系统有限公司合资项目	江苏省南京市江宁开发区双龙大道 2881 号	13 240	2008 年 7 月— 2013 年 7 月	IP,DP,Cockpit 等内饰产品 18.5 万台/套
40	成都一汽富维延锋彼欧汽车外饰有限公司合资项目	四川省成都市经济技术开发区(龙泉驿区)星光中路 18 号	19 252	2009 年 11 月— 2013 年 12 月	汽车外饰产品 35 万台/套

〔续表〕

序号	项目名称	建设地点	投资总额（万元）	建设周期	形成年产能力
41	收购上海延康内饰业务及资产项目	上海市浦东新区金桥出口加工区巨峰路2166号	3 977	2009年7月—2011年7月	门板、嵌饰板、手套箱、扶手35.4万台/套
42	组建延锋伟世通（烟台）汽车饰件系统有限公司项目	山东省烟台开发区A42小区	5 062	2009年9月—2010年9月	IP，DP，CNSL等内饰产品21.2万台/套
43	组建南京延锋江森汽车座椅零部件有限公司项目	江苏省南京市江宁区技术开发区前庄路	5 310	2010年7月—2014年7月	座椅发泡28万台/套，整椅6.5万台/套
44	收购芜湖鹤安东方100%股权暨发泡线技术改造项目	安徽省芜湖市经济技术开发区银湖北路长虹工业园六号厂房	5 320	2009年9月—2011年9月	座椅发泡24.36万台/套，面套33.33万台/套
45	组建南京延锋江森座椅有限公司项目	江苏省南京市江宁经济技术开发区前庄路	7 880	2009年9月—2012年9月	整椅21.6万台/套
46	重庆延锋博奥汽车零部件发泡线技术改造项目	重庆市江北区复盛镇盛泰路111号	3 263	2010年6月—2015年6月	座椅发泡62万台/套
47	延锋江森成立秀浦路分公司及发泡技术改造项目	上海市浦东新区秀浦路3030号	9 400	2010年5月—2012年5月	座椅发泡113万台/套
48	延锋电子松江厂区二期厂房建设及技术改造项目	上海市松江区工业开发区美能达路300号	24 991	2010年11月—2013年11月	各类汽车电子产品310万件
49	新增SMD 8/9号生产线技术改造项目		3 082	2010年8月—2011年7月	汽车电子配套产品55.8万台/套
50	设立柳州延锋江森座椅有限公司项目	广西省柳州市柳南区河西工业区三区A11-1地块	3 220	2010年9月—2014年9月	座椅发泡11.5万台/套，整椅11.5万台/套
51	设立延锋伟世通（柳州）汽车饰件系统有限公司项目		3 991	2010年3月—2014年3月	内饰件产品11.5万台/套
52	延锋美国汽车饰件系统有限公司产能扩充（一期）技术改造项目	美国密歇根州哈里森镇Executive Drive42150号	9 626	2010年12月—2012年12月	GMX350门内板6.5万台/套，WD/WK门板装配15万台/套
53	机械零件工厂搬迁及技改项目	上海市浦东新区德国工业园	11 087	2010年5月—2012年8月	汽车座椅滑道及其下层次金属零件711万件
54	组建重庆延锋彼欧富维汽车外饰有限公司成立项目	重庆市北部新区金开大道1999号1栋	14 830	2009年7月—2013年7月	汽车外饰产品31.2万台/套
55	组建广州中新延锋彼欧外饰件公司	广东省广州市增城中新镇中福北路3号	3 200	2009年2月—2014年2月	汽车外饰产品19.5万台/套

〔续表〕

序号	项目名称	建设地点	投资总额（万元）	建设周期	形成年产能力
56	设立柳州延锋江森座椅有限公司	广西壮族自治区柳州市河西工业区 A11-1 号	3 220	2010 年 5 月—2011 年 6 月	11.5 万辆座椅总成
57	设立延锋伟世通（柳州）汽车饰件系统有限公司项目	广西壮族自治区柳州市瑞龙路 6 号	3 991	2010 年 5 月—2011 年 4 月	11.5 万辆内饰件产品
58	上海延锋江森汽车座椅有限公司设立秀浦路分公司及发泡技改项目	上海市浦东新区秀浦路 3030 号	8 180	2010 年 5 月—2013 年 11 月	产量为汽车座椅泡沫共计 113 万辆份
59	上海延锋江森汽车座椅有限公司机械零件工厂搬迁及技改调整项目	上海市浦东康桥工业区康意路 465—469 号	11 087	2009 年 8 月—2010 年 12 月	汽车座椅滑道及其下层次金属零部件新增项目的生产能力 711 万件
60	延锋伟世通（烟台）汽车饰件系统有限公司产能扩充（一期）技术改造项目	山东省烟台市经济开发区广州路 5 号	7 198	2010 年 9 月—2015 年 12 月	新增 SGM818、D06、D16 仪表板、副仪表板、门板产品合计 18 万辆/年配套量
61	设立延锋伟世通印度汽车饰件系统有限公司暨技术改造项目	印度古吉拉特邦 Kalol 工业开发区	4 305	2011 年 11 月—2015 年 9 月	形成汽车饰件 12.12 万辆份生产能力
62	延锋伟世通（柳州）汽车饰件系统有限公司 CN100 门板侧围饰板技术改造项目	广西壮族自治区柳州市柳南区瑞龙路 6 号	3 227	2011 年 6 月—2015 年 11 月	形成 15 万套门内板的制造能力
63	上海延锋江森座椅有限公司引进 ServoSled 台车及实验室扩建技术改造项目	上海市浦东新区康安路 669 号	6 380	2011 年 11 月—2014 年 10 月	引进建设 ServoSled 碰撞试验台车实验室
64	延锋伟世通金桥汽车饰件系统有限公司上海通用 E18 仪表板、门板和 E16 门板、副仪表板产品配套技术改造项目	上海市浦东新区巨峰路 2166 号	5 785	2012 年 1 月—2015 年 8 月	22.5 万套门板、2 万套仪表板，12.5 万套副仪表板
65	上海延锋江森座椅有限公司设立盐城延锋江森座椅有限公司暨技改项目调整	江苏省盐城经济开发区湘江路 36 号	8 895	2012 年 6 月—2013 年 10 月	座椅 31.6 万辆份
66	延锋美国汽车饰件系统有限公司 D2SC 副仪表板技术改造项目	美国密歇根州哈里森镇 Executive Drive42150 号	3 189	2014 年 5 月—2015 年 5 月	25.5 万套副仪表板
67	沈阳延锋江森座椅有限责任公司发泡扩能技改项目	辽宁省沈阳市欧盟经济开发区月亮湖街 57 号	4 047	2013 年 3 月—2014 年 4 月	座椅发泡件 34 万辆份

〔续表〕

序号	项目名称	建设地点	投资总额（万元）	建设周期	形成年产能力
68	延锋伟世通（北京）汽车饰件系统有限公司北京现代 MD 和北汽 C70 内饰件产品配套技术改造项目	北京市顺义区顺通路 55 号	6 316	2011 年 10 月—2015 年 8 月	形成 MD0 主/副仪表板 15 万辆，C701 主/副仪表板 50 万套
69	延锋伟世通（重庆）汽车饰件系统有限公司株洲分公司吉利 CE—3/4 产品配套项目	湖南省株洲市天元区粟雨工业园 58 区拓普厂区	3 971	2011 年 7 月—2015 年 8 月	吉利 CE－3/4 车型配套内饰件 7 万辆
70	延锋汽车饰件系统有限公司安亭区域工业厂房及辅助设施建设项目	上海市嘉定区安亭墨玉路 540 号	10 475	2011 年 11 月—2014 年 9 月	厂房建设项目
71	设立延锋伟世通润达汽车饰件有限公司项目	浙江省宁波市杭州湾新区滨海四路 760 号	7 480	2011 年 1 月—2013 年 11 月	汽车饰件 16.2 万套
72	设立东风伟世通（郑州）汽车饰件系统有限公司项目	河南省郑州经济技术开发区 18 大街与经南北一路交叉口东北角	6 159	2011 年 3 月—2013 年 12 月	汽车饰件（仪表板和座舱模块）25 万套
73	延锋伟世通（重庆）汽车饰件系统有限公司第二工厂建设及技术改造项目一期工程	重庆市北部新区平场工业园	21 059	2011 年 4 月—2014 年 12 月	汽车饰件 52.5 万辆份
74	延锋伟世通金桥汽车饰件系统有限公司延锋美国公司产能扩充（二期）技术改造项目	美国密歇根州哈里森镇 Executive Drive42150 号	5 842	2013 年 8 月—2015 年 11 月	WK 门板 12.5 万辆份注塑件
75	设立仪征汽车饰件系统有限公司	江苏省仪征市屺丰大道 95 号	21 578	2011 年 6 月—2015 年 12 月	汽车内饰（含仪表板、门板和立柱）81 万件
76	设立延锋伟世通（沈阳）汽车饰件系统有限公司暨 SGM D2SC 内饰配套技改项目	辽宁省沈阳市大东区轩畅路 2 号	25 818	2012 年 3 月—2015 年 9 月	30 万套门板、仪表板、Cockpit
77	延锋伟世通（重庆）汽车饰件系统有限公司东莞分公司项目	广东省东莞市凤岗镇五联村碧湖大道 5 号	11 690	2012 年 5 月—2015 年 12 月	21.4 万件汽车仪表板和副仪表板、门内饰板、立柱总成产品
78	延锋伟世通（北京）汽车饰件系统有限公司北京现代 CFC 内饰产品配套技改项目	北京市顺义区顺通大道 55 号	3 422	2012 年 8 月—2015 年 11 月	10 万辆份门板、副仪表板、顶衬产品
79	东风伟世通汽车饰件系统有限公司新增 T9/2CN 门板和 NF101 仪表板业务技改项目	湖北省武汉市经济技术开发区全力三路	7 525	2012 年 8 月—2014 年 11 月	新增 24.3 万件汽车饰件

〔续表〕

序号	项目名称	建设地点	投资总额（万元）	建设周期	形成年产能力
80	设立延锋伟世通宁波汽车饰件系统有限公司暨技术改造项目	浙江省宁波市杭州湾新区滨海六路180号	11 027	2013年9月—	6.5万套门板、25万套仪表板
81	延锋伟世通金桥汽车饰件系统有限公司设立密苏里基地（含增资）项目	64150美国密苏里河蚌市属市政规划建设区	33 871	2013年3月—	25.8万套仪表板、门板、立柱和41.3万套副仪表板
82	设立延锋伟世通武汉汽车饰件系统有限公司暨技术改造项目	湖北省武汉市经济技术开发区金港新区凯迪拉克大道66号	23 584	2013年6月—	30万套仪表板、副仪表板、门内板和Cockpit
83	延锋伟世通（重庆）汽车饰件系统有限公司第二工厂建设及技术改造项目二期工程项目	重庆市北部新区礼嘉组团F08-09地块	15 943	2013年6月—	26万套仪表板、11万套门板和26万副仪表板
84	延锋伟世通印度汽车饰件系统有限公司设立sanand基地（含增资项目）	印度Ahmedabad市Sanand地区福特工业园区	123 200万卢比	2013年9月—	24万套仪表板、副仪表板、门板和9.6万套行李箱盖板
85	设立延锋长沙汽车饰件系统有限公司暨技术改造项目	湖南省长沙市经济技术开发区干衫镇龙峰南路108-3号厂房	13 841	2013年12月—	30万套乘用车配置仪表板、门板、副仪表板、衣帽架、侧围
86	合资组建东风河西（襄阳）汽车饰件系统有限公司暨技术改造项目	湖北省襄阳高新技术开发区汽车工业园追日路2号	22 900	2014年1月—	25万套乘用车内饰件
87	延锋美国汽车饰件系统有限公司通用E2SC座舱产品配套暨密苏里基地厂房扩建技术改造项目	美国密苏里河蚌市	1 620万美元	2014年6月—	25.8万套汽车座舱模块
88	延锋美国汽车饰件系统有限公司延锋美国E2LB仪表板/门板产品配套暨技术改造项目	美国密歇根州哈里森镇Executive Drive 42050号—42200号	10 216	2014年8月—	6.5万套仪表板和门板
89	东风伟世通汽车饰件系统有限公司组建东风河西（大连）汽车饰件系统有限公司暨技术改造项目	辽宁省大连保税区南港路4号	16 723	2014年8月—	23万辆份汽车内饰件
90	延锋伟世通（柳州）汽车饰件系统有限公司成立柳东分公司暨技术改造项目	广西壮族自治区柳州市冠东路2号	3 692	2014年10月—	16万套仪表板/门板/Cockpit,10万套立柱,6万套副仪表板

〔续表〕

序号	项 目 名 称	建 设 地 点	投资总额（万元）	建设周期	形成年产能力
91	东风伟世通汽车饰件系统有限公司组建东风伟世通盐城汽车饰件系统有限公司	江苏省盐城市经济技术开发区东环路69号	5 608	2014年11月—	36.5万套轿车内饰件
92	东风伟世通汽车饰件系统有限公司组建东风安通林(武汉)汽车饰件有限公司	湖北省武汉市经济技术开发区军山街风亭南路1号7号厂房	4 307	2014年11月—	37万件轿车内饰
93	东风伟世通汽车饰件系统有限公司组建东风安通林(武汉)顶饰系统有限公司	湖北省武汉市经济技术开发区军山街风亭南路1号4号厂房	4 153	2014年11月—	51.5万轿车顶饰件
94	延锋彼欧汽车外饰系统有限公司设立重庆延锋彼欧富维汽车外饰有限公司	重庆市北部新区金开大道1999号1栋	14 830	2010年3月—2014年12月	乘用车外饰件31.2万套
95	延锋彼欧汽车外饰件系统有限公司组建东风彼欧(武汉)汽车外饰系统有限公司暨技改项目	湖北省武汉市经济技术开发区创业5路42号	13 900	2011年10月—2014年1月	40.5万套外饰件
96	延锋彼欧(上海)汽车外饰件系统有限公司设立延锋彼欧(上海汽车外饰件系统有限公司暨技术改造项目)	上海市嘉定区安亭镇墨玉路540号17幢	25 266	2011年5月—2014年12月	75万车辆份
97	延锋彼欧汽车外饰系统有限公司深圳分公司	广东省东莞市凤岗镇五联村碧湖大道6号	15 503	2011年10月—2014年11月	20.5万套产量
98	延锋彼欧设立延锋彼欧仪征汽车外饰系统有限公司暨技改项目	江苏省扬州市仪征汽车工业园屹丰大道77号	12 514	2011年11月—2015年9月	33万套保险杠配套产量
99	延锋彼欧汽车外饰件系统有限公司技术中心能力提升技改项目	上海市嘉定区安亭镇墨玉路540号	8 802	2012年4月—	技术中心能力建设
100	延锋彼欧汽车外饰系统有限公司设立延锋彼欧(沈阳铁西)汽车外饰系统有限公司暨技术改造项目	辽宁省沈阳市经济技术开发区开发22号路186号	14 560	2012年6月—2015年12月	17.5万套保险杠
101	延锋彼欧汽车外饰系统有限公司设立烟台分公司	山东省烟台市经济技术开发区长江路288号内8号	13 418	2012年6月—2014年11月	22.5万套保险杠系列外饰件

序号	项 目 名 称	建 设 地 点	投资总额（万元）	建设周期	形成年产能力
102	延锋彼欧设立延锋彼欧宁波汽车外饰系统有限公司暨技术改造项目	浙江省宁波市杭州湾新区滨海六路 180 号	15 653	2012 年 10 月— 2015 年 12 月	50.54 万套乘用车保险杠、门槛塑料尾门等
103	延锋彼欧汽车外饰系统有限公司东莞分公司 B754 和 B81 外饰产品配套技术改造项目	广东省东莞市凤岗镇五联村碧湖大道 6 号	4 291	2013 年 3 月—	5.5 万辆份尾门、3.2 万辆份门槛和 3.2 万辆份扰流板
104	延锋彼欧设立延锋彼欧武汉汽车外饰系统有限公司暨技术改造项目	湖北省武汉市经济技术开发区金港新区凯迪拉克大道 88 号	21 938	2013 年 4 月—	30 万车套保险杠、门槛等
105	延锋彼欧汽车外饰件系统有限公司设立延锋彼欧长沙汽车饰件系统有限公司暨技术改造项目	湖南省长沙市经济技术开发区干衫镇龙峰南路 108 - 1 号	10 849	2013 年 12 月—	33 万套乘用车保险杠
106	成都一汽富维延锋彼欧汽车外饰有限公司 2014 年产能提升暨技术改造项目	四川省成都市经济技术开发区南二路 198 号	16 423	2014 年 10 月—	5 万套 Volvo 前后保及门槛，5 万套 K413 前后保门槛及注塑。42.85 万套保险杠涂装
107	上海延锋江森座椅有限公司组建广州延锋江森座椅零部件有限公司项目	广东省广州市花都区新华街花港大道 15 号院内 2 号厂房	6 300	2011 年 3 月— 2015 年 9 月	60 万辆份座椅发泡件
108	南京延锋江森座椅有限公司设立浦口分公司暨技术改造项目	江苏省南京市高新技术开发区新锦湖路 22 号	4 385	2011 年 6 月— 2014 年 12 月	18.3 万套汽车座椅
109	上海延锋江森座椅有限公司设立仪征延锋江森座椅有限公司项目	江苏省仪征市汽车工业园闽泰大道西和园区东二路交叉口	19 330	2011 年 6 月— 2015 年 8 月	38 万辆份/年配套的生产能力
110	上海延锋江森座椅有限公司组建东风江森汽车座椅有限公司暨技术改造项目	湖北省武汉市经济技术开发区 56MD 地块	11 635	2011 年 9 月— 2014 年 9 月	汽车座椅 21.8 万辆份，泡沫 23.2 万辆，骨架类 39.8 万辆
111	上海延锋江森座椅有限公司合资组建上海延锋江森座椅机械部件有限公司暨技术改造项目	上海市浦东新区康桥镇康花路 200 号	89 918.6	2011 年 12 月— 2014 年 12 月	5 000 万件机械零部件
112	沈阳延锋江森座椅有限公司扩建项目	辽宁省沈阳市大东区前进街办事处大洼村	38 490	2012 年 6 月— 2014 年 11 月	65.5 万辆份座椅总装和机零装配
113	上海延锋江森座椅有限公司设立杭州湾新区分公司暨技术改造项目	浙江省宁波市伟通汽车部件有限公司 1 号厂房北 7 垮	4 487	2012 年 10 月— 2013 年 11 月	63 万件汽车座椅骨架

〔续表〕

序号	项目名称	建设地点	投资总额（万元）	建设周期	形成年产能力
114	上海延锋江森座椅有限公司设立宁波延锋江森座椅有限公司暨技术改造项目	浙江省宁波市杭州湾新区滨海六路180号	13 898	2012年11月—	29.5万辆份座椅总装产能及配套发泡
115	上海延锋江森实业有限公司叠桥村691号厂房扩建技术改造项目	上海市浦东新区康桥镇叠桥村691号	4 905	2013年3月—	厂房建设项目
116	上海延锋江森座椅有限公司设立武汉延锋江森座椅有限公司暨技术改造项目	湖北省武汉市江夏经济开发区金港新区	21 256	2013年5月—	30万辆份汽车座椅
117	上海延锋江森座椅有限公司设立延锋江森（泰国）有限公司暨技术改造项目	泰国罗勇府台中工业区A332厂房	10 409万泰铢	2013年8月—	280万套座椅头枕
118	上海延锋江森座椅有限公司设立长沙延锋江森座椅有限公司暨技术改造项目	湖南省长沙市国家经济技术开发区	19 490	2013年12月—	30万辆份座椅总装
119	上海延锋江森座椅有限公司设立廊坊延锋江森汽车零部件有限公司暨技术改造项目	河北省廊坊市经济技术开发区紫薇道8号	8 131	2013年12月—	24万辆份汽车座椅骨架
120	上海延锋江森座椅有限公司设立南通延锋江森汽车零部件有限公司暨技术改造项目	江苏省南通市经济技术开发区复兴路51号	5 000	2014年5月—	汽车座椅面料223万米复合能力和36.9万辆份汽车面套
121	重庆延锋江森汽车部件系统有限公司设立南昌延锋江森汽车部件系统有限公司暨技术改造项目	江西省南昌市小蓝经济技术开发区汽车零部件产业园	9 954	2014年8月—	105 048辆份骨架焊接、装配和2.5万辆份总装
122	上海延锋江森座椅有限公司设立柳东分公司暨技术改造项目	广西壮族自治区柳州市柳东新区花岭片区	4 024	2014年11月—	25万辆份座椅总成
123	重庆延锋江森汽车部件系统有限公司整体搬迁暨技术改造项目	重庆市北部新区汽车产业园（黄茅坪）	13 033	2014年11月—	46万辆份座椅总装，发泡98.2万辆份，面套115.73万辆份
124	延锋伟世通汽车电子有限公司松江厂区二期厂房建设及技术改造项目	上海市松江工业园美能达路300号	24 991	2010年12月—2013年11月	247万只汽车仪表音响娱乐、各类电子控制模块

〔续表〕

序号	项目名称	建设地点	投资总额（万元）	建设周期	形成年产能力
125	江苏天宝汽车电子有限公司大众全球收音机产品配套项目	江苏省徐州市金山桥开发区驮蓝山路2号	9 883	2011年6月—2012年11月	78万套汽车音响
126	延锋伟世通汽车电子有限公司成立延锋伟世通电子(上海)科技发展有限公司项目	上海市徐汇区钦州北路1001号五号楼二层	4 700	2011年11月—2014年1月	技术中心能力建设
127	延锋伟世通汽车电子有限公司新增上海通用D2系列A3仪表生产线技术改造项目	上海市松江工业园美能达路300号	5 649	2012年8月—2015年2月	44万套汽车仪表
128	延锋伟世通汽车电子科技(上海有限公司设立延锋伟世通电子科技(南京)有限公司)	江苏省南京市江宁开发区九龙湖国际商务广场	4 026	2014年4月—	技术中心能力建设
129	江苏天宝汽车电子有限公司江苏天宝中高端车载娱乐音响产能建设暨公司整体搬迁项目	江苏省徐州市经济技术开发区	28 223	2014年8月—	收音机和CD机合计189万套
130	延锋设立延锋汽车饰件系统广州有限公司新增汽车饰件配套能力技术改造项目	广东省广州市番禺区广汽传祺零部件工业园内	34 550	2014年12月—	52.3万套门板,8.3万套仪表板和10.6万套副仪表板
131	东风伟世通汽车饰件系统有限公司新建技术中心(生产技术车间大楼暨技术改造项目)	湖北省武汉市经济技术开发区珠山湖大道	8 500	2015年1月—	技术中心建设
132	延锋汽车饰件系统(沈阳)有限公司华晨宝马F52仪表板产品配套技术改造项目	辽宁省沈阳市大东区轩畅路2号	7 343	2015年2月—	6.5万套BMW F52仪表板
133	重庆延锋江森汽车部件系统有限公司设立重庆(鱼复)延锋江森汽车部件系统有限公司及设立鱼嘴分公司项目暨技术改造项目注销可行性研究调整项目	重庆市北部新区汽车产业园	43 993	2015年6月—	整椅装配44.1万辆份,座椅骨架202.9万辆份
134	延锋美国汽车饰件系统有限公司美国大众B-SUV车型内饰配套暨技术改造项目	美国田纳西州查塔努加市Bonnyshire路7463号	3 736万美元	2015年6月—	24.9万辆套仪表板和副仪表板,11万套侧围和尾门

〔续表〕

序号	项目名称	建设地点	投资总额（万元）	建设周期	形成年产能力
135	延锋汽车内饰系统有限公司北美地区注塑包覆业务整合暨 Santa Maria 基地宝马和丰田技术改造项目	墨西哥科阿韦拉州 Romas Arizpe	10 751	2015 年 11 月—	23.5 万套门板包覆件，27 万套仪表板包覆件和 21.9 万套仪表板包覆件
136	延锋伟世通武汉汽车饰件系统有限公司武汉通用内饰配套二期项目	湖北省武汉市江夏经济开发区金港新区凯迪拉克大道 66 号基地南部区域	15 186	2015 年 12 月—	仪表板和 Cockpit 17.1 万套，副仪表板和门内板 11 万套
137	延锋汽车饰件系统有限公司设立柳东分公司暨技术改造项目	广西壮族自治区柳州市柳州汽车城花岭片零部件产业园	12 502	2015 年 12 月—	厂房建设项目
138	延锋汽车饰件系统重庆有限公司设立哈尔滨分公司暨技术改造项目	黑龙江省哈尔滨市平房开发区哈南工业新城核心区	3 824	2015 年 12 月—	15 万套副仪表板、仪表板，7 万安全模块
139	重庆延锋江森汽车部件系统有限公司设立哈尔滨延锋江森汽车部件系统有限公司	黑龙江省哈尔滨市平房区滨电街工业园区秀水路 2 号	5 356	2015 年 12 月—	座椅总成 8 万辆份，骨架 12.5 万辆份

资料来源：延锋汽车饰件系统有限公司

二、上海小糸车灯工程

1989 年上海小糸车灯有限公司合资前，完成 10 个技术改造项目，建成多工位冲压机 3 台和半自动、自动生产流水线 3 条；工厂占地面积和建筑面积分别是 6 667 平方米和 8 174 平方米，生产设备增加到 109 台。

1994—2015 年，该公司先后实施 8 个 3 000 万元以上投资项目，累计投资 13.31 亿元，建筑面积合计 7.79 万平方米，形成各类车灯 1 821 万只年产能力。其中：1994 年，投资 22 410 万元，实施桑塔纳轿车及全国配套灯具技术技术改造，新增设备 186 台/套，包括引进德国、日本加工中心和 BMC（团状模塑料）注塑机等先进设备 65 台/套，自制非标设备 54 台/套，国内采购设备 67 台/套。1997 年，实施上海通用汽车中高级轿车灯具技术改造，新增设备 14 台/套，包括进口设备 5 台/套、国产设备 9 台/套。1999 年，实施第二次增资技术改造，新增设备 76 台/套，包括进口设备 32 台/套，国产设备 44 台/套，引进德国二次镀铝机和日本双色注塑机。2001 年，实施经济型轿车灯

图 8-3-10　上海小糸车灯加工机器人

具配套技术改造,新增设备 36 台/套,包括进口设备 11 台/套。2003 年,实施自主品牌乘用车灯具配套技术改造,新增乘用车灯模具 9 台/套,包括国产 4 台/套,进口 5 台/套。2004 年,实施汽车电子照明新技术改造,新增大型注塑机、350T 注塑机、多色注塑机、BMC(热固性)注塑机等注塑设备 220 台/套,包括进口设备 107 台/套。2008 年,实施汽车半导体照明/汽车自适应前照灯产业化项目。2011 年,实施扩能技术改造,新增注塑机 5 台,装配生产线 11 条,模具加工设备 1 台等。

表 8‑3‑13　1994—2015 年上海小糸车灯 3 000 万元以上建设项目一览表

序号	项目名称	建设地点	投资总额 (万元)	建设周期	形成年产能力
1	桑塔纳轿车及全国配套灯具技术改造(双加工程)项目	上海市嘉定区叶城路 767 号	22 410	1994 年 8 月—1996 年 12 月	680 万只灯具、510 万只 S25 汽车信号灯
2	SGM 轿车灯具配套技术改造项目		10 555.74	1997 年 5 月—1999 年 5 月	别克轿车灯具 68.05 万只,第三代桑塔纳轿车灯具 124.95 万只
3	中高级轿车灯具配套国家重点技术改造项目(国债)		15 887	1999 年 1 月—2001 年 12 月	新桑改型、B5 轿车灯具 224 万只
4	经济型轿车灯具配套技术改造项目(国债)		10 535.51	2002 年 8 月—2003 年 12 月	各类经济型轿车灯具 24 万辆套
5	乘用车灯具配套技术改造项目		4 931.4	2003 年 7 月—2004 年 7 月	各类乘用车轿车灯具 20.8 万辆套
6	汽车电子照明系统增资项目		47 370	2004 年 4 月—2008 年 5 月	汽车电子照明系统灯具 78.4 万辆套
7	汽车智能电子照明增资项目	上海市嘉定区胜辛北路 2208 号	12 506	2008 年 4 月—2010 年 10 月	智能照明及轿车灯具 38.4 万套
8	扩能技术改造项目		8 900	2012—2014 年	新增智能车灯系统灯具 122.34 万套

资料来源:上海小糸车灯有限公司

三、申雅密封件工程

1995 年 11 月—2007 年,申雅密封件有限公司先后实施 3 期汽车密封条项目建设,累计投资 4.36 亿元,形成 4 050 万米年产能力。

1994 年 10 月,投资 30 600 万元,实施桑塔纳轿车配套密封条技改项目,建成炼胶和密封条等车间 26 187 平方米,新增设备 94 台/套,包括全套引进意大利塞雅公司密封条制造的密炼机、上铺机、滤胶机、微波硫化密封条挤出生产线、注射硫化机、后加工设备、实验室测试设备 55 台/套,压片机和切胶机等国内配套设备 39 台/套,形成 33 万套轿车密封条配套能力。2000 年 7 月,实施密封条配套(国债专项)技改项目,投资 9 297.8 万元,新增设备 46 台/套,引进金属骨架表面植绒喷涂橡胶密封条挤出生产线,新增生产设备及工装模具 95 台/套,其中进口设备 41 台/套,形成中高级轿车 19 万套密封条年产能力。2004 年 10 月,实施新增 900 万米密封条技改项目,投资 5 210 万元,扩建建筑面积 2 754 平方米,新增 8 号纯胶密封条和 9 号金属骨架密封条 2 条挤出生产线,拥有设备 51 台/套,其中进口设备 11 台,形成新增密封条 900 万米年产能力。

表 8－3－14　1994—2007 年申雅密封件 3 000 万元以上建设项目一览表

序号	项目名称	建设地点	投资总额（万元）	建设周期	形成年产能力
1	桑塔纳轿车配套密封条技改项目		30 600	1994 年 10 月—1996 年 12 月	33 万套轿车密封条配套,合计密封条 1 024 万米
2	密封条配套（国债专项）技改项目	上海市青浦区外青松公路 4600 号	9 297.8	2000 年 7 月—2002 年 10 月	中高级轿车 19 万套密封条
3	新增 900 万米密封条技改项目		3 717.37	2004 年 10 月—2007 年 2 月	总产能达到 4 050 万米

资料来源:上海申雅密封件有限公司

四、上海天合工程

1997 年起,上海天合汽车安全系统有限公司分二期实施工程项目建设,引进美国 TRW Automotive(天合)公司的安全带和安全气囊先进生产制造技术,实施 3 000 万元以上项目 4 个,累计投资 3.4 亿元,形成安全带 308 万套、安全气囊 230 万套、方向盘 65 万套的年生产能力。2003 年 1 月,该公司实施车载辅助安全系统新产品配套项目,投资 6 020 万元,新增设备 78 台,其中引进的德国 STEINMETZ 公司星形折叠机、德国 HELD（赫尔德）公司激光切割机和 PAB(安全气囊)装配线及 DAB(车载天线)装配线、德国 Steinmetz（斯坦梅茨）公司星型折叠机等均属世界先进水平,项目形成安全气囊 69 万套年产能力。2009 年 4 月,再次投资车载辅助安全系统新产品配套项目,投资 6 020 万元,形成 97 万套年产能力。

表 8－3－15　2003—2015 年上海天合 3 000 万元以上建设项目一览表

序号	项目名称	建设地点	投资总额（万元）	建设周期	形成年产能力
1	车载辅助安全系统（安全气囊）增资项目		12 315	2003 年 3 月—2008 年 9 月	94 万车套
2	车载辅助安全系统新产品配套项目	上海市嘉定区安亭镇园耀路 168 号	7 304	2009 年 9 月—2012 年	172 万车套
3	被动安全系统扩项增能项目		9 520	2012 年 12 月—	197 万车套
4	大众 MQB 平台被动安全系统配套项目		4 300	2003 年 1 月—2005 年 2 月	166 万车套

资料来源:上海天合汽车安全系统有限公司

第四节　汽车电子电器重要工程

一、联合电子发动机控制系统工程

1995—2015 年,联合汽车电子有限公司在上海市浦东新区金桥开发区榕桥路 555 号、无锡市高新区新吴区长江路 15 号和锡梅路 38 号、西安市高新区高新二路 14 号和上林苑三路 18 号、重庆市渝北区空港工业园区飞宏路 3 号、芜湖市鸠江经济开发区徽州路 155 号等地工厂,先后实施汽车用汽油机电子控制系统、上海工厂技术中心扩建、重庆分公司一期、芜湖分公司建设、无锡新厂及产能扩充、西安厂搬迁等 7 个重要项目建设。

项目总投资 55.87 亿元,新增建筑面积上海工厂 48 950 平方米、无锡工厂 38 780 平方米、西安工厂 33 951 平方米、芜湖工厂 25 812 平方米,总面积 147 493 平方米;新增主要进口设备 699 台/套,包括德国、美国、英国、日本、荷兰的数十条生产线、插件工位、注塑机、涂胶机、组装工位、丝网印刷机、回流焊设备和检测设备;国产设备 38 台/套,包括辅助设施等;形成各类电子控制器、传感器、油泵、喷油器、油轨总成、电磁阀等 9 239 万件年产能力。

表 8 - 3 - 16　1996—2015 年联合电子 3 000 万元以上建设项目一览表

序号	项目名称	建设地点	投资总额（万元）	建设周期	形成年产能力
1	汽车用汽油机电子控制系统项目即电子控制器 ECU 国产化项目	上海市浦东新区金桥开发区榕桥路 555 号江苏省无锡市高新区新吴区长江路 15 号、陕西省西安市高新区高新二路 14 号	266 200	1996 年 8 月—1998 年 11 月	30 万套电子控制器 ECU
2	上海厂区技术中心扩建项目	上海市金桥开发区榕桥路 555 号	10 500	2005 年 7 月—2006 年 12 月	开发、研究及产品匹配试验
3	重庆分公司项目（一期）	重庆市渝北区空港工业园区飞宏路 3 号	77 700	2005 年 6 月—2008 年 10 月	产品试验、匹配中心
4	芜湖分公司项目	安徽省芜湖市鸠江经济开发区徽州路 155 号	21 500	2008 年 10 月—2013 年 7 月	年产 HFM(空气质量流量计)、DG(速度传感器)、TF(温度传感器)、PGU/DGU(相位传感器/速度传感器)、DSS(温度压力传感器)、KS(爆震传感器)、PG(相位传感器)、Lsmini(微型平面氧传感器)、LSH(平面氧传感器)、ZSK(点火线圈)共 4 609 万件
5	无锡新厂项目	江苏省无锡市高新区新吴区锡梅路 38 号	100 000	2011 年 1 月—2012 年 12 月	年产 HDP(高压油泵)、HDEV(高压喷油器)、HDKSZ(高压油轨总成)3 000 万件/套

〔续表〕

序号	项目名称	建设地点	投资总额（万元）	建设周期	形成年产能力
6	西安厂搬迁项目	陕西省西安市高新区上林苑三路18号	30 000	2012年8月—2013年12月	此为搬迁项目，生产能力不增量
7	无锡一厂产能扩充项目	江苏省无锡市高新区新吴区长江路15号	52 800	2015年3月—	2020年达纲，年产1 600万件EV14喷油器

资料来源：联合汽车电子有限公司

二、上实交通工程

1992—2009年，上海实业交通电器有限公司分别在上海市闵行区剑川路2281号、上海市青浦区纪鹤公路2438号、上海市嘉定区安亭工业园区塔山路585号、嘉定区园贸路299号、上海市徐汇区蒲汇塘路51号、浦东新区富特中路401号、上海漕溪北路400号、嘉定区安亭镇园大路16号、上海市青浦区诸陆西路2688号、嘉定区安亭镇园区路268号等地工厂先后实施15万辆桑塔纳轿车电动摇窗机和闭锁器配套、上海埃梯梯汽车电机工程、汽车喇叭和电动摇窗机扩能技改、博泽汽车部件工程、上海德尔福汽车门系统工程、上海阿文美驰汽车部件、上海李尔汽车部件7个重要项目建设。

项目总投资7.43亿元，新增建筑面积20 998平方米，改建建筑面积11 117平方米，租赁10 956平方米；新增主要设备860台/套，其中进口设备193台/套，包括德国、美国、意大利、瑞士、日本的电机主轴加工设备、摇窗电机转子线、雨刮器电装线、摇窗机电装线、雨刮系统装配线、门板生产线、喇叭装配线、电机测试、电机转子测试等；国产设备667台/套包括电子喇叭生产线、摇窗机生产线、主轴抛光机、轧光机等；形成电动摇窗机800万件、汽车喇叭600万只、雨刮器150万件、车内门板30万件、闭锁器200万件、汽车天窗150万件、座椅骨架135万件、汽车线束30万件年产能力。

表8-3-17　1992—2009年上实交通3 000万元以上建设项目一览表

序号	项目名称	建设地点	投资总额（万元）	建设周期	形成年产能力
1	15万辆桑塔纳轿车电动摇窗机、闭锁器配套项目		2166	1992年11月—1993年10月	年产电动摇窗机、闭锁器各15万只
2	上海埃梯梯汽车电气系统有限公司电机项目（现为上海法雷奥汽车电机雨刮系统有限公司）	上海市闵行区剑川路2281号	13 522	1995年12月—1996年6月	年产250万只各类电机，65万套雨刮器
3	中德合资上海博泽汽车部件有限公司项目	上海市嘉定区安亭工业园区塔山路585号/嘉定区园贸路299号	19 090	1999年7月—2000年5月	年产集成车门内腔门板系统19万套
4	上海德尔福汽车门锁防盗系统有限公司合资项目（现为上海恩坦华汽车门系统有限公司）	上海市徐汇区蒲汇塘路51号/浦东新区富特中路401号	8 395	1999年11月—2002年5月	年产一体化门锁系统120万套

〔续表〕

序号	项 目 名 称	建 设 地 点	投资总额（万元）	建设周期	形成年产能力
6	上海李尔汽车部件有限公司项目	上海市青浦区诸陆西路 2688 号/嘉定区安亭镇泰顺路 1111 号	6 519	2003 年 9 月—2009 年 12 月	年产 32 800 台/套线束
7	上海阿文美驰汽车部件有限公司合资项目（现为上海恩坦华汽车部件有限公司）	上海市徐汇区漕溪北路 400 号/嘉定区安亭镇园大路 16 号	21 200	2004 年 6 月—2008 年 8 月	年产汽车天窗 150 万套

资料来源：上海实业交通电器有限公司

三、上海法雷奥电器工程

1992—2015 年，上海法雷奥汽车电器系统有限公司及其前身上海汽车电器总厂先后在上海市杨浦区惠民路 591 号、上海市浦东新区科苑路 501 号、上海市浦东新区泰华路 800 号等厂区实施桑塔纳轿车 10 万辆配套、起动机发电机（双加）、SG/TG 等系列发电机技改、混合动力起动机和高效率发电机国产化、汽车起动机和交流发电机及怠速起停系统生产基地建设、新工厂填平补齐等 8 个重要项目建设。

项目总投资 14.13 亿元，新增建筑面积 72 729 平方米；新增主要设备 206 台/套，其中进口设备 133 台/套，包括德国、法国、意大利、美国、韩国的发电机转子金加工线、端盖加工中心、转子动平衡机、起动机转子生产设备、定子绕线机、定子嵌线机、定子焊接机、起动机总成装配线、发电机总成装配线及 RDC 用振动试验台及测试仪器等，国产设备 73 台/套，包括转子装配流水线、齿轮加工和地轴加工设备、定子装配流水线、浸漆机、滴漆机及试验设备；形成各类发电机、起动机、停电机、怠速起停系统等 1 500 万台年产能力。

图 8 - 3 - 11　上海法雷奥电器发电机转子线

表 8 - 3 - 18　1992—2015 年上海法雷奥电器 3 000 万元以上建设项目一览表

序号	项 目 名 称	建 设 地 点	投资总额（万元）	建设周期	形成年产能力
1	桑塔纳轿车 10 万辆配套项目	上海市杨浦区惠民路 591 号	4 642	1992—1994 年	年配套 4.8 万台桑塔纳发电机
2	起动机、发电机（双加）项目	上海市浦东新区科苑路 501 号	24 847	1997 年 1 月—1999 年 9 月	年产发电机、起动机 79 万台
3	SG 系列发电机技术改造项目		4 480	2001 年 7 月—2002 年 8 月	年新增 SG 平台系列发电机 36 万台

〔续表〕

序号	项目名称	建设地点	投资总额（万元）	建设周期	形成年产能力
4	D6G 系列起动机、TG 系列发电机技术改造项目		10 096	2004 年 6 月—2007 年 12 月	年新增 TG 发电机 30 万台，D6G 起动机 36 万台
5	TG/FG 系类发电机技术改造项目	上海市浦东新区科苑路 501 号	5 821	2007 年 8 月—2009 年 6 月	新增 TG/FG 发电机 28.5 万台
6	混合动力起动机、高效率发电机和 Mechatronics 调节器国产化项目		14 637	2011 年 7 月—2013 年 5 月	新增发电机 55.1 万台，起动机 23.6 万台
7	汽车起动机、交流发电机及怠速起停系统生产基地建设项目	上海浦东新区泰华路 800 号	59 457	2011 年 11 月—2014 年 7 月	年产汽车起动机交流发电机及起停电机总量 1 110 万台
8	新工厂填平补齐项目		17 390	2015 年 1 月—	发电机、起动机 102.5 万台

资料来源：上海法雷奥汽车电器系统有限公司

第五节　金属成型及模具重要工程

一、上海拖内工程

1989 年 12 月—1995 年，上海拖拉机内燃机有限公司共投资 2.26 亿元，对上海内燃机厂铸造车间及 495A 型和 375 型柴油机、上海 504 型和 654 型拖拉机及喷油嘴偶件等进行技术改造，先后从美国、德国等国引进热处理多用炉、磨床、齿轮加工机床、测试设备等，新建泰和路铸造厂，拖拉机总装配、高架仓库、柴油机中试等车间，形成 495A 型柴油机 5 万台、375 型柴油机 1 万台的年产能力及 65 马力轮式拖拉机小批量生产能力。至 1995 年，公司占地面积 33.29 万平方米，建筑面积 24 万平方米，主要生产设备 2 374 台。

图 8－3－12　上海拖内冲压线

1994—2015 年，上海拖拉机内燃机有限公司开始转向汽车零部件制造。至 2015 年，先后实施 16 个与汽车零部件制造相关的工程建设和技术改造，包括在沈阳、烟台、武汉等地投资建设的项目，其中 11 个为金属成型产品建设项目；16 个项目中 3 000 万元～1 亿元项目 9 个，1 亿元～5 亿元项目 7 个，总投资达到 15.12 亿元，企业总占地面积达到 94.9 万平方米，总建筑面积 48.2 万平方米；形成 351 万台/套配套能力。

表 8–3–19　1992—2014 年上海拖内 3 000 万元以上建设项目一览表

序号	项目名称	建设地点	投资总额（万元）	建设周期	形成年产能力
1	菲亚特技术引进项目	上海市杨浦区翔殷路999 号	5 962	1992—1993 年	—
2	桑塔纳冲压件技改项目		8 600	1994—1996 年	726 万冲次
3	"出口拖拉机'双加'技改项目"		8 000	1995 年 10 月—1996 年 12 月	3 000 台/年
4	上海拖内捷众技改项目	上海市嘉定区园国路111 号	16 264	2003 年 4 月—2004 年 1 月	1 334 万冲次
5	上海通用中高级轿车车身中小冲、焊配套项目	上海市杨浦区翔殷路999 号	18 820	1997 年 10 月—1999 年 12 月	5.5 万台/套
6	上海通用 S–CAR 轿车配套项目		4 563	2000 年 9 月—2001 年 9 月	5.5 万台/套
7	上海通用 L–CAR 轿车配套项目		6 477	2003 年 4 月—2004 年 3 月	6.5 万台/套
8	上海通用 Epsilon II 轿车配套项目		10 185	2007 年 5 月—2008 年 12 月	15 万台/套
9	上海通用沈阳捷众建设项目	辽宁省沈阳市大东区沈北路 155 号	13 417	2008 年 6 月—2009 年 4 月	12 万台/套
10	上海通用烟台捷众建设项目	山东省烟台市福山高新区梧桐路 191 号	11 717	2009 年 3 月—2009 年 12 月	15.8 万台/套
11	Gamma 烟台捷众轿车冲压焊接件配套技改项目		6 818	2009 年 7 月—2010 年 7 月	7.6 万台/套
12	上海通用轿车配套技改		4 615	2008 年 9 月—2009 年 10 月	8.3 万台/套
13	华克排气系统项目建设	上海市杨浦区翔殷路999 号	3 956	1999 年 1 月—2001 年 11 月	帕萨特轿车消声器总成 15 万套
14	自主品牌发动机曲轴技改项目		7 269	2006 年 6 月—2008 年 12 月	自主品牌轿车 K4 系列发动机曲轴 13.8 万套
15	上海拖内捷众扩能技改项目	上海市嘉定区园国路111 号	15 610	2012 年 5 月—2013 年 7 月	新增 2 193 万冲次
16	上海通用武汉捷众建设项目	湖北省武汉市江夏区金港新区通用大道1 号	22 883	2013 年 7 月—2014 年 12 月	23 万台/套

资料来源：上海拖拉机内燃机有限公司

二、上海赛科利模具与开卷落料工程

1993—2015 年，上海赛科利汽车模具技术应用有限公司先后开展 14 期工程项目建设，累计投

图8-3-13 上海赛科利模具调试车间

资达27.69亿元。其中：2003年11月—2014年9月先后在上海地区为上海通用汽车有限公司、上海大众汽车有限公司等配套建设重大项目9个，投资16.4亿元，引进各类大型外覆盖件压机、开卷落料生产线、激光切割机、焊接流水线、五轴联动加工中心、三坐标测量等国外先进设备124台套，国产设备118台套，形成白车身外覆盖件焊接总成、大型覆盖件模具制造配套能力。2013年6月，在山东烟台、江苏南京地区投资11亿元，增加热成型生产线激光切割机、喷丸生产线、高速全自动冲压生产线、电焊机机器人、数控机床和加工中心等设备，形成218万冲次19万辆轿车年产能力。

至2015年，上海赛科利共实施3 000万以上项目6个，亿元以上项目6个，5亿元以上项目1个，资产总额31.5亿元。公司占地面积487 630万平方米，建筑面积180 700平方米，形成1 882.65万件汽车模具、大型外覆盖件模具配套能力。

表8-3-20 2004—2015年上海赛科利3 000万元以上建设项目一览表

序号	项 目 名 称	建 设 地 点	投资总额（万元）	建设周期	形成年产能力
1	中外合资上海上汽汽车模具技术应用有限公司		46 480	2004—2006年	37万套白车身覆盖件总成件
2	新增模具生产能力增资项目		29 196	2006—2007年	210副模具
3	开卷落料生产线技术改造项目		6 920	2007—2008年	528万片落料片
4	大型覆盖件模具产能扩充项目	上海市浦东新区金穗路775号	5 733	2008—2010年	142副白车身模具
5	焊接生产能力扩建增资项目		9 000	2007—2008年	37万套白车身覆盖件总成件
6	新车型车身覆盖件样件及模具同步开发项目		5 000	2009—2011年	192副同步开发样件模具及300套样件
7	新增热成型模具制造能力项目		14 994	2010—2012年	10副热模模具和227万热模冲压件
8	大型金属件冲压能力扩充项目		11 700	2010—2013年	117万冲次的大型金属件产品
9	赛科利（烟台）汽车模具技术应用有限公司建设项目	山东省烟台市经济技术开发区厦门大街31号	75 000	2013—2015年	外覆盖冲压件42.09万套，白车身总成件108.86万套，热成形冲压件159.94万套，热成形焊接总成件117.34万套

〔续表〕

序号	项目名称	建设地点	投资总额（万元）	建设周期	形成年产能力
10	金桥基地热成形件产能扩充项目	上海市浦东新区金穗路775号	9 900	2014年—	热成形冲压件65.55万套
11	金桥基地联合厂房（三期）扩建项目		25 600	2014年—	白车身总成件163.26万件
12	烟台基地热成形件产能扩充项目	山东省烟台市经济技术开发区厦门大街31号	7 800	2014年—	热成形冲压件63.87万套
13	南京基地模检具业务搬迁改造项目	江苏省南京市江北新区龙山南路3号	28 100	2014年—	模具4 000吨，检具230副

资料来源：上海赛科利汽车模具技术应用有限公司

三、南汽大型模具与冲压件工程

2008年2月，南京南汽模具装备有限公司引进上汽集团和宝钢集团资金，对汽车车身外覆盖件大型模具制造及车身外覆盖冲压件配套生产进行技术改造。项目于2008年6月开工，2009年8月工程竣工，投资44 910万元，新增土地面积13.33万平方米，新建面积1.44万平方米，包括联合厂房1.38万平方米；建成冲压车间一条5台机械式压力机组成的总吨位5 400吨的自动冲压生产线，新增数控机床和加工中心、三坐标测量机以及油压机；形成乘用车大型冲压件19万辆配套年产能力。

第六节 汽车功能件重要工程

一、华域三电空调压缩机工程

1949年5月—1989年，上海三电贝洱汽车空调有限公司前身工厂面积发展到12 074平方米，固定资产原值增至3 682万元，拥有专用机床120余台及生产流水线2条。

1989年8月—2003年，该公司实施桑塔纳轿车空调压缩机引进项目、新增桑塔纳轿车空调压缩机14万台技改项目、全国车用空调压缩机配套（双加）项目、斜板式系列汽车空调压缩机技改项目等，投资3.7亿元，引进空调压缩机装配线和离合器装配线、检测仪器工装等66台/套，国产设备107台/套，引进柔性装配专用设备。

2004年5月—2015年，该公司实施PXE系列电控汽车空调压缩机技改项目、PXE（预启动电机）、BX（无刷直流电机）系列汽车空调压缩机新产品配套技改项目、PXE系列汽车空调压缩机二期技改项目、PXE系列汽车空调压缩机三期技改扩能项目、SD6V12可变排量压缩机技改项目、涡旋式压缩机技改项目、TR装配线与动静盘加工线扩能技改项目，累计投资5.35亿元。

1988—2015年，上海三电贝洱汽车空调有限公司累计实施3 000万元以上工程建设项目12个，其中亿元以上项目2个，累计投资9.05亿元，形成汽车空调压缩机436万台年产能力。

表 8 - 3 - 21　1989—2015 年上海三电贝洱 3 000 万元以上建设项目一览表

序号	项 目 名 称	建 设 地 点	投资总额（万元）	建设周期	形成年产能力
1	桑塔纳轿车空调压缩机引进项目		5 609	1989 年 6 月—1992 年 10 月	形成 SD 系列压缩机 10 万台/年生产能力
2	新增桑塔纳轿车空调压缩机 14 万台技改项目		10 202	1994 年 6 月—1997 年 12 月	形成使用新制冷剂 HFC134a 压缩机 14 万台/年的生产能力
3	全国车用空调压缩机配套（双加项目）		11 323	1994 年 6 月—1997 年 12 月	形成使用新制冷剂 HFC134a 压缩机 30 万台/年的生产能力
4	斜板式系列汽车空调压缩机技改项目		3 550	2001 年 2 月—2002 年 10 月	形成斜板式压缩机 10 万台/年生产能力
5	PXE 系列电控压缩机技改项目	上海市徐汇区石龙路 285 号	7 297	2004 年 7 月—2008 年 7 月	形成 PXE 系列电控压缩机机 30 万台/年生产能力
6	PXE、BX 系列汽车空调压缩机新产品配套项目		3 077	2009 年 10 月—2011 年 6 月	新增 PXE 系列压缩机 20 万台/年,BX 汽车空调压缩机 50 万台/年生产能力
7	PXE 系列电控压缩机二期技术改造项目		9 950	2010 年 9 月—2013 年 11 月	新增 PXE 系列电控压缩机 50 万台/年生产能力
8	SD6V12 可变排量压缩机技改项目		4 740	2011 年 12 月—2013 年 6 月	达纲新增 SD6V12 压缩机 40 万台/年生产能力
9	PXE 系列电控压缩机三期技术改造项目		7 070	2013 年 2 月—2015 年 12 月	新增 PXE 压缩机 50 万台/年生产能力
10	涡旋式汽车空调压缩机技术改造项目	上海市金穗 1900 号	7 970	2013—2014 年	新增涡旋式压缩机 30 万台/年生产能力,新增动静盘 16 万套/年加工能力
11	PXE 系列汽车空调压缩机装配三号线扩能技改项目	上海市石龙路 285 号	3 435	2014—2015 年	新增 PXE 压缩机 50 万台/年生产能力
12	TR 装配线与动静盘加工线扩能技改项目		5 175	2015 年 11 月—	—

资料来源：上海三电贝洱汽车空调有限公司

二、上海纳铁福传动轴工程

上海纳铁福传动轴有限公司前身工厂于 1964 年试制成功汽车传动轴,自制 6 条生产流水线。生产设备由 57 台增加到 266 台,占地面积 2.84 万平方米。1977—1988 年,该厂占地面积和建筑面积分别扩大到 3.09 万平方米和 1.49 万平方米。

1988 年该公司合资至 2004 年 1 月,累计投资 11 亿元,实施等速万向节传动轴 1~8 期项目,引进美国 Bryant(布莱恩特)公司、德国 EX‑Cell‑O(爱克赛罗)公司、英国 Wellman(韦尔曼)公司、日本 OKUMA(大畏)公司、瑞典 SKF(斯凯孚)公司等国际传动轴加工,等速万向节实轴和固定节外星轮花键及螺纹搓齿机、热处理中频淬火机、双轴自动车床、球笼成形压机及高速冲床、立式拉床及磨床、固定节外星轮球道铣床和磨床、移动节内外星轮球道拉床、移动节外星轮卧式高效六孔钻床、十字万向节加工专用数控车床等先进设备。

2012 年 8 月—2015 年,该公司累计投资 8.2 亿元,在叠桥工厂和周浦工厂实施高性能等速万向节传动轴扩能技改项目,传动系统智能扭矩管理器扩能技改一、二期项目,新增工艺设备 136 台/套,其中进口设备 92 台/套。上海地区工厂总占地面积 13.37 万平方米,建筑面积 9.37 万平方米。

2006 年 9 月—2015 年 4 月,该公司累计投资 17.2 亿元,先后在重庆、武汉、长春建立生产基地,实施重庆公司项目,武汉工厂一期、二期、三期、四期项目,长春分厂一期、二期项目;总占地面积 13.2 万平方米,总建筑面积 11.75 万平方米;建成外星轮、实轴和球笼、总成装配线等加工生产线 12 条,新增国外先进数控工艺装备,搓齿机、双轴硬车硬铣专用设备、中频淬火机、感应式回火炉等专用设备 276 台/套及中频感应淬火机床、硬车硬铣机床、中频感应淬火机床、数控车床、GH 回火炉等设备。

至 2015 年,该公司总投资达到 46.07 亿元,形成传动轴 1 200 万车套年产能力,生产规模和技术水平位居全国同行第一。

表 8‑3‑22　1988—2015 年上海纳铁福 3 000 万元以上建设项目一览表

序号	项目名称	建设地点	投资总额(万元)	建设周期	形成年产能力
1	等速万向节传动轴 1～3 期项目	上海市浦东新区康沈路 901 号	26 561	1988 年—1995 年 8 月	等速万向节传动轴 20 万车套
2	等速万向节传动轴 4 期扩建项目		28 700	1995 年—1997 年 7 月	等速万向节传动轴 40 万车套
3	等速万向节传动轴 5 期项目		878	1998 年—2000 年 12 月	等速万向节传动轴 50 万车套
4	上海纳铁福第五、六次增资项目	上海市浦东新区康桥路 950 号	16 776	2002 年 12 月—2005 年 4 月	等速万向节传动轴 120 万车套
5	上海纳铁福第七次增资项目		36 336	2006 年	等速万向节传动轴 200 万车套
6	等速万向节传动轴 9 期项目		8 500	2007—2009 年	等速万向节传动轴 250 万车套

〔续表〕

序号	项目名称	建设地点	投资总额（万元）	建设周期	形成年产能力
7	等速万向节精密锻造（一期）技改项目	上海市浦东新区康沈路901号	7 737	2001年1月—2002年8月	精锻件505万件
8	等速万向节精密锻造（二期）技改项目	上海市浦东新区康桥工业区秀浦路3598号	17 167	2007年12月—2009年3月	精锻件1 100万件
9	等速万向节精密锻造（三期）技改项目		11 233	2010年8月—2011年11月	精锻件1 515万件
10	等速万向节传动轴重庆公司合资项目	重庆市北部新区长福西路翠谷街1号	9 417	2007年1月—2008年12月	等速万向节传动轴30万车套
11	等速万向节传动轴重庆公司（二期）项目		21 260	2007年1月—2008年12月	等速万向节传动轴100万车套
12	等速万向节传动轴武汉扩建项目		22 571	2008年1月—2009年12月	等速万向节传动轴50万车套
13	等速万向节传动轴武汉（二期）扩建项目	湖北省武汉市经济技术开发区全力南路68号	21 605	2010年11月—2012年6月	等速万向节传动轴100万车套
14	等速万向节传动轴武汉（三期）扩建项目		17 210	2011年11月—2013年10月	等速万向节传动轴150万车套
15	等速万向节传动轴武汉（四期）扩建项目		10 380	2013年5月—	等速万向节传动轴175万车套
16	等速万向节精密锻造（四期）技改项目	湖北省武汉市经济技术开发区凤亭小路9号	22 487	2012年6月—2014年12月	精锻件550万件
17	等速万向节传动轴长春扩建项目	吉林省长春市西新经济技术开发区捷达大道1555号	33 229	2010年3月—2012年6月	等速万向节传动轴50万车套
18	等速万向节传动轴长春（二期）扩建项目		21 019	2010年11月—2012年6月	等速万向节传动轴100万车套
19	武汉分厂汽车四驱传动系统（含智能扭矩管理器）关键零部件高效能传动轴扩能技术改造项目（五期）	湖北省武汉经济技术开发区凤亭小路9号	39 735	2014年5月—	新增高效能传动轴147万根/年装配能力；新增零件1 045.47件/年加工生产能力
20	传动系统智能扭矩管理器扩能技术改造项目	上海市浦东新区叠桥路128号	22 980	2014年5月—	新增螺伞齿轮31万套/年，分动器和后主减速器7.6万件/年生产能力
21	传动系统智能扭矩管理器扩能二期技术改造项目		16 515	2014年12月—	新增分动器41.4万件/年，后主减速器21.15万件/年装配能力

〔续表〕

序号	项 目 名 称	建 设 地 点	投资总额（万元）	建设周期	形成年产能力
22	汽车四驱传动系统（含智能扭矩管理器）关键零部件高效能传动轴二期扩能技术改造项目	上海市浦东新区康桥路950号湖北省武汉市经济技术开发区凤亭小路9号吉林省长春市西新经济技术开发区捷达大道1555号	53 900	2014年12月—	新增高效能传动轴235.9万根/年装配能力；新增零件1 502.4件/年加工生产能力

资料来源：上海纳铁福传动轴有限公司

三、上海菲特尔莫古轴瓦工程

2000年2月—2006年5月，上海菲特尔莫古轴瓦有限公司租赁上海市闸北区灵石路697号生产厂房，实施汽车、柴油机轴瓦合资技改项目，投资5 215.89万元，其中进口设备4 818.65万元，国产设备359.24万元；引进美国菲特尔莫古公司发动机轴瓦生产技术，新增汽车、柴油机轴瓦生产线3条和部分轴瓦生产专机、轴瓦专用检测设备、空气压缩机等设备86台；形成各类轴瓦、衬套、止推片3 000万片年产能力。

2011年，上海菲特尔莫古复合材料有限公司、上海菲特尔莫古轴瓦有限公司成立联合公司，启动新工厂增资技改项目。项目建于周浦智慧产业园内建林路301号，拥有主要工艺设备372台/套，形成汽车轴瓦12 089万件、柴油机轴瓦1 140万件、各种衬套2 614万件、各种止推片2 666万件年产能力。

至2015年，该公司累计投资4.3亿元，拥有汽油机轴瓦车间、柴油机轴瓦车间、模具车间和电镀车间2.5万平方米，总产能2.174亿件。

四、上海幸福摩托工程

2007年12月，上海幸福摩托车有限公司主营业务调整为汽车零部件，形成以汽车铝合金零部件为基础、以发动机机油泵为主的产品系列。

2008年6月—2010年1月，该公司投资4 895万元，实施发动机零部件及真空助力器主缸体产能扩充技术改造项目，新增设备32台/套，其中进口美国立式加工中心和卧式加工中心设备15台/套，国产设备17台/套。至2010年生产达纲，年产NSE发动机零部件13.9万套、真空助力器主缸体100万只。

2010年9月—2012年2月，投资3 390万元，实施主缸体新增品种技术改造项目，新增主要设备6台/套，其中进口加工中心3台/套，国产设备3台/套；新增主缸体49.09万件年产能力。

2012年12月，总投资4 891万元，实施新增EA888 Gen3发动机关键零部件年产50万套变量机油泵技术改造项目，至2015年，项目尚在建设中，建成后可形成发动机关键零部件266.9万套年产能力。

第七节 汽车热加工、新能源零部件重要工程

一、上海皮尔博格有色铸造工程

1988—2015 年，上海皮尔博格有色零部件有限公司及其前身华丰钢铁厂和上海汽车有色铸造总厂先后在上海市普陀区云岭东路 33 号、上海市嘉定区兴贤路 1288 号以及山东省烟台市福山区福新路 90 号、江苏省昆山市周市镇宋家港路 369 号等工厂实施桑塔纳有色铸造技术引进，桑塔纳

图 8-3-14   上海皮尔博格铝合金缸体生产线

15 万辆配套有色铸造，桑塔纳新增 10 万套有色铸件技改，烟台分公司建设，迁建工程，昆山分公司建设，EA111、EA211 发动机缸体配套，轿车轻量化配套等 10 个重要项目建设。

项目总投资 13.57 亿元，新增云岭东路厂区建筑面积 21 955 平方米，场地面积 9 466 平方米；烟台分公司、昆山分公司租赁建筑面积 47 248 平方米；兴贤路厂区租赁建筑面积 22 487 平方米。新增设备共计 653 台/套，其中进口 72 台/套，包括西德、意大利、日本、美国的型铸、压铸、挤压机和熔炉、射芯机、检测线等；国产设备 581 台/套包括压铸机、保温炉、清整机、混砂机、切削加工机等 581 台/套。形成发动机缸盖、缸体、结构件 490 万件配套能力。

表 8-3-23   1988—2015 年上海皮尔博格 3 000 万元以上建设项目一览表

序号	项 目 名 称	建 设 地 点	投资总额（万元）	建设周期	形成年产能力
1	桑塔纳有色铸造技术引进项目	上海市普陀区云岭东路 33 号	4 138	1988 年 7 月— 1990 年 11 月	变速箱、后盖、侧盖 6 500 套和发动机气缸盖、进气歧管 750 套
2	桑塔纳 15 万辆配套有色铸造项目		9 259	1992 年 4 月— 1994 年 12 月	桑塔纳气缸盖 16.5 万件；压铸件 198 万件
3	桑塔纳新增 10 万套压铸、气缸盖、新桑车配套技改等三期项目		8 905	1995 年 2 月— 1997 年	配套桑塔纳 30 万辆能力
4	液压动力转向机壳体项目		2984	1996 年 6 月— 1997 年 6 月	转向机壳体、阀壳 18 万套
5	烟台分公司项目	山东省烟台市福山区福新路 90 号	9 550	2007 年 7 月— 2013 年 1 月	发动机缸盖 44 万件
6	昆山分公司项目	江苏省昆山市周市镇宋家港路 369 号	32 700	2010 年 9 月— 2013 年 12 月	发动机缸盖 205 万件

〔续表〕

序号	项 目 名 称	建 设 地 点	投资总额 (万元)	建设周期	形成年产能力
7	迁建工程项目		12 380	2010 年 9 月— 2013 年 12 月	发动机缸盖 97 万件
8	EA111、EA211 发动机 缸体配套技改项目	上海市嘉定区兴贤路 1288 号	25 050	2010 年 9 月— 2014 年 1 月	发动机缸体 60 万件
9	新一代轻量化发动机铝 缸体配套技改项目		21 930	2012 年 3 月— 2015 年 5 月	发动机缸体 48 万件
10	轿车轻量化配套零部件 (铝合金精密铸造结构 件)技改项目		8 820	2013 年 4 月— 2015 年 1 月	车身结构件 36 万件

资料来源:上海皮尔博格有色零部件有限公司

二、华东泰克西发动机缸体铸造工程

华东泰克西汽车铸造有限公司汽车发动机缸体铸造项目位于江苏镇江经济开发区美林湾路 15 号厂区,占地面积 14.1 万平方米,建筑面积 3.4 万平方米,项目建设期为 1998 年 12 月—2001 年 4 月。主要进口设备有西班牙 Loramendi(洛拉门迪公司)键芯制芯线、德国 HWS 静压造型线、美国 ABB(鲁玛斯)保温炉和浇注炉、丹麦 DISA(迪沙公司)型砂处理线和意大利 TEKSID(泰克西)二手冲天炉。总投资 8.8 亿元,三期建设完成后形成缸体 160 万件年产能力,专业自动化程度达到国际先进水平。

2006 年 6 月—2007 年 7 月,投资 1.8 亿元,实施为意大利菲亚特汽车公司配套年产 60 万件 FIRE 系列缸体的迁建项目,工程位于厂区,主要设备为 FIRE 缸体专用的制芯线及配套设施。

三、上海纳铁福精密锻造工程

上海纳铁福传动轴有限公司等速万向节精密锻造一期项目位于上海浦东新区康沈路 901 号周浦工厂,利用原厂房并扩建 334 平方米。项目建设期为 2001 年 1 月—2002 年 8 月。主要设备为进口德国温锻生产线包括温锻机、精整压机、机器人等 15 台、国产 630 吨液压机等国产设备 5 台,实际投资 7 737 万元,形成等速万向节精锻件 505 万件年产能力。

二期项目位于上海浦东新区康桥工业区德国工业园区,批租土地 49 699 平方米,建筑面积 9 630 平方米,项目建设期为 2007 年 12 月—2009 年 5 月,主要设备有数控五工位温锻压力机、中频加热器、等速万向节数控成形机等进口设备 3 台/套、国产设备 11 台/套,总投资 1.72 亿元,形成精锻件 1 100 万件年产能力。

三期项目位于上海浦东康桥工业区秀浦路 3598 号上海纳铁福申江厂,利用原有厂房和场地。项目建设期为 2010 年 8 月—2011 年 8 月,主要设备有进口 2000T 五工位温锻生产线含机器人、落料机、加热机、精整压机、五轴铣等 10 台/套,国产坯料冷却装置、抛丸机、皂化机等 10 台/套,实际投资 1.12 亿元,项目达到精密锻造世界先进水平。

武汉二厂扩能技术改造精锻分厂项目位于武汉经济技术开发区凤亭小路 8 号上海纳铁福武汉二分公司,新征土地 83 325 平方米,建筑面积 11 738 平方米。项目建设期为 2012 年 9 月—2013 年 7 月,主要设备有进口 2000T 五工位温锻生产线含机器人、落料机、加热机、精整压机、五轴铣等 10 台/套,国产坯料冷却装置、抛丸机、输送系统等 32 台/套,实际完成建设投资 2.25 亿元。

2001—2013 年,该公司所建 4 期等速万向节精密锻造项目,总投资 5.86 亿元,形成 2 065 万件年产能力。

四、上海科尔本施密特活塞工程

1988—2014 年,上海科尔本施密特活塞有限公司及其前身上海活塞厂先后在上海市卢湾区进贤路 120 号、上海市普陀区泸定路 271 号、上海市嘉定区泰波路 11 号等厂区实施桑塔纳活塞制造技术引进、桑塔纳活塞"八五"技改、合资技改、新型轿车活塞技改、新型活塞搬迁扩能、2011 年新型活塞扩能、技术中心和二期、三期扩能技改等 13 个重要项目建设。

1991 年以前项目建设改造老厂房无新增建筑,1994—2009 年 3 月,项目租赁建筑面积 32 904 平方米,2009 年 3 月—2014 年 12 月,项目租赁建筑面积 23 198 平方米。主要设备共计活塞生产线 6 条、机加工生产线 14 条、各类设备 583 台/套,其中进口设备 227 台/套,国产设备 356 台/套。13 个重要项目累计投资 13.92 亿元,形成活塞 2 255.8 万只年产能力。

表 8‑3‑24　1988—2014 年上海科尔本施密特 3 000 万元以上建设项目一览表

序号	项 目 名 称	建 设 地 点	投资总额（万元）	建设周期	形成年产能力
1	桑塔纳活塞制造技术及设备引进项目	上海市卢湾区进贤路120 号	1 897	1988 年 3 月—1991 年 11 月	新增桑塔纳轿车发动机活塞 50 万只
2	"桑车"活塞"八五"技术改造项目		11 068	1994 年 7 月—1995 年 12 月	发动机活塞 280 万只
3	合资技改项目		20 870	1997 年 9 月—2000 年 1 月	发动机活塞 455.8 万只
4	新型轿车活塞生产线技术改造项目		7 500	2003 年 8 月—2004 年 11 月	新增发动机活塞 100 万只
5	活塞生产线技术改造项目	上海市普陀区泸定路271 号	2530	2007 年 4 月—2009 年 3 月	新增发动机活塞 60 万只
6	7.2 号活塞生产线技术改造项目		3 483	2007 年 9 月—2009 年 2 月	新增发动机镶圈活塞 45 万只
7	8 号活塞生产线技术改造项目		2966	2008 年 1 月—2009 年 3 月	新增发动机活塞 70 万只
8	9 号活塞生产线技术改造项目		3 300	2008 年 3 月—2009 年 3 月	新增发动机活塞 72 万只

〔续表〕

序号	项目名称	建设地点	投资总额（万元）	建设周期	形成年产能力
9	新型活塞搬迁扩能项目		8 890	2009 年 3 月—2011 年 10 月	发动机活塞 718 万只
10	2011 年新型活塞扩能技术改造项目		9 300	2011 年 3 月—2012 年 12 月	新增发动机活塞 381 万只
11	技术中心项目	上海市嘉定区泰波路 11 号	7 660	2011 年 10 月—2012 年 12 月	技术研发
12	二期扩能技术改造项目		28 610	2012 年 5 月—2013 年 7 月	新增发动机活塞 371 万只
13	三期扩能技术改造项目		31 105	2013 年 2 月—2014 年 12 月	新增发动机活塞 444 万只

资料来源：上海科尔本施密特活塞有限公司

五、上海圣德曼热加工工程

1988—2012 年，上海圣德曼铸造有限公司及其前身上海汽车发动机厂铸造分厂和上海汽车铸造总厂，先后在上海市安亭昌吉路 120 号厂区实施桑塔纳轿车灰铁铸造技术引进、桑塔纳 15 万辆配套黑色铸造、差速器壳体铸件国产化、中高级轿车黑色铸件配套技改、制动系统铸件国产化造型、熔炼技术改造、设备升级节能技术改造等 9 个重要项目建设。

项目累计投资 3.78 亿元；新增建筑面积 29 453 平方米；主要引进设备有德国进口射压、中压造型线，大众二手铸造设备，德国 MSA－11B 壳型设备等；国产中频熔化和浇注、机运起重、抛丸、打磨和清铲设备等 76 台/套；形成铸件 260 万套年产能力。

表 8－3－25　1987—2012 年上海圣德曼 3 000 万元以上建设项目一览表

序号	项目名称	投资总额（万元）	建设周期	形成年产能力
1	桑塔纳 15 万辆灰铁铸造技术引进项目	3 486.9	1987 年 9 月—1992 年	轿车 6 万辆、发动机 20 万台配套能力
2	桑塔纳 15 万辆配套黑色铸造项目	3 560.4	1991 年 4 月—1994 年	年增桑塔纳黑色铸件 4 228 吨
3	制动系统铸件国产化造型项目	4 275.1	1993—1994 年	制动钳、制动盘、总泵、分泵、排气管、空调缸体、缸盖各 20 万套
4	制动系统铸件国产化熔炼项目	3 207.4	1993—1996 年	
5	新增 10 万辆黑色铸件造型项目	3 328.4	1994—1995 年	桑塔纳铸件 15 种 10 万辆台份 232 万件共 6 938 吨
6	新增 10 万辆黑色铸件熔炼项目	3 471.4	1994—1996 年	
7	中高级轿车黑色铸件配套技改项目	7 935	1996 年 9 月—1999 年	别克轿车发动机曲轴、壳体等 16 种铸件 8 258 吨，排气管、支架等 10 万套

〔续表〕

序号	项 目 名 称	投资总额 （万元）	建设周期	形成年产能力
8	铸二车间熔炼技术改造项目	4 650	2003 年 3 月— 2004 年 6 月	铸件 5.6 万吨
9	设备升级节能技术改造项目	3 859.2	2010 年 5 月— 2012 年	铸件 1.5 万吨

资料来源：上海圣德曼铸造有限公司

六、上海乾通压铸件工程

上海乾通汽车附件有限公司压铸件生产基地的扩产技改项目位于上海市嘉定区百安公路 168 号上海国际汽车城零部件配套工业园区第 39 号地块，占地面积 73 989 平方米，建筑面积 30 977 平方米，项目建设周期为 2004 年一季度至 2007 年 1 月。

项目占地面积 73 989 平方米，新增建筑面积 30 977 平方米，包括压铸车间、金工车间、动力站、综合楼、锅炉房等 7 个建筑单体；新增引进日本 3 550 吨和 2 500 吨压铸机，国产天然气熔化炉和辅助、检测设备等关键设备 13 台/套；实际完成投资 17 650 万元，形成压铸件 327.82 万台套年产能力。

七、大连新源动力工程

大连新源动力股份有限公司燃料电池工艺工程环境建设项目位于辽宁省大连市新源动力公司 E 座厂房，总建筑面积 730 平方米，项目建设周期为 2011 年 10 月 10 日—2012 年 12 月 31 日。主要设备包括电堆测试平台及试验机等 19 台，项目投资 226.5 万元。项目主要内容为燃料电池小批量生产工艺规划和测试能力提升，年设备综合测试能力达到 4 000 小时。

八、华域电动新能源零部件工程

2011 年 9 月，华域汽车电动系统有限公司设立昆山分公司，总投资 1.75 亿元，实施新能源汽车驱动电机和控制器项目，租用江苏省昆山市巴城镇长江北路 1328 号 2 045 平方米厂房，主要工艺装备为新能源汽车驱动电机总装及试验设备。

2013 年 3 月，该公司因业务扩展搬迁至上海市浦东新区，设立上海分公司，租用川宏路 699 号 7 幢西区 6 760.56 平方米厂房，主要工艺装备为新能源汽车驱动电机及控制器总装及试验设备，2015 年形成 3.75 万台/套生产能力。

图 8 - 3 - 15　华域电动生产现场

第四章　汽车服务贸易重要工程

"八五"期间,上汽开始实施汽车服务贸易工程项目建设。至"九五"末,对汽车销售和汽车物流为主的汽车服务贸易投资累计达到 10 亿元。"十五""十一五"和"十二五"时期,汽车服务贸易分别投入 23 亿元、50 亿元和 60 亿元。至 2015 年,累计投资达到 169 亿元。上汽建成国内最具竞争力的包括汽车物流、汽车销售、汽车金融等在内的汽车服务贸易体系。

第一节　汽车物流重要工程

1988—1999 年,安吉汽车物流有限公司(简称安吉物流)前身上海汽车拖拉机销售公司储运科、长征储运经营部和上海安达汽车储运公司(简称安达储运),开始从仓储以及公路、铁路和水路进行汽车物流的基建和装备建设。此后,安吉物流从 2000 年成立至 2015 年,按照上汽发展专业化第三方汽车物流的要求,根据物流行业特点,采用分步、滚动、利用社会存量等投资策略,采取独资、合资、租赁等多种投资方式,实施仓储、码头等基地投资建设,加大公路、铁路、水路运输装备和信息化投资,提高现代整车和零部件物流能力。公司资产规模从 5 亿元增至 72 亿元,总体运能从 30 万辆/年增至 800 万辆/年,营业收入从 7.2 亿元增至 158 亿元,连续多年位居国内汽车物流行业第一名。

一、汽车运输装备

安吉物流的汽车运输装备包括公路运输的大板车、铁路运输的火车皮和水路运输的滚装船 3 个方面。至 2015 年,汽车运输装备总资产达到 25 亿元。

【公路运输装备】
1993 年,安达储运投资 58 万元委托青岛改装车厂建造第 1 辆公路运输大板车,开启零公里运输。1994 年,投资 150 万元委托上海浦东沪光客车厂制造 12 辆可装载 5 辆商品车的大板车。到 2010 年,安吉物流拥有公路运输大板车 2 765 辆,年运输能力 400 万辆以上,公路运输资产总值达到 8.5 亿元。至 2015 年,拥有公路运输大板车 3 000 辆,年总运输能力达到 650 万辆轿车,公路运输资产总值达到 15 亿元。

【铁路运输装备】
1995 年,安达储运与上海铁路局共同投资 1 000 万元,成立上海安东商品轿车铁路运输有限公司,并委托北京二汽厂建造 30 节专用铁路车皮,每节车皮造价 27.8 万元,开始形成轿车铁路运输能力。至 2015 年,安吉物流拥有铁路车皮 348 节,年运输能力 48 万辆轿车,铁路装备资产达 1.35 亿元。

【水路运输装备】

1994年，安达储运与上海市青浦县交通局合资成立上海安盛汽车船务公司。同年投资320万元先后委托708所和上海渔轮厂设计建造汽车水运江轮安达1号，装载量150辆轿车。1995年，又投资600万元设计制造安达2号江轮，一次可运载195辆轿车。1995年，上海安盛汽车船务公司以60万元美元购得日本一艘旧船，该船改造后取名"安吉"号并成为公司第一艘海上运输船，装载量300辆轿车。到2010年，安吉物流拥有汽车滚装船10艘，其中江轮3艘、海轮7艘，年运输能力33万辆，水路装备资产达1.5亿元。2011年起，安吉物流加大水路运输资源的投入和大型化改编力度，800车位长江滚轮船、1500PCTC（汽车和货车运输船）海轮、2800PCTC海轮等船型先后立项投入建造。安吉201、安吉202、安吉203三艘800车位长江滚装船先后投入长江航线运营。安吉8、安吉9、安吉11、安吉21、安吉22、安吉23等1500～2800PCTC海轮通过购置二手船后改装、租赁、新造等形式，在中国沿海航线投入运营。

至2015年，安吉物流拥有汽车滚装船只19艘，一次性装载量超过1.7万辆轿车，年运量达到100万辆轿车，水路装备资产超过10亿元。

二、汽车码头工程

至2015年，安吉物流先后在武汉、大连、南京、太仓、天津和广州建成或在建9个汽车滚装码头、滚装码头岸线合计4 639米、滚装泊位合计23个17万吨，年整车吞吐能力合计480万辆，累计投资45.5亿元。

2012年，安吉物流合资成立大连港安吉汽车物流有限公司，开始建设大连港大窑湾汽车码头。计划投资4.79亿元，新增土地面积29.96万平方米，建筑面积5 047平方米，岸线长约250米，建设1个年吞吐能力31万辆的5万吨级泊位，另有堆场约1.3万个库位、综合楼、候工楼等设施。至2015年年底，项目尚未竣工。

2013年，安吉物流在湖北省武汉市江夏区上海通用武汉工厂园区成立安吉汽车物流（湖北）有限公司，投资建设华中物流枢纽项目，其中包括建设武汉新港金口港区安吉物流滚装码头。该码头一期工程实际投资3.08亿元，购置600亩土地，建成3 000吨级汽车滚装泊位、年吞吐量25万辆商品车的汽车码头1个，2万平方米的码头缓冲区，10万平方米的整车仓库，5万平方米的板车基地，9 000平方米的办公楼。2015年2月试运行。

2013年，安吉物流合资成立南京港安吉汽车码头有限公司，开始在南京市栖霞区龙潭港区建设南京港江盛码头。项目投资2.61亿元，新增土地面积13.33万平方米，建筑面积4 200平方米，岸线400米，新建2+1个专业滚装泊位1个3万吨级，1个1万吨级专业滚装泊位，年吞吐量42万辆，以及综合楼、PDI维修车间、商品车缓冲区、商品车仓储区、办公区域及综合配套区域。至2015年，项目尚在建设中。

2013年，上海海通国际汽车码头有限公司合资成立海通（太仓）汽车码头有限公司，开始建设海通太仓汽车码头。项目总投资17.48亿元，分两期实施，工程用地总面积91.83万平方米，岸线长708米。规划建设4个汽车滚装泊位，分别为7万吨级、5万吨级、1万吨级和3 000吨级，年吞吐能力92万辆。同时建设汽车堆场、生产及办公用房及配套辅助设施。至2015年，一期项目尚在建设中。

2013年，安吉物流合资成立广州港安吉汽车码头有限公司，开始在广州港南沙港区建设广州港海嘉码头。项目总投资 6.73 亿元,新增土地面积 23 万平方米、建筑面积 5 850 平方米,岸线长度 459 米,泊位 1 个 5 万吨级,1 个 1 万吨级,年吞吐量 62 万辆。同时,新建综合楼、PDI 维修车间等设施。至 2015 年,项目尚在建设中。

2014 年,安吉物流合资成立天津港海嘉汽车码头有限公司,开始建设在天津滨海新区建设天津港海嘉码头。项目总投资 11.25 亿元,购置土地 350 亩,海岸线 565 米,规划 2 个 5 万吨级滚装泊位,最大可停靠 7 万吨级滚装船,年吞吐量 50 万辆。同时建设堆场、综合办公楼等。至 2015 年,该项目尚在建设中。

三、汽车仓储、物流枢纽工程

1988 年,上海汽车拖拉机销售公司储运科与上海市嘉定县长征乡共同投资建设第一个整车仓库,该项目占地面积 4.5 万平方米,可停放 1 000 辆轿车。2004 年,安吉天地汽车物流有限公司以租赁方式开始使用第一个汽车零部件仓库安亭双浦库,该库建筑面积 9 万平方米。

至 2015 年,安吉物流在上海及吉林德惠、重庆、陕西渭南、山东青岛、江苏太仓、天津、广州、辽宁大连、湖北武汉、辽宁沈阳等地累计投资 72 亿元,拥有或管控整车仓库 26 个,仓库总占地面积 892 万平方米,总存储量 25 万辆整车,其中自建仓库 7 个,仓库总占地面积 148 万平方米;拥有或管控零部件仓库 26 个,总面积 164 万平方米。

图 8-4-1　安吉汽车物流安亭总库立体库区

2008 年 5 月,为保证重庆红岩汽车有限责任公司和上汽菲亚特红岩动力总成有限公司的物流配套。重庆安吉红岩汽车物流有限公司在重庆北部新区经开园黄茅坪现代制造工业园建设重庆安吉"908 项目"物流配套基地。项目投资 9 998 万元,用地面积 10.93 万平方米,新增建筑占地面积 3.35 万平方米,新建大件仓库、货架仓库、辅料库、钢圈轮胎分装车间、卸货棚等。项目于 2008 年 12 月开工建设,2009 年 8 月竣工投入试运行。

2012 年,安吉物流合资成立安信联合物流有限公司,在天津滨海新区建设总部基地。项目总投资 4.01 亿元,新增土地面积 30.884 4 平方米、建筑面积 8 300 平方米,新建综合楼、联合厂房、部装中心、仓储中心等。2014 年 11 月,项目奠基;2015 年 12 月底,建成试运营。

表 8-4-1　1992—2015 年安吉物流 30 000 万元以上建设项目一览表

序号	项目名称/建设地点	占地面积/建筑面积(平方米)	投资总额(万元)	建设周期	形 成 能 力
1	安亭库/上海市嘉定区安亭镇	224 889/54 591	16 000	1～3 期 1992—1995 年 4 期 1999—2000 年	一次可停放 10 500 辆商品车,年周转量 20 万辆
2	五菱青岛库/山东省青岛市	196 059/2 837	7 265	2006—2007 年	一次可停放 1 万辆商品车,年周转量 20 万辆

〔续表〕

序号	项目名称/建设地点	占地面积/建筑面积(平方米)	投资总额(万元)	建设周期	形 成 能 力
3	安信库/天津市	500 000/	40 125	2013 年—	一次可停放 2.5 万辆商品车,年周转量 30 万辆
4	安吉湖北库/湖北省武汉市	310 000/	36 023	2013 年—2015 年 2 月	一次可停放 1.6 万辆商品车,年周转量 25 万辆
5	重庆江盛库/重庆市	180 000/	22 498	2015 年—	一次可停放 9 000 辆商品车,年周转量 20 万辆
6	辽宁沈阳零部件三期/沈阳市大东区	90 000/40 000	17 112	2014 年—2015 年 1 月	设计配套能力 60JPH,设计产能 30 万辆
7	海通(太仓)码头工程建设/江苏省太仓市	918 300/600 000 岸线 708 米;堆场 92 万平方米;泊位 4 个	174 837	2014 年 11 月—	年吞吐量 93 万辆
8	大连港海嘉码头工程建设/辽宁省大连市	299 600/5 047 岸线 250 米;堆场;30 万平方米;泊位 1 个	47 862	2014 年 3 月—	一次可停放 1.5 万辆商品车,年吞吐量 30 万辆
9	南京江盛码头工程建设/江苏省南京市	13 334/4 200 岸线 400 米;泊位 2 个(3 万吨级、1 万吨级)	26 059	2015 年 10 月—	年吞吐量 42 万辆
10	广州海嘉码头工程建设/广东省广州市	230 000/5 850 岸线 459 米;堆场 20 万平方米;泊位 2 个(5 万吨、1 万吨)	67 252	2015 年 10 月—	一次可停放 1 万辆商品车,年吞吐量 62 万辆
11	天津海嘉码头工程建设/天津市	233 000/5 900 岸线 565 米;泊位 2 个(5 万吨级)	112 462	2014 年—	年吞吐量 50 万辆
12	湖北省武汉新港金口港区安吉物流滚装码头一期工程建设/武汉市	406 530/7 500 岸线 147 米;泊位 3 000 吨级	30 816	2014 年 3 月—2015 年 2 月	年吞吐量 25 万辆
13	安吉 201 轮	—	4 667	2011—2013 年	800 车位江轮,年运能 5 万辆/艘
14	安吉 202 轮 安吉 203 轮	—	10 282	2012 年 5 月—2013 年 1 月 2013 年 9 月—2014 年 9 月	800 车位江轮,年运能 5 万辆/艘
15	安吉 204 轮 安吉 205 轮 安吉 206 轮	—	15 265	2014 年—	800 车位江轮,年运能 5 万辆/艘
16	安吉 11 轮	—	10 143	2012 年 5 月—2013 年 1 月(二手船大修)	1 447 车位海轮(原为二手船"泰春"轮),年运能 7 万辆/艘

〔续表〕

序号	项目名称/建设地点	占地面积/建筑面积（平方米）	投资总额（万元）	建设周期	形成能力
17	安吉21轮/安吉22轮	—	40 436	2014年—	2000PCT车位海轮，年运能10万辆/艘
18	安吉23轮＋在建海轮	—	65 359	2014年—	3800PCTC车位海轮，年运能20万辆/艘

资料来源：安吉汽车物流有限公司

第二节 其他汽车服务贸易重要工程

一、金桥整车物流工程

2003年，上海汽车工业销售有限公司（简称上汽销售）决定建设供上海通用汽车有限公司单独使用的成品车物流基地。公司编制《关于上海通用成品车物流基地可行性研究报告（代项目建议书）》。2004年1月，获得上海市浦东新区发展计划局批复同意。该项目位于上海市浦东新区巨峰路2050号申江路东陇桥路北地块，由上海市机电设计研究院有限公司设计，山东城乡建设勘察院勘察，上海建工机械工程有限公司施工，上海三凯建设监理有限公司监理。

2005年10月，项目启动，2008年10月竣工，实际投资2.29亿元，建设用地面积33.6万平方米，建筑面积7 217平方米。项目以停放合格成品车功能为主，设合格成品车停放区、清洗区、PDI检测区、待发区、提车区、卸车区、装车区以及办公区8个功能区。其中合格产品车停放区设有128个单元6 400个车位（紧急状况下可停放8 000辆商品车），待发区设有10个单元500个车位，装车区设置41条装车道246个车位，候车区设置41个长车等候车位。项目还建成综合办公楼、发车办公室、1号和2号检验室、合格区洗车棚以及变电所等10个单体建筑。

上汽销售金桥整车物流基地建成后，以年租金1 700万元的价格租给上海通用，成为中国汽车企业第一个以整车物流概念设计的商品车物流基地，成为上海通用在全国范围内最重要的整车物流枢纽，不仅承担上海通用金桥厂区的商品车物流任务，也承担上海通用北方厂区商品车南运和进口车辆的储运任务。

二、机动车检测中心一期工程

2001年，上海汽车工业质量检测研究所（简称上汽质监所）在上海国际汽车城新址启动工程建设项目。同年8月和9月，上海市经济委员会（简称上海市经委）先后批复同意该所扩建技术改造的项目建议书和可行性研究报告。2001年3月，上海市建设委员会（简称上海市建委）批准项目初步设计。该项目建于上海市嘉定区安亭镇上海国际汽车城于田南路68号，由上海市机电设计研究院设计、江苏南通二建集团有限公司施工、上海同济工程项目管理咨询有限公司监理。同年9月，上汽质检所扩建技改项目举行开工仪式并于当天奠基。全国政协常委何光远，中共上海市委常委、副市长蒋以任，以及中国第一汽车集团公司、东风汽车公司、上海汽车工业（集团）总公司（简称上汽

图 8-4-2　上海机动车检测中心排放底盘测功试验系统

图 8-4-3　上海机动车检测中心新能源燃料电池城市客车电磁兼容性能测试

集团）等汽车公司领导出席奠基仪式。2002 年 7 月,项目正式开工。2003 年 9 月,项目建成,上海机动车检测中心揭牌并归属上海市质量技术监督局。同年底,为确保该中心中立公正,上汽集团从该中心理事会退出。

该项目实际投资 2.9 亿元,用地 5.19 万平方米,完成建筑面积 2.72 万平方米,新建综合楼、1 号和 2 号试验楼、汽车碰撞试验室、耐久试验室、能源中心和汽油库等 8 个建筑单体。新增试验和检测设备 81 台/套,其中产设备 54 台/套,进口设备 27 台/套。汽车排放与节能试验室和汽车碰撞试验室均为国内首建,总体试验能力处于国内领先地位并达到国际一流水平。

一期项目建成后,具备覆盖国家 47 项汽车强制性标准的试验检测能力,实际能力达到 48 项,满足上海和华东地区诸如上海通用汽车有限公司、上海大众汽车有限公司、奇瑞汽车股份有限公司和江淮汽车集团股份有限公司等整车厂的新车型检测

试验和认证需要。2004 年,该项目综合楼获得上海市白玉兰奖和申安杯奖,1 号试验楼获得上海市浦江杯和申安杯奖。

三、上汽国贸大厦工程

2000 年,上汽集团和美国通用汽车公司决定将双方合作延伸到美国通用汽车进口车授权销售领域,由上海汽车进出口有限公司(简称上汽进出口)设立 GM 进口车展示销售中心。2002 年 8 月,上汽集团同意上汽进出口编制《GM 进口车展示、销售中心可行性研究报告(含项目建议书)》并予上报。同年 11 月,上海市经委下发批文给予批准。2003 年 5 月,上汽进出口会同上海市机电设计研究院共同编制的《上海汽车进出口公司 GM 进口车展示销售中心初步设计方案》获上汽集团批准。2004 年 1 月,上汽进出口为扩大业务上报《关于上海汽车进出口公司张杨路地块 GM 进口车展示销售中心办公楼加层的请示》,2 月获上汽集团同意。

该项目建于上海市浦东新区张杨路 2119 号原上海汽油机厂址旁预留的 10 384 平方米待建地块,由上海建工(集团)总公司承建,总投资 3 560 万元。项目于 2002 年 9 月启动,2005 年 5 月竣工。工程建成 6 层集展示营销、综合业务、半地下室停车场地为一体的综合楼,建筑面积 9 171 平方米。其中 1~2 层展示营销区域、综合业务办公区域和地下停车库及公用站房建筑面积 5 823 平方米,经批准增加的 3~6 层新增建筑面积 3 126 平方米,项目还配有计算机网络、电话总机、变电站等设备。

2010年,该项目达纲,年销售进口车3 000辆。

四、职工培训基地工程

【培训中心西康路基地建设】

1988年3月,上海汽车拖拉机工业联营公司决定选址延安中路527号,建立公司培训中心。学校校舍建筑面积共11 165平方米,校本部和分部共有教室面积1 887平方米。置有计算机85台、计算机房2间,2间数控模拟器房设有数控编程模拟机30台。学校本部电教设备设有卫星接收设备2套,10个教室均安装闭路电视设备,可同时进行4路闭路电视教学;语音室配备有36座语音设备,并有多功能讲演厅和4个研讨室。分部高级技工考核站置有车床、铣床、万能外圆磨、万能工具磨等各式实习用机床共22台,2个实习工场面积为1 150平方米。

1994年4月,上海汽车工业总公司培训中心(职工大学、党校)由原卢湾区延安中路527号搬迁至静安区西康路252号,并对西康路1501弄263号培训基地适度改造修缮,因西康路培训中心的教室不能满足全部培训工作要求,故利用原厂房分隔成教室、金加工和钳工实习工场,总修缮、改造、搬迁费为270.506万元。项目充分利用原有建设柱网分隔成教室。

【培训中心同嘉路基地建设】

1999年9月,上海汽车工业(集团)总公司在原上海合众汽车零部件公司汽车配件厂地址虹口区同嘉路79号建设培训基地。该项目自2000年上半年开工至2001年10月竣工,占地面积9 800平方米,项目投资3 609.7万元,建成26个班级,改建培训场地8个单体,1.28万平方米,新增教学设备82台/套。

2004年2月,集团批准在该基地实施建设高技能人才培训基地项目。项目投资499.8万元,同年12月投入使用。项目建成600平方米汽车实验基地,包括实训场所、电工实验室、数控操作工实习工厂及实验室;通过调拨新增价值1 000多万元的数控设备,接受赞助西门子PLC(可编程逻辑控制器)、总线控制系统、日本FANUC数控系统0i和2li各1套。

【培训中心管理培训基地建设】

2013年10月,上海汽车集团股份有限公司培训中心管理学院在上海汽车工业活动中心开工,项目由中国京冶工程技术有限公司设计、南通建工集团股份有限公司施工、上海建腾建筑工程监理有限公司监理。

该项目投资1.08亿元,2014年10月土建竣工,2015年5月交付使用。下面拆除原有房屋2 793平方米,改建建筑面积1 465平方米,新增建筑面积8 934平方米,建有大型报告厅3间,其中1间可容纳600人、1间可容纳300人、1间可容纳120人;阶梯教室3间,其中1间可容纳125人、2间可分别容纳55人;大型平面教室3间,其中1间可容纳150人、2间可分别容纳80人;研讨室15间及其他后勤配套设施屋顶花园2个,新增客房21间,外场停车位350个左右。

该项目建成后,成为上汽集团中高级管理人员的培训基地。

【第一期高技能人才培养基地建设】

2013年5月,上海汽车集团股份有限公司(简称上汽集团)总裁办公会议审议批准培训中心提交的《上汽高技能人才培养基地建设项目可行性研究报告》。项目位于同嘉路 79 号培训中心校区，投资 5 246 万元，于 2012 年 12 月先期启动，2013 年 12 月装饰修缮工程启动，2014 年 5 月完成场地改造，同年 9 月完成设备采购。

项目占地面积 8 364 平方米，建筑面积 1.35 万平方米，包括 5 栋教学楼改建，建成具有汽车制造、新技术、自动化控制三大功能的实训基地。其中：新建汽车冲压、汽车焊装、汽车涂装、多媒体汽车维修、新材料新工艺、计算机辅助汽车设计、发动机加工及测试、精益生产及物流、汽车安全、新能源汽车、机器人等 11 个实训室；改造提升汽车整车、发动机结构、变速器结构、汽车底盘、汽车空调、汽车电器、电子控制、数控加工、数控维修及 PLC 等 12 个实训室；购置 23 个实训室设备设施，包括精密工量具、整车网络系统、日本 FANUC 机器人、四轴加工中心、数控实验台、卧式镗铣加工中心教学机、气动实验台、MPS（主生产计划）自动化生产线实训装置、通用机床电器技术示教平台、气动技术视教平台、液压系统技术视教平台等 40 余台/套先进的教学设备和实验平台；各企业捐赠整车 16 辆、零部件 47 件。

该项目建成后 3 年将新增约 50 门培训课程，满足高技能人才培养和专业技术人员继续教育的要求。

【第二期高技能人才培养基地建设】

2014 年 9 月，上汽集团批准上汽培训中心和上海汽车集团股份有限公司乘用车分公司第二期上汽高技能人才培养基地建设项目立项实施。该项目建设地点为同嘉路 79 号、临港两港大道 2999 号和安亭安研路 201 号，总投资 1.05 亿元，建设主要内容是对以上 3 地增加实训设备，建设具有汽车制造、新技术、自动化控制等三大功能的实训基地。其中：同嘉路基地提升改造 8 个实训室，2015 年 6 月动工，同年 8 月竣工；上汽乘用车分公司安亭、临港基地利用原有厂房、办公楼中空余部分为实训提供 4 处场地。临港整车实训基地新建 11 个实训室，改造提升 6 个实训室；临港发动机实训基地新建 5 个实训室；安亭基地新建 1 个实训室。总计新增教学设施 350 台/套，专业软件 6 套。其中培训中心新增 77 台/套、专业软件 6 套；上汽乘用车分公司新增 267 台/套。安亭项目于 2015 年 5 月开工。

项目建成后可新增 17 个实训室功能，调整和提升 15 个现有实训室功能，填补高技能人员和专业技术人员培训相关内容空缺，形成培训功能较为完整的汽车制造技术、自动化控制实训基地。

【第三期高技能人才培养基地建设】

2014 年，上汽培训中心上报《第三期高技能人才培养基地建设项目可行性研究报告》；2015 年 5 月，该项目获上汽集团批准立项实施。该项目投资专项资金 1 110.49 万元，建设地点为培训中心同嘉路基地和临港基地。该项目于 2015 年 11 月竣工，主要建设内容是：临港培训基地补充完善实训室功能，采购教学设施，包括防爆机器人 1 台；同嘉路培训基地补充完善 12 个实训室功能，新增教学设备 18 台/套。

第五章　企业信息化建设与管理

1988 年和 1996 年,上海大众汽车有限公司总装流水线和产品研发相继开始使用计算机技术。1997 年,上海通用汽车有限公司在项目建设中全面建设信息系统。1992 年,上海汽车工业销售总公司开始运用计算机管理销售和物流业务。至 2015 年,上汽信息化建设全面覆盖汽车研发、制造、采购、物流仓储和销售各个领域,累计投资超过 60 亿元,上汽通用成为中国企业信息化的标杆企业。

第一节　上汽通用信息系统

一、机构与制度

1997 年,上海通用汽车有限公司(简称上海通用汽车)成立信息系统部,在公司执委会领导下承担企业信息化建设和运作的职责,下设基础架构、市场营销与贸易支持、软件开发平台、平台与数据管理、工程支持、公司综合业务支持、数据处理中心运行、运行技术支持、IT 流程与项目管理和金桥运行 10 个科室,并分别在上海通用汽车烟台、沈阳 2 个生产基地建立信息系统部分支机构,在公司统一管理下实行跨区域运作。上海通用汽车信息化建设中先后制定实施《信息系统项目管理流程和规范》《运营管理流程和规范》《信息安全管理制度》等 40 个内控制度标准,以及 6 个关键控制流程。至 2010 年,该部员工增加到 282 人。

1997 年—1999 年 4 月,该公司信息系统部投资 5 亿元,建立基于美国通用全球系统的 IT 系统整体框架,其中网络基础设施、生产制造系统和 ERP(企业资源计划系统)初具规模,支持公司快速建成并顺利投产;1999 年 4 月—2001 年,投资 1 亿元,建成呼叫中心(Call Center)、客户关系系统(CRM)、电子化采购(e-Supply)、办公自动化(OA)等系统,支持公司业务开展及筹划新的发展蓝图;2002—2010 年,信息化建设进入快速发展阶段,投资 20.01 亿元,实施 SAP IS-Auto 解决方案(汽车企业管理解决方案软件),创建营销、销售管理平台、IT 服务管理流程和技术系统(ITIL)、企业级数据仓库(EDW)和企业级门户(Portal)等系统,信息化成为提升企业核心竞争力的战略手段。

2011—2015 年,信息化进入创新期,IT 组织迅速发展;IT 开始开展下一代车载娱乐信息系统后端平台、移动互联网应用等新形态应用的研发和建设。2011—2015 年,累计投资超过 19 亿元。至 2015 年,上海总部拥有 IT 流程与项目管理、基础架构、开发与测试、平台与数据管理、战略综合与新厂新项目、工程支持、制造质量与物流、综合业务支持、数据处理中心运行、金桥运行、互联网新技术、营销支持、售后及新业务 13 个科室,并在烟台、沈阳、武汉 3 个生产基地建立信息系统部分支机构,四地在职人数 261 人。

上汽通用汽车成立以来,信息化建设累计投资超过 45 亿元,交付应用系统 400 多个,建成一套覆盖公司工程、采购、物流、制造、销售、售后等完整业务链的信息系统,成为国内首个实现全价值链整合应用 IT 系统的汽车公司。公司不仅在上海浦东金桥、烟台东岳、沈阳北盛三大生产基地全面建成 SAP IS-Auto/APO(SAP 汽车行业解决方案)核心骨干系统,还拥有中国汽车制造业首家大型信息系统灾难恢复中心。至 2010 年，上海通用汽车连续 4 年获得中国企业信息化 500 强排行榜第一名，同时还获得最佳企业信息化效益奖、最佳 IT 总体架构奖、优秀信息化建设团队奖、最佳供应链管理应用奖 4 个奖项，成为中国企业信息化标杆企业。2015 年，上汽通用信息系统部通过 CMMI3(能力成熟度模型 3 级)认证评估，标志着该部在软件需求调研、设计开发、项目管理及提供高质量产品和服务等方面全面接轨国际标准。

二、产品研发信息系统

上海通用汽车产品研发由泛亚汽车技术中心有限公司(简称泛亚技术中心)承担，泛亚技术中心既是独立的技术中心，又是上海通用汽车的产品工程部。泛亚技术中心 1997 年成立后，即构建 PDM 系统(产品数据管理系统)并使用 CAD(计算机辅助设计)、CAE(计算机辅助工程)工具，搭建面向产品开发全生命的 BOM 系统数据管理平台。至 1998 年 10 月，建立了一套 DCS 数据标准体系，并基于该体系完成开发 DBU 数据管理系统，替代原先目录结构的数据管理方式，管理工程数据 30GB。至 2001 年 12 月，该系统管理近 100GB 的工程数据。至 2010 年，管理数据到达 30TB。

2002 年 1 月，该公司建立 VAS 车辆装配结构系统，实施推广全球汽车开发工程数据管理解决方案(TcAE)。该系统覆盖从需求计划、概念工程、产品工程、制造工程、产品测试与质量到制造产品、销售发布、用户体验、维护维修、直至废弃回收的数据全生命周期管理。主要模块包括产品工程模块、制造工程模块、可视化模块以及协同模块。该软件系统以 TcE(工程模块)为核心模块，用于管理 GVDP(全球整车开发流程)流程中各个阶段产生的各种数字模型，实现各设计部门的协同；同时该系统与美国通用汽车公司全球各设计中心 TcAE 中的数据同步，实现全球设计。2002 年 3 月，泛亚技术中心实施美国通用汽车全球分布式数据管理系统。2004 年 12 月，该中心虚拟现实中心投入使用。2005 年 7 月，泛亚技术中心设计开发的整车平台和车型成倍增长，产生的文档与日俱增，传统文档管理方式无法满足发展需求。公司董事会批准建立新的文档管理系统。2006 年下半年，公司决定采用北美通用的 GDM 全球文档管理系统，并在此基础上进行二次开发形成本地部署版，以适应全球同步设计开发的需求。2007 年，GDM 一期上线(版本 2.1)；2008 年，GDM 二期上线(版本 3.1)。至 2008 年年底，GDM 系统已经完成 4.0 版本的升级，文档类型达到几十种，所储文件数量达到 1.6 万多个，用户数达到 3 000 多人。

2010—2015 年，GDM 系统不断升级与功能迭代，版本升至 6.7，并且与多个上下游系统实现互联互通。

三、产品制造信息系统

1997 年上海通用汽车组建之初，为实现当时汽车制造最先进的柔性化生产与精益制造，公司不断开发和优化 SAP、GEPICS(全球生产信息与控制系统)柔性生产制造调度系统，实现生产制造信息化。

1998 年，该公司启用 SAP 的财务模块和 VDC 的仓库管理。2003 年，开始在所有工厂实施 IS-auto(SAP 汽车行业)解决方案并逐步替代原有的 legacy(老的 PC 启动方式)系统，开合资企业信息化之先河。2007 年，开始实施 SAP 新一轮升级优化，并快速部署到新工厂。该系统具有精确到秒的整车级和零件级需求以支持精确的订单排程等优异功能，支撑上海通用汽车在上海、烟台和沈阳的生产基地几十款不同车型、上千种不同配置车辆的柔性生产和精益制造。

2007年下半年，上海通用汽车开始将原来的flex（柔性生产订单管理）系统全面切换到GEPICS（全球企业生产集成控制）系统。GEPICS系统支持更先进的制造工艺和柔性化生产订单管理调度，是全球统一的汽车订单和生产制造解决方案。2009年开始，实施质量信息商业智能建设，开发车辆信息追溯系统（VITAS），建设QUEEN（质量分析）平台，为公司节约了上亿元成本。2010年，所有工厂均完成系统切换，从而进一步规范和统一生产订单管理业务及其配置流程。同时，开始开发Melos 3.0现场物流拉动系统，该系统是上海通用汽车现场物流核心管理平台，是一套覆盖物料拉动和发布、消耗计算等核心制造物流业务的汽车行业生产控制解决方案。

2012年上半年，上海通用汽车引入Infor EAM商业化软件作为企业级资产设备管理平台，实现设备全生命周期管理可视化，至2014年年底，所有工厂均完成EAM系统部署。2013年，自主开发并上线车辆信息上传管理平台（VIUMS），支持公司所有基地车辆信息上传业务；搭建舆情监控平台，保证负面新闻第一时间发现处理。2015年，自主完成仓库管理系统（WMS）建设，优化质量监控预警平台（QMAP）、质量管理系统（QMS）和问题交流报告（PRCS）系统，覆盖工程质量、制造质量和售后质量的管理和问题跟踪解决业务，全面提升产品综合质量。

四、采购信息系统

2005年，上海通用汽车执委会批准采购部和信息系统部联合申请的采购信息系统项目（E-Procurement）立项，总投资1 600万元。该系统是国内汽车行业第一家全面管理采购流程的信息系统，覆盖上海通用汽车基本采购业务，包括采购流程审批、物料成本定价、车型项目成本跟踪以及供应商零件质量开发与管理等。2005年下半年项目启动，由信息系统部自主设计系统方案，并对需求、设计、开发、测试及部署等进行主导和管控。

2006年，该系统一期项目交付使用，上线后即从金桥基地推广至沈阳和烟台基地使用。该系统分为一般采购及生产采购两大采购领域，其中一般采购包括采购申请审核分发、潜在供应商评审、询价单创建发放、报价及更新、合同及订单管理，并形成日常管理类、数据汇总类两类报表；生产采购覆盖车型新项目计划管理、工程/售后新零件采购需求、潜在供应商联合评审、询价单创建发放、报价及更新、零件价格台账管理、合同管理、零件先期质量控制、生产许可审批、按节拍生产验证、零件质量问题跟踪、零件不良品筛选返修、零件报废等整个采购服务流程。系统拥有内网和外网2个平台，内网与供应商交互无缝联接。2007年和2008年，该系统实施两次CIP（持续改进项目）。公司建立联合采购委员会审批模块，完善新业务定点流程，增加日常业务网上变更功能，严格操作规范防范网络风险。2010年，公司投资250万元启动较大范围的系统功能增强，将物流费用评估服务流程纳入系统，打通上下游业务流程，实施项目零件清单及项目级成本动态跟踪，增加模具管理、合同预警、月度物料成本差异原因分析等功能模块。

至2010年，作为采购部唯一的电子化信息系统，E-Procurement系统涵盖上海通用汽车95%以上采购业务流程，覆盖金桥、沈阳、烟台3个生产基地以及泛亚技术中心和上海通用汽车所有子公司。2010—2015年，每年实施持续改进项目（CIP）。2011年起，多次对于产能管理模块进行优化在线发放产能计算批次，实现供应商产能在线管理。2012年，新增一般采购反向竞价功能，支持供应商在线同时竞价。至2015年，E-Procurement系统内部用户3 500名、外部供应商用户9 000名。

五、营销服务信息系统

上海通用汽车营销服务信息化主要包括 DMS 经销商管理系统、CEM 客户体验管理系统、SMART 整车销售管理分析决策支持系统 3 个模块。

2000—2005 年,上海通用汽车投资 3 000 万元,自主开发或购买软件信息产品二次开发,建成第一代 DMS 经销商管理整体信息系统。该系统是国际通用的整车厂销售业务与经销商业务集成的信息管理系统,包含销售分销管理、物流管理、服务与财务管理、供应链管理等模块。同时又开发面向服务的运维支持软件,成为国内汽车行业第一家全面实施 DMS 的整车厂。2009 年,DMS 系统又增加并上线运行二手车收购和销售信息模块。

2010 年 5 月,上海通用汽车与合作伙伴共同进行二次开发的 CEM 客户体验管理系统一期项目上线运行。该系统建设分三期进行,其中一期项目投资 700 万,二期和三期分别预计投资 430 万元和 490 万元,累计投资将达到 1 620 万元。系统引入汽车行业全新的客户 360°视图概念,全部上线后,将为公司市场销售线索及统计分析、销售线索开发进度趋势分析、销售线索转化效率及时间统计分析、经销商销售跟进绩效分析、营销活动效果统计分析、车主忠诚度分析和品牌会员系统等业务功能提供系统支持。2009 年,该公司投资 695 万元对 IT 多个系统进行整合,建成 SMART 整车销售管理分析决策支持系统并投入使用。该系统对经销商销售业务、库存、资金、竞品、客户、市场活动等数据进行综合分析,每天将销量库存等信息发送给公司管理层。至 2010 年,SMART 系统覆盖 KPI(关键绩效指标系统)近 150 个,分析维度超过 25 个,成为整车销售的商务智能系统。2010—2015 年,上汽通用汽车先后实施烟台、天津、武汉与重庆配送中心项目,并针对之前建设的上海与广州配送中心进行系统升级,6 个配送中心与 1 个包装处理中心均使用 EWM 系统。2012 年 6 月,投资 1 400 万元的第二代整车零售系统(DOSS)上线运行,该系统对整车零售的潜客管理、零售管理、库存管理、客户管理、经销商能力提升等业务流程进行标准化管理,活跃用户达两万多个,累计零售交车数超 1 000 万辆。2012—2013 年,在完善 DMS 功能基础上,对凯迪拉克和别克两大品牌进行透明车间升级改造,提升车主进站体验。2015 年,整合经销商系统,建立经销商门户网站(Dealer Portal),实现经销商人员账号统一管理。

六、计算机数据中心

【北厂和南厂数据中心】

1998 年 7 月,上海通用汽车北厂数据中心动工建设,项目总投资 2 000 万元。1999 年 4 月,项目竣工投入使用。该数据中心建筑面积 400 平方米,其中主机房 174 平方米。2003 年 11 月,南厂数据中心开始施工,项目总投资 2 452 万元。2004 年 9 月,项目竣工投入。该数据中心建筑面积 785 平方米,其中主机房 420 平方米。

2004 年,南厂数据中心建成后替代北厂数据中心,对上海通用汽车各部门提供日常办公、业务运作、工程建设等服务,并为各基地提供信息服务。中心建成时覆盖金桥总部用户 677 人,至 2010 年年底,用户增加到 1 156 人。数据存储量从 2000 年的 1TB(1 TB＝1 024 GB),增长到 2004 年的 50TB,再增加到 2010 年的 800TB。服务器数量从 1999 的 88 台增加到 2010 年的 615 台。中心建筑级别和服务器数量处于国内汽车行业数据中心的领先水平。至 2015 年,数据存储量达 850TB,

服务器数量增加到 750 台。

【东岳数据中心】

2006 年 5 月,公司董事会批准在东岳基地建设灾难恢复数据中心项目,项目投资 4 720 万元。2006 年 11 月,东岳数据中心动工建设,2007 年 4 月完成架构设计,同年 10 月交付使用。该数据中心建筑面积 2 200 平方米,其中主机房 307 平方米。东岳数据中心定位为数据灾备中心和办公中心,承担东岳基地日常办公、业务运作等服务,并与上海通用汽车金桥数据中心连接。数据灾备主要通过相应技术手段和措施,容灾解决方案能够在不超过两天时间内完成上海通用汽车及其分支机构核心业务系统的重建,最大限度防范和化解各种意外灾害带来的风险。2003 年,东岳数据存储量为 1T,增加到 2007 年的 20T,再增加到 2010 年的 60T;服务器数量从 2003 年的 25 台增加到 2007 年的 150 台,再增加到 2010 年的 219 台。2008 年 2 月,数据中心完成第一次整体切换演练。

2010 年 10 月,数据灾备中心二期项目启动,于 2011 年 8 月交付使用。容灾系统数量从 9 个扩展至 14 个。至 2015 年,数据存储量达到 370T,服务器数量增至 516 台。

【北盛数据中心】

2004 年 3 月,上海通用汽车分二期实施北盛数据中心建设,4 月开始实施一期工程,6 月项目竣工并投入使用,项目实际投资 960 万元。该数据中心建筑面积 115 平方米,其中主机房 80 平方米。该数据中心对北盛汽车提供生产制造、日常办公、业务运作和工程建设等服务支持。至 2004 年年底,数据中心覆盖用户 250 人。数据存储量从 2004 的 0.5T 增长到 2008 的 1T,服务器数量从 2004 的 20 台增长到 2008 的 80 台。2008 年,建筑级别和服务器数量处于国内汽车行业数据中心的领先水平。

2007 年 10 月,北盛数据中心二期工程开始施工,2008 年 2 月竣工使用,并与一期数据中心整合,项目竣工决算为 756 万元。该数据中心建筑面积 280 平方米。建成后为北盛南厂一区、二区提供日常办公业务以及供应商访问业务提供服务。至 2010 年年底,该数据中心覆盖用户 423 人。数据存储量从 2007 的 1T 增长到 2008 的 2T 和 2010 的 3.5T,服务器数量从 2007 的 50 台增长到 2008 的 80 台和 2010 的 150 台。2010 年,建筑级别和服务器数量处于国内汽车行业数据中心的领先水平。

2012 年 10 月,北盛北厂数据中心即北盛三期工程动工建设,项目投资 1 042 万元,2013 年 3 月竣工使用。该数据中心建筑面积 400 平方米,其中主机房面积 270 平方米。2015 年,数据存储量增至 12.5T,服务器增至 380 台。

【武汉数据中心】

2012 年 6 月,上海通用汽车在武汉基地建立数据中心分两期实施。2013 年 9 月,一期项目开工建设,12 月交付使用。该项目占地总面积 386 平方米,投入使用 18 台网络机柜、34 台服务器机柜,采用高效的机房节能环保技术。

2015 年 11 月,二期扩建项目开工建设,12 月竣工交付使用。项目新增 3 台网络机柜、24 台服务器机柜,数据存储量从 120T 增至 144T,服务器从 99 台增至 149 台。武汉数据中心 S－F77 项目预算 0.9 亿元。

第二节　上汽大众信息系统

一、机构与制度

1993 年，上海大众汽车有限公司（简称上海大众汽车）产生实施企业资源信息管理系统 SAP 的意愿，但鉴于当时企业计算机基础和企业核算单位条件尚不完善，无法付诸实施。1997 年，推行计算机管理的条件基本具备，上海大众汽车经过前期准备，于 1998 年正式开始实施 SAP 系统，包括物料管理（MM）、生产计划（PP）、财务管理（FI）、成本控制（CO）4 个模块。

2004 年，上海大众汽车进行一系列组织和流程改革，建立一套指导、运行和控制 IT 系统的管理模式，主要包括：在领导层面建立由总经理在内的公司执行管理委员会成员等组成的 IT 指导委员会，对重大 IT 事项进行决策；在组织层面确立 IT 必须面向业务同时兼顾自身技术的原则和要求；设信息系统部（CI）下设 4 个科室，其中 CIS（战略性控制与管理流程系统）、CIP（产品开发与生产流程系统）和 CIM（营销流程系统）3 个科，分别负责管理与控制、产品开发和生产、营销和售后 3 个业务领域的 IT 系统建设及应用支持，另外新建一个直属股，负责 IT 规范和标准的制定及对项目的监理。在工作层面将 ITIL（信息技术基础架构库）理论引入实践，把 IT 事务划分为应用建设和系统运营，设定系统立项、项目管理、项目变更、系统上线等流程并予以规范指引工作开展；工作中由各应用系统科室牵头，运营和项目监理人员参与，保证项目质量；引入 IT 服务管理流程，建立 IT 呼叫中心和服务台，实行时间管理、问题管理、变更管理等流程，保证运营质量。2006 年，信息系统部编制推行《系统规划流程》，明确界定整个系统规划流程，规定各部门在信息系统规划中的权责。2009 年 7 月，信息系统部编制实施《桌面计算机管理规定》，确保公司桌面计算机及网络正常运行和信息安全。该部成立之初有 10 名员工，到 2010 年，员工增加到 70 名。

2000—2010 年，上海大众汽车投资 2.6 亿元对业务系统进行信息化建设，范围涵盖采购、财务、生产、物流、产品研发、售后、质保、销售等领域。其中管理领域通过实施 SAP 项目，奠定公司 ERP（企业资源计划）系统平台，用于管理公司的财务、物流、采购等业务，集中体现机构维护、人员管理、考勤、薪酬核算等功能。

2011 年和 2012 年，信息系统部先后新设下设 CID（软件开发管理科）和 CIN（现场系统支持科）。CIN 以地区为单位，设立安亭现场支持股、南京现场支持股、宁波现场支持股。2015 年，信息系统部有员工 161 人。

二、产品研发信息系统

上海大众汽车技术中心产品研发信息化主要分为 CAD（计算机辅助设计）、CAE（计算机辅助工程）、CAT（计算机辅助测试）工具为主的产品设计工具管理系统和建立工程师产品设计协调、信息交流协同平台两个部分。

1996 年起，上海大众汽车采购 CATIA（法国达索公司的产品开发解决方案）、ALIAS（工业造型设计软件）、AUTOCAD（Auto Desk 公司的计算机辅助设计软件）、Pamcrash（ESI 集团的碰撞模拟分析软件）等产品设计工具。在此基础上对设计工具进行二次开发，同时包括对 CAE 前处理软件 ANS、大型应用有限元程序 NASTRAN 等工具的协同开发。2003 年，公司投资数百万元自主开发 Newpro(国产化信息平台),2004 年上线,实现零部件国产化信息化管理。此后,引进德国大众 KVS(产品数据管理系统)、DMU(数字式全尺寸模型)及购买 CAD(计算机辅助设计)/CAE(计算机辅助工程)、仿真软件,实现产品研发的信息化。2008 年,公司投资数百万元,自主开发 TIPS 系统(零件俱乐部系统),该系统管理上海大众汽车所有车型的所有零部件信息,平均每个车型的零部件信息达到 2 万多个,是公司产品开发重要的零部件信息库。

2011—2015 年,上线运行 TIPS(技术信息和车型项目管理系统)、TCM(技术更改管理系统)两大系统平台,分别支撑车型项目管理和技术更改分发流转和管理,覆盖研发和其他主要业务部门,推动企业新车型研发投产;建设生产系统、ENP 模具管理系统、试验车管理系统等支持开发流程。

三、产品制造信息系统

1988 年 10 月,采用计算机控制、日产能力 200 辆的轿车总装流水线在上海大众汽车建成。2000 年,上海大众汽车投资 2 800 万马克,引入德国大众 FIS 系统(标准生产信息控制系统)的基本功能模块,并在此基础上自主开发该系统的上海大众汽车扩展系统 LES,建立计划排产、生产控制、零件准备、产品报交等核心生产流程控制功能,通过现场站点发送生产指令,控制生产过程,实现订单化生产,形成完整的制造执行系统平台。2001 年 4 月,上海大众汽车三厂的 FIS 系统实施进入完成验收。2001 年和 2003 年,先后在安亭汽车三厂二线和汽车一厂实施 FIS,达到提高生产效率、优化供应、减少库存的效果。2003 年开始,自主开发 OPCS(零件在线拉动供货系统),2005 年建成投入使用,实现零件和料架等基础信息的管理和 JIS(排序供货)物料拉动、内部物料调拨的信息化。2007 年,为满足汽车一厂、二厂和三厂混线生产要求,上海大众汽车投资 1 000 万元建设 1 个中央 FIS 系统,使安亭 3 个汽车厂在统一的信息系统平台下全面实现混线方式生产。

2011 年 10 月—2012 年 6 月,该公司仪征工厂完成首个上汽大众标准化工厂 FIS 实施,实施后可根据车身、油漆、总装不同需求,按照不同序列进行生产排序。2013 年 1—9 月,宁波工厂完成 FIS 实施,首次使用 RFID 标签替代传统的一维码标签,提升车辆信息读取正确性、灵活性和数据内容多样性。2013 年 5—11 月,完成第 1 套支持仪征和新疆工厂独立 FIS 系统跨区域和平台生产控制。2014 年 3—9 月,南京工厂和安亭工厂实施 FIS 升级和服务器分离系统方案,保证高负荷生产及相互独立。2014 年 8 月—2015 年 2 月,安亭二厂完成 FIS(生产标准化)系统实施,完成新服务器版本升级和数据迁移,新油漆和老车身、老总装的融合生产。2015 年 7—10 月,安亭三厂 FIS 系统完成版本升级,满足大众 C 级车等配置复杂车型的生产控制要求。

四、采购信息系统

2001—2002 年,上海大众汽车组织编写 CSC 系统(电子采购系统),主要包含零件号、定点供应商、产品价格等信息以及产品工程、质量保证、生产计划与物流等部门对供应商的评分情况等信息。

2003—2005 年,由美国 IBM 公司实施 CSC 系统一期项目,在保持原有业务功能的同时,增加与国产化信息平台的接口,扩展前期采购员、专业采购员、不同类型零件管理等信息和上传零件图等功能。2005 年起,建设 BIDLINK 系统(供应商在线竞价系统),对所有物品采购及供应商通过系统进行管理,每年节约超亿元采购成本。2006—2008 年,投资 460 万元由 IBM 公司实施 CSC 系统二期项目,升级与国产化接口,增加供应商主数据管理模块,用以管理全部生产供应商和一般供应商,同时该模块成为其他主要系统供应商主数据来源,实现供应商主数据统一管理;增加供应商门户网站,优化供应商在线报价功能,实现谈判系统化、透明化、公平化;增加展示功能,更加专业透明展示各供应商整体情况;形成模具预算管理、财务目标价管理等功能。2009—2010年,投资220万元实施CSC三期项目,增加合同和订单制作模块,建立价格库实现所有定点零件价格统一进库,并作为后期合同价格依据强化价格控制;实现合同审批流程优化、更改控制业务系统化、总成散件业务系统化、特殊定点流程系统化、进口零件定点系统化和框架制作系统化。2010年,由IBM公司实施EPMS(一般采购系统),建立涵盖采购申请、询价、洽谈、订单合同等整个一般采购流程。

2013—2014年,CSC系统新增零公里索赔模块,投资50万元。2014—2015年,CSC系统投资金额260万元实施4期升级项目,新增零件部件CBD(商务核心)功能,深度优化供应商管理和附件管理流程。2015年,投资金额276.45万元实施CSC系统4.1期升级,新增工序委外合同管理、模具合同管理、LCC、供应商财务风险管理、定点信优化、供应商Rating(评估)等功能。

此外,2014年,投资80万元实施BIDLINK系统(供应商在线竞价系统)1.0版本整体升级,增强竞价功能,上海大众汽车因此每年节约超亿元采购成本。2015年,投资105万元对BKM系统(产能需求管理系统)进行整体重构。BKM2.0项目引进零件组概念,自动匹配供应商货源信息,降低供应链因产能问题而带来的潜在风险。

五、物流仓储信息系统

20世纪90年代中期以后,上海大众汽车开始推行精益生产,物流和仓储逐步实现信息化。2003年,公司投入资金数十万元开发OPCS系统(零件在线拉动供货系统)。2005年上线运行,实现订单中的整车装备转化成实时零件信息,通过信息系统向零部件供应商和物流服务商以及设置在客户处的仓库进行即时零件拉动。2005年,投入数百万元开发OPCS二期系统,2011年上线运行,将订单中的车辆装备(PR号)信息转换为具体需要装配的零件号信息,并通过网页信息发布、系统电子接口、客户端自动打印等方式把排序零件信息提供给物流中心、排序中心和JIT(及时供货)/JIS(排序供货)供应商以及内部备料区,实现即时供货。2008年,投入200万元开发WMS(仓库管理系统),供销售公司配件科使用,精确仓库物料的收发存管理。2010年,投资100万元,重新设计EDIWEB(货物跟踪)系统。新系统与SOL(在线供应商协同)、BKM(需求产能管理)、CSC(生产采购系统)、TDP(物流数据平台)等相关系统统一规划技术架构及功能分布,包括信息发布、采购订单发布、交货计划发布、辅料要货信息、增值税开票申请等几大功能模块,增强对供应商备货、送货及入库等过程的管理跟踪。

2012年4月,新OPCS系统在上海大众汽车安亭/南京/仪征工厂上线运行,2014年在上海大众汽车发动机工厂上线运行。新OPCS(物料推动)系统满足不同类型的零件拉动方式,使之拉动更加精益。

六、营销服务信息系统

2001年,上海大众汽车开始建设以客户服务为中心的CRM(管理客户软件)系统,支持售前客户咨询、记录、分配与跟进、售后客户咨询、工单处理等客户服务流程。

2005年8月,该公司投资305万元开发ASMP系统(售后服务管理平台),该系统包含SANBAO(售后三包子系统)、POMS(售后配件订单管理)、EPS子系统(配件主数据管理平台)3个子系统,2006年5月系统上线后,上海大众汽车与全国500多家维修站实现联网实时互通,有效增强公司对维修站的监控和管理。与此同时,通过实施三包系统,实现DMS(经销商管理系统)、LES(FIS本地扩展系统)、CSC(生产采购系统)、SQS(供应商质量管理系统)、WMS(仓库管理系统)等系统之间数据交互,增强公司对经销商的支持和管理能力,配件订单管理流程全程实现系统化运行。

2007年,上海大众汽车信息系统部建立斯柯达品牌的ADS(经销商管理系统)。该系统集成订单、定位、分配、采购、批发、零售、物流、库存、促销、定价、计划、经销商信息管理、经销商人员管理、二手车、大用户管理等功能,形成新一代营销信息系统。同时,对CRM(客户关系管理)、POMS(配件订单管理系统)、ASMP(售后服务管理平台)和SAP等系统建立相应功能模块,为公司双品牌运作和斯柯达业务开展奠定IT基础。2009年,实施OMD(订单管理系统)项目,引入"订单"概念,将经销商预测纳入订单管理系统,经销商可根据客户需求随时要求修改已生效的订单,以客户信息拉动供应和制造环节。

2012年,启动斯柯达品牌的OMD(订单管理与分销)项目,构建业内领先的双品牌营销管理统一平台,覆盖销售、财务、产品、经销商最终零售等各模块业务。2013年10月,该系统上线后,实现斯柯达品牌配额、订单模式系统化,以及多总库与中转库模式下的公路、铁路、水路多运输方式组合的整车物流运输,车辆、订单资源从生产至最终零售全流程信息透明化。

2009年2月,公司"依托信息化平台构建人性化售后服务体系"课题获第15届中国机械行业企业管理现代化创新成果一等奖;2014年12月,"新一代汽车行业经销商业务管理系统的创建与应用"获上海市企业管理现代化创新成果二等奖。

七、计算机数据中心

1998年,上海大众汽车在安亭汽车二厂5号楼5楼新建并使用第3个机房。至2010年,已有服务器300余台。

2010年4月,上海大众汽车在安亭汽车一厂厂区新建计算机数据中心。该数据中心机房为A级机房,占地面积2005平方米,建筑面积2912平方米,共有两层和部分地下室,包括主机房、辅助区、支持区、行政管理区等。数据中心主机房分为服务器及高密度服务器、存储设备和网络布线等区域;辅助区为设备和软件安装、调试、维护、运行监控和管理的场所,包括进线间、测试机房、监控中心、备件库、打印室、维修室等;支持区为保障信息处理和技术作业的场所,包括变电所、柴油发电机房、不间断电源系统室、电池室、空调机房、消防设施用房、消防和安防控制室等;行政管理区是数据中心管理人员日常办公及对数据中心进行管理的区域。数据中心设置250个服务器机柜,分一期和二期2个主机房区,数据中心一期建成后,可容纳服务器数量约为120台。

该项目于2011年5月完成土建施工、设备安装及调试,2011年6月建成启用。新计算机数据中心建成后,上海大众汽车坐落在汽车二厂5号楼5楼的数据中心作为同城的容灾数据中心。新旧2个数据中心间的直线距离约为1.5公里。

第三节　上汽通用五菱信息系统

一、机构与制度

2003年,上汽通用五菱汽车股份有限公司(简称上汽通用五菱)成立信息技术部,内设4个科室,分别为:负责数据中心建设和为应用系统提供基础设施服务的网络系统科,负责制造物流信息系统维护保障和项目开发的制造系统科,负责研发信息系统维护保障和项目开发的产品系统科,负责销售信息系统维护保障和项目开发的销售系统科。信息技术部人员30人左右。

2006年,信息技术部更名为信息系统与服务部,内部架构调整为5个科室,其中网络系统科和制造系统科2个科名称和职责不变,同时调整成立负责统一接收用户故障并进行一级处理的生产一线支持科,负责采购物流信息系统维护保障和项目开发的采购物流系统科,负责销售、产品研发和财务信息系统维护保障和项目开发的营运系统科。

2008年,该部组织架构再次调整为9个科室,分别为:制定落实IT战略,协调IT内部业务的规划治理科;统筹规划IT整体架构,规范IT标准的架构集成科;制定IT基础建设规划并实施,为IT系统正常运行提供服务的基础设施科;负责IT服务管理流程,实现IT解决方案价值的IT服务科;为产品研发部门提供IT系统与服务的产品研发系统科;采购与供应链系统提供信息支持的采购与供应链系统科;为制造与质量系统信息化支持的制造与质量系统科;为销售公司及海外事业部提供IT系统与服务的营销系统科;为人力资源部、财务部、规划部、总经办、党工部以及IT公共服务提供信息服务的综合管理支持科。至2010年,该部先后制定《业务需求管理办法》《IT项目实施管理办法》《IT故障服务流程》《变更发布管理制度》《机房服务运行管理制度》《IT库房管理制度》《IT备品备件管理制度》《账户变更服务管理制度》等管理制度。

至2015年,该部新增宝骏站点IT支持科和重庆站点IT支持科,人员增至143人。

二、产品研发信息系统

2002年5月,在TCE平台(西门子产品数据管理平台)基础上,上汽通用五菱投资200多万元,与美国通用汽车合作构建TCAE产品开发协同平台,实现与泛亚技术中心、韩国大宇等研发中心的数据双向交流。2002年以后,公司每年投资700多万元配置高性能工作站。至2010年,研发中心共有各类工作站1 200多台套,并配备900多套TCAE软件、400多套UG设计软件、20多种仿真分析和测试软件,有效提升了产品开发效率。

2004年以后,上汽通用五菱逐步开展CAE、CAT计算仿真设计并成立专门的仿真分析部门。每年投资400多万元,引进成型分析、结构分析、流体分析、振动与噪声分析、安全碰撞分析以及测试数据采集、数据仿真等一系列仿真分析工具及软硬件,提升产品研发质量,缩短产品开发时间。2009年,公司投资900多万元,构建虚拟现实评审环境,采用专业的比利时巴可公司整体显示技术解决方案,该方案包括显示、音响、网络、中央控制、图形生成和信号传输等系统,并配备RTT等专业数据创建及三维渲染软件。系统建成后,实现产品造型开发的三维虚拟化方案评审,造型冻结时间缩短5个月左右,在五菱宏光、五菱宏光S、宝骏730等车型开发中发挥重要作用。

2011年始,该公司建立产品协同开发平台(TCAE),集成制造数据管理(TCM);建立造型数据发布流程及版本管理和工程零件清单管理系统,形成数据源统一维护发布;建立试验故障问题管理系统,保证 TIR 信息完整、准确、安全、可控;建立高性能仿真平台(HPC),进行结构、流体、模态、碰撞等分析;实现机器人焊接/装配工艺仿真和节拍优化。研发中心配备各种图形工作站 2 569 台,包括产品设计 UG 工作站、仿真分析 CAE 工作站、造型工作站、移动工作站、DELL 服务器等,以及相应的软件和设备。产品开发周期由原来的 4～5 年缩短至 11 个月。

三、产品制造信息系统

2003—2010 年,上汽通用五菱累计投资 5 750 万元,对整车 4 个项目和发动机 2 个项目实施制造质量信息系统建设。

2003 年 1 月,投资 850 万元的公司河西基地东部工厂制造质量信息化项目立项建设,2005 年 3 月上线。该系统包括 MIS 系统(制造执行系统)改造、东部涂装 AVI 系统(车体自动识别跟踪系统)及东部工厂 4 个车间暗灯系统实施。MIS 系统改造后,满足年产量 30 万台、在线 9 000 多辆汽车的运行规模,同时实现和 AVI 系统信息交互。使用 GE(美国通用电气)软件开发的 AVI 系统,实时掌握涂装车辆运转情况,根据生产计划高效调度车辆,提高生产订单准时率。各车间暗灯系统采用通用汽车体系的 GMS 暗灯技术,具备实时呼叫、设备报警、FPS 停线及报表统计功能,提高现场响应效率。2005 年 2 月,投资 1 600 万元的河西基地西部工厂制造质量信息化项目立项建设,2006 年 5 月上线。该项目包括生产控制、证书打印、工艺控制、车辆跟踪、现场控制和质量检测等功能模块,将人工控制的工艺数据分析、车体自动识别、车辆缓冲区路由控制、质量暗灯和物料暗灯进行信息化集成。系统上线后,支持该工厂每周 6 天平均 35 节拍的生产。同年 3 月,投资 160 万元的青岛分公司制造质量信息化项目立项建设,9 月上线。针对青岛分公司实际情况,该系统未简单复制河西工厂系统模式,仅保留最基本的生产控制、国家法规要求和质量检测内容,现场控制采用简易的控制系统在设备层体现,系统上线后支持青岛分公司 12 节拍的生产。2007 年 1 月,河西基地启动西部工厂二期项目提升产能,节拍由原来的 35 提升到 70,制造质量系统投资 60 万元扩展 MIS 系统,满足同时支持东西部工厂生产计划下达、国家证书打印上传等造车需求;同时,通过和质量检测系统数据交互,对车辆合格与否进行数据校验和控制。

2006 年,投资 1 650 万元的河西基地新建发动机厂制造质量信息化项目立项建设,同年 11 月上线。该系统基本采用美国通用系统标准,具备工厂文档控制、设备软件备份、生产监控、维修管理、质量跟踪及质量信息统计等功能,实现发动机生产在线质量实时反馈遏制,同时防止问题发动机流出生产线和工厂。系统上线后支持河西基地发动机工厂 60 节拍的生产。2007 年 3 月,投资 1 000 万元的青岛分公司发动机工厂制造质量信息化项目立项建设,2009 年 3 月上线。系统具备发动机工厂制造质量追溯分析、生产监控响应、设备管理等功能并进行提升。系统支持青岛发动机工厂 67 节拍的生产。

2011—2015 年,公司在新建柳州和重庆两个制造基地及发动机厂改扩建过程中,投资 8 000 多万元同时完成宝骏基地乘用车整车工厂、重庆基地整车工厂、柳州发动机工厂三期改造、宝骏发动机工厂的信息化项目建设,支持整车和发动机的生产、质量等运行,符合 JPH 管控需求。

四、采购信息系统

2006—2007 年,上汽通用五菱在河西基地整车工厂对物料拉动及排序业务进行优化,项目总投资 100 万元。物料拉动系统通过看板扫描,拉动仓库向线旁进行供货,同时定时将物料需求汇总后向供应商进行拉动,供应商则按需按时向上汽通用五菱供货。物料排序系统优化主要通过 Web (网络)方式取代电话通知方式,及时将排序信息第一时间发送至供应商和物流商,改进后的排序系统将车身信息自动分解成排序零件号,减少人工分解差错,提高订单排序准确率。

2006 年,青岛基地投产,建立物料拉动系统,总体功能与河西基地物料拉动系统相同。实现通过看板扫描,拉动仓库向线旁进行供货,同时定时将物料需求汇总后向供应商进行拉动。

2010 年 8 月,投资 36 万元对生产采购和一般采购的采购价格审批进行系统优化。生产采购系统包含生产计划协议、配件计划协议、标准采购订单、配件采购订单等,完善价格、数量、配额、有效期等要素。生产采购和一般采购两个子系统审批流程在领导审批前增加价格审核专员流程,确保批准价格、SAP(企业资源管理系统)价格、提交评审的合同价格三者一致,功能优化覆盖采购供应链管理中心生产采购及一般采购业务。

2012 年,投资 95 万元建立宝骏乘用车供应商门户系统,建设统一供应商信息发布、反馈平台,实现工厂两端的物流协同、财务协同、供应商质量协同业务交互的互联网化的信息发布和反馈平台。同年 11 月系统上线。2014 年,该模式复制于重庆工厂。

五、营销服务信息系统

上汽通用五菱市场营销信息系统建设始于 2003 年,公司投入 15 万元建设索赔结算系统,将索赔结算由人工逐单审核改变为信息系统校验,提高索赔赔付审核的效率和准确性。2006—2008 年,投入 103 万元重新构建索赔结算系统,统一构建商用车产品和乘用车乐驰的索赔结算系统,初步构建与经销商、服务商的沟通平台。2004 年,投入 25 万元建设呼叫中心系统,2005 年投入使用,可支持 12 个坐席同时在线接听。2010 年再投资 97 万元完成呼叫中心改造,可支持 60 个坐席同时接听,应答率由原来 87％上升至 96％。2005 年,建设立体配件仓库并构建配件仓库管理信息系统,下半年投资 240 万的配件仓库信息系统建设完成,于 2006 年 2 月上线。2009 年,投入 270 万元完成青岛基地北方配件仓库无线网络部署及信息系统改造,2010 年年初投入使用。

2009 年开始,上汽通用五菱年产突破 100 万辆。为提升整车仓储和物流能力,决定建设自有的整车仓储管理系统。2009 年立项实施,一期投入 430 万元,同年 6 月上线。2010 年 7 月,耗资 120 万元完成柳州基地和青岛基地仓储管理系统与安吉汽车物流仓储管理的切换。

2011 年,该公司投资 400 多万元完成 CKD 业务支持 IT 项目,整合财务会计/管理会计、销售与分销、物料管理等业务数据,实现对 KD 工厂生产运作的跟踪和与客户订单数据的交流。2012 年,建立全国维修数据快速分析预警系统,解决售后配件订单处理慢等问题,有效控制维修业务,降低成本。

六、数据集成平台

2007 年,上汽通用五菱利用中间件平台开展数据集成,并首先服务于柳州发动机工厂的建设。集成的数据主要包括发动机订单、下线、发运和主数据,实现制造质量信息系统(QCA＋)、物料管理系统(MGOC)、企业资源管理系统(SAP)的信息集成和数据流转,中间件平台基于美国通用体系的 SeeBeyond 平台 5。

2007年,为配合青岛分公司整车产能扩展,公司实施上汽通用五菱自有中间件平台建设,投资额330万。该平台基于WebMethod,定位为公司级集成平台,部署在柳州公司总部。平台建成后,站点生产物流应用通过专线与中间件平台互联,首次实现物料收发信息在物料拉动系统(MPS)和企业资源管理系统(SAP)的数据集成,保障料账统一。随后,该中间件平台运用于青岛基地发动机项目,发动机订单、下线、发运、主数据信息通过WebMethod平台,实现QCA＋与SAP之间的数据流转。2009年,投资117.5万元实施中间件高可用项目。该项目优化系统架构和平台基础设施,形成平台双机热备和负载均衡机制,计算存储能力得到提升。同年,该平台完成整车下线信息、售后索赔信息和财务信息等系统的集成。2010年,中间件平台完成整车下线、订单、发运指令、发运指令返回、供应商收车等信息在制造执行系统、整车扩展出厂物流系统、企业资源管理系统的数据集成,同时开展企业网银、采购价格审批、呼叫中心改造的相关数据集成工作。

2013年,进行SAP数据归档,以减少数据量到1.2T,减少程序运行耗时,系统反应时间至少缩短40％,备份时间至少缩短50％。

七、数据中心

2004年,上汽通用五菱成立隶属公司信息系统与服务部的基础设施与运营科,明确由该科负责数据中心硬件设备、平台软件、数据库和基础服务支持维护等管理职责。2006年8月,投资250万元建设柳州河西基地数据中心,2007年8月投入使用。2007年,分别投资405万元建设发动机数据中心、投资200万元建设青岛数据中心,发动机数据中心于2007年投入使用。2008年,青岛基地数据中心投入使用,年底又投资170万元对机房进行完善。

2004—2008年,共投资330万元用于购买数据中心新的服务器,对老服务器进行更换。建成的数据中心拥有服务器、存储设备、备份设备、网络等硬件设备。数据中心分为核心及广域网络区、Windows平台服务器区、专用设备区和机房等。2008年以后至2010年,青岛基地数据中心和河西基地数据中心又分别购买200万元和210万元的存储设备及存储管理软件。

至2010年,上汽通用五菱各数据中心服务器从2008年的200台左右增长到2010年的近400台,各应用的数据存储量也保持在8T左右,覆盖用户5 000余人。其建筑级别和服务器数量处于国内汽车行业数据中心的领先水平。

2012年,建立研发区域接入认证,保证TDC区域网络资源只能被合法授权设备使用,外部电脑不能接入TDC区域网络并无法访问公司资源,减少数据泄露的风险;引入统一通讯IP电话,解决工作远程多方沟通的问题;建立新的企业级数据中心。

第四节　上汽乘用车分公司信息系统

一、机构与制度

2004年4月,上汽汽车制造有限公司组成信息化工作组。2006年2月,上海汽车集团股份有限公司乘用车分公司(简称上汽乘用车分公司)成立信息系统部,下设应用系统科负责项目管理和需求开发,运行运维科负责信息系统维护和保障,基础设施科负责数据中心建设和为应用系统提供基础设施服务,该部共有28人。2010年,信息系统部下设运行维护科、应用系统科、应用开发科、数据中心及基础设施科、规划流程及内控科 5 个科,先后建立健全《系统运行管理流程和规范》《网络管理流程和规范》《工程软件管理流程和规范》《信息安全管理》等 20 个内控制度,6 个关键控制流程。2014 年 7 月,信息系统部组织机构进行整体更新发布,下设规划流程内控科、数据中心科、应用开发科、应用系统科、运维维护科,涵盖安亭、临港、浦口及 UK 的各大基地相关业务运作。至 2015年,该部人员增至 89 人。

2005—2010 年,该公司总投资 5.4 亿元,分 3 个档期实施数据中心、产品设计研发、产品制造及质量、采购与供应商、供应链与物流、营销和售后、人力资源等信息化项目建设,开发全生命产品数据管理平台(PLM)、全球物料清单管理平台(GBOM)、全球电子采购平台(E‑Gps)、供应链平台(SAP IS‑Auto)、集成的支持柔性生产的制造执行系统(iMES)、统一的营销和售后服务平台(DMS)以及统一的人员服务管理平台(eHR),支持公司经营管理。2011—2015 年,投资 4.6 亿元,完成知识管理系统(EKB)、NLE 系统、试验管理平台、SGE 系统、型式认证参数管理系统、总装工艺管理平台、材料数据管理系统、动力总成集中监控、软件负载均衡、制造领域移动终端应用、全新工作站管理平台、工厂级数据交互平台等多个项目的建设。

二、产品全生命周期(GBOM)系统

2007 年年底,上汽乘用车分公司启动的产品全生命周期 BOM 数据(GBOM)项目是重要的关键性 IT 项目,成为该分公司信息化建设主要特点。该项目采用产品软件结合自主开发模式实施,投资 1 500 多万元,2008 年 10 月上线运行。该系统自主设计建立配置管理模块,主要模块包括零部件主数据维护模块和 BOM 多视图管理模块、车型配置管理模块、变更控制模块等,覆盖产品工程、生产制造、产品销售全过程,实现产品全生命周期 BOM 数据全局集中管理,有效支持公司多研发中心、多制造基地的业务模式。2013 年 4 月,投资 630 万元启动企业 BOM 数据源系统(POPBOM)建设项目,整体替代原先西门子 TCBOM 产品,系统包括工程 BOM 维护、售后 BOM维护、车型配置解析三大模块,采用自主 SAFE4J 开发框架,灵活适应未来 BOM 管理业务需求;5月,基于 GBOM 系统进行 MBOM 管理改造,迈出乘用车分公司 BOM 管理系统平台模块化的第一步。

上汽乘用车分公司自主研发、版权所有的 GBOM 系统,处于国内汽车行业领先地位,并获得重要奖项。基于该项目的《面向产品全生命周期管理的 GBOM 系统》获上海市经信委、市科委、市国资委联合颁发的 2009 年度优秀成果奖;《上海汽车产品工程开发数据管理与全局 BOM 管理系统》获 2010 年度中国汽车工业科技进步奖二等奖;《上汽产品数据发布过程管理软件 V1.1(iMES)》被评定为 2010 年度上海市推进信息化与工业化融合示范项目,并获 2010 年度国家版权局计算机软件著作权登记证书。

三、SAP 信息系统

2004 年 4 月,上汽汽车制造有限公司开始实施产品制造信息化项目建设,总投资 5 500 万元,产品选型确定为 SAP 公司 R/3 系统解决方案。2006 年 5 月,该公司本部、仪征整车厂、宝山发动机厂信息系统一期项目立项实施,投资 623.8 万元,12 月上线。该系统设立销售和分销、财务和控制、物料管理、生产控制、生产控制主数据 5 个模块,覆盖 96 个业务流程。

2007年8月,上汽乘用车分公司临港发动机厂SAP项目立项,投资400万元,12月建成投入使用。该项目包含销售和分销、财务和控制、物料管理、生产控制4个模块,覆盖74个业务流程。2008年2月,该分公司临港整车厂SAP项目启动,投资1380万元,9月投入使用。该系统包含销售和分销、财务和控制、物料管理、集成产品和工艺工程、APO需求计划和生产计划6个模块,覆盖77个业务流程。与乘用车以往实施的SAP项目相比,该项目应用先进的SAP IS-AUTO解决方案,通过iPPE(集成产品和工艺工程)精确定义汽车产品结构、工艺路线结构及工厂布局,可实现精确到分钟的物料需求计算,并实现与产品工程系统(PDM)的集成,大大提高了运算速度。

2008年11月,南汽集团MG投资1000万元启动SAP项目。2009年8月,系统上线。该系统也采用SAP IS-AUTO解决方案,涵盖整车、发动机制造、配件管理三大业务,包含与临港基地SAP项目相同的6个模块,覆盖业务流程达90个。2010年4—9月,投资296.4万元在中国和英国两地同时实施IP22 SAP项目(SAP供应链系统),英国长桥基地实施SAP IS-Auto解决方案,项目包括整车销售管理、售后配件管理、生产计划与物料需求、生产制造执行、采购管理、零件管理、财务会计与管理会计等模块,覆盖业务流程95个。

2013年4月,上海汽车集团股份有限公司和泰国正大集团共同投资在泰国成立上汽正大和MG销售公司,并在泰国建设1个生产工厂,投资930万元在泰国当地实施SAP项目,12月该系统上线。至2015年,上汽乘用车SAP系统集群已经覆盖上汽乘用车分公司和南汽集团2个本部,上汽乘用车和英国长桥2个技术中心,上海临港整车及发动机、南京浦口整车及发动机、英国长桥整车、泰国合资工厂4个制造基地,覆盖1000余用户。

四、产品研发信息系统

上汽乘用车分公司产品研发由上海汽车技术中心承担并与其一体化运作。2006年4月,该中心投资500万元建设PDM产品设计和发布工程系统,11月投入运行后,完成荣威750整车CAD数据和工程BOM导入,并首次从系统中将工程数据发放到支持采购、工艺、生产、制造的ERP系统。2007年,PDM系统开始在技术中心沪外境外基地部署,同年8月投资220万元用于上海汽车英国技术中心,与上汽技术中心系统同步交换数据,12月扩充CAD集成功能。2008年11月,投资280万元启动上海汽车南京技术中心PDM系统改造。2009年5月,投资1200万元完成临港基地PDM系统升级版上线运行。2013年3月,投资320万元完成PDM系统第2次升级,2014年1月上线,升级后的系统有效改善系统性能和用户体验。2014年6月,集成CATIA数据检查工具,建立CAD质量合规检查规范,提升数模设计交付质量,为技术中心1100名研发工程师提供云端图形化硬件资源723台高性能计算节点86个、1320核计算能力,支持中国上海、南京和英国长桥两国三地技术中心同步协同开发,实现荣威、MG双品牌九大整车平台30多款车型、四大发动机平台10多款机型的产品数据管理,累计数据容量4TB。

2007年,该中心投资2000万元扩充CAD设计软件,提高数字化设计能力。至2010年,累计增加设计建模软件329套、图形工作站424台,支持800多名研发工程师数字化设计。同时,投资254万元实施CAE高性能计算集群项目。至2010年3月完成两期建设,平均每天有190个计算作业在平台完成,支持近90名CAE工程师虚拟仿真高性能计算作业。2008年,投资3570万元建立应用于两国三地技术中心协同设计的虚拟工程平台,通过系统完成七大平台30多个车型虚拟仿真分析任务,整车研发从原先36个月缩短到18~24个月,试验样车数量明显减少。2013年9月,启动高性能计算扩容项目,有效提升高性能计算规模和能力,减少20%作业排队,满足280名CAE工程师的仿真计算。

2010年12月,该中心投资820万元建设乘用车知识管理一期项目,包括企业知识银行(EKB)系统、设计导航系统(DGS)两个系统,2011年8月上线运行。EKB一期项目以车身部、工程质量部为试点,包括研发知识管理、企业标准与规范、项目交付物等主要模块,奠定企业知识管理战略基础,包括知识管理的指导原则、组织运营、内容技术、流程制度、考核激励、文化氛围等。2012年2月,投资450万元启动二期建设,11月上线运行,系统覆盖到车身和标准网以外的21个部门。2013年4月,投资480万元启动EKB三期建设,年底完成,覆盖制造和质保两大领域,形成EKB一级部门可配置功能和流程模板。

2011年,技术中心投资1200万元建设嵌入式软件开发平台(SDMP),先后于7月和12月完成两期工程建设,在所属机构全面建立包括需求管理、配置管理、变更管理三大模块以及模块之间的业务流程深度集成的SDMP平台。

2011年7月,投资100万元启动试验数据管理(TDM)系统一期项目,2012年3月上线,支持动力总成21个试验室试验业务和数据管理。2014年12月,投资390万元启动二期建设,2015年11月上线运行,建立统一的试验业务和数据管理体系和管控平台,有效支持11个试验单体形成完备的资源配套、综合应用能力。2015年1月,投资143万元启动动力总成试验集中监控平台项目,有效支持动力总成21个耐久和零部件试验室与12个性能试验室的台架试验和运行监控。

2014年6月,投资280万元启动乘用车材料数据库项目。2015年6月,建成企业材料数据管理系统(MDS),支持材料开发认证、零件开发选材、材料使用追溯,奠定了未来与国际材料IMDS库和国家材料CMDS库对接的基础。

五、产品制造信息系统

2005年年底,上汽汽车制造有限公司仪征基地开始规划制造执行系统,项目投入1000万元;2006年5月,项目启动;2007年1月,系统上线。该系统分为生产、物料、质量和系统4个管理模块,覆盖业务流程23个。

2007年,上汽乘用车分公司投入2000万元在临港基地整车和动力总成项目中建设制造执行信息系统。2008年1月,项目启动;8月,系统上线。该系统统一构建生产设备监控、车体自动识别、车体缓冲区路由控制、质量暗灯、物料暗灯等子系统,覆盖业务流程40个,不同部门不同流程形成统一业务语言和建模语言,为公司系统群建设提供标准可配置清单。系统上线后支持荣威550生产,包括支持生产节拍由初始23JPH上升至40JPH,生产车型从1个平台上升至5个平台,整车厂最高每周生产6天每天10小时和发动机厂最高每周生产6天每天24小时。

2009年1月,南京汽车集团公司投入1000万元建设南京浦口基地新系统,8月上线,用户覆盖业务流程43个。该系统在临港系统基础上,新增委外加工管理和进口件开箱管理等物料管理功能。在生产控制方面,新增多产线支持,系统功能配置更加灵活。系统上线后1年内,又完成浦口系统与临港系统版本统一,为两个基地业务统一运作提供信息基础。该系统是企业级业务流程模型应用典型案例,其实施方案被确定为2010年度上海市推进信息化与工业化融合示范项目,并获2010年度中国国家版权局计算机软件著作权登记证书。该系统上线后,支持原有MG7、MG3等车型生产平稳过渡,特别是支持荣威350车型大规模生产,经受长时间每周6天每天22小时翻班生产的考验。

2010 年,上汽乘用车分公司投入 100 万元恢复英国长桥基地生产,制造执行系统开始走出国门。同年 4 月开始实施,11 月上线,系统用户 15 个业务流程。针对长桥基地实际生产规模,该系统没有简单复制国内系统,仅保留生产控制和质量管理等必要功能模块。同时系统开发平台从原来重量级 J2EE 平台切换为轻量级 NET 平台。

至 2010 年,上汽乘用车分公司各制造基地制造执行系统可用率始终保持在 99.96% 以上,各基地内部核心用户达到 200 余人,覆盖物料供应商和承运商达到 2 000 多家。

2012 年 3 月,投入 300 万元对制造执行系统逻辑及代码进行优化。2013 年 1 月,系统上线,满足 60JPH 两班生产的压力要求,支持临港和南京基地 5 个平台每周 6 天、双班 60JPH 节拍的生产。

2013 年 3 月,投入 600 万元启动临港基地动力总成 NLE PTMES 制造执行信息系统建设,12 月,系统上线,覆盖生产计划、质量追溯、生产监控和分析和物料管理等业务,覆盖业务流程 40 个,支持 NLE 发动机生产,含缸体线、缸盖线、曲轴线、凸轮轴线以及装配线,最高每周生产 6 天每天 24 小时。

2014 年 3 月,投入 800 万元启动临港基地新发动机工厂 SGE PTMES 项目和 PTMES(动力总成生产执行系统)回推项目建设;2015 年 4 月,系统上线,支持上汽乘用车临港和浦口基地 NSE、NLE、SGE 多款发动机大规模生产。

2015 年 4 月,启动南京浦口基地启动制智能制造应用平台建设,11 月上线。该平台首次将互联网＋、安卓平台与生产制造相结合,覆盖生产、物流、质量、运营四大领域业务,实现物流单据电子化、用户交互移动化、车间无线网络全覆盖。

六、采购信息系统

2009 年,上汽乘用车分公司投资 79 万元开发采购业务内部电子申请和审批系统,包括运营、开发、投资 3 类费用申请流程、节点审批金额管理、预算计算和预算控制、流程分类查看和查询、基础数据管理和配置、基础权限管理和外部数据接口等模块。同年 9 月完成开发在安亭基地部署,11 月和 12 月先后完成浦口基地和英国长桥基地推广,实现采购单审批流程电子化和无纸化、采购申请功能条线统一、操作可记录可追踪及预算有效控制。

2009 年 7 月,采购信息化项目立项并启动一期项目建设,项目投资 1 000 万元。信息系统部成立电子采购平台开发团队,利用原有自主开发电子采购平台系统,开发生产采购、一般采购、竞价与标价等 3 个业务流程体系。其中生产采购流程包括网上定点计划、潜在供应商评审、RFQ 准备及发放、报价和谈判、JSC 推荐定点,以及新项目管理和跟踪,采购成本控制与合同管理、模具管理等功能;一般采购流程包括采购申请线上分发、供应商推荐和技术评审、RFQ 准备及发放、报价和谈判、JSC 推荐定点、合同和订单管理,采购执行跟踪等功能;竞价与标价流程包括招标采购在线竞价功能。2010 年 6 月,系统上线运行。至 2010 年年底,该系统注册用户包括采购、财务、技术中心等内部用户以及外部供应商,用户超过 6 500 名。

2010 年 11 月,投资 450 万元实施电子采购平台二期项目,2011 年 12 月上线,该系统串联和跟踪零部件采购和质量管理两条主线,将 APQP(零件先期质量控制)流程纳入电子采购平台统一管控,保障采购部与质保部对供应商的联合管控。

至 2015 年,该系统在上汽集团总部以及上汽乘用车分公司安亭、南京、英国基地覆盖 50 个部门200功能点,拥有8 000个用户。

七、营销服务信息系统

2006年上半年,上汽乘用车分公司投资348万元启动市场营销信息系统建设。同年年中,呼叫中心开工,耗资140万元,可支持20个坐席同时在线接听。2007年1月,市场营销信息系统于荣威750轿车上市前完成建设上线运行,该系统包括整车销售、售后业务在线支持、售后技术在线支持、维修站现场业务管理、配件进销存管理、配件电子目录管理等6个子系统,初步形成比较完整的营销服务IT系统。2008年8月—2009年1月,投资30万元完成系统升级,车辆调拨由人工逐辆手动提升为按要求自动分配执行。同时,呼叫中心系统投资70万元进行升级,全面优化工单和话务管理,并增加坐席组长通过业务报表对各坐席工作情况进行分析评估的功能。

2008年9月,投入400万元完成与南京基地对接的市场营销信息系统整合工程。该系统对整车销售及售后业务的支持更为全面完善,MG销售业务纳入系统管理,增加待销车辆公共资源和促销资源管理及相应的call(车辆管理与考核),新建全新自主开发的潜在客户管理系统,实时接口配件订单管理功能和SAP系统,形成上汽乘用车营销服务IT系统特色。2010年2月,投资190万元启动实施UK系统(英国营销系统)建设项目,年底,项目完成。

上汽乘用车分公司市场营销信息系统自2007年1月投入使用后至2010年,经销商从66家增加到252家,用户从800个上升到3 500个,整车销量从3 000辆上升到15.7万辆,配件供应和索赔业务也同步上升。为确保系统持续稳定有效运行,系统上线初期,投入12个供应商5×8小时对系统运维监控,确保紧急系统问题2小时内解决,一般问题1天解决。2008年,建立一支7×24小时一线运维团队,全天候收集解决用户系统问题。随着系统维护逐渐完善及用户操作日益熟练,供应商运维团队人数从2007年12人减少到2010年6人,但系统稳定运行时间始终保持在99.6%以上。

至2010年年底,市场营销领域系统已逐渐由一套移植的包含基本市场营销功能的系统,发展成了全球化、完整的,具有上汽乘用车特色的DMS系统,可全面支持面对渠道的国内市场及海外市场的业务开展。

2012年,该分公司建立自主建立车厂与车主的在线沟通系统customer porta,该系统具有在线预约维修保养、配件供货、索赔审核、质量报告管理、维修手册在线查阅功能。2013年,将市场营销管理系统覆盖至泰国市场,并针对当地营销特点作针对性功能调整和多语言(泰语)开发。同时,市场营销管理系统针对新业务开发新功能,每年每个子系统有3~4个新版本发布,如UK配件业务管理、三包管控、PIN码自动答复、多展厅、二级网点业务拓展和管理、UK二手车管理、最低限价管理、申报管理、COOP优化、库存预警、资金占用分析、新能源补贴申请、集团专用车管理、油漆订单管理、新索赔工时管理等。

八、计算机数据中心、车载信息服务

【计算机数据中心】

2007年3月,位于上海安亭安研路201号上汽技术中心内的上海汽车集团股份有限公司数据中心开始施工。项目实际投资3 000万元,建筑面积1 000平方米,其中主机房380平方米。同年

11月，成立隶属上海汽车信息系统部的安亭数据运行中心管理科，主要业务分系统平台、软件平台、通信网络3个功能板块，同时明确公用动力设施、硬件设备、平台软件、数据库和中间件、基础服务、应用系统支持维护等6项运维管理职责。

2007年12月，该项目竣工投入使用，开始为上汽总部、上汽乘用车分公司和上汽技术中心的日常办公、业务运作、工程建设等提供服务，同时为集团下属企业提供有关服务；上南合作后进一步为上汽乘用车分公司和上汽技术中心的南京基地、英国长桥基地服务；2010年1月，开始为上汽商用车体系提供服务。至2010年年底，覆盖用户5 000人。

该数据中心运行以后，数据存储量从2007年的10T，增长到2008年的30T、2010年的100T、2015年的2PB，9年增长204倍；服务器数量从2007年的100台，增长到2008年的200台、2010年的500台、2015年的2 400台，9年增长24倍；网络设备从2007年150台，到2014年2-2园区设备数量增长至300余台，网络速度随着需求发展，设备数量大幅增长，从千兆网提升至万兆网，用户办公满足千兆桌面万兆上行。在应用集成、认证领域为800余个使用场景提供服务。至2015年，建筑级别和服务器数量处于国内汽车行业数据中心的较领先水平。

【车载信息服务】

2008年年初，上海汽车集团股份有限公司立项实施inkaNet项目，即3G智能网络行车系统。该系统采用"三屏一云"理念，涵盖安防、控制、监控、导航、娱乐等领域，主要功能包括导航及车载本地功能、语音识别、车辆救援、保养提醒、出行计划、经销商信息、路书导航、绿色出行、信号灯故障说明、应用商店、一键服务、车载收件箱、车辆状态查询、车辆报警、车辆远程控制等功能，为车主提供车机端、手机端、网站端一致的服务体验。该系统的车载通信模块（TBOX）和车载导航主机（AVN）由上汽技术中心电子电器部牵头开发，后台系统和服务包括管理平台、网站终端、手机终端、应用和服务集成等由上汽信息系统部牵头开发。2010年3月，系统发布实施并取英文名"InCarNet"，产品覆盖荣威和MG两个自主品牌，首先应用在荣威350车型上。2015年11月，上海汽车集团股份有限公司和阿里巴巴集团联合投资成立斑马网络技术有限公司，开始打造互联网汽车。

第五节　上汽大通信息系统

一、机构与制度

2010年1月，上汽LDV项目组成立信息化工作小组。2011年3月，上汽商用车有限公司（简称上汽商用车）和上海汽车集团股份有限公司商用车技术中心（简称上汽商用车技术中心）信息系统部实行一体化管理，下设应用系统科、基础设施科和系统运维科，人员58人。上汽商用车信息系统部先后编制实施《信息安全管理》《系统运行管理流程和规范》《信息资源管理流程和规范》等内控制度文件。至2015年，上汽大通汽车有限公司和上汽商用车技术中心信息化总投资约1.6亿元。信息化建设经历了两个阶段：

第一阶段（2010—2012年）：以复制上汽乘用车分公司业务模式、系统架构和流程为主，先后实施全生命产品数据管理平台（PDM）、全球物料清单管理平台（GBOM）、供应链平台（SAP）、集成的支持柔性生产的制造执行系统（MES）、统一的营销和售后服务平台（DMS）以及统一的人员服务管理平台（eHR&Portal），支持公司经营管理。

第二阶段(2013—2015年)：基于商用车业务特点,进行部分系统改造和优化,包括订单管理项目(OMS)、适应商用车业务的 BOM 系统改造、支持特改业务的 SVO 系统等。

二、SAP 信息系统

2010 年 6 月,上汽商用车投资 980 万元开始实施产品制造信息化建设,产品选型确定为 SAP 公司 R/3 系统解决方案;2011 年 2 月,系统上线。该系统设立销售和分销、财务和控制、物料管理、生产控制、生产控制主数据 5 个模块,覆盖 75 个业务流程。

上汽商用车和上汽商用车技术中心投资 200 万元,于 2013 年 9 月启动 SAP 系统建设,系统涵盖上汽商用车技术中心、上海内燃机研究所、上海机械工业内燃机检测所、上海华力内燃机工程公司 4 家公司,12 月上线,覆盖财务和控制、销售模块,涉及总账核算、客户、供应商和固定资产明细账核算、项目管理及核算、费用核算以及一般采购业务。2014 年 12 月,上汽商用车投资 140 万元针对特改车业务实施 SAP 系统改造,更新建立财务和控制、物料管理、生产控制、生产控制主数据 4 个模块。

三、产品研发信息系统

上汽商用车产品研发由上汽商用车技术中心承担并一体化运作。

2008 年 7 月,该技术中心投资 1 450 万元开始建设 PDM 产品设计和发布工程系统,包括集成、零件设计与发布、设计变更管理、多站点协同、整车配置管理、零件分类管理、可视化数字样机、下游系统接口等 8 个功能模块。2009 年 3 月,项目投入运行,规范优化产品开发流程,缩短产品研发周期,实现对商用车所有车型多种格式研发数据的管理,实现与南汽研究院等分部的协同设计开发,实现与各类生产管理系统(SAP 等)接口,保证数据能够有效准确地从 PDM 向下游系统传递。2010 年,完成 V80 车型研发数据导入,商用车工程设计、数据发布及工程更改全部在该系统中实施。

同时,该技术中心累计投资 6 000 万元扩充 CAD 设计软件,增加设计建模软件、Alias、RTT 等造型设计和虚拟现实仿真软件,提高数字化设计能力;累计增加设计建模软件 350 套、图形工作站 1 000 多台,支持 1 500 多名研发工程师数字化设计;高性能计算节点 768 核计算能力,含配置碰撞、NVH(噪声、振动与声振粗糙度)、CFD 流体(计算流体力学)、发动机等多学科求解器,支持技术中心同步协同开发,实现从 V80 宽体轻客、G10MPV、T60 皮卡、D90 SUV、新能源等几大整车平台多款车型的产品数据管理,累计数据容量 6TB。

2011 年,上汽商用车投资 600 万元建设符合商用车特点的 GBOM 系统。该系统是商用车所有BOM 的核心管控平台。通过与 PDM 的紧密结合,支持 CAD 数据设计、数模管理、图纸、SOR,工程BOM、Super BOM、BOM 多视图管理等功能的全程管理。打通研发和生产、研发和市场的业务流。

2015 年 7 月,投资 600 万元建成特改业务系统建设,该系统建有市场、工程、制造和物流 4 个模块,成为业内第一个支持批量和定制化的 IT 应用系统。

四、产品制造信息系统

2010 年 5 月,上汽商用车投资在无锡建厂,上汽乘用车分公司支持上汽商用车无锡工厂 MES

系统建设;2011年年初,系统上线。该系统分为生产、物料、质量和系统4个管理模块,涉及无锡工厂制造、物流、质量、制造工程4个部门以及物料供应商和承运商,覆盖业务流程23个。系统运行后,支持无锡工厂V80每天15节拍的生产。

至2015年,由上汽商用车更名的上汽大通汽车有限公司各制造基地制造区域各应用系统可用率始终保持在99.96%以上,各基地内部核心用户达到200余人,覆盖物料供应商和承运商达到1000多家。

五、采购、营销服务信息系统

【采购信息系统】

2010年,上汽商用车通过2年业务功能增强迭代完成商用车板块采购业务的无纸化系统,覆盖用户约2000人。系统包含采购申请、验收申请及固定资产申请等采购及财务条线审批,实现采购预算实时控制和多地统一流程操作。

【营销服务信息系统】

2011年,上汽商用车投资350万元启动市场营销信息系统建设。同年年中,呼叫中心开工建设,可支持多坐席同时在线接听。2011年10月,市场营销信息系统在上汽乘用车分公司支持帮助下上线部署,该系统包括潜客管理、整车销售、售后业务在线支持、售后技术在线支持、维修站现场业务管理、配件电子目录管理等6个子系统,初步形成一套比较完整的营销服务IT系统。

2013年,适应商用车海外售后业务快速增长,上汽集团信息系统部开发实施海外售后网络系统,实现售后订单索赔、配件管理、质量报告信息发布等功能线上操作。2014年,开发实施改装业务流程全业务链在线化的系统。至2015年,市场营销信息系统稳定运行时间始终保持在99.6%以上。

六、计算机数据中心

2006年10月,位于上海市杨浦区军工路2500号上汽商用车技术中心数据中心项目建设开始施工,2007年3月竣工投入使用。数据中心建筑面积100平方米,其中主机房80平方米,实际投资300万元。

该数据中心定位为上汽商用车中心机房。2010年1月,上汽商用车成立军工路数据运行中心基础设施科,内部分系统平台、软件平台、通信网络3个功能板块,同时明确公用动力设施、硬件设备、平台软件、数据库和中间件、基础服务、应用系统支持维护等6项运维管理职责。2010年7月,上汽商用车无锡制造基地机房建成,建筑面积120平方米,其中主机房90平方米。

第六节　其他整车企业信息系统

一、南京依维柯信息系统

【机构制度】

1996年南京依维柯汽车有限公司(简称南京依维柯)成立后,即设立计划信息部承担信息化管理职能,该部人员 5 人。2006 年 1 月,该部更名为信息管理部,下设系统开发科、网络技术科和系统运行保障科,人员 12 人。2010 年,信息管理部人员增加到 18 人。至 2010 年,该公司先后建立健全《IT 项目管理控制流程》《IT 服务支持流程》《IT 用户权限管理管理办法》《信息安全管理制度》和《数据中心机房管理办法》等 30 个信息管理的内控制度以及 6 个关键控制流程。2012 年,信息管理部 IT 业务板块由 3 个科室整合为应用系统开发科、系统运维科 2 个科室,人员 29 人;2015 年,IT 人员 28 人,设信息管理部副总监 1 人、高级经理 1 人、经理 4 人。

南京依维柯信息化首先建设基础设施,1999 年启动实施覆盖财务、采购、仓库、产品可配置等业务的企业信息资源管理系统(BPCS),同时实施 OA 办公管理系统。2001 年及以后,陆续实施制造管理(MES)、仓库管理(WMS)、整车销售管理、配件销售管理、售后服务管理和采购管理等信息系统。2006 年跃进品牌进入企业后,逐步将信息系统在跃进产品平台推广实施。2007 年完成企业信息资源管理系统和采购管理系统的推广实施,2008 年完成制造管理、仓库管理、整车销售管理、配件销售管理和售后服务管理等系统的推广实施。2010 年,升级 OA 办公管理系统,提高办公效率。

【制造信息系统】

2003 年年底,南京依维柯投资 30 万元启动制造执行系统(MES)项目,2005 年 5 月完成上线。系统分为生产、物料、质量和系统 4 个模块,用户覆盖黑墨营依维柯整车生产基地采购、制造、物流、质量和制造工程 5 个部门,以及黑墨营基地物料供应商。系统上线后支持得意、都灵和宝迪等产品的生产,生产节拍由初始 6JPH 上升至 10JPH。该系统作为企业建设标准的雏形,为日后其他制造基地信息系统建设积累经验。2005 年年底,投资 60 万元启动车桥公司和发动机公司制造执行系统建设;2007 年 5 月,系统上线。同年 6 月,投资 42 万元启动第一总装厂仓库管理系统(WMS)建设。2007 年 10 月—2008 年 10 月,公司投资 85 万元实施第一车身厂和第二车身厂制造执行及仓库管理系统开发,该系统一大特点是建立实时型的生产、质量、物流、数据管理控制体系,更有针对性地提升生产和质量水平,满足柔性化制造和精益生产需求。2008 年 7 月,投资 45 万元启动旅行车分公司仓库管理系统建设并于同年 11 月系统上线。2008 年 10 月,投资 35 万元启动变速箱分公司制造执行及仓库管理系统建设,2009 年 1 月系统上线。该系统在黑墨营系统基础上,新增车辆生产控制管理,实现车辆和订单精确跟踪定位;新增多产线支持,系统功能配置更加灵活,使各个子系统形成一个整体。2011 年,完成旅行车分公司制造系统建设,提高旅行车分公司的制造业务管理水平,投资 30 万元。2012 年,投资 20 万元,完成依维柯总装、依维柯车身 MES 系统联动排产集成优化,使依维柯总装车身的信息系统融为一体。同年,完成跃进总装厂 MES 的升级,投资 20 万元,增强了对跃进总装现场采集业务的管理。2013 年,投资 45 万元,完成成本核算分析功能整合优化和依维柯 MES 正向发料功能优化,提升依维柯制造成本管理的精细度。2014 年,完成物流配送系统优化支持、全场所 MES 追溯模块优化及按小时投料系统支持,进一步提升了制造管理水平。

【采购信息系统】

2007 年 6 月,南京依维柯信息管理部成立采购平台自主开发团队,主导和管控采购平台需求、设计、开发、测试及全过程。至 2008 年 10 月,系统完成上线,投资额 50 万元。该平台以采购件数据和供应商数据为核心,协调规范采购、财务、物流、工程、质保等业务,增强协同效率。主要功能包括采购开发工程师选点和确认、SQE(供货商管理)工程师提交要求通知书、零部件检查、生产准备、小批量换装和投产通知等,并可进行价格配比维护、账务管理和年度订单管理。采购管理平台实现南京依维柯生产采购业务流程的电子化。2010年1月,投资10万元启动供应商门户项目。项目覆盖所有生产采购供应商,并与采购管理、财务、生产制造等系统对接,在线发布供应商关心的订单、结算、质保、库存和生产计划等信息。同年10月,系统上线使用。在此基础上,投资25万元建设一般采购电子流程,将归口部门审核、财务控制、公司领导审核、采购实施、JPC(采购委员会)决议等环节串联起来自动流转,形成规范的采购工作流程。自此之后,采购信息系统的运行趋于稳定,2012年11月,为了进一步规范采购开发的业务,提高业务协同效率,公司投资10万元,样件认可和PPAP流程正式上线。2014年12月,为加强采购业务向下流业务部门的输出的工作效率,投产通知流程正式上线。

【营销服务信息系统】

2005年,南京依维柯投资200万元建成市场营销系统(DMS系统),基本功能包括整车销售、配件销售和售后服务。2007年4月—2008年1月,该公司建成拥有4个坐席的呼叫中心系统。2009年10月,公司开始建设新的营销信息系统(DMS系统),规划投资358万元,计划于2011年10月完成。该系统取代老的电子商务系统,最大限度利用信息系统开展整车和配件销售、售后服务、营销活动等业务。至2010年,市场营销系统用户约4 000个,包括公司内部用户、经销商用户、服务商用户等,系统稳定运行时间始终保持在99％以上。2011年,投资146.7万,新增发动机售后、与PDM接口模块并实施工程车DMS系统,填补了业务空白。同年,完成旅行车分公司底盘售后服务系统项目验收、发动机分公司售后服务系统上线运行和运维技术支持及若干DMS系统需求变更,投资70万元,进一步巩固了DMS的稳定运行。2012年,完成了EPC系统的建设,使经销商可以在网上查询NAVECO的配件信息,投资30万元。完成工程车事业部DMS的系统建设,增加了DMS系统NAVECO的覆盖,投资30万元。2013年,投资75万元,完成整车销售预测管理功能开发与实施、基于DMS的手机移动平台应用开发(销售报表、数据分析等)资金与提货计划并线运行管理功能开发与实施、配件要货计划功能开发与实施及与DMS系统与BPM平台审批流程信息集成。2014年,完成促销管理系统模块建设、经销商自主付款计划系统管理,投资20万元。2015年,完成特改评审在跃进平台推广实施工作、提货计划转订单功能优化及配件管理模块、配件物流状态跟踪和到货确认功能优化,实施"日历订单"和"安全库存"提醒功能,投资30万元。

二、上汽依维柯红岩信息系统

【机构制度、主要信息平台】

上汽依维柯红岩商用车有限公司(简称上汽依维柯红岩)于2007年6月成立时即设立信息部,员工17人,下设系统应用处和基础构架处。2015年,该部人员增至31人。公司制定实施的信息管理内控制度主要有:《IT设备使用管理制度》《计算机网络管理制度》《数据安全管理》《应用系统权限维护》《应用系统开发管理》《SIH电子文件管理制度》《信息系统规划》《信息资源管理》《应用系统权限维护》《IT运维规范》等。

2007年8月,上汽依维柯红岩开始建设信息平台,2009年1月完成,总投资6 177万元,主要建设内容包括计算机网络和语音电话综合布线工程、拥有2 000点(双孔)信息点的网络布局、一卡通管理系统、安全防范系统、容量900门的程控交换机系统、多媒体会议系统以及计算机中心机房等。

【主要信息系统】

2007 年,上汽依维柯红岩启动建设销售服务信息系统。同年 11 月,开始建设配件管理系统(VEI),2008 年 6 月完成上线。2008 年年初,整车物流跟踪系统开始开发,8 月完成上线。该项目为公司与经销商、维修站计划订单处理与技术支持提供平台。在此基础上,公司开始构建包含车辆管理系统(VMS)、经销商管理系统(DMS)、三包服务系统(WPM)3 个模块的市场销售服务管理系统。同年 9 月,车辆管理系统和三包服务系统启动开发,投资 870 万元。2009 年 9 月,车辆管理系统上线。2011 年,三包服务系统和经销商管理系统分别上线。

2008 年 9 月,该公司投资 242 万元开始实施产品研发与技术管理系统。2009 年 9 月,系统上线。该系统主要参考意大利依维柯公司产品研发所用的电脑软硬件架构,以 IVECO PRP(产品数据管理平台)系统和三维绘图软件 CATIA 支撑产品研发设计,并通过依维柯公司全球通讯高速网络与技术母厂研发中心作图面技术交流。系统覆盖所有产品技术的开发、设计和变更的应用与管理,尤其强调系统信息数据对技术母厂与供应商的上下整合联系。

2008 年 9 月,上汽依维柯红岩投资 2 400 万元开始实施以意大利依维柯商用车业务模型为参考的 ERP(企业资源计划)系统。该系统采用全球最大的 ERP 公司 SAP 的 ECC6.0 系统,并结合本地化需求进行开发。系统内容包括销售、生产计划及排产、物料计划及物流仓储管理、财务及成本管理、售后服务管理等所有主营业务流程。该项目为上依红信息化建设的里程碑,2010 年 10 月完成所有业务模块的部署。

2011 年 3 月,SAP 售后系统上线;4 月,配件管理 DMS 管理上线;6 月,E-HR 二期上线;10 月,整车 DMS 一期部分经销商上线;11 月,SAP 投资项目管理模块上线;12 月,售后 CSBOM(售后运作管理系统)及发布系统上线。2012 年 1 月,双桥基地 SAP 上线;3 月,DMS 第二期所有经销商全面上线;7 月,车型销售区域专卖授权模块上线;8 月,文档及知识库共享平台建立,图纸加密系统完成;11 月,配件公司财务 SAP 上线。

2013 年 1 月,LES 冲压焊接涂装上线;2 月,技术中心 E-Timesheet 上线;5 月,依维柯出口车接口平台建立、公司管理文件体系整合、旧件物流中心库模块上线;7 月,LES 底盘总装生产功能上线;10 月,LES 底盘总装物流功能上线。

2014 年 9 月 PM 上线;10 月,金融支持系统上线、数据仓库上线,SGQ(质量管理系统)、SQP(产品质量管理)上线;12 月,车辆网一期系统上线。2015 年 1 月,车桥公司 SAP 项目上线;10 月,PDM-TEAMCENTER 系统上线。

三、上海申沃客车信息系统

2002 年以后,上海申沃客车有限公司(简称上海申沃客车)每年投入约 200 万元,建成客户端操作系统、服务器操作系统和电子邮件系统。公司还采用微软平台 asp. net 开发技术,完成 PDM 产品数据管理系统、LDS 本地经销商系统、物流仓库管理系统等信息化软件。在工作层面将 ITIL(信息技术基础架构库)理论引入实践,针对项目不同阶段设定项目立项、项目管理、项目变更、系统上线等流程,形成完善的规范的企业 ISO 信息化管理制度。

2003 年年初,上海申沃客车投资 50 万元建设 PDM 管理信息系统。该系统采用微软平台 asp. net 开发技术,形成技术图纸管理系统,强化客车产品资料管理,缩短产品研发时程。该管理系统上线使用在国内客车行业中处于较领先水平。2007 年,该公司以 SQL2005 为后台数据、以 BS

架构为前端,对 PDM 进行升级,供用户进行访问,提高用户体验度和系统兼容性。

2011 年,上海申沃客车与欧科佳(上海)汽车电子设备有限公司合作建立新能源客车远程监控平台,对申沃现有车辆进行实时远程监控,上传相关数据,触发必要报警,为申沃新能源客车的安全运行保驾护航。2013 年,上海申沃客车 IT 自主开发车辆信息管理平台(SCC),主要功能覆盖车辆基础信息、车辆维修信息、客户信息、供应商信息、合同归档等功能。车辆信息管理平台成为该公司主要整车信息数据输出来源。同年,上海申沃客车投资 60 万元对 AD、邮件服务器进行系统版本及硬件升级,保障 IT 基础架构运维工作。

2015 年,上海申沃客车投资 50 万元建立维修信息公开系统,向客户公开整车零配件维修的相关信息,满足汽车制造准入标准及法律法规要求。同年,投资 50 万元建立 BPM 系统平台,上线费用申请及报销流程,实现部分流程电子化。

第七节 其他主要信息系统

一、华域汽车信息系统

为建立信息系统管理平台,推动公司标准化运营流程管理。2009 年,华域汽车系统股份有限公司(简称华域汽车)发布计算机信息系统管理内控制度。该制度涵盖信息安全管理、信息变更管理、信息资源申请、使用及日常维护管理等信息系统管理的各个方面。2015 年,华域运行控制部信息系统科有 10 人。

2010 年,华域汽车启动运营管理信息系统(OMS)项目建设,投资 833.7 万元。该项目将 25 家直管零部件企业的 44 个各类表单,按目标系分解为人事、质量、财务、体系、投资、供应链、技术工程、综合 8 类核心 KPI 表单。同时通过 Channel(通道)、Business(业务)、DataStore(数据存储)三层系统架构,分别实现平台与业务层交互、业务逻辑及数据访问、数据库操作封装的功能。在表单分类的基础上,通过良好扩展性和灵活性的数据库架构及配套服务器,将各企业已有的系统如 ERP、质量系统、物流系统等与 OMS 进行数据对接。该项目在服务器等硬件设施方面投入 247.5 万元,数据库建设和程序编制方面投入 250 万元,合计 497.5 万元。

华域汽车通过建立运营管理信息系统,形成符合内控制度要求的、统一的信息系统管理平台,强化公司对下属企业的信息管理。

二、上汽销售信息系统

1992 年,上海汽车工业销售总公司开始应用计算机管理业务。1998 年,该公司实施大型中转库整车收、发、存条形码管理。同年,上汽销售决定创建专业化、现代化、高质量、高效率的储运公司,要求储运业务计算机管理向美国 APL(总统轮船有限公司)学习,缩短与世界物流管理信息化的差距。公司下属的安达储运为此成立整车物流信息系统项目开发小组。1999 年年初,开发小组完成整车物流信息管理系统功能与流程化作业的描述;2 月,IBM/AS400 平台运输调度信息系统投入试运行。同时全国大部分仓库实现电脑联网及条形码管理体系。1999 年年底,根据上海通用汽车整车物流管理要求,安达储运与 APL 公司的整车物流管理系统 APLS 对接系统数据,安达储运信息化服务开始与国际水平接轨。

2000年,安吉汽车物流有限公司成立,年底,安吉物流成立重构流程程序文件的开发小组,形成60多个程序文件。2001年年初,开发全新中央调度系统(TMS)和仓储管理系统(WMS)。新中央调度系统整合原有的两个系统,集成订单、调度、运输工具、运输公司、仓储、交接单、质量和财务等功能;仓储管理系统包含分布式C/S结构系统和集中式B/S结构系统,具备进货、库内、拣货、出库、质损、运输车辆、存量和服务价格等功能。同年8月,两个系统上线运行,并完成上海大众汽车整车物流业务的系统切换。2002年年底,安吉物流鉴于业务量激增决定利用卫星定位系统(GPS)掌握驳运车实时状态提高运力,2003年上线运行,该系统具备利用GPS管理车载终端、电子地图和通信等功能,并与TMS(运输管理系统)实时对接,可直接在地图上查询车辆订单承运信息。

为了强化下属控股运输公司业务掌控,2002年年底,上汽销售开发分供方管理系统。2003年6月和9月,先后在安富和安捷、迅达3家公路物流公司实施。此后进一步扩展到安吉运输、嘉顿2家公路物流公司、安东铁路物流公司和安盛船务物流公司。该系统还与上汽销售的物流中央调度系统链接和SAP财务管理系统连接。2006年4月,公司开发的客户管理及投诉管理系统(CRM)上线。

三、安吉物流信息系统

【整车物流信息系统】

2009年,安吉物流脱离上汽销售成为上汽集团子公司后,先后研发基于物联网技术的商品车交接电子签收系统、物流过程可视化系统、整车物流智能调度系统,建立基于云计算模式的私有云平台架构,奠定了进一步发展的信息技术基础。

2011年以来,安吉整车物流继续在可视化、智能化、网联化加快信息化建设,建成运力智能调度子系统、货物交接实时签名子系统、车辆/订单实时监控子系统、多维可视化子系统以及运营数据分析与决策支持子系统,对商品车物流运输过程积累的数据进行分析,识别主要运输路线和路径优化。2012年年初,整车物流智能调度系统I期上线。安吉物流与上海海事大学合作的"大规模汽车物流低碳化与智能化关键技术的集成创新与应用"课题获2012年度上海市科技进步奖三等奖。同年,江浦路1000号18楼由84块屏幕组成的SGM新大楼可视化项目落成,成为安吉物流信息可视化平台。

2013年,安吉物流航运板块成立;9月,航运板块KPI信息管理分析系统开发实施。2014年,安盛船务的航运管理系统上线,商品车RFID自动出入库系统在临港库试验成功,智能调度系统II期在特定线路试点推广,OMS订单管理系统实现订单管理、航次管理、舱位管理、OTD跟踪管理、日常报表等主要操作功能。

上海汽车信息产业投资有限公司进入安吉物流后,为该公司建立物流O2O生态圈即物流+智能制造+移动互联网+车联网+电商/服务/金融+大数据的一体化平台提供支持。2015年,分区可视化管理应用的宁波样板库可视化解决方案完成,基于移动互联网的首个App应用"车好运"于7月发布上线。同年,安盛船务航运管理系统二期项目开发完成,形成业务结算模块、合同管理模块、水路管理模块、公路管理模块;船舶管理信息系统(SMIS)升级完善;开发实施能效管理系统,实时跟踪掌握船舶航段燃料消耗、航速、装载、航行状态、周转量、碳排放等相关信息。

2015年,安吉物流启动订单运输管理系统(OTMS)、口岸板块信息平台建设项目、财务管理系统(ORACLE EBS)建设。通过打造OTMS、WMS、BMS、智能调度、智能流量、智能装载、智能路径等智能计算引擎,实现供应链管理全过程的信息化、智能化。

至 2015 年,安吉整车物流信息化建设累计投入超过 1.5 亿元,建成的整车物流信息管理系统和汽车零部件物流信息管理系统在国内物流同行处于领先地位。

【零部件物流信息系统】

2003 年,安吉天地物流有限公司与上海汽车信息产业投资有限公司合作在国内率先开发 GPS 全球定位车辆监控系统。2004 年,着手开发零部件入厂物流业务自动化操作端口的 TMS 系统,功能涵盖订单管理、路线配载、执行跟踪、绩效评估等环节,并可根据不同客户定制个性化服务。2005 年和 2006 年,先后实施于上海大众汽车和上海通用汽车零部件入厂物流项目。2005 年 8 月,开发零部件入厂物流仓储管理的 WMS 系统并运作于上海大众汽车业务,覆盖 2 个堆场、1 个物流中心、1 个配送中心、1 个排序中心与 3 个总装车间内库,零件近 6 000 种,系统具有货位指派、先进先出、自动补货、实时控制等功能。TMS 和 WMS 实现该物流的一体化统筹,其中 TMS 覆盖 Milkrun(循环运输系统)至仓库的运输,WMS 覆盖物流中心收货、上架、拣货、发货、生产线收货、喂料上线等扫描拉动等,同时运输车辆 GPS 覆盖率 100%。

2007 年 4 月,上海通用汽车开始使用 POMS 系统(售后配件订单管理系统),并对安吉天地开放部分权限以部分代替人工操作。同月,安吉天地开发完成零部件售后物流运输管理的 TMS 系统,同年 11 月上线运行,该系统具有订单管理、路线规划、班次生成和分配、运输控制、运输跟踪、报表管理等功能,其中三维装载软件系统有效解决车辆循环运载的配载问题,装载率提高至 85% 以上。同年 6 月,开发完成零部件售后物流仓储管理的 WMS 系统。同时,对上海大众汽车零部件售后物流仓储管理使用条形码系统,对上海通用汽车零部件售后物流仓储管理使用该公司 SAP 系统的 MM(物料料管理)和 WM(仓储管理)两个模块。2008 年 6 月,对上海通用汽车零部件售后物流仓储管理开始使用进场条码系统。

2009 年,在上海大众汽车零部件入厂物流中开始实施大件拖车上线拖车结构优化、小件 Milkrun+拖车上线,推动大件 EPS 系统(电子拉动系统)、小件 PPS 系统(生产拉动系统)、AGV 运输(自动导引运输车系统)、SPS+PTL 系统(零件分拣系统+亮灯自动拣选系统)等变革,实现在线料架优化、CMC 料箱管理统筹、动态库位管理和精益物流。2010 年,在上海大众汽车零部件入厂物流生产线(LF)收货环节实行条线管理,引入磁封+GPS 技术,取消零件交接环节,节约交接时间和解决零件缺失。

2011 年,安吉天地物流有限公司更名为上海安吉汽车零部件物流有限公司(简称安吉零部件)。2011—2014 年,先后开发上线 e-Budget(预算系统)、PR-online(采购系统)、E-Contract(电子合同系统),并向下属合资公司推广。Control Tower 项目获中国物流与采购联合会科技进步奖二等奖和上汽集团三大创新服务项目之一。

2012 年 1 月,该公司运作上海大众汽车仪征项目,包括 PCS 拉动系统、PS+PTL 拍灯捡配系统、AGV 自行小车、LKW 车辆短驳调度系统等,促进仪征基地实现年度实际停线记录为零、库存准确率 99.5%、重大问题客户零抱怨。2014 年,开发供应链可视化系统 Control Tower(控制塔),启动合资方 CEVA i2 产品引进和二次开发,在入厂售后仓储等劳动密集型项目引入先进的 EPS(大件电子拉动系统)/PPS(小件消耗拉动系统)/SPS(成套配送系统)等拉动配送技术、AGV 磁力自行小车、一体化包装管理、KD 件影像防错技术等。

2015 年,安吉零部件成立智能物流事业部;实现上汽大众南京工厂应用室外牵引式 AGV 取代人工驾驶短驳车,实现大件高架自动上/下架;入厂物流仓储管理系统(WMS)建成 VMI 系统、车辆调度系统、EPS 电子拉动系统、拣选辅助系统、智能设备调度平台、CMS 工位器具管理系统、报表系统等子系统模块,并覆盖上汽大众位于上海、南京、宁波和长沙的工厂。

至 2015 年,安吉零部件物流信息化建设累计投入 8 000 万元,系统在国内同行中处于领先地位。

四、上汽财务信息系统

1999 年 10 月,上海汽车集团财务有限责任公司(简称上汽财务)成立信息技术部。2004 年开始,上汽财务信息系统由外包定制开发转为自主研发。信息技术部组织设立基础设施、软件开发、远程监控 3 个团队,健全系统运行管理、网络管理和软件生命周期管理的流程和规范,以及信息安全管理制度等 10 多个内控制度。

2002 年下半年起,上汽财务投入 300 万元开发电子支付系统(网银),11 月上线交付使用,成员单位通过互联网进行账户管理及支付业务。2005 年年初开始建设第二版网银系统,4 月上线运行,并更名为现金管理系统。2009 年年初,第三版系统上线。至 2011 年年底,现金管理系统已覆盖上汽集团 162 家以上企业,日均付款结算量从推出初期的 1 万元增至 17.49 亿元,全年电子付款16.61 万笔。

2007 年 9 月,上汽财务投资近 1 000 万元实施 SAP 项目建设。2009 年 1 月上线运行。SAP 系统的实施创造了该系统在中国汽车财务公司的最佳实践,据 2012 年 92 家企业财务公司数据统计,行业平均日均备付率为 37%,上汽财务仅 26%,年末备付率仅是行业平均值的 16.2%。

2007 年,上汽财务投资 1 600 万元开发汽车金融信息系统,同年 9 月上线。2009 年,系统改版升级,2010 年 6 月上线,该系统高度集成,实现全方位系统和数据整合,支持经销商买方信贷业务和个人消费信贷业务,涵盖荣威、大众、大通、红岩等品牌乘用车和商用车。至 2012 年年底,上汽财务汽车金融贷款 228 多亿元,个人消费贷款量居国内汽车金融业第 2 位,人均业务处理量高于同业平均水平。

2009 年,上汽财务投资 2 000 万元启动 RFID(远程监控)项目。至 2013 年,该项目已完成合格证远程监管设备研发与部署,其间取得 2 项国家发明专利、1 项实用新型专利、1 项外观专利,每日监控超过 700 家经销商 10 万张以上的合格证。

五、赛可电子商务

为顺应电子商务向传统行业领域渗透的发展趋势,2012 年,上汽集团提出了线下线上结合发展的新一轮战略目标。2012 年 11 月,上汽集团成立由陈虹总裁牵头的决策委员会、由陈德美副总裁牵头的执行委员会,以及由上汽销售为承接单位、以各主机厂委派人员协作参与以及从外部招聘专业人员加盟的项目组,并聘请 IBM 为项目实施开发的外部供应商。

项目总部地址位于长宁区华山路 1520 弄 15 号。项目建设的主要内容是:将建成上汽集团汽车电子商务线上平台,建设线下体系(第一阶段与上汽集团旗下汽车 4S 店建立统一系统并与电商平台对接),在上汽云上建设计算中心、管理指挥机构。项目总体包括线上和线下两大部分。其中,在线上方面是:采用第三代技术架构,基于自营加开放平台,集成营销平台、经销商开放平台、车享运营平台等各种业务平台。主要包括：交互终端,新车商城 PC 端、品牌馆 PC 端,方便用户随时随地看车、选车、买车等;应用平台,个人消费者的服务平台,主要提供商品搜索、频道导航、价格搜索、促销活动、比价工具、大额支付、车辆下订、评论咨询、个人中心等功能;向经销商的开放平台,主要提供店铺信息管理、商品管理、车源管理、订单管理、结算管理等功能;向二级、汽贸的车源销售平台主要提供车源管理、车源交易、金融服务、物流服务等功能。在线下体系方面是：建设服务商销售管理平台,与上汽集团旗下汽车 4S 店进行了对接。项目实际发生投资 1.74 亿元,其中,购置网络设备费用 594.83 万元,软件开发费用 1.61 亿元,购置软件费用 273.24 万元,其他配套资源 438.48 万元。项目还获得上海市现代服务业综合试点专项资金创新基金补助 2 250 万元。该项目的实施初步完成了上汽集团汽车电子商务线上平台的建设。截至 2015 年年底,日均 UV50 万,上线 3 000 余家经销商,覆盖率上汽集团旗下 90% 的汽车 4S 店,其中核心合作经销商 373 家,线上成交数量 7 万辆,二手车成交 6.1 万辆,车享网整体会员规模超过 330 万名,平台累计交易量达 150 亿元。

第六章　其他重要工程

20世纪90年代至2015年,上汽实施的其他重要工程项目主要包括2001年建成的上海汽车工业大厦、2010年参展上海世博会建成的上汽集团—通用汽车馆、2013年参与建设的上海国际汽车城汽车研发科技港等。此外,上汽还实施工业园区、创意园区以及职工住房等工程项目建设。

第一节　公司重要工程

一、上海汽车工业大厦

【主楼建设】

20世纪90年代中期,为适应集团化改制后快速发展趋势并优化公司形象,上海汽车工业(集团)总公司(简称上汽集团)拟建造上海汽车工业大厦。1994年4月,上海市静安区计划委员会批复同意上汽集团上报的《上海汽车工业大厦项目建议书》。1997年7月,上海市计划委员会批复同意《上海汽车工业大厦项目可行性研究报告》。同年12月和2000年6月,上海市建设委员会先后批准该项目的初步设计方案和初步设计调整方案。该项目建于上海市静安区威海路489号,由华东建筑设计院有限公司设计、上海第四建筑工程有限公司施工总承包、上海铁道学院建设监理科技公司监理。

1997年9月,上海汽车工业大厦项目开工。2001年3月,该项目竣工。项目投资最初批准为20708万元,经两次调整批准后,投资概算总额为52796万元,经审计后的实际完成投资为40102.78万元(因配合上汽集团内部办公网络系统改造,该项目弱电系统工程未列入竣工验收和审计范围)。项目占地面积5105平方米,主楼高99.9米,建筑面积39527平方米,包括地上25层主楼、5层裙房及可停放85辆轿车的2层地下室和可停放56辆轿车的立体停车库,另建有621平方米绿地。2001年3月,该项目通过上海市静安区建设工程质量监督站的全面验收。2001年7月,上汽集团总部从上海市徐汇区武康路390号迁至上海汽车工业大厦办公。

【综合楼建设】

2002年,为扩大上海汽车工业大厦会议和工作人员就餐停车等功能,上汽集团决定在该大厦南侧上海市静安区石门一路99号兴建综合楼。项目投资最初批准为18687.1万元,经审计后的实际完成投资为20740万元。2000年6月和8月,上海市发展计划委员会先后批复同意《上海汽车工业大厦配套工程综合楼项目建议书》《上海汽车工业大厦配套工程综合楼可行性研究报告》。2002年7月,上海市建设和管理委员会批准该项目初步设计文件;9月,大厦综合楼开工建设,由上海机电设计研究院有限公司设计,上海第四建筑工程有限公司施工,上海汽车工业建设工程技术咨询服务有限公司监理。项目地上3层和地下2层,楼高22.82米,占地面积6831平方米,建筑面积14923平方米。项目新增地下停车位275个,与上海汽车工业大厦主楼合计停车位416个。2004年11月,综合楼项目竣工。2005年6月,该项目通过上海市静安区建设工程质量监督站备案制验收。

二、参与上海国际汽车城研发科技港建设

为推进国际汽车城产业园区产业基地建设,2009年7月6日,上汽集团决定参与上海国际汽车城汽车研发科技港建设。该项目由汽车城主体开发商之一的上海国际汽车城发展有限公司组织实施,上海国际汽车城新安亭联合发展有限公司、上海汽车工业(集团)总公司、上海百联集团公司共同参股建设。

该项目位于上海国际汽车城核心区域内,东临安虹路,南至安拓路,西临安研路,北至横河港。项目总投资13.6亿元,其中上汽集团出资2.279亿元。项目建设主要内容是:以满足中小型汽车研发设计企业办公为主,兼顾实验、试制车间、仓储等功能,同时辅以展示、公共餐厅、会所等配套功能。项目总建筑面积20.2万平方米,其中研发办公面积14.6万平方米,辅助配套面积1万平方米,地下建筑面积4.55万平方米。项目于2009年启动,2011年7月开工建设,2013年10月竣工。

图8-6-1　上海国际汽车城建设的汽车创新港开园

该项目的实施有利于完善上海国际汽车城产业功能,有利于整车及零部件研发企业集聚,有利于推进上海国际汽车城"产城融合"发展。

三、上汽集团—通用汽车馆

【汽车馆签约】

2006年11月,上汽集团和通用汽车(中国)投资有限公司(简称通用中国)联合成为2010年上海世博会全球合作伙伴。2007年7月,上汽集团和通用中国向上海世博事务协调局(简称上海世博局)确认以联合形式独立建馆参展,成为上海世博会全球合作伙伴中第一家确认建馆参展的企业,11月,两家企业再次向上海世博局提交以"可持续发展的动力移动系统"为主题理念的展馆主题。2008年5月,《中国2010年上海世博会上汽集团—通用汽车企业馆参展协议》签约仪式在世博大厦举行,上海市政府副秘书长、上海世博局局长洪浩,上汽集团党委书记、董事长胡茂元,通用中国首席财务官戴维汉分别签署协议。

【汽车馆建设】

2009年4月,上汽集团—通用汽车馆奠基,上海市政府副秘书长、上海世博局局长洪浩,上汽集团党委书记、董事长胡茂元,通用中国总裁兼总经理甘文维,上海建工(集团)总公司董事长、党委书记蒋志权等为汽车馆奠基培土,上汽集团总裁沈建华主持奠基仪式。上汽集团—通用汽车馆(简称汽车馆)坐落于上海世博会浦西园区,项目计划总投资10.53亿元,核准资金8.71亿元,核减金额1.94亿元。参与汽车馆建设的主要单位:设计单位为上海现代建筑设计集团(有限)公司现代都市建筑设计院,施工单位为上海第一建筑有限公司,建筑装潢和设备安装单位包括上海辽申幕墙工程有限公司、中国京冶工程技术有限公司、上海电器成套厂有限公司等15家单位,监理单位为上海同

济建筑监理有限公司,管理单位为上海泰尚建筑工程管理咨询有限公司。2009年8月,展馆钢结构封顶。2010年1月,建筑施工和外立面幕墙安装竣工。2010年4月全部竣工。

上汽集团—通用汽车馆占地面积6 000平方米,建筑面积9 996平方米,楼高27.8米,4层楼面,外形为圆形螺旋形建筑,直径65米。主体结构为3 000多件钢构件,采用三维空间的弧形结构,主展厅内没有钢柱,直径达到55米。展馆幕墙由4 000多块大小不一的四边形曲面铝板组成,外立面嵌有一块200平方米LED大屏幕,被誉为"天使之眼"。4楼建有"未来之窗",参观者在此可观赏黄浦江及浦东世博园区景观。汽车馆展演分前展、主展、后展三个部分。前展部分主要通过数字、图片、影像,展示城市交通发展的成就与问题,引发对未来交通的思考;主展部分为动感电影厅,设有视角达144度的巨大弧形屏幕和488张零延迟动感座,播放演绎2030年城市未来智能交通系统的动感电影;后展部分通过多媒体展示上汽集团和通用汽车研发的概念车叶子和电动联网概念车EN-V,并与观众近距离互动。展馆外设有遮阳防晒、喷雾降温、橡胶地面等保证排队人流舒适安全的人性化设施。此外,汽车馆还采用世界上首个双扇通道门在无门槛情况下隔声达到50分贝的隔声门专利技术。

【汽车馆荣誉】

2009年年底,上汽集团—通用汽车馆在两年一度举行的上海建筑创作最高奖项之一的上海市建筑学会建筑创作奖评选中,获得2010年上海世博会企业馆中唯一的公共建筑优秀奖。在历时184天的上海世博会展出期间,汽车馆共表演4 535场,观众超过217万,所有设备实现满负荷运转,保持无闭馆运营纪录。该馆在上海世博会展馆评选中,获得最佳企业馆和最具科技含量馆第一名和最受喜爱的世博展馆前三名。

第二节　工业地产、创意园区建设

一、东华实业工业地产

【桥林厂房项目一期建设】

2013年8月,东华汽车实业有限公司南京浦口桥林厂房一期项目通过上海汽车集团股份有限公司(简称上汽集团)总裁专题会审批,同年10月通过江苏省南京市浦口区发改局立项备案。

该项目由上海机电设计研究院有限公司设计,南通四建集团有限公司、中国核工业华兴建设有限公司、湖南省工业设备安装有限公司等施工,南京南汽建设监理有限公司、江苏建科建设监理有限公司等监理,上海汽车工业房地产开发有限公司、上海机电设计研究院有限公司等参与项目管理。项目于2014年12月开工,总投资13.46亿元,在南京浦口桥林购买1 320亩土地,新增建筑面积23.02万平方米,计划建成冲压、焊接、涂装、总装、检测、变速器、旅行车、专用车等生产厂房和生产辅房等,另有试车道7万平方米、成品车停车场9万平方米、600个车位的员工停车场、10万平方米车行道及广场等工程及配套设施。至2015年,尚在建设中。

该项目分别与南京依维柯汽车有限公司、南京南汽专用车有限公司签署租赁合同,满足6.5万辆依维柯和5 000辆凯迪改装车生产需要。

【桥林厂房项目二期建设】

2015年6月,东华汽车实业有限公司桥林厂房二期项目获上汽集团总裁办公会审议批准,7月获江苏省南京市浦口区发展和改革委员会同意。

该项目于 2015 年 11 月开工,总投资 1.38 亿元,由上海机电设计研究院有限公司设计,南通四建集团有限公司施工,南京南汽建设监理有限公司监理,上海汽车工业房地产开发有限公司项目管理。项目利用一期项目 1 320 亩土地,占地面积 6.5 万平方米,新增建筑面积 2.83 万平方米,满足南京依维柯汽车有限公司 F1 发动机厂房、辅房和发车区办公房及新增部分停车场等需求。至 2015 年年底,项目尚在建设之中。

二、上汽北京烟台工业园区

2004 年 3 月,上汽集团与山东省烟台经济技术开发区、烟台福山高新区管理委员会分别签署《预约用地协议书》,在烟台开发区和福山高新区分别设立了 1 平方公里和 0.8 平方公里的汽车零部件工业园区。同年 12 月,上海汽车集团北京有限公司(简称上汽北京)成立上汽(烟台)实业有限公司(简称上汽烟台);2005 年 9 月 6 日成立烟台福山上汽实业有限公司;2007 年 9 月 6 日在青岛开发区成立上汽烟台青岛分公司。上汽烟台成立后,围绕"工业地产+物流及一体化服务",提供专业化厂房定制与租赁服务,2005 年 4 月—2012 年 12 月,上汽烟台在烟台开发区投资工业厂房及附属设施 7 项,投资 9 850 万元;在烟台福山高新区投资工业厂房及附属设施项目 14 项,投资 1.27 亿元;在青岛开发区投资 1 500 万元;合计投资工业厂房及附属设施项目 22 项,累计投资 2.4 亿元。项目占地面积 20 万平方米,厂房租赁面积 11 万平方米。至 2012 年 12 月 31 日,已建成延锋伟世通汽车饰件系统有限公司烟台一期装配厂房项目 1.42 万平方米、二期厂房项目 1.6 万平方米、烟台配套园北厂区项目 7 800 平方米、南厂区项目 43 459 平方米,上海小糸车灯有限公司烟台厂区 29 689 平方米,上海皮尔博格有色零部件有限公司烟台一期、二期、预装配一期,亚普汽车部件股份有限公司烟台汽车油箱厂区厂房项目 6.41 万平方米,上海乾通汽车附件有限公司预装配车间二厂、园区服务中心厂区 2.52 万平方米。

2005 年起,随着上汽烟台仓储物流业务的开展,至 2015 年,在烟台供应商物流园区已有 46 家上汽通用汽车有限公司零部件供应商,其中业内企业 11 家、业外企业 35 家,管理零部件 3 000 余种,仓储面积 3 万平方米。上汽烟台开启仓储物流之总成厂第三方物流服务模式,为上汽各零部件公司提供收货、仓储、分选、上线、排序供货及 DD/JIT(准时配送)等服务。2007 年 12 月起,在青岛跨地开启仓储物流之整车厂第三方物流服务模式。2011 年起,提供运输物流业务。

至 2012 年,上汽北京烟台工业园区销售收入完成 1.86 亿元,其中:工业地产完成 2 174 万元、仓储物流完成 1.33 亿元、运输物流完成 2 687 万元、一体化服务完成 413 万元。2013 年,烟台工业园区销售收入 2.9 亿元,比 2012 年增长 60%,2015 年销售收入达到 3.4 亿元。

表 8 - 6 - 1　2006—2012 年上汽烟台开发区基建情况表

项目名称	项目地点	用地面积（平方米）	约亩数（亩）	厂房面积（平方米）	建设周期
延锋伟世通烟台一期装配厂房项目	山东省烟台市开发区广州路 7 号	14 234	21.35	5 919	2006 年建成
延锋伟世通烟台二期厂房项目	山东省烟台市开发区广州路 5 号	16 000	24	10 821	2009 年建成

〔续表〕

项 目 名 称	项 目 地 点	用地面积 (平方米)	约亩数 (亩)	厂房面积 (平方米)	建设周期
延锋伟世通烟台配套园北厂区项目	山东省烟台市开发区厦门大街15号	7 800	11.7	3 720	2012年建成
延锋伟世通烟台配套园南厂区项目		43 459	65.19	23 715	2012年建成
合　计	—	81 493	122.24	44 175	—

资料来源:上汽(烟台)实业有限公司

表 8‑6‑2　2005—2011 年上汽(烟台)实业烟台福山高新区基建情况表

项 目 名 称	项 目 地 点	用地面积 (平方米)	约亩数 (亩)	厂房面积 (平方米)	建设周期
烟台通岳厂区(上海小系车灯烟台厂区)	山东省烟台市福山高新区福新路99号	29 689	44.54	19 092	2005—2009年建成
上海皮尔博格烟台一期厂房项目		64 049	31.79	7 183	2009年建成
上海皮尔博格烟台二期厂房项目	山东省烟台市福山高新区福新路90号	—		5 414	2011年建成
预装配一期厂房项目		—	32.96	14 529	2009年建成
亚普烟台汽车油箱厂区	山东省烟台市福山高新区福新路92号	—	31.33	10 592	2010年建成
上海乾通烟台厂房	山东省烟台市福山高新区福新路96—98号	25 193	37.8	11 689	2013年建成
预装配车间二厂房	山东省烟台市福山高新区福新路98号	—	—	3 942	2011年建成
园区服务中心厂区		—	—	1 706	2011年建成
合　计	—	118 931	178.42	74 147	—

资料来源:上汽(烟台)实业有限公司

三、1933 老场坊工程

2006 年,上海汽车资产经营有限公司(简称上汽资产)承租锦江集团位于上海市沙泾路 10 号和 29 号原始建于 1933 年的远东地区最大屠宰场建筑,将其改建为创意产业集聚区。

2006 年 5 月,由上汽资产投资控股,上海创意产业中心、约翰·霍金斯先生(被誉为世界创意产业之父)及上海鑫海雀商标有限公司等参股的上海创意产业投资有限公司成立。而后编制上报该建筑修缮方案。10 月,上海市房地资源局修缮改造处、上海市文物管理委员会办公室召开评审会议,同意该修缮方案并提出完善意见。11 月和 12 月,上海市文物管理委员会和上海市城市规划管理局先后下达批复,批准该修缮方案。

该项目实际总投资 9 800 万元,主要建设内容包括:修缮沙泾路 10 号基地,建设基地面积 8 677 平方米,主楼大修建筑面积 24 245 平方米;沙泾路(溧阳路至拓皋路段)综合改造;按照防汛要求对区域内沙泾港、虹口港沿岸进行适当调整;对 1933 老场坊周边区域商业业态提前进行控制,有计划引入与创意产业园区整体规划相符合的商业业态;在不减少绿化面积的前提下,调整九龙宾馆南侧沿虹口港的两侧绿化带的种植品种,使其更有通透的视觉效果等。2007 年,项目竣工。

1933 老场坊项目建设,使上汽集团开始进入创意产业领域。1933 老场坊建成后成为上海时尚地标之一。

四、花园坊工程

2007 年,上汽资产决定将上海市虹口区中山北一路 121 号上海乾通汽车附件有限公司原厂区改造为节能环保型创意园区,并上报《节能园区项目可行性研究报告》。同年 11 月和 2008 年 1 月,先后获上汽集团和虹口区经济委员会批准。

2008 年 10 月,上海花园坊节能环保产业园项目竣工。该项目实际完成投资 1.36 亿元,占地面积 8.69 万平方米,建设面积 3.79 万平方米。主要建设内容是对原厂区建筑物及消防设施改建改造、扩展园区功能、完善园区配套设施等。项目按照绿色建筑标准采用多项新型节能环保技术,大量采用遮阳、节能门窗、室内自然通风和外墙外保温等建筑节能技术,LED 灯等节能灯具,地源热泵和 VRV 等节能空调,太阳能光伏发电、风力发电、太阳能集中热水和储能电站等新能源技术和设施,墙面、屋顶和移动等垂直绿化,雨水回收、垃圾分类回收、废旧电池利用储能、新能源汽车充电桩、节水等节能环保技术和设施。A1/B1/B2 建筑群按照美国 LEED(国际性绿色建筑)标准体系进行改造,B1 和 B2 楼获美国 LEED 绿色建筑铂金奖认证,A1 楼获美国 LEED 绿色建筑金奖认证并成为上海第一家、中国第二家由 LEED 认证的绿色楼,A1～A7 楼按照中国三星绿色建筑标准建设改造。

五、其他创意园区工程

【幸福码头工程】

2008 年,上汽资产启动将上海市黄浦区中山南路 1029 号上海幸福摩托车有限公司原厂区改造为幸福码头创意园区的项目建设,7 月和 8 月,项目先后获上汽集团和黄浦区政府批准。

该项目于 2008 年 11 月开工,2011 年竣工,实际完成投资 6 559 万元。项目建筑面积 1.68 万平方米,改造建设面积 2.87 万平方米。主要建设内容包括:改建原厂区 1 号～9 号楼、10 号～13 号楼,部分建筑物拆除、外墙改造、内部整修等。项目建成后成为幸福码头国际时尚设计园区,引进丝绸博物馆、游艇俱乐部、澳大利亚人建筑设计公司等 20 多家知名的企业,并兼备休闲旅游功能。

【上海国际工业设计中心工程】

2008 年,上汽资产拟将上海市宝山区逸仙路 3000 号原上海合众汽车零部件公司汽车配件厂改造为工业设计创意园区。2009 年 3 月,上汽集团予以批准。

该项目分两期建设,2009 年年初启动,2010 年 7 月建成运营。项目占地面积 2.01 万平方米,建筑面积 5 万平方米;一期投资 2 500 万元,二期投资 5 500 万元,合计投资 8 000 万元。主要建设内容包括:根据旧工业厂房特点,在不改变现有主体框架结构基础上进行修缮,加固加插楼层,扩大园区经营面积,增加公配设施,结合设计师个性化和创作特点,增加 SOHO 创意工坊;以生态办公园区外部环境营造为主,建筑物内部 2 次装修由用户自行设计施工。

该项目对外运营后,建成上海国际工业设计中心,吸引制造上海创意促进中心、中国工业设计博物馆、上海知识产权服务中心、上海中小企业融资服务中心等 58 家与单位入驻,成为工业设计服务平台。

【钻石坊工程】

2011 年,上汽资产拟将上海市闸北区中山北路 178 号上海中国弹簧制造有限公司老厂房改造为电子商务创意园区,7 月获上汽集团批准。

该项目 2011 年 2 月开工,8 月竣工,占地面积 4 244 平方米,建筑面积 7 368 平方米,投资 1 519 万元。主要建设内容包括:对原厂区 1 号楼、2 号楼、3 号楼、4 号楼、5 号楼外立面大修翻新改造,拆除小型杂乱建筑等。

项目建成后,成为"钻石坊"电子商务创意园区。

第三节　员工活动、生活设施建设

一、上海汽车工业活动中心工程

1993—2015 年,上海汽车工业活动中心有限公司及其前身上海汽车工业科技交流中心先后 3 次共投资 2.23 亿元,实施员工培训及大型会议会务、住宿餐饮的工程项目建设。

【初建项目】

1993 年,上海汽车工业总公司下达《关于同意上海汽车工业科技交流中心建设项目立项的批复》。该项目建于上海市嘉定区博乐南路 125 号,由上海市建设装饰工程公司设计室与香港建新行有限公司设计,上海市建设装饰工程公司施工,上海市建筑科学研究院监理。

该项目投资 7 300 万元,于 1993 年 10 月启动,1995 年 11 月竣工。占地面积 1.79 万平方米,建筑面积 1.2 万平方米。项目采用欧式庭院设计风格,由一栋 7 层主楼和公共辅助用房(裙房)组成,中心主楼设立 144 套客房、234 个床位,其中 5 套豪华套房、49 套单人客房、90 套双人标准客房;裙楼设立接待、商务中心、美容、酒吧、休息茶座和咖啡厅等场所;建成可同时供 300 人就餐和举办大规模酒会招待会的宴会厅以及贵宾厅、西餐厅、厨房等,建成可供 300 人参加的大会议厅和 6 个中小会议厅;建成拥有室外硬地网球场、室外游泳池、水吧、健身房、弹子房、保龄球、棋牌室、KTV 包房和专用歌舞厅的康乐中心。此外,在室外建有 2 500 平方米的西式庭院、迷你高尔夫球场和可停放 50 辆轿车的停车场,硬件设施达到三星级宾馆标准。

1995 年 3 月,该中心开始对外开业。

【改造项目】

2003 年,上海汽车工业活动中心开始实施改造扩建和提升档次的工程建设。同年 10 月和2004年1月,上汽集团先后批准项目可行性报告(含项目建议书)和改扩建项目初步设计方案。该项目建于上海市嘉定区博乐南路125号活动中心内,由上海绿程建筑设计所和上海同规工程设计有限公司设计,浙江宝业建设集团有限公司施工,上海东方投资监理有限公司监理。

该项目固定资产投资1998万元,2003年8月启动,2005年8月建成。项目保持原有欧式庭院设计风格,新建2000平方米辅助用房,用于迁入原设备机房、办公室、内部用房、洗衣房、仓库、员工更衣室和浴室等;新建4915平方米5层多功能商务楼,增设新楼客房区,新增客房59间/套;增设酒吧、餐饮区、日式俱乐部和商场;增设可容纳400人开会的多功能可分割式会议厅;拆除沿博乐南路围墙,将宾馆场外绿地改建成敞开式绿地,在主楼与新建楼中间增建西式绿化庭院;重新设计停车位并预留70个车位。同时对原有辅助设备进行更新改造包括,包括锅炉改成天然气炉,冷冻机组改造成高效能、低能耗、无故障、自动化控制的冷冻机,消防预警安监系统升级为电子控制系统,内线电话从150门扩容到400门,并设有光缆引入ADSL(非对称数字用户线路)、FTTB+LAN(光纤到楼+局域网)完善无线上网系统等。

项目建成后,该活动中心建筑面积由1.2万平方米增加到1.86万平方米,客房从144间/套增加到203间/套,并建立中央消防监控系统、中央安保电子监控系统和中央门禁控制系统,硬件设施由三星级宾馆标准提升至四星级宾馆标准。

二、沙家浜休养度假村参建

1996年,上汽集团投资参建上海市总工会沙家浜度假村北块度假别墅区内的10幢别墅楼,作为职工休养度假会务基地。同年6月,上汽集团工会、上汽开发编制该项目建议书并经总裁会议审查批准;8月,上海汽车有限公司与上海市总工会修养度假中心签订《上海沙家浜修养度假村参建协议书》。

该工程投资2721万元,于1996年3月开工;10月,土建工程完成;1998年9月,装饰及配套设施全部完成,10月开始试营运。项目由上海市机电设计研究院设计,施工和审计单位包括常熟市古典园林建筑工程公司、上海静安建筑装潢总公司第四工程公司、上海神丰建筑装饰有限公司、上海沪港工程审价事务所。

项目参建D、A型度假别墅楼10幢,总建筑面积5790平方米,其中3幢别墅楼为法式建筑,每幢设高级套房3套、标准客房6间;7幢为英式建筑,每幢设标准客房13间。10幢别墅楼共有高级套房9套、标准客房109间。每幢别墅楼底层设有各种功能的小型场所。

三、职工住宅建设

20世纪90年代,上海汽车工业开发发展公司先后建成小木桥汽车公寓、江浦汽车公寓、真光新村、武宁小城、昆明公寓、康定路汽车公寓、曹杨汽车公寓、武定汽车公寓、怒江汽车公寓、三宝花苑、梅陇锦梅苑共11个职工住宅项目,累计完成建筑面积44.8万平方米,为解决职工住房困难提供了重要保证。1995年,上汽被上海市和上海市经委评为职工住房解困先进单位。

图 8-6-2　深圳上海汽车大厦　　图 8-6-3　江浦汽车公寓　　图 8-6-4　曹杨汽车公寓

表 8-6-3　1988—1999 年上汽开发职工住宅建设项目一览表

序号	住宅名称	建设年份	地　址	建筑面积（平方米）	开发建设单位
1	梅陇锦梅苑	1988—1997 年	上海市徐汇区上中西路 122 弄	45 118	上海汽车工业房地产开发公司参与上海市工业系统房地产联合总公司等单位联建
2	小木桥汽车公寓	1992 年建成	上海市徐汇区医学院路 72 弄 1 号、2 号	21 000	上海汽车工业开发发展公司上海纺织装饰集团公司
	小木桥汽车公寓	1995 年建成	上海市徐汇小木桥路 191—195 号	16 000	
3	江浦汽车公寓	1993—1995 年	上海市杨浦区江浦路 1428 号	32 594	上海汽车工业开发发展公司上海拖拉机内燃机公司
4	真光新村	1993—1998 年	上海市普陀区铜川路 2060 弄	100 000	上海汽车工业房地产开发公司机电一局联合组建的市经委系统参建
5	武宁小城	1994—1997 年	上海市普陀区武宁路 300 弄	150 000	上海汽车工业房地产开发公司香港中建发展有限公司上海大众汽车有限公司
6	昆明公寓	1995—1996 年	上海市杨浦区昆明路 173 号	3 000	上海汽车工业房地产开发公司上海建爱房地产经营公司
7	康定路汽车公寓	1995—1999 年	上海市静安区康定路 1201 弄	1934	上海汽车工业房地产开发公司和上海汇众汽车制造公司联合建造
8	曹杨汽车公寓	1996—1998 年	上海市普陀区曹杨路 609 弄	49 315	上海汽车工业房地产开发公司上海汽车锻造总厂
9	武定汽车公寓	1997—1998 年	上海市静安区武定西路 1398 弄	1900	上海汽车工业房地产开发公司静安地产

〔续表〕

序号	住宅名称	建设年份	地　址	建筑面积 （平方米）	开发建设单位
10	怒江汽车公寓	1997—1998 年	上海市普陀区 梅川路 255 弄	3 000	上海汽车工业房地产开发公司 普陀安居房产
11	三宝花苑	1998 年建成	上海市虹口区 宝山路 450 弄	25 000	上海汽车工业房地产开发公司 上海三宝花苑房地产开发有限 公司

资料来源：上海汽车工业开发发展有限公司

四、商品房建设

1995—2015 年，上海汽车工业房地产开发有限公司先后在上海、深圳等地先后实施深圳上海汽车大厦、静安丽都苑、上海家园、海上颐和城、蓬莱花园、滨江晶典等项目，累计开发房产面积超过 100 万平方米。至 2015 年，除滨江晶典为在建项目以外，其他项目均已完工并全部出售。2000 年，上海汽车工业房地产开发有限公司获得市房地产开发企业二级资质。

图 8‑6‑5 至 7　商品房项目：上海家园、尚发华苑、在建中的滨江晶典

表 8‑6‑4　1995—2015 年上汽开发商品房建设项目一览表

序号	楼盘名称	建设年份	地　址	建筑面积 （平方米）	开发建设单位
1	蓬莱公寓	1995 年建成	广东省深圳市后海大 道 1130 号	36 000	深圳市蓬莱实业公司
2	深圳上海汽车 大厦	1995 年建成	广东省南海大道 3556 号	12 356	深圳市上汽南方实业有限公司
3	静安丽都苑	1999—2000 年	上海市静安区海防路 387 弄	2 424	上海汽车工业房地产开发公司 上海大闻房地产有限公司

〔续表〕

序号	楼盘名称	建设年份	地　址	建筑面积（平方米）	开发建设单位
4	上海家园	2002—2004 年	上海市普陀区金鼎路298 弄	9 034	上海汽车工业房地产开发公司上海大闻房地产有限公司静安区住宅发展局
5	海上颐和城	2005—2008 年	上海市杨浦区地处安波路 567 弄	160 000	上海汽车工业房地产开发公司上海中星集团房地产开发公司
6	滨江晶典一期	2008—2011 年	上海市杨浦区惠民路1018 弄	47 095	上海尚发房地产发展有限公司
7	滨江晶典二期	2011—2014 年	上海市杨浦区榆林路858 弄	22 545	

资料来源：上海汽车工业开发发展有限公司

表 8－6－5　1995—2015 年上汽基建项目获得重要奖项一览表

序号	归属单位	项目名称	获奖时间	奖项名称	颁奖单位
1	上海汽车工业（集团）公司	上汽集团—通用汽车馆	2009 年 12 月	2010 年上海世博会企业获建筑优秀奖	上海市建筑学会
2	上海大众汽车有限公司	上海大众二期工程	1995 年	上海市建设工程"白玉兰"奖	上海市建筑施工行业协会
3		上海大众汽车二厂车身车间、总装车间	1996 年	中国建设工程鲁班奖	中国建筑业协会
4		上海大众桑塔纳轿车二期技术改造项目	1997 年	国家"八五"技术改造优秀项目	国家经贸委
5		上海大众桑塔纳轿车二期技术改造项目暨上海桑塔纳 2000 轿车项目		中国汽车工业科技进步奖一等奖	国家机械工业部
6				国家级科学技术进步二等奖	国务院
7		上海大众汽车三厂冲压车间、总装车间、质控中心	1999 年	上海市建设工程"白玉兰"奖	上海市建筑施工行业协会
8		上海大众长沙工厂	2014 年	三星级 GBDL（绿色建筑设计商标）证书	国家住建部
9	上海通用汽车有限公司	上海通用 98 上海市一号工程	1998 年	98 上海市一号工程上海通用汽车安全杯	上海市重点工程实事立功竞赛上海通用赛区领导小组
10				98 上海市一号工程上海通用汽车文明施工杯	上海市重点工程实事立功竞赛上海通用赛区领导小组
11		上海通用浦东开发十年建筑精品项目建筑铜牌	2000 年	浦东开发十年建筑精品项目建筑铜牌	上海市浦东新区评委会

〔续表〕

序号	归属单位	项目名称	获奖时间	奖项名称	颁奖单位
12	上海通用汽车有限公司	上海通用汽车南厂整车项目实施小组、SGM南部项目动力总成L850发动机项目	2007年	2006年度上海市重大工程立功竞赛集体称号	上海市重点工程立功竞赛领导小组
13		上海通用新建行政楼	2011年	二星级绿色建筑设计商标证书	中华人民共和国住房和城乡建设部
14	上海汽车集团股份有限公司乘用车分公司	上汽临港产业基地工程（一期项目）	2009年	上海市优秀工程设计一等奖	上海市勘察设计行业学会
15		上汽临港产业基地涂装生产线	2011年	机械工业优秀工程勘察设计奖二等奖	中国机械工业勘察设计协会
16	上汽大通汽车有限公司	上汽大通扩建上海汽车商用车有限公司无锡分公司生产辅房及配套用房三期项目5号生产辅房	2015年	江苏省2015年第二批建筑施工标准化文明示范工地项目	江苏省住建厅
17		上汽大通扩建上海汽车商用车有限公司无锡分公司生产辅房及配套用房二期项目7号生产辅房	2018年	2018年度江苏省优质工程奖"扬子杯"	
18	上海机动车检测中心	机动车检测中心一期建设项目1号实验楼	2004年	上海市建设工程"白玉兰"奖和申安杯奖	上海市建筑施工行业协会
19	上海大众动力总成有限公司	大众动力三期工程项目	2012年	上海市市文明工地	上海市质安监总站
20				金钢奖	上海市钢结构协会
21				申安杯	上海市安装协会
22	上海法雷奥汽车电器系统有限公司	上海法雷奥电器汽车起动机、交流发电机及怠速起停系统生产基地建设项目	2013年12月	2013年上海市建设工程金属结构（市优质工程）金刚奖	上海市金属结构行业协会
23	联合汽车电子有限公司	联合电子西安厂搬迁项目	2014年3月	西安高新区2013年度重点建设项目先进单位一等奖	西安高新区管委会
24	上海汽车资产经营有限公司	上汽大众南京工厂10MW光伏车棚项目	2013年	吉尼斯纪录	吉尼斯世界纪录有限公司
25		上汽大众宁波工厂20MW光伏车棚项目	2015年		
26	上海花园坊节能技术有限公司	上汽资产花园坊建设项目	2010年	LEED证书	美国绿色建筑委员会
27				中国终端能效项目（EUEEP）示范点	国家发展改革委、联合国开发计划署、全球环境基金
28				上海市建筑节能既有建筑节能改造示范项目	上海市建筑节能办公室

〔续表〕

序号	归属单位	项目名称	获奖时间	奖项名称	颁奖单位
29	上海尚元投资管理有限公司	上汽开发上海尚元投资管理有限公司皮尔博格搬迁新建（联合厂房）工程	2010年	上海市建设工程金属结构（市优质工程)金刚奖	上海市金属结构行业协会
30		上汽开发杨浦区58、62号地块商品房项目(2号办公楼)	2019年3月	上海市文明工地	上海市住房和城乡建设管理委员会
31	上海尚发房地产发展有限公司	上汽开发滨江晶典·尚发华苑	2010年12月	2010—2011中国地产100十大最佳人居环境典范楼盘	中国商业地产协会
32			2011年12月		
33		上汽开发"尚发嘉苑6、7号住宅楼"	2015年12月	第九届"上海市优秀住宅"房型设计奖	上海市房地产行业协会

资料来源：上汽集团各下属单位上报

第 九 篇

技术引进

概　述

1978 年 7 月,国务院批准下发《关于开展对外加工业务的报告》,决定引进轿车装配线改造上海汽车厂,开启上海汽车工业技术引进的大门。至 20 世纪 80 年代初,上汽实施引进轿车、重型车、摩托车和拖拉机"四大龙头"产品,分别引进德国大众汽车公司桑塔纳轿车、美国伟步公司矿用车、日本本田汽车公司本田摩托车和意大利菲亚特汽车公司纽荷兰拖拉机的制造技术,产品水平和性能均提升至 20 世纪 80 年代世界水平。

1983 年,上汽技术引进的首款车型桑塔纳轿车组装成功。1985 年,上汽与德国大众汽车公司签署桑塔纳轿车引进的《技术转让协议》后,以上海大众汽车有限公司为龙头,组织上海和全国的上海桑塔纳轿车配套企业,开展长达 10 年的上海桑塔纳轿车国产化攻坚战并取得显著成效,1990 年和 1993 年,上海桑塔纳轿车国产化率先后突破 60％和 80％,创造国外先进技术引进消化的成功经验。

1997 年 3 月和 1999 年 12 月,上汽分别与美国通用汽车公司和德国大众汽车公司签署别克轿车和帕萨特轿车技术引进的有关协议后,以上海通用汽车有限公司和上海大众汽车有限公司为龙头,组织开展新一轮技术引进消化的攻坚战,别克轿车成为国家新的《汽车产业政策》发布后第一个引进轿车起步国产化率达到 40％的产品。2000 年 7 月和 12 月,别克轿车和帕萨特轿车国产化率先后达到 60％,上海轿车制造水平进一步提高到 20 世纪 90 年代末世界水平。

2005 年,上海大众汽车有限公司和上海通用汽车有限公司分别开始引进德国大众汽车公司斯柯达和美国通用汽车公司雪佛兰轿车制造技术。2007 年,上海通用汽车有限公司进一步引进凯迪拉克豪华轿车制造技术。至 2015 年,两大轿车企业共计引进五大品牌 56 款车型,引进产品覆盖小型车、紧凑型车、中型车、大中型车、豪华车以及 MPV 和 SUV 等各个细分领域。

整车技术引进有效带动了汽车零部件的技术引进。20 世纪 80 年代初—90 年代初,桑塔纳轿车包括桑塔纳 2000 型轿车相继带动车灯、前后减震器、转向器、交流发电机、手动变速器、空调压缩机、等速万向节和传动轴、离合器、活塞、制动系统、转向系统、汽车饰件等一大批产品的技术引进和消化。90 年代后期以后,别克和帕萨特轿车引进在带动原有引进产品实现升级换代的同时,进一步通过汽车发动机控制系统、变速箱控制系统、自动变速器、安全气囊、发动机缸体、汽车模具等产品的引进消化,实现汽车零部件向节能环保安全和电子化方向发展。

至 2015 年,上汽建成中国技术最先进、门类最齐全的汽车零部件制造体系,汽车动力总成、汽车底盘、汽车电子电器、汽车饰件、汽车功能件、汽车金属成型和热加工系统等六大系统主要产品制造技术均达到世界先进水平,引进消化世界先进技术成为上汽快速发展的重要推动力。

第一章 整车制造技术引进消化

20世纪80年代,上汽"四大龙头"产品分别引进消化德国大众桑塔纳轿车、美国伟步34D矿用汽车、日本本田摩托车和意大利纽荷兰拖拉机的制造技术。90年代,引进消化美国通用别克轿车和德国大众帕萨特轿车制造技术。2000—2015年,上汽大众汽车有限公司累计引进消化30款大众和斯柯达品牌车型,上汽通用汽车有限公司累计引进消化别克、雪佛兰和凯迪拉克品牌23款车型,上海申沃客车有限公司引进消化沃尔沃客车及底盘制造技术。

第一节 上汽大众引进消化

上汽大众汽车有限公司(简称上汽大众)自1985年合资成立至2015年,先后引进德国大众汽车公司(简称德国大众)大众品牌和捷克斯柯达汽车公司斯柯达品牌的几十个车型,其中桑塔纳和明锐为大众品牌和斯柯达品牌引进的首个车型,帕萨特为中高级车型。

一、桑塔纳轿车引进消化

【引进车型】

1978年年底上海轿车合资项目启动后,选择首款引进车型与选择合作对象一起成为合资能否成功的关键。上海市计划委员会(简称计委)副主任、上海轿车合资项目负责人蒋涛,上海市拖拉机汽车工业公司(简称上海市拖汽公司)经理仇克和上海市第一机电管理局副总工程师翁建新等经研究认为,需要选择公务车、商务车和出租车兼备的车型,才能达到挡住轿车大量进口、节约外汇的目的。1980年年初,国家汽车工业总局召开座谈会,征求上海轿车合资项目初始阶段生产车型的意见,与会人员提出希望引进德国品牌车型、车厢内部尺寸不应小于上海牌轿车等意见。上海轿车合作对象基本确定德国大众汽车公司后,1981年1月,德国大众建议合资企业生产该公司刚开发尚未上市的奥迪80或称桑塔纳的轿车。上海对该车资料分析后认为,桑塔纳轿车外形朴实大方,内部尺寸大于上海牌轿车;整车重量比上海牌轻520公斤;发动机先进,油耗低于上海牌30%;安全性能好,而且是德国大众将于1982年上市的新车型,同意桑塔纳轿车为引进的首款车型,并报告第一机械工业部(简称一机部)副部长饶斌和上海市领导,得到肯定。

【引进报批】

1981年8月10日,上海市人民政府向国务院呈报《关于与外商合资改造上海轿车厂的请示》,明确提出与德国大众合作,引进该公司1982年新型桑塔纳轿车和变型车以及发动机的意见。该请示指出:轿车生产技术要求较高,难度较大,单靠自己的力量需要花费较长的时间。上海牌轿车生产已有20多年,至今还未达到原样车的水平。与外商合作进行技术改造,可以较快得到先进技术,较早达到节能的目的。同月31日,一机部报告国务院,表示完全同意上海市政府的请示,认为该项目合作对象和产品较好。上海市政府的请示经国务院批转国家外国投资管理委员会(简称外资委)

办理后,同年9月26日,国家外资委复函上海市政府和一机部,同意上海意见,要求上海市政府按合资企业审批要求,上报可行性研究报告、合同和章程草案,待核准后正式签约。1984年4月,上海市拖汽公司上报《关于上海大众汽车有限公司轿车合资项目可行性研究预审报告》;5月,上海市计委、上海市经济委员会(简称经委)和上海市进出口管理办公室向国家计委、经委、对外经济贸易部(简称外贸部)上报该报告。9月22日,国务院正式下发《上海轿车合营项目可行性研究报告的批复》,同意上海轿车合营项目可行性研究报告,指出桑塔纳车型性能先进,但车内后座布置还需结合中国国情进行改进。10月10日,德国大众、上海汽车拖拉机工业联营公司(简称上海汽拖联营公司)、中国银行上海信托咨询公司、中国汽车工业公司(简称中汽公司)签订《上海大众汽车有限公司合营合同》(简称《合营合同》),其中规定合资公司引进桑塔纳轿车及全套生产技术。1985年3月20日,上海大众汽车有限公司(简称上海大众汽车)和德国大众签订《技术转让协议》。

【引进内容】

上海大众汽车《合营合同》规定,合营公司在建立后最初7年内制造大众桑塔纳轿车;具体规定合资后第1~7年每年国产化的外购件名称和数量,其中第一年实现收音机、扬声器、轮胎、喇叭等26个零部件国产化,第7年实现气门密封圈、风窗密封条、后视镜等30个零部件的国产化;规定上海大众汽车自制件第一阶段实现安全带加强板、仪表托架、刮水器马达座等95种零部件国产化,第二阶段实现后地板、前纵梁、转向支承等31种零部件国产化,第三阶段实现后外轮罩、车顶等54种

图9-1-1至4　生产桑塔纳轿车的冲压、车身、油漆、总装四大工艺

零部件国产化;规定国产率最终目标为100%。同时该合营合同还对桑塔纳轿车生产作出规定。

《技术转让协议》规定德国大众的技术资料、专有技术和工业产权及契约商标使用权的转让,用以制造、销售和使用合同产品,以及转让的报酬、合同产品的制造。规定德国大众向合营公司提供整套桑塔纳轿车产品技术资料、工艺技术资料、售后服务技术资料等,包括零件图、图表、装配图、总图、安装图、毛坯图、产品说明手册、技术要求、颜色组合图标、大众标准、车型表、鉴定试验规范、常规试验规范、试验设备图纸等;散装车装配手册、工艺过程卡和说明、检验卡、工艺装配图纸、机器和工艺装备的大众公司标准等。规定德国大众应就合营公司的质量保证、产品技术、制造、销售和售后服务、采购和材料管理、财务、人事、组织和法律事务各方面工作提供咨询等。

【引进实施】

为了确保桑塔纳轿车技术引进顺利进行,在正式签署上海大众汽车《合营合同》前,1982年6月,上海市拖汽公司和德国大众签订《试生产协议》,向德国大众购买桑塔纳CKD散装零部件组装轿车,1983年4月11日,在上海汽车厂组装成功的第一辆桑塔纳轿车下线。之后,第一批100辆桑塔纳组装轿车完成,交中央直属机关车队和上海友谊车队试用,反映良好,同时希望后座更加宽敞。根据国内试用和试验情况,德国大众对上海桑塔纳轿车后座椅宽度、轿车底部与地面间隔的距离、悬挂系统等30余项进行改进。

上海大众汽车合资后,1985年3月开始利用原上海汽车厂厂房场地实施技术改造。1988年10月、1989年10月和1990年4月,总装车间、油漆车间、车身和冲压车间先后竣工,汽车一厂建成,投资10.03亿元(含发动机)。1990年4月—1991年年末,公司再投资2.49亿元填平补齐主要车间和公用动力系统设备。该技改项目从德国引进具有20世纪80年代国际先进水平的生产流水线10余条,机床设备1 000余台,计算机全线控制生产节拍可自由调节的总装线全长871米,是当时国内轿车生产厂中总装线最长、设备最先进的流水线。

桑塔纳轿车引进后,上汽以上海大众汽车为龙头,组织上海和全国的零部件配套企业,开展持续10年之久的桑塔纳国产化攻坚战。1990年和1993年,上海桑塔纳轿车国产化率先突破60%和80%,创造中国汽车工业引进汽车消化吸收的成功经验,上海桑塔纳轿车在中国引进轿车中率先成为国产轿车。

【引进成效】

1985年9月,上海桑塔纳轿车开始批量投产,上海轿车产品技术水平因此跨越30年,从20世纪50年代提升到80年代水平。1986年,桑塔纳旅行车投产上市。至1986年9月29日,上海桑塔纳轿车累计生产1万辆。1990年达到1.85万辆,上海大众汽车开始取得中国轿车工业领先地位。1993年,上海桑塔纳轿车年产突破10万辆,国内轿车市场占有率达到42.2%。至1995年桑塔纳2000型上市前,上海桑塔纳轿车10年累计产销54.83万辆,连续6年国内轿车市场占有率超过40%,连续6年位居国内同行第一,在中国轿车市场享有"拥有桑塔纳,走遍天下都不怕"的声誉。上海汽车工业因桑塔纳轿车引进成功而崛起,成为上海第一支柱产业和中国最大的轿车制造基地。

1995年以后,特别是进入21世纪,桑塔纳轿车在中国轿车市场"一枝独秀"的时代宣告结束,但是桑塔纳轿车依然畅销。至2010年,累计销量达到211万辆,在中国汽车工业史上创造了一个车型25年长盛不衰的奇迹。

二、帕萨特轿车引进消化

【引进报批】

为了提高国产中高档轿车制造能力,1996年,上海大众汽车开始与德国大众进行谈判。1997年4月,上海大众汽车董事会决策投资生产德国大众1997年投产的帕萨特B5车型轿车。1998年1月,上海汽车工业(集团)总公司(简称上汽集团)上报《关于上报联合开发第三代桑塔纳轿车任务书的请示》;1998年2月,上海市经委等向国家经贸委上报该请示;3月13日,国家经贸委批复同意上海大众汽车联合开发第三代桑塔纳轿车项目,并列入当年国家技术创新计划。1999年12月,上汽集团副总裁兼上海大众汽车总经理洪积明等与德国大众签订关于第三代桑塔纳轿车许可和联合开发的《技术转让协议第二次补充协议》。

【引进内容】

《技术转让协议第二次补充协议》规定:德国大众将1997年投放欧洲市场的帕萨特轿车技术许可转让给上海大众汽车生产,并在此基础上联合开发新一代产品。技术引进和联合开发中,上海大众汽车负责整车造型、总体布置设计、确定整车性能指标;德国大众负责车身表面光顺、结构设计、车身饰件、附件座椅、底盘、后悬挂系统改进、发动机、变速箱匹配和试验以及各种试验等;德国大众提供技术资料、开发流程、工程规范、产品、技术、质量、检验等各类标准、开发试验目录及相关软件和硬件数据系统等;上海大众汽车负责落实和推进零部件国产化。技术协议还规定技术资料、专有技术和工业产权及契约商标使用权的转让,以及转让许可使用费及支付等事项。

【引进实施】

1997年,上海大众汽车开始实施汽车三厂建设。项目总占地面积44.15万平方米,完成建筑面积21.31万平方米。同年10月6日打下第一根桩,11月冲压车间开工,至车身车间、总装车间、油漆车间及配套设施于1999年11月竣工合格验收,历时2年,新建冲压、车身、油漆和总装4个车间为主的24个单体,新增15万辆整车年产能力。项目总投资49.97亿元(含发动机)。汽车三厂工程新增主要设备及模具2 482台/套,其中进口设备1 675台/套。冲压车间配备当时国内唯一的2 000吨自动给料冲压生产线;车身焊接车间采用国内首例的激光焊接技术;油漆车间预处理及阴极电泳、自动注蜡等生产线采用世界先进技术,实现车身12年防蚀穿保证;总装车间对车门、驾驶舱、动力总成、前围模块等四大件,采用模块方式装配和61台机器人及计算机控制等高新技术。1989年11月—1999年2月,上海大众汽车分两批派遣20余名技术人员赴德国大众进行零部件结构设计。

2000年5月,国家机械工业局组织对上海帕萨特轿车国产化率40%阶段工作进行鉴定审查,认定上海帕萨特GLI型轿车国产化率达到52.82%,上海帕萨特GSI型轿车国产化率达到45.38%。

【引进成效】

1999年12月,上海大众汽车首辆帕萨特轿车下线,该公司轿车制造水平从20世纪80年代初提升到 90 年代末。该车型经过再开发,轴距加长 100 毫米,以适应国内市场和用户需求,整车技术达到世界水平,成为中国汽车市场中高级轿车标志性车型。2000 年 3 月,该车型批量投产;4 月,汽车三厂建成后形成 15 万辆帕萨特年产能力,投产当年产量 3 万辆。2003 年年产销突破 10 万辆达到 12.24 万辆。至 2010 年,帕萨特轿车始终是中国轿车市场中高级轿车的主力车型,累计销量突破 100 万辆。

2000 年 5 月和 2001 年 4 月,上海帕萨特轿车先后被国家经贸委认定为年度国家级新产品和"九五"国家技术改造优秀项目。此外,该项目还在 2000 年度及 2001 年度两次获得上海市重点产品质量攻关成果奖一等奖。

三、明锐轿车引进消化

【项目报批】

2004 年 4 月,上海大众汽车董事会批准启动引进生产德国大众全资子公司斯柯达汽车公司 Skoda 品牌 Octavia 车型的相关研究工作。2005 年 4 月,上海汽车集团股份有限公司(简称上汽股份,2007 年 9 月后简称上海汽车,2011 年 12 月后简称上汽集团)副总裁兼上海大众汽车总经理陈志鑫,上海大众汽车副总经理兼商务执行经理 Dieter Seemann 与捷克斯柯达汽车公司董事长 Ditlef Witting(魏铁希)、副董事长 Winfried Vahlamd(范安德)在捷克签署《关于 Skoda 351 SVW Octavia 车型的技术许可协议》。百年汽车品牌斯柯达正式引进落户上海,开启上海大众汽车双品牌经营之路。2006 年 9 月,Skoda 中文名"斯柯达"品牌正式启用。

【引进内容】

《关于 Skoda 351 SVW Octavia 车型的技术许可协议》规定:斯柯达汽车公司提供技术资料、开发流程、工程规范、产品、技术、质量、检验等各类标准、开发试验目录及相关软件和硬件数据系统等;上海大众汽车负责落实和推进零部件国产化;授予上海大众汽车在制造和销售合同产品过程中,使用已在中国注册的斯柯达合同商标;斯柯达汽车公司同意为上海大众汽车培训与合同产品有关的人员 50 人/月。技术协议还规定技术资料、专有技术和工业产权及契约商标使用权的转让及相关费用。

【引进实施】

2007 年 1 月,上海大众汽车起步生产斯柯达明锐轿车。为了降低生产成本,该公司对汽车三厂生产线进行适应性局部改造,与大众品牌帕萨特、途安车型共线生产。上海大众汽车引进斯柯达轿车后,充分利用公司在技术开发人力和技术资源,结合德国大众、捷克斯柯达汽车公司的技术和人力资源,针对该车特点,对总体造型、内饰进行多项本土化创新设计开发,以适合中国消费者需要。2007 年,斯柯达明锐国产化率达到 80%,2010 年达到 86.8%。

【引进成效】

2007 年 1 月 16 日,第一辆斯柯达明锐轿车下线,6 月 6 日上市。当年销量超过 3 万辆,2008 年和 2010 年年产销先后超过 5 万辆和 10 万辆。至 2010 年,明锐车型一直是斯柯达品牌的主力车型,累计产销 28.87 万辆,占上海大众汽车斯柯达品牌销量总数的 70%。

表 9 - 1 - 1　1985—2015 年上汽大众引进车型一览表

序号	引进车型及档次	引进—上市起止时间	国产化率年份			引进消化团队	
			40%、60%、80%国产化率年份	至2010年国产化率(%)	至2015年国产化率(%)	职务	姓名
1	桑塔纳(A)	1985 年 3 月—1985 年 9 月	1990(60%) 1993(80%)	98.2	—	总经理 技术执行经理 产品工程部部长	张昌谋 汉斯-约阿希姆·保尔 蒋昉初 Waldemar G
2	桑塔纳 2000 型(A)	1995 年 12 月上市	1996(80%)	—	—	总经理 技术执行经理 产品工程部部长	洪积明 贝尔恩德·法尼 王祎垔,秦仲年 J. H. Obrowski,Klaus-Dieter Reifenstein
3	帕萨特(B)	1999 年 12 月上市	2001(60%) 2004(80%)	89.6	—	总经理 技术执行经理 产品工程部部长	洪积明 贝尔恩特·英格斯泰特 秦仲年 程惊雷 Detlef Bohle,Ralf Bergholz
4	波罗两厢(A0)	2000 年 8 月—2002 年 4 月	2002(40%) 2003(60%) 2006(80%)	94.6	—	总经理 技术执行经理 产品工程部部长	洪积明 南阳 贝尔恩特·英格斯泰特 张觉慧 Thomas Knott
5	波罗三厢(A0)	2002 年 6 月—2003 年 6 月	—	—	—	总经理 技术执行经理 产品工程部部长	陈志鑫 贝尔恩斯特·英格斯泰特 张觉慧 Thomas Knott
6	高尔(A)	2002 年 12 月—2003 年 2 月	—	—	—	总经理 技术执行经理 产品工程部部长	陈志鑫 贝尔恩特·英格斯泰特 张觉慧 Thomas Knott
7	途安(A)	2003 年 12 月—2004 年 11 月	2005(40%) 2006(60%) 2010(80%)	83.4	90.5	总经理 技术执行经理 产品工程部部长	陈志鑫 贝尔恩特·英格斯泰特 张觉慧 Hans-Juergen Gawron

[续表]

序号	引进车型及档次	引进—上市起止时间	40%、60%、80%国产化率年份	至2010年国产化率(%)	至2015年国产化率(%)	职务	姓名
			国产化率年份			引进消化团队	
8	明锐(A)	2005年4月—2007年6月	2007(80%)	86.8	—	总经理 技术执行经理 产品工程部部长	陈志鑫 Michael Oeljeklaus(宇 杰) 牛胜福 Hans-Juergen Gawron
9	晶锐(A0)	2006年6月—2008年12月	2008(80%)	95.5	97.5	总经理 技术执行经理 产品工程部 部长	陈志鑫 刘 坚 Michael Oeljeklaus(宇 杰) 牛胜福 Holger Dietze
10	昊锐(B)	2006年6月—2009年8月	2010(80%)	81.3	87.1	总经理 技术执行经理 产品工程部部长	陈志鑫 刘 坚 Michael Oeljeklaus(宇 杰) 牛胜福 Holger Dietze
11	朗逸(A)	2006年9月—2008年6月	2008(80%)	95.1	97.1	总经理 技术执行经理 产品工程部部长	陈志鑫 刘 坚 Michael Oeljeklaus(宇 杰) 牛胜福 Holger Dietze
12	全新 Polo(A0)	2007年11月—2010年12月	2010(80%)	93.3	97.6	总经理 技术执行经理 产品工程部 部长	刘 坚 Michael Oeljeklaus(宇 杰) 牛胜福 Holger Dietze　Frank Welsch
13	途观(A)	2007年11月—2010年3月	2012(80%)	71.5	88.8	总经理 技术执行经理 产品工程部 部长	刘 坚 Michael Oeljeklaus(宇 杰) 牛胜福 Holger Dietze　Frank Welsch
14	全新帕萨特(B)	2008年7月—2011年4月	2011(80%)	—	94.3	总经理 技术执行经理 产品工程部部长	张海亮 刘 坚 Michael Oeljeklaus(宇 杰) Thomas Ulbrich(吴博锐) 牛胜福 Holger Dietze　Frank Welsch

〔续表〕

序号	引进车型及档次	引进—上市起止时间	国产化率年份			引进消化团队	
			40%、60%、80%国产化率年份	至2010年国产化率(%)	至2015年国产化率(%)	职务	姓名
15	明锐RS (A)	2009年8月—2010年9月	—	—	—	总经理 技术执行经理 产品工程部部长	刘坚 Michael Oeljeklaus(宇杰) 牛胜福 Frank Welsch
16	晶锐 Sport (A0)	2010年4月—2012年8月	—	—	—	总经理 技术执行经理 产品工程部部长	张海亮 Michael Oeljeklaus(宇杰) Thomas Ulbrich(吴博锐) 牛胜福 Frank Welsch Frank Bekemeier
17	晶锐 Scout (A0)	2010年3月—2012年2月	—	—	—	总经理 技术执行经理 产品工程部部长	刘坚 张海亮 Michael Oeljeklaus(宇杰) Thomas Ulbrich(吴博锐) 牛胜福 Frank Welsch Frank Bekemeier
18	昕锐 (A)	2010年12月—2013年4月	2013(80%)	—	97.5	总经理 技术执行副总经理 产品工程执行总监	张海亮 Thomas Ulbrich(吴博锐) 牛胜福 Frank Welsch Frank Bekemeier
19	野帝 (A)	2010年12月—2013年11月	2013(80%)	—	96.3	总经理 技术执行副总经理 产品工程执行总监	张海亮 Thomas Ulbrich(吴博锐) 牛胜福 Frank Welsch Frank Bekemeier
20	全新桑塔纳 (A)	2010年10月—2012年12月	—	—	97.5	总经理 技术执行副总经理 产品工程执行总监	张海亮 Thomas Ulbrich(吴博锐) 牛胜福 Frank Welsch Frank Bekemeier

[续表]

序号	引进车型及档次	引进—上市起止时间	国产化率年份			引进消化团队	
			40%、60%、80%国产化率年份	至2010年国产化率(%)	至2015年国产化率(%)	职务	姓名
21	Cross Polo (A0)	2010 年 8 月—2012 年 3 月	—	—	—	总经理 技术执行副总经理 产品工程 执行总监	张海亮 Thomas Ulbrich(吴博锐) 牛胜福 Frank Welsch　Frank Bekemeier
22	Polo GTI (A0)	2010 年 8 月—2012 年 9 月	—	—	—	总经理 技术执行副总经理 产品工程 执行总监	张海亮 Thomas Ulbrich(吴博锐) 牛胜福 Frank Welsch　Frank Bekemeier
23	昕动 (A)	2011 年 1 月—2014 年 8 月	2014(80%)	—	97.5	总经理 技术执行副总经理 产品工程 执行总监	张海亮 Thomas Ulbrich(吴博锐) 牛胜福 Frank Bekemeier
24	全新明锐 (A)	2011 年 8 月—2014 年 5 月	2014(80%)	—	96.9	总经理 技术执行副总经理 产品工程 执行总监	张海亮 Thomas Ulbrich(吴博锐) 牛胜福 Frank Bekemeier
25	凌渡 (A)	2012 年 12 月—2015 年 1 月	2015(80%)	—	94.7	总经理 技术执行副总经理 产品工程 执行总监	张海亮　陈贤章 Thomas Ulbrich(吴博锐) Christian Vollmer(冯克定)　Frank Bekemeier 牛胜福
26	桑塔纳浩纳 (A)	2013 年 6 月—2015 年 6 月	2015(80%)	—	97.5	总经理 技术执行副总经理 产品工程 执行总监	张海亮　陈贤章 Thomas Ulbrich(吴博锐) Christian Vollmer(冯克定)　Frank Bekemeier 牛胜福
27	全新途安 L (A)	2013 年 4 月—2016 年 3 月	—	—	—	总经理 技术执行副总经理 产品工程 执行总监	张海亮　陈贤章 Thomas Ulbrich(吴博锐) Christian Vollmer(冯克定)　Frank Bekemeier 牛胜福

[续表]

序号	引进车型及档次	引进—上市起止时间	国产化率年份			引进消化团队	
			40%、60%、80%国产化率年份	至2010年国产化率(%)	至2015年国产化率(%)	职　务	姓　名
28	辉昂(C)	2013年6月—2016年10月	—	—	—	总经理 技术执行副总经理 产品工程 执行总监	张海亮　陈贤章 Thomas Ulbrich(吴博锐) Christian Vollmer(冯克定) 吴庆文　Frank Bekemeier
29	全新晶锐(A0)	2013年6月—2015年4月	—	—	—	总经理 技术执行副总经理 产品工程 执行总监	张海亮　陈贤章 Thomas Ulbrich(吴博锐) Christian Vollmer(冯克定) 吴庆文　Frank Bekemeier
30	全新速派(B)	2013年6月—2013年8月	—	—	—	总经理 技术执行副总经理 产品工程 执行总监	张海亮　陈贤章 Thomas Ulbrich(吴博锐) Christian Vollmer(冯克定) 牛胜福　Frank Bekemeier
31	全新途观L(B)	2014年2月—2017年1月	—	—	—	总经理 技术执行副总经理 产品工程 执行总监	张海亮　陈贤章 Thomas Ulbrich(吴博锐) Christian Vollmer(冯克定) 吴庆文　Frank Bekemeier
32	途昂(B)	2014年4月—2017年3月	—	—	—	总经理 技术执行副总经理 产品工程 执行总监	张海亮　陈贤章 Christian Vollmer(冯克定) 吴庆文　Frank Bekemeier
33	柯迪亚克(A)	2014年6月—2017年4月	—	—	—	总经理 技术执行副总经理 产品工程 执行总监	陈贤章 Christian Vollmer(冯克定) 吴庆文　Frank Bekemeier

资料来源：上汽大众汽车有限公司

第二节　上汽通用引进消化

上汽通用汽车有限公司整车技术引进主要通过引进车型平台和商标许可使用两种方式分开进行。1997—2015年,公司先后引进美国通用汽车公司(简称美国通用汽车)别克、雪佛兰和凯迪拉克3个品牌21个车型。

一、别克轿车引进消化

【引进签约】

1997年1月10日,国务院办公会议正式批准浦东轿车项目可行性研究报告;3月25日,上汽集团总裁、上海汽车有限公司董事长兼总经理陈祥麟,美国通用汽车董事长兼首席执行官、通用汽车(中国)投资有限公司(简称通用中国)代表史密斯签署《为建立上海通用汽车有限公司的合资经营合同》。该合同包括附件《上海通用汽车有限公司与通用汽车公司的技术许可使用合同》(简称《技术许可合同》)、《上海通用汽车有限公司与通用汽车公司的商标和商号许可使用合同》(简称《商标许可合同》)。

【引进内容】

《技术许可合同》规定技术转让的目标是使上海通用汽车有限公司(简称上海通用汽车)掌握引进产品的制造并按双方商定的进度分步实现国产化。规定引进的合同产品为通用汽车公司1997年款别克皇朝(BuickRegal)和别克世纪(BuickCentury)W-轿车及其变型车,包括为满足市场需求于2001—2003年面世的新一代车型,以及在《技术许可合同》期限内在该车型基础上改进或发展的任何车型。规定美国通用汽车向上海通用汽车转让与合同产品有关的包括动力总成、其他总成和零部件全套专有技术、专利、商标和版权的许可使用权,技术转让的内容包括产品工程、制造工程、工厂设计和工艺设计、采购、售后服务、企业管理软件、商标和商号许可使用权、考察培训咨询和技术协助等。规定上海通用汽车支付美国通用汽车工厂设计工作补偿款,美国通用汽车承诺及时提供满足国产化所需的技术转让。规定设计生产能力为投产第5年达到两班制年产10万辆整车、10万台变速箱和18万台发动机。规定合同期限为10年。

《商标和商号合同》规定美国通用汽车授予上海通用汽车在美国通用汽车英文"GM"上加"Shanghai"(中文"上海"),以及整车及出口整车使用"别克"和"雪佛兰"商标和徽饰、变速箱产品使用"汇捷自动"商标和徽饰的相关授权,商标许可使用免费。

【引进实施】

1997年1月10日,即国务院办公会议正式批准浦东轿车项目可行性研究报告的当天,上海通用汽车项目在上海市浦东新区金桥北厂打下第一根桩基。该基地总建筑面积21.22万平方米,新建冲压车间、油漆车间、总装车间及装配仓库、动力总成车间和公用配套设施;新增设备1388台/套,其中进口设备617台/套。引进改造项目包括冲压、焊接、油漆、发动机和变速箱以及总装流水线在内的柔性化流水线。

上海通用汽车在利用上海桑塔纳轿车国产化零部件配套体系的同时,在全球范围选择别克轿车零部件供应商。1997年3月,确定第一家零部件供应商;9月,上海汇众汽车制造有限公司的别克轿车桥架、下摇臂和副车架、减震器、前后悬挂总成国产化实施方案通过联合评审;12月,上海通用汽车参照美国通用汽车提供的认可标准,制订上海通用汽车零部件工装样品认可和批产认可标准及程序,初步确定64家企业为别克轿车国产化零部件供应商,外车灯、组合仪表等460种零部件为国产化配套件。同年12月底,国产化零部件开始交样品。1998年3月,首批118种配套零部件全部定点,第一批国产零部件如期交样。同年12月17日,第一辆别克新世纪轿车下线,整体质量超过北美同期生产的同类别克轿车。

1999年4月,别克轿车批量投产,起步国产化率达到40%以上。2000年6月,上海通用汽车W-CAR和W-WAGON分别通过62.92%和43.97%的国产化率认证。别克发动机总成、座椅总成、安全带总成、电动玻璃升降器、起动机、变速器壳体、液力变矩器等重要零部件相继实现国产化。2001年4月,S-CAR完成58%的国产化鉴定;9月,W-WAGON和S-CAR也分别通过60%的国产化率鉴定。至2001年,W-CAR的国产化率已经达到73%,W-WAGON的国产化率为72%,S-CAR的国产化率为71%。

【引进成效】

进入21世纪,中国加入世界贸易组织(WTO),国产化不再受政策限制,但上海通用汽车始终坚持通过引进、消化和创新,将世界技术本土化。2001年5月,上海通用汽车别克君威项目对1999年投产的别克轿车进行重新设计开发。该车于2003年1月投放市场,当年销售9万辆,获得2005年度中国汽车工业科技进步奖一等奖。从1999年第一代别克轿车及商务旅行轿车,到别克君威、别克陆尊,再到别克君越,上海通用走出的一条"引进→国产化→改型→新一代车型"的从引进吸收再到本土化开发之路。

上海通用汽车的别克品牌自1999年4月别克新世纪轿车批量投产,2000年别克GL8商务车上市,2003年别克凯越轿车上市,销量一路走高。2004年,别克品牌累计销量突破50万辆,2006年和2009年先后突破100万辆和200万辆,成为中国汽车市场增长最快的汽车品牌。至2010年,上海通用汽车引进或本土化开发的别克品牌包括林荫大道、新凯越、昂科雷、新君威、新君越、英朗XT、英朗GT、新GL8豪华商务车、GL8商务车等9个车型43个款式。

2011—2015年,上海通用汽车引进或本土化开发的别克品牌包括昂科拉、君越、昂科威、威朗等4个车型37个款式,别克品牌国内保有量达到643万辆。

二、雪佛兰轿车引进消化

【引进批准】

2002年12月,上海通用东岳汽车有限公司(简称上海通用东岳)成立。2003年,上海通用汽车编制并上报上海通用东岳工程项目实施方案。同年11月4日,山东省发展和改革委员会同意上海通用东岳在生产赛欧轿车基础上,引进通用大宇汽车技术公司(简称通用大宇)开发的T200系列轿车及变型车,新产品品牌为雪佛兰;12月,上海通用汽车和泛亚汽车技术中心有限公司(简称泛亚技术中心)联合成立由泛亚技术中心执行总监高卫民、项目协调经理王庆晟负责的雪佛兰项目引进消化项目团队。

【引进内容】

2005年11月,上海通用汽车总经理丁磊与通用大宇总经理、首席执行官DavidNick Reilly签署《通用大宇汽车技术公司与上海通用汽车有限公司的技术许可总协议》(简称《技术许可总协议》),规定上海通用汽车通过技术许可的方式获得通用大宇的技术支持,制造、组装和销售T200系列轿车及其变型车等产品;规定引进的基本车型包含通用大宇设计开发的T200系列轿车,以及在《技术许可总协议》期限内在该等车型基础上的修改及改进;基础动力总成包含用于T200系列轿车的1.4DOHC、1.6DOHC的FamISeries200发动机,以及在《技术许可总协议》期限内在该种发动机基础上的修改及改进;技术许可内容包括产品工程、制造工程、工厂设计和工艺设计、采购、售后服务等,并约定由上海通用汽车向通用大宇支付许可使用费;规定合同至许可期限终止之日(即相关合同产品商业生产和销售之日)为止。

【引进实施】

2003年2月,上海通用东岳车身项目开工建设。项目总投资26.67亿元,对原烟台车身有限公司已建成的冲压、车身、油漆及总装四大工艺进行适应性改造,增加新车型生产所需的冲压件模具及相关设备。项目新增或改造设备3 064台/套,进口设备124台/套。2004年5月,项目建成开始试生产,8月29日投产,生产纲领为两班年产10万辆。

为与整车工程项目相匹配,2004年5月,上海通用东岳动力总成技改项目开始实施。项目投资8.28亿元,利用原山东大宇汽车发动机有限公司45.57万平方米土地面积和12.56万平方米建筑面积进行改造,增添模具及附件190台/套,新增和改造设备257台/套,并将上海通用汽车1.6LSOHC发动机生产线迁入动力总成厂区,改造为柔性单双凸轮发动机生产线。2005年4月,项目完成设备安装调试,6月3日举行投产仪式,7月试生产,8月批量投产。

【引进效果】

2005年3月,上海通用东岳生产的雪佛兰新赛欧上市,成为该公司引进生产的雪佛兰品牌第一个车型,上海通用汽车开始实施双品牌经营战略。此后雪佛兰品牌车型引进消化的速度不断加快。同年4月和7月,雪佛兰景程和乐骋先后上市。2006年3月、2007年11月、2009年4月,雪佛兰乐风、科帕奇和科鲁兹相继上市。至2010年,上海通用汽车雪佛兰品牌拥有新赛欧、景程、乐骋、乐风、科帕奇、科鲁兹等6个车型31个款式。2010年年底,上海通用汽车引进产销的雪佛兰品牌累计销量98.07万辆。

2011—2015年,上海通用汽车引进进或本土化开发的雪佛兰品牌包括科帕奇、迈锐宝、科鲁兹掀背、创酷、新迈锐宝等5个车型31个款式,雪佛兰品牌国内保有量达到427万辆。

三、凯迪拉克轿车引进消化

【引进内容】

2003年5月,上海通用汽车董事会批准引进凯迪拉克品牌,并通过上海市浦东新区金桥南部厂区项目规划;10月10日,上汽集团副总裁陈虹和美国通用汽车Philip F. Murtaugh签订《凯迪拉克商标许可使用协议》,双方约定商标使用免费等商标许可使用有关事项。

2007年3月31日,凯迪拉克轿车车型技术引进谈判成功,上海通用汽车总经理丁磊、美国通用汽车全球技术经营公司亚太副总裁及财务总监JosephPeter、通用中国总裁Kevin Wale签署《通用汽车全球技术经营公司、通用汽车中国公司和上海通用汽车有限公司的技术许可协议》,规定上海通用汽车通过技术许可的方式获得美国通用汽车全球技术经营公司的技术支持,制造、组装和销售SGM980轿车及相关发动机等产品;规定引进的基础汽车包含美国通用汽车作为一款2005年在美国开始生产,并以凯迪拉克STS投放市场的GMX295汽车,以及在《技术许可总协议》期限内在该等车型基础上的修改及改进;规定技术许可内容包括产品工程、制造工程、工厂设计和工艺设计、采购、售后服务等;规定上海通用汽车向通用汽车全球技术经营公司支付的技术转让费和对改进汽车收取的特许权使用费等费用。

【引进实施】

2003年9月19日,引进生产凯迪拉克轿车的上海通用汽车金桥南厂改造项目启动。新征土地24.61万平方米,建筑面积15.48万平方米,建设冲压车间、车身车间、油漆车间、总装车间、车身分配中心和整车检测线等,新增设备612台/套,包括进口设备300台/套。鉴于凯迪拉克为豪华汽车品牌,生产设备多为世界先进水平,包括冲压车间的日韩模具、瑞典ABB机械手、德国MW 1 800吨全自动压机线;车身车间德国、美国、意大利、日本等国的拼装焊接机器人、自动生产线和全自动检测设备;油漆车间的德国预处理、中途、面漆、阴极电泳和密封剂喷浇等生产线;总装车间德国、法国、意大利、瑞典等国的部件和底盘装配、发动机合装等设备,前后桥及发动机等输送线和分装线等,具备多款不同车型共线柔性化生产能力;车身分配中心德国ASRS检索系统高架库位堆垛机、动力滚床等。特别是实施SAPIS - Auto信息系统,实现采购、物流、制造、财务和营销等整条价值链信息整合和优化,在全球汽车行业处于领先水平。2005年5月28日,金桥南厂开始投产;9月,全面竣工交付使用。

【引进成效】

2004年10月,上海通用汽车在上海市浦东新区王港试制车间开始组装凯迪拉克轿车。2006年开始移至金桥南厂生产。同年7月4日,金桥南厂首辆凯迪拉克SLS赛威轿车下线,11月开始批量生产,上海通用汽车进入多品牌经营阶段并开始产销豪华汽车品牌。2007年3月,关于凯迪拉克技术许可协议签订后,上海通用汽车开始生产美国GMX295汽车2005车型改进的SGM980,以及澳大利亚WM汽车2007车型改进的SGM710 2个车型,使凯迪拉克轿车适应国内市场的需要。至2010年,凯迪拉克品牌拥有赛威SLS、CTS、XLR、Escalade凯雷德、SRX等5个车型12个款式,涵盖运动轿车、敞篷跑车、运动和全尺寸SUV、商务轿车,累计销售4.4万辆。

2011—2015年,上海通用汽车引进或本土化开发的凯迪拉克品牌包括XTS、ATS - L等2个车型17个款式,凯迪拉克品牌国内保有量达到13.5万辆。

表9-1-2　2002—2015年上汽通用·泛亚汽车技术中心引进消化车型一览表

序号	引进车型及档次	引进—上市起止年月	本土化改进主要内容	国产化率年份 国产化率40%、60%、80%年份	至2010年国产化率(%)	至2015年国产化率(%)	引进消化团队 职务	姓名
1	别克赛欧	2003年3月—2004年12月	内外饰改型	100% 2003	—	—	项目负责人 项目协调经理	张振华 侯欣
2	2002君威	2002年12月	MCM大改型项目，内外饰重新设计，2.0发动机，增加手动换档	—	—	—	项目负责人 总工程师	张振华 卢晓
3	2005雪佛兰乐骋	2003年3月—2005年12月	内外饰及造型	80% 2005	95	—	项目负责人 项目协调经理	高卫民 王庆晟
4	2005别克陆尊	2005年6月—2016年12月	全新内饰，全新动力总成组合的标定满足五星安全的。全新前舱设计，全面运用CFD技术设计全新空调通风系统和自动空调整制系统，全新调教的悬架系统，全新的娱乐系统	100% 2005	—	—	项目负责人 项目高级经理	高卫民 陈虹
5	2005雪佛兰景程	2003年4月—2005年4月	2005年在通用大宇Magnus基础上重新设计格栅后牌照板、收音机。国产化的前格栅，外后视镜后壳，车门把手、外饰装饰条、轮子。2006年继续国产化发动机以及手动变速箱—切换AF20自动变速箱以及发动机舱内发动机支架、油管，三元催化等深度国产化	80% 2005	—	—	项目负责人 项目高级经理	高卫民 罗玲玲
6	2007雪佛兰景程	2005年4月—2007年2月	在通用大宇Tosca基础上，重新设计了前后保险杠，格栅，灯系。国产化内外饰件，沿用L34发动机动力总成组合。国产化门锁系统，电子开关空调系统、防盗系统、底盘制车系统等	2007年2月国产化率80%，2007年9月国产化率90%	—	—	项目负责人 项目协调经理	余秀慧 罗玲玲
7	2007凯迪拉克GMX290	2004年上海通用组装上市2007年3月31日签引进协议	上海通用改进SGM980，发动机系列包含GML850四缸发动机家族，GMFamIGenIII四缸发动机	—	—	—	执行副总经理 项目协调经理	余秀慧 田毓璠
8	2007别克林荫大道	2007年10月	首次开发后驱豪华别克旗舰平台车型，本土调试舒适性和操控性能。本土调试发布电池管理系统首次新设计后排可滑动座椅，开发行政功能后座椅可折叠办公桌板。在通用全球首次开发多区空调标定。后差速器速比匹配，提升整车起步性能。整车级NVH振动噪声开发	40% 2007	60	—	项目负责人 项目协调经理	余秀慧 田毓璠

[续表]

序号	引进车型及档次	引进—上市起止年月	本土化改进主要内容	国产化率 40%、60%、80%年份	至2010年国产化率(%)	至2015年国产化率(%)	职务	姓名
9	2008 雪佛兰科鲁兹	2009年3月—2014年8月	满足90%国产率的要求，主要包括发动机国产化等	93% 2009	—	—	项目负责人 项目协调经理	余秀慧 陈鹏
10	2010 雪佛兰爱唯欧三厢	2011年7月上市	GSV平台全新架构国产化。泛亚自主开发C14发动机应用	96% 2011	—	—	项目负责人 项目协调经理	高卫民 李慧明
11	2010 雪佛兰爱唯欧两厢	2011年5月上市	GSV平台全新架构国产化。泛亚自主开发C14发动机应用	96% 2011	—	—	项目负责人 项目协调经理	高卫民 李慧明
12	2011 雪佛兰科帕奇	2011年12月—2017年4月	CKD项目满足40%国产率的要求。动力总成：国产L850 2.4L＋6T45 (6AT FWD、AWD)。其他关键零件：前后悬架、制动系统、等白车身零件从韩国进口，车身拼装、喷漆和总装在北盛	40% 2011	—	54	项目负责人 项目协调经理	刘启明 包维霞
13	2011 雪佛兰迈锐宝	2012年2月—2015年9月	基于全球Epsilon平台，泛亚参与开发的一款中高级轿车。泛亚主导开发的中国特殊需求包括：座椅面料开发、带后排出风口console、1.6T AT行政版刨建、全新改造型的17'车轮开发	—	—	93	项目负责人 项目协调经理	刘启明 刘正眉
14	2012 别克昂科拉	2008年3月—2012年4月	全新发动机，针对中国市场的特点进行本土化动力系统调试匹配和底盘调试	—	—	—	项目负责人 项目高级经理	刘启明 李俊
15	2013 凯迪拉克XTS	2013年1月上市	BTP项目：基于Epsilon平台上开发的凯迪拉克车型。动力总成：LTG2.0T、LFX3.6+6T70。金桥北厂生产	—	—	73	项目负责人 项目高级经理	刘启明 张健琼
16	2013 别克君越	2013年3月上市	该项目是泛亚自成立以来第一次作为全球Homeroom主导开发的整车项目。项目运行中每位团队成员克服了文化差异、流程差异、时间差异等，在及时和泛亚以及上海通用各部门资源的同时，与北美的工程和项目团队密切配合、高质量地完成了项目，获得了中外一致好评。同时，该项目第一次应用多项创新的新产品设计、改进创新了多项管理及工作流程，为泛亚做好后续全球整车项目打下了坚实的基础	—	—	92	项目负责人 项目高级经理 项目经理	刘启明 刘正眉 汪亮

[续表]

序号	引进车型及档次	引进—上市起止年月	本土化改进主要内容	国产化率年份			引进消化团队	
				国产化率40%、60%、80%年份	至2010年国产化率(%)	至2015年国产化率(%)	职 务	姓 名
17	2014 科鲁兹掀背	2014年8月上市	零件国产化及部分VAVE项目	—	—	—	项目负责人 项目协调经理	刘启明 吴希社
18	2014 雪佛兰创酷	2014年4月上市	自主研发驱动系统 自主造型设计优化 全新内外饰开发	—	—	80以上	项目负责人 项目协调经理	刘启明 钱夏冰
19	2014 雪佛兰科鲁兹	2014年8月—2016年8月	D2平台全新整车架构第一款应用全新动力总成,SGE家族发动机首次在GM体系产品应用,GM,SAIC联合开发的DCT250变速箱首次应用北盛新工厂与项目投产同步建设	—	—	96	项目负责人 项目协调经理	刘启明 李慧明
20	2014 凯迪拉克ATS-L	2014年8月上市	基于北美全新开发短轴ATS基础上,进行轴距加长85毫米,轮距加宽20毫米。泛亚负责新开发ATS-L车的整车集成,整车性能开发,整车级、系统级和零部件验证和中国开发部分的零件设计发布工作	—	—	70	项目负责人 项目副总工程师	刘启明 田毓璠
21	2014 别克昂科威	2014年10月上市	零部件国产化 自主造型设计	—	—	—	项目负责人 项目协调经理	刘启明 吴希社
22	2015 雪佛兰新迈锐宝	2010年10月上市	动力总成更改为更高效节能的1.6T配智能节停系统;新功能收音机、新的前后端外饰、大灯和轮毂造型;内饰造型更新改进,使用第十代安吉星通讯系统(Onstar)	—	—	97	项目负责人 项目高级经理 项目经理	刘启明 刘正眉 汪竞
23	2015 别克威朗	2015年3月	该项目是在欧宝D2XX架构基础上,由泛亚汽车技术中心主导,全新内外饰造型开发的一款高品质运动轿跑车型,搭载三种动力总成,8个配置:1.5SIDI+MIX,1.5SIDI-6T30以及1.5Turbo+DCT	—	—	98	项目负责人 项目高级经理 项目经理	刘启明 王庆晟 金仕君

资料来源:泛亚汽车技术中心有限公司,上汽通用汽车有限公司

第三节　其他整车整机引进消化

一、伟步35D矿用车引进消化

【引进技术】

1979年，美国伟步公司先后到北京、上海与中方就合作生产重型车进行洽谈，并考察上海重型汽车厂等单位。上海市第一机电管理局（简称上海市机电一局）于同年5月向上海市计委上报《关于与美国伟步公司合作生产重型汽车的请示报告》，得到上海市政府支持。同年11月下旬，双方签署《协议意见书》。1981年9月，上海市机电一局向一机部上报引进可行性研究报告；10月，一机部发出通知，将上海市拖汽公司与美国伟步公司合作生产重型汽车项目列为国家"七五"重点建设项目之一。1983年8月，上海重型汽车厂完成并上报《35D型矿用汽车引进项目可行性分析报告》；9月，上海市经委、上海市生产技术局批准该可行性报告。1984年4月，上海汽拖联营公司与美国伟步公司签订《35D矿用汽车技术许可证生产协议》，规定上海重型汽车厂通过生产许可证方式，生产美国伟步具有世界先进水平的35D型32吨矿用汽车。

图9-1-5　引进伟步技术的35D矿用汽车

【引进措施】

1985年上半年，上海重型汽车厂完成35D型产品图纸、工艺装备图纸和各类标准手册翻译校对，同时从美国、联邦德国引进数控等离子火焰切割机、光电跟踪切割机、液压折弯机和气体保护焊等设备，美国伟步公司按协议提供焊机切割机等生产设备、驾驶室成品和35D型汽车货厢散装件。

1985年6月，首批5辆自制率达到20%的美国伟步35D型32吨矿用车在上海重型汽车厂出厂并交付南京吉山矿试用，上海市副市长李肇基、中国汽车工业公司顾问胡亮等出席出厂剪彩仪式。1988年4月，35D型32吨矿用自卸汽车获国家经委国家技术开发优秀成果奖。至1989年，该车货厢、大梁、驾驶室、发动机和前后桥等实现国产化，零部件自制率达75.6%，同年，车型改称SH-3603型。

二、本田摩托车引进消化

【引进技术】

1983年11月，上海市拖汽公司、泰国正大卜峰集团（简称泰国正大）、日本本田技研株式会（简称日本本田）就上海与泰国合资经营摩托车、从日本引进技术分别签署备忘录。上海市拖汽公司副经理刘镇亚参加签约仪式。

1984年9月,上海汽拖联营公司与泰国正大卜峰集团易初投资有限公司签署合资成立上海—易初摩托车有限公司(简称上海易初摩托车)的合同和章程。同年12月7日,上海易初摩托车与日本本田签订《摩托车制造技术许可合同》,上海市副市长刘振元、泰国驻华大使欧拉春出席签字仪式。日本本田社长久米和上海易初摩托车董事长汪儒文在合同上签字。合同规定上海易初摩托车引进日本本田CG和H两个系列125型摩托车制造技术和设备,其中CG125发动机为四冲程引擎,属20世纪80年代初国际水平。该引进项目经上报后,12月26日,上海市外经贸委下达《关于摩托车制造技术许可证合同的批复》予以批准。上海摩托车项目被列为上海市"七五"重点技术改造项目。

【引进措施】

1985年3月,日本本田向上海易初摩托车提供CG125摩托车及其发动机的产品图样和有关技术资料。上海易初摩托车在消化吸收产品图纸和技术资料的基础上,分发动机和车体两部分实施国产化工作。同年5月,上海易初摩托车利用日本本田提供的CKD散件,组装1 000辆HONGDA牌CG125型摩托车。1986年年初,XF125型摩托车试制工作启动。1987年5月,100辆XF125型摩托车试制成功,并于8月通过1.6万公里耐久性试验。同时,零部件国产化取得进展,其中225种零件中104种零部件可批量生产,另有104种零部件经过改进即可批产。同年9月,XF125型摩托车技术评审会认定该车性能基本达到日本本田检查基准书要求,符合国家标准和有关法规规定,决定通过技术评审。1989年,XF125型摩托车通过日本本田质量认可的国产化率达到72.4%,1993年达到86.28%。

图9-1-6 引进本田技术的幸福125摩托车

【引进鉴定】

1988年5月,上海市拖汽公司召开XF125型摩托车阶段技术鉴定会,上海市计委、经委、科委、外经贸委、标准计量局及上海交通大学、上海汽车拖拉机研究所、上海公安局车辆管理所等单位参加。会议通过阶段技术鉴定,同意该车批量生产。同年12月,XF125型摩托车发动机通过上海市拖汽公司组织的技术鉴定。1990年10月,上海汽车工业总公司受中国汽车工业总公司摩托车行业办公室委托,对从日本本田引进并经国产化的幸福125型摩托车召开技术鉴定会并通过该车的技术鉴定。

三、纽荷兰拖拉机底盘引进消化

1985年6月7日,上海汽拖联营公司与意大利政府签约利用意大利政府300万美元赠款和1 500万美元软贷款引进意大利菲亚特汽车公司具有20世纪80年代初期水平的拖拉机底盘制造技术,引进菲亚特45-66、55-90、70-90等3种马力等级系列6个品种的拖拉机底盘制造技术。该技术引进项目获国家计委和上海市建设委员会(简称建委)批准。

图 9-1-7　非洲国家贵宾试驾引进纽荷兰
技术的上海-654 拖拉机

1987 年,上海拖拉机厂与上海内燃机厂、上海拖拉机齿轮厂、上海拖拉机底盘厂合作,开始试制菲亚特 70-90DT 样机。其间,上海内燃机厂引进菲亚特技术,经消化吸收试制成功 495A-16、4100A、395A 3 个系列型号的新型柴油机,为上海拖拉机厂试制的新型拖拉机配套。1988 年 10 月,第 1 台 65 马力四轮驱动样机于在上海拖拉机厂诞生,命名为上海-654 型拖拉机。同年 2—5 月,上海拖拉机底盘厂先后试制成功 40 马力的二轮驱动和四轮驱动两种新型拖拉机,分别命名为上海-400 型和上海-404 型拖拉机。1989 年 9 月,3 种样机通过上海汽拖联营公司技术评定,确认为具有 20 世纪 80 年代国际先进水平的新系列拖拉机。

四、沃尔沃客车底盘引进消化

2000 年 6 月 30 日,上海申沃客车有限公司(简称上海申沃客车)和瑞典沃尔沃客车公司(简称瑞典沃尔沃)签订《技术许可合同》。该合同约定,上海申沃客车引进瑞典沃尔沃车型需支付入门费和提成费,每销售 1 辆沃尔沃底盘支付一定数额的费用,并规定计提总额。

为推进引进消化工作,上海申沃客车组建引进团队,由公司中方管理层领导,公司开发部负责。至 2015 年,上海申沃客车先后从瑞典沃尔沃引进生产 7 种车型底盘 7 040 台。

表 9-1-3　2001—2015 年上海申沃客车引进车型底盘一览表

序号	引进车型底盘	上市时间	国产化率(%)	引进消化团队	
				当时职务	姓　名
1	SWB6120KHV-3	2001 年 5 月	63.11	中方总经理 开发部经理	干　频 陆健丁
2	SWB6122	2001 年 7 月	—	中方总经理 开发部经理	干　频 陆健丁
3	SWB6120V3	2004 年 8 月	40.81	中方总经理 开发部经理	张立春 阚卫峰
4	SWB6100V	2005 年 5 月	47.73	中方总经理 开发部经理	张立春 阚卫峰
5	SWB6100V5	2006 年 12 月	49.08	中方总经理 开发部经理	张立春 阚卫峰
6	SWB6128V8LF	2013 年 10 月	49.28	中方总经理 开发部经理	张立春 阚卫峰
7	SWB6128V8	2014 年 4 月	49.28	中方总经理 开发部经理	张立春 阚卫峰

资料来源:上海申沃客车有限公司

第二章 上海桑塔纳轿车、别克轿车国产化

20世纪80年初期—90年代中期,上海桑塔纳轿车国产化是上海汽车工业和中国汽车工业技术引进中影响和作用最大的项目,1990年、1993年和1996年,该车型国产化率先后突破60％、80％和90％,积累了中国引进汽车国产化的成功经验,奠定了上海建成中国最完整最先进汽车零部件制造体系的基础。别克轿车国产化是20世纪90年代后期新一轮技术引进中具有重要影响力的项目,成为国家新的《汽车产业政策》颁布实施后第一个达到起步国产化率40％要求的汽车引进产品。别克和帕萨特轿车国产化的成功标志着中国轿车制造达到20世纪90年代末世界先进水平。

第一节 上海桑塔纳轿车国产化基金

一、基金建立

1984年10月10日,上海大众汽车有限公司(简称上海大众汽车)的《合营合同》签订。《合营合同》对合资企业生产产品的国产化率作出明确规定。1985年,上海大众汽车开始组织零部件配套企业实施上海桑塔纳轿车国产化工作,但是由于资金严重短缺,国产化步履艰难。

为尽快解决资金困难,同年12月2日、1986年2月14日和9月9日,上海市人民政府先后召开会议,决定给予上海桑塔纳轿车横向国产化优惠政策,其中《市府会议纪要(1986-4)》明确:上海桑塔纳轿车销售中全额收取人民币与现行价格(收取外汇额度)的差价,用作购买调剂外汇的补贴和作为轿车国产化横向配套项目发展基金,上海市财政局在中国人民银行设立上海桑塔纳轿车横向国产化配套项目发展基金账户。

根据上海市政府决定,当年四季度,在上海市计划委员会(简称上海市计委)、上海市经济委员会(简称上海市经委)和市财政局牵头下,上海汽车拖拉机工业联营公司(简称上海汽拖联营公司)开始在销售上海桑塔纳轿车时收取并筹措上海桑塔纳轿车国产化专项基金。1986年12月,上海市计委发出《关于销售上海桑塔纳轿车的差价收入解入"上海桑塔纳轿车横向国产化配套项目发展基金账户"的通知》,上海市物资贸易中心、上海汽车拖拉机销售服务公司等汽车经营单位按照该通知要求,将销售上海桑塔纳轿车收取的人民币差价解入上海市财政局上海桑塔纳轿车横向国产化配套项目发展基金账户。

表 9-2-1 1986—1994年上海桑塔纳轿车国产化基金收取情况表　　　　单位:元/辆

时　间	桑塔纳轿车收取标准	上海牌轿车收取标准
1986年	20 000	3 000(计划内)
		18 000(计划外)
1987年	3 000(收取外汇额度)	3 000(计划内)
	23 000(不收取外汇额度)	18 000(计划外)

〔续表〕

时　间	桑塔纳轿车收取标准	上海牌轿车收取标准
1988 年	28 000	—
1989 年开始	28 000（其中：50％上交中央）	—
1994 年 2 月起	停止收取轿车国产化基金	
8 年共收取国产化基金 74.6 亿元，加存款利息 24 亿元，总计 100 亿元		

资料来源：上汽大众汽车有限公司

二、使用规则

根据上海市政府关于上海桑塔纳轿车国产化基金统一规划、统一使用，由上海市财政局管总账、上海市计委"一支笔"审批、上海市桑塔纳轿车国产化协调办公室（简称桑塔纳国产化办公室）负责日常管理的要求，1987 年 2 月，上海市计委、财政局和国产化办公室制定的《使用上海桑塔纳轿车国产化配套项目专项贷款基金的暂行办法》规定：专项贷款资金由财政专户管理，除用于调剂外汇的差额补贴外，暂定其中 40％用作上海桑塔纳轿车国产化配套项目专项贷款基金，委托交通银行上海分行发放；贷款对象是上海市为实现上海桑塔纳轿车国产化和承担横向配套项目但筹措项目资金有困难的独立经济核算单位；使用范围是上海桑塔纳轿车国产化横向配套已列入市技术引进和技术改造计划的项目，自行研制和开发原材料、零部件、工模具等项目，增添关键设备、测试仪器、形成批量生产等技术措施；国产化基金为贷款性质，分 1 年以下、1 年以上～3 年、3 年以上～5 年以下 3 个贷款周期，月息分别为 3.3‰、3.6‰和 3.9‰，利息由交通银行上海分行按贷款单位实际支用数按季计收。该暂行办法还规定上海桑塔纳轿车国产化配套项目专项贷款基金项目申请和审批流程等事项。

三、基金使用

桑塔纳国产化办公室根据上海市政府文件和会议精神制定支持上海桑塔纳轿车国产化的基金贷款政策。初期，对承担国产化的企业全面实行半息优惠，减轻其经济负担。中后期，调整支持政策，对冲压、热加工等企业实行免息或半息贷款。

上海桑塔纳轿车国产化专项基金从 1986 年年底开始到 1994 年 2 月停止，基本上在"七五"和"八五"期间运作。据统计："六五"末至"七五"期间，上海桑塔纳轿车配套国产化项目竣工验收 116 项，完成总投资 12 亿元，基本形成年产 3 万辆轿车配套能力。"八五"时期至 1993 年，上海桑塔纳轿车完成竣工项目 50 项，实际投资 12 亿元；1994 年竣工 66 项，实际投资 17.9 亿元；"八五"期间，上海大众汽车二期工程投资 25 亿元，横向零部件企业总投资 54 亿元，合计近 80 亿元。两个五年计划共计投资近 100 亿元，其中绝大部分资金来源于上海桑塔纳轿车国产化专项基金。该基金为上海桑塔纳轿车国产化的成功、为上海建成中国领先的整车和零部件制造体系提供了强有力的资金支持。

第二节　上海桑塔纳轿车国产化共同体

一、筹备

上海桑塔纳轿车国产化初期,由于配套企业技术和管理落后、资金短缺等原因,进展缓慢。1987 年 12 月,国家经委和上海市政府召开上海桑塔纳轿车国产化工作会议,部署推进上海桑塔纳轿车国产化工作。中共中央政治局常委、国务院副总理、国家振兴汽车工业协调小组组长姚依林出席并作重要指示。中共中央政治局委员、上海市委书记、市长江泽民,国家计委顾问周子健,中国汽车工业联合会理事长陈祖涛,国家经委副主任朱镕基,中共上海市委副书记、副市长黄菊等参加会议。朱镕基和陈祖涛在会议讲话中借鉴当时北京吉普汽车有限公司组建吉普车共同体的做法,提出成立上海桑塔纳轿车国产化共同体的倡议。

1988 年年初,朱镕基调任中共上海市委副书记、市长。上任之初即到上海大众汽车检查指导工作,要求把加快建立上海桑塔纳轿车国产化共同体提上议事日程,指出桑塔纳轿车国产化是一个复杂的系统工程,除了政府支持,还要加强上海大众汽车和配套零部件企业的合作,积极争取金融单位、科研单位和高等院校的帮助,建立命运与共的密切关系。

根据上海桑塔纳轿车国产化工作会议精神和上海市政府要求,上海大众汽车总经理王荣钧经上海市经委副主任、上海汽拖联营公司总经理、上海大众汽车董事长陆吉安指定,负责上海桑塔纳轿车共同体筹备工作。筹备工作包括与主要配套厂、科研院所、高等院校和金融机构联系,就共同体性质、任务及章程起草征求意见;组织起草共同体章程,该章程经修改后报朱镕基同意;向政府部门报告情况,争取政策支持;酝酿共同体成员和理事会成员等。筹备工作得到各方积极响应。

二、组成

1988 年 7 月 1 日和 2 日,上海桑塔纳轿车国产化共同体(简称桑塔纳共同体)成立,并成为国内参加成员最多、涉及面最广的经济联合体。朱镕基和黄菊参加成立大会并发表讲话。朱镕基指出,成立上海桑塔纳轿车国产化共同体的目的是把中国轿车工业搞上去,达到国际水平,进入国际市场;强调上海桑塔纳轿车国产化必须 100％合格;要求上海轿车工业要有强有力的设计开发基地。黄菊要求上海桑塔纳轿车国产化共同体成员团结一致、同舟共济,加速实现上海桑塔纳轿车国产化,为振兴中国汽车工业努力奋斗。上海汽拖联营公司总经理陆吉安和中国汽车工业零部件公司副总经理王恩鹏也在会上讲话,上海大众汽车总经理王荣钧作“上海桑塔纳轿车国产化形势和共同体任务”报告。会议通过《上海桑塔纳轿车国产化共同体章程》,选举共同体第一届理事会。共同体成立大会前,上海大众汽车举行记者招待会,王荣钧和上海大众德方技术执行经理保尔就如何加速上海桑塔纳轿车国产化回答记者提出的问题。

上海桑塔纳轿车国产化共同体成立大会选举上海汽拖联营公司董事长蒋涛任顾问、王荣钧任理事长,保尔和上海汽拖联营公司副总经理陈廷越任副理事长。

表 9‑2‑2　1988—2015 年上海桑塔纳轿车国产化共同体负责人一览表

届次/时间	职务	姓名	职务
第一届 （1988 年起）	理事长	王荣钧	上海大众汽车总经理
	副理事长	陈廷越	上海汽拖联营公司副总经理
		保尔	上海大众汽车技术经理
第二届 （1991 年起）	理事长	王荣钧	上海大众汽车总经理、董事
	副理事长	陈廷越	上汽总公司副总经理
		梅斯曼	上海大众汽车副总经理兼商务执行经理
第三届 （1995 年起）	理事长	洪积明	上汽集团副总裁兼上海大众汽车总经理
	副理事长	叶平	上汽集团副总裁
		吕弗	上海大众汽车副总经理兼商务执行经理
		蒋志伟	上海大众汽车人事与行政执行经理
第四届 （1998 年起）	理事长	洪积明	上汽集团副总裁兼上海大众汽车总经理
	副理事长	陈因达	上汽集团副总裁
		海因彻	上海大众汽车副总经理兼商务执行经理
		吴诗仲	上海大众汽车人事与行政执行经理
		英格斯泰特	上海大众汽车技术执行经理
第五届 （2000 年起）	理事长	洪积明	上汽集团副总裁兼上海大众汽车总经理
	副理事长	陈因达	上汽集团副总裁
		肖国普	上汽大众销售总经理
		白耀伟	上海大众汽车副总经理兼商务执行经理
		吴诗仲	上海大众汽车人事与行政执行经理
		英格斯泰特	上海大众汽车技术执行经理
		赵启华	延锋伟世通常务副总经理
		戴宗琳	上海汇众总经理
		顾三民	上海大众汽车质保部副经理
第六届 （2004 年起）	理事长	陈志鑫	上汽股份副总裁兼上海大众汽车总经理
	副理事长	陈因达	上汽集团副总裁
		肖国普	上汽股份副总裁
		白耀伟	上海大众汽车副总经理兼商务执行经理
		吴诗仲	上海大众汽车人事与行政执行经理
		英格斯泰特	上海大众汽车技术执行经理
		张海亮	上海大众汽车供应部经理
		赵启华	延锋伟世通常务副总经理
		张弘	上海汇众总经理

〔续表〕

届次/时间	职务	姓名	职务
第七届 (2007年起)	理事长	刘坚	上海大众汽车总经理
	副理事长	陈因达	上汽集团副总裁
		肖国普	上海汽车副总裁
		张海亮	上海大众汽车销售与市场执行经理
		王泽民	上海大众汽车供应部经理
		张弘	上海交运集团公司副总裁
		赵启华	延锋伟世通常务副总经理
		陈德美	上海汇众总经理
第八届 (2012年起)	理事长	张海亮	上海大众汽车总经理
	副理事长	张海涛	华域汽车系统股份有限公司总经理
		贾鸣镝	上海大众汽车销售与市场执行经理
		刘新宇	上海大众汽车供应部经理
		张弘	上海交运集团公司副总裁
		马振刚	延锋伟世通常务副总经理
		桂龙明	上海汇众总经理
		杨春保	上汽变速器总经理

资料来源：上汽大众汽车有限公司

　　上海桑塔纳共同体成立时成员单位共121家,其中包括105家零部件配套企业,除了上海汽拖联营公司所属20多家企业,上海的化学、建筑材料、第二轻工业、仪表、机械电子、纺织等工业局以及交通运输局、农场局所属近30家企业外,其他一半左右的成员单位包括:中汽、航天、航空、中国船舶等中央企业分布在武汉、南京、长春、济南、长沙、西安、扬州、保定、贵阳、北京、烟台等10多个城市的所属企业以及部分省市的地方企业,上海交通大学、同济大学、清华大学、吉林工业大学等6所高等院校,中国科学院上海分院、上海材料研究所等7家科研院所,中国银行、交通银行和中国工商银行在上海的3家分行。

　　2000年10月,桑塔纳共同体更名为上海桑塔纳轿车共同体,正式在上海社会团体管理局登记注册,会员单位增至163家,涵盖汽车零部件配套企业、轿车销售公司和维修站、高校和科研单位等,共同体成为围绕上海大众汽车轿车产品开发、物流采购、质量管理、成本控制、市场营销、售后服务等整个产业链的利益和命运共同体。至2015年,会员单位进一步增至199家。

三、运作

　　1988年7月上海桑塔纳轿车国产化共同体成立大会通过的《章程》规定:共同体是以上海大众汽车为主导,各重点轿车零部件生产厂家以及有关大专院校和科研单位参加,跨地区跨部门的非法人性质的经济联合组织;理事会是最高领导机构,任期 3 年,上海大众汽车担任理事会理事长。桑塔纳共同体主要工作包括编印刊物,交流国产化信息,向政府反映国产化进程中困难问题并协助解决,协助联系进口配套需要的关键零件、短缺原材料和工装设备,协助聘请国外专家和联系国外培训,促进共同体内高校科研单位与企业的交流合作解决国产化技术问题,协助成员单位健全质量保证体系和促进出口创汇等。

桑塔纳共同体成立后,抓紧基础建设,同时争取中国汽车工业联合会、航空航天部、上海市及相关省市的支持,朱镕基、陈祖涛多次关心共同体的运作,桑塔纳国产化办公室在国产化基金使用、信贷、关税、外汇等方面给予支持。1989 年 2 月,该共同体和上海大众汽车联合创办《上海大众新闻》,成为共同体会刊和信息交流工具。同年 11 月,共同体召开第二次全体会议,并从该年起共同体成员会议与上海大众汽车订货会合并召开。1990 年,桑塔纳共同体与上海大众汽车产品工程部、供应部、质保部一起,制定新的《上海桑塔纳轿车国产化奖励办法》,设立国产化开发奖、供货奖、质量奖和小件优胜奖 4 个单项奖和国产化综合奖。同年 9 月,桑塔纳共同体举行第一次质量工作会议,增强成员单位对上海大众汽车外购件质量管理制度的理解。1992 年 7 月,举行第二次质量工作会议,研究进一步提高产品质量和新一代桑塔纳轿车上水平事宜,并对质量稳定的企业发放免检证书。1999 年起,由共同体协助上海大众汽车质保部和供应部组织每年一次优秀供应商评选活动。2001 年 6 月,开通共同体网站。

上海桑塔纳轿车国产化共同体的成立和运作,促进了桑塔纳轿车国产化进程,为中国轿车零部件工业体系建立和发展了作出积极贡献,同时带动了相关行业的发展。

第三节　上海桑塔纳轿车国产化攻坚

一、推进

1985 年 6 月,上海汽拖联营公司召开上海桑塔纳轿车横向国产化起步工作会议,全面部署横向配套技术引进工作。上海市副市长李肇基、上海市工业党委副书记蒋以任出席并讲话。1986 年 10 月,上海市桑塔纳轿车横向国产化领导小组召开上海桑塔纳零部件国产化动员大会,上海大众汽车与 14 家企业签订试制协议。上海市副市长李肇基和上海市计委主任陈祥麟、上海市经委主任郁品芳、中国汽车工业公司（简称中汽总公司）副总经理蔡诗晴

图 9 - 2 - 1　1991 年,上汽召开万人誓师大会动员
上海桑塔纳轿车国产化攻关

等出席,会议要求坚定不移把上海桑塔纳轿车国产化搞上去。

1987 年 12 月 21—25 日,中国汽车工业联合会和上海市政府召开上海桑塔纳轿车国产化工作会议。会议指出:上海桑塔纳轿车国产化是国家引进技术消化吸收最重要的项目之一,上海桑塔

纳轿车国产化不是上海一地问题，而是全国性问题，一定要高标准高质量，绝不能搞"瓜菜代"，搞轿车一定要搞具有国际水平的轿车。

1988年6月，上海桑塔纳轿车国产化被列为全市14个重点会战项目的首位。同月，上海汽拖联营公司总经理陆吉安提出并部署上海桑塔纳轿车"生产特区"建设。7月，上海桑塔纳轿车国产化共同体成立大会突出强调上海桑塔纳轿车国产化必须确保质量，做到100％合格。当年桑塔纳轿车国产化率突破30％以后，上海市政府和上海汽拖联营公司进一步提出1989年国产化率累计达到50％以上，力争60％，节汇率超过28％的目标。

1989年3月，上海市桑塔纳轿车国产化领导小组召开会议，回顾检查和规划部署国产化工作，中共上海市委副书记、副市长黄菊和副市长顾传训出席会议并讲话。同年7月，上海市政府召开第三次桑塔纳轿车国产化工作会议，中共上海市委副书记、市长朱镕基，中共上海市委副书记、副市长黄菊到会讲话。朱镕基要求为实现80％国产化目标而奋斗，上海桑塔纳轿车要为上海树立样板；黄菊希望各方继续通力合作，狠抓工装样品认可率和节汇率。

1990年年初，陆吉安在上海汽拖联营公司干部大会提出新的一年工装样品国产化率和减货国产化率要在1989年分别达到53.77％和31.04％的基础上进一步达到70％和50％的新目标。同年2月，国务委员兼国家计委主任邹家华在《上海大众简报》上批示：向上海大众汽车全体职工表示衷心感谢和亲切慰问，祝贺取得的巨大成绩，望再接再厉，1990年进一步在国产化工作方面取得更大成绩。邹家华于2月中旬到上海大众汽车和上海汽车齿轮厂视察国产化工作。3月，上海汽车工业总公司（简称上汽总公司）召开年度桑塔纳轿车国产化工作会议，要求生产企业立下五大总成全部通过认可的军令状，进行国产化最后冲刺。

1991年2月，中共上海市委书记、市长朱镕基在振兴上海汽车工业万人誓师大会发表讲话，特别强调国产化质量问题，指出质量是桑塔纳的生命，是上海的生命，没有质量，一切谈不上，不重视质量的人不能当厂长。朱镕基详细通报市经委和市技术监督局组织的桑塔纳质量检查发现的问题，强调要采取措施，在《解放日报》和《文汇报》上公开发表检查报告，让全国用户监督，有质量问题的桑塔纳轿车配套企业限期3个月整顿，整顿不好，厂长主动让贤。

1992年1月，上汽总公司召开建设上海汽车工业第二次万人誓师大会，中共上海市委副书记、市长黄菊，中汽总公司总经理蔡诗晴等出席并讲话，肯定上海汽车工业国产化建设为上海工业和中国汽车工业发展作出的重要贡献，要求上海汽车工业向新的高度迈进。上汽总公司提出当年桑塔纳国产化累计达到75％的目标。

二、布点

上海桑塔纳轿车共有零部件1968种，其中上海大众汽车自制件376种，占零部件数量的19.1％；外协配套件1592种，占零部件数量的80.9％。上汽承担数量占总数60％以上。

上海桑塔纳轿车国产化布点坚持打"中华牌"。1986年8月，上海大众汽车与航天工业部贵州局和西安局10余家单位签订16个试制合同。至1986年10月，上海大众汽车在全国布点127家企业，其中上海82家，沪外45家。1987年8月，上海汽拖联营公司与航天工业部签订32项零部件定点配套协议。同月，上海大众汽车定点企业110家，其中上海65家，沪外45家。至1987年年底，布点单位增加到132家，其中1/3的项目布点到航天部、航空部、兵器部、中汽公司等60余家单位承担。

1991年年底，上海桑塔纳轿车全国配套布点企业194家，正式供货企业134家。1992年年初，上海大众汽车提出并实施新的桑塔纳配套企业布点配套原则,包括与上海大众汽车产品同步开发甚至超前开发,配套产品达到德国大众质量标准,布点不搞"终身制",达不到要求重新布点,供货风险大的布点2个以上供货企业等。至1993年年底,共有186家国内配套厂向上海大众汽车供货,分布在汽车、钢铁、机械、化工、纺织、轻工、电子、建材等近10个行业和22个省、市、自治区。至1998年,全国20各个省、市、自治区272家企业为桑塔纳轿车配套。

表 9 - 2 - 3　1993 年桑塔纳轿车国产化定点区域和系统分布情况表

区域和系统	上海大众汽车	上海市	中汽公司系统	航空航天系统	江浙二省	其他省市	合　计
配套企业数(家)	1	118	6	8	34	20	187
占零部件数量比例(%)	18.4	53.3	8.8	12.3	2.1	5.1	100

资料来源:上汽大众汽车有限公司

三、攻关

上海桑塔纳轿车国产化要经过首件样品认可、工装样品认可、首批供货检验、批量供货于CKD减货等严格流程。1985年,国产化率从2.7%开始起步,通过认可的国产件有轮胎、半导体收音机和天线等产品。1986年10月,上海大众汽车与全国127家布点企业中的64家签订协议配套84份,试制出零部件样品42种。至1986年年底,已经认可的16个零部件中有喇叭等8种产品批量供货,1986年和1987年,国产化率分别为3.99%和5.7%。

1987年12月,中国汽车工业联合会和上海市政府召开上海桑塔纳轿车国产化工作会议,1988年上海桑塔纳轿车国产化被列入全市14个重点会战项目首位之后,国产化攻关速度开始加快。至1988年7月上海桑塔纳国产化共同体成立时,国产化率达到13%,94种国产化部件装车使用。至1988年年底,国产化攻关取得积极进展,当年396种国产零部件获德国大众认可,其中横向外购件243种,上海大众汽车自制件153种;累计494种零部件获认可,工装样品国产化率达到30.6%,超过上海市政府下达的25%国产化率指标5.6个百分点;向上海大众汽车供货的零部件累计281种,其中横向外购件159种,上海大众汽车自制件122种,主要有起动电机、交流发电机、排气管及消声器、前风窗玻璃、组合仪表、继电器、减震弹簧等,装车节汇率达16.8%,超过12.1%的目标。上海桑塔纳轿车质量明显提高,经德国大众质量评定,上海大众汽车桑塔纳轿车在德国大众全球5家生产桑塔纳轿车的企业中质量位列第一。

至1989年7月,上海桑塔纳轿车国产化历经上海甲肝流行、百年不遇持续高温、原材料和能源紧缺、银根收紧等影响,但仍然取得重大进展。534种国产化零部件获得认可,其中上海大众汽车179种,横向配套件355种。主要包括前后减震器总成、转向避震器总成、车窗玻璃、车门玻璃升降器总成、后座椅骨架总成、离合器从动盘、交流发电机、空调系统冷凝器等。特别是同年10月,五大总成之一、占工装样品国产化率9.6%的上海桑塔纳变速器在上海汽车齿轮厂下线,首批工装样品送上海大众汽车认可。至1989年年底,累计认可781种零部件,工装样品国产化率达到53.77%,516种零部件停止从德国大众进口,减货国产化率31.04%,上海桑塔纳轿车国产化进入收获期。

1990年12月,上海桑塔纳轿车国产化取得突破性进展,五大总成中上海大众汽车承制的发动机和车身先后实现国产化,上海汽车齿轮厂生产的变速箱正式配套供货,上海重型汽车厂和上海第二汽车底盘厂合作研制的前桥和后桥工装样品送交鉴定。1991年1月8日,上海大众汽车总经理方宏在新闻发布会上宣布,至1990年年底,上海桑塔纳轿车国产化工装样品认可率已达72.69%,减货节汇率已达60.09%。同年11月,被列为上海市年度重点工程项目之一的桑塔纳后桥生产线通过竣工验收,五大总成攻克最后一关,全部实现国产化,累计减货节汇率超过70%,上海桑塔纳轿车成为中国引进轿车中率先基本实现国产化的车型,国产化取得决定性胜利。1992年5月,上海市技监局公布抽查为上海桑塔纳轿车配套的28个企业36类38种产品,合格35种,合格率92.1%,上海桑塔纳质量基本稳定。

1990年和1991年,上汽总公司党委围绕上海桑塔纳轿车国产化,组织开展"保进度、保质量、保数量"立功竞赛活动,发挥党群组织保证作用。1990年8月,总公司党委召开活动动员大会。当年下属企业党组织组织45支青年突击队2 400多人参加立功竞赛,同时成立21个攻关小组,完成34个攻关项目。1991年,青年突击队增加到200支,成员达到3 000多名。两年"三保"立功竞赛活动涌现先进集体139个、先进个人215人,其中15支青年突击队、1支服务队被授予上海市重点工程实事立功竞赛优秀集体称号。

1993年10月底,上海大众汽车当年计划减货121项,实际减货141项,上海桑塔纳轿车1 968种零部件中,已有1 146种实现国产化,减货国产化率累计达到80.43%,提前两年完成80%这一目标,跨上国产化新的台阶。同年12月29日,上海大众汽车年产第10万辆轿车下线,创造中国汽车工业第一个年产10万辆纪录。1994年和1995年,国产化率进一步上升到85.82%和88.56%,上海桑塔纳轿车国产化取得全面胜利,上海轿车制造水平从20世纪50年代末提高到80年代水平。上海大众汽车产品规模快速做大,国产化率低于60%时,上海桑塔纳轿车产量年均增长率18%;国产化率超过60%以后,产量年均增长率上升到67%。

图9-2-2 德国专家格里希检查上海桑塔纳轿车质量问题

表9-2-4 1985—1995年上海桑塔纳轿车国产化率统计表

年 份	1985	1986	1987	1988	1989	1990	1991	1992	1993	1994	1995
国产化率(%)	2.7	3.99	5.7	13.09	31.04	60.09	70.37	75.33	82.2	85.8	88.56

资料来源:上汽大众汽车有限公司

四、科研攻关

1988年5月,上海市科学技术委员会召开上海桑塔纳轿车国产化科研攻关会议,首批六大类64项科研攻关项目下达复旦大学、上海交通大学、同济大学等8所高校和13家科研所及相关行业12家工厂;8月,上海汽拖联营公司提出30项科技攻关项目向社会招标。至1988年7月上海桑塔纳轿车国产化共同体成立,有 30 家企业 5 所大专院校和 8 个研究所组织 25 个科研课题攻关,其中 19 个课题进入评标阶段。至 1989 年年底,列入上海市科技结合生产重点工业会战科研攻关项目完成 11 项。

1988—1990 年,上汽总公司通过两批招标,64 个上海桑塔纳轿车国产化科研攻关项目立项,53 个单位参与攻关,累计完成项目 25 个,其中 21 项获得市科技振兴奖,包括一等奖 2 项、二等奖 6 项。1990 年 5 月、1991 年 7 月和 1992 年 2 月,上海市科技结合生产重点工业会战第 3 批、第 4 批和第 5 批攻关课题先后揭标,其中上海桑塔纳轿车国产化课题分别为 8 个、11 个和 18 个。

1988—1992 年,上汽总公司面向社会组织的上海桑塔纳轿车科技攻关项目累计 73 项,涉及金属材料、非金属材料、关键元器件、机器人、自动线、检测设备等,全国 29 家科研院所和高等院校 500 多人参与攻关,投入攻关费用 1 500 万元,完成项目 39 个,其中上海市科技振兴奖 24 项,包括一、二等奖 10 项。

1988—1993 年,上海桑塔纳轿车国产化科技攻关共立项 90 个项目,投入攻关经费 2 300 万元,完成项目 50 个,其中半数以上达到国际先进水平或填补国内空白。5 年先后有 45 所高等院校和科研院所与几十家企业联合攻关,直接参与攻关人员 1 200 人,24 个项目获得上海市科技振兴奖。

至 1995 年,上海桑塔纳轿车国产化科研项目累计立项 132 个项目,完成 110 项,其中获得上海市科技振兴奖的项目增加到 53 个,包括一、二等奖 23 项,9 个项目获得上海市科技进步一、二、三等奖,98 人获得先进称号。

五、桑塔纳 2000 型轿车国产化

1992 年,上海大众汽车与德国大众、巴西拉美汽车公司(简称巴西大众)联合开发的桑塔纳 2000 型轿车投产。由于该车动力转向、车灯、组合仪表、仪表板总成、车门内饰、电动摇窗、玻璃等 377 种零部件需要重新开发,配套零部件的技术难度及精度高于普通型桑塔纳,加之实施周期短,桑塔纳轿车面临新的国产化任务。

1992 年 2 月,上海小糸车灯有限公司等 13 家企业被确定为新桑塔纳轿车国产化首批配套定点单位,以后分 4 批确定 68 家配套单位,其中上海 42 家、沪外 26 家。至 1994 年 5 月,116 种零部件送交工装样品认可,全年 228 种零部件实现国产化。1995 年,由于巴西大众承担的桑塔纳 2000 型轿车 180 多种零部件供货迟缓,上汽总公司于同年 6 月召开桑塔纳 2000 型轿车国产化会议,要求各配套企业严格执行供货计划,确保年底该车型国产化率 60% 以上的目标。会后,桑塔纳 2000 型轿车国产化明显加快,8 月以后,该车后桥、下摇臂和冲压模具、座椅骨架、保险杠、硬塑件产品、活塞和电动后视镜等一系列产品分别通过产品认可、工程验收或正式投产。11 月,桑塔纳 2000 型轿车国产化率达到 60%。1996 年年底和 1998 年 4 月,进一步达到 80.7% 和 84.83%。

经过上海大众汽车和零部件配套企业共同努力,桑塔纳 2000 型轿车国产化零部件质量优于进口件,国产化取得新的进步。

第四节 桑塔纳、帕萨特轿车国产化鉴定

一、上海桑塔纳轿车国产化鉴定

1991 年 1 月,上海大众汽车举行新闻发布会,宣布 1990 年上海桑塔纳轿车国产化工装样品认

可率达到 72.69％，减货国产化率达到 60.09％。同年 9 月，上海海关按国家规定，同意自 1991 年 8 月起对进口的上海桑塔纳轿车零部件取消进口许可证。

1991 年，上海大众汽车提出上海桑塔纳轿车减货国产化率 70％、工装样品认可率 83.3％的目标。1992 年 2 月，中汽总公司和海关总署等 5 个部门联合对上海桑塔纳轿车和变速器总成国产化进行鉴定，确认到 1991 年年底该车减货国产化率为 70.37％，变速器总成国产化率达到 88％。1993 年 2 月，中汽总公司会同国家计委、国务院经济贸易办公室、海关总署、国务院机电设备进口协调办公室、国家税务总局对上海桑塔纳轿车 1992 年度国产化率进行核定，确认该车国产化率达到 75.33％。

1993 年 10 月，上海大众汽车宣布上海桑塔纳轿车零部件减货国产化率实现 80.43％，提前实现 1993 年 80％的目标。同年 11—12 月，机械工业部汽车司、中国汽车工业技术研究中心组成鉴定委员会对上海桑塔纳轿车国产化率进行鉴定，确认该车国产化率超过 82％，并对上海桑塔纳国产化工作与成绩给予充分肯定。同年 12 月，海关总署会同国家经贸委、国家计委、机械工业部对上海桑塔纳轿车国产化率进行审核，确定该车至 1993 年 12 月累计国产化率为 80.2％，同意上海桑塔纳轿车享受进口关键件关税税率按 32％计征。

二、桑塔纳 2000 型轿车国产化鉴定

1994 年 4 月桑塔纳 2000 型轿车通过国家级技术鉴定后，10 月开始小批量试生产，1995 年 4 月进入批量生产。其间，上汽总公司请机械工业部汽车司组织技术专家对该车国产化鉴定作具体指导，并根据该司要求，组织对电子仪表、前大灯、电控外后视镜、空气制冷系统和五档变速器的国产化进行预鉴定。同年 11 月，桑塔纳 2000 型轿车日产量已达 260 辆，国产化率超过 60％。同月 22 日，上海市轿车国产化协调办公室和上汽集团联合向机械部汽车司提出对桑塔纳 2000 型轿车进行国产化率超过 60％的国家级鉴定申请。

1995 年 12 月，机械部汽车司召开桑塔纳 2000 型轿车国产化率 60％阶段国产化鉴定技术审查会，确认该车型到 1995 年 6 月国产化率达到 65.84％，国产化工作总分 92 分为“优良”。与此同时，审查组还对上海汽车齿轮厂生产的上海桑塔纳 2000 型轿车五档变速器总成和上海汽车空调器厂生产的空调制冷系统的部分总成分别进行国产化鉴定审查，同意通过 2 个总成的国产化鉴定。1996 年 1 月，机械部发文同意鉴定审查报告，并同意委托上汽集团对上海小糸车灯有限公司生产的组合前照灯、上海汇众汽车制造公司生产的后轴总成、上海干巷汽车镜公司生产的外后视镜、上海长江仪表厂生产的组合仪表总成、上海易初通用机器有限公司生产的空调压缩机总成通过国产化技术鉴定的结论意见。

1997 年 4 月，上海大众汽车向上海海关提出桑塔纳 2000 型轿车国产化率 80％阶段的核定申请。经机械部国产化技术鉴定专家组和海关总署国产化核定小组共同审核，于同年 6 月发文，确认上海桑塔纳 2000 型轿车截至 1997 年 3 月底实现国产化率为 82.06％。同年 8 月，上海海关根据海关总署批复发文，同意自 1997 年 4 月 1 日起，进口桑塔纳 2000 型轿车的关键件适用关税税率为 20％。

三、帕萨特轿车国产化鉴定

1999 年 12 月 15 日，第一辆帕萨特轿车下线。2000 年 2 月，经上海大众汽车和有关零部件企

业自查后,上海市国产化办公室和上海汽车工业(集团)总公司(简称上汽集团)联合向国家机械工业局提出对即将批量生产的帕萨特轿车40%阶段国产化予以鉴定。

2000年2月,国家机械工业局委托上汽集团进行后桥总成的国产化鉴定试验并出具技术文件,安排国家轿车质量监督检验中心完成其他零部件抽查;5月,国家机械工业局会同海关总署、国家计委、财政部、外经贸部等对帕萨特轿车国产化率40%阶段工作进行鉴定审查,同意至2000年3月帕萨特 GLI 型和 GSI 型轿车国产化率分别达到52.82%和45.38%,均通过40%阶段国产化技术鉴定。

在此基础上,上海大众汽车和配套企业经过半年努力,新增车门内板模块、交流发电机、制动助力器总成、变速箱操纵机构总成等零件通过认可,从而使国产化率超过60%。2000年8月,上海大众汽车向上海市国产化办公室和上汽集团提出对帕萨特轿车进行60%阶段国家级国产化鉴定的请示;12月,国家机械工业局组织对帕萨特轿车60%阶段国产化率进行鉴定审核,同意该车通过60%阶段国产化率审核。

第五节　别克轿车国产化

一、协定

1994年3月,国务院颁布实施新的《汽车工业产业政策》,其中规定引进客车类整车技术的产品国产化率达到40%、60%和80%,可享受不同的优惠税率。上海通用汽车有限公司(简称上海通用汽车)项目是该产业政策颁布实施后第一个轿车合资项目,中美双方达成国产化共识。1997年3月,上汽集团与美国通用汽车公司(简称美国通用汽车)签订的上海通用汽车有限公司《合资合同》《公司章程》及其附件《技术许可使用合同》,对别克轿车国产化作了起步国产化率40%以上、投产第3年末达到80%以上的约定;同时规定零部件国产化鉴定权和批准权属于上海通用汽车,上海通用汽车应根据美国通用汽车提供的认可标准和《供应商质量保证手册》测试并鉴定认可国产化零部件。

二、实施

上海通用汽车引进生产的别克轿车为具有20世纪90年代末世界水平的中高级轿车。1995年下半年,即上海通用汽车合资筹备初期,中外双方制订国产化推进计划,采购筹备工作小组对国内外零部件企业进行考察调研,按照全球采购思路,坚持"等效替代"和"打中华牌"的原则,充分利用桑塔纳轿车国产化零部件配套体系,并通过美国通用吸引全球别克轿车零部件供应商到中国开设企业,建立全国范围的别克轿车零部件供应商体系。

1997年3月,上海通用汽车开始确定第一家零部件供应商;9月,包括别克轿车桥架、下摇臂和副车架、减震器、前后悬挂总成的上海汇众《SGM 中高级轿车配套项目初步设计》实施方案通过联合评审。至同年12月,上海通用汽车参照美国通用汽车提供的认可标准和美国汽车行业 QS9000质量体系标准,制定上海通用汽车零部件工装样品认可和批产认可等认可标准和程序;向210多家汽车零部件生产商发出询价资料,对190多家潜在供应商进行103次质量体系评审和211次技术能力评审;初步确定64家企业为别克轿车国产化零部件供应商,外车灯、组合仪表等460种零部件为国产化配套件。同月下旬,国产化零部件开始送交样品。至1998年3月上海通用汽车项目誓师大会召开,首批118种横向配套零部件全部定点,第一批国产零部件如期交样。同年12月17日,第一辆别克新世纪轿车下线,整体质量超过北美同期生产的同类别克轿车。1999年1月,上海通用汽车召开首次国产化零部件订货会,正式确定全国8个省市69家企业为定点配套单位;4月,别克轿车批量投产,起步国产化率达到40%以上。

至2000年6月,别克轿车发动机总成、底盘、座椅总成、安全带总成、电动玻璃升降器、起动机、变速器壳体、液力变矩器等重要零部件相继实现国产化,别克GL型轿车国产化率已从1999年的42%提高到63.43%,新投入批量生产的别克GL8型旅行轿车起步国产率超过40%达到44.35%。

三、鉴定

1998年12月,上海市轿车国产化办公室、上汽集团联合上报国家机械工业局,申请上海通用汽车别克GL轿车40%国产化鉴定。1999年1月,国家机械工业局委托上海市轿车国产化办公室和上汽集团按照引进总成的技术标准,抽样不少于50件产品进行鉴定。1月中旬—3月底,上海市轿车国产化办公室会同上汽集团组成专家工作组对别克GL型轿车国产化零部件及有关生产供货企业进行初审,认为上海通用汽车具备批量生产国产化率40%的别克GL型轿车的能力,同意上报国家机械工业局和国家海关总署予以正式审查和核定。同年4月,国家机械工业局和海关总署联合宣布,将于4月12日正式投产的上海通用汽车别克轿车国产化率已经达到40%以上。别克轿车国产化的成功标志着中国轿车零部件技术水平达到新的高度。

2000年6月,上海市轿车国产化办公室和上汽集团就上海通用汽车别克GL型轿车国产化率达到60%、GL8型旅行轿车国产化率达到40%组织鉴定事宜请示国家机械工业局。同月下旬,国家机械工业局会同海关总署、国家计委和财政部组织国产化技术鉴定审查组对上海通用汽车两款车型审查鉴定。7月1日,国家机械工业局下发通知,同意鉴定审查组提出的鉴定审查报告,确定别克GL

图9-2-3　1999年上海通用汽车别克君威车型40%国产化鉴定核定会

型轿车和GL8型旅行轿车分别通过60%阶段和40%阶段国产化技术鉴定,实际国产化率于2000年3月分别达到62.92%和43.97%;别克发动机总成、座椅总成、安全带总成、电动玻璃升降器、起动机、变速器壳体、液力变矩器等重要零部件相继实现国产化。2001年4月,S-CAR通过58%的国产化鉴定;9月,W-WAGON和S-CAR也分别通过60%的国产化率鉴定。至2001年年底,W-CAR、W-WAGON和S-CAR的国产化率分别达73%、72%和71%。

第三章　汽车零部件技术引进消化

　　1981 年,汽车灯具成为上汽第一个零部件技术引进项目。"六五""七五"和"八五"时期,上汽相继实施与上海桑塔纳轿车、桑塔纳 2000 型轿车配套的汽车零部件引进消化。"九五"期间,为提升汽车零部件与别克、帕萨特两个中高级轿车的配套能力,上汽实施新一轮汽车零部件技术引进。至 20 世纪末,上汽开始具有世界水平的零部件制造能力。进入 21 世纪,继续跟踪世界汽车零部件技术发展方向,有重点地实施技术引进,并将战略重点转至汽车零部件自主开发。

第一节　汽车发动机引进消化

一、EA827 发动机引进消化

【引进技术】

　　1984 年 10 月签订的上海大众汽车有限公司(简称上海大众汽车)《合营合同》约定:上海大众汽车引进生产德国大众汽车公司(简称德国大众)桑塔纳轿车和 1.8 升汽油发动机,生产规模为年产轿车 2 万辆和发动机 10 万台。1985 年 3 月,作为合营合同的组成部分,上海大众汽车和德国大众签订《技术转让协议》,其中规定德国大众向上海大众汽车转让技术资料、工业产权、专有技术及商标的使用权,用以制造、销售和使用桑塔纳 1.8 升汽油/1.6 升柴油发动机,包括提供零件图、图表、装配图、安装图、大众标准、试验规范等产品技术资料,装配手册和工艺过程卡等系列工艺技术资料,培训人员并提供咨询等。该协议还规定上海大众汽车向德国大众支付的许可咨询费。

【引进措施】

　　为上海桑塔纳轿车配套的 EA827 系列型 4 缸直立式发动机是德国大众子公司奥迪汽车公司 1983 年开发的产品,具有结构紧凑、自重轻、功率大、时速高、油耗低和启动灵敏等特点,其技术性能在 20 世纪 80 年代国际同类机型中处于领先水平,排放标准为欧 I 标准。为做好发动机国产化工作,合营双方制订实施分阶段的工作计划,从 1983 年起德国大众向上海大众汽车提供整车及发动机制造技术资料及技术发展后变更的技术资料,累计为 34 123 张产品图纸、1 170 份供货技术要求、945 个大众企业标准、1 647 份常规试验和开发试验标准,以及其他部分毛坯图、产品装配手册和产品说明等 300 余份。1985—1991 年,德国大众为上海大众汽车累计培训 1 100 人/月,其中发动机厂培训 204 人/月。

　　在零部件国产化的同时,上海大众汽车

图 9 - 3 - 1　桑塔纳轿车发动机汽缸盖自动生产线

规划部门着手对原上海汽车厂厂房和场地进行改扩建。其中发动机厂改扩建采用边设计、边施工、边生产方式。初期建设短发动机装配线,将进口短发动机组装成整发动机装配在桑塔纳轿车上。1987 年 9 月,第 1 台 EA827 系列型发动机试制成功,并获德国奥迪公司检测认可;10 月,发动机装配线建成投产,曲轴加工线、凸轮轴加工线、缸体加工线、缸盖加工线及其他辅助设施进口和国产设备陆续进场安装调试;11 月,EA827 发动机投入批量生产。1989 年 5 月,短发动机装配线和整发动机装配线接通并通过验收。项目建成的发动机总装线以及曲轴、凸轮轴、缸盖、缸体、连杆等零件机加工流水线等 7 条生产线具备 20 世纪 80 年代最新工艺技术并配备 800 台套量仪及量具,对零件进行百分之百检验。项目引进德国质量评审方式,每日开展发动机整机和零部件"奥迪特"评分,并将其与一次性报交合格率、汽车厂返修率及发动机厂返修率并列为发动机五大质量考核指标。

【引进效果】

1989 年,上海桑塔纳轿车发动机实现国产化,作为轿车"心脏"并占整车国产化的 5.96%,发动机国产化对桑塔纳国产化意义重大。至 1990 年 8 月,EA827 发动机形成年产 10 万台生产能力。1990 年 10 月—1993 年共向德国大众返销短发动机 75 739 台,创汇 4 131 万美元。1994 年,经二期工程改造形成三班年产 15 万台发动机能力。至 1998 年 5 月,共生产该发动机 100 万台。国产 EA827 系列发动机陆续配套普通型桑塔纳、桑塔纳 2000 型及桑塔纳 3000 型轿

图 9-3-2 桑塔纳轿车发动机装配流水线

车,其供油方式从化油器改为电子喷射,种类包括 70 千瓦和 74 千瓦的 1.8 升发动机、62 千瓦的 1.8 升 CNG 发动机和 64 千瓦的 1.6 升发动机,排放标准逐步从国一升级为国四标准。

二、EA113(EA827NF)发动机引进消化

【引进消化 EA827NF(EA113)系列 2VQS 1.8L 发动机】

20 世纪 90 年代初,上海汽车工业总公司(简称上汽总公司)、中国第一汽车集团公司(简称一汽集团)、德国大众、上海大众汽车和一汽大众汽车有限公司(简称一汽大众)决定共同引进德国大众最新的 EA827NF(即 EA113)2 气门发动机。

1994 年 1 月,上汽总公司总经理兼上海大众汽车董事长陆吉安和一汽集团总经理耿绍杰签订《联合生产 EA827 轿车发动机的协议》。根据协议,上海大众汽车生产新型 EA827 发动机的缸盖、曲轴、凸轮轴等部件,一汽大众生产缸体、缸盖、连杆等部件,双方分工生产、互换零件、各自装配,发动机技术转让权益双方共享。该项目上报后,上海市外国投资管理委员会(简称上海市外资委)于同年 6 月下达批复予以批准。1995 年 11 月,上海大众汽车和德国大众签订《关于扩大上海大众发动机生产能力的合同》;12 月,双方再次签订《技术转让协议第一次补充协议》,就制造 EA827NFQS-2V 发动机权利、德国大众提供相关技术资料和工艺技术资料、培训人员和许可时间等作出规定。此外,双方还签订了《EA827NFQS-2V 发动机与桑塔纳 2000 匹配工程协议》。1997 年 6 月,国家

经济贸易委员会(简称国家经贸委)对上海汽车工业(集团)总公司(简称上汽集团)上报的引进EA827发动机技术改造项目可行性研究报告作出批复予以同意。

1995年3月开始,上海大众汽车分阶段建造发动机二厂,第一阶段主要排除发动机一厂瓶颈口,第二阶段在发动机二厂建造曲轴、缸体、缸盖和装配线。项目充分利用EA827发动机国产化基础,减少投资、起步快、国产化周期短。发动机试制成功后,选取25台发动机在德国奥迪公司和中国同时进行试验。1997年11月,发动机开始批量生产,上海大众汽车生产曲轴和凸轮轴,并从一汽大众购入缸体和连杆进行装配,初始国产化率达到62%。至1999年,国产化率达到80%。

1998年3月,新型发动机首先应用于桑塔纳2000型轿车。当年产销7.3万台,1999年达到9.4万台,投资利润率前3年平均53%,上海大众汽车发动机生产达到新的水平。

【引进消化 EA113 系列 5VQS 1.8L 发动机】

1997年,上海大众汽车在启动帕萨特轿车项目中提出引进为该车型配套的EA827-5VQS发动机。同年3月,上海市外资委批准该公司发动机机加工更新改造项目。1999年12月,上海大众汽车和德国大众签订《技术转让协议第二次补充协议》,规定引进的帕萨特轿车装备EA827NF5V(普通吸气,铸铁缸体)发动机和EA827NFQS-2V(有和没有可变凸轮轴)发动机。

鉴于5VQS发动机与2VQS发动机工艺相似,2VQS发动机生产线具备共线生产5VQS的功能,上海大众汽车引进5VQS发动机后对2VQS发动机生产线进行更新改造,增添缸盖分装线、发动机装配线、测功及走合试验系统等设备仪器,以适应共线生产要求。1998年4月—1999年12月,分3次小批量试装配该型号,并逐一解决试生产过程中出现的问题,进一步完善生产工艺,2001年7月投产。

EA827NF5V-QS是直列四缸、五气门、四冲程、电喷和高性能汽油发动机,工艺水平达到20世纪90年代先进水平,排放达到欧洲Ⅱ排放标准。2000年,成功与帕萨特轿车配套后,上海大众汽车开始具备中高级轿车制造能力并达到世界先进水平。

【引进消化 EA113 系列 5VQS 1.8T 涡轮增压／2VQS2.0L 发动机】

为丰富MPV车型发动机配置和提高中高级轿车市场竞争力,2002年6月,上海大众汽车和德国大众签订引进EA113系列2V2L和5VQS发动机的《关于部件许可合同的框架技术许可协议》,引进机型中包括达到欧洲Ⅱ号和欧洲Ⅳ号排放标准的1.8升5气门涡轮增压发动机及EA113/EA93409_2.0升2气门85千瓦发动机。

2002年年初,EA113系列2VQS2.0L首台国产化样机在发动机二厂加工组装完成,12月,首批批量样机下线。项目组结合中国道路、气候以及国内燃油品质等因素,对该机型进行重新匹配试验,样机顺利通过发动机台架试验和整车道路耐久试验并达到批产要求。2002年,帕萨特轿车开始使用EA1131.8T涡轮增压发动机,这是上海大众汽车第1款带涡轮增压的发动机。同年,在新推出的紧凑型轿车Polo波罗上应用新的1.6L自然吸气EA113发动机。2003年年中,装备EA113系列2V2L发动机的帕萨特轿车推向市场。同年11月,EA1132V2L发动机开始装备于首款MPV车型途安。此后,该机先后配套桑塔纳3000、明锐和朗逸等车型。2010年,桑塔纳志俊轿车开始使用EA113 1.6升发动机。

2003年,上海大众汽车生产的EA113和EA827两种发动机在德国大众审核中获得95分的高分,在整个大众集团分别排名第二和第三,缸体、连杆、凸轮轴3条生产线获得第一。

三、EA888 发动机引进消化

2007 年 3 月,德国大众、上汽集团和一汽集团达成新的发动机合作战略,三方决定通过引进先进的动力总成技术,实现到 2010 年将德国大众在华生产和销售车型油耗排放降低 20％的目标。据此,2008 年 7 月,上海大众汽车与德国奥迪签署《关于 EA888 发动机的技术许可协议》,引进 EA888 系列发动机第二代产品即 EA888EVO2 机型,包括 EA888 1.8 升和 2.0 升两款发动机及发动机零配件。2008 年 9 月,项目取得上海市商务委员会颁发的技术进口合同登记证书。

【引进消化 EA888EVO2 1.8T118kW 发动机】

2008 年引进 EA888 发动机协议签订后,上海大众汽车确定 EA888 1.8T 机型由发动机一厂生产。项目启动后,按时消化德国奥迪释放的发动机零件询价资料和技术图纸,完成零件国产化供应商定点。2008 年,完成发动机一厂基建改造和机加工设备及装配线安装调试。2009 年 3 月,第 1 批试验发动机组装成功,进行台架耐久试验和功能试验、整车道路耐久试验以及 TAMPA 道路耐久试验等。同年 7 月进行预批量许可车辆生产,9 月和 12 月先后开始批量试生产和批量生产。2010 年 3 月,该发动机获得由德国奥迪 SOP 批量生产许可和质保认可,首先配套于斯柯达昊锐车型。

EA888 发动机的投产,不仅标志着上海大众汽车掌握发动机领域最新技术,发动机制造水平迈上新台阶,也为该公司整车产品发动机配置提供更多选择。该机投产后,迅速成为该公司中高级轿车的主力发动机型。至 2010 年,装配该发动机的车型包括大众帕萨特和途观、斯柯达明锐和昊锐。

【引进消化 EA888EV02 2.0T132kW 发动机】

2009 年,上海大众汽车发动机一厂引进生产 EA888EVO2 2.0T 发动机。项目启动后,项目组与德国奥迪汽车公司(简称德国奥迪)紧密合作,获得零件图纸等技术资料后,产品工程部研究掌握零件图纸等技术资料及台架试验测试。2010 年 5 月,发动机一厂组装完成第一批试验发动机,提供开发部门台架耐久试验和功能试验,随后进行预批量许可车辆生产;7 月和 10 月,先后开始批量试生产和零批量生产。2011 年 1 月,该机通过德国奥迪许可正式投产,并为公司中高级车型的高配或顶配款式配套。

2011 年开始,上海大众汽车与德国奥迪商定建设发动机三厂,生产引进的 EA888 EVO2 1.8T/2.0T 发动机机型和 EA888 GEN3 机型,项目规划年产能为 50 万台。

2012 年,发动机三厂基建完成,并完成机加工设备和发动机组装线建设。2013 年 3 月,第一批 EA888 EVO2 PVS 批量试生产发动机组装完成,6 月开始零批量阶段发动机的生产。经过台架耐久和性能试验以及整车道路耐久等试验后,该发动机于 2013 年 12 月获得德国奥迪颁发的 SOP 批量生产许可,并使全新途观项目顺利投产。随后,由发动机三厂生产的 EA888 EVO2 发动机被全面应用于各中高级车型上。

【引进消化 EA888EV 第三代 Gen3 1.8L／2.0L MLB 机型】

为提高竞争力和产品升级,2012 年年初,上海大众汽车引进高端品牌 C 级轿车 PHIDEON 辉昂,匹配1.8升和2.0升排量纵置发动机。

2013年2月,上海大众汽车批准Gen3 1.8L Basic机型发动机项目立项。2014年5月,上海大众汽车联合大众汽车(中国)投资有限公司和大众汽车大连发动机厂完成零件全部定点工作;2015年1月,完成首台纵置发动机的样机装配,5月,首个Gen3纵置发动机项目获得Launchfreigabe(起步生产认可),可批量生产准备。2016年1月,项目获OS零批量生产许可,4月完成耐久试验认可及评审。

2013年9月,为适应国家办法严苛排放标准和燃油消耗标准,上海大众汽车决定引进MQB B-Z发动机。该次引进国产化总体方针是产品工程部门先一步进行图纸消化与阐释,与供应商沟通如何按图纸加工产品,组织发动机装配及耐久工程试验认可;采购部门对送样节点要求进行监督控制,质量管理部门对样件生产及发动机生产进行全过程审核。

2015年10月,该项目获得起步生产认可,意味着产品开发、采购、生产、质保准备工作状态良好,项目可以按时转入车间预批量生产准备;2016年1月,项目获得首个批量试生产节点许可,车间启动批量试生产,9月投产,此款发动机逐步取代Gen3 1.8升Basic机型,成为上海大众汽车节油机型的典范。

四、EA111发动机引进消化

【引进消化EA111 1.4升/1.6升MPI系列发动机】

2003年,上海大众汽车与德国大众确定引进EA111系列发动机。经过2年多开发和试验,发动机可靠性、动力性(功率扭矩)、经济性(燃油消耗和机油消耗)、环保性(满足国Ⅳ排放)均得到有效验证,保证产品质量。

2006年6月,1.4升和1.6升EA111 MPI链条驱动发动机在Polo劲情、Polo劲取车型上成功投产,后续还应用在Fabia晶锐(1.4升/1.6升)、Octavia明锐(1.6升)、Lavida朗逸(1.6升)等车型上。

【引进消化EA111 1.4升TSI发动机】

2007年,上海大众汽车与德国大众就引进第一款汽油直喷增压发动机1.4升EA111 TSI进行谈判。同年10月完成谈判。

1.4升EA111 TSI发动机是引入中国市场的第一款高压直喷增压发动机,经过两年多开发和认证,2009年年底,该发动机在Lavida朗逸车型运动款首次投产,搭配DQ200变速箱的车型油耗只有6.5升/百公里。在当时中国市场同级别车型中动力性和油耗均处于领先地位。后续该款发动机还陆续应用在明锐、途安、帕萨特、昊锐、途观等车型上。

五、EA211发动机引进消化

EA211系列发动机是德国大众新开发的一代具备轻量化、低油耗、低排放、模块集成化、低成本等特点的小排量汽油发动机,2009年,上海大众汽车引进该系列发动机技术,包括1.6升/1.4升MPI、1.4TSI、1.2TSI等型号。

EA211 1.6升/1.4升MPI发动机于2010年12月由上海大众汽车和上海大众动力总成有限

公司(简称上海大众动力总成)签署《EA211 1.6升/1.4升 MPI 及 1.4I TSI 技术许可协议》,同年3月德国大众和斯柯达汽车公司完成基本设计,2011年1月完成基本图纸设计;6月,首台国产化样机在上海大众动力总成组装完成;10月,首批批量样机下线。2012年10月通过工程样件认可,同年11月在新桑塔纳车型批量投产,同时实现大众集团全球首发。2013—2014年,该发动机配套昕锐、新朗逸、新明锐、新波罗、新晶锐等车型,完成 EA111 MPI 向 EA211 MPI 产品的切换,实现了小排量汽油自然吸气发动机产品线全面更新换代。

EA211 1.4TSI 发动机于 2010 年 12 月由上海大众汽车和上海大众动力总成签署《EA211 1.6L/1.4L MPI 及 1.4I TSI 技术许可协议》,2012 年 3 月完成基本图纸设计,4月,首台国产化样机在上海大众动力总成组装完成,9月,首批样机下线。2013 年 3 月,通过工程样件认可,6月,批量配套朗行车型。2013—2015 年,先后配套野帝、新明锐、凌渡、新速派等车型,进一步实现 EA111 1.4TSI 向 EA211 1.4TSI 产品的切换。

EA211 1.2TSI 发动机于 9 月签署《EA211 1.6L/1.4L MPI 及 1.4I TSI 技术许可协议之 EA211 1.2I TSI 技术许可修改协议》,10月完成基本设计图纸设计。2013 年 10 月,首台国产化样机组装完成;2014 年 4 月,首批批量样机下线;2015 年 1 月,通过工程样件认可;2015 年 3 月,配套新朗逸蓝驱车型。EA211 1.2TSI 发动机的投产,使上汽大众汽车有限公司在节能减排方面走在最前沿,百公里 5.3 升油耗在同级别发动机市场居领先地位。

六、HVV6 发动机引进消化

1997 年 3 月,上海通用汽车有限公司(简称上海通用汽车)与美国通用汽车公司(简称美国通用汽车)签署《技术许可使用合同》。该合同约定上海通用汽车引进生产美国通用汽车别克皇朝和别克新世纪轿车和 3.0 升汽油发动机及 4T60E/4T65E 自动变速箱,规定美国通用汽车向上海通用汽车转让 3.0 升发动机的全套专有技术的许可使用权,包括提供产品图纸、部件试验规范、性能要求、制造工艺说明资料、磨具和工夹具图纸,还包括工厂设计、采购、售后服务、企业管理软件相关资料,并为上海通用汽车提供岗位考察和培训。

HVV6 系列 6 缸 3.0 升发动机是美国通用汽车 V6 系列第三代 3.4 升发动机的改进产品,其性能指标先进,具有结构简单、成本较低的优点。为做好发动机国产化工作,配合上海通用汽车第一款别克轿车上市,合营双方制订国产化计划。上海通用汽车在金桥厂区内新建动力总成厂房,投资缸体加工线、缸盖加工线、曲轴加工线、凸轮轴加工线、凸轮轴支架加工线及发动机装配线,制造工艺采用北美通用特有的或为国际上诸多制造商采用的先进工艺和技术,大量采用高速 CNC 加工中心,同时保证加工产品的柔性化和生产能力增长的灵活性。1998 年 12 月,动力总成工厂建设完成,进入量产阶段。

七、LGE 发动机引进消化

2011 年 10 月,上海通用汽车和美国通用汽车签署引进大型汽油机 LGE 发动机的《技术许可使用合同》,为凯迪拉克和别克君威等轿车配套。为此,上海通用汽车金桥动力总成车间新增 LGE 发动机缸体、缸盖、曲轴生产线和发动机总成装配线,缸体、缸盖、曲轴生产大量采用加工中心和数控机床,实现生产线柔性化;生产线配置先进的在线测量系统,对关键尺寸进行 100% 检测,实现在制品动态实时监控。该项目2011年8月启动实施,2012年10月—2013年8月,设备分期安装。2013年11月,一期生产线投产,形成年产15万台发动机能力。2015年6月,二期生产线投产,产能扩至年30万台。

第二节　轿车底盘引进消化

一、上海桑塔纳轿车前后桥引进消化

【消化桑塔纳轿车前桥】

1987年10月,上海第二汽车底盘厂(简称二汽底)向上海汽车拖拉机工业联营公司(简称上海汽拖联营公司)上报桑塔纳轿车前悬挂及副车架总成制造技术报告。1988年1月,上海市计划委员会(简称上海市计委)、上海市经济委员会(简称上海市经委)和上海市桑塔纳国产化协调办公室(简称桑塔纳国产化办公室)批复,同意桑塔纳副车架安排在二汽底试制。同月,上海汽拖联营公司再次向上海市计委上报增加副车架项目。2月,上海市计委、市经委批复同意二汽底试制生产桑塔纳前悬挂总成、副车架总成、扭力杆等零部件。

1988年年初,二汽底成立国产化办公室,由技术厂长沈乃坚负责,副总工程师吴学敏、技术科科长蔡产富、车间主任张文荣和顾芳成、主管工程师肖成云等组成,实施国产化攻关。公司翻译消化上海大众汽车提供的产品图纸及工艺图纸、产品质量标准和检验标准等资料,制订国产化计划、零部件工装样品认可(OTS)样件试制和批产配套工艺规程、材料定额、工时定额、设计工装、专机和刃量具,保证试制试验、批量生产的规范实施,编制《上海桑塔纳轿车前悬架总成技术文件》等技术文件28种、工艺文件41种和工艺图纸1200余张。同年7月,用进口零部件CKD(进口汽车零部件)组装7台套前悬挂总成,通过完善工艺装备,基本形成6工位装配线。1989年,组装100台套前悬挂总成,提高国产化试制能力。与此同时,开始试制前悬挂支柱总成等焊接和金加工,加紧OTS(工装样品认可)样件制造。1990年年初,委托上海机电设计院规划批量生产能力和方案,引进德国大众前悬挂支柱总成焊接生产线和金加工生产线二手设备,以及MP300D单端面立磨专机、磁粉探伤机等先进金加工和探伤关键设备,组织人员赴德国大众技术培训。同时选购国内72台通用设备,自制打印专机和装配压弹簧专机等设备。其间,德国大众专家到工厂现场指导技术咨询,并提供工装资料。1990年10月,成功试制出工装样品。1991年

图9-3-3　上海汇众总部外景

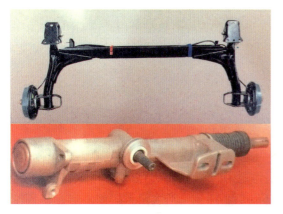

图9-3-4　桑塔纳轿车前后桥总成

11 月,上海桑塔纳轿车前桥总成获得上海大众汽车 OTS 认可和批产认可,国产化率达到 53%。

1992 年 1 月,二汽底等合并为上海汇众汽车制造公司(简称上海汇众)。上海汇众成立技术、工艺、质保、制造等部门组成的桑塔纳轿车前桥总成国产化班子,由技术副总经理王怡达总负责,公司生产制造部负责实施,部长赵国昌具体负责。经过公司上下齐心奋战,至同年 5 月,获国产化认可的前桥零部件增加到前轮驱动机构总成(左右)、减震支柱总成(左右)、前悬挂弹簧等 14 个,并于 7 月获得批产认可,国产化率上升到 71.04%。其间,上海汇众发生桑塔纳前桥前制动钳螺栓松动脱落的质量事故,公司引以为戒,全面推行群众性"零缺陷"活动。同年 10 月,上汽总公司对上海汇众 22 个产品抽查 100%合格,"零缺陷"管理以后发展成为上汽质量文化的重要组成部分。

【消化桑塔纳轿车后桥】

1989 年 7 月,上海汽拖联营公司上报《关于调整桑塔纳轿车车桥总成项目任务的报告》;11 月,上海市计委和市经委下发批复,确定由上海重型汽车厂承制桑塔纳轿车副车架总成和下摇臂总成,生产后桥总成。

1989 年年底,上海重型汽车厂成立国产化项目办公室,由副厂长袁一镭为主任,章根兔、马家为副主任。接到上海大众汽车提供的桑塔纳轿车后桥产品图纸及各类标准、工艺装备图纸和工艺文件后,该厂设计部门在消化基础上,编制零件和总成技术文件 14 份,设计和质保部门制定《上海桑塔纳轿车后桥总成技术条件》《上海桑塔纳轿车后桥总成型式检验规则》和《上海桑塔纳轿车后桥总成出厂检验规则》3 份企业标准。同时,工厂进行技术改造,配置 6 台 630 吨闭式单点压力机组成大型冲压线,1990 年 8 月安装调试,试制后桥冲压件。1990 年 10 月,引进的德国大众焊接生产流水线完成安装调试试制后桥焊接。1991 年 5 月,引进的英国海顿公司阴极电泳生产线完成安装调试投入运行。此外,会同上海大众汽车对专用机床进行改进,设计制作后桥总成 20 种工位器具,委派专业技术人员和工人赴德国大众培训,建立现场工程师制度严格按照德国大众技术要求组织生产。

1990 年 9 月,该厂以 CKD 为基础,进行焊接、油漆、机加工及装配桥架的试生产,1991 年 1 月获得 OTS 认可,11 月,CKD 状态的后桥获得批产认可。1991—1993 年,后桥总成中的轴颈、制动鼓、轴承座、后桥悬架臂等 12 项零部件分别获得上海大众汽车 OTS 认可和批产认可。1993 年 1 月,桑塔纳轿车后桥总成获得客户批产认可,国产化率达到 76.27%。

【桑塔纳轿车前后桥总成国产化意义】

1993 年是上海桑塔纳轿车国产化率必须达到 80%的关键之年。同年,上汽总公司国产化率年度指标 2.2%,其中上海汇众为 1.8%,成为国产化攻关的重中之重。公司成立两级国产化领导小组,上汽总公司副总裁兼上海汇众总经理胡茂元、上海汇众党委书记吴诗仲共同指挥。同年 6 月,公司上下动员,"背水一战,奋战 100 天,坚决拿下 1.8 个百分点"。至年底,实际完成国产化率 2.28%,确保当年上海桑塔纳轿车国产化率迈上 80%重要台阶。同年 12 月,国家机械工业部汽车工业司认定桑塔纳前桥和后桥国产化率分别达到 71.04%和 76.27%。桑塔纳轿车前后桥实现国产化,标志着该车五大总成全部实现国产化,上海汇众因此获 1993 年上海市唯一的桑塔纳轿车国产化特等奖。1994 年,桑塔纳轿车前悬挂总成/后桥总成被中国质量管理协会用户委员会评为全国用户满意产品。同年,后桥总成获得上海市经委颁发的 1993 年度上海市优秀新产品二等奖和中国汽车工业科技进步三等奖,前桥总成获得上海市经委颁发的 1993 年度上海市优秀新产品三等奖。

上海桑塔纳轿车前后桥制造技术引进消化后,上海汇众底盘制造技术从 20 世纪 60 年代提高到 80 年代水平。

二、桑塔纳 2000 型轿车前后桥引进消化

【消化桑塔纳 2000 轿车前桥】

1995 年,上海汇众根据《上海市经济委员会关于上海汇众汽车公司前悬架总成十万辆配套项目可行性研究报告的批复》及《上海市经委关于上海汇众汽车公司横向导臂组件十万辆配套项目可行性研究报告的批复》文件,启动桑塔纳 2000 型轿车前桥总成国产化任务。公司成立国产化开发团队,由副总经理袁一镭负责,组员包括 RDC 副主任王庆宇、重型汽车厂副厂长朱天年、试验室主任邬美华、桑塔纳轿车前悬挂车间副主任丁秀梁、高级工程师周九石、RDC 产品设计黄守兵、生产制造部装配车间主任石明德、经理助理何宪铭。开发团队从上海大众汽车获得产品图纸和标准,进行消化后编制《上海桑塔纳 2000 轿车前悬架总成技术条件》《上海桑塔纳 2000 轿车横向导臂总成技术条件》等企业标准及 116 份 430 套工艺文件。公司引进日本城下公司多点焊接机器人和弧焊机器人、德国 BW 公司机加自动线、德国 HESSAPP 公司 DV‑40 和 DV‑250 制动盘加工生产线等先进设备。经过试验和试制,前悬架总成先后于同年 12 月和 1996 年 3 月获得上海大众汽车 OTS 和批产认可,横向导臂组件先后于 1996 年 5 月和 1997 年 1 月获得上海大众汽车 OTS 认可和批产认可。该产品被评为 1996 年度上海市级新产品。1997 年 5 月,受国家机械工业部汽车工业司委托,上海市轿车国产化协调办公室会(简称上海轿车国产化办公室)同上汽集团对该前桥总成进行国产化鉴定,认定国产化率为 66.47%。

【消化桑塔纳 2000 型轿车后桥】

1994 年 4 月,上海汇众开始承接桑塔纳 2000 轿车后桥总成国产化任务。公司成立项目团队,由副总经理袁一镭负责,成员包括产品工程部科长王庆宇、重汽厂技术科科长朱天年、工程师陈娴和张雨、重汽厂质保部副科长周正杰等。公司在吸收消化上海大众汽车提供的产品图纸、供货技术条件和各类标准基础上,编制《上海桑塔纳 2000 轿车后桥总成技术条件》《上海桑塔纳 2000 轿车后桥总成型式检验规则》和《上海桑塔纳 2000 轿车后桥总成出厂检验规则》等企业标准和 23 种工艺文件。同时,进口德国大众后桥焊接半自动生产线和外边帮焊接机器人、英国阴极电泳自动生产线、美国步进式阴极电泳自动生产线和后桥总成装配定扭矩扳手等先进设备。同年 8 月,完成后桥焊接总成试制,并送上海大众汽车台架和道路试验考核合格。手工焊和自动焊先后于 1995 年 1 月和 7 月获上海大众汽车 OTS 认可,9 月获批产认可。同月,机械工业部汽车工业司委托上海轿车国产化办公室会同上汽集团对该产品进行国产化鉴定,认定国产化率为 72.91%。该产品于 1996 年被评为上海市级新产品,于 1998 年获得上海市科学技术进步奖。

上海桑塔纳 2000 轿车前后桥制造技术引进消化后,上海汇众底盘制造技术达到 20 世纪 80 年代中末期水平。

三、别克轿车前后桥引进消化

1996 年年底,上海汇众被确定为正在筹备中的上海通用汽车项目别克轿车前桥和后桥总成国产化配套定点企业,主要配套生产前减振支柱总成、副车架总成、前制动角总成和下摇臂总成、后桥总成包括后减振支柱总成、后制动角总成和后桥桥架、下垂臂等 6 个底盘部件。1997 年 6 月,上汽集团向上海市经委上报《上海汇众汽车制造公司为 SGM 轿车项目配套的六个项目建议书》,获得市经委批复同意。

1997 年,上海汇众成立别克轿车底盘部件总成项目组,由产品科长丁俊杰担任项目组组长,产品主管工程师李之光、苏峥嵘、邱少凌、王靖、李鹏、袁军、施湘芹、刘梅、尹征宇、王昊松、王成龙、桂淼等为组员。项目组在接到上海通用汽车提供的别克轿车前后桥产品图样以及通用技术标准、试验规范、检验规范后,进行消化吸收,自行设计前桥和后桥总成图样各 26 张和 13 张并得到上海通用汽车认可,编制各种零部件 OTS 样件试制和批产全套工艺文件,编制规范别克轿车前后减振支柱、副车架、前制动角、下摇臂、后桥和下垂臂 6 个总成生产的企业标准,以及各种零部件 OTS 样件试制和批产全套工艺文件 277 份,并开发 30 多付试验夹具。

为确保别克轿车前后桥总成质量,试制人员对冲压工艺采用单机连线冲压为主,按轮批生产方式进行生产,并大量采用先进设备和工艺,1997 年 3—11 月,上海汇众别克轿车 6 个底盘部件总成相继完成样品试制和试制交样。1998 年 9—12 月,前后桥底盘总成全部完成样品、OTS、PPAP(生产件批准程序)3 个阶段试制任务,得到上海通用汽车样品试制和批量供货认可。

1999 年 5 月,受国家机械工业局委托,上海轿车国产化办公室会同上汽集团对上海汇众别克轿车底盘部件进行国产化鉴定,认定前桥和后桥总成国产化率分别为 61.48％和 64.11％。别克轿车为上汽集团首款中高级轿车,五大总成之一的底盘总成实现国产化,既将上汽轿车底盘制造技术提高到 20 世纪 90 年代末先进水平,又保证别克轿车实现起步国产化率 40％和 1999 年 60％的目标。2001 年,上海汇众别克轿车副车架被评为上海市名牌产品。

四、帕萨特轿车前后桥引进消化

1998 年,上海汇众获得上海大众汽车帕萨特轿车底盘前桥和后桥两大总成的《配套通知书》,共计副车架和下摇臂预装、带制动器转向节柱总成、前减振支柱总成、后桥总成、后减振支柱总成、制动踏板总成、离合器踏板总成和踏板支架八大总成的国产化项目。

上海汇众成立项目团队,产品工程部副经理陆雄华担任组长,组员包括副经理金晓春、副科长黄守兵及周九石、顾丽黎、张雨、罗建华、王建航、陈敏等产品工程师。项目团队消化吸收上海大众汽车提供的产品图纸,编制产品明细表、原材料清单、CKD 件清单、产品重要度分析表、分类表和分级表,开展模具夹具和检具设计、制造和检验,制定《上海帕萨特轿车前后减振支柱总成技术条件》和《上海帕萨特轿车带制动器转向节柱总成技术条件》等企业标准及各类工艺文件 50 余种 190 余份。同时,在利用存量资产基础上,分别实施前后桥技术改造项目。1998 年 3 月—2000 年 2 月,先后获得上海大众汽车和德国奥迪首件样品、批量样品和批产供货的认可。

2000 年 3 月和 12 月,上海轿车国产化办公室牵头,与上汽集团先后对帕萨特轿车前桥和后桥总成进行国产化鉴定,认定国产化率分别达到 63.69％和 61.12％。帕萨特后桥总成被评为 2001

年度上海市级新产品。

五、上汽通用其他轿车底盘引进消化

【消化 GL8 商务车底盘】

1998 年年底,上海汇众承接上海通用汽车别克旅行轿车底盘零件国产化,包括控制臂、副车架、后桥焊接总成、后制动盘、后制动钳、轴承组件及手停机构、后减振器总成、后悬架弹簧及支撑块等零件。公司成立项目攻关小组,由产品工程部副经理陆雄华、副科长谈军带领。项目团队对上海通用汽车提供的产品图纸进行消化后,制定副车架预装总成、后桥总成、制动角总成等企业标准以及工艺文件。该项目新增设备 113 台/套,其中进口副车架冲孔专机、图像分析仪、碳硫分析仪等设备 14 台/套。1999 年 6 月,上海汇众生产的别克旅行轿车底盘部件产品相继获得上海通用汽车的 OTS 认可;11 月,首批样品开始供货。

【消化赛欧轿车底盘】

1999 年,上海汇众承接上海通用汽车 S4200 经济型轿车赛欧底盘系统配套业务,该车型以美国通用汽车欧洲子公司欧宝汽车公司 OPE 的 CORSA 轿车为原型车进行改进,上海汇众需要消化的技术包括前悬挂总成、后桥总成、踏板机构总成和手制动机构总成等底盘产品制造技术。公司成立项目策划小组,由 RDC(研发中心)副主任冯正辉任组长,组员包括 RDC 主任助理邱少凌、产品工程部副经理金晓春、规划部副科长吴勇刚、RDC 产品设计科长曹东栋等。项目组在消化吸收上海通用汽车提供的图纸和标准基础上,制定《上海 SGM7160 型轿车前悬架总成技术条件》《上海 SGM7160 型轿车后桥总成技术条件》和《上海 SGM7160 型轿车踏板系统总成技术条件》等企业标准及工艺文件,并实施工程建设。2000 年 7 月,获得上海通用汽车的 OTS 认可。2001 年 4 月获得 PPAP 认可,实现批量供货。同年,赛欧前桥总成获上海市优秀新产品三等奖。

【消化凯越轿车底盘】

2004 年 2 月,上海汇众承接上海通用汽车凯越轿车底盘零件国产化业务,包括副车架、前下控制臂和后桥总成。公司成立项目攻关小组,副总工程师陆雄华任组长,产品工程部副部长谈军、副科长刘梅和谢迟带等参加。攻关团队对上海通用汽车提供的产品图纸进行消化吸收,制定《凯越系列轿车副车架总成技术条件》《凯越系列轿车前下控制臂总成技术条件》《凯越系列轿车后桥总成技术条件》等企业标准以及工艺文件;引进 MAGNA 焊接流水线及 ABB 焊接机器人,并以集成供货的形式向上海通用汽车供货。2005 年 3 月,上海汇众生产的凯越轿车底盘零件产品获得上海通用汽车的 OTS 认可,5 月获得首批样品认可并实现供货。

【消化乐骋轿车底盘】

2004 年 2 月,上海汇众承接上海通用汽车乐骋轿车底盘,包括副车架、前下控制臂和后桥总成的国产化项目。公司成立项目攻关小组,由销售部经理乐华、产品工程部副经理谈军、产品工程部产品科长刘梅、工艺管理科副科长陈建鑫组成,对上海通用汽车提供的产品图纸进行消化吸收,制定乐骋系列轿车副车架总成、前下控制臂总成、后桥总成等企业标准以及工艺文件。该项目引进 MAGNA 整套焊接流水线。2005 年 7 月,上海汇众生产的乐骋轿车底盘零件产品相继获得上海通用汽车的 OTS 认可和首批样品认可,并开始供货。

【消化景程轿车底盘】

2005 年 3 月,上海汇众开始实施上海通用汽车景程轿车底盘零件国产化攻关,内容包括前下控制臂、后控制臂、中心梁、副车架总成、后桥总成和下垂臂总成等零部件。公司成立项目攻关小组,由产品工程部副经理曹东栋、产品科长王晨均、工艺管理科副科长陈建鑫组成。项目团队对上海通用汽车提供的产品图纸进行消化后,制定景程系列轿车副车架总成、后桥总成、中心梁总成等企业标准以及工艺文件。该项目新增焊接设备 44 台/套。2006 年 4 月,上海汇众生产的雪佛兰景程轿车底盘部件产品获得上海通用汽车的 OTS 认可;7 月,首批样品认可后开始供货。

【消化科鲁兹轿车底盘】

2008 年,上海汇众承接上海通用汽车经济型轿车科鲁兹底盘系统配套业务,该车型为美国通用汽车欧洲子公司欧宝汽车公司开发,上海汇众负责前悬挂模块总成、后桥总成、前副车架模块总成等底盘产品制造。公司成立项目组,沈阳汇众负责人王大良任组长,项目助理朱亚伟,工程师王晨和刘煜等负责产品开发,工程师栾继光、李芳负责工艺开发。2009 年 1 月,该项目获得上海通用汽车的临时 PPAP 认可,4 月获得 PPAP 认可,实现批量供货。

六、上汽大众其他轿车底盘引进消化

【消化波罗轿车底盘】

2001 年,上海汇众根据上汽集团《关于上海大众汽车紧凑型轿车零部件配套技改项目可行性研究报告的批复》,承接上海大众汽车 PQ24 紧凑型轿车 Polo 波罗底盘部件,包括副车架带下摇臂总成、前悬挂总成、后桥总成、后减振支柱总成、制动油门踏板总成、离合器踏板总成计 6 个总成的配套项目。公司成立项目攻关小组,副总经理桂龙明任组长,组员包括产品工程部经理陆雄华、副经理金晓春和谈军、科长黄守兵、产品设计主管罗建华、研发中心实验室副主任朱宪忠、规划发展部经理马振刚等。项目组对上海大众汽车提供的产品图纸进行消化后,制定《上海大众波罗轿车 SVW7144 副车架预装总成技术条件》《上海大众波罗轿车 SVW7144 后减振支柱总成技术条件》《上海大众波罗轿车 SVW7144 后桥总成技术条件》《上海大众波罗轿车 SVW7144 前悬架总成技术条件》《上海大众波罗轿车 SVW7144 离合踏板机构总成技术条件》和《上海大众波罗轿车 SVW7144 制动油门踏板机构总成技术条件》6 份企业标准以及工艺文件。同时充分利用原有设备,新增设备 49 台,包括德国 Bosch 电动扳手等进口设备 7 台,前悬架总成装配线在帕萨特轿车装配线增加部分专用压机及电动扳手实现共线装配。2001 年 12 月和 2002 年 3 月,上海汇众生产的 PQ24 紧凑型轿车 Polo 波罗轿车底盘部件产品相继获得上海大众汽车的 OTS 认可和首批样品认可,以后开始供货。

【消化途安 MPV 底盘】

2003 年,上海汇众获得上海大众汽车途安车型底盘部件配套资格,供货产品包括后桥总成、前悬架总成和副车架预装总成。公司成立由产品工程部副科长高杨秋为负责人,顾丽藜、周九石、顾正忠、夏惠芬等高级工程师或工程师组成的国产化开发项目组,对上海大众汽车提供的产品图纸进行消化,并制定《上海大众途安轿车后桥总成产品企业标准》《上海 PQ35 平台轿车后悬总成技术条件》和《上海大众 PQ35 平台轿车副车架模块产品企业标准》等企业标准和工艺文件,在利用原有设备的同时,引进德国 Bosch 扳手、卧式加工中心等进口设备 39 台/套。2004 年 8 月和 11 月,前悬架总成和副车架预装总成、后桥总成相继获得上海大众汽车首批样品认可,并开始供货。2009 年,途安副车架及前悬架总成被认定为上海市高新技术成果转化项目。

【消化昊锐、途观车型底盘】

2008 年,上海汇众获得上海大众汽车斯柯达品牌昊锐车型的副车架和后桥结构件,大众品牌途观 SUV 车型的副车架、后桥、前悬架和后减振支柱预装总成装配的定点供货资格。昊锐轿车副车架结构为德国大众 PQ35(大众第五代 A 级车平台)平台产品、后桥结构为大众 PQ46(大众第六代 B 级车平台)平台产品;途观 SUV 车副车架及后桥结构均为德国大众 PQ46 平台产品。同年 3 月,公司成立国产化团队,产品经理高杨秋担任项目负责人,主管工程师黄震宇负责副车架开发、主管工程师佘斯煜负责后桥开发。攻关团队在消化上海大众汽车提供的图纸和标准基础上,制定《上海大众途观轿车副车架模块产品企业标准》和《上海昊锐轿车后桥总成技术条件》等企业标准和工艺文件。同时,新增设备 59 台/套,包括进口德国后桥调整台和 Bosch 电动扳手等先进设备 18 台/套,2009 年完成设备竣工验收,具备批量生产条件。同年 11 月,副车架总成、后桥装配总成、前悬架、后减总成获得上海大众汽车批产认可,昊锐和途观在 PQ35 和 PQ46 两个不同平台产品的底盘实现共线生产。

【消化新帕萨特轿车底盘】

上海汇众承接上海大众汽车 MODEL－Z 新帕萨特底盘前副车架焊接总成、后副车架焊接总成、前控制臂总成、纵向导杆总成、上/下横向导杆总成、转向横拉杆总成、转向节柱、车轮支架、前后制动盘等共 11 个零部件和前后模块、前后悬总成等 4 个模块的设计开发、试制、验证、生产制造;2010 年 3 月,批量供货。

在产品设计和工艺开发过程中,公司技术部门借用 CAE 仿真、拓扑优化、工艺仿真等手段,缩短产品开发周期,并将高强度钢板产学研项目成果应用于实际生产,提高产品轻量化水平。2010 年 7 月,底盘总成正常供货;至 2015 年年底,销量突破 96 万台套,成为上海汇众新的经济增长点。

【消化野帝轿车底盘】

上海汇众承接上海大众汽车 Yeti(野帝)底盘前副车架焊接总成、后副车架焊接总成、前控制臂总成、纵向导杆总成、上/下横向导杆总成、转向横拉杆总成、车轮支架、前后制动盘等共 10 个零部件和前后模块、前后悬总成等 4 个模块的开发、试制、验证、生产制造;2015 年 5 月,批量供货。按照将该底盘模块化和轻量化的要求,主要结构件比同类车型减重 10%～20%。其中前副车架采用独特的单片式结构搭,与车身的连接方式沿用大众新型的硬连接结构;后副车架采用管状结构;纵向导杆采用单片式本体冲压衬套管结构,避免焊接变形等缺点。而模块化设计理念使得 Yeti 底盘的四大模块装配基本沿用了 PQ35/PQ46 生产流水线,大大减少流水线及工装设备投入,降低制造及采购成本,为 Yeti(野帝)轿车提供极具优势的价格空间。

在产品设计和工艺开发过程中,公司开发团队凭借轿车零部件设计开发经验及先进的制造工艺,在引进消化吸收的基础上自主开发,针对顾客设计目标对零部件进行细节设计优化,形成大量工艺设计开发流程、计算方法、项目管理方法和技术资料，为该公司今后同类新产品项目开发提供技术储备。

Yeti 轿车底盘采用前麦弗逊式后多连杆结构，整车具有极佳的越野性能。副车架通过连接面的设计优化，提高连接点的咬合力，提升整车 NVH 性能。该项目的各个产品得到上海大众汽车、德国大众的认可，向上海大众汽车供货。

【消化 MQB－A 轿车平台底盘】

2012 年，上海汇众承接 MQB－A 底盘开发引进消化任务。抽调了专业研发人员组成底盘开发团队，开发人员通过图纸及标准的消耗吸收、零件台架试验仿真、可制造性仿真等，进行了零件的适应性开发、工艺开发和新材料的应用。

MQB－A 底盘开发中，上海汇众首次尝试采用全自动装配，即零件的预拧紧、拧紧、条码扫描、工位间流转等采用自动化，大量节省人工成本。以前悬单侧装配线为例，人工仅需进行上下料即可，与传统制造工艺相比，能节省 70% 的人工成本，填补了国内空白。

MQB－A 底盘项目经过近两年的设计开发、样品试制、试验验证等，已于 2014 年 3 月获得上海大众汽车和德国大众的批产认可，正式进入批量供货。新明锐轿车成为国内 A 级车的领跑者。

七、汽车转向机引进消化

【引进消化叶片泵装配技术】

1996 年 8 月，上海采埃孚转向机有限公司（简称上海采埃孚）与德国采埃孚转向机系统有限公司（简称德国采埃孚）签订《叶片泵装配专有技术的许可和转让合同》。该合同规定：德国采埃孚向上海采埃孚转让叶片泵产品设计、装配、试验、质量控制及售后服务的所有技术，并提供完整的图纸、图片及图表等技术资料，帮助培训技术人员，确保向桑塔纳 2000 型轿车配套转向机叶片泵产品。该合同就技术转让费等事项作了规定。

1997 年 7 月，该项目完成技术资料转交和消化，并完成 ZF7691、7692（FP4）叶片泵的购置及安装。1999 年 7 月，项目通过样件认可，开始向上海大众汽车桑塔纳 2000 型轿车提供转向机叶片泵，上海采埃孚新增 10 万套汽车转向机，产品技术达到 20 世纪 90 年代国际水平。

【引进消化双端输出动力转向机】

1998 年，上海采埃孚与德国采埃孚签订《双端输出转向机制造专有技术的许可和转让合同》，规定引进的双端齿轮齿条式动力转向机（等速比转阀）7830、7831、7832、7852 型号的设计、制造、试验、开发、销售及维修的各种专利和专有技术，并提供完整的图纸等技术资料，帮助培训技术人员。

上海采埃孚确定工艺项目总监宋培纯为项目负责人组成国产化团队，接收并消化德国采埃孚转交的产品零件清单、全套总成和部分关键零部件数模图纸，以及设计标准和规范等技术资料，形成用于制造、装配、拆解零件等相关技术手册。然后通过引进新增关键设备、引进试制和试验专用设备、组织参与人员赴德培训、采购零部件、部件装配、零件自制等，逐步实施国产化计划。2000 年 2 月和 5 月，上海采埃孚先后为上海大众汽车帕萨特轿车和上海通用汽车别克轿车批量供货，之后陆续应用于这两个整车企业的多款车型,产品技术达到20世纪末国际先进水平。至2010年,该引进项目获得国家专利7项。

通过引进吸收,上海采埃孚开始形成本地双端输出转向机的开发团队及设计能力,逐步建立完整的设计、试制和试验能力。双端输出动力转向机技术引进成为该公司从技术引进转向自主创新的重要里程碑。

【引进消化 PQ35 和 PQ46 电动转向机】

为顺应新能源汽车及汽车电子发展趋势,并配合一汽大众、上海大众汽车全球平台多款车型汽车转向机的国产化,2009年12月,上海采埃孚与德国采埃孚签订《大众 PQ35(大众第五代 A 级车生产平台)和 PQ46(生产中高级车平台)平台电动转向机(EPS) SERVOLECTRIC(双齿轮式)在中国装配和制造专有技术许可证合同》,转让在中国制造产品零件的用于设计、制造、装配合同产品的专利权或专利应用。同月,引进项目启动,公司总经理邱琪任项目负责人,规划部总监童剑飞任技

图 9 - 3 - 5　2012 年投产的 EPSdp 总装 3 号线

术负责人。项目国产化分步进行,首先在德国采埃孚支持下引进新总成装配线,通过全部零件 CKD(进口汽车零部件)方式实现总成装配国产化,然后逐步实现采购零部件国产化、部件装配国产化和零部件生产国产化。

PQ35 和 PQ46 平台电动转向机制造技术引进成功,使上海采埃孚主营业务从液压转向机领域开始转向双齿轮式电动转向机领域。该公司生产的 PQ35 和 PQ46 平台电动转向机制造工艺和技术水

平达到国外同类产品技术水平,实现与国际水平同步。2010年,电动转向机为上海大众汽车途安和明锐,一汽大众速腾、迈腾及新高尔夫等车型配套。

【引进消化电动转向机(平行轴式)】

2014年10月,上海采埃孚与德国采埃孚签订《上海通用汽车 SGM358 电动转向机(平行轴式)装配和制造专有技术许可证合同》,转让在中国制造产品零件的用于设计、制造、装配、测试、销售和售后服务合同产品的专利权或专利应用,同月,引进项目启动。通过该项目实施,上海采埃孚产品结构向中高端汽车市场发展。上海采埃孚首次为上海通用汽车提供中高级轿车的转向机技术轴向平行助力型 EPSapa 转向机。

图 9 - 3 - 6　管柱式电动助力转向器

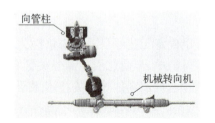

图 9 - 3 - 7　双小齿轮电动助力转向机

八、防抱死制动系统引进消化

1995年，上海汽车制动系统有限公司（简称上汽制动系统）与美国ITT公司中国总部（简称美国ITT）签订《引进美国ITT公司汽车防抱死装置MK20I－ABS（液压电控单元）的技术转让合同》。同年12月，与美国ITT签订《制造汽车防抱死装置技术转让合同》。该合同约定：引进汽车防抱死装置MK20I－ABS（液压电控单元）产品、MK20I－ABS总装生产线、ABS（防抱死制动系统）装配洁净房测试设备、测量仪阀性能测试台等内容，用于上海大众汽车桑塔纳2000型轿车。上汽制动系统成为国内首家生产ABS在内的整个制动系统的公司，该公司中高级轿车ABS技改项目被国家经贸委列为国家重点技改项目。

该公司成立ABS项目工作小组，由总经理孙鸿广负责，组成由上海大众汽车会同上海汇众、上汽制动系统、上海汽车制动器公司和上汽集团技术部参与的联合试验小组和国产化攻关团队，从德国引进MK20I－ABS总装生产线以及疲劳试验机破裂强调试验机、测量仪阀性能测试台等检测设备。项目组采用SABS连接过渡方案改装一辆帕萨特轿车，经过9 000公里可靠性道路试验检测，验证制动系统等效替代性能及可靠性，为产品国产化提供参考依据。经测试，产品符合设计要求，达到上海大众汽车对ABS批量生产等级要求，开始配套桑塔纳"时代超人"车型和一汽大众"新捷达王"车型。

1999年3月，上汽制动系统生产的MK20－IABS工装样品和防抱制动电液控制装置，分别通过上海大众汽车和一汽大众的认可，产品达到20世纪90年代先进水平，并填补了国内空白，公司成为中国唯一生产汽车防抱死系统的基地。2001年，该产品国产化率达到85%，产销18.97万件。2010年产销108.02万件。

图9-3-8　制动钳总成装配线

九、电子驻车制动系统引进消化

2013年12月，上汽制动系统从德国大陆股份公司（简称德国大陆）引进电子驻车制动系统（EPB）装配线及技术引进许可，并获得上海大众汽车MQB A/MQB B平台车型、一汽大众MQB A平台车型、上海汽车集团股份有限公司乘用车分公司（简称上汽乘用车分公司）A架构车型和长城CHB车型的EPB系统的定点配套业务。

该公司成立EPB项目工作小组，由总经理蔡增伟负责，组成由上海大众汽车会同上海汇众、上汽制动系统、德国大陆、上海机电设计研究院有限公司和上汽集团技术部参与的联合试验小组和国产化攻关团队，从德国引进EPB装配生产线以及高低压测试台、拖

图9-3-9　ABS防抱死系统

滞力矩测试台、疲劳试验机破裂强调试验机等检测设备。经过可靠性的道路试验检测，验证制动系统等效替代性能及可靠性，为产品国产化提供参考依据。2014年，上汽制动系统生产的EPB MQB样品，分别通过上海大众汽车和一汽大众的认可，产品达到国际先进水平。2015年，EPB样品分别获得上汽乘用车分公司和长城汽车股份有限公司认可。至2015年，该公司产销的电子驻车制动系统（EPB）累计达到103万件。

第三节 汽车变速器引进消化

一、014K 手动变速器引进消化

20世纪80年代中期，上海汽车齿轮厂引进德国大众卡塞尔工厂014K手动变速器制造技术，为桑塔纳轿车国产化配套。1985年12月，该厂向上海汽拖联营公司上报《年产三万台桑塔纳变速器总成技术引进项目建议书》。1986年年初，上海汽拖联营公司上报该项目建议书；4月，上海市计委和市经委批复同意。该厂据此编制引进项目的可行性研究报告。经上报后，1987年1月，上海市经委、市计委和上海市机电工业管理局批复原则同意《生产三万台桑塔纳变速器引进技术和设备可行性研究报告》；下半年，上海汽拖联营公司决定以850万马克引进德国大众卡塞尔工厂生产变速器二手设备。

1985年12月，上海汽车齿轮厂成立由总师室和技术科为主的引进班子，研究014K手动变速器工艺和技术水平，并到上海大众汽车获取桑塔纳变速器所有技术图纸资料。1987年8月和1988年4月，该厂厂长许建育、设备科长陈因达等带队两次赴德国大众的卡塞尔工厂考察。5月，党委书记沈如镜带领56人抵达卡塞尔齿轮厂，进行德语培训和二手设备拆迁；11月，二手设备抵达上海工厂。1989年5月，变速器自制件投入试生产。同时引进的德国二手总装线设备安装到位。同年10月，桑塔纳轿车变速器首批工装样品装配下线。1990年2月，桑塔纳轿车变速器产品装车进行道路试验，至8月，道路试验里程达10万公里，上海大众汽车给予变速器有条件认可。1991年4月底，国产变速器完成15万公里路试，并获上海大众和德国大众最终认可。同年，该厂向上海大众汽车供货2.38万台，1993年供货10万台。

桑塔纳轿车变速器为轿车五大总成之一，占工装样品国产化率9.6%，该变速器在五大总成中率先实现国产化，有力地推动了桑塔纳轿车国产化进程。1991年实产桑塔纳轿车变速器2.74万台，1992年年产6万台，超过设计纲领。生产达纲后，企业每年节汇1.11万美元，创产值7350万元，新增利润1100万元，新增税金735万元。1989年，桑塔纳轿车变速器获上海市轿车国产化开发一等奖，1991年1月获上海市科技博览会金奖，3月获上海市优秀新产品二等奖，12月获上海市优质产品证书。

二、F15 手动变速器引进消化

F15变速器是美国通用汽车所属欧宝汽车公司设计的横置式手动五档全同步机械变速器。1999年7月，上海通用汽车确定上海汽车齿轮总厂（轿车汽齿总厂）为轿车变速器定点供应商。2000年4月，上汽集团下达《经济型轿车手动变速箱（总装配线）技改项目可行性研究报告（含项目建议书）》的批复，同意该厂引进总装配生产线1条，该变速器装配线具有20世纪90年代末国际先进水平。

图 9-3-10　上海汽车齿轮厂外景

图 9-3-11　引进的桑塔纳轿车齿轮二手生产线

1999 年 7 月,汽齿总厂和上海通用汽车成立引进联合工作小组,启动 F15 变速器引进项目,由该厂产品工程部副部长方伟荣、项目经理唐忠宝等组成。同年 9 月和 10 月,先后接到泛亚汽车技术中心有限公司全套变速器图纸和改型图纸。10 月底,完成自制件初始过程流程图,确定具体工艺,并得到上海通用汽车认可。12 月,完成工艺工装和刀具设计,确定具体加工设备。2000 年 2 月,完成总成校验台设计;3 月,完成总成装配工艺设计;6 月,第一台样件变速器完成装配,并通过自制试验台架测试;7 月开始,先后有 46 台变速器交付泛亚汽车技术中心认证试验。2001 年 2 月底,总成装配线全部到位;3 月,第一阶段零件 PPAP 运行完成并得到美国通用认可;9 月,F15 变速器通过上汽集团鉴定验收,并通过上海通用汽车所要求的各项产品性能试验,所有技术指标均符合企业标准。2002 年 6 月,F15 变速器正式供货。

F15 变速器顺利批产,使该厂变速器生产能力上了一个新台阶。2002 年 12 月,F15 系列变速器获上海市科学技术委员会颁发的 2002 年度上海市重点新产品奖。2003 年 7 月,获上海市经委颁发的 2002 市优秀新产品二等奖。2003 年,形成年产 6 万套能力,年销售收入 2.28 亿元,税前利润 3 037 万元,节约外汇 1 395.46 万美元。

三、4T65-E 自动变速器引进消化

4T65-E 自动变速器为美国通用汽车技术。1999 年 6 月,上海通用汽车定点汽齿总厂为 4T65-E 自动变速器总成供应商。2000 年 1 月,国家机械工业局批复《关于上海汽车股份有限公司汽车齿轮总厂自动变速箱部件配套技改项目可行性研究报告初审意见的报告》,原则同意该项目立项,4 月,上海市经委批复同意该项目可行性研究报告。2002 年 12 月 31 日,上海市经委批复《项目可行性报告(含项目建议书)》,同意新增 4T65-E 变速器核心部件,年生产能力 2 万套。

1999 年 6 月,汽齿总厂组成设计、工艺及规划相结合的工作小组,由产品工程部副部长许建兴负责,工程师薛红宇对新来图纸进行翻译,项目经理黄明礼负责校对,消化吸收上海通用汽车 4T65-E 自动变速器产品及工艺。收到 4T65-E 零部件总成产品图纸后,同年 8 月,编制完成所有零件工艺文件及设备清单。2000 年 11 月,完成 4T65-E 变速器 4 个核心部件交样。2002 年 9 月,4T65-E 自动变速器部件配套技改项目通过市经委组织的竣工验收。2003 年 1 月,4T65-E 变速器通过上海通用汽车 PPAP 认证及 GP9 认证,并投入批产。同时由上海市机动车检测中心进行 4 部件总成

抽样检验,各项指标合格率100％,一次性通过国家检验。

4T65－E变速器实现国产化,使该厂成为国内第一家自动变速器核心部件生产厂家,有效提升了上海汽车变速器制造的工艺水准和产品能级。2004年产销5万套,新增销售收入2亿元,实现利润3 228万元。2005年产量达6.9万套,产值2.6亿元,实现利润5 500万元。2006年11月,4T65－E自动变速器关键零部件总成获国家科学技术部、商务部、质量监督检验检疫总局和环境保护总局颁发的国家重点新产品证书。2010年6月,该项目被上海市高新技术成果转化服务中心评为上海市高新技术成果转化百佳项目。

四、GF6自动变速器引进消化

2002年,美国通用汽车北美公司开发新一代GF6型6档自动变速器,替代4档自动变速器。汽齿总厂成为上海通用汽车的该产品供应商。2005年5月,上海汽车集团股份有限公司(简称上汽股份)总裁办公会议审议并原则同意《变速器公司GF6自动变速器核心部件技改项目可行性报告(含项目建议书)》;6月,上海市经委同意汽齿总厂GF－6自动变速器核心部件技改项目备案;10月,上汽股份董事会审议通过《变速器公司GF6自动变速器核心部件技改项目》。

2006年3月,上海市经委同意汽齿总厂新增15万套GF6自动变速器核心部件技术改造项目备案。

GF6自动变速器核心部件内齿圈是大外径薄壁零件,开发前期产品合格率偏低。2005年1月,汽齿总厂子公司上海旗春热处理公司总经理沈玉明牵头成立解决该问题的项目小组,进行工艺改进试验,经采用上海旗春热处理公司热检站站长张建明提出的热后失圆整形方法后,质量问题得到解决,整形合格率达98％。2007年9月,GF6项目通过上海通用汽车PPAP程序认可,完成批产准备。2008年7月,上海通用汽车给予生产批准认可。

GF6自动变速器是美国通用动力总成专门为亚太地区开发的低成本、高质量、功能领先的全新自动变速器系列,上海汽车变速器有限公司(简称上汽变速器)为该款变速器配套生产4个核心零部件。2008年销售4.77万套,销售收入7 628.28万元;2009年销售22.45万套,销售收入38 370.23万元;2010年销售33.55万套,销售收入58 490.30万元,实现税前利润1 767.94万元。2010年3月,GF6自动变速器核心部件项目获上海市科学技术委员会颁发的上海市重点新产品奖。

五、EDU电驱动单元引进消化

2008年起,上汽变速器与上汽乘用车分公司开始EDU电驱动单元的联合开发。为了提升自主品牌汽车混合动力系统的自主开发能力,2009年3月,上汽变速器执行管理委员会通过《混合动力电驱变速器EDU概念样机开发(第一轮)》的批复。

2009年7月,上汽变速器成立专项项目组,负责研究制造工艺。2009年1—12月,进行A方案研究及技术消化,并进行试制。2010年1—10月,对B方案及C方案进行研究及技术消化;12月,公司组织多名工程师协同上汽捷能汽车技术有限公司工程师赴英国咨询公司Ricardo考察。2011年1—10月,落实加工设备、刀具采购,完成自制件工艺,装配工艺设计、工装设计,对齿轴、壳体等变速器自制件投入试生产。2011 年 11 月—2013 年 12 月,EDU 产品陆续进行多轮样机的试制,通过自制润滑台架、换档台架完成润滑试验及换档耐久试验,同时,完成样机交样和整车试验。2014 年实现 EDU 总成批产,2015 年实现产量提升。

EDU 电驱动单元为荣威系列自主混动动力汽车核心部件,EDU 电驱动单元的顺利批产,提升了该公司产品的附加值。2015 年,匹配 e550 的 EDU 累计销量为 1 万多辆,销售额超过 2.6 亿元。

六、M1X 6 档手动变速器引进消化

2011 年,美国通用汽车欧宝技术中心开发新一代 M1X 型 6 档手动变速器,替代 F15/D16 等 5 档手动变速器,上汽变速器为该产品全球平台供应商。2012 年 7 月,上海汽车集团股份有限公司(简称上汽集团)同意上汽变速器引进《M1X15 万套 6 档手动变速器总成可行性研究报告》。

【引进措施】

2011 年 9 月,上汽变速器和上海通用汽车成立引进联合工作团队,启动 M1X 变速器引进项目,公司委任产品工程部副部长许建兴为平台总监、项目经理为苏春霞。同年,先后接到通用欧宝技术中心全套变速器图纸和数模。2012 年 4 月底,完成自制件初始过程流程图,确定具体工艺,并得到客户认可。2013 年 3 月底,完成总成校验台设计及总成装配设备;4 月,第一台样件变速器完成装配,并通过自制试验台架测试;5 月开始,先后有 100 多台变速器总成交付美国通用汽车欧宝技术中心、泛亚汽车技术中心有限公司认证试验;10 月,PPAP 阶段总成装配完成并进行。2014 年年初,M1X 变速器通过通用欧宝和上海通用汽车的鉴定验收,并通过通用汽车所要求的各项产品性能试验,所有技术指标均符合其标准;4 月,M1X 变速器开始供货,为美国通用汽车使用该平台的 4 个不同国家整车工厂进行全额配套。2014 年,销售 4 万多台,销售额超过 2 亿元。

七、膜片弹簧离合器引进消化

1987 年 4 月,上海汽车工业进出口公司、上海离合器厂与德国萨克斯股份有限公司(简称德国萨克斯)签订《桑塔纳轿车离合器技术转让合同》。

【第一阶段引进消化】

引进消化工作自 1987 年 6 月开始,上海离合器厂成立以技术副厂长赵永彬为组长、厂技术科正副科长杨荷仙、李新民为主要成员的项目领导小组。该厂制订国产化零件和进口零件计划,其中一期项目进口件主要是膜片弹簧和摩擦片,其余均为国件,然后进行模具、热处理、机加工等工艺攻关;购买国产 630 吨二手压机,经过模具改进和冲压工艺反复试制,完成符合德国大众标准的离合器压壳的成型;为进口的半组热处理转底炉配备国产辅助装置,解决部分零件碳氮共渗的压平淬火问题,配备百余副工、夹、模、量和刃具及几十台生产检测设备。第一次出国基础技术培训组还节省生活费用外汇购买 200 片摩擦片,用于产品试制。

1988 年年底,上海离合器厂生产的桑塔纳离合器获德国大众认可,1989 年开始向上海大众汽

车供货,国产化率达到 70% 以上。引进消化第一阶段的实际投资额 1 250 万元。此后又进行 6 万套桑塔纳轿车离合器配套技术改造,完成总投资 2 041 万元。

【第二阶段引进消化】

1991 年,上海离合器总厂由上海离合器总厂等 4 家企业合并成立,并开始实施 15 万辆桑塔纳轿车离合器配套项目。1993 年 3 月,上海离合器总厂从德国萨克斯补充奥迪、高尔夫、捷达轿车离合器技术引进项目,同时进口盖总成综合测试机、盖总成和从动盘平衡机、从动盘总成阻尼力矩测试机、从动盘总成扭转疲劳激振机,奥地利 Aichelin 转底炉等关键生产和测试设备。项目于 1994 年 12 月竣工,总投资 2 817 万元。

1996 年下半年至 1998 年上半年,上海离合器总厂组织实施"离合器双加"项目,形成 82 万套轿车离合器年产能力,国产化率达到 90% 以上。产品除了满足桑塔纳轿车配套外,还先后为北京切诺基、一汽大众奥迪 100 和捷达等主要主机厂配套。1990—1994 年,桑塔纳轿车离合器总成、奥迪 100 轿车离合器总成获上海市优秀新产品三等奖;1993 年,桑塔纳轿车离合器总成国产化获中国汽车工业科技进步奖三等奖。

第四节　汽车电子电器引进消化

一、发动机控制器引进消化

【引进消化 M1.5.4 控制器】

1995 年 7 月,联合汽车电子有限公司(简称联合电子)与德国罗伯特·博世有限公司(简称德国博世)签订许可与技术引进协议,引进德国博世具有世界先进水平的 M1.5.4 控制器产品,上汽总公司副总裁兼总工程师、联合电子董事长陈廷越和德国博世代表 Manger 博士签署协议。该协议成为联合电子以后从德国博世引进项目的基本文件。同年,联合电子从德国引进机械节气门发动机控制器 M1.5.4 组装生产线 1 条,以及电子控制器、氧传感器和爆震传感器等生产线,并在无锡厂建喷油器、调压阀、燃油分配管总成等生产线,在西安厂建油泵/支架、碳罐控制阀等生产线。1996 年 5 月,该公司首个 M1.5.4 项目正式批产为上海大众汽车桑塔纳轿车配套。随后开始向一汽大众、神龙富康、长安奥拓、天津丰田和北京吉普等国内多家整车厂商供货。截至 2015 年年底,累计产销 500 万只。

【引进消化 M7 和 ME7 系列控制器】

为适应发动机控制器功能不断提高的要求,2000 年 5 月,联合电子与德国博世签订引进 M7、ME7 系列控制器的许可与技术引进补充协议。该系列控制器采用当时最先进的 16 位处理器,相比 M1.5.4 芯片资源更丰富,ME7 系列控制器并可用于电子节气门发动机系统。项目实施中,公司从德国博世引进新一代机械节气门发动机控制器 M7 和电子节气门发动机控制器 ME7 焊接生产线。M7 系列中首个项目于 2002 年 10 月批产,ME7 系列中首个项目于 2004 年 7 月批产。M7 和 ME7 系列控制器引入后迅速成为联合电子的拳头产品,广泛应用于长安汽车、上海通用汽车、奇瑞汽车、吉利汽车和长城汽车等国内整车厂商。截至 2015 年年底,M7.9.7 控制器累计产销 700 万只,ME7.9.7 控制器累计产销 200 万只。

联合电子在引进德国博世汽车发动机控制器先进技术基础上,逐步建立控制器国产化开发能力,并陆续开发出了 M7.8 和 ME7.8.8 等本地控制器平台,为后续新平台控制器自主研发打下了坚实的基础。

【引进消化 ME(D)17 系列控制器】

为满足新的油耗和排放法规要求,适应发动机的技术革新,以及不断增长的客户需求,2009 年 1 月,联合电子与德国博世签订引进 ME(D)17 系列控制器的许可与技术引进协议。该系列控制器采用当时世界上最先进的 32 位处理器,与 ME7 相比,软硬件资源更加丰富,ME(D)17 系列控制器不仅可以于进气道喷射电子节气门发动机系统,而且可以用于缸内直喷发动机系统。项目实施中,公司基于 ME7.8.8 的开发经验,自主开发了全新控制器平台 ME17.8.8,以及全套生产和焊接设备。ME(D)17 系列控制器中首个项目 ME17.8.8 于 2011 年 10 月批产。该系列控制器引入后迅速成为联合电子的拳头产品,广泛应用于上汽乘用车分公司、上汽通用五菱、上海通用汽车、一汽集团、长城汽车公司、吉利汽车、长安汽车、广汽集团、奇瑞汽车、东风柳州、华晨汽车、比亚迪汽车、众泰汽车、江铃汽车等全部自主品牌和部分合资品牌车型。截至 2015 年年底,ME17.8.8 控制器累计产销 350 万只。

二、电子控制喷油器与传感器引进消化

【引进消化 EV6/EV6‑P/EV14 电子控制喷油器】

1995 年 7 月和 2008 年 11 月,联合电子与德国博世先后签署 EV6 喷油器的技术许可协议和补充协议,引进德国博世领先世界水平的喷油器产品 EV6,以及噪声更低、喷油量更精确的 EV6 升级版 EV6‑P 产品。

1996 年,公司无锡厂从德国博世引进 EV6 生产线并于 1998 年 7 月投产,首批 EV6 喷油器产品出口。2000 年,公司再次引进第 2 条 EV6 生产线并于次年 9 月投产。2004 年,引进第 3 条 EV6 生产线并于 2005 年 9 月投产。2005 年 7—11 月,德国大众、日本丰田、日本本田、德国戴姆勒—克莱斯勒和日本日产等公司在无锡厂对 EV 产品生产过程和质量体系进行审核,获得专家认可并通过全部审核。2007 年 1 月,引进第 4 条 EV6 生产线并于同年 7 月批产。

2009 年,同步引进博世 EV6‑P 平台,通过升级现有的 EV6 产线,实现共线生产,并于 2010 年实现 EV6‑P 关键组件轻针阀的国产化。2011 年 1 月,第 5 条 EV6 生产线批产,进一步扩大生产规模。至 2015 年年底,联合电子累计产销 EV6/EVP‑P 共 2.4 亿件。

与此同时,为适应主机厂对于喷油器尺寸、性能等多方面的要求,公司于 2012 年引进德国博世 EV14 平台,并于 2015 年实现第 1 条 EV14 产线批产,主要供应上汽大众朗逸、途安等车型。

【引进消化汽油机高压喷油器和高压油泵】

2011 年 5 月,联合电子与德国博世签署引进德国博世最新高压泵产品 HDP5 的技术许可协议,同年 9 月签署高压喷嘴产品 HDEV5.2 的技术许可协议。该产品是博世新一代直喷零部件,广泛应用于奔驰、宝马、大众、通用等新一代直喷发动机,具有国际领先水平。2011 年先后完成产品技术文件和工艺文件移交,同时引进国际先进水平的高度自动化的博世公司全套生产检测和质保设备。与此同时,超过 60% 的子零件同步进行国产化的开发、验证和批产。2012 年,联合电子国产

化高压泵和高压喷嘴,分别通过德国博世主工厂的审核并获得好评。同年产品通过德国奥迪和上海大众汽车试验和工程认可,并于2012年年底及2013年年初实现高压泵和高压喷嘴的批产。此后HDP5和HDEV5被国内众多主流直喷发动机项目所应用,覆盖上汽乘用车分公司、上汽大众、上汽通用、一汽大众,神龙汽车、长安福特、长城汽车,吉利汽车等十几个整车公司。至2015年,公司累计产销高压喷油器1520万件,高压油泵390万件,市场占有率全国领先。

【引进消化博世传感器】

联合电子成立后,先后引进德国博世氧传感器(LS)和DS-S3进气压力传感器和HPS高压压力传感器3种传感器制造技术。其中氧传感器(LS)于1997年6月在该公司上海厂投产,LSF(平面氧传感器)于2005年9月在上海厂批产,随后分别于2008年、2009年和2010年在上海厂建立LSF生产线并投入使用。2011年适用于摩托车的氧传感器在上海批产,同年成立芜湖厂并将LSF第1、第2条生产线转移到芜湖。2012年3月在芜湖投产LSF第5条生产线,并将LSF第3号、第4号以及LSF mini产线转移到芜湖。2014年8月,新平台LSF X4在芜湖批产。2015年12月,LSF第6条生产线于芜湖投入使用。该产品2003年销量约130万只,2015年销量约1955万只,增长15倍。

DS系列进气压力传感器自德国博世20世纪90年代推出以来一直保持全球领先市场占有率,2007年10月,联合电子与博世签订该产品第三代DS-S3进气压力传感器的《技术引进协议》。2008年9月和2010年9月,联合电子上海工厂第1和第2条DS-S3生产线投产。2013年9月和2015年10月,芜湖工厂第3条和第4条DS-S3-(TF)生产线先后投产。2013年5月,上海工厂首次引入用于高压直喷系统的全自动化高压压力传感器生产线。2015年,联合电子DS-S3-(TF)进气压力传感器产销1238万只,国内市场份额领先。

三、供油系统零部件引进消化

【引进消化EKP-13.5电动燃油泵】

1995年7月,联合电子与德国博世签署引进德国博世最新电动燃油泵产品EKP-13.5技术许可协议。该产品为当时最新的油泵产品,德国博世批产时间是1996年,故为同步引进。1996年和1997年,双方先后完成该产品技术工艺文件移交,同时引进高度自动化的德国博世全套生产检测和质保设备。1998年,引进生产的国产化率超过90%的电动燃油泵通过德国博世慕尼黑工厂审核并获好评,被认定具备国际同类产品先进水平。同年,产品通过上海大众汽车试验和工程认可,项目正式批产。此后EKP-13.5电动燃油泵被超过150个油泵支架项目所应用,覆盖上海大众汽车、神龙汽车、长安铃木、长安福特、上海通用汽车、奇瑞汽车等整车公司。2005年11月,联合电子西安厂第2条新油泵生产线投产。2010年,该公司EKP-13.5产销30万只,累计产销726万只,并通过消化吸收和2次改进,形成12项专利。

【引进消化FP-G.38油泵产品】

2009年,联合电子与德国博世签署《FP-G.38油泵产品技术引进协议》,以满足上海通用汽车Epsilon/Delta整车平台项目国产化需求。该产品新颖电机设计颠覆以往油泵电机设计理念,具有结构紧凑、可靠性高、流量稳定、适用压力高和适用于恶劣油品等特点,是德国博世抢占全球市场的战略产品。与此同时,联合电子还引进德国博世为 FP‒G.38 单独设计的生产设备和装配线。2010 年,引进项目完成技术资料和工艺文件移交。同年 10 月,FP‒G.38 生产线投入试生产,国产化率超过 90% 的油泵产品通过德国博世慕尼黑工厂审核;12 月,搭载国产化 FP‒G.38 油泵的 XLM 油泵支架通过上海通用汽车性能试验获得工程认可,项目正式批产。至 2015 年,XLM 平台累计销售 400 万套,国产化的 FP‒G.38 在所有项目上累计销售 777 万台套。

【引进消化 FP‒G38‒DCCP 油泵产品】

2015 年,联合电子与德国博世签署协议,在 FP‒G38(XLP‒CO)许可协议基础上引进 FP‒G38‒DCCP(Combi)。FP‒G38‒DCCP 是 EKP‒13.5 和 FP‒G38 结合的产物,外部接口与 EKP‒13.5 相同,内部电枢等换向原件与 FP‒G38 相同设计。联合电子引进该项技术,第一步引进德国博世的装配线并进口原材料,进行组装;第二步深度国产化,使用国产关键零件装配为总成,产品为上汽乘用车分公司、福特汽车和奇瑞汽车配套。

四、空气管理系统零部件引进消化

联合电子引进的德国博世空气管理系统零部件制造技术包括碳罐控制阀 TEV2 制造技术、DV‒E5/DV‒EG2/DV‒E5.2NC 节气门制造技术和 APM1.2C 电子油门踏板制造技术。

【引进消化碳罐控制阀 TEV2】

1995 年,联合电子与德国博世签引进碳罐控制阀 TEV2 制造技术的技术许可协议。1996 年和 1997 年先后完成产品技术文件和工艺文件移交。1998 年,该公司西安厂引进的德国博世碳罐控制阀 TEV2 生产线批产,实现产品试验和向上海大众汽车交样一次合格。2002 年 4 月,该厂 5 400 件碳罐控制阀 TEV2 首次出口法国雪铁龙汽车公司。2008 年 10 月,TEV2 线圈生产线完成产能扩容,线圈年产能从 2007 年年底 180 万套提升至 2008 年 10 月底的 270 万套。截至 2015 年,累计产量达 3 500 万套。

【引进消化 DV‒E5/DV‒EG2 节气门】

2000 年,联合电子与德国博世签订引进 DV‒E5/DV‒EG2 节气门的技术转让协议。2005 年 12 月,公司西安工厂开始安装引进的德国博世 DV‒E5 生产线。2006 年 8 月,1 080 件 DV‒E5 电子节气门体向上海大众汽车批量供货。2007 年,联合电子西安工厂引进的 DV‒EG2 平台项目开始实施。2009 年 9 月,新一代 DV‒EG2 生产线批产供货。2010 年,升级后的 DVE‒E5 年产销量 148.42 万套;DV‒EG2 年产销 24.6 万套。至 2015 年,累计产销 1 990 万套。

【引进消化 APM1.2C 电子油门踏板】

2007 年,联合电子与德国博世签订引进电子油门踏板 APM1.2C 产品系列的技术转让协议,以填补产品空白,为上海大众汽车 PQ24 平台产品配套。项目引进之初采用关键零件国外采购、主要零件国产化的模式。2008 年,该产品开始实现国产化,并向上海大众汽车批量供货,而后为上汽乘用车分公司、长城汽车,一汽集团和东南汽车等整车企业进行变形产品研发生产和配套。2010 年,公司年产销 80 万套,在引进基础上逐步建立关键零部件国产化能力。至 2015 年,累计销量 260 万套。

【引进消化 DV-E5.2NC 节气门】

2010 年,联合电子与德国博世签订引进 DV-E5.2NC 电子节气门体的技术转让协议。该产品是当时最新的非接触式位置传感器电子节气门体。2013 年 4 月,公司西安工厂首条 DV-E5.2NC生产线投产,年产能 112 万套。2013 年 5 月,开始向上海大众汽车批量供货。2013 年 6 月和 2014年 9 月,先后向长福特和一汽奥迪批量供货。2015 年 8 月,西安工厂新增第 2 条兼容DV-E5.2NC 的高度自动化生产线,合计年产能达到 241 万套。

五、变速箱控制技术引进消化

【引进消化变速箱控制器】

2012 年 12 月,联合电子与德国博世签订引进 Gen2b 系列控制器的许可与技术引进协议。该系列控制器采用 32 位处理器,根据客户需求定制化设计,具有体积小、成本低、装配方便等优点,是极具性价比的控制器产品。项目于 2012 批产,被用于日本日产汽车的轩逸、蓝鸟、骐达、劲客等车型。至 2015 年,上海工厂累计产销超过 73 万只。

2013 年 1 月,联合电子与澳大利亚博世签订引进 RBAU 系列控制器的许可与技术引进协议。该系列控制器具有成本低、体积小、生产简便等优点,适用于 DSI 公司设计的 6 档及 6 档以下的自动变速箱。项目实施中,联合电子从澳大利亚博世引进生产线,同年开始批产,为吉利汽车的博瑞、博越等车型配套。至 2015 年,产销量超过 20 万只。此外,联合电子还于 2015 年 8 月与德国博世签订引进 GETRAG DCT300 控制器平台的许可与技术引进协议。

【引进消化变速箱电子模块】

为满足上汽大众、一汽大众双离合变速器需求,2011 年 12 月,联合电子与德国博世签了 EM-2.8 电子模块平台技术引进协议。该产品是联合电子第一款内置式变速箱控制单元,应用于上汽大众与一汽大众的 DQ380/500 湿式双离合变速箱。2014 年 10 月,EM-2.8 电子模块在上海工厂实现批量生产,为上汽大众和一汽大众的帕萨特、凌渡、途观、速派、奥迪 A3 等车型配套。

【引进消化电磁阀平台】

2011 年,因上海大众汽车、一汽大众干式双离合器 DQ200 项目需要,联合电子与德国博世启动电磁阀平台系列产品引进工作,此后又继续引进上海通用汽车双离合变速器电磁阀平台。该平台系列产品为当时全球最先进的自动变速箱液压控制元件,具有精度高、响应快、抗污染能力强等优点,适用于 DCT、AT、CVT 等自动变速箱液压系统。项目实施过程中,该公司从德国博世引进电磁阀全自动生产线,2013 年实现批产。

六、电力驱动零部件引进消化

【引进消化电力电子零部件】

2010 年 8 月,联合电子与德国博世签订引进 INVCON2.2 和 INV2CON2.2 电力电子控制器的许可与技术引进补充协议。这两个产品是联合电子第一批电力电子控制器平台。2010年和2011年,该公司上海工厂先后从德国博世引进生产这两个产品的组装生产线。2012年10月,INVCON2.2产品向上汽乘用车分公司批量供货。2013年12月,INV2CON2.2产品向上汽乘用车分公司和吉利汽车批量供货。至2015年,两个产品分别累计产销0.16万只和1.59万只。

【引进消化一体式驱动电机】

一体式驱动电机IMG是21世纪初国际上发展起来,用于混合动力汽车以达到降低油耗减少排放的节能环保型高新技术产品。2009—2015年,联合电子从德国罗伯特—博世有限公司引进消化IMG290系列技术,使得公司成为新能源汽车驱动电机研发和制造领先的企业。2010年3月,联合电子先后与德国博世签订引进这两个产品的许可与技术引进协议。同年,开始在上海工厂进行电机生产线的规划建设,2013年12月起为上汽乘用车分公司荣威e550配套。至2015年年底,IMG290产品累计产销12万台。

七、汽车电子防盗器引进消化

【引进技术】

2002年9月,上海实业交通电器有限公司(简称上实交通)与德国西门子股份公司(简称德国西门子)威迪欧汽车技术部签订《汽车电子防盗器技术合作和许可协议》。该协议规定,德国西门子提供设计、开发汽车防盗控制器、防盗线圈和7935防盗转发器的核心开发和测试所需技术资料,并在6个月内完成通用型防盗器开发;上实交通工程师参加全过程开发,共同对质量进行检测,直到该通用型防盗器得到上实交通用户的认可;明确共同开发使上实交通能够凭借自己的能力为其他用户开发防盗器系统。

【引进措施】

2003年,上实交通成立防盗器引进项目组,由RDC负责人季强任组长,高级工程师顾闻和顾忠平为硬件和结构负责人,设计人员李晖为软件负责人,高级工程师朱鸣华为设备负责人,工程师金国林为质保负责人。根据合同,上实交通安排工程师到西门子VDO公司进行86个人/日培训。同时,中外双方分工负责联合开发,西门子VDO负责防盗器的软硬件开发和防盗线圈的参数标定,上实交通负责防盗器和防盗线圈的生产、防盗转发器的出厂编程和测试以及相应的防盗器出厂测试设备、防盗系统匹配设备、转发器测试设备、防盗线圈测试设备的开发和制造。上实交通新增磁干扰试验设备、带硬件设计软件的工作站、单片机仿真器、单片机烧写器、耐久试验台、故障诊断仪,以及防盗线圈生产线和安装线、出厂匹配测试等设备和仪器。

【引进效果】

2003年8月,7935防盗产品试装车成功。2004年6月,批量生产,为长安汽车CM8车型供货,以后又为奇瑞汽车A15和A21车型供货。2006年,为长城汽车、吉利汽车和海南马自达等整车厂供货。2008年,上实交通在7935防盗系统基础上,通过修改软硬件,独立完成新一代7936防盗器的开发,并实现批量生产。至2015年,销售超过300万套。上实交通发动机防盗产品技术在国内处于领先地位。

在彻底消化吸收防盗技术后,上实交通从 2008 年起陆续将引进的发动机防盗技术运用到 BCM 和 PEPS 的开发中,并成功在上汽乘用车分公司、北汽乘用车实现批量供货。2015 年,BCM 和 PEPS 的年销量超过了 5 万套。

八、汽车发电机、起动机引进消化

【配套桑塔纳轿车引进消化发电机起动机】

为落实上海桑塔纳轿车国产化任务,1996 年 7 月,上海法雷奥汽车电器系统有限公司(简称上海法雷奥电器)与法国法雷奥国际控股有限公司(简称法国法雷奥)签订许可证协议,首次引进 A11VI、A13VI 及 A14VI 发电机和 D6RA、DX14 起动机。协议规定,许可方提供产品技术文件、图纸、工艺技术文件;提供技术培训,在法国法雷奥工厂和实验室对接收方进行发电机和起动机各 250 人/日的培训,派专家到上海工厂进行技术帮助,协助采购必要的产品加工和检测设备等。

1996 年 9 月和 1997 年 1 月,上海法雷奥电器成立 SA13VI156 发电机和 A49 起动机两个国产化项目组。发电机项目组由发电机设计科科长叶勤书负责,设计、工艺、质保、采购、市场等部门的沈志敏、徐磊、方勇、魏巍、闻希平、张玉珍、蔡梓浩、陈履清、张兰、李力、经新发、鲁志成组成。起动机项目组由起动机设计科科长顾孜之负责,设计、试验、质保、制造、规划、采购等部门的许斌、汤卫国、季克明、梁青、经新发、何石、周志成、蔡梓浩、叶元祥、张靖华组成。上海大众汽车产品工程部、质保部和采购部人员和法国法雷奥 3 名外方工程师共同参加。

两个项目组分别消化法国法雷奥提供的产品图样、工艺文件、检测标准和质量控制方法,以及上海大众汽车提供的总成图、试验标准等技术文件;按照国家标准制定公司企业产品标准、技术条件和试验标准。分别攻克电子定子压装、滴漆和后道整理,转子双风叶碰焊接,转子入轴加工工艺以及定子材料公差大而叠片后铁芯厚度公差仅为 0.2 等一系列工艺和技术难题;攻克起动机零件加工,定子、转子、齿轮、驱动轴装配以及防止转子线高速运转产生飞线现象、永磁体与机壳如何连接牢固等工艺难题。同时,公司采用意大利、英国、韩国、法国、美国、日本,以及中国台湾地区和中国无锡定子滴浸机和南昌航空工业学院焊接设备,形成发电机和起动机生产能力。1998 年 3 月,桑塔纳发电机国产化试制成功,12 月提交 2 000 台 OTS 样机,通过法国法雷奥总部的试验。1997—1999 年,起动机分别通过上海大众 OTS 工装样品认可、PPAP 和批量生产启动认可以及法雷奥总部试验。1999 年 6 月,SA13VI156 发电机获上海大众汽车 PPAP 认可后,和 SD6RA49 起动机一起向上海大众汽车批产供货。

2000 年 1 月,两个产品经上海市经贸委会同上汽集团组织的产品鉴定,认定达到 20 世纪 90 年代国际先进水平,产品后续为别克、吉普、奥迪、富康等乘用车和解放牌轻型卡车等品牌车型配套。2001 年,SA13VI156 交流发电机获上海市优秀新产品奖。

【配套别克轿车引进消化发电机起动机】

1997 年 4 月,上海法雷奥电器被认定为上海通用汽车发电机和起动机定点供应商;5 月,与法国法雷奥签订许可证协议,引进法国法雷奥 A11VI、A13VI、A14VI 系列发电机和 D6RA、DX14 起动机技术并提供全部图纸,制造上海通用 SA14VI52 发电机和 SD6RA51 起动机。

1997 年 6 月和 1998 年 6 月,公司先后制定别克轿车发电机和起动机国产化计划任务书,分别成立两个项目组,发电机项目组由发电机项目经理葛长发负责,设计、工艺、质保、采购、市场等部门的吴英姿、陈为民、梁青、蔡延东、季克明等技术和业务人员参加;起动机项目组由起动机项目经理陈旭初负责,设计、工艺、质保、采购、市场等部门的许斌、朱建刚、梁青、蔡延东、季克明等技术和业务人员组成;法国法雷奥专家共同参与。1997—1998年,该公司先后派出90多人次赴法国法雷奥接受设计、试验、制造、装配、质控、采购、认可等培训。1998年以后,法方多次派专家到上海法雷奥进行指导和检测试验。公司制定发电机和起动机技术条件、震动试验等12项产品标准、企业标准及工艺装备标准化文件。项目组先后解决前后盖挂脚交叉机加工、定子绕线、整形和滴浸的模具和工艺、转子叶片焊接以及总装配等技术和生产难题。公司购置进口和国产设备仪器50多台/套,形成年产15万台能力。为保证产品质量,公司投资国内设备仪器最先进的车用实验室。

1998年8月和12月,SA14VI52发电机先后通过上海通用汽车的OTS和PPAP认可,1999年3月开始批产供货。1998年12月、1999年7月和11月,SD6RA51起动机先后通过上海通用汽车的OTS、PPAP和Proto认可,2000年8月开始批产供货。2002年,SD6RA51起动机获上海市重点新产品奖。

第五节 汽车饰件引进消化

一、保险杠引进消化

【消化桑塔纳2000型轿车保险杠】

1995年,上海延锋汽车饰件有限公司开始承担上海大众汽车桑塔纳2000型轿车首次采用的车身同色保险杠业务。公司成立保险杠项目组,负责消化上海大众汽车提供的技术图纸并进行工艺开发。项目组成员包括组长李亮军,工艺开发主管赵伟宾,设备开发主管凌德明,生产管理主管胡仕安,工艺工程师沈伟鹤、沈志强,设备工程师周忠兵、徐炜和邢晓军等。1996年,该公司从日本引进6台大型注塑机和1套集中供料系统,配合注塑机进行高效的注塑粒子干燥和输送;引进国内首套美国ABB全自动机器人喷涂流水线和12台机器人;引进当时最新的"三喷两烘"喷涂工艺和高压静电喷枪。与此同时,研发团队重点开展保险杆工艺开发和优化。由于是国内首次应用的外饰件涂装生产工艺,项目组经过反复试验,攻克火焰处理、双组份底漆喷涂、低温烘烤等工艺和试制难题,制定最优工艺方案。1997年7月,首件桑塔纳2000型轿车喷涂前后保险杠产品下线;1997年9月和1998年1月先后获得上海大众汽车工装样品认可和生产件批准程序认可;1998年3月开始批量供货。

通过这个项目的开发,延锋伟世通汽车饰件系统有限公司(简称延锋伟世通)制定保险杠生产的《物料外装件的喷漆技术要求》和《镀铬塑料件材料要求》等技术、工艺标准和文件,为后续产品自主研发奠定了基础。

【消化凯越2008款轿车保险杠】

2006年,上海通用汽车对别克凯越轿车进行中期改款,延锋彼欧汽车外饰系统有限公司承接该轿车保险杠配套业务并消化上海通用汽车提供的技术图纸。公司成立工艺开发团队,由项目经理沈伟鹤,工程督导崔春涛,工艺工程师陆卫锋、沈毅和刘利芳等组成,同年12月启动2008款保险杠项目。

根据上海通用汽车的涂装件技术标准，研发团队重点优化产品工艺设计，将原设计方案的上、下两个中间格栅支架合二为一，降低模具成本和装配费用；开发公司首个外饰产品软模件，通过提前验证确保保险杠新结构成型可行性和产品尺寸稳定性；对喷涂低温烘烤油漆流水线进行改造，并获得上海通用汽车首个低温烘烤油漆线 APOPS 认证；在保险杠连接结构上发明增加止位装置，保证零件运动到机构需要位置时能卡住。别克凯越 2008 款轿车保险杠先后于 2007 年 9 月获得上海通用汽车工装样品认可，2008 年 5 月实现批量供货。同年，该产品被评为上海市重点新产品。该项目研发成功，为承接上海通用汽车后续产品别克林荫大道和凯迪拉克 SLS 等轿车的配套项目奠定了基础。

二、仪表板引进消化

1999 年上半年，延锋伟世通获得上海大众汽车提供的帕萨特轿车仪表板总成配套项目后，成立由技术中心总经理杨乔治任负责人，项目经理赵军任工程督导，技术人员罗俊、侯剑锋、王磊磊、苏建刚、蔡欣等 10 人参与的项目组，消化技术图纸并开发制造工艺。项目组人员成功首创国内 PVC 粉末搪塑成型新技术和新工艺，保证仪表板表皮形状和纹理美观、手感柔软舒适和材料环保；改进气囊盖发泡模，采用机械手臂浇注制造工艺，保证仪表板与气囊盖配合精确，质量超过进口仪表板；在仪表板本体与骨架的连接上，首次采用摩擦振动焊接工艺。同时，公司从法国引进国内首条搪塑生产线，建成由高低温环境箱、高速摄像机、照明系统、气囊点火器组成的设备系统。2001 年 6 月和 7 月，帕萨特轿车仪表板总成产品先后通过上海大众汽车工装样品和批量供货认可；8 月，建成试验水平达到当时世界先进水平的国内第 1 个仪表板静态气囊点爆实验室。当年，项目投产开始为帕萨特轿车配套。2003 年，延锋伟世通生产的帕萨特轿车仪表板总成获得国家重点新产品奖、上海市优秀新产品三等奖和上海市科技进步奖三等奖。

2007 年 1 月，延锋伟世通成立攻关小组，在吸收借鉴法国、德国和日本进口的搪塑成型设备基础上，自行研制搪塑生产 4 号线，对烘箱温度控制、线搪台运行速度等进行优化。6 月进入调试进入试生产，有效节约了进口设备的成本，该项目获得中国汽车工业科技进步奖三等奖。

三、车灯引进消化

【上海车灯厂引进消化日本小糸车灯】

1981 年 11 月 2 日，上海新成汽车配件厂与日本的株式会社小糸制作所（简称日本小糸）签订《汽车灯具技术许可证协议》。该协议规定：日本小糸转让以前照灯、雾灯、后灯等产品的技术，包括产品设计、制造、测试等技术，部分设备和测试设备；合同有效期 8 年；设备和仪器费用 25 万美元，培训费 10 万美元。1982 年 2 月 2 日，该协议经国家进出口委员会批准生效。1984 年 3 月，上海新成汽车配件厂改名为上海车灯厂；7 月，上海车灯厂被列为上海桑塔纳轿车国产化灯具定点配套厂。

1982 年 7 月—1985 年 11 月，上海新成汽车配件厂及更名后的上海车灯厂组织技术和生产人员分 5 批到日本小糸进行产品设计、模具设计、车灯制造和测试等培训；中日共同设计 SD134 前照灯、ND170 前照灯、ND250×140 前照灯、WD134－W 雾灯和三色组合后灯 5 种引进产品全套图纸，同时对引进技术文件、技术标准和软件以及上海大众汽车提供的桑塔纳轿车灯具图纸和技术标进行消化;引进 SE－2 雕刻机、粘结机、前照灯及组合尾灯配光测试仪、激光检测仪等设备仪器及相应工装模具,自制防尘试验台、光通量测量机、震动设备等 3 台测试仪器。日本小糸指导引进设备调试和操作培训。

1984 年 1 月,ND170 防眩目前照灯试制成功,提前完成引进目标;5 月,SD134 防眩目前照灯试制成功。1988 年 8 月,左、右转向灯和顶灯获得上海大众汽车认可,技术水准达到 20 世纪 80 年代中期国际先进水平。

【上海小糸引进消化日本小糸车灯】

1988 年 12 月,上海小糸车灯有限公司(简称上海小糸)与日本小糸签订技术转让合同,约定上海小糸生产桑塔纳轿车灯具和新开发汽车、摩托车灯具以及这些新产品的改进产品时,日本小糸向上海小糸提供必须的专利和专有技术的使用权以及工程设计书、生产工艺、技术规格、质量控制、测试检验等全套文件。

1988—1994 年,上海小糸利用该技术转让合同,共引进开发 12 种 116 项新产品,为多种轿车提供国产化灯具配套。其中包括上海大众汽车桑塔纳轿车的组合前照灯和帕萨特轿车的组合前照灯和后灯、上海通用汽车别克轿车的组合前照灯和后灯、天津汽车夏利轿车的前照灯和转向灯、一汽大众奥迪轿车的前照灯和前小灯等。同时产品开始出口,1990 年向英国提供小批量丹森 6887－H车灯,1994 年开始向日本批量出口 LD90 本田摩托车灯具。

【引进技术开发桑塔纳轿车前照灯】

1989 年 1 月,上海小糸开始执行技术转让合同。工厂成立副厂长贺师鹤、设计科长朱庆棠和日本小糸海外事业部次长木濑、静冈工场生产部冲压课技术系长永岛等负责的研发团队,下设模具设计、制造、零部件生产、装配、试验等小组,实施桑塔纳轿车组合前照灯,包括远光灯、近光灯、停车灯和防雾灯的国产化攻关。研发团队对上海大众汽车提供的图纸及技术标准进行消化分析,对样灯进行解剖分析,在此基础上确立产品开发基本原则。同年 4 月,开始试制工装样品,中日共同完成产品设计后,零部件在日本试制,关键零部件反射镜采用引进模具,总装和性能测试引进关键设备仪器;7 月,上海小糸会同上海制笔厂、上海市科协科技咨询服务中心就PMMA－30 耐热塑料、乙丙海绵橡胶、热镀锌深拉伸钢板等灯具原材料国产化进行攻关。同时组织反射镜防水耐腐蚀攻关,获得上海大众汽车认可。公司消化吸收德国大众的前照灯供货技术条件和性能要求,制定上海小糸生产桑塔纳轿车组合前照灯验收的技术要求相关规定。在桑塔纳轿车前照灯开发过程中,公司共开发工艺工装 44 项,其中新工艺 7 项,经验证 44 项工艺工装全部合格。

上海小糸通过技术引进开发的桑塔纳轿车灯具是国内车灯制造业的一次飞跃。1990 年年初,样品试制成功,4 月

图 9－3－12 桑塔纳轿车车灯产品生产线

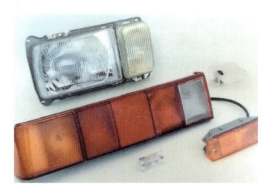

图 9 - 3 - 13　桑塔纳轿车车灯产品

和 8 月先后向上海大众汽车提供两批工装样品,9 月获工装样品认可,同时工装样品道路试验累计 6 万公里情况正常。1991 年 7 月,750 套批产样品送上海大众汽车测试并获认可。1992 年 1 月,上海大众汽车发出配套确认书,2 月开始批量供货。1994 年,桑塔纳轿车前照灯获上海市优秀新产品三等奖。

【引进技术开发别克轿车前照灯后灯】

1996 年 6 月,为提高产品技术水平,满足上海通用汽车别克轿车配套要求,上海小系利用 1988 年的技术转让合同,开始实施引进日本小系技术开发第一代别克轿车组合前照灯和后灯的项目,中日双方各自履行产品研发、制造、供货的义务。1998 年 5 月,公司成立由开发部部长郭肇基任组长的引进办公室。第一代别克轿车组合前照灯采用世界先进的全塑技术,减轻整灯重量,反射镜为配光镜 BMC 自由面。第一代别克轿车组合后灯根据该车外型,在设计制造中采用配光镜双色注塑和牌照灯一体化大面积组合工艺,满足整车外观与功能的要求。同时,该公司引进日本 PC 注塑机、超硬涂膜线和 1 600 t 三色注塑机,使 PC 超硬涂膜和三色注塑两项工艺填补国内空白。

1998 年 7 月和 8 月,别克轿车 B 和 A 两个后灯先后通过上海通用汽车工装样品认可;10 月和 11 月,后灯(A)和前照灯分别通过生产件批准程序认可和工装样品认可;12 月,上海通用汽车认定上海小系生产的第一代别克轿车组合前照灯和后灯与美国本土生产的产品性能相同。上海通用汽车别克轿车组合前照灯引进开发成功,标志着上海小系开始具备中高级轿车灯具制造能力。

【引进技术开发帕萨特轿车前照灯后灯】

1997 年 8 月,上海小系开始实施引进日本小系技术开发上海大众汽车帕萨特轿车组合前照灯和后灯的项目。公司明确由日方副总经理宫泽健治任组长,技术开发部部长郭肇基任副组长的领导小组。按照分工,帕萨特组合前照灯与后灯由日本小系开发,上海小系负责模具与装配线制造。公司利用现有厂房和生产设备基础上,新增关键设备,包括德国二次镀铝机、日本双色注塑机、部分生产线,全塑注塑机并配有调光功能。特别是公司自行设计制造 2 条带在线检测功能的装配线,产品质量符合要求,比进口设备节约 900 余万元。

2000 年 2 月,上海大众汽车发出《首件产品认可报告》,认定上海小系生产的第一代帕萨特轿车组合前照灯和后灯与德国生产的产品性能相同;3 月,上海小系送交的首批批量样品获上海大众汽车认可。同月,该产品获上海市高新技术成果转化项目认定证书。2003 年 4 月和 2004 年 9 月,帕萨特轿车灯具先后获得国家重点新产品证书和第五届中国发明展览会银奖。

上海小系引进日本小系技术成功开发上海通用汽车别克轿车和上海大众汽车帕萨特轿车全塑灯具,为该公司形成灯具自主开发能力奠定了坚实基础。

四、安全气囊引进消化

【上海天合引进消化安全气囊】

上海天合汽车安全系统有限公司(简称上海天合)是中国最早开发生产汽车安全系统的企业之

一。2002 年,该公司前往美国 TRW 股份有限公司(简称美国 TRW)乘员安全系统公司进行考察,并完成项目可行性研究报告等编制报批。2003 年 1 月,上海天合与美国 TRW 签订引进驾驶侧和乘员侧气囊的《许可及技术协助合同》。

2004 年始,上海天合启动第一个项目安全气囊项目长安福特福克斯轿车驾驶员气囊和乘员气囊的国产化项目,组织 3 批 20 人前往美国 TRW 举行培训。美国 TRW 派出 18 人次专业人员到上海天合提供技术支持,并向上海天合提供全套最新的安全气囊产品制造技术文件。2005 年 1 月,上海天合驾驶员气囊和乘员气囊工艺装备在新厂房落成;2 月完成 PV 样品制造;5 月完成全套验证试验;6 月获得长安福特汽车认可;7 月实现批量配套;年底,上海天合投资 300 万元建成气囊试验室一期工程,该工程的点爆试验系统包括高速摄像机和环境箱点爆、静态点爆、离位点爆等功能,从德国引进的环境箱可确保安全气囊在 -35℃ 至 85℃ 中 10 秒内移出温度箱点爆,并减少样品温度变化。

2006—2010 年,上海天合分别为上海大众汽车、上汽乘用车分公司、东风神龙、长安福特、奇瑞汽车和广州汽车开发驾驶员气囊、乘员气囊、胸部气囊和气帘等安全系统产品。

【延锋百利得引进消化安全气囊】

2004 年 9 月,延锋百利得(上海)汽车安全系统有限公司(简称延锋百利得)与北美百利得安全系统有限公司(简称北美百利得)签订许可及技术协助合同,北美百利得向延锋百利得转让安全气囊最新技术。

根据合同约定,是年延锋百利得组织 5 批 60 人次到北美百利得培训,北美百利得派出 25 名专业人员到延锋百利进行技术支援。同年,延锋百利得投资 3 250 万美元建设技术中心,2005 年年底初步完成一期基础设施和设备建设。该中心成为北美百利得在亚太地区的一个研发平台,承担企业安全系统产品研发和实验的功能,满足北美百利得亚太地区的研发需求。技术中心投入使用的关键设备包括:国内唯一的气动式正面碰撞模拟的台车实验系统,可模拟各种实车碰撞波形,满足联合国欧洲经济委员会汽车法规、美国汽车安全技术法规、加拿大汽车安全技术法规、新车碰撞测试等国标法规要求;专用于气囊实验的点爆试验系统,包括步入式环境箱点爆、静态点爆、离位点爆、跌落塔和发生器密闭容器,其中从德国引进的步入式环境箱可确保在 2 秒钟内从 -65℃ 到 180℃ 之间的切换并瞬间点爆,点爆过程无温度损失。

2004 年 11 月—2005 年 11 月,北美百利得向延锋百利得提供全套最新的安全气囊技术文件。延锋百利得着手实施上海通用汽车凯越系列车型安全系统国产化项目,包括 DAB 驾驶员气囊、方向盘、PAB 成员安全气囊和 SDM 电子诊断模块 4 部分,该项目是研发百利得安全气囊零部件的第 1 次国产化项目。2004 年,该公司研制的汽车安全气囊产品得到上海通用的认可并实施配套。2005 年,实施为现代汽车 XD 车型 SAB 产品的国产化项目,首次开展侧气囊产品开发,利用 CAE 仿真技术和跌落塔试验支持气袋、壳体、线束等关键零部件产品的国产化设计。同年 10 月,第 1 个气囊模块产品实现出口,产品获得国际标准认可并达到国际先进水平。2006 年,延锋百利得实施北京戴姆勒—克莱斯勒公司 300C 系列车型安全系统国产化项目,包括 DAB 驾驶员气囊、方向盘、PAB 乘员安全气囊和 CAB 侧面帘式气囊。该公司首次进行气帘产品开发,利用 CAE 仿真技术和跌落塔试验指导产品设计,通过跌落塔试验与原供模块进行对比试验,试验表明延锋百利得开发的 CAB 对乘员保护性能优于进口汽车零部件模块。

五、方向盘引进消化

2010 年,上海天合前往美国 TRW 考察方向盘制造技术,与美国 TRW 签订引进方向盘制造技术的许可及技术协助合同。

2012 年 11 月—2013 年 7 月,该公司组织 3 批 20 人前往美国 TRW 欧洲技术中心和工厂进行培训,美国 TRW 派出 12 人次专业人员到上海天合提供技术支持。2012 年 8 月—2014 年 4 月,美国 TRW 向上海天合提供全套最新的方向盘产品制造技术文件。2013 年,上海天合方向盘生产的新厂房落成,公司开始第 3 次创业。同年 8 月,完成 POLO GP 方向盘的 PV 制造;2014 年 3 月得到美国大众认可,4 月实现批量供货。

上海天合通过方向盘制造技术的引进消化,成为国内集安全带、安全气囊和方向盘全套被动安全系统开发能力的汽车零部件企业,并为公司方向盘的自主研发奠定了基础。2013—2015 年,上海天合分别为上海大众汽车、上汽乘用车分公司同步研发汽车方向盘产品。

第六节　其他汽车零部件引进消化

一、汽车传动轴和传动系统引进消化

20 世纪 80 年代末至 2015 年,上海纳铁福传动系统有限公司(简称上海纳铁福)先后进行了 5 次重要的技术引进消化,汽车传动轴和传动系统制造处于国内领先水平。

【第一次引进消化】

1988 年 3 月,上海汽拖联营公司与德国尤尼·卡登有限公司(简称德国 GKN)签约成立上海纳铁福传动轴有限公司;5 月,双方签署《等速传动轴技术转让合同》,规定德国 GKN 向上海纳铁福转让等速万向节、RF 固定节、VL 移动节、联接轴、等速传动轴和十字万向节等技术。

上海纳铁福开始实施等速传动轴一期项目建设,组建等速万向节国产化小组,由技术副总兼总工程师林端挂帅,制定国产化计划,抽调技术骨干,在等速万向节生产工艺、材料国产化、外购件国产化等方面开展国产化攻关。1988—1990 年,先后派出 3 批技术培训人员到德国 GKN 学习等速万向节的固定节 RF95、实轴和移动节 VL95 制造技术以及总成装配技术。1989 年 3 月,第 1 条等速万向节装配线制造完成并调试成功;8 月,成功生产第 1 批桑塔纳轿车等速万向节传动轴。1990 年 11 月,第 1 批实轴工装样品试制成功。1991 年 3 月,CV 实轴工装样品获德国大众认可,并进行 1 500 根实轴批量生产;6 月,等速万向传动轴零件获上海大众汽车国产化认可,月产达到 5 000 根;7 月,第 1 个 RF95 万向节国产化成功。1992 年 7 月,第 1 个 VL95 万向节国产化完成。至此,桑塔纳轿车等速万向节传动轴国产化率达到 92%,国产化目标顺利实现。同年,等速传动轴一期项目建设建成竣工,形成年产 6 万套能力,当年产量达 6.8 万套,产品从上海大众汽车桑塔纳轿车系列扩展至一汽大众捷达和奥迪轿车系列。

【第二次引进消化】

20 世纪 90 年代初,世界汽车传动轴行业开始用更加先进、节能环保的精密锻造工艺逐步替

代传统的热锻工艺。1999年，上海纳铁福决定引进德国GKN下属WALTERSCHEID锻造厂的精密锻造工艺。公司成立精锻项目小组，公司副总经理薛锦达任组长，组织实施精锻一期建设项目。2000年11月，公司与德国GKN签署《等速万向节外星轮、三销轴叉精锻技术转让协议》，德国GKN向上海纳铁福提供相关技术文件，上海纳铁福同时开始订购设备。2001年，组织人员赴德国GKN在德国和巴西的工厂接受模具设计、工艺、质保、现场生产管理和模具制造培训，GKN派遣专家到上海纳铁福现场指导。同年7月，设备开始安装使用；12月，精锻产品完成样品试验。2002年精锻一期项目建成投产，形成550万件等速万向节外星轮、三销轴叉精锻件年产能力。同年6月精锻产品通过客户认可，8月开始批量生产，产品达到20世纪90年代国际先进水平并填补国内空白。至2010年，锻件产品广泛用于为上海大众汽车、一汽大众、上海通用汽车、长安福特、武汉神龙、一汽丰田、东风本田、东风日产等提供的等速传动轴产品。

【第三次引进消化】

第三代AAR万向节NVH性能优越，20世纪末世界上只有德国GKN拥有这项技术。2003年9月，上海纳铁福与德国GKN签订《AAR节技术转让协议》，10月，公司成立项目小组，制订AAR国产化计划，明确工作目标、进度和措施。2004年，组织40人/日到德国GKN进行设计、制造、质量控制等技术培训，GKN派出20人/日专业人员到上海纳铁福进行技术指导和支持。同年12月，首个AAR节AAR2000i实现国产化并获得上海大众汽车认可，进入批量生产，2005年该产品还返销GKN供给德国大众。同年1月，AAR节2600i获上海大众汽车认可并进入批量生产。当年完成国产化率55%，产品性能达到德国大众VDA标准性能要求，产品为国内汽车公司生产的大众品牌的迈腾、速腾、波罗、途安和明锐，丰田品牌的卡罗拉，奥迪品牌的A4和A6，别克品牌的君越和君威，福特品牌的蒙迪欧和福克斯等车型配套。至2010年，国内70%自动变速箱轿车车型采用上海纳铁福的AAR节技术解决方案。

图9-3-14　桑塔纳传动轴产品加工线

图9-3-15　桑塔纳传动轴产品

【第四次引进消化】

2006—2010年，上海纳铁福基于前几次引进消化的成功经验，批量引进德国GKN公司20余个系列200多种规格的等速节节型，引进并采用GKN最新的激光焊接技术、整体式空心轴制造技术、端面花键工艺等先进制造方式，结合公司精益投资及精密锻造和零部件生产规模扩建项目，在公司技术总监孟祥刚带领下，成立自主品牌、美系、欧系、法系、日系等项目组，与客户同步进行国产化研发。

至2010年，该公司产品先后为一汽奥迪、华晨宝马、北京奔驰、上海大众汽车、上海通用汽车、上汽乘用车分公司、长安福特、东风本田、东风神龙、江淮汽车、长安汽车、吉利汽车、长城汽车等公司生产的产品配套。

【第五次引进消化】

2013年，上海纳铁福成立以项目主管工程师苏志成为主的研发组，主要引进奇瑞路虎 JLR SD、长安福特 C520、上汽通用 C1 等三大车型8个系列的乘用车四驱传动系统产品。至2015年年底，上海纳铁福完成为上汽通用别克凯越车型配套的 GF6 差速器，为上汽乘用车分公司名爵 ZS 瑞腾、荣威 RX5 和上汽通用科鲁兹等车型配套的 X44F 差速器，为上汽乘用车分公司名爵 ZS 瑞腾、荣威 RX5 等车型配套的主减速器和分动器等项目的国产化研发，实现产品从传动轴到传动系统的拓展。

二、汽车空调压缩机引进消化

20世纪80年代中期至2015年，上海三电贝洱汽车空调有限公司（简称上海三电贝洱）先后实施4次重要的技术引进，汽车空调压缩机制造达到国内领先水平。

【引进消化桑塔纳轿车空调压缩机】

1987年7月，上海内燃机油泵厂成立由厂长董荣铺任组长的桑塔纳轿车空调国产化领导小组和由龙华分厂厂长赵凤高任主任的引进办公室，制定技术引进工作计划与引进方案，确定技术引进对象，同时寻找合资对象，解决技术引进资金缺口问题。1988年12月，上海内燃机油泵厂董荣铺、中国汽车工业进出口公司上海分公司熊佩录、日本三电株式会社（简称日本三电）社长牛久保雅美签订《汽车空调压缩机制造技术许可合同》。1989年6月，该厂委托上海市机电设计研究院完成《上海内燃机油泵厂桑塔纳轿车引进项目初步设计》。

1990年7月，该厂经上海汽拖联营公司与泰国正大卜蜂集团合资转制成立上海易初通用机器有限公司（简称上海易初通用），有效解决了引进技术、扩大生产急需的资金问题。8月，引进汽车空调压缩机装配线、压缩机性能试验设备等安装调试完成。1991年4月，日本三电发出许可产品认可证书，认定该厂生产的 SD-5 系列压缩机与日本本土生产的产品性能相同。至同年10月，两辆装有国产化压缩机的上海桑塔纳轿车，行驶里程分别达到2.6万和2.3万公里，制冷情况良好，国产化压缩机性能试验合格。1992年8月，上海大众汽车认定上海易初通用生产的国产化压缩机总成达到规定标准，开始订购。

SD-5 系列汽车空调压缩机制造技术引进成功，使上海汽车空调制造技术从20世纪60年代提升到80年代后期水平，上海易初通用通过消化吸收和二次创新，形成新技术及专利6项。该项目竣工达纲时，新增产能10万台，新增压缩机产量15万台，新增销售收入9 643万元，新增利润3 837万元，节汇968万美元。

【引进消化可变排量压缩机】

1996 年，建设中的上海通用汽车项目决定别克轿车沿用美国德尔福集团生产的具有 20 世纪 90 年代国际先进水平的 V5 可变排量压缩机，上海易初通用据此对德尔福集团进行考察，1997 年 1 月开始谈判，3 月编制上报引进这一机型的项目建议书。4 月成立引进项目管理组，由总经理赵凤高任组长，副总经理兼总工程师杨念萱、总经理协理高文华任副组长，下设 V5 压缩机、GM 项目文件、配套工程协调、液气分离器 4 个小组，并制订实施 2000 年和 2003 年分两期实现国产化率的计划。5 月，该项目列入国家经贸委实施的国家加快技术改进速度、加大技术改进投入"双加"二期项目。6 月，赵凤高与美国德尔福集团中国公司总经理石万思签署引进 V5 压缩机和液气分离器制造技术的技术许可合同。

图 9 - 3 - 16 至 18　空调压缩机、储液罐和压缩机生产线

1998 年 1 月和 2 月，液气分离器和 5V16 压缩机总成国产化样品先后通过上海通用汽车样品认可。同年 11 月，液气分离器和 5V16 压缩机总成同时通过上海通用汽车批量供货认可。2000 年 8 月，该公司在压缩机和储液罐国产化率分别达到 80% 和 100%、提前完成第二期国产化目标基础上，推行以赛欧轿车配套 SE5V15 压缩机三期国产化为内容的二次创新，成立总经理高文华任组长，总经理协理杨蕾喆、汤万国和总工程师办公室主任谢玉山任副组长的三期国产化工作小组，2001 年 1 月完成试验，2 月全面完成内部认可。上海通用汽车对该机性能给予肯定。

上海易初通用引进美国德尔福 V5 可变排量压缩机制造制造技术后，产品达到 20 世纪 90 年代国际先进水平，并填补了国内空白，同时通过消化吸收和二次创新，获得专利 19 项。该压缩机为上海通用汽车别克和别克赛欧轿车配套。

【引进消化电控汽车空调压缩机】

PXE 系列压缩机是一种电控式压缩机，为汽车空调压缩机新一代产品。为获得这一代表汽车空调发展方向的新技术，2004 年 1 月，上海易初通用第 2 次合资，更名为上海三电贝洱汽车空调有限公司；2 月，公司计划引进股东方之一日本三电株式会社的 PXE 系列压缩机技术，为上海大众汽车、一汽大众在 PQ24 及 PQ35 平台上开发的新车型配套，并编制形成《项目建议书》；7 月，上海三电贝洱总经理高文华和日本三电社长早川芳正签署《PXE 压缩机技术许可合同》，该合同规定引进机型为 PXE13 和 PXE16。2010 年 12 月，该公司与日本三电签订《PXE 二期补充许可协议》，规定日本三电授予上海三电贝洱生产 PXE14、PXC14 和 PXC16 系列压缩机技术许可，提供上述产品技术资料。

2004 年 2 月，该公司制订 PXE 压缩机国产化计划，成立总经理高文华和党委书记孙兰钧任组长的领导小组,成立总经理协理樊灵任组长,总经办主任蔡果、规划部经理张刚任副组长的工作小组。2005年4月,公司技术战略委员会召开PXE压缩机专题会议,确定PXE压缩机攻关项目为企业一号工程,确定各部门工作任务和进度要求。2006年2月,公司通过德国大众对PXE压缩机生产及零部件供应商的评审。2007年7月,公司生产的1KD820803和6QD820803压缩机分别通过一汽大众和上海大众汽车的批量认可或首批样品认可。同月,1KD820803压缩机总成通过上海大众汽车首批样品认可。2008年4月,压缩机国产化率达到65.18%。

上海三电贝洱通过引进日本三电PXE系列电控汽车空调压缩机制造技术,并经过二次创新,获得专利56项,产品达到20世纪90年代末国际先进水平。该压缩机为一汽大众迈腾、速腾,上海大众汽车波罗、途安、明锐等车型配套。

【引进消化涡旋压缩机】

上海三电贝洱于2013年1月将《涡旋式汽车空调压缩机技改项目可行性研究报告》上报华域汽车系统股份有限公司,同月签订《涡旋式汽车空调压缩机 TRSE09/STR08 技术许可合同》。2014年8月,通过东风本田和广汽本田的QV认可并开始量产供货。

该项目新增设备共计93台/套,其中进口设备39台/套,国产设备54台/套。项目总投资9970万元,其中建设投资7970万元,流动资金2000万元,项目于2014年达纲。项目添置涡盘(动、静盘)加工设备及涡旋式压缩机装配生产线;适应性改造上海三电贝洱公司石龙工厂厂房和部分配套设施,作为涡盘(动、静盘)加工场地;租赁上海三电联合厂房部分区域,作为涡旋式压缩机装配场地。在该技术引进中,实现涡盘锻打技术二次创新,并成功应用于国产电动压缩机的涡盘技术并实现量产。

该公司在涡旋式汽车空调压缩机产品开发上获得专利授权5项,新申请专利6项,产品各项性能达到国际汽车空调一流水平。2013—2015年,主要配套武汉本田生产的CRV、杰德、思铂睿、哥瑞、竞瑞等车型,东风本田生产的飞度、锋范、雅阁、缤智等车型以及广汽的GS3/GS4等车型。

三、铝活塞引进消化

20世纪80年代中期至2015年,上海科尔本施密特活塞有限公司(简称上海KS)经过1987—1992年桑塔纳轿车铝活塞、1993—1997年中高级轿车铝活塞、1997年合资后至2015年铝活塞对德国科尔本施密特有限公司(简称德国KS)铝活塞制造技术的引进消化,发展成为国内汽车活塞制造行业排名第一的企业。

【引进消化桑塔纳轿车铝活塞】

1985年,上海KS前身上海活塞厂引进铝活塞制造技术和设备立项。1987年2月,该厂组团到德国、英国等地考察,选择引进对象。经过报价比对,9月与德国KS以许可证转让的方式签订桑塔纳轿车发动机铝活塞技术引进和设备的协议,包括引进活塞半自动下抽芯浇铸机、精车活塞止口车、精镗销孔车和精车外圆车、成品自动检测仪及部分在线

图 9-3-19　20世纪80年代上海活塞厂厂门

检测装置。

1988年年初,上海活塞厂成立由技术副厂长徐景雍负责、技术科和设备科人员组成的国产化办公室。该厂接收、翻译和消化德国KS公司提供的技术资料。1989年8月,包括引进设备的汽车发动机铝活塞生产线安装调试完毕开始生产,并连续攻克浇铸所用合金材料与国产牌号差异较大、桑塔纳活塞内镶有防涨钢片但国内没有同类材料、铝合金浇铸时所用保温冒口等技术难关;10月,向上海大众汽车送出桑塔纳轿车活塞样品。1990年3月,样品获认可,开始小批量供货,9月获上海大众汽车批量供货认可。同时,该厂学

图9-3-20 为桑塔纳轿车等整车
配套的铝活塞

习德方先进管理经验,加强员工培训和产品检测,使机加工废品率降至2%以下,接近当时德国KS的水平,年产能力最高接近三班制塞50万只,超过两班制塞20万只的设计纲领,产品技术达到20世纪80年代后期国际水准。1991年,上海活塞厂获上海市桑塔纳轿车国产化供货一等奖。同年成为德国大众和上海大众汽车国内零部件供应商中首家A级供应商。

【引进消化中级排量轿车活塞】

1993年,上海活塞厂与德国KS商谈引进第2条发动机活塞生产线。1993年年底,双方正式签约,项目引进德国KS达到20世纪90年代国际先进水平的中高级铝活塞制造技术和先进设备,填补了国内空白。

1994年5月,上海活塞厂派出生产线验收团组赴德国学习培训。1995年8月,第2条发动机活塞生产线在新厂完成安装,11月获整车企业认可,为桑塔纳、别克和赛欧等轿车配套。

【引进消化铝活塞】

1997年7月,上海活塞厂经上海汽车有限公司与德国科尔本施密特活塞有限公司合资组建为上海科尔本施密特活塞有限公司。上海KS合资后至2010年,根据市场需求,每年均实施技术引进的小项目,累计新增生产线8条,新增年产能力400万只/双班;产品主要为上海大众汽车、上海通用汽车、一汽大众、上汽乘用车分公司、长安福特汽车、上汽依维柯红岩和上柴股份、康明斯等发动机配套活塞产品,少部分随主机出口,产品技术达到21世纪初国际先进水平。

四、汽车模具引进消化

为改变模具制造薄弱,尤其是多工位级进模主要依靠进口的现状,2005年12月,上海赛科利汽车模具技术应用有限公司(简称上海赛科利)与美国赛科利工业有限公司(简称美国赛科利)签订引进模具卡和制造技术的技术引进协议。引进内容包括多工位模具和级进模设计、制造技术以及相关技术资料与标准文件;引进应用软件包括用于模具设计工艺图和机构图的UGNX产品开发解决方案软件,用于CAE计算机辅助工程仿真模拟分析的Autoform板料成形模拟软件和Pamstamp钣金成型仿真软件,用于CAM计算机辅助制造的WorkNC自动化刀具路径生成软件,用于无纸化生产管理的SmirtWare模具开发制造管理软件。

图 9-3-21　模具调试车间

图 9-3-22　冲压成型的轿车车身

2006年10月,上海赛科利成立项目领导小组,由公司总经理阳春启任项目负责人,副总经理方文荣任技术小组负责人。2006年11月和2007年6月,先后派遣5名技术人员赴美国赛科利接受CAE、CAD、CAM及模具装配和模具调试的培训。2007年12月,公司实施新增模具生产能力增资项目,美国赛科利派员参与该项目建设。2008年,公司按期向奇瑞汽车交付包括门外板、门内板和中后地板首个汽车覆盖件模具项目。2009年,向上海通用汽车交付四门内外板等第一份外覆盖件模具后,分别向上海通用汽车交付其258项目的顶盖、提升门内外板和前后门内外板,G11项目的后门内外板和后盖内外板,E12项目的顶盖和前后门内外板。

该引进项目2009达到生产纲领。至2015年,累计发运310个模具零件、1016副模具。上海赛科利已经掌握模具设计、制造技术,具备制造侧围、翼子板、四门内外板(铝)、三盖等高难度模具,模具制造能力达到国内领先水平,并获得实用新型专利18项。该公司"大型汽车车身零件级进模模具制造与应用"项目获中国汽车工业科技进步奖。

第 十 篇

技术创新

概　　述

20 世纪 50 年代末至 1970 年，公司自力更生艰苦创业，自行设计和生产凤凰牌轿车和上海牌轿车，以及 58 型越野车、上海 58 型三轮汽车、SH 2 吨载货汽车、红旗(工农)手扶拖拉机、丰收牌拖拉机和上海牌拖拉机、SH 15 吨和 32 吨重型汽车等，上汽从零配件生产进入整车整机制造的历史时期。

20 世纪 80 年代开始，上汽走出一条从引进消化到联合开发，再到自主创新的技术发展之路。1993 年，上海桑塔纳轿车国产化率突破 80％以后，不失时机实施中外联合开发战略。1994 年，上海大众汽车有限公司推出桑塔纳 2000 型轿车，开创了中国汽车企业参与国际联合开发之先河。在此基础上，合资企业本土化开发和自主品牌建设逐步成为上汽重大战略。

上汽将合资企业本土化开发作为技术创新的重要组成部分。1996 年，上海大众汽车有限公司成立技术中心。至 2015 年，该企业本土化开发的车型达到 39 个，其中于 2005 年开发的朗逸轿车成为本土化开发标志性车型，销量常年位居中国汽车市场领先地位。1997 年，泛亚汽车技术中心有限公司成立，成为中国第一家中外合资的汽车研发企业。2005—2015 年，该技术中心本土化研发的车型累计 9 个，包括 2009 年主导设计的新一代别克君越内饰系统，开创了全球高级轿车主要系统由国内设计和集成的先例。至 2015 年，上汽 2 家合资技术研发企业或机构累计开发 40 多个车型，研发能力居国内汽车研发领先水平。

上汽将自主品牌建设作为技术创新的核心内容。20 世纪末至 21 世纪初，形成包括公司技术中心、泛亚汽车技术中心有限公司、上海大众汽车有限公司技术中心和零部件企业技术中心组成的技术开发体系，开始研制 SAIC 经济型轿车、7 人座小客车、赛宝多功能用途车等自主品牌产品。2002 年，上汽通用五菱汽车股份有限公司五菱之光微型车上市，该车于 2010 年被美国《福布斯》杂志称为"地球上最重要的一款车"。进入"十一五"时期，上汽确定自主品牌建设的战略定位、方针道路和发展原则，自主品牌建设开始加速发力。2006 年，成立专司乘用车自主品牌的上汽汽车制造有限公司(2007 年更名为上海汽车集团股份有限公司乘用车分公司)，推出中高端自主品牌荣威和首款车型 750 轿车，公司进入自主品牌和合资经营并举的历史新阶段。2007 年，上海汽车集团股份有限公司商用车技术中心成立。2008 年，上汽在上南全面合作后拥有南京汽车集团公司的自主品牌MG 名爵，形成覆盖上海、南京和英国长桥的自主品牌研发体系和制造体系。2008 年和 2010 年，上汽通用五菱汽车股份有限公司先后发布中国首款"大微客"五菱荣光、乘用车自主品牌宝骏和跨界商务车五菱宏光。2011 年，上海汽车商用车有限公司成立(2015 年更名为上汽大通汽车有限公司)，开始生产 MAXUS 大通自主品牌轻型客车和 MPV 车型。整车自主品牌建设还带动了零部件同步开发能力的提升。

至 2015 年，上汽推出的自主品牌产品主要包括：荣威品牌的 50、550、350、W5、950、360、E50和 e550，计 8 个车型；MG 名爵品牌的 TF、3SW、6、3、5、GT 和 GS 等，计 8 个车型；宝骏品牌的 30、乐驰、610、730、560 和 330，计 6 个车型；大通品牌的 80、G10 和 Ev80，计 3 款车型；南京依维柯汽车有限公司跃进品牌的欧卡、小福星、超越等车型；上汽依维柯红岩商用车有限公司红岩品牌的杰狮、金刚和杰卡系列车型；上海申沃客车有限公司在销的 23 款申沃品牌车型等。

　　上汽将新能源汽车和互联网汽车列为技术创新的发展方向。2003—2007年,与同济大学合作研制成功4代燃料电池轿车。2008年和2010年,上汽新能源汽车先后在北京奥运会和上海世博会成功运行。2014年,与阿里巴巴集团开始合作研制互联网汽车。至2015年,研制成功的新能源汽车主要包括:荣威7款中混、强混或纯电动轿车,其中e50成为中国首款量产的AOO级纯电动轿车;申沃二甲醚、燃料电池、混合动力、纯电动、超级电容、压缩天然气等40款客车;以及桑塔纳和帕萨特燃料电池轿车、朗逸和天越纯电动轿车、君越和凯迪拉克混合动力轿车、赛欧纯电动轿车等。

第一章 整车制造突破

1957—1970年，公司相继研制成功一系列整车整机产品，包括1957年的红旗牌拖拉机、58型越野车和上海58型三轮汽车、1958年的凤凰牌轿车、1959年的丰收牌拖拉机、1966年的SH 2吨载重汽车、1969年的SH 32吨和15吨重型汽车、1970年的上海牌拖拉机等，上汽由此从零配件生产进入整车整机制造。

第一节 凤凰牌轿车诞生

一、第一轮试制

1958年，上海汽车装配厂（上海汽车厂前身）试制轻型越野车和三轮载重汽车取得成功后，厂长何介轩受长春第一汽车制造厂试制成功东风牌轿车的影响，决定试制轿车并得到支持。同年5月，该厂成立由厂长、工程技术人员和老工人结合的试制工作小组，开始试制轿车，车型以华沙和顺风两种轿车为样车，并各取其长；底盘采用无大梁结构，发动机采用南京汽车厂M-20型4缸50马力发动机；车身包括四门二盖、前后翼子板以及底盘中的许多零件，都依靠手工敲制，或在普通机床加工而成。同年9月28日，第一辆轿车试制成功，车身为银绿色，定名为"凤凰"牌。凤凰牌轿车诞生，开启了上海和上汽制造轿车的历史。

1958年10月，该厂以吉姆轿车为样车，试制第2辆轿车。发动机采用南京汽车厂生产的跃进-230型70马力发动机，后桥采用跃进-230型的后桥加以改制，车身仍依靠手工敲制而成。试制过程中，上海市内燃机配件制造公司（简称上海市内配公司）经理王公道观看试制情况并听取汇报后表示积极支持。1959年1月，第2辆轿车试制成功，车身为黑色，仍以"凤凰"为标志。

两辆凤凰牌轿车试制成功后，由公司带领向中共上海市委报喜。1959年2月15日，第1辆银绿色凤凰牌轿车驶进中南海，国务院总理周恩来检视轿车并坐车围绕中南海行驶一圈，指出："还是水平问题。"

二、第二轮试制

1959年上半年，第一机械工业部汽车局召开轿车会议，要求上海进行新一轮轿车试制向国庆10周年献礼。在中共上海市委和上海市政府支持下，上海市动力机械制造公司组织选型论证，决定以西德1956年出产的奔驰220S型轿车为样车，开始第二轮试制。

该轮试制由上海汽车装配厂试制车身和总装，上海内燃机配件厂试制发动机，上海郑兴泰汽车机件制造厂试制变速箱总成，上海汽车底盘配件制造厂试制底盘总成，其他零配件分别由各零配件专业厂试制。试制采取干部、工人、技术人员"三结合"，"土"法上马技术革新等措施，5个月内完成前后悬挂、转向机、前避震器、传动轴、制动系统等18个总成、738个品种、1 808个零件的试制，同时完成第1台发动机和变速箱、螺旋伞齿轮的试制以及车身试制和总装。同年9月，完成第2轮5辆凤凰牌轿车的试制,并参加国庆10周年上海游行。

此后,第2轮试制的3辆轿车在杭州、无锡等地进行6 000公里道路试验,暴露出分电器、传动齿轮、凸轮及摇臂副易磨损,前后悬挂螺旋弹簧变形,转向器游隙偏大等问题。经过改进,1960年又小批量试制12辆。

三、第三轮试制

1960年起,国家遭遇严重自然灾害和国民经济严重困难,轿车试制生产被迫停止。1961年,各工厂根据上海市农业机械制造公司(简称上海市农机制造公司)要求,将所有技术图纸资料、工艺装备、在制品及成品暂时封存入库。

1963年,国民经济开始好转,上海市副市长宋季文主持召开恢复凤凰牌轿车小批量生产的会议,并与上海市第一机电工业局(简称机电一局)副局长蒋涛到上海汽车厂视察,并现场解决该厂缺少制造大型模具的机械装备的问题。同年9月,上海市机电一局下达凤凰牌轿车试制计划。上海市农机制造公司成立凤凰牌轿车试制及生产准备技术领导小组,由公司副经理仇克、何安亭及有关负责人7人组成。各厂也相应成立试制领导小组,抓紧进行技术文件整理和工艺装备补充工作,同时恢复小批量试制,当年共试制10辆轿车。

1964年1月,凤凰牌轿车更名为上海牌轿车,当年生产50辆。1965年12月,上海牌轿车通过第一机械工业部召开的技术鉴定。1966年,上海牌轿车生产202辆,上汽进入轿车批量生产的历史阶段。

第二节 其他汽车产品诞生

一、上海吉普车诞生

1956年,上海汽车装修厂(上海汽车装配厂前身)为上海邮电局改装一批铁皮封闭式邮件吉普车时,得知成都有一批报废的美式吉普车,将其购回,经拆装修配,装配成20余辆吉普车出售,很受用户欢迎。厂长何介轩决定参照美国威利斯吉普车并吸取其他吉普车优点,自行制造吉普车。车辆大梁委托江南造船厂协作冲压毛坯成型后再由厂内锻加工调整,后牙包壳由劳动局技校协作加工后再在厂内用无缝钢管焊接成后桥总成,变速箱壳由该厂自制,发动机采用南京汽车厂的M-20型4缸50马力发动机加以改装,变速箱由郑兴泰汽车机件制造厂制造,钢板弹簧由卫海铁工厂制造,钢圈则用天津马铁钢圈。为解决技术装备不足,该厂开展技术革新土法上马,搞出20台"背包"车床和一批落锤锻设备。

1957年9月16日,第一辆吉普车试制成功,定名为58型越野车,揭开了上汽整车制造的序幕。同年,该车生产2辆,1958年生产498辆。以后该厂因致力于试制和批量生产58-1型三轮汽车,吉普车维持少量生产,1959—1963年分别生产1辆、30辆、30辆、56辆和7辆,以后停止生产,累计生产624辆。

二、上海58-I型三轮汽车诞生

1956年年底,受在沪举办的日本工业展览会展出的灵活方便、适用于城乡短途运输展品的三轮汽车启发,上海货车修理厂(上海重型汽车厂前身)、上海宝山农机修配厂和上海汽车装修厂均开始试制三轮汽车,其中上海汽车装修厂生产的58-Ⅰ型三轮汽车形成一定批量。

1957年4月,上海市内配公司召开试制方案讨论会。5月,成立三轮汽车工程办公室,以公司副经理何安亭为主任,马骥、杨锡夏为副主任,后增补上海汽车厂厂长何介轩为副主任,张宝节为总工程师,抽调工程技术人员,组织三轮汽车设计和试制工作。7月,上海市政府成立三轮汽车试制委员会,由上海市计划委员会(简称计委)副主任顾训方任主任,上海市机电工业局副局长赵琅、胡汝鼎和上海市内配公司经理王公道任副主任,统一组织协调三轮汽车试制工作。

经过对日本参展品种车型的比较和试验,决定以1吨大发SDF-8型双龙汽车为样车并进行改进,包括转向机由把手式改为圆盘式、前轮悬挂由弹簧式改为液压式、前后轮胎加厚、半浮式后桥车轴改为全浮式、制动由不平衡式改为平衡式等。设计工作从1957年7月始,至1958年1月结束,共测绘设计图纸2860多份,其中58-Ⅰ型1500多份、58-Ⅱ型1360多份。1957年10月起,上海内燃机配件厂试制发动机、变速箱和螺旋伞齿轮,上海汽车底盘配件制造厂试制底盘总成,上海汽车装修厂试制车身和负责总装。251项零配件由51家工厂根据专业分工负责试制。

三轮汽车试制工作在上海市、主管局和公司组织协调下,实行干部、工人、技术人员"三结合"。1957年12月26日,第1辆三轮汽车总装完成,28日在上海汽车装修厂举行剪彩典礼,上海市计委副主任顾训方代表市领导剪彩并讲话,当天向上海市政府报喜。

1958年7月,上海58-Ⅰ型三轮汽车经鉴定投入批量生产。投产后为保证质量形成批产,各主机厂和配件厂开展技术革新,改进完善工艺装备,当年生产258辆。1960年,上海汽车装配厂副厂长技术总负责人张旭设计、党总支书记徐松敏带头,发动群众制成65米长12个工位半自动总装流水线,投产后年产1317辆,1963年突破1500辆。

三、交通牌4吨载重汽车诞生

1958年年初,上海市交通运输局将试制4吨载重汽车任务下达给上海货车修理厂。同年2月,该厂成立由厂党总支书记兼厂长顾海楼、副厂长谷元浩为正副组长,5名工程技术人员参加的试制领导小组。车型选择博采众长,发动机采用MK7万国牌,变速器和转向系统分别以道奇汽车和伊法汽车为样本。试制中坚持"三结合",召开12次"诸葛亮会",摆了7次"擂台",职工提出396条合理化建议,职称改进207种工夹具,并创造小机床加工大零件的"蚂蚁啃骨头"操作方法。

1958年5月22日,第1辆4吨交通牌双排座载重汽车试制成功。7月,4吨载重汽车经改进设计后定型为SH-140型投入试生产。9月,该车开赴北京参加国庆检阅式。上海货车修理厂由此获国家先进企业称号,并被列为全国自力更生10个红旗单位之一,交通牌汽车获国务院技术革新二等奖。

1959年,针对该车使用中暴露的问题,该厂成立20个"三结合"技术研究小组,针对350个具体技术质量项目展开技术攻关和专机大会战,完成515个技术革新项目。当年,10辆交通牌载重汽车参加上海市国庆游行。1960年,交通牌载重汽车年产达500辆。1961年,改进后的载重汽车定型为SH-141型。

为达到国家一机部所制定的汽车标准,1963年5月,该厂成立交通牌汽车技术质量调查组,提出10项修改意见,按照标准化、系统化、通用化要求进行改进,1964年,该车获国家新产品一等奖。同年4月,该车通过上海市级技术鉴定。1965年,投入批量生产,当年生产604辆。1968年,车型改为 SH - 142 型。

四、15 吨倾斜载重汽车诞生

1969 年 1 月,上海市交通运输局决定上海货车制造厂试制 15 吨载重汽车。该厂成立由工人、工程技术人员和领导干部参加的试制组。同年 5 月,完成图纸设计和驾驶室、大梁货厢工艺设计和主要的胎模具制造。大梁成形利用生产 4 吨载重汽车的 2 000 吨压机,前梁改工字梁,整体锻件以钢管镶焊模锻轴头的方式解决。

1969 年 9 月 5 日,第一辆交通牌 SH361 型载重汽车诞生。1972 年开始,该厂对改在离合器、变速器、驾驶室等 58 项结构和工艺技术等问题,作了 4 次改进。自制专用设备 73 台,形成减速器壳等 11 条生产线,其中 15 吨减速器壳生产线是由 1 条输送带、1 台升降机和 21 台专用机床组成;桥壳生产线由 6 台专用机床组成。1975 年,形成年产 1 000 辆能力。同年,生产 502 辆。1982 年,交通牌 15 吨载重车改名为大通牌。1984 年 9 月,该车通过市级技术鉴定,正式投入生产,车型定为 SH - 360A 型。

五、32 吨矿用自卸载重汽车诞生

1968 年 10 月,根据上海市机电一局的布置,上海汽车制造厂试制 32 吨矿用自卸载重汽车;11 月,该厂成立由副厂长刘彦江为组长共 12 人组成的试制小组;12 月,上海市农机制造公司技术科负责人费辰荣带领上海汽车厂、上海汽车齿轮厂、上海汽车底盘厂等厂试制小组人员,到宁夏白银铜矿搜集矿用载重汽车技术资料和使用情况,选定苏制"贝勒斯"27 吨矿用载重汽车为参考样车开始设计,发动机采用上海柴油机厂生产的 12V - 135 型柴油机,变速结构为液力变扭机械变速器,悬挂系统采用液压空气减震器,转向采用循环球柱销式液压动力转向机,货厢后倾自卸采用双筒四级装置。

1969 年 9 月 18 日,第一辆 SH - 380 型上海牌 32 吨矿用自卸载重汽车诞生;10 月 1 日,该车参加国庆 20 周年首都游行。至 1970 年,共生产 30 辆。

1971 年 2 月,上海牌 32 吨矿用自卸载重汽车转由上海货车制造厂生产,8 月,在上海市拖拉机汽车工业公司(简称上海市拖汽公司)协调下,成立由上海货车制造厂、上海柴油机厂、上海汽车齿轮厂、上海汽车底盘厂、上海制动器厂有关人员组成的 32 吨矿用汽车质量攻关小组。在矿山使用单位和制造协作单位的配合下,对发动机、变速器、制动系、方向系等总成的结构或工艺技术作重大改进。1973 年和 1974 年制成改进后的 4 辆载重汽车分别投放到安徽铜山矿、江苏凤凰山铁矿作 2 000 小时使用性测试和行驶 3 万公里后对样车零部件的拆检和性能复试,结果表明整车各项指标基本达到设计要求。1975 年 3 月,该车通过国家第一机械工业部的审批定型。

第三节　拖拉机诞生

一、红旗 - 27 型拖拉机诞生

1957 年年末,面对农业发展迫切需要拖拉机的形势,上海汽车装修厂积极开发拖拉机产品,在

进行比较后决定以英国福格森 27 马力轮式拖拉机为样机。1958 年,从同样试制这种拖拉机的南京晨光厂取得图纸和 1 台拖拉机毛坯,自行组织试制,大部分零部件均由该厂独立完成,变速箱总成由郑兴泰汽车机件制造厂协作加工。经过一个多月试制,1958 年 3 月,第一台红旗-27 型轮式拖拉机诞生,并向上海市领导机关报了喜。

4 月,上海市机电工业局根据华东局农委和市工业生产委员会的布置,向上海市动力机械制造公司下达红旗-27 型拖拉机试制任务。公司专门召开专题会议,20 多家工厂协作分工,其中上海汽车底盘配件制造厂试制后桥、上海内燃机配件厂试制发动机、郑兴泰汽车机件制造厂试制变速箱总成、上海汽车装修厂试制机体和负责总装。6 月 22 日,公司大协作试制的红旗-27 型轮式拖拉机诞生,随即进行小批量生产,至 1959 年 4 月,完成 50 台,其中 10 台参加上海五一劳动节大游行,接受上海市领导检阅。

1958 年年底,上海汽车装配厂为着重生产三轮汽车和试制凤凰牌轿车,红旗-27 型拖拉机转给宝锡汽车材料厂承担。宝锡汽车材料厂自力更生大搞简易专用设备,1958 年 12 月建立发动机车间,1959 年 2 月试制 27 马力柴油发动机,将红旗-27 型拖拉机改名为丰收-27 型拖拉机。至 4 月底,共生产发动机 20 台,同时该厂还利用仓库场地建成拖拉机装配流水线。

1959 年,30 台丰收 27 型拖拉机参加国庆 10 周年上海大游行。1960 年,2 台丰收-27 型拖拉机参展全国首届农业机械化展览会。

二、红旗(工农)手扶拖拉机诞生

1957 年 5 月,上海市内配公司将试制手扶拖拉机的任务下达给军工企业 501 厂和 301 厂,经过 40 多天共同努力,6 马力柴油发动机和整机诞生,定名为红旗手扶拖拉机。至 1959 年年底,共生产 800 余台。

1960 年 7 月,手扶拖拉机转由上海拖拉机厂和诚孚铁工厂生产,分别生产整机和发动机,机型改为工农-7 型手扶拖拉机。由于仓促上马,该机在郊区试耕中暴露启动困难、马力不足等问题。公司决定该机停产整顿。上海市有关部门组织科研单位和高等院校协助工厂对产品图纸、工艺等方面存在的问题进行逐项整顿。1962 年 9 月后,上海拖拉机厂建成油漆、铸造和整机总装 3 条流水线,两厂严格按标定图纸生产,产品质量稳定提高,经检测达到要求。1963 年 12 月,工农-7 型拖拉机通过国家级技术鉴定。1968 年,诚孚厂对发动机结构作了改进,使功率提高到 10 马力,机型改为工农-11 型。

三、丰收-35 型拖拉机诞生

1960 年年初,宝锡汽车材料厂在丰收 27 型拖拉机基础上试制 35 马力拖拉机,定名为丰收-35 型拖拉机。1961 年 2 月,该机转由上海拖拉机厂试造。该厂进行 4 轮试制,性能有所提高。1963 年 2 月,该机再转由七一农业机械修配厂(上海丰收拖拉机厂前身)继续改进试制。

七一农业机械修配厂严格按图纸要求,逐个零件过关,于 1963 年 7 月 30 日试造 5 台,年底完成 15 台,经崇明多家农场试耕,证明性能可靠。1964 年,根据中共上海市委关于拖拉机能下水田耕作的要求,该厂改进前后桥等关键零部件设计,同年 8 月完成试造 35 水田型拖拉机 5 台,经实地 500 小时试耕,主要机件防水、防泥、防陷性能良好,功能齐全,成为国内第一批水田型轮式拖拉机。

1965 年,经 2 000 小时田间耕作,于同年 12 月通过市级技术鉴定。后经国家科学技术委员会和第八机械工业部审查,于 1966 年年初颁发部级技术鉴定证书,同意成批投产。

四、上海–50 型拖拉机诞生

1968 年,七一拖拉机厂和公兴动力机厂、拖拉机齿轮厂成立联合设计组,共同开发 145 马力拖拉机。1969 年 9 月试制成功丰收–45 型轮式拖拉机。

此后,为让七一拖拉机厂更名后的丰收拖拉机厂集中力量生产丰收–35 型拖拉机,公司决定丰收–45 型拖拉机转给上海拖拉机厂继续试制。该厂组建以副厂长滕福根为组长的试制领导小组,下设产品技术组和试制组。1970 年 9 月完成 5 台样机试制,定名为上海–45 型轮式拖拉机。10 月,该厂抽 3 台拖拉机作 2 000 小时田间试验,结果表明该机设计结构合理、性能较好。1972 年,上海拖拉机厂对该机进行改型设计,攻克变速箱、转向器、制动器漏油及液压泵失灵等质量问题,液压系统增加调节装置,前后轮增加配重块,产品质量显著提高。同时,为该机配套的上海内燃机厂对 45 马力柴油机进行改进,加大活塞行程,提高燃油系数,功率提高到 50 马力。1975 年,该机改名为上海–50 型轮式拖拉机。

表 10 – 1 – 1　1957—1970 年公司研制的整车整机一览表

序号	研制整车整机	研 制 时 间	主要研制企业
1	红旗–27 型轮式拖拉机	1957 年 6 月 28 日	上海汽车装修厂
2	红旗手扶拖拉机	1957 年 6 月	军工 501 厂(公司代管),1960 年转上海拖拉机厂改为工农–7 型手扶拖拉机
3	上海–58 型越野车	1957 年 9 月 16 日	上海汽车装修厂
4	上海–58–I 型三轮汽车	1957 年 11 月 27 日	上海汽车装修厂
5	凤凰牌轿车	1958 年 9 月 28 日	上海汽车装修厂
6	丰收–27 型拖拉机	1959 年 2 月 15 日	宝锠汽车材料厂
7	丰收–35 型拖拉机	1959 年 12 月	诚孚铁工厂、公兴动力机厂宝锠汽车材料厂
8	SH130 型 2 吨载重汽车	1966 年年初	上海汽车制造厂
9	上海牌 SH380 型 32 吨自卸式载重汽车	1969 年 8 月 20 日	上海汽车制造厂
10	SH361 型 15 吨倾卸式重型汽车	1969 年 9 月 5 日	上海货车制造厂
11	丰收–45 型拖拉机	1969 年 9 月 23 日	上海七一拖拉机厂
12	上海–45 型拖拉机	1970 年 7 月	上海拖拉机厂

资料来源:《上海汽车工业志》《上海汽车工业史》

第二章 自主品牌建设

20世纪90年代至21世纪初，上汽在技术引进消化取得明显成效基础上，开始构建技术开发体系、建设自主品牌制造基地、研制自主品牌产品。进入"十一五"时期，上汽加快自主品牌建设，先后于2006年推出中高端自主品牌荣威和首款产品，2008年通过上南合作获得MG名爵品牌，2009年形成覆盖上海、南京和英国长桥自主品牌研发体系和制造体系，2010年推出宝骏品牌。至2015年，荣威、MG名爵和宝骏3个乘用车自主品牌累计推出22个车型，上汽自主品牌建设取得重要的阶段性成果。

第一节 自主品牌建设战略

一、战略目标

【形成开发能力目标】

20世纪90年代初，上汽在技术引进和消化取得阶段性成效基础上，开始提出形成技术开发能力的目标和要求。1990年9月，中共上海市委书记、市长朱镕基在上海大众汽车有限公司关于上海桑塔纳轿车实现60%国产化率目标的报告上明确批示：重点应放在桑塔纳轿车改型，自己一定要参与开发，没有自己的开发能力和技术中心，上海就没有真正轿车工业。据此，1991年5月，上海汽车工业总公司（简称上汽总公司）在编制的《"八五"发展规划》中正式提出1995年推出中德联合开发的桑塔纳轿车改进型车型。1995年和1996年，上汽总公司总裁陆吉安和该公司改制成立的上海汽车工业（集团）总公司（简称上汽集团）总裁陈祥麟先后提出上产品开发、下产品成本的"一上一下"和上新品、上质量、上规模、下成本的"三上一下"年度目标口号，建设企业技术中心和提升产品开发能力，成为这几年上汽的重要目标和重点工作。1996年，上汽集团编制的《"九五"发展规划》明确提出将集团建设成为集产业、科研、金融、贸易于一体的多功能、综合性、现代化特大型企业的总体目标，以及建成以中美合资技术中心、上海大众汽车有限公司技术中心和各零部件企业技术中心为主体的开发体系形成技术开发能力的目标和要求。2001年上汽集团编制的《2002—2006年规划发展纲要》进一步确定构建以集团汽车工程院牵头、泛亚汽车技术中心有限公司为设计主体，形成轿车车身、内饰、动力匹配和底盘调整四大核心能力等开发能力建设指标。

【自主品牌建设目标】

进入21世纪，上汽在技术开发体系初步形成的基础上，开始正式提出建设自主品牌的目标和要求。2002年7月，中共中央政治局委员、上海市委书记黄菊到上汽集团现场办公会，上汽集团在工作汇报中第一次提出到2007年的三大战略目标，其中包括生产自主品牌汽车5万辆的战略目标。此后，建设自主品牌成为上汽"十五"期间举集团之力为之奋斗的一个重大战略目标。为确保目标实现，2003年3月，上汽集团第二次总裁会议成立由总裁胡茂元任主任、各副总裁和财务总监为成员的上汽产品发展委员会，负责集团自主产品决策、产品总体规划布局和协调；2004年年底，上海汽车集团股份有限公司(简称上汽股份)成立,总裁陈虹兼任自主品牌领导小组组长。"十一五"期间,自主品牌建设和新能源汽车建设一起成为上汽的头等大事和"一号工程"。2006年2月,上汽股份召开全面创新誓师大会,会议确立首款自主品牌中高档轿车年内下线并具备批量生产能力的近期目标,号召集团上下开拓创新,迎难而上,确保打好"自主品牌第一款轿车按节点下线、新能源汽车试制、力拓市场、狠降成本"四场硬仗,迈好"十一五"开局关键第一步。2007年,上汽集团和上海汽车编制的《"十一五"发展规划纲要(调整版)》,把加快发展自主品牌和新能源汽车列为指导思想的主要内容,把深化对外合作与加快自主开发并举列为"六个并举"的发展原则之一,并在2007年三大战略目标已经实现的基础上,进一步提出2010年新的三大战略目标,其中包括年产自主品牌汽车60万辆,形成自主开发经营体系。

"十二五"期间,上汽累计投入研发经费752亿元,较"十一五"时期增长2.1倍;"十二五"期间申请专利13 394件,较"十一五"时期增长4.68倍,相继推出包括荣威、MG、宝骏、大通等自主品牌整车,获得43次中国汽车工业科技进步奖、33次上海市科技进步奖。

二、轨迹、思路

【基本轨迹】

改革开放以后,上汽自主品牌建设基本形成了一条从引进技术消化吸收到中外联合开发和本土化开发,再到形成自主开发能力最终到建设自主品牌的历史轨迹。1991年和1993年,上海桑塔纳轿车国产化率先突破60%和80%,成为上汽技术引进消化吸收的重要标志。1994年2月,公司首家零部件企业技术中心上海汽车齿轮总厂RDC揭牌,成为汽车零部件企业提升自主研发能力的重要标志;1995年7月,上海大众汽车有限公司(简称上海大众汽车)和德国大众汽车公司、巴西大众汽车公司联合开发的桑塔纳2000型轿车投放市场,成为上汽参与中外联合开发的重要标志。1996年7月和1997年6月,上海大众汽车技术中心和中国第一家中外合资技术开发企业泛亚汽车技术中心有限公司(简称泛亚技术中心)相继成立,成为上汽合资企业加快本土化开发的重要标志。1992年成立的上海汽车工业技术中心于2002年改组为上汽集团汽车工程研究院,成为上汽基本形成技术开发体系的重要标志。1998—2002年,上汽集团先后实施SAIC经济型轿车、7人座小客车和赛宝多功能用途车自主研发,成为上汽积极探索整车自主研发的标志。至此,上汽基本具备建设自主品牌的基本条件和基础,"十五"末和"十一五"初,上汽自主品牌建设进入合资合作和自主创新并举的新阶段。

【基本思路】

2005年3月,上汽股份向上海市发展和改革委员会上报《关于实施自主品牌战略有关情况的汇报》。该汇报材料提出自主品牌战略的一系列新思路和新步骤,主要有:发展自主品牌是上汽做强的头等战略,在新的发展中要坚持合资发展和自主品牌建设并举的思路;建设自主品牌的"三不一用"原则,包括"不依赖"即不完全依赖外方,"不关门"即欢迎外方参与,"不违反"即不抄袭别人的东西、完全遵守国际知识产权规则,"一用"即充分利用和集成世界资源;建设自主品牌的"四条道路",包括依靠自身力量自主发展、收购国外企业合作生产、深化战略合作和合资企业创建自主品牌;建设自主品牌的"三个开发",即自主开发、联合开发、超前开发。该汇报材料还提出上汽自主品牌建设的基本步骤:第一步,抓住全球汽车工业重组机遇,通过国际并购和购买产品知识产权等方式,掌控产品研发体系、拥有产品技术平台、营销网络和具有国际知名度的品牌所有权,经过整合为形成有竞争力的自主品牌经营体系创造条件;第二步,加快被收购的产品在国内生产步伐,同时通过进一步整合,初步建立起具有一定竞争力的上汽自主品牌经营体系框架;第三步,充分发挥协同效应,进行自我创新,开发出具有真正意义的新一代自主品牌产品,并在临港生产基地进行批量生产,从而构建起具有国际竞争力的上汽自主品牌经营体系。

三、荣威诞生、MG 名爵归入

2005 年 4 月,英国罗孚汽车公司宣告破产,上汽股份决定终止在中国建立合资企业的合作,并于 6 月参与竞标罗孚汽车和动力总成公司资产。同年 7 月,参与竞标的南京汽车集团公司竞标成功后,上汽股份准备收购罗孚品牌。2006 年 9 月,拥有罗孚品牌优先购买权的美国福特汽车公司决定行使优先购买权,上汽立即启动第二方案,推出自主设计的自主品牌和该品牌首款产品。

2006 年 10 月 12 日,上汽股份宣布,其自主品牌定名为荣威(Roewe),取意"创新殊荣、威仪四海";24 日,上汽股份首款自主品牌中高档轿车荣威(Roewe)750 隆重亮相。中共上海市委代理书记、市长韩正观看荣威 750 轿车并在该车上签名留念。上海市副市长胡延照和上汽集团董事长胡茂元出席发布会并讲话或致辞,上汽股份总裁陈虹主持发布会。胡延照讲话对上汽第一个中高级自主品牌荣威首次亮相表示祝贺,要求上汽把自主品牌和自主创新作为全面提高国际竞争力的战略部署和战略方针,不断增强创新能力,为提高上海汽车产业的国际竞争力作贡献。胡茂元致辞指出,荣威 750 在原罗孚 R75 平台基础上对车身结构、内外饰、空调系统、底盘和动力系统等进行大量二次开发创新,它的诞生是上汽自主品牌建设的新起点,是上汽自主创新的新步伐,标志着上海汽车工业从以合资合作为主进入合资合作与自主开发并举的新阶段。

2007 年 12 月,上汽集团与跃进汽车集团公司全面合作后,南京汽车集团公司于 2006 年竞标获得的罗孚汽车 MG 品牌归入上汽,上汽自主品牌开始荣威和 MG 名爵双品牌运作。

四、宝骏诞生

为贯彻自主品牌建设四条道路中"合资企业创建自主品牌"的战略思路,2010 年 7 月 18 日,上汽集团与美国通用汽车合资的上汽通用五菱汽车股份有限公司(简称上汽通用五菱)乘用车自主品牌宝骏在上海浦东国际会议中心发布,上海汽车集团股份有限公司(简称上海汽车)总裁陈虹、通用汽车(中国)投资有限公司总裁兼总经理甘文维、上汽通用五菱总经理沈阳出席发布会并致辞。宝骏品牌取意"神骏良驹",并确定"可靠的伙伴"为品牌定位,"乐观进取、稳健可靠、精明自信"为品牌精神,"具有国际品质和高可靠性,拥有成本和使用成本低,使客户拥有价值最大化,以超越顾客期望"为品牌宣言。上汽通用五菱宣布,宝骏品牌首发车型将主攻中国市场最大份额的中级车,充分发挥该公司规模、成本和营销网络的优势,迅速成为该级别市场的主力车型。宝骏品牌的推出,标志着上汽通用五菱进入商用车和乘用车并举发展的新阶段。2011 年 8 月 9 日,宝骏首款车型 630 轿车上市。宝骏成为上汽第三个乘用车自主品牌,成为上汽自主品牌建设 4 条道路中"合资企业创建自主品牌"道路的实践成果。

五、MAXUS 大通发布

2014 年 2 月 28 日,以"两翼并举与未来同行"为主题的上汽大通品牌战略暨全领域 MPV G10 发布会在上海东方艺术中心举行。上海汽车集团股份有限公司(简称上汽集团)副董事长、总裁陈虹,副总裁肖国普、陈德美等出席发布会。

发布会上,上汽自主品牌大通全新标志亮相,该标志以三箭头及椭圆型的主题融合,形成三位一体、融会贯通之势,代表上汽大通凝聚"技术、信赖、进取"的品牌核心价值,布局全球,以新的品牌形象面向未来。

第二节 自主研发体系

一、体系构架

【体系架构】

20 世纪 90 年代,上汽集团开始致力于构建技术研发体系。1997 年编制的《1998—2000 年发展计划》提出"九五"时期的后 3 年,在近几年技术引进和技术改造基础上,加速形成以上汽集团技术中心为主,上海大众汽车技术中心和泛亚汽车技术中心有限公司(简称泛亚技术中心)为支柱,以零部件企业技术中心为辅,并借用地方院校和科研单位科技开发力量,组成一个集科技、开发、研究、设计为一体的网络体系,为集团产品开发、工艺开发和工厂设计服务;重点建成集团技术中心、上海大众汽车技术中心和泛亚技术中心三大支柱。至 20 世纪末和 21 世纪初,上汽技术开发构架已经形成。

2002 年 7 月,上汽集团向前来现场办公的中共中央政治局委员、上海市委书记黄菊汇报:"九五"期间集团技术开发投入达到 70 亿元,其中企业技术开发费 50 亿元,占销售收入比重达到 2.27%;技术开发硬件投入 20 亿元,包括泛亚技术中心 4 亿元、上海大众汽车技术中心 4 亿元、上海大众汽车试车场 10 亿元、零部件企业 2 亿元,初步形成了集团技术开发体系。"十五"期间,上汽技术开发经费每年投入 10 亿~15 亿元,累计达到 100 亿~120 亿元,技术开发投入占集团销售额 3%~5%。"十一五"期间,上汽累计投入研发经费达到 358 亿元;"十二五"期间,上汽累计投入研发经费进一步达到 752 亿元,较"十一五"期间增长 2.1 倍;至 2015 年,上汽集团研发体系拥有国家级技术中心 7 家、市级技术中心 30 家,按照国家新标准认定的高新技术企业 63 家,与国内有关科研院所、高等院校共同组建产学研工程中心 17 家,上汽集团被列为国家创新型企业试点单位。

表 10-2-1 2015 年上汽国家级、市级企业技术中心一览表

总序号		序号	技术中心名称	认定年份
1	国家级企业技术中心	1	上海汽车集团股份有限公司技术中心	1994
2		2	上海柴油机股份有限公司技术中心	1996
3		3	上汽通用五菱汽车股份有限公司技术中心	2000
4		4	上海汽车变速器有限公司技术中心	2006
5		5	南京汽车集团有限公司技术中心	2007

〔续表〕

总序号		序号	技术中心名称	认定年份
6	国家级企业技术中心	6	泛亚汽车技术中心有限公司技术中心	2011
7		7	上海大众汽车有限公司技术中心	2012
8		1	上海汇众汽车制造有限公司技术中心	1997
9		2	上海纳铁福传动系统有限公司技术中心	1998
10		3	上海三电贝洱汽车空调有限公司技术中心 （更名为：华域三电汽车空调有限公司技术中心）	1999
11		4	联合汽车电子有限公司技术中心	2000
12		5	上海小糸车灯有限公司技术中心	
13		6	上海实业交通电器有限公司技术中心	2000
14		7	上海法雷奥汽车电器系统有限公司技术中心	
15		8	上海采埃孚转向系统有限公司技术中心 （更名为：博世华域转向系统有限公司技术中心）	
16		9	上海汽车制动系统有限公司技术中心	2002
17		10	延锋汽车饰件系统有限公司技术中心 （更名为：上海延锋金桥汽车饰件系统有限公司技术中心）	
18		11	上海延锋江森座椅有限公司技术中心	2003
19		12	上海彭浦机器厂有限公司技术中心	2005
20		13	上海中国弹簧制造有限公司技术中心	2006
21	上海市级企业技术中心	14	延锋伟世通汽车电子有限公司技术中心	
22		15	延锋百利得（上海）汽车安全系统有限公司技术中心	2008
23		16	上海赛科利汽车模具技术应用有限公司技术中心	
24		17	上海贝洱热系统有限公司技术中心	
25		18	上海天纳克排气系统有限公司	2009
26		19	上海圣德曼铸造有限公司技术中心	
27		20	上海天合汽车安全系统有限公司技术中心	2010
28		21	上海汇众萨克斯减振器有限公司技术中心	2011
29		22	上海拖拉机内燃机有限公司技术中心	2012
30		23	上海皮尔博格有色零部件有限公司技术中心	2012
31		24	上海萨克斯动力总成部件系统有限公司技术中心	2013
32		25	延峰彼欧汽车外饰系统有限公司技术中心	
33		26	上海恩坦华汽车门系统有限公司技术中心	2014
34		27	上海爱知锻造有限公司技术中心	
35		28	上海三立汇众汽车零部件有限公司技术中心	
36		29	上海大众联合汽车改装车有限公司	2015
37		30	延锋伟世通电子科技（上海）有限公司	

资料来源：上海汽车集团股份有限公司技术管理部

【研发人员】

伴随着技术开发中心、技术开发体系的发展,上汽技术开发人员呈现快速增长态势。1990年,产品开发人员为1378人,其中整车企业222人,零部件企业1156人。至2015年,研发人员增加到19278人,比1990年增加13.98倍;其中整车板块8568人、零部件板块10710人,分别比1990年增加38.59倍和9.26倍。上海汽车集团股份有限公司技术中心(简称上汽技术中心)、泛亚技术中心和上汽大众汽车有限公司技术中心(简称上汽大众技术中心)三大技术中心研发人员人数均在千人以上,上海汽车集团股份有限公司商用车技术中心(简称上汽商用车技术中心)也超过800人。

表 10-2-2　1990—2015 年上汽研发人员增长统计表　　　　单位：人

| 年　份 | 科技费（亿元） | 产品开发人员 | 整车开发人员 | 其　中 | | | | 零部件企业开发人员 |
				上汽技术中心	上汽商用车技术中心	泛亚技术中心	上汽大众技术中心	
1990	—	1 378	222	—	—	—	—	1 156
1996	1.62	2 849	831	—	—	—	298	2 018
2001	28.36	4 385	1 892	—	—	—	535	2 493
2006	52.18	8 277	3 985	895	—	1 240	900	4 292
2010	92.6	12 540	5 830	2 070	798	1 910	1 050	6 710
2015	196	19 278	8 568	3 221	806	2 894	1 647	10 710

资料来源：上海汽车集团股份有限公司技术管理部

二、整车技术中心

上汽集团整车企业研发中心包括上汽技术中心、泛亚技术中心和上汽大众技术中心三大国内一流的乘用车技术中心,同时还包括集上汽商用车技术中心、上汽通用五菱汽车股份有限公司技术中心等整车技术中心。

至2010年,上汽技术中心累计投资近40亿元,形成整车造型设计、工程开发、试制试验等能力。至2015年,该技术中心上海安亭、江苏南京和英国长桥三地总投资累计47亿元。上汽商用车技术中心成立于2007年5月,为上汽商用车研发基地。至2015年,累计投资2.4亿元,形成车用动力总成的选型、集成应用、模拟设计、超前开发、失效分析以及完善掌握电子控制、增压、排放控制、噪声振动控制等发动机关键技术的能力。

上汽大众技术中心成立于1992年7月,至2015年,累计投资50亿元,形成包括整车内外造型、车身、发动机、底盘和电器部分总成开发,以及整车集成开发和认可的能力。泛亚技术中心成立于1997年6月,至2015年,累计投资39.46亿元,具备整车及动力总成全过程开发能力。上汽通用五菱技术中心前身为进入上汽前的柳州微型车厂技术中心,2003—2005年由泛亚技术中心代管,2005年年底由上汽通用五菱自主管理,2015年研发投入29.53亿元,具备产品工程、制造工程、动力总成、试验验证、造型设计和知识管理6个功能。此外,上汽整车研发机构还包括成立于2000年的上海申沃客车有限公司产品研究开发部、成立于2007年的南京依维柯汽车有限公司研发中心以及进入上汽前已经成立的上汽依维柯红岩商用车有限公司技术中心。

三、零部件技术中心

20 世纪 90 年代初,上海汽车工业总公司开始把建设企业技术中心(RDC)列为"一上一下"和"三上一下"年度目标任务的重点内容。1994 年,该公司提出年底前每个二层次企业都要建立 RDC 的目标,同时要求不搞翻牌,不搞形式,不要模式化,注重实效。同年 2 月,举行公司首家零部件技术中心上海汽齿总厂 RDC 揭牌仪式并推广该厂和上海离合器总厂、上海易初通用机器有限公司、上海汽车电机总厂筹建 RDC 的经验,公司总裁陆吉安、党委书记林树楠和副总裁叶平分别讲话提出要求。至同年 11 月底,公司所属 20 个制造企业全部建立 RDC,提前完成年初制定的目标。RDC 普遍建立后,上汽制定实施《企业技术开发能力评价办法》,指导企业提高技术中心运作水平,同时每年组织对下属企业围绕研发基础与能力、研发成效等方面进行综合调研和评价。2005 年,上海汽车股份有限公司汽车齿轮总厂技术中心成为上海汽车零部件行业第一家国家级技术中心。

"十一五"期间,上汽集团总裁沈建华对汽车零部件企业提出提高零部件系统开发和模块供货能力并融入全球供货体系的要求。至 2015 年,上汽零部件企业研发能力达到较高水平,形成空调、传动、底盘、电子电器和内外装饰五大件的系统开发能力,以及涂装、热处理、焊接、铸造和锻造等六大工艺技术中心,联合汽车电子有限公司、延锋伟世通汽车饰件系统有限公司、上海小糸车灯有限公司、上海三电贝洱汽车空调有限公司、上海纳铁福传动轴有限公司、上海实业交通电器有限公司、上海汽车制动系统有限公司、上海采埃孚转向机有限公司、上海法雷奥电器有限公司、上海赛科利汽车模具技术应用有限公司、上海中国弹簧制造有限公司等一批零部件企业技术中心研发能力保持国内同行领先水平。

四、乘用车自主品牌研发体系

【体系概况】

2002 年 10 月,上汽集团决定将上海汽车工业技术中心、上海汽车工业质量检测研究所和上海内燃机研究所重组为上汽集团汽车工程研究院,作为集团分支机构,与集团技术质量部一体化管理,承担技术管理和自主品牌建设等功能。上海汽车工业技术中心前身为 1973 年成立的拖拉机汽车研究室,先于 1979 年、1985 年和 1990 年更名为上海市拖拉机汽车研究所、上海市汽车拖拉机研究所和上海汽车研究所。1991 年,上汽总公司投资 1.2 亿元在浦东金桥建设产品研发和试验基地。1992 年,上汽成立上海汽车工业技术中心;1994 年 11 月,该中心被确认为国家级企业技术中心。

2004 年年底上汽股份成立后,上汽集团汽车工程研究院隶属上汽股份并更名为上汽股份汽车工程研究院。2005 年 5 月,上汽股份在收购英国罗孚汽车期间与里卡多英国公司达成合作协议,成立 2010 里卡多咨询有限公司,即 R2010,保留原 MG 罗孚汽车公司主要开发人员;同月 30 日,总投资达 18 亿元的上汽股份汽车工程研究院新址扩建工程在安亭上海国际汽车城研发区奠基,该址总占地面积 50 万平方米,扩建工程主要内容包括建设试验试制区域、设计研发区域和信息资料办公区域等设施。2006 年 10 月,荣威品牌和荣威 750 轿车先后推出后,上汽股份加快乘用车自主品牌研发体系建设。2007 年 11 月,由上海汽车股份有限公司更名的上海汽车集团股份有限公司(简称上海汽车)成立技术中心,该中心承接汽车工程研究院资产成为上汽乘用车自主品牌研发责任主体;12月,上汽技术中心迁至安研路201号。2007年5月,上汽收购原MG罗孚公司主要研发人员组成的2010里卡多咨询有限公司全部股份,成立上汽英国技术中心有限公司并作为上汽技术中心的英国分中心,上海和英国长桥两地技术中心开始一体化运营。2009年3月,由南京汽车集团技术中心改组的上汽技术中心(南京)成立并与上汽技术中心一体化运作。至此,在国内国际资源整合基础上,上海汽车位于上海、南京和英国长桥的一体化自主品牌研发体系正式形成。该体系三地研发基地承担不同功能,其中技术中心上海总部主要承担产品主体研发功能,英国分中心主要承担产品前期策划和概念设计功能,南京分中心主要承担上汽乘用车分公司浦口制造基地工程支持功能。

至2015年,上海汽车技术中心三地总投资47亿元,研发人员总数3 258人,其中上海总部2 751人、南京分中心248人、英国长桥外籍研发人员259人。完成一系列自主品牌整车和动力总成产品的自主研发。至2015年,上汽技术中心完成自主品牌荣威、MG两大品牌多款产品的研发:其中包括荣威品牌的950、750、550、350、360、W5等车型以及荣威750Hybrid、e550、E50等新能源汽车,MG名爵品牌的MG名爵7、MG名爵6、MG名爵3、MG名爵5、MG名爵GT和MG名爵GS等车型,覆盖乘用车领域各主流细分市场。

【安亭研发基地】

2007年上汽技术中心成立时,建筑面积5.8万平方米,设置17个研发和管理部门,包括车身外饰部、内饰部、设计部、底盘部、工程支持部、整车集成部、电子电器部、新能源汽车与新技术部、动力总成集成部、变速箱部、动力总成项目管理部、动力总成前期工程部、发动机部、试验认证部、技术经济与技术管理部、项目管理部和工程规划运营部,人员786人。

至2015年,安亭基地占地面积41.9平方米,建筑面积24.2万平方米,设置20个研发和管理部门,前期工程部、车身部、内外饰部、设计部、底盘部、工程支持部、工程质量部、安全工程与虚拟技术部、整车集成部、电子电器部、动力总成集成部、变速箱部、动力总成电控部、动力总成项目管理部、动力总成前期工程部、发动机部、动力总成分析试验部、试验认证部、项目管理部、捷能公司,人员2 751人。

至2015年,上汽技术中心经过能力扩建、功能整合,形成了28个研发试验试制机构。设置机构包括动力总成系统试验室、动力总成零部件试验室、动力总成试制间、造型设计楼、整车排放试验室、整车高低温性能试验室、整车里程耐久试验室、底盘调教试验室、电子转向开发试验室、制动试验室、结构试验室、车身内外饰试验室、整车安全碰撞试验室、振动噪声试验室、紧固件试验室、混合动力联调试验室、动力电池与高压电安全试验室、新能源电控开发试验室、零部件电磁兼容试验室、LabCar试验室、娱乐系统试验室、整车电气开发测试试验室、车辆竞品对标分析试验室、整车试制车间、热能风洞试验室、质保中心试验室、前瞻开发试验室、整车道路试验间等。研发试验试制装备具有先进水平。

【南京研发基地】

2009年3月,上汽技术中心在南京设立上汽技术中心(南京)分部,在原南汽集团名爵汽车公司研发一部、研发二部、动力总成研究所、综合技术部基础上对机构进行调整,设底盘部、电器部、车身部、整车集成部、动力总成部、工程技术部、试制试验部和项目管理8个研发机构,研发人员238人。作为上汽技术中心南京分部,主要职能是对南汽集团浦口制造基地提供技术和工程支持,其具备的台架资源、试制车间和开发能力对技术中心上海本部具有补充作用。至 2010 年,该分部参与上汽乘用车分公司 AP11 产品(荣威 350)研发及本地化生产、NSE 研发标定及集成,完成 MG 品牌的 MG7、MG3 和 TF 跑车的年度款开发及产品维护。

至 2015 年,南京基地研发人员 248 人,参与上汽乘用车 AP1X 平台/NSE 各项目的研发及本地化生产,完成 MG 品牌的 MG7、MG3 和 TF 跑车的年度款开发及产品维护;开展 AP1X、ZS11、IS12、IP31 等项目的试制造车以及 SGE/NSE 系列发动机配置不同整车平台的开发与验证工作;利用南京生产现场便利条件拉动 SMTC 资源做好浦口基地生产现场的技术服务工作,在项目实施阶段有效地解决和控制工程问题,降低浦口基地 SOP(批量生产启动)的质量压力。

【英国长桥研发基地】

2005 年 5 月,上汽股份收购英国罗孚汽车公司项目时吸收罗孚公司和其发动机厂总成公司主要研发人员组建 Ricardo2010 咨询有限公司,作为上汽海外研发机构。2007 年 5 月,上汽进一步收购 2010 里卡多咨询有限公司全部股份,成立上汽英国技术中心有限公司并作为上海汽车技术中心的英国分部。2008 年 12 月,上汽英国技术中心从英国利明顿迁址到伯明翰长桥基地。该中心具备造型设计,整车集成和车身、底盘、电器、内饰、发动机、动力总成集,动力总成电控、碰撞与安全、试制试验等开发一辆全新汽车和动力总成系统所需要的全部工程能力。至 2015 年年底,上汽英国技术中心外籍研发人员为 259 人。该中心的前期工程部、前期发动机部、设计部和英国整车项目部具备造型设计,整车集成和车身、底盘、电子电器、内外饰、发动机、动力总成集成,动力总成电控、碰撞与安全、试验认证等开发一辆全新汽车和动力总成系统所需要的全部工程能力。

第三节　乘用车自主品牌制造体系

上汽乘用车自主品牌制造基地从"九五"末的江苏仪征跨地并购至"十五"期间的英国罗孚汽车公司和韩国双龙汽车公司跨国收购,再至"十一五"成功实施的上汽与南汽的全面合作,历经 10 年探索,至 2009 年,形成覆盖上海临港、江苏南京和英国长桥的自主品牌制造体系。

一、责任主体

1991 年年底之前,生产上海牌轿车的上海汽车厂是上汽轿车自主品牌生产主体。1992 年年初,上海牌轿车下马后的上海汽车厂并入上海大众汽车有限公司,上汽实行集中力量发展合资品牌和合资企业的战略,出现一段自主品牌和生产主体暂时空缺的时期。1999 年,上汽集团收购仪征汽车厂成立上汽集团仪征汽车有限公司(简称上汽仪征),上汽仪征成为生产黎明牌和赛宝多功能车的上汽乘用车自主品牌生产主体。

2003 年,上汽集团提出 2007 年实现包括生产自主品牌汽车 5 万辆在内的三大战略目标后,上海汽车股份有限公司开始成为上汽集团自主品牌建设责任主体。该公司先以上汽仪征为主要基地,组织生产赛宝等自主品牌产品;后于 2005 年和 2006 年收购英国罗孚汽车知识产权,利用世界资源建设上汽乘用车自主品牌。2005 年 6 月,上海汽车股份有限公司和上汽股份决定合资建立生产乘用车自主品牌的上汽陆威汽车有限公司;11 月 4 日,上汽陆威汽车有限公司更名为上汽汽车制造有限公司。2006 年 2 月 23 日,上汽股份召开建设自主品牌的全面创新誓师大会,上汽汽车制造有限公司正式揭牌。

2007年1月31日,上汽汽车制造有限公司更名为上海汽车集团股份有限公司乘用车分公司,成为上汽乘用车自主品牌的责任主体。上汽乘用车分公司于2009年形成上海临港、南京浦口和英国长桥的乘用车自主品牌制造体系和研发体系。至2010年,上汽乘用车分公司上海临港、南京浦口和英国长桥3个制造基地总投资达44.06亿元,生产能力超过50万辆。2015年,上汽乘用车分公司销售17万辆,其中荣威品牌9.8万辆、MG名爵品牌7.2万辆,累计产销124.4万辆。

二、江苏仪征基地

【上汽仪征基地】

江苏仪征汽车制造厂前身是仪征商业供销机械厂,1984年开始生产改装汽车。1986年试制出YQC620客车和YQC621系列专用车;同年,621型专用车投入批量生产,并注册黎明牌商标。1987年,621型专用车被国家公安部选为定点公安系统用车;1992年,仪征汽车制造厂位列全国最大企业500强,以后经营陷于困难。

1997年4月,江苏省和仪征市政府为解决仪征汽车厂经营困难,向国家机械工业部提出由上汽集团对该厂进行重组的意向,而上汽集团也有意利用江苏仪征低成本优势快速建设两家整车合资企业之外的第3家乘用车制造基地,即自主品牌乘用车制造基地。1999年1月,上汽集团与仪征市汽车工业公司签订《仪征汽车厂兼并重组的合同》。双方约定将仪征汽车厂部分国有资产无偿划转于上汽集团,使之成为上汽集团控股企业。同年3月,上汽集团仪征汽车有限公司开业,成为上汽第一个沪外整车制造基地。

2001年6月,上汽集团决定上汽仪征生产自主品牌赛宝多功能车并对该厂实施技术改造。2002年7月,首辆赛宝车下线,江苏省副省长吴瑞林,上海市经委主任唐登杰,上汽集团董事长、党委书记陈祥麟,总裁胡茂元、副总裁蒋志伟等出席新车下线仪式。同年10月,赛宝车开始批量生产,当年生产77辆。2003年,上海汽车股份有限公司成为上汽集团自主品牌整车产品投资经营主体后,于同年4月收购上汽仪征99%的股份,上汽仪征更名为上海汽车股份有限公司仪征分公司,当年生产赛宝牌轻型货车2 245辆。2004年4月,200辆赛宝多用途乘用车出口美国和叙利亚。

2005年12月,上汽实施新的自主品牌发展战略,赛宝汽车停产。2006年2月,根据国家发展和改革委员会核准,上汽仪征分公司撤销大部分资产作价3.59亿元投入上汽汽车制造有限公司即以后更名的上海汽车集团股份有限公司乘用车分公司,成为上汽自主品牌荣威生产基地。2007年3月,该基地生产的荣威750上市;8月10日,荣威750累计销售超过1万辆。2010年7月15日,上海大众汽车收购上汽仪征建立南京分公司,上汽仪征基地也从自主品牌生产基地转变为合资品牌生产基地。

【上海汇众轻型客车基地】

2003年,上海汇众汽车有限公司(简称上海汇众)在仪征投资3.65亿元,建成占地面积20.4万平方米、建筑面积8.08万平方米的轻型客车厂,生产从韩国双龙汽车公司收购的伊思坦纳轻型客车,同年7月开始试生产。2004年1月,伊思坦纳商务车下线,3月上市。当年生产伊思坦纳商务车3 491辆。2008年6月,1 000辆伊思坦纳商务车在北京奥运会期间担任车辆服务工作。至2010年,上海汇众累计生产22 586辆。2011—2015年,上汽大通汽车有限公司累计生产4 904辆。

三、上海临港、南京浦口、英国长桥基地

【上海临港制造基地】

上海浦东临港是上海市政府重点发展的区域之一,上汽积极参与该地区建设。2004年5月,上汽集团与德国大众宣布在临港工业园区投资改扩建上海大众汽车五厂;6月,上海大众汽车临港扩建项目开工奠基。

2005年11月,鉴于上海大众汽车临港项目发生变化和上海亟待建立轿车自主品牌基地的要求,上汽决定将上海大众汽车临港基地改建为乘用车自主品牌及发动机现代化制造基地。2006年5月、6月和2008年5月,上海市发改委和上海市建设委员会先后批准上海大众汽车临港基地转为上汽临港产业基地、上汽临港产业基地工程项目(一期)初步设计和上汽临港基地自主品牌新产品技术改造3个项目。2012年2月,临港产业区管理委员会批准新建上汽乘用车临港基地整车分拨中心(VDC)和零部件物流中心(LOC)项目;6月,临港产业区管理委员会批准调整该项目变更名称为上汽临港产业基地整车分拨中心(VDC)和零部件物流中心项目(LOC)。2013年4月,上海市城乡建设和交通委员会批准上海汽车临港产业基地自主品牌新产品技术改造项目再次调整初步设计。2014年3月,上海市发改委批准上汽临港产业基地新增SGE型发动机产品技术改造项目。

至2015年年底,上汽乘用车分公司临港基地总投资83.34亿元,占地面积120.71平方米,建筑面积35.91平方米,建有冲压、焊接、涂装、总装和动力总成5个车间及各项辅助设施,形成整车15万辆和发动机62万台年产能力。2008—2015年,累计生产乘用车609 999辆。

表10-2-3 2008—2015年上汽乘用车分公司临港生产基地整车产量情况表

年 份	产 品	数量(辆)
2008	荣威550	9 076
2009	荣威550和MG名爵6	76 690
2010	荣威550、MG名爵6和MG名爵3	97 313
2011	荣威550、MG名爵3和MG名爵6	87 431
2012	荣威550、荣威950、荣威E50、MG名爵3和MG名爵6	105 730
2013	荣威550、荣威e550、荣威950、荣威E50、MG名爵3和MG名爵6	95 461
2014	荣威550、荣威e550、荣威950、荣威E50、MG名爵3和MG名爵6	54 219
2015	荣威550、荣威e550、荣威950、荣威E50、MG名爵3、MG名爵6和MG名爵GS	84 079
合 计	—	609 999

资料来源:上海汽车集团股份有限公司乘用车分公司

【南京浦口制造基地】

南京汽车集团南京浦口制造基地前身为南汽集团名爵汽车有限公司,2005年开始在购买的英国MG罗孚汽车公司生产设备基础上建成一期工程。

上南全面合作后,该基地生产于2008年1月纳入上汽乘用车分公司,实施统一规划、统一研发、统一采购、统一制造、统一销售的一体化管理;5月,该基地开始生产MG名爵轿车TF车型;6

月开始生产 MG 名爵 3 车型;8 月,投资 25.66 亿元启动二期改建工程建设。当年南京浦口工厂生产轿车 9 680 辆。2009 年 5 月开始生产 MG 名爵 7 车型,产量上升到 1 588 辆。2010 年 3 月,具有先进水平的二期工程建成投产,第一辆荣威 350 下线,该基地成为上汽荣威和 MG 名爵两个自主品牌 A 级车型和小排量发动机制造基地,形成轿车 16 万辆发动机 25 万台年产能力,基地总产能达到轿车 20 万辆和发动机 50 万台。南京浦口基地二期工程建成标志着上汽自主品牌平台化战略布局基本完成、上南"全面合作,融为一家"取得重大成果。同年 12 月,上汽与南京市政府签署发展合作备忘录,第 5 万辆荣威 350 轿车下线。2010 年,上汽乘用车分公司南京浦口基地产量上升到 56 549 辆。

2011—2015 年,南汽浦口基地陆续投产多款荣威和名爵系列新车型,包括 2011 年 5 月的荣威 750、2012 年 3 月的 MG 名爵 5、2012 年 6 月的荣威 W5、2014 年 10 月的 MG 名爵 GT、2015 年 9 月的荣威 360 等车型。5 年内,南汽浦口基地累计生产轿车 50.5 万辆、发动机 76.6 万台。

2015 年 8 月,南汽浦口基地产能提升项目开工建设,总投资 14.5 亿元,预计 2016 年 12 月建成投产,届时整车年产能从 20 万辆提升至 40 万辆。

【上汽乘用车英国长桥基地】

该基地位于英国伯明翰长桥,前身为南京汽车集团收购 MG 罗孚汽车公司资产设备后成立的南汽英国有限公司和南汽名爵英国有限公司。

2007 年 12 月上南合作后,该基地归于上汽乘用车分公司。2008 年年底,上汽英国技术中心有限公司迁入该基地。2009 年,该基地开始生产作为上汽 MG 名爵自主品牌 TF 轿跑车,并为英国伯明翰长桥地区创造 400 个就业岗位。2011 年 4 月,上汽首款新车 MG6 车型在该基地下线,并于当年销售 290 辆。该项目被评为"英国设计、中国生产、英国组装"的新模式。2013 年,上汽在英国推出第 2 款家用轿车 MG3。在这两款新车带动下,该基地年销量从 2011 年的 360 辆增至 2015 年的 3 141 辆,累计销量 8 024 辆,全部销往英国为主的欧洲市场。

【上汽乘用车泰国制造基地】

上汽泰国基地是上汽集团践行国家"一带一路"倡议,生产适合泰国市场需求的产品,并立足泰国辐射东盟,进而发展成为 MG 汽车右驾车的生产基地。2013 年 2 月,上汽集团与泰国正大卜蜂集团成立泰国 MG 销售公司。2014 年 6 月,上海泰国生产基地首辆 MG6 汽车下线;11 月,MG3 车型首次亮相泰国车展,登陆泰国市场。2015 年 7 月,全新 MG6 在泰国曼谷首发。

2014 年,该基地生产 MG 车型 1 448 辆,销售 218 辆。2015 年,生产 5 190 辆,销售 4 922 辆。

第四节　自主品牌研发成果

一、上海牌轿车自主研发

【上海牌 SH760A 型轿车自主研发】

1964 年,凤凰牌轿车更名为上海牌轿车。1965 年 12 月,该车通过第一机械工业部技术鉴定后开始批量生产。

1974 年,根据用户对上海牌 SH760 型轿车外形陈旧反响较多的问题,上海汽车厂对该车头部及尾部作了局部改动,将发动机盖前端和行李箱盖的拱形改为平盖形,又将"冠"形面饰改为横条形水箱栅,增大前窗的视野面积,前后方向灯改成组合式,圆形大灯改为方形等。经改型后的上海牌轿车定为 SH760A 型。

【上海牌 SH760B 型轿车自主研发】

1985 年上海大众汽车有限公司合资成立后,鉴于上海牌轿车仍有市场需求,上海汽拖联营公司决定上海汽车厂与嘉定县联营,另行建厂恢复生产。1986 年年初,上海汽车厂在上海牌 SH760A 车型基础上,对转向系统、制动系统和电气系统进行统筹设计和布置,并相应改进发动机和车身及其附件,研制成功 SH760B 车型。上海汽车发动机厂在 680Q 发动机基础上研制 682Q 发动机,对冷却、供油、传输等 11 种部件作较大改进,提高整车动力性、可靠性和经济性。1987 年 12 月,SH760B 车型通过市级鉴定并获得上海市优秀新产品二等奖,同月投入批量生产。与此同时,上海汽车厂从 1986 年起还着手研制 SQ110(即 SH1020)单排座、SQ110A 双排座(即 SH1020SP)客货两用车,1988 年 10 月通过市级鉴定,SQ110A 客货两用车获得 1988 年全国乘用车展览会轿车变型设计奖,两个车型于 1989 年获得上海市新产品二等奖,12 月投入批量生产。

上海牌 SH760B 车型于 1987 年 12 月投产后,至 1991 年年底,4 年累计产销 22 878 辆,1990 年产销 6 072 辆,为上海牌轿车历史最高年产量。1991 年年底,上海牌轿车下马。

二、7 人小客车、赛宝多功能车自主研发

【7 人小客车自主研发】

为培育自主开发能力,上汽集团于 1998 年将自主开发经济型轿车列入后 3 年重大新产品计划。同年 4 月和 6 月,先后向上海市科学技术委员会(简称上海市科委)上报《关于开发 SAIC 经济型轿车的请示》《关于开发经济型轿车开发工作计划》;12 月,上海市科委批复,同意将 SAIC 经济型轿车开发列入上海市科学技术发展基金重大项目,并注入 1 000 万元科研经费。

2000 年 1 月,上汽集团经市场调研和可行性分析认证,决定将 SAIC 经济型轿车项目调整为 7 座小客车项目,利用桑塔纳轿车平台开发中低档 7 座多用途小客车,以适应国内市场此种车型较少、需求增加的状况,满足上汽仪征生产需要。同月,上汽集团向上海市科委上报《关于更改 SAIC 经济型轿车为七座小客车的请示》。2 月,成立小客车开发项目领导小组和工作小组,领导小组由副总裁陈因达任组长、副总工程师刘匀任副组长;工作小组由上海汽车研究所副所长王仕达任组长、高级工程师孙振华任副组长。2000 年 4 月,上汽集团向上汽技术中心下发 SAIC 7 座小客车(MPV)开发项目的批复。同年年底,该车完成概念样车制造。2001 年,完成第二轮样车设计和试制。2002 年 1 月,通过由上海市科委组织的技术鉴定;3—4 月,进行市场接受性调查,完善设计文件,针对试制和鉴定试验中发现的问题进行优化设计。2002 年,上汽集团总结 7 座小客车研制,认为该项目为科研成果向产业化转换的试点,为产业化工作决策提供依据。

【赛宝多功能车自主研发】

赛宝多功能车是上汽集团从美国通用汽车公司欧宝 S4200 车型平台引进的一种多用途乘用车,该车是为城市及乡村消费者用以载客拉货而制造的车型,也可作为城市监察、邮政快递、货物配送、公共事业抢险及维修等特种行业专用车。2002 年,全面开展赛宝后续改进产品的开发工作,包括多座车、柴油车以及各种专用车型等。2005 年 12 月,上汽鉴于自主品牌发展战略和赛宝车车型、

成本和市场原因，决定停止生产赛宝车，该车从 2002 年 10 月—2005 年累计生产 5 504 辆。

三、荣威轿车自主研发

2006—2015 年，上汽乘用车分公司和上汽技术中心先后研发推出荣威 750、750 中期改型、550、550 中期改型、350、350 中期改型、W5、e550 插电式混合动力、360、E50 合计 10 款车型，此外还与泛亚汽车技术中心联合开发荣威 950 旗舰车型，研发车型覆盖中高级轿车、中级轿车、紧凑型轿车、小型轿车、SUV 以及新能源汽车等领域。

表 10‑2‑4　2004—2015 年自主研发荣威车型一览表

序号	车　型	开发分类	推出时间	产品主要创新点	研发团队主要成员	获得专利	获　奖
1	荣威 750	全新整车项目	2004 年 5 月立项，10 月完成首辆模拟样车，2006 年 4 月完成首辆工装样车，同月 28 日投产	集成创新电子电器系统，采用领先的双速总线控制技术；重新调校和标定底盘悬架、制动和转向等系统	王晓秋　魏燕钦 黄文华　羊　军 郝　飞　陆伟领 平银生　方伟荣 刘启华	4 项发明、19 项实用新型、34 项外观设计	中国汽车工业科学技术进步奖三等奖，上海市科学技术进步奖二等奖
2	荣威 750 中期改型	中期改型	2009 年 5 月完成首辆 mule 样车，9 月完成首辆工程样车，2011 年 2 月投产	新增前大灯自开启功能、低音炮音响、中文字幕行车电脑、GPS、EPB 电子手刹、触摸式液晶显示、后排按摩座椅等，内饰实现质感和品质优化	陈志鑫　高卫民 张觉慧　黄文华 艾维全　张　钊 陈明伟　马　凡 Tony Williams 羊　军　王　琼 郝　飞 Clive Robots 唐晓峰　平银生 刘启华　方伟荣 龚红兵	65 项发明和实用新型	中国国际工业博览会银奖
3	荣威 550	全新整车项目	2005 年 8 月立项，2008 年 8 月正式投产	dual-bus 数字智能行车管家系统集成控制，整合车辆状态、信息交互系统和 GPS 等信息功能	王晓秋　高卫民 张觉慧　黄文华 林　勇　蔡　毅 艾维全　唐晓峰 Tony Williams 羊　军　郝　飞 平银生　刘启华 方伟荣	10 项发明、21 项实用新型	国家科学技术进步奖二等奖，中国汽车工业科学技术奖特等奖，上海市科学技术奖一等奖
4	荣威 550 中期改型	中期改型	2010 年 5 月立项，2013 年 8 月投产	6 速湿式双离合变速箱 DCT360	陈志鑫　高卫民 张觉慧　黄文华 蔡　毅　林　勇 艾维全　马征鲲 羊　军　王　琼 郝　飞　芦　勇 Clive Robots 平银生　刘启华 方伟荣　龚红兵	—	—

〔续表〕

序号	车型	开发分类	推出时间	产品主要创新点	研发团队主要成员	获得专利	获奖
5	荣威350	全新整车项目	2006年立项，2009年8月完成首辆工装样车，2010年3月投产	E2AGlobal集成与智能控制系统，RMI.NET的3G全时在线系统，inkaNet3G智能网络行车系统，双5星碰撞安全性能	陈志鑫　高卫民 张觉慧　黄文华 娄臻亮　吴海平 Tony Williams 羊　军　王　琼 郝　飞 Clive Robots 唐晓峰	73项	国家科学技术进步奖二等奖，中国汽车工业科学技术奖特等奖，上海市科学技术奖一等奖
6	荣威350中期改型	中期改型	2012年6月立项，2014年1月投产	4AT、TCU、启停系统和低滚组轮胎，前保造型和外后视镜，优化内饰座椅纹理、组合仪表、中控台、五键开关等。ABS和SCS软硬件新开发	陈志鑫　余秀慧 张觉慧　黄文华 娄臻亮　吴海平 艾维全　艾维全 潘吉明　马　凡 羊　军　王　琼 郝　飞　芦　勇 Clive Robots 平银生　刘启华 方伟荣　龚红兵	—	—
7	荣威W5	全新整车项目	2007年5月立项，2008年11月完成首辆模拟样车，2009年4月完成首辆工程样车，2010年3月投产	分时四驱系统，高强度双边梁式纵梁，侧撞CNCAP五星评价	陈志鑫　高卫民 张觉慧　葛随亮 艾维全　潘吉明 马　凡　羊　军 王　琼　郝　飞 Clive Robots 唐晓峰　平银生 刘启华　方伟荣 龚红兵	31项	—
8	荣威950	全新整车项目	2009年9月立项，2010年12月完成首辆工程EP1样车，2011年6月完成首辆工装样车，2012年4月投产	智能缸内直喷发动机加六速手自一体变速箱，自适应电动助力转向系统，自适应氙气前大灯，加热按摩通风座椅，独立三区自动空调系统，语音控制导航系统，一键式电子手刹系统，一键启动加智能无钥匙进入系统，四向安全头枕，双级预紧安全带，智能胎压监测系统	陈志鑫　高卫民 张觉慧　张　程 黄文华　周树东 雷　霆　艾维全 羊　军　王　琼 郝　飞　芦　勇 Clive Robots 平银生　刘启华 方伟荣　龚红兵	—	—

〔续表〕

序号	车　型	开发分类	推出时间	产品主要创新点	研发团队主要成员	获得专利	获　奖
9	荣威950中期改型	中期改型	2010年12月立项,2011年3月完成首辆骡车(Mule Car),2012年4月完成首辆模拟样车,2014年12月2.0T投产	"NetBlue"蓝芯高效动力,2.0/1.8 TGI缸内直喷涡轮增压发动机匹配TST 6速双离合变速箱,全新升级ADB矩阵式全LED大灯	王晓秋　高卫民　余秀慧　张觉慧　徐　平　黄文华　崔卫国等为项目负责人,成员为周树东　项　娇　雷　霆　艾维全　郝　飞　芦　勇　Clive Robots　平银生　刘启华　方伟荣　龚红兵	—	—
10	荣威e550插电式混合动力轿车	全新整车项目	2012年2月项目启动,2013年11月上市	采用1.5VCT发动机和双电机扭矩协调混联式插电技术,配以能量/功率平衡型纳米磷酸铁锂电池	陈志鑫　余秀慧　张觉慧　朱　军　黄文华　马　凡　李　斌　艾维全　马征鲲　羊　军　王　琼　郝　飞　芦　勇　傅振兴　罗思东　周宇星　Clive Robots　平银生　刘启华　方伟荣　龚红兵	10项发明,51项实用新型	国家科学技术进步奖二等奖,中国汽车工业科学技术奖一等奖,上海市科学技术奖一等奖
11	荣威360	全新整车项目	2013年6月项目启动,2015年完成首辆工程样车,2015年8月投产,9月上市	造型全新设计,开发上车体结构设计和内外饰;Carplay手机互联,与苹果手机应用系统同步发放	王晓秋　张觉慧　徐　平　崔卫国　娄臻亮　吴海平　艾维全　邵景峰　邱国华　王　琼　张海涛　芦　勇　康　飞　平银生　刘启华　方伟荣　龚红兵	—	—
12	荣威E50	全新整车项目	2009年5月立项,2011年7月完成首辆EP车,2012年11月推出	磷酸铁锂动力电池,永磁同步电机,第一代自主电动助力转向系统,第一代远程监控系统等部件	陈志鑫　高卫民　张觉慧　黄文华　徐康聪　张　东　艾维全　Tony Williams　羊　军　王　琼　郝　飞　芦　勇　傅振兴　Clive Robots　刘启华　方伟荣　龚红兵	2项发明,72项实用新型,32项外观设计	中国汽车工业科学技术奖二等奖,上海市科学技术奖二等奖

资料来源:上海汽车股份有限公司乘用车分公司

四、MG名爵轿车自主研发

2008年,MG名爵品牌在上南全面合作后归属上汽,至2015年,上汽乘用车公司和上汽技术中心先后研发 MG 名爵 6、新 MG 名爵 6 中期改型、MG 名爵 3SW、新 MG 名爵 3、MG 名爵 5、MG 名爵 GT、MG 名爵 GS、MG3 右驾、MG6 右驾、MG 名爵 6 TT 合计 10 款车型，覆盖中级轿车、紧凑型轿车、小型轿车，以及轿跑车和 SUV 等领域。

表 10 - 2 - 5　2007—2015 年自主研发 MG 名爵车型一览表

序号	车型	开发分类	推出时间	产品主要创新点	研发团队主要成员	获得专利	获奖
1	MG 名爵 6	全新整车项目	2008 年 4 月造型冻结，2009 年 5 月工程试验完成，9 月投产	研发开创 Fastback 外型造型新基准，汽车充能口用缓冲块及充能口总成、方向盘，车身和外后视镜，碰撞安全标准设计	王晓秋　高卫民 张觉慧　黄文华 林勇　蔡毅 艾维全　唐晓峰 Tony Williams 羊军　郝飞 平银生　刘启华 方伟荣	1 项发明，13 项实用新型，8 项外观设计	—
2	新 MG 名爵 6 中期改型	中期改型	2012 年 4 月立项，8 月造型，2014 年 7 月投产	新 550 共用架构升级	陈志鑫　余秀慧 张觉慧　黄文华 蔡毅　林勇 艾维全 Tony Williams 羊军　王琼 郝飞　芦勇 Clive Robots 平银生　刘启华 方伟　龚红兵	—	—
3	MG 名爵 3SW	全新整车项目	2007 年 6 月完成造型，工程样车和工装样车，2008 年 6 月投产上市	1.8 升超轻全铝赛车级发动机和前后副车架与四轮碟式刹车片，1.4 升发动机升功率等	王晓秋　吴明 孙军　严丽 张凯　过慧艳 张文广　于义长 郑亚光　沈小荣 张玉文	114 项	—
4	新 MG 名爵 3	全新整车项目	2007 年 5 月立项，2008 年 2 月完成造型，2009 年完成工程样车和工装样车，2011 年 2 月投产	车身、底盘、内外饰、电子电器、变速箱总成全新开发，整车性能创新集成	陈志鑫　高卫民 张觉慧　黄文华 彭岳华　马凡 Tony Williams 羊军　王琼 郝飞 Clive Robots 艾维全　唐晓峰 周岳康　平银生 刘启华　方伟荣 龚红兵	89 项	上海市科学技术奖二等奖，中国汽车工业科学技术奖三等奖
5	MG 名爵 5	全新整车项目	2008 年 6 月立项，2012 年 3 月投产	全新造型，NSE 1.5T＋SCM250 动力总成，首款 6 速手动变速箱	陈志鑫　高卫民 余秀慧　张觉慧 黄文华　娄臻亮 吴海平　艾维全 唐晓峰　羊军 王琼　郝飞 芦勇 Clive Robots 平银生　刘启华 方伟荣　龚红兵	—	—

〔续表〕

序号	车型	开发分类	推出时间	产品主要创新点	研发团队主要成员	获得专利	获奖
6	MG 名爵 GT	全新整车项目	2010 年 3 月立项,2014 年 9 月投产;右驾车型 2013 年 5 月立项,2015 年 10 月投产	整合国际资源完成缸内直喷 SGE 发动机/双离合变速箱本体开发,独立自主完成集成。开发 E85 燃油,泰国版 Inkanet 等配置	王晓秋　余秀慧 张觉慧　徐　平 黄文华　崔卫国 娄臻亮　吴海平 艾维全　邵景峰 羊　军　邱国华 王　琼　郝　飞 芦　勇 Clive Robots 康　飞　平银生 刘启华　方伟荣 龚红兵　吴　欢 卢　璋	17 项	—
7	MG 名爵 GS	全新整车项目	2012 年 2 月立项,2013 年 4 月完成工程样车,11 月完成工装样车,2015 年 2 月投产	以全新动力总成、全新英伦设计、配置	王晓秋　余秀慧 张觉慧　徐　平 黄文华　崔卫国 林相玉　杨秋明 艾维全 Tony Williams 羊　军　王　琼 郝　飞　芦　勇 Clive Robots 平银生　刘启华 方伟荣　龚红兵	—	上海市质量技术奖
8	MG3 右驾	全新整车项目	2011 年 12 月立项,2012 年 11 月完成工程样车,2013 年 7 月投产,MG3TT 项目于 2012 年 12 月立项,2013 年 8 月完成工程样车,2015 年 1 月投产	整车造型和工程方案沿用国内项目,对内饰进行镜像设计,对整车动力总成、底盘、安全、排放、油耗进行重新匹配与调教,以满足欧洲及东盟法规及市场的诉求,实现欧洲 Eu6b 排放和泰国 E85 燃油 140 克 CO_2 排放要求	陈志鑫　余秀慧 张觉慧　黄文华等为负责人,成员为 Simon Ashley 徐　勇　艾维全 Tony Williams 羊　军　王　琼 郝　飞　芦　勇 Clive Robots 平银生　刘启华 方伟荣　龚红兵	—	—
9	MG6 右驾	全新整车项目	2008 年 4 月造型冻结,2010 年 5 月完成工程试验,10 月底正式投产	该车型是上汽英国技术中心对 MG6 进行右驾开发配柴油发动机	陈志鑫　高卫民 张觉慧　黄文华 John Twedy 蔡　毅　林　勇 马　凡 Tony Williams 羊　军　王　琼 郝　飞 Clive Robots 艾维全　唐晓峰 平银生　刘启华 方伟荣　龚红兵	—	—

〔续表〕

序号	车型	开发分类	推出时间	产品主要创新点	研发团队主要成员	获得专利	获奖
10	MG6 TT	全新整车项目	2013年11月完成试验,2014年4月上市	MG6右驾,适配E20乙醇汽油	陈志鑫　余秀慧 张觉慧　辛　军 黄文华　蔡　毅 林　勇　艾维全 唐晓峰　邱国华 王　琼　郝　飞 平银生　刘启华 方伟荣　龚红兵	—	—

资料来源:上海汽车股份有限公司乘用车分公司

五、宝骏轿车自主研发

2011—2015年,上汽通用五菱汽车股份有限公司先后开发宝骏630、乐驰、610、730、560、330等车型,覆盖中级轿车、紧凑型轿车、小型轿车,以及MPV、SUV等领域。

表10-2-6　2011—2015年自主研发宝骏车型一览表

序号	车型	开发分类	推出时间	产品主要创新点	研发团队主要成员	获得专利	获奖
1	宝骏630	全新整车项目	2008年10月立项,2010年8月完成工程样车,2010年11月完成工装样车,2011年8月投产	5速手动变速箱和GF6自动变速箱,配有后除雾除霜电热玻璃、ABS＋EBD、双气囊、3点式倒车雷达、驾驶座6向手动调节、电子防盗、发动机防盗、方向盘管柱倾角可调、前大灯延时关闭、5门中控锁4门电动窗、电动天窗	姚佐平　黄　训 徐飞云　廖鸿胡 殷福瑞　钱　宁 汪杰强　练朝春 杨　晓　秦际宏 谢庆年　尹　刚 王　勇　李军亮 黄忠文　蓝志宝	16项发明,37项实用新型,30项外观	2013年中国汽车工业科学技术进步奖二等奖
2	宝骏610	全新整车项目	2011年9月立项,2013年7月完成工程样车,2013年10月完成工装样车,2014年4月正式投产	电动助力转向EPS、双气囊(副驾驶无缝式)、安全带未系报警(双侧)、后除雾除霜电热玻璃、电子防盗、发动机防盗、3点式倒车雷达等	康华平 Dave Prichard 汪杰强　钱　宁 樊　平 Dave Prichard 杨　晓　秦际宏	8项发明,13项实用新型	—

〔续表〕

序号	车型	开发分类	推出时间	产品主要创新点	研发团队主要成员		获得专利	获奖
3	宝骏730	全新整车项目	2012年9月立项,2013年12月—2014年3月样车试制,2014年6月量产	配有双气囊/侧气囊、ESC车身稳定控制系统、3点式倒车雷达、无骨雨刮、LED日间行车灯、一键式上升及防夹车窗、防眩目车内后视镜、多功能导航系统、定速巡航、电动空调控制、多功能方向盘、高性能轮胎、真皮座椅等	沈　阳吴业全柏　宏黄宗斌吕俊成秦际宏许　冰林智桂徐志丹张光亚	练朝春韦　勇廖鸿胡危学兵黄元毅谢庆年崔　硕刘昌业韦超忠吴美慧	20项发明,105项实用新型,28项外观	—
4	宝骏560	全新整车项目	2012年9月立项,2014年8月—2015年3月样车试制,2015年6月量产	配备耐世特EPS电动助力转向系统。前盘后盘制动、半独立后悬挂、高性能轮胎、倒车影像、前后雷达、液晶显示触摸屏、电动天窗、后除雾除霜、胎压监测、电动后视镜带加热、无钥匙进入系统等	沈　阳吴业全柏　宏黄宗斌秦际宏周江奇申秋燕	练朝春韦　勇廖鸿胡危学兵谢庆年罗竟涛	11项发明,54项实用新型,22项外观	—
5	宝骏330	全新整车项目	2012年2月立项,2014年12月完成工装样车,2015年6月投产	车身、内外饰、电子电器等全新开发	沈　阳练朝春尹国丽柏　宏Steve Eum黄宗斌李江柳杨　晓谢庆年罗竟涛吴美慧李艳平	姚佐平李淑英韦　勇廖鸿胡危学兵吕俊成秦际宏周江奇黎　谦韦学军	2项发明,13项实用新型,7项外观	—

资料来源：上汽通用五菱汽车股份有限公司

六、大通轻型客车与MPV自主研发

【研发机构、人员】

上海汽车集团股份有限公司商用车技术中心成立于2007年5月31日,是上海汽车商用车产品研发基地,以承担上汽商用车产品开发和核心技术研发为主业,同时兼顾市场化业务及行业服务工作,下设项目管理部、规划发展部、车身及造型部、底盘与电子电器部、动力总成部、新能源与新动力开发部、整车集成部、检测与试验中心、试验认证部、工程支持部、产品支持部等研发部门,研发人员 1 101 人。

【研发模式、试制试验能力】

2010 年,上汽商用车技术中心会同上海申沃客车有限公司(简称上海申沃客车)等单位研制成功用于上海世博会的混合动力大客车、纯电动大客车、超级电容大客车等新能源汽车,圆满完成 2010 上海世博会新能源客车安全运营任务。为此,该中心获得上海世博会世博园区服务保障先进集体称号、世博新能源汽车开发和运营系统管理一等奖等。

2012 年 2 月—2015 年 2 月,上汽商用车技术中心完成总投资达 2.4 亿元的自主品牌商用车研发能力建设一期项目,建立设施先进、专业齐全、功能完备的产品研发试验室,其中包括动力总成半消声室、声品质分析室、模态试验室、整车电子试验台、底盘调教试验室、车身门盖耐久试验台、动力总成试验台、换挡操纵试验台、材料试验室,具备发动机标定、对标、瞬态排放、整车道路模拟等高响应动态台架试验能力。同时,建立以道路试验为基础的试验认证设施及商用车研发管理系统,初步形成产品试制、汽车电子、动力总成等认证分析能力。

至 2015 年,通过全覆盖、全系列研制宽体轻型客车新产品,以及开发多功能 MPV G10 2.0T 和 2.4 升系列车型,初步形成大改型开发、新车型对标开发、S 架构(SUV、PU)车型开发的能力,实现从整车自主开发到平台开发的跨越,累计获得 260 项专利,其中发明专利 16 项、实用新型专利 150 项、外观设计专利 94 项。

【宽体轻客研发项目】

2008 年 2 月,上汽商用车技术中心启动宽体轻客项目前期研究;8 月,宽体轻客项目开发正式启动。该项目是上汽自主品牌商用车产品规划中的组成部份,填补了上汽自主品牌商用车产品型谱的空白。

2009 年 9 月,该项目由收购的英国 LDV 宽体轻客项目取代,项目在完成方案批准阶段产品开发目标后关闭,通过该项目实施上汽商用车技术中心整合设计力量,初步形成一支轻型客车开发队伍,为后续项目开发积累经验并建立知识库。同年 12 月,上汽商用车技术中心与南京依维柯汽车有限公司合作,实施轻型卡车换代开发项目,完成包括窄体、中体和宽体 3 种宽度共 8 种驾驶室,GVW 覆盖 4~10 吨共 5 个吨位系列,配置 SOFIM、SC28R、F1C、SC4H、ISF 等发动机的系列车型开发,同期开展的还有上海汇众伊思坦纳等项目。2010 年,上汽商用车技术中心完成上汽 LDV 商用车收购项目模拟样车和 EP1 造车任务,为后续研发工作打下基础。

2011 年,上汽商用车有限公司(简称上汽商用车)大通 MAXUS V80 首批四款车型顺利 SOP 批量生产启动,整个项目涵盖左舵、右舵、6MT、校车专用车等车型,在保持原 LDV Maxus 系列基本风格的同时,围绕中心专业能力建设规划,结合产品市场需求,从工艺创新、材料创新、试验方法创新、设计策略创新等方面对 SV61 车型进行创新开发。

2012 年,上汽商用车大通 V80 轻型货车上市,上汽商用车技术中心通过品种拓展和工程优化,开展质量提升和 VAVE,快速拉动并及时响应市场需求,通过实施 SVO 改制、MY 改型等工程开发工作,丰富品种和配置选择,满足了市场和个性化需求。

2013 年,上汽商用车大通 MAXUS V80 全新推出 2014 款全系车型,首次在商用车行业内推出年度车型的概念,在海外业务方面,共计完成 17 款车型 28 次开阀,提交工程交付物 112 项,完成 GCC、新加坡和澳洲 M2 磊车型认证,并启动伊朗认证等相关工作。

2014年4月，上汽商用车全球首发国内首款增程式电动宽体轻客 V80 Hybrid；11月，大通 MAXUS 纯电动车 EV80 及 2015 款 V80 在广州发布，该车型搭载 6AMT 变速箱、VGT 可变截面涡轮增压技术和 ESP9.1 主动安全系统等多项全球领先技术，在动力、操控、安全、环保四大方面带来国内商用车行业变革，在原有优势上再度提升竞争力。

2015年，由上汽商用车更名的上汽大通汽车有限公司（简称上汽大通）加快市场反应，重点攻关 V/AMT/ESP 先进技术后续项目，有序推进升级产品研发，完成全系选配 6AMT/ESP、欧 V+6AMT 项目 SOP、欧 5+WIT 车型、座椅法规升级等工程开发，实现重返欧洲整体战略和国内技术绝对领先优势，同时完成下一代产品 Pre-G8 预研工作。项目负责人包括平台总经理张继育、项目总工程师郁强、平台项目经理刘颖、平台副总工程师李忠欣，主要设计者为姜进京、毕洪宝、饶洪宇、冯奇伟。

【轻型商用车 G10 研发项目】

该项目作为上汽商用车技术中心全新开发项目是商用车型开拓高定位的平台和该中心新车型开发的重要标志。

2011年，上汽商用车技术中心完成 SV71 初始 BOM 清单发布，确定 SV71 前置后驱整车架构、动力总成配置策略和内外造型唯一主题，更新并完成 G8 工程交付物，通过 G7 阀评审，完成长周期关键零部件 SOR 共 205 个。2012年上半年，完成 MPL 冻结并发布 GBOM，锁定架构方案并启动骡车试制和发动机台架标定工作；4月，首辆 SV71 骡车下线；6月，通过 G6 阀，提交工程交付物 13项。下半年启动 EP 造车并完成首辆 EP 装车评估报告，开始着手整车标定。2013年4月，大通 MAXUS 首款 MPV 概念车 G10 在上海车展发布，该车以"绿色、高效、科技"核心理念展现未来 10 年 MPV 发展方向；9月，大通 MAXUS G10 首辆整车下线，从数据发布到整车下线历时 9 个月，刷新了行业纪录。2014年3月，该车量产。

2015年，上汽大通快速响应市场需求，有效解决上市车型售后问题，保证后续项目按计划有序推进，完成 2.0NLE/4G69&4G63 板簧/D19T 等车型批量生产，海外不同区域市场多车型配置开发，启动 2016MY 车型项目以及持续开展产品品质提升与质量改进。项目负责人包括项目研发平台总监王瑞、项目总工程师胡锫、助理车型平台负责人廖凤鸣、车型开发副总工程师马绮蔚、产品工程开发项目管理高枝，主要设计者为许振兴、谢军、相伟星、雷庆秋、徐东。

【新能源客车研发项目】

2009年4月，上汽商用车技术中心与上海申沃客车合作研发面向上海世博会的纯电动城市客车和混合动力城市客车。2010年，混合动力大客车、纯电动大客车、超级电容大客车等新能源汽车研制成功，并圆满完成上海世博会新能源客车安全运营任务，上汽商用车技术中心获得上海世博会世博园区服务保障先进集体、世博新能源汽车开发和运营系统管理一等奖。

2011年，该技术中心以唐山 10.5 米纯电动客车项目开发为突破口，继续巩固世博优势，夯实技术优化成果，推动上汽新能源大客车产品开发。在分析世博新能源客车运行数据基础上，首次自主集成电驱动系统，进一步优化电气架构和整车集成技术，提高电安全标准，优选高品质关键零部件，完善可靠性技术；在 UNDP 燃料电池客车项目方面，上汽商用车技术中心牵头负责燃料电池客车安亭示范运行的技术及服务保障工作，确保项目整体运行安全。2012年，唐山 10.5 米纯电动客车项目开展 G5 后各项工作，完成 EP 车可靠性试验 1.5 万公里，同时跟踪解决 TIR 问题；UNDP 燃料电池客车项目,做好示范运营保障;同时"十二五"863 燃料电池(863FC)项目完成集团内审及总裁办公会审核,当年下半年如期进行工程开发。

2013 年,唐山 10.5 米纯电动客车项目完成标配动力系统方案确定、台架试验和整车 TG0 及图纸数据发布,11 月完成样车试制。上汽新一代混合动力客车项目年初立项后,完成整车造型和效果图方案锁定,并启动台架试验;"十二五"863 燃料电池项目样车完成改制和耐久性试验,整个项目在年内完成验收结题。2014 年,V80 纯电动 EV69 项目完成立项实施,进入国家第一批免购置税车型目录,实现样车参展上海工博会及广州车展,12 月实现小批量试销;同时启动大通 G10 新能源车型可行性研究。

2015 年,EV69 项目历经 14 个月提前 SOP,实现 EV80 产品快速市场投放,EV79 纯电动项目开启 G5 质量阀,完成 G10 纯电动车第一轮耐久试验并小批量试销生产,混合动力项目开启 G8 质量阀,确定技术路线;EV68 项目锁定燃料电池技术方案,成功立项。项目负责人包括项目研发平台总监于新瑞、项目副总工程师刘文超、助理车型平台负责人孙西亮,主要设计者为姜炜、王人杰、陈彦雷、周振华、翟江华、赵博光、张兆峰、姜炎炎、蔡维卿。

七、互联网汽车与智能汽车自主研发

【互联网汽车建设】

2014 年 7 月 23 日,上汽集团与阿里巴巴集团签署互联网汽车战略合作协议。双方表示,将共同打造面向未来的互联网汽车及其生态圈。上汽集团董事长、党委书记陈虹,上汽集团总裁陈志鑫,阿里巴巴集团董事长马云,阿里巴巴集团 CEO 陆兆禧出席签字仪式。上汽集团副总裁周郎辉主持仪式,出席仪式的还有上汽集团财务总监谷峰、上汽乘用车分公司总经理王晓秋和阿里巴巴集团 CTO 王坚、阿里小微金服集团 CRO 胡晓明等。2015 年 3 月 12 日,上汽和阿里共同设立 10 亿元的互联网汽车基金。

由上汽集团与阿里巴巴联手打造的互联网汽车计划于 2016 年亮相,该车将以最终用户体验为导向,充分集成阿里巴巴集团的"yunOS"操作系统、大数据、阿里通讯、高德导航、阿里云计算、虾米音乐等资源和上汽集团的整车与零部件开发、汽车服务贸易等资源,开放融合互联网和大数据,围绕用户的车生活,整合双方线上线下资源,为用户提供智慧出行服务。

【智能网联汽车建设】

为实施创新驱动发展战略,与国际先进智能网联汽车同步发展,2015 年 11 月,上汽集团上报《关于智能驾驶汽车前瞻技术项目立项的请示》,并获上海市经济与信息化委员会批复同意,上汽智能网联汽车开始实质性启动。至同年年底,其在研项目有智能驾驶预研暨智能驾驶一期、开门报警、短程自主泊车、车联网 DSRC、智能汽车测试体系、V2X 技术开发、ITS 建设与运行 7 个项目。

其中智能驾驶预研暨智能驾驶一期项目于 2015 年 9 月在广德试车场参与《智慧中国》纪录片录制,展示效果良好;完成 2 辆 AS21 平台车,并进行试验场道路场景模拟测试及高速公路实车测试,总里程约 1.4 万公里,完成初版决策控制软件;明确整车电气架构,底盘线控改制接近尾声,大部分装车物料年底到位;计划 2016 年 2 月前完成 4 辆 AS21 平台车装配工;iGS 智能驾驶汽车获 2015 年工博会金奖。开门报警项目于 2015 年 8 月完成向上汽乘用车分公司和上汽技术中心推介演示,11 月完成 T5 开阀,12 月底进行项目结题验收,完成 2 辆平台车研发并在试验之中。短程自主泊车项目于 2015 年 7 月立项,8 月完成向上汽乘用车分公司和上汽技术中心技术推介,11 月完成预研项目 T5 开阀,完成 2 辆 E50 改制以及电气原理图、底盘技术方案、系统集成架构和初版软件架构,并启动底层控制调试。车联网 DSRC 项目于 2015 年 11 月完成技术研发并召开专家评审会,计划 2016 年 9 月结题。智能汽车测试体系项目开展智能汽车测试体系建设。V2X 技术开发项目于 2015 年 6 月立项,年底初步完成整体技术方案开启 T2 阀点。ITS 建设与运行项目于 2015 年 6 月启动,9 月完成 ITS 示范区总体规划,后续移交上海国际汽车城有限公司继续推进。

第三章 其他整车自主研发与本土化研发

20世纪90年代至2015年,上汽技术创新除了乘用车自主品牌外,还包括桑塔纳2000型的联合开发,大众、斯柯达、别克、雪佛兰和凯迪拉克等许可品牌的本土化开发;包括五菱牌微型车、跃进牌轻型卡车、红岩牌重型汽车,以及申联和南汽专用车的自主品牌建设,形成合资品牌本土开发和自主品牌全面建设互动发展的良好局面。

第一节 上汽大众本土化研发

一、上海桑塔纳2000型轿车联合开发

【提出联合开发】

1990年4月,上海大众汽车有限公司(简称上海大众汽车)一期工程项目基本建成,形成两班6万辆整车生产能力。同时,上海桑塔纳轿车国产化取得突破性进展,60％国产化的目标即将实现。同年9月,上海大众汽车就此报告中共上海市委书记、市长朱镕基。朱镕基在报告上批示:重点应放在桑塔纳轿车改型,自己一定要参与开发。没有自己的开发能力和技术中心,上海就没有真正轿车工业。1991年2月,朱镕基在上海汽车工业万人誓师大会讲话中进一步强调开发新车型的明确要求。

根据上海市政府要求和行业发展方向,1991年5月,上海汽车工业总公司(简称上汽总公司)在编制的《"八五"发展规划》中正式提出中德联合开发桑塔纳改进型车型;10月,上海大众汽车董事会第14次会议决定与德国大众汽车公司(简称德国大众)、巴西拉美汽车公司(简称巴西大众)联合开发新一代桑塔纳轿车。

1993年12月,中共中央政治局常委、国务院副总理朱镕基在上海大众汽车提前一年实现桑塔纳轿车年产10万辆目标的报告批示中再次提出:前途面临竞争,手段就是"三靠",靠质量过硬,靠管理水平,靠新的车型,向世界先进水平挑战。1994年6月,上海市副市长蒋以任在上海大众汽车召开上海市发展30万辆轿车工作会议,要求当年要推出桑塔纳2000车型;10月,中共中央政治局常委、书记处书记胡锦涛视察上海大众汽车,在听取公司总经理洪积明汇报时指出:中国汽车市场不走联合开发的道路不行,必须要形成自我开发能力,否则在世界上无一席之地。

【实施联合开发】

1992年3月,上海大众汽车成立产品工程部部长王祎垂、秦仲年等组成的联合开发小组,赴巴西大众参与联合开发。联合开发小组承担桑塔纳2000型轿车新产品开发并可投入生产、掌握现代轿车开发关键技术及开发流程两大任务,小组成员分工参与整车与零部件设计、制造工艺设计、样车试制、零部件明细表编制等开发工作。为了缩短新车开发周期、降低制造成本,开发小组充分利用现有桑塔纳轿车零部件配套体系,提高与桑塔纳轿车零部件的通用性。

为了提高桑塔纳2000型轿车性能和市场竞争力,产品设计增加电子喷射汽油发动机(2VQS)、ABS防抱死制动系统、离合器液压操纵系统、防盗装置、燃油蒸气排放回收系统等高新技术含量,重新匹配和改进发动机、空调、大灯、座椅、侧面防撞杆、电器和玻璃等部件,配置米色内装及车身彩色油漆保险杠。

经过一年在巴西大众的联合开发,小组成员回到上海大众汽车继续进行开发后续工作,会同工艺部门确认产品设计的准确性,并参与车身模具合作商的选定。1993年4月,上海大众汽车与日本富士技术公司和京连兴业株式会社签订新桑塔纳轿车模具供货合同;8月,上汽总公司总经理、上海大众汽车董事长陆吉安和副董事长波斯特听取上海大众汽车、德国大众、巴西大众关于新车型技术术讨论会情况汇报,对新桑塔纳轿车投产及车型改进作出共同决定,确定巴西大众通过德国大众向上海大众汽车转让新车型有关技术。1994年9月,该项目完成模具交付使用。在联合开发过程中,上海大众汽车首次引入同步工程工作法,通过在巴西大众的产品工艺设计和在上海大众汽车工艺验证的数据同步传输,确保联合开发的协同和效率。

【联合开发成效】

桑塔纳2000型轿车是中国汽车工业第一个参与国际联合开发的车型。1994年4月,国家机械工业部汽车工业司在上海大众汽车和上海汽车工业技术中心主持召开上海桑塔纳2000型轿车国家级技术鉴定会,同意该车通过国家级技术鉴定。1995年7月,桑塔纳2000型轿车上市,首批500辆新车投放北京、上海、南京和杭州四地市场。该车投产时,又对汽油喷射发动机、制动系统、车身缝隙和前后风窗粘贴玻璃进行改进,进一步提升整车技术水平。该车获得1995年度上海市优秀新产品一等奖。1998年,该车开发项目又与上汽大众二期技术改造工程一起获得国家科技进步奖二等奖、中国汽车工业科技进步奖一等奖。

二、研发机构

1985年上海大众汽车成立之初,设立产品工程部,下设车辆工程科、试验科和技术服务科,约85人,主要任务是开展桑塔纳轿车国产化工作,向配套企业转让技术资料并提供咨询,制定实施国产化技术程序,为国产件通过工装样品进行试验认可。1988年,该部设立发动机与电器工程科,人员增加到约130人。

1989年4月,上海大众汽车董事会批准建立技术中心,该中心主要任务是根据已批准的产品计划开发变型车,以及车身改型等新产品的开发。1992年7月,技术中心成立,并增设底盘与电器工程科、样车试制科,技术中心人员200多人。1999年10月,由造型楼、试制中心、质保测量中心、办公楼、车身综合试验楼、整车试验楼和发动机试验楼等8个建筑单体组成的技术中心扩建工程落成。2003年8月,安亭试车场建成并投入使用。至2015年,技术中心下设机构增加到造型、前期开发、车身工程、发动机变速箱工程、底盘工程、电器工程、试制中心、整车、技术项目管理、成本优化中心、新能源/电动车等11个部门。拥有包含办公、试制试验在内的技术中心主体和试车场两大区域,技术中心主体区域占地面积4.92万平方米,建筑面积5.5万平方米;安亭试车场占地面积1.437平方公里。累计投资50亿元,研发人员达到1700人,其中外籍技术专家40人。1997年3月和2012年10月,上海大众汽车技术中心先后被认定为上海市首批企业技术中心和国家企业技术中心。

三、研发能力

上汽大众汽车有限公司(简称上汽大众)成立以后,技术研发形成从技术引进和国产化到合资双方联合开发,再到本土化研发的发展路径,并借鉴德国大众产品研发先进模式,建立完整规范的项目决策、产品前期开发、产品批量开发、零部件配套认可以及项目过程控制等研发流程。通过桑塔纳3000型、帕萨特领驭、朗逸家族、新帕萨特、途观、新桑塔纳和凌渡等车型的开发,逐步形成和提升了本土研发能力。

至2015年,上汽大众技术中心已形成包括整车内外造型与前期研发,车身研发,发动机、底盘、电器和新能源系统集成开发以及整车试制、试验与认可的本土研发能力。主要包括:在造型研发方面基本具备完整的汽车造型开发能力,包括从前期调研,到外形内饰设计、数字化建模及渲染、色彩面料开发到油泥模型制作能力;在前期研发方面具备从产品技术定位、总布置、技术方案设计、空气动力学模拟及CFD计算到整车DDKM的全过程开发能力;在车身研发方面具备车身装备、车身结构、车身外饰和车辆安全等完整的车身研发能力;在电子电器系统方面具备集成能力以及核心部件、全新一代信息娱乐系统开发能力;在底盘研发方面建立完整的传统底盘二次开发系统集成及测试能力,形成完整的平台二次开发能力,具备一定的底盘电子开发和测试能力,并拥有丰富的低成本模块开发成功经验;在动力总成方面具备针对自然吸气/涡轮增压动力总成的集成能力,以及针对中国用户特征进行动力总成适应性验证试验能力;在新能源汽车研发方面通过桑塔纳燃料电池轿车、帕萨特领驭燃料电池汽车、朗逸纯电动轿车、天越燃料电池增程式电动轿车等多款样车开发,建立新能源汽车动力性、能耗与续驶里程仿真、新能源系统方案定义、整车系统集成及测试分析等能力,初步具备电池系统、驱动系统、充电系统等关键新能源系统仿真、选型及方案设计能力,初步具备整车控制器、电池管理系统、电机控制器等新能源控制系统的匹配能力。

四、模具研发能力

2002年,上海大众汽车模具中心从波罗10个小型结构件模具起步,开启轿车冲压模具制造。2003年,制造波罗轿车备胎座大型内板件以及B柱内板封板的多工位压机模具。2004年,承担帕萨特领驭轿车前盖内外板模具设计制造并于2005年交付使用,模具设计制造开始进入轿车外覆盖件。之后,模具中心相继完成波罗劲情劲取轿车前盖内外板和后盖,明锐轿车前盖内外板、车顶和备胎座,朗逸轿车后盖和车顶,晶锐轿车翼子板等模具制造。其间在朗逸轿车项目中先期介入,实现冲压与新车型开发。2009年,进一步完成帕萨特新领驭包括翼子板、前后盖在内的全部覆盖件模具。2010年,制造途观前盖和门板模具,并参与新波罗全套覆盖件模具研制,标志着该公司已基本具备轿车覆盖件模具开发能力。2011—2012年,先后承接新帕萨特、新晶锐、新朗逸家族、新桑塔纳、昕锐、新明锐等车型侧围、翼子板、前后盖、前后门等模具的自主研制。2013年,模具中心承接凌渡侧围模具项目,首次实现侧围模具全流程自主研制。2014—2015年,承接新朗逸改款、途安L等车型模具制造,并成功研制上汽大众首款C级轿车辉昂侧围模具,标志着模具中心已初步具备侧围等高难度覆盖件模具的全流程自主研制能力。此外,模具中心于2007年成功研制朗逸整车主模型,应用新的材料配方,并获国家发明专利,打破了国外技术垄断。

至2015年,模具中心已成功研制20余个车型80余套覆盖件模具,10余套整车、仪表板主模型,具备覆盖件模具、主模型的全流程自主研制能力,并初步具备折边机自主研制能力。

五、试制试验能力

试制能力方面,上汽大众技术中心建成国内领先的试制中心,包括独立的车身、总装、模型及油漆三大车间,具备从项目控制、工艺设计、工艺控制、编程和机加工、模型制造、油漆、白车身、可制造性分析、总装、整车电器调试以及物流,直至全过程质量控制的完整试制体系,并初步具备新能源样车试制能力,每年完成 500 辆以上各类样车和各类样件、模型的试制试验。

试验能力方面:该中心具备整车及发动机、底盘、电器和车身等零部件试验能力。整车试验包括台架和道路耐久试验、功能可靠性试验、整车性能试验等;能够按国五 /国四排放法规和 WLTP 排放法规,进行汽油、柴油、LPG、CNG 等各种不同燃料和新能源汽车全套排放和新能源汽车能耗试验。2003 年建成的上汽大众安亭试车场是中国国内第一家为轿车开发试验而建造的专业试车场,试验道路种类多样,试验功能齐全。试验道路包括高速环道、强化耐久试验道、交变耐久试验道、坡道丘、动态试验区、制动试验道等,其试验结果等效于世界著名的欧洲最大的德国大众埃拉试验场。2009 年,该试车场扩建噪声试验广场、底盘研发评价道路、异响分析道路、涉水和通过性试验道路等特殊性能道路。2015—2016 年增建气囊误爆广场及具有中国元素的滚动噪声试验道。此外,2014 年 9 月,在中国和德国两国总理的见证下,上汽大众股东双方签约在新疆建设试车场,建成后将成为全球最大、国内首个热带试车场。

整车声学试验方面:2014 年 12 月建成投用的声学中心拥有 4 驱转鼓声学试验室、异响转鼓试验室、隔声量及辅助设备噪声测量试验室、动力总成声学试验室、动刚度试验区、零部件隔声试验区,构成完整的整车及零部件 NVH 试验能力。

零部件试验方面:2015 年新建成的零部件试验楼投入使用,拥有强度试验区、整车环境模拟区、结构件静刚度及载荷结构特性测量区、电器与车身电器试验区及大试验车辆准备区等功能区,拥有阳光模拟试验室、雨淋试验室、模拟 4 通道整车试验台、车轮双轴疲劳试验台、轮胎滚阻试验台和开关手感测量系统,具有完整的道路载荷测量能力,试验涵盖底盘、车身、装备、电器、动力总成附件五大系统 300 多个核心关键零部件,试验项目共计 2 000 余项,各项试验能力与德国大众处于同一技术水平,得到德国大众全球统一认可。

发动机试验方面:发动机试验中心拥有发动机安装、解析和测量能力,以及完善的发动机机械试验评审体系,能同时进行汽油、柴油、代用燃料等多种油品的发动机试验,发动机台架试验拥有冷热冲击能力、发动机台架标定匹配能力、发动机台架排放测试能力。2014 年,上汽大众开始规划建设新的发动机试验中心。

底盘试验方面:2010 年新桑塔纳开始,全部车型底盘调教都由技术中心底盘研发人员自主完成;2014 年,结合 MQB 平台明锐项目成功掌握底盘零件疲劳强度试验标准制定能力;至 2015 年,已经具备全面的底盘台架试验评价能力。

电器试验方面:2010 年起,逐步建立从零部件到整车的测试认可能力。车身电气系统建立完整的线束机械及电气验证、开关试验和性能评价、电器系统可靠性试验、电量平衡试验及电量管理测试和评价、启停系统测试等能力,以及各种光源组合后灯及信号灯、内部照明及氛围灯等性能试验及评价能力,2012 年背景光测试能力获德国大众认可。功能电子系统具备信息娱乐系统测试和性能评价、硬件在环试验能力,建立音响系统评价能力并获得德国大众认可。系统集成具备整车电器测试、集成测试管理、整车电压跌落测试、整车静态电流测试等能力,拥有面包板网络、单个控制器网络接口、传输及诊断协议等测试能力,掌握EMC整车和零部件试验能力,获得整车抗扰性试验能力。

车辆安全方面:2000年建立国内首家现代化台车试验室并具备行业领先的模拟碰撞试验能力,2001年建立车身车门抗拉压力试验室,2007年建立气囊点爆试验室,2009年形成行人保护试验能力。2013年碰撞中心投入使用后,试验能力覆盖正面、侧面、追尾等碰撞,兼具气囊参数标定验证、气囊误作用摆锤打击、车身结构耐撞性测试验证、约束系统匹配优化以及安全开发研究性试验。

车身外饰及附件方面:至2015年,在门系统、车身外饰及车身附件等方面具备核心性能试验能力和耐久试验能力。

车身结构和前后盖试验方面:形成白车身动静态刚度、车身表面刚度及白车身强度试验认证能力,初步建立盖钣金刚度、盖系统功能性、电动后盖开发等试验能力,白车身设计方案验证方法设计能力,具备独立编写车身防腐开发设计任务书及评价试验结果制定改进措施的能力。

新能源试验方面:2012年起逐步建立电驱动、电池、高低压等系统新能源核心零部件测试能力;建立电机系统性能测试、耐久测试、环境测试、道路模拟测试及匹配测试能力,以及电池包性能测试及耐久测试能力、电池单体模组性能及耐久测试能力,2015年均获德国大众认可。

六、研发成果

1986年,上海大众汽车完成桑塔纳旅行车的重大改型项目。1992年该公司技术中心成立后至2015年,先后完成桑塔纳2000型、帕萨特、波罗、波罗三厢、桑塔纳3000型、途安、帕萨特领驭、明锐、Cross波罗、桑塔纳志俊、朗逸、晶锐、速派、途观、新明锐、新明锐RS、全新Polo、新途安、新帕萨特、Polo新劲取、新晶锐、新朗逸、新桑塔纳、昕锐、朗行、新途观、速派、野帝、昕动、全新明锐、NewPolo、凌渡、全新晶锐、桑塔纳·浩纳、全新朗逸、全新朗行、全新速派等车型本土化研发。共计38个。

表10-3-1 1986—2015年上汽大众本土化研发车型一览表

序号	车型	开发分类	推出时间	产品主要创新点	研发团队主要人员			
1	桑塔纳旅行车	重大改型项目	1986年8月	采用承载式整体四门封闭式全金属结构,装备JV型化油器汽油机,整车具有良好的燃油经济性和动力性	项目负责人	王祎垂		
					主要设计者	陈水森		
					其他主要部件设计者	章金荣		
2	桑塔纳2000型	全新整车项目	1995年7月	AFE电喷汽油发动机、AKF燃油蒸发回收系统使动力经济性及排放性能得到改善,整车综合性能得到全面提升;增加隔热、降噪措施,使乘座舒适性有所改善;离合器液压操纵机构及动力转向装置的使用提高整车操纵舒适性	研发项目负责人	王祎垂	秦仲年	
					主要设计者	陈水森		
					车身设计者	滕炳樑	胡善龙	姚玉林
					底盘设计者	孙振华		
					电器设计者	刘坚		
					其他主要部件设计者	陆继波	刘振荣	章金荣

〔续表〕

序号	车型	开发分类	推出时间	产品主要创新点	研发团队主要人员	
3	帕萨特	全新整车项目	2000 年 6 月	采用德国大众 B 级车标准底盘和最新的 B 级车技术,技术起点高,工艺先进,造型流畅,采用可变进气门正时、CAN - Bus 数据网络、安全气囊、全自动变速器、全自动空调等多项先进技术	研发负责人	秦仲年 程惊雷
					主要设计者	马扎根
					车身设计者	陈水淼
					底盘设计者	李文辉
					电器设计者	刘坚
					其他主要部件设计者	陆继波 章金荣 刘振荣
4	Polo 波罗	全新整车项目	2002 年 4 月	作为上汽大众首款小排量紧凑型轿车,相对公务用车具备整备质量小、减少能源消耗,停车占地面积小,转弯半径小以保证机动灵活等	研发负责人	张觉慧
					主要设计者	姚玉林
					车身设计者	胡善龙
					底盘设计者	李文辉
					电器设计者	刘坚
					其他主要部件设计者	陆继波 马扎根 刘振荣
5	Polo(三厢)	重大改型项目	2003 年 6 月	作为上汽大众首款小排量紧凑型轿车,相对公务用车具备整备质量小、减少能源消耗,停车占地面积小,转弯半径小,保证机动灵活等	项目负责人	姚玉林
					主要设计者	黄泓
					车身设计者	胡善龙
					造型设计者	蔡谦
					底盘设计者	李文辉
					电器设计者	Patuschka
					其他主要部件设计者	陆继波 马扎根 刘振荣
6	桑塔纳 3000 型"超越者"	重大改型项目	2004 年 3 月	采用变频式空调,进一步提升制冷系统;4.5 米的车长以及轴距、车内空间为当时竞争对手中最长最大	项目负责人	胡善龙
					主要设计者	黄泓
					车身设计者	牛胜福 邹玉启
					造型设计者	蔡谦
					底盘设计者	芦勇
					电器设计者	王练
					其他主要部件设计者	孙德龙 马扎根 李华成

〔续表〕

序号	车型	开发分类	推出时间	产品主要创新点	研发团队主要人员	
7	Toura 途安	全新整车项目	2004年11月	该车型为上汽大众第一款MPV车型,成功引进德国大众的PQ35平台	项目负责人	张觉慧
					主要设计者	胡善龙 黄泓
					车身设计者	牛胜福 邹玉启
					造型设计者	蔡谦
					底盘设计者	芦勇
					电器设计者	王练
					其他主要部件设计者	孙德龙 马扎根 李华成
8	帕萨特领驭	全新整车项目	2005年11月	采用来自德国减震器供应商SACHS的全新减震器,提升整车舒适性	项目负责人	张觉慧
					主要设计者	胡善龙 马扎根
					车身设计者	牛胜福 邹玉启
					造型设计者	蔡谦
					底盘设计者	芦勇
					电器设计者	王练
					其他主要部件设计者	孙德龙 吴海波 马扎根 李华成
9	Octavia 明锐	全新整车项目	2007年6月	上汽大众第一款斯柯达产品,基于先进的PQ35平台,配备EA888 1.8TSI动力总成、氙气大灯、掀背式后盖等	项目负责人	牛胜福
					主要设计者	胡善龙 黄泓
					车身设计者	邹玉启
					造型设计者	蔡谦
					底盘设计者	芦勇
					电器设计者	王练
					其他主要部件设计者	孙德龙 吴海波 马扎根 李华成
10	Cross Polo	重大改型项目	2007年12月	运动型前后保险杠、车身大包围、坏路面底盘车顶行李架、新座椅面套、运动型铝制外观踏板、四幅带银色饰板运动型方向盘	项目负责人	胡善龙
					主要设计者	黄泓
					车身设计者	邹玉启
					造型设计者	蔡谦
					底盘设计者	芦勇
					电器设计者	王练
					其他主要部件设计者	孙德龙 吴海波 马扎根 李华成

〔续表〕

序号	车型	开发分类	推出时间	产品主要创新点	研发团队主要人员	
11	桑塔纳志俊	重大改型项目	2008年1月	4 687毫米车长、2 687毫米轴距以及1 450毫米车高,在同级别轿车中遥遥领先,1.8升和2.0升两个排量的发动机动力表现出色,经济省油优势明显,2.0升自动档90公里/小时等速油耗仅7.2升/100公里,1.8升手动档更低至6.6升/100公里,远低于同级别其他车型	项目负责人	胡善龙
					主要设计者	黄泓
					车身设计者	邹玉启
					造型设计者	蔡谦
					底盘设计者	芦勇
					电器设计者	王练
					其他主要部件设计者	孙德龙 吴海波 马扎根 李华成
12	Laivda 朗逸	全新整车项目	2008年6月	上汽大众首款基于PQ34L平台自主研发车型水滴型前大灯,圆形空调出风口	项目负责人	胡善龙 徐廷睿
					主要设计者	牛胜福
					车身设计者	邹玉启
					造型设计者	蔡谦
					底盘设计者	卢勇
					电器设计者	王练
					其他主要部件设计者	孙德龙 吴海波 马扎根 李华成
13	Fabia 晶锐	全新整车项目	2008年12月	上汽大众对以下模块进行全新设计或做重大更改:副驾驶侧安全气囊、倒车雷达、收音机车身控制模块、车身电子系统、V型横梁后桥副车架、转向管柱、液力助力转向、空调系统仪表板、保险杠横梁材料优化、前盖隔音垫材料等	项目负责人	牛胜福
					主要设计者	胡善龙 李亮
					车身设计者	邹玉启
					造型设计者	蔡谦
					底盘设计者	芦勇
					电器设计者	王练
					其他主要部件设计者	孙德龙 吴海波 马扎根 李华成
14	Superb 速派	全新整车项目	2009年8月	上汽大众首个搭载EA888 1.8TSI、2.0TSIEVO2发动机的车型,装备高端电子娱乐设备,包含30G大容量Navi数字电视、蓝牙手机接听功能、高端触摸屏收音机、太阳能天窗、PLA自动停车辅助功能等	项目负责人	牛胜福
					主要设计者	胡善龙 童晓峰
					车身设计者	邹玉启
					造型设计者	蔡谦
					底盘设计者	芦勇
					电器设计者	王练
					其他主要部件设计者	吴海波 马扎根 陈珺 李华成

〔续表〕

序号	车型	开发分类	推出时间	产品主要创新点	研发团队主要人员	
15	Tiguan 途观	全新整车项目	2010年3月	上汽大众首款SUV车型,首次进行四驱车型的开发	项目负责人	牛胜福
					主要设计者	胡善龙、周 蓉
					车身设计者	邹玉启
					造型设计者	蔡 谦
					底盘设计者	卢 勇
					电器设计者	王 练
					其他主要部件设计者	吴海波 马扎根 陈 珺 李华成
16	New Octavia 新明锐	重大改型项目	2010年4月	引入大灯随动转向技术,对内灯进行了重新的组合,将刹车灯光源改成了"双C型"结构的LED灯饰,提高夜间行车安全。采用昊锐相同造型的方向盘,加大了液晶显示屏。提供的驾驶员座椅电动8向可调、腰托电动4向可调功能,是同级车型中的最高配置。前排座椅可加热装置在同级别车型中也是非常少见的。车身关键部分大量采用昂贵的高强度钢、超高强度钢和特殊钢,应用激光焊接技术,大大加强了新明锐的安全性能	项目负责人	胡善龙
					主要设计者	童晓峰
					车身设计者	邹玉启
					造型设计者	蔡 谦
					底盘设计者	卢 勇
					电器设计者	王 练
					其他主要部件设计者	吴海波 陈 珺 马扎根 李华成
17	New Octavia RS 新明锐RS	全新整车项目	2010年9月	上汽大众斯柯达首款高性能都市轿跑,拥有同级车型里独一无二的赛车式换档拨片、令人热血沸腾的旋风红刹车卡钳、17寸动感五辐轮毂、Alcantara皮质高包覆性运动座椅、高档真皮手工包裹的三幅多功能方向盘、铝合金竞技踏板、运动两段式白光仪表、高光双排气尾管等一系列度身定制的运动装备	项目负责人	牛胜福
					主要设计者	胡善龙 童晓峰
					车身设计者	邹玉启
					造型设计者	蔡 谦
					底盘设计者	卢 勇
					电器设计者	王 练
					其他主要部件设计者	吴海波 陈 珺 马扎根 李华成
18	New Polo 全新Polo	全新整车项目	2010年12月	全新Polo的车身尺寸为长3970毫米×宽1682毫米×高1453毫米,轴距为2470毫米。相比上一代车型,轴距增加了10毫米,车身长度增加54毫米,高度降低12毫米。动力方面,搭载了1.4升和1.6升两种排量的发动机,与之匹配的是5速手动和Tiptronic六速手自一体变速箱。全系车型标配了ABS+EBD+CBC、前排双安全气囊四门电动车窗(前门一键式升降)、EPS助力转向、电动可调外后视镜	项目负责人	牛胜福
					主要设计者	胡善龙 黄 泓
					车身设计者	邹玉启
					造型设计者	蔡 谦
					底盘设计者	卢 勇
					电器设计者	王 练
					其他主要部件设计者	吴海波 陈 珺 马扎根 李华成

〔续表〕

序号	车型	开发分类	推出时间	产品主要创新点	研发团队主要人员	
19	New Touran 新途安	重大改型项目	2010年12月	全新家族式前脸的第三次改款车型,全系换装了1.4TSI涡轮增压直喷发动机,与之搭配的将是5速手动变速箱及7速手自一体DSG双离合期自动变速箱	项目负责人	胡善龙
					主要设计者	黄 泓
					车身设计者	邹玉启
					造型设计者	蔡 谦
					底盘设计者	卢 勇
					电器设计者	王 练
					其他主要部件设计者	吴海波 陈 珺 马扎根 李华成
20	New Passat 全新一代帕萨特	全新整车项目	2011年4月	全系搭载大众汽车集团独有、全球最先进的TSI+DSG黄金动力组合,配合高效发动机同时配备划时代的DSG双离合变速箱。采用AAC全独立主动响应式底盘悬挂系统	项目负责人	牛胜福
					主要设计者	胡善龙 李 亮
					车身设计者	邹玉启
					造型设计者	蔡 谦
					底盘设计者	卢 勇
					电器设计者	朱丽敏
					其他主要部件设计者	吴海波 陈 珺 马扎根 沈卫东
21	Polo New Jingqu Polo新劲取	重大改型项目	2011年6月	前排双侧一键式车窗并带防夹功能,全系标配儿童安全座椅接口	项目负责人	徐廷睿
					主要设计者	黄 泓
					车身设计者	邹玉启
					造型设计者	蔡 谦
					底盘设计者	熊云亮
					电器设计者	朱丽敏
					其他主要部件设计者	吴海波 陈 珺 马扎根 沈卫东
22	New Fabia 新晶锐	重大改型项目	2011年10月	对原有的晶致版、晶灵版、晶享版三大系列车型进行了梳理和优化,并新增极富运动气息的酷黑版。酷黑版晶锐全系标配黑色车顶,再加上全新的高光黑色镀铬进气格栅、熏黑大灯、黑色外后视镜、黑色侧面防擦条以及酷炫黑调风格内饰、黑色三幅真皮方向盘,带来全新的视觉冲击力和驾驶体验	项目负责人	徐廷睿
					主要设计者	童晓峰
					车身设计者	邹玉启
					造型设计者	蔡 谦
					底盘设计者	熊云亮
					电器设计者	朱丽敏
					其他主要部件设计者	吴海波 陈 珺 马扎根 沈卫东

〔续表〕

序号	车型	开发分类	推出时间	产品主要创新点	研发团队主要人员	
23	New Lavida 全新朗逸	全新整车项目	2012年8月	是一款A级车市场的标杆车型,采用德国大众EA111 1.6MPI(77千瓦,155牛·米)/1.4TSI(96千瓦,220牛·米)发动机。1.4TSI发动机采用E-Gas电子节气门,在获得丰沛动力的同时,精确控制油耗,降低排放。配备Kessy无钥匙进入/一键启动控制系统	项目负责人	牛胜福
					主要设计者	徐廷睿 吴华
					车身设计者	邹玉启
					造型设计者	蔡谦
					底盘设计者	熊云亮
					电器设计者	朱丽敏
					其他主要部件设计者	吴海波 陈珺 马扎根 沈卫东
24	Santana NF 全新桑塔纳	全新整车项目	2012年12月	通过对德国大众现有技术的吸收,在德国大众PQ25平台上融入大量自主开发而研发的一款产品。全新EA211铝缸体发动机,体积更小,重量更轻,油耗更省	项目负责人	牛胜福
					主要设计者	徐廷睿 李亮
					车身设计者	邹玉启
					造型设计者	蔡谦
					底盘设计者	熊云亮
					电器设计者	朱丽敏
					其他主要部件设计者	吴海波 陈珺 马扎根 沈卫东
25	Rapid 昕锐	全新整车项目	2013年4月	车体总长4 501毫米,宽1 706毫米,高1 469毫米,轴距2 603毫米。相对于其他A0级竞品车,为乘车者提供了较为宽敞的空间。全系配备带Top Tether上固定点的Isofix儿童座椅固定装置,安装快捷简单,在危险发生时能最大化的保护儿童的行车安全。整车配有6个安全气囊达到了C-NCAP 5星安全标准	项目负责人	牛胜福
					主要设计者	徐廷睿 李亮
					车身设计者	邹玉启
					造型设计者	蔡谦
					底盘设计者	熊云亮
					电器设计者	朱丽敏
					其他主要部件设计者	吴海波 陈珺 马扎根 沈卫东
26	Gran Lavida 朗行	全新整车项目	2013年6月	秉承了朗逸的家族基因,同时又表现出与众不同的个性,新颖的车身形式完美平衡了美学与功能。德国大众EA211 1.6MPI/1.4TSI发动机全系配有CEPS电子转向系统。手动档车型都配备换档提示功能;配备KESSY无钥匙进入/一键启动系统,四车窗均拥有一键升降及防夹功能,便于老人小孩安全使用	项目负责人	牛胜福
					主要设计者	徐廷睿 吴华
					车身设计者	邹玉启
					造型设计者	蔡谦
					底盘设计者	熊云亮
					电器设计者	朱丽敏
					其他主要部件设计者	吴海波 陈珺 马扎根 沈卫东

〔续表〕

序号	车型	开发分类	推出时间	产品主要创新点	研发团队主要人员	
27	New Tiguan 全新途观	重大改型项目	2013年6月	在原有途观的基础上,外部造型进行大幅度的改造,采用新的更具冲击力的前脸造型。新增的LED日间行车灯,使用高端彩色仪表	项目负责人	徐廷睿
					主要设计者	吴华
					车身设计者	邹玉启
					造型设计者	蔡谦
					底盘设计者	熊云亮
					电器设计者	朱丽敏
					其他主要部件设计者	吴海波　陈珺　马扎根　沈卫东
28	Superb PA 速派	重大改型项目	2013年8月	速派沿用了VISION D概念车棱角分明的设计风格,加入了灯带状LED日间灯。其经典的双段开启式后备厢盖结构,综合了三厢和掀背车型的结构特征,在储物空间的拓展能力方面大大优于同级别的三厢轿车	项目负责人	徐廷睿
					主要设计者	童晓峰
					车身设计者	邹玉启
					造型设计者	蔡谦
					底盘设计者	熊云亮
					电器设计者	朱丽敏
					其他主要部件设计者	吴海波　陈珺　马扎根　沈卫东
29	Yeti 野帝	全新整车项目	2013年11月	越野风格外挂备胎,不占用后备厢空间,使得车身显得更修长。灵活多变的VarioFlex后排座椅布局也是相当实用的设计。3个座椅都可以分别折叠,也可以单独折叠中间座椅的靠背形成后排的中央扶手,同时能得到1 760升的宽敞空间。在没有放下后排座椅的情况下,它就已经拥有了505升的最大行李厢容积	项目负责人	牛胜福
					主要设计者	徐廷睿　童晓峰
					车身设计者	邹玉启
					造型设计者	蔡谦
					底盘设计者	熊云亮
					电器设计者	朱丽敏
					其他主要部件设计者	吴海波　陈珺　马扎根　沈卫东
30	Rapid Spaceback 昕动	全新整车项目	2014年4月	在Rapid平台的基础上进行开发,为了增加外形的整体动感和活力,量身打造了大玻璃后盖的独特设计,熏黑尾灯/雾灯/前大灯,黑色外后视镜的有机配合,凸显车的动感和活力,更适合年轻一族	项目负责人	牛胜福
					主要设计者	徐廷睿　黄泓
					车身设计者	邹玉启
					造型设计者	蔡谦
					底盘设计者	熊云亮
					电器设计者	朱丽敏
					其他主要部件设计者	吴海波　陈珺　马扎根　沈卫东

〔续表〕

序号	车型	开发分类	推出时间	产品主要创新点	研发团队主要人员	
31	Octavia NF 全新明锐	全新整车项目	2014年5月	上汽大众第一款MQB平台车型。凭借全新MQB平台获得了空间上的飞跃,特别是轴距达到了2 686毫米,使明锐一跃成为同级车空间翘楚,590升的行李厢容量也奠定了同级之最的地位	项目负责人	牛胜福
					主要设计者	徐廷睿　童晓峰
					车身设计者	邹玉启
					造型设计者	蔡谦
					底盘设计者	熊云亮
					电器设计者	朱丽敏
					其他主要部件设计者	吴海波　陈珺　马扎根　沈卫东
32	New Polo	重大改型项目	2014年5月	采用全新开发的EA211系列发动机,该发动机采用全铝合金打造,体积更小,重量更轻,油耗更省,二氧化碳排放也控制在极低水平,可谓同级车中的能效标杆。而且,其保持了早先大众发动机低转速高扭矩等优势特征,扭矩明显大于同级车型,起步及中段加速均动力十足	项目负责人	徐廷睿
					主要设计者	黄泓
					车身设计者	邹玉启
					造型设计者	蔡谦
					底盘设计者	熊云亮
					电器设计者	朱丽敏
					其他主要部件设计者	吴海波　陈珺　马扎根　沈卫东
33	Lamando 凌渡	全新整车项目	2015年1月	基于德国大众MQB A1平台进行自主创新而研发成功的一款全新车型。在研发阶段就紧扣中国消费者特殊需求,对车辆噪声、振动和不平顺性(NVH)等性能指标进行全程严格管控,全车39处位置布置了吸音及隔音措施,开发了大量声学包,其静音效果在国内同级别的车型中具备相当的优势	项目负责人	牛胜福
					主要设计者	徐廷睿　吴华
					车身设计者	邹玉启
					造型设计者	蔡谦
					底盘设计者	熊云亮
					电器设计者	朱丽敏
					其他主要部件设计者	吴海波　陈珺　马扎根　沈卫东
34	New Fabia 全新晶锐	全新整车项目	2015年4月	全新晶锐瞄准社会新生代,更动感时尚的造型设计,更高效节能的动力操控,更丰富实用的人性化配置,作为一款宽型质感小车,致力于驾乘快乐的营造,为新生代消费者提供了好看好开、好用的品质之选	项目负责人	牛胜福
					主要设计者	徐廷睿　童晓峰
					车身设计者	邹玉启
					造型设计者	蔡谦
					底盘设计者	熊云亮
					电器设计者	朱丽敏
					其他主要部件设计者	吴海波　陈珺　马扎根　沈卫东

〔续表〕

序号	车　型	开发分类	推出时间	产品主要创新点	研发团队主要人员	
35	Gran Santana 桑塔纳 浩纳	全新整车项目	2015年6月	新桑塔纳浩纳是桑塔纳车型家族的延伸。浩纳延用了桑塔纳家族1.4升和1.6升专为中小型车开发的EA211发动机，并且增加了EA211 1.4T TSI (96千瓦)的发动机,具有更低的油耗、更强的动力性能,是国内处于绝对领先水平的新型发动机	项目负责人	牛胜福
					主要设计者	徐廷睿　黄　泓
					车身设计者	邹玉启
					造型设计者	蔡　谦
					底盘设计者	熊云亮
					电器设计者	朱丽敏
					其他主要部件设计者	吴海波　陈　珺马扎根　沈卫东
36	New Lavida 全新朗逸	重大改型项目	2015年7月	新产品经过全新设计,更加年轻动感;同时在配置上也实现了全面升级,新加入了LED日间行灯、离回家功能和感光自动开启功能、8探头前后倒车雷达等多项智能科技;此外在全新朗逸蓝驱技术版上,首次搭载了EA211全铝环保1.2TSI涡轮增压发动机。全系配备了Clean Air PM2.5粉尘过滤装置,标配只装备在部分B级车和豪华车上的MKB多次碰撞预防系统	项目负责人	徐廷睿
					主要设计者	吴　华
					车身设计者	邹玉启
					造型设计者	蔡　谦
					底盘设计者	熊云亮
					电器设计者	朱丽敏
					其他主要部件设计者	吴海波　陈　珺马扎根　沈卫东
37	Gran Lavida 全新朗行	重大改型项目	2015年7月	对外观多处进行调整,包括改进前格栅细节,使其与全新设计的前大灯造型融合的更自然,同时增加的选装行李架。全系标配胎压监测装置、前排侧气囊、制动力分配、刹车辅助、牵引力控制、车身稳定控制、上坡辅助、后驻车雷达、外后视镜电动调节和加热、车内空气调节/花粉过滤等,增加了LED日间行车灯、Clean Air PM2.5粉尘过滤装置、Mirror Link手机映射等	项目负责人	徐廷睿
					主要设计者	吴　华
					车身设计者	邹玉启
					造型设计者	蔡　谦
					底盘设计者	熊云亮
					电器设计者	朱丽敏
					其他主要部件设计者	吴海波　陈　珺马扎根　沈卫东
38	New Superb 全新速派	全新整车项目	2015年10月	全新速派是大众汽车集团将MQB的B级平台应用到中国市场的首款产品。首次引入全新三区空调系统,并配备琥黑一体式全景天窗、立体悬浮式智能氙气大灯、全新第三代EA888 TSI发动机	项目负责人	牛胜福
					主要设计者	徐廷睿　童晓峰
					车身设计者	邹玉启
					造型设计者	蔡　谦
					底盘设计者	熊云亮
					电器设计者	朱丽敏
					其他主要部件设计者	吴海波　陈　珺马扎根　沈卫东

资料来源：上汽大众汽车有限公司

第二节 泛亚技术中心本土化研发

一、研发机构

1997 年 6 月,国内首家中外合资汽车设计中心泛亚汽车技术中心有限公司(简称泛亚技术中心)成立,根据合资合同约定,泛亚技术中心负责为上海通用汽车有限公司(简称上海通用汽车)及国内外其他公司提供整车开发服务。2003 年,泛亚技术中心在保持独立法人资格的同时,与上海通用汽车产品工程部进行整合,成为该公司设计与工程技术中心。

2015 年,泛亚技术中心下设前期车辆开发及整车集成部、售后工程部、车身外饰部、工程数据管理与系统开发部、底盘及动力总成集成部、设计部、工程质量部、空调电子部、内饰工程部、项目管理部、动力总成部、产品价值分析与管理部、试验认证及试车场部 13 个专业部门,运营及工程规划部、党工办、人力资源分部 3 个支持部门,同时拥有黑河寒区试验基地、吐鲁番热区试验基地、广德试车场三大试验基地。成立之初,中心人员 196 人,其中外方人员 10 人。至 2015 年,员工增加至3 190 人,其中外籍人员 60 人、中方员工 3 130 人,参与研发人员 3 136 人。

二、研发能力

泛亚技术中心秉持"学习消化吸收国外先进技术基础上再创新"的发展方向、全球开发和本土开发双举并进的开发战略,中心成立初期,就具备当时国内汽车行业最先进的 CAD/CAM/CAE 软件能力。该中心从成立至 2002 年,经过别克新世纪轿车的引进、别克赛欧的国产化改型和别克君威改型等项目,开始具备成立之初设定的内饰、外饰、动力总成标定和底盘调校 4 项核心能力;2002—2006 年,通过完成五菱鸿途、凯迪拉克赛威和别克君越等大改型项目,形成整车开发能力;2006—2010 年,通过开发全新雪佛兰新赛欧、宝骏 630、别克 GL8 等车型,并主导全球别克君越开发中的内饰开发等重大项目,进一步形成整车及发动机全过程开发能力。2010—2015 年,通过开发雪佛兰全新赛欧、别克新英朗,形成全新整车架构开发能力,并通过赛欧 Springo 的开发,形成纯电动汽车开发能力。泛亚技术中心的开发实力和创新能力处于国内同行领先地位并得到美国通用汽车的认可。

三、试制试验能力

泛亚技术中心拥有包括美国 MTS 道路模拟系统、德国申克底盘测功机、日本小野道路采集设备、日本 HORRIBA 排放测试系统、奥地利 AVL 发动机试验台、日本 OKADA 五轴全尺寸汽车模型加工中心和丹麦 BK 振动噪声模态分析系统等先进设备,形成汽车研发从设计到样车研发的全过程能力和当时国内汽车研发最先进和完整的试验能力,并在行业内率先建立企业局域网和因特网,建立 IT 系统管理机制。

2007 年 9 月,泛亚技术中心成立试验室工程科,后又陆续增设结构试验室、道路数据采集试验室、性能试验室、安全试验室、振动噪声试验室、整车性能转鼓试验室、电子电气试验室等9 个专业工作室,拥有各类试制试验设备 600 余台。其中安全试验室的行人保护试验系统、台车模拟试验系统、整车碰撞试验系统,振动噪声试验室的整车半消声试验室,底盘试验室的悬架运动学及顺从性测试系统、制动惯量试验台、制动拖滞力矩及磨损试验台,结构试验室的24通道道路模拟机、风量气密试验系统,材料试验室的整车空气质量采样舱,电磁兼容试验室的半电波暗室等试验试制设备均为国内领先。2009年10月,总占地面积5.67平方公里的上海通用汽车泛亚技术(广德)中心研发试验中心在安徽省宣城市广德县举行奠基仪式;2012年7月,基本建成开始试运营;9月举行竣工仪式,成为中国国内规模最大、功能最齐全的试车场。

2015年,泛亚技术中心已经形成整车和零部件两大试验能力。整车试验能力包括整车多方向碰撞、整车热力、整车道路数据采集、整车振动噪声、整车电子及电磁兼容、整车空气质量采样及分析、整车道路试验模拟等七大类项目试验;零部件试验能力包括车身、底盘、内饰、电子、安全气囊、空调、材料等九大类系统试验。

四、概念车研发成果

1999—2015年,泛亚技术中心共设计发布"麒麟"、电子商务车、"凤凰""鲲鹏""畅意""别克未来Buick Riviera"、别克商务、未来城市交通"源"、别克愿景SUV、全新别克未来和雪佛兰Chevrolet - FNR 11款概念车。

1999年发布的"麒麟"概念车,是泛亚技术中心首次运用国际先进的汽车开发流程开发的第一辆概念车。2001年发布的凤凰燃料电池车开启了该中心新能源开发的序幕。2003年发布的"鲲鹏"概念车,是该中心对微型车设计的首次尝试,成为中国第一辆在海外国际车展上展出的概念车。2005年发布的"畅意"为该中心第一次完整运用数字化开发技术设计的概念车,是对"交叉车型"的有益探索。"别克未来Buick Riviera"是该中心第一次承担国际品牌的概念设计,在定义未来别克品牌DNA的同时,揭示了别克所有未来车型的设计语言。美国通用汽车设计副总裁艾德威尔本参与该概念车的设计评审,认为该车完全能担当"别克"这一国际品牌未来在中国的定位重任。2009年的别克商务概念车,传承了"别克未来Buick Riviera"的设计语言,揭示了未来GL8的设计方向。未来城市交通"源"概念车,作为2010年上海世博会上汽集团—通用汽车馆的展品进行展示。2011年发布的"别克愿景SUV"概念车,昭示了别克未来SUV产品发展方向。2013年发布的"全新别克未来"概念车,将"大气简约、优雅动感"的设计美学与前瞻科技和人性化功能完美结合,以独具匠心的手法阐释未来别克品牌的设计语言,获2013年度全球设计"红点奖"。2015年发布的雪佛兰"FNR"概念车,以超未来的创新设计和超前瞻的互联科技,揭示了未来智慧城市汽车发展方向,诠释了雪佛兰对未来年轻人移动生活方式的大胆设想。

五、产品车研发成果

2005—2010年,泛亚技术中心本土化研发并成功上市雪佛兰赛欧、别克君越、别克凯越、2009款别克君越、雪佛兰新赛欧、别克GL8豪华商务车、雪佛兰Springo、雪佛兰新赛欧和别克英朗等车型。

表 10‑3‑2 2005—2015 年泛亚技术中心本土化研发主要项目一览表

序号	车型	开发分类	推出时间	产品主要创新点	研发团队主要人员		
1	雪佛兰赛欧	部分改型项目	2005 年 1 月	设计新的造型,为上海通用烟台生产基地第一款重大改型车	研发项目负责人	刘启明	
					主要设计者	陈俊 侯欣	
					车身设计者	王镝	
					造型设计者	叶庆元	
					底盘设计者	刘拥军	
					电器设计者	谢铭诗	
					其他主要部件设计者	施杰 尹建民 王从鹤 张志军 周淑渊 徐平 方健 沈建东	
2	别克君越	全新整车项目	2006 年 3 月	第一次全面运用美国通用全球整车开发流程,具有整车开发能力的里程碑意义。基于北美 LaCROSSE 平台形成 10 项重大突破: 1. 集成全球优势资源,进行整车全过程、全新造型设计 2. 全新车身与车门系统结构开发及全新车身外饰设计 3. 全新内饰集成开发与设计 4. 双区全自动空调及其后排温控系统集成开发 5. 电气结构修改、电子新技术应用集成开发 6. 底盘动力总成悬置,进排气系统集成开发 7. DoD 和 VVT 动力总成与整车同步开发与标定 8. 小批量制造工程样车,从零到形成完整的 PPO 能力 9. 以 LADV 为导向完成三个阶段系列开发试验与验证 10. 全面实施 GVDP 项目交付物管理	研发项目负责人	高卫民 刘启明 张立人	
					主要设计者	康华平	
					车身设计者	谢骋	
					造型设计者	黄斌	
					底盘设计者	项党	
					电器设计者	谢铭诗 钟毅	
					其他主要部件设计者	徐平 张志军 施杰 尹建民 陈鹏	
3	别克凯越	部分改型项目	2008 年 4 月	基于 SGM610 架构,全新设计和开发外饰和内饰,包括全新直瀑式镀铬格栅、全新钻石切割投射大灯、全新分片式 LED 尾灯、全新集成转向灯的后视镜、全新造型仪表台和中控台、炮筒式运动组合仪表、环绕式双色温馨门板等,同时增加加热座椅、发动机远程遥控启动、全新升级的自主导航系统等功能	项目负责人	余秀慧 刘启明 张立人	
					主要设计者	孙竞	
					车身设计者	周昱	
					造型设计者	黄斌 邹华	
					底盘设计者	沈杰	
					电器设计者	孙亦钧	
					其他主要部件设计者	黄奕 吴朝晖 张健琼 黄凯兵	

〔续表〕

序号	车 型	开发分类	推出时间	产品主要创新点	研发团队主要人员			
4	别克新君越	全新内饰项目全球化设计开发	2009年6月	新一代君越项目,内饰系统由泛亚技术中心主导设计,开创全球高级轿车主要系统由国内设计和集成开发的先河,主要创新内容:1. 跨PATAC、GMNA、GME以及GMDAT全球四地的项目管理,内饰、车身、电子、整车等内饰系统集成和开发;2. 首个由泛亚技术中心主导开发并集成的国内中高端品牌项目;3. 申报7项相关技术发明专利和14项外观设计专利;其中环抱式座舱系统、高度集成高科技座椅、轻量化声学材料等获得认可	研发项目负责人	刘启明	武东海	
					主要设计者	卢 晓	张志军	
					造型设计者	黄 斌	邱之川	
					其他主要部件设计者	成 薇 王 蕾 周 强 周淑渊 叶 阳 曾宪菁 向良明 董 明 梁 金		
5	新赛欧	全新整车项目	2009年12月	泛亚技术中心首款自主开发的新一代小型发动机C14发动机,上海通用汽车第一款拥有自主知识产权的发动机,国内首个自主研发应用中置油箱架构的车型。EMT全新手自一体变速箱开发。拥有24项创新技术知识产权,首创拥有软件专利的"爬行"技术功能。全新底盘设计开发:全新后桥设计,结构优化,减少重量和成本,获得更大内部空间,简化装配;低滚阻轮胎开发,节能降耗;进排气系统先期优化设计	项目负责者	余秀慧 刘启明 张立人		
					主要设计者	康华平	陈 俊	
					车身设计者	谢 骋		
					造型设计者	曹 敏		
					底盘设计者	项 党		
					电器设计者	谢铭诗	钟 毅	
					其他主要部件设计者	施 杰 尹建民 王从鹤 张志军 徐 平 方 健 沈建东		
6	别克GL8	全新整车项目	2010年11月	外观:立体直瀑式格栅,多维蓝光HID前大灯、晶钻镀铬尾灯流光舷窗、独创双曲棱腰身特征。空间:5256毫米车身。配置:图书馆级静音科技,剧院级5.1声道10扬声器Bose豪华音响通风加热行政座椅。工艺:全新豪华工艺车灯,冰蓝环绕氛围灯豪华双色座椅,冰蓝极光仪表盘。安全:C-NCAP五星级安全碰撞标准,Bosch ESP 8.1电子稳定控制系统,超高强度车身结构,安全气囊控制系统。科技:安吉星全时在线助理,硬盘式智能导航系统;一触式电动后举升门。动力:3.0LV6SIDI智能直喷发动机,六速手自一体变速箱	项目负责者	余秀慧 刘启明 张立人		
					主要设计者	陈 虹		
					车身设计者	周 强		
					造型设计者	黄 斌 曹 敏		
					底盘设计者	谢 骋		
					电器设计者	谢铭诗		
					其他主要部件设计者	沈建东 施 杰 方 健 徐 平 康华平		
7	雪佛兰Springo	全新整车项目	2012年11月	续驶里程140公里,大于国家120公里规定,最高车速120公里/小时,大于国家80公里/小时规定,220伏家用充电使用锂电池技术作为动力,泛亚研发的首款投产纯电动汽车	项目负责者	刘启明	武东海	
					主要设计者	马 凡	徐 华	
					车身设计者	周 强		
					造型设计者	黄 斌 曹 敏		
					底盘设计者	谢 骋		
					电器设计者	谢铭诗		
					其他主要部件设计者	宋旭华 施 杰 方 健 卢 晓 成 薇		

〔续表〕

序号	车型	开发分类	推出时间	产品主要创新点	研发团队主要人员	
8	雪佛兰新赛欧	全新整车项目	2012年12月	1. 突破性地自主创建和制订前期架构平台化开发流程和开发主计划 2. 新赛欧(S3)在设计初期就融合了低成本的开发要求,设计部与内饰联手首次成功尝试在内门拉手应用金属塑料注塑技术(POM)代替传统喷涂工艺,在保证成本不上涨的前提下,有效提升了外观的感知质量 3. 全新自主开发的高效节能发动机和高质量的手自一体智能换档变速箱 4. 集新技术于一体的高燃油经济性精品小车 5. 创造了国内领先水平的平台化架构试验认证规范 6. 整车物料成本比上一代车型降低了10% 7. 获得多项知识产权	项目负责者	刘启明 武东海
					主要设计者	曹奕 吴毅
					车身设计者	周强
					造型设计者	黄斌 曹敏
					底盘设计者	谢骋
					电器设计者	谢铭诗
					其他主要部件设计者	宋旭华 施杰 方健 卢晓 成薇
9	别克英朗	全新整车项目	2015年3月	2015英朗是泛亚在一个全新平台上开发出的第一款产品,有诸多技术亮点: 1. 深度运用泛亚本土开发的整车电子电气架构CLEA2.0 2. 实现低成本的一键式启动 3. 自主空调标定算法ICCA成功开发自动空调 4. 国内率先推出了紧急制动自动双闪提醒	项目负责者	刘启明 武东海
					主要设计者	尹刚 侯宇龙
					车身设计者	周强
					造型设计者	黄斌 曹敏
					底盘设计者	谢骋
					电器设计者	谢铭诗
					其他主要部件设计者	宋旭华 施杰 方健 卢晓 成薇

资料来源:泛亚汽车技术中心有限公司

第三节　其他整车自主研发

一、五菱微型车自主研发

【研发机构、人员】

1999年2月,柳州微型汽车厂技术中心成立,由原设计处、工艺处、总师办、标准化处、试制车间5个部门合并组成,同年企业改制后隶属于柳州五菱汽车有限责任公司。2002年11月,上海汽车工业(集团)总公司(简称上汽集团)、美国通用汽车公司(简称美国通用汽车)及柳州五菱汽车有限责任公司合资成立上汽通用五菱汽车股份有限公司(简称上汽通用五菱)。同年年底,该技术中心和主要研发人员隶属上汽通用五菱,部分骨干人员进入柳州五菱汽车有限责任公司。2003—2005年,该技术中心由泛亚技术中心派驻人员负责管理。2005年年底开始由上汽通用五菱自主管理。至2006年,逐步形成"以我为主、集成资源"的模式。

至2015年,该技术中心设有造型、整车前期开发、整车工程、底盘及动力、空电工程、车身工程、内外饰工程、动力总成、新能源、车身制造工程、车身制造集成、试验认证、产品价值工程、运营管理、自动化工程、知识工程与法务等十六大区域,具备从造型设计、前期开发、产品工程、制造工程、动力总成、试验验证、知识管理各大功能,并采取矩阵运行模式开展项目开发。技术中心人员达 1 571 人,其中管理人员 83 人、技术人员 1 296 人、技能人员 192 人。同时,技术中心通过博士后工作站、院士工作站等合作方式,从湖南大学、上海交通大学、武汉理工大学、吉林大学等引进 30 名博士后进驻博士后工作站,充实技术中心开发团队。此外,有 1 000 余名产学研合作技术人员常驻研发中心参与产品研发。

2006 年,该公司研发投入 4.85 亿元,研发投入占销售收入的 3.64%,2010 年,研发投入 15.43 亿元,研发投入占销售收入的 3.67%。2015 年,研发投入 29.7 亿元,研发投入占销售收入的 3.22%。

【研发模式、试制试验能力】

2007 年,上汽通用五菱技术中心成立零部件台架试验组,负责自主研发车型车门和玻璃升降器等耐久试验。2008 年 7 月,将试验认证科改为整车试验部,下设整车耐久道路试验组、整车性能试验组和试装调试组,负责整车和动力总成耐久道路试验、整车基本性能道路试验和零部件试装调试。该技术中心设立的零部件试验室能够实现多个零件及子系统高低温性能、耐久试验、刚度以及抗冲击和抗振等测试。技术中心试制车间拥有软工装白车身生产线、机加工设备、便携式三坐标测量仪、激光扫描仪和 3D 白光扫描仪等设备仪器,每年可生产白车身样车 180 台以上、整车样车 250 台以上,可完成 2 个全新项目和 2 个中期改进项目的安装调试工作。

2009 年 3 月,检测中心建成投入使用,主要从事发动机台架、整车排放和汽车零部件开发等试验,能满足 GB 和 GM 的相关试验要求,试验水平达到国内先进。2010 年,检测中心通过 CNAS 国家认可实验室认证。2011 年,检测中心建设发动机及排气系统 NVH 试验室、国产电力测功机台架、深度热冲击台架,具备噪声试验、振动测试试验、声源定位测试试验、扭振测试试验等 GB 发动机 NVH 试验能力。2012 年,建设耐久台架、润滑台架、低温冷启动台架。2013 年 2 月,购置整车排放耐久台架,并对整车排放分析仪进行升级,具备普通汽油机、缸内直喷汽油和柴油机试验的国五排放和综合油耗试验能力。2015 年,购置实际行驶污染物排放设备,零部件试验室完成改造,进一步提升车身附件、底盘、结构、安全、环境模拟、空气质量和材料开发试验能力。2014 年 10 月,柳东整车试验场开工建设,建成后可在柳州开展整车道路性能试验、整车道路耐久性试验。同时,环境模拟试验室、NVH 试验室和电子电器试验室开工建设。

2009 年 11 月,上汽通用五菱技术中心造型团队与美国通用汽车合作,先后 3 次派 18 人次赴通用汽车北美设计中心、通用霍顿汽车设计中心参加汽车造型设计流程、创意设计、色彩设计、数字建模、油泥模型等培训;与湖南大学艺术设计学院合作,开展五菱汽车造型设计风格和造型趋势研究。2010 年,造型团队从工程科独立出来成立造型中心,分创意设计科和设计运营科 2 个科室,以及创意设计组、色彩设计组、数字设计组、油泥模型组、项目管理组等 5 个业务组,主要研发设备与通用北美设计中心相同,在国内汽车行业处于领先水平,是广西第 1 家具备模型加工和虚拟评审的设计中心。其中引进美国 TARUS 公司模型加工设备,具备加工 1∶3 油泥模型到 1∶1 油泥模型的能力;从比利时引进 BARCO 公司虚拟仿真评审主系统,采用 DLP 数字立体投影技术,通过三维立体效果实现虚拟仿真设计的评审。至 2010 年,上汽通用五菱技术中心已经具备概念设计、创意造型、产品工程和制造工程、样车试制和试验的全部能力,采用 CAD 和 CAE、虚拟仿真评审及整车集成等方法,形成新产品自主开发的完整流程。2015 年,造型中心设创意设计前期及数字色彩科、创意设计内饰科、创意设计外饰科、设计运营科,主要业务包括内外饰造型创意设计、CAS 面及 A 面设计、色彩与装饰设计、零件外观认可、虚拟评审设计、油泥模型及硬质模型制作、造型工程问题解决、设计运营管理等,承担所有五菱及宝骏品牌新产品研发的造型设计工作。2011—2015 年,为提升产品造型研发能力,造型中心经过一期、二期能力建设,陆续引进虚拟现实评审系统、三轴模型加工设备、五轴龙门加工中心、三维打印系统、三维扫描仪等关键设备,以及 Alias、RTT 等专业三维表面建模软件。

2002 年,该技术中心拥有授权专利 1 项和国家科技进步奖一等奖 1 项,教育部科技进步奖一等奖 1 项,至 2015 年,累计拥有授权专利 1 596 项;国家科技进步奖 3 项,其中一等奖 1 项、二等奖 2 项;省部级奖项 16 项,其中特别贡献奖 1 项、一等奖 4 项、二等奖 9 项、三等奖 2 项;中国汽车工业科学技术奖 4 项,其中二等奖 2 项、三等奖 2 项。该公司《薄板冲压工艺与模具设计理论、计算方法和关键技术及在车身制造中的应用》课题报告获 2002 年国家科学技术进步奖一等奖;《汽车碰撞安全性设计与改进理论、方法及关键技术》课题报告获 2004 年国家科学技术进步奖二等奖;《复杂薄板产品装配的数字化工艺设计与装备技术》课题报告获 2011 年国家科学技术进步奖二等奖;《"五菱之光"系列微型汽车自主研发及制造》课题报告获 2010 年广西科学技术特别贡献奖。

1999 年 12 月,上汽通用五菱被批准成立企业博士后科研工作站。2000 年 1 月,被批准为国家认定企业技术中心。2009 年 7 月,被批准为国家高新技术企业。2010 年 10 月,被批准为广西微小型汽车工程技术研究中心。2011 年 9 月,成为第一批广西创新型企业。2012 年 9 月,成为广西汽车工程院;11 月,成为国家第五批创新型试点企业。2013 年 5 月,成立广西院士工作站;11 月,成为全国第一批知识产权优势企业和广西知识产权优势企业。

【五菱之光研发】

2002 年 11 月,五菱之光上市,该系列车型以其创新的设计理念,成为安全微型车新标杆。项目负责人为公司总经理沈阳和副总经理姚佐平,项目主要设计者为总工程师韦勇,项目主要完成人为蒋桂华、张正湘、廖鸿胡、练朝春、黄宗斌、潘启新、侯飞、钱宁、谢铭诗、黄州、覃庆泽、袁智军、梅胜军、杨晓、谢庆年、李江柳。五菱之光项目于 2000 年批准立项,2001 年 7 月和 10 月先后完成首次和第 2 次样车试制,12 月完成所有工程样车试制。2002 年 9 月试生产,11 月实现量产。该系列车型获国家发明专利 20 项,2006 年获广西科学技术进步奖一等奖。2007 年,五菱之光 N106 系列车型获中国汽车工业科技进步奖三等奖。2010 年,《"五菱之光"系列微型汽车自主研发及制造》课题报告获广西科学技术特别贡献奖。同年 5 月,美国《福布斯》杂志封面刊登五菱之光照片,并称其为"地球上最重要的一款车"。此外,该公司开发的五菱小旋风 D150 单双排微型货车和五菱鸿途 N200 系列微型客车分别于 2008 年和 2009 年获广西科学技术进步奖二等奖。项目主要负责人为公司总经理沈阳和副总经理姚佐平,项目总监梁正,项目主要设计者为总工程师韦勇,项目主要完成人为黄训、梅胜军、张正湘、廖鸿胡、博爱军、王业玮。

2011—2015 年,五菱之光平台又陆续开发小卡单双排微型货车、S 款和加长版等车型,后续项目的主要负责人为公司总经理沈阳和副总经理姚佐平,项目总监梁正,项目主要设计者为总工程师韦勇,项目主要完成人为袁智军、廖鸿胡、练朝春、黄祖勇、黄元毅、李江柳、黄宗斌、尧永春、谢庆年、范文建、黎海。

【五菱荣光研发】

2008年4月,五菱荣光上市,该车拥有比普通加长微客更大的乘坐和载货空间,开创中国微型车市场"大微客"时代。该项目负责人为公司总经理沈阳、副总经理姚佐平和项目总监梁正,主要设计者为总工程师韦勇、平台总工程师杨蔚,项目主要参与者为徐飞云、梅胜军、周江奇、柏宏、黄元毅、黄宗斌。五菱荣光项目于2006年6月立项,同年9月—2007年2月样车试制,2007年5月,造型发布,12月完成整车试验,2008年4月,量产上市。该车获2009年度微型车用户满意度第一名。

2011—2015年,在原五菱荣光大微客平台基础上,陆续开发五菱荣光单双排微型货车、五菱荣光S、五菱荣光加长版等车型,最大限度发挥该平台规模最大化效应。同时,五菱荣光出口拉美、埃及等地区,成为公司出口主力车型。通过五菱荣光开发,建立国内外第一个B级交叉性乘用车产品平台,在此平台上完成四大系列53款车型开发,成为通用汽车全球平台。五菱荣光后续项目主要负责人为公司总经理沈阳和副总经理姚佐平,项目总监梁正,主要设计者为总工程师韦勇、平台总工程师杨蔚,项目主要完成人为石国勇、徐飞云、梅胜军、周江奇、柏宏、黄元毅、黄宗斌。2012年,《五菱荣光系列车型开发》课题报告获广西科学技术进步奖二等奖。

【五菱宏光研发】

2010年9月,五菱宏光上市,该车为配置自主开发发动机前置后驱结构的5～8座车型,是上汽通用五菱推出的第一款介于商用车和乘用车的跨界自主研发产品和国内首款紧凑型商务车。该项目负责人为技术中心副总经理兼车身工程总监练朝春、项目总监吴业全,主要设计者为总工程师韦勇,主要完成人为李江柳、黄祖勇、黄元毅、黄宗斌、谢庆年、黎谦、蔡尊华、吕俊成、危学兵、许冰、彭承荣、吴美慧、唐运军、雷露露、肖春燕。该项目于2007年3月立项,12月,造型发布,2007年7月—2009年2月样车试制,2010年2月完成整车试验,8月实现量产。该车在整车系统设计、关键零部件开发、技术规范建立、新工艺应用等方面解决多项重大技术难题,获得25件发明专利、58件实用新型专利。2010年,该车获央视年度经济型乘用车大奖。

2014年2月,五菱宏光S项目立项,该项目负责人为公司总经理沈阳,项目总监吴业全,主要设计者为总工程师韦勇,项目主要完成人为黄祖勇、杨蔚、练朝春、廖鸿胡、黄宗斌、危学兵、吕俊成、秦际宏、雷露露。五菱宏光S在2015年6月实现量产,与五菱宏光相比,在乘坐舒适性、减振降噪、轻量化各方面有显著提高。2015年,《紧凑型商务车整车工程创新技术及应用》课题报告获广西科学技术进步奖二等奖、中国汽车工业科学技术进步奖三等奖。

二、上海申沃客车自主研发

【研发机构、人员】

2000年8月,上海申沃客车有限公司(简称上海申沃客车)建立产品研究开发部,为企业产品研发中心,下设城市客车、城郊客车、技术支持、底盘及电气附件4个科。根据产品研发需要,2001年9月,产品研究开发部增设设计试制试验车间。2002年8月,该部下设机构调整为技术支持、国产城市客车、沃尔沃城市客车和城郊客车4个组和试制车间。2008年12月再次调整为总体、底盘、车身、技术支持、旅游5个科和试制车间,该部成立初期有技术开发42人,2006年增加到75人,2015年为46人。试验车间成立初期有12名专业技工,2015年为8人。

【研发模式、试制试验能力】

1999 年和 2000 年,上海申沃客车成立前后,抽调多批次的产品设计及生产工艺人员赴瑞典沃尔沃等公司进行客车设计等学习培训。2000 年合资成立后,确定国产客车与 VOLVO 客车平行研发模式,同时明确进口底盘零件由外方瑞典沃尔沃公司设计及更改,车身内饰等由上海申沃客车设计。2003 年,研发模式调整为由线式组织机构(包含底盘、车身、技术支持和样车试制试验)和车辆(包含城市车辆和旅游车辆)组织机构组成的矩阵式研发模式。2004 年,中外双方开始联合设计,上海申沃客车参与与车身骨架关联的进口底盘结构设计。2007 年,与沃尔沃客车联合研发新一代沃尔沃城市客车,主要参与车身及底盘车架设计。

2000 年研发中心成立时,进口德国肯比 CO_2 焊机和激光水平仪,配置车辆举升机、起重机、钻床等国产设备。2002 年,增添等离子切割机、二氧化碳保护焊机等国产设备,研发装备达到国内同行先进水平。负责新产品试制和整车及零部件试制改制的试制车间,配备钳加工及装配、钣金加工及装配、机械安装调试、电器安装调试、样板制作、车辆试车及检测等试造岗位,试验试制能力从每年几辆提升到每年 10 多辆。

【研发成果】

1999 年,上海申沃客车前身上海客车制造公司研发的 SK6115Q-3 型单燃料压缩天然气公共汽车列入上海市级重点新产品。同年 8 月,公司成立由教授级高工曹邕震负责的 9 人研发团队,其中姜杰峰负责总体设计,王海洪、纪超、李敏彪、王金华依次负责动力、底盘、电气和车身等设计。该项目改进 SK6115HP2-3 型公共汽车,采用闭环电控、多点喷射、增压中冷的单燃料天然气发动机,顶置缠绕式复合材料压缩天然气瓶及压缩天然气系统,车辆尾气排放达欧 II 标准,自由加速烟度 0.29Rb,达到国内先进水平。2000 年 7 月,该车通过国家轿车质量监督中心定型试验鉴定;12 月,35 辆车投入公交运行。

2000 年 12 月,上海申沃客车开始开发 SWB6120KHV-3 型城市客车。该车被列为国家级重点新产品和上海市科委 2000 年新产品计划,由公司总工程师马宝富负责,产品研发部副经理陆健丁等 12 人组成研发团队,其中黄鼎兴负责总体设计,刘明伟、邢仁明、李硕人、魏欣荣、屠君、纪超和李治依次负责车身、内饰、造型、结构、电气、底盘和制动等设计。该车系高档城市客车,采用沃尔沃 B7R 客车专用底盘,匹配国产车身及附件,尾气排放达到欧 II 标准,为当时国内最好的公共汽车。2001 年 7 月,产品研发成功投放上海市场,上海 8 个主要公交公司全部配备该车。

2001 年 11 月,上海申沃客车开始开发 SWB6115Q2-3 压缩天然气单燃料城市客车。公司组成总经理干频负责,副总经理顾庆、国产城市客车科科长沈延东等 11 人的研发团队,研发人员姜杰峰、杨冠峰、王海洪、王金华、孙永城、李硕人等依次负责底盘、制动、动力、车身、电气和造型等设计。该车操作简单轻便,起步平稳,安全可靠,动力性好,杜绝城市客车尾气黑烟现象,为环保型清洁型车辆。2002 年 3 月,产品研发成功上市;6 月,该车参加北京国际汽车展,成都公交集团一次性订购 50 辆。同年在上海和成都等地销售 150 辆。

2006 年 1 月,上海申沃客车开始研发 SWB6116HG 型高等级城市客车。公司成立由经理阚卫峰负责、底盘科主管姜杰峰等 14 人参加研发团队,研发人员郭林财负责总体设计,张建南、孙永城、纪超、窦宝华、丁乔、王静、戴红云等依次负责悬挂、电气、动力、电气、制动、底盘和外观等设计。该车为 11.5 米长的低成本高等级城市客车,具有高可靠性、高承载性和低油耗和乘坐舒适的特性。2006 年 8 月,该车批量生产;至 2007 年年底,用户订单 500 多辆。

　　至 2015 年年底,上海申沃客车共研发城市客车、城郊客车两大系列 27 个品种产品,其中 2000—2003 年研发生产的产品均达到国二排放标准,2003—2005 年研发生产的产品均达到国三排放标准,至 2013 年,各主要车型均达到国四排放标准,至 2014 年,各主要车型均达到国五排放标准。产品包括天然气动力、超级电容、二甲醚、混合动力、纯电动等新能源客车和传统能源客车。公司研发产品共获得 6 个国家级奖和 7 个上海市级奖,以及外观设计和实用新型 7 项国家专利。

表 10‑3‑3　2001—2015 年上海申沃客车部分获奖产品一览表

序号	获奖时间	车　型	获奖名称	获奖等级
1	2001 年 6 月	SK6115Q‑3 型单燃料压缩天然气公共汽车	上海市优秀新产品	三等奖
2	2001 年 6 月	客车(城郊客车)	外观设计国家专利	—
3	2001 年 11 月	SWB6122 型客车	第五届全国城市车辆展览会超一级城市客车(四星级)推荐产品	全国四星级推荐
4	2001 年 11 月		第五届全国城市车辆展览会超一级城市客车(四星级)推荐产品	全国四星级推荐
5	2001 年 12 月	SWB6120KHV‑3 城市客车	上海市级新产品	市级新品
6	2002 年 7 月		国家重点新产品	—
7	2003 年 1 月	单燃料天然气公交汽车	上海市科学技术进步奖	二等奖
8			必比登挑战赛"明日之星"环保概念车奖	环保概念车
9	2004 年 10 月	SWB6120V3 型城市客车	必比登挑战赛加速性能奖	性能奖
10			必比登挑战赛制动性能奖	性能奖
11	2005 年 7 月		第二届全国客车大赛中国城市客车铜奖	铜奖
12	2005 年 4 月	SWB6105HDP10‑3 型城市客车	上海市科学技术进步奖	三等奖
13	2005 年 7 月	SWB6116Y1	第二届全国客车大赛中国城市客车铜奖	铜奖
14	2005 年 7 月	SWB6125LE	第二届全国客车大赛中国城市客车银奖	银奖
15	2006 年 11 月	SWB6100V 型城市客车	上海市科学技术进步奖	三等奖
16	2008.1	SWB6116 客车	外观设计国家专利	—
17	2011 年 12 月	客车(SWB6860 旅游客车)	外观设计国家专利	—
18	2011 年 12 月	客车前后围的止胶结构	实用新型设计国家专利	—
19	2013 年 6 月	天然气城市客车(SWB6127Q6)	外观设计国家专利	—
20	2013 年 7 月	动力电池箱的快卸装置	实用新型设计国家专利	—
21	2013 年 11 月	SWB6121EV 系列	上海市节能产品称号	市级节能产品
22	2013 年 12 月	增程式纯电动客车动力系统	实用新型设计国家专利	—

资料来源:上海申沃客车有限公司

三、跃进重型车自主研发

【研发机构】

2007 年 4 月,南京依维柯汽车有限公司(简称南京依维柯)对依维柯与跃进两个品牌进行业务整合,成立南京依维柯研发中心,确定跃进品牌的产品研发由跃进产品平台负责。2007 年年底上南全面合作后,保持南京依维柯研发中心。2010 年,公司对产品工程部二级组织进行调整,分设跃进 S 系列、跃进 H&K 系列和跃进新产品 3 个平台,跃进产品研发由 3 个平台各负其责,各产品平台和设计室实行矩阵式管理。2012 年 3 月,南京依维柯开始对南汽研究院业务进行委托管理,南汽研究院合署办公人员进入南京依维柯合作研发跃进产品。同年,产品工程部增设跃进开发科,分管跃进各品系产品设计开发。至 2015 年年末,产品工程部主要研发仪器设备有 659 台/套,其中可用于跃进的研发设备 370 台/套,基本具备较为完整先进的整车、造型、动力总成集成、系统零部件设计及相关试验验证能力。

2007 年,产品工程部设计人员合计 104 人,其中负责跃进产品研发的 59 人。2010 年,研发中心产品设计人员 125 人,其中负责跃进产品研发的 70 人。至 2015 年,研发中心产品设计人员 246 人,其中负责跃进产品研发的 113 人。技术中心下设测试车间,负责样车试制和试验。2007 年,测试车间有员工 24 人,2010 年为 28 人,2015 年为 36 人。

【研发成果】

2007 年年初,南京依维柯产品工程部成立跃进 08 款欧卡车型项目组,由副部长王灿明为组长,研发人员刘树生、蔡小石、曹庆祥、杨河清等为骨干,参与开发人员 150 人。同年 9—10 月设计数模冻结,11 月工装件完成开发,12 月进行整车试制验证,2008 年年初发布上市。跃进 08 款欧卡推出,丰富了跃进轻卡产品线,主打出口市场的国际版和巴西版车型均在该车型基础上后续开发。2010 年 12 月,该车型在中国卡车年度车型评选中获得年度轻卡奖。该系列车型获得 4 项专利。

2009 年 3 月,南京依维柯和简式国际汽车设计(北京)有限公司合作,开展跃进帅虎系列经典版 2010 款车型外观改进项目。项目涉及宽体、中体和窄体全部系列 10 种驾驶室总成。公司成立新产品研发项目组,以产品工程部副部长纪正安任组长,研发人员曹庆祥、杨希志、李艳茹、蔡小石、井广红、杨河清等为骨干,参与开发人员 180 人。2009 年 7 月设计数模冻结,9 月完成试制验证,12 月底完成研发。2010 年年初发布,4 月上市。该车开发两种不同风格的驾驶室,并提升部分性能指标和配置,改善品质效益,迅速成为跃进主力车型。2010 年上市当年产销 14 543 辆。该车型开发项目申报 6 项国家专利。

2009 年 9 月,N12 项目启动。2010 年 7 月,南京依维柯成立 N12 超越车型项目组,由产品工程部部长彭曙分为组长,副组长唐善政(后为王美凤)、PaoloMirone,开发人员邹小俊、赵振东、PaoloMirone、吴晓翔、周铿、BONETTA、王灿明、陆声巨、张东、朱国栋、吴亚东、杜义俊、陈汉辉、苏家竹、吴鹰等为骨干,上汽商用车技术中心、意大利依维柯汽车公司、南汽研究院共同参与,开发人员总计 300 余人。2012 年 2 月,首款车型中体 SOFIM 完成工程发布,9 月,首款车型中体 SOFIM 首台车总装下线;2013 年 9 月,超越首款车型中体 SOFIM 车型 SOP;2014 年 12 月,项目范围内最后一款车型 SOP(批量生产启动)。2014 年产销 3 021 辆,2015 年产销 7 300 辆。

超越车型为跃进第 4 代产品,代表中国轻卡发展方向,填补跃进中高端轻卡产品空白,为跃进产品更新换代提供产品基础。至 2015 年 6 月,该项目获得专利 38 个,其中发明 1 项,实用新型 32

项,外观5项。

2010年12月,南京依维柯开发跃进S50小福星系列产品,产品工程部总监助理刘树生任项目组长,主要研发人员包括陈锦东、王睿、曹庆祥、邵建萍、李燕茹、张兆金、陆兴彪、郭娟等,涉及参与开发人员110人。项目涉及柴油、汽油发动机两大动力总成系列,有单排、排半和双排驾驶室,排放标准从国一到国四,2014年又推出国五汽油机产品,共计数10个车型系列。2011年1月完成造型冻结,3月初完成车身结构数据发布,同步开展底盘样车试制试验,7月完成首台车身工装样车试制,累计完成30多万公里可靠性及耐久性试验,按期于2011年12月上市。2012年实现销售5 700余台,2013年销售近2万台,该系列产品填补了南京依维柯跃进品牌小卡产品空白,获得专利3项。

2011年2月,南京依维柯和南汽研究院合作,在跃进欧卡基础上进行造型升级,形成跃进新K系列产品,项目涉及宽体、中体和窄体全部系列10种驾驶室总成。公司成立项目组,以产品工程部副部长纪正安任组长,研发人员陈锦东、曹庆祥、杨希志、李艳茹、高洪亮、井广红、杨河清、蒋超等为骨干,参与开发人员180人。2011年7—9月陆续完成窄体、中体、宽体的数模冻结,2012年1—3月陆续上市。该车开发两种不同风格的驾驶室,重新开发内饰造型和仪表板,提升底盘配置调整及性能。2013年利用新K系列驾驶室开发成果,结合H系列底盘,通过以刘同富为组长的项目组成员共同努力,形成X系列产品,于2014年6月上市,当年销售5 226辆,2015年销售6 576辆。该车型开发申报2项国家专利。

四、红岩重型车自主研发

【研发机构、人员】

1998年,重庆红岩汽车有限责任公司技术中心被认定为重庆市级企业技术中心。该技术中心研究范围涵盖汽车整车、系统总成、部件结构、制造工艺、材料等领域,先后研发8种产品,获得8个奖项和6项专利。

2007年6月,该公司合资为上汽依维柯红岩商用车有限公司(简称上汽依维柯红岩)后,设立技术中心,下设新产品开发、底盘设计、部件设计、驾驶室设计、系统设计、产品改进、工程服务7个处和测试车间,人员130人。2015年,该中心设底盘设计、驾驶设计、系统设计、传动系设计、整车性能及计算、服务预算、特种车设计、公告法规处、价值分析、整车集成10个处和测试车间,人员增至290人,其中外方人员4人。

【研发模式、试制试验能力】

上汽依维柯红岩技术中心实行本土化合作研发机制和整车零部件同步开发机制。在这个机制中,上汽依维柯红岩负责整车和车桥开发及匹配,上海柴油机股份有限公司、上汽菲亚特红岩动力总成有限公司等零部件企业负责动力总成开发及匹配,战略合作供应商负责其他重要零部件开发。

1997年,该公司技术中心开始使用IDEAS绘图软件,2008年使用MATRIX和PRP系统,2009年使用有限元分析软件开发设计,至2010年已具备底盘、电子电器、动力总成等自主设计研发能力。2015年,技术中心成功上线运用PDM项目,有效保证了产品技术文件三维CAD应用标准规范实施和实时数据共享。

根据上汽依维柯红岩产品开发流程,技术中心测试车间负责样车试制试验,具备整车开发样车设计、试制、验证及零部件检验分析、各种样车改装等能力。该车间拥有6台样车同时装配的工位、各种机加工设备配备和专用设备,拥有便携式数据采集系统、热平衡性能测试、车辆环境及电器参数采集、车载温度压力测试、数据采集、压力测试等测试系统,以及试验专业设备。同时,利用中国湖北襄樊东风试验场等社会资源,完成整车和零部件台架试验和各种道路试验。从 2010 年开始,该技术中心试制和试验能力每年为 30 辆车。

至 2015 年,该公司投入 9 000 万元建设技术中心台架试验能力提升项目,建成后将包括转毂、振动等在内的 9 个试验室,能完成 15 种重型汽车整车或分总成试验。其中电器试验台即组合开关耐久试验台已经投入使用,厂区试验道改造项目已经完成。

【研发成果】

上汽依维柯红岩合资后引进依维柯品牌原型车技术,2006 年 5 月组成 908 项目组,由设计员魏忠宣负责,80 人参加,开始研发红岩"杰狮"产品。经过近 3 年时间,2009 年 3 月,红岩杰狮重卡上市。该产品在引进依维柯原车型驾驶室本体、驾驶室悬置系统、驾驶室隔音隔热系统、模块化设计的冷却模块、发动机悬置系统、组合踏板、电子系统、管线布置及采购引进的 CURSOR9 系列发动机等总成的同时,车架、驾驶室内外饰、悬挂、转向和动力总成匹配等为自主创新技术,整车技术水平与依维柯投放欧洲的产品同步。2008 年,该车型获得重庆市技术创新奖和重点新产品奖,汽车驾驶室、汽车仪表台和牵引车 2 项外观设计获得国家专利。2009 年 11 月,红岩杰狮重卡在第二届中国国际卡车节油大赛上获得 6×4 牵引车 380(含)马力以下组的节油冠军。

2015 年,该技术中心完成杰狮 M100/新金刚右置车、红岩杰卡牵引车 6×2、杰狮驾驶室小改型、新桥产品应用等项目的研发工作。红岩新金刚国四自卸车、红岩杰狮国四公路运输车被评为重庆市新产品。

五、申联专用车自主研发

20 世纪 80 年代初,上海汽车拖拉机工业联营公司开拓专用汽车市场,为改装车企业提供上海重型汽车厂和上海第二汽车底盘厂生产的重型车和轻型车底盘。1988 年 8 月,上海汽拖联营公司组织上海重型汽车厂、上海第二汽车底盘厂、上海汽车工业销售公司与参与公司联营的专用车企业,共同组建以资产为纽带、联营性质的上海申联专用汽车联合公司(简称上海申联专用车),专业产销申驰牌专用车。公司有 20 多人的研发团队,制定 150 多个企业标准。

上海申联专用车成立后,首先利用上汽生产的轿车改装专用车。初期采用上海牌轿车改装专用车,1997 年与上海大众汽车合作,采用桑塔纳、帕萨特等轿车改装警务车、工程车、指挥车、稽查车和囚车等专用车,这些专用车成为中国公检法司警务用车和公路、电力、环保等公务用车的重要车型,至 2010 年,采用大众轿车改装的各类专用车累计 5 000 多辆。

上海申联专用车还与其他企业合作开发各类专用车。1995 年,与徐汇环卫车辆设备厂合作开发申龙牌系列环卫专用车,此后采用多种底盘研发生产多种垃圾车、吸粪车和洒水车。

1996 年与上海星星公司和上海汽车改装厂等共同研发申驰牌系列运钞车,1998 年开始批量生产,该车成为政府许可的运钞车,至 2010 年,累计产销 1 000 多辆。上海申联专用车开发的以庆铃五十铃和江淮奥铃为基础车型的扫路车,产品销售南至海南、北到佳木斯。同时,公司还推出以东风卡车为基础车型的翼开启厢式运输车。

上海申联专用车利用自身研发力量开发多种专用车。1995 年开发轿车运输用翼开启厢式车。

2005年起自主开发生产扫路车,至2010年,累计生产200余辆。2008—2011年,开发防弹运钞车、工具车、厢式运输车、扫路车、指挥车、勘察车、工程车、拖挂式发电车、航天测控光电载车等产品,实现当年开发当年量产销售。此外,申驰牌专用车产品还有厢式运输车、冷藏保温车、旅居车、车辆运输半挂车等。2010年,结合上海世博会需求开发并生产4座、8座和14座的500余辆新能源场馆用车,受到国家领导人和世博组委会好评。

至2011年年底,上海申联专用车自主研发的专用车形成运钞车、环卫专用车、警用专用车、厢式物流车等4个系列产品,共有运钞车、压缩式垃圾车、洒水车、扫路车、吸粪车、指挥车、工程车、稽查车、囚车、旅居车、厢式运输车、翼开启厢式车、冷藏车、车辆运输半挂车、流动银行车、电源车、救护车、餐车、工具车等20多种车型。

自2012年起,上海申联搬迁至无锡,更名为无锡申联专用汽车有限公司,隶属上汽商用车有限公司,依托大通车型开发厢式运输车、工具抢险车、救护车、校车、餐车、囚车、流动审判车、流动服务车等车型,并与大通基型车型同步上市。

六、南汽专用车自主研发

【研发机构】

2003年1月,南京南汽专用车有限公司(简称南汽专用车)转制为法人企业,公司专用车研发依托跃进汽车集团专用车研究所的研发力量。跃进专用车研究所隶属于南汽集团技术中心,两者一体化运作。跃进专用车研究所设有民品设计室、军品设计室、电气设计室、工艺标准室和试制试验室5个室。2003年成立之初研发人员10人,2015年增至30人。

南汽专用车与跃进专用车研究所坚持自主研制为主,联合南京市相关高校和科研院所开发为辅,部分设备、零部件借助于供应商的研发力量。主要仪器设备包括扭力测量仪、漆膜厚度测量仪、各种机加工设备、三维五轴数控激光切割机等计30余台。至2015年,公司拥有59项国家专利,包括专用防弹车、高档救护车、流动电视宣传车等13项外观专利、交直流两用汽车空调装置、矿用防爆四驱指挥车底盘、移动式公用电话及电信业务车等44项实用新型专利及矿用车悬架系统和双层担架床2项发明专利。

【研发成果】

2008年12月,南汽专用车和跃进专用车研究所成立上海世博会纯电动场馆车研制小组,项目负责人为工程师樊启要,参与研发人数20人。2009年5月,完成4座纯电动场馆车和8座纯电动场馆车样车研制;9月,完成性能测试及道路可靠性试验;10月,取得生产许可证开始批量试生产;11月,批量生产,2009年12月—2010年1月,完成批量生产和交付。上海世博会期间,100辆燃料电池观光车和270辆纯电动观光车在上海世博园区示范运营,车辆性能稳定、运营正常。该公司于2010年11月获国家科技部颁发的上海世博先进集体荣誉称号。该电动场馆车底盘平台获实用新型国家专利,场馆车前组合灯获外观设计国家专利。

七、SH6600轻型客车自主研发

1991年2月,上海拖拉机内燃机公司(简称上海拖内)下属上海拖拉机厂6600面包车试制成功。该试制项目负责人为上海拖拉机厂厂长王秀声、总工程师姚海辰,直接参与者为车间主任徐先成、工程师洪家高等。1993年,上海汽车工业总公司确定轻型客车为公司重大项目之一,成立制造SH6600轻型客车的上海飞羚轻型客车厂(简称上海飞羚),车身厂区设在上海拖内,底盘厂区设在上海汇众汽车制造有限公司(简称上海汇众)。1994年4月,由上汽技术中心设计,上海汇众、上海飞羚联合研制的SH6600和SH6601C两款轻型客车通过技术鉴定。该车总指挥为上汽总公司副总工程师张士元,总设计师为上汽技术中心主任张振华、整车室主任徐遐年。同年6月,SD6600N21型轻客车前悬挂装置总成技改项目通过验收。

1994年4月,上海飞羚制定SH6600轻客第二轮改进设计方案。1996年10月,SH6700、SH6700A型轻型客车通过技术鉴定。1997年,飞羚牌6700轻型客车获第四届上海科学技术博览会金奖。

1997年11月,因该车底盘和发动机选配未达中高档水平,难以应对市场竞争,上汽集团作出"开发加快,技改暂停"决定。1998—2001年,上海飞羚先后开发SH6630、SH6700C、SH6700D、SH6703、SH6700A-1、SH6840等样车并通过鉴定,飞羚牌轻型客车形成6米、7米、8米3个平台。

2002年,由于缺少技术支撑,产品质量存在问题,难以形成市场规模,该产品停产,飞羚牌轻型客车累计生产977辆、销售899辆。

第四章　汽车零部件自主研发

20 世纪 90 年代,上汽零部件企业在技术引进消化基础上,开始致力于自主研发能力建设。1994 年,公司所属零部件企业全部建立企业技术中心。至 2015 年,汽车动力、汽车底盘、汽车电子电器、汽车饰件等系统,以及汽车传动轴、汽车空调产品等均形成自主开发能力,一批零部件企业技术研发能力居国内同行领先水平。

第一节　汽车动力系统自主研发

一、K 系列汽油发动机自主研发

2004 年,上海汽车工业(集团)总公司(简称上汽集团)成立利用罗孚汽车技术二次开发 K 系列汽油发动机的 528 项目组,该发动机以后成为上汽自主品牌荣威的首款发动机。研发团队由上海汽车股份有限公司发动机项目负责人干频、上海内燃机研究所副所长阳树毅、上海汽车工业技术中心(简称上汽技术中心)发动机部总监平银生、上海幸福摩托车有限公司总经理方杰和副总经理李一峰负责,上汽技术中心发动机部高级经理朱国华、周岳康、陈伟芳、徐小平分别负责发动机本体、发动机附件、试制试验及项目管理。该项目于 2004 年 7 月立项,9 月确定 2.5 升 KV6、K4 的 1.8T 和 1.8VCT 三款基本型发动机二次开发目标和进度。

项目组严格按照 GPDP(全球动力总成开发流程)控制开发质量,经过发动机零部件功能试验、发动机性能开发试验、发动机可靠性耐久性试验和整车试验,至 2008 年 11 月,3 款发动机相继完成开发并投产。3 款系列发动机采用 3 级可变进气、废气涡轮增压、双可变气门相位(VCT)、一体式紧耦合排气催化系统等先进节能减排技术,以及全铝机体和塑料进气管等轻量化结构,达到欧Ⅳ排放标准。2008 年 10 月和 2009 年 2 月,中国科学院上海科技查新咨询中心先后认定 3 款发动机综合技术水平均处国内领先和国际先进水平。此后,上汽技术中心又成功开发 K4 1.8TFR 和 K4 1.8T 混合动力发动机,并满足国五排放标准。

2008 年,KV6 发动机获中国汽车工业科技进步奖三等奖。2009 年,K4 发动机获中国机械工业科学技术奖二等奖。2006—2009 年,K 系列发动机缸套密封结构、进气歧管系统、发动机冷却系统、排气歧管等获 6 项国家实用新型专利。2009 年,K4 1.8T 发动机被认定为上海市专利新产品。

K 系列发动机二次开发成功后,主要与上海汽车集团股份有限公司乘用车分公司(简称上汽乘用车分公司)自主品牌荣威 750、550 和 MG6,荣成华泰汽车有限公司圣达菲和东风柳州汽车有限公司景逸等品牌车型配套。3 家主要整车用户反馈良好,认为该机动力强劲,起步加速和超车性能突出;运转平稳,怠速或高速噪声低;油耗低,百公里油耗 5.5 升左右;可靠性好、返修率低,10 万公里可靠性检验无故障;排放低,排放达到国四标准。至 2010 年年底,KV6 2.5L、K4 1.8T 和 K4 1.8VCT 3 款发动机各产销 20 540 台、97 704 台和 149 979 台。

二、NSE 系列汽油发动机自主研发

2007 年 4 月,上海汽车集团股份有限公司批准开发具有自主知识产权的 NSE 系列新一代节能型小排量发动机,包括 1.5VCT、1.3L、1.5T 系列发动机。该发动机由上汽技术中心 PT 团队研发,2007 年 4 月立项,研发团队包括技术中心副主任辛军,项目总工程师周岳康,发动机部总监平银生和 FlemingIain,动力总成集成总监刘启华,上汽乘用车分公司业务规划与项目管理总监祝勇,项目经理吴建,发动机部高级经理朱国华、郑重、陈伟芳、顾煜、陈明,经理宋文倡、胡恒分等。

该项目首次全面按照全球动力总成开发流程(GPDP)进行开发,并经过零部件功能试验、发动机性能开发试验、发动机可靠性、耐久性试验和整车试验。1.5VCT 发动机于 2010 年 3 月开启 PG1 阀开始投产,其最大功率为 80 千瓦,最大扭矩 135 牛·米;1.3L 发动机于 2010 年 12 月开启 PG1 阀开始投产,其最大功率为 68 千瓦,最大扭矩 118 牛·米。两款发动机均达到欧Ⅳ排放标准并具备升级欧Ⅴ排放能力,NSE 1.5T 发动机于 2013 年 10 月开启 PG1 阀投产,其最大功率 95 千瓦,最大扭矩 215 牛·米,达到国五排放标准。两款性能提升发动机 NSE Plus 1.5DVCT 和 NSE Plus 1.3L 分别实现降油耗(NEDC)5% 和 2%,分别于 2014 年 9 月和 2015 年 7 月实现投产。NSE 系列发动机性能指标和可靠性具有国内领先水平。项目获得 4 项国家专利,包括 2009 年获得的汽油机功率提升方法和曲轴止推瓦防错装配结构 2 项发明专利,以及发动机低温启动节能减排系统实用新型专利,2010 年获得油位计实用新型专利。

NSE 系列发动机为上汽第一款自主品牌 A 级家用轿车荣威 350、荣威 360 以及 MG 名爵 3、MG 名爵 5、MG 名爵 GT 轿车配套。至 2010 年年底,NSE 系列发动机累计产销 816 424 台。

三、SGE 系列汽油发动机联合开发

2010 年 8 月,上海汽车集团股份有限公司(简称上海汽车)与美国通用汽车有限公司(简称美国通用汽车)签署联合开发新一代高效小排量系列发动机(SGE)的协议。公司成立研发团队,包括上汽技术中心副主任龚伟国,执行总监辛军,副总工程师、发动机部总监平银生,平台总监沈浩明,项目总工程师、国家"千人计划"专家徐政,动力总成执行副总监 Ingo Scholten,动力总成项目管理部总监祝勇,项目高级经理王康,高级经理李伟军、董岩、郑重、殷海庭等。

上汽工程团队和美国通用汽车全球工程团队全程参与 SGE 系列发动机联合开发。上汽派出几十名工程师常驻美国通用汽车总部及通用德国工程中心,工作涵盖产品设计、性能开发、试验验证、平台应用、项目管理、供应商管理等。同时,上汽团队还独立自主完成 EMS 系统开发与集成、试验验证开发、台架及整车标定、多车型平台应用开发以及临港制造的全过程,并针对中国市场特点对发动机耐用性、行驶性和高国产化率等进行重点研发,独立完成针对海外市场的包括 E85 乙醇汽油(灵活燃料)应用研发。

SGE 系列发动机采用中置缸内直喷、涡轮增压、集成排气歧管铝缸盖、全铝缸体、高效智能热管理、减摩等一系列先进技术,使发动机具备低油耗、低排放、低噪声、高性能、高可靠性等优点,排放达到欧 6B 和国五排放标准,并且满足欧洲二氧化碳排放标准,达到国内领先、国际先进水平。

2015 年 3 月和 8 月,上汽乘用车分公司在临港投产 SGE1.5T 和 SGE1.4T 发动机,同年年底完成 10 万台,搭载在 MG 名爵 GT(锐行)、荣威 360、MG 名爵 GS(锐腾)、荣威 RX5、荣威 e950 新能源车,同时,在上汽通用汽车有限公司主力车型上得以应用。SGE 发动机平台为上汽开发蓝芯下

一代产品打下了坚实基础。

四、NLE 系列汽油发动机自主研发

2010 年 3 月，上海汽车批准开发具有完全自主知识产权的 NLE 系列大缸径缸内直喷增压发动机，由上汽技术中心 PT 团队研发，包括技术中心副主任龚伟国、项目总工程师钱承炬、发动机部总监平银生、平台总监祝勇，动力总成前期工程部总监尹琪，高级经理李伟军、郑重，经理树向君、张海峰、程传辉、李欣平、王旻等。

NLE 系列发动机采用缸内中置直喷、涡轮增压、双可变气门正时、开关水泵、低摩擦组件、平衡轴模块等一系列先进技术，并解决燃烧系统开发、增压器匹配、早燃和稀释等众多技术难题。试制中共装配 500 多台样机，进行长达 6 万小时台架试验及 210 万公里的整车道路试验，是最耐久可靠的中等排量发动机。2014 年 6 月和 9 月，NLE 2.0T 横置和纵置发动机投产。2015 年 3 月，NLE 1.8T 投产，搭载名爵锐腾、荣威 950、大通 G10 等品牌车型，取得市场认可。

五、车用柴油发动机自主研发

2008 年，上海柴油机股份有限公司（简称上柴股份）决定增加排量 2.5～2.8 升的 R 系列轻型柴油机、排量 4～7 升的 H 系列中轻型柴油机和排量 10～12 升的 E 系列重型柴油机，与现有排量 8～9 升 D 系列柴油机形成完整产品系列。其中除 R 系列发动机采用引进意大利 VM 公司产品外，E 和 H 系列发动机采用自主研发。

【E 系列柴油机自主研发】
2008 年 12 月，上柴股份与奥地利李斯特内燃机及测试设备公司（AVL）签署合同，联合开发 E 系列重型车用发动机。公司成立研发团队，由技术总监王守元总负责，副总工程师、研发中心主任纪丽伟和高级项目经理赵刚分别负责产品开发技术和项目管理协调，成员包括符兴胜、汪荣会、牟启军、刘劲夫、郭建荣、王家宝、孙俊斐等，平台总监赵刚负责项目管理。2010 年，上柴股份先后派遣 3 批 10 多名设计人员驻点参与奥地利李斯特公司的联合开发。首次执行全新整车开发流程GVDP 流程平台开发项目，强化市场输入导向和各部门并行工作流程。

2010 年 1 月，产品设计完成项目阶段评审；4 月，完成产品变型设计。2012 年，产品上市。

【H 系列中轻型车用柴油机自主研发】
2009 年 8 月，上柴股份中轻型柴油机开发制造项目启动，产品定义为 H 平台，覆盖 SC4H 和SC7H 两大系列产品。公司成立研发团队，由副总经理朱建康总负责，副总工程师邱国平任平台总师，战略规划部杨雁任平台项目经理，技术中心副主任金海桥任产品设计负责人，团队成员还包括虞标、凌建群、麦胜根、袁淑云、谢立刚、王琳及王兵、熊津联、刘岳文和靳华田等。2012 年 1 月，H平台总监周建平负责平台产品全生命周期管理。

2009 年 8 月，该项目启动技术前期研究工作，经过市场调研和竞品对标，拟定技术研究方向为新增中轻型系列柴油机。2010 年 4 月，项目完成技术可行性报告，明确开发 4 缸机 SC4H 和 6 缸机SC7H 系列的 H 平台柴油机产品，其中 SC4H 与南京依维柯"超越"平台 7～10 吨轻卡同步开发。

同年 7 月,SC4H 首台样机试制成功点火。2011 年 8 月,该项目列入国家发改委和工信部重点产业振兴和技术改造项目,10 月,完成客户首台整车装机。5 个车型整车道路试验及高寒高温高原试验和标定工作陆续启动。2013 年 1 月,产品小批投放市场。

至 2015 年年底,H 系列柴油发电机累计销售 1.3 万台,成为公司在工程机械及车用领域新产品平台。

六、液力变矩器自主研发

1994 年 9 月,上海离合器总厂厂长李积荣与吉林工业大学签订包括向吉林工大学习液力变矩器原理的产学研合作合同。该厂成立由技术副厂长赵永彬负责,规划部经理马静、产品工程部产品一室工程师高春明和宋建兴、模具制造部经理庞关宝、质保部副经理陈矩庆、产品工程部试验室工程师顾煜、产品工程部工艺室工程师陈晴、产品工程部工装室主任任爱组成的研发团队,启动液力变矩器自主研发。

1995 年 5 月,该厂以 4T65E 液力变矩器为样机进行测绘、设计和试制。至 1996 年 11 月,进入样机试验、总结修改和成果鉴定阶段。1997 年年底,在上海离合器总厂厂长周宝林支持下,由技术副厂长赵永彬总负责的 4T65E 液力变矩器样品试制结束。1998 年 3 月,上汽集团邀请国家机械部汽车司、汽车动态模拟国家重点实验室、上海市经委技改处和一汽集团等单位组成鉴定组,对液力变矩器样件进行技术鉴定,认定该样品为国内首创,其最高效率、起动扭矩比、容量系数接近美国通用汽车生产的液力变矩器,为 4T65E 液力变矩器国产化打下扎实基础。

1997 年年底,为获得上海通用汽车配套液力变矩器资格,上海离合器总厂设立 20 多项 4T65E 攻关课题并继续试制。1998 年 5 月,上海通用汽车评审确定上海离合器总厂为液力变矩器潜在供应商。上海离合器总厂把液力变矩器项目列为企业一号工程全力攻坚,并与上海交通大学合作开发 5 台专业焊接设备,与上海第五机床厂合作制造涡轮外环高精度窄槽冲压加工专用设备和专用冲槽机,企业自主开发模具工装 193 套,攻克各种技术难关 100 余个,包括泵轮壳高精度空间曲面板材多道深拉伸、涡轮外环高精度窄槽冲压加工、泵轮和涡轮总成自动插片、泵轮总成内外定位爪滚压、叶片爪部滚压技术、低真空环缝电子束焊和六点 TIG 焊、双工位连接块内外侧药芯焊机器人自动焊、锁止面滚压抛光、集装配机加工焊接和检测等于一体的液力变矩器总成装配线等多项国内首创、技术领先的关键技术和工艺。

1998 年 11 月和 1999 年 3 月,上海离合器总厂先后向上海通用汽车提供的样件和样品全部合格。1999 年 7 月和 2000 年 5 月,先后通过上海通用汽车的工装样品和生产件批准认可,先后为别克新世纪、GS、别克 GL8、君威和陆尊等车型配套。

鉴于 4T65E 型液力变矩器为中国第 1 台汽车液力变矩器,填补国内汽车零部件空白,2001 年,上汽集团向该项目技术总负责人赵永彬颁布特别嘉奖令。同时,该项目获 2001 年中国汽车工业科学技术进步奖一等奖、中国汽车工业科学技术进步奖二等奖,2002 年国家科学技术进步奖二等奖,2004 年第三届上海市发明创造专利一等奖。

七、手动变速器(MT)自主研发

至 2015 年,上海汽车变速器有限公司(简称上汽变速器)及其前身上海汽车齿轮总厂和上汽股份有限公司汽车齿轮总厂,自主开发的手动、自动、新能源汽车变速器共计达三大类 17 个系列。

【配套金杯变速器自主研发】

1999 年,上海汽车股份有限公司汽车齿轮总厂成立由厂长杨春保、副厂长钱向阳总负责,项目经理吴楚淼、产品工程部部长王永康和副部长方伟荣、许建兴,工程师华树彪、徐建明和施洁青 9 人组成的研发团队,自主研发 JK72 小客车系列变速器,为沈阳金杯汽车有限公司产品配套。研发团队运用桑塔纳、三菱和五十铃等轿车变速器先进技术,重新设计改进换档机构、同步器总成和齿轴类等,同年 9 月试制出样机,10 月通过上海汽车质量监督试验鉴定试验所的台架疲劳寿命、静扭强度、同步器性能与寿命、噪声试验,及沈阳金杯 1.5 万公里可靠性试验,产品性能达到国内先进水平。2000 年 2 月通过沈阳金杯 500 台批产认可,同时配套长城汽车公司、海南马自达汽车公司、厦门金龙客车公司等汽车。产品获 2000 年上海市优秀新产品三等奖、中国机械通用零部件 2001 年新产品优秀奖。

【配套五菱 465A(SC69)变速器自主研发】

2004 年 7 月,上海汽车汽齿总厂开始与上汽通用五菱汽车股份有限公司商谈匹配 D150 货车、N1 客车、五菱之光变速器事宜,成立由副总经理钱向阳,产品工程部副部长汤海川,项目经理陈振,工程师薛红宇、李刚、汪磊等人组成的研发团队,通过对齿轮齿轴细高齿参数设计和修形设计、采用低噪声技术和同步器换档技术、优化加工工艺等措施,使该产品纵置后驱、带有离合器分离机构、噪声低、承载能力强、换档灵活、结构紧凑、工作可靠、适用性强,成为中国当时新型微型车更新换代首选变速器。2005 年 11 月、2006 年 3 月和 4 月,产品先后通过客户认可。2006 年 3 月,柳州市经委组织对该变速器总成进行鉴定,认为在国内同类产品中处于先进水平,同意通过验收;5 月,该产品获广西壮族自治区高新技术产品认定证书。

【配套五菱 SC63 5 档手动纵置变速器自主研发】

2004 年 12 月,上海汽车汽齿总厂配套上汽通用五菱新车型的 5 档手动纵置变速器立项。2005年,该厂成立由产品工程部副部长汤海川、柳州上汽变速器总经理魏康中、产品工程部副部长许建兴等 12 人组成的团队开发 SC63 变速器,先后攻克分离轴承异响和齿套与结合齿打齿问题,采用少无切削降低成本,使用国内最先进的无滑块惯性式同步器结构解决微型车换档问题,速比具备多种方案满足不同车型动力性经济性需求,实行少润滑油设计提高传动效率,结构可拓展性强少量更改可匹配不同发动机,产品具有国内先进水平,是广西唯一美国通用汽车认可的通过高强度试验的微型车变速器。2007 年 2 月,该变速器进行 OTS(工装样品认可)二阶段装配并完成 PPAP 生产体批准程序认可,10 月正式批产。

【配套荣威变速器自主研发】

2006 年 2 月,上海汽车齿轮总厂配套自主品牌荣威轿车 SH78Z 变速器总成项目立项,企业成立由设计工程公司总工程师钱向阳、副总工程师方伟荣、质量总监金游、产品工程师葛兵和田利红等 13 人组成的团队。该变速器为横置前驱机械式 5 档手动变速器,采用两轴五档附带差速器输出机构,5 个前进档和倒档均采用惯性同步器换档。攻关团队为达到产品性能要求,采用高强度齿轴材料、齿轮修形、壳体模态分析、全部档位斜齿轮传动、倒档同步器、低档位多锥环、高同步容量贴碳钢环、M 头凸轮等大量新技术新工艺和新材料,实现变速器承载能力高、整体噪声低、操纵性能优的要求。2007年4月,提交上汽乘用车分公司16公里路试,7月完成OTS总成台阶试验,11月重新交样验证通过。2010年11月,该产品获上海市科学技术奖三等奖。

【配套新赛欧变速器自主研发】

2006年年底,上海汽车齿轮总厂开始开发配套上海通用汽车小型车1.2升前驱发动机的SH63手动5档横置纵置变速器,该厂成立由设计工程公司副总工程师汤海川负责,项目经理鲍为祖和薛红宇,工程师孙铭、朱启文和王晓兰等16人组成的研发团队。该变速器为横置式,5个前进档均带同步器,整体采用低噪声齿轮和轻量化设计,总成质量和成本比进口产品更具竞争力。2007年2月,项目启动,为优化换档性能,攻关小组尝试数组不同的选换档助力设计,通过反复评估最终锁定换档手感好的核心设计数据,实现精确换档要求。同时通过齿轮微观修形,顺利解决变速器高速档啸叫问题。2009年9月,该产品获得上海通用汽车PPAP认可,12月投产。

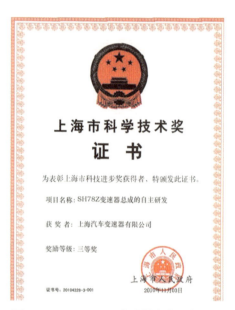

图10-4-1 SH78Z变速器自主研发项目获上海市科学技术奖

图10-4-2 SH78Z变速器

【配套红岩重型车变速器自主研发】

2007年5月,上海汽车齿轮总厂组建项目组开始实施配套上汽依维柯红岩商用车有限公司CQ9M系列变速器总成前期开发工作;7月,项目立项;9月,与上汽依维柯红岩商用车有限公司签署CQ9M系列变速器总成配套商务协议。公司成立设计工程公司总经理王惠忠、重卡项目组产品专家王永康、重卡项目组试验专家李德跃等13名高级工程师组成的研发团队。为使该产品具备整体式副箱轴、新型双拨头、高扭转刚度输出轴、高强度减速轮等全新关键技术,研发团队采取大长径比锻造毛坯整体车削、高精度锻造工艺、整体高压淬火热处理工艺等措施,输出轴和减速轮的运用达到远高于市场同类产品承载能力的效果。该大功率多档位手动机械式变速器能广泛应用于发动机输出扭矩1 190～1 500牛·米的各类牵引车、自卸车、专用车辆,其采用的中心距、整体式副箱中间轴及双拨头选换档机构具有创新性。2008年8月,该产品红岩重型汽车2万公里强化路试,取得PPAP(生产件批准程序)产品认可;11月,SOP(批量生产启动)认可;12月投产。2009年获得上海市重点新产品证书和上海市自主创新产品证书。

【配套江西陆风变速器自主研发】

2009年,为配套江西陆风汽车公司X8SUV产品,上汽变速器成立项目拓展攻关团队,由项目工程经理黄敏江、质量工程师朱叶春、项目经理裴忆菲等人组成,在SC平台拓展SC72G2两款变速器。技术组攻克操作杆位置空间布置、结合齿焊接扭矩等技术难题,完成新产品试制。2009年8月,江铃陆风SC72G2二/四驱变速器通过内部PPAP,2009

年 10 月进入 SOP(批量生产)阶段开始供货。

【配套五菱 SC16M5 变速器自主研发】

2010 年 7 月,上汽变速器配套五菱微型车 1.5 升发动机前置后驱动力总成平台的 5 档手动纵置变速器立项,成立由公司技术中心平台总监黄敏江、项目经理王晓兰、工程师张平、许开仙、孙韬、李阳等人组成的研发团队,开发 SC16M5 系列变速器。该产品采用液压式分离轴承、全档位同步器布置,同步环采用钢环贴碳、集成式换档操纵机构,齿轮采用修形和磨齿工艺,具备 NVH 水平良好、换档手感舒适、产品性能可靠等优点。该产品发动机匹配速比范围宽,产品拓展适用性强。2011 年 8 月、2012 年 3 月和 5 月,产品先后通过客户 OTS 工装样品认可、PPAP 和 SOP 认可。

【配套新英朗变速器自主研发】

2011 年,上汽变速器开发配套上海通用汽车新英朗汽车 1.5 升前驱发动机的 SH15M5 手动 5 档横置变速器,公司成立由技术中心副总经理汤海川负责,项目经理鲍为祖、焦松涛等人所组成的研发团队。该变速器为横置式,5 个前进档和 1 个倒档均带同步器,整体采用低噪声齿轮和轻量化设计,双拨头及凸轮助力设计使得产品在换档手感方面更具竞争力。2011 年 10 月,项目启动。为提升变速器整体 NVH 性能,攻关小组通过反复测试评估及方案验证,最终锁定齿轴核心设计数据及微观修形方案,实现低能耗低噪声传动,顺利解决变速器怠速异响和高速档啸叫问题。2015 年 5 月,该产品获得上海通用汽车 PPAP 认可,7 月,正式投产。

【配套上汽大通 SC36M6 变速器自主研发】

2013 年,上汽大通汽车有限公司决定开发高端皮卡和 SUV 车型,上汽变速器承担变速器开发任务。该变速器要求体积小、传递扭矩大,可适用于两驱/四驱、直接/间接操纵,兼容皮卡、SUV、MPV 等车型。开发组吕立表、黄鹏、刘海冬研究确定满足整车要求的技术方案。2014 年 10 月,该系列变速器立项,公司成立 25 人组成的项目小组。2015 年 2 月,首台变速器样机下线并装车成功,10 月,顺利完成 48 万公里的道路试验。

八、机械式自动变速器(AMT)自主研发

【双离合器自动变速器自主研发】

2005 年,上汽变速器成立研发双离合器自动变速器的"领先一号"项目组,总经理杨春保、副总经理钱向阳担任项目团队负责人,进行总成设计、零部件详细设计、控制与标定、试制试验、制造技术开发、产业化规划与实施等工作。2008 年,首台湿式双离合器自动变速器总成 DCT360 样机研制成功并装车。2011 年 9 月,首该产品正式下线,填补了国内双离合器自动变速器的空白。该变速器采用 6 个前进档位,根据载荷谱进行全方位系统性正向设计,兼顾动力性、经济性和舒适性,承载扭矩大、可靠性高。该产品首先为荣威多款车型配套,以后相继为上汽通用五菱、众泰、长丰、江铃等车企的产品配套。

【家用轿车自动变速器自主研发】

2006 年 9 月,上海汽车齿轮总厂与上海通用汽车签订配套 1.2 升~1.4 升经济型家用轿车变

速器协议后,组成由设计工程公司副总工程师汤海川负责,项目经理鲍为祖和薛红宇,工程师孙铭、朱启文和王晓兰等26人参加的团队,启动SH63系列AMT自动变速器开发。攻关团队为解决AMT同步器选档回位响应慢问题,创新使用矩形弹簧,通过试验保证全寿命过程中选档回位速度快、一致性好,同时更改换档机构、操纵盖及后壳体,并在机械本体上安装液压电控系统,实现AMT功能。这款自主创新横置AMT变速器的成功开发,填补了中国在AMT变速器领域的空白,2009年9月,产品获得上海通用汽车认可,12月投产。

【SH36M6自动变速器自主研发】

2007年年底,上汽自主品牌乘用车建立6MT平台,配套变速器于2010年3月锁定上汽变速器开发的SH36M6变速器总成。该项目通过上汽乘用车分公司和上汽变速器联合开发的模式,由辛军、黄明礼、方伟荣承担PLE职责,顾健华、刘飞涛、舒昌维、夏瑞春、许锡慧、张少辉、刘伟干、张明、谢峰、胡豪、徐福斌等参加。该变速器总成首次采用三轴式横置布置,选用一体式选换档机构,结构紧凑、传动效率高、换档性能和NVH均达到市场领先水平,2012年年底实现供货。

2013年年初,上海汽车商用车有限公司(简称上汽商用车)大通V80车型启动自动变速器选型,在汤海川、顾健华等建议下,上汽商用车同意基于SH36M6开发自动变速器,并同步搭载MT替代韩国进口MT。2013年年初,项目正式开发,平台总监顾健华负责项目开发,彭斌承任项目经理,胡敏、黄鹏、张少辉、曹晨、陆俊杰、马慧龙、施惠明等参加开发团队。通过选用上汽较成熟的KIT总成、带位置传感器的CSC,并根据V80车型应用进行齿轴、差速器等强化措施,项目于10月底SOP,量产后逐步取代韩国产品。

【7档干式双离合自动变速器联合研发】

2010年8月,上海汽车、上汽变速器与美国通用汽车签署7档干式双离合变速箱产品DCT250合作开发合同,开发成功后共同拥有知识产权。该项目由工程部总经理黄明礼负责,姚伟杰担任项目经理,李一民、须俊键、李育、李春雷和杨立等30多人组成。开发内容包括变速器本体设计、变速器在整车上的标定匹配、零部件和总成台架性能和耐久试验、整车耐久试验等。该款变速器能无动力中断换档、经济高效,综合传动效率最高可达97%,并解决双离合变速器稳定性可靠性技术难题,并获得15项国家专利。该产品于2014年量产,为上海通用汽车、上汽乘用车分公司多个整车产品配套。

【SH25M6自动变速器联合研发】

2010年10月,在SH36M6平台基础上,上汽变速器成立由辛军、王惠忠、方伟荣负责,顾健华、刘飞涛、黄华、舒昌维、姜勇、沈佺、张少辉、刘伟干、王乐、张明、谢峰、沈健等参加的研发团队,通过联合开发的形式开发SH25M6自动变速器,匹配NSE1.5T发动机。该产品于2012年8月开始供货。此后,该变速器又为东风日产启辰品牌的配套,匹配日产MR20发动机。

九、新能源三电核心系统开发

【电驱动变速箱EDU自主研发项目】

电驱动变速箱EDU是上汽围绕插电混合动力轿车产业化的核心零部件,由上海捷能汽车技术有限公司(简称上海捷能)自主研发,上汽变速器负责工艺开发与制造。研发团队由上汽技术中心副主任、上海捷能总经理朱军牵头,团队成员包括上海捷能王健、罗思东、葛海龙、郜可峰、周宇星、冷宏祥、马成杰等,上汽变速器须俊健等。

2008年10月,该项目启动前期技术调研开发,2009年10月确认同轴布置双电机、双离合机电耦合的技术方案。该方案可以实现全部8种混合动力工作模式。2010年2月,经上海汽车总裁办公会议审议,批准EDU本体项目PG8开阀。

2011年8月,启动EDU总成设计验证试验,同步进行设计优化,并经上海汽车总裁办公会议审议,批准EDU项目小批量生产的投资。2012年2月,产品项目会议批准EDU节点六开阀,并批准2012年小批量。2012年3月,OTS样机设计发布。2012年年底完成零件质量评审,开启小批量装配阀,实现小批量生产目标。2013年年底实现量产目标,首个搭载车型荣威e550实现上市销售。2014年2月,项目专题会批准EDU项目PG1开阀。

电驱动变速箱EDU相关技术开发共获得授权发明专利51项,其中EDU总成结构于2014年5月获美国PCT专利授权。

【电池管理系统BMS自主研发项目】

电池管理系统BMS是新能源汽车动力电池的核心部件。2011年5月,上海捷能开始自主开发拥有完全自主知识产权的电池管理系统软硬件。项目由上海捷能电池系统科高级经理陆珂伟牵头,团队成员包括王林、李骥、曹宝健、陈文迪等。

2012年10月,原电池管理系统BMS供应商美国A123公司破产,上海捷能开始自主BMS项目研发。年内首版设计锁定,完成Demo样件制作,离线调试并实现功能。2013年2月,装包调试成功;6月,经上海汽车总裁办公会议审议,批准自主电池管理系统BMS项目立项和项目预算。

2014年3月,该项目完成B样开发,启动DV验证工作,同步开始整车验证;11月,完成设计优化,启动电池管理系统制造供应商定点工作,同步启动C样开发。2015年8月,完成PV、整车验证工作。

2015年10月,自主电池管理系统BMS首个搭载车型——荣威E50 MCE纯电动轿车上市;年底,第二个搭载车型荣威e550 MY15插电混动轿车上市。

第二节　汽车底盘自主研发

一、汽车底盘原材料自主研发

【汽车底盘用钢产学研攻关】

1996年,为解决上海大众汽车有限公司(简称上海大众汽车)部分车型后桥横梁材料长期依赖进口的问题,上海汇众汽车制造公司(简称上海汇众)和上海大学合作成立汽车用钢研究所进行产学研联合攻关,在上海大学汽车用钢研究所教授许珞萍和邵光杰带领指导下,上海汇众成立由技术中心材料研究室主任孙保良任负责人的专项攻关小组,在对进口原材料进行研究基础上,对钢种研究开发、钢板综合性能提高、表面轧制工艺改变、钢板尺寸公差控制、材料特性及成材率提高,材料均匀性保持、批产稳定性和生产设备改造等方面进行攻关,攻克微合金元素Nb代替Ti、控轧控冷工艺、提高表面质量等多项技术难关,获得性能优异的横梁钢材料,实现原材料国产化。经过12年的自主研发,底盘钢材于 2008 年通过上海大众汽车和德国大众的测试验证,获得认可,2010 年起在帕萨特轿车上首批应用,在技术突破的同时降低了成本,获得了良好的经济效益。

2012 年,上海汇众启动管状横梁材料及成型工艺技术开发,开发适用于封闭截面扭转横梁的高强钢材料,并且形成汇众专有牌号 HZFB590,同时开发管梁冷冲压成型工艺技术,开展工艺 CAE 仿真研究、模具设计开发等工作,该材料和工艺方案已应用于产业化生产。

在项目开发过程中,上海汇众注重知识产权保护,制定企业标准《轿车热轧横梁钢带技术要求》和《轿车后桥管状横梁材料 HZFB590 技术要求》,申报"优化热轧钢板表面质量的方法""汽车 V 型梁后桥及其焊接工艺""提高高强钢落料断口质量的方法""高强度管状横梁成形工艺"和"液压成形密封结构以及模具推头密封结构"5 项国家发明专利。2010 年获上海市重点产品质量振兴攻关成果三等奖。

【汽车底盘铝合金材料自主研发】

2000 年开始,为实现产品轻量化要求,上海汇众成立由技术中心材料研究室主任孙保良牵头的团队,在汽车底盘铝合金原材料及其成形工艺、零部件后续处理等方面开展开发和应用研究。研发团队于 2000—2002 年通过在熔炼时添加强化元素和连铸时施加电磁搅拌等手段成功研制出强度超过 400Mpa 的高强度锻铝合金 6A10;于 2004—2005 年通过采用半固态成形工艺成功试制出 B5 铝合金后桥支承座,并满足试验大纲中规定的 45 万次循环无裂纹的要求;2006—2007 年通过采用连铸棒直接进行均质、制坯、加热和锻造的方式试制出 GMX020 铝合金控制臂样件,经北美通用对材质和结构测试,样件满足图纸及试验大纲要求;2004—2008 年,通过采用铸+锻成形工艺,试制出 W-car 转向节、C-car 铝合金支架等零件。

2005 年,上海汇众为上海通用汽车 GMX020 铝合金控制臂的批量生产并出口到北美通用,2006 年实现供货 3.7 万台/套,2007 年实现上海通用汽车 C-Car 铝合金控制臂批量生产当年供货 6 000 台/套。2006 年,上海汇众基于汽车底盘铝合金材料自主研发项目制定的《QC/T756—2006 轿车用高强度锻铝合金挤压圆棒材》经中国有色金属总公司注册成为行业标准。

2011—2014 年,对铝合金球头球头滚铆封口工艺进行研究,为球销封装批量生产奠定基础。2013—2015 年,通过对空心型材冷成形及热处理工艺的研究,成功试制出 E10 铝合金控制臂,材质及结构满足要求。同时,成功申报"复合旋铆头、旋铆机及汽车球头销压装旋铆复合装配工艺"2 项国家发明专利及"用于汽车后桥铝合金控制臂的热处理夹具"1 项实用新型专利。

二、配套上汽自主品牌轿车底盘自主研发

【配套荣威 750 底盘部件自主研发】

2005 年,上汽以收购的英国罗孚汽车 75 车型为原型,研发自主品牌中级豪华型轿车,上海汇众承接该车型底盘系统前副车架、前减振支柱总成、后副车架装配总成、后悬架下摆臂总成、后悬架上摆臂、后减振器装配总成、前法兰、前制动通风盘和后制动盘等 9 个部件制造业务。公司成立由产品开发总监谈军担任组长,马梅艳、陈建鑫、金明、顾正忠等高级工程师和工程师组成的开发团队,对原型车图纸和技术资料进行分析转化,制定《上海 CSA7180、CSA7250 系列荣威轿车后副车架装配总成技术条件》《上海 CSA7180、CSA7250 系列荣威轿车后悬架上摆臂装配总成技术条件》和《上海 CSA7180、CSA7250 系列荣威轿车后悬架下摆臂装配总成技术条件》等企业技术标准。同时该

项目总投资 5 720 万元,新增设备 39 台,其中进口焊接机器人系统、专用压机和 HESSAPP 数控机床等设备 20 台。2006 年 1 月,后副车架获得上汽乘用车分公司 OTS 认可,7 月获 PPAP 认可,10 月批产供货;2007 年 12 月,前副车架、前后减振器总成获得客户 OTS 认可,2008 年 2 月批产供货。

【配套新 MG 名爵 3 底盘部件自主研发】

2008 年,上海汇众承接上汽乘用车分公司新 MG 名爵 3 车型副车架、后桥和控制臂总成 3 种底盘零件的设计开发、验证和批量供货。公司成立开发项目组,由谈军任组长,主管工程师任朱建勋任项目助理,主管工程师倪海华等负责设计开发。为了达到产品强度、刚度、模态、动刚度等技术指标,同时满足客户对产品轻量化及成本控制的要求,研发团队对每个零件应用拓扑优化 CAE 仿真手段,从包络面模型寻找整个结构的力的关键传递路径,从局部薄弱区域寻找最优型面形状,从虚拟台架优化潜在失效区域,从而选定最优设计方向。同时,从提高产品性能和降低成本的结合上,设计各个零件的结构造型和制造工艺,包括副车架与车身采用刚性连接、后桥横梁采用 U 型截面、横梁采用整体喷丸、横梁内加强板采用交叉焊接、后桥支承座紧固件防松采用厌氧凝固胶、控制臂采用主单片式加局部加强筋的结构型式等,在轻量化的同时提高零件的纵向和侧向刚度。此外,采用冲压仿真、焊接仿真等分析手段对零件进行前期分析及优化,规避质量风险。

2008 年 11 月,新 MG 名爵 3 车型副车架、后桥和控制臂总成三大结构件设计锁定,各项指标达到或超过客户要求。2009 年 3 月,用于验证设计的 DV 样件首次交样,进行装车、台架试验及道路试验;12 月,用于验证过程开发的 PV 样件首次交样,并于 2010 年 7 月得到客户认可,为 2011 年批量供货奠定了基础。

【配套 A 架构轿车底盘部件自主研发】

2012 年,上汽乘用车分公司开始研发新一代 A 级车架构,上海汇众同步参与底盘前后桥系统的集成开发与零部件设计,成立由副总经理金晓春任组长,技术中心总工 DENIS 任技术总监,2 名首席工程师和产品设计、CAE 分析、工艺开发、试验验证等 20 名技术人员组成开发团队,开发前副车架、前下控制臂(左/右)、后副车架、后拖曳臂(左/右)、后连杆、后上控制臂、后下控制臂、后扭转梁等零部件,开发中建立并实施前副车架、后副车架、后扭梁、控制臂等正向开发流程和设计指南,并制定有关 A 架构平台的轿车前下控制臂总成、前副车架焊接总成、轿车后前束连杆总成、轿车后上控制臂和后下控制臂总成、轿车后刀锋臂总成、轿车后悬架副车架焊接总成和后悬架扭转梁总成 8 个企业技术标准,获得 17 项专利获授权。

2014 年开始软模样件的试制并完成 Mule 交样,完成 DV 试验验证,发现并解决试验中的问题。2015 年 4 月发布 TG2 设计数据,满足客户产业化设计目标,该项目计划于 2016 年完成批产认可并投入 SOP。

【配套荣威 E50 底盘部件自主研发】

2010 年 1 月,上海汇众对上汽乘用车分公司荣威 E50 底盘前后模块进行全新开发设计。公司成立开发项目组,由谈军任组长,主管工程师倪海华、顾伟明、佘斯煜、蒋玮、卢蕾蕾、王成龙、杨晓俊、孙保良等负责设计开发。开发团队设立集成组、制动组、悬架组和结构件组,分工负责,由技术部门的核心骨干担任设计主管,应用变截面法兰板、转向机支架一体成型等新技术新工艺。全新产品结构减轻零部件重量,增加前悬架侧倾刚度,提高整车制动性能,延长后减振器使用寿命,驾驶操作更灵活、提高乘坐舒适性。

在项目开发过程中,上海汇众制定《上海汽车 EP11 轿车后桥模块总成技术条件》等企业标准,2011 年 2 月,用于验证设计的 DV 样件首次交样,进行装车、台架试验及道路试验;8 月,用于验证过程开发的 PV 样件首次交样,并于 2012 年 12 月得到客户批产认可,开始批量供货。

【配套荣威 RX5 底盘部件自主研发】

2012 年,上海汇众承接上汽乘用车分公司荣威 RX5 底盘系统前/后副车架、前下控制臂、拖曳臂、连杆、后上控制臂、后下控制臂等全部底盘结构件的开发工作。公司成立由谈军任组长,倪海华、顾伟明、许光、杨晓俊等高级工程师和其他工程师组成的开发团队,并建立底盘开发流程。在后副车架设计开发中,首次在冲压焊接结构件上采用拓扑优化方法进行总体造型设计,设计开发阶段对其进行冲压仿真分析,确保设计方案具有良好的可制造性。

在项目开发过程中,上海汇众制定关于 AS21 轿车的前后副车架总成、后上控制臂和后下控制臂总成、前下控制臂总成、后横拉杆总成以及刀锋臂总成等企业技术标准。2012 年 9 月,用于验证设计的 DV 样件首次交样,进行装车、台架试验及道路试验。2014 年 7 月,该项目获得上汽乘用车分公司 OTS 认可,12 月获 PPAP 认可,并于同月批产供货。

【配套宝骏底盘部件自主研发】

2010 年,上海汇众承担上汽通用五菱股份有限公司(简称上汽通用五菱)宝骏轿车底盘结构件和模块开发制造业务。公司成立由产品开发部总监王晨均任组长,科长赵峰技术协调,闵海军、忻云茜、汪海波、钱丹辉、徐泽林、盛怡超等高级工程师和其他工程师组成的开发团队。项目组反复计算分析副车架模态、静刚度以及 29 种工况下应力分布情况,确认手工样件数模;根据控制臂运动轨迹,优化安装空间;对控制臂座结构进行重大改进,提高副车架整体刚度;调节衬套径向和轴向动静刚度,提高衬套疲劳寿命 40%,同时保证舒适性和操稳性。

2010 年 9 月,开发的样件交样,进行装车、台架试验及道路试验。2011 年 2 月,通过上汽通用五菱道路试验和台架试验,各项性能指标均达到要求;3 月,获上汽通用五菱 OTS 认可;4 月,获 PPAP 认可,开始批产供货。上海汇众在产品开发中制定宝骏轿车的副车架焊接总成、后桥焊接总成等企业技术标准,获得发明专利 1 项、实用新型发明专利 2 项。

三、参与美国通用汽车全球平台底盘自主研发

【配套通用 EPSILONII 底盘部件自主研发】

2005 年 4 月,上海汇众首次参与美国通用汽车 EPSILONII 项目副车架、后桥、控制臂的全球平台竞争,公司成立自主研发项目组,由技术中心产品工程部副总监曹东栋任组长,科长王晨均协调各产品的开发进度,主管工程师郭巍、张昊和何申分别负责副车架、后桥和控制臂设计。根据美国通用汽车的产品概念设计、外包络面以及产品刚度、强度、重量等技术指标要求,研发团队通过开展多轮对标分析、CAE 分析及结构优化等工作,自主完成所有产品零件设计和验证。同年 7 月,公司提交第一轮设计方案,随后按照客户要求进行多轮优化;11 月,上海汇众成为美国通用汽车 EPSILONII 全球平台别克新君威和新君越车型副车架、后桥、控制臂等产品的供应商。

获得定点供货资格后,研发团队根据这些产品的强度、刚度、模态、碰撞和动刚度等技术指标,

从产品设计与 CAE 仿真优化两个技术层面,全面接轨美国通用汽车全球平台产品开发流程,实现全球同步开发,包括引进该公司 3D 数模设计规范与 GD&T 设计规范,实现全球设计数据互通互联;引进该公司 VSAS 仿真规范,从仿真模型建立、运行计算到结果报告,实现与美国通用汽车工程仿真数据实时交互引用。在产品优化过程中,研发团队运用拓扑优化 CAE 仿真手段,实现从包络面、拓扑结构、概念模型、参数模型和最终设计的计算机仿真优化初步应用,整个平台产品前后桥及控制臂设计数模前后经历 50 多个版本的修改和大量的仿真计算以及试验验证工作,对上百根后桥进行试验验证。2008 年 10 月,最终按照项目节点要求完成产品设计开发,并通过上海通用汽车的道路试验和台架试验,各项性能指标均达到要求。

2008 年 11 月和 2009 年,EPSILONII 轿车短轴车副车架和后桥、长轴车后桥等产品先后获得客户 PPAP 认可并开始向上海通用汽车和北美通用供货。2009 年,供货量达到 12 万台/套,成为上海汇众新的经济增长点。2010 年,这些产品开始向韩国大宇供货。同时,研发团队在项目开展过程中编制关于 EPSILONII 轿车的前悬架总成技术条件、副车架技术条件、后桥技术条件等企业产品标准。2009 年,上海汇众参与美国通用汽车 EPSILONII 全球平台副车架、后桥、控制臂自主研发项目被认定为上海市高新技术成果转化项目。

【配套凯迪拉克底盘部件自主研发】

2011 年 2 月,上海汇众参与凯迪拉克 XTS 基于通用全球中高级轿车平台 EPSILON II 车型底盘模块的开发。公司成立自主研发项目组,由技术中心产品工程部总监王晨均任组长,科长赵峰协调各产品的开发进度,主管工程师朱毅丞、忻云茜、赵小杰、辛丽娜、邢海龙和孟志强等参与,承接前副车架、后副车架结构件以及前悬架总成、副车架模块、后桥模块 3 个系统的产品开发任务。研发团队对标同类车型,优化设计,解决包括强度、刚度、模态以及疲劳在内的产品问题。在副车架总成开发中,通过锁扣式车身套筒的运用降低成本、提高性能;通过铆压式螺母的运用、提高安装方便性和产品精度;通过自动装配岛的运用,减少道序、降低成本、提高效率、提升产品质量。

2012 年 7 月,开发的产品通过上海通用汽车道路试验和台架试验,各项性能指标均达到要求。8 月和 12 月,凯迪拉克 XTS 轿车前副车架等先后获得客户 OTS 和 PPAP 认可,开始向上海通用汽车供货。研发团队在项目开展过程中编制的 EPSILONII 轿车的副车架和后桥焊接总成等技术文件成为企业产品标准。

四、配套上汽通用轿车底盘自主研发

【配套上汽通用 D2XX 底盘部件自主研发】

2012 年 2 月,上海汇众承接上海通用汽车别克轿车前副车架、控制臂结构件以及前悬架总成、副车架模块、后桥模块的产品开发任务。公司成立开发项目组,由王晨均任组长,项目经理杜维协调各产品的开发进度,主管工程师朱毅丞、王超、雍超、杜靓、叶陈、张玉宾和章林等参与。在底盘结构件和模块产品与工艺开发过程中,研发团队对标同类车型,优化设计,解决强度、刚度、模态以及疲劳等问题;在副车架总成开发中,通过副车架轻量化设计降低成本、提高性能;通过 J 形控制臂安装结构的运用,使悬挂系统更为紧凑,车身空间更大;通过转向机盒式螺母结构运用,弥补焊接工艺变形造成的安装面平行度和同轴度问题,提高装配可靠性;通过锁扣式冲压套筒结构设计及工艺开发,减少金加工道序,降低设备投入,简化工艺流程;通过后冲孔和铆压式螺母工艺应用,提高孔位位置精度;通过衬套式稳定杆连杆双对撬锁紧装配机构及注油阀涂油设备的应用,精确控制产品装配;通过后桥模块总成四轮定位全自动调整台应用,满足全自动调整要求,提高生产效率。

2014年5月,产品先后获客户OTS认可和PPAP认可并开始向上海通用汽车批量供货。同时,研发团队在项目开展过程中编制D2XX前下控制臂总成、别克昂科威前副车架总成等企业标准,获得发明专利1项、实用新型专利3项。

【配套赛欧3轿车底盘部件自主研发】

2012年2月,上海汇众承担上海通用汽车雪佛兰赛欧3轿车底盘部件开发业务。公司成立项目组,由王晨均任组长,项目经理唐炜负责协调,主管工程师朱毅丞、忻云茜、王裕华、范巍、周亮、冯军和叶陈等参与,负责底盘主要结构件副车架、控制臂、后桥、制动盘和制动鼓的开发制造。项目组运用产品数据库、尺寸链分析及CAE优化等方式,优化产品结构,提高技术性能和操纵舒适性可靠性;采用高强度材料降低零件重量,实行纵臂与车轮支架板直接焊接的设计,减少后桥零件数量,简化结构,实现轻量化开发,提升燃油经济性;在上海通用汽车首次采用单片式控制臂,并第一次在扭转梁后桥上使用V+U型开口梁。

2014年8月,SGM318轿车底盘结构件通过上海通用汽车道路试验和台架试验,各项性能指标均达到要求;9月,获得客户OTS认可;12月,获得批产认可并开始向上海通用汽车供货。研发团队在开展中编制的关于SGM318轿车的后桥总成、前副车架总成、前下控制臂总成、后制动鼓总成和前制动盘总成等技术文件成为企业产品标准,并获得实用新型专利1项。

【配套新英朗轿车底盘部件自主研发】

2012年2月,上海汇众与泛亚汽车技术中心有限公司联合开发新一代上海通用汽车新英朗轿车的底盘结构件。公司成立项目组,由王晨均任组长,科长赵峰协调产品的开发进度,工程师钱丹辉、徐泽林、梁晓倩、叶陈、王家君等负责后桥和拖曳臂设计。研发团队根据产品强度、刚度、模态、碰撞和动刚度等技术指标,从产品设计与CAE仿真优化两个技术层面,消化吸收美国通用汽车产品开发流程,引进该公司3D数模设计规范与GD&T设计规范,实现产品设计数据互通互联;通过VSAS仿真规范,从仿真模型建立、运行计算到结果报告,实现与美国通用汽车工程仿真数据实时交互引用。在产品优化过程中,运用拓扑优化CAE仿真手段,实现从包络面、拓扑结构、概念模型、参数模型和最终设计的计算机仿真优化初步应用。

该研发产品通过上海通用汽车道路试验和台架试验,各项性能指标均达到要求。2014年11月获泛亚汽车技术中心有限公司认可。12月,后桥和拖曳臂产品先后获客户PPAP认可并开始向上海通用汽车批量供货。同时,研发团队在项目过程中编制K211轿车后桥技术条件企业标准,获得发明专利1项、实用新型专利3项。

五、配套业外市场汽车底盘自主研发

【配套广汽AF轿车底盘部件自主研发】

2011年3月,广州汽车集团股份有限公司推出自主开发的A级轿车GAC AF。上海汇众承担该车后副车架与前下臂总成底盘结构件的开发制造业务。公司成立项目组,由王晨均任组长,科长罗建华任技术协调,主管工程师周玫、孙保良、万晓琼等负责设计,对底盘前后模块进行全新开发。

AF后副车架焊接总成及前下控制臂总成开发对冲压件结构、材料、焊缝布置等进行多轮分析、评审及优化;从冲压、焊接、油漆工艺性等方面实现产品轻量化,降低工艺难度和成本且提高产品质量;后副车架采用国际流行的新型管状冲压成型工艺,管材成型采用普通冲压代替液压成型设计,降低成本40%;使用焊接钢管突破国内液压管需用无缝钢管的限制,提高设计材料选择自由度;使用4根管梁为主体的后副车架结构,具有重量小、强度高、易成型的特点。

2013年2月,该产品PV样件交样;5月,得到客户认可;12月,批量供货。上海汇众在开发中制定广州汽车AF车型的后副车架焊接总成和前下控制臂总成等企业标准,并获得实用新型专利1项。

【配套北汽C70轿车底盘部件自主研发】

2011年6月,上海汇众承接北京汽车集团有限公司B级轿车C70车型前后副车架总成开发制造业务,公司成立项目组,由王晨均任组长,罗建华任技术协调,主管工程师王飞、王成龙、胡昌胜、蒋玮等负责设计。项目组对前后悬模块性能、副车架对整车碰撞性能、副车架刚度、静强度及疲劳强度、副车架模态等影响整车的6个项目13项故障模式进行DFMEA设计,指导产品结构设计及优化、尺寸公差分配,并控制计划编制等后续工作;前副车架及后副车架采用液压成型技术,减少结构件数量、焊接道次并缩短装配时间,实现轻量化及降低成本目标。

2011年11月,该产品样件交样,2013年3月得到客户批产认可,12月批量供货。该项目获得4项实用新型发明专利。

六、汽车弹簧自主研发

1970年,中国弹簧厂在国内率先开始生产汽车弹簧,包括为上海牌轿车配套的悬架弹簧和气门弹簧、为幸福摩托车配套的气门弹簧,以及为四川、山东、广西、辽宁、陕西等地14家企业生产的发动机进排气气门弹簧等。1985年,该厂试制成高难度螺旋涡卷弹簧,1986年形成生产能力并出口创汇3万美元。

1987年,中国弹簧开始为上海大众汽车桑塔纳轿车国产化配套。企业成立桑塔纳轿车悬架弹簧攻关团队,由厂长项松年任组长,成员由技术副厂长余月初、副总工程师孙云秋、技术科科长丁守箴、质保科科长张俊以及弹簧技术开发人员石继宗、丁瑞兴、丁华明、陈梅华、刘宪明、茹荣根等组成。攻关团队与上钢五厂共同研究改善和提高国产的60Si2CrA高强度弹簧钢,消除折叠和裂纹等线材顽疾;采用保护气氛电阻加热炉取代低效率污染重的盐浴炉;采用热卷工艺方式取代软态线材车型后再加热处理的工艺,提高生产效率和产品精度,降低能源消耗;突破喷丸强化工艺,攻克弹簧轻量化和高应力设计下的工艺强化。

1987年年底,中国弹簧完成桑塔纳轿车配套弹簧7种。在上海汽车工业联合会和上海市政府于年底召开的上海桑塔纳轿车国产化会议上,国务院副总理姚依林为中国弹簧厂颁发国产化证书。此后该厂试制成功北京吉普汽车悬架弹簧。1988年共试制完成12种桑塔纳轿车弹簧产品并获得上海大众汽车认可,其中11种弹簧实现批量供货。1995年,该厂为桑塔纳轿车配套产品达到36种,悬架弹簧国内市场占有率大于70%。桑塔纳轿车前后悬架弹簧先后于1992年和1995年获得中国汽车工业科技进步奖三等奖和上海市优秀新产品奖三等奖。

至2015年年底,上海中国弹簧制造有限公司累计自主研发500余种悬架弹簧产品、300多种稳定杆产品和180多种气门弹簧产品以及多项工艺创新。其中包括:1993年研发的第1根桑塔纳轿车稳定杆;2006年研发的具有复杂端头汽车稳定杆的热成型工艺,有效解决了端头弯曲造成的高报废率问题;2007年研发的高应力气门弹簧制造工艺,以及特殊气门弹簧卷簧机的落料刀具;2010年研发的高应力悬架弹簧,实现了悬架弹簧轻量化;同期研发的国内首创空心稳定杆内壁喷丸技术,填补了技术空白;2011年配合上海大众汽车MQB平台的稳定杆开发,突破橡胶二次硫化黏接技术,降低了稳定杆和橡胶支撑间噪声。

第三节　汽车电子电器自主研发

一、发动机控制器自主研发

联合汽车电子有限公司(简称联合电子)自1995年12月合资成立至2015年,在技术引进基础上开展自主创新,先后研发了4个品种的发动机控制器。

【MSE2.0摩托车发动机控制器自主研发】

2001年年初,联合电子成立由高级项目经理郭晓潞博士负责的摩托车发动机控制器系统8人研发团队。2006年,该团队研制成功首款MSE2.0摩托车发动机控制器。该款发动机控制器运用先进电喷技术,对小型发动机动态闭环控制方法,高集成度电子控制器硬件开发,控制器压力平衡设计、怠速巡航功能、防反转、软件判缸、充气模型、负荷预测、无回油修正和进气温度模型设计等方面进行大量创新,大幅降低了发动机排放污染物,提高整车驾驶性能、降低油耗、满足摩托车欧Ⅲ排放标准,并打破国内发动机管理系统核心技术长期由国外跨国公司垄断的局面。2007年1月,该产品首先向重庆嘉陵600CC摩托车批量供货,该摩托车为三轮摩托车,不仅提高了三轮摩托车使用可靠性,同时确保-30℃顺利启动,扩大三轮摩托车使用地域。随后,该产品在建设、春风、南方、远东、华南等品牌摩托车批量配套。2006年,MSE2.0摩托车发动机控制器分别获得4个实用新型国家专利和第20届上海市优秀发明选拔赛三等奖,2010年获得中国汽车工业科技进步奖二等奖。

【M7.8.0汽车发动机控制器自主研发】

2006年1月,联合电子成立M7.8.0汽车发动机控制器开发团队,由高级项目经理王振锁博士负责,系统/功能、软件、硬件、机械、匹配、采购、生产、质保、物流、财务、市场等部门80多人参与。面对发动机控制器这一跨国汽车零部件公司掌控的汽车电子领域关键核心技术,项目团队突破各种技术瓶颈,在控制器外壳设计、控制器传热方案、具有记忆功能的RAM仿真、数字爆震和无相位传感器气缸止点判断功能方面进行大量创新,实现了完全自主开发的目标,产品满足欧Ⅳ排放标准。该项目成为联合电子第一个本地化自主研发的汽车电子控制器产品,是联合电子汽车发动机控制器自主开发的重要标志。

2007年9月,M7.8.0汽车发动机控制器正式批产,率先配套重庆长安汽车的长安之星车型,随后向上汽通用五菱、吉利、奇瑞、比亚迪、海马、福田等多个整车客户供货,成为国内首个实现大批量生产的汽油机电子控制器产品,增强了中国汽车发动机控制器制造商与跨国公司的竞争力。2009年,该产品被评为2009年度上海市专利新产品和上海市重点新产品,同年,公司制定M7.8型汽油机电子控制器技术条件的企业标准,向上海市技术监督局备案。

【ME7.8.8汽车电子节气门体发动机控制器自主研发】

2007 年 11 月,联合电子启动 ME7.8.8 自主研发项目,由系统/功能、软件、硬件、机械、匹配、采购、生产、质保、物流、财务、市场等部门 40 人组成项目组,高级项目经理朱振华为项目组负责人。研发团队采用机械节气门体与电子节气门体兼容方式,利用软件处理功能替代进口零部件降低成本,选择全新紧凑型电路印刷板设计、高集成度芯片应用和紧凑外壳设计提高产品可靠性和经济性,其 3 层架构安全监控技术达到德国汽车工业协会(VDA)电子节气门系统技术指标,产品满足国四和国五排放要求并具备在线诊断功能,总体技术水平达到国际先进水平。2009 年,该项目获得 2 项发明专利和 2 项实用新型国家专利。

2009 年 10 月,该产品试制完成并向客户供货,首先搭载于东南汽车公司的菱悦车型,随后广泛应用于上汽通用五菱、上汽乘用车分公司、长城、东风柳州、奇瑞、一汽夏利、华晨、吉利、一汽海马等汽车公司的车型。

图 10 - 4 - 3　联合电子电力控制器

图 10 - 4 - 4　联合电子芜湖技术中心

图 10 - 4 - 5　联合电子重庆技术中心

【ME17.8.8首个32位汽车电子节气门体发动机控制器自主研发】

2009 年 7 月,联合电子在 ME7.8.8 平台开发基础上启动 ME17.8.8 自主研发项目,由系统/功能、软件、硬件、机械、匹配、采购、生产、质保、物流、财务、市场等部门 60 人组成项目组,高级项目经理张新波为负责人。研发团队采用全新的 32 位主控芯片以及新一代的电子器件和高集成度芯片,并选择全新紧凑型电路印刷板设计降低开发成本。同时应用与 ME7.8.8 相同的机械外壳,减少模具及产线投资,达到更佳的经济性。该产品满足国四和国五排放要求并具备国五 IUPR 功能,技术水平达到国际先进,填补了 32 位控制器的国内空白。

2011 年 9 月,该产品试制完成并向客户供货,首先搭载于奇瑞汽车的瑞麟车型,随后应用于上汽乘用车分公司、上汽通用五菱、上海通用汽车、一汽集团、长城、吉利、长安、广汽、奇瑞、东风柳州、华晨、比亚迪、众泰、江铃等汽车公司的车型。

二、发动机零部件自主研发

1998—2015 年,联合电子自主开发四大种类、十大系列,计 100 多种规格的汽车发动机系统零部件产品。

【EKP13.6电动燃油泵自主研发】

2002年2月,联合电子在引进德国罗伯特·博世公司EKP13.5电动燃油泵基础上,成立由工程师屈晨竹和杨文杰等组成的5人研发团队,自主研发EKP13.6电动燃油泵。项目组采用PPS注塑代替铝压铸进出油板,同时进行电枢关键零部件的本地化低成本开发。2002年5月出A样品,9月出B样品,2003年4月出C样品,2005年8月PPAP生产,2006年10月,该产品研发成功,正式批产,开始向奇瑞、长城、上汽通用五菱等客户供货。2007年,研发团队对EKP－13.6平台产品的碳刷换向器和相匹配的碳刷进行升级开发,形成EKP－13.6－C产品,可用于1.6升排量以上中高端汽车和售后市场电动燃油泵。同年8月开始批量生产,供应上海大众汽车、上海通用汽车等主机厂。

电动燃油泵EKP13.6研发项目先后获得2007年度上海市重点产品质量振兴攻关二等奖、2009年度中国汽车工业科技进步奖三等奖和2009年度上海市专利新产品。

【FP－G.30电动燃油泵自主研发】

2003年8月,联合电子西安厂电动燃油泵FP－G.30项目启动,项目组由开发组长张亮等3人组成。项目组主要开发小体积、低功耗、高性能、低成本的用于小排量汽车和摩托车的电动燃油泵。2006年12月出概念样品,2007年2月出A样品,2008年1月出B样品,同年10月出C样品,2009年6月出D样品。2009年9月,FP－G.30油泵生产线完成调试和终验收正式批产。2010年7月,台湾KYMCO(光阳)LGM1&LGK8踏板车油泵支架总成项目开始在西安厂批量生产供货,进入台湾摩托车电喷市场。

2009年12月,中国科学院上海科技查新咨询中心认定电动燃油泵FP－G.30项目综合技术达到国际先进水平。2010年12月,电动燃油泵FP－G.30项目获得2009年度上海市重点产品质量振兴攻关三等奖。

【传感器、点火线圈自主研发】

2005年11月,联合电子成立由EN41科经理屈晨竹负责的8人项目组,自主研发霍尔式相位/速度传感器PG－U1/DG－U1。项目组采用模块化设计概念,通过设计创新的弹性结构和点胶工艺等实现多类型产品柔性化共线生产,产品成本降低50％。2006年2月、6月和2007年1月,先后出A样、B样和C样。2007年4月,该项目在上海工厂正式批产。

2006年10月,联合电子成立由平台项目经理许长春负责的磁电式速度传感器DG9平台项目组,负责开发比德国博世DG6平台体积更小、成本更低的用于小排量汽车和摩托车的磁电式速度传感器。该产品的A样、B样和C样先后于2006年12月、2007年6月和12月试制成功。2008年7月,上海工厂DG9生产线投产并批量供货。DG9是联合电子自主开发的第1款传感器类产品,在公司产品发展史上具有重要的里程碑意义。

2008年2月,因点火线圈ZSK2×2成本高,联合电子成立由平台项目经理屈晨竹负责的项目组,自主开发经济性更好的2×2s新点火线圈。2009年1月,成本降低40％、体积缩小60％的点火线圈ZSK2×2s顺利批产。

继该平台批产之后,公司成立由产品开发组长诸峻负责,核心研发人员孙晓庆和程毅等组成的开发团队,于2010—2011年相继开发1×2 s和1×1 s两个平台产品并顺利批产,丰富公司电子点火线圈产品,大幅增加市场份额。2011年起,研发团队开发高能量密度的1×1C线圈平台,用于取代市场上笔式线圈,2013年取得上汽通用汽车认可。自此,点火线圈具备全部能量应用范围的自主平台开发能力。

【高低压燃油喷射系统零部件自主研发】

1998年,联合电子成立由产品开发组长杨良技负责的6人研发团队,本地化开发燃油分配管总成中的燃油分配管。开发团队会同国内供应商攻克喷油器座、支架板等精密冲压件和不锈钢铜铅焊的技术难题,于1999年先后完成设计、认证试验、供应商资源规划和燃油分配管总成生产、供货等阶段能力建设,2000年实现批产。经过本地化开发能力建设,联合电子该项产品技术水平在国内处于领先地位,至2010年年底已完成250多个燃油分配管总成产品的开发,客户涵盖上汽乘用车分公司、上海大众汽车、上海通用汽车、奇瑞、长城、华晨、长安等汽车公司。

2010年,针对售后市场出现燃油分配管内部压力脉动过大导致低温冷起动失效问题,联合电子成功研制出控制油路压力脉动的燃油分配管内置式稳压器,此设计于2010年获得1项发明专利和1项实用新型专利。

2008年,联合电子组件直喷高压燃油分配管总成研发团队,本地化开发高压燃油分配管。开发团队联合国内供应商攻克厚壁冷轧不锈钢钢管、精密冲压,铸造,锻造,机加工以及氢气保护铜铅焊的技术难题;形成压力脉动测试、疲劳分析及可靠性评估、振动耐久等开发和验证能力。2012年,实现直喷高压燃油分配管总成批量生产,客户涵盖上汽乘用车分公司、吉利、长安福特、上海通用汽车、奇瑞等多家汽车公司。

【空气管理系统电子油门踏板、电子节气门体自主研发】

空气管理系统中的电子油门踏板、电子节气门体是决定汽油机扭矩、功率、排放等关键性能指标最主要的零部件。2008年,联合电子启动APM1.3C本地化平台开发,研制新一代电子油门踏板,公司成立由项目经理韩明负责,研发组长焦兴军和研发人员过于成、王慕昊组成的团队,运用创新机械结构、新型力滞系统和独立传感器模块,使电子油门踏板达到更高强度和更小体积,同时在工艺上采用自主开发的总装生产线、创新的怠速调节方式、全自动打螺丝工位及基于数据库的工艺数据管理模式,达到原材料成本降低40%、模具费和开发周期均降低50%的效果。2010年,APM1.3C项目首个客户东风柳汽批产供货后,很快得到市场认可。同年,第二个变型开发项目上汽乘用车分公司ZP11(MG3)顺利批产,随后应用于上海大众汽车、上海通用汽车、上汽通用五菱、长城、吉利、东风、一汽大众、一汽轿车、东南汽车、海马等客户。APM1.3C于2012年获得1项发明专利和1项实用新型专利。

2009年10月,联合电子开始自主研发DV-E5.8NC电子节气门体。项目经理韩明等4名研发人员运用自主开发的非接触式传感器方案和新型的高强度塑料壳体方案,工艺采用壳体间密封圈密封、塑料壳体与塑料盖板卡夹连接、阀板与阀轴螺钉连接、转子与阀轴过盈压接等可靠实用低成本的技术方案,产品总成重量减轻10%～20%,原材料成本降低20%,变形开发难度降低50%。2011年,DV-E5.8NC于GW项目顺利批产。至2015年,DV-E5.8NC获得1项发明专利、2项实用新型专利。

面对竞争日趋激烈的电子节气门体市场,为保持并拓展市场份额,2014年,联合电子联合德国博世合作研发新一代轻量化、综合性能优异的 DV - E5.9NC 电子节气门体。公司成立由项目经理汪植亮负责,研发组长于明涛和研发人员周进等组成的研发团队,运用高精度新一代传感器、新型小电机及大传动比齿轮设计方案,产品总成重量减轻 20％～30％。2015 年,DV - E5.9NC 产品顺利批产,随后应用于上海大众汽车、上海通用汽车、上汽通用五菱、长城、吉利、东风、一汽大众、一汽轿车、东南汽车、海马等客户。至 2015 年,获得 1 项发明专利、3 项实用新型专利。

【碳罐控制阀产品自主开发】

2012 年,联合电子启动 TEV6 本地化平台开发,研制新一代碳罐控制阀。公司成立由研发组长过于成和研发人员赵志球组成的研发团队。TEV6 碳罐控制阀采用拉伐尔管结构,能够利用碳罐控制阀两端的压力差实现音速气流及稳定的空气流量;采用创新的六花形截面形状阀座,提高通流流量;衔铁采用减震结构缓冲衔铁振动;应用多重橡胶结构隔离阻断噪声向外界传输,降低噪声;采用大通流面积的滤网以避免碳颗粒进入产品导致产品失效。2014 年,TEV6 碳罐控制阀批产供货吉利汽车,得到市场认可。随后应用于上汽通用五菱、广汽传祺、华晨、一汽汽车、长城、北汽等客户。至 2015 年,获得发明专利 1 项、实用新型专利 2 项。

三、变速箱控制器和电磁阀自主研发

【UTC 变速箱控制器自主研发】

2007 年 12 月,联合电子启动 UTC8.1、UTC8.0、UTC9.0 平台的自主研发项目,由系统开发、硬件开发、软件开发、匹配、零部件开发等多个部门和科室组成项目组,高级项目经理王振锁为负责人。研发团队在变速箱控制策略开发、电磁阀驱动控制、控制器硬件及壳体开发等方面实现技术创新,覆盖 AMT 和 AT 自动变速箱,实现换档协调、换档压力控制、换档自学习诊断和监控等完整的变速箱控制功能,填补了国内自动变速箱控制器开发领域的空白。2010 年开始,该产品为昌河、江淮、长城等多个汽车厂商配套。该项目获 6 项发明专利和 7 项实用新型专利,登记 4 项软件著作权,获中国汽车工业科技进步奖二等奖和上海市科技进步奖三等奖。

【TCU - 2 - 9.6 变速箱控制器自主研发】

2011 年 3 月,联合电子启动 TCU - 2 - 9.6 平台的自主研发,由硬件开发、软件开发、系统开发、功能开发、匹配、销售、采购、工厂、质保、物流等部门组成项目组,高级项目经理王振锁为负责人。该项目在芯片选型、硬件设计和软件等方面实现技术创新,选择使用先进的 MCU 提高产品性能,覆盖无极变速箱、6 档以下自动变速箱和双离合变速箱等需求,产品具有极高的适配性。2015 年,该产品试制完成并向客户供货,首先搭载于上汽变速器的双离合变速箱,随后应用于上汽自主品牌等其他变速箱。

【TDG1 变速箱控制器自主研发】

2013 年 11 月,联合电子启动本地 TDG1 平台的自主研发,由软件开发、硬件开发、系统开发、匹配、上海厂等部门约 20 人组成项目组,陈孝宝为项目负责人。研发团队在 AUTOSAR、新芯片、功能安全、耐高温、大电流、高振动等级的硬件和机械、多核控制等方面突破难点实现技术创新,选择使用新芯片组/新软件和安全架构/新机械方案的新型设计/材料/方式提高产品的软硬件以及安全性能,使其具有电机驱动、ASIL－C等级、AUTOSAR4.0等功能,填补了中国设计32位多核高性能TCU的空白。产品通过换档过程精确控制,实现较好的换档品质,满足客户舒适性、动力性和经济性要求。

【汽车变速箱用电磁阀自主研发】

2012年1月,联合电子启动汽车变速箱用湿式DCT用直驱阀平台的自主研发,成立由项目管理、开发、试验、采购、仿真、生产规划、生产运营、物流等部门共20余人组成项目组,江明辉为负责人。研发团队突破各种难点,在产品综合功能实现、验证试验台开发等方面实现技术创新,使联合电子掌握电磁阀开发核心技术,为公司电磁阀业务发展奠定了技术基础。2015年12月,该产品向客户供货,首先搭载于江淮汽车的S5车型双离合变速箱,随后应用于比亚迪汽车、广州汽车、上汽乘用车分公司、上汽通用五菱等企业的自主品牌车型。同时,该项目获得1项发明专利和10项实用新型专利。

四、车身电子控制器、一体式电机自主研发

【BCM2.0车身控制器自主开发】

2010年,联合汽车电子组建自主开发能覆盖国内多个客户需求的BCM2.0车身控制器平台的团队,由项目经理朱振华负责,团队成员涵盖系统/软件/硬件/机械/实验开发、采购、销售、质保、工艺开发等部门。经开发后该产品在静态功耗、射频性能、功能安全等方面比同期产品有大幅改善,成为联合汽车电子自主开发的首款车身控制器平台产品。2012年,BCM2.0车身控制器首先批量配套吉利汽车,后续扩展到江淮汽车、上汽通用五菱、北京汽车、东风柳汽、上汽大通等客户。此后在BCM2.0车身控制器平台衍生出来的BCM2.1、BCM2.2、BCM2.3、BCM2.4等产品分别在长城、吉利、上汽乘用车分公司、宝沃汽车实现批产。

【INVCON2.3CN电力电子控制器自主开发】

2010年,联合电子开始电力电子控制器INVCON2.3CN平台的自主开发。该项目是该公司电力驱动业务部成立后首个自主开发的电力电子控制器,其核心部件均由联合电子独立选型和独立设计。2015年12月,项目批产向上汽乘用车分公司、吉利、长城及长安等多家整车厂供货,该控制器的批产标志着该公司已经具备逆变器与直流转换器两个核心部件的开发能力,相比上一代国外引进的产品,性能有所提升,成本大幅降低,具备很强的市场竞争力。

【IMG270一体式电机自主研发】

2011年4月,联合电子成立由项目经理暴捷(后更换为石佳)负责的IMG270一体式电机7人研发团队。2012年12月,研制成功首款IMG270一体式电机。该电机运用灌封、分割铁心、分段磁钢、端部汇流等先进技术,在电磁设计和机械设计方面进行创新,大幅提高了电机峰值扭矩/功率和持续扭矩/功率,从而提高了整车驾驶性能和续航里程,并打破国内一体式电机核心技术长期由国外跨国公司垄断的局面。2013年3月,该电机首先向奇瑞量子P1混合动力汽车供货。2014年11月,获得长安汽车P2混合动力汽车项目。至2015年12月,该产品共获得8个实用新型专利和3个发明专利。

五、汽车电喇叭自主研发

上海实业交通电器有限公司(简称上实交通)及其前身上海交通电器厂自20世纪60年代至2015年,始终致力于汽车电喇叭的自主研发,累计自主研发电喇叭12种。

【DL127盆型电喇叭自主研发】

1960年,上海交通电器厂开始仿制美国20世纪40年代的DL34Y12型蜗牛单音电喇叭。1961年,在单音基础上试制DL34GD12双音喇叭,1962年批量生产,为上海牌轿车基础配套,此后形成12V、24V和6V产品系列。

1986年4月,上海交通电器厂与上海大众汽车签订为上海桑塔纳轿车国产化配套的电喇叭协议。根据协议约定的使用寿命高于5万次国际标准,达到10万次以上,音量高于90~100分贝、国家标准,达到100分贝以上等技术要求,该厂成立DL127电喇叭试制组,厂长周佩兰挂帅,副厂长吴定良、副总工程师洪作民负责,技术科科长姚景曦、设计科副科长刘诚志、设计员吴健荣和李国曦、工艺员王平等20余人参加,重点攻克电喇叭环境适应性、耐水性、耐久性和可靠性等难关,试制成功DL127盆型喇叭。经试验,该喇叭音响区域103~109之间,使用寿命10万次以上,反复浸水10次和−40℃至90℃环境均可正常工作。1987年6月,工装样品送检数据全部达到技术要求,上海大众汽车正式认可于同年9月批量供货,成为上海桑塔纳轿车首批国产化配套的4个零件之一。1987年12月,该产品通过上海汽拖联营公司和上海大众汽车组织的产品鉴定。

1988年,上海交通电器厂生产DL127喇叭1.8万只,并获得1987年度上海市优秀新产品三等奖。同年11月,该厂改制为合资企业上海实业交通电器有限公司后,投资3 049万元建成自行设计制造的DL127喇叭生产线,形成年产30万套能力。

【DL135蜗牛型喇叭自主研发】

1996年3月,为中高档轿车配套,上实交通成立DL135蜗牛型电喇叭项目组,公司设备科科长刘渝东为主要负责人,研发人员瞿永德和蒋洪田负责设计,孙隼负责工艺,李进明和胡峻负责专机设计和工艺。项目组确定喇叭发声装置采用耐高温的ABS塑料扬声筒和半自动生产方式,采用基本消除质量人为因素的不调整气隙铆接方式和超声波焊接技术,获得较为稳定的声音共鸣条件,音质和工作稳定性能国内领先。1997年,该项目完成样品试制,1998年2月获上海大众汽车OTS和SOP认可,4月开始批量替换DL127喇叭配套上海大众汽车产品。

【DL138蜗牛型喇叭自主研发】

2001年,上实交通开始研制为上海大众汽车PQ24家庭轿车配套的第一款Φ80蜗牛型喇叭DL138电喇叭。同年2月,该公司成立17人组成的DL138电喇叭项目组,由技术中心副主任李进明为组长,研发人员蒋洪田和宋晓珏为主设计,秦晋和杨雯为工艺设计。项目组吸收上海大众汽车提供的HELLA小蜗牛喇叭样品外形等优点,结合DL135等喇叭开发经验,对该喇叭采用声音柔和的螺旋形ABS扬声筒和气隙固定结构的底盘,沿用DL135生产线工艺流程,采用单元自动化转台方式设计生产,提高设备工装的通用性,并在装配加工过程中加强在线监测功能。2003年3月,经上海大众汽车认可，DL138双音喇叭开始替代进口喇叭在波罗轿车批量配套。此后形成DL138喇叭平台系列，供货比亚迪汽车、吉利汽车、上汽乘用车分公司和上海通用汽车等，并出口欧美及东南亚地区。2008年4月，上实交通因该喇叭出口北美质量声誉俱佳，获美国通用汽车2007年度优秀供应商奖。

六、电动门窗升降器自主研发

【DCQ1电动门窗升降器自主研发】

1992年，上实交通经上汽总公司指定为上海大众汽车桑塔纳轿车配套研发电动门窗升降器。公司成立以高级工程师陈德宝为主要负责人的项目组，由助理工程师曹云翔负责产品设计，工程师葛新负责工艺设计。项目组从1992年年初开始试制，为加快开发进度抢占市场，采用SKD（进口汽车部件）组装电机和桑塔纳轿车正在使用的手动升降器，并改进缓冲装置。同年9月完成样品试制，送上海大众汽车试验，12月完成试验检测结果合格。1993年年初开始批试准备；3月，批量试生产60套共240台，试验合格；6月，DCQ1电动门窗升降器正式投产。

【DCQ5电动玻璃升降器自主研发】

1997年5月，上实交通被上海通用汽车选定为别克GL轿车电动玻璃升降器总成供应商。公司成立项目管理小组，由技术中心主任顾一帆和技术中心设计二室主任方家鎏任负责人，13名技术人员参与，其中曹云翔主管产品设计，刘祖基主管模具设计，赵骏主管生产工艺，何其平主管设计工艺，季多闻负责工艺。同年7月完成方案设计与方案评审，并着手试制手工样件；10月向上海通用汽车提交概念设计和手工样件，并在上海通用汽车进口车辆中进行试验情况良好。1998年1月完成50套样品试制和16套样品试验；2月，美国通用汽车经过测试认可样件标准。1999年4月，16套样品在美国通用汽车北美工厂试车成功；同年下半年，电动玻璃升降器正式供货，产品综合水平达到20世纪90年代后期世界先进水平。此后至2015年，上实交通电动玻璃升降器在更新换代过程中共获得实用新型专利11项，并获得2003年、2005年、2009年、2010年、2011年、2013年、2015年度上海名牌产品、2010年度全国用户满意产品和上海市用户满意产品，2015年获评上海市著名商标。

图10-4-6至8　电动玻璃升降器和上海实业交通合资组建的生产企业

七、汽车起动机、发电机自主研发

上海法雷奥汽车电器系统有限公司(简称上海法雷奥电器)在引进消化发电机和起动机世界先进制造技术基础上,向本土化开发和自主开发方面发展,至2015年,形成7种类二十三大系列480多种规格的汽车发电机、起动机产品。

【汽车起动机本土化研发】

1997年,上海法雷奥电器成立起动机本土化研发项目小组,由顾孜之担任项目经理,朱建刚和罗建华负责项目工艺、汤卫国负责产品试验、梁青负责项目质量、罗致祥负责市场营销。在消化引进先进技术基础上本土化研发具有自主知识产权的起动机产品。2000年,开发为美国通用汽车和上海通用汽车别克GL、GL8型轿车配套的SD6RA51起动机。2001年,开发为上海通用汽车S-Car轿车配套的SD6RA162起动机。2002年8月,根据上海大众汽车提出的降低起动机噪声的要求,项目组邀请上海交通大学国家重点噪声实验室专家参与攻关,对SD6RA49起动机驱动部分和安装方式重新设计改进,产品更名为SD6RA50。2004年3月,该产品经上海大众汽车认可后替代原产品批量供货。同年,该公司在SD6RA技术基础上开发D6GS起动机,分别为上海大众汽车PQ35、一汽大众CADDAY、BORA等车型配套,同时开发为上海通用汽车L-CAR车配套的SD6RA97、98起动机。

至2015年,上海法雷奥电器起动机本土化研发形成D6R、D6GS/TS、FS、ESM/ESW四大系列128种型号产品,为上汽大众、一汽大众、上汽通用、上汽通用五菱、上汽乘用车分公司、奇瑞、比亚迪、长安福特、北京现代、海南马自达等配套,技术国内领先并达到国际先进水平,累计获得国家专利26项,其中发明专利1项、实用新型专利23项、外观专利2项。2002年,SD6RA51起动机被评为上海市重点新产品;2004年,SD6RA50起动机获上海市重点产品质量振兴攻关成果奖三等奖。

【24V/6-9千瓦汽车起动机自主研发】

为满足上海柴油机股份有限公司高性能、高转速、高可靠性和低排放大功率柴油机需求,1999年1月,上海法雷奥电器成立研制24V/6-9千瓦范畴的QD2827起动机项目小组,由陈国荣担任项目经理,陈海涛负责产品设计,汤卫国负责产品试验,郭瑞骏负责项目工艺。项目组开展全新自主设计,包括优化设计起动机定子和电枢电磁匹配方案,提高起动机输出功率并重量减轻10%以上重量;采用全密封结构,确保起动机在潮湿环境正常工作;研制适用低电压大电流的复合材料作开关触点,提高起动机工作可靠性;采用新型棘轮式单向齿轮离合器,保证工程机械和车辆在-15℃至-30℃低温下正常起动运行;起动机磁场线圈连接和转子与换向器连接采用导体钎焊工艺,减少接触电阻,增加连接强度。同时,项目小组制定《QD2827系列(7.5千瓦)起动机技术条件》企业标准。2000年10月,QD2827、QD2827A起动机开发成功,并批量投产,为上柴股份的C121重型柴油机配套。此后,上海法雷奥电器利用该项自主开发技术,先后为杭州斯太尔发动机有限公司、山东潍柴动力股份有限公司潍柴斯太尔发动机和WD615发动机、无锡开普动力有限公司出口的KD6134柴油发动机开发QD2827系列产品。

至2015年,该公司自主研发的24V/6-9千瓦起动机共有QD2827、QD2663、QD2993三大系列40余种型号,产品覆盖国内排量6升~13升的大功率柴油机市场,并处于当时国内领先和国际先进水平，累计获得 6 项实用新型专利和 2 项外观专利。QD2827 型起动机先后于 2001 年度和 2003 年度被评为上海市级新产品，2003 年获得上海市科学技术进步奖三等奖。

【D6GC 汽车起动机自主研发】

2007 年，为跻身微型车市场，上海法雷奥电器成立 D6GC 永磁减速式结构起动机项目小组，由顾孜之担任项目总负责，范永周和许斌任项目经理，张龙任应用工程师，胡禾负责产品设计，侯波负责产品试验，周晓文负责项目工艺，孙琦任项目质量，祝海泉负责项目采购。项目组重新设计起动机后盖，采用圆柱式换向器结构，并制定《D6GC2 系列起动机技术条件》企业标准。2008 年 8 月，D6GC203 起动机开发成功，产品具有材料成本低、可靠性高、通用性强的特点，各项性能和可靠性均达到认可要求并正式投产，为比亚迪 F0 车型 371Q 发动机配套。而后，该公司在此基础上，于同年为奇瑞 472FC 发动机研制 D6GC208 起动机，为上海通用汽车 NGSB12 发动机研制 D6GC202 起动机。至 2010 年，该公司自主研发的 D6GC 起动机形成 D6GC2、D6GC3、D6GC4 三大系列 30 余种型号，并获得 3 项实用新型国家专利，产品为上海通用汽车、上海通用五菱、上汽乘用车分公司、奇瑞、比亚迪等汽车公司配套。

【QDJ281B 汽车起动机自主研发】

2014 年，上海法雷奥电器决定对 8 千瓦大功率减速式起动机进行开发立项，以求在商用车市场获得发展。公司成立项目组，由范永周任项目经理，张炳兴任应用工程师，王苹负责产品设计，朱雷负责产品工艺，陈钱和赵忱负责产品试验，孙琦和王斌负责项目质量，王卫丽负责项目采购。经设计，该起动机齿轮输出部分（驱动轴、齿轮装配）与电机动力部分隔开，互不干扰；同时驱动轴输出部分采用独创的双轴衬机构，有效降低齿轮在工作中晃动情况，解决齿轮打滑问题。为了开发这个项目，上海法雷奥还自主研发 1 套软件计算行星减速机构受力情况，掌握初始状态动平衡，延长电机寿命。该产品主要客户有上依维柯红岩、玉柴联合动力、潍坊柴油机等。

【汽车发电机本土化开发】

1997 年，上海法雷奥电器成立发电机项目小组，由叶勤书任项目经理，徐磊负责产品设计，方勇负责项目工艺，闻希平负责产品试验，梁青负责项目质量，罗致祥负责市场营销，在消化引进先进技术基础上本土化研发具有自主知识产权的发电机产品。2000 年，研制出为桑塔纳时代超人轿车配套的 SA13VI156 交流发电机。

至 2015 年，累计本土化研发的发电机产品共计 VI、SG、TG、FG 、NRG、FGN 六大系列 246 种型号，包括 2001 年为一汽大众捷达轿车配套的 SA13VI143 发电机，2002 年为上海大众汽车波罗和上海通用汽车赛欧轿车配套的 SSG9B024、SSG10S012 发电机；2003—2005 年为上海大众汽车波罗和途安、一汽大众 CADDAY 和宝来、上海通用汽车中高级轿车和商务车、北京现代雅坤特等轿车配套的 TG 系列发电机；2008 年为上海通用汽车新君越、新君威轿车配套的 FG12S015 发电机；2010 年为北京奔驰戴克汽车、上海通用汽车 GL8 和凯迪拉克、长安福特汽车 C1MCA、东风日产汽车新轩逸等中高级轿车配套的 FG18S055 发电机。产品达到国内领先和世界先进水平，累计获得 27 项专利，其中发明专利 3 项、实用新型专利 19 项、外观专利 5 项。SA13VI156 发电机项目获 2001 年度上海市优秀新产品奖，TG15 交流发电机项目获 2008 年度上海市专利新产品奖。

图 10 - 4 - 9 至 10　上海法雷奥电器发电机起动机和发电机转子生产线

【SG9SC 发电机自主研发】

2009 年 3 月,上海法雷奥电器决定开发低成本高效率的具有自主知识产权的 SG9SC 发电机平台产品,占领中小排量入门级轿车发电机市场。公司成立项目小组,由叶勤书任项目经理,李华锋任应用工程师,施骞负责产品设计,陈路负责项目工艺,夏逸强负责项目质量,宋斐负责市场营销。2010 年 5 月,基本完成新产品研制。该机优化设计改善电刷动态工作环境,减少电刷磨损,延长使用寿命;采用特殊塑料轴承套,改善工作条件,延长发电机寿命;将高效率发电机定子材料从 M300 改为 M440,在效率不变情况下,产能提高、工艺简化。2011 年开始投产,为上海大众汽车、上汽商用车、重庆长安、上柴股份等公司配套。公司同时制定《上海大众用交流发电机技术条件》企业标准。

【NRG12D24 发电机自主研发】

2014 年,上海法雷奥电器决定对一款新型的 120A 高效率,低成本的发电机 NRG12D24 进行立项。吴斌任项目经理,洪坤松任应用工程师,石宇杰和徐光辉负责产品设计,黄晖锋和叶广铭负责项目工艺,蔡青青负责项目质量,陈麟负责项目采购。项目研发采用 48 槽的定子结合 8 极对的转子,从而增加发电机整体电磁密码,降低发电机体积;增加风切倒角和 annular 倒角优化电磁噪声,采用新计算方法设计风叶优化风噪;采用新型 RMG2 结构的转子轴,提高转子装配精度。研发的产品具有结构紧凑、噪声低、轻量化、成本低的特点,预计将在 2016 年实现批量生产。

第四节　汽车饰件自主研发

一、汽车内饰自主研发

【配套新君越仪表板总成自主研发】

2003 年,延锋伟世通汽车饰件有限公司(简称延锋伟世通)承接上海通用汽车 SGM18 新君越仪表板总成配套项目,开始进入自主开发阶段。同年 8 月,公司组成技术中心总经理闵雄伟、延锋重庆公司总经理王锡羚负责,研发人员陈云菊、周敏、郭誉亮、徐兆荣、王万里、张孝兵、孙建军、毛岸信、雷敬武、廖英晔等组成的研发团队，建立造型设计、结构设计、系统集成开发、CAE 分析、DV 验证等设计流程，在无缝气囊门、一体双色多配置仪表板、扶手铰链等功能件的设计方面取得突破，新君越扶手箱设计获得国家实用新型专利。此外，该产品主要模具在德国制造，其余模具在国内制造，其中仪表板骨架注塑模由延锋模具公司自行设计和制造。经过 3 年努力，第一代君越仪表板/副仪表板总成设计成功。

该产品完成多项创新性工艺设计，主要包括对引进的仪表板表皮气囊区域冷刀弱化设备采用表皮弱化新工艺；发明骨架 window 设计，实现骨架注塑模、发泡模、冲机和冲模及表皮弱化胎具各一副的情况下，同一台冲机完成两种不同外形仪表板的冲切，该发明于 2009 年获得国家发明专利；发明折叶式铰链新型设计，首次实现扶手任意位置停留功能，该工艺成为延锋伟世通技术进步的里程碑并申请国家实用新型专利；引进副仪表板发泡本体铣刀切割设备，实现冲切和水刀以外的零件切割方式；仪表板发泡模具开发创造用可替换镶块实现 1 副发泡模生产 2 种外形仪表板的新工艺；在副仪表板发泡模具开发中创造国内外绝无仅有的 1 副模架同时放置 2 副模具的生产方式。

2005 年，SGM18 新君越仪表板总成产品先后得到上海通用汽车 OTS（工装样品）认可及 PPAP（生产机批准程序）认可，2006 年获得 SOP（批量生产启动）认可。历时 30 个月完成的高档轿车座舱系统内饰全新改版，标志着延锋伟世通已经具备开发国际先进水平仪表板和副仪表总成的能力。2007 年，该项目获得上海市重点产品质量振兴攻关成果奖二等奖。

【配套美国通用 EPSILON 长轴仪表板总成自主研发】

2005 年开始，延锋伟世通开始参与全球协同设计制造。公司承接美国通用汽车最新一代 EPSILON11 全球车型的中级轿车——新君越轿车长轴仪表板设计和制造。公司成立由技术中心总经理王锡羚、工程部经理张晓文总负责，中外工程师专家郭誉亮、陈云菊、孙洁、MichaelCaringi、侯剑锋、周筛华、陈海浚、崔小刚、苏明、崔利俊、杨飞舸、左朝栋等组成的研发团队。

该研发团队采用发光元器件集成到仪表板，产生光线均匀舒适有科技感又不影响驾驶安全的灯光装饰效果；增加副驾驶侧气囊结构并采用 U 型气囊开口，满足造型和安全要求；创造 TPO 材质仪表板表皮浮雕效果的装饰缝线工艺，使其具有高档手工艺品的缝制质感；首次将仪表板表皮分上下两件一次发泡成型的新工艺，形成上下不同颜色但均有发泡的软质触感；研制有气囊框和风道结构的长玻纤增强件，提高设计集成度，减少零件降低成本；选用聚丙烯加长玻纤原料取代原先成本高的非环保原材料。2008 年，SGM18 新君越仪表板总成产品先后通过 OTS、PPAP、SOP 认可，技术达到行业领先水平，产品满足通用汽车公司标准和美国 FMVSS 汽车安全标准，并在国内首次达到美国 FMVSS 要求的乘员无安全带保护条件下进行碰撞的安全标准。

该项目是延锋伟世通参与美国通用汽车全球开发的第一个项目。带缝线的发泡仪表板/门板、软质气囊门、长距离灯带，同时满足中国北美法规的零件结构等多项技术难题的攻克，提高了该公司的国际竞争力。该项目获得 2010 年上海市重点产品质量振兴攻关成果奖三等奖。2007 年，汽车内饰件和汽车仪表板乘员侧安全气囊门及其制造方法获得 2 项中国发明专利和 2 项美国国家发明专利。

【配套凯迪拉克 CT6 仪表板总成自主研发】

2012 年，延锋汽车内饰系统有限公司（简称延锋内饰）承接上海通用汽车凯迪拉克 CT6 项目仪表板总成配套项目。CT6为美国通用汽车全球首推的全新凯迪拉克旗舰车型,这是延锋内饰在国内承接和制造的第一款真皮仪表板项目,并作为美国通用汽车全球唯一供应商,出口北美通用。项目团队由项目经理曹克勤和崔毅、科经理邵杰和臧旭旺、项目工艺工程师韩吉浩、项目工艺主管沈晨、产品工程师胡学雷、制造工艺工程师顾英杰等组成。

研发人员经过50多次试验验证,在黏结剂选择、皮革裁切、皮革包覆、皮革弱化方案选择进行试验验证。在牛皮裁切技术上,创新开发针对牛皮制作的工作台,同时具备调节张紧、表皮支撑、质量划缺等功能,集成原来需要几道工序才能完成的工作,同时引进自动化裁切工艺,更加精确皮革处理。在与安全相关的气囊弱化技术上,使用分布弱化、定线复合方式。黏结剂选择中开发与真皮包覆匹配的水性胶系统。

2016年2月,凯迪拉克CT6顺利上市。该产品弥补了国内在真皮包覆领域的多项技术空白。

【配套凌渡仪表板主自主研发】

2012年,延锋内饰与德国大众同步开发上海大众汽车凌渡轿车仪表板项目。该项目软模与正式模的开发制造主要由延锋内饰技术中心完成,延锋内饰负责设计并量产的大众发泡仪表板项目,得到德国大众认可。

凌渡仪表板项目中应用多项新技术新工艺,其中H型织物铰链以及特征槽跨越气囊区域的设计,项目团队由工程督导谢鼎、项目经理乔馨乐、设计督导罗连江、制造工艺工程师钟松洋、产品工程师朱慧莹和陶雪云、高级技术督导王作敏、高级模具设计工程师方志刚等组成。利用软膜,制定镶块验证方案,对气囊织物铰链的模具内形态、位置、机械抓手的零件放置方法和预放工装,结合网布平直度要求以及后道工序检测,做出规划和验证,保证爆破可靠性。另外,为了平衡外观和爆破的矛盾,在红外焊接工序中,胎具气囊焊接区域使用独立伺服机构并应用压力传感模式,确保同时满足外观及焊接强度。此外,凌渡项目轻量化上还使用colo sense lite表皮、PE发泡风管,重量分别下降60%和30%。

凌渡项目于2014年10月完成SOP,2015年2月取得BMG认可并投产供货。

【配套新英朗内饰件自主研发】

2013年,延锋内饰作为上海通用汽车战略合作供应商,承担新英朗项目座舱模块、中控台总成及门内饰总成的开发制造业务。项目研发团队由主任制造工艺工程师王为夷,项目经理周文磊和曹岩,产品工程师张翔天,制造工艺工程师余丰庆、崔峰和谭曦,模具工程师宋刚等组成。为了实现门板降重20%并达到喷漆低光泽效果的目标,研发团队在国内外首次将EIPP工艺(注塑发泡工艺)运用在外观零件上。为了确保该创新工艺应用成功,研发团队引导客户在满足要求情况下尽量简化结构设计;在门板裙边设计中创新使用减薄结构,使零件开模发泡前凝结成型,避免EIPP开模发泡导致外观缺陷;在材料选择中以PP+滑石粉为基材,增加专用发泡剂,自主研发出适合外观级零件的EIPP材料;在模具设计中与供应商共同研发热流道及阀针,与设备厂家一同开发适用EIPP注塑工艺的非标设备;在注塑工艺及外观处理方面结合微网皮纹表面处理,达到注塑件光泽和喷漆光泽相近的外观效果。由于EIPP工艺的应用,使产品减重26%,实现了报废率低于0.8%的目标。

2015年1月,该项目成功投产,并获上海市重点产品质量振兴攻关成果奖三等奖,获得1项中国发明专利、1项美国发明专利。

二、汽车座椅自主研发

【荣威750座椅自主研发】

2005年,上汽乘用车分公司确定延锋江森座椅有限公司(简称延锋江森)为荣威750轿车座椅定点供应商。同年7月,延锋江森成立项目研发团队,由座椅设计经理陶惠家负责,夏炎、张国建、朱怡晨、陈婧、许伟等研发人员参与。该团队与荣威750造型工程师反复研究确定座椅造型并经上汽乘用车分公司认可后,于同年10月完成3D设计、2D图纸和FEA分析并获得通过,11月完成手工样件提交,12月完成首台荣威750轿车座椅安装,2006年4月完成模具开发和PV试验,同年6月提交的5套座椅OTS样品通过上汽乘用车公司质量评审,7月完成PPAP阶段审核,10月进入SOP批产。

该产品参考美国江森自控有限公司欧洲公司MS3000座椅平台,通过增加座椅平台的多种功能、优化前靠背面套及下饰板结构、后靠背锁止机构翻折功能、更改转轴端面形状解决座椅后靠背旋转至一定角度从车身脱出的缺陷和安全隐患,以及调整中间扶手造型和功能等改进设计,形成自主研发的荣威750座椅系统,座椅技术指标满足新版国家GB14167、GB15083技术标准并有20%的安全余量。该产品前排座椅滑道采用JCI全球CPP平台MS3000,且为该平台全球首次批量生产。CN201068117Y汽车座椅后部遮挡机构获得国家实用新型专利。

【荣威550座椅自主研发】

2006年,延锋江森获得上汽乘用车分公司荣威550座椅配套资格。同年2月,延锋江森启动项目开发,公司成立由座椅设计经理池华负责,夏炎、朱亚雷、贾红松、陈婧、吴国斌、许伟等研发人员组成的荣威550项目座椅开发团队。同年4月和5月先后完成3D设计、2D图纸、FEA分析和OPS样品提交,8月完成DV交样,2007年1月完成PV交样,9月投产批量供货。

荣威550系列座椅项目有多个设计创新之处,主要包括:在MS3000平台和L-car平台基础上设计满足国内外标准的不同平台,在该平台首次安装座椅下抽屉,前排设计儿童座椅安全带固定装置,后座椅为40%和60%式分体式可折叠靠背,设置三点式中间安全带创新设计安全带防压紧结构,乘员座和

图10-4-11至13　延锋技术中心及其自主研发的座椅、仪表板

后座椅分别标配储物盒和儿童座椅支架,优化设计后靠背锁提高承载力,后排扶手防横甩结构设计,背板创新设计用于扶手区靠背面套吊紧的桥型冲压结构等。

【荣威 350 座椅自主研发】

2008 年 1 月,延锋江森成立为上汽乘用车分公司荣威 350 配套的座椅开发团队,由设计部经理池华负责,夏炎、张国建、姚杰、刘夷、陈婧、于文辉等研发人员组成,启动自主研发任务。同月,研发团队完成座椅造型设计提交上汽乘用车分公司认可,3 月完成 3D 设计、2D 图纸和 FEA 分析,4 月启动 DV 模具制造,7 月完成首件样品提交认可,11 月完成 DV 试验,2009 年 3 月启动 PV 模具开发并在 9 月完成 PV 试验,10 月获得上汽乘用车分公司 ESO 认可,2010 年 2 月投入批产供货。

荣威 350 是上汽首款自主研发的紧凑型轿车,面对客户超低成本的要求,研发团队选择低成本 ED 平台骨架,在原 ED 平台基础上改 6 向滑道为 4 向滑道,在原 3 档板式腰托基础上改为 2 档,在满足座椅低成本要求和坐骨与胸部保护侧气囊特殊位置要求基础上开发出简易板管式前靠背骨架,运用能量法设计后靠背骨架降低验证费用。该产品还在 ED 平台上首次安装 ISOFIX 功能和座椅下抽屉。

【荣威 950 座椅自主研发】

荣威 950 是上汽自主品牌最高级别的车型,涉及众多领先的座椅子功能系统设计。2010 年,延锋江森获得上汽荣威 950 项目定点供货资格,公司组建开发团队,由座椅设计部经理陈亚雄负责,谢少君、刘佳平、朱亚雷、张爱萍、易辉、蒋维林等研发人员参与。研发团队选用 DE 高端平台的前座椅骨架并达到全球各大汽车公司标准,首次应用主动式头,实现核心机构件 SCORE3.0、G3.0VTA 在量产项目上首次应用,滑道调节行程 270 毫米在延锋江森所有前排骨架平台中为最大。座椅还具备侧气囊、PLP、按摩、加热、DVD、腿托、后控开关、影院灯等功能,具备高扩展性和集成,首次完成基于管板式后排骨架的通风加热模块布置。

2011 年 2 月,该项目完成 3D 数据,3 月启动 DV 模,6 月完成 DV 试验,7 月启动 PV 模具并于 9 月开始 OTS 交样,11 月完成 ESO 资料提交,12 月完成 PPAP 提交,2012 年 4 月实现 SOP 量产。项目获得实用新型专利 1 项。

【荣威 E5 座椅自主研发】

2010 年 9 月,延锋江森启动荣威 E5 项目的开发,组建设计部经理陈亚雄负责,朱亚雷、张剑、吴国斌、黄曹丹、刘燕飞等研发人员参与的开发团队。荣威 E5 是上汽自主开发的第一款荣威品牌纯电动轿车,也是延锋江森首次主导设计制造的电动车座椅产品。该设计前座椅靠背采用全新的变形铝合金骨架,前座椅基于 APSLC 开发的 EZ－Entry 模块首次应用于量产项目,引入调角器＋EZ－Entry 一体式手柄设计;后座垫设计采用薄型 EPP＋开放式定位钢丝骨架结构,后靠背在上汽项目上首次应用空腔蜂窝椅背板。通过一系列优化设计实现座椅总成轻量化目标。

2011 年 4 月,该项目完成 3D 数据设计和 2D 图纸,FEA 计算结果合格,并完成手工样件制作。同年 7 月完成 PV 模具开发,同月和 9 月提交 EP1 和 EP2 样件,11 月完成 PV 试验;2012 年 4 月完成 MB 匹配认可,5 月实现客户 ESO 批准,10 月实现 SOP 批产供货。项目获得 2 项专利授权。

【名爵 GS 座椅自主研发】

2012 年,上汽乘用车分公司确定延锋江森为名爵 GS SUV 车型座椅定点供应商。同年 8 月,延锋江森成立项目研发团队,由座椅设计经理郁军负责,朱怡晨、梁业、滑佳范、伍德祥、唐勋、封庆伟、沈晓晨、沈如意、陈文斌、欧东宁、王邓、汪书军、吴国斌、王小梅等研发人员参与。该设计前排座椅应用 MMS 骨架平台,并首次应用 YFJC 最新自主研发的手动 ML 调角器、电动 T2000DP3 调角器、GT2 滑轨等新核心零部件;座椅功能配置豪华齐全,有侧气囊、加热、手动腰托、未系安全带提醒等;后排座椅带有调角器功能、中间安全带固定点和儿童座椅固定装置的 Stowable 折叠座椅,在上汽项目上首次应用 L2000D 和 L2000 D High 高强度调角器,并且设计整合硬式旋转锁扣与座椅调节翻折功能的外观效果,为后续应用类似设计的项目提供借鉴。

该项目于 2012 年 12 月完成 DV 阶段的 3D 设计、2D 图纸和 FEA 分析并获得通过;2013 年 5 月完成首样制造,8 月完成 PV 设计发放;2014 年 2 月完成 PV 试验,9 月通过上汽乘用车分公司 ESO 认可;2015 年 1 月进入 SOP 批产。

三、汽车保险杠自主研发

【桑塔纳 Vista 保险杠自主研发】

2006 年,上海大众汽车对桑塔纳 2000 型轿车进行中期改型,并首次以全包方式定点给延锋彼欧汽车外饰系统有限公司(简称延锋彼欧),包括全新设计外饰件 A 面造型,更改优化 B 面结构,以及后期工程开发。为此,延锋彼欧成立研发团队,由项目经理金荣浩负责,造型设计师龙澜波负责产品造型设计,结构设计师万智松负责产品结构设计,工艺工程师罗军平和鲁晓锋负责工艺开发。

根据上海大众汽车要求,研发人员前期造型设计规避上一代车型出现的问题,重点设计多项制造装配结构,包括前保险杠采用造型迥异的散热器格栅装配互换结构,保证前保险杠总成与前大灯、散热器格栅总成匹配缝隙稳定结构,门下沿饰板总成保证装配正常和外观良好结构以及后保险杠总成装配反射器结构。另外,发明在汽车散热器格栅上进行烫印,且烫印部分缺损只需部分更换无须整个更换的方法,同时烫印工艺根据格栅曲面构造依次进行,控制简单合格率高而且环保。该散热器格栅烫印方法获得国家发明授权。2007 年 4 月和 11 月,桑塔纳 Vista 轿车保险杠先后获得上海大众汽车 OTS 认可和 PPAP 认可,2008 年 1 月实现 SOP 供货。

【传祺 GA5 保险杠自主研发】

传祺轿车是广州汽车集团股份有限公司(简称广汽集团)开发的自主品牌车型,2008 年延锋彼欧获得广汽集团传祺首款车型 GA5 的前后保险杠设计制造配套资格。公司成立由项目经理顾拥华带队、李武凡担任设计督导、王俊担任工程督导、张义强担任模具工程师、王百涛担任检具工程师、陈冬梅担任项目工程师的研发团队,展开为期 3 年的产品设计、过程设计和制样认可工作。

由于该车是广汽集团首次进行乘用车开发,对产品标准尚处边摸索边定义阶段,延锋彼欧发挥外饰产品开发的技术优势,根据客户要求,研发团队完成外饰外观及试验标准的确定。在设计阶段大胆采用电镀与遮蔽喷涂的一体式格栅造型设计,创新垂直车身方向的散热器格栅装配方式,获得产品造型及装配便利的效果。在工程开发阶段采用注塑件监控测量手段控制产品尺寸,90 天完成从散热器格栅造型的确认到产品外观的认可。另外,该项目还首次使用汽车外饰件涂装的遮蔽罩,显著提高了复杂分色情况下罩盖效率和合格率,缩短加工周期,降低产品成本,以及因循环利用产生的节能环保效果。2010 年 8 月和 10 月,传祺 GA5 保险杠先后获得广汽集团 OTS 认可和 PPAP 认可,11 月实现 SOP 供货。

【华晨宝马 X1 保险杠自主研发】

宝马轿车的 X1 车型是首个在国内进行本地化生产的 SUV 车型，2011 年，延锋彼欧获得该项目的前后保险杠制造配套资格。公司成立由顾健、顾拥华为项目经理、鲁晓锋任工程督导、陈柳毫任模具工程师、卫亮任检具工程师、杜威任设备工程师的项目开发团队，经过一年半技术攻关，攻克注塑的全自动生产、冲机的集成开发、装配过程全自动防错的装配模式、新式定模取件抓手、突破定模取件等技术难题，并顺利通过客户高要求的 PZS 等各项审核，项目开发成果超越客户期望。2012 年 4 月和 7 月，该产品先后获得华晨宝马汽车有限公司 OTS 认可和 PPAP 认可，9 月实现 SOP 供货。

【长安铃木锋驭保险杠自主研发】

锋驭轿车是重庆长安铃木汽车有限公司（简称长安铃木）的旗舰车型。2012 年，延锋彼欧获得其前后保险杠设计制造配套资格。成立由项目经理翟建业带队，由周银双、戚铖汴任工程督导，黄伟任模具工程师、刘艳芳任检具工程师、朱冰洁任项目工程师的研发团队。长安铃木为锋驭轿车设定的核心竞争力之一为超低油耗，因此对整车重量提出严格要求。为实现外饰产品轻量化，延锋彼欧采用系统化研究方法，实行全新的产品设计、原材料、模具、成型工艺开发，在充分满足整车外饰系统性能要求的前提下，实现汽车外饰系统壁厚由 3.2 毫米减为 2.0 毫米，减重 30％以上。公司由此在国内率先掌握薄壁汽车外饰件的设计和制造技术。2013 年 9 月和 11 月，锋驭保险杠先后获得长安铃木 OTS 认可和 PPAP 认可，12 月实现 SOP 供货。

四、汽车复合材料尾门自主研发

【荣威 E50 复合材料尾门自主研发】

荣威 E50 轿车是上汽首款在全新平台架构上打造的纯电动汽车。2011 年，延锋彼欧获得荣威 E50 的复合材料尾门制造配套权，在国内率先提出复合材料尾门以塑代钢的全新设计理念，在满足强度等性能要求前提下，总成设计减重目标 30％。为此，延锋彼欧成立研发团队，由项目经理毕磊负责，李正旸任工程督导，宦宇峰任模具工程师，卫亮任检具工程师，李鹏飞任项目工程师。

项目首次采取 SMC 替代传统钣金，并针对无定位连接结构产品尺寸控制、聚氨酯胶新工艺、新工装设备进行自主研发。通过持续改进实现低成本、高质量要求，得到客户肯定。公司还自主研发雨淋检测系统，采用与实际装车完全一致的定位方式，直接测试密封性，获得国家专利授权。2012 年 7 月和 10 月，该产品先后获得上汽乘用车分公司 OTS 认可和 PPAP 认可，11 月实现 SOP 供货。

【吉利沃尔沃 XC60 复合材料尾门自主研发】

2013 年，延锋彼欧获得沃尔沃集团 XC60 车型尾门制造配套资格。为此，该公司成立研发团队，由项目经理毕磊负责，由昊、艾平松任工程督导，张义强任模具工程师，刘艳任检具工程师，顾志明任项目工程师。

公司首次自主开发全自动涂胶生产线，在生产中实现涂胶、火焰过程全自动操作，实现涂胶轨迹精确控制、涂胶用量自动计量、压合温度和时间精确监控等功能，在确保产品质量的同时，大幅度提升生产节拍,并创新性地取消主要零件间连接结构,通过工装设备控制装配尺寸,有效保证了总成尺寸的稳定性。2014年4月和6月,该产品先后获得沃尔沃集团OTS认可和PPAP认可,9月实现SOP供货。

五、桑塔纳2000型车灯自主研发

1995年,上海小糸车灯有限公司(简称上海小糸)承接上海大众汽车桑塔纳2000型轿车组合前照灯配套项目。为确保公司首个为上海大众汽车自主开发灯具的成功,公司成立由开发部部长周文亮、生产技术部副部长叶世威、质保部部长李忠信、生产部部长姚钢和设计部设计科科长秦乐平等组成的设计团队,开展灯具自主研发。1995年4月,灯具造型锁定并向上海大众汽车提供MOCKUP造型灯具;6月,完成前照灯数据设计及设计优化;9月,全部灯具获得上海大众OTS认可和OTS送样。与此同时,公司投资1 300万元引进PC注塑机、超硬涂膜线、三色注塑机、1300t(后灯B)和桑塔纳2000型轿车前照灯/后灯装配线及前述设备的工艺。同年10月,全部灯具获得上海大众汽车PPAP认可并进入批产供货。该灯具性能不仅符合国家对灯具的相关标准,而且达到甚至超过进口产品标准,其配光满足并超出国家标准和ECE标准要求,总体达到国内领先水平,并取得3项外观设计国家专利。

六、荣威车灯自主研发

【荣威750灯具自主研发】

2005年,上海小糸开始承接上汽乘用车分公司自主品牌W161(荣威750)配套灯具配套项目。同年8月,该公司销售部下发定点产品建议书,项目正式启动。公司组建由开发部欧洲科长胡肖巍,开发部配光科副科长钱群鹿,开发部设计人员徐少英、李景泉、陈海燕和龚婷蕾组成的设计团队。同月造型锁定并得到主机厂肯定;11月,完成配套灯具设计及设计优化。2006年3月和6月,全部灯具先后获得上汽乘用车分公司OTS认可和PPAP认可,开始SOP批产供货。其间,上海小糸从日本引进LED自动铆合机、AFP大灯检测机和激光焊接机。特别是会同上海汽车电子工程中心、清华大学工程力学系、上海金桥大晨光电科技有限公司共同实施LED半导体发光二极管汽车灯具开发,使该灯具成为上海小糸首款量产的带LED后灯,大幅提升了公司在车灯灯具的光学、结构、散热和电子设计水平和专机、模具设计及生产制造技术,改变了此前该技术由国外少数灯具跨国公司掌控的局面,有效缩小了中国汽车灯具制造与世界先进水平的差距,填补了国内在LED灯具领域的空白,项目总体达到国内领先水平。

荣威750轿车车灯于2007年10月和2008年11月先后获评上海市重点新产品和国家重点新产品,该项目还获得2项国家软件登记证书和12项国家专利,后者包括1项发明专利、4项实用新型专利、6项外观设计专利。

【荣威950LED灯具自主研发】

2013年,为配套新一代荣威950BP31-LED组合前照灯,上海小糸首次采用全LED组合前照灯,包括远近光灯、转向灯、日间行车灯及位置灯等。BP31-LED组合前照灯结构复杂、造型前卫,该公司组成由设计部、开发部、电子部、模具部、生准部、生技部、质保部、生产部等8个部室研发人员参加的研发团队,主要研发人员为黄达、张洁、杨珏晶、王宽、蔡凯、宋旭波、徐颖悦、夏敏杰、陈捷、樊一君、陆晓凤、金凯林。

图 10-4-14 至 16　上海小糸车灯生产车间和新帕萨特前照灯、荣威 950 前照灯

该项研发项目中创造公司多个第一:第一个 LED 近远光灯具,第一次采用直射透镜的光学系统设计,第一个多截止线的组合近光,第一次设计如此复杂且精密的微调光系统,第一个使用风扇散热的车灯,第一次将风扇与风道设计引入学模拟系统,第一个使用 PC 材料的投射透镜,第一次将色散引入到光学模拟系统,第一个采用 10W 级别 LED 车灯,第一次设计超大功率驱动模块的平台件。2014 年 12 月认可供货。

该项研发获发明专利 6 项、实用新型专利 2 项,合计获国家专利 8 项。

七、别克 GMX353 车灯自主研发

2007 年,上海小糸开始启动上海通用汽车 X353 组合前照灯研发项目。同年 4 月,公司组成由开发部亚洲科科长顾丹、开发部配光科科长钱群鹿、开发部造型科见习科长颜世蕾、开发部设计人员何士群、电子部电子技术科科长蒋淳组成的研发团队。X353 组合前照灯是上海小糸首个为美国通用汽车全球平台开发配套的一款 AFS(智能随动转向)前照灯,也是美国通用汽车首款 AFS 前照灯,能同时满足美国、中国、韩国的行业标准。该产品采用多重饰圈结构,实现富有美感的灯具化造型,技术性能达到国内领先和进口产品水平。

2007 年 9 月,该灯具造型尺寸锁定交付上海通用汽车 OTS 工程认可;10 月,按时提供MOCKUP 造型灯具。2008 年 1 月完成整个前照灯数据设计及优化;9 月,全部灯具获上海通用汽车 PPAP 认可开始批产供货。2009 年,上海通用汽车 X353 上市,上海小糸 100% 配套,表明该公司具备为国际著名汽车品牌配套车灯的自主研发能力。

2008 年 6 月,上海小糸基于汽车车灯自主开发成果主持制定的《GB21259—2007 汽车用气体放电光源前照灯》和《GB21260—2007 汽车用前照灯清洗器》两项国家标准正式实施。2010 年 12月,该产品获上海市专利新产品证书,同时获 2 项发明专利、4 项实用新型专利、1 项外观专利,合计7 项国家专利。

八、安全气囊自主研发

【上海天合上汽整车安全气囊自主开发】

2004年，上海天合汽车安全系统有限公司（轿车上海天合）在技术引进和消化吸收基础上，开始推进安全气囊的自主研发。2005年6月，上海天合获得上海大众汽车帕萨特轿车驾驶员和乘员安全气囊定点意供货向后，成立由中方总经理武赟乔为组长的项目小组负责项目实施。针对欧洲喇叭设计按响力较大的特点，上海天合开发团队对产品重新设计，使按响力值比原设计下降20％，符合中国市场的标准，得到顾客肯定，随后公司将此技术拓展应用到其他驾驶侧气囊的设计中。该项目于2006年9月获得上海大众汽车的认可，10月实现批量配套。同年，上海天合为上海大众汽车途安轿车开发乘员气囊，于2007年12月实现批量供货。2007年，上海天合获得上汽乘用车分公司NMC1乘员气囊配套项目。鉴于公司技术引进方德国TRW乘员安全系统公司没有适合上汽自主品牌车型的安全气囊产品，公司实行自主开发，按照顾客提供的技术要求和整车数模，通过CAE仿真技术、DV设计验证，使企业的产品开发迈上应用开发新台阶，项目在2008年实现批量认可和批量供货。

【上海天合业外整车安全气囊自主开发】

2004年，上海天合为长安福特汽车的C307轿车开发驾驶员气囊和乘员气囊，2005年6月获得认可，7月实现批量配套。2008年，上海天合为东风神龙汽车开发驾驶员气囊和乘员气囊，基于原技术气袋中自黏性隔热膜的存储和运输必须在0℃以下的特殊要求，公司开发人员进行改型设计，通过调整排气孔位置和大小替代自黏性隔热膜，经过PV试验最终确认气袋充满时间、充气时状态、排气时间均符合原设计要求，项目于2009年实现批量销售。运用这一新设计的东风雪铁龙C5车型通过CNCAP五星试验，达到国内和国际领先水平。2009年，上海天合为安徽奇瑞汽车B21车型实施驾驶员气囊和乘员气囊实施开发工作，并于同年完成全套验证试验，实现批量认可和批量销售。2010年年初，上海天合开发广州汽车自主品牌传祺的安全气囊，在缺乏原设计产品、开发周期较短的情况下，于同年10月获得顾客认可并实现批量供货。

至2010年，上海天合自主研发的产品包括驾驶气囊、乘员气囊、胸部气囊和气帘等，公司获得国家专利11个，其中实用新型专利9个。

【延锋百利得新赛欧乘员侧气囊总成自主研发】

SGM308项目即上海通用汽车雪佛兰新赛欧项目，是延锋百利得（上海）汽车安全系统有限公司（简称延锋百利得）自主研发的第一个被动安全系统项目。2007年7月，延锋百利得决定自主研发SGM308乘员侧气囊总成，公司成立跨部门研发小组，副总经理陆凯分管项目，技术中心科室经理庄晓博士带领研发人员王蕾、苏培刚等研发人员进行研发攻关。

图 10‑4‑17　延锋百利得安全气囊生产线

为兼顾产品安全、经济、舒适及环保要求,研发团队研究不同的皮纹特点、造型线设计及B面结构设计,首次将CAE辅助分析技术应用于门盖按压硬挺度的研究,对不同结构设计方案进行对比分析,最终门盖样件外观效果超出客户预期,按压手感达到较高水平;利用CAE辅助分析攻克乘员侧气囊下支架设计这一气囊设计中的难点;建立乘员侧气囊模块材料数据库,通过LS-DYNA软件建模分析模块固有频率以降低异响风险;分析壳体支架强度以避免应力集中和断裂风险;试验成功MIC免喷涂技术,比传统门盖注塑后再喷漆工艺,减少环境污染和碳排放,且一次注塑即可完成所有零件外观及结构,避免掉漆油漆起泡等质量问题。

在自主研发SGM308乘员侧气囊总成过程中,该公司还制定形成气袋设计开发流程、金属壳体支架刚度及强度要求以及开发试验检测标准,所有开发符合美国通用汽车全球技术要求和规范。该项目乘员侧气囊的MIC技术成功应用的经验,在后续分体式气囊门盖设计中得到全面推广。经过多轮设计分析及试验,2009年5月,产品获得泛亚技术中心OTS认可,6月投产。2009年8月和2010年12月先后获得上海通用汽车的PPAP认可和SOP批产认可。

【延锋百利得荣威350被动安全系统自主研发】

2008年,延锋百利得承担上汽乘用车分公司荣威350被动安全系统的系统集成及约束系统产品开发,包括方向盘、驾驶员安全气囊、乘员侧安全气囊和帘式安全气帘的设计制造,以及前排乘员侧安全气囊的设计工作。为此,公司成立跨部门小组负责该项目的开发工作,项目团队由技术中心总监方忆君负责,项目经理张吉渊,产品工程师任兴仑、陈志远、辛冠良,试验工程师付青松等组成。

荣威350作为延锋百利得第一个自主研发的上汽乘用车分公司被动约束系统及产品开发项目,所有开发完全按照上汽乘用车分公司技术要求和规范。2007年8月完成项目定点,2010年3月获得上汽技术中心认可,4月通过SOP。该项目攻克多道技术难关,包括帮助客户实现经济型轿车系统性能达到欧洲新车评价五星目标的两维气袋首次运用在乘员侧安全气囊,首次开发成功侧面可变形壁障台车技术和侧面柱碰台车技术,非涂层裁剪主片缝纫气袋设计在侧面帘式气囊上的成功运用等,对延锋百利得的自主开发具有里程碑意义。

【延锋百利得别克GL8乘员侧气囊总成自主研发】

2009年,延锋百利得与上海通用汽车再次合作,为别克GL8即SGM258项目自主研发被动安全产品。公司成立由技术中心总监方忆君负责,产品工程师徐健、杨超、周厚林、任兴仑组成的研发团队。针对该项目要满足亚洲和欧洲五星级碰撞标准、成本压力更大的挑战,项目组决定首次尝试无拉带气袋设计,根据车型空间及保护区域要求绘制三维气袋裁片草图,制作出手工样件,进行点爆试验。通过对试验录像的研究,确定初步的气袋包型及展开过程。CAE工程师则根据气袋点爆试验录像,运用MADYMO软件建立气袋模型,通过CAE分析对气袋包型提出优化要求。产品工程师根据CAE分析结果对气袋裁片进行调整,同时根据点爆试验结果运用多种叠袋方式调整气袋展开姿态。经过多优化设计,最终设计出满足标准要求的低成本高性能无拉带3D气袋。为了满足乘员侧壳体下支架平衡强度、吸能、刚度三方面要求,项目组展开一轮轮跨部门头脑风暴,在CAE辅助分析支持下,在较短时间内分析验证多种壳体支架设计方案,最终锁定制作工序简单的缓冲型新型下支架设计,不仅成功通过GB11552的头碰试验,还节约了成本,并获得国家发明专利。同时,公司制定无拉带三维气袋设计准则和金属壳体支架新的技术试验检测标准。

2010年4月,上海通用汽车GL8乘员侧气囊总成顺利投产,5月获得泛亚技术中心OTS认可,9 月和 12 月先后获得上海通用汽车 PPAP 认可和 SOP 批产认可。

【延锋百利得 ModelZ 乘员侧气囊总成自主研发】

2009 年 4 月,延锋百利得接到上海大众汽车 ModelZ 新一代中高级轿车乘员侧气囊总成项目,该车以高质量高性价比为特色,目标是推广至德国大众全球平台,延锋百利得负责乘员侧气囊设计和制造,按照大众全球技术要求和规范进行开发。公司成立 TC 总监方忆君牵头,科室经理庄晓博士主管、技术人员王红负责,CAD、CAE 和生产制造团队支持的产品开发组。研发团队制定形成新一代中高级轿车乘员侧气囊平台技术的研发目标;开发出微扩口高强轻型壳体、形成行业领先的高性价比低风险气袋设计;开创性采用接传感器模拟风挡工装进行点爆试验,测定每一次气袋展开瞬间传递至模拟风挡工装上的力,通过力的大小评价折叠方案的优略。通过多次试验,最终获得令客户满意的预折、卷绕、揉缩等叠袋方式相结合的气袋最优设计方案。至 2010 年年底,该项目基本完成设计和试验,为提交上海大众汽车认可奠定了基础。

该项目的成功开发,使延锋百利得获得高性能低风险乘员侧气囊设计平台,具有国内领先水平。2010 年下半年,该平台技术开始应用于多个项目开发。

【延锋百利得安全气囊全球研发】

2007 年,延锋百利得成功开发出国内第一个双极发生器的驾驶员侧气囊和双气发生器的乘员侧气囊,产品开发信息化管理系统实现与北美和欧洲全球共享数据和无缝链接。2010 年,延锋百利得参与第一个全球开发的方向盘和 DAB 项目,设计和 DV 验证由北美百利得负责,延锋百利得负责 P 试验和量产,主要负责亚洲市场。通过双方紧密合作,将乘员侧气囊与仪表板嵌入式连接结构及 PP+GF 塑料材料成功引入国内,产生多项新技术并形成多项自主知识产权。同年,该公司成功获得美国通用汽车全球 D2XX 平台的前排乘客安全气囊业务,这是公司首个以自主研发形式参与的全球项目。接着又获得通用汽车全球 D2UX 平台的前排安全气囊业务,同时还获得德国大众汽车 MQB 平台项目的气囊业务。

【延锋百利得上汽通用 318 车型驾驶员气囊自主研发】

2012 年,延锋百利得获得上海通用汽车 318 车型驾驶员气囊项目。技术中心成立项目组,开发出纯塑料壳体结构、与 RDD 相匹配的高性能低成本气袋、结构简洁稳定可靠的全新非独立按响平台、平台化方向盘骨架设计等全套的方案。该项目于 2014 年年底完成开发验证并获得上海通用汽车 PPAP 认可和 SOP 批产认可。新平台在上汽通用后续项目上持续沿用,并应用于上汽通用五菱、吉利、江淮等厂商的 20 多个项目。

【延锋百利得上汽大众 MQB 驾驶员安全气囊自主研发】

MQB 平台是德国大众最新的横置发动机模块化平台,在大众、奥迪、斯柯达和西雅特 4 个品牌中得到广泛应用。2013 年 7 月,延锋百利得决定自主研发 MQB 驾驶员安全气囊产品,公司成立跨部门研发小组,副总经理陆凯分管项目,技术中心副总监庄晓博士带领尹复兴、王琴等研发人员研发攻关。基于该平台的 DAB 产品于 2014 年 11 月获得上海大众汽车 BMG 认可和 EM 认可。该公司生产制造的 MQB DAB 产品完全满足大众均匀度 0.4 毫米要求。

第五节　其他汽车零部件自主开发

一、等速传动轴自主研发

20 世纪 90 年代至 2015 年,上海纳铁福传动系统有限公司(简称上海纳铁福)在引进消化等速传动轴世界先进技术基础上,累计自主开发两大种类八大系列 80 多个品种 1 000 多种规格的等速传动轴产品。

【别克等速传动轴自主研发】

1997 年 7 月,上海纳铁福启动上海通用汽车别克轿车传动轴配套研发项目,公司成立项目组,总经理南阳任组长,副总经理张海涛、Rohregger 博士任副组长,工程中心经理陈慈平负责项目联络,工程中心 CV 科经理陆中屏负责产品设计,工程科经理叶连祥负责工艺设计,质量工程科经理陈安负责质量体系,质量工程师谢耀祥负责质量设计,质量监查科经理郑建安负责生产质量控制,采购部配套科副经理付唯负责零部件采购,市场部 CV 科经理沈和耀负责产品销售,唐慧任项目秘书。在引进英国 GKN 等速万向节技术基础上,项目研发组自主设计别克轿车等速传动轴,探索外方掌控的产品强度和产品寿命计算方法,设计产品类型和大小尺寸;采用无需冷却液的独特硬铣加工球道、整体式感应淬火、渗碳淬火及实轴四槽同时磨削等先进加工技术;同时形成产品标准《别克轿车和乘用车用等速万向节传动轴总成技术条件》,开始建立自主开发流程和体系。1998 年 11 月获得 PPAP 批量样品认可,12 月开始批量供货,次年销量 2 万多套,节约外汇 300 多万美元,产品具有国际先进水平。别克轿车传动轴自主研发是上海纳铁福第一次与上海通用汽车和 GKN 公司设计团队联合开发的项目,满足了上海通用汽车同步国产化配套件的需要。在上海通用汽车别克轿车等速传动轴研制成功基础上,1998 年,上海纳铁福又开发一汽捷达自动变速箱车型用等速传动轴产品,以后先后承接并自主开发华晨汽车的骏捷、广汽本田的雅阁、风神汽车的蓝鸟、上海大众汽车的帕萨特、一汽大众的宝来等轿车和江铃越野车的传动轴产品,并制定形成每个产品的企业技术标准,其中《宝来(Bora)系列轿车用等速万向节传动轴总成技术条件》被评为上海市标准化二等奖。

【荣威等速传动轴自主研发】

2005 年 12 月,上海纳铁福为落实上汽自主创新战略,成立自主品牌轿车等速传动轴研发项目组,成员由产品项目开发部项目经理倪新诚负责项目管理,产品工程部孙宇和陈立雄负责产品设计和试验验证,制造工程部林学锋和乔峰负责制造工艺和热处理工艺、工装夹具设计,质量工程科陈晓毅负责项目质量策划、样品检验、制造能力评价等,采购部马均耀负责项目质量策划、样品检验、制造能力评价等,市场营销部 HK 科经理周和俊负责客户定期交流。产品采用带"i"的改进节型设计,主要零件采用精锻加工、中频高性能热处理和摩擦焊接等工艺技术。作为上汽第一款自主品牌荣威 750 轿车配套的传动轴,上海纳铁福根据车辆参数自主计算校核后确定选用 AC2600i 万向节＋实轴＋GI2600i 三销轴叉结构的传动轴,AC 和 GI 节毛坯采用精密锻件,锻件经机加工后柄部及内腔采用中频感应淬火,特别是右传动轴三销轴叉柄部采用摩擦焊接工艺采用传动轴制造中最尖端的工艺技术。2006 年 3 月和 7 月,该产品先后获得 OTS 样品认可和 PPAP 认可。2007 年 1 月正式为上汽乘用车分公司荣威 750 轿车批量供货,当年累计生产 1.3 万多车套,产品质量性能指标国内领先并达到 GKN 公司全球水平。此后,该公司继续研制为荣威 550 配套的等速传动轴,该轴和荣威 750 传动轴基本类似,2010 年 6 月获得 PPAP 认可,12 月起开始批量供货。

【S 系列万向节自主研发】

2009 年 5 月,为满足用户质优价廉的要求,上海纳铁福立项研发 S 系列 SAC1500 和 SGI1500 等速传动轴,由产品工程部副经理朱卓选任项目组负责人,研发人员李晓天博士为主要设计者,陈立雄为产品设计主管工程师。项目组从产品结构、材料和性能等方面对传动轴各零部件进行 10 多项技术改进。同年 11 月,该产品批量投产配套奇瑞产品,因可靠性高、生产成本低获得客户好评。至 2010 年,S 系列万向节累计开发 2 个系列 6 个新产品,为奇瑞汽车、江淮汽车和上汽乘用车分公司等整车企业配套。

【新帕萨特等速传动轴自主研发】

2010 年 2 月,上海纳铁福决定研发新的节型及加工技术,为新帕萨特的 1.8T AQ250、1.8T DQ200、2.0T DQ250、1.4T DQ200＆MQ250 4 个车型分别配套等速万向传动轴。

该项目由陈栋森、刘卫担任产品设计主管工程师,采用当时最新的第三代 UF 万向节,在结构尺寸不变情况下,具有很高的强度和耐久性,并提高 25％以上的传动轴有效扭矩。同时,该系列产品加工工艺均采用先进的独创技术,尤其在等速万向节关键部件之一球笼的加工中,采用最新的冷精整工艺,增加钢球对球笼窗口的受力面积,达到增强球笼强度及使用寿命的目的。2011 年,该项目顺利完成,为新帕萨特全系配套。

【V80 轻型客车驱动半轴自主研发】

大通 V80 轻型客车是上汽收购英国 LDV 后第一款商用车。2010 年,上海纳铁福专门为此配套立项,由潘斌、沈欢担任产品设计主管工程师。该项目使用驱动半轴(等速万向传动轴)代替传统纵向传动轴,采取轿车化前置前驱传动结构,解决传动系统强度和寿命问题,提高车辆操控性,降低成本,并提高车内空间 30％。

该项目的驱动半轴选择整车节型产品,覆盖宽体车(短轴长轴型,低顶中顶高顶型,物流版标准版豪华版厢式版型)多款配置范围;其 UF 固定节具有大摆角、高强度、小体积特点;创新应用椭圆状三销轴,中间轴热处理工艺优化,产品强度等级有效提;右侧驱动轴长柄三销轴叉采用摩擦焊,减少焊接变形,提高强度;针对商用车使用情况,采用新型轴承和密封设计,改善轴承工况及寿命。2011 年,该项目顺利完成,满足了上汽商用车 V80 车型配套。

【新奥迪 A6L 等速传动轴自主研发】

2011 年 3 月,上海纳铁福启动专为新奥迪 A6L 研发配套新型等速传动轴的项目,陈栋森、师利根为产品设计主管工程师。在保证传动轴总成强度和安全的前提下,该新型等速传动轴采用旋锻 MTS(整体式空心轴)和法兰式激光焊接轴叉等有效的轻量化解决方案,获得德国奥迪和一汽大众认可,2013 年实现批量化生产,满足了高端客户配套传动轴的需求。

【别克 GSUV 等速传动轴自主研发】

2012 年,上海纳铁福启动专为美国通用汽车全球平台同步开发 GSUV 系列等速传动轴总成的项目,配套别克品牌第一款SUV别克昂科拉。该公司确定陆凌云、沈丹丹为产品设计主管工程师。该项目设计的结构特点符合城市SUV特征,采用万向节摆角大、创新使用第三代UF节、加深中间轴热处理、移动节采用AAR万向节等设计方案。相比同系列等速传动轴,总成最大外径和重量均减少10%。该项目试制成功,满足上海通用汽车GAMMA SUV平台车型全系配套需求。2012年,实现批量供货,满足了城市越野车传动轴的配套需求。

【北京奔驰X253等速传动轴自主研发】

X253系列传动轴是国内合资高端品牌北京奔驰汽车有限公司SUV车型传动轴配套项目。2013年5月,上海纳铁福成立攻关团队,由沈欢、岑灏、李剑、郁青青、陈黎明分别担任等速驱动半轴和中间轴(纵向传动轴)产品设计主管工程师。该项目全套驱动轴解决方案采用前半轴为SX固定节和MTS中间轴以及AARi2600LP移动节,后半轴为VLi3300/3700iSM移动节和MTS中间轴以及VLi3300/3700iSM移动节,纵向传动轴为HSVL3300＋HSVL3300＋RC结构。

2015年10月,X253项目顺利完成,成为上海纳铁福首次供应国内高端车型四驱传动轴的标志。

二、纵向高速传动轴自主研发

纵向高速传动轴技术是上海纳铁福合资前掌握的自有技术,公司自主设计开发为国内商用车配套和出口欧美市场的十字万向节,并成为公司高速传动轴生产的核心技术。

1997年8月,该公司获得四川一汽丰田汽车有限公司Coaster905T传动轴项目后成立项目组,公司副总经理薛锦达任组长,成员包括项目联络陈慈平和李雄、产品设计张正华及陈立雄、工艺设计张镇安和刁平奎等。在3年多开发过程中,项目组攻克轴管临界转速、安全转速和许用不平衡量,攻克轴管、花键轴、危险截面和焊缝的强度,凸缘叉、套管叉和万向节叉的强度,十字轴轴颈和滚针轴承的弯曲应力以及滚针周向间隙等技术问题。2000年10月,该项目获得四川丰田OTS样品认可,2001年1月获PPAP认可开始批量供货。2001年,项目申请2项国家专利。

2002年12月,为配套美国福特汽车北美公司的猛禽系列皮卡,公司成立P131传动轴自主开发项目组,由产品设计经理李雄和质量保证部经理陈安负责产品方案设计和审核,产品设计经理李雄负责产品设计,工艺工程师朱佩坚负责冷加工工艺设计,销售工程师钱巍负责客户联络和商务。该产品采用双联十字万向节结构,既能确保动力传递的平顺性,又有十字万向节良好寿命表现,该产品也是该公司大规模采用涂塑花键的首个产品,具有滑移补偿十分平顺的特点,同时采用十字轴热锻、双联万向节复杂装配等先进加工技术。2003年12月,该项目获得福特北美公司OTS样品认可,2004年12月获得PPAP认可,2005年5月开始批量供货。至2010年年末,公司自主研发的纵向高速传动轴共有4个系列30余种型号。

2012—2014年,公司应用先进的高速节产品技术,分别为捷豹、路虎SUV车系提供纵向传动轴解决方案和产品配套。2013—2015年,公司成立以李晓天博士为研发带头人,彭堂俊、岑灏、陈黎明为主要产品设计主管的项目组,自主研发纵向传动轴HSVL3700 ISD和ISM两种类型万向节,为长城汽车SUV车型配套。该项目是上海纳铁福第一个自主设计的高速万向节,产品达到吉凯恩国际同类产品先进水平。

三、汽车全驱系统自主研发

2011年，上海纳铁福成立团队，为上海汽车首个适时四驱项目AS21自主研发车辆全驱系统。公司确定研发人员庄安定、何礼华、陈黎明、周许、黄志君、丁兵等分别为四驱系统前桥分动单元、纵向传动轴、后桥差速单元、前后桥驱动半轴、车辆集成的产品设计主管。2015年，该项目顺利完成，在项目建设过程中，上海纳铁福建立国内第一条RDM（四驱后桥差速系统）国产装配线；第一次实现传动轴自主匹配、驱动系统和扭矩管理器等电子模块的相互集成，第一次实现四驱系统集成供货，公司业务突破CV（等速万向传动轴）、PS（纵向传动轴）单独供货的传统局面，实现车辆全驱系统配套供货。

2013年11月，奇瑞捷豹路虎汽车有限公司打造具有国际水准的适用于城市及兼具野外出行SUV车型，上海纳铁福以客户需求为导向，成立由潘斌、谷攀、庄安定等产品设计主管组成的项目组，自主研发结构紧凑、承载能力高的准双曲面齿轮配置的前桥分动单元和后桥差速单元，前后桥间扭矩分配采用第五代扭矩管理器，实现对后轴所需扭矩的实时控制；前桥分动单元和后桥差速单元采用铝压铸壳体，重量明显下降，充分改善了燃油经济性。

2015年9月，项目顺利完成并实现量产。

图10-4-18 上海纳铁福技术中心大楼

图10-4-19至21 高端等速万向节、高端SUV电子分动器、高端SUV电子扭矩管理器及差速器总成

四、定排量摇摆式空调压缩机自主研发

20世纪90年代至2015年，上海三电贝洱汽车空调有限公司（简称上海三电贝洱）及其前身上海易初通用机器有限公司（简称上海易通）在引进消化汽车空调世界先进制造技术基础上，积极自主创新，累计自主开发四大种类二十大系列500多种规格的汽车空调压缩机产品。

根据1989年生效的《蒙特利尔协定书》，中国政府决定在1996年后生产的新汽车空调系统不能再使用CFC12。为此，1993年10月，上海易通董事会决定研发使用HFC134a制冷剂的空调压缩机。

1994年1月，公司成立自主研发使用HFC134a制冷剂的定排量摇摆式SE5H14空调压缩机的项目组，项目组负责人为公司总经理赵凤高，项目组成员包括副总经理兼总工程师杨念萱、副总工程师秦克诚和缪文生、科室经理傅强、王开权和卞龙基，主要设计者为研发人员施健卉、张永华、王海天和徐民。项目组重点攻关内容包括：减轻压缩机重量，汽缸体由原铝合金镶嵌铸铁缸套结构改为新材料整体高硅铝合金，活塞环由铸铁环改为聚四氟乙烯复合材料；改进压缩机主轴轴封和橡胶密封圈材料，满足新制冷剂密封要求；按照上海大众汽车桑塔纳2000型轿车空调制冷部分技术与试验方法要求，制定企业标准《SE5H14压缩机总成技术条件》。1995年3月，SE5H14压缩机研发成功，并通过上海大众汽车道路试验，各项性能和可靠性均达到认可要求；4月，新款汽车空调压缩机正式投产。该机在当时处于国内领先和国际先进地位，5H系列产品中使用HFC134a的压缩机获得1995年度上海市第三届科技博览会金奖和上海市标准化科技成果奖三等奖；SE5H14压缩机于1996年6月获国家机械工业部科技进步奖三等奖和上海市科技进步奖三等奖，并被国家经贸委评为1996年度国家级新产品。

1997年，该公司先后开发3款该压缩机的系列产品，包括为北京吉普汽车有限公司切诺基吉普车国产化配套的SE7H15压缩机产品，为神龙汽车有限公司富康轿车国产化配套的SE7H13压缩机，为国内微型车产品进行配套的SE7B10压缩机。项目负责人是副总经理兼总工程师杨念萱、副总工程师缪文生，科室经理王开权和傅强；研发人员孙建平为SE7H15和SE7B10压缩机主要设计者，余陈忠为SE7H13压缩机主要设计者。

2008年8月，上海三电贝洱为延长5H产品生命周期，满足用户对车辆舒适性需求，减少压缩机运行噪声与振动，立项研发SE5G系列产品，对SE5H14压缩机主要运动防旋部件核心机构进行改进。项目由顾问杨念萱和总经理助理兼总工程师姚奕负责，主要设计者为研发人员孙建平和林志峰以及RDC试制车间主任沈兴家。2009年6月，SE5G14压缩机研发成功，该机高速运行噪声和振动大幅下降，可靠性提高，生产成本降低，获得上海大众汽车好评。之后公司开发SE7G13压缩机，成功配套上汽通用五菱微型车产品。

至2010年年末，上海三电贝洱自主研发的定排量摇摆性空调压缩机共有SE5H、SE5G、SE7H、SE7G四大系列百余种型号的产品，为上海大众汽车的桑塔纳、一汽大众的捷达、东风汽车的神龙富康、北京吉普的切诺基等车型，以及南京依维柯、上汽通用五菱、长安汽车等企业配套。

2011年7月，以上汽通用五菱N300项目VA/VE为契机，同时对运动防旋部件核心机构进行进一步改进，该公司立项研发SE6W12产品。项目由总经理助理兼总工程师姚奕和副总工程师兼产品工程部部长马骏负责，主要设计者为研发人员邵雪峰、范晶晶以及试制车间主任沈兴家。2014年10月，SE6W12研发成功，并成功配套上汽通用五菱，达到预期的降本目标。之后公司相继开发出SE7W13压缩机配套上汽通用五菱，SE5W14压缩机配套中国重汽和江淮汽车的重型汽车。

五、旋转斜板式变排量压缩机自主研发

1998年3月，上海易通经上海大众汽车同意为首款帕萨特轿车配套试制空调压缩机，技术要求为可变排量压缩机，内部结构采用旋转斜板式；4月，公司完成项目设计任务书；6月，自主研发SE7PV16旋转斜板式变排量压缩机配套帕萨特轿车项目正式立项。项目负责人是副总经理兼总工程师杨念萱，技术中心主任陆霖，科室经理姚奕、马骏和徐民，主要设计者是工程师丁军和邵

翌旻。

鉴于 7PV16 压缩机原型是日本电装公司 7SB16C 压缩机,因此,项目组对主轴驱动盘、斜盘部件和控制阀进行专利回避。1998 年 7 月编制样机试验大纲,9 月进行先行性试验,11 月编制工艺方案。2000 年 9 月,公司召开 SE7PV16 压缩机方案论证会并通过方案论证,要求各部门紧密配合以最快速度开发出这一具有国际先进水平的压缩机。2001 年 9 月,SE7PV16 压缩机研发成功,样机经评定符合欧洲 VDA 标准,与日本电装 7SBU16C 和德尔福 7CVC 产品、日本三电 PXV16 等旋转斜板式压缩机处于同一水平;12 月,7PV16 压缩机开始为上海大众汽车帕萨特轿车配套开发并最终获得认可。2002—2007 年,公司先后为上海大众汽车高尔轿车和桑塔纳 3000 型轿车、上海通用汽车君越、君威轿车和 GL8 商务车、上汽乘用车分公司荣威 750 轿车 V6 车型开发 SE7PV16 空调压缩机,均取得成功。

2003 年,SE7PV16 空调压缩机拥有 32 项核心技术国家专利,性能达到世界汽车行业最高要求的 VDA 标准。2004 年 4 月,该产品获得中国国际专利与名牌博览会金奖;9 月,在第五届中国发明展览会上荣获金奖并申请 27 项中国专利,是全球第 4 家将此技术商品化的企业。该产品还获得第 18 届上海市优秀发明一等奖、2006 年上海市科学技术奖二等奖和上海市重点产品质量振兴攻关成果奖一等奖等奖项。到 2010 年年末,公司自主研发的 SE7PV16 内控变排量斜盘式压缩机共有 3 个系列 20 余种型号。

2011 年,SE6PV14 空调压缩机成功配套上海通用汽车 SGM813 项目,成功替代原来的 CVC 压缩机,标志着该公司的 SEPV 系列压缩机性能符合通用 GMW14788 标准。同年,SE6PV14 空调压缩机获得国家重点新产品和上海市科学技术奖,2013 年,该产品入围上海市优秀发明选拔赛并最终获得金奖奖。

2014 年 10 月,为了顺应汽车空调压缩机的发展趋势,提升该公司自主产品的市场竞争力,公司总经理助理、总工程师姚奕和副总工程师、产品工程部经理马骏带领工程师巢勇和杨佳俊等研发人员开发 AdvPV 系列压缩机。2015 年,完成样机试制、试验验证并研发成功,通过轻量化设计和结构优化,自主开发的新一代旋转斜板式变排量压缩机的更高效节能、性价比大幅提升。该系列产品在长城、长安和江铃等整车厂的多个车型实现配套,实现产品技术升级迭代。

六、双向斜板式定排量压缩机自主研发

1994 年,上海易通开始自主研发双向斜板式定排量压缩机,形成 10B/10D/BX 系列产品。2003 年 7 月,公司计划实施 BX 项目,研发一款效率高、体积小的定排量双向斜板式压缩机,与市场潜力较大的微型车配套,形成新的增长点。同年 11 月,公司董事会批准 SEBX11 压缩机正式立项实施。2005 年 9 月,上海三电贝洱决定为印度塔塔(TATA)集团 INDICA 车配套开发 SEBX11 空调压缩机。总经理助理兼总工程师姚奕、技术中心副主任何斌担任项目负责人,研发人员余倬君、卓文勇、屠安民和夏巍为主要设计者。该压缩机主要对 10B 压缩机进行结构优化,重新设计前后缸盖、前后缸体、活塞和斜板。该项目是上海三电贝洱与德国贝洱公司第一个海外 OEM(原始设备制造商)合作项目,2006 年 2 月完成型式试验,6 月,产品配套印度塔塔集团 X1 车型。

2007 年 1 月,为配套上海通用汽车新赛欧轿车,姚奕和何斌再次带领余倬君、顾文、高智麟、顾晓峰、徐柏兴、屠安民和夏巍等研发人员开发 BX13 压缩机;2 月,完成样机试制工艺方案、产品开发目标和标准。2008 年年底,进一步满足上海通用汽车提出的降油耗要求进行设计。2009 年 7 月研

发成功,2010年1月开始批量供货。BX系列压缩机领先国内同类产品并达到国际同类产品先进水平,BX13压缩机于2008年被评为国家重点新产品和上海市专利新品。

2011年,公司决定在现有BX13压缩机的基础上,重新开发结构更为紧凑、效率更高、可靠性更好的BX13C压缩机。项目负责人和主要参与者包括副总工程师马骏、产品工程部经理何斌、工程师顾文、陶明飞等,经过一年多设计开发及验证,2012年推向市场,为上海通用汽车新凯越、上汽乘用车分公司MG名爵3、长城、江淮、一汽欧朗车型配套。

2013年,该公司启动BX13D项目开发。在保证压缩机性能要求前提下,使用轻量化设计,用铝线圈代替铜线圈、锻打活塞工艺代替铸件活塞工艺,使整机质量减轻14.4%,转动惯量降低

图10-4-22 上海三电贝洱石龙工厂

14%,具有体积小、重量轻、冷量大、振动小、噪声低、可靠性高等诸多优点,并采用环保材料,符合国际绿色环保的ROHS要求。该机性能指标满足通用汽车最新全球标准要求及汽车行业最严格的VDA标准要求,达到国际先进水平。2014年,该项目获上海市优秀发明选拔赛优秀发明奖一等奖、第八届国际发明展览会"发明创业奖·项目奖"二等奖。

2015年年底,该产品开始量产,为上汽通用、上汽乘用车分公司、长城、江淮、北京汽车等客户配套。

图10-4-23至25 上海三电贝洱石龙工厂自主研发的SEE27A、SEE18A、PXE压缩机

七、电动涡旋压缩机自主研发

电动涡旋压缩机是新能源汽车重要零部件。为顺应新能源汽车发展,2002年6月和2006年9月,上海三电贝洱先后启动SEE36第2代电动涡旋压缩机和SEE27第3代电动压缩机的自主研发。两个电动压缩机试制项目均由公司技术中心承担试制工装,公司产品制造部协作承担开模、毛坯浇制、外协外购件采购等工装,华东理工大学承担控制器研发试制,上海安乃达驱动技术有限公司和西安西电微电机有限责任公司承担电机研发试制。项目负责人和主要参与者包括总经理助理兼总工程师姚奕、樊灵、技术中心副主任何斌、工程师钟民先等。2004年8月,SEE36第2代电动

压缩机与同济上汽联合研制的燃料电池轿车"超越二号"以及比亚迪汽车、东风汽车等企业的新能源汽车试配套。2005 年 8 月,公司研制的小型化整体电动压缩机试装于燃料电池轿车"超越三号"。此后,该公司 2009 年进一步完成 SEE27 第 3 代一体化电动压缩机开发,2010 年开始开发第 4 代电动压缩机,2012 年完成上海市科学技术委员会新能源汽车热管理系统用压缩机产业化项目,2014年完成上海市经济贸易委员会新能源汽车用电动压缩机及电动空调系统项目,2015 年开始开发 27cc 第 5 代电动压缩机。

SEE36 第 2 代电动涡旋压缩机是国内第一款电机和压缩机一体化、控制器外置的车用压缩机。2007 年,SEE36 第 2 代电动涡旋压缩机获得第 21 届上海市优秀发明选拔赛一等奖;2008 年和2010 年,上海三电贝洱因电动压缩机配套的新能源汽车成功运行,先后获北京奥运新能源汽车示范运行团队合作奖和上海世博会新能源汽车优秀供应商称号。2009 年,SEE27 第 3 代一体化电动压缩机的无刷直流电机控制方法及控制器获得公司首个国际专利即美国专利;2010 年,以公司为主编制的《GB22068—2008 汽车空调用电动压缩机总成国家标准》正式发布,公司编制的《汽车空调用电动压缩机总成》标准获上海市标准化优秀技术成果奖一等奖。

第五章　新能源与节能汽车建设

"十五"期间,上汽开始启动新能源和节能汽车发展战略。2002 年,会同同济大学完成首辆"超越一号"燃料电池轿车研发。至"十五"末,研制成功上海牌燃料电池轿车和混合动力轿车,别克领驭燃料电池轿车和混合动力轿车,申沃混合动力、燃料电池、二甲醚和超级电容等新能源和节能客车。"十一五"期间,以北京奥运会和上海世博会为契机,上汽加速新能源汽车建设成效明显。"十二五"期间,研制成功荣威中混、强混或纯电动轿车,朗逸和天越纯电动轿车、君越和凯迪拉克混合动力轿车、赛欧纯电动轿车,以及申沃新能源客车,其中 e50 成为中国首款量产的 A00 级纯电动轿车。

第一节　新能源与节能汽车发展战略

一、技术路线

确定汽车动力的技术路线是新能源和节能汽车发展的首要问题(以下正文部分"新能源汽车"含"节能汽车",节和目的标题除外)。根据国家发展新能源汽车战略,2001 年 8 月,上海汽车工业(集团)总公司(简称上汽集团)总裁办公会议决定积极参与国家 863 计划,实行燃料电池项目与超前开发以及国际汽车城研发中心建设相结合、燃料电池产品开发与过渡产品开发相结合的方针。2002 年 11 月,上汽集团召开新能源汽车专题会议,提出新能源汽车技术路线是替代燃料和超前开发相结合,着手研究燃料电池车开发方案。

2005 年 7 月,上海汽车集团股份有限公司(简称上汽股份,2007 年 9 月后简称上海汽车,2011 年 12 月后简称上汽集团)董事长胡茂元到集团所属工程研究院考察时提出:新能源汽车开发现阶段以 2008 年北京国际车展、北京奥运会和 2010 年上海世博会为契机,对混合动力汽车加大产业化开发力度,同时开展柴油发动机、LPG、CNG、LNG、混合燃油等多能源汽车的开发,氢动能源汽车作为长远发展目标。同年 8 月,上汽股份总裁陈虹在新能源汽车专题会议提出:发展混合动力汽车势在必行,要高举发展混合动力的旗帜,认准走中混路线,上海大众汽车有限公司(简称上海大众汽车)、上海通用汽车(简称上海通用汽车)和自主品牌等都必须有明确的搭载混合动力的车型平台。同月召开的上汽股份总裁专题会议决定:上汽自主品牌选择混合动力技术路线。同年 10 月,上汽集团召开新能源汽车动员大会,陈虹在会上要求自主品牌混合动力轿车要在合作开发过程中加快掌握集成开发的核心技术。

2007 年 12 月,上海汽车编制《上汽新能源汽车五年滚动规划(2008—2012)》,提出新能源汽车发展的技术路线是:加快推进混合动力汽车产业化,探索代用燃料汽车商品化,推动燃料电池汽车的技术研发和示范运行。2008 年,上汽总裁专题办公会议决定增加油电混合动力和纯电动新能源汽车为新能源汽车技术路线。同年年底,上海汽车执行副总裁陈志鑫在领导班子务虚会上作"集中优势资源明确主攻方向实现上汽新能源产业化跨越式发展"主题报告,提出尽早开发出有竞争力的符合消费者期望的先进混合动力车,实现跨越式发展。2009 年 2 月,上海汽车总裁办公会议决定上汽新能源战略以混合动力为主。2009年5月，上海汽车召开加快推进新能源汽车建设誓师大会，指出车用动力系统的发展趋势是驱动电力化、能源多元化，上汽发展新能源汽车技术路线是在推动燃料电池汽车研发升级和示范运行的同时，加快推进混合动力和电动汽车产业化。

二、发展目标

2005年8月，上汽股份总裁专题会议提出上汽自主品牌混合动力轿车建设的目标是：2006年出工程样车，2007年出OTS样车并完成所有试验认证，2008年5月小批量生产，并形成批量生产技术条件。同年10月，上海汽车总裁陈虹在上汽全面创新誓师大会报告中提出上汽新能源汽车实施目标：自主品牌混合动力轿车2008年进入小批量生产阶段，2010年形成万辆级产能；自主品牌混合动力大客车尽快启动示范运行，2010年形成千辆级产能，并为上海世博会提供用车；上海大众汽车要加快开发中混产品，确保2008年为北京奥运会提供500辆途安新能源轿车；上海通用汽车按计划研发弱混、中混和强混产品，2008年君威下一代车型搭载弱混产品开始投放市场。2010年，各类混合动力汽车形成2万辆产能。同时在技术方案和零部件配套资源上争取最大范围的协同效应，加快培养本地零部件供应商，逐步启动关键零部件替代开发，形成相关零部件配套能力，确保2010年实现量产供货。会议同时提出燃料电池、二甲醚等其他新能源汽车发展目标。2006年2月，上汽新能源汽车领导小组和总裁先后召开会议，提出2007年生产100辆燃料电池汽车和混合动力轿车开发项目，并将自主品牌新能源轿车取名为上海牌。

2009年5月5日，上汽股份召开加快推进新能源汽车建设誓师大会，公司董事长胡茂元在讲话中提出上汽新能源汽车发展目标：确保2010年投产荣威750中混混合动力产品，确保上海世博会新能源汽车任务顺利完成，确保2012年投产荣威550PLUG－IN插电式强混产品，确保纯电动车2011年工程样车制造完成、2012年实现批量生产，积极开展面向产业化的新能源汽车零部件产业链建设并形成产业集群。2010年，上汽编制的《"十二五"发展规划纲要》提出至2015年新能源汽车国内市场占有率达到20%左右的目标。

为了确保上汽新能源汽车工作顺利推进，2005年10月，上汽集团成立新能源汽车领导小组和工作推进小组。胡茂元任领导小组组长，陈虹任副组长，技术与质量部经理程惊雷任推进小组组长。同月底召开的上汽股份新能源汽车工作动员大会，宣布成立上汽新能源汽车工程指挥部，胡茂元任总指挥，陈虹任副总指挥。2006年3月，上汽股份成立燃料电池事业部。2008年6月，该部更名为新能源汽车事业部。2009年6月，上汽集团和上海汽车联合党委会决定成立上汽新能源汽车项目领导小组和推进小组，胡茂元任领导小组组长，陈虹和上汽集团总裁沈建华任副组长，陈虹兼任推进小组组长，上海汽车执行副总裁陈志鑫和副总裁肖国普分任推进小组常务副组长和副组长；同时设立上汽新能源汽车项目政府联络及产业链建设推进小组，上海汽车副总工程师兼技术部总监程惊雷任组长，公司规划部总监高菊珍、燃料电池事业部总经理干频任副组长。

2014年5月，上汽集团领导班子调整后，董事长陈虹接替胡茂元任领导小组组长，总裁陈志鑫任副组长；8月，副总裁蓝青松接替肖国普任推进小组副组长。至2015年，上汽新能源汽车项目领导小组组长陈虹，副组长陈志鑫、沈建华；上汽新能源汽车项目推进小组组长陈虹，常务副组长陈志鑫，副组长蓝青松。

三、战略合作

【与政府合作】

2003 年，在国家科学技术部(简称科技部)"清洁汽车行动计划"支持下，上汽集团、上海柴油机股份有限公司、上海华谊(集团)公司等承担二甲醚汽车研制的国家科技攻关项目，研制中国第 1 台二甲醚城市客车，该车于 2005 年 4 月通过科学技术部验收，成为中国汽车领域第 1 项具有自主知识产权的重要科研成果。2005 年 12 月，上汽股份和上海市经济委员会(简称经委)、上海大盛资产有限公司签订上海市科教兴市重大产业科技攻关项目"自主混合动力轿车开发"实施框架协议。2007 年 1 月，上汽集团与科技部签订《国家 863 计划燃料电池客车样车课题开发合同》。

2009 年 4 月，上汽集团与上海市新能源汽车推进领导小组办公室签署《世博新能源汽车推进项目协议》。根据协议，上汽将完成上海世博会新能源汽车开发任务，上海市新能源汽车推进领导小组办公室将积极做好相关资源协调和工作推进并予以政策支持。2009 年 7 月，上海首家新能源汽车及关键零部件产业基地(嘉定)于揭牌。市政府副秘书长肖贵玉，市经济和信息化委员会主任王坚，嘉定区委书记金建忠，上汽集团副董事长、上海汽车总裁陈虹等出席揭牌仪式，上汽集团总裁沈建华与嘉定区区长孙继伟签署新能源汽车发展战略合作协议。按照协议，上汽集团与嘉定区进一步加大新能源汽车及关键零部件产业的投入，带动上海汽车产业升级。

2010 年 3 月，上汽集团与科技部签署《国家 863 计划燃料电池轿车整车集成关键技术研究与开发合同书》。2012 年 2 月，上汽集团与上海国际汽车城有限公司签署《新能源汽车示范推广战略合作协议》，确定双方在新能源示范推广领域的合作框架。上汽集团董事长胡茂元、嘉定区委书记金建忠和上海市科学技术委员会(简称科委)副主任陆晓春见证签约，上汽集团总裁陈虹与嘉定区区长马春雷签署合作协议。

【与外方战略伙伴合作】

2005 年 9 月，上汽股份与德国大众汽车公司(简称德国大众)签署联合声明，双方将在上海大众汽车生产的途安轿车基础上联合开发一款混合动力轿车；10 月，美国通用汽车和上汽股份签署合作协议，进一步强化在清洁能源汽车领域的合作。2010 年 4 月，上海汽车与美国 A123 公司合资建立研发生产电动汽车电池包的上海捷新动力电池系统有限公司。

2011 年 9 月 20 日，上海汽车与美国通用汽车共同宣布，双方将联合开发新一代电动车平台，并增强双方在新能源汽车产业化领域的领先优势。2012 年 9 月 20 日，上汽集团与美国通用汽车举行联合开发新一代电动车签约仪式，聚力新能源汽车产业化目标。

2014 年 3 月，在中国国家主席习近平和德国总理默克尔共同见证下，德国大众董事会成员在柏林分别与上汽集团、中国第一汽车集团签署联合声明。根据协议，德国大众将与上汽集团加强合作，支持上海大众汽车继续开发特别环保、生态友好型的车型。2014 年 11 月，上汽集团与全球产品安全检测和认证领域的领导者美国 UL 公司签署合作谅解备忘录，达成涵盖检测、认证、咨询、培训等诸多方面的备忘协议，双方将深化电动汽车领域合作，为消费者带来更安全可靠的电动汽车。

2015 年 6 月，上汽集团与德国大众在德国柏林签署《关于上海大众汽车安亭基地升级改造及纯电动技术合作的协议》。中共中央政治局委员、上海市委书记韩正，上汽集团董事长陈虹，德国大众董事会主席文德恩等出席见证，上汽集团总裁陈志鑫与德国大众董事会成员、大众汽车(中国)总裁兼 CEO 海兹曼签署协议。根据协议,双方将投资 65 亿元用于上汽大众汽车有限公司安亭生产基地的升级改造,安亭生产基地将形成符合最新环保标准的先进制造体系。

【产学研合作】

2001 年 12 月,上汽集团为实施国家"863 计划",与上海同济企业管理中心、上海科技投资公司、上海工业投资(集团)公司、中国第 21 研究所以及自然人共同出资成立上海燃料电池汽车动力系统有限公司,并成为第一大股东。2005 年 8 月,上汽股份与上海交通大学、同济大学签订深化新能源汽车战略合作协议;10 月,上汽股份与上海交通大学、同济大学发起成立上海新能源汽车产学研共同体。2007 年 4 月,上汽集团董事会批准入股新源动力股份有限公司,新源动力经国家发改委批复承建燃料电池国家工程研究中心。2008 年 4 月,上汽集团和美国通用汽车一起成为清华大学成立的中国第 1 家车用能源研究机构中国车用能源研究中心的第 1 批汽车制造商,为该中心提供全方位支持。

2011 年 8 月,同济大学联合上海汽车、清华大学、湖南大学、天津大学、国家信息中心、潍柴动力股份有限公司、中国电子科技集团公司 52 所、中科院电动汽车研发中心(上海中科深江电动车辆有限公司)共同成立智能型新能源汽车协同创新中心,该中心旨在落实国家教育部、财政部"2011 计划",联合电动汽车、国家智能交通、车联网、中国燃料电池汽车、商用汽车与工程机械新能源动力系统、汽车轻量化、电动汽车电驱动系统等产业的技术创新联盟,通过产学研协同,开展智能型新能源汽车的应用基础和技术前开发研究,支撑和完善汽车行业产品开发体系。2014 年,该中心通过教育部认定。

四、战略步骤

2001 年,上汽集团新能源汽车建设实质性启动,集团会同同济大学实施国家 863 计划的燃料电池研发项目。2002 年,完成首辆"超越一号"燃料电池轿车研发。2003 年,完善 LPG、CNG 等替代燃料在汽车发动机的运用和甲醇发动机样机试制。2004 年 5 月,完成"超越二号"第 2 代燃料电池轿车研发,该车参加全球规模最大、水平最高的清洁环保节能汽车技术比赛必比登汽车挑战赛,获得 5 个 A 的好成绩;10 月,完成"超越三号"燃料电池轿车台架车研发。至 2005 年,完成 3 种型号 10 辆样车研制,建立起中国燃料电池轿车自主技术体系和知识产权,样车性能达到国际先进水平。之后,继续联合同济大学承接国家 863 计划"十一五"规划的燃料电池汽车项目。

至"十五"末,上汽研制成功上海牌燃料电池轿车和混合动力轿车,别克领驭燃料电池轿车和混合轿车,申沃牌混合动力、燃料电池、二甲醚车和超级电容等新能源大客车,共计 8 款新能源样车,其中超级电容大客车和二甲醚大客车先后在上海公交线路上示范运行。上海牌燃料电池轿车和混合动力轿车、领驭燃料电池轿车以及申沃混合动力客车参加 2007 年 11 月举行的第九届必比登挑战赛,获得 7 个 A 的优异成绩。同时,桑塔纳 3000 型 LPG 单/双燃料轿车、申沃 CNG 城市客车、桑塔纳 CNG 双燃料轿车等批产投入市场。

"十一五"期间,上汽以北京奥运会和上海世博会为契机,集中实施加快推进混合动力和电动汽车产业化、推动燃料电池汽车研发升级和示范运行的技术路线和发展目标。2007 年 1 月,上汽集团与科技部签订《国家 863 计划燃料电池客车样车课题开发合同》,该项目于 2010 年 1 月通过科技部技术验收。2008 年 1 月,陈虹主持总裁专题会议批准混合动力前期研究项目立项;7 月,20 辆第 4 代氢燃料电池轿车帕萨特领驭赴北京奥运会投入运营。2009 年 4 月,上海汽车总裁陈虹主持总裁专题会议,决定正式启动上汽纯电动车项目,并作出总体安排。2010 年上海世博会期间,上汽混合动力、纯电动、超级电容和燃料电池四大类 1 125 辆新能源汽车投入运营,圆满完成任务。同年年底,荣威 750 中混混合动力产品成功投产。2011 年,上汽制定"十二五"新能源汽车发展规划,重点加快推进混合动力和电动汽车产业化,同时推动燃料电池汽车研发升级和示范运行。同年,上海汽车集团股份有限公司乘用车分公司(简称上汽乘用车分公司)荣威 E50 纯电动轿车项目启动整车公告,上海通用汽车新赛欧纯电动轿车和上海大众汽车纯电动车型完成研发并获得新能源汽车生产资格,上海申沃客车有限公司(简称上海申沃客车)进一步优化混合动力公交客车性能;上汽与唐山市政府和瑞典沃尔沃汽车合作,分别成立上汽唐山客车有限公司和上海极能客车动力系统有限公司。

2012 年 11 月,荣威 E50 成为中国首款量产全新平台纯电动轿车,并获 2012 中国国际工业博览会唯一的"创新金奖"。同年,上汽燃料电池轿车项目成为国内唯一以燃料电池轿车获国家奖励支持的新能源汽车技术创新工场项目。2013 年 11 月,荣威 550 插电式混合动力轿车上市,成为中国首款量产三核插电式混合动力轿车。2014 年,上汽成为国内首家获得燃料电池轿车生产资质的整车企业。2015 年,上汽研制成功中国首款新能源中高级轿车和上汽首款搭载"蓝芯"和"绿芯"双技术品牌的战略车型荣威 e950 轿车,以及国内首款纯电动 MPV 大通 EG10 车型。

表 10 - 5 - 1 2011—2015 年上汽新能源与节能汽车量产情况表

年 份	研发投入(亿元)	进入国家推荐目录(款式数)			销量(千辆)
		总 数	乘用车	商用车	
2011	12	10	3	7	0.2
2012	15	11	3	8	0.9
2013	10	23	1	22	0.7
2014	10	21	2	19	4.1
2015	10	34	2	32	13.6

说明:2011 年销量包括混合动力汽车和新能源汽车,2012—2015 年销量仅包括新能源汽车。销量数据为批售数据
资料来源:上海汽车集团股份有限公司技术管理部

五、关键零部件建设

2001 年 12 月,上汽集团与上海同济企业管理中心等共同成立上海燃料电池汽车动力系统有限公司,该公司于"十五"期间完成"超越"系列第 1 代至第 3 代燃料电池轿车研发;于"十一五"期间开发面向推广应用的新一代燃料电池轿车动力系统,应用于 7 个整车厂至 5 种型号燃料电池轿车、客车和微型车,其中有 2008 年的上海牌、帕萨特领驭和东方之子等轿车 18 辆,同年在北京奥运会示范运行的帕萨特领驭轿车 20 辆,2009 年在美国加利福尼亚州示范运行半年的帕萨特领驭轿车 16 辆,2010 年在上海世博会示范运行的燃料电池轿车 70 辆、客车 3 辆和观光车 100 辆,同时形成动力系统及关键部件产业化中试能力。

2009 年 1 月,上海汽车总裁陈虹主持总裁专题会议,研究决定锂电池、电池管理系统、电力电子、电机、电动转向机、电空调等关键零部件的合作与方针问题。同月,上汽集团和上海汽车投资 20 亿元组建上海捷能汽车技术有限公司(简称上海捷能)。该公司专注于混合动力和电动汽车动力系

统集成和控制集成开发,其研发中心处于国内领先水平。同年3月和4月,陈虹两次主持总裁专题会议,分别决定插电强混项目关键零部件定点策略及产业链建设初步方案,决定建立电池、电池管理系统、电机、电力电子等专门工作小组,加快推进速度。同年7月,上汽集团与嘉定区政府签署《战略合作框架协议》,落实产业基地约800亩,布局新能源零部件企业。

2010年,上汽新能源汽车产业链建设全面展开,并重点推进电池系统、电机、电力电子、电动转向和电动空调等关键零部件建设。其中电池系统于同年4月与美国A123公司成立上汽控股的上海捷新动力电池系统有限公司(简称上海捷新);电机方面与国内合作伙伴联合开发的样件已交付装车。此外,电力电子、电动转向、电动空调等项目也在抓紧和国内外合作伙伴推进与整车开发同步的研发试制工作。

2011年,上汽在新能源汽车产业链建设方面取得长足进展。上海捷新电池模块生产线安装调试完毕并投入生产;上海捷能联合上汽变速器和电机企业自主研发电驱动变速箱、联合华域电动开发的纯电动小车驱动电机,均完成样机交样启动验证试验;联合汽车电子有限公司和上海三电贝洱汽车空调有限公司分别完成新能源电机和电动空调压缩机的样机交样进入验证试验。2012年,上汽继续重点推进电池系统、电机、电力电子、电动转向和电动空调等新能源关键零部件的产业链建设,并逐步形成量产配套能力。

2014年,上汽新能源核心零部件在控制策略、软件测试/集成、电气集成、混动标定等电控方面形成完整的开发体系,在电池、电机/电力电子方面具备整车应用能力。2015年,上汽建立完整的电池、电机、电控等新能源关键零部件产业链,形成自主掌控的核心技术。在电驱技术方面,独创的高度集成、智能驱动的电驱变速箱EDU已申请超过百余项专利;在电池技术方面,已掌握电池集成和电池管理系统软硬件核心技术,确保电池系统具有行业最佳的工作寿命和可靠性,并通过电池行业最权威严苛的UL2580安全认证;在电控技术方面,已建立符合国际汽车行业软件标准(ASPICE-2级)的开发体系;在电机技术方面,自主掌控电机设计制造能力,形成完整的电机控制软件开发能力。

六、新能源与节能汽车"孵化"

为了在确保处于培育和储备阶段的新能源汽车项目研发资金的同时,保持上海汽车作为上市公司的经营业绩,上汽集团于2006年开始承担部分新能源汽车研发项目即"孵化"项目的研发费用。2007年5月和7月,上汽联合总裁办公会议和上汽集团董事会先后同意或批准实施《上汽集团新能源汽车研发"孵化"管理规则》。

据统计,2006—2010年,上汽集团总裁沈建华多次召开总裁会议或专题会议,研究实施新能源汽车孵化事项,累计批准新能源汽车孵化项目13项,孵化总投资10.7亿元。包括:乘用车的863燃料电池轿车样车、上汽/通用合作开发上海世博会荣威燃料电池轿车、上海世博会Plug-in及863方案燃料电池轿车工程样车、863计划上海世博会VIP燃料电池轿车以及"十二五"Plug-in燃料电池核心技术等7个项目,商用车的燃料电池客车概念样车、二甲醚大客车、863燃料电池客车样车、863计划混合动力客车样车开发调整以及UNDP燃料电池大客车等5个项目。每年分别资助孵化资金为1 508.12万元、2 684.67万元、9 473.41万元、7 160.81万元和5 448.83万元,合计资助2.63亿元。同时,孵化资金还收购上海捷能、新源动力股份有限公司和大连化学研究所燃料电池基础研究项目的新能源股权计6.18亿元。至2010年,孵化资金支出总计8.81亿元。

此外,上汽集团积极争取政府部门的新能源孵化资金。2008年前,累计收到政府孵化资金

1 905.25 万元。2009 年，上海市新能源推进办公室一揽子资助 3.18 亿元，上海市经济和信息化委员会(简称经信委)资助 6 000 万元，其他相关政府部门支持资金 9 965 万元。

2013—2014 年，上海市国有资产监督管理委员会(简称上海市国资委)能级提升项目中的荣威 550 插电式混合动力轿车产业化项目结题验收。上海市经信委第三期高新技术产业化项目中资助上汽集团 1 亿元。同时，上海市经信委进一步支持上汽新一轮新能源汽车发展项目，7 个项目 5.71 亿元资助款拨至各承担企业，合计 8.78 亿元的第二期孵化项目资金完成拨付，涵盖 BP34 项目、新能源关键零部件 4 个孵化项目、G10 新能源项目、新一代纯电动客车研发项目等。2015 年，上海市科委上汽专项 9 个第三期孵化项目签订协议，计划拨付 4.55 亿元孵化资金，至年底，上汽集团已经获得上海市科委新能源资助款 5 000 万元，获得国家技术创新工程项目中期奖励资金 1.88 亿元。

七、"种子基金"

2014 年 10 月 8 日，上汽集团召开总裁专题会，研究"种子基金"设立方案和实施计划。上汽集团董事长、党委书记陈虹指出，上汽"种子基金"的设立，是鼓励创新、提升自主研发能力的有益尝试和实践，目的是使上汽成为"世界著名汽车公司＋广大员工的创新乐园"。会议明确"种子基金"是上汽集团鼓励创新、提升自主研发能力的有益尝试和实践；基金原则上面向集团内部及下属企业，重点鼓励技术研发和产品创新开发；作为集团容错机制的组成部分，"种子基金"在遵循高度市场化运作原则的同时，应确保资金安全和风险可控。会议决定由技术管理部牵头，会同合作和法律事务部、人力资源部、上汽股权投资公司等，制定种子基金管理办法。

2015 年 2 月，上汽集团下发《上汽"种子基金"管理办法(试行版)》，规定首期资金规模总计达 1 亿元，2015 年是"种子基金"试运行年，主要聚焦技术研发和产品开发领域，以后将拓展至模式创新、业态创新、管理创新等领域。

2015 年 2 月 1 日，上汽集团"种子基金"正式开通。同月 27 日，"种子基金"创新实践平台首个项目"新能源并网电源"获得首期支持费用 5 万元，用于进一步完善该创意。在 2015 年 10 月举办的上海市双创活动周一上汽种子基金项目推介会上，上海市国资委领导肯定上汽"种子基金"开了上海国资系统的先河。

至 2015 年 11 月底，公司所属 41 家企业 2 080 名员工在"种子基金"平台进行有效注册，申请组建创意团队 416 个、种子创意 404 个。在进入第一阶段"完善创意"的 57 个种子中，已有 14 个通过专家评审会，即将进入第二阶段的"种子培育"。

第二节　新能源与节能汽车研制成果

一、同济、上汽"超越"燃料电池车研制

【合作平台】

"十五"期间，以氢气为能源的燃料电池汽车被列入国家 863 计划。2001 年 8 月，上汽集团总裁办公会议决定实施燃料电池汽车研制项目。同年 12 月 14 日，上汽集团、上海同济企业管理中心、上海科技投资公司、上海工业投资(集团)公司、中国电子科技集团公司第二十一研究所及自然人共同出资组建上海燃料电池动力系统有限公司(简称上燃动力)。此举标志着上海新能源汽车超前研

发正式启动,上燃动力成为同济和上汽研制燃料电池汽车的主要平台。

上燃电动主要从事新能源汽车动力系统集成与控制工程技术服务、新能源汽车动力系统控制产品研制生产。经过5年努力,基本具备包括整车设计集成、动力系统平台集成与控制、车载储氢供氢技术和电动辅助系统等在内的核心技术。2010年,完成产业基地一期改造工程,建立控制器中试生产车间、燃料电池总成装配车间、样车改制装配车间和整车调试车间,生产装备累计投资5590万元,形成新能源汽车动力系统集成千套级、控制器及驱动单元等关键零部件万套级年产能力,产品覆盖上汽集团、上海大众汽车、中国一汽、奇瑞汽车、长安汽车、上海申沃客车、华晨汽车、南京专用车等厂商开发的各型燃料电池汽车及部分纯电动轿车、混合动力轿车产品。

2007年和2008年,上燃动力的燃料电池轿车动力平台技术先后获得上海市科学技术进步奖一等奖和国家科学技术进步奖二等奖。2008年,上燃动力参与编制《燃料电池汽车整车术语》和《燃料电池汽车整车安全要求》两个新能源汽车标准,成为国内制定新能源汽车标准的先行者。至2010年,该公司新能源汽车研究成果共取得国家专利授权74项。

【合作研制】

2002—2008年,上燃动力与上海大众汽车合作,先后完成"超越"系列中国第1代至第4代燃料电池轿车动力平台研发,推出电电混合、动力系统平台、副产氢气纯化和高压储氢的中国燃料电池轿车。2003年11月,以桑塔纳2000型轿车为基本车型的中国第一辆燃料电池轿车样车"超越一号"首次亮相第五届上海国际工业博览会并获得创新奖。该车主要性能特点是:采用电—电混合动力驱动方式,利用蓄电池的能量缓冲特性,使燃料电池发动机处于高效、稳定、可靠的最佳工作状态,装备自主开发的整车动力总成控制系统,一次加氢续航231公里,百公里氢气消耗951.75公升,最高时速105.8公里,加速时间15.4秒。2005—2006年,以帕萨特领驭为基本车型的"超越二号""超越三号"相继诞生。其中"超越三号"技术性能最为优越,各项技术指标接近内燃机汽车的水平。2007年1月,上燃动力完成新一代燃料电池轿车动力系统平台建设,并研制出性能更加优越的第4代燃料电池汽车"超越—荣威"。超越一号至四号研发项目由同济大学校长万钢任项目总负责人,同济大学汽车学院院长余卓平任整体技术方案制定与项目协调,上燃动力技术总监、同济大学教授孙泽昌制定总体技术方案,上燃动力副总经理李中亮负责动力平台试制,在上燃动力工作的同济大学副教授张立军、钟再敏、马建新、许思传、吴宪和罗峰分别负责项目规划与技术管理以及性能与可靠性测试、动力系统集成与控制系统开发、氢气系统安全与设计、热管理系统设计、动力平台可靠性研究和网络与通讯系统设计。在此平台上,该公司与国内5个整车厂合作,生产上汽乘用车分公司荣威、一汽轿车奔腾、上海大众汽车新领驭、长安汽车志翔、奇瑞汽车东方之子的燃料电池轿车,以及上海世博会期间的VIP专用车。

表10-5-2　2003—2007年超越系列燃料电池轿车一览表

车　名	推出年月	一次加氢续航(公里)	百公里氢气消耗(公升)	最高时速(公里)	0～100公里加速时间(秒)	研制辆数
超越一号	2003年8月	231	0.951	106	15.4	2
超越二号	2004年5月	197	1.032	115	26.72	3

〔续表〕

车　名	推出年月	一次加氢 续航（公里）	百公里氢气 消耗（公升）	最高时速 （公里）	0～100公里 加速时间（秒）	研制辆数
超越三号	2004年10月	230	1.132	122	19	11
超越四号	2007年1月	300	1.192	150	15	70

资料来源：上海燃料电池汽车动力系统有限公司

【研制成效】

2004年起，"超越"系列燃料电池轿车参加多次国际清洁能源挑战赛，均获得了良好成绩。同年6月，"超越二号"首次参加上海必比登国际清洁能源汽车挑战赛。2006年6月，"超越三号"参加在巴黎举行的第八届必比登清洁能源汽车挑战赛，创造废气排放、燃油效率、噪声和二氧化碳排放4个A的好成绩，燃料经济性测试指标在所有参赛车辆中名列第一，综合成绩名列前茅。2007年11月，第4代燃料电池轿车参加上海必比登国际清洁能源汽车挑战赛，与同场竞技的国外燃料电池轿车基本处于同等的技术水平。2008年北京奥运会和残奥会期间，20辆上海大众帕萨特领驭燃料电池车示范运行70天行程8万公里，获得好评。上燃动力奥运项目被科技部与奥运科技行动计划领导小组授予科技奥运先进集体称号。2009年2月，16辆领驭燃料电池轿车在北京奥运会运行之后，赴美国加利福尼亚州进行持续半年的道路测试和示范运行，为上海世博会安全运行积累经验。2010年上海世博会期间，上燃动力40辆自主品牌燃料电池轿车和30辆领驭燃料电池轿车在园区持续安全运行180余天，受到好评。

此外，同济大学和上燃动力还承担燃料电池公交客车动力系统研发，为3辆联合国UNDP燃料电池客车提供动力系统零部件和安装调试、整车总布置、动力系统零部件安装、整车试验等技术支持，以及示范运行培训和运行保障等工作。

二、上汽乘用车分公司新能源与节能汽车研制

2007—2015年，上汽乘用车分公司、上海汽车集团股份有限公司技术中心（简称上汽技术中心）和上海捷能实行战略协同，联合开发混合动力、插电式混合动力和纯电动3种动力的新能源汽车，先后研制荣威750Hybrid混合动力轿车、荣威E50纯电动轿车、荣威e550插电式混合动力轿车、荣威e950插电式混合动力轿车、荣威eRX5插电式混合动力SUV、荣威ei6插电式混合动力轿车、荣威ERX5纯电动SUV、荣威Ei5纯电动休旅车及荣威Marvel X纯电动SUV车型。技术中心负责整车研制，捷能公司负责动力系统研发。

【荣威750Hybrid混合动力轿车研制】

2007年10月，上汽乘用车分公司荣威750Hybrid混合动力轿车项目立项。该项目既是上汽"十一五"新能源汽车产业化重点项目，也是上海市科教兴市重大产业科技攻关项目和上海市高新技术产业化项目。该项目由上汽技术中心发动机部、变速箱部、动力总成部、项目管理部、车型平台部等共同参与，上海捷能负责研制并提供新能源汽车动力系统。项目总投资43 272万元，其中研发费用29 504万元。项目由上汽技术中心副主任、上海捷能总经理朱军总负责并承担项目设计开发，

研发团队包括上汽技术中心试验认证总监张钊,上汽乘用车分公司项目规划与实施主管陈明伟,上海捷能动力系统总工程师罗思东、项目高级经理李斌、动力系统高级经理王健、电池系统高级经理陆琦伟、控制集成科高级经理冷宏祥等 20 名高级技术管理人员,参与人员超过 150 人。2009 年 10 月,荣威 750 Hybrid 混合动力轿车项目 G6 开阀。2010 年 5 月,10 辆上海世博会示范运行车辆完成制造并交付运行;11 月,完成 30 辆小批量试装车。

荣威新 750 混合动力轿车采用中混技术方案,在荣威 750 平台动力系统基础上,集成高压电池及其管理系统、电机控制器、整车控制器等混动核心零件,达到机电耦合,并通过整车控制策略和软件开发优化,实现整车节油率 20%,同时满足 B 级车较高的驾驶性能要求,具备除纯电驱动外的所有混合动力功能,代表中国和世界在该领域的技术领先水平。该车获得 51 项国家专利授权。2007 年和 2009 年,该车先后在中国国际工业博览会获得创新奖和银奖,并在 2010 年上海世博会示范运行获得好评。2010 年年底形成 1 万辆年产能力,开始批量上市。

【荣威 E50 纯电动轿车研制】

2009 年 5 月,荣威 E50 纯电动轿车项目立项,总投资 86 803 万元,其中研发费用 41 208 万元。该项目由上汽技术中心负责整车研发,上海捷能负责研制动力系统。技术中心主任高卫民负责,上汽技术中心副主任、上海捷能总经理朱军任动力系统总负责人,研发团队主要成员包括整车项目总工程师徐康聪、车型平台总工程师张东、捷能动力系统总工程师傅振兴和项目高级经理浦金欢、整车项目管理工程师隋蕾、电子电器部总监郝飞、底盘部总监芦勇、车身部总监羊军、内外饰部总监王琼、上海捷能控制集成部高级经理马成杰、主任工程师张剑锋、电池系统高级经理陆珂伟等,参与人员超过 160 人。

2010 年 4 月,荣威 E50 纯电动轿车原型概念车 E1 在北京国际汽车展首次亮相,5 月在上海世博会展出。2011 年 3 月,项目实现 G6 开阀;11 月,确定车型命名 E50,同时发布内外饰商标,凸显新能源纯电动特质。2012 年 4 月,荣威 E50 在北京国际汽车展发布,11 月实现量产上市。

荣威 E50 纯电动轿车采用全新开发的专用电动车平台和量身定制的车身结构设计、磷酸铁锂电池系统,配备永磁同步驱动电机、管柱式电动转向机及电动空调压缩机等先进的关键零部件系统,具备直流快速充电和 220 伏交流慢充及功能,续驶里程大于 120 公里,每小时最高车速大于 130 公里。通过 E50 MCE 电池升级,续航里程达到 170 公里。

【荣威 e550 插电式混合动力轿车研制】

荣威 e550 项目是上汽乘用车首款插电式混合动力轿车项目,2009 年 5 月开始前期研究,2010 年 2 月启动开发。该项目由上汽技术中心负责整车研发,上海捷能负责研制动力系统。项目总投资 89 655 万元,其中研发费用 56 893 万元。项目由上汽技术中心主任余秀慧及副主任朱军负责,朱军兼任动力系统负责人。研发团队主要人员包括整车项目总工程师马凡和李斌、项目高级经理廖兵该、整车项目经理徐峰、捷能动力系统总工程师罗思东和项目高级经理陈森涛、技术中心发动机部总监平银生、动力总成集成部总监刘启华、电子电器部总监郝飞、底盘部总监芦勇、整车集成部总监康飞、试验认证部总监龚红兵、捷能电驱系统部总监王健和电驱集成高级经理葛海龙、控制集成部总监周宇星和高级经理马成杰、电池系统部总监陆珂伟等,参与人员超过 200 人。

荣威 e550 插电式混合动力轿车项目于 2011 年 2 月完成 G6 开阀,2012 年 9 月取得国家公告目录,2013 年 11 月在广州汽车展上市,2014 年 2 月投产。2014 年 11 月,荣威 e550 动力电池组获得美国 UL2580 安全认证。

2014 年 10 月,荣威 e550 MY15 项目立项,2015 年 5 月投放市场。该项目通过优化混动控制策略及标定,增加整车纯电续驶里程、下降车辆能耗、降低百公里加速时间,同时整车增加 inkanet5.0、导航、倒车影像、内外饰新能源特色标记等提升用户感知配置。

2014 年 8 月,荣威 e550 MCE 项目立项,计划 2016 年 3 月投放市场。开发内容及目标为使用万向 A123 3.0 电芯、自主 BMS 以及 PEB 等其他系统降本及整体性能提升开发。

荣威 e550 插电式混合动力轿车基于荣威 550 传统燃油轿车平台开发,插电混合动力技术采用上汽创新开发的同轴布置双电机、双离合机电耦合电驱动变速箱 EDU,以及与之相关的控制技术、电池技术。动力系统匹配 1.5 升自然吸气发动机,动力电池为 20 Ah、11.8 kWh 磷酸铁锂电池。通过全面的混动控制策略,该车实现纯电驱动、并联驱动、串联驱动、发动机直驱、行车充电、制动能量回收、怠速充电、外接充电共计 8 种工作模式。系统控制根据不同路况和驾驶需求,自动匹配最适合的混动模式,实现经济型、动力性和驾驶性综合最佳水平。

【荣威 e950 插电式混合动力轿车研制】

荣威 e950 项目是上汽乘用车首款插电式混合动力 B 级轿车项目。2012 年 6 月,项目启动研究,2014 年 8 月,项目正式立项。该项目由上汽技术中心负责整车研发,上海捷能负责研制动力系统。项目总投资 5.8 亿元,其中研发费用 3.6 亿元。项目由上汽技术中心常务副主任张觉慧负责,副主任朱军任动力系统总负责人。研发团队主要人员包括整车项目总工程师李斌和整车项目高级经理廖兵该、车型平台总工程师雷霆、捷能动力系统总工程师栾云飞和动力系统项目高级经理陈森涛,上汽技术中心平银生、刘启华、芦勇、康飞、龚红兵、电子电器部总监张海涛、虚拟安全部总监王大志、上海捷能陆珂玮、王健、葛海龙、周宇星、冷宏祥、马成杰等。该项目获得 2015 年度上海市新能源汽车专项资金项目。

2015 年 6 月,荣威 e950 项目 G6 开阀。2015 年 11 月 20 日,荣威 e950 在汽车车展发布。至 2015 年年底,项目完成两辆模拟样车和工程样车,工程造车累计 70 余辆,完成全部性能和主要耐久验证,达到整车 VTS 性能指标,生产线调试已启动。

荣威 e950 项目基于上汽 EDU 插电混动技术打造,全新开发能量密度更高的 33 Ah、12 kWh 三元锂离子电池包,发动机升级到 SGE1.4T 缸内直喷涡轮增压发动机。

【荣威 eRX5 插电式混合动力 SUV 研制】

荣威 eRX5 是上汽乘用车首款插电式混合动力 SUV 项目。2015 年 6 月立项,总投资 3.3 亿元,其中项目研发费用 1.69 亿元。该项目由上汽技术中心负责整车研发,上海捷能负责研制动力系统。项目由上汽乘用车分公司副总经理陶海龙负责,上汽技术中心副主任朱军任动力系统总负责人。研发团队主要成员包括整车项目总工程师姜骏、车型平台总工程师杨秋明、捷能动力系统总工程师冷宏祥、上汽技术中心平银生、刘启华、康飞、张海涛、王大志,车身部总监谭敦松,底盘部总监刘飞、上海捷能陆珂玮、王健、葛海龙、周宇星、马成杰等。

2015 年 9 月,荣威 eRX5 项目 G6 开阀。至 2015 年年底,项目整车完成两辆模拟样车,工程造车累计 30 余辆,进行性能试验和主要耐久试验,车辆初步实现车辆 VTS 性能指标。

荣威 eRX5 项目基于上汽 EDU 插电混动技术打造,共用荣威 e950 项目 33 Ah、12 kWh 三元锂离子电池包,发动机升级到 SGE1.5T 缸内直喷涡轮增压发动机。

【荣威 ei6 插电式混合动力轿车研制】

2014 年 8 月,荣威 ei6 项目立项,总投资 3.17 亿元,其中项目研发费用 1.8 亿元(不含架构开发)。该项目由上汽技术中心负责整车研发,上海捷能负责研制动力系统。项目由陶海龙负责,朱军任动力系统总负责人。研发团队主要成员包括整车项目总工程师蔡毅、车型平台总工程师胡朝霞、捷能动力系统总工程师马成杰,上汽技术中心平银生、刘启华、康飞、张海涛、王大志、谭敦松、刘飞,上海捷能陆珂玮、王健、葛海龙、冷宏祥等。

2015 年 12 月,荣威 ei6 项目 G6 开阀,至 2015 年年底完成骡子车(Mule Car)和工程样车,工程造车共计 40 余辆,并启动工程样车第一阶段的主要耐久试验。

荣威 ei6 插电式混合动力轿车是沿用上汽 EDU 驱动技术,在 A 架构 IP 平台开发打造的荣威新一代 A+级插电式混合动力轿车,全新开发 26 Ah、9.1 kWh 三元锂离子电池包,动力系统匹配 SGE1.0T 高效发动机,项目同时开发上汽首款电子排档,完成 ADAS 功能/自动泊车的基础开发工作,为后续 ADAS 功能的升级开发奠定了基础。

【荣威 ERX5 纯电动 SUV 研制】

2015 年 12 月,荣威 ERX5 项目成立。项目总投资 32 611 万元,其中研发费用 13 935 万元。项目负责人为陶海龙,项目研发团队包括项目总工程师林相玉、项目平台总工程师杨秋明、邵景峰、谭敦松、邱国华、张海涛、刘飞、康飞、王建峰,上海捷能动力系统总工程师浦金欢、控制集成部总监冷宏祥、电池系统部总监陆珂玮、电驱系统总工程师王健等。

2015 年 12 月,荣威 ERX5 实现 G9 开阀。ERX5 作为公司首款纯电动 SUV 车型,填补公司纯电动汽车规划空白,将与 RX5、eRX5 形成 Hero Car 车型系列。该车型搭载高能量密度三元材料平板电池和高集成三合一电驱系统,结合整车原有制动和空调系统,实现整车效能最大化。

【荣威 Ei5 纯电动休旅车研制】

2015 年 9 月,荣威 Ei5 项目组成立,总投资 9.7 亿元,其中研发费用 3.4 亿元。该项目由上汽技术中心负责研发,是上汽乘用车分公司首款纯电动互联网休旅车。项目负责人为朱军,研发团队主要成员包括娄臻亮、项目平台总工程师吴海平、邵景峰、谭敦松、邱国华、张海涛、刘飞、康飞、王建峰、浦金欢、冷宏祥、陆珂玮、王健等。

2015 年 9 月,荣威 Ei5 实现 G9 开阀,项目完成立项。至 2015 年年底完成整车方案论证。该车搭载高集成三合一电驱系统和高能量密度三元材料平板电池,应用行业领先的全制动能量回收 Ibooster 系统、高能效热泵空调系统等多项先进技术,实现超低能耗,用 35 kWh 电池达到池综合工况续航超 300 公里,领先行业同级水平。

【荣威 Marvel X 纯电动 SUV 研制】

2014 年 12 月,荣威 Marvel X 整车项目组成立,项目总投资 147 401 万元,其中研发费用 75 475 万元。该项目由上汽技术中心负责研发,是上汽乘用车分公司旗舰电动车产品。项目负责人为朱军,研发团队包括项目总工程师项娇、张东、邵景峰、谭敦松、邱国华、张海涛、刘飞、康飞、王建峰、浦金欢、冷宏祥、陆珂玮、王健等。

2014 年 12 月,荣威 Marvel X 实现 G9 开阀,项目完成立项。2015 年 5 月实现 G8 开阀。至 2015 年年底完成 Marvel X 首台骡子车工程样车的试制。荣威 Marvel X 作为上汽乘用车分公司纯电动车 SUV 架构首款车型,首次实施纯电动 SUV 架构、两档双电机 EDS 系统、高能量密度平板电池开发,首次应用全制动能量回收系统 Ibooster、热泵空调系统、铝制底盘零件、塑料尾门、融合 ADAS 方案等多项先进技术,造型风阻达到 0.29,整车目标续航突破 400 公里,加速时间小于 5 秒,实现同级别领先。

表 10‑5‑3　2007—2015 年荣威新能源和节能轿车一览表

车　　名	研发起止时间	百公里折合油耗(升)	续航公里	最高时速(公里)	0～100公里加速时间(秒)
荣威 750Hybrid 混合动力轿车	2007 年 10 月—2010 年 12 月	7.5(同比节约 20%)	总里程大于 700	205	10.9
荣威 E50 纯电动轿车	2009 年 5 月—2012 年 11 月	—	120	130	14.6
荣威 e550 插电式混合动力轿车	2010 年 2 月—2014 年 2 月	2.3	纯电续驶 58	203	10.5
荣威 e550 MY15 插电式混合动力轿车	2014 年 10 月—2015 年 5 月	1.6	纯电续驶 60	200	9.5
荣威 e550 MCE 插电式混合动力轿车	2014 年 8 月—	1.6	纯电续驶 60	200	9.5
荣威 e950 插电式混合动力轿车	2014 年 8 月—	1.7	纯电续驶 60	185	8.5
荣威 eRX5 插电式混合动力 SUV	2015 年 6 月—	1.6	纯电续驶 60	200	7.8
荣威 ei6 插电式混合动力轿车	2014 年 8 月—	1.5	纯电续驶 53	200	7.9
荣威 ERX5 纯电动 SUV	2015 年 12 月—	—	320	135	12.5
荣威 Ei5 纯电动休旅车	2015 年 9 月—	—	301	145	11.5
荣威 Marvel X 纯电动 SUV	2014 年 12 月—	—	403(两驱)/370(四驱)	170	7.9/4.9

资料来源:上海汽车集团股份有限公司技术中心

三、上汽商用车技术中心、上海申沃客车新能源与节能汽车研制

2003—2015 年,上海汽车集团股份有限公司商用车技术中心(简称上汽商用车技术中心)、上海申沃客车有限公司先后实施二甲醚、燃料电池、混合动力、纯电动、超级电容、压缩天然气等新能源客车项目建设。至 2015 年,上汽商用车产品已有 40 款新能源汽车进入国家《节能与新能源汽车示范推广应用工程推荐车型目录》。

【二甲醚客车研制】

首辆二甲醚客车研制:2003 年 3 月,上汽集团承担科技部"清洁汽车行动计划项目"二甲醚客车研制。2005 年 5 月,上海申沃客车、上海交通大学联合上海柴油机股份有限公司(简称上柴股份)和上海焦化厂研制成功中国第一辆具有自主知识产权的二甲醚城市客车,并投入上海公交试运营。公司总经理张立春为整车开发负责人,主要设计者为高级工程师马宝富和曹邑震,以及陈鸣、阚卫峰和孙西义等研发人员。该车以上海申沃客车 SWB6115‑3 11 米城市公交客车为基础,采用上柴

股份 D6114ZLQB 柴油机,通过发动机台架试验和整车道路试验,该车动力性和经济性良好,整车排放达到欧Ⅲ标准,2006 年 4 月通过科技部验收。

二甲醚发动机产业化攻关:2006 年,上海启动"二甲醚发动机产业化关键技术研究"的产学研联合攻关。同年 1 月,上柴股份、上海申沃客车、上海交大、上海华谊等成立申沃牌二甲醚城市客车研发团队,由上柴股份教授级高级工程师纪伟丽和上海交大教授黄震为项目第 1 和第 2 负责人,上海申沃客车总经理张立春、上海华谊高级工程师何扣宝分任整车开发和燃料开发负责人,上海申沃客车高级工程师马宝富为整车开发协调管理,上海申沃客车教授级高级工程师曹邕震负责整车开发;确定上海申沃研制城市客车,上海交通大学、上柴股份、上海华谊、上海新奥九环有限公司等 10 余家单位分别研制二甲醚发动机、燃料系统及关键部件、密封技术、车用二甲醚燃料和二甲醚加注站。项目以申沃 SWB6116Y 和 SWB6116C1 城市客车底盘为基础,配置上柴股份二甲醚发动机,采用空气悬架车身设计,采用方基调小圆角风格,与 SWB6116Y 相同,车顶布置二甲醚储罐。该车一次性充装二甲醚燃料续驶里程达 300 公里以上,动力性与柴油相当。2006 年 5 月完成二甲醚城市客车全部设计;8 月完成首辆样车总装并转入关键部件和整车试制;9 月完成第 2 辆样车总装和调试并经改进后开始小批量试制试验运营车;12 月,首批 10 辆二甲醚城市客车投入上海 147 公交线路示范运营。2007 年 8 月,项目通过专家验收,并列入科技部 863 计划和上海市新能源汽车推进计划。

二甲醚客车示范运行:2008 年 12 月,上汽集团、上海巴士一汽公共交通有限公司、上海申沃客车、上柴股份、上海新奥九环有限公司、上海星地环保设备有限公司等单位联合承担上海市经信委、上海市新能源汽车推进领导小组办公室的"二甲醚客车示范运行"课题,上海申沃客车等企业承担二甲醚、天然压缩气(CNC)大客车的研制和产业化任务。课题组在完成车辆摸底、车辆整修、二甲醚加注站整修、车辆驾驶员培训等准备工作后,于 2009 年 12 月进入试运行。2010 年 1 月,10 辆二甲醚客车在上海 147 路公交路线载客运营。至同年年底,全面完成上海市典型工况下二甲醚客车运行考核研究,全年累计运行 398 317 公里。与同类型柴油车相比,该车在排放性经济性等方面具有优势,成为当时中国唯一列入《汽车生产企业及汽车产品公告》的二甲醚汽车。试运行期间,国内多个省市政府部门、公交公司、能源生产与销售企业派考察团来上海和课题组交流推广事宜,日本、韩国、美国、德国、法国、瑞典、以色列、埃及和印度等诸多国家政府官员和技术管理人员到上海考察二甲醚公交汽车商业营运情况。课题组在 2010 年 9 月召开国际二甲醚大会,作重点示范项目技术报告,得到与会专家好评。

【燃料电池大客车研制】

国家 863 计划燃料电池大客车研制:2006 年上汽股份决定通过产学研合作,联合开发列入国家 863 计划的燃料电池城市客车。2007 年 1 月,上海申沃客车成立 19 人组成的燃料电池城市客车研发团队,由公司总工程师马宝富为负责人,上燃动力副总经理余卓平、上汽集团战略规划主管章道彪为项目协调,同济大学汽车学院副院长孙泽昌、上海申沃客车高级工程师王为盛等分别负责动力系统集成、整车总布置等设计。2006 年 6 月,研发团队开发出首辆 FCB 概念车。2009 年 6 月和 7 月,该项目先后完成清华大学和同济大学方案设计,8 月生产样车,9 月完成第一辆样车试制。至 2010 年 1 月,完成 6 辆整车试制。该车采用双燃料电池+驱动电机+动力电池技术方案,动力系统为质子交换膜燃料电池与磷酸铁锂蓄电池构成的混合动力驱动系统,车辆电动化采用国内最先进的 CAN 总线通讯技术;动力系统建立由电驱动系统、储能系统和氢电车载发电系统组成的城市客车混合动力系统,燃料经济性优于国际同类代表性车型;整车控制拥有多变量网络化的多能源混合动力系统能量管理综合控制技术,成为核心竞争力。2010 年 5 月 1 日—10 月 31 日,6 辆申沃牌氢燃料大客车作为上海世博 VIP 接待用车,在世博会国展线路示范运营 184 天,累计运行总里程 25 211 公里,总载客 10 万余人次,接待领导和贵宾 44 批次,受到好评。

联合国 UNDP 燃料电池客车研制:2006 年,上汽集团承担联合国 UNDP 燃料电池客车项目。该项目由上汽燃料电池汽车事业部负责推进,上海申沃客车、上海汽车工程院负责实施。项目负责人为上海申沃客车总工程师马宝富,主要设计者王为盛主管,以及孙永城、陈彦雷、方建新、刘明伟、李硕人、纪超、齐仲安等工程师。该车于 2007 年年底完成样车试制,并通过国家级验收。UNDP 燃料电池客车是以氢气为主要能源、锂电池为辅助能源的新能源客车,具有"零"排放、高效率、低噪声的优点,采用"双燃料电池+驱动电机+动力电池"技术方案和当时国内最先进的 CAN 总线通讯技术。该车主要在上海世博会国展线路上示范运营及展示,运行路线全程 3.6 公里,此车作为园区内的 VIP 接待用车,示范运行情况总体平稳,受到中外宾客好评。

【混合动力大客车研制】

2008 年,上海市政府公开招标上海世博会用混合动力城市公交客车 150 辆,上汽集团在竞标中胜出。2009 年,上汽集团总裁专题会议决定上海汽车商用车技术中心和上海申沃客车集成国内混合动力先进技术,研制拥有自主知识产权且能满足产业化发展的高性能无级变速混联混合动力大客车。同年 2 月,上汽商用车技术中心成立该项目 15 人研发团队,由技术中心主任顾庆负责,新能源技术部副总监兰志波牵头,主要设计人员包括项目经理陈彦雷、电气工程师孙磊、整车总布置陈文越、车型开发部总监刘斌、整车集成主管工程师霍新强等组成。该车采用不需要自动变速箱的双电机无级变速混联混合动力驱动系统。2009 年 2 月开始研制样车,6 月完成整车设计,7 月完成 1 号样车试制,8 月完成 2 号和 3 号样车试制。2009 年 8 月—2010 年 3 月,样车在海南试验场完成 1.5 万公里可靠性试验。

2010 年上海世博会期间,上海申沃客车生产的 150 辆混合动力客车运营于上海 11 条公交线路,累计出车 22.1 万班次,载客 4 300 万人次,运营里程 490 万公里,累计节约柴油 37 万升,减少二氧化碳排放量约为 980 吨。该混合动力大客车项目获得 9 项国家专利。2013 年研发 12 米增程式混合动力欧 V 排放车;至 2014 年,214 辆车投入上海公交运营。2011—2014 年,油电混合动力车排放从欧Ⅳ提升到欧Ⅴ。1 321 辆车除投入上海公交运营外,还销往南京、扬州、唐山、成都、长沙等地。

【纯电动大客车研制】

2008 年,上汽商用车技术中心和上海申沃客车开始联合研制 120 辆用于上海世博会的纯电动大客车。同年 1 月,上汽商用车技术中心成立 15 人组成的研发团队,由顾庆负责,技术中心副主任冯渊负责充电站核心设备等,新能源技术部总监朱俏斌负责运营模式、整车和系统试验技术,副总监兰志波负责成组动力电池性能评价体系和浸水高压电安全技术条件,项目经理秦超负责项目管理和整车开发试制试验技术支持,高级经理齐洪元负责动力系统开发测试和零部件质量,系统经理蒋季伟负责整车与动力系统匹配和轻量化、车身和底盘、整车安全、辅助系统等开发,系统经理张靖负责整车集成,主管工程师徐顺余负责成组动力电池性能评价体系。

2008 年 5 月,该项目完成 0 号纯电动样车试制。2009 年 3—4 月先后完成两种方案设计;5 月,上汽商用车技术中心设计图纸交上海申沃客车,样车试制开始;至 8 月,完成 9 辆车试制;9 月,纯电动客车样车先后在安徽定远汽车试验场、北京 201 所进行可靠性试验和动力电池被动燃烧试验;10 月,样车在上海通过动力电池被动燃烧试验结果评审并获得产品定型检验报告;11 月,该车投入批产;至 2010 年 4 月共生产 120 辆。项目获得 5 项国家专利。

2010 年 5 月,120 辆纯电动公交客车承担上海世博园区主要公共客运任务。至 8 月底,每天运行时间 16 小时以上,累计出车 49.6 万车次;载客 5 762 万人次,日均送客 46.84 万人次;总行驶里程 262.2 万公里,日均行驶 2.13 万公里,每辆车日均行驶 176 公里;车辆完好率为 99.7%。该项目于 2013 年获上海市节能产品称号。

2011—2015 年,上海申沃客车研发生产销售 1 884 辆纯电动公交客车,产品在上海、南京、唐山、青岛、天津、杭州等公交线路运营。2014 年和 2015 年,研发生产销售纯电动班车 214 辆,投放上海市场。

【首款超级电容公交客车研制】

首款超级电容公交客车研制:2003 年 2 月和 2004 年 3 月,上海申沃客车先后研制出首款超级电容公交客车样车和产品车,2004 年 10 月投入批量生产。2005 年 11 月,3 辆新一代超级电容公交车首次在上海工博会亮相。2006 年 8 月—2007 年 11 月,共有 17 辆超级电容客车在上海 11 路公交线路示范运行。该车研制负责人及高低压电器设计为技术总监孙永城,底盘设计为设计主管姜杰峰、设计师纪超和郭林财,车身设计为设计人员刘明伟和王金华。

超级电容器公交车规模化推广应用研究课题:2007 年 6 月,上汽集团实施上海市科委"超级电容器公交车规模化推广应用研究"课题,组建由上汽商用车技术中心和上海申沃客车组成的 17 人研发团队,由技术总监孙永城负责,成员包括项目主管王为盛,总工艺师陈鸣,经理阚卫峰,底盘设计主管姜杰峰,总体科科长齐仲安,产品设计师纪超,车身设计刘明伟、邹彦、王晓洪,以及空调、内外饰、底盘、车门等设计人员张海玲、邢仁明、张建南、吉洪等。研发团队在超级电容原车型基础上经过攻关,于 2008 年完成课题,设计开发新一代更加适应上海公交的超级电容客车。该车具有采用超级电容储能器件和集电弓上升触网技术完成超级电容器储能补充、率先研发公交车牵引交流变频调速技术、通过 CAN 网络实时显示车辆运行信息和故障诊断,以及再生制动能量回收、低地板底盘、电气布置模块化等功能特点。2008 年,该项目通过上海市级评审。2006—2009 年,上海申沃客车累计销售超级电容公交车 53 辆。2010 年,上汽集团向上海世博会提供 61 辆新一代超级电容客车,在世博园区安全运行 184 天,接送游客 3 000 余万人次,行驶总里程 300 万公里。同年,该车获评世界客车联盟 2008 年度最佳环保巴士奖,并获得外观设计国家专利。

【申沃压缩天然气客车研制】

单燃料压缩天然气公共汽车研制:为降低城市汽车尾气污染,上海市政府决定利用国家"西气东输"工程开发新一代压缩天然气(CNG)公交客车。1999 年 4 月,上海申沃客车前身上海客车制造公司开始研制 SK6115KQ-3 型单燃料压缩天然气公共汽车;8 月,该公司成立 9 人研发团队,由教授级高级工程师曹罴震负责,工程师姜杰峰负责总体设计,王海洪、纪超、李敏彪、王金华、陈英和东亮等工程师分别负责动力、底盘、电气、车身和工艺设计。2000 年 5 月,该车研制成功,其后公司已改制为上海申沃客车有限公司。该车采用闭环电控、多点喷射、增压中冷的单燃料天然气发动机,顶置缠绕式复合材料压缩天然气瓶及压缩天然气系统,车辆起动和加速无黑烟,怠速排放比普通汽油车减少90%,尾气排放达欧Ⅱ标准,技术水平国内先进。该车作为2000年2月上海"两会"代表交通车受到好评。2000年7月通过国家轿车质量监督中心鉴定。此后根据上海市科委中试计划安排,为上海申新巴士有限公司生产加装空调的单燃料压缩天然气公共汽车35辆。该项目获2000年上海市科学技术进步奖二等奖和上海市优秀新产品奖三等奖。

压缩天然气单燃料城市客车研制:2001年,上海申沃客车承担新一代SWB6115Q2-3型压缩天然气单燃料城市客车研制任务。2002年3月成立研发团队,公司总经理干频任负责人,副总经理顾庆参与,原底盘科长沈延东前期参与,底盘科长姜杰峰后期负责底盘总体设计,杨冠峰、纪超、王海洪、吴文奇和王金华、李硕人、孙永城等工程师分别负责底盘、车身和电气设计。该车依据升级产品SWB6115HP8-3型低排放城市客车技术平台,经过近半年设计改进和试验,于2002年9月完成研制并通过鉴定。该车代表当时国内CNG压缩天然气单燃料城市客车的最高水平,选装具有世界先进水平的CumminsB5.9系列CGN压缩天然气单燃料发动机,采用高压燃料供给系统和顶置式气瓶式燃料供给系统、低压报警系统和隐式窗柱过渡圆角结构冷却系统,排放达到欧Ⅱ以上标准,且动力性良好,匀速行驶车内噪声低于72分贝。2002年6月,该车参加北京国际汽车展,成都公交集团一次订购50辆。至2002年年底有150辆销往上海及成都市。

2009年,上海申沃客车经过设计改进和试验,开发新一代SWB6107Q6型压缩天然气单燃料城市客车。同年8月,公司成立研发团队,由车身科科长陆剑峰任项目负责人,姜杰峰负责整车总布置,汪桂金和张明华、姜明金、邹彦和刘明伟、纪超等工程师分别负责底盘、电器、车身和转向系统等设计。该车采用国内领先水平的上柴股份SC8DT250Q4天然气发动机,排放达到欧Ⅳ以上;配备高压燃料供给系统、双级减压阀、高低压多道燃料滤清系统和泄漏报警系统;采用顶置和底置气瓶安装结构、加强型冷却系统设计、发动机舱通风散热系统;采用粘—焊顶蒙皮新工艺和聚氨酯发泡等吸音隔热材料,匀速行驶车内噪声低于72分贝。该车获得2项国家专利。

2000—2015年,上海申沃客车累计生产压缩天然气客车(含CKD底盘)5 775辆,行驶于上海、宁波、临沂、青岛、太原、石家庄、成都、无锡、武汉、唐山、孝感、大连、慈溪、宜宾等的公交线路。

图10-5-1至4　申沃纯电动客车、申沃混合动力客车、超级电容客车、燃料电池客车

表 10‑5‑4　1999—2015 年申沃新能源和节能客车研发产销情况表

车名	承担课题／起止时间	研发单位	排放标准	产业化／运行情况	获奖/地位/专利	至 2015 年销量（辆）
二甲醚客车	国家科技部清洁汽车行动计划 2003 年 3 月—2005 年 5 月	上海申沃、上海交大、上柴股份、上海焦化	欧Ⅲ	样车	我国第一辆具有自主知识产权的二甲醚城市客车	10
	上海市二甲醚发动机产业化关键技术研究项目 2006 年 1 月—2006 年 12 月	上海申沃、上海交大、上柴股份、上海华谊	欧Ⅲ	上海 147 路公交线路示范运营	唯一列入国家《汽车生产企业及汽车产品公告》的二甲醚汽车	
燃料电池客车	国家 863 燃料电池客车项目 2006 年 1 月—2010 年 1 月	上海申沃、上燃动力	零排放	上海世博会 VIP 接待用车	—	6
	联合国 UNDP 燃料电池客车项目 2009 年—2010 年 3 月	上海申沃、上汽工程院	零排放	样车	—	—
混合动力客车	上海世博会指定用车 2009 年 2 月—2010 年 3 月	上汽商用车技术中心、上海申沃	欧Ⅳ	上海世博会期间上海 11 条公交线路运营	国家专利 9 项	150
	增程式混合动力订单 2012—2014 年	上海申沃	欧Ⅴ	上海公交线路运营	—	214
	油电混合动力订单 2011—2015 年	上海申沃	欧Ⅳ、欧Ⅴ	上海、南京、扬州、唐山、成都等公交线路运营	—	1 321
纯电动客车	上海世博会指定用车 2008 年 1 月—2009 年 10 月	上汽商用车技术中心、上海申沃	纯电动	上海世博会期间在世博园区运营	上海管理创新奖国家专利 5 项	120
	纯电动公交订单 2011—2015 年	上海申沃	纯电动	上海、南京、唐山、青岛、天津、广东、山西、山东、杭州等公交线路运营		1 884
	纯电动班车订单 2014—2015 年	上海申沃	纯电动	上海运营		214
超级电容客车	市科委"电容蓄能变频驱动电车研制与应用"课题 2003 年 2 月—2004 年 10 月	上海申沃	纯电动	上海 11 路公交线路运营		17
	市科委"超级电容器公交车规模化推广应用研究"课题 2007 年 6 月—2008 年	上海申沃、上汽商用车技术中心	纯电动	上海世博会期间 61 辆车在世博园区运营	世界客车联盟 2008 年度最佳环保巴士奖，国家专利 1 项	61

〔续表〕

车名	承担课题/ 起止时间	研发单位	排放标准	产业化/ 运行情况	获奖/地位/ 专利	至2015 年销 量(辆)
压缩天 然气客 车	市政府利用"西气东输"开发新一代压缩天然气公交客车项目 1999年4月—2000年	上海客车 上海申沃	欧Ⅱ	上海49路公交线路运营	国内先进,2000年上海市科学技术进步奖二等奖,上海市优秀新产品奖三等奖	
	新一代 SWB6115Q2-3型压缩天然气单燃料城市客车研制 2002年3月—2002年9月	上海申沃	欧Ⅱ	上海成都公交线路运营	代表当时国内CNG压缩天然气单燃料城市客车的最高水平	
	新一代 SWB6107Q6型压缩天然气单燃料城市客车 2009年	上海申沃	欧Ⅲ	销往宁波、青岛临沂公交市场	2项国家专利	
	压缩天然气客车(含CKD底盘) 2011—2015年	上海申沃	欧Ⅲ～欧Ⅴ	销往上海、宁波、青岛、湖南、太原、石家庄、成都、无锡、武汉、唐山、孝感、大连、慈溪、宜宾等公交市场	—	

资料来源:上海申沃客车有限公司

四、上汽大众新能源与节能汽车研制

【研发机构】

2005年9月,上汽股份、德国大众和上海大众汽车在德国狼堡签署《关于支持上汽大众电动车开发的联合声明》,确定上海大众汽车自主研发一款自主品牌电动车并形成生产能力。2010年9月,上海大众汽车技术中心组建新能源/电动车科,主要承担电池系统开发,以及动力系统集成和整车控制系统研发试验。公司投资1 000万欧元,建成占地面积1 300平方米,拥有试验准备区、台架测试区和车辆充电区的新能源试验室,形成电池单体/模组、电池系统、电机、控制器和充电器试验能力。

2015年,发动机变速箱科负责新能源车驱动系统和整车控制器开发,电器科负责电池系统、充电及高压安全,新能源/电动科负责整车系统集成,人员从成立之初的9人发展到58人,

图 10‑5‑5 上汽大众领驭燃料电池轿车

【桑塔纳/帕萨特燃料电池轿车研制】

2003年1月,上海大众汽车与上燃动力合

作参与国家 863 计划,推出以桑塔纳 2000 型轿车为基本车型的中国第一辆燃料电池轿车样车"超越一号",并亮相第五届上海国际工业博览会获得创新奖。公司产品工程部长张觉慧为"超越一号"项目研制负责人,产品工程部股长童玪和连志斌,设计员汤尚水、季建军和徐海东为主要参与者。2005—2006年,上海大众汽车与上燃动力合作,以帕萨特领驭为基本车型相继研制推出"超越二号"和"超越三号"。

2007 年 8 月—2008 年 4 月,研制成功基于帕萨特领驭车型的新一代燃料电池轿车动力系统技术平台。公司产品工程部项目经理童玪为项目负责人,产品工程部股长连志斌、张宇光和刘慧华,设计员汤尚水、李俊、金刚、汤迎春、季建军为主要参与者。该车采用不同功率等级的质子交换膜燃料电池和不同容量储氢罐的能源技术,持续行驶里程远,燃料消耗少,中国城市工况氢气燃料消耗率小于 1.2 千克/百公里,0～100 公里加速时间小于 15 秒,续驶里程大于 300 公里。2008 年,20 辆帕萨特领驭燃料电池轿车为北京奥运会提供交通服务。2009 年,该批车辆中的 16 辆参加在美国加利福尼亚州举行的燃料电池联盟示范运行项目。2010 年,该批车辆经改型后成为上海世博会服务用车。

2014 年,上海大众汽车完成天越燃料电池增程式电动汽车的研发,以增加电动汽车续驶里程,探索小型燃料电池作为增程器的可行性。公司产品工程部项目经理童玪为项目负责人,产品工程部股长何荣国,设计员严薇娜、李科迪、李超、戴俊阳为主要参与者。该车采用 10 千瓦燃料电池系统及 1.6 千克可用储氢量实现电动汽车续驶里程的增程。最高车速大于 130 公里/小时,百公里加速时间小于 12 秒,纯电续驶里程大于 120 公里,启用燃料电池增程器后,总续驶里程大于 250 公里。

【纯电动轿车研制】

2009 年 7 月—2010 年 4 月,上海大众汽车与德国大众联合开发朗逸纯电动轿车,并在 2010 年北京国际汽车展展示发布。该车研制负责人为公司科长王练和项目经理童玪,主要设计者包括股长何荣国和设计员周洋、徐晶、袁兼宗、汤尚水、于会涛、范大鹏、冀尔聪、李涛和张来云等。该车最初采用圆柱形锂离子电池,后改用磷酸铁锂材料的软包电池为动力电池,并将进一步采用成本较低、循环性能稳定、安全性能更好的三元材料方形电池为主要能源。

2010 年 8 月,上海大众汽车开始研发自主品牌"天越"纯电动轿车,自主完成电池包布置及壳体设计、电池控制系统研发和整车控制器开发,并实现驱动系统主要零部件国产化。该车研制负责人为科长王练和童玪,主要设计者包括股长孙承顺等 58 人。该纯电动轿车技术先进、性能可靠,最高车速大于 130 公里/小时,工况法续驶里程可达 120 公里以上,能量消耗率在 150～200 瓦时/公里。

2011 年 4 月,上海汽车、德国大众、上海大众汽车签署《关于支持上汽大众电动车开发的联合声明》,决定全力开发一款自主品牌电动车。2012 年开始,该公司同步开展插电式混合动力车型的研究。

表 10‐5‐5　2005—2015 年上汽大众纯电动轿车一览表

车　名	研发起止时间	百公里折合油耗(升)	续航(公里)	最高时速(公里/小时)	0～100 公里加速时间(秒)
朗逸纯电动轿车	2009 年 7 月—2010 年 4 月	0	150	135	11.8
天越纯电动轿车	2010 年 8 月—2011 年 6 月	0	120	135	8.7
POLO 纯电动轿车	2011 年 3 月—2011 年 10 月	0	118	135	10.8

〔续表〕

车　名	研发起止时间	百公里折合油耗(升)	续航(公里)	最高时速(公里/小时)	0～100公里加速时间(秒)
A-Entry 纯电动轿车	2012 年 3 月—2012 年 10 月	0	96	132	13.9
天越燃料电池增程式电动轿车	2013 年 9 月—2014 年 11 月	0	纯电：120 总里程：250	130	12

资料来源：上汽大众汽车有限公司

五、上汽通用、泛亚技术中心新能源与节能汽车研制

【凤凰燃料电池概念车研制】

2000 年 4 月,泛亚汽车技术中心有限公司(简称泛亚技术中心)立项研发凤凰燃料电池概念车,由该中心执行副总经理张振华负责,研发人员方健、丁美玲等参与,聘请上海交通大学卓斌等 5 位教授共同研制。2001 年 10 月,研制工作完成。该概念车是中国第一辆使用氢气和电力为能源的可驾驶的燃料电池轿车,最高时速 113 公里,百公里加速 13.5 秒。

图 10-5-6　别克君威油电混合动力轿车

图 10-5-7　别克赛欧纯电动轿车

【别克君越混合动力轿车研制】

2006 年 5 月,上海通用汽车董事会批准别克君越混合动力轿车项目,确定整车平台部总监崔卫国、泛亚技术中心总工程师汪熊熊为项目试制组负责人并担任主要设计者;上海通用汽车负责项目工程开发,泛亚技术中心负责技术研发并主导车辆电气架构和控制策略的开发。

2005 年 6 月,君越混合动力项目启动;10 月,研制示范样车。2007 年 10 月,测试整车及相关零部件,完成 17 辆 OTS(工装样品认可)车物料准备及样车制造;12 月,完成所有工程验证试验包括耐久试验、海南夏季试验和黑河冬季试验。2008 年 4 月,完成预生产车制造及试乘试驾;6 月,第一代君越 BAS 混合动力轿车批产上市。该车以别克君越轿车为平台,集成北美 GMT384 混合动力系统,采用带式发电机-起动机 BAS 技术,技术性能较为先进。2008 年 7 月开始,研发团队进入 36V 混合动力轿车电池国产化开发及准备工作。2009 年 1 月,开始装车验证和电池系统试验工作;4 月开始整车级耐久性试验及夏季高温实验;6 月完成 36V 混合动力轿车电池全部开发试验。

2008 年,上海通用汽车生产君越混合动力轿

车1104辆、销售564辆;2009年,生产296辆、销售832辆。2010年5—10月,350辆别克君越油电混合动力轿车在上海世博会成功运行,成为世博会唯一一款混合动力出租车。至2010年,上海通用汽车累计生产别克君越油电混合动力轿车1400辆,销售1398辆。

【凯迪拉克混合动力轿车研制】

2007年,上海通用汽车引进美国通用汽车原装凯迪拉克凯雷德混合动力轿车,当年销售334辆,2009年销售341辆,2010年生产销售凯迪拉克混合动力轿车1150辆。至2010年,累计销售1825辆。

此外,2010年8月,上海通用汽车Omega平台立项,作为美国通用汽车全球最新构架和最新技术的后驱平台,开发凯迪拉克新一代旗舰混合动力车型,即中型豪华XT5油电混合动力轿车、CT6PHEV插电式混合动力轿车两个车型。该车将于2016年批产上市。

【赛欧纯电动轿车研制】

2010年,赛欧SPRINGO纯电动轿车开始研发,核心研发人员包括整车项目平台总监钟毅、工程总工程师仇杰、通用北美项目主管Wen Chiu (ISP)等。赛欧SPRINGO纯电动轿车于2012年年底投入市场,该车在综合工况下续航里程超过130公里,60公里/小时等速工况的续航里程则可达200公里。该车提供两种不同的充电方式,使用壁挂式充电器和普通家用插座都可为车充电,在220伏电压下最快7小时可充满。同时还有即插即充、延时充电、差时电价延时充电3种充电模式可选择。

表10-5-6　2005—2015年上汽通用纯电动、混合动力轿车一览表

车　　名	研发起止时间	百公里折合油耗(升)	续航(公里)	最高时速(公里/小时)	0～100公里加速时间(秒)
君越混合动力轿车	2005年6月—2008年6月	7.2	80(EV电动)1 043	240	9.1
凯迪拉克混合动力轿车	2010年8月—2016年8月	1.7	80(EV电动)935	240	5.4
Springo纯电动轿车	2010年12月—2012年12月	0	(EV电动)130	240	10.4

资料来源:上汽通用汽车有限公司

六、南汽专用车新能源专用车研制

根据上海市政府和上海世博会组委会要求,南京南汽专用车有限公司(简称南汽专用车)承担向上海世博会提供燃料电池观光车和纯电动场馆车研发生产任务。为此,南汽专用车编制上报《上海世博会新能源场馆车观光车市场调研和可行性研究报告》。2009年3月,该报告经上汽集团总裁专题会审议通过后项目正式立项实施。

2009年3月,南汽专用车召开上海世博会新能源项目启动大会,宣布成立项目领导小组和推进小组,公司总经理施轶才任领导小组组长。同年4月完成首辆新能源原理样车试制开始路试;6月完成造型设计、总布置设计及3款车工程设计;7月完成车身CNC模型制作并通过上海世博局评审;8月,车辆通过高温高湿环境可靠性试验,10月完成3种车型工装样车试制;11月,2辆纯电动

场馆车和 1 辆燃料电池观光车首度亮相上海国际工业博览会;12 月完成工装模具和在线检测设备安装调试。2010 年 1 月开始批量生产;4 月完成 240 辆新能源车生产。同年 5 月,上海世博局向南汽专用车紧急追加 130 辆纯电动观光车购车计划,并要求在 6 月 20 日前完成车辆交付。该公司紧急部署实施并提前 10 天完成追加任务交付上海世博会运营,得到上海市世博局和巴士集团的充分肯定。至此,南汽专用车向上海世博会提交的新能源汽车共计 370 辆,包括 100 辆燃料电池观光车和 270 辆纯电动场馆车。

该纯电动场馆车有 4 座和 8 座两种,其中 4 座车搭载输入电压 DC48V 的进口交流控制系统及电机,采用胶体阀控电池;8 座车采用 DC72V 输入的进口交流控制及电机系统,储能装置为磷酸铁锂电池组。燃料电池观光车为 11 座 1 种,搭载国产先进的氢燃料电池反应堆,电机配置方式分为集中电机和轮毂电机 2 种。2 种观光车均搭载 GPS 定位装置。该项目获得 2 项国家专利。作为上海世博园区内唯一的观光运营车,南汽专用车 370 辆纯电动观光车和燃料电池观光车从 2010 年 4—10 月总计运行 7 个月,出车 4.8 万车次,累计运行里程 235 万公里,接待游客 470 万人次,圆满完成安全运营任务。该项目获上海世博会科技领导小组颁发的世博科技先进集体称号。

第三节　新能源与节能汽车运行参赛

一、上汽新能源与节能汽车北京奥运会运行

为体现 2008 年北京奥运会"绿色奥运"理念,科技部和北京市政府通过招标集中 500 多辆纯电动、混合动力和燃料电池等新能源汽车承担奥运会部分运输任务,上汽集团、同济大学、上燃动力和上海大众汽车研制的 PASSAT 领驭燃料电池轿车在竞标中获胜,成为北京奥运会服务专车。

2008 年 7 月,20 辆 PASSAT 领驭燃料电池轿车在同济大学嘉定校区整装发送北京奥运会。全国政协副主席、科技部部长万钢和上海市领导,上汽集团董事长胡茂元等出席发车仪式。车辆运至北京后,北京奥运新能源汽车示范运行交车仪式在北京奥体中心举行,中共中央政治局委员、北京市委书记刘淇、万钢等出席交车仪式。根据有关协议,20 辆燃料电池轿车中 10 辆作为出租车,提供给北京市运输局奥运交通保障团队使用;10 辆提供给国家 863 项目办公室,作为商务车供宣传展示使用。同年 8 月,10 辆 PASSAT 领驭燃料电池轿车全程为北京马拉松男子比赛提供服务。北京奥运会期间,北京运输局奥运交通保障团队每天使用 PASSAT 领驭燃料电池轿车在 8 个主要比赛场馆为贵宾、媒体记者和奥组委官员等提供服务,部分车辆还作为科技部公务用车、德国大众动静态展示车及媒体试乘活动车辆。

为确保车辆顺利运行,上海大众汽车建立 PASSAT 领驭燃料电池轿车运行、调度、维护及保养一体化示范运行基地和示范运行小组,严格执行运行保障机制。上汽集团北京奥运新能源汽车项目受到组委会表彰,上海大众汽车荣获北京奥运会先进集体称号。

二、上汽新能源与节能汽车上海世博会运行

2010 年,上海成功举办 2010 年上海世博会。同年 5 月 1 日—10 月 31 日,上海世博会园区累计接待参观者 7 308.4 万人次,平均每天 39.7 万人次;1 538 辆 10 多种技术路线、20 多款新能源汽车共计载客超过 2 亿人次,运行里程超过 2 000 万公里,创造世界新能源汽车规模最大、品种最多、

水平最高、运行最集中、频次最强的示范运行,其中上汽集团提供的 1 125 辆新能源汽车经受暴雨、台风、高温等严酷天气考验,总载客 1.2 亿人次,车辆安全平稳行驶 2 900 万公里,圆满完成上海世博示范运营任务,受到高度评价。

上汽集团千余辆新能源汽车中,上海申沃客车 61 辆超级电容客车共出车 8 672 次,行驶 102.8 万公里,载客 3 125 万人次;120 辆纯电动客车共出车 2.2 万次,行驶 400 万公里,载客 8 761 万人次;6 辆燃料电池客车 VIP 接待 45 次,共行驶 2.6 万公里,载客 10.6 万人次;150 辆混合动力客车在世博会园区外运营,共行驶 400 万公里,累计接送游客 300 万人。南汽专用车 100 辆燃料电池观光车共出车 1.13 万次,行驶 55.29 万公里,载客 171.9 万人次;130 纯电动观光车,共出车 1.62 万次,行驶 123.35 万公里,载客 234.49 万人次;140 辆纯电动场馆车作为工作用车由世博行政中心调度使用,共行驶 54.53 万公里。上汽集团其他整车企业 68 辆燃料电池轿车,包括 30 辆上海牌、10 辆别克君越混合动力轿车、4 辆 863 计划"超越系列"和 24 辆北京奥运使用的 PASSAT 领驭燃料电池轿车,分别在济阳路基地和嘉定基地作为 VIP 接待和开道车,共行驶 32.96 万公里,接待来宾 5 347 人次。由上海通用汽车生产的 350 辆君越混合动力出租车共行驶 1750 万公里。

据统计,上海世博会期间,上汽提供的 1 125 辆新能源汽车共节约燃油 2 811 吨,减排二氧化碳 8 854 吨,减排有害排放物 285 吨。其中园区内新能源汽车节约燃油 2 143 吨,减排二氧化碳 6 752 吨,减排有害排放物 217 吨,实现了上海世博会园区交通"零排放,周围低排放"的绿色目标。

2010 年 12 月 26 日,中共中央组织部、中央创先争优活动领导小组命名表彰上海世博会创先争优先进基层党组织和上海世博会创先争优优秀共产党员。上海申沃客车总经理张立春获上海世博会创先争优优秀共产党员称号。次日,中国 2010 年上海世博会总结表彰会在北京隆重举行,上海申沃客车世博新能源车运营服务保障团队获中共中央、国务院授予的上海世博会先进集体称号。此后,在科技部、上海市政府联合召开的世博科技总结表彰大会上,上海申沃客车新能源车运营服务保障团队获世博科技先进集体称号,上海申沃客车总工程师马宝富和研发人员阚卫峰获世博科技先进个人称号。

三、上汽新能源与节能汽车上海公交示范运行

为提升新能源汽车在公交车辆中的比例,降低城市公交汽车尾气排放,从 2006 年起,上海公交行业在公交车辆更新换代过程中逐渐采用节能环保型公交客车,并在上海巴士公司公交路线试运营。至 2010 年,上海申沃客车二甲醚客车、混合动力客车、纯电动客车以及压缩天然气客车等一批新能源汽车共计 400 余辆行驶在上海公交各条线路上,占上海公交车辆总数的 5% 左右。

表 10‑5‑7　2006—2010 年申沃新能源和节能客车上海公交线路运行情况表

序　号	运 行 线 路	运行起止时间	新能源汽车名称	运行车辆数 (辆)	运驶里程 (万公里)
1	147 路	2006 年 12 月— 2007 年 5 月	申沃二甲醚客车	10	30 多
2	147 路	2010 年 1 月— 2010 年 5 月	申沃 SWB6116DME 二甲醚客车	10	39.8

〔续表〕

序　号	运 行 线 路	运行起止时间	新能源汽车名称	运行车辆数（辆）	运驶里程（万公里）
3	11路	2006年8月—2010年12月	申沃 SWB6121SC 系列超级电容客车	17	50多
4	上海11条公交线路	2010年4月—2010年10月	申沃混合动力客车	150	490
5	市区8条公交线路	2000年8月—2010年12月	申沃压缩天然气客车	240	500

资料来源：上海申沃客车有限公司

四、上汽新能源汽车嘉定试乘试驾

2008—2010年，上汽乘用车分公司生产的荣威350纯电动车、上海牌燃料电池车、荣威750混合动力车率先在嘉定为用户提供试乘试驾及静态展示等服务。2010年12月，作为首批"中国（上海）电动汽车国际示范城市伙伴组织"成员之一的上汽集团与上海国际汽车城（集团）有限公司签署战略合作协议，确定双方在新能源车示范推广领域的合作框架。根据《上海国际汽车城与上汽集团关于新能源汽车示范项目谅解备忘录》，上汽集团优先提供旗下已有的新能源汽车（包括工程样车）及将来研发的新车型，参与中国（上海）电动汽车试乘试驾中心的试驾试乘及展示活动；提供车队配合电动汽车国际示范城市进行指定用户上路示范，并提供车辆维护维修等服务。同时，电动汽车国际示范城市将与上汽合作，进行新能源汽车示范运行数据收集与研究，并共享成果，共同推动新能源汽车产业发展。此后，国家科技部正式批准上海为电动汽车国际示范城市，上海市嘉定区成为电动汽车国际示范区。

五、2014年新能源汽车万里行活动

由上海市科委和上汽集团联合举办的"创新征程——2014年新能源汽车万里行"活动，2014年8月在西藏拉萨开始首站活动。9月3日，该活动在上海汽车博物馆揭开大幕。此次活动的巡游车队由7辆上汽集团自主研发制造的新能源汽车组成，包括荣威550 PLUG-IN插电混力轿车、荣威E50纯电动轿车和荣威750燃料电池轿车。

该活动分南、北两线展开，计划行程超过1万公里。北线从西藏预热，途经南京、青岛、大连、唐山，于北京收官；南线途经杭州、南昌、厦门、深圳、佛山、昆明，于成都收官。整个活动历时3个月，途经全国14个省、市、自治区的25座城市，穿越平原、登顶高原、越过山地、驰骋海滨，挑战沿海潮湿、高原极寒、南方湿热、北方干燥的气候环境，经受住0～3 850米海拔变化，8℃～35℃环境温度变化及多种复杂路况的考验，充分检验荣威新能源汽车在多种气候、路况、海拔等自然环境下的适应性，以及零部件性能和技术指标。

巡游车队在途经城市举办一系列新能源汽车推广活动，以城区、标志景点巡游为主，配合新能源技术的核心成果、前瞻技术和实体整车的现场展示、现场试乘试驾，向消费者介绍新能源汽车战略、当地新能源汽车推广计划和绿色出行生活方式等相关信息，促进了新能源汽车的推广普及。

六、必比登世界挑战赛夺冠

2011年,上海牌Plug-in燃料电池轿车、上海牌燃料电池轿车和荣威350电动汽车参加在德国柏林举行的第十一届必比登挑战赛,取得6A的优异成绩,并在燃料电池汽车组拉力赛中位列总分第3,仅次于丰田和奥迪。

2014年11月,第十二届世界必比登挑战赛在中国成都举行,在该赛事的拉力赛和性能测试中,上汽集团新能源车队的荣威E50纯电动车、荣威550plug-in混合动力轿车和荣威750燃料电池车操控、动力、加速、制动、经济性各方面性能均表现优异,在纯电动组、混合动力组、燃料电池组中分获小组第1,创造了必比登世界挑战赛开赛以来包揽3个小组第1的纪录。其中荣威E50在竞争最为激烈的电动车组别拉力赛中以绕桩12s和最早完成拉力赛路段的好成绩战胜戴姆勒、宝马等国际品牌;荣威550 plug in混合动力轿车以总耗油量4.15升、总耗电量9.45度的最低能耗完成178公里的路段,在混合动力组别拉力赛中名列第1;荣威750燃料电池车以稳定的性能和强劲的动力成为燃料电池组冠军。

第六章 产学研合作、技术进步奖项

20 世纪 80 年代开始,上汽与清华大学、上海交通大学、同济大学等 10 多所知名高等院校和科研院所建立产学研合作关系,推动技术进步和技术创新。1993 年和 1996 年,上汽先后发起成立上海汽车工业教育基金会和上海汽车工业科技发展基金会,成为公司重要的产学研合作平台。

第一节 上海汽车工业科技发展基金会

一、基金会成立

1995 年 10 月,中共上海市委副书记、市长徐匡迪在会见上海汽车工业集团总公司(简称上汽集团)总裁陈祥麟时倡导成立上海汽车工业科技发展基金会。而后,徐匡迪召集上汽集团和上海交通大学、复旦大学、同济大学等高校领导商议筹备事宜。徐匡迪指出:上海汽车工业发展必须充分利用上海地区大学多的有利条件,实行产学研结合,走具有上海特色的汽车技术创新之路。

此后经过筹备,1996 年 2 月 14 日,上海首家以产学研为载体、校企合作为纽带的新型科技基金会上海汽车工业科技发展基金会(简称上汽科技基金会或基金会)在上海汽车工业培训中心举行成立大会,徐匡迪出席大会并讲话,上海市科学技术委员会主任华裕达、上海市教育委员会主任郑令德、上海市经济委员会总工程师翁征洋、中国人民银行上海市分行副行长王华庆、上海交通大学校长翁史烈、复旦大学副校长方林虎、同济大学校长吴启迪、华东理工大学校长王行愚、上海大学常务副校长方明伦、上海外国语大学副校长谭晶华以及上汽集团总裁陈祥麟、党委书记林树楠、副总裁叶平和胡茂元、副总裁兼上海大众汽车有限公司总经理洪积明等出席。大会确定复旦大学、上海交通大学、同济大学、上海大学、华东理工大学、上海外国语大学 6 所高校以及上海市科学技术委员会、上海市经济委员会、上海市计划委员会、上海市教育委员会和上汽集团等单位为基金会理事单位。首届理事会成立当日召开首次会议,聘请徐匡迪为名誉理事长,选举陈祥麟为理事长、叶平为副理事长,确定上汽集团技术部经理张振华为秘书长。理事会通过《上海汽车工业科技发展基金会章程》和《上海汽车工业科技发展基金管理实施细则》,并设立由 14 位专家组成的基金会专家委员会。

上汽科技基金会办公地点最初位于上海市西康路 252 号的上海汽车工业培训中心,2004 年迁址上海市威海路 489 号上海汽车工业大厦。

二、基金会运作

《上海汽车工业科技发展基金会章程》规定基金会属于非公募基金会,主要从事公益性、非营利性活动。规定基金会主要任务包括上汽集团提出课题性技术应用项目,由专家委员会组织通过招投标形式进行的委托任务,成果经专家委员会评审,通过后正式提交上汽集团使用并拥有其知识产权的项目;利用高校及研究所现有设施,为上汽集团技术服务或合作进行测试、试验、研究和评价等;在汽车开发、制造和售后服务等领域推广应用高新科技产品或技术;培养上汽急需的学科带头人、高水平专业人才、高层次管理人员和高学位各类人才。规定基金会设立理事会和秘书处,理事会任期5年。基金会设立13~17人组成的专家委员会,专家委员会下设新产品开发、制造工艺与装备、高新技术运用、检测技术、教育培训等专业组,开展课题招标和成果评审等工作。

上汽科技基金会成立时,上汽集团出资6 000万元作为首批启动资金。徐匡迪对基金会工作作出指示,要求上海市轿车领导小组办公室提供资金,支持基金会产学研合作。之后在2000年基金会一届五次理事会上,上海市轿车领导小组办公室一次性核拨300万元,累计核拨资金达到1 000万元。至2010年,上汽科技基金会先后于2002年2月、2006年8月和2009年9月,进行第二届、第三届和第四届理事会换届,合计运作四届。其中徐匡迪于1996—2000年间参加三次理事会会议,上海市副市长蒋以任参加2000年一届五次理事会会议。

基金会成立后,将共建产学研基地作为主要运作事项。1997年和1998年,上汽集团先后投资4 000余万元与8所高校和一所科研所共建了17个工程研究中心,包括与上海交通大学共建的模具、铸造、空调、发动机和CIMS 5个工程中心,与同济大学共建的整车、风洞、噪声和造型4个工程中心,与复旦大学共建的汽车照明工程中心,与上海大学共建的金属材料工程中心,与华东理工大学共建的非金属材料工程中心,与上海外国语大学共建的语言工程中心,与清华大学共建的汽车安全和电子联合工程中心,与吉林工大共建的汽车传动和动态模拟2个工程中心,与上海冶金研究所(该所后更名为上海微系统与信息技术研究所)共建的上海汽车电子工程中心。2009年,基金会开通网站,用于申报课题和下载文件等日常管理。至2015年,基金会共创建17个产学研基地。

表10-6-1 1996—2015年上汽科技发展基金会历任理事会负责人一览表

基金会届次/起止时间	基金会职务	姓 名	基金会任职起止时间	职 务
第一届 1996年2月—2002年2月	名誉会长	徐匡迪	1996年2月—2002年2月	中共上海市委副书记 上海市市长
	理事长	陈祥麟	1996年2月—2002年2月	上汽集团董事长
	常务副理事长	叶 平	1996年2月—1998年8月	上汽集团副总裁
		陈因达	1996年2月—2002年2月	上汽集团副总裁
	秘书长	张振华	1996年2月—1997年	上汽集团技术部经理
		薛永纯	1998—1999年	上汽集团技术部副经理
		刘 匀	2000—2001年	上汽集团技术部经理
第二届 2002年2月—2005年10月	理事长	胡茂元	2002年2月—2005年	上汽集团总裁
	副理事长	陈因达	2002年2月—2005年	上汽集团副总裁
	秘书长	程惊雷	2002年2月—2005年	上汽技术质量部经理

〔续表〕

基金会届次/起止时间	基金会职务	姓　名	基金会任职起止时间	职　　务
第三届 2005年10月—2009年9月	理事长	胡茂元	2006—2010年	上汽集团董事长
	副理事长	陈因达	2006—2007年11月	上汽集团副总裁
		汪大总	2006年4月—2008年	上海汽车副总裁
	秘书长	程惊雷	2006—2010年	上汽股份副总工程师
第四届 2009年10月—2014年12月	理事长	胡茂元	2009年10月—2013年1月	上汽集团董事长
		陈虹	2013年1月—2014年12月	上汽集团董事长
	副理事长	陈志鑫	2009年10月—2014年12月	上海汽车副总裁
		陈因达	2009年10月—2014年1月	上海汽车副总裁
		肖国普	2014年1月—2014年12月	上汽集团副总裁
	秘书长	高卫民	2009年10月—2013年1月	上海汽车副总工程师
		干频	2013年1月—2014年12月	上汽新能源汽车事业部总经理
第五届 2014年12月—	理事长	陈志鑫	2014年12月—2015年5月	上汽集团总裁
		张程	2015年5月—	上汽技术管理部总监
	副理事长	程惊雷	2014年12月—2015年5月	上汽集团总工程师
	秘书长	张程	2014年12月—2015年5月	上汽技术管理部总监

资料来源：上海汽车工业科技发展基金会

三、基金会成果

上汽科技基金会运作成效明显。至2005年，累计开展产学研课题研究500余项，完成400余项，研究项目中累计获得国家级和省市部科技进步奖20项，其中国家级2项、部级6项、上海市级12项。其中，上海大众汽车有限公司、上海通用汽车有限公司与上海交通大学分别合作研究的轿车车身2毫米工程项目，使车身质量达到世界先进水平；上海离合器总厂与吉林工业大学、上海交通大学合作研制成功上海通用汽车别克轿车液力变矩器项目，分别获得国家科技进步二等奖。

1996—2010 年,该基金会资助并通过验收的产学研课题达 262 项,累计资助金 4 537 万元;2011—2015 年,该基金会资助并通过验收的产学研课题达 72 项,累计资助金 2 230.5 万元;参与合作的企业共计 80 余家,高校和科研院所共计 20 余所,参与研究的专家学者达到 500 余人次,发挥了培养汽车技术人才、推动汽车技术创新的积极作用。

表 10 - 6 - 2　1999—2010 年上汽科技基金会研究项目获国家级·部市级科技进步奖一览表

奖 项	年份/等级	项目名称	承 担 单 位				
			单位名称	参 与 人 员			
国家级科技进步奖	2001 年二等奖	液力变矩器焊接关键装备及其相关技术	上海交大 上海离合器	赵永彬 金 鑫 林 涛	吴毅雄 高春明 姚立旺	石忠贤 楼松年	马 静 李铸国
	2002 年二等奖	轿车车身制造质量控制技术	上海大众汽车 上海通用汽车	黄继荣 彭少云	王 浩 腾炳良	史 济	祝俊皓
部级科技进步奖	2007 年三等奖	桑塔纳轿车变速箱倒档结构创新	上海汽齿	吴楚森 杨黎强	王永康	王惠忠	严顺康
	2007 年三等奖	自主开发自动测试平台	延锋伟世通	周 静 张益平	杨建军	戴 静	王 彬
	2008 年三等奖	智能化前方照明调光系统(AF5)关键技术	上海小糸车灯	朱明华 蒋旻昊	敖锦龙	沈 磊	蒋 淳
	2008 年三等奖	汽车仪表板搪塑自动化生产线开发	延锋伟世通	王黎清 蔡 晟	何强华	沈 敏	刘维斌
	2010 年三等奖	PQ35 空调模块、散热器、中冷器研制	上海贝洱热系统	许维华 伍德虎	石 娟	张晓明	夏 雅
市级科技进步奖	1999 年三等奖	桑车变速器输入毛坯冷挤压工艺	上海汽齿	杨歧华 林苗兴	庄建华 林德辰	唐奎兴 张海英	顾有章
	1999 年三等奖	桑车后制动毂铸件质量研究	上海汇众	顾焕玉 吕志军	戴宗林	鲍南江	潘振华
	1999 年三等奖	桑塔纳 2000 型后桥和前轮驱动总成国产化	上海汇众	陆雄华	金晓春	周九石	黄守兵
	2000 年一等奖	液力变矩器关键技术及装备	上海交大 上海离合器	吴毅雄 高春明 林 涛	石忠贤 楼松年 姚立旺	马 静 赵永彬	金 鑫 李铸国
	2000 年二等奖	桑车五档变速器装配线	上海汽齿	戴子华	陆毅仁	张雄斌	陶世宽
	2001 年一等奖	液力变矩器关键技术及装备	上海交大 上海离合器	吴毅雄 高春明 林 涛	石忠贤 楼松年 姚立旺	马 静 赵永彬	金 鑫 李铸国
	2001 年二等奖	上海帕萨特 B5 轿车灯具开发	上海小糸车灯	郭肇基 徐志强 蒋 淳	敖锦龙 李景泉 程玲玲	朱明华 赵 亮	范 奇 钱群鹿

〔续表〕

奖 项	年份/ 等级	项目名称	承 担 单 位	
			单位名称	参 与 人 员
市级科技 进步奖	2003年 三等奖	轿车密封件多工位加工关键技术研究及应用	申雅密封件	蔡增伟　王之骥　徐　建　关键民 杜正春
	2003年 三等奖	轴瓦壁厚自动测量分选机研究	上海菲特尔莫古 轴瓦	孙智义　张建雄　王石刚
	2004年 二等奖	采用全透明光滑曲面新技术的轿车外部灯	上海小糸车灯	冯　昱　华梁宏　许建荣　王家云 程玲玲　陶国永　马　强　施逢荣 郑迪亮
	2006年 二等奖	LED汽车灯具的自主开发	上海小糸车灯	朱明华　敖锦龙　沈　磊　蒋　淳 蒋旻昊
	2007年 三等奖	汽车用气体放电光源HID前照灯(含清洗器)开发与应用	上海小糸车灯	郭肇基　敖锦龙　朱明华　范　奇 徐志强　李景泉　赵　亮　钱群鹿 蒋　淳　程玲玲
	2008年 二等奖	轿车座椅骨架功能模块化柔性装配关键技术及研制	延锋江森座椅	谈士力
	2010年 三等奖	汽车发动机电子控制器平台ME780开发	联合汽车电子	陈贤章　郭晓璐　王振锁　丁　锋 潘　文　李　嫩　郚业猛　沈利芳 宋小武　楼国雄
	2010年 三等奖	SH78Z变速器总成开发	上汽变速器	杨春保　王惠中　方伟荣　葛　兵 徐　兵　田利红　李益南　唐忠荣 海　龙

资料来源：上海汽车科技基金会

第二节　上海汽车工业教育基金会

一、基金会成立

为培养汽车工业的经营管理和技术人才,1993年1月19日,经上海市人大常委会原副主任李家镐倡议,上海汽车工业总公司(简称上汽总公司)总裁陆吉安发起,上海发展汽车教育基金会(简称上汽教育基金会或基金会)在新虹桥俱乐部成立,该基金会是全国首家由企业捐资创办的教育基金会。李家镐担任首任名誉会长,陆吉安任会长,上汽总公司副总裁胡茂元、上汽总公司总裁助理兼干部部经理陆玉坤、上海汽车工业培训中心(简称上汽培训中心)主任沈家俊任副会长,沈家俊兼任秘书长。复旦大学、上海交通大学两校的管理学院,上海工程技术大学汽车工程院,以及上海财经大学、上汽培训中心5家单位为第一批理事和受助单位。基金会业务主管单位是上海市经委,2001年变更为上海市经济和信息化委员会。秘书处作为基金会常设办事机构,设在上海汽车工业培训中心虹口区同嘉路79号。2001年,该基金会更名为上海汽车工业教育基金会。

1997年2月、2000年4月、2004年5月、2010年1月、2015年4月,上海汽车工业教育基金会理事会先后换届为第二届、第三届、第四届、第五届、第六届理事会。

表 10 - 6 - 3　1993—2015 年上汽教育基金会历任理事会负责人一览表

基金会届次/ 起止时间	基金会职务	姓　名	基金会任职 起止时间	时任主要职务
第一届 1993 年 1 月— 1997 年 2 月	名誉会长	李家镐	1993 年 1 月— 1997 年 2 月	上海市人大原副主任
	会　长	陆吉安	1993 年 1 月— 1997 年 2 月	上汽总公司总裁
	副会长	胡茂元	1993 年 1 月— 1997 年 2 月	上汽总公司、上汽集团副总裁
		陆玉坤	1993 年 1 月— 1997 年 2 月	上汽总公司总裁协理兼干部部经理
		沈家俊	1993 年 1 月— 1997 年 2 月	上汽培训中心主任
		相光华	1995 年 9 月— 1997 年 2 月	上汽培训中心主任
	秘书长	沈家俊	1993 年 1 月— 1997 年 2 月	上汽培训中心主任
第二届 1997 年 2 月— 2000 年 4 月	名誉会长	李家镐	1997 年 2 月— 1998 年 5 月	上海市人大原副主任
	会　长	陆吉安	1997 年 2 月— 2000 年 4 月	上汽总公司原总裁
	副会长	胡茂元	1997 年 2 月— 2000 年 4 月	上汽集团副总裁
		何向东	1997 年 2 月— 2000 年 4 月	上汽集团人事部经理
		诸葛镇	1997 年 2 月— 2000 年 4 月	上汽培训中心主任
	秘书长	沈家俊	1997 年 2 月— 2000 年 4 月	上汽培训中心主任
第三届 2000 年 4 月— 2004 年 5 月	会　长	胡茂元	2000 年 4 月— 2004 年 5 月	上汽集团总裁
	副会长	陈因达	2000 年 4 月— 2001 年 3 月	上汽集团副总裁
		沈建华	2000 年 4 月— 2004 年 5 月	上汽集团副总裁
		陈忠德	2000 年 4 月— 2004 年 5 月	上汽集团党委副书记
		朱根林	2000 年 4 月— 2004 年 5 月	上汽集团财务总监
		孟嗣宗	2000 年 4 月— 2004 年 5 月	上汽培训中心主任
	秘书长	诸葛镇	2000 年 4 月— 2004 年 5 月	上汽培训中心原主任

〔续表〕

基金会届次/起止时间	基金会职务	姓　名	基金会任职起止时间	时任主要职务
第四届 2004年5月— 2010年1月	理事长	沈建华	2004年5月— 2010年1月	上汽集团副总裁、总裁
	副理事长	陈忠德	2004年5月— 2005年4月	上汽集团党委副书记
		朱根林	2004年5月— 2005年4月	上汽集团财务总监
		陈因达	2005年4月— 2008年3月	上汽集团副总裁
		周郎辉	2005年4月— 2010年1月	上汽集团党委副书记、副总裁
		李积荣	2008年3月— 2010年1月	上汽集团副总裁
		孟嗣宗	2004年5月— 2007年3月	上汽培训中心原主任
		李乐平	2007年3月— 2010年1月	上汽培训中心主任、党委书记
	秘书长	孟嗣宗	2004年5月— 2010年1月	上汽培训中心原主任
第五届 2010年1月— 2015年4月	理事长	沈建华	2010年1月— 2014年3月	上汽集团总裁
		周郎辉	2014年3月— 2015年4月	上汽集团党委副书记、副总裁
	副理事长	周郎辉	2010年1月— 2014年3月	上汽集团党委副书记、副总裁
		李积荣	2010年1月— 2014年9月	上汽集团副总裁、工会主席
		钟立欣	2014年9月— 2015年4月	上汽集团工会主席
		李乐平	2010年1月— 2015年4月	上汽培训中心主任、党委书记
	秘书长	李乐平	2010年1月— 2015年4月	上汽培训中心主任、党委书记
第六届 2015年4月—	理事长	周郎辉	2015年4月—	上汽集团党委副书记、副总裁
	副理事长	钟立欣	2015年4月—	上汽集团工会主席
		李乐平	2015年4月—	上汽培训中心主任、党委书记
	秘书长	李乐平	2015年4月—	上汽培训中心主任、党委书记

资料来源：上海汽车工业教育基金会

二、基金会运作

1993年1月上汽教育基金会成立时通过的章程规定基金会宗旨是：资助奖励为建设有中国特色的社会主义和发展上海汽车工业，在经济管理、企业管理和汽车工业等学科作出贡献的教师。2000年，第三届理事会会议对基金会宗旨修改为：支持社会教育事业和汽车工业的发展，实现上海汽车工业的战略目标，并确定上海工程技术大学汽车工程学院设计的"双鱼环游"图案为基金会标志，寓意"产学合作，企校双赢"。理事会是基金会的决策机构，负责审定基金会的各项规章制度、资助奖励项目、年度工作计划、财务预决算以及其他重大事项，每年分别在年初和年末召开两次会议。秘书处负责基金会日常工作，并由上汽集团下属部分企业及部分高校相关部门负责人或专员组成联络员网络，每年召开2次会议，落实工作、交流信息。2000年，秘书处创办《基金会会讯》，2002年又创办上海教育基金会网站。

上汽教育基金会基金主要来自上汽和成员单位捐赠。1993年基金会成立之际，上汽总公司和上海市桑塔纳轿车国产化办公室各捐赠500万元。1994年，上海大众汽车有限公司、上海—易初摩托车有限公司、上海易初通用机器有限公司、上海纳铁福传动轴有限公司、上海小糸车灯有限公司、上海汽车齿轮总厂、上海实业交通电器有限公司和上海乾通汽车附件有限公司8家单位捐赠500万元。1997年，上汽集团又捐赠500万元。2003年，上汽集团第3次捐赠440万元，上海通用汽车有限公司、上海汇众汽车有限公司、延锋伟世通汽车饰件系统有限公司、上海汽车集团财务有限责任公司、上海上汽大众销售有限公司、申雅密封件有限公司、上海乾通汽车附件有限公司、上海实业交通电器有限公司、联合汽车电子有限公司等单位捐赠650万元。2010年，上海赛科利汽车模具技术应用有限公司、上海中国弹簧制造有限公司、上海拖拉机内燃机公司、华域汽车系统股份有限公司等单位捐资150万元。至此，基金会基金由500万元增加到3240万元，捐赠单位增加到21家。

教材奖励和教材编写是基金会运作和基金使用的主要内容。1993年11月，基金会成立专家评审委员会。2005年，又具体分为高校教材和企业培训教材两个专家评审委员会，由高校和上海市社科院知名专家学者及上汽总部和基层企业技术管理人员担任评委。至2010年，接受上汽教育基金会奖励、资助的高校和培训机构从最初5所发展到23所。分别是：上海交通大学管理学院和机械学院、复旦大学管理学院和经济学院、上海财经大学、上海工程技术大学汽车工程学院和管理学院、上汽培训中心、同济大学汽车学院和经管学院、东华大学机械工程学院、华东政法大学国际法学院、上海外国语大学国际经贸管理学院、中欧国际工商学院、清华大学汽车工程系和经济管理学院、吉林大学汽车工程学院和管理学院、上海理工大学机械工程学院、上海对外贸易学院国际经贸学院、上海大学、华东师范大学和华东理工大学。2001—2003年与上海交通大学出版社共同出版工业工程专业14本急用教材。

此外，基金会制定青年教师优惠政策，资助上海交通大学、同济大学等高校教师出国进修，资助上海交通大学和上海财经大学进口BPO资料并建立阅览室。1998年起，连续17年资助共青团上海市委组织的"挑战杯全国大学生科技创新活动"，以及上海市教委、市科委等组织的"上汽教育杯"大学生科技创新活动；从2000年开始，连续15年资助上海市老干部大学教学活动。

三、基金会成果

1994年1月，基金会成立一周年之际进行第一次颁奖，奖励教材4项，资助出版教材7项，资助研究课题 1 项,资助资金共 36 万元。至 2015 年,基金会共奖励高校优秀著作 489 项、优秀企业培训教材 511 项,累计奖励金额 313.32 万元。资助教材出版 406 项、课题及案例研 499 项、研究类招标课题 146 项、校企合作课题研究 28 项,培训办班、聘请外籍专家讲学 86 项,累计资助金额 2 452.54 万元。两项共计资助和奖励金额 2 765.86 万元。奖励项目中一等奖 8 项,二等奖 102 项,合计 110 项。参与课题研究和教材编写的高等院校领导和教师专家逾千人,其中有华东政法学院院长曹建明、中国工程院院士翁史烈、上海财经大学副校长储敏伟、上海财经大学副校长王红卫、上海社会科学院部门经济研究所袁恩桢等。

基金会服务上汽集团的改革和管理,配合开展重要课题研究和专著出版,主要有:1999 年编著《先行一步——桑塔纳轿车国产化案例》,2000 年编著《融合与创新——上汽特色管理等成果汇编》,2001 年举办"WTO 与上汽创新论坛",2002 年上海财经大学教授孙铮主持"上汽总公司改组为股份制企业集团"课题研究,同年,上海交通大学教授季建华主持"上汽集团一体化管理"课题研究,2003 年,上海交通大学教授宣国良主持的"上汽集团'走出去'全球经营战略"课题研究,同年举办"上汽汽车产业创新与发展论坛"等。

表 10‑6‑4　1993—2015 年上汽教育基金会一、二等奖一览表

总序号	年度序号	年度	获奖高校	奖励项目名称	作者	职务	获奖等级	奖励金额（元）
1	1	1993	上海财经大学	中国企业经营战略	程兆汾	教授	二等奖	1 万
2	2		上海财经大学	股份有限公司财务会计	孙　铮	副教授	二等奖	1 万
3	3		复旦管理学院	当代中国的若干经济政策及其理论	谢百三	教授	二等奖	1 万
4	1	1994	上海财经大学	中级财务会计	娄尔行	教授	一等奖	1.5 万
5	2		上海财经大学	中国会计与财务	汤云为	教授	二等奖	1 万
6	3		上海财经大学	产业组织学	夏大慰	教授	二等奖	1 万
7	4		上海财经大学	中国财政探索	丛树海	副教授	二等奖	1 万
8	5		复旦管理学院	中国企业兼并的理论与操作	芮明杰	教授	二等奖	1 万
9	6		复旦管理学院	企业组织与人事	包季鸣	副教授	二等奖	1 万
10	7		上海工技大汽车学院	汽车节能原理和实践	葛贤康	教授	二等奖	1 万
11	8		同济汽车学院	内燃机增压技术	宋守信	副教授	二等奖	1 万
12	9		上海交大管理学院	制造资源计划 MRP Ⅱ 原理与实践	张列平	教授	二等奖	1 万
13	1	1995	上海交大管理学院	社会主义市场经济系统分析——中国特色社会主义及其经济制度探索	李家镐	教授	一等奖	1.5 万
14	2		上海交大管理学院	国际商务谈判原则、方法艺术	张　祥	教授	二等奖	1 万
15	3		上海财经大学	会计学概论	张为国	教授	二等奖	1 万
16	4		上海财经大学	中日统计调查的比较研究	王惠玲	教授	二等奖	1 万

〔续表〕

总序号	年度序号	年度	获奖高校	奖励项目名称	作者	职务	获奖等级	奖励金额（元）
17	5		上海财经大学	外币业务会计	钱嘉福	教授	二等奖	1万
18	6		上海财经大学	中国工业化思想及发展战略研究	赵晓雷	副教授	二等奖	1万
19	7	1995	上海财经大学	中国货币需求分析——货币需求函数中规模变量问题研究	戴国强	副教授	二等奖	1万
20	8		上海工技大汽车学院	现代汽车文化	方集林	教授	二等奖	1万
21	1	1996	上海财经大学	产业政策论	夏大慰	教授	二等奖	1万
22	2		上海财经大学	价格宏观调控论	陈学彬	副教授	二等奖	1万
23	1		复旦管理学院	中国管理通鉴	苏东水	教授	一等奖	1.5万
24	2		上海财经大学	商业银行经营创新	戴国强	教授	二等奖	1万
25	3	1997	上海财经大学	涉外企业财务与会计	张 鸣	教授	二等奖	1万
26	4		同济汽车学院	汽车系统动力学	张洪欣	教授	二等奖	1万
27	5		同济汽车学院	高等动力学（新一版）	洪善桃	教授	二等奖	1万
28	1		上海财经大学	新中国经济思想史纲要（1949—1989）	谈 敏	教授	一等奖	1.5万
29	2		复旦管理学院	《管理前沿书》管理创新无国界经营产权重组、管理伦理	芮明杰 薛求知 胡建绩 苏 勇	教授 副教授 教授 副教授	二等奖	1.5万
30	3	1998	上海财经大学	西方产权理论评析——兼论中国企业改革	程恩富	教 授	二等奖	1万
31	4		同济汽车学院	产品设计与三维CAD系统	陈祝林	副教授	二等奖	1万
32	5		吉林工业大学	汽车轮胎学	庄继德	教授	二等奖	1万
33	6		清华大学	机械可靠性设计	刘惟信	教授	二等奖	1万
34	1		复旦管理学院	现代公司理论与运行	芮明杰	教授	二等奖	1万
35	2		复旦管理学院	民主管理	陆雄文	副教授	二等奖	1万
36	3		清华大学	制造业先进生产方式与管理模式	陈国权	副教授	二等奖	1万
37	4		上海财经大学	产业经济学教程	杨公朴	教授	二等奖	1万
38	5	1999	上海财经大学	保险学原理	许谨良	教授	二等奖	1万
39	6		上海财经大学	现代企业统计	董逢谷	教授	二等奖	1万
40	7		上海交大管理学院	城市土地经济学	黄桐城	副教授	二等奖	1万
41	8		华东政法学院	美国法律发达史	何勤华	教授	二等奖	1万
42	9		东华机械学院	立体织物与复合材料	道德锟	副教授	二等奖	1万

〔续表〕

总序号	年度序号	年度	获奖高校	奖励项目名称	作者	职务	获奖等级	奖励金额（元）
43	1	2000	同济汽车学院	现代汽车发动机电子控制	钱人一	教授	二等奖	1万
44	2		上海工技大汽车学院	现代汽车发动机构造	杨杰民	副教授	二等奖	1万
45	3		复旦管理学院	管理学——现代的观点	芮明杰	教授	二等奖	1万
46	4		上海外国语大学	现代国际营销策略	何建民	教授	二等奖	1万
47	5		上汽集团	先行一步	陆吉安	教授	二等奖	1万
48	6		上海财经大学	新中国经济理论史	赵晓雷	教授	二等奖	1万
49	7		上海交大管理学院	金融工程研究	吴冲锋	教授	二等奖	1万
50	8		复旦经济学院	中国价格改革的逻辑	李慧中	教授	二等奖	1万
51	1	2001	清华汽车系	汽车排气污染治理及催化转换器	王建昕	教授	二等奖	8 000
52	2		吉大汽车学院	汽车地面运输系统工程	庄继德	教授	二等奖	8 000
53	3		同济汽车学院	激光基准高精度测量技术	万德安	教授	二等奖	8 000
54	4		上海交大机械学院东华机械学院	数控机床（第三版）	吴祖育 秦鹏飞	教授 教授	二等奖	8 000
55	5		上海交大机械学院	现代机械工程图学	蒋寿伟	教授	二等奖	8 000
56	6		上海财经大学	企业战略管理——理论与方法	王玉	教授	二等奖	8 000
57	7		华东政法学院	世界贸易组织国际贸易纠纷案例评析	朱揽叶	教授	二等奖	8 000
58	8		上海交大管理学院	集团公司、控股公司领导体制研究	张晖明	教授	二等奖	5 000
59	1	2002	清华汽车系	汽车理论	余志生	教授	一等奖	1.2万
60	2		上海交大机械学院	工程热力学	沈维道	教授	二等奖	8 000
61	3		上汽集团	融合与创新	陆吉安	教授	二等奖	8 000
62	4		上海财经大学	统计学	徐国祥	教授	二等奖	8 000
63	5		华东政法学院	法律适用的和谐与归一——论法官的自由裁量权	井涛	教授	二等奖	8 000
64	6		上海交大管理学院	上汽集团价值链与国际汽车工业价值链的比较研究	陈俊芳	教授	二等奖	5 000
65	7		上汽培训中心	班组长管理技能培训课程建设	王映林	副教授	二等奖	5 000
66	1	2003	复旦管理学院	国有企业战略性改组	芮明杰	教授	二等奖	8 000
67	2		华东政法学院	法律思想与法律制度	王立民	教授	二等奖	8 000
68	3		复旦管理学院	注册会计师法律责任理论与实务	李若山	教授	二等奖	8 000
69	4		上海财经大学	常平仓：美国制度中的中国思想	李超民	教授	二等奖	8 000

〔续表〕

总序号	年度序号	年度	获奖高校	奖励项目名称	作者	职务	获奖等级	奖励金额（元）
70	5	2003	东华机械学院	人力资本会计在制造型企业中推广的可行性研究	陈瑞琪	教授	二等奖	5 000
71	6		上海交大管理学院	上汽集团"一体化管理"研究	季建华	教授	二等奖	5 000
72	7		上汽培训中心	上汽（虚拟）大学建设方案	孟嗣宗	教授	二等奖	5 000
73	8		上汽培训中心	上汽集团核心价值观全员意识培训课程	冯毓亭	教授	二等奖	5 000
74	1	2004	上海工技大汽车学院	现代汽车底盘构造	胡　宁	副教授	二等奖	8 000
75	2		上海工技大汽车学院	UGCAD 实用教程	赵　波	讲师	二等奖	8 000
76	3		上海财经大学	风险管理（第二版）	许谨良	教授	二等奖	8 000
77	4		复旦管理学院	行为经济学：理论与应用	薛求知	教授	二等奖	8 000
78	5		复旦管理学院	现代管理伦理学——理论与企业的实践	苏　勇	教授	二等奖	8 000
79	6		东华大学机械学院	上汽集团"用户满意工程体系"的内涵和相应制度的研究	陈瑞琪	教授	二等奖	5 000
80	7		上海交大管理学院	上汽集团"走出去"全球经营战略	宣国良	教授	二等奖	5 000
81	1	2005	上海财经大学	汇率制度的选择兼论对人民币汇率制度的启示	沈国兵	讲师	二等奖	8 000
82	2		上海财经大学	统计指数理论及应用	徐国祥	教授	二等奖	8 000
83	3		上海财经大学	技术性贸易壁垒与中国对外贸易	张海东	副教授	二等奖	8 000
84	4		上海财经大学	电子商务安全与管理	劳帼龄	副教授	二等奖	8 000
85	5		上海工技大汽车学院	UG CAD 应用案例集（NX 版）	龚　勉	讲师	二等奖	8 000
86	1	2006	上海财经大学	权力经济的发展逻辑	伍　装	副教授	二等奖	4 000
87	2		上海财经大学	企业财务预警研究前沿	张　鸣	教授	二等奖	8 000
88	3		东华大学机械学院	光电传感器及其应用	何　勇	讲师	二等奖	8 000
89	1	2007	上海交大机械学院	车身覆盖件冲压成形仿真	林忠钦	教授	一等奖	1.2 万
90	2		复旦经济学院	管理层收购及其在中国的实证研究	何光辉	副教授	二等奖	8 000
91	3		复旦经济学院	信息与激励经济学	陈　钊	副教授	二等奖	8 000
92	4		吉林大学	汽车构造（第五版）上、下册	陈家瑞	教授	二等奖	8 000
93	5		吉林大学	汽车制动理论与设计	方泳龙	教授	二等奖	8 000
94	6		清华大学	汽车电子学	王绍铣	教授	二等奖	8 000
95	1	2008	上汽培训中心	创新——中国汽车工业之魂	孟嗣宗	教授	一等奖	6 000
96	2		复旦经济学院	交易效率、分工演进与二元经济结构转化	高　帆	副教授	二等奖	8 000

〔续表〕

总序号	年度序号	年度	获奖高校	奖励项目名称	作者	职务	获奖等级	奖励金额（元）
97	3		复旦经济学院	中美贸易平衡问题研究	沈国兵	副教授	二等奖	4 000
98	4		上海财经大学	技术性贸易壁垒的经济效应和政策选择	鲍晓华	副教授	二等奖	8 000
99	5	2008	同济汽车学院	汽车理论	吴光强	教授	二等奖	8 000
100	6		同济汽车学院	现代轿车自动变速器原理和设计	黄宗益	教授	二等奖	4 000
101	7		上海外贸学院	"合规性"贸易壁垒的应对和应用研究	朱钟棣	教授	二等奖	8 000
102	1		吉林大学	汽车车身设计	黄金陵	教授	一等奖	6 000
103	2	2009	复旦管理学院	当代跨国公司新理论	薛求知	教授	二等奖	8 000
104	3		复旦管理学院	产业发展学	胡建绩	教授	二等奖	8 000
105	4		上海工技大汽车学院	现代汽车性能检测技术（第一版）	周建鹏	老师	二等奖	4 000
106	1		复旦管理学院	中国企业伦理重建——经营绩效与社会责任	苏勇	教授	二等奖	8 000
107	2		复旦经济学院	收入和财富分配不平等：动态视角	王弟海	副教授	二等奖	8 000
108	3	2010	复旦经济学院	国际贸易摩擦的成因及化解途径	尹翔硕	教授	二等奖	8 000
109	4		上海交大机械学院	工业工程实践案例及方法	蒋祖华	教授	二等奖	8 000
110	5		上汽集团	汽车内饰设计概论	张志军	总监	二等奖	4 000
111	1		复旦管理学院	组织行为学及组织行为学习题与案例	胡君辰	教授	二等奖	8 000
112	2		上海工程技术大学	中国社会保有车辆排放水平现状和发展趋势分析及未来尾气以及二氧化碳排放标准的适用性研究	吴长水	讲师	二等奖	8 000
113	3	2011	同济汽车学院	汽车 CAN 总线系统原理、设计与应用	罗峰	教授	二等奖	8 000
114	4		同济经管学院	企业 e-learning 实战攻略	王效俐	教授	二等奖	8 000
115	1		复旦经济学院	与贸易有关知识产权下协定强化中国知识产权保护的经济分析	沈国兵	教授	二等奖	8 000
116	2		复旦经济学院	宏观经济学数理模型基础	王弟海	教授	二等奖	8 000
117	3	2012	同济汽车学院	汽车数字化开发	吴光强	教授	二等奖	8 000
118	4		同济汽车学院	汽车嵌入式系统原理、设计与实现	魏学哲	教授	二等奖	8 000
119	5		上汽变速器	顺势应变的管理创新	杨春保	高工	二等奖	8 000

〔续表〕

总序号	年度序号	年度	获奖高校	奖励项目名称	作者	职务	获奖等级	奖励金额（元）
120	1		复旦管理学院	创新管理——获取持续竞争优势	宁　钟	教授	二等奖	8 000
121	2		同济经管学院	组织行为学——现代的观点	任　浩	教授	二等奖	8 000
122	3	2013	上海对外贸易大学	中国加工贸易企业生产控制模式研究	沈玉良	教授	二等奖	8 000
123	4		华东政法学院	网络环境中的著作权保护研究	王　迁	教授	二等奖	8 000
124	5		上海理工大学	汽车变速器壳体类零件CAE分析标准流程研究	褚超美	教授	二等奖	4 000
125	1		复旦经济学院	外商直接投资进入中国的结构变动与效应研究	田素华	教授	二等奖	8 000
126	2	2014	复旦管理学院	第三次工业革命与中国选择	芮明杰	教授	二等奖	8 000
127	3		上海大学	组织情报学	吕　斌	教授	二等奖	8 000
128	4		复旦管理学院	机器人应用对促进汽车企业用工效率的影响分析	姚　凯	教授	二等奖	4 000
129	1		上海交大经管学院	汽车电商发展模式及趋势研究	刘少轩	副教授	二等奖	4 000
130	2	2015	上海大学	汽车后服务市场业务发展趋势研究	杨　玲	副教授	二等奖	4 000
131	3		上海理工大学	汽车变速器壳体拓扑优化标准流程建立	褚超美	教授	二等奖	4 000

资料来源：上海汽车工业教育基金会

第三节　与高校院所产学研合作

一、与清华大学合作

1996年10月，上汽集团党委书记林树楠、副总裁叶平等对清华大学进行访问考察，在参观汽车系、电子系、机械系、精密仪器系、计算机系的部分国家重点实验室和国家工程研究中心，了解清华大学在汽车安全、汽车电子、制造技术、信息和通讯等方面的研究特色及综合实力后，双方签署《合作会议纪要》，确定在科技研究开发和人才培养等方面建立长期密切的战略合作关系，主要包括：清华大学利用人才和技术优势成为上汽集团长期技术支持单位，为其实施各类高层次人才培养，在上汽集团建立工程硕士工作站承担双方合作项目；双方加强在汽车先进制造技术、汽车安全、电子喷射系统匹配、汽车电子以及轿车国产化的相关领域进行合作；上汽向清华大学捐赠300万元。双方商定成立联络小组，负责制订年度合作计划并推动、协调和检查合作项目的实施。

2008年4月，由上汽集团、美国通用汽车公司和通用汽车（中国）投资有限公司联合资助的清华大学中国车用能源研究中心成立。上汽集团董事长胡茂元，通用汽车前董事长兼首席执行官瓦格纳与清华大学校长顾秉林院士出席成立仪式并为该中心揭牌。该中心集成清华大学相关院系（核研院、汽车系、电力系、环境系、低碳实验室等）的跨学科研究力量，是中国能源研究领域第一家专业针对车用能源的前沿学术研究单位，主要为中国及全球向经济、安全、环境友好的可持续车用能源体系过渡提供综合解决方案。根据协议，在 2008—2013 年的 5 年间，美国通用汽车每年向该中心资助 150 万美元，上汽集团每年资助 150 万元，用于中心的建设、运营和科研活动。该中心成立后，即开展中国车用能源技术路线与政策综合研究，提出促进中国车用能源可持续转型的政策建议。

至 2010 年，清华大学与上汽集团所属企业共开展合作项目 6 项，包括 1997 年 2 月—1999 年 7 月与上海大众汽车有限公司开展的非平稳短时信号的时频分析研究项目；1999 年 1 月—2001 年 11 月与上海小糸车灯有限公司开展的 LED 汽车前照灯的散热技术研究项目；2000 年 8 月—2003 年 7 月与上海小糸车灯有限公司开展的车灯外形定位检测的近景摄影技术项目；2003 年 6 月—2005 年 1 月与上海汇众汽车制造公司开展的轿车转向管安全技术研究项目；2003 年 10 月—2006 年 3 月与上海小糸车灯有限公司开展的大功率 LED 汽车灯具的散热技术研究项目；2004 年 7 月—2006 年 11 月与上海小糸车灯有限公司开展的前照灯自动调光及弯道照明系统设计项目。6 个项目总投资 374.5 万元，其中上汽科技基金会资助资金 104.5 万元。

1996—2010 年，双方合作在清华大学共举办各类培训 27 期，培训 810 人次，其中技术管理和领导干部研修班 14 期，培训 444 人次；党建研修班 2 期，培训 57 人次；中青年后备干部研修班 11 期，培训 309 人次。

2011—2015 年，上汽和清华大学每年举办一期高级研修班，参加人数累计 183 人，其中 2011 年 38 人、2012 年 36 人、2013 年 35 人、2014 年 37 人、2015 年 37 人。2015 年，将培训班名称改为创新专题研修班，并对课程模块进行优化升级，融入以"新四化"内容为主的相关课程。此外，上汽所属企业与清华大学共开展合作项目 6 项，包括 2012 年 3—12 月上海彭浦机器厂有限公司与其开展的 SW60E 混合动力挖掘机分析研究项目，2015 年 12 月—2016 年 6 月泛亚汽车技术中心与其开展的核心传感器性能测试与智能驾驶方案评估研究项目，2015 年 12 月上汽集团技术管理部与其启动的电动汽车能耗表达方式的研究项目等。

二、与上海交通大学合作

1994 年 3 月，上汽总公司党委书记林树楠、副总裁叶平等应邀访问上海交通大学（简称上海交大），与上海交大校长翁史烈、党委书记王宗光洽谈，初步确定在模具、计算机设计、机器人、车身开发以及人才培养等领域进行合作并共建科教基地的意向；5 月，双方共同组建的上海交大汽车科学与工程研究院成立，上海市副市长蒋以任受聘担任名誉院长，研究院成立董事会，由上汽总公司总裁陆吉安和上海交大校长翁史烈分别担任董事长，上汽总公司副总裁叶平任副董事长。研究院在汽车科学和工程研究、产品开发、国产化攻关、人才培养、企业管理等方面承担上海汽车工业发展重大课题的研究。

【组建上海赛克业机器人工程有限公司】

1994 年 8 月，上汽总公司与上海交大、上海创新科技公司三方联手组建上海赛克业机器人工程有限公司，共同开发生产和销售工业机器人；12 月，上汽总公司与上海交大举行汽车模具 CAD/CAM/CAE 研究室签约仪式。双方约定由上海交大提供技术支持和 CAD/CAM/ CAE 教学人员，在上汽有色铸造总厂开设模具制造基地,联合开发汽车零部件的压铸模、塑料模、冷冲模、锻模及大型车身覆盖件模具并培训专业模具人才;上汽总公司对该项目分期投入约 2 000 万元,首次投入 400 万元;合作时间 5 年;实行边培训、边开发、边使用、边考核的合作方式。

【共建铸造工程中心】

1997 年,上汽集团与上海交大联合组建铸造工程中心,中心设在上海交通大学。该中心主要以具有中国知识产权的 LS 法模具制造技术为核心,结合上汽各零部件厂生产实际,逐步确立砂型型板、金属型、锻模、压铸模、冲压模等设计制造的工艺体系,并形成实际制造能力。其中,桑车曲轴、凸轮轴模具于 1997 年 3 月通过专家技术鉴定,并交付上海汽车铸造总厂投入批产;制动器铸件金属型铸造生产技术开发,于同年 12 月完成年产 30 万只活塞生产能力的 30 套专用金属型模具,交付上海汽车铸造总厂投入生产;全套压铸模 CAD 项目,于同年 11 月通过专家技术鉴定。

【共建 SAIC - SJTU 汽车模具工程中心】

1997 年 3 月,上汽集团与上海交大签约成立 SAIC - SJTU 汽车模具工程中心,11 月正式揭牌运转。该中心在原上海汽车模具 CAD 科教基地的基础上建立,以国家模具 CAD 工程研究中心为依托,具有一定的技术信息优势,为上海汽车工业的相关技术服务,研究范围涉及板料成形、锻造、粉末压制、压铸 CAD/CAM/CAE 技术和产品数据管理等领域,并承担上海汽车工业发展基金项目及上海科技发展基金项目。同年 12 月,该中心与上海离合器总厂合作的 CAD/ CAM 系统二次开发项目通过技术鉴定。1998 年 3 月,与上海汽车锻造总厂、上海有色铸制造总厂合作的锻模和压铸模 DAD/CAM/CAE 技术的开发与应用项目通过技术鉴定。至 2010 年,该中心为上汽集团培养了一大批汽车模具设计制造人才。

【共建 SAIC - SJTU 车用发动机工程中心】

1997 年 3 月 22 日,上海大众汽车发动机二厂与上海交大共同组建 SAIC - SJTU 车用发动机工程中心。该中心主要任务是在汽车发动机引进产品的技术消化、新产品开发、性能研究和技术人员培训等方面开展技术服务,提升上海汽车工业发动机自主开发能力。该中心成立以后,围绕上汽发动机技术自主研发主题,先后开展 SH6600 和 SH6700 轻型客车选用柴油机的论证、1.8 升 2VQSEA827NP 四缸汽油机主要零部件强度的设计计算和系统计算、家用轿车三缸汽油机的开发等项目研发,取得积极进展。其中上海大众家用轿车三缸发动机研发于 1998 年完成样机台架和性能测试,于 1999 年 7 月通过批产鉴定,成为中国轿车发动机进入自主研发的一个标志。

【共建 SAIC - SJTU 制造系统集成技术工程中心】

1997 年 3 月,上汽集团与上海交通大学共同成立 SAIC - SJTU 制造系统集成技术工程中心。该中心主要从事汽车领域前瞻性高新技术的研究和示范、高新技术产品开发、人才培训以及为企业设计、实施集成化制造系统提供咨询和技术支持。中心设有计算机集成制造技术、汽车车身设计与制造技术、汽车零部件摩擦学及油液监测、现代汽车测控技术 4 个研究室。其中计算机集成制造技术研究室先后取得集成化 CAPP 系统、箱体 CAD/CAM/CAE 系统和软件接口开发、油泵类产品仿真设计系统等多个研发成果,车身设计与制造技术研究室相继获得薄板塑性成形动态仿真、车身制造质量控制、结构强度和刚度分析、车身和零部件的三维造型等研发成果。

【共建 SAIC－SJTU 车用空调工程中心】

1997 年 3 月,上汽集团与上海交通大学共建 SAIC－SJTU 车用空调工程中心。该中心拥有先进的轿车空调系统综合试验台、汽车空调计算机网络系统、PHOENCS 软件包、汽车空调系统匹配特性及控制技术研究试验台等设施,开展汽车空调基础研究和新产品开发,接受上汽企业的委托业务,提供汽车空调的科技信息服务。中心成立以后,共开展包括汽车空调室内三维流场与温度场及其影响因素、汽车空调制冷系统的动态、稳态仿真优化技术在内的 10 多项技术研究,并承担上海易初通用机器有限公司的客车空调系统送回风口布置及车厢隔热层对车室内温度与速度场的影响、上海客车制造公司的 Sk6115KHP2 型公共汽车空调系统的性能改善测试等课题研究。

【新能源汽车合作】

2005 年 8 月,上海汽车集团股份有限公司(简称上汽股份)与上海交通大学签署《混合动力轿车开发战略合作意向备忘录》和《产学研战略合作框架协议》,上汽股份董事长陈祥麟、总裁陈虹和上海交通大学校长林忠钦分别签署备忘录和协议。根据备忘录,双方决定共同推进混合动力汽车产业化进程,争取在 2008 年北京奥运会与 2010 年上海世博会期间提供上汽自主品牌混合动力汽车,上海交通大学参与上汽自主品牌混合动力轿车和混合动力客车开发及关键总成开发。根据协议,上海交通大学承担上汽部分替代能源汽车、混合动力汽车、氢动力汽车整车和零部件研究开发与工程支持。上汽股份充分发挥上海交通大学在汽车电子控制、车载信息与信息服务系统、汽车数字化设计制造以及汽车电子芯片及汽车传感器等领域的优势,积极支持和共同申报筹建汽车电子国家工程研究中心。

1994—2010 年,上汽与上海交通大学产学研合作项目累计达到 77 项,资助资金 1 326.8 万元,产生了良好的经济效益和社会效益,成为上海汽车工业产学研合作的典范。

2011—2015 年,上海交通大学与上汽所属企业共开展合作项目 18 项,包括 2012 年 5 月—2013 年 6 月与上海三电贝洱汽车空调有限公司开展的新型制冷剂 R1234yf 汽车空调系统的开发与性能优化分析研究项目;2012 年 2—12 月与上汽集团新能源和技术管理部开展的上汽自主品牌乘用车轻量化技术路线和实施建议;2013 年与上海汽车变速器有限公司开展的乘用车自动变速器技术现状及 DCT 关键技术研究项目;2014 年与上汽集团新能源和技术管理部开展的国内外汽车行业电子商务模式、架构及战略分析研究项目;2014 年 1 月—2015 年 12 月与上海汽车工程学会开展的车用动力电池回收处理与再利用研究;2015 年 12 月—2017 年 6 月与上汽集团技术中心开展的高效汽油机关键技术研究等项目。上汽科技基金会共资助资金 584 万元。

三、与同济大学合作

20 世纪 90 年代至 2015 年,上汽与同济大学产学研合作项目累计达 77 项,投入产学研费用 1 436.3 万元,大部分项目实现成果转化,取得了较好的经济效益和社会效益。

【汽车模型风洞工程中心合作】

上汽集团与同济大学产学研合作始于汽车模型风洞试验合作。20 世纪 80 年代,同济大学建立汽车设计与技术工程研究中心并建成风洞试验室。进入 90 年代,同济大学承担上海市首批"科教兴市"重大产业科技攻关项目上海地面交通工具风洞中心建设,该风洞中心定位为国家级公共技术服务平台。1996 年 3 月，上汽集团开始参与风洞中心建设，与同济大学签署《关于共建汽车模型风洞实验室的合作意向书》，同济大学校长吴启迪和上汽集团副总裁叶平出席签字仪式，双方确定建立长期稳定的汽车整车及零部件在空气动力学、热力学及气动噪声等研发领域的合作关系，上汽集团出资积极参与风洞中心项目建设，并在风洞中心建成后委托同济大学提供汽车风洞试验服务。1997 年 5 月，上汽集团资助 250 万元与同济大学正式签订《共建 SAIC-TJ 汽车模型与风洞工程中心协议书》，双方确定该中心为上汽开发国际先进国内一流的风洞工程技术，培养汽车技术人才，提供信息服务及承担上汽企业委托任务；中心日常管理由同济大学负责，上汽集团及所属企业参与中心规划、确立研究方向和监督经费使用等。自 2004 年起，上汽—同济汽车风洞工程中心在同济大学主持和国家、上海市及有关企业支持下，先后投资近 5 亿元建设国内首座汽车整车气动声学风洞和热环境风洞，并于 2008 年建成上海地面交通工具风洞中心。

【上汽与同济大学其他合作】

1996 年 8 月，上汽集团和上海汽车齿轮总厂与同济大学签署《开发新型轿车变速器》合作协议。该合作项目共有 10 余项研究内容，汽齿总厂投资 500 万元，上海市科委投入科研经费 100 万元。至 1998 年，共取得试制新型轿车变速器 20 台、疲劳寿命 15 万公里、同步寿命不低于 15 万次、换档轻便灵活、换档不大于 400 N 等 5 项研发成果。

1997 年 5 月，上汽集团与同济大学举行整车设计共建项目签约仪式。上汽集团董事长陈祥麟、同济大学校长吴启迪分别签署《共建 SAIC-TJ 汽车整车设计工程中心》《共建 SAIC-TJ 汽车噪声与振动工程中心》《共建 SAIC-TJ 汽车模型风洞工程中心》和《共建造型工程中心》4 个协议。除了共建汽车模型风洞工程中心外，汽车整车设计工程中心为上汽提供国际先进、国内一流的汽车设计技术及设计理论与方法，承担上汽企业的委托开发任务；汽车噪声与振动工程中心旨在建设国际先进、国内一流的汽车噪声与振动控制技术中心，提高上汽企业在汽车噪声与振动领域的研究能力；造型工程中心力求成为汽车造型与内饰的设计理论及设计方法研究中心。4 个项目上汽共资助 850 万元。

2005 年 8 月，上汽股份与同济大学签署《混合动力轿车开发战略合作意向备忘录》《氢燃料电池汽车研发开发战略合作意向备忘录》和《产学研战略合作框架协议》，上汽集团副董事长、上汽股份总裁陈虹和同济大学校长万钢出席并签署 3 份文件。根据该备忘录和协议，双方共同推动混合动力汽车产业化，在 2008 年北京奥运会与 2010 年上海世博会期间提供上汽股份自主品牌混合动力轿车，同济大学参与上汽股份自主品牌混合动力轿车开发；共同推进上海燃料电池动力系统有限公司向新能源汽车动力系统匹配和控制器供应商方向发展，推动"十一五"期间氢燃料电池汽车示范运行和氢燃料电池汽车产业化，为 2008 年北京奥动会与 2010 年上海世博会提供氢燃料电池汽车和燃料电池公交大客车。

【上汽大众与同济大学合作】

1985 年开始，上海大众汽车有限公司与同济大学建立产学研合作关系。2005 年，开展国内第 1 个交通事故研究项目——途安事故分析专用车研究的合作，通过改变汽车安全性能、交通道路设施和驾驶行为，提高驾驶安全性。2009 年起，开展疲劳强度试验的合作，利用同济大学汽车实验室的国内一流试验设备和技术，先后累计实施车身四通道试验、天窗和座椅多自由度振动试验、后桥道路模拟试验等试验项目 90 余项。

此外,上海大众汽车参与国家 863 计划,联合同济大学及部分核心零部件供应商开展燃料电池轿车开发。2007 年,基于帕萨特领驭车型的新一代燃料电池轿车动力系统研制成功。2008 年 8 月,20 辆帕萨特领驭燃料电池轿车用于北京奥运会。2010 年,20 辆帕萨特新领驭燃料电池轿车作为上海世博会服务用车,持续服务 184 天,载客 2 100 多人次,总计运行里程达 7.7 万公里。

2011—2015 年,同济大学与上汽所属企业共开展合作项目 15 项,包括 2011 年 3 月—2012 年 3 月与上汽集团技术中心开展的汽车研发技术支持系统构建研究项目;2011 年 12 月—2012 年 12 月与上海汽车变速器有限公司开展的汽车变速器啸叫噪声特征辨识与产生机理分析研究项目;2012 年 8 月—2014 年 8 月与上汽集团新能源和技术管理部开展的基于远程监控的电动汽车状态评估及预警分析研究项目;2014 年 10 月—2015 年 10 月与上汽大众汽车开展的燃料电池增程式电动汽车控制算法研究项目;2015 年 12 月起与上汽集团前瞻技术研究部开展的动力锂离子电池低温高效交流预热方法研究项目等。

四、与复旦大学合作

1997 年 6 月,上汽集团出资 250 万元,由上海小糸车灯有限公司与复旦大学光源与照明工程系、复旦大学高分子材料系共同组建上汽—复旦照明系统工程中心,上汽与复旦大学的产学研合作由此开始并取得丰硕成果。该中心建于复旦大学电光源研究所内,旨在建成上海汽车照明开发基地、汽车照明高级技术人才培训基地和国际认可的汽车照明测试认证基地,主要从事汽车照明相关的光源、灯具、材料和加工技术的研究开发,同时为照明科技成果产业化和人员培训、继续教育服务。该中心实行主任负责制,下设开发部、质量检测部、情报信息部和办公室。1997 年 8 月—2010 年,该中心承担上海汽车工业科技发展基金多项研发项目,包括前照灯反射镜内保护膜材料选择和设备及其工艺研究、霓虹高位制动灯研制、全自动汽车前照灯配光测试仪研制、车灯配光硬涂料应用研究、车灯用热熔胶开发利用和热固性塑料 BMC 生产技术研究等,并通过专家评审验收实现成果转化和产业化,取得显著经济效益。

从 2000 年开始,该中心实施多项自助项目,主要有:出版《汽车照明》季刊,建立国内外汽车照明专利档案;开展建立国家汽车照明论证实验室的可行性研究,与国家主管部门共同研究建立认证实验室的可行性方案和加入国际条约的可行性与途径;开展汽车用小功率氙灯、汽车用气体放电灯光源、汽车用塑料灯具、S25 灯泡国产化替代等项目研究,并对上海小糸车灯的 S25 灯泡进行质量认证测试;建立车灯用高分子材料检测室并进行人才培训。这些项目均在 2010 年前完成通过专家验收并实现产业化。其间的 1998 年,上海延锋汽车饰件有限公司还与复旦大学产学研合作,协力攻克别克轿车保险杠生产初期油漆表面存在灰尘、流挂和结皮、合格率低的问题,将该车保险杠合格率由原来的 10% 提高到 70% 以上。

此外,1999 年以来上汽—复旦照明系统工程中心多次组织科技人员考察日本丰田汽车公司、日本小糸车灯株式会社等企业,并开展 10 余次学术交流讨论;多次派员参加联合国经济及社会理事会欧洲经济委员会道路交通分会汽车照明和光信号专家工作组会议,并参加有关 ECE 法规的制定和修改工作。通过考察和学术交流活动,开阔了中心科研人员思路和视野,了解掌握了国际照明技术发展趋势,提升了车灯研发能力。

2015 年,复旦大学与上汽集团技术中心开展合作主动声音设计系统的分析研究项目。上汽科技基金会资助资金 55 万元。

五、与吉林工业大学合作

上汽与吉林工业大学(简称吉林工大)的产学研合作有 20 多年历史。1988 年 6 月,上海汽车拖拉机工业联营公司与吉林工大签约,委托培养汽车行业急需人才。首期本科班开设车身设计、汽车底盘和拖拉机 3 个专业班,招收学员 90 名,这批学生大部分毕业后进入上汽所属企业工作。

1998 年 9 月,上汽集团与吉林工大深化产学研合作关系,投资 510 万元与吉林工业大学共建的汽车仿真设计和汽车传动两个工程研究中心在长春揭牌。上汽集团副总裁陈因达、吉林工大校长王庆年签订《上汽集团—吉林工大汽车仿真设计工程研究中心共建协议书》和《上汽车集团—吉林工大汽车传动工程研究中心共建协议书》。上汽集团出资 300 万元的汽车仿真设计共建协议书约定:建设初期以吉林工大汽车动态模拟国家重点实验室为基地,以该校中国首台汽车开发型驾驶模拟器为主要设备,适当更新驾驶模拟器图像计算机系统,添置整车性能仿真设计所必要的计算机软硬件系统和实车建模试验与场地测试设备,联合进行整车动力学性能研究与开发,加速形成上汽整车自主开发能力。上汽集团资助 210 万元的汽车传动共建协议书约定:充实与提高吉林工大汽车传动现有的试验基地,并配备必要的技术力量共建工程中心;目标将该中心建设成为汽车传动工程研究开发基地,国际认可的测试和认可基地;上汽集团借助吉林工大科技力量,加速形成汽车传动系统自主开发能力。

六、与上海工程技术大学合作

上汽与上海工程技术大学的合作主要集中在汽车专业人才培养方面。1994 年,双方共同创建汽车工程学院。1994 年 8 月,上汽总公司与上海市招生办、上海工程技术大学经过协商,决定在共建汽车工程学院基础上,委托上海工程技术大学每年为上汽培养 10～15 名汽车专业人才,上汽为每名学生每年支付培养费 5 000 元,学生毕业后由上汽总公司安排工作。

2008 年 10 月,上汽集团与上海工程技术大学签署《产学研合作协议》,双方约定为上汽培养具有经营能力、工程能力、创新能力的高素质应用型人才。合作内容包括:建立校企合作领导小组;共建汽车工程师、高级技师联合培养基地和研究生联合培养基地;聘请上汽管理人员和工程技术人员参加上海工程技术大学校务(院务)委员会;聘请上汽管理人员和工程技术人员为兼职教授等;上汽安排学生在企业学习和实习并提供设备和场地,委派经验丰富的管理人员和专业技术人员进行教学指导,并对学生成绩进行全面考核和评价,优先录取符合培养目标的学生。至 2010 年,上海工程技术大学已为上汽集团培养输送大学毕业生近 100 名。

2011—2015 年,上海工程技术大学与上汽集团所属企业共开展合作项目 3 项,包括 2013 年与上汽集团技术中心开展的汽车电阻点焊结合强度的数值模拟及失效判据研究;2014 年与上海萨克斯动力部件系统有限公司开展的轻量化液力变矩器及其关键工艺实现分析研究项目;2015 年与上汽集团前瞻技术研究部开展的基于整车的 NVH 目标设定与分解仿真平台分析研究项目等。上汽科技基金会共资助资金 98 万元。

七、与上海大学合作

1995 年 12 月和 1996 年 5 月,上海大学先后与上海汇众汽车制造公司、上海汽车齿轮总厂合作建立汽车用钢材研究所和热处理技术研究所,分别开展以轿车后桥横梁钢国产化为主的18项课题研究和汽车齿轮材料及其热处理技术的开发应用。

1997年8月,上海大学与上汽集团的合作从企业层面上升到集团层面。上汽集团与上海大学各出资200万元联合组建的上汽—上大汽车金属材料工程中心揭牌,上海市科委主任华裕达、市教委主任郑令德、上汽集团总裁陈祥麟和副总裁叶平、上海大学党委书记吴程里和常务副校长方明伦等出席揭牌仪式。该中心主要研究方向是加强汽车用金属的应用开发及国产化研究和技术服务,推进金属材料研究成果产业化,满足上汽集团对汽车用金属材料的需求,包括为汽车用钢板及新型车用钢板国产化研究、QKK合金衬质与热加工研究、金属材料表面改性技术研究和汽车用模具钢研究等,此外还仲裁材料质量问题、产品失效分析等。根据协议,该工程中心上配置先进科研设备和雄厚技术力量,40多名专兼职人员中包括担任顾问的中国工程院院士周邦新和国内著名专家教授合计14名。同月,多方集资共建的汽车用实验大楼破土动工,并于1998年交付使用,从而改善材料研究中心、汽车用钢材研究所、热处理研究所研究人员的工作条件。

上汽—上大汽车金属材料工程中心成立后,组织科技专家与上汽集团所属企业在金属材料领域进行产学研合作取得积极成果。主要有:承担桑塔纳轿车钢材产业化研究、车前悬挂铝合金部件制造工艺研究、轿车金属材料构件基础研究、轿车用新型齿轮钢热处理工艺研究等国家和上海科研攻关项目;对2VQS发动机变速箱影响齿轮寿命的关键因素进行系统分析测试,受到委托方上海大众汽车充分肯定。1997年9月,该中心主任许珞萍教授对上海汇众生产的上海通用汽车别克轿车转向管柱总成的材质进行系统分析测试,掌握进口材质第一手资料,为转向管柱总成材料国产化打下基础;1998年4月,该中心在上海宾馆举办第五届环太平洋模具钢国际会议,来自世界13个国家和地区100余名代表参加会议,会后该中心出版中英文论文集。1999年9月,该中心举办学术讲座,邀请日本北海道大学高桥平七郎来校作题为《二十一世纪钢铁材料的进展》的学术报告。10月,该中心科研人员赴上海大众汽车调研轿车生产的材料难题,并提出建设性意见,帮助企业实现轿车材料的国产化。中心还组织科研人员参加国际专业性会议或发表论文,中心科研人员发表科研论文累计40余篇。此外,至2010年,中心还编纂出版《汽车材料文摘》10多期;举办学术讲座和国际会议,邀请国外专家来上海讲学作报告。

2011—2015年,上海大学与上汽所属企业共开展合作项目7项,包括2012年与上海汇众汽车制造有限公司开展的先进高强钢在底盘系统轻量化技术上的应用研究与产业化开发研究项目;2013年与上汽集团技术管理部、上汽乘用车分公司开展的上汽集团专利战略规划研究项目;2014年与新源动力股份有限公司开展的新能源汽车EDU冷却系统水泵驱动电机及控制器关键技术开发研究项目;2015年与泛亚汽车技术中心有限公司开展的高性能信息处理汽车移动互联平台的设计与实现研究项目,与延锋汽车饰件系统有限公司开展的塑料材料的低频疲劳研究项目,与上汽集团技术中心开展的发动机缸盖材料热机械疲劳性能试验及寿命仿真研究项目等。上汽科技基金会共资助资金233万元。

八、与上海外国语大学合作

为满足上汽对外开放对外语人才的迫切需求,从1994年开始,上汽总公司与上海外国语大学开始建立产学研合作关系,共建上汽外语人才培训基地。同年4月,上汽培训中心与上海外国语学院联合举办首批上汽厂部级领导干部英语培训班,开设剑桥大学编制的商务英语、汽车工业英语和日常生活会话等基础课程,以会话训练为主,首批 25 名干部学员经过 3 个月全脱产培训,于同年 7 月全部顺利结业。同年 10 月,上汽总公司干部部和培训中心委托上海外国语学院开设第一期英语翻译提高班,上汽 25 名现职翻译人员参加培训并于同年 12 月底获结业证书。至 1995 年 10 月,上海外国语大学为上汽共举办 2 期干部学员培训班,培训人员 50 人,2 期翻译人员培训班,培训人员 50 人。同年 12 月,上汽集团向上海外国语学院捐赠 50 万元,资助上海外国语大学建立语音实验室,为上汽集团培养外语人才,上汽集团董事长陈祥麟、上海外国语大学校长戴炜栋等出席捐赠仪式。

1996 年 1 月—1997 年 1 月,上海外国语大学出国培训部为上海通用汽车项目培训外语急需人才,先后开设 9 个英语强化培训班,163 名工程技术人员参加英语培训。1997 年 3 月 22 日,上汽集团与上海外国语大学共建上汽集团 SAIC－SISU 语言培训中心。该中心主要为上汽集团在外语培训、国内外相结合的短期技术培训、国外科技引进和资料翻译、外语等级考试等方面提供外语培训服务。该语言中心共有教职员工 46 人,其中正副教授 10 人,讲师和电教工程师 20 人,常年聘请外籍教师 10 人,教学楼面积达 3 000 平方米,设置 9 套语言实验室和闭路电视系统等教学设备。中心成立后,为上汽集团及所属企业先后开设高级口译、中级口译,高级、中级、初级英语强化班、干部提高班等各种类型英语培训班共 15 个班,培训各类人员 323 人。此外,根据各企业的特点和要求,该中心还上门办学,先后在上汽培训中心、上海纳铁福传动轴有限公司、上海有色铸造总厂、上海采埃孚转向机有限公司等企业开设半脱产或业余英语短训班。

同时,该中心组织编写发行《实用汽车英语》《汽车工业英语词汇和短语系列手册》等针对汽车工业的英语教材,供上汽企业各英语教学班使用,满足上汽人员学习英语的需求。至 2010 年,上海外国语大学为上汽集团开办包括高级口译、中级口译,高级、中级、初级英语强化班、干部提高班等在内的各种类型英语培训班达 15 个,累计培训 500 余人。

九、与华东理工大学合作

1997 年 3 月,上汽集团与华东理工大学签署共建上海汽车非金属材料工程研究中心协议。该中心以“面向上汽,为汽车工业服务”为宗旨,为汽车设计、制造提供新材料、新技术和新工艺服务,提高相关企业非金属材料研发能力,并将科技成果转化为生产力。同时建立系统的非金属材料数据库,为上汽提供信息服务。该中心成立以后,积极参与上汽集团的技术和设备引进、工艺论证、技术消化、产品材料标准的制定和修改等技术活动。至 2010 年,该中心与上汽各相关企业先后开展汽车电机灌封材料的研究、汽车用 ABS 系列专用材料、全塑灯具研究、桑塔纳轿车顶用防水条复合挤出专用材料等 11 个课题的研究。

2011 年 6 月—2012 年 6 月,华东理工大学与延锋伟世通汽车饰件系统有限公司开展可减少原料损耗的仪表板搪塑模热成型隔热系统技术研究与应用项目;2011 年 10 月—2013 年 9 月,与上海天纳克排气系统公司开展汽车用三元催化器衬垫及纤维的开发研究项目等。上汽科技基金会共资助资金 38 万元。

十、与上海社会科学院合作

2005 年 12 月 17 日,上汽集团、上汽股份与上海社会科学院(简称上海社科院)合作成立上海汽车战略研究中心。上海市政协副主席、上海社科院院长王荣华和上汽集团董事长陈祥麟为战略研究中心揭牌,上汽集团副董事长兼总裁、上汽股份董事长胡茂元和上海社科院常务副院长左学金签署《合作成立上海汽车战略研究中心协议书》,上汽集团副董事长张广生主持仪式,上汽股份副总裁周郎辉等出席。根据协议,该中心确立"优势互补、共同发展"的原则,积极探索产学研一体化发展新体制和新机制,为上海汽车产业发展提供背景性、战略性和前瞻性决策咨询服务的合作宗旨;确定王荣华、陈祥麟任中心名誉主任,胡茂元任主任,张广生、左学金任常务副主任,周朗辉、上海社科院世界经济研究所所长张幼文和上海市政府发展研究中心主任周振华任副主任,上海社科院部门经济研究所所长杨建文任秘书长,上汽股份董事会战略委员会主任和上海社科院科研处处长任常务副秘书长;中心下设项目研究部、年度报告部、文献资料部、联络办公室和中心网站;中心日常工作由秘书长和常务副秘书长负责,具体工作由上汽股份董事会战略委员会和上海社科院科研处实施;中心经费由各方提供,上汽提供的经费主要用于课题研究;协议有效期至2008年12月17日。

2009年4月16日,上汽集团与上海社科院决定在过去3年良好合作基础上,签订续约上海汽车战略研究中心合作协议书,确定王荣华任名誉主任,上汽集团董事长胡茂元任主任,张广生、左学金任执行副主任,双方各委派一人联合担任秘书长;上汽集团每年提供研究经费100万元,上海社科院每年提供10万元作为中心管理费用;中心通过设立年度研究课题,组织研讨会、与国内外合作研究等多种形式开展研究工作;协议有效期3年。

2005—2010年,上海汽车战略研究中心共实施课题研究项目52项,课题研究经费累计660万元。

表10‐6‐5　2005—2011年上海汽车战略研究中心研究课题一览表

总序号	年度	年度序号	研究课题名称	课题负责人	社科院研究部门
1		1	上汽股份公司治理与党建工作的融合	蒋铁柱	经济研究所
2		2	如何成功塑造自主汽车产品的品牌	杨建文	部门经济研究所
3	2005	3	上汽股份零部件发展战略研究	左学金	经济研究所
4		4	现阶段我国汽车服务贸易的发展重点和对策措施	厉无畏	部门经济研究所
5		5	韩国双龙汽车进入上汽股份的发展战略	张幼文	世界经济研究所
6		6	世界汽车产业格局及发展趋势	张幼文	世界经济研究所
7		1	上汽自主品牌整车出口战略研究	杨建文	部门经济研究所
8		2	进一步完善上汽党建工作研究	蒋铁柱	经济研究所
9		3	上汽集团增强自主创新能力的激励机制研究	王振	人力资源中心
10		4	国际石油价格走势预测及其对中国汽车及上汽发展的影响	雷新军	经济研究所
11	2006	5	跨国汽车公司在中国构建研发创新体系的进程与路径研究	徐明棋	世界经济研究所
12		6	上汽集团综合性投资公司核心竞争力构成及构建思路	袁恩祯	上海市经济学会
13		7	国际汽车产业格局跟踪研究 (含:韩国汽车进入美国市场的案例研究)	张幼文	世界经济研究所
14		8	上海汽车发展年度报告	厉无畏	部门经济研究所
15		9	上汽的世博机遇与参与方式研究	王国荣	思想文化研究中心

总序号	年度	年度序号	研究课题名称	课题负责人	社科院研究部门
16		1	上汽愿景的构建方案及其内涵与特征研究	花 建	文学研究所
17		2	上汽集团出口贸易经营模式转型的研究	杨建文	部门经济研究所
18		3	上汽集团经济发展中社会责任问题的研究	雷新军	经济研究所
19		4	上汽集团专业技术人员职级体系建设研究	王 振	人力资源中心
20		5	人民币汇率变动趋势及对上汽集团影响的研究	徐明棋	世界经济研究所
21	2007	6	上海汽车产业发展年度报告	厉无畏	部门经济研究所
22		7	上汽集团五年发展回顾	卢明明	部门经济研究所
23		8	全球发展趋势与上汽的战略应对	张幼文	世界经济研究所
24		9	《上海战略研究》双刊	韩华林	部门经济研究所
25		10	上海汽车战略网	钱雷霆	部门经济研究所
26		11	党建课题出版项目	蒋铁柱	经济研究所
27		1	丰田、本田和日产等日系汽车公司与欧美汽车公司在中国竞争优势的比较研究（A卷）	张幼文	世界经济研究所
28		2	丰田、本田和日产等日系汽车公司与欧美汽车公司在中国竞争优势的比较研究（B卷）	朱平芳	数量经济中心
29		3	国家节能减排与环保方面政策法规对上海经济以及上海汽车产业的影响及对策	陶希东	社调中心
30		4	长三角、珠三角和环渤海汽车产业发展环境与汽车产业集群发展的比较研究	杨建文	部门经济研究所
31	2008	5	通货膨胀与国内外大宗原材料和资源价格走势对汽车行业及相关市场的影响分析	徐明棋	世界经济研究所
32		6	上汽集团保障性福利与激励性福利体系的研究	王 振	人力资源中心
33		7	中国国产汽车进入东盟国家市场前景研究	胡晓鹏	部门经济研究所
34		8	上南合作专题研究	卢明明	部门经济研究所
35		9	从国际角度看中外合资JV的可持续发展与对等股权形式对企业持续经营的影响	—	上海市经济学会
36		10	上海汽车产业发展年度报告	杨建文	部门经济研究所
37		11	上汽集团人才强企战略研究	蒋铁柱	经济研究所
38		12	汽车国际论坛	杨建文	部门经济研究所
39		1	中国汽车产业自主品牌不同开发模式比较研究	胡晓鹏	部门经济研究所
40	2009	2	全球汽车业在金融危机和经济衰退中战略布局调整与重组策略研究	杨建文	部门经济研究所
41		3	长三角汽车服务业发展现状与上汽集团服务业跨区域发展战略研究	王晓娟	部门经济研究所

〔续表〕

总序号	年度	年度序号	研究课题名称	课题负责人	社科院研究部门
42		4	美国、欧盟、日本政府与汽车企业应对全球金融危机的策略与经验以及对上汽集团的启示的研究	雷新军	经济研究所
43		5	中国汽车金融发展战略与商业模式选择的研究	朱平芳	数量中心
44	2009	6	上汽集团管控机制研究	袁恩桢	上海市经济学会
45		7	上汽集团按照科学发展观加强党建研究	蒋铁柱	经济研究所
46		8	上海汽车产业发展报告	杨建文	部门经济研究所
47		9	上海汽车集团重大事件采访报道	卢明明	部门经济研究所
48	2010	1	印度国家经济发展趋势以及未来政策走向分析	沈开艳	经济研究所
49		2	欧洲新兴经济体经济发展趋势、居民购买力以及购买需求分析	胡晓鹏	部门经济研究所
50		1	"十二五"期间国内外经济社会环境变化对上海汽车产业的影响	徐明棋	世界经济研究所
51		2	"人人成为'经营者'管理模式"促进企业民主管理的理论与实践研究	蒙少东	图书馆
52		3	中国的能源环境以及未来能源战略选择	陶希东	社调中心
53	2011	4	人力资源战略规划前瞻性研究	王 振	人力资源中心
54		5	贯彻党的十七大精神,创建上汽学习型党组织	蒋铁柱	经济研究所
55		6	上海汽车产业报告(2010)	杨建文	部门经济研究所
56		7	上海汽车集团重大事件采访报道	卢明明	部门经济研究所

资料来源:上海社会科学院

十一、与大连化学物理研究所合作

2006年10月,上汽集团与中国科学院大连化学物理研究所(简称大化所)在大连签订旨在推进燃料电池产业化发展的《燃料电池战略合作备忘录》及《上海汽车工业(集团)总公司投资新源动力股份有限公司(简称新源动力)谅解备忘录》。上海市副市长胡延照,上汽集团副董事长、上汽股份总裁陈虹出席签约仪式。根据关于燃料电池合作备忘录,上汽集团出资2 000万元委托大化所进行燃料电池基础研究。

根据投资新源动力合作备忘录,2007年6月,上汽集团入股正在建设燃料电池及氢源技术国家工程研究中心的新源动力股份有限公司,占股34.19%,成为该公司第一大股东。同年,新源动力在上海成立全资子公司上海新源动力有限公司。2008年,上汽燃料电池轿车搭载新源动力公司研发的燃料电池发动机系统,圆满完成科技奥运燃料电池车示范运行,成功服务北京奥运会并获好评。2009年,新源动力赢得联合国开发计划署(UNDP)在上海示范项目的合同,并获得上海世博会燃料电池示范车新增发动机75%的订单。2010年5—10月,搭载新源动力公司燃料电池发动机系统的上汽燃料电池汽车圆满完成上海世博会184天示范运行,累计运行12.8万公里,发动机平均运行里程4 570公里,单台最大运行里程7 570公里,创造中国燃料电池汽车示范运行新纪录,其中包括上海新源和新源动力共同制造的装载于上海牌燃料电池轿车和申沃燃料电池城市客车的 40 台燃料电池轿车发动机、2 台燃料电池客车发动机。

第四节　获国家专利、技术进步奖

一、获国家专利

1996—2015 年,上汽获得国家专利数量总体呈现持续快速增长态势。2005 年当年获得国家专利授权突破 100 个后,先后于 2009 年和 2011 年、2014 年连续突破年获国家专利 500 个、1 000 个和 1 500 个纪录。1996—2015 年,累计获得国家专利授权 10 274 个,包括 2001—2015 年获得的发明专利 952 个,1996—2015 年获得的实用新型专利 6 815 个,1998—2015 年获得的外观设计专利 2 507 个。

表 10‑6‑6　1995—2015 年上汽专利申请数和授权数统计表　　　单位:件

年 份	专 利 申 请				专 利 授 权			
	发 明	实用新型	外观设计	总 数	发 明	实用新型	外观设计	总 数
1995	—	1	—	1	—	—	—	—
1996	—	2	—	2	—	—	—	—
1997	1	7	8	16	—	—	—	—
1998	1	5	5	11	0	4	7	11
1999	0	4	10	14	0	4	8	12
2000	4	28	12	44	0	9	8	17
2001	3	22	19	44	1	29	7	37
2002	13	35	51	99	1	21	25	47
2003	21	47	45	113	1	32	43	76
2004	15	69	74	158	2	33	39	74
2005	42	107	147	296	11	54	75	140
2006	32	131	219	382	6	95	105	206
2007	103	210	178	491	20	161	200	381
2008	171	328	170	669	13	210	160	383
2009	225	497	186	908	41	355	186	582
2010	261	648	320	1 229	54	521	319	894
2011	344	821	258	1 423	120	729	303	1 152
2012	402	1 047	319	1 768	126	934	338	1 398
2013	503	1 114	230	1 847	153	1 089	173	1 415
2014	532	1 121	276	1 929	132	1 205	245	1 582
2015	603	1 308	226	2 137	269	1 203	266	1 738
合计	3 276	7 552	2 753	13 581	950	6 688	2 507	10 145

资料来源:上海汽车集团股份有限公司技术管理部

二、获科技进步奖

1979—2015年,上汽累计获得国家、机械工业部、中国汽车工业总公司和上海市各级科技进步奖272个,其中国家级6个、机械工业部级30个、中国汽车行业级145个、上海市级109个。

表10-6-7 1998—2011年部分年份上汽获国家科学技术进步奖一览表

序号	获奖年份	获奖等级	获奖项目	完成单位	主要完成人			
1	1998	二等奖	上海大众汽车二期技术改造工程暨桑塔纳2000轿车项目	上海大众汽车	王祎垂 胡善龙 陆继波	秦仲年 姚玉林 刘振荣	陈水淼 孙振华 章金荣	腾炳樑 刘 坚
2	2001	二等奖	液力变矩器焊接关键装备及其相关技术	上海交通大学 上海离合器总厂	吴毅雄 高春明 林 涛	石忠贤 楼松年 姚立旺	马 静 赵永彬	金 鑫 李铸国
3	2002	二等奖	车身功能尺寸互动优化设计系统及在桑塔纳轿车上的应用	上海交通大学 上海大众汽车	黄继荣 彭少云	王 浩 腾炳良	史 济	祝俊皓
4			基于中级轿车平台的荣威550车型自主开发	上海汽车集团股份有限公司	高卫民 黄文华 王大志	郝 飞 王德新 唐晓峰	羊 军 魏燕钦	张觉慧 林 勇
5	2011	二等奖	复杂薄板产品装配的数字化工艺设计与装备技术	上海交通大学 上海通用汽车 上汽通用五菱	林忠钦 王永清 沈绍嵘	卢兵兵 姚佐平 胡 敏	练朝春 徐飞云	来新民 金 隼
6			汽车装配线摩擦输送关键技术及成套装备	南京航空航天大学 江苏天奇物流系统工程股份有限公司 奇瑞汽车有限公司 上海汽车	杨 雷 张元昕 郭大宏	楼佩煌 叶文华 臧铁钢	唐敦兵 李锋宝	白开军 刘黎明

资料来源:上海汽车集团股份有限公司技术管理部

表10-6-8 1980—2010年部分年份上汽获机械工业科技成果/科学技术进步奖一览表

序号	获奖年份	获奖等级	获奖项目	完成单位	主要完成人
1	1980	三等奖	车用TQ—45型长效防锈防冻液	上海拖拉机汽车研所上海有机研究所	—
2	1982	二等奖	国外汽车离合器制造技术研究	上海离合器厂	—
3	1986	二等奖	GB5366—85摩托车主要性能标	上海摩托车研究所	—
4	1987	三等奖	国外起动机交流发电机研究	上海汽车电机厂	—
5	1988	三等奖	XF157F型四冲程单缸汽油机	上海易初一摩托车有限公司	—

〔续表〕

序号	获奖年份	获奖等级	获奖项目	完成单位	主要完成人			
6		三等奖	N106 系列车型开发	上汽通用五菱	韦 勇　廖鸿胡　沈 阳　姚佐平 袁智军			
7		三等奖	桑塔纳轿车变速箱倒档结构创新设计	上海汽车股份有限公司汽车齿轮总厂	吴楚森　王永康　王惠忠　严顺康 杨黎强			
8	2007	三等奖	铃木 XL7 轿车外饰系统的开发	泛亚技术中心	邱国华　卫原平　单永飞　史剑晖 许智里			
9		三等奖	相变塑性钢研发和在 STANA 客车中的应用	上海汇众 上海大学	陆雄华　李 麟　张 梅　符仁钰 曹东栋			
10		三等奖	自主开发的自动测试系统平台	延锋伟世通	周 静　杨建军　戴 静　王 彬 张益平			
11		三等奖	KV6 2.5L 发动机的研发和制造	上汽技术中心 上汽乘用车分公司	干 频　平银生　方 杰 Steven Pitt　朱国华			
12		三等奖	别克林荫大道轿车开发	泛亚技术中心	田毓璠　王晨东　陈汉军　周滋峰 项 娇			
13	2008	三等奖	中高级轿车平台自主品牌研发及在荣威 750 目中的应用	上汽乘用车分公司 上汽技术中心	王晓秋　魏燕钦　王 骏　蒋 峻 王德新			
14		三等奖	智能化前方照明调光系统（AFS）关键技术	上海小糸车灯	朱明华　敖锦龙　沈 磊　蒋 淳 蒋旻昊			
15		三等奖	汽车仪表板搪塑自动化生产线的开发	延锋伟世通	王黎清　何强华　沈 敏　刘维斌 蔡 晟			
16		三等奖	KV6 缸体的自主开发	上海皮尔博格	毛建伟　邹海生　朱向东　叶 苗 曹喜彪			
17		三等奖	企业内容管理系统	上海通用汽车	周丽明　黄 娟　覃延科　黄明祥			
18		二等奖	K4 系列发动机开发	上汽技术中心	高卫民　王晓秋　干 频　黄文华 辛 军　平银生　钱 俊　朱国华 陈伟芳　徐小平			
19		三等奖	"跃进牌"后置发动机系列公交底盘开发	南京依维柯旅行车分公司	邵奎柱　李志建　沈 香　喻典宏 张国芳			
20		三等奖	SC8DT 国三天然气发动机开发与产业化	上柴股份	刘 凯　纪丽伟　陆静安　席跃进 任红云			
21	2009	三等奖	电动燃油泵总成 EKP13.3	联合电子	杨文杰　屈晨竹　黄佳健　王治月 石金丽			
22		三等奖	汽车内饰发泡技术在仪表板和门板的创新运用	延锋伟世通	朱 旻　柴琦伥　孙 越　侯剑锋 王 健			
23		特等奖	中级轿车荣威 550 的自主开发	上海汽车集团股份有限公司	陈 虹　陈志鑫　高卫民　王晓秋 张觉慧　王 骏　蒋 峻　黄文华 王德新　蔡 毅　林 勇　羊 军 郝 飞　刘启华　唐晓峰　汤晓东 平银生　顾裕弟　樊 勇　艾维全			

〔续表〕

序号	获奖年份	获奖等级	获奖项目	完成单位	主要完成人			
24	2009	二等奖	FS浮式制动钳	上汽制动系统	葛　宏 邵　瑛 高惠平	陈　华 徐　坚 夏泉源	张　民 缪哲华	余学贵 史向宇
25		二等奖	上海汽车产品工程开发数据管理与全局BOM管理系统	上汽技术中心 上汽乘用车分公司	王德新 徐举宏 吴　钢	李　原 尤　静 冯　晔	付军利 钱　炜	聂承伟 倪雪蕾
26	2010	二等奖	摩托车电喷系统MSE2.0平台项目研制	联合汽车电子	郭晓潞 丁　锋 朱振华	习　纲 田良云 沈利芳	王振锁 韩本忠	屈晨竹 潘明清
27		三等奖	跃进牌前置长前悬公交客车底盘	南京依维柯	喻典宏 周文杰	何学云	陈钟阳	邵奎柱
28		三等奖	非金属结构件安全性能的自主研发能力	延锋伟世通	郭　庆 施　原	孙　洁	程　昕	杨飞舸
29		三等奖	PQ35空调模块、散热器及中冷器	上海贝洱热系统	许维华 伍德虎	石　娟	张晓明	夏　雅
30		三等奖	Epsilon LWB项目内饰系统全球设计集成开发和管理	泛亚技术中心	张志军 王　蕾	黄　斌	成　薇	卢　晓

注：2011年后该奖项不再评选

资料来源：上海汽车集团股份有限公司技术管理部、《上海汽车工业志》

表10-6-9　1984—1985年、1991—2015年上汽获中国汽车行业科技成果/科技进步奖一览表

序号	获奖年份	获奖等级	获奖项目	完成单位	主要完成人
1	1984	三等奖	WD148×74汽车雾灯	上海拖拉机汽车研究所	—
2		三等奖	汽车合理轴重及车速研究	上海拖拉机汽车研究所	—
3	1985	三等奖	车身外形图的程序编制和绘制	上海拖拉机汽车研究所	—
4		三等奖	电动汽车发展方向与合理使用	上海拖拉机汽车研究所	—
5		二等奖	NCS—1非接触式车速仪	上海汽车研究所	
6		三等奖	降低国产250型摩托车最大噪声值研究	上海摩托车研究所	
7	1991	三等奖	上海桑塔纳轿车组合后灯	上海小糸车灯	
8		三等奖	SZT—0156、0135轴瓦专用镗床	上海轴瓦厂	
9		一等奖	上海桑塔纳轿车纵向国产化	上海大众汽车	

〔续表〕

序号	获奖年份	获奖等级	获奖项目	完成单位	主要完成人
10		三等奖	上海桑塔纳轿车安全件——前制动盘铸铁材质研究	上海汽车铸造总厂	—
11		三等奖	上海桑塔纳轿车 QP1225 型起动机	上海汽车电机厂	—
12	1992	三等奖	XF125A 方形摩托车前照灯	上海小糸车灯	—
13		三等奖	DG45、053 电动刮水器	上实交通	—
14		三等奖	上海桑塔纳轿车发动机活塞国产化	上海活塞厂	—
15		三等奖	上海桑塔纳轿车前后悬架弹簧	中国弹簧厂	—
16		三等奖	车用流量传感器	上海汽车研究所	—
17		三等奖	飞羚牌 SH6601 型轻型客车	上海拖拉机内燃机公司 上海汇众 上海汽车研究所	—
18	1993	三等奖	铸铁镁合金材料与压铸技术的研究	上海乾通	—
19		三等奖	上海桑塔纳轿车 SD—508 空调压缩机国产化	上海易初通用机器有限公司	—
20	1994	三等奖	上海桑塔纳轿车后桥总成	上海汇众	—
21		三等奖	JFZ1813 交流发电机	上海汽车电器总厂	—
22		三等奖	6600 系列轻型客车的底盘设计	上海汇众	—
23		四等奖	XF125—B 型摩托车	上海易初摩托车有限公司	袁瑞济　葛进喜　李德生
24	1995	三等奖	上海桑塔纳轿车后减震器总成	上海汇众	阮曼仙　张嘉康
25		三等奖	摩托车发动机非同步输送线改造	上海易初摩托车有限公司	方　杰　周惠枫　徐承德
26		三等奖	SE5H14 汽车空调压缩机	上海易初通用机器有限公司	赵凤高　杨念萱　秦克诚　缪文生 傅　强　王开权　谢玉山等
27		三等奖	桑塔纳轮胎螺栓检测设备	上海汽车研究所	金锡志　任　熔　姚　烈　蔡文龙
28	1996	四等奖	Audi100 轿车离合器总成国产化	上海离合器	杨荷仙　刘　勇　范永红　顾明峰 钱宏远
29		一等奖	上海大众汽车二期技术改造工程桑塔纳 2000 轿车项目	上海大众汽车	王祎垂　秦仲年　陈水森　腾炳檠 胡善龙　姚玉林　孙振华　刘　坚 陆继波　刘振荣　章金荣

〔续表〕

序号	获奖年份	获奖等级	获奖项目	完成单位	主要完成人			
30		三等奖	桑塔纳轿车轴类铸件用热法壳型湿态覆膜沙的研制	中国纺织大学 上汽铸造总厂	赵国骏	黄仲德		
31		三等奖	桑塔纳 2000 轿车组合前、后灯装配复线	上海小糸车灯	叶世威	杨亦兵	严达铭	赵 卓
32	1997	三等奖	30 型数控万能卷簧机	上海中威弹簧	赵玉堂	钟立敏	赵坚强	吴伯良
33		三等奖	上海汽车工业(集团)总公司摩托车产品开发的研究	上汽研究所	史重九 倪新珉	缪文泉	赵丽娜	李嘉芳
34		四等奖	桑塔纳制动真空助力器壳体扭矩与密封性试验台	上汽技术中心	岑文远 郑 欣	蒋国忠 张 莹	金锡志	肖 平
35		三等奖	桑车变速器输入轴毛坯冷挤压工艺研究	上汽股份汽齿总厂	杨歧华 林苗兴	庄建华 林德辰	唐奎兴 张海英	顾有章
36	1998	四等奖	SK6105KP 型公共汽车	上海客车制造厂	陆健丁 朱大林 屠 君	秦 超 沈延东	叶国林 姜杰峰	盛樟洪 朱立伟
37		四等奖	国产 1.5 吨保温浇注炉的改进及应用	上海汽车铸造总厂	方志君	赵新裔		
38		四等奖	MRP Ⅱ 在我厂的应用	上汽股份汽齿总厂	陈因达 陆涵秋	张传鸿	洪文放	赵云晖
39		二等奖	桑塔纳轿车凸轮轴、曲轴壳型模样的研制	上海交通大学 上海汽车铸造总厂	丁文江 翟春泉 朱澄福 陈永根	金永锡 林宗仕 孔卫中 周雪煜	卢 晨 沈金源 范仲嘉	徐小平 金永锡 王后明
40		二等奖	AMP50 - XL 精锻机用系列锻模寿命公关	上海交通大学 上海汽车锻造总厂	程先华 冯建华 阮雷榆	谢 超 张朝阳 汪 黎	舒行畅 陆文渊 刘以宾	胡九锡 柳建韬 谭振华
41	1999	二等奖	活塞综合检测仪	上海交通大学 上海汽车活塞厂	张守愚 王北江 蔡友祥	徐景雍 孙明懋 左德昌	毕浩然 田社平 董高明	朱钧生 唐建华 倪铭诚
42		三等奖	轿车产品关税及非关税政策研究	机械部汽车司 上海汽车工业(集团)总公司	蒋 雷 武兆迁	周世杰	张正智	黄永和
43		三等奖	DCQID 双导轨电动门窗玻璃升降器	上实交通 上海大众汽车	黄锦鼎 何其平 冯清国	顾一帆 季多闻	方家鎏 李秀峻	季文闻 朱宇亮
44		四等奖	GB16169—1996 摩托车和轻便车噪声限值	上海摩托车研究所	马 力	黄 巍	史重九	
45		四等奖	上海汽车齿轮厂企业标准体系	上海汽车股份有限公司汽齿总厂	陈因达 沈震耀	尤石梁	杨歧华	冯自强

〔续表〕

序号	获奖年份	获奖等级	获奖项目	完成单位	主要完成人			
46	2000	二等奖	轿车车身制造质量控制技术	上海交通大学 上海大众汽车	黄继荣 彭少云	王　浩 腾炳良	史　济	祝俊皓
47		二等奖	自动浇注计算机控制系统	上海交通大学 上海汽车铸造总厂	潘俊民 曹雄坤 金永锡	金永锡 袁义方 马越明	田　涛 经　宁 袁义芳	马越明 寿桂良 寿桂良
48		三等奖	上海大众桑塔纳轿车改进项目(99新秀)	上海大众汽车	张觉慧 刘　坚	陈水淼 陆继波	李文辉 刘振荣	孙振华 章金荣
49		三等奖	DL135蜗牛喇叭自动生产线	上实交通	刘渝东 欧利民	李进明	朱鸣华	戴广辉
50	2001	一等奖	别克轿车液力变矩器	上海离合器总厂	葛安林 高春明 黄金陵 陈　晴	赵永彬 张天一 陈钜庆 璩润卫	武文治 宋建兴 顾　煜 韩文明	马　静 金　舸 刘文同
51		二等奖	液力变矩器焊接关键装备及其相关技术	上海交通大学 上海离合器总厂	吴毅雄 高春明 林　涛	石忠贤 楼松年 姚立旺	马　静 赵永彬	金　鑫 高春明
52		三等奖	上海帕萨特B5轿车灯具开发	上海小糸车灯	秦乐平 赵　亮	刘　坚	王顺兴	唐建平
53	2002	三等奖	盘式制动器噪声研究	清华大学汽车安全与节能点实验室 上海大众汽车	管建华 曾庆华	蒋东鹰	林　建	孙振华
54		三等奖	ABS系统匹配开发	上汽制动系统	刘安明 杨晓建	王志煌 金海东	朱　旬 胡国亮	雷晓峰
55		三等奖	汽车活塞模具CAD/CAE/CAM技术开发	上海交通大学 上海科尔本施密特	王定国 李　超	罗妙青	李　振	倪铭诚
56	2003	三等奖	QD2827型起动机开发	上海法雷奥电器	陈国荣 郭瑞骏	赵雪峰	林　毅	曹　智
57		三等奖	轴瓦壁厚自动测量分选机研究	上海交通大学 上海菲特尔莫古轴瓦	孙智义	张剑雄	王石刚	
58		三等奖	轿车密封件多工位加工的关键技术研究及应用	上海交通大学 上海密封件有限公司	杜正春 关键民	蔡增伟	王之骥	徐　建
59		三等奖	汽车车灯防雾涂层的研制与工艺研究	复旦大学 上海小糸车灯	李香君 唐晓林	李玉泉	陆振华	周国庆
60		三等奖	发动机装配线的计算机辅助规划设计系统	上海交通大学 上海大众汽车	卓　斌	顾永生	刘启华	
61		三等奖	摩托车排放污染防治技术对策的制定	中国汽车技术研究中心 武汉理工大学 天津内燃机研究所 国家摩托车质量监督检测中心	—			

〔续表〕

序号	获奖年份	获奖等级	获奖项目	完成单位	主要完成人			
62		一等奖	别克君威系列轿车	上海通用汽车 泛亚技术中心	陈 虹 徐 平 叶 阳	苟逸中 叶 壮 施 杰	张立人 黄 斌 张振宇	刘启明 谢 斌
63	2004	三等奖	SC5M42D 猎豹系列变速器	上海汽车股份有限公司汽齿总厂	杨春保 方伟荣	钱向阳	徐建明	周 诚
64		三等奖	别克轿车 V6 气缸盖铸造新工艺	上海皮尔博格	曹喜彪	江寄生	林国平	黄 耘
65		三等奖	整车质量集成检测系统	上海通用汽车	潘洁波	侯海靖	孙宇光	陶伟俊
66		二等奖	基于虚拟样机的设计与分析方法、平台技术及其应用	同济大学 上海汽车工程研究院 上海大众汽车	吴光强	李文辉	高秋金	魏 宏
67	2005	三等奖	上海桑特钠 3000 轿车开发	上海大众汽车	胡善龙 蔡 谦 马扎根	黄 泓 卢 勇 李华成	牛胜福 王 练	邹玉启 孙德龙
68		三等奖	轿车排气系统软件包开发与应用	同济大学 上海华克排气	黄家卿	楼获明	殷 壮	谭呸强
69		二等奖	SE7PV16 汽车空调压缩机的研制	上海三电贝洱	马 骏 丁 军	姚 奕	何 斌	傅 强
70		二等奖	自主开发别克 GL8 陆尊	上海通用汽车 泛亚汽车技术中心	张立人 叶 壮 黄 斌	崔卫国 傅向阳 成 微	陈 虹 沈建东	徐 平 沈海东
71	2006	三等奖	汽车电子信号灯的自主开发	上海小糸车灯 上海汽车电子工程中心 清华大学 上海大晨光电科技	朱明华 沈 励 杨晓峰	夏冠群 蒋 淳 尤兆麟	顾毓沁 顾东超	顾海军 朱德忠
72		三等奖	汽车复杂型面零件的快速开发技术、设备及其应用	上海交大 上海小糸车灯	习俊通 徐 庶	马登哲 张鸿梁	王月芳 郑 宇	范菲雅 金 烨
73		三等奖	轿车模具自主开发新技术与新工艺	上海大众汽车	程迎潮 尹 铭	刘 罡	张鹰海	杨 棣
74		三等奖	先进表面处理技术在汽车模具中的应用	上海汇众 上海大学	李之光 汪宏斌	吴晓春 黄鸿生	王守兵 汪文忠	闵永安 邬美华
75	2007	二等奖	帕萨特领驭车开发	上海大众汽车	陈志鑫 马扎根 王 昊	叶永明 蔡 谦 胡善龙	张海亮 陶海龙	张觉慧 周平根
76		二等奖	LaCROSSE 君越自主开发	上海通用汽车 泛亚技术中心	张立人 钟 毅 方 健	康华平 王 琼 钱 锋	包 晔 黄 斌	谢 骋 毛向阳

〔续表〕

序号	获奖年份	获奖等级	获奖项目	完成单位	主要完成人			
77		二等奖	新型气体放电光源前照灯与清洗器的自主开发	上海小糸车灯	郭肇基　敖锦龙　朱明华　范　奇 徐志强　李景泉　赵　亮　钱群鹿 蒋　淳　程玲玲			
78		三等奖	N106 系列车型开发	上汽通用五菱	韦　勇　廖鸿胡　沈　阳　姚佐平 袁智军			
79	2007	三等奖	桑塔纳轿车变速箱倒档结构创新设计	上海汽车股份有限公司汽齿总厂	吴楚森　王永康　王惠忠　严顺康 杨黎强			
80		三等奖	铃木 XL7 轿车外饰系统的开发	泛亚技术中心	邱国华　卫原平　单永飞　史剑晖 许智里			
81		三等奖	相变塑性钢研发和 ISTANA 客车中的应用	上海汇众 上海大学	陆雄华　李　麟　张　梅　符仁钰 曹东栋			
82		三等奖	自主开发的自动测试系统平台	延锋伟世通	周　静　杨建军　戴　静　王　彬 张益平			
83		三等奖	KV62.5L 发动机的研发和制造	上汽技术中心 上汽乘用车分公司	干　频　平银生　方　杰 Steven Pitt　朱国华			
84		三等奖	别克林荫大道轿车开发	泛亚汽车技术中心	田毓璠　王晨东　陈汉军　周滋峰 项　娇			
85	2008	三等奖	中高级轿车平台自主品牌研发及在荣威 750 项目中的应用	上汽乘用车分公司 上汽技术中心	王晓秋　魏燕钦　王　骏　蒋　峻 王德新			
86		三等奖	智能化前方照明调光系统(AFS)关键技术	上海小糸车灯	朱明华　敖锦龙　沈　磊　蒋　淳 蒋旻昊			
87		三等奖	汽车仪表板搪塑自动化生产线开发	延锋伟世通	王黎清　何强华　沈　敏　刘维斌 蔡　晟			
88		三等奖	KV6 缸体的自主开发	上海皮尔博格	毛建伟　邹海生　朱向东　叶　苗 曹喜彪			
89		三等奖	企业内容管理系统	上海通用汽车	周丽明　黄　娟　覃延科　黄明祥			
90		三等奖	"跃进牌"后置发动机系列公交底盘开发	南京依维柯	邵奎柱　李志建　沈　香　喻典宏 张国芳			
91	2009	三等奖	SC8DT 国三天然气发动机开发与产业化	上柴股份	刘　凯　纪丽伟　陆静安　席跃进 任红云			
92		三等奖	电动燃油泵总成 EKP13.3	联合电子	杨文杰　屈晨竹　黄佳健　王治月 石金丽			
93		三等奖	汽车内饰发泡技术在仪表板和门板的创新运用	延锋伟世通	朱　旻　柴琦佺　孙　越　侯剑锋 王　健			

〔续表〕

序号	获奖年份	获奖等级	获奖项目	完成单位	主要完成人			
94		特等奖	中级轿车荣威550的自主开发	上海汽车集团股份有限公司	陈 虹 张觉慧 王德新 郝 飞 平银生	陈志鑫 王 骏 蔡 毅 刘启华 顾裕弟	高卫民 蒋 峻 林 勇 唐晓峰 樊 勇	王晓秋 黄文华 羊 军 汤晓东 艾维全
95		二等奖	FS浮式制动钳	上汽制动系统	葛 宏 邵 瑛 高惠平	陈 华 徐 坚 夏泉源	张 民 缪哲华	余学贵 史向宇
96		二等奖	上海汽车产品工程开发数据管理与全局BOM管理系统	上汽技术中心 上汽乘用车分公司	王德新 徐举宏 吴 钢	李 原 尤 静 冯 晔	付军利 钱 炜	聂承伟 倪雪蕾
97	2010	二等奖	摩托车电喷系统MSE2.0平台项目研制	联合电子	郭晓潞 丁 锋 朱振华	习 纲 田良云 沈利芳	王振锁 韩本忠	屈晨竹 潘明清
98		三等奖	跃进牌前置长前悬公交客车底盘	南京依维柯	喻典宏 周文杰	何学云	陈钟阳	邵奎柱
99		三等奖	非金属结构件安全性能的自主研发能力	延锋伟世通	郭 庆 施 原	孙 洁	程 昕	杨飞舸
100		三等奖	PQ35空调模块、散热器及中冷器	上海贝洱热系统	许维华 伍德虎	石 娟	张晓明	夏 雅
101		三等奖	Epsilon LWB项目内饰系统全球设计集成开发和管理	泛亚技术中心	张志军 王 蕾	黄 斌	成 薇	卢 晓
102		一等奖	新赛欧架构平台创建及系列车型的自主开发	上海通用汽车 泛亚技术中心	康华平 刘启明 方 健 张志军	陈 俊 王永清 项 党 沈建东	尹建民 施 杰 谢 骋 徐 平	余秀慧 曹 敏 谢铭诗
103		二等奖	汽车发动机电子控制器平台M780开发	联合电子	陈贤章 潘 文 宋小武	郭晓潞 李 嫩 楼国雄	王振锁 郤业猛	丁 锋 沈利芳
104	2011	二等奖	轿车内饰的安全设计与外观工艺创新	延锋伟世通	郭誉亮 苏 明 杨飞舸	陈海浚 高敏健 刘海红	陈 萍 顾威浩	吴 怡 左朝栋
105		三等奖	朗逸轿车自主开发	上海大众汽车	陈志鑫 童亚平	张海亮	牛胜福	吴庆文
106		三等奖	双向直接数字式轮胎气压监测系统	上海大众汽车 上海泰好电子科技有限公司	刘新亮 余召锋	王 练	朱丽敏	马晋兴

〔续表〕

序号	获奖年份	获奖等级	获奖项目	完成单位	主要完成人			
107	2011	三等奖	汽车多功能系统集成方式创新及关键电子模块网关研发	泛亚技术中心	谢铭诗 王 辉	钟 毅	王万荣	徐振华
108		三等奖	双腔贯穿式真空助力器/制动主缸总成开发	上汽制动系统	葛 宏 邵 瑛	马 闯	朱晓东	熊 伟
109		三等奖	小排量汽车空调用双向斜板定排量压缩机的自主研发	上海三电贝洱	何 斌 顾晓峰	姚 奕	余倬君	顾 文
110		三等奖	大型汽车车身零件级进模模具制造与应用	上海赛科利汽车模具	阳春启 李玉强	叶 燕	薛 晨	郭 强
111	2012	二等奖	某型军用越野救护车研制	南京依维柯/南汽专用车	方德广 吴旭静 唐 磊	温晋英 吕传志 王兴祖	陈荣华 曹 玮	徐忠淦 袁刘凯
112		二等奖	豪华商务车智能电动滑移门系统技术创新开发	泛亚技术中心	沈建东 郝 艳 叶 青	卫原平 刘海琳 陈伟波	李俊海 钟 毅	曾良才 雍建军
113		三等奖	荣威350轿车开发	上汽技术中心 上汽乘用车分公司 南汽集团	娄臻亮 戴建军	吴海平	羊 军	孙宏根
114		三等奖	上海通用SGM258（新GL8）座舱模块的自主集成设计开发	延锋伟世通	王 琢 陈 瑶	仲卫利	叶 佳	孟宪旭
115		三等奖	APSLC汽车座椅骨架平台	延锋江森座椅	唐臻毅 胡殿金	唐 勋	胡晓春	张 武
116		三等奖	汽车覆盖件模检具制造技术	上海赛科利汽车模具	须俊华 曹荣回	董剑安	李玉强	徐伟检
117		三等奖	新能源汽车示范运行信息监控服务平台	上海汽车集团股份有限公司	刘 奋 程 浩	吕成浩	梁伟铭	邹清全
118	2013	二等奖	宝骏630自主创新优化开发	上汽通用五菱 泛亚技术中心	黄 训 尹 刚 黄忠文	沈 阳 钱 宁 蓝志宝	汪杰强 王 勇	杨 晓 李军亮
119		二等奖	轿车液力变矩器系列开发产品与技术	上海萨克斯动力 同济大学	吴光强 黄建勋 金书彝	陈 祥 邹玉国	王 欢 周含露	王立军 陈 凯
120		二等奖	汽车底盘悬架系统架构的自主开发	泛亚技术中心	谢 聘 陈 璟 朱 挺	杨万安 杜 弋 王 蠡	刘拥军 王 峰	舒 进 刘立刚
121		三等奖	新MG3轿车的自主开发	上汽技术中心 上汽乘用车分公司	黄文华 陈伟泉	徐康聪	康 飞	周平根

〔续表〕

序号	获奖年份	获奖等级	获奖项目	完成单位	主要完成人			
122		三等奖	R系列轻型车用国Ⅳ柴油机开发和产业化	上柴股份	钱俊 杨国强	严永华	谢美莲	刘雄
123		三等奖	变速器轴类零件多工位自动化冷锻成形技术	上海保捷汽车零部件锻压有限公司	张海英 马森林	周煊	魏康中	王惠忠
124	2013	三等奖	别克英朗汽车空调外控式变排量压缩机的自主开发	上海三电贝洱	邵翌旻 姚奕	王翔	袁凌翔	马骏
125		三等奖	汽车发动机电子控制器平台ME788开发	联合电子	郭晓潞 白日光	朱振华	潘文	于世涛
126		三等奖	上海汽车售后诊断系统的自主开发	上汽技术中心 上汽乘用车分公司	张程 吕律赋	邱国华	林祖庆	万庆
127		二等奖	纯电动轿车荣威E50的自主开发	上汽乘用车分公司 上汽技术中心 上海捷能汽车技术有限公司	朱军 陆珂伟 隋蕾	傅振兴 张剑锋 孟祥斐	徐康聪 浦金欢	张东 樊晓松
128		二等奖	基于数字化制造资源系统的新项目工程开发	上海通用汽车	王玲 王晓冬 王宏	杨虹 王立影 李刚	陈锡荣 陈丹丹	许先中 杨冬梅
129		三等奖	整车电子电气架构CLEA及核心零部件的自主开发	泛亚技术中心 上海通用汽车	谢铭诗 黄凯兵	钟毅	刘敏	王万荣
130	2014	三等奖	汽车座椅的舒适性流程开发与应用	泛亚技术中心	成薇 谭荡	董明	岳双	叶阳
131		三等奖	车身架构精益化自主开发	泛亚技术中心	王镝 吕少锋	陈东平	周强	施云翔
132		三等奖	汽车发动机电子控制器平台ME1788开发	联合电子	张新波 秦文刚	陆献忠	习刚	郝明德
133		三等奖	面向C-NCAP(2012)五星性能的汽车约束系统技术	延锋百利得	王治家 杨丽丽	朱晓光	周厚林	焦磊
134		三等奖	电动车智能自动空调与热管理系统集成	泛亚技术中心	谢铭诗	钱锐	葛如炜	卢刚
135		二等奖	高性能电动助力转向系统及关键技术自主开发与产业化	上汽技术中心 上海联创汽车电子有限公司 上海采埃孚	张觉慧 罗来军 陶喆	芦勇 吕帅 郑虎	周中坚 张琼炎	张成宝 殷古鹏
136	2015	二等奖	上汽集团技术中心动力总成CAE开发平台	上汽技术中心	陈明 崔权	徐政	张小矛	张小虎
137		三等奖	紧凑型商务车整车工程创新技术及应用	上汽通用五菱	李江柳 谢庆年	吕俊成	巫绍宁	韦勇

〔续表〕

序号	获奖年份	获奖等级	获奖项目	完成单位	主要完成人
138		三等奖	FAMC GENII 系列发动机开发	泛亚技术中心	尹建民　刘爱东　王立新　王　勇 彭世义
139		三等奖	VW253 新型高性能低成本空调模块	上海贝洱热系统	石　娟　张　巍　傅　聪　陆小军 沈　乐
140		三等奖	别克新君越全球外饰系统新技术自主开发及应用	泛亚技术中心	钱　玮　许建荣　严建华　周　强 李　巍
141	2015	三等奖	超高强钢热成形工艺开发与模具设计制造技术	上海赛科利汽车模具	陈　珂　李晓宸　马治军　陈　峰 邓　林
142		三等奖	轻量化铝合金汽车覆盖件的模具开发	上海赛科利汽车模具	孙潇女　徐伟检　王　勇　李玉强 郭　强
143		三等奖	轻量化车身连接技术开发应用	上海拖内	王诗恩　褚卫东　王大明　姜典保 孙智敏
144		三等奖	发动机防盗方案的系统化自主开发	泛亚技术中心	谢铭诗　王万荣　黄凯兵　杨玉良 王　辉
145		三等奖	上海大众整车异响分析平台建设	上海大众汽车	马扎根　周　炜　徐　俊　林纪春 袁译翀

资料来源：上海汽车集团股份有限公司技术管理部、《上海汽车工业志》

表 10-6-10　1979—2015 年部分年份上汽获上海市科技成果/科技进步奖一览表

序号	获奖年份	获奖等级	获奖项目	完成单位	主要完成人
1		重大科技成果奖	ZQMZL—C0.4 轴向球塞液压马达	上海拖拉机汽车研究所	—
2	1979	三等奖	内撑镀铬油环工艺	上海活塞环厂	—
3		三等奖	四轮驱动拖拉机关键技术研究	上海拖拉机汽车研究所	—
4	1987	三等奖	ST/H 冲天炉消烟除尘系统项目	上海汽车发动机厂铸造分厂	—
5		优秀成果奖	SD6600 型客车底盘	上海第二汽车底盘厂	—
6		二等奖	SH162 型 10 吨载货汽车	上海重型汽车厂	—
7	1988	科技进步奖	CG125 摩托车技术应用于 XF125 摩托车	上海易初摩托	—
8		三等奖	BW 发动机喷油泵	诚孚动力机厂	—
9		三等奖	上海桑塔纳轿车座垫	上海延锋汽车内饰件厂	—
10	1989	四等奖	仿制英国镗瓦机	上海轴瓦厂	—

〔续表〕

序号	获奖年份	获奖等级	获奖项目	完成单位	主要完成人			
11	1990	二等奖	铸造镁合金材料的研究与压铸技术	上海第一汽车附件厂	—			
12		三等奖	装配线信号计算机管理系统	上海大众汽车				
13	1993	三等奖	上海—654型拖拉机	上海拖拉机内燃机公司	—			
14		三等奖	桑塔纳轿车车身总拼焊输送线	上海大众汽车	—			
15	1994	二等奖	上海桑塔纳轿车变速器壳体压铸模具	上海乾通汽车附件有限公司	—			
16		三等奖	等速传动疲劳寿命试验机	上海纳铁福	—			
17		三等奖	桑车变速器输人轴毛坯冷挤压工艺研究	上海汽车股份有限公司汽齿总厂	杨歧华 林苗兴	庄建华 林德辰	唐奎兴 张海英	顾有章
18	1999	三等奖	桑车后制动毂铸件质量研究	上海大学 上海汇众	顾焕玉 吕志军	戴宗林	鲍南江	潘振华
19		三等奖	上海桑塔纳2000型后轿和前轮驱动总成国产化	上海汇众	陆雄华	金晓春	周九石	黄守兵
20		一等奖	液力变矩器生产线关键制造技术及其装备	上海交通大学 上海离合器总厂	吴毅雄 高春明 林 涛	石忠贤 楼松年 姚立旺	马 静 赵永彬	金 鑫 李铸国
21		二等奖	桑塔纳轿车五档变速器(013 300043)装配线	上海市机电设计院 上汽齿轮总厂 上海第三机床厂	戴子华	陆毅仁	张雄斌	陶世宽
22	2000	二等奖	BUICK外部灯	上海小糸车灯	郭肇基	陆淳毫	陈康元	徐志强
23		三等奖	Si-Mo耐热蠕墨铸铁排气铸铁排气管材质及工艺研究	上海大学 上海汽车铸造总厂	林宗仕	吴根成	朱澄福	王建生
24		三等奖	汽车车内噪声预测、诊断、优化设计和控制研究	同济大学 上海大众汽车	靳晓雄 白胜勇	余卓平	周 宏	张立军
25		三等奖	上海别克轿车空调器	上海德尔福汽车空调	董国平 刘宏伟	周艰平 徐华颖	程宝弟 韩晓波	蔡 戟
26	2001	一等奖	液力变矩器生产线关键制造技术及其装备	上海交通大学 上海离合器总厂	吴毅雄 高春明 林 涛	石忠贤 楼松年 姚立旺	马 静 赵永彬	金 鑫 李铸国
27		一等奖	基于数值模拟的轿车冲压成形质量控制	上海交通大学	李淑慧			

〔续表〕

序号	获奖年份	获奖等级	获奖项目	完成单位	主要完成人			
28		二等奖	上海帕萨特轿车（PASSAT）	上海大众汽车	秦仲年 李文辉 刘振荣	程惊雷 刘 坚	马扎根 陆继波	陈水森 章金荣
29	2001	二等奖	上海帕萨特 B5 轿车灯具开发	上海小糸车灯 上海大众汽车	秦乐平 赵 亮	刘 坚	王顺兴	唐建平
30		三等奖	别克轿车车灯装配线	上海小糸车灯	杨亦兵 王群伟	陶国永 孔天雄	忻国祥 宫成富	陈似松
31		二等奖	赛欧轿车引进、开发与制造	上海通用汽车 泛亚技术中心	张振华 谭 勇 陈 虹	魏燕钦 施 杰 胡单妮	黄文华 周 强	刘启明 王永强
32	2002	二等奖	车身功能尺寸互动优化设计系统及在桑塔纳轿车上的应用	上海大众汽车	黄继荣 彭少云	王 浩 腾炳良	史 济	祝俊皓
33		二等奖	上海桑塔纳 2000 轿车新技术研究及产品开发	上海大众汽车	秦仲年 刘 坚	马扎根 陆继波	陈水森 章金荣	李文辉 刘振荣
34		三等奖	ABS 系统匹配开发	上汽制动系统	刘安明 杨晓建	王志煌 金海东	朱 旬 胡国光	雷晓峰
35		二等奖	汽车模型风洞建设及其测试分析技术	同济大学 上汽集团	项海帆 施宗城	林志兴	余卓平	陈 伟
36		三等奖	汽车传动与其控制系统设计理论、方法和关键技术及在产品开发中的应用	同济大学 上海汽车股份有限公司 汽齿总厂	杨春保 徐 兵 葛海龙	王惠中 田利红	方伟荣 李益南	葛 兵 唐忠荣
37		三等奖	轿车密封件多工位加工的关键技术研究及应用	上海交通大学 申雅密封件	杜正春 关键民	蔡增伟	王之骥	徐 建
38	2003	三等奖	轴瓦壁厚自动测量分选机研究	上海交通大学 上海菲特尔莫古轴瓦	孙智义	张剑雄	王石刚	
39		三等奖	赛欧动力转向器总成开发	上海采埃孚	宋培纯			
40		三等奖	QD2827 型起动机开发	上海法雷奥电器	陈国荣 郭瑞骏	赵雪峰	林 毅	曹 智
41		三等奖	人机工程技术及 PTS 应用系统	上海大学 上海汇众	许珞萍 张恒华	邵光杰	李 麟	邬美华
42		二等奖	产品开发中的功能样件快速制造技术研究及应用	上海交通大学 上海小糸车灯	习俊通 徐 庶	马登哲 张鸿梁	王月芳 郑 宇	范菲雅 金 烨
43	2004	二等奖	采用全透明光滑曲面等新技术的轿车外部灯	上海小糸车灯	冯 昱 程玲玲 郑迪亮	华梁宏 陶国永	许建荣 马 强	王家云 施逢荣
44		二等奖	SC5M42D 猎豹系列变速器	上海汽车股份有限公司 汽齿总厂	杨春保 方伟荣	钱向阳	徐建明	周 诚

〔续表〕

序号	获奖年份	获奖等级	获奖项目	完成单位	主要完成人			
45		二等奖	ABS 电子控制器开发	上汽制动系统	胡国亮　李　哲　杨晓建　朱　旬 王志煌			
46		三等奖	别克轿车 V6 气缸盖铸造新工艺	上海皮尔博格	曹喜彪　江寄生　林国平　黄　耘			
47	2004	三等奖	SWB6105HDP10－3 型城市客车	上海申沃客车	陆健丁　秦　超　叶国林　盛樟洪 朱大林　沈延东　姜杰峰　朱立伟 屠　君			
48		三等奖	往复式内燃机排放测量系列标准	上海汽车工程研究院	瞿俊鸣　陈一士　戴朝典			
49		二等奖	面向企业供应链的物流优化决策支持系统	同济大学 上海凌鼎管理软件 上汽大众销售	仲霁青　金　麒　霍佳震　隋明钢 尤建新　刘国平　李　力　张塑共 朱洪武　李　虎			
50		二等奖	上海桑特钠 3000 轿车开发	上海大众汽车	胡善龙　黄　泓　牛胜福　邹玉启 蔡　谦　卢　勇　王　练　孙德龙 马扎根　李华成			
51	2005	二等奖	SGM12 内饰（仪表板/副仪表板/遮阳板）开发	延锋伟世通汽车饰件系统（上海）有限公司				
52		三等奖	可配置产品结构设计及实时数字化验证	泛亚技术中心				
53		三等奖	系列吊管机底盘开发	上海彭浦机器厂				
54		三等奖	汽车虚拟样机与虚拟试验及其平台技术研究	同济大学 上汽集团股份汽车工程研究院 上海大众汽车	—			
55		二等奖	提高汽车模具寿命的关键表面处理技术	上海大学 上海汇众	—			
56		二等奖	SE7PV16 汽车空调压缩机的研制	上海三电贝洱	—			
57	2006	二等奖	LED 汽车灯具的自主开发	上海小系车灯 上海信耀电子有限公司 清华大学 上海大晨光电科技有限公司				
58		三等奖	10.5 米高等级环保城市客车的开发	上海申沃客车	—			
59		三等奖	自动变速器控制系统及其实验台的开发与研制	同济大学 上海汽车股份有限公司 汽齿总厂	—			
60		三等奖	别克陆尊系统车型自主开发	上海通用汽车	张立人　崔卫国　陈　虹　徐　平 叶　壮　傅向阳　沈建东　沈海东 黄　斌　成　微			

〔续表〕

序号	获奖年份	获奖等级	获 奖 项 目	完 成 单 位	主 要 完 成 人			
61		一等奖	燃料电池轿车动力系统集成与控制技术	同济大学上海燃料电池动力系统有限公司 上海汽车(集团)总公司	—			
62		二等奖	新颖帕萨特领驭车设计及总体开发	上海大众汽车	—			
63	2007	二等奖	LaCROSSE 君越设计及总体集成技术	上海通用汽车 泛亚技术中心	张立人 康华平 包 晔 谢 骋 钟 毅 王 琼 黄 斌 毛向阳 钱 锋 方 健 李 歧 邱国华 田克平 路晓丽 徐芳心			
64		三等奖	汽车用气体放电光源(HID)前照灯(含清洗器)开发与应用	上海小糸车灯	—			
65		一等奖	复杂薄板产品设计过程中偏差控制的新技术新方法	上海交通大学 上海通用汽车	林忠钦 荀逸中 来新民 沈绍嵘 金 隼 胡 敏 沈利冰 卢兵兵 王 华 谢 骋 储国平			
66		二等奖	中高级轿车自主品牌荣威750 的自主开发	上海汽车集团股份有限公司乘用车分公司 上海汽车技术中心	王晓秋 魏燕钦 王 骏 蒋 峻 王德新 黄文华 刘启华 樊 勇 郝 飞 羊 军 陈明伟 周建军			
67	2008	二等奖	轿车座椅骨架功能件模块化柔性装配关键技术及生产线研制	上海大学 上海延锋江森座椅有限公司 上海克来机电自动化工程有限公司	谈士力 金 灏 苏建良 杜文锋 王阳明 张海洪 周 涛 申 虎 沈立红 王卫峰			
68		三等奖	别克林荫大道轿车自主创新开发司	泛亚技术中心	田毓璠 王晨东 陈汉军 周滋峰 项 娇			
69		三等奖	汽车虚拟试验技术研究与开发	同济大学 泛亚技术中心	吴光强 高卫民 沈建东 盛 云 沈海东 方 杰 鞠丽娟			
70		二等奖	多功能柔性整车空间架构集成设计平台	泛亚技术中心	高建远 方 健 杨宇光 王 勇 梁清林 林树楠 郑 巍 胡雪芬			
71	2009	三等奖	电控单燃料大型公交车用天然气发动机的研究开发和产业化	上柴股份	刘 凯 纪丽伟 陆静安 席跃进 任红云 储利民 黄新荣			
72		三等奖	Octavia 明锐轿车	上海大众汽车	陈志鑫 刘 坚 张海亮 牛胜福 吴庆文 姚玉林 华慕文			
73		三等奖	乘用车□□安全集成技术开发□	上汽技术中心	高卫民 汤晓东 王大志 张 帆 杜汉斌 李碧浩 杨志刚			
74	2010	一等奖	自□品牌荣威中级轿车平□荣威550轿车研发	上汽技术中心 上汽乘用车分公司	高卫民 王晓秋 张觉慧 王 骏 蒋 峻 黄文华 王德新 蔡 毅 林 勇 羊 军 郝 飞 刘启华 唐晓峰 顾裕弟 樊 勇			

〔续表〕

序号	获奖年份	获奖等级	获奖项目	完成单位	主要完成人			
75		三等奖	应用于全球车型平台的汽车内饰系统自主设计	泛亚技术中心	张志军 黄 斌 成 薇 卢 晓 王 蕾 邱之川 周 强			
76		三等奖	汽车发动机电子控制器平台 ME780 开发	联合电子	陈贤章 郭晓潞 王振锁 丁 锋 潘文李 郜业猛			
77	2010	三等奖	朗逸(LAVIDA)轿车自主开发	上海大众汽车	刘 坚 张海亮 牛胜福 吴庆文 姚玉林 胡善龙 马扎根			
78		三等奖	SH78Z 变速器总成	上汽变速器 上汽车技术中心	杨春保 王惠忠 方伟荣 葛 兵 徐 兵 陈 逸 田利红			
79		三等奖	汽车产品开发数据全生命周期管理系统	上汽技术中心	付军利 聂承伟 徐举宏 尤 静 钱 炜 王德新 李 原			
80		二等奖	帕萨特新领驭轿车开发	上海大众汽车	邵景峰 黄 贝 郑志军 刘 斌 李秀海 沈卫东 胡文伟 张浩波 程迎潮 邵春晖			
81		三等奖	上海世博会混联混合动力客车技术研发	上海汽车商用车有限公司	顾 庆 兰志波 陈彦雷 姚 杰 杜建福 孙 磊 胡 毅			
82		三等奖	汽车智能灯光控制系统(含 ECU)的产业化	上海小糸车灯	朱明华 沈 磊 蒋 淳 袁晓岗 李志兵 顾 丹 杨亦兵			
83	2011	三等奖	SE6PV14 小排量汽车可变排量空调压缩机的自主研发	上海三电贝洱	姚 奕 何 斌 马 骏 邵翌旻 吴卜显 夏 巍 马文彬			
84		三等奖	乘员安全舒适系统集成技术— Epsilon 座椅产品的应用	上海延锋江森	金连吉 顾 玮 徐 峰 刘树清 张 辉 韩佳慧 许智诚			
85		三等奖	汽车产品质量问题控制系统	上海汽车股份有限公司	陈志鑫 邱国华 吴 钢 邵纪卫 杨 帆 彭 剑 姚正名			
86		二等奖	基于改型优化的轿车液力变矩器产品系列开发新技术	上海萨克斯动力 同济大学	吴光强 陈 祥 王 欢 周含露 王立军 陈曙光 冀海燕 胡应存			
87	2012	三等奖	自主品牌 A 级轿车开发	上海汽车股份有限公司	娄臻亮 吴海平 孙 军 汤晓东 艾维全 龚红兵 羊 军			
88		三等奖	新赛欧架构平台创建及系列车型的自主开发	上海通用汽车 泛亚汽车技术中心	康华平 陈 俊 尹建民 余秀慧 刘启明 王永清 施 杰			
89		三等奖	大规模汽车物流低碳化与智能化关键技术的集成创新与应用	安吉物流 上海海事大学	余 德 莫金康 黄有方 林万隆 胡志华 李 峰 阮树辉			
90	2013	二等奖	GL8 豪华商务车架构平台创建及系列车型的自主开发	泛亚技术中心	陈 虹 金章敏 王春林 方 键 施 杰 毛向阳 王 镝 成 薇 孙 奕 钟 毅			

〔续表〕

序号	获奖年份	获奖等级	获奖项目	完成单位	主要完成人			
91	2013	二等奖	汽车发动机电子控制器平台 ME780 开发	联合电子	郭晓潞 白日光 蒋　云	朱振华 董国江 历宝录	潘　文 张晓琴	于世涛 郭　辉
92		二等奖	上汽全新 A0 级小车平台构建及其系列车型的自主研发	上海汽车股份有限公司	黄文华 陈伟泉 古　涛	徐康聪 杜汉斌 董启春	康　飞 刘　永	周平根 江中华
93		二等奖	一种拥有自主知识产权的 AMT 变速器的研制与应用	上汽变速器	汤海川 陈　逸	鲍为祖	薛红宇	马森林
94		三等奖	新能源汽车轻量化技术开发	上汽股份 上海交通大学 同济大学 上海理工大学	凌天钧 郑松林	冯　奇 张建武	朱　平 董　杰	林建平
95		三等奖	荣威 Hybrid 中级轿车研发	上海汽车股份有限公司	张　钊 潘　珂	陈明伟 虞金霞	傅振兴 张　鹏	周宇星
96		三等奖	国Ⅳ车用天然气发动机研制与产业化	上柴股份	刘　凯 李朝阳	纪丽伟 任红云	陆静安 吴宇波	储利民
97	2014	二等奖	整车电子电气架构 CLEA 及核心零部件的自主开发	泛亚技术中心 上海通用汽车	谢铭诗 黄凯兵 王　辉	钟　毅 王晨东 杨玉良	刘　敏 顾晓莉	王万荣 童　菲
98		二等奖	纯电动轿车荣威 E50 的自主开发	上汽集团	朱　军 陆珂伟 隋　蕾	傅振兴 张剑锋 孟祥斐	徐康聪 浦金欢	张　东 樊小松
99		二等奖	电动汽车动力总成多能源控制系统关键技术研究与产业化应用	上海交大 上海华普汽车有限公司 上海极能	殷承良 张　希 庞雷保	张　彤 阚卫峰 陈　俐	张　勇 姜杰峰	张建龙 黄宏成
100		三等奖	汽车机油泵设计制造的关键技术	上海幸福摩托 上海工程技术大学	李金国 刘永芳	黄立新 郑霞君	李一峰 徐　杰	王岩松
101		三等奖	汽车发动机相位传感器 PG‐U 开发	联合电子	孙广建 屈晨竹	程　捷	许长春	林卫东
102		三等奖	基于柴油机本体结构优化的机内净化减排关键技术及应用	上海理工大学 上柴股份	褚超美 陈家琪	纪丽伟 步裕方	邱国平 周磊磊	凌建群
103	2015	二等奖	FAMC GENII 系列发动机开发	泛亚技术中心	尹建民 彭世义 吴　楚	王立新 单炯毅 梅本付	王　勇 刘宇恒	刘爱东 陈红兵
104		二等奖	永磁同步电机驱动的高性能电动助力转向系统自主开发	上汽集团 联创电子 上海采埃孚	张觉慧 罗来军 陶　喆	芦　勇 吕　帅 郑　虎	周中坚 金灿龙	张成宝 殷古鹏

〔续表〕

序号	获奖年份	获奖等级	获奖项目	完成单位	主要完成人			
105	2015	二等奖	DCT360 双离合自动变速器总成的自主研发	上汽集团	黄文华 李一民 李 育	黄明礼 方伟荣 施洁青	姜 超 张 轶	辛 军 焦 伟
106		二等奖	自主品牌 V80 轻型客车平台及系列车型开发	上汽集团 上海汽车商用车有限公司	曹 笈 李应军 付军强	郁 强 陆辰一 李忠欣	吴旭陵 高德明	张继育 巴颖峰
107		三等奖	别克新君越全球外饰系统新技术自主开发及应用	泛亚技术中心	钱 玮 成 薇	许建荣 单永飞	严建华 隋 华	周 强
108		三等奖	自动变速箱控制系统开发	联合电子	王振锁 钱贾敏	杨 庆 薄云东	历宝录 江明辉	陈子顺
109		三等奖	SCM360B 六速手动变速箱开发	上汽集团	方伟荣 李益南	刘飞涛 杨建东	辛 军 胡 伟	顾健华

资料来源:上海汽车集团股份有限公司技术管理部、《上海汽车工业志》

第十一篇

供销物流

概　述

　　1950—1978年，国家实行计划经济，公司作为行政性公司，物资供应由上级主管工业局和国家物资管理部门计划统配，产品由国家物资部门统购统销。1978年，公司实行企业性公司试点，开始获得物资采购和产品销售的自主经营权。

　　在物资采购领域，1978年，公司物资供应由统一计划调拨逐步改为与原材料基地直接订货。1984年，上汽成为企业性公司后设立专门机构，统一管理所属企业物资采购业务，实现了从国家计划统配到公司集中采购的转变。1985年以后，上海大众汽车有限公司等合资企业率先拥有物资采购自主权，推动物资采购从主管公司集中采购向企业自主和专业公司主管相结合的转变。1999年，公司推广上海通用汽车有限公司"一体化"管理经验，搭建集团集中采购平台，提高物资采购管理水平。

　　在产品销售领域，1979—1984年，公司先后设立产品销售专业机构和专业公司，统一管理所属企业销售业务，实现了从国家统购统销到主管公司自主营销的转变。1985年，上海汽车工业销售公司成为上海桑塔纳轿车的总经销。此后在全国以中心城市为依托，建立销售分公司，形成中国汽车行业最大的营销网络体系。1998年，上海通用汽车有限公司建立企业自主营销管理机构，开始实现从专业公司统一营销到企业自主营销的转变。2000年，上海上汽大众销售有限公司成立，也开始自营整车销售。上海整车企业自主营销的转变基本完成。之后上海汽车集团股份有限公司乘用车分公司、上汽大通汽车有限公司等企业的整车产品全部实行自主营销。

　　在汽车物流领域，1988年，上汽销售成立储运机构；1992年，上海安达汽车储运公司成立；2000年更名为安吉汽车物流有限公司；2009年，该公司成为上汽直管子公司并发展成为中国最大的汽车物流专业公司，物流业务作为公司新的业态在服务贸易板块显现重要地位。

　　上汽于1957年开始生产汽车，1975年汽车销量超过1万辆。20世纪90年代以后，汽车年销量持续快速增长。1990—2004年，上海大众汽车有限公司年销量连年位居中国轿车市场第一。其中1990—1998年，销量连年占中国轿车市场40％以上。上汽于1993年年销突破10万辆位，居中国轿车市场第1位以后，2005年突破100万辆，2006年达到135万辆，开始位居中国汽车市场第1位。2009年和2010年，上汽通用五菱汽车股份有限公司和上海通用汽车有限公司先后成为中国第1家年销100万辆汽车和100万辆乘用车的汽车企业。2009年、2010年、2011年和2014年，上汽相继成为中国第一家年销200万辆、300万辆、400万辆和500万辆的汽车集团。2015年，上汽汽车销量590万辆，连续10年位居中国汽车集团第1位，连续5年位居世界汽车公司第7位。

　　20世纪60年代，公司零部件开始执行出口援外任务。1980年，上汽开始统计出口创汇数据，当年为67万美元。80年代中期，整车开始出口。1981年、1989年、2000年和2010年，上汽年出口创汇先后突破100万美元、1 000万美元、1亿美元和10亿美元。至2015年，累计出口创汇171.32亿美元，其中整车68.26亿美元、零部件91.63亿美元；汽车和拖拉机累计出口53.2万辆和2.1万辆。

第一章 采 购

1955年公司成立后,物资采购实行国家统一计划层层调拨。公司进行企业性公司试点并正式成为企业性公司后,采购管理经历3次变化。第1次从1978年开始,物资采购从国家统一调拨转为公司成立的专业机构集中管理。第2次从1985年开始,上汽所属中外合资企业获得采购自主权,物资开始从集中采购转向企业自主采购。第3次变化从1998年开始,上汽改善采购管理体制和制度,搭建集团"一体化"网上采购平台,推进精益采购管理。

第一节 计划统配、集中采购

一、国家计划统配

1955年12月,上海市内燃机配件制造公司(简称上海市内配公司)成立。1956年2月,上级工业局上海市重工业局撤销负责汽车零配件物资调配的业务处机械四科,该项业务划归上海市内配公司材料科。同年9月,该公司材料科与业务科合并,成立供销科,负责公司及所属工厂物资的国家计划调配。1958年3月,上海市内配公司与上海市动力设备制造公司合并后的上海市动力机械制造公司,以及1960年1月和1969年11月先后更名的上海市农业机械制造公司和上海市拖拉机汽车工业公司(简称上海市拖汽公司),均分别设立负责公司及所属工厂物资计划调配的供销科、供应科和生产组。

这一时期的公司作为行政性公司,对所属企业原材料供应实行局、公司、工厂三级管理方式,即由工厂按产品任务,向公司提出需要的物资计划;公司汇总统计各厂所需物资编制计划上报主管工业局;主管工业局汇审后统一向国家物资管理部门申请;国家物资部门同意后,由主管工业局分配至公司,公司再分配至工厂,并监督工厂物资使用情况。

二、公司集中采购

【体制】

1978年11月,上海市拖汽公司被国家经济委员会批准为企业性公司试点单位,逐步获得产、供、销统一管理的独立经营权。1984年9月正式成为企业性公司的上海汽车拖拉机工业联营公司(简称上海汽拖联营公司)建立生产供应部;12月,建立上海汽车拖拉机材料供应仓储服务公司,性质为独立核算、自负盈亏的经济实体。1985年1月,生产供应部与材料供应仓储服务公司实行"两块牌子,一套班子"的体制;11月,生产供应部改部为处。1988年1月,材料供应仓储服务公司更名为上海汽车拖拉机材料供应公司;3月,该材料供应公司改名为上海汽车拖拉机物资公司。1989年12月,该物资公司与上海汽车拖拉机销售公司合并,组建上海汽车工业供销公司,下设钢材供应科。1992年,上海汽车工业供销公司撤科建部,成立材料供应部,负责物资供应。随着企业日益成为市场主体,公司集中采购供应体制开始逐步向企业自主采购体制转变。1994年6月,上海汽车工业供销公司更名为上海汽车工业销售总公司(简称上汽销售),主营业务转变为上海桑塔纳轿车销售和汽车物流为主。

【管理】

从1979年开始至上汽销售成立,公司物资管理部门从物资供应、物资管理、定额管理和仓库管理等方面,采取多种措施服务企业保证生产,其间于1989年7月起实行物资采购和管理统计报表计算机汇总。

在材料供应方面:1991年,鉴于原材料物资供应由计划调拨转为企业与原材料供应基地直接订货,上海汽车工业供销公司通过国家物资部门和上海市经济委员会(简称上海经委),与钢材、生铁和铝合金等原材料供应基地建立长期稳定供应协作关系。1993年,在原材料紧张和价格猛涨情况下,物资部门通过"利用、求援、协作、串换"等各种措施,串换钢材4.48万吨、有色金属材料0.08万吨、生铁0.2万吨,确保当年全行业企业生产用料。

在材料定额管理方面:1980年,物资部门编制实施《定额供料制度》,根据生产作业计划,按期量标准实行定额供料。同年还根据国家农业机械部和第一机械工业部为降低产品钢材单耗提高利用率联合编印的统计报表,开展编制实施"04"表工作并取得成效,据当年28家企业80个产品统计,实耗钢材为定额钢材的53.6%。1994年,上海汽车工业供销公司修订贯彻《原(辅)材料管理办法》,进一步规范单位材料消耗定额、材料核算、原(辅)材料订货调剂和库存管理等材料管理工作。

在仓库管理方面:1977—1979年,公司整顿马路仓库,扭转仓库管理混乱局面,抓好仓库管理基础工作。1980年以后,仓库管理进一步落实"数量清、材质清、规格清、库容整齐、堆放整齐、账、物、卡一致"的"三清、二齐、三一致"管理要求;物资存放进一步落实"标记鲜明、材质不混、整齐有序,横看成线、竖看成行,左右对齐、间隔明显,每层标数、签牌齐全,固定位置、对号入座"的"四号定位、五五摆放"管理要求;以及"防锈、防腐、防霉"的"三防"要求进行管理,使仓库管理水平适应现代化生产需要。

第二节　企业自主采购

一、上汽大众物资采购

上汽大众汽车有限公司(简称上汽大众)1985年成立时即设立负责生产性和一般性两大类物资采购的供应部。2015年,该部下设金属、电器、动力总成、外饰、内饰、前期、一般等采购和批量控制与全球采购8个科,员工从成立时数十人增加到300多人。

上汽大众采购遵循"货比三家"原则。成立初期,借鉴德国大众汽车公司经验,建立健全公司采购管理程序和制度,编制实施《供应商最终确定规定》《一般物资采购规定》等流程文件。公司成立联合采购委员会,由总经理、副总经理兼商务执行经理,及供应、财务、产品工程、质量保证、物流等部门经理组成。联合采购委员会定期召开会议,由供应部介绍商务谈判情况,财务部介绍目标价,产品工程、质量保证和物流等部门介绍供应商的相应能力。根据供应商满足技术、质量、服务等要求且价格最优的原则,由委员会最终审定供应商。对于定点供应商,在供货期间通过全球采购、价格回顾、质量评审等方式对其进行考察,对成本进行管控和优化,要求定点供应商按照VDA6.1、ISO/TS16949、德国大众《FormelQ质量能力》等要求,建立质量体系,完善质量能力。此外,建立潜在供应商数据库。2001年,公司开发应用电子采购系统,形成询报价、定点流程、供应商和合同管理等多个模块,全面覆盖生产采购和一般采购。在此基础上,2012年又上线BKM产能管理系统和MPA/EKL报告系统,在线实现供应商产能更新、需求产能比对、生产采购业绩统计和分析等功能。

上汽大众1988年生产采购供应商168家;2015年建立正式合作关系的供应商超过1 600家,其中生产采购供应商600余家、一般采购供应商1 000余家。

二、上汽通用物资采购

1995年,上海汽车工业(集团)总公司(简称上汽集团)浦东轿车项目组成立国产化小组,负责别克轿车国产化和生产供应商布点等准备事项。1997年6月,上海通用汽车有限公司(简称上海通用汽车)成立后设立物料管理部负责采购工作,该部下设生产采购、一般采购、生产保证和供应商质量与开发4个科,员工40多人。2001年,物料管理部更名为采购部,下设生产采购、一般采购科和供应商质量与开发3个科,员工120多人。2003年,随着新项目增多,采购部增设采购项目管理科。至2015年,采购部员工增至450多人。

1997年,上海通用汽车在项目筹建阶段成立联合采购委员会,由中方采购执行总监、外方采购执行副总监、中外方SQ总监、财务部采购支持人员、中外双方采购高级经理、中外方SQ高级经理、JPC秘书、采购员等组成,负责对供应商选择、服务/零部件批量供货价格、开发费用、工装费用、材料补差等采购业务进行审核与批准。联合采购委员会每周召开一次会议,有特殊需要召开临时会议,集体讨论采购事项,最终由中方采购执行总监和外方采购执行副总监共同决定。

公司成立之初,上海通用汽车学习借鉴美国通用汽车公司的先进采购管理制度,结合公司实际制定《生产用零部件定点流程》《一般采购采购工作流程》《供应商开发与质量提高程序》3个主要采购制度,规定物资采购分成生产用汽车零部件和材料以及售后汽车零部件采购,物流服务、机器设备、土建厂房公用动力、工程服务、IT服务和市场营销公关服务等非生产用采购两大类。公司实施"一体化管理"模式,对化学品、刀具、检量具、零部件物流、一般仓库、公用动力、保洁服务等20多个非核心业务,委托社会专业机构管理,纳入采购范围;遵循技术、质量、价格、服务(QSTP)四要素采购原则选择供应商和产品,并确定独家供货,以降低成本;建立潜在供应商队伍;所有采购业务均由公司采购部统一管理。2002年以后,上海通用汽车"一体化"管理模式先后在上汽集团和上海市工业系统得到推广。2006年,上海通用汽车开发使用电子采购系统,实现生产采购和一般采购两大采购业务的信息化管理。2007年,电子采购系统根据业务需求进行改进,建立联合采购委员会审批、物流综合费用评估、采购权限、产能、售后零件采购、反向竞价等模块,全面涵盖采购业务。

上汽通用汽车有限公司成立初期零部件供应商70多家,生产性物资采购7.5亿元。2004年起,生产性物资采购快速增长,先后于2004年、2007年、2009年突破100亿元、200亿元和300亿元。至2015年,该公司供应商13 730家,其中,一般采购供应商11 349家、生产采购供应商2 381家;生产性采购金额达679亿元。

三、上汽乘用车分公司物资采购

2006年2月,上汽汽车制造有限公司成立后设立采购部,下设生产采购、一般采购、项目管理3个科,员工20余人。2007年8月,上汽汽车制造有限公司更名为上海汽车集团股份有限公司乘用车分公司(简称上汽乘用车分公司),采购部保持现状。至2010年,采购部下设6个科,分别负责生产采购、一般采购、项目管理、捷能项目、南京地区采购和英国地区采购,员工200多人。同时,上汽集团和上海汽车集团股份有限公司将总部采购业务委托上汽乘用车分公司采购部执行,设置采购办公室和管理岗位。2015年,采购部业务分为生产采购、一般采购和新项目管理3个板块,下设动力总成采购科、电子/电器采购科、非金属采购科、金属采购科、服务采购科、设施与设备采购科、新项目管理科、前期采购科、捷能项目和南京采购科10个科室,员工180余人。

上汽汽车制造有限公司于筹备期间成立联合采购委员会,由项目组执委会任命并授权,产品工程、财务、采购等部门负责人担任委员,负责生产材料等所有采购评审及审批。联合采购委员会按照集体讨论、一致决定的原则运作。2009年8月,上汽乘用车分公司成立采购委员会,由分管采购副总经理、采购部、财务部、质量保证部、技术中心执行总监和物流部总监组成,分管采购副总经理担任采购委员会主席,对供应商选择、服务和零部件批量、供货价格、开发费用、工装费用、材料补差等采购业务进行审核与批准。采购委员会每周召开一次会议,特殊情况,由采购部提请采购委员会主席召集临时会议。采购委员会通过集体讨论并一致通过,方可批准采购委员会文件。2011—2015年,生产采购采购委员会作为公司运营执行委员会的专业委员会,统管公司生产采购,在公司运营执行委员会的授权范围内,对生产采购行为进行审核与批准。生产采购委员会对公司运营执行委员会负责,审核与批准开发供应商的选择、批量供应商的选择、零部件的批量供货价格、开发费用、工装费用、与批量供货价格不一致的各阶段样件价格、材料补差等采购项目。

2007年年初,上汽乘用车分公司采购系统SAP软件系统开始运行,逐步实现采购信息化管理。同年9月,公司制定《生产采购控制程序》《一般采购规定》2个采购内控制度,将物资采购分成生产材料及生产零部件采购,资本性、非生产性、一般费用和非产品项目投资、项目投资和技术开发等采购两大类;明确所有采购归口集中,由采购部统一对外。2009年,对《生产采购控制程序》作修改,增加军标要求等内容。同年6月,采购申请PR单开始使用信息化工具PR-ONLINE系统。2010年6月,E-GPS软件系统试运行。

上汽乘用车分公司成立初期共有供应商340家,2015年增至543家。

四、上汽通用五菱物资采购

2002年,上汽通用五菱汽车股份有限公司(简称上汽通用五菱)于合资之初组成采购委员会,引入美国通用汽车有限公司(简称美国通用汽车)供应商质量管理"16步法",规范重大采购决策,重新评估原有供应商,逐步引入美国通用汽车系统有竞争力的供应商。同时,将公司采购部划分为采购和物流两个业务板块,采购业务具体分为生产采购、一般采购、业务规划和供应商质量开发/质量保障,采购部人员340人。2004年,采购部更名为采购物流部,下设采购、供应商质量管理、物流3个业务板块。2005年,采购部在开始运行的上汽通用五菱青岛工厂设立一般采购小组,负责青岛本地小额采购业务。2009年,生产采购按商用车、乘用车、发动机划分业务科室,供应商质量管理则按商用车、乘用车和发动机设立3个供应商质量管理和运行的科室以及工厂支持科。2010年,采购部人员增加到1060人,同时供应商质量管理区域综合管理科变更为技术支持科,并成立实验室认可、检具开发、实物检测团队。2011年,采购物流部更名为采购及供应链管理中心,业务板块包括采购、平台采购、供应商质量管理和物流,并顺利供应商驻线管理科。2012年,采购及供应链管理中心设立动力总成科、底盘科、内外饰科、车身科、空调电子科、供应商发展科。2013年,采购及供应链管理中心下设车身和原材料生产采购科、空调和电子生产采购科、内外饰生产采购科、动力总成生产采购科、供应商发展科,同时新增宝骏基地供应商质量行动中心。2014年,新增重庆基地供应商质量管理科。2015年,采购中心共1 210人。

2002年,上汽通用五菱制定实施《生产采购一般条款》《寄销供货协议》《索赔条款》《关于禁止向市场上出售零配件的协议》《安全管理协议》《结算委托书》等采购和供应商管理制度。2003年,采购业务纳入信息化管理,供应商货款支付由寄售模式改为下线结算模式。2004—2009年,先后制定实施《物料直供协议》《绩效供货协议》《物料包装协议》《廉洁协议》《供应商物料短装赔偿协议书》《SGMW供应链管理要求》《配件包装协议》《零部件第三方物流服务协议》等制度。2005年开始,逐步对JPC流程进行优化,供应商质量管理区域引入通用汽车GVDP、GPDP流程,初步建立APQP模式,实施供应商质量审核制度。2010年,生产采购和一般采购分别将历年所订制度编印为合订本,作为采购业务运作法规依据。2011年,制定《供应商质量成效监控规范》《关键零件供应商检具开发流程》。2012年,制定生产件和配件合同附件合订本,包括更新的《生产采购一般条款》《安全管理协议》《索赔协议》《廉洁协议》等协议外,增加《环保协议》《保密协议》及《零部件装配三方协议》。2013年,制定《供应商试验验证及检测能力评审与认可》工作流程和《生产采购物料质量监督抽查规范》《关键零部件认证证书及商标信息一致性核查规范》。2014年,新增《质量风险评估流程》《生产采购物料分供方管理程序》,自行开发的"采购及供应链管理中心SQ应用系统"上线运行,实现业务电子化审批和管理。

合资初期,上汽通用五菱采购供应商295家。2015年,生产采购供应商达670家、一般采购供应商达1 000家。

五、上汽大通物资采购

2009年5月,上海汽车集团股份有限公司收购英国LDV公司项目实施初期,成立采购工作组。2011年4月,上海汽车商用车有限公司(简称上汽商用车)成立后成立采购部,下设先期采购项目管理科、生产采购科、供应商质量管理科和一般采购科,员工70余人。至2015年,由该公司更名的上汽大通汽车有限公司(简称上汽大通)所设采购部名称及下设科室不变,人数增至113人。

该公司于2011年12月制定《生产采购控制程序》《一般采购规定》2个内控制度,将物资采购分成两大类,一类是生产材料采购及生产零部件物资采购,另一类是资本性、非生产费用性、一般费用/非产品项目投资、项目投资/技术开发类物资采购。采购管理按照上汽大通内控手册执行,关键控制点按照授权范围分级签署。

在LDV项目实施阶段,项目组就成立联合采购委员会,由项目组组长、总工程师及财务、采购相关部门负责人担任,负责采购项目评审及审批,按照集体讨论、一致决定的原则运作。2011年4月,该公司成立后即组成采购委员会,作为公司运营执行委员会下设的专业委员会,由总经理、相关副总经理、财务总监、采购总监等组成,车型平台总监和审计负责人列席,分管总经理担任采购委员会主席,负责供应商选择、服务和零部件批量供货价格、开发费用、工装费用、材料补差等采购业务的审核与批准。采购委员会定期每周召开一次会议,特定需求由采购部提请采购委员会主席召集特殊会议,所议事项需集体讨论并一致通过方可批准。

2011年,上汽商用车结合企业实际情况循序渐进地运用计算机技术,实行采购过程信息化管理,当年SAP软件及PR-online系统上线运行,涵盖所有采购申请、采购订单和采购合同。2011年年底,该公司生产件供应商241家。至2015年,上汽大通生产件供应商增至356家,潜在供应商600家。其中全球汽车零部件供应商从53家增至78家,占供应商总数的22%;乘用车零部件供应商从99家增至169家,占比由41%升至47%;商用车零部件供应商从92家增至109家,占比由37%降至31%。

第二章 营销服务、物流

1955—1978年，公司产品销售由国家统购统销。1978年，公司取得产品销售自主权后，产品营销经历两次变化。第一次是1979年起产品销售由国家统购统销转向公司专门机构和公司集中销售。第二次是1998年开始转向整车企业自主销售。此外，上汽于1992年开始设立汽车物流公司，整车企业于2001年开始建立服务品牌。

第一节 营销服务沿革

一、国家统购统销

上海解放后至改革开放之初，国家实行计划经济，企业产品由国家统购统销，汽车作为国家严格控制的产品，企业均按国家计划生产，工厂更无产品销售权。

1955年12月，上海市内燃机配件制造公司成立并设立供销科，管理下属工厂产品销售业务。此后至1978年，公司经多次合并或更名，均设有专门机构管理下属企业产品销售业务，但产品销售权仍归属国家物资部门，实行国家统购统销。其中汽车产品由上海市机电设备公司统销，拖拉机产品由华东农机公司和上海市农机公司统销，汽车配件由上海汽车配件供应站统销。汽车、拖拉机、摩托车等整车整机和零部件均按计划生产、计划分配和计划订货，汽车供货凭上级分配单，汽车行政性主管公司无权销售。

二、专业公司营销

1978年11月，上海市拖拉机汽车工业公司（简称上海市拖汽公司）从行政性公司转为企业性公司的试点单位，开始拥有产品销售权。1979年8月，公司设立产品销售门市部和产品陈列室。产品销售门市部确立经营服务范围是经销物资部门不经销的产品、试销和展销新产品，承接计划外的来料加工业务，经销超计划完成的产品，折价经销经过整修后有使用价值的副次品等。1980—1982年，国内汽车市场销售出现滞销，上海市拖汽公司为开拓市场和搞活销售，与中国机电设备总公司华东公司、上海汽车配件公司等经营单位实行联销，制定实施《加强企业销售管理的规定》和《企业销售管理验收标准》，加强行业销售管理。1984年7月和9月，上海汽车拖拉机工业联营公司先后成立上海汽车拖拉机销售服务公司和公司经营销售部，负责下属企业产品销售。1985年1月，经营销售部改名销售服务部，销售服务部与销售服务公司实行"两块牌子，一套班子"的体制，对内称销售服务部、对外称销售服务公司，主要经营汽车、拖拉机、摩托车及各种配件，同时开展维修、培训、咨询等多种业务。销售服务公司成立后，积极开拓市场，扩大销售渠道，寻求代理商等合作伙伴，建立联营机构及销售网络。同年10月，销售服务公司开始推行整车销售、配件供应、维修服务、信息反馈、集资集料、技术培训"六位一体"经营方式；11月，销售服务部改部为处。

三、上海桑塔纳轿车总经销

【体制沿革】

1984年10月，中德签署成立上海大众汽车有限公司（简称上海大众汽车）的合营合同，该合同有关产品销售条文规定：上海大众汽车产销分开，上海汽车拖拉机工业联营公司（简称上海汽拖联营公司）是上海桑塔纳系列轿车国内总经销，期限10年。据此，上海汽拖联营公司确定上海汽车拖拉机销售服务公司为上海桑塔纳轿车总经销单位，上海大众汽车支付每辆轿车售价7%～15%的佣金。

1988年1月，上海汽拖联营公司将上海汽车拖拉机销售服务公司更名为上海汽车拖拉机销售公司，继续承担上海桑塔纳轿车总经销职能。1989年，上海汽车拖拉机销售公司与上海汽车拖拉机物资公司合并组建为上海汽车工业供销公司，下设销售科。1992年1月，上海汽车工业供销公司撤科建部，销售科改为销售服务部。1994年，上海汽车工业供销公司改名为上海汽车工业销售总公司，下设销售服务部，同时辖有上海汽车贸易公司等专业销售公司。上海汽车工业供销公司和上海汽车工业销售总公司均承担上海桑塔纳轿车总经销功能。"八五"期间，经销桑塔纳轿车50万辆，佣金总收入16亿元，成为上海汽车行业资金积聚的主要来源之一。

1986—2000年，上海汽车拖拉机销售服务公司、上海汽车拖拉机销售公司、上海汽车工业供销公司和上海汽车工业销售总公司（简称上汽销售）先后作为上海大众汽车产品总经销商的时间总计15年。

【"卖方市场"中总经销管理】

1986—1995年，桑塔纳轿车总经销基本上在供不应求的"卖方市场"运行。1988年3月，上汽销售与湖南省汽车贸易公司在湖南长沙联营成立上海汽车拖拉机销售服务公司湖南分公司，成为与计划经济时期拥有汽车流通渠道的机电、物资和汽贸三大公司合作，建立风险共担、利益共享的桑塔纳轿车销售联营公司的范例，以后全国发展到118家。1991年，在全国率先建立整车销售、配件供应、维修服务、信息反馈"四位一体"的4S经销商，建成多层次、多形式、多品种、多渠道的销售网络和体系，成为全国最大最完善的轿车营销体系。1992年，确定保证南方市场、拓展旅游出租市场、提高西南西北边缘省份市场份额的营销重点。1993年，强化产品销售、流向管理、中转分流、库存管理和财务核算，领先全国实行"零"公里商品车销售，开发包括财务、销售、储运、总经理查询等子系统在内的信息管理系统。1994年，进一步扩大紧密型、半紧密型和松散型销售网点，实行沿海、沿边、沿江、沿路的"四沿"战略，形成以公路驳运、铁路专运、海洋和内海航运等运载手段的桑塔纳中转分流能力。1995年，打破全国条块分割格局，逐步完善地区代理制，建立布局合理的销售网络，组成2家独资销售公司，103家一、二级合资销售公司，直接签订供车合同网点近500家，代订供车网点700家。1995年销售收入和利润分别比上年增长43%和13%。1992—1995年，上汽销售连续4年位居中国500家最大物资流通企业榜首。

【"买方市场"中总经销管理】

1995年下半年，国内汽车市场开始从"卖方市场"转向"买方市场"。为适应这一深刻变化，上汽销售以精益营销为理念,实施营销模式的变革并取得明显成效。

1996年,上汽销售开始整顿营销网络,精简经销商数量,淘汰不合格经销商,培育桑塔纳特许经销商。同时取消经销商批发职能,将代理制改为分销制,实行产品卖给最终用户的直销制和要货制,并理顺销售价格。特许经销商实行专售上海大众汽车产品的品牌专售制、统一门店设计的系统识别制以及信息管理制,成为高标准建立的"四位一体"的4S经销商和桑塔纳营销网络的中坚力量。1998年10月,全国首家桑塔纳特许经销商上海汽车工业沪东销售公司完成试点改造。同年年底,整顿后的全国500家桑塔纳经销商销售的汽车超过整顿前1 200多家经销商的销量。至2000年,上汽销售在全国设立185家特许经销商。

1997年下半年,上汽销售开始在全国组建20多家上海总部全额投资的分销中心为核心的新的营销体制,分销中心作为总部功能的延伸,具有整车销售、储运分流、配件配送、资金结算、信息反馈、服务支持、商家培训与评估以及市场管理与规范八大功能,实现对区域市场的直接管控,分销中心的建立,加快了资金周转速度,降低了财务费用,经销商得到方便和实惠,提高了营销积极性。至1999年,上汽销售完成华东、东北、华北、山东、河南、中南、陕西、广东、西南等23家分销中心的建设,基本实现全国地区市场的全覆盖。1999上半年,在销售渠道逐步理顺后,上汽销售着重制定完善销售政策和管理制度,各地分销中心着力于政策制度的操作和落实。至2000年,制定实施的制度规定主要有《上汽销售经销商标准》《上汽销售桑塔纳轿车特许经销商标准》《用户满意工程考评标准》《上汽销售现场代表管理文本》和《上汽销售经销商毛利制度》。

1996—1999年,上汽销售在市场竞争日益激烈的挑战下,已经领先中国轿车市场近10年的桑塔纳轿车销售依然长盛不衰,市场占有率始终保持在40%以上。

四、企业营销

【体制形成】

由于上海大众汽车有限公司1985年成立后至20世纪90年代末,其产品先后由上海汽车拖拉机销售服务公司和上海汽车销售总公司总经销,因此,这一时期的上海大众汽车尚未建立真正意义上的企业经销体制。

1997年,上海通用汽车有限公司(简称上海通用汽车)在筹备之际即确立企业产品自主营销模式。同年3月,上海汽车工业(集团)总公司(简称上汽集团)与美国通用汽车公司(简称美国通用汽车)签署的《上海通用汽车有限公司合资经营合同》明确规定:公司经营范围是在国内外市场销售公司制造的汽车、发动机、变速箱及其部件和零件;公司有权自行决定在中国境内市场和出口市场出售其产品,尽努力发展适当的销售网络。1998年6月,上海通用汽车成立后,立即设立市场营销部,负责产品销售业务,上海通用汽车成为生产营销一体化的汽车企业。以后上海通用汽车市场部又下设别克、雪佛兰、凯迪拉克三个销售科,负责各个品牌的营销服务网络维护和经销商管理。自此,上汽整车企业产品自主营销体制开始形成。

【体制发展】

1995年,上海大众汽车有限公司合营合同约定的10年产销分离期届满。同时,为应对市场竞争,避免生产与营销、营销与售后服务的脱节,上汽集团和大众汽车(中国)投资有限公司决定共同组建销售合资企业。1999年12月,中德签署建立上海上汽大众汽车销售有限公司的合营合同和章程。2000年6月,上海市外国投资管理委员会批复上汽集团,同意合资经营上海上汽大众汽车销售有限公司(简称上汽大众销售)。同年8月,上汽大众销售成立,承担上海大众汽车产品总经销业务,公司下设营销与策略部、网络发展部、大用户部、二手车销售部、配件部、服务营销部等主管营销的职能部室。同时,上海大众汽车配件部门并入上汽大众销售,成为服务物流部。此举使上汽大众销售成为上海大众汽车主导下的专业销售公司,上海大众汽车开始向企业营销体制方向发展。

2003年8月,为进一步建立产销一体化运行体制,中德双方决定上汽大众销售与上海大众汽车实施一体化管理,既作为保留公司名称的具有法人资格的专业销售公司,又作为上海大众汽车的产品销售部门。上海大众汽车由此正式成为产销一体化的整车制造企业。

此后,上汽通用五菱汽车股份有限公司、上汽集团股份有限公司乘用车分公司、上汽依维柯红岩商用车有限公司、上汽通用汽车有限公司、上海申沃客车有限公司、上汽大通汽车有限公司、南京依维柯汽车有限公司等整车企业均设立独立的产品销售公司或营销服务部门,企业自主营销体制全面形成。

第二节　集团服务品牌

一、安吉服务品牌

【品牌形成】

1993年4月,上海汽车工业销售总公司成立安吉汽车租赁有限公司,首次使用"安吉"名称。1996—2000年,上汽销售先后成立上海安吉汽车租赁公司、上汽安吉汽车销售有限公司、安吉汽车物流有限公司和安吉汽车俱乐部,"安吉"名称进入汽车租赁、汽车销售、汽车物流和汽车俱乐部等领域。

图 11-2-1
安吉商标

2000年9月,上汽销售申请注册"安吉＋ANJI"商标。2001年12月、2002年1月和3月,国家工商总局分别批准该商标在37和39类服务领域注册。2009年3月4日,国家工商总局根据上汽销售的申请,批准安吉商标在13类、37类、39类、42类、43类5个领域注册。2004年4月,上汽销售申请注册绿、灰、蓝三色调9个圆的"安吉"商标。2006年10月,该商标获得国家工商行政管理总局批准。

2006年,上汽集团副总裁叶永明提出围绕B2B和B2C两条汽车服务价值链,建设集团整体服务品牌体系的设想。2007年6月,上汽集团总裁专题会议作出建设集团服务贸易品牌的决定,9月,规划发展部进行招标,由罗兰贝格国际管理咨询(上海)有限公司对上汽集团服务贸易品牌进行梳理,提出品牌建设方案。2008年8月11日,上汽集团总裁办公会议审核通过品牌名称和品牌架构方案,同意启动商标注册、品牌定位、应用设计及品牌整合工作;9月,上汽集团服务贸易事业部委托上海智联广告公司进行品牌VI设计。

2009年下半年,上汽集团召开服务贸易事业部及相关企业参加的总裁专题会议,正式发布服务贸易品牌手册和VI手册,安吉品牌正式成为上汽集团服务贸易板块对外统一的B2C服务品牌和国内第一家由大型汽车集团推出的第三方汽车服务品牌。

【品牌定位诠释】

2008 年 8 月 11 日,上汽集团总裁办公会议确定安吉服务品牌业务范围定位为上海大众汽车和上海通用汽车产品以及自主品牌产品销售平台、进口车和二手车销售、批发代理、汽车俱乐部、汽车用品、汽车快保、汽车租赁、车载信息和售后零部件服务等 B2C 业务领域。

2009 年,上汽集团发布的服务贸易品牌手册和 VI 手册,确定安吉和安悦两个服务品牌诠释,以及由品牌核心价值、传播口号、核心价值外围表现、品牌诉求和品牌定位组成的品牌屋。其中安吉品牌诠释主要包括:"安"寓意安心妥帖,"吉"寓意吉顺祥瑞,"安吉"既是对卓越服务的定义和诠释,同时承载给予客户至真至诚服务的承诺;橙黄色彩象征活力、能量、温暖和亲切,体现安吉快速便捷的响应能力,契合 B2C 行业属性;"九点箭头"商标展现安吉"引领行业、锐意进取"的风貌;"圆点"象征品牌和谐完美,众多小圆点构成整体图案,表现出群策群力的团队精神和上下同心的合作理念。

【品牌运作】

2009 年,上汽集团服务贸易事业部在制订"十二五"服务贸易业务发展规划的同时制订安吉品牌发展规划,明确安吉品牌运作中短期目标和品牌发展愿景,以服务贸易企业为载体,推动企业伞品牌运作和传播工作;同时明确服务贸易事业部履行品牌规划、品牌运作、品牌监控和品牌服务等品牌管理职能。至 2010 年,该部制定服务贸易品牌内控制度和关键控制点,统一品牌传播规划、传播审批、使用授权、品牌使用后效果评估,使用监测维护等运作规范;建立包括年度业务培训、企业双月报、业务期刊、品牌审计的四大工作模块和品牌经理人考评、品牌及用户满意度考评两项制度。

2009—2010 年,安吉商标共注册 10 个类别 36 件;包含安吉两字的商标共注册 12 个类别76 件。2010 年,上汽销售和安吉物流两家公司的安吉品牌分别获得上海名牌和著名商标称号。

二、安悦服务品牌

【品牌形成】

2007 年 6 月 8 日,上汽集团总裁专题办公会明确建设集团服务贸易品牌事宜,由规划发展部负责研究并提出方案。2008 年 7 月,集团规划发展部通过招标确定的罗兰贝格国际管理咨询(上海)有限公司经过调研策划形成的方案,认为安吉品牌已在长三角地区形成专业和高品质的汽车服务企业品牌形象,且主要集中在 B2C 业务领域,因此 B2C 业务沿用安吉品牌,对B2B 领域品牌建设需进行全新规划布局,并提出启用新品牌名称、发布全新商标的建议。

图 11 - 2 - 2
安悦商标

2008 年 8 月 11 日,上汽集团总裁办公会议审核通过规划发展部关于服务贸易品牌的品牌架构和品牌名称的汇报,同意启动商标注册、品牌定位、应用设计及品牌整合工作。同年 9 月,集团服务贸易事业部委托上海智联广告公司进行品牌 VI 设计。

2009 年下半年,上汽集团召开服务贸易事业部及相关企业参加的总裁专题会议,正式发布服务贸易品牌手册和 VI 手册,安悦品牌正式成为上汽集团服务贸易板块对外统一的 B2B

服务品牌。

【品牌定位诠释】

2008年8月经上汽集团总裁专题会议同意,安悦服务品牌业务范围定位为进出口服务、节能产业、生活服务、信息服务等商务领域。

2009年,上汽集团发布的服务贸易品牌手册和VI手册,确定安吉和安悦两个服务品牌诠释,以及由品牌核心价值、传播口号、核心价值外围表现、品牌诉求和品牌定位组成的品牌屋。其中安悦品牌诠释主要包括:"安"寓意安心、安享,"悦"寓意喜悦、悦然,"安悦"传达安全、伙伴、喜悦的品牌服务理念,以及全力满足客户提升信息效率、减少决策风险、创造价值的利益诉求;深蓝、浅蓝色调象征专业、技术、稳定;标志呈现两个紧密相依的"人"字形,形象体现安悦致力于和客户建立"鼎立伙伴、合力共赢"的深度合作关系,以及携手共创美好未来的品牌愿景。

【品牌运作】

2009年,上汽集团服务贸易事业部根据"十二五规划",制订安悦品牌发展规划,明确安悦品牌运作的短期、中期目标,以及品牌发展愿景,同时明确服务贸易事业部履行品牌规划、品牌运作、品牌监控和品牌服务等品牌管理职能。同时制定服务贸易品牌内控制度和关键控制活动,统一品牌传播规划、传播审批、使用授权,以及品牌使用后效果评估,使用监测维护等运作规范,建立包括年度业务培训、企业双月报、业务期刊、品牌审计的"四大工作模块"。

2008年9月,上汽集团向国家工商行政管理总局提出申请注册,2010年5月获得批准。至2010年,安悦商标共注册12个类别21件。2010年,安悦所辖国际商贸业务子品牌"SACO"获上海市著名商标称号。

第三节 整车营销服务品牌

一、"别克关怀"

2002年,上海通用汽车推出"别克关怀 Buick Care"服务品牌标志并开始实施。2005年11月,公司完成在国家工商行政管理局注册,成为中国第一个整车企业产品服务品牌。

图 11-2-3
"别克关怀"商标

"别克关怀"品牌标志以英文名称"BUICK CARE"为核心,外围简约线条勾勒出汽车轮廓,寓意别克关怀是汽车服务品牌;主色调使用橙色,代表品牌倡导人性化主动关怀的服务理念。该品牌秉承"比你更关心你"的理念,向用户承诺6项服务:主动提醒问候服务,主动关心;配件价格、工时透明管理,诚信关心;一对一顾问式服务,贴身关心;专业技术维修认证服务,专业关心;快速保养通道服务,效率关心;3年或10万公里质量保证,品质关心。

2003年,"别克关怀"推出"星月服务",将全国所有别克特约售后服务中心服务时间统一延长至夜晚10点,全年不休,同时推出旨在有效节省车主等候时间的"听诊式预约"模式。同年开始推出"健康中心",全年开展免费健诊活动4~5次,并在售后服务专用车24小时全天候紧急援助服务基础上,开通800全天候免费客服热线。2004年,推出"菜单式"保养,为客户量身定制保养套餐。2008年,实行别克关怀车辆专属体检卡,专业评估车辆状况。2011年,推出VIP服务直通车。2012年,提出eService易享关怀服务、OnStar安吉星全时在线助理、安吉星全时在线助理、一键触发智能导航、碰撞自动求助、车况自动检测、手机智能查询等16项主动式服务,组建别克品牌唯一官方会员组织"别客汇"——别克车友会,以会员制形式向车友会成员提供全方位多元化服务。

图11-2-4　上海通用汽车"别克关怀"服务车

二、雪佛兰"金领结服务"

2010年1月,在雪佛兰品牌中国市场累计达到80万用户之际,上海通用汽车启动售后服务品牌雪佛兰"金领结服务"的运作,该范围计划于2011年年初向国家工商行政管理总局申请注册登记。

图11-2-5　雪佛兰"金领结服务"商标

雪佛兰"金领结服务"售后服务品牌以"懂车更懂你"为品牌主张,倡导贴心、专业、诚信的服务理念。服务主要内容包括:设立金领结服务长,从交车开始到售后为新车主进行交车10分钟课堂、金领结面谈和金领结课堂等服务;检查冷却水液位、雨刮片雨刮水液位、轮胎螺母、发动机润滑油、整车灯光、前刹车片刹车油液位、轮胎和备胎气压、润滑车门铰链以及清理及紧固蓄电池接线柱等9项终身免费检测服务;为用户配备24小时紧急救援服务车;实行9项终身免费检测服务、售后回访3日跟踪、付费维修旧件归还、维修开始前费用估算、清洁防护"3件套"使用等5项承诺等。

2010年,雪佛兰金领结服务先后获得J. D. Power亚太中国售后服务满意度调查第一、中国汽车售后服务满意度指数第一、中国汽车服务金扳手奖优秀服务品牌客户满意度奖3个奖项。

三、凯迪拉克"Plus服务·尊崇有加"

2004年10月,上汽通用汽车在开始销售凯迪拉克轿车之时,即引进美国通用汽车的服务品牌"凯迪拉克Plus服务",并结合中国市场和用户的实际,推出"凯迪拉克Plus服务·尊崇有加"服务品牌,其主要服务内容包括:专属、智能、主动三大核心诉求,一对一客户专享、安吉星专席服务、VIP车主俱乐部、远程车况检测及遥控、移动终端智能应用、智能化电子服务、主动车况提醒及预约、主动取送及代步车、24小时主动随护等九大服务细则以及27个细项内容。

凯迪拉克PLUS服务
——尊崇有加——

图11-2-6　凯迪拉克"Plus服务·尊崇有加"商标

2009 年、2010 年和 2011 年,"凯迪拉克 Plus 服务"连续 3 年获得 J. D. Power 中国汽车行业售后服务客户满意度总分第一名。

四、大众"Techcare 大众关爱·匠心挚诚"

2005 年 10 月,上海大众汽车在 24 小时援助服务全国统一寻呼网络第 200 个成员诞生之际发布"Techcare 大众关爱"服务品牌。该品牌秉承德国大众严谨服务和科技品质,体现上海大众汽车

图 11-2-7 2005 年大众"关爱"商标

20 年运作经验。品牌内涵中"Techcare"是 Technology 和 Care 的缩写,前者表示专业和标准,后者代表关爱,两者结合表明"以专业标准的服务,为用户提供上海大众汽车无微不至的关爱"。品牌主要服务内容包括"主动心、可靠心、细致心"三重用心。2010 年 1 月,服务品牌经国家工商行政管理总局批准完成商标注册。

2006 年,上海大众汽车启动实施售后服务品牌的消费者培训活动,向客户提供权威的用车养车指导 200 多万人次。2009 年 8 月开始在全国大众品牌经销商陆续推出品牌化的爱车课堂,至 2010 年,有近 500 家经销商开展此项服务。2010 年,Techcare 开创业界服务关爱活动先河,首次推出四季免费检测活动,并不断拓展差异化保养维护及增值服务,为用户的爱车保驾护航。2013 年,建立"心·对话"平台,推出"尊享预约""悠享晚班车"等服务以及微信课堂、微博课堂、微信公众平台,创新移动服务新模式。

2008 年 6 月,首家 SCEP 校企合作院校建成运行,截至 2015 年,全国共有 13 家合作院校完成 SCEP 基地建设,不断为经销商网络输送、培养和选拔出一流服务技术人才。2014 年 9 月,经重新定义和升级后,上海大众汽车推出"Techcare 匠心挚诚"售后服务品牌。"匠心"是以匠人专业态度,将售后服务做到极致,包括"贴心车管家、省心易快保、放心原装零件、称心原装附件、安心质量担保""五心"服务产品;"挚诚"是以顾客需求为导向,把主动服务做到极致,包括"悠享晚班车、尊享预约、逸享车援助、惠享四季关爱、智享爱车课堂、舒享心对话""6 享"服务产品。同年,VW 品牌原装附件登陆电商平台。

2006—2015 年,"大众关爱"服务品牌连续 10 年获中国汽车服务金扳手奖年度优秀服务品牌称号。2012—2015 年,该品牌连续 4 年获中国汽车客户关爱奖。2012 年 12 月,该服务品牌获评上海市著名商标。

图 11-2-8 2005 年大众"关爱"服务车

五、斯柯达"Human Touch 真心呵护"

2007 年,上海大众汽车引进捷克斯柯达汽车公司斯柯达品牌的"Human Touch"服务品牌,并重新诠释其"可信、关切用户、公正、乐于助人、特别、态度积极、果断"七大核心价值,确立"关爱车,更关爱人"的服务理念,为客户提供包括真质设施、真诚接待、真才技能、真金配件、真情沟通、真值

关爱的"六真"服务。2009 年 8 月,该服务品牌(不含中文字)经国家工商行政管理总局批准完成商标注册。

图 11 - 2 - 9
斯柯达"真心呵护"商标

自 2006 年上汽斯柯达品牌第一批经销商上线开始,该公司即配备标准化全天候客户专业道路救援服务的 24 小时专业救援车,并为客户提供种类完备质量精良高品质产品保障的原装配和附件的服务。2007 年,斯柯达"HumanTouch"服务品牌推出后,开始设立针对不同季节汽车保养需求及特点的斯柯达服务节。2009 年,建立由企业牵头经销商共同参与的官方车主俱乐部斯柯达车友汇。同年,开始举办斯柯达服务技能大赛。2010 年,建设以经销商为单位为用户打造学习交流线下课堂的斯柯达学苑。

2011—2013 年,上海大众汽车先后在北京首都机场、广州白云机场和上海虹桥机场开设斯柯达客服中心。2013 年,推出预约保养快速服务,开发上线"eWorkshop 智能化车间管理系统",帮助经销商优化车间管理,提升服务效率。2014 年,推出"斯柯达关爱八分钟"服务。2015 年,完善推出斯柯达售后小型多样化活动和服务营销专项精准辅导,并在该公司斯柯达官方微信推出微信保养预约服务,成为国内汽车行业首个提供此项服务的服务产品。2007—2015 年,该服务品牌连续 9 年获中国汽车服务金扳手奖。

六、荣威 MG 名爵"尊荣体验"

2006 年 11 月,上海汽车集团股份有限公司乘用车分公司(简称上汽乘用车分公司)在北京国际汽车展期间推出荣威"尊荣体验"SAIC MOTOR Experience 服务品牌,成为中国第一家产品尚未

图 11 - 2 - 10
荣威 MG"尊荣体验"商标

上市首先推出服务品牌的汽车企业。2009 年 1 月,"尊荣体验"服务品牌覆盖上汽乘用车分公司开始产销的 MG 品牌,成为双品牌共有的服务品牌。2010 年 1 月 21 日,该服务品牌经国家行政管理总局批准完成注册登记。

"尊荣体验"确立以诚信为本的"6Cfor1C(Car/Customer)"服务理念,该服务品牌"尊"代表尊崇、尊重,传达上汽服务品牌以客户为尊的服务理念;"荣"表达上汽为客户营造荣耀享受的矢志初心;"尊荣体验"意在体现上汽以客户尊崇体验为追求的服务态度。服务品牌主要特色服务内容包括:编制服务顾问工作手册,规范接待礼仪、服务流程、常用术语及产品术语;升级 24 小时客户关怀中心;建立国内首家整车厂结合售后服务中心为客户提供主动式服务;售后服务中心对出厂维修车辆 3 日内电话回访;使用原厂纯正配件,配件价格全透明;每年为客户提供空调和发动机免检和长假安全检测;建立预约服务、保养提醒卡和 24 小时道路援助等制度;以及修补漆终身保修承诺、晨曦预约接车服务、维修进度及质量承诺、进店车辆 12 项常规 8 项深化行驶和安全检查等 4 项差异化服务。

2011 年 8 月,上汽乘用车分公司推

图 11 - 2 - 11　荣威 MG 启动"宅捷修"服务

出尊荣体验服务品牌"宅捷修"服务产品,以"到家式"服务为特色,由"上门服务"和"网点到家"两大项目组成。"宅捷修—上门服务"以上海汽车 800 客服中心为主导,集中调配全国经销商网络资源,提供上门取车、送车及上门养修服务;"宅捷修—网点到家"即服务先行,通过销售、售后、市场部门联动,开展巡回服务活动,解决车辆保养、维修问题的同时,促进车辆销售和品牌推广。为能更好为客户提供满意放心服务,"宅捷修"标准化规范服务操作流程覆盖各个服务环节,并提炼出"8 个服务标准"和"8 个礼仪标准"。

表 11‐2‐1　2007—2015 年"尊荣体验"服务项目一览表

序号	年份	活 动 名 称	开始时间	截止时间	活 动 内 容
1	2007	"健检专享　尊荣体验"空调免费检测活动	5 月 20 日	6 月 10 日	空调免费检测活动
2		"尊享假日"整车免费检测活动	9 月 1 日	9 月 30 日	整车免费检测
3		"尊荣暖冬行"免费全车检测活动	1 月 1 日	1 月 31 日	确保车辆每一零部件在严寒中的正常运行
4	2008	"尊享金秋"免费检测活动	9 月 15 日	10 月 15 日	车辆安全性和发动机系统检测
5		"暖冬畅行"免费检测活动	12 月 15 日	2009 年 1 月 15 日	为车主提供全系车辆的免费检测,调较性能并添加防冻液
6	2009	"春令尊荣行"免费检测活动	4 月 1 日	4 月 30 日	空调免费检测,并尊享多项专业检测
7		"尊荣金秋"免费检测活动	9 月 1 日	9 月 30 日	全面彻底的发动机及各项安全专业检测
8		"暖冬畅行"免费检测活动	1 月 10 日	2 月 10 日	多项全车安全检测服务
9		"春泽满路"免费检测活动	3 月 28 日	4 月 28 日	提供空调系统、发动机、底盘等四大类专业检测
10	2010	"尊荣夏令"免费检测活动	7 月 1 日	7 月 31 日	提供多项检测服务和油液免费添加
11		尊荣体验冬季免费检测活动	12 月 15 日	2011 年 1 月 15 日	提供 30 余项全车免费检测服务
12		"尊荣之夏"免费检测活动	5 月 16 日	6 月 16 日	提供 30 余项全车免费检测服务
13	2011	"专业服务,为爱车明察秋毫"秋季免费检测活动	8 月 15 日	9 月 30 日	提供 30 余项全车免费检测服务
14		尊荣体验冬季免费检测活动	12 月 15 日	2012 年 1 月 15 日	提供 30 余项全车免费检测荣威 550、MG6 导航地图升级半价优惠
15	2012	尊荣夏季免费检测活动	5 月 11 日	6 月 11 日	空调免费检测,并尊享多项专业检测
16		秋季免费检测活动	9 月 1 日	9 月 30 日	提供 30 余项全车免费检测服务

〔续表〕

序号	年份	活动名称	开始时间	截止时间	活动内容
17	2013	畅享冬季免费检测活动	1月2日	2月2日	保养配件包8.5折限时优惠,并尊享多项专业检测
18		夏季免费检测活动	5月2日	6月2日	空调制冷和空调滤芯检查,并尊享多项专业检测
19		尊荣体验秋季免检活动	9月9日	10月8日	提供多项检测服务和车辆底盘及轮胎专业检测
20		尊荣体验冬季免检活动	12月20日	2014年1月20日	提供多项检测服务和高寒地区车辆机油、防冻液使用情况检测
21	2014	尊荣体验夏季免检活动	5月12日	6月12日	提供多项检测服务和空调制冷检查,空调系统清洗促销,以及各车型的特殊检查
22		"心系爱车,荣耀今秋"秋季免检活动	9月15日	10月14日	提供30余项全车免费专业安全检测
23		"倾情以待,心暖寒冬"冬季免检活动	1月9日	2月8日	提供多项检测服务及防冻保养
24	2015	"车享一夏清凉,惬享一路舒适"夏季免检活动	5月11日	6月10日	车辆空调制冷效果及全车多项指标免费检测。赠送浓缩型风窗清洗液一瓶(100毫升)
25		"呵护随行、赏秋随心"秋季免检活动	9月14日	10月13日	全车检测及尊享上汽纯正配件三重好礼
26		"温暖呵护于心,关怀与你同行"冬季免检活动	12月14日	2016年1月13日	全车安全检测及防冻保养

资料来源:上海汽车集团股份有限公司乘用车分公司

表 11‑2‑2　2011—2015 年"宅捷修"服务数量统计表

时　间	宅捷修—上门服务辆次	宅捷修—网点到家场数
2011年8—12月	806	—
2012年	4 736	405
2013年	14 665	1 341
2014年	16 326	1 617
2015年	14 796	1 935
合　计	51 329	5 298

资料来源:上海汽车集团股份有限公司乘用车分公司

七、大通"通天下、行无忧"

2011年9月,上汽商用车有限公司在大通产品上市初期便推出"通天下、行无忧"服务品牌。其意为:"通",与公司品牌名称相一致,与"通行天下"相对应;"行无忧",驾驶大通品牌车辆有售后服务保障,无后顾之忧。

图 11-2-12
大通"通天下、行无忧"商标

该服务品牌通过网站、车型论坛、车友会、微博、微信、电视、广播、QQ群、短信等媒介进行广泛传播。同时,提出售后服务八大承诺:全天候免费道路救援、行程继续贴心保障、1小时应急响应、48小时疑难故障解决、体验式精益服务、四大类增值服务产品、标准化专业保养、100%纯正配件。2015年9月,推出"贴心到家"主动上门服务产品,实行服务流程标准化、服务形象标准化、服务设施设备标准化、60项服务项目标准化;至同年12月底,共有94家服务商开展活动,出行6万公里,累计为9 929辆大通车提供12 450辆次的主动上门服务。同年12月,再次推出领先于国内商用车行业的创新服务产品"售后延保",该服务产品由整车厂推出,与其他保险公司或社会第三方延保机构相比,具有信誉更优、服务便捷、保障范围最全、性价比更高的特点。

八、红岩"服务0距离"

2011年,上汽依维柯红岩商用车有限公司(简称上汽依维柯红岩)建立服务品牌,由销售事业部主负责,委托专业广告公司策划设计。4月,在上海车展正式发布红岩"服务零距离"服务品牌,5月,申请商标注册。2013年2月,国家工商行政管理总局商标局审核批准。

STAR是流程,为 Specialized、Truthful、Available、Reliable 的英文单词首字母,中文含义为:精、诚、达、信。具体诠释为:"精"即专业、精准;"诚"即诚信、诚心;"达"即高效、畅达;"信"即信赖、可靠。以技术零距离为品牌本质、以时间零距离为品牌优势、以空间零距离为品牌基础、以关怀零距离为品牌关注点、以增值零距离为品牌特色,打造服务品牌 STAR 流程。

图 11-2-13
红岩"服务0距离"商标

该服务品牌运作中,上汽依维柯红岩开通"SIH服务零距离"官方微博进行传播;根据 VI 设计制作"服务零距离"资料发到终端;每年举办数千课时培训和技术比武,打造服务技师队伍;制定STAR《服务流程指南》,成立飞行服务小分队和专业移动服务车队,组建和"杰狮精英汇"(车主俱乐部);建立国内首家 SIS 售后服务信息系统;提出高速路沿线2小时到达,重要矿区4小时到达的服务承诺;开展"推陈出新、打动我心""预约服务,想我所想""热情接待,预检我车""需求分析,确认我查""专业细致,修我爱车""专业维护,修我爱车""高效周到,交还我车""售后关怀,令我惊喜"的"8个我"服务活动。

九、南京依维柯"温馨360"

2007年,南京依维柯汽车有限公司(简称南京依维柯)由南京银都广告设计"温馨360"服务品牌。2010年,在原设计形状不变情况下,对"温馨360"商标的蓝、绿2色变更为红、绿、蓝3色。2011年5月,提出注册申请。2014年2月27日,获国家工商行政管理总局国家商标局商标注册证。

图11-2-14
南京依维柯"温馨360"商标

"温馨360"体现南京依维柯以客户为中心、全方位关爱、全天候支持、全身心投入、全过程呵护的服务理念。"360"诠释是:建设依维柯、跃进、配件3张服务网,快捷、满意、恒久3项核心价值,专人、专心、专业3种服务载体,实行6项服务体验和6项免费服务,以及零距离服务。

2008年始,该公司启动服务品牌线上宣传,以微信、官网为传播平台并建立官网服务品牌专区,2010年开通官方微博,据调研87%的用户通过网络解企业情况;制作服务品牌培训课件,定期组织服务人员学习,按季进行测评,组织服务技能大赛,开展服务品牌知识竞赛;设立服务车实施主动上门服务和紧急救援;每年组织夏/冬季活动;2013年,制定实施《授权服务商运营管理指导手册》,规范授权服务商开展各项服务工作的管理,具体包括:温馨服务流程、售后人力资源、客户关系、售后业务、专项服务活动等9个方面管理要求。至2015年,参与服务活动的有662家商终服务端。

至2013年,南京依维柯上门服务车辆2.9万辆/次,累计行驶里程46.1万公里。同年,售后服务部收到军方、行业及零售客户授予的奖牌3块、锦旗17面、感谢信27封。南京依维柯服务品牌获2013年度江苏省、南京市用户满意服务单位等奖项。

第四节 整车营销服务网络

一、上汽大众营销服务网络

【管理体制】

1985年上海桑塔纳轿车投产后,上海汽车拖拉机销售服务公司根据上海大众汽车有限公司(简称上海大众汽车)合营合同关于产销分开、经销权归上汽的规定,开始总经销上海桑塔纳轿车并组建管理经销商网络。1988年、1989年和1994年,该公司先后更名或重组为上海汽车拖拉机销售公司、上海汽车工业供销公司和上海汽车工业销售总公司(简称上汽销售),均继续承担上海桑塔纳轿车总经销功能并管理经销商网络。1996年,中国轿车市场由卖方市场转变为买方市场。上汽销售顺应形势,开始组建具有总部派出机构功能的地区分销中心,形成分地区管理全国经销商网络体系。

1999年,鉴于上海大众汽车合营合同约定的10年产销分离期已于1995年届满,上海汽车工业(集团)总公司、上海大众汽车有限公司和大众汽车(中国)投资有限公司签署成立专业销售上海大众汽车产品的上海上汽大众汽车销售有限公司(简称上汽大众销售)合营合同。2000年8月,上汽大众销售成立,原上汽销售网络发展部、大用户部等经销商管理部门整建制转移到上汽大众销售,公司继续实行分销中心管理体制,到2000年年底,分销中心达到24个。

图11-2-15 大众品牌4S店

图 11-2-16　斯柯达 4S 店

2003 年 8 月，中德双方决定上海大众汽车与上汽大众销售一体化管理，建立上海大众汽车产销一体化体制。上汽大众销售进入上海大众汽车后，继续保留公司名称和法人地位，同时作为上海大众汽车营销服务管理部门承担经销商和售后服务网络管理职能，调整经销和售后服务管理机构，将网络发展部和营销策略部合并成立为市场部，将大用户部、二手车销售部、物流部合并成立为销售部和售后服务部。2004 年，上汽大众销售将 24 个分销中心按地区合并成 12 个销售服务中心，为经销商提供市场、销售、售后和网络"四位一体"区域管理和支持。2006 年，上海大众汽车开始产销斯柯达品牌，上汽大众销售实行大众和斯柯达两大品牌分机构分体系运作管理体制。同年 8 月，公司成立斯柯达品牌营销事业部，设立华北、华东、华南、华中、华西五大地区销售服务中心。2010 年，大众品牌根据地区特征和消费习惯，将 12 个销售服务中心合并为北方、华北、西北、华中、华东、华南、中南、西南和山东、江苏 10 个销售服务中心，各销售服务中心分设营销本部与商务中心两个部门，分别承担整体管理与策略、各营销目标达成与落实的职能。同年，斯柯达品牌 5 个销售服务中心调整为北京、济南、上海、杭州、广州、成都 6 个销售服务中心。2014 年，原有的斯柯达销售服务中心变为销售大区，同时扩充为大华北、大华南、大华中、大华东、大东南、大西北、大西南、大中南 8 个大区。至 2015 年，大众和斯柯达的 10 个销售服务中心和 8 个大区设置未有变化。

【经销商分布及数量】

1988 年，上海汽车工业供销公司以资产为纽带，与各地建立实行代理制销售的合资联营公司。至 1995 年，销售联营公司达到 118 家，形成以合资联营公司为骨干，以一般经营单位为基础的多层次、多形式、多渠道，集整车销售、配件供应、信息反馈、维修服务"四位一体"的全国最大的轿车销售服务网络。1996 年，为应对中国轿车市场由卖方市场转变为买方市场的形势，上汽销售在全国建立产品直销制取代代理制。1999 年 7 月，上海汽车工业沪东销售有限公司和上海和平汽车销售公司、上海申银汽车销售有限公司等首批桑塔纳特许经销商在上海和平汽车城签约。至 2000 年，上汽销售全国特许经销商达到 185 个，其中包括 88 家第一代黄门头特许经销商。至 2010 年，上海大众汽车大众品牌在全国拥有 694 家授权经销商，其中"四位一体"经销商 491 家，授权直营店 138 家，独立特约维修站 65 家，分布在全国 266 个地级市，地市覆盖率 78%。至 2015 年，大众品牌拥有 879 家"四位一体"授权销售服务商、270 家授权二级网络，全国地级市覆盖率达 91.1%。上海大众汽车大众品牌经销商数量、覆盖率和网络形象在全国始终处于领先地位。

2007 年，上海大众汽车斯柯达品牌首家授权特许经销商在河北石家庄开业，同年，经销商数量达到 70 家。至 2010 年，斯柯达品牌特许经销商 4S 店 190 家，分支机构 115 家，总计 305 家。至 2015 年，斯柯达品牌在全国拥有 366 家 4S 店、197 家分支机构，共计 563 个网点，覆盖全国 31 个省市自治区，其中上海、北京、天津和重庆 4 个直辖市和山东、江苏 2 个省所有地级市实现经销商 4S 店 100% 覆盖，河北、浙江 2 个省所有地级市覆盖 90% 以上。

至 2010 年，上海大众汽车经销商总数达到 999 家，其中大众品牌 694 家，斯柯达品牌 305 家。2015 年，上汽大众汽车有限公司经销商总数达到 1 712 家，其中大众品牌 1 149 家，斯柯达品牌 563 家。

表 11‑2‑3 2015 年上汽大众大众品牌经销商分布情况表

省/市/自治区	覆盖地级市数量(个)	经销商数量(家)	省/市/自治区	覆盖地级市数量(个)	经销商数量(家)	省/市/自治区	覆盖地级市数量(个)	经销商数量(家)
安徽	16	51	黑龙江	9	15	山西	11	42
北京	1	33	湖北	16	36	陕西	12	37
福建	9	37	湖南	15	35	上海	1	46
甘肃	11	17	吉林	7	12	四川	19	50
广东	20	64	江苏	13	103	天津	1	16
广西	10	17	江西	14	39	西藏	1	2
贵州	9	18	内蒙古	13	23	新疆	12	18
海南	3	4	辽宁	14	30	云南	14	33
河北	11	58	宁夏	4	7	浙江	11	88
河南	18	71	青海	2	5	重庆	2	20
			山东	17	122			
小计	108	370	—	124	427	—	84	352
覆盖地级市总计			316		经销商总计			1 149

资料来源：上汽大众汽车有限公司

表 11‑2‑4 2015 年上汽大众斯柯达品牌经销商分布情况表

省/市/自治区	覆盖地级市数量(个)	经销商数量(家)	省/市/自治区	覆盖地级市数量(个)	经销商数量(家)	省/市/自治区	覆盖地级市数量(个)	经销商数量(家)
安徽	15	24	黑龙江	8	12	山西	9	17
北京	1	8	湖北	10	16	陕西	7	16
福建	9	27	湖南	13	22	上海	1	20
甘肃	5	6	吉林	3	3	四川	17	29
广东	13	21	江苏	13	59	天津	1	3
广西	8	10	江西	10	16	西藏	1	1
贵州	6	8	辽宁	12	19	新疆	3	5
海南	2	2	内蒙古	10	17	云南	11	18
河北	11	40	宁夏	1	3	浙江	11	45
河南	17	24	青海	2	3	重庆	1	4
			山东	17	65			
小计	87	170	—	99	235	—	62	158
覆盖地级市总计			248		经销商总计			563

资料来源：上汽大众汽车有限公司

【经销商管理】

1991年,上海汽车工业供销公司在全国汽车行业率先建立经销商整车营销、配件供应、维修服务和信息反馈"四位一体"管理模式。1992年进一步将"四位一体"发展为整车销售网络化、配件供应系统化、销售服务一体化和信息反馈电脑化的"四化"管理。

1995年,国内轿车市场疲软,原有经销商层层代理批发营销模式出现价格混乱、资源垄断、货源分配不公、拖欠货款等弊端。1996年,上海汽车工业销售总公司借鉴国外汽车公司经验,对营销管理进行重大调整,组建上海总部全额投资的分销中心,严格执行上海总部价格规定;取消经销商批发职能实行直销制,按需申请货源,现付现提;清理整顿联营公司,优存劣汰。调整取得明显效果。1999年,上汽销售学习德国大众汽车公司销售网络管理方式,推出特许经销商制度,通过品牌专营将传统经销商改为特许经销商;推出销售、投资、服务"三毛利"政策,杜绝经销商只重销量不重服务的现象。

2000年,上海上汽大众汽车销售有限公司成立后,进一步强化经销商网络管理。公司编制实行规范经销商业务的《销售组织手册(SOH)》和《服务组织手册(HSO)》,借鉴德国大众经验制定推行统一的特许经销商硬件建设标准,严格实行经销商特许品牌专卖制,经销商从订单到发货流程管理统一使用上海大众汽车系统软件,从而推动经销商业务流程、组织架构、内部管理和业务发展的标准化。同时,公司完善四大支持系统:为经销商提供优质、快捷、便利和低成本的服务平台,包括建立地区仓库,降低经销商安全库存,节约库存资金占用的库存支持系统;建立从地区仓库运输至经销商仓库或展示厅,解决经销商运车之忧的运输支持系统;分销中心统一在当地媒体投放经销商地址广告的广告支持系统;分销中心设立现场代表,及时传递公司要求的信息支持系统。2006年,上汽大众销售推出"把握未来的主动营销模式业务链"管理方式,对经销商持续开展标准化管理并取得积极成果。2009年,在总结该管理方式基础上,颁布《经销商运营标准(DOS)》,进一步全方位经销商业务。2012年,对2009年版DOS手册销售核心流程部分进行修订优化,形成独具九大核心模块的卓越销售核心流程。2014年,制定《大众品牌特许经销商重要岗位工作指导手册》,指导经销商各重要岗位更有效率地开展工作。2013—2014年,斯柯达启动大规模流程优化创新,确立基于全客户生命周期的消费行为及其与主机厂、经销商的接触/互动模式。

2010年,上海大众汽车在NCBS(新车购买者研究)中名列国内行业第1,在国内权威调查机构联信天下的客户满意度评价中名列第4,斯柯达品牌在J.D. Power亚太公司发布的中国汽车销售满意度研究报告中得第2。2015年,大众品牌在销售满意度NCBS调研中名列第1,斯柯达品牌获得第2。

二、上汽通用营销服务网络

【管理体制】

1998年,上海通用汽车有限公司(简称上海通用汽车)设立市场营销部,下设汽车网络发展科,负责营销网络布局、定点、建设等管理职责。以后,从最初的别克品牌网络发展股与经销商形象设施股发展到别克、雪佛兰、凯迪拉克3个品牌网络发展团队;2007年,增加经销商培训团队,后更名为网络发展与培训科;2010年,增加经销商网络规划团队以及网络管理团队。与此同时,分别设立别克、雪佛兰、凯迪拉克3个销售科,负责营销服务网络维护和经销商管理。同年,网络发展与管理部和别克、雪佛兰、凯迪拉克3个科改名为3个营销事业部,隶属于上汽通用汽车销售有限公司。2015年没有变化。

上海通用汽车对每一个品牌的营销服务实行分级管理体制,即高级经理、大区经理、区域经理3个层级管理,各销售大区是上海通用汽车总部与经销商之间的桥梁。2000年,别克品牌成立华北、华东、华南大区,开始实行区域管理模式。2001年,因网络数量增加,由三大区改为华北、华南、华东、华中四大区。2004年,调整为五大区。2005年7月起至2010年升级为六大区,包括主管北京和东三省的一区,主管山东、天津、河北、山西和内蒙的二区,主管湖南、湖北、江西、福建、贵州、四川、重庆、西藏和云南的三区,主管河南、陕西、安徽、新疆、甘肃、宁夏和青海的四区,主管苏浙沪的五区,主管两广和海南的六区。

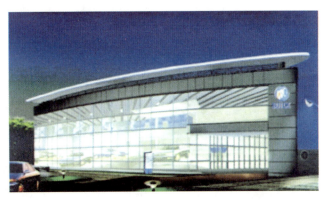

图 11-2-17　别克 4S 店

2004年年底,上海通用汽车雪佛兰品牌轿车开始投放市场,分设南、北2个大区。2006年增加到东、南、西、北4个大区。2010年增加到8个区,分为主管苏、浙的一区,主管北京、河北、黑龙江、吉林、辽宁、天津的二区,主管甘肃、宁夏、内蒙古、青海、新疆、山西的三区,主管四川、重庆、云南、陕西、西藏的四区,主管湖南、湖北、江西、贵州、广西的五区,主管上海、安徽、福建的六区,主管山东、河南的七区,主管广东和海南的八区。

图 11-2-18　雪佛兰 4S 店

2004年,上海通用汽车开始建网销售凯迪拉克品牌轿车产品。2005年,首先建成南、北两大区。2008年,两大区增加东、南、西、北4个区。

图 11-2-19　凯迪拉克 4S 店

【经销商分布及数量】

上海通用汽车率先在国内引进品牌专营模式,经销商网络的布局随之开始。1998年8月,第一批10家经销商与上海通用汽车签订意向书,并陆续在次年建成专营网店。2004年,上海通用汽车与10家经销商签约凯迪拉克品牌网店。2005年1月,雪佛兰品牌产生第一批品牌专营经销商。

至2015年,上汽通用汽车有限公司3个品牌建成的授权经销商1769家,其中别克品牌经销商

890家,雪佛兰品牌经销商566家,凯迪拉克品牌经销商313家。别克与雪佛兰品牌在一线至三线市场实现全覆盖,凯迪拉克品牌着力发展一、二线市场。

表 11-2-5　2015年上汽通用别克、雪佛兰、凯迪拉克经销商网络覆盖情况统计表　　单位:%

	一线城市	二线城市	三线城市	四线城市
别 克	100	100	100	76
雪佛兰	100	100	100	64
凯迪拉克	100	100	93	60

资料来源:上汽通用汽车有限公司

表 11-2-6　2015年上汽通用别克品牌经销商分布情况表

省/市/自治区	覆盖地级市数量(个)	经销商数量(家)	省/市/自治区	覆盖地级市数量(个)	经销商数量(家)	省/市/自治区	覆盖地级市数量(个)	经销商数量(家)
安徽	14	40	湖北	11	37	陕西	5	20
北京	1	26	湖南	11	34	上海	1	47
福建	8	26	吉林	3	12	四川	12	42
甘肃	2	11	江苏	13	88	天津	1	10
广东	19	62	江西	5	24	西藏	1	1
广西	5	16	辽宁	12	23	新疆	3	12
贵州	2	14	内蒙古	9	18	云南	4	17
海南	1	3	宁夏	1	2	浙江	11	67
河北	11	42	青海	1	2	重庆	1	20
河南	14	54	山东	17	93	山西	7	21
黑龙江	6	12	—	—	—	—	—	—
覆盖地级市总计			212		经销商总计			890

资料来源:上汽通用汽车有限公司

表 11-2-7　2015年上汽通用雪佛兰品牌经销商分布情况表

省/市/自治区	覆盖地级市数量(个)	经销商数量(家)	省/市/自治区	覆盖地级市数量(个)	经销商数量(家)	省/市/自治区	覆盖地级市数量(个)	经销商数量(家)
安徽	14	24	湖北	14	21	陕西	9	11
北京	1	13	湖南	12	22	上海	1	21
福建	6	12	吉林	4	6	四川	18	28
甘肃	1	9	江苏	13	54	天津	1	4
广东	14	44	江西	7	16	西藏	1	1

〔续表〕

省/市/ 自治区	覆盖地级 市数量(个)	经销商 数量(家)	省/市/ 自治区	覆盖地级 市数量(个)	经销商 数量(家)	省/市/ 自治区	覆盖地级 市数量(个)	经销商 数量(家)
广西	4	14	辽宁	12	15	新疆	1	7
贵州	2	11	内蒙古	11	13	云南	11	17
海南	3	3	宁夏	2	1	浙江	11	39
河北	11	33	青海	1	2	重庆		11
河南	17	35	山东	17	57	山西	10	16
黑龙江	7	6	—	—	—	—	—	—
覆盖地级市总计			237			经销商总计		566

资料来源：上汽通用汽车有限公司

表 11‑2‑8　2015 年上汽通用凯迪拉克品牌经销商分布情况表

省/市/ 自治区	覆盖地级 市数量(个)	经销商 数量(家)	省/市/ 自治区	覆盖地级 市数量(个)	经销商 数量(家)	省/市/ 自治区	覆盖地级 市数量(个)	经销商 数量(家)
安徽	1	13	湖北	1	12	上海	1	14
北京	1	11	湖南	1	15	四川	1	20
福建	2	10	江苏	7	35	天津	1	4
甘肃	1	2	江西	1	7	新疆	1	2
广东	3	35	辽宁	2	2	云南	1	5
广西	1	5	内蒙古	1	5	浙江	5	24
贵州	1	8	山东	3	23	重庆	1	4
河北	2	12	山西	1	6	吉林	1	3
海南	—	1	黑龙江	—	2	宁夏		3
河南	1	18	陕西	1	7	青海	—	1
覆盖地级市总计			43			经销商总计		313

资料来源：上汽通用汽车有限公司

【经销商管理】

1998 年 8 月,上海通用汽车在业内率先采用汽车"4S 店"经销商网络模式并签约首批 20 家经销商。1999 年,首批经销商建成投入运行。为了规范汽车销售,保障服务质量,公司制定《经销商运营管理手册》《销售运作标准》《售后运作标准》《环境设施手册》等规范服务流程和管理标准,同时通过年度《商务政策》,营造公平、公正的市场经营环境,贯彻上海通用汽车各品牌的整体营销策略,规范经销商的经营行为,提高经销商的运营能力。2002 年,上海通用汽车开始组织经销商 MOT(真实一刻)大赛,不断提升客户服务水平。此外,根据品牌发展及顾客体验提升需求,别克品牌于

2004年、雪佛兰品牌于2010年后对4S门店形象做了较大改进,其中别克品牌4S店外观改为子弹头形象,雪佛兰品牌4S店大量启用橙黄色元素。

2004年和2005年,上海通用汽车建立多品牌经销商网络体系,率先在业内开展经销商满意度调查,经销商管理系统"DMS"上线,进一步提升管理规范性与效率。2007年,建立凯迪拉克、别克、雪佛兰和萨博四大品牌事业部营销模式,由品牌事业部统筹经销商销售、售后、品牌等业务管理,网络发展与培训部负责经销商发展与培训,网络部与品牌事业部协同管理问题经销商。品牌事业部还负责对经销商的考核,包括销售管理考核、售后管理考核、市场管理考核等。品牌事业部制定实施星级政策激励和规范经销商。

2010年后,上海通用汽车率先在业内引入候选经销商评估系统,从62个维度对经销商进行全面评估,从诸多候选经销商中筛选出近千家经销商,进一步保障入网经销商质量。随后开发的经销商建设管理系统NCAS系统,分主建设流程管理、供应商管理、服务质量评价等模块,有效提升了经销商建设管理质量。

2011年11月,上汽通用汽车销售有限公司成立。2014年11月,上海通用汽车开始利用"双11"网络购物契机,别克、雪佛兰、凯迪拉克三大品牌销售借助汽车电商的天猫商城、车享网和汽车垂直类网站等为主的电商平台展开创新网络营销。"双11"期间,实现网络销售27 568辆。其中,在天猫商城销售16 860辆,雪佛兰品牌和别克品牌分别为8 602辆和8 258辆。

三、上汽乘用车分公司营销服务网络

【管理体制】

2006年,上海汽车集团股份有限公司乘用车分公司(简称上汽乘用车分公司)成立之初即设立市场传播及公共关系部、销售部、售后服务部、网络发展及管理科、品牌及产品规划科、海外市场科等3部3科营销服务管理机构。2007年,对特许经销商采取分大区管理体制。2009年年底,上汽乘用车分公司调整营销管理机构,将网络发展及管理科升格为网络发展部,增设培训及评估科。至2010年,营销服务管理机构调整为销售部、产品规划部、售后服务部、网络发展部、海外市场部、市场传播及公关部等6个部门。2012年,网络发展部调整为网络规划及开发科,上汽乘用车分公司营销组织架构调整为5部1科。全国经销商分为8个大区,每个大区同时管理荣威和MG名爵两个品牌的经销商。

2013年,荣威和MG名爵2个品牌营销分开运作,分别设立品牌市场运营部,每

图11-2-20　荣威品牌4S店

图11-2-21　MG名爵品牌4S店

个品牌运营部下设 4 个大区。网络规划及开发科并入新组建的销售及网络发展部,加上产品规划部、售后服务部、海外市场部、市场传播及公关部,整个营销组织架构变为 7 部。2014 年 7 月,2 个品牌市场运营部进一步细化,分为市场运营部和销售部 2 个部分,设立双总监,下属大区由 4 个调整为 5 个。同时,将销售科提升为销售部。

　　2015 年 7 月,上汽乘用车分公司调整营销组织架构,新建荣威品牌营销部、MG 名爵品牌营销部、公关及数字营销部。加上销售及网络发展部、产品规划部、售后服务部、海外市场部、集团销售部,整个营销组织架构变为 8 个部门。2 个品牌营销部均下设市场传播科、媒介管理科、销售计划及分析科、区域运营管理科,同时荣威品牌营销部还设有市场推广科。荣威营销部将全国经销商分为10 个大区,MG 名爵营销部将全国经销商划分为 5 个大区。

【经销商分布及数量】

　　2005 年 11 月,该公司召开首届经销商推介大会。2006 年 2 月,来自全国 45 个主要城市的 55家经销商与公司签约。2007 年 3 月,荣威 750 上市销售,首批 62 家特许授权经销商开业,公司营销服务网络开始运营。

　　2008 年,上南全面合作后,上汽乘用车分公司开始生产 MG 名爵品牌,并进入双品牌销售运营,当年产生首批 66 家 MG 名爵授权开业经销商。2009 年,公司整合由 116 家荣威品牌授权开业经销商和 76 家 MG 名爵品牌授权开业经销商组成的经销商网络,对仅有荣威或 MG 名爵单品牌销售网点的城市,规定经销商门店设置两个品牌展示专区,进行双品牌联合销售,消除部分网络空白点;在 2 个品牌都有销售网点的城市,保持现状。至 2010 年,上汽乘用车分公司经销商总数达到335 家,其中荣威品牌经销商 182 家,MG 名爵品牌经销商 153 家,2 个品牌共有展厅 101 家,基本覆盖主要汽车销售市场。至 2015 年年底,荣威品牌开业授权 4S 店 267 家;MG 名爵品牌开业授权4S 店 241 家。

表 11‐2‐9　2015 年上汽乘用车分公司荣威品牌经销商网络覆盖情况统计表

荣　　威		一线城市	二线城市	三线城市	四线城市	合　　计
已覆盖	城市数量	9	39	74	213	335
	已覆盖数	9	39	65	78	191
	覆盖率(%)	100	100	88	37	57

资料来源:上海汽车集团股份有限公司乘用车分公司

表 11‐2‐10　2015 年上汽乘用车分公司 MG 名爵品牌经销商网络覆盖情况统计表

名　　爵		一线城市	二线城市	三线城市	四线城市	合　　计
已覆盖	城市数量	9	39	74	213	335
	已覆盖数	9	36	66	72	183
	覆盖率(%)	100	92	89	34	55

资料来源:上海汽车集团股份有限公司乘用车分公司

表 11‑2‑11　2015 年上汽乘用车分公司荣威品牌经销商分布情况表

省/市/自治区	覆盖地级市数量	经销商数量	省/市/自治区	覆盖地级市数量	经销商数量	省/市/自治区	覆盖地级市数量	经销商数量
安徽	7	7	黑龙江	3	3	山西	6	7
北京	1	8	湖北	9	11	陕西	8	10
福建	7	7	湖南	9	10	上海	1	10
甘肃	3	4	吉林	2	3	四川	15	18
广东	13	16	江苏	13	33	天津	1	1
广西	3	4	江西	7	7	西藏	1	1
贵州	4	5	辽宁	5	5	新疆	2	3
海南	1	1	内蒙古	7	7	云南	4	5
河北	9	11	宁夏	1	2	浙江	11	25
河南	15	17	青海	1	2	重庆	1	4
			山东	16	20			

资料来源：上海汽车集团股份有限公司乘用车分公司

表 11‑2‑12　2015 年上汽乘用车分公司 MG 名爵品牌经销商分布情况表

省/市/自治区	覆盖地级市数量	经销商数量	省/市/自治区	覆盖地级市数量	经销商数量	省/市/自治区	覆盖地级市数量	经销商数量
安徽	8	9	黑龙江	3	3	山西	5	6
北京	1	7	湖北	9	11	陕西	8	9
福建	7	7	湖南	8	9	上海	1	7
甘肃	2	3	吉林	1	1	四川	16	17
广东	14	15	江苏	12	26	天津	1	2
广西	3	4	江西	7	7	西藏	1	1
贵州	4	4	辽宁	5	6	新疆	2	2
海南	1	1	内蒙古	7	7	云南	5	6
河北	9	9	宁夏	1	3	浙江	11	23
河南	15	16	青海	1	2	重庆	1	3
			山东	14	15			

资料来源：上海汽车集团股份有限公司乘用车分公司

【经销商管理】

2006 年,上汽乘用车分公司制定区域中心市场、网络开发梯次、产品销量分布、网络布局等内容的中长期营销规划及年度营销网络规划,确定网络先行开发、重点区域优先、网点数量合理的 3 个原则,确定通过授权特许经营的"四位一体的"模式建立营销服务网络。2007 年,分公司制定实施《授权经销商运作指南》《网点申请、审批工作流程》《品牌设施环境建设指南》和《验收标准》等内控制度。同时为统一品牌形象,制定品牌销售环境设施 FED 标准,严格要求授权经销商按照标准建设。同年,上汽乘用车分公司开始为经销商提供产品销售的 DOL 系统、DLM 系统和售后业务的 DMS 系统支持,经销商日常销售和售后业务通过 3 个系统运行,实现信息化、系统化和规范化管理。

经过努力,荣威、MG 名爵品牌知名度不断攀升。2009 年,国际权威机构 J. D. Power 发布的中国汽车销售满意度指数(SSI)报告和中国售后服务满意度指数调研(CSI)报告中,荣威品牌分别名列第 1 位和第 4 位,这是中国汽车品牌首次跻身该项调查前 5 名。

四、上汽通用五菱营销服务网络

【管理体制】

2002 年 11 月,上汽通用五菱汽车股份有限公司(简称上汽通用五菱)合资成立时设有市场与网络部、计划销售部和售后服务部。其中市场与网络部下辖销售网络开发室、信息分析与产品规划室、品牌与广告室和环境设施建设室;计划销售部下辖华南、华东等 8 个业务大区及出口业务室、计划物流室、销售支持与集团客户室;售后服务部下辖技术室、客户支持室、服务商管理室和服务物流室。2003 年 3 月,室更名为科。2004 年 2 月,取消市场部环境建设科,职能划归网络开发科,并成立公共关系科。2010 年,共有 360 人,同时设立市场与网络部网络运营科,撤销售后服务部服务商管理科。2015 年为 415 人。

上汽通用五菱合资初期,销售公司取消各省办事处,调整营销服务网络,实行销售区域管理模式,在全国设立华东区、华南区、华北区、东北区、西北区、西南区、中南区和中原区 8 个大区域。2006 年,区域划分进行调整,成立服务大区。区域促销和服务网络开发分归市场广告科和网络开发科管理。2008 年,调整划分区域业务,成立商用车 6 个大区和 SPARK 南北 2 个大区。2010 年,划定经销商销售区域,实现区域代理制,鼓励支持有实力的经销商以设立连锁店或铺设二级网点形式开发五菱汽车空白市场。2011 年,制定《营销顾问分级实施办法》,进行组织机构调整,成立商用车事业部和乘用车事业部;两个事业部均下设品牌与广告、市场分析与产品规划、网络开发、网络运营等科室,同时商用车事业部设东北、西北、华北、华东、华南、西南 6 个驻外区域,乘用车事业部设驻外一、二、三、四区;售后服务部下设配件物流、商用车售后工程、商用车技术服务、顾客支

图 11-2-22　五菱品牌 4S 店

图 11-2-23　宝骏品牌 4S 店

持、乘用车售后工程、乘用车技术服务等科室;公司直属下设综合业务支持、计划物流、集团大客户等科室。2012年,驻外区域开启新工作模式,集中区域及公司部门资源,组成2～5人项目团队,帮助经销商、服务中心提高运营能力,实现当地市场份额提升。2014年2月,根据"一个体系、两个品牌、同一伙人"的方针,商用车6个驻外区域、乘用车4个驻外区域合并为8个驻外区域。市场部、售后服务部等相关科室也相应调整。同年5月,公司发布销售驿站微信公众平台。

【经销商分布及数量】

2002年年底,五菱品牌销售网点375家,其中4S店75家,占网络总数20%;另有服务网点330家。至2010年,销售网点数和服务网点数增加到1 527家和1 576家,其中4S店1 485家,占销售网点数的97%。至2015年底,销售网点和服务网点增加到2 717家和2 578家,其中4S店2 547家,占销售网点总数的94%,网络覆盖全国95%的地级市和79%的县。

表11－2－13　2002—2015年上汽通用五菱销售服务网络分布情况表

年　份	销售网点数（家）	服务网点数（家）	4S店数量（家）	4S店占网络比重（%）	地级市网络覆盖率（%）	县级网络覆盖率（%）
2002	375	330	75	20	—	—
2003	426	394	158	37	—	—
2004	500	535	210	42	—	—
2005	547	610	246	45	80	5
2006	700	805	553	79	86	15
2007	877	998	798	91	89	23
2008	1 105	1 110	945	94	90	28
2009	1 184	1 250	1 133	96	91	35
2010	1 527	1 576	1 485	97	92	49
2011	1 642	1 666	1 602	98	91	54
2012	1 713	1 727	1 677	98	94	68
2013	2 140	2 136	2 093	98	95	73
2014	2 691	2 559	2 525	94	95	78
2015	2 716	2 578	2 547	94	95	79

资料来源:上汽通用五菱汽车股份有限公司

表11－2－14　2015年上汽通用五菱的五菱品牌经销商分布情况表

省/市/自治区	覆盖地级市数量（个）	经销商数量（家）	省/市/自治区	覆盖地级市数量（个）	经销商数量（家）	省/市/自治区	覆盖地级市数量（个）	经销商数量（家）
安徽	16	118	黑龙江	13	82	山西	11	130
北京	1	13	湖北	16	99	陕西	10	95

〔续表〕

省/市/自治区	覆盖地级市数量(个)	经销商数量(家)	省/市/自治区	覆盖地级市数量(个)	经销商数量(家)	省/市/自治区	覆盖地级市数量(个)	经销商数量(家)
福建	9	68	湖南	14	126	上海	1	14
甘肃	13	74	吉林	9	57	四川	21	171
广东	21	143	江苏	13	133	天津	1	18
广西	14	116	江西	11	86	西藏	0	0
贵州	9	98	辽宁	14	73	新疆	13	32
海南	2	9	内蒙古	12	39	云南	16	120
河北	11	200	宁夏	5	12	浙江	11	107
河南	18	183	青海	5	10	重庆	1	48
			山东	17	243			
覆盖地级市总计			328		经销商总计			2 717

资料来源：上汽通用五菱汽车股份有限公司

表 11 - 2 - 15　2015 年上汽通用五菱宝骏品牌经销商分布情况表

省/市/自治区	覆盖地级市数量(个)	经销商数量(家)	省/市/自治区	覆盖地级市数量(个)	经销商数量(家)	省/市/自治区	覆盖地级市数量(个)	经销商数量(家)
安徽	16	21	黑龙江	13	9	山西	11	22
北京	1	3	湖北	16	17	陕西	10	6
福建	9	9	湖南	14	11	上海	1	3
甘肃	14	9	吉林	9	4	四川	21	18
广东	23	7	江苏	13	39	天津	1	2
广西	16	5	江西	11	12	西藏	0	2
贵州	13	4	辽宁	14	8	新疆	13	4
海南	1	0	内蒙古	12	8	云南	16	11
河北	30	6	宁夏	5	2	浙江	11	20
河南	32	5	青海	5	1	重庆	1	10
			山东	17	64			
覆盖地级市总计			218		经销商总计			428

资料来源：上汽通用五菱汽车股份有限公司

【经销商管理】

上汽通用五菱合资初期,营销服务网络管理制定实施《销售服务网点准入规程》《销售服务网点退出规程》《销售服务网点变更规程》及《销售服务网点 FED 建设管理程序》等管理文件,后又制定《银企商合作业务管理规程》。2002 年起,对经销商分为Ⅰ、Ⅱ两类合同方式进行管理,防范资金坏账风险。规范经销商销售区域,实行区域代理制。未经销售公司批准不准在代理区域外设立网点、跨区域销售、低于限价销售以及设立二级网点等,防范不规范经营风险。2003—2005年,实施销售奖励政策,对经销商销售情况、环境设施建设、品牌信心和忠诚度等按系数进行奖励或补贴。2006年,要求经销商建立完善配件供应与维修服务功能并向"四位一体"经营模式发展,对广告促销进行效果评估,实施返利倾斜政策。2007年,根据经销商零售规模分为1~5类,针对不同类别在授权区域、融资、培训、新产品投放等方面提供差异化支持。2008年,重点关注经销商服务能力水平和用户满意度提升。2009年,对服务商进行流程、环境、配件等16项工作进行评价,评价结果与返利挂钩。2010年,对经销商年度销售进行评比,评价十佳中心店、最佳和优秀用户满意度、最佳和优秀现场管理、最佳和优秀广告/促销执行、最佳集团车销售等奖项。2011年3月起,五菱经销商执行第2代店新形象设计方案,公司分期对全部店面进行新形象改造。同年10月起,销售、服务评价政策考评合二为一,更加突出核心业务。2012年,市场份额表现纳入经销商季度评价。2014年,推进双品牌联动工作,结合品牌联动制定与实施网络规划,促进网络持续健康发展;并将经销商分为成熟类、成长类、观察类3类,按照《经销商分类与管理办法》,对经销商实行体系管理与考评。2015年,引入县级网点分类与管理方式。

五、上汽大通营销服务网络

【管理体制】

2011年,上海汽车商用车有限公司(简称上汽商用车)成立之初即设置销售部、大用户销售部、品牌及市场管理部、网络发展部、售后服务部5个营销服务管理机构。2013年,对营销服务机构进行整合,成立销售中心和营销中心。销售中心下设销售部、行业及关键客户销售部、资源管理及服务科等2部1科;营销中心下设品牌及网络部、售后服务部、客户关系管理科等2部1科。

图11-2-24 大通品牌4S店

2013年,上汽商用车将销售区域从六大区域调整为十三大区域,分为主管上海的华东一区,主管浙江、福建的华东二区,主管江苏、安徽的华东三区,主管北京、天津的华北一区,主管内蒙古、山西、河北的华北二区,主管辽宁、吉林、黑龙江的东北区,主管山东、河南的华中一区,主管湖北、湖南、江西的华中二区,主管广东、海南的华南区,主管西陕西、甘肃、宁夏的西北一区,主管新疆、青海的西北二区,主管四川、重庆的西南一区,主管云南、贵州、广西的西南二区。

2011年,上汽商用车推出MAXUS V80车型,同时在全国设立4个大区,分管全国36家经销商销售业务。2012年,终端网络扩增至128家,从高到低分别为:一级、直管二级、二级经销商。

2015年,上汽商用车更名为上汽大通汽车有限公司(简称上汽大通),随着终端网络数量的增加,直管二级变更为储备一级,新增二级网络作为网络业态补充。对一级经销商和储备一级经销商进行直接管理,上汽大通授权一级经销商和储备一级经销商承担对二级经销商的主要管理功能。

【经销商分布及数量】

2011年,上汽商用车在全国签约一级经销商37家、二级经销商5家,其中开业一级经销商29家、二级经销商2家。售后服务网络签约62家,其中开业44家。

2012—2015年,上汽大通每年以不低于12%的增速进行网络扩张。至2015年年底,终端网络达243家,核心城市、重点城市均有一级经销商覆盖,局部市场开设两家一级经销商形成竞争销售。

表 11-2-16 2015年上汽大通经销商分布情况表

省/市/自治区	覆盖地级市数量(个)	经销商数量(家)	省/市/自治区	覆盖地级市数量(个)	经销商数量(家)	省/市/自治区	覆盖地级市数量(个)	经销商数量(家)
安徽	8	8	黑龙江	3	4	山西	6	8
北京	1	7	湖北	3	3	陕西	2	3
福建	5	6	湖南	4	7	上海	1	22
甘肃	1	1	吉林	3	4	四川	4	4
广东	10	16	江苏	13	35	天津	1	2
广西	1	1	江西	1	2	西藏	1	1
贵州	3	3	辽宁	4	8	新疆	3	4
海南	1	1	内蒙古	2	2	云南	3	6
河北	7	8	宁夏	1	1	浙江	9	33
河南	8	12	青海	1	1	重庆	1	8
			山东	16	22			
覆盖地级市总计		127			经销商总计			243

资料来源:上汽大通汽车有限公司

【经销商管理】

上汽大通首批网络单位数量是设立根据经销商责任地区目标销量不低于当地市场占有率6%(个别不发达地区12%),兼顾区域地理上的自然划分;具备完整功能的4S模式,并有醒目的、低成本的、可与上海汽车自主品牌共同认知的视觉识别系统;以经销商盈利为核心战略,除重点市场外,以省级代理为首批发展对象,第二、三年重点发展二级经销商;一次性投入可满足3年的销售服务增长需要;兼顾不同发达地区和在城市中心区的硬件设计选择,允许并鼓励一级经销商在辖区内发展二级经销商,并接受厂家强制指导;4S网络覆盖区域允许经销商设立二级服务网络,经销商不能覆盖的,厂家利用社会资源覆盖省会城市,建立单一维修站。

随着经销商赢利模式不断创新和赢利能力不断增强,原有经销商因运营不善主动提出退网的状况演变为因其无法满足上汽大通发展将其清退,年度清退数量上升至两位数。

上汽大通于2011年经销商端销售人员从零起步,至2015年,在岗销售人员达2 550人。

六、南京依维柯营销服务网络

【管理体制】

2000年,南京依维柯汽车有限公司(简称南京依维柯)成立销售公司,下设汽车销售部、用户服务部、市场营销部等,另设9个区域分公司,后整合为东方、北方和南方3个分公司。2007年,南京依维柯与跃进汽车股份有限公司业务整合,跃进销售公司整建制转入南维柯销售公司。整合后的南维柯销售公司设置市场营销部、销售部、资源部、网络部、售后服务部等部门,另设东北、华北、京津、西北、华中、华东、东南、西南、华南等区域和军车、大客户、出口、重卡等类别合计13个分公司,统一管理跃进、依维柯两个品牌的销售服务。上南合作后,南京依维柯继续沿用该营销服务体制。2012年起,对组织机构进行调整,设立依维柯和跃进两个品牌事业部,同时将区域划分为东北、华北、西北、华中、华东、东南、西南、华南8个商务中心。

【经销商分布及数量】

2004年和2006年,南京依维柯的依维柯和跃进品牌先后在黑龙江省哈尔滨市和江苏省南通市成立第1家4S店。至2015年,依维柯品牌在全国共有经销商117家、4S店69家;跃进品牌在全国共有经销商270家、4S店41家。

表11-2-17　2015年南京依维柯的依维柯品牌经销商分布情况表

省/市/自治区	经销商数量(家)	省/市/自治区	经销商数量(家)	省/市/自治区	经销商数量(家)
辽宁	4	青海	1	湖南	4
吉林	2	新疆	3	四川	2
黑龙江	3	山东	13	西藏	1
河北	5	江苏	16	重庆	1
北京	4	安徽	2	云南	1
天津	1	上海	6	贵州	2
内蒙古	3	浙江	11	广东	8
山西	5	福建	3	海南	1
陕西	2	江西	1	广西	1
甘肃	1	河南	5	—	—
宁夏	1	湖北	4	—	—
合　计					117

资料来源:南京依维柯汽车有限公司

表11-2-18　2015年南京依维柯跃进品牌经销商分布情况表

省/市/自治区	经销商数量(家)	省/市/自治区	经销商数量(家)	省/市/自治区	经销商数量(家)
黑龙江	6	青海	1	江西	6
吉林	5	新疆	8	四川	8

〔续表〕

省/市/自治区	经销商数量（家）	省/市/自治区	经销商数量（家）	省/市/自治区	经销商数量（家）
辽宁	9	山东	23	西藏	1
北京	5	江苏	32	重庆	2
天津	3	安徽	14	云南	4
河北	20	上海	2	贵州	2
山西	8	湖南	11	广东	16
内蒙古	10	湖北	8	海南	1
陕西	8	河南	17	广西	6
甘肃	7	浙江	14	—	—
宁夏	3	福建	10	—	—
合　计					270

资料来源：南京依维柯汽车有限公司

【经销商管理】

2007年，南京依维柯编制实施《经销商建店管理办法》，将全国市场划分为若干管理区域，并设置驻区机构，负责分管区域内厂商联系和市场开发；每个管理区域包含若干一级和二级销售区域，并根据具体情况给予一家或多家经销授权；南京依维柯与授权一级经销商签署汽车产品经销合同；南京依维柯、授权一级经销商共同与授权二级经销商签署三方汽车产品经销合同；规范网络经销商建点管理流程、撤点流程、关键点管控活动；明确4S、2S、1S业态分类并提出支持政策。

2012年，对《经销商建店管理办法》进行更名换版，新的管理办法是《销售网络建设管理流程》，同时编制《渠道建设管理流程建点、撤点补充细则》，以完善对经销商的管理，还将汽车产品经销合同和销售授权协议合并为《NAVECO汽车产品授权经销合同》，规范管理流程。

七、上汽依维柯红岩营销服务网络

【管理体制】

2000年前，四川汽车厂的红岩重型车产品基本直销，该厂设销售处，下设销售科与服务科，并在沈阳、北京、广州、西安、新疆、上海共设立6个办事处。2000年后，重庆红岩汽车有限责任公司开始发展经销商合作开发区域市场，实行直销和经销相结合模式。公司成立销售部，下设销售综合管理、市场开发、整车销售、技术服务、专用车、对外贸易等处室和配件分公司，在各地成立22个销售分公司。2007年，上汽依维柯红岩商用车有限公司（简称上汽依维柯红岩）合资成立后，设立网络管理部、市场营销部和售后服务部。市场营销部下设销售综合管理、市场、网络、合同、大客户、应用工程和国际业务等处室，在沈阳、北京、上海、郑州、西安、新疆、山东、广州、重庆、成都、南昌、山西共设立12个销售中心；售后服务部下设服务商管理、顾客服务、配件供应和技术支持等处室，与销售中心对应设立12个服务中心。2008年11月，营销本部成立计划销售部、网络部、市场部、售后服务部、国际业务部，12个销售服务中心缩编为11个。2012年，成立销售管理部，下设工程车、公路车、专用车及大客户业务处;撤销销售管理部,增设工程车、公路车、专用车、大客户四大业务部;销售服务中心增加至 22 个。2015 年,撤销业务部,成立 7 个大区。

【经销商分布及数量】

2007 年,上汽依维柯红岩有 181 家经销商,分布在 30 个省、市、自治区。2010 年,有 162 家经销商,分布在 29 个省、市、自治区,并在秘鲁设有销售服务网点。2015 年,有 254 家经销商,分布在 31 个省、市、自治区;同时在埃塞俄比亚、乌干达、刚果(金)等国家和地区建立 10 个销售和服务网点。

表 11 – 2 – 19　2015 年上汽依维柯红岩的红岩品牌经销商分布情况表

省/市/自治区	经销商数量(家)	省/市/自治区	经销商数量(家)	省/市/自治区	经销商数量(家)
安徽	12	湖北	10	陕西	6
北京	5	湖南	9	上海	3
福建	11	吉林	1	四川	17
甘肃	5	江苏	7	天津	1
广东	17	江西	9	新疆	9
广西	9	辽宁	11	云南	13
贵州	8	内蒙古	14	浙江	6
海南	0	宁夏	2	重庆	11
河北	13	青海	3	西藏	1
河南	12	山东	13	山西	11
黑龙江	5	—	—	—	—
小计	97	小计	79	小计	78

资料来源:上汽依维柯红岩商用车有限公司

【经销商管理】

2008 年 3 月,上汽依维柯红岩制定《经销网络管理制度》《经销商准入和退出流程》《经销商分级管理办法》等内控制度。至 2015 年,制定或修订《经销商入退网管理办法》《经销商分级管理办法》《经销商组织机构和关键岗位管理制度》《上汽红岩终端形象建设管理办法》《市场秩序管理办法》《营销培训管理办法》等,规范网络开发、培训和运营管理;每年制定商务政策,通过基础返利保证经销商有竞争力的盈利空间,通过季度目标激励和季度管理激励,引导经销商持续提高自身和渠道能力,不断提升上汽红岩网络的综合运营能力和销售能力。

八、电子商务"车享网"

【沿革】

2012 年广州国际汽车展期间,上海汽车集团股份有限公司(简称上汽集团)成立汽车电商筹备项目组。2014 年 3 月 27 日,上汽集团打造的中国汽车市场首个 OTO 电子商务平台"车享平台"

（www.chexiang.com），在原上海世博会上汽集团—通用汽车馆宣布上线。上汽集团副董事长、总裁陈虹在上线仪式上讲话指出：上汽打造车享平台，是适应互联网发展的产业和用户变化，使汽车行业从工业时代向数字时代转型，OTO 模式将成为汽车电商发展趋势。

上线初期，车享网核心业务为新车销售，首批进驻的有上汽集团乘用车品牌荣威、MG、别克、雪佛兰、凯迪拉克、大众、斯柯达、宝骏和商用车品牌大通。同时，选择上海、南京、杭州、苏州、宁波、天津、成都、深圳 8 个城市超过 120 家经销商率先试点。

2014 年 10 月 28 日，上汽车享平台发布二手车 B2B 交易竞价拍卖平台"车享拍"，首期在上海、北京、杭州、天津、成都、南京 6 个城市开通"车享拍"服务中心，为用户提供二手车拍卖一站式服务。

2015 年 9 月 20 日，车享平台推出覆盖用户养车、用车、卖车以及车务服务的"全生命周期"连锁实体服务品牌车享家，进入汽车后市场，构筑车享平台从卖车、买车到用车的服务布局。

【管理】

在公司治理上，车享网借鉴上汽集团现有成熟的公司治理体系，在人事、财务、行政、规划等方面制定相应管理制度及内部审批流程。同时基于车享网自身业务特点，向互联网企业学习，在项目管理、IT 研发等方面制定内部规范与流程，通过"小步试错，快速迭代"的敏捷开发方式，不断适应快速变化的业务端需求，控制开发成本。

车享家作为车享网旗下后市场连锁品牌，重点加强工程营建、门店运营、商品采购及供应链等方面管理，特别是在门店运营端，加强运营标准的培训与考核，通过远程监控、现场稽核、第三方暗访等方式，确保服务质量。

【效果】

至 2015 年年底，车享网整体会员超过 330 万名，车享新车核心合作经销商 373 家，年交车数量近 7 万辆；车享家覆盖全国 18 个城市，完成 100 家线下直营网点布局。

2015 年，"车享"获中国汽车流通协会颁发的优秀会员奖和卓越贡献奖，获上海市经信委颁发的上海十大互联网创新新锐企业奖；车享二手车获中国汽车流通协会颁发的中国二手车行业最具价值品牌。

九、车载信息服务"安吉星"

2009 年 10 月开始营业的中美合资的上海安吉星信息服务有限公司（简称上海安吉星）是美国通用汽车公司北美市场之外的首家 OnStar（安吉星）信息服务机构，主要为上海通用汽车在中国大陆销售的车辆提供汽车安全信息服务，首批服务的车辆是凯迪拉克新赛威 SLS。

上海安吉星服务内容包括碰撞或安全气囊爆开自动求助，紧急情况按红色紧急呼叫按钮，24 小时全天候紧急服务，被盗车辆 GPS 全球定位跟踪并锁定车辆实时位置，车钥匙被锁车内远程开启车门，以及车停位置提示、路边救援协助、车况检测报告、实时按需检测、全程音控领航、全音控免提电话等 18 项服务功能。

2010 年 1 月，上海安吉星在上海通用汽车别克昂科雷车型启动 OnStar 安吉星车载信息服务；5 月，用户服务数突破 1 万人；6 月，从通用北美公司引进并启用第 9 代车载终端硬件设备；10 月，在上海通用汽车雪佛兰品牌部分车型启用，产生第 10 万名用户；12 月，完成后台业务系统升级，通过 ISO9001

质量服务体系认证。至 2010 年年底,安吉星用户近 20 万名。

2009 年 10 月,上海安吉星在上海漕河泾设立第 1 个呼叫中心;2011 年 6 月,在厦门建立第 2 个呼叫中心;同年 11 月,成立销售团队。至 2013 年年底,装机数超过 120 万台,其中活跃用户近 70 万名。2014 年 10 月,在重庆建立第 3 个呼叫中心。同年底,装机数超过 170 万台,活跃用户数超过 80 万名。2015 年 3 月,上线第 10 代 4G 车载终端硬件设备,并率先应用于新款凯迪拉克 ATS-L 车型。至同年年底,装机数超过 210 万,活跃用户超过 90 万名。安吉星服务为上汽通用别克、雪佛兰、凯迪拉克 3 个品牌 18 款车型提供优质服务,受到好评。

十、上海彭浦营销服务网络

2004 年起,上海彭浦机器厂设立销售科与服务科,并在沈阳、太原、长沙、西安、成都设有 5 个办事处。2011 年后,上海彭浦机器厂有限公司(简称彭浦机器)成立营销事业部,下设综合管理办公室、销售部、国际贸易部、市场部和服务部,并在各地成立 6 个分销中心,实行直销和经销相结合模式。2014 年,彭浦机器成立销售公司,设立综合管理办公室、军工办、销售部、市场部、风险管理部、服务部和国际贸易部,并在全国设有 19 个销售区域;服务部下设服务策略及技术科、备件业务科,并设有 8 个服务网点。

2011 年,彭浦机器有 35 家经销商,分布在国内 25 个省、市、自治区。2015 年,彭浦机器经销商增至 45 家,分布在全国 26 个省、市、自治区,并在伊朗、沙特阿拉伯、阿尔及利亚、缅甸设有海外销售服务网点。

彭浦机器制定《经销网络管理制度》《集团客户开发、维护及客户档案管理制度》等内控制度,规范经销商网点建立和运营管理、网络评估和网络改进等,加强经销商日常运行和业绩管理考核。公司每年对经销商提出销售目标要求,并跟踪考核。

表 11-2-20　2015 年上海彭浦经销商分布情况表

省/市/自治区	经销商数量(家)	省/市/自治区	经销商数量(家)	省/市/自治区	经销商数量(家)
安徽	2	湖北	2	山西	3
北京	2	湖南	2	陕西	1
福建	1	吉林	2	上海	2
甘肃	1	江苏	2	四川	2
广东	2	江西	1	天津	—
广西	1	辽宁	2	新疆	1
贵州	2	内蒙古	2	云南	1
河北	2	宁夏	—	浙江	2
河南	2	青海	—	重庆	1
黑龙江	2	山东	2		—
合计			45		

资料来源:上海彭浦机器厂有限公司

十一、上海、纽荷兰拖拉机营销服务网络

1982年4月,上海拖拉机厂成立销售服务科。1989年12月,上海拖拉机内燃机公司成立后组建商务部,统一负责上海牌拖拉机和柴油机销售服务,下设主机科、配件科和三包服务科。1997年,商务部更名为上海拖内销售公司,下设销售科、三包服务科和管理科,并在山东、河北、河南、华东、东北、西北等地设立分销中心,形成销售、三包服务、配件供应、产品宣传、储运、市场信息"六位一体"的销售服务体制。同时,新设立国际贸易部,负责产品出口贸易,外销产品售后服务由上海拖内销售公司三包服务科负责。

图11-2-25　上海牌拖拉机第20万台下线仪式

2002年1月,上海纽荷兰拖拉机有限公司(简称上海纽荷兰)合资成立后,设市场营销部,承担销售、市场开发、技术服务和出口贸易等职能,并继续沿用分销中心管理和代理制经营模式。2008年起,取消分销中心,采用大区销售与重点市场相结合的方式实施经销商管理,重新划分营销服务区域,重点市场山东、河南、河北三省由市场营销部直接管理。2013年年初,实施业务重组,上海纽荷兰市场营销部撤销,营销服务职能划归凯斯纽荷兰(中国)管理有限公司。

2002—2007年,上海纽荷兰沿用上海拖内分销中心加代理制区域经销模式。2007年,全国有拖拉机一级经销商166家,二级经销商300余家,主要集中在农业生产大省鲁、冀、豫、皖及东北地区。2008年起,实行大区销售,与187家拖拉机经销商、23家柴油机经销商签订销售协议,营销服务覆盖29个省、市、自治区151个地级市,拖拉机经销商合计187家,柴油机经销商合计23家。

2014年11月,上海纽荷兰进入清算程序,不再产销拖拉机。

十二、幸福摩托车营销服务网络

1981年,上海摩托车厂成立摩托车技术服务科,在全国27个省、市、自治区建立42个特约维修站。1983年,特约维修站增加到56个,形成1000余人的摩托车维修专业队伍。1986年,上海—易初摩托车有限公司(简称上海易初摩托车)特约维修站增至近200个。

1990年开始,上海易初摩托车对400多个经销商进行梳理,在全国形成71个代理商覆盖下线经销商的营销网络。1991年,将全国市场分成"三块一条",即广东、广西等5省区为南部块;华中、华北等地区为中部块;东北、西北等地区为北部块;把网点辐射全国的原计划经济主渠道的全国性公司统一归为"条",提出"以条为主、条块结合,逐步走向地区代理"的营销策略。1992年,实行产品销售、配件销售、维修服务、信息反馈"四位一体"营销服务网络管理,并将销售改为直销制;规定经销商不能跨地区批发供货;设立幸福摩托车技术咨询服务热线电话,成立幸福—本田摩托车维修技术学校。1993年,组建幸福摩托车联营联销体联谊会。1996年,在广州建立第一个集散中心,实施统一到岸价。1997年,在全国建立270个幸福摩托车特约维修站。1999年1月,摩托车销售实行"直送车"方式送货上门。1992年和1993年,上海易初摩托车还先后与阿根廷KUMOTO公司

以及巴西、墨西哥、秘鲁代理商签订独家代理或代理幸福摩托车的协议。

2010年,幸福摩托车停止销售。

第五节 汽 车 物 流

一、上汽销售、安吉整车物流

【物流体系】

1988年年初,上海汽车拖拉机销售公司成立储运科。6月,上汽销售与嘉定县长征乡贸易公司共同投资成立上海汽车拖拉机销售公司长征储运经营部,后改名为长征储运中心,管理储运业务。长征储运部成立初期50余人,设储运科、经营科、财务科、安全保卫科和办公室"四科一室"。1992年3月,上海汽车工业销售总公司撤销原储运科成立储运部。4月,在浦东新区注册成立上海安达汽车储运公司(简称安达储运),实行"两块牌子,一套班子"体制运营管理,对外称安达储运公司,对内称储运部。1998年,上汽销售储运部更名为物流二部,分设运输科和仓储科。

2000年,上汽销售桑塔纳轿车总经销业务划入上汽大众汽车销售有限公司后,公司内部进行重组。同年8月,上海安达汽车储运公司改名成立安吉汽车物流有限公司(简称安吉物流)。同年10月,上汽集团决定上汽销售与荷兰TNT物流公司签订合资合同。2002年5月,国家经济贸易委员会批复同意成立中外合资安吉天地汽车物流有限公司(简称安吉天地物流)。6月,安吉天地物流成立,成为国内首家经国家交通部和外经贸部正式批准、注册资本最大的汽车物流合资公司。

2008年年底,上汽集团对物流业务进行重组,将上汽销售物流业务板块统一纳入安吉物流,安吉天地物流及原安吉物流下属运输子公司作为新安吉物流的子公司。2009年1月,新的安吉物流成为直接隶属于上汽集团的子公司,提升上汽集团物流板块战略地位。2011年5月,安吉物流内部设立整车物流板块。2012年2月,整车物流业务结合中国汽车物流行业特点,打造结合4PL资源集成管控优势和3PL核心物流资源自营优势的3.5PL物流业务模式。2013年1月,集团与CEVA(基华物流,由TNT物流和EGL宏鹰全球物流于2007年8月合并组成)高层多次磋商,达成安吉零部件回收整车仓储业务协议,启动整车仓储转移项目。2014年,根据上汽集团"保障产业链安全,布局网络,抢占关键资源"的要求,安吉物流实施分区管理,成立华东一区、华东二区、东北、华北、华中、山东、西南等七大分区公司将管理机构和运作实体前移至物流第一线。

至2015年年底,安吉物流设总经理设有业务发展部、信息技术部、整车物流事业部、海外事业部、运输管理委员会、口岸办公室、大数据项目组等主要业务部门,从业人员13 856人。

【公路运输】

1988年12月,上海汽车拖拉机销售公司所属长征储运经营部将37辆上海桑塔纳轿车从上海大众汽车有限公司开到该部位于上海真北路的仓库,完成首次整车物流业务。

1993年,上汽销售引入德国"零公里"离地运输先进理念和方式;3月,安达储运借用2辆美国进口双层专业驳运车,首运合肥成功,首创国内"零公里"运输;12月,上汽销售在江苏靖江投资成立靖江安达轿车运输公司。同年年底,安达储运轿车运输车增加到12辆。

图 11－2－26 至 27　整车公路运输

1994 年 12 月，安达储运与上海警备区富民运输公司合资成立上海安富轿车驳运有限公司。1995—1999 年，靖江安达和安富两家运输公司分别拥有轿车运输车辆 101 辆和 118 辆。2000 年，安吉物流成立后，轿车运输车辆迅速增长，先后于 2003 年、2005 年和 2008 年突破 1 000 辆、1 500 辆和 2 000 辆，2015 年达到 3 000 辆，形成 650 万辆商品车年运输能力。

【水路运输】

1993 年，上汽销售长征储运部与武汉驻上海办事处尝试上海至武汉的桑塔纳轿车水路运输，与重庆民生运输有限公司合作，开始整车水路运输。1994 年 3 月，上汽销售、青浦县交通局和上海恒德工贸公司合作成立上海安盛汽车船务公司，委托中国船舶及海洋工程设计研究院和上海渔轮厂设计研究所设计、太仓长江造船厂制造汽车滚装船。5 月 8 日，国内第一条纯汽车滚装船安达 1 号江轮满载 150 辆轿车营运长江航线，开启中国汽车水路滚装运输先河。1995 年 6 月，安达 2 号投入营运，装载量由 150 辆提高到 195 辆。1995—1997 年，安达 4 号和安达 5 号相继投入运营。1995 年，安盛船务开始扩大海上运输能力。同年 6 月，购买日本轮船并改造后的第一条海轮安吉轮投入运营，满载量 300 辆/次。1996 年 11 月，与深圳长航合资运营长祥号海轮，满载量 410 辆/次。1997 年，与浙江温岭海运公司合作购买旧登陆艇改装成安捷 1 号投入运输，满载量 310 辆/次。同年 3 月，将钢板煤炭散货船改装为安立 8 号投入运营，满载辆 670 辆/次。至 2010 年，安盛船务拥有运

图 11－2－28 至 29　整车水路运输

输船 10 艘,其中江轮 6 艘、海轮 4 艘,总运能 1 年 33 万辆。

2013—2015 年,安吉物流投资建造安达 7 号、安达 9 号和安达 11 号 3 艘 800PCC 江轮,购置二手海轮安吉 11 号,另有 2 艘 1500 舱位海轮正在建造之中。至 2015 年年底,安吉物流汽车滚装船共有 19 艘,一次性装载能力 1.7 万辆,年运输能力 100 万辆,为 2010 年的 3 倍。

【铁路运输】

1994 年年初,安达储运与长春燃料总公司合作,建造双层汽车运输专用列车,将轿车运往昆明、北京、成都三地,开启公司铁路运输先例。同年,分别与上海铁路局合作及委托北京第二机车制造厂建造铁路运输专用火车皮。1995 年 1 月,在上海西站举行铁路汽车运输首发式,专列抵京后在北京东站举行卸车仪式,中央电视台和上海电视台均作报道。同年 3 月,安达储运与铁路维修保养部门合作成立上海安东商品轿车铁路运输有限公司,后又成立长春安达轿车铁路运输有限公司。1998 年 8 月,长春安达迁至上海改名为上海安北轿车铁路运输有限公司。至 2015 年,安吉物流拥有车皮 348 节,年运输能力 48 万辆。

图 11-2-30　整车铁路运输

【物流管控】

1988 年成立的长征储运部作为全国第一个整车物流单位,率先探索分色停放、道位编号、场位储放示意图等物流库存管理方法。1998 年,安达储运成立调度中心,合理调度分配水路、铁路和公路轿车运输业务,统一执行移库计划。公司运输科出台运输管理、车辆管理、捆扎管理、事故车申报、索赔管理、运输质量跟踪管理等制度,设立运输系统数据库。公司仓储科于 1998 年 6 月完成全国仓库管理制度编制工作,首次对全国 26 个仓库制定统一规范和标准。2000 年起,安吉物流将信息化管理作为物流管理重要手段,同年编制了 60 多个程序文件。

2001 年 10 月,正式启用集成订单管理、调度管理、运输工具管理、运输公司管理、仓储管理、仓储作业、交接单管理、质量管理和财务管理等功能的整车物流全新中央调度系统(TMS)和仓储管理系统(WMS),加快订单完成速度、提高运输质量和客户满意度。2002 年年底,引入卫星定位系统(GPS)并于 2003 年实施于整车物流,该系统包括车载终端管理、电子地图管理和通信管理等功能,实现系统信息与 TMS 实时对接及物流订单信息可视化管理。2002 年,还开发分供方管理系统,2003 年 6 月在整车物流分供方安富轿车驳运有限公司率先实施,最终覆盖 5 家公路公司、1 家铁路公司和 1 家船务公司。2004—2005 年,推行统一调度平台和运输公司基地化运作,初步形成全国范围配送网络。

安吉物流是全国第一批 5A 级物流企业,中国物流与采购联合会汽车物流分会轮席理事长单位。公司最早参与汽车物流行业标准制定,是制定该行业标准最多的企业之一,执笔完成《乘用车运输服务规范》《乘用车水路运输服务规范》《乘用车仓储服务规范》和《乘用车物流质损判定及处理规范》4 项行业标准。2010 年 8 月,安吉物流荣获 2010 年度上海市质量金奖(服务业)荣誉称号,成为首家获得该称号的物流企业。

2011年,安吉物流新总部大楼设置超大规模可视化大屏,物流信息实现可视化管理。2013年6月,安吉物流建成商品车交接电子签收系统,实现商品出库—在途—入库全程电子跟踪、实时信息反馈。2015年7月,该公司"车好运"社会车辆物流平台上线,具备线上下单、系统报价、电子合同、移动支付、移动跟踪、实时评价、积分查询、会员管理等功能,实现B2B模式向B2C、C2C模式转型。

【物流运量】

1988年,长征储运经营部开始承接上海大众整车物流。此后分别于1999年、2001年、2003年、2005年和2006年,安吉物流先后开始承接上海通用汽车、上海通用汽车烟台基地、上汽通用五菱、上汽乘用车分公司和上汽通用五菱青岛公司等整车企业100%的物流业务。2006年还首次进入商用车物流领域,为上汽依维柯红岩提供物流服务。

在此期间,安吉物流积极拓展上海汽车工业之外的整车物流市场,于2002年、2003年和2006年,分别与神龙汽车公司开展商品车资源对流运输业务,承接天津一汽丰田整车运输任务,为宝马汽车进口整车提供国内物流配送等服务。该公司通过业务总包、线路承包、业务对流、业务外包等多种市场服务与合作形式,业务范围基本覆盖全国所有汽车品牌乘用车运输业务。

2015年,安吉物流年运输业务量813万辆,全年汇总营业收入171.3亿元,国内整车运输市场份额33.05%,总运输量位继续居中国汽车物流行业和全球汽车运输行业第1位,业务收入规模位居全国物流行业第11位。

表 11‑2‑21　2001—2015 年安吉物流整车运输量统计表　　　　单位:万辆

年份	2001	2002	2003	2004	2005	2006	2007	2008	2009	2010	2011	2012	2013	2014	2015
公路	22	35	51	73	100	135	181	208	353	443	509	556	613	650	668
铁路	7	7	11	12	11	15	20	24	28	48	33	32	35	37	47
水路	5	6	8	10	9	10	14	16	18	33	40	52	77	96	98
合计	34	48	70	95	120	160	215	248	399	524	582	640	725	783	813

资料来源:安吉汽车物流有限公司

表 11‑2‑22　2015 年安吉物流所属运输公司一览表

序号	公司名称	成立日期	运输类型	运输工具数量	一次轿车运能	2015年运输量
1	上海安富轿车驳运有限公司	1994年12月	公路	820辆	9 840辆	130万辆
2	上海安吉迅达汽车运输有限公司(前身为靖江安达汽车运输有限公司等7家运输公司)	1994年8月		342辆	4 104辆	100万辆
3	上海安捷轿车运输有限公司	1996年5月		490辆	5 880辆	90万辆
4	上海安吉日邮汽车运输有限公司	2004年4月		300辆	3 600辆	60万辆
5	上海安吉汽车运输有限公司	2005年1月		470辆	5 640辆	80万辆
6	上海嘉顿储运有限公司	2004年6月		490辆	5 880辆	90万辆
7	江苏安吉汽车物流有限公司	2009年4月		92辆	1 104辆	80万辆

〔续表〕

序号	公司名称	成立日期	运输类型	运输工具数量	一次轿车运能	2015年运输量
8	上海安东商品轿车铁路运输有限公司	1995年1月	铁路	348节	2 784辆	48万辆
9	上海安盛汽车船务有限公司	1994年5月	水路	19艘	17 000辆	98万辆

资料来源：安吉汽车物流有限公司

二、安吉天地汽车零部件物流

【物流体系】

20世纪90年代及之前，上汽零部件产品由零部件企业各自运输向整车厂供货，没有第三方物流提供专业运输服务。

2000年，上汽大众汽车销售公司成立后，将物流业务规划为汽车整车物流、入厂物流与零配件物流不同业务板块。2000年10月，上汽集团与荷兰TPG集团签署《汽车物流合资项目合作意向书》，将零配件售后物流与整车物流、入厂物流一起列为新合资公司主要业务。

2002年4月，合资企业安吉天地汽车物流有限公司成立，开始成为第三方汽车零部件物流供应商，公司设立入厂物流事业部和售后物流事业部负责零部件物流业务。2003—2009年，安吉天地分别与各地物流企业合资成立上海安吉速驰物流有限公司、辽宁安吉联合物流有限公司、重庆安吉红岩汽车物流有限公司、江苏安吉天地物流有限公司和上海安吉通汇汽车物流有限公司，为所在地整车企业提供整车、零部件产品运输、仓储、配送等物流服务。

2009年，上汽集团对物流业务进行重组，上海汽车工业销售总公司所属安吉汽车物流有限公司成为上汽集团子公司，安吉天地划为安吉物流子公司，并专业从事汽车零部件物流业务开发与运营。至2015年，安吉天地在上海、辽宁、重庆、江苏、山东等地建立汽车零部件物流子公司，业务覆盖上汽大众、上汽通用、上汽依维柯红岩、南京依维柯、上汽大通、常熟奇瑞捷豹路虎等整车企业。从业人员9 000多人，管控货运车辆1 000多辆，自有货运车辆100多辆，运营网点80多个，客户合同300多个，营业收入58.1亿元，业务规模居国内同行第1。

【物流业务】

2003年，安吉天地开始零部件入厂物流和售后物流运输业务，入厂和售后运输车辆分别为35辆和5辆，合计40辆，营业额2 600万元。在此之前，上海大众汽车入厂零部件由供应商负责运输，采取单点运输方式，运输效率较低。安吉天地提供第三方零部件物流服务后，同时开始运营上海大众汽车和上海通用汽车的零部件入厂业务。公司建立由35辆飞翼车和厢式货车组成的专业车队进行配送，使用标准化料箱料架，提高装卸货效率，并在中国率先实施循环取货运输模式，提高装载频次和装载满载率，适应多车型、小批量同步生产模式的新作业要求。同年6月，安吉天地开始从上海大众汽车西安售后中心库取货为西北地区85家维修站试点售后运输配送业。

2004年1月，开始为上海通用汽车在全国500多家维修站提供售后常规订单配件的运输和运输管理服务；2月，开始从上海大众汽车上海售后中心库取货为华东地区215家维修站提供售后运输配送业务。售后业务运输车辆均来自外包运输供应商，安吉天地负责路线规划管理、常规运输管理、紧急订单管理、可回收料箱管理、承运商管理及客户服务管理等总包服务。

2005年,安吉天地被评定为全国第1批9家5A级物流企业之一。

2003—2009年,安吉天地在上海、沈阳、重庆、南京等地分别与各地物流企业合资成立上海安吉速驰物流有限公司、辽宁安吉联合物流有限公司、重庆安吉红岩汽车物流有限公司、江苏安吉天地物流有限公司和上海安吉通汇汽车物流有限公司,为所在地整车企业提供整车、零部件产品运输、仓储、配送等物流服务,安吉天地的业务也迅速扩展至全国,业务覆盖上海大众汽车、上海通用汽车、上汽依维柯红岩、南京依维柯等整车企业,形成网络化运营格局。2010年营业收入24亿元(含整车仓储收入6亿元)。

2011年,安吉天地更名为上海安吉汽车零部件物流有限公司(简称安吉零部件物流),开始以汽车零部件物流作为公司主营业务方向。2012年,安吉零部件物流销售收入达到40.08亿元。

2011—2015年,围绕上汽整车企业沪外布局,安吉零部件物流推进物流同步工程,分别在无锡、仪征、宁波、沈阳、武汉、长沙等地定制物流解决方案,确保主机厂沪外基地生产,其入厂物流项目广泛实施PCS拉动系统、PS+PTL拍灯捡配系统、AGV自行小车、LKW车辆短驳调度系统等先进物流技术。

2014年,安吉零部件构建入厂运输、售后和进出口三大网络,布局包括7个合资公司、12个入厂运作基地、12个售后配件中心、11个售后中转库和5个网络运输中转库,以及依托CEVA全球网络资源形成的进出口网络,营业收入突破50亿元。同年,拓展业外业务,成立常熟沿江安吉汽车零部件物流有限公司,运营奇瑞捷豹路虎入厂物流业务。

2015年,安吉零部件物流成立物流工程部和智能物流事业部,上汽大众南京工厂运用室外牵引式AGV取代人工驾驶短驳车,运用无人驾驶叉车进行大件高架自动上下架作业,开始向智能物流发展。同年入厂运输和售后运输车辆分别为390辆和280辆,合计670辆。零部件物流运输营业额24.2亿元,其中入厂物流运输14.8亿元、售后物流运输9.4亿元,总体业务量达到400万辆零部件入厂物流,销售收入增至58.1亿元。

表11-2-23　2003—2015年安吉零部件运输营业额统计表　　　　单位:亿元

年份	2003	2004	2005	2006	2007	2008	2009	2010	2011	2012	2013	2014	2015
入厂	0.26	0.64	0.72	0.93	1.52	1.90	2.53	4.47	6.6	8.7	10.8	12.7	14.8
售后	—	0.63	1.38	1.69	2.02	2.47	3.04	3.50	4.2	5.6	7.4	8.5	9.4
合计	0.26	1.27	2.10	2.62	3.54	4.37	5.57	7.97	10.8	14.3	18.2	21.2	24.2

资料来源:安吉汽车物流有限公司

【物流管控】

安吉零部件物流主要通过与原有在地供应商成立合资公司方式进行运营,同时通过与整车企业合作,以委托管理方式进行服务网络管控。2003年开始,在上海大众汽车、上海通用汽车、上汽通用五菱推行国内率先的零部件循环取货运输方式。2004年起,逐步推广零部件入厂物流运输管理系统和仓储管理系统,同时运输车辆GPS覆盖率100%。2005年,上海大众汽车入厂物流开始采用高层料架立体库位,提高仓储利用率。2007年,售后物流业务相继建立仓储管理系统和运输管理系统,并在零部件售后配送领域率先国内采用集货配送交叉运输模式。2009年开始实施大件拖车上线拖车结构优化、小件循环取货加拖车上线统筹管理,实现动态库位管理和精益物流。2010

年,实行条线管理,引入磁封加 GPS 技术,取消零件交接。通过一系列管控措施,有效解决了"有限卡车,循环使用"的配载问题,车辆装载率提高至 85％以上。

2014 年以后,该公司围绕上汽大众宁波、上汽通用沈阳三期、上汽通用武汉建设实施物流同步工程。2015 年,运作上海大众长沙工厂入厂项目和上汽通用武汉新 PDC 仓库项目,同步启动上汽大通无锡三期物流规划。

三、上汽销售、安吉物流仓储

20 世纪 80 年代末,上海汽车工业供销公司作为上海桑塔纳轿车总经销,开始建设专用仓库。1988 年年初,与嘉定县长征乡在真北路曹安公路共同投资建设上海第一个整车专用仓库。同年 12 月,首批 37 辆商品车入库。1992 年 8 月,位于辽宁营口开发区的营口整车仓库建成,成为上汽供销公司首个沪外整车仓库。

1998 年,为推行分销中心新的营销体制,改变原有独资建库模式,上海汽车工业销售总公司开始以租赁方式拓展仓储网络,在北京、福建、江西、湖南、安徽、贵州、新疆和海南租赁 8 个整车仓库。至此,该公司在全国 22 个省、市、自治区拥有 25 个整车仓库,总占地面积 75 万平方米,总计可存放3.02 万辆车。同时,编制实施《全国仓库管理制度》,建立总部台账,记录全国仓库每日收发存及累收累发明细账,做到开单、移库、运输、入库"四一致"。同年还建立完善条形码全国物流管理系统,开发运行仓储信息管理系统,仓储运输部分运作和统计逐步运用计算机操作,形成国内使用最早、范围最广的整车仓储信息化网络。1999 年 4 月,上汽销售成为上海通用汽车整车仓储及运输总包商。

2000 年 9 月,上汽销售成立专业从事汽车物流和仓储业务的安吉汽车物流有限公司。安吉物流开始在整车企业周边建立总库,在上海、北京、广州和德阳等地设立中转库,为半径 1 000 公里范围内零售商提供仓储服务。同年,率先采用国际通行的定置定位仓储车辆停放方式。2001 年,研发仓储操作管理、订单管理、运输工具管理等模块并上线运行。2003 年,根据整车企业发车指定商品车发动机号和车架号需求,在总库实行定置定位管理,奠定订单化销售基础。2004 年,将全国划分成华北、华南、中南、西北 4 个区域配送中心,建立 RDC 管理模式。同年 3 月,总包上汽通用五菱整车物流业务,对柳州总库进行专业化改造,在兰州、天津、德阳、济南、郑州、乌鲁木齐和厦门设立中转库。至 2005 年年底,公司仓储总数达到 31 个,仓储总面积达到 200 万平方米,总计可停放车辆 6.5 万辆。2006 年,总包上汽乘用车分公司整车物流业务,位于上海临港的总库营业,2008 年上南合作后在南京设立总库。

2009 年,安吉天地成立整车仓储事业部,管理全国整车仓储业务,公司形成完整的仓储管理内控制度。至 2010 年,仓储建设累计投资 2.7 亿元,整车仓库共计 24 个;仓储总面积 337 万平方米,其中自建仓库 48 万平方米、租赁或客户提供仓库 289 万平方米;一次性可停车 6.5 万余辆。

2012 年 2 月,安吉物流设立仓储管理部,与安吉零部件物流的整车仓储事业部同时管控全国仓储业务。2013 年 1 月,改变运输和仓储各自为政的管控模式,建立运输仓储一体化管控平台,完成 17 个仓储基地共计 1 050 人 1 483 件设备的平稳转移。

2011—2015 年,安吉物流成立华东、东北、华北、华中、山东、西南、华西七大分区公司,通过合资兴建、长期租赁、投资后方堆场等方式,建有整车中心仓库 26 个,仓储总面积 892 万平方米,其中自建仓库 148 万平方米、租赁或客户提供仓库 744 万平方米,一次性可停车 25 万余辆。

四、上汽大众仓储

1988 年,上海大众汽车有限公司投资 30 万元在上海市嘉定县双浦村水闸桥建立第 1 个汽车零部件仓库,用于存放组装轮胎及 CKD 进口零件。2004 年,安吉—速驰物流有限公司接手上海大众汽车一厂总装内库上线和新双浦仓库,成为上海大众汽车指定的物流服务供应商,提供汽车零部件入厂物流仓储管理、运输配送、料箱管理以及排序/即时供货等全过程物流服务。

至 2005 年,上海大众汽车在安亭、黄渡、方泰、六里、外岗等地租借 30 个仓库,面积 38.7 万平方米。同年,为降低仓库库存、改善资金流量,通过建立高层料架立体库位、仓库整合、仓库信息化建设等方式提高仓储利用率,同时采用排序供货与即时供货方式代替传统供货模式,减少零件库存。2006 年,启用仓库运作过程直接通过条码扫完成的 WMS 系统管理系统,开发完成 WMS 系统自动生成运作报表。2007 年,引入运输车辆定位查询的车辆 GPS 监控系统。2008 年,开发启用解决仓库拥堵状况的送货车辆道口分配系统。2009 年,推出适应多车型混线生产的 SPS＋PTL 系统、AGV 牵引车自动运送零件上线、Polo 和途安库区动态库位管理、建立 CMC 料箱管理中心等措施。2010 年,在 GPS 监控系统基础上新增车辆磁封技术,进一步完善了车辆监控管理体系。

2011 年,在安亭二厂应用升降式卸货平台实现装卸货无叉车化。2012 年,在首个标准工厂仪征工厂大范围使用 AGV 自动化运输上线。2013 年,自主开发行业领先的 EFALS 自动配料技术,实现配料上线全过程自动化并提升单次运输能力 3 倍以上,该技术 2014 年首次在发动机一厂试点应用。2015 年,自主开发完成助力 Dolly 技术并完成试点,在第 1 代 Dolly 基础上全新优化升级结果,在仪征工厂投入使用取得良好效果,以后在宁波工厂和乌鲁木齐工厂继续推广使用。

2013 年 8 月和 11 月,该公司宁波整车分拨配送中心和乌鲁木齐整车分拨配送中心分别毗邻宁波及乌鲁木齐工厂建立,建成后成为所在地工厂商品车向全国发运的物流中心。2015 年年底,上汽大众在安亭工厂周边 5 公里内设有 15 个仓库,包括钢材库 3 个、排序库 2 个、整发库 1 个、车身库 2 个、总装库 2 个和其他库 5 个,仓储面积减至 27.9 万平方米。

五、上汽通用天津、重庆仓储

2011 年 7 月,上海通用汽车投资 1.76 亿元在天津市经济技术开发区建设售后配件配送中心和仓储基地,为该公司在华北、东北、西北地区 12 个省、市、自治区的 350 多家售后服务中心提供支持。该基地占地面积 7.6 万平方米,总建筑面积 4 万多平方米,其中售后配件主体仓库建筑面积约 3.3 万平方米,建设内容包括售后配件主体仓库、辅助仓库、办公楼等建筑。

2012 年 2 月,上海通用汽车投资 2.3 亿元在重庆市西彭园区建设重庆售后配件配送中心和仓储基地,为该公司在西南、西北地区 10 个省、市、自治区的 200 多家售后服务中心提供支持。项目占地面积 7.9 万平方米,建筑面积 4 万多平方米,其中售后配件主体仓库建筑面积约 3.3 万平方米,建设内容包括售后配件主体仓库、辅助仓库、办公楼等建筑。

与此同时,上海通用汽车开始探索现代化仓储的集约化、自动化和信息化管理。

在集约化管理方面:天津和重庆仓储复制美国通用北美仓库模板,采用高层货架立体库位,优化仓库面积超过 5 万平方米,节省大量成本;采用 JIT 仓库管理,对保险杠、油品、排气管等超快流件实行日均销量拉动计划即时供货,车间现场实行"零库存",天津和重庆仓储在国内 PDC 中首先规划建造 JIT 仓库,面积约 5 000 平方米。

在自动化管理方面:天津和重庆仓储采用平衡重叉车和高架叉车,可进入货车厢内进行装卸,进入高层货架区域从事上架、补货、高架拣配等工作;配备美国诺顿 PV 电瓶牵引车,用以上架、拣配以及货架至道口、道口至货架区域的驳运。

在信息化管理方面:采用 E - WMS 系统,功能覆盖仓库收货、上架、拣货、发货、扫描拉动等,并配合 RFID 手持终端,仓库运作过程直接通过条码扫描枪完成;采用 DMIS 系统,方面售后配件部门与经销商沟通;开发 WMS 系统自动生成运作报表。

六、上汽乘用车分公司仓储

2006 年,上汽乘用车分公司在建设临港生产基地的同时,投资 4 000 万元同步建成 2 万平方米物流仓库,同时,在临港基地周边 5 公里范围内分布 5 家第三方物流仓库,总面积 4.2 万平方米。2008 年,临港基地新工厂启用,仓储管理同步实施 SPS 配料模式,成为国内汽车行业内率先使用 SPS 台套配料模式的企业之一;同步实施 AGV 牵引车物料自动运送;同步建成高层料架立体库位,提高仓储利用率;同步开发启用 MES 系统,形成统一的供应链仓库管理系统,实现仓库管理全程扫描操作和动态库位管理;同步推行排序供货与即时供货为主的供货模式,有效减少了零件库存。

2011 年 10 月,上汽乘用车分公司投入 7 135 万元在临港基地扩建整车分拨中心和新建零部件物流堆货仓库。整车分拨中心扩建于临港基地厂区北侧,占地面积 13.31 万平方米;新建零部件物流堆货仓库位于临港基地厂区东南侧,占地面积 1.9 万平方米,两个项目于 2014 年 9 月交付试运行。2014 年 11 月,新建零部件物流堆货仓库投入使用,安吉物流接手仓储上线业务。

2015 年,上汽乘用车分公司启动统一的供应链仓库管理系统(WMS)建设,实现供应链库存系统实时共享、全程扫描操作、料箱级物料管理和动态库位管理,提高仓库管理效率和面积利用率。同年,引入循环取货(MilkRun)运输模式和启动运输管理系统(TMS)项目,以高装载率为目标制订运输计划,降低运输成本;实时采集运输节点信息,及时发布报警,指导物流有序执行。

2015 年 7 月启动 linefeeding 物流外包业务,12 月底前完成 VMI 供应商管理库存整合工作,启动厂外 LOC 物流外包业务。

七、上汽大通仓储

【仓储建设】

2010 年,上海汽车商用车有限公司无锡基地整车分拨中心纳入规划,一期项目利用无锡工厂原有商品车整车停车场地进行改造,规划库容 550 辆,占地面积 1.6 万平方米,2011 年 9 月投入使用。2012 年上半年,完成整车分拨中心厂内扩容,占地面积增至 3.7 万平方米,库容增至 1 200 辆。同年 9 月,实施厂内第 2 次扩容,新增占地面积 7 000 平方米,总占地面积增至 4.4 万平方米,总库容增至 1 420 辆。

2013 年,由于工厂物流仓库辅房建设需求,整车分拨中心仓库减少 7 000 平方米。2013 年 11 月,整车分拨中心实施厂内第 3 次扩容,新增场地面积 1.27 万平方米,总面积增至 4.97 万平方米,库容增至 1 600 辆。2014 年起,随着无锡工厂 SV71 平台车辆上市及三期项目开工,无锡工厂在厂外购置新增土地,其中 7 万平方米用于整车分拨中心建设,同年 10 月投入使用。此时整车分拨中心总占地面积扩容至 11.97 万平方米,可容纳 4 000 辆整车。

2015 年起,为配合无锡工厂三期项目规划建设,厂内整车分拨中心全部退出。同年 3 月和 5 月,分别在上海及无锡以租赁方式建立分库,面积分别为 3 万平方米和 8 万平方米。至此,该公司整车仓储总面积 18 万平方米,总库容为 5 500 辆。

【仓储管理】

2010 年,上汽商用车无锡分公司设置计划物流部整车发运科,作为整车仓储发运管理部门。该科制定车辆仓储日常维护管理要求、车辆发运跟踪管理要求等管理制度。

整车分拨中心仓库成立初期,整车发运科同步上线 WMS 及 TMS 系统(仓储管理系统及运输管理系统),形成车辆下线至车辆交付客户全过程较为全面的系统管理。

2014 年,上汽商用车进一步提出计算机技术在仓储管理中运用的要求。2015 年,开发整车物流仓储、运输信息管理系统以及手机 App 管理系统,对仓储车辆及在途车辆实施定位管理。该系统 2015 年 12 月上线运作。

第三章　整车整机销量

上汽于 1957 年开始制造整车,20 世纪 60 年代和 80 年代,零部件和整车先后开始出口。1975 年年销汽车 1 万辆后,于 1993 年创下了中国年销轿车 10 万辆纪录。2005 年年销汽车 100 万辆后,于 2009—2014 年连续成为中国第 1 家年销汽车 200 万辆、300 万辆、400 万辆和 500 万辆的汽车集团。2015 年,整车销售 590 万辆,整车出口 8.08 万辆,出口创汇 17.57 亿美元。

第一节　总 销 量

一、汽车总销量

上汽于 1957 年开始制造整车。1960 年和 1975 年,公司汽车年产销先后超过 1 000 辆和 1 万辆。

1978 年,汽车年产销再次超过 1 万辆,达到 10 050 辆,为历史第 2 高位。20 世纪 90 年代以后,汽车产销进入快车道。1993 年、1996 年和 2002 年,年产销连续突破 10 万辆、20 万辆和 50 万辆。其间,于 1995 年汽车销量国内汽车市场占有率首次超过 10%,为 11%。2005 年,年产销汽车首次突破 100 万辆,达到 105.61 万辆,成为继中国一汽集团之后国内第 2 家年产销 100 万辆的汽车集团。2006 年,年产销汽车 134.68 万辆,开始位居国内汽车集团第 1。2009 年、2010 年、2011 年和 2014 年,年销汽车分别达到 272.50 万辆、358.29 万辆、401.22 万辆和 510.58 万辆,先后成为中国第 1 家年销汽车 200 万辆、300 万辆、400 万辆和 500 万辆的汽车集团。其间的 2009 年,汽车销量

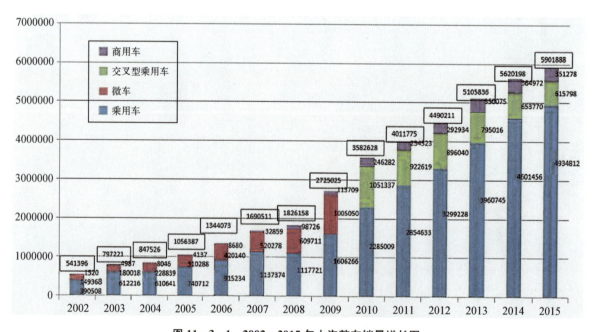

图 11 - 3 - 1　2002—2015 年上汽整车销量增长图

首次位居世界汽车公司前 10 位;2011 年,汽车销量升至世界汽车公司第 7 位,国内市场占有率首次突破 20%,为 21.68%,此后始终保持在 23%以上。

2015 年,上海汽车集团股份有限公司(简称上汽集团)年销 590 万辆,国内汽车市场占有率 23.97%,连续 10 年位居中国汽车集团销量之首,连续 5 年位居世界汽车公司第 7 位。

1957—2015 年,上汽累计产销汽车 4 181.86 万辆,年均产销 70.88 万辆。其中 1957—1977 年累计产销汽车 8.47 万辆,年均产销汽车 4 034 辆;1978—2015 年累计产销汽车 4 173.39 万辆,年均产销 112.8 万辆,年均产销量为 1957—1977 年年均产销量 4 034 辆的 282 倍。2015 年汽车销量是 1958 年的 7 694 倍,是改革开放前 1977 年的 651 倍。

表 11 - 3 - 1　1957—2015 年上汽汽车销量和国内市场占有率统计表

年 份	整车销量		市场占有率		国内同行排名
	数值(辆)	同比增减(%)	数值(%)	同比增减(%)	
1957	2	—	—	—	—
1958	767	382.5	—	—	—
1959	961	25.3	—	—	—
1960	1 859	93.4	—	—	—
1961	1 235	−33.6	—	—	—
1962	1 371	11.0	—	—	—
1963	1 618	18.0	—	—	—
1964	2 120	31.0	—	—	—
1965	3 169	49.5	—	—	—
1966	3 092	−2.4	—	—	—
1967	2 414	−21.9	—	—	—
1968	3 017	25.0	—	—	—
1969	3 509	16.3	—	—	—
1970	3 694	5.3	—	—	—
1971	4 882	32.2	—	—	—
1972	5 038	3.2	—	—	—
1973	7 194	42.8	—	—	—
1974	9 619	33.7	—	—	—
1975	10 554	9.7	—	—	—
1976	9 545	−9.6	—	—	—
1977	9 057	−5.1	—	—	—
1978	10 050	11.0	—	—	—
1979	10 222	1.7	—	—	—

〔续表〕

年 份	整车销量		市场占有率		国内同行排名
	数值(辆)	同比增减(%)	数值(%)	同比增减(%)	
1980	14 074	37.7	—	—	—
1981	6 150	−56.3	—	—	—
1982	6 750	9.8	—	—	—
1983	7 867	16.5	3.28	—	—
1984	8 785	11.7	2.76	−0.52	—
1985	11 844	36.2	2.67	−0.09	—
1986	14 832	24.0	3.98	1.31	—
1987	19 708	32.9	4.17	0.19	—
1988	25 735	30.6	3.98	−0.16	—
1989	24 282	−5.6	4.14	0.16	—
1990	27 760	14.3	5.45	1.31	—
1991	44 015	58.6	6.21	0.76	—
1992	69 431	57.7	6.54	0.24	—
1993	102 540	47.5	7.91	1.37	—
1994	116 799	14.0	8.63	0.72	—
1995	160 847	37.9	11.07	2.44	—
1996	200 652	24.5	13.60	2.54	—
1997	231 691	15.5	14.81	1.21	2
1998	236 461	2.1	14.75	−0.06	2
1999	252 115	6.6	13.76	−0.99	2
2000	253 957	0.7	12.16	−1.6	2
2001	289 549	14.0	12.25	0.09	1
2002	560 764	93.7	17.26	5.01	2
2003	782 259	39.5	17.82	6.56	2
2004	849 201	8.6	16.75	−1.07	2
2005	1 057 073	24.48	15.94	−0.81	2
2006	1 346 822	27.41	17.06	1.12	1
2007	1 690 511	25.52	17.73	0.67	1
2008	1 862 163	8.02	18.48	0.75	1
2009	2 725 025	49.22	19.97	1.49	1
2010	3 582 857	31.48	19.84	−0.13	1
2011	4 012 230	12.0	21.68	1.85	1

〔续表〕

年　份	整车销量		市场占有率		国内同行排名
	数值(辆)	同比增减(%)	数值(%)	同比增减(%)	
2012	4 490 914	11.9	23.26	1.58	1
2013	5 105 836	13.7	23.23	−0.04	1
2014	5 620 198	10.1	23.92	0.70	1
2015	5 901 888	5.0	23.97	0.05	1
合计	41 818 574	—	—	—	—

资料来源：1957—1977 年汽车销量源自《上海汽车工业志》；1978—2010 年汽车销量源自《汽车业卷》；2011—2015 年汽车销量源自上海汽车集团股份有限公司质量和经济运行部

二、乘用车销量

1957 年，上汽开始试制生产吉普车。1958 年，试制并开始生产轿车。1973 年和 1976 年，轿车年产销先后突破 1 000 辆和 2 000 辆，1977 年产销 2 218 辆。

1978 年，上汽产销轿车 2 546 辆，为历史高位。20 世纪 80 年代后，上汽实施集中力量发展轿车即乘用车战略，乘用车产销快速上升。1986 年、1993 年、1996 年、2003 年和 2007 年，年产销先后突破 1 万辆、10 万辆、20 万辆、50 万辆和 100 万辆。其间于 1990 年开始取得国内轿车市场领先优势，并一直保持至 2015 年。1997 年，国内轿车市场占有率高达 48.43%，几近"半壁江山"。此后，由于国内轿车企业数量增加、规模增大，上汽轿车市场份额逐年下降，但至 2000 年连续 4 年保持在 40% 以上，2006 年减至 18.83%。2010 年、2013 年和 2014 年，上汽产销乘用车先后突破 200 万辆、300 万辆和 400 万辆。

2015 年，上汽集团年销乘用车 493.6 万辆，国内乘用车市场占有率 23.35%。自 1990 年开始，连续 26 年位居中国乘用车市场第 1 位。

1957—2015 年，上汽共计产销乘用车 3 064.64 万辆，年均产销 51.94 万辆。其中 1957—1977 年累计产销 1.46 万辆，年均产销 695 辆；1978—2015 年累计销量 3 063.57 万辆，年均产销 82.8 万辆，年均产销量为 1957—1977 年年均产销量 695 辆的 1 191 倍。2015 年，乘用车产销量是 1964 年 50 辆产量的 98 739 倍，是改革开放前 1977 年的 2 225 倍。

表 11 - 3 - 2　1957—2015 年上汽乘用车销量和国内市场占有率统计表

年　份	销　量		国内市场占有率	
	数值(辆)	同比增减(%)	数值(%)	同比增减(%)
1957	—	—	—	—
1958	1	—	—	—
1959	5	400.0	—	—
1960	12	140.0	—	—

〔续表〕

年　份	销　量		国内市场占有率	
	数值(辆)	同比增减(%)	数值(%)	同比增减(%)
1961	4	−66.7	—	—
1962	—	—	—	—
1963	—	—	—	—
1964	50	—	—	—
1965	60	20.0	—	—
1966	202	236.7	—	—
1967	102	−49.5	—	—
1968	250	145.1	—	—
1969	204	−18.4	—	—
1970	155	−24.0	—	—
1971	460	196.8	—	—
1972	550	19.6	—	—
1973	1 000	81.8	—	—
1974	1 327	32.7	—	—
1975	1 652	24.5	—	—
1976	2 500	51.3	—	—
1977	2 218	−11.3	—	—
1978	2 546	14.8	—	—
1979	4 015	57.69	—	—
1980	5 300	32.00	—	—
1981	3 400	−35.84	—	—
1982	5 100	50.00	—	—
1983	6 045	18.52	—	—
1984	6 466	7.00	—	—
1985	8 568	32.5	—	—
1986	10 705	24.9	—	—
1987	15 025	40.35	—	—
1988	21 046	40.07	—	—
1989	21 206	0.8	—	—
1990	24 609	16.04	56	—
1991	40 797	65.78	50	−6
1992	65 000	59.32	40.8	−9.2

〔续表〕

年　份	销　量		国内市场占有率	
	数值（辆）	同比增减（%）	数值（%）	同比增减（%）
1993	100 030	53.8	43.9	3.1
1994	115 295	15.3	40.1	−3.8
1995	159 765	38.79	42.3	2.2
1996	200 031	25.2	45.0	2.7
1997	230 186	15.1	48.43	3.43
1998	235 020	2.17	46.24	−2.19
1999	250 519	6.6	43.92	−2.32
2000	252 789	0.9	41.26	−2.66
2001	288 378	14.1	39.97	−1.29
2002	412 475	43.0	36.63	−3.34
2003	597 424	44.80	30.30	−6.33
2004	618 017	3.5	26.56	−3.74
2005	741 398	−2.5	19.18	−7.38
2006	917 983	33.13	18.83	−0.35
2007	1 137 374	25.4	18.94	0.11
2008	1 117 726	1.9	18.01	−0.93
2009	1 606 266	56.7	19.17	1.16
2010	2 278 711	41.9	20.23	1.06
2011	2 651 937	16.38	18.32	1.76
2012	2 983 694	12.51	19.26	0.93
2013	3 960 745	20.03	22.09	2.84
2014	4 603 141	16.22	23.37	1.27
2015	4 936 930	7.25	23.35	−0.02
合计	30 646 414	—	—	—

资料来源：1957—1977汽车销量源自《上海汽车工业志》；1978—2010年汽车销量源自《汽车业卷》；2011—2015年汽车销量源自上海汽车集团股份有限公司质量和经济运行部

三、商用车销量

1958年，上汽开始生产载货车。1960年、1964年、1974年，年产销先后超过1 000辆、2 000辆和8 000辆。1977年产销6 469辆。

1978年，上汽产销载货车7 504辆。1980年，年产销达到历史最高的8 774辆。以后，载货车产销逐年下降。1982年，上汽开始产销客车。至2001年，载重车和客车组成的商用车年产销基本在 100 多辆至 4 000 多辆之间。

2002 年,微型车作为上汽主要的商用车车种,当年产销 14.83 万辆。2004—2007 年的 4 年,上汽以微型车为主的商用车年产销连续突破 20 万辆、30 万辆、40 万辆和 50 万辆。其间的 2005 年,上汽微型车年产销开始位居国内第 1,上汽国内商用车市场占有率达到 12% 以上,以后逐年上升。2008 年和 2009 年,年产销先后登上 70 万辆和 110 万辆的新台阶。2009 年和 2011 年,商用车国内市场占有率先后超过 20% 和 30%,分别达到 21.25% 和 33.73%。2012 年,商用车年销 150 万辆,国内商用车市场占有率升至 39.55%,均创历史最高纪录。此后,上汽商用车产销和国内市场占有率逐年下降。

2015 年,上汽集团商用车产销降至 100 万辆至内,为 96.5 万辆,国内商用车市场占有率减至 27.96%。

1957—2015 年,上汽商用车共计产销 1 113.6 万辆,年均产销 18.87 万辆。其中 1958—1977 年累计产销 7.71 万辆,年均产销 3 855 辆;1978—2010 年累计销量 1 106.21 万辆,年均产销 34.57 万辆,为 1958—1977 年年均产销量的 89.68 倍。2015 年,上汽集团商用车产销量是 1958 年的 1 259 倍,是 1977 年的 140 倍。

表 11 - 3 - 3　1957—2015 年上汽商用车销量和国内市场占有率统计表

年　份	销　量		国内市场占有率	
	数值(辆)	同比增减(%)	数值(%)	同比增减(%)
1957	2	—	—	—
1958	766	382.0	—	—
1959	956	24.8	—	—
1960	1 847	93.2	—	—
1961	1 231	−33.4	—	—
1962	1 371	11.4	—	—
1963	1 618	18.0	—	—
1964	2 070	27.9	—	—
1965	3 109	50.2	—	—
1966	2 890	−7.0	—	—
1967	2 312	−20.0	—	—
1968	2 767	19.7	—	—
1969	3 305	19.4	—	—
1970	3 539	7.1	—	—
1971	4 422	25.0	—	—
1972	4 488	1.5	—	—
1973	6 194	38.0	—	—
1974	8 292	33.9	—	—

〔续表〕

年　份	销　量		国内市场占有率	
	数值(辆)	同比增减(%)	数值(%)	同比增减(%)
1975	8 902	7. 4	—	—
1976	7 045	−20. 9	—	—
1977	6 839	−2. 9	—	—
1978	7 504	9. 7	—	—
1979	6 207	−17. 29	—	—
1980	8 774	41. 35	—	—
1981	2 750	−68. 66	—	—
1982	1 650	−40. 00	—	—
1983	1 822	10. 42	—	—
1984	2 259	23. 98	—	—
1985	3 276	45. 0	—	—
1986	4 127	25. 98	—	—
1987	4 683	13. 47	—	—
1988	4 689	0. 12	—	—
1989	3 076	−34. 4	—	—
1990	3 151	2. 43	—	—
1991	3 218	2. 12	—	—
1992	4 431	37. 69	—	—
1993	2 510	−43. 4	—	—
1994	1 504	−40. 1	—	—
1995	1 082	−28. 1	—	—
1996	621	−42. 61	—	—
1997	1 505	142. 35	0. 14	—
1998	1 441	−4. 3	0. 13	−0. 01
1999	1 596	10. 76	0. 13	0. 00
2000	1 168	−26. 82	0. 08	−0. 05
2001	1 171	0. 3	0. 07	−0. 01
2002	148 289	12 563. 5	6. 99	6. 92
2003	184 835	24. 79	7. 64	0. 65
2004	231 184	24. 93	8. 42	0. 78
2005	315 675	36. 55	12. 06	3. 64
2006	428 839	35. 85	14. 50	2. 44

〔续表〕

年　份	销　量		国内市场占有率	
	数值(辆)	同比增减(%)	数值(%)	同比增减(%)
2007	553 137	28.98	15.59	1.09
2008	708 437	28.08	19.21	3.62
2009	1 118 759	57.92	21.25	2.04
2010	1 304 086	16.57	19.19	−2.06
2011	1 360 293	4.31	33.73	3.43
2012	1 507 220	10.80	39.55	5.82
2013	1 145 091	−3.85	28.24	−11.31
2014	1 017 057	−11.18	26.83	−1.41
2015	964 958	−5.12	27.96	1.13
合计	11 136 040	—	—	—

资料来源：1957—1977汽车销量源自《上海汽车工业志》；1978—2010年汽车销量源自《汽车业卷》；2011—2015年汽车销量源自上海汽车集团股份有限公司质量和经济运行部

四、摩托车销量

1964年,幸福牌摩托车成为上汽产品,当年产销1 780辆。1970年,年产销升至4 000辆。1971年,增加东海750摩托车。1973年,2个摩托车产品合计年产销5 000辆。1981年,幸福摩托车年产销超过1万辆,达到1.5万辆。1983年,2个摩托车产品合计年产销超过2万辆。1984年,幸福摩托年产销超过2万辆。1986年,东海摩托车停产。幸福摩托车年产销超过5万辆,达到6万辆。1989年,该车年产销突破10万辆,达到14.5万辆,成为上汽首个年产销10万规模的整车产品。而后,幸福摩托车产销快速增长。1992年、1994年和1995年年产销先后突破20万辆、30万辆和40万辆。1996年年产销达到历史最高纪录的49.93万辆。

此后,摩托车销售逐年下降。2000年降到10.31万辆,2005年降到1.15万辆,2008年幸福摩托车停产,2010年停止销售。至此,1964—2009年,幸福牌摩托车累计产销325.86万辆。其中:1964—1977年累计产销3.61万辆;1978—2009年累计销售323.25万辆。加上东海摩托车累计产销2.69万辆,上汽摩托车共计产销329.55万辆。

五、拖拉机销量

1957年和1958年,红旗手扶拖拉机和红旗牌27型拖拉机先后诞生。至1959年年底,手扶拖拉机共生产800余台,27型拖拉机改为丰收-27型拖拉机。1960年,机型改为工农-7型手扶拖拉机,当年生产454台。同年,丰收拖拉机改为丰收-35型拖拉机。

1965年,工农手扶拖拉机年产超过1 000台,达到1 812台,丰收拖拉机生产323台,拖拉机合计年产超过2 000台。1966年,手扶拖拉机年产4 000台,拖拉机合计年产4 600多台。1969年,手扶拖拉机和丰收拖拉机年产分别超过 6 000 台和 1 000 台。1970 年,上海-45 型拖拉机诞生,上汽拖拉机品种达到 3 个。1971 年,拖拉机年产合计超过 1 万台。1973 年,工农手扶拖拉机年产 1 万台,成为上汽第 1 个年产突破万台(辆)的整车整机单一产品。1976 年,中型拖拉机和手扶拖拉机年产均超过 1 万台,合计超过 2.1 万台。1977 年,工农手扶拖拉机转至黑龙江省五常县生产后,1978 年,拖拉机年产减至 1.3 万台。1982 年,丰收拖拉机停产,拖拉机产品仅剩上海牌拖拉机,年产减至 7 200 台。

1985 年,上海牌拖拉机年产突破 1 万台。此后至 2000 年,该机年产销基本在 1 万~2 万台之间波动。1997 年,产销 1.95 万台,为历史最高纪录。1997—2000 年,该机国内市场占有率在 22.2%~25.3%之间,排名第 1;国内同等马力拖拉机市场占有率高达 80%。

2002 年起,上海牌拖拉机产销逐年下降。2004 年,增加纽荷兰 SNH 拖拉机。2005 年,纽荷兰 SNH 拖拉机产销开始超过上海牌拖拉机。2008 年,纽荷兰 SNH 拖拉机年产销 1.1 万台,为共计最高年产纪录。此后该机和上海牌拖拉机年产均快速下降。

2013 年,纽荷兰 SNH 拖拉机产销 4 153 台,上海牌拖拉机产销 614 台,合计 4 767 台。2014 年,拖拉机停产。至此,上汽累计产销拖拉机 54.1 万台,其中工农手扶拖拉机累计 9.2 万台,丰收牌拖拉机累计 6.89 万台,上海牌拖拉机累计 30.96 万台,纽荷兰 SNH 拖拉机累计 7.05 万台。

六、推土机挖掘机销量

2004 年,巨力牌推土机和挖掘机成为上汽产品。当年推土机生产 631 台,销售 526 台;挖掘机生产 36 台,销售 27 台。

此后,推土机年产销连年在 400 台增至 700 台之间波动,2011 年,生产 711 台,销售 706 台,为历史最高纪录。2012—2015 年,产销量逐年下降。

挖掘机于 2007 年产销达到 100 台以上。2010 年,生产 605 台,销售 550 台,均为历史最高纪录。此后至 2015 年,产销逐年下降。

2015 年,推土机生产 11 台,销售 161 台;挖掘机生产 42 台,销售 82 台。

1964—1965 年,推土机累计生产 5 644 台,销售 5 709 台;挖掘机累计生产 2 529 台,销售 2 641 台。推土机和挖掘机合计共生产 8 153 台,共销售 8 350 台。

表 11 - 3 - 4 1957—2015 年上汽整车整机销量及分类统计表 单位:辆/台

年份	整车					改装车	摩托车	拖拉机	工程机械(挖掘机、推土机)
	合 计	轿 车	载重车	客 车	其 他				
1957	2	—	—	无	2	无	—	—	—
1958	767	1	268		498		—	2	—
1959	961	5	955		1		—	82	—
1960	1 859	12	1 817		30		—	454	—
1961	1 235	4	1 201		30	18	—	12	—
1962	1 371	—	1 315		56	32	—	20	—

〔续表〕

年份	整车					改装车	摩托车	拖拉机	工程机械 （挖掘机、 推土机）
	合　计	轿　车	载重车	客　车	其　他				
1963	1 618	—	1 611		7	43		166	—
1964	2 120	50	2 070			60	1780	734	
1965	3 169	60	3 109			83	2 526	2 135	
1866	3 092	202	2 890	无		104	2 715	4 605	
1967	2 414	102	2 312			95	2 645	3 618	
1968	3 017	250	2 767			86	2 450	5 330	
1969	3 509	204	3 300		5	126	2 776	7 060	
1970	3 694	155	3 334		205	201	4 004	9 912	
1971	4 882	460	4 122	无	300	208	3 826	11 447	
1972	5 038	550	4 408		80	180	3 834	12011	
1973	7 194	1 000	5 934		260	193	5 000	15 200	
1974	9 619	1 327	7 729		563	220	5 280	16 712	
1975	10 554	1 652	8 202		700	225	4 410	18 383	
1976	9 545	2 500	6 285		760	230	4 500	21 016	
1977	9 057	2 218	6 469		370	238	3 510	17 813	
1978	10 050	2 546	7 504		无	305	6 100	13 057	
1979	10 222	4 015	6 207			340	7 010	14 806	
1980	14 074	5 300	8 774	—	—	341	8 401	14 377	—
1981	6 150	3 400	2 750	—	—	302	11 083	7 200	—
1982	6 750	5 100	1 580	50	20	137	18 231	8 000	
1983	7 867	6 045	1 381	229	212		21 253	8 101	
1984	8 785	6 466	1 515	484	260		26 078	8 600	—
1985	11 844	8 568	2 231	698	347		37 064	11 000	
1986	14 832	10 705	2 578	985	564	无	60 100	10 000	
1987	19 708	15 025	3 176	1 177	330		76 026	10 250	—
1988	25 735	21 046	3 193	1 194	302		93 011	10 530	
1989	24 282	21 206	2 099	627	350		145 005	12 000	
1990	27 760	24 609	2 484	463	204	46	140 032	7 704	—
1991	44 015	40 797	2 918	238	62	75	168 000	10 812	
1992	69 431	65 000	3 296	1 107	28	5	200 000	12 457	
1993	102 540	100 030	1 474	959	77	51	236 240	11 740	

〔续表〕

年份	整车					改装车	摩托车	拖拉机	工程机械（挖掘机、推土机）
	合　计	轿　车	载重车	客　车	其　他				
1994	116 799	115 295	954	529	21	24	305 120	12 266	—
1995	160 847	159 765	805	262	15	464	400 020	15 217	—
新口径	合　计	轿　车	商用车			改装车	摩托车	拖拉机	—
1996	200 652	200 031	621			457	438 848	19 000	—
1997	231 691	230 186	1 505			656	257 311	19 501	—
1998	236 461	235 020	1 441			1 035	60 839	13 787	—
1999	252 115	250 519	1 596			811	36 764	16 014	—
2000	253 957	252 789	1 168			—	27 790	10 992	—
2001	289 549	288 378	1 171			—	22 976	6 147	—
2002	560 764	412 475	148 289			—	25 590	10 125	—
2003	782 259	597 424	184 835			—	37 448	6 922	—
2004	849 201	618 017	231 184			—	11 001	13 749	553
2005	1 057 073	741 398	315 675			—	13 269	12 190	569
2006	1 346 822	917 983	428 839			—	779	9 729	506
2007	1 690 511	1 137 374	553 137			—	9 103	10 398	675
2008	1 862 163	1 117 726	708 437			—	674	12 615	898
2009	2 725 025	1 606 266	1 118 759			—	86	11 350	918
2010	3 582 857	2 278 711	1 304 086			—	0	9 775	1 225
2011	4 012 230	2 651 937	1 360 293			—	—	8 662	1 235
2012	4 490 914	2 983 694	1 507 220			—	—	5 244	517
2013	5 105 836	3 960 745	1 145 091			—	—	4 767	618
2014	5 620 198	4 603 141	1 017 057			—	—	1 569	393
2015	5 901 888	4 936 930	964 958			—	—	0	243
合计	41 818 574	30 646 414	11 136 040			7 391	2 950 508	547 365	8 350

资料来源：《上海汽车工业志》"汽车业卷"、上海汽车集团股份有限公司质量和经济运行部

第二节　整车企业销量

一、上汽大众销量

【销量】

1985 年上海大众汽车有限公司（简称上海大众汽车）成立后，当年汽车销售 1 684 辆。1987 年

年产销超过 1 万辆。1993 年、1996 年、2002 年和 2007 年,年产销先后突破 10 万辆、20 万辆、30 万辆、40 万辆。2009 年,上海大众汽车 1 年连续跃上年产销 50 万辆、60 万辆和 70 万辆 3 个新台阶,达到 72.82 万辆,同比增幅 48.6%。2010 年,该公司 1 年连登年产销 80 万辆和 90 万辆两个新台阶,达到 100.14 万辆,成为中国年产销百万级的第 3 个汽车企业和第 2 个轿车企业。2010 年,上海大众汽车产销量是 1985 年的 594.6 倍,年均增幅 22.87 倍。至 2010 年,累计产销汽车 622.19 万辆,为中国之最。其中大众品牌累计 581.09 万辆,斯柯达品牌累计 41.10 万辆。2013 年,年产销突破 150 万辆,达到 152.5 万辆;同年 11 月,历年累计产销量突破 1 000 万辆。

　　2015 年,上汽大众汽车有限公司销售 181.21 万辆,为 1985 年的 1 075 倍;其中大众品牌 153.2 万辆、斯柯达品牌 28.01 万辆。至 2015 年,累计销售 1 372.98 万辆,其中大众品牌累计 1 207.51 万辆、斯柯达品牌累计 165.47 万辆。

【国内市场占有率、国内同行排名】

　　1990 年,上海大众汽车开始收集统计该公司汽车销量的国内轿车市场占有率和国内同行排名,当年即达到 42.2%,位居国内同行第 1。1990—1997 年,上海大众汽车连续 7 年国内轿车市场占有率超过 40%,其中最高为 1996 年和 1997 年,均为 45%,接近国内轿车市场的"半壁江山"。此后,由于中国轿车企业增多规模增大,上海大众汽车国内市场占有率逐年下降,1999 年、2001 年和 2003 年,分别降至 40%、30% 和 20% 以下。与此同时,连续 15 年直至 2004 年始终保持国内同行第 1 的地位。2005—2010 年,该公司国内乘用车市场占有率保持在 8%～9%,2010 年为近 5 年最高的 8.9%。同期,上海大众汽车销量基本位居国内同行第 2,其中 2003 年位居第 3,2009 年位居第 1。2011—2015 年,该公司国内乘用车市场占有率保持在 9% 以上,其中 2013 年、2014 年达到最高的 9.6%;销量始终位居国内同行前 3,2013 年、2015 年位列第 1。

图 11-3-2 至 5　上汽大众累计销量 10 万辆、600 万辆、1 000 万辆、1 300 万辆庆典

表 11-3-5　1985—2015 年上汽大众汽车销量统计表

年　份	销　量				国内市场占有率		国内同行排名
	全部销量（辆）	同比增减（%）	大众品牌（辆）	斯柯达品牌（辆）	数值（%）	同比增减（%）	
1985	1 684	—	1 684	—	—	—	—
1986	8 471	403.0	8 471	—	—	—	—
1987	11 038	30.3	11 038	—	—	—	—
1988	15 542	40.8	15 542	—	—	—	—
1989	15 581	0.3	15 581	—	—	—	—
1990	18 523	18.9	18 523	—	42.2	—	1
1991	33 857	82.8	33 857	—	41.9	−0.7	1
1992	65 952	94.8	65 952	—	40.8	−2.6	1
1993	100 030	51.7	100 030	—	43.9	7.6	1
1994	115 295	15.3	115 295	—	40.1	−8.7	1
1995	159 765	38.6	159 765	—	42.3	5.5	1
1996	200 031	25.2	200 031	—	45.0	6.4	1
1997	230 186	15.1	230 186	—	45.0	0.00	1
1998	235 020	2.1	235 020	—	44.3	−1.6	1
1999	230 699	−1.8	230 699	—	37.5	−15.4	1
2000	222 216	−3.7	222 216	—	33.8	−9.9	1
2001	230 050	3.5	230 050	—	29.7	−12.1	1
2002	301 712	31.2	301 712	—	23.4	−21.3	1
2003	396 023	31.3	396 023	—	18.0	−23.1	1
2004	355 006	−10.4	355 006	—	14.1	−21.4	1
2005	250 006	−29.6	250 006	—	8.1	−43.1	2
2006	349 088	39.6	349 088	—	8.3	2.9	2
2007	456 424	30.7	424 622	31 802	8.6	3.8	3
2008	490 087	7.4	429 747	60 340	8.7	1.0	2
2009	728 239	48.6	599 663	128 576	8.7	0.0	1
2010	1 001 357	37.5	811 057	190 300	8.9	2.3	2
2011	1 165 827	16.42	945 818	220 009	9.3	4.49	2
2012	1 280 008	9.79	1 050 005	230 003	9.3	0.00	3
2013	1 525 008	19.14	1 293 808	231 200	9.6	3.23	1
2014	1 725 006	13.11	1 442 616	282 390	9.6	0.00	2
2015	1 812 077	5.04	1 532 009	280 068	9.0	−6.25	1
合计	13 729 808	—	12 075 120	1 654 688	—	—	—

资料来源：上汽大众汽车有限公司

二、上汽通用销量

【销量】

1999 年,上海通用汽车有限公司产品(简称上海通用汽车)开始上市,当年产售 1.98 万辆。2001 年,年产销超过 5 万辆。2002 年、2003 年、2005 年、2006 年和 2007 年,年产销先后突破 10 万辆、20 万辆、30 万辆、40 万辆和 50 万辆,几乎 1 年跃上 1 个 10 万级新台阶,年产销从 1 万多辆到 50 万辆仅用了 8 年时间,为当时中国销售增长最快的轿车企业。2009 年,上海通用汽车 1 年连续跃上年产销 60 万辆和 70 万

图 11 - 3 - 6 至 8　上海通用汽车累计生产 100 万辆、500 万辆、600 万辆庆典

辆 2 个新台阶,达到 72.76 万辆,同比增幅 58.65%。2010 年,该公司销售 103.9 万辆,成为中国年产销百万级的第 2 个汽车企业和第 1 个轿车企业。

2015 年,上汽通用汽车有限公司销售 172.73 万辆,为 1999 年的 87.28 倍,其中别克品牌销售 103.5 万辆、雪佛兰品牌销售 61.23 万辆、凯迪拉克品牌销售 8 万辆。1999—2015 年累计销售 1 154.76 万辆,其中别克品牌累计 693.73 万辆、雪佛兰品牌累计 430.26 万辆、凯迪拉克品牌累计 30.76 万辆。

【国内市场占有率、国内同行排名】

1999 年,上海通用汽车国内轿车市场占有率为 3.4%,排位国内轿车企业第 7。2001 年,国内轿车市场占有率上升到 7.15%,国内同行排名上升到第 4。2002—2004 年,国内轿车市场占有率升至 8%~11%,国内同行排名提高到第 3 和第 4。2005 年,该公司首次并连续 3 年位居国内同行第 1。2008—2010 年,国内同行排位始终位居前 3,2010 年再次获得第 1。2013 年、2014 年下降为第 3,2015 年再次上升到第 2。

表 11 - 3 - 6　1999—2015 年上汽通用汽车销量统计表

年　份	销　量					国内市场占有率		国内同行排名
	全部销量(辆)	同比增减(%)	别克销量(辆)	雪佛兰销量(辆)	凯迪拉克销量(辆)	数值(%)	同比增减(%)	
1999	19 790	—	19 790	—	—	3.4	—	7
2000	30 543	54.1	30 543	—	—	4.6	35.9	7

〔续表〕

| 年　份 | 销　量 | | | | | 国内市场占有率 | | 国内同行排名 |
	全部销量（辆）	同比增减（%）	别克销量（辆）	雪佛兰销量（辆）	凯迪拉克销量（辆）	数值（%）	同比增减（%）	
2001	58 176	91.0	58 176	—	—	7.2	54.8	4
2002	109 743	90.0	109 743	—	—	8.6	20	3
2003	200 159	81.6	200 159	—	—	9.1	6.5	3
2004	252 821	25.7	252 005	—	816	10.1	10.2	3
2005	325 339	28.7	243 546	79 409	2 384	10.4	3.5	1
2006	412 433	26.8	304 225	105 378	2 830	9.7	−6.9	1
2007	499 670	21.2	332 115	160 533	7 022	9.4	−2.7	1
2008	457 633	−8.3	280 102	171 113	6 418	8.3	−12.3	3
2009	727 049	58.7	447 010	272 774	7 265	8.8	5.8	2
2010	1 038 791	42.9	550 010	471 415	17 366	8.7	−0.9	1
2011	1 181 961	13.8	645 537	506 416	30 008	9.2	1.5	1
2012	1 323 235	12.0	699 937	593 288	30 010	9.4	0.6	1
2013	1 499 892	13.4	809 905	639 982	50 005	8.9	−1.5	3
2014	1 682 984	12.2	919 514	689 970	73 500	8.8	−0.3	3
2015	1 727 341	2.6	1 035 008	612 326	80 007	8.2	−1.8	2
合计	11 547 560	—	6 937 325	4 302 604	307 631	—	—	—

资料来源：上汽通用汽车有限公司

三、上汽通用五菱销量

【销量】

上汽通用五菱汽车股份有限公司（简称上汽通用五菱）2001 年成立当年产销 12.01 万辆。2004—2008 年的 5 年，该公司每年以 10 万辆速度增长。2009 年，产销达到 106.5 万辆，当年净增 41 万辆，成为中国第一家年产销 100 万辆的汽车企业，同比增幅高达 63.73%。

2015 年，上汽通用五菱销售 204 万辆，比 2002 年增长 12.9 倍，成为中国第一家年销 200 万辆的汽车企业；年销量中五菱品牌 153.71 万辆、宝骏品牌 50.29 万辆。2004—2015 年累计销售 1 318.8 万辆，其中五菱品牌累计 1 190.92 万辆、宝骏品牌累计 89.02 万辆、雪佛兰品牌累计 28.84 万辆。

【国内市场占有率、国内同行排名】

2002 年，上汽通用五菱国内微型车市场占有率为 22.13%，国内同行排名第 4。2003—2005 年，国内同行排名连续 3 年位居第 2，同时国内微型车市场占有率上升到 30%。2006 年，国内同行首次排名第 1 并连续保持至 2015 年。其间，上汽通用五菱国内微型车市场占有率继续攀升至 40% 以上，2008 年达到最高值的 46.8%；2012 年，国内市场占有率超过 50%；2015 年，达到 55.1%，超过"半壁江山"。

图 11-3-9 至 11　五菱之光、SPARK、五菱扬光先后上市

表 11-3-7　2001—2015 年上汽通用五菱销量、国内市场占有率统计表　　　　　　单位：辆

| 年 份 | 销 量 | | | | | 国内市场占有率 | | 国内同行排名 |
	全部销量	同比增减（%）	五菱品牌销量	雪佛兰品牌销量	宝骏品牌销量	数值（%）	同步增减（%）	
2001	120 086	—	120 086	—	—	—	—	—
2002	146 658	22.13	146 658	—	—	0.188 4	0.0	4
2003	180 188	22.86	179 975	213	—	0.221 9	17.78	2
2004	235 188	30.52	225 046	10 142	—	0.248 6	12.03	2
2005	337 188	43.37	310 288	26 900	—	0.308%	22.93	2
2006	460 155	36.47	420 140	40 015	—	0.389 9	21.89	1
2007	552 788	20.13	420 140	32 510	—	0.430 5	15.57	1
2008	650 508	17.68	609 711	40 797	—	0.468 0	8.7	1
2009	1 065 050	63.73	1 005 050	60 000	—	0.450 0	−3.85	1
2010	1 234 508	15.91	1 156 708	77 800	—	0.393 7	−12.51	1
2011	1 301 118	5.40	1 279 264	—	21 854	0.453 4	15.16	1
2012	1 458 188	12.07	1 374 719	—	83 469	0.500 8	10.45	1
2013	1 600 550	9.76	1 500 050	—	100 500	0.470 8	−5.99	1
2014	1 805 850	12.83	1 624 264	—	181 586	0.488 4	3.74	1
2015	2 040 007	12.97	1 537 135	—	502 872	0.551 1	12.84	1
合计	13 188 030	—	11 909 234	288 377	890 281	—	—	—

资料来源：上汽通用五菱汽车股份有限公司

四、上汽乘用车分公司销量

　　2007 年，上海汽车集团股份有限公司乘用车分公司（简称上汽乘用车分公司）开始销售产品，当年产销 1.65 万辆。2008 年和 2009 年，同比增幅均为 1 倍以上，2009 年增幅高达 1.54 倍。2010 年，年销突破 10 万辆，达到 16.06 万辆，为 2007 年的 9.74 倍。2013 年，销售突破 20 万辆，达 23 万辆。

2015年,上汽乘用车分公司销售17万辆,比2007年增长9.3倍;其中荣威品牌9.85万辆、MG名爵品牌7.15万辆。2007—2015年累计销售124.44万辆,其中荣威品牌累计85.48万辆、MG名爵品牌累计38.92万辆。

表 11 - 3 - 8　2007—2015 年上汽乘用车分公司汽车销量统计表　　　　单位:辆

年　份	全部销量	同比增减(%)	荣威品牌销量	MG 品牌销量
2007	16 495	—	1 649	—
2008	35 535	115.42	26 007	9 528
2009	90 396	154.38	75 088	15 308
2010	160 626	77.69	132 568	28 058
2011	162 004	1.00	110 479	51 525
2012	200 017	23.46	122 206	77 811
2013	230 020	15.00	150 772	79 248
2014	180 018	−21.74	125 443	54 575
2015	170 017	−5.56	98 483	71 534
合　计	1 244 032	—	854 791	389 241

资料来源:上海汽车集团股份有限公司乘用车分公司

五、上汽大通销量

2011年,上汽大通汽车有限公司(简称上汽大通)成立当年销售2 833辆。2013年和2014年,年销分别超过1万辆和2万辆。

2015年,上汽大通销售3.5万辆,比2011年增长11.4倍,其中V80车型占国内宽体轻客市场的15.4%,G10车型占国内中高端MPV市场的4%。2011—2015年,累计销售7.73万辆,其中大通MAXUS品牌累计产销7.25万辆,伊思坦纳品牌累计产销4 798辆。

表 11 - 3 - 9　2011—2015 年上汽大通汽车销量统计表　　　　单位:辆

年　份	全部销量		品牌销量/国内细分市场占有率				
	销　量	同比增减(%)	伊思坦纳	大通 MAXUS			
				V80 车型		G10 车型	
2011	2 833	—	1 815	1 018	1.0%	—	—
2012	7 072	149.6%	1 258	5 814	5.6%	—	—
2013	11 300	59.8%	1 143	10 157	8.1%	—	—
2014	21 012	85.9%	582	17 050	12.1%	3 380	1%
2015	35 053	66.8%	—	21 068	15.4%	13 985	4%
合计	77 270	—	4 798	55 107		17 365	

资料来源:上汽大通汽车有限公司

六、上海申沃客车销量

上海申沃客车有限公司成立后于2001年开始产品销售,当年产销983辆。其后于2003年、2006年和2009年,年产销分别超过1 000辆、2 000辆和3 000辆。2015年,产销客车35 844辆,为2001年的36.46倍。2001—2015年累计产销35 844辆,其中申沃品牌28 803辆、沃尔沃品牌7 041辆。

表11－3－10　2001—2015年上海申沃客车销量统计表　　　　单位:辆

年　　份	全部销量	同比增减(%)	申沃品牌销量	沃尔沃品牌销量
2001	983	—	810	173
2002	873	−11.2	530	343
2003	1 565	79.3	868	697
2004	1 356	−13.4	785	571
2005	1 335	−1.6	1 044	291
2006	2 559	91.7	1 097	1 462
2007	2 790	9.0	1 989	801
2008	2 840	1.8	2 212	628
2009	3 106	9.4	1 992	1 114
2010	3 098	−0.3	2 533	565
2011	3 152	1.7	3 151	1
2012	3 250	3.1	3 250	0
2013	2 968	−8.7	2 908	60
2014	3 866	30.3	3 532	334
2015	2 103	−45.6	2 102	1
合计	35 844	—	28 803	7 041

资料来源:上海申沃客车有限公司

七、南京依维柯销量

2008年,南京依维柯汽车有限公司(简称南京依维柯)进入上海汽车集团股份有限公司后当年产销汽车6.99万辆。2010年,产销超过10万辆,为11.07万辆。2012年,销售13万辆,为历史最高纪录。

2015年,南京依维柯销售7.7万辆,其中依维柯品牌销售4.07万辆,国内细分市场排名第2位;跃进品牌销售3.63万辆,国内同行排名第8位。2008—2015年,累计销售82.23万辆,其中依维柯品牌累计28.77万辆、跃进品牌累计53.46万辆。

图 11-3-12　南京依维柯产品一览图

图 11-3-13　依维柯欧胜 8AT 车型下线

图 11-3-14　跃进高端轻卡上市

表 11-3-11　2008—2015 年南京依维柯汽车销量统计表　　　　　　单位：辆

年　份	全部销量		品牌销量/国内同行排名			
	销量	同比增减（%）	依维柯品牌		跃进品牌	
2008	69 940	−0.13	22 697	2	47 243	8
2009	87 847	25.60	25 787	2	62 060	8
2010	110 696	26.01	32 678	2	78 018	8
2011	113 827	2.80	39 009	2	74 818	6
2012	132 013	16.00	40 006	2	92 007	6
2013	132 000	0.00	42 000	2	90 000	6
2014	99 008	−25.00	44 813	2	54 195	8
2015	77 000	−22.20	40 720	2	36 280	8
合计	822 331	—	287 710	—	534 621	—

资料来源：南京依维柯汽车有限公司

八、上汽依维柯红岩销量

2005 年 12 月，上汽依维柯红岩商用车有限公司合资生产，2007 年产销汽车 2.4 万辆，国内同行排名第 6 位,市场占有率为 4.93%。2011 年产销 3.15 万辆,市场占有率为 3.58%,为历史最高,国内同行排名第 7 位。至 2015 年,累计产销 20.67 万辆。

图 11-3-15 至 17 红岩金刚升级版、红岩新金刚、红岩杰狮畅途版上市

表 11-3-12 2007—2015 年上汽依维柯红岩汽车销量统计

年　份	销　量		国内市场占有率		国内同行排名
	数值(辆)	同比增减(%)	数值(%)	同比增减(%)	
2007	24 031	—	4.93	—	6
2008	22 336	-7.05	4.13	-0.80	7
2009	19 598	-12.26	3.08	-1.05	7
2010	30 509	55.67	3.00	-0.08	7
2011	31 500	3.25	3.58	0.58	7
2012	17 008	-46.01	2.67	-0.90	8
2013	28 008	64.68	3.62	0.94	7
2014	25 000	-10.74	3.36	-0.26	7
2015	8 708	-65.17	1.58	-1.78	10
合计	206 698	—	—	—	—

资料来源:上汽依维柯红岩商用车有限公司

九、上海汇众销量

上海汇众汽车制造有限公司(简称上海汇众)于 1992 年成立后,在原上海重型汽车厂生产重型汽车基础上继续生产销售重型汽车产品,当年产销大通牌 15 吨系列卡车 677 辆,35D 矿用自卸车 17 辆。其后,35D 矿用车停产,大通牌 15 吨系列卡车延续生产至 2002 年因市场原因停。2003 年,上海汇众开始产销经技术改进的上汇牌 15 吨卡车,产量突破 1 000 辆。1992—2010 年,大通牌和上汇牌 1.5 吨系列卡车累计产销 14 704 辆。此外,2002 年,上海汇众从韩国双龙购入伊思坦纳商务轻型客。2004 年伊思坦纳投入批产,当年产销 2 031 辆,至 2010 年累计产销 21 126 辆。1992—2010 年,上海汇众共计产销汽车 35 852 辆。

表 11 - 3 - 13　1992—2010 年上海汇众汽车销量统计表　　　　　单位：辆

年　份	全部销量	同比增减 （％）	大通/上汇 15 吨 系列卡车	伊思坦纳 中型客车	大通牌 35 吨 矿用自卸车
1992	694	—	677	—	17
1993	709	2.2	704	—	5
1994	952	34.5	952	—	—
1995	801	−15.9	801	—	—
1996	551	−31.2	551	—	—
1997	350	−36.5	350	—	—
1998	431	23.1	431	—	—
1999	142	−67.1	142	—	—
2000	231	62.7	231	—	—
2001	296	28.1	296	—	—
2002	502	69.6	502	—	—
2003	1 002	99.6	1 002	—	
2004	2 681	167.6	650	2 031	
2005	2 805	4.6	450	2 355	
2006	6 041	115.4	2 021	4 020	
2007	6 008	−0.5	2 595	3 413	
2008	4 087	−32.0	1 286	2 801	
2009	3 897	−4.6	694	3 203	
2010	3 672	−5.8	369	3 303	
合计	35 852	—	14 704	21 126	22

资料来源：上海汇众汽车有限公司

第三节　产　品　出　口

一、出口创汇

上汽从 1980 年开始有出口创汇的统计数据，当年出口创汇 67 万美元。1981 年和 1989 年，出口创汇先后超过 100 万美元和 1 000 万美元。1991 年，上汽位列上海工业出口交货值最高的 100 家企业第 2 名，同时开始实行整车和零部件出口创汇分类统计，当年整车出口创汇超过 1 000 万美元，大于零部件的 800 万美元。1993 年起，零部件出口创汇开始超过整车，此后至 2008 年的 15 年间，除 2001 年及 2008 年无分类统计外，其余 13 年零部件出口创汇均超过整车。

1995 年和 2000 年,出口创汇先后突破 5 000 万美元和 1 亿美元。2002 年和 2003 年,继续突破 2 亿美元和 3 亿美元。2009 年和 2010 年,整车出口创汇连续两年反超零部件。2010 年和 2013 年,出口创汇先后登上 10 亿美元和 20 亿美元重要台阶。2011—2015 年,零部件出口创汇都在 10 亿美元以上,超过整车出口创汇。

2015 年,上汽集团出口创汇 17.57 亿美元,比 1980 年增长 2 621 倍。1980—2015 年,累计出口创汇 171.32 亿美元,其中整车出口创汇 68.26 亿美元,零部件出口创汇 91.63 亿美元。

二、零部件出口

20 世纪 60 年代,上汽执行出口援外任务,上海交通电器厂于 1961 年起产品出口至中东地区及古巴、朝鲜、阿尔巴尼亚、泰国等 10 多个国家和地区。

至 80 年代,上汽将零部件列为出口创汇的重点,点火线圈、电磁开关、油泵电机、农用齿轮箱、五档变速箱、水箱、钢板弹簧、粉末冶金件、前大灯等成为主要出口零部件,油泵电机、5 档变速箱、铜水箱、粉末制品件及铸锻件成为五大出口重点产品。其中上海汽车电器总厂油泵电机 1990 年出口美国 2.12 万台,1995 年增加到 16.26 万台,5 年累计创汇 1 172 万美元。1995 年 3 月,零部件总成出口取得突破,上海汽车齿轮总厂桑塔纳轿车配套变速箱总成首批出口巴西,当年累计出口 2.24 万台,创汇近 1 600 万美元。

进入 21 世纪,上汽组织零部件企业实行"出海跨洋"和"抢逼围"战略。2002 年,上海通用汽车 60 万台发动机开始出口加拿大,零部件总成出口取得新突破。同年 10 月,上汽下属 17 家零部件企业参加底特律中国汽车零部件展示会,与美国汽车公司签订车灯、汽车弹簧与汽车齿轮 3 项采购合同。上汽进出口公司在美国国际汽车零部件展览会获得 1 000 万美元零部件出口订单。2003 年,中国弹簧制造有限公司、上海纳铁福传动轴有限公司、上海汽齿总厂、上海小糸车灯有限公司、上海采埃孚转向机有限公司、上海实业交通电器有限公司、延锋伟世通汽车饰件系统有限公司等零部件企业的汽车钢板弹簧、汽车传动轴、汽车齿轮、车灯、汽车转向泵壳体、喷油嘴、汽车座椅面套等直接为美国通用汽车和福特汽车等整车公司以及江森、伟世通等零部件公司配套,进入 OEM 国际市场。2004 年,上汽出口创汇的 6 亿美元中,零部件 OEM 配套占 85%,72% 的出口产品进入合资外方全球经营网络,实现规模化出口。2006 年,上汽零部件企业进一步融入美国通用汽车、德国大众等跨国汽车公司零部件全球供应体系,全年出口交货值突破 100 亿元。同年,上海汇众获美国通用汽车公司 Epsilon 平台全球 50 亿元轿车底盘系统大订单。

三、汽车出口

20 世纪 80 年代中期,上汽整车开始出口。1985—1993 年,上海汽车工业进出口公司(简称上汽进出口)通过华侨赠车回乡,中外合资企业、外国使领馆和外国驻华商务机构购车,国内企业留成外汇经批准"以出顶进"以及经济特区贸易等国家外经贸部规定的 4 种视同出口方式,出口桑塔纳轿车 597 辆、上海牌轿车 375 辆,全部以现汇结算。1990 年下半年,上汽进出口的轿车经中国香港转口至越南、老挝、柬埔寨等东南亚国家,开始直接出口,1990 年、1991 年、1992 年分别出口 90 辆、857 辆和 50 辆。"八五"期间累计出口汽车 1 672 辆。1997 年和 1998 年,上海大众汽车分别出口桑塔纳轿车 228 辆和 325 辆。

2000年以后，上汽汽车出口明显加快。2002年，上海通用汽车向菲律宾出口GL-10商务旅行车5 000辆，该公司实现汽车整车出口零的突破，当年出口超过1 000辆。2003年，上海通用汽车继续出口1 000辆GL-10商务旅行车，上海大众汽车出口澳大利亚600辆波罗轿车，上汽通用五菱出口800辆微型车。2005年，上汽整车企业拓展非洲、中东、东南亚等新兴地区市场，全年出口汽车3 500辆，比2004年增长近2.5倍。2006年，上汽整车出口进一步增至6 700多辆，比上年增长174%，其中上海通用汽车以散件出口方式在中国台湾地区生产和销售君越车型，该公司成为国内首家在大陆以外地区销售中高档轿车的厂商。2007年，上海通用汽车出口2.22亿美元，为上海汽车行业出口额最大的企业。2008年，上海通用汽车凯迪拉克SLS赛威豪华商务车进入全球豪华车品牌最多、准入条件最严的中东市场，中国国产豪华汽车第1次走出国门。同年，上汽集团整车出口达到2.6万辆。

图11-3-18　雪佛兰新赛欧出口

图11-3-19　大通T60皮卡出口

至2015年，上汽集团9家整车企业共计出口531 399辆，其中上汽通用291 676辆、上汽通用五菱110 597辆、南京依维柯50 709辆、上汽乘用车分公司50 607辆、上汽依维柯红岩10 689辆、上汽大通9 575辆、上汽大众3 307辆、上海汇众2 300辆、上海申沃客车1 939辆。

四、摩托车出口

1987年，上汽摩托车开始少量出口，当年外销幸福250A型摩托车3辆和250C型396辆。至20世纪末，上海易初摩托车有限公司和幸福牌成为上海摩托车出口的主要企业和品牌。1990年和1994年，幸福牌摩托车出口先后超过1 000辆和5 000辆。至1995年，上海易初累计出口250A、250C、250D和125A等4种型号的摩托车17 232辆，累计创汇1 274.9万美元，其中出口最多的是125A型摩托车，共14 385辆，占出口总量的83%，创汇444万美元，占创汇总额的34.8%。1997年，幸福牌摩托车出口6 460辆，成为历史最高纪录。至1999年上海易初改制为国有企业，幸福牌摩托车累计出口3.1万辆。至2007年，上海幸福摩托车有限公司幸福牌摩托车累计出口11.39万辆。

五、拖拉机出口

1978年，丰收-35型拖拉机在与日本久保田、井关、佐藤等8种国际同马力同等级水田拖拉机

图 11-3-20　上海牌拖拉机批量出口

的对比试验中，夺得犁耕、旋耕的生产率、亩油耗、最大牵引力和水田通过性等 6 项指标的第 1 名，该机由此成为全国同行唯一被一机部批准出口援外的中型轮式拖拉机，此后数年出口援外近 3 000 台。

1992 年，上海拖拉机内燃机公司获秘鲁 2 000 台拖拉机进口订单。1993 年 4 月，第 1 批 900 台上海-504 拖拉机出口秘鲁，创中国农机出口新纪录。1994 年 9 月，1 200 台上海-50 拖拉机出口叙利亚。1995 年 2 月，1 100 台上海-504 拖拉机出口秘鲁，2 000 台出口秘鲁订单全部交货。

1993—1995 年，上海牌拖拉机累计出口 4 000 多台。

1996 年 12 月，由北方公司与叙利亚签订拖内公司生产的 1 200 台上海-50 拖拉机合同。1997 年 7 月，上海拖拉机内燃机公司制造 400 台上海-654 型 65 马力轮式拖拉机，7 月运往缅甸。该项目作为国家机械部技术改造重点的上海拖拉机内燃机公司出口拖拉机"双加"技改项目，投资总额为 8 000 万元。至 2015 年，拖拉机累计出口 20 661 台。

六、推土机挖掘机出口

2004 年，彭浦机器厂有限公司实现推土机和挖掘机出口 14 台，主要外销机型为 PD320Y-1、PD220Y-1 等大马力推土机。2009 年，出口推土机和挖掘机 152 台。2004—2015 年，累计出口推土机和挖掘机 1 691 台。

表 11-3-14　1980—2015 年上汽出口创汇统计表　　　　单位：万美元

年　份	出口创汇		整车出口	零部件出口
	数　值	同比增减(%)	创　汇	创　汇
1980	67	—	—	—
1981	167	149.3	—	—
1982	250	49.7	—	—
1983	300	20.0	—	—
1984	350	16.7	—	—
1985	421	20.3	—	—
1986	616	46.3	—	—
1987	974.2	58.1	—	—
1988	2 278	133.9	—	—
1989	1 010.1	-55.7	—	—

〔续表〕

年　份	出口创汇		整车出口	零部件出口
	数　值	同比增减（%）	创　汇	创　汇
1990	1 463.9	44.9	—	—
1991	2 610	78.4	1 757.0	853.0
1992	2 708	3.8	1 775.2	933.0
1993	2 822.2	4.2	246.7	2 575.5
1994	4 025.9	42.6	1 754.2	3 071.7
1995	5 703.1	41.7	534.3	5 168.8
1996	6 994.2	22.6	1 301.0	5 693.2
1997	6 725.2	−3.8	708.0	1 617.5
1998	5 782.6	−14	1 085.2	4 697.4
1999	8 719.1	50.8	509.8	8 209.3
2000	14 092.9	61.6	2 222.4	13 725.0
2001	17 172.1	21.9	9 047.1	8 125.0
2002	25 732.1	49.9	2 664.8	23 067.3
2003	34 916.9	35.7	2 787.4	32 129.5
2004	69 942.1	100.3	27 610.5	42 331.6
2005	86 522.7	23.7	44 546.2	41 976.5
2006	89 240.7	3.1	41 167.2	48 073.5
2007	98 457.1	10.6	36 027.4	51 774.2
2008	93 907.0	−4.6	—	—
2009	68 414.0	−27.4	39 936.5	28 477.5
2010	118 751.0	73.6	61 927.0	56 824.0
2011	162 620.0	36.9	59 750.0	102 870.0
2012	189 136	16.3	84 285.0	104 851.0
2013	215 682	14.0	102 746.0	112 936.0
2014	198 910	−7.8	86 573.0	112 338.0
2015	175 727	−11.7	71 680.0	104 046.0
合　计	1 713 211	—	682 641.9	916 364.5

说明：零部件出口创汇金额含进出口公司代理业外出口创汇金额

资料来源：《上海汽车工业志》《上汽集团统计年报汇编》《上汽集团年报》、上海汽车集团股份有限公司质量与经济运行部

表 11-3-15 1987—2015 年上汽整车整机出口统计表

年份	汽车出口（辆）									摩托车出口（辆）	拖拉机出口（台）	挖掘机/推土机出口（台）
	上汽大众	上汽通用	上汽乘用车	上汽通用五菱	上依红	南京依维柯	上汽大通	汇众	申沃			
1987	—	—	—	—	—	—	—	—	—	399	—	—
1988	—	—	—	—	—	—	—	—	—	100	—	—
1989	—	—	—	—	—	—	—	—	—	831	—	—
1990	之前无	—	—	—	—	—	—	—	—	1 305	181	—
1991	90	—	—	—	—	—	—	—	—	778	327	—
1992	3	—	—	—	—	—	—	—	—	1 263	759	—
1993	1	—	—	—	—	—	—	—	—	1 342	2 049	—
1994	96	—	—	—	—	—	—	—	—	5 482	1 712	—
1995	307	—	—	—	—	—	—	—	—	5 732	1 696	—
1996	480	—	—	—	—	—	—	—	—	5 362	1 049	—
1997	174	—	—	—	—	—	—	—	—	1 025	6 460	—
1998	249	—	—	—	—	—	—	—	—	1 812	590	—
1999	44	—	—	—	—	—	—	—	—	3 293	802	—
2000	5	之前无	—	—	—	—	—	—	—	6 749	322	—
2001	0	152	—	之前无	—	—	—	—	—	4 786	1 027	—
2002	0	1 020	—	318	—	—	—	—	—	7 293	无	—
2003	10	1 029	—	815	—	—	—	之前无	—	25 242	无	—
2004	370	48	—	1 859	—	—	—	4	—	30 691	无	14
2005	120	89	—	2 001	—	—	—	0	—	104	无	56
2006	184	2 749	之前无	3 032	进上汽	进上汽	—	652	—	5 426	无	138
2007	186	20 880	60	3 843	850	7 168	—	522	—	4 933	无	261
2008	925	12 928	302	3 212	424	6 938	—	534	—	0	1 404	302
2009	50	12	506	3 837	589	2 928	—	373	—	0	293	152
2010	0	5 670	2 049	7 648	582	2 587	之前无	219	之前无	—	564	177
2011	1	31 181	5 724	15 298	401	7 684	241	0	0	—	602	239
2012	5	61 636	9 989	12 985	1 873	8 368	802	0	125	—	533	129
2013	6	63 167	13 418	15 630	2 638	10 409	1 649	—	550	—	291	133
2014	1	50 133	9 435	17 919	2 389	3 179	2 103	—	380	—	0	74
2015	0	40 982	9 533	22 200	943	925	4 780	—	884	—	0	23
合计	3 307	291 676	50 616	110 597	10 689	50 709	9 575	2 304	1 939	113 948	20 661	1 691

资料来源：《上海汽车工业志》"汽车业卷"、上海汽车集团股份有限公司质量和经济运行部、上海市摩托车协会

第十二篇

员工队伍

概　　述

　　人力资源是企业发展的第一资源。1955—2015年，上汽员工队伍的人数规模、文化结构和所有制关系、劳动关系、地域分布均发生了巨大的变化。在人数规模方面：1955年，职工6 507人，2015年，从业人员21.78万人，增长了32.47倍；在文化结构方面：公司始有之初文化教育主要抓扫盲，2015年，大专以上学历员工占合同制员工总数的比例高达78%；在所有制关系方面：1956年，职工从私营企业职工转为公私合营职工，以后成为全民（包括集体）所有制职工和国有企业职工，1985年开始出现中外合资企业员工，2015年，合资企业和国有企业员工分别占从业人员总数的77.8%和22.2%；在劳动关系方面：1992年出现劳动合同制员工，2002年后出现劳务派遣制员工，2015年，合同制员工和劳务派遣制员工分别占从业人员总数的75.2%和24.8%；在地域分布方面：1997年和2009年相继出现沪外员工和境外员工，2015年，在沪员工和沪外员工分别占从业人员总数的57.5%和42.5%。员工队伍结构的深刻变化，有力反映上汽60年巨大进步。

　　员工培训是提高员工素质的重要条件。20世纪50年代中期—80年代中期，职工文化培训和技能培训并重。1955年公司成立后开始抓职工文化补习，1959年创办技术进修学校，1960年开始设立主管职工培训的机构，20世纪60年代开始组建专科学校、厂校和半工半读班，1972年开办技工学校，1974年和1980年相继建立"七二一"工人大学和职工大学，1981年开始实施中专培训。80年代后期，文化培训基本停止，岗位技能培训成为重点。1988年，公司成立培训中心，1991年开始全面开展高级工和技师培训，1992年开始组织领导干部高校培训和境外培训，同年开始举办职工技术比武，1993—1996年，工程技术人员实行继续教育，1994年推行全员培训登记制度，1995年实施"40＋4"工作学习制度并兴起精益生产培训热潮。2000年以后，上汽确定培训高层次、外向型、复合型及紧缺人才的中长期目标，进一步强化领导干部、专业技术管理人员、高素质技术工人"三支队伍"建设。领导干部的研修学习、高校培训和境外培训持续开展，其中与清华大学举办的高级研修班至2015年坚持19年之久，累计培训627名学员；工程技术人员的继续教育于2007年恢复并大规模开展，至2015年，累计培训13.57万人次，质量、财会、审计等专业人员继续教育持续开展；高级技能人才培训于2003年和2004年相继成立职业技能鉴定中心和国家级技能培训基地，至2015年，累计培训高级工1.58万人，取得证书的有8 700多人，累计培训并取得证书的技师3 100多人。

　　员工生活是员工提升安全感、获得感和幸福感，提高工作积极性的重要因素。为此，上汽积极落实国家有关规定，于1956年、1992年、1994年和2004年相继为员工提供劳动保险、养老保险和补充养老保险；于1994年、2000年和2001年相继为员工提供医疗补贴、医疗保险和补充医疗保险；于1980年起为员工提供疗休养，至2015年，疗休养累计达到4.67万人次；于1981年建立住房公积金制度，于1997年完成人均4平方米以下住房困难户解困，特别是充分利用汽车公司的特点，于1999年在上海率先启动公务用车改革并实施鼓励员工私人购车政策，至2015年，员工累计购车达11.15万辆。同时，上汽积极组织开展丰富多彩的群众性文艺体育活动，持续营造奋发向上的环境和氛围。

第一章　规　模　结　构

1955—2015 年,上汽员工队伍总体状况及高级管理人员、专业技术人员和技术工人三支队伍的数量和质量不断变化,组成结构不断优化。

第一节　总　数　与　分　布

一、员工人数

1955 年上海市内燃机配件制造公司成立当年,职工总数 6 507 人。1956 年公司全面推行公私合营后,职工人数突破 1 万人,为 1.1 万人,1 年增长 70.2%。1958 年,大批其他行业职工转业支援重工业建设,职工人数大幅增长,当年突破 2 万人,达到 2.29 万人,比 1957 年翻了一番。1959—1961 年,国家进入经济困难时期,公司根据国家要求,于 1960 年 11 月开始精简人员,职工人数连续 2 年下降,至 1962 年年末,减至 2.08 万人,比 1959 年减少了 5 167 人,下降 20%。

1963 年国民经济回暖,公司进入整车整机生产阶段,职工人数止降返升,1968 年、1976 年和 1982 年,先后突破 3 万人、4 万人和 5 万人。此后连续 5 年人数在 5 万~5.1 万之间徘徊。

1987 年上海市作出上海汽车工业建成上海第一支柱产业战略决策后,大批人员支援上海大众汽车有限公司,上汽职工人数停止徘徊,加快增长,1992 年突破 6 万人。1994 年起部分经营困难的国有企业开始减员增效,同年约 9.12% 的职工分流或离岗退养,但因桑塔纳轿车规模扩大,合资企业增效增员,上汽员工人数保持增长,1996 年达到 6.92 万人。此后至 2002 年,尽管这一时期汽车销量从 20 万辆增至 56 万辆,增长 1.8 倍,但由于大规模实施技术改造、大量应用数控机床等先进设备、全面推行精益生产等先进管理方式,全员劳动生产率从 1996 年的人均 18.04 万元增至 42.71 万元,增长 1.37 倍,加之困难企业加大减员增效力度,因此上汽职工人数不增反降,2002 年减至 6.17 万人,比 1996 年减员 11%。

2002 年,上汽通用五菱汽车股份有限公司成为上汽子公司,2005 年,其员工数开始计入上汽职工人数,同时上海通用汽车有限公司开始在烟台建立基地,同年,上汽年销汽车 100 万辆,从业人员连破 7 万人和 8 万人台阶,达到 8.44 万人。此后,上汽加快实施"出海跨洋"战略,产销规模不断做大,从业人员不断增加,两者均快速直线上升。

2007 年,上汽汽车产销突破 150 万辆,达到 169.05 万辆,从业人员连破 10 万和 11 万人,达到 11.26 万人;2009 年,汽车产销突破 200 万辆,达到 272.5 万辆,从业人员突破 12 万人,达到 12.32 万人;2010 年,汽车产销突破 300 万辆,达到 358.28 万辆,从业人员突破 15 万人,达到 16.63 万人;2013 年,汽车产销突破 500 万辆,达到 510.58 万辆,从业人员突破 20 万人,达到 20.69 万人。

2015 年,上汽汽车产销增至 590.19 万辆,从业人员增至 21.78 万人,比 1955 年增加 32.47 倍。

二、从业人员劳动关系分布

1992 年上汽实行劳动合同制改革,开始出现劳动合同制员工和其他用工人员的区别,从而形成从业人员的统计概念。1992年,从业人员总数为6.03万人,合同制员工5.92万人,其他用工人数1 220人。其他用工人员仅占从业人员的2%,与合同制员工之比为1:48.5。

此后随着部分困难企业合同制员工分流和离岗退养,其他用工人数逐年上升,1996年突破5 000人,2001年达到8 029人,占从业人员的比例以及与合同制员工之比分别升至13.3%和1:7.6。

2002年以后,为了降低劳动用工成本赢得优势,上汽所属企业以劳务派遣制员工为主体的其他从业人员数量快速增长。2002年,其他从业人员突破1万人,达到1.22万人,且主要集中在生产一线,占从业人员的比例以及与合同制员工之比继续升至19.8%和1:5。2007年和2008年,其他从业人员先后突破2万人和3万人,占从业人员的比重分别达到24.22%和26.63%,与合同制员工之比分别达到和1:2.7和1:2.5。2010年和2011年,其他从业人员数量连破5万和6万。2011年达到历史最高纪录的7.19万人,占上汽从业人员总数之比达到36%,与合同制员工之比高达1:1.7。

2012年以后,上汽加强对劳务派遣制员工的关爱,并注重吸纳其中的优秀者为合同制员工,其他从业人员数量开始逐年减少。2014年减至6.39万人,2015年继续减至5.4万人,占上汽从业人员总数的比重回落至24.8%,与合同制员工之比降至1:3.2。

三、从业人员所有制分布

1956年公司所属私营工厂全面完成公私合营后,职工从私营企业职工转为公私合营企业职工,以后又全部转为国有企业职工。1979年,为解决职工上山下乡知识青年子女返城就业问题,所属企业开办集体企业,包括大集体企业和小集体企业。1982年,职工突破5万人,全部为国有企业职工。1986年和1989年,大集体和小集体先后并入主办工厂或歇业,并入后全民和集体两种所有制职工同工同酬。

1985年,上海—易初摩托车有限公司和上海大众汽车有限公司相继成立,上汽开始出现中外合资企业员工,同年达到3 188人,同时国有企业职工减至5万人以下,为4.76万人,分别占职工总数的6.3%和93.7%。此后至2004年,国有企业员工持续下降,合资企业员工持续增长,呈现此消彼长的基本态势。

1990年,上汽合资企业增至6家,员工突破1万人,占公司职工总数的比例升至18.5%,国有企业占比则减至81.5%。1994年起上汽部分经营困难的国有企业开始减员增效,同年约9.12%的职工分流,公司开始出现离岗退养职工,国有企业职工持续下降。"八五"期间合资企业快速增加,至1995年,累计达到50多家,从业人员突破2万人。1997年6月,上海通用汽车有限公司和泛亚汽车技术中心有限公司成立,合资企业从业人员突破3万人,达到3.67万人。同年,国有企业从业人员从4.5万人减至4万人以下的3.23万人,合资企业人数开始超过国有企业人数,两者分别占从业人员的52和48%。

此后,随着整车和零部件合资企业迅速做大规模,新增上汽通用五菱汽车股份有限公司等一批合资企业,同时中外合资进一步进入汽车服务贸易领域,上汽合资企业人数直线上升,国有企业人数直线下降,两者占比差距不断扩大。2000年,合资企业突破4万人,国有企业降至2.28万人,分别占上汽从业人员总数的64.1%和35.9%。2003年,合资企业突破5万人,达到5.5万人,国有企业减至1.01万人,分别占从业人员总数的85.2%和14.8%。

2005年以后，上汽国有企业和合资企业从业人员分布呈现此消彼长转向同步增长的新特点。当年合资企业突破6万人，国有企业人数止跌回升，从1.01万人微增至1.08万人。2006年和2008年，出于上海汇众汽车有限公司从合资企业转为国有企业等原因，合资企业出现从1985—2015年30年仅有的2年人数减少的现象。2009年，合资企业突破7万人，而国有企业人数因南京汽车集团公司进入上汽重返2万人以上。此后，合资企业先后于2010年、2011年和2013年先后突破8万人、15万人和16万人，国有企业则于2011年、2012年先后重返3万人和4万人。

2015年，上汽合资企业从业人员16.95万人，比1985年增长52倍，国有企业从业人员4.83万人，分别占从业人员总数的77.8%和22.2%。

四、从业人员地域分布

1997年，联合汽车电子有限公司成立并在无锡和西安设立工厂，1999年，上汽在江苏重组成立上汽集团仪征汽车有限公司，上汽开始出现沪外零部件企业员工和沪外整车企业员工，人数为2372人，占上汽从业人员总数的3.7%。

2002年，上汽集团开始加快走出上海，布局全国，同年在柳州合资组建上汽通用五菱汽车股份有限公司。2004年以后，上海通用汽车有限公司先后在烟台和沈阳布局，延锋伟世通汽车饰件有限公司等零部件企业快速走出上海，沪外员工人数持续快速增长，至2005年，突破1万人，达到1.68万人，上汽从业人员中沪内沪外占比分别为81.1%和19.9%。2008年上汽和南汽全面合作后，沪外员工突破3万人，达到3.59万人，占上汽从业人员比例升至30.4%，在沪员工占比则降至69.6%。

此后，随着上海大众汽车有限公司和上海通用汽车有限公司相继在宁波、新疆、长沙和武汉等地建立生产基地，以及上汽在烟台、沈阳、柳州、重庆和武汉等地形成零部件集聚园区，沪外员工以1～2年迈上一个万人新台阶的速率快速增长。2010年、2011年、2012年、2014年先后跃上5万、6万、7万和8万人的台阶。至2015年，上汽沪外从业人员再上9万新台阶，达到9.25万人，比1999年增长38倍，占从业人员比例升至42.5%，在沪从业人员占比则减至57.5%。

"十一五"期间，上汽海外经营加快推进，2009年有境外从业人员273人，2015年增至1588人，增长4.8倍。

五、从业人员岗位分布

1955年，公司有生产工人4345人、技术人员159人、包括管理人员在内的其他人员2003人，分别占职工总数的66.8%、2.4%和30.8%，平均41.5人中有1名技术人员。1983年，生产工人3.51万人、技术人员2641人、其他人员1.33万人，占比分别为68.8%、5.2%和26%。与1955年相比，生产工人和技术人员占比均有上升，其他人员占比有所下降。

1984年，上汽有管理人员5749人、技术人员2813人、生产人员3.57万人、辅助人员6817人，占比分别为11.3%、5.5%、70.3%和12.9%。平均18.2个人中有1名技术人员。

至2015年，上汽有管理人员2.62万人、技术人员3.9万人、生产人员10.49万人、辅助人员4.77人员，占比分别为12%、17.9%、48.2%和21.9%。与1955年相比，生产人员下降18.6个百分点，技术人员增加15.5个百分点；与1984年相比，管理人员增加0.7个百分点，技术人员增加

12.4 个百分点,生产人员减少 22.1 个百分点,辅助人员增加 9 个百分点;工程技术人员在从业人员中的比重提高到平均 5.6 个人中有 1 人。

表 12 - 1 - 1　1955—2015 年上汽从业人员情况统计表　　　　　　　单位:人

年份	从业人员	劳动关系分布		所有制分布		地域分布			岗位分布			
		合同制职工	其他用工	国有集体	中外合资	在沪	沪外	境外	管理	工程技术	生产操作	辅助及其他
1955	6 507	—	—	6 507	—	6 507	—	—		159	4 345	—
1956	11 076	—	—	11 076	—	11 076	—	—		242	7 524	—
1957	11 273	—	—	11 273	—	11 273	—	—		410	7 768	—
1958	22 943	—	—	22 943	—	22 943	—	—		430	18 311	—
1959	25 907	—	—	25 907	—	25 907	—	—		496	19 933	—
1960	25 948	—	—	25 948	—	25 948	—	—		610	19 523	—
1961	24 121	—	—	24 121	—	24 121	—	—		786	17 897	—
1962	20 781	—	—	20 781	—	20 781	—	—		989	15 246	—
1963	21 492	—	—	21 492	—	21 492	—	—		1 140	15 919	—
1964	22 945	—	—	22 945	—	22 945	—	—		1 386	16 961	—
1965	23 723	—	—	23 723	—	23 723	—	—	3 576	1 094	16 870	2 183
1966	26 605	—	—	26 605	—	26 605	—	—		1 305	19 763	—
1967	28 584	—	—	28 584	—	28 584	—	—		1 285	21 632	—
1968	33 454	—	—	33 454	—	33 454	—	—		1 042	25 470	—
1969	34 206	—	—	34 206	—	34 206	—	—		1 093	27 386	—
1970	33 814	—	—	33 814	—	33 814	—	—		1 078	26 091	—
1971	35 886	—	—	35 886	—	35 886	—	—	2 404	970	28 893	3 619
1972	36 185	—	—	36 185	—	36 185	—	—		1 131	27 473	—
1973	38 132	—	—	38 132	—	38 132	—	—		1 241	27 027	—
1974	37 565	—	—	37 565	—	37 565	—	—		1 348	27 783	—
1975	39 457	—	—	39 457	—	39 457	—	—		1 348	28 178	—
1976	40 431	—	—	40 431	—	40 431	—	—		1 341	29 072	—
1977	41 118	—	—	41 118	—	41 118	—	—		1 564	39 359	—
1978	43 119	—	—	43 119	—	43 119	—	—		1 589	31 638	—
1979	45 769	—	—	45 769	—	45 769	—	—		1 827	32 577	—
1980	47 657	—	—	47 657	—	47 657	—	—		2 094	33 875	—
1981	48 915	—	—	48 915	—	48 915	—	—		2 128	34 301	—
1982	50 276	—	—	50 276	—	50 276	—	—		2 427	34 984	—

〔续表〕

年份	从业人员	劳动关系分布		所有制分布		地域分布			岗位分布			
		合同制职工	其他用工	国有集体	中外合资	在沪	沪外	境外	管理	工程技术	生产操作	辅助及其他
1983	51 063	—	—	51 063	—	51 063	—	—	—	2 641	35 147	—
1984	50 769	—	—	50 769	—	50 769	—	—	5 749	2 813	35 690	6 817
1985	50 759	—	—	47 571	3 188	50 759	—	—	6 118	3 087	34 499	7 055
1986	50 976	—	—	46 183	4 793	50 976	—	—	6 345	3 310	33 952	7 369
1987	51 620	—	—	46 545	5 075	51 620	—	—	6 391	3 778	33 795	7 656
1988	55 549	—	—	47 875	7 674	55 549	—	—	6 832	4 406	36 003	8 308
1989	56 232	—	—	47 615	8 617	56 232	—	—	6 782	4 787	35 927	8 736
1990	54 231	—	—	44 211	10 020	54 231	—	—	6 931	4 504	34 666	8 130
1991	56 520	—	—	46 332	10 188	56 520	—	—	7 435	5 106	35 861	8 118
1992	60 345	59 154	1 220	45 233	15 112	60 345	—	—	7 585	5 383	37 822	8 364
1993	62 206	60 203	2 003	45 698	16 508	62 206	—	—	7 919	5 498	37 672	9 114
1994	61 080	58 964	2 116	41 767	19 313	61 080	—	—	7 092	5 629	37 391	8 852
1995	65 297	59 555	2 200	43 183	22 114	—	—	—	7 380	6 019	40 920	8 259
1996	69 205	63 811	5 394	45 031	24 174	—	—	—	9 017	6 086	39 970	8 738
1997	69 061	64 370	4 691	32 335	36 726	—	—	—	7 970	7 122	40 173	9 105
1998	65 141	64 049	4 911	29 190	35 951	—	—	—	8 363	6 778	38 542	10 366
1999	64 790	63 276	5 500	29 533	35 257	—	2 372	—	8 377	7 024	47 875	6 357
2000	63 347	62 426	7 738	22 752	40 595	—	1 687	—	8 377	6 744	47 341	5 058
2001	60 604	61 241	8 029	17 549	43 055	—	4 948	—	7 870	6 776	46 595	4 521
2002	61 690	60 494	12 191	12 509	49 181	—	5 059	—	8 314	6 451	45 729	3 678
2003	66 179	62 460	14 979	11 152	55 027	—	5 700	—	8 045	7 884	46 531	2 957
2004	68 276	63 797	15 288	10 093	58 183		8 412		7 257	10 110	46 430	4 479
2005	84 420	65 936	15 008	10 816	67 602	67 602	16 818		8 037	10 294	45 966	4 731
2006	96 212	71 929	16 486	12 210	60 206	70 297	25 915	—	8 938	11 116	43 779	8 583
2007	112 554	73 860	27 258	12 339	71 439	83 778	28 776		10 152	12 521	43 363	17 742
2008	118 052	77 741	31 437	17 848	64 333	82 181	35 871	—	12 463	13 810	41 806	14 102
2009	123 163	83 812	39 351	25 461	71 137	96 598	26 401	273	12 150	14 982	42 800	26 666
2010	166 341	106 244	59 167	27 299	82 548	109 847	56 494	282	13 712	16 687	43 242	36 206
2011	185 875	117 487	68 388	30 916	154 959	115 932	69 943	279	20 975	31 284	73 666	59 950
2012	199 680	127 786	71 894	44 852	154 828	122 984	76 696	298	22 664	33 802	79 597	63 617
2013	206 903	143 760	70 492	45 930	160 973	127 082	79 821	665	24 139	36 003	83 618	63 143

〔续表〕

年份	从业人员	劳动关系分布		所有制分布		地域分布			岗位分布			
		合同制职工	其他用工	国有集体	中外合资	在沪	沪外	境外	管理	工程技术	生产操作	辅助及其他
2014	215 720	158 398	63 900	48 051	167 669	128 018	87 702	1 467	25 303	37 740	95 355	57 322
2015	217 784	170 067	53 967	48 304	169 480	125 266	92 518	1 588	26 150	39 003	104 914	47 717

说明:1. 合同制职工数包括离岗职工,所以合同制职工+其他用工≠从业人员;2. 沪外企业从业人数2004年以前根据《上汽统计年报汇编——企业概况一览》摘录

资料来源:1990年前,《上海汽车工业志》;1991年后,上海汽车集团股份有限公司人力资源部

六、合同制员工年龄、文化结构

【年龄结构】

1995年,上汽6.26万名合同制员工中,35岁及以下员工2.44万人,占39.02%;36~50岁员工3.2万人,占51.19%;51岁及以上员工6 123人,占9.78%。此后,35岁及以下青年员工人数和占比有所下降。2002年减至2.03万人,占比降至33.5%。

"十五"后半期,上汽加大应届大学生招收力度。2005年,合同制员工中35岁及以下员工2.58万人,占合同制员工比重开始超过40%。2010年,合同制员工中35岁及以下员工3.65万人,占合同制员工比重升至49.7%,距50%仅一步之遥。2011年,该年龄段合同制员工猛增至7.6万人,占合同制员工的比连续跨越50%和60%两个关口达到60.4%。

至2015年,上汽合同制职工总数增至17.01万人,其中35岁及以下员工增至11.55万人,占比高达67.9%,为历史最高纪录;36~50岁4.1万人,占24.1%;51岁及以上1.36万人,占8%。与1995年相比,35岁及以下青年员工比重增加28.9个百分点,36~50岁员工占比下降27.1个百分点,51岁及以上员工占比略减1.8个百分点。上汽员工队伍年轻化趋势明显。

表12-1-2 1995年、1999—2015年上汽合同制员工年龄结构统计表　　　单位:人

年份	职工人数	35岁及以下	36~50岁	51岁及以上
1995	62 578	24 419	32 036	6 123
1999	63 276	20 191	35 313	7 772
2000	62 462	20 760	33 992	7 710
2001	61 241	20 495	32 839	7 907
2002	60 494	20 274	31 806	8 414
2003	62 460	23 102	30 698	8 660
2004	63 797	25 088	29 922	8 787
2005	64 297	25 790	28 888	9 619
2006	63 833	26 450	27 260	10 123
2007	66 036	28 671	26 479	10 884

〔续表〕

年　　份	职工人数	35 岁及以下	36～50 岁	51 岁及以上
2008	68 079	32 296	24 576	11 207
2009	69 932	32 743	25 135	11 992
2010	73 641	36 574	24 631	12 436
2011	125 925	76 018	36 525	13 381
2012	136 063	82 138	39 466	14 459
2013	143 760	89 431	40 025	14 304
2014	158 398	103 638	40 206	14 554
2015	170 067	115 467	40 965	13 635

资料来源：1998 年前，《上海汽车工业志》；1999 年后，上海汽车集团股份有限公司人力资源部

【文化结构】

20 世纪 50 年代末 60 年代初，公司下属工厂自办学校，以半工半读、专业学习班、业余进修等形式，对职工进行文化教育，先后组建上海农机专科学校和 37 所厂校，参加学习的职工有 9 497 人，占职工总数的 54.69％。这一阶段全日制中高等教育毕业生稀缺，难以形成职工队伍的主体力量。"文化大革命"期间，职工文化教育停止，新进厂职工文化素质普遍下降。

1978 年起，公司对 1968—1980 年进厂的青年职工进行初中文化和初级技术的"双补"教育，到 1985 年累计完成补课 15 188 人，合格率达 90％以上。1981 年，对工农兵大学生和"七二一"工大毕业生分期分批进行 6～10 个月的脱产复训，到 1984 年共复训 341 人。同年对不足高中毕业文化程度的干部和有培养前途的 2 917 名青工进行文化补课。同年另有 2 329 人参加职工大学、中华职业学校、电视中专等学习，接受中专文化程度教育。这一阶段的努力对解决"六五"期间职工"知识断层"起到积极作用。80 年代中期至 1995 年，因学历教育社会资源的逐年好转，新增职工来源以全日制中高等教育毕业生为主体，加上上汽培训中心在学历和培训两方面所起的补充作用，职工队伍的文化素质明显提高。

1995 年，上汽合同制员工初中及以下文化程度的 3.21 万人，高中、中专、技校学历 2.2 万人，大专和本科学历 8 487 人，分别占 6.26 万名员工的 51.36％、35.08 和 13.56％。此后初中及以下学历员工人数和占比逐年下降，中等和高等学历员工人数和占比逐年上升。2001 年，中等学历员工人数开始超过初中及以下学历的员工。2007 年，高等学历员工人数开始超过中等学历的员工，同年，本科以上学历员工 2 995 人，大专和本科学历员工 2.37 万人、中等学历员工 2.24 万人、初中及以下学历员工 1.69 万人，分别占员工总数的 4.54％、35.91％、33.97％和 25.58％，大专本科和本科以上学历员工合计占比超过 40％。2013 年，本科以上学历员工超过大专和本科学历员工，同年，本科以上学历员工 5.27 万人、大专和本科学历员工 5.1 万人、中等学历员工 2.41 万人、初等学历员工 1.56 万人，占比分别为 36.64％、35.68％、16.79％和 10.88％，大专、本科及本科以上员工合计占比高达 72.32％。

2015 年，上汽本科以上学历 6.45 万人，大专、本科学历员工 6.89 万人，中等学历员工 2.44 万人、初中及以下学历员工 1.22 万人，占比分别为 37.92％、40.53％、14.37％和 7.19％，大专以上文化程度合计占比高达 78.45％。

表 12‑1‑3　1995 年、1999—2015 年上汽合同制员工文化结构统计表　　　　单位：人

年　份	职工人数	初中及以下	高中、中专、技校	大专、本科	本科以上
1995	62 578	32 137	21 954	8 487	—
1999	63 276	27 032	24 224	11 449	571
2000	62 462	25 497	24 433	11 877	655
2001	61 241	23 871	24 279	12 377	714
2002	60 494	22 914	23 628	13 093	859
2003	62 460	21 620	24 648	15 017	1 175
2004	63 797	19 791	24 668	17 719	1 619
2005	64 297	18 807	24 375	19 145	1 970
2006	63 833	17 557	23 157	20 718	2 401
2007	66 036	16 891	22 432	23 716	2 995
2008	68 079	16 138	21 650	26 549	3 742
2009	69 932	15 236	21 593	29 003	4 100
2010	73 641	14 724	21 406	32 373	5 138
2011	125 925	15 503	22 766	43 844	43 812
2012	136 063	16 751	24 599	47 374	47 339
2013	143 760	15 648	24 133	51 296	52 683
2014	158 398	14 366	23 457	62 025	58 550
2015	170 067	12 224	24 440	68 922	64 481

资料来源：1998 年前，《上海汽车工业志》；1999 年后，上海汽车集团股份有限公司人力资源部

第二节　高级管理人员人数与分布

一、规模结构

　　1990 年，上汽厂部级以上领导干部组成的高级管理人员有 203 人，其中国有企业 171 人，中外合资企业 32 人，分别占总数的 84.2% 和 15.8%。1996 年，开始出现在沪外企业任职的高级管理人员。此后，随着合资企业和沪外企业不断增多，分布在这两个领域的高级管理人员增长快于国有企业。

　　至 2015 年，上汽高级管理人员 314 人。其中国有企业 214 人、合资企业 100 人，占比分别为68.2% 和 31.8%，合资企业高级管理人员占比比 1990 年翻了一番。在沪高级管理人员 263 人，沪外高级管理人员 51 人，占比分别为 83.8% 和 16.2%。

表 12 - 1 - 4　1990 年、1996—2015 年上汽高级管理人员分布统计表　　　　　单位：人

年　份	总　数	人　数		所有制分布		地域分布	
		男	女	国有、集体	中外合资	在　沪	沪　外
1990	203	190	13	32	203	—	—
1996	218	194	24	168	50	217	1
1997	219	193	26	163	56	217	2
1998	226	197	29	175	51	224	2
1999	230	200	30	175	55	224	6
2000	253	220	33	179	74	246	7
2001	250	217	33	162	88	242	8
2002	244	212	32	156	88	234	10
2003	237	209	28	153	84	228	9
2004	237	209	28	153	84	228	9
2005	232	207	25	149	83	219	13
2006	261	229	32	178	83	247	14
2007	264	232	32	178	86	248	16
2008	306	275	31	207	99	259	47
2009	313	280	33	221	92	270	43
2010	307	275	32	214	93	260	47
2011	305	271	34	214	91	259	46
2012	325	293	32	227	98	272	53
2013	307	277	30	210	97	256	51
2014	312	283	29	212	100	263	49
2015	314	283	31	214	100	263	51

资料来源：上海汽车集团股份有限公司党委组织干部部

二、年龄结构

　　1990 年，上汽高级管理人员年龄在 35 岁以下为 8 人、35～44 岁 83 人、45～54 岁的 96 人、55 岁及以上 16 人，占总数的比例分别为 3.9%、40.9%、47.3% 和 7.9%，平均年龄 45.7 岁。总体呈现橄榄形结构，年富力强且有一定经验的 35～54 岁为主体年龄段，合计占比高达 88.2%。

　　2015 年，上汽高级管理人员 35 岁以下的 1 人、35～44 岁 79 人、45～54 岁 184 人、55 岁及以上 50 人，占比分别为 0.32%、25.2%、58.6% 和 15.9%，平均年龄 48.23 岁。35～54 岁依然为主体年龄段，合计占比继续保持 80% 以上的高位，达到 83.8%。

表 12 – 1 – 5　1990 年、1996—2015 年上汽高级管理人员年龄结构统计表　　　　单位：人

年　　份	人　　数	年龄结构			
		35 岁以下	35～44 岁	45～54 岁	55 岁及以上
1990	203	8	83	96	16
1996	218	6	38	142	32
1997	219	7	43	137	32
1998	226	6	48	133	39
1999	230	6	50	134	40
2000	253	13	55	129	56
2001	250	14	57	128	51
2002	244	20	55	120	49
2003	237	14	61	107	55
2004	237	10	60	99	68
2005	232	8	64	86	74
2006	261	12	85	94	70
2007	264	6	92	104	62
2008	306	0	38	151	117
2009	313	0	57	161	95
2010	307	0	60	162	85
2011	305	0	66	161	78
2012	325	1	87	170	67
2013	307	1	83	171	52
2014	312	3	86	173	50
2015	314	1	79	184	50

资料来源：上海汽车集团股份有限公司党委组织干部部

三、文化结构

20 世纪 80 年代中期,按照中央统一部署,上汽推进干部队伍革命化、知识化、专业化和年轻化的"四化"建设。1986 年,公司 11 045 名干部(包括厂部级干部、企业中层干部和一般干部)中,中专、大专和本科学历者达到 4 964 人,比 1978 年的 2 222 人增加 1.23 倍,占干部队伍总数的比例从 26.5%升至 44.9%。

1990 年,上汽高级管理人员中大专及以下学历占 71.9%,本科学历占 28.1%,无研究生及以上学历。此后,前者人数逐年递减,后者逐年攀升。1996 年,高级管理人员中开始出现研究生学历。2002 年,高级管理人员中本科学历人数开始超过大专及以下学历人数,前者为 92 人,后者为 101 人,另有 42 人为研究生学历。2006 年,研究生学历人数开始超过本科学历人数,前者为 108 人,后

者为 91 人,大专及以下者降至 62 人。

2015 年,上汽高级管理人员中,研究生学历 149 人、本科学历 146 人、大专及以下 19 人,占比分别为 47.5%、46.5% 和 6%。本科及以上学历占比高达 94%。

表 12－1－6　1990 年、1996—2015 年上汽高级管理人员文化结构统计表　　　　单位:人

年　份	人　数	文化结构		
		大专及以下	本　科	研 究 生
1990	203	146	57	—
1996	218	140	71	7
1997	219	139	72	8
1998	226	144	73	9
1999	230	140	76	14
2000	253	133	100	20
2001	250	123	101	26
2002	244	92	110	42
2003	237	77	93	67
2004	237	77	93	67
2005	232	68	80	84
2006	261	62	91	108
2007	264	48	76	140
2008	306	39	115	152
2009	313	35	116	162
2010	307	30	117	160
2011	305	29	118	158
2012	325	31	204	90
2013	307	25	191	91
2014	312	20	137	155
2015	314	19	146	149

资料来源:上海汽车集团股份有限公司党委组织干部部

四、职称结构

1990 年,上汽高级管理人员中中级以下职称人数为 29 人、中级职称为 113 人、高级职称为 61 人,各占高级管理人员总人数的 14.3%、55.7% 和 30%,中级职称为主要群体。此后,中级和中级以下职称人数逐年减少,高级职称人数逐年上升。1996 年,高级职称人数开始超过中级职称增至 152 人,中级和中级以下职称分别减至 51 人和 15 人,三者占比分别为 69.7%、23.4% 和 6.9%,高级职称开始替

代中级职称成为主要群体。2006年,中级职称人数超过100人,其与高级职称的差距有所缩小。

2015年,上汽高级管理人员中高级职称147人、中级职称123人、中级以下职称44人,占比分别为46.8%、39.2%和14%。中级职称比例比1990年下降16.5个百分点;高级职称上升16.8个百分点。

表12-1-7 1990年、1996—2015年上汽高级管理人员职称结构统计表   单位:人

年 份	人 数	职称结构		
		中级以下	中 级	高 级
1990	203	29	113	61
1996	218	15	51	152
1997	219	15	62	142
1998	226	15	64	147
1999	230	8	58	164
2000	253	6	70	177
2001	250	7	76	167
2002	244	12	82	150
2003	237	11	84	142
2004	237	11	84	142
2005	232	13	83	136
2006	261	19	103	139
2007	264	19	103	142
2008	306	23	122	161
2009	313	28	126	159
2010	307	29	129	149
2011	305	26	118	161
2012	325	38	124	163
2013	307	34	118	155
2014	312	40	125	147
2015	314	44	123	147

资料来源:上海汽车集团股份有限公司党委组织干部部

第三节 专业人员人数与分布

一、规模结构

【规模与岗位结构】

上汽始有公司的1955年年底,有工程技术人员159人。1965年开始有专业人员的统计,当年

为 4 670 人，占职工总人数 2.37 万人的 19.7％，其中工程技术人员 1 094 人、管理人员 3 576 人，占比分别为 4.6％和 15.1％。此后，专业人员人数快速增长。1991 年，人数超过 1 万人，达到 1.25 万人。

2004 年，工程技术人员突破 1 万人并首次超过管理人员，达到 1.01 万人，管理人员为 7 257 人，合计 1.74 万人，占从业人员总数的比例升至 25.4％，其中工程技术人员占比 14.8％，比 1965 年占比增加 2.2 倍，管理人员占比则降至 10.6％，比 1965 年减少将近一半。此后工程技术人员和管理人数均持续增长，2011 年分别超过 3 万人和 2 万人，分别占从业人员总数的 16.8％和 11.3％；合计 5.2 万人，占从业人员总数的 28.5％。

2015 年，上汽工程技术人员和管理人员分别增至 3.9 万人和 2.6 万人，合计达到 6.5 万人，分别占从业人员总数的 17.9％、12％和 29.1％。与 1965 年相比，工程技术人员占员工总数的比例增加 2.89 倍，管理人员占比则减少 3.1 个百分点。

【职称结构】

1993 年，上汽除招聘高校毕业生外，对专业人员实行继续教育。同年专业人员高、中、初级职称分别为 456 人、3 126 人和 7 011 人，各占专业技术人员总数的 3.4％、23.3％、52.25％，专业人员中初级职称占一半以上。2005 年，中级职称人数超过初级职称达到 6 373 人，高级和初级职称分别为 754 人和 5 904 人，分别占专业技术人员总数的 34.77％、4.11％和 32.21％。

至 2015 年，上汽专业人员中高、中、初级职称分别占专业人员总数的 3.08％、17％、22.08％。

表 12 - 1 - 8　1955—2015 年部分年份上汽专业人员规模结构统计表　　　　　单位：人

年　份	人　数	类　别		职　称		
		工程技术	管理人员	初　级	中　级	高　级
1955	—	159	—	—	—	—
1965	4 670	1 094	3 576	—	—	—
1971	3 374	970	2 404	—	—	—
1984	8 562	2 813	5 749	—	—	—
1991	12 541	5 106	7 435	—	—	—
1992	12 968	5 383	7 585	—	—	—
1993	13 417	5 498	7 919	7 011	3 126	456
1994	12 721	5 629	7 092	6 701	3 361	502
1995	13 399	6 019	7 380	6 809	3 601	555
1996	15 103	6 086	9 017	7 008	4 093	651
1997	15 092	7 122	7 970	7 246	4 244	661
1998	15 141	6 778	8 363	7 031	4 314	645
1999	15 401	7 024	8 377	6 821	4 382	603
2000	15 121	6 744	8 377	6 567	4 311	688
2001	14 646	6 776	7 870	6 553	4 627	724

〔续表〕

年　份	人　数	类　别		职　称		
		工程技术	管理人员	初　级	中　级	高　级
2002	14 765	6 451	8 314	5 970	4 765	728
2003	15 929	7 884	8 045	6 011	4 986	748
2004	17 367	10 110	7 257	5 731	5 081	772
2005	18 331	10 294	8 037	5 904	6 373	754
2006	20 054	11 116	8 938	6 422	6 663	726
2007	22 673	12 521	10 152	6 020	5 047	777
2008	26 273	13 810	12 463	6 485	5 129	781
2009	27 132	14 982	12 150	6 310	5 344	840
2010	30 399	16 687	13 712	6 138	5 732	888
2011	52 259	31 284	20 975	10 081	9 003	1 237
2012	56 466	33 802	22 664	11 333	9 224	1 836
2013	60 142	36 003	24 139	12 025	9 886	1 857
2014	63 043	37 740	25 303	14 285	10 788	1 915
2015	65 153	39 003	26 150	14 388	11 078	2005

资料来源：1992 年前，《上海汽车工业志》；1993 年后，上海汽车集团股份有限公司人力资源部

二、在沪工程技术人员人数与分布

【总数及不同所有制分布】

1960 年，公司有工程技术人员 610 人，占职工总数的 2.4％。1980 年，工程技术人员增至 2 094 人，占比升至 4.4％。至 1984 年前，工程技术人员均在国有企业工作。

1985 年，上海—易初摩托车有限公司和上海大众汽车有限公司相继成立后，工程技术人员开始分布于合资企业，同年国有企业和合资企业各有技术人员 2 756 人和 331 人，占技术人员总数的 89.3％和 10.7％，两者之比为 8.3∶1；两者合计 3 087 人，占同年职工总数的 6.1％。此后合资企业工程技术人员持续快速增长，国有企业技术人员则在波动中增长。2000 年，上汽在沪工程技术人员 6 758 人，占在沪从业人员的 10.7％；其中国有企业和合资企业工程技术人员分别为 2 358 人和 4 400 人，合资企业工程技术人员人数开始超过国有企业，两者之比为 1∶1.9，并各占在沪工程技术人员总数的 34.9％和 65.1％。这种三分天下各有其二或其一的局面保持至 2015 年。

2015 年，上汽在沪工程技术人员增至 2.66 万人，占在沪从业人员的 21.2％，技术人员比重比 1960 年增加 7.8 倍，其中国有企业和合资企业工程技术人员分别为 9 630 人和 16 931 人，两者之比为 1∶1.8，并各占在沪工程技术人员总数的 36.3％和 63.7％，各比 1985 年增长 2.49 倍和 50.2 倍。

【不同业务板块分布】

1995 年,上汽在沪整车、零部件、服务贸易业务板块技术人员分别有 804 人、4 888 人和 456 人,各占在沪技术人员的 13.1％、79.5％和 7.4％,其中零部件板块工程技术人员独占 2/3 以上。至 2005 年,该比例变动为 44.1％、54％和 3.9％,整车和零部件板块技术人员比例差距缩小至 10％ 左右。

至 2015 年,在沪整车有技术人员 1.21 万人,零部件有技术人员 1.29 万人,服务贸易有技术人 员 1 599 人,依次占比为 45.6％、48.4％和 6％,整车和零部件板块技术人员已基本接近。

表 12‐1‐9　1960—2015 年部分年份上汽在沪技术人员人数及分布统计表　　　　单位:人

年　份	总人数	所有制分布		业务分布		
		国有、集体	中外合资	整　车	零部件	服务贸易
1960	610	610	—	—	—	—
1965	1 094	1 094	—	—	—	—
1970	1 078	1 078	—	—	—	—
1975	1 348	1 348	—	—	—	—
1980	2 094	2 094	—	—	—	—
1985	3 087	2 756	331	—	—	—
1990	4 504	3 419	1 085	—	—	—
1995	6 148	4 050	2 098	804	4 888	456
2000	6 758	2 358	4 400	1 968	4 666	124
2005	10 294	2 776	7 518	4 537	5 562	403
2010	16 687	5 349	11 338	7 802	8 322	563
2015	26 561	9 630	16 931	12 099	12 863	1 599

资料来源:1990 年前,《上海汽车工业志》;1995 年后,上海汽车集团股份有限公司人力资源部

三、在沪管理人员人数与分布

在沪管理人员在所有制分布方面与工程技术人员情况相仿。1985 年,上汽中外合资企业管理 人员 349 人,占管理人员总数 5.7％。至 1995 年,中外合资企业管理人员总数为 2 220 人,占比为 29％。此后合资企业管理人员规模增长很快,2000 年、2005 年、2010 年、2015 年,已分别达到 4 792 人、4 940 人、8 855 人、17 476 人,占上汽在沪管理人员总数的比例分别为 57.3％、61.5％、64.6％和 62％,总体比例超过 1/2 并接近 2/3 左右。

业务分布上也发生了相应变化。1995 年,整车、零部件、服务贸易板块在沪管理人员比例分别 为 7.4％、83.1％和 9.5％,其中零部件板块占比独大。至 2005 年,该比例变为 16.8％、66.7％和 17.4％,零部件板块占比下降为 2/3。至 2015 年,该比例为 33.9％、37.3％和 28.8％,3 个板块占 比趋向于平衡,其中整车板块管理人员规模占比增长幅度最大,是 1995 年的 4.6 倍。

表 12-1-10　1965—2015 年部分年份上汽在沪管理人员人数及分布统计表　　　　　单位：人

年　份	人　数	所有制分布		业务分布		
		国有、集体	中外合资	整　车	零部件	服务贸易
1965	3 576	3 576	—	—	—	—
1971	2 404	2 404	—	—	—	—
1984	5 749	5 749	—	—	—	—
1985	6 118	5 769	349	—	—	—
1986	6 345	5 761	584	—	—	—
1987	6 391	5 730	661	—	—	—
1988	6 832	5 791	1 041	—	—	—
1989	6 782	5 655	1 127	—	—	—
1990	6 931	5 364	1 567	—	—	—
1995	7 648	5 428	2 220	565	6 358	725
2000	8 363	3 571	4 792	2 155	5 496	712
2005	8 037	3 097	4 940	1 351	5 363	1 398
2010	13 712	4 857	8 855	4 686	6 590	2 436
2015	28 176	10 700	17 476	9 560	10 514	8 102

资料来源：1990 年前，《上海汽车工业志》；1995 年后，上海汽车集团股份有限公司人力资源部

第四节　工人人数与结构

一、在沪工人人数与分布

1965 年，公司有工人 1.69 万人，此后人数逐年增长。1970 年、1980 年和 1995 年先后突破 2 万人、3 万人和 5 万人。

2000 年，上汽有合同制工人 3.58 万人、劳务派遣制员工 1.24 万人，两者之比为 2.89∶1；合计4.82 万人，其中劳务派遣制员工占 25.7%。2005 年、2010 年和 2015 年，在沪劳务派遣制员工分别达到 1.38 万人、3.62 万人和 3.35 万人，占在沪工人比重分别为 27.1%、45.6% 和 42.8%，合同制工人与其之比分别为 2.69∶1、1.19∶1 和 1.34∶1，劳务派遣制员工成为上汽在沪生产工人中举足轻重的力量。

1985 年，上汽在沪中外合资企业生产工人 3 188 人，占在沪工人总数 9.2%。此后 1995 年、2005 年和 2015 年，中外合资企业工人数分别增至 1.78 万人、3.82 万人和 5.8 万人，占比分别为34.6%、75.4% 和 74.2%，在沪合资企业工人成为上汽在沪生产工人队伍中的主要力量。

1995 年，上汽在沪整车、零部件、服务贸易业务板块工人比例分别为 15.8%、82.5% 和 1.8%，其中零部件业务板块工人比重最大。至 2005 年，该比例变为 37.7%、59.92 和 2.4%，其中整车业

务板块工人占比比 1995 年增加 1.39 倍。至 2015 年，该比例为 31.2%、62.2% 和 6.6%，其中服务贸易板块占比比 1995 年增加 2.67 倍。

表 12‑1‑11　1965—2015 年部分年份上汽在沪工人分布统计表　　　　单位：人

年 份	劳动关系分布		所有制分布		业务分布		
	合同制	其他用工	国有、集体	中外合资	整 车	零部件	服务贸易
1965	16 870	—	16 870	—	—	—	—
1970	26 091	—	26 091	—	—	—	—
1975	28 178	—	28 178	—	—	—	—
1980	33 875		33 875		—	—	—
1985	34 499	—	31 311	3 188	—	—	—
1986	33 952	—	29 159	4 793	—	—	—
1987	33 795	—	28 720	5 075	—	—	—
1988	36 003	—	28 329	7 674	—	—	—
1989	35 927	—	27 310	8 617	—	—	—
1990	34 666	—	24 646	10 020	—	—	—
1991	35 861	—	25 673	10 188	—	—	—
1992	37 822	—	22 971	14 851	—	—	—
1993	37 672	—	22 037	15 635	—	—	—
1994	37 391	—	19 014	18 377	—	—	—
1995	51 501	—	33 705	17 796	8 119	42 462	920
2000	35 823	12 403	16 823	31 403	14 037	33 531	658
2005	36 940	13 757	12 458	38 239	19 118	30 378	1 201
2010	43 242	36 206	19 118	60 330	25 428	51 933	2 087
2015	44 747	33 453	20 188	58 012	24 403	48 639	5 158

资料来源：1994 年以前，《上海汽车工业志》；1995 年以后，上海汽车集团股份有限公司人力资源部

二、工人技能等级

1965 年，公司着手评定工人技术级别。同年生产工人 16 870 人，评定级别的有 7 698 人，占 45.6%。其中一、二、三级（初级）工 3 327 人，占 19.72%；四、五、六级（中级）工 4 036 人，占 23.92%；七、八级（高级）工 335 人，占 1.99%。

1966—1976 年，新进职工增多，文化素质下降，技能培训中断，生产工人技能下降。1979—1982 年，大批老工人退休或提前退休，其上山下乡知识青年子女顶替进厂，生产工人队伍结构发生变化，技能水平再次下降。为了改变这种局面，从 1983 年开始，公司开展对青年工人补初中文化、补初级技能的"双补"工作。1986 年，全面开展技艺传授、师徒结对子活动，以提高工人技术

水平。

"七五"期间，为建立以中级工为主体、高级工为骨干，兼有一定技师比例的技术工人队伍，上汽加速培训高级技术工人，先后培训 1 000 余人次。

1990 年 2 月，上汽全面开展技师评聘工作，至年底共评聘工人技师 121 名，占工人总数 0.35%；高级工累计领证 982 人，占工人总数 2.83%；中级工累计领证 9 913 人，占工人总数 28.6%；初级工累计领证 8 789 人，占工人总数 25.35%。

1995 年，上汽有技师 475 人、高级工 1 403 人、中级工 17 886 人、初级工 13 907 人，分别占工人总数 43 120 人的 1.1%、3.25%、41.48% 和 32.25%。与 1990 年相比，技师、高级工和中级工占比分别增长 3.1 倍、14.8% 和 45%。

"十五"以后，上汽加大高级技工的培训和培养力度。2002—2015 年，仅上汽培训中心就开设技师和高级工培训班 302 个，参加培训 12 488 人次。同时，基层企业负责培训初、中级工培训，参加中级工培训 45 118 人次，参加初级工培训 75 708 人次。2006 年，上汽首批试行全国青工技能培训学分制，对 35 周岁以下青年技工进行"培训、练兵、比武、鉴定"四位一体技能鉴定和晋升，加快培养技能工人。

2000 年、2005 年和 2010 年，上汽技师（含高级技师）分别为 896 人、1 066 人和 1 713 人，占比分别为 1.63%、1.75% 和 1.67%；高级工分别为 2 614 人、4 217 人和 6 226 人，占比分别为 4.75%、6.92% 和 6.1%；中级工分别为 24 333 人、32 095 人和 39 209 人，占比分别为 44.18%、52.64% 和 38.29%；初级工分别为 19 837 人、33 419 人和 40 901 人，占比分别为 36.02%、54.81% 和 39.94%。

2015 年，上汽技师（含高级技师）3 395 人、高级工 9 438 人、中级工 63 816 人、初级工 82 259 人，占工人总数的比例分别为 2.14%、5.94%、40.17% 和 51.77%，与 1990 年相比，等级工比重全面上升，其中技师（含高级技师）占比增加 6.1 倍，高级工占比增加 1.1 倍，中级工占比增加 40.5%，初级工占比增加 1.04 倍。

表 12－1－12　1965—2015 年部分年份上汽工人技能等级领证统计表　　　　单位：人

年　份	总人数		高级技师	技　师	高级工	中级工	初级工
	合同制	其他用工					
1965	16 870	—	—	—	335	4 036	3 327
1970	26 091	—	—	—	—	—	—
1980	33 875	—	—	—	—	—	—
1985	34 499	—	—	—	—	—	—
1987	33 795	—	—	21	—	—	—
1990	34 666	—	—	121	982	9 913	8 789
1991	35 861	—	—	235	1 064	10 294	9 377
1992	37 822	1 220	2	231	905	11 277	8 974
1993	37 672	2 003	—	277	995	11 661	9 540
1994	37 391	2 116	—	331	1 283	16 988	13 327
1995	40 920	2 200	—	475	1 403	17 886	13 907

〔续表〕

年　份	总人数		高级技师	技　师	高级工	中级工	初级工
	合同制	其他用工					
1996	39 970	5 394	—	741	1 523	18 703	15 100
1997	40 173	4 691	—	741	1 831	20 373	16 222
1998	38 542	4 911	—	801	2 092	21 693	17 427
1999	47 875	5 500	—	860	2 414	22 806	18 797
2000	47 341	7 738	—	896	2 614	24 333	19 837
2001	46 595	8 029	—	926	2 728	25 345	21 556
2002	45 729	12 191	—	926	2 878	26 396	23 613
2003	46 531	14 979	—	926	2 907	26 893	26 012
2004	46 430	15 288	—	962	3 576	28 538	31 244
2005	45 966	15 008	3	1 063	4 217	32 095	33 419
2006	43 779	16 486	3	1 207	4 583	33 047	34 854
2007	43 363	27 258	6	1 317	4 982	34 748	36 340
2008	41 806	31 437	21	1 417	5 405	36 608	37 233
2009	42 800	39 351	42	1 531	5 802	37 868	39 127
2010	43 242	59 167	54	1 659	6 226	39 209	40 901
2011	73 666	68 388	69	1 902	6 617	41 997	45 765
2012	79 597	71 894	86	2 154	7 359	45 841	53 664
2013	83 618	70 492	141	2 401	8 112	51 708	62 257
2014	95 355	63 900	165	2 816	8 823	57 166	72 707
2015	104 914	53 967	245	3 150	9 438	63 816	82 259

资料来源：1990年前，《上海汽车工业志》；1991年后，上海汽车集团股份有限公司人力资源部

第二章　教育培训

20世纪50年代中期—80年代中期,公司教育培训实行文化培训和技能培训并重的方针。1988年上汽培训中心成立后,员工文化培训基本停止,岗位技能培训成为重点。2000年以后,上汽确立培养高层次、外向型、复合型及紧缺人才的战略目标并全面推进实施。

第一节　主管部门、培训机构

一、主管部门

上汽职工教育管理始于1956年5月,上海市内燃机配件制造公司人事科设专人管理职工教育培训。1960年1月,上海市动力设备制造公司设立教育科。1970年9月,上海市拖拉机汽车工业公司(简称上海市拖汽公司)革命委员会设立教育组。1973年,职工教育归上海市拖汽公司劳资组管理,后又归公司工会管理。1976年5月,职工教育由公司教育组管理。1978年9月,上海市拖汽公司教育组与宣传组合并,成立公司宣教科。1979年11月,上海市拖汽公司成立教育科。1984年,上海汽车拖拉机工业联营公司(简称上海汽拖联营公司)设立人事教育处,教育科归属人事教育处。1988年1月,教育职能从人事处划出,单独成立教育处。1990年12月,上海汽车工业总公司(简称上汽总公司)撤销教育处,改设教育科,仍归属人事处。1991年12月,上汽总公司恢复教育处建制,并同上汽培训中心合并,实行"二块牌子、一套班子"体制。1992年10月,上汽总公司撤销教育处,由上汽培训中心承担集团所属企业职工教育的行政管理职能。

二、职工大学、培训中心

1974年10月,上海市拖汽公司成立721工人大学,地址在上海市闸北区虬江路1473号。1980年6月,改名为上海市拖拉机汽车工业公司职工大学,并于1982年迁至上海市静安区延安中路527号。1985年1月,更名为上海汽车拖拉机工业联营公司职工大学,主要负责职工学历教育。

1988年4月16日,上海汽拖联营公司培训中心成立并挂牌。1990年3月,更名为上海汽车工业总公司培训中心,职工大学同时更名为上海汽车工业总公司职工大学,上汽培训中心和职工大学以及上汽职工中专、总公司党校、总公司团校等实行"多块牌子,一套班子"运行体制。1991年10月,培训中心更名为上海汽车工业培训中心,仍与职工大学、党校一体化运作。1994年4月,搬迁至上海市静安区西康路252号。

1996年4月,职工大学更名为上海汽车工业(集团)总公司职工大学(简称上汽职工大学)。2002年2月,培训中心搬迁至上海市虹口区同嘉路79号。2002年12月,培训中心更名为上海汽车工业(集团)总公司汽车工业培训中心(现名及更名后简称均为上汽培训中心)。2000年,职工大学停止招生且无在校生。2003年4月,根据教育部相关规定上汽集团职工大学建制撤销。2005年,培训中心更名为上海汽车集团股份有限公司汽车工业培训中心。2007年5月,再次更名为上海汽车工业(集团)总公司培训中心。2012年1月1日,复名为上海汽车集团股份有限公司培训中心。

上汽培训中心是集团分支机构,与上汽党校为两块牌子、一套班子,既是集团职工教育培训工作管理机构,又是集团高级经营管理人才、高级专业技术和企业管理人才、高级技能人才3支队伍以及党群干部和党员培训基地。注册地为上海市虹口区同嘉路79号。至2015年,培训中心有同嘉路、嘉定、临港3个校区,总占地面积11 069平方米,建筑面积27 221平方米。从业人员128人,其中合同制员工106人、其他从业人员22人;合同制员工中管理人员11人,教职人员88人,服务人员7人。

三、党校

1980年3月,中共上海市拖拉机汽车工业公司党委决定在原干部训练班基础上成立公司干部学校,负责对企业车间主任以上干部进行政治和企业管理知识轮训。1981年6月,该校与上汽职工大学一体化运作,地址在上海市闸北区虬江路1473号。

1990年5月,中共上海汽车工业总公司党委成立上海汽车工业总公司党校(现名及更名后简称均为上汽党校);6月11日挂牌,地址在延安中路527号,与上海汽车工业培训中心一体化运作。1994年4月和2002年2月,与培训中心同迁至上海市静安区西康路252号和上海市虹口区同嘉路79号。2012年1月1日,上汽党校更名为中共上海汽车集团股份有限公司委员会党校。

上汽党校受上汽党委直接领导,由上汽党委书记兼任校长,培训中心党委书记兼任副校长,主要负责公司党政领导干部政治理论培训、中青年后备干部理论与业务培训、基层政工干部岗位培训、党员培训、业余党校师资培训及申请入党积极分子培训等。党校设置政教科和马列主义教研室,专职教职员10人,另聘请中共上海市委党校资深教师兼课。举办的培训班主要包括厂处级领导干部培训班、中青年后备干部培训班、清华—上汽高级研修班、上汽集团领导干部党建研修班、万名党员进党校培训班等,此外还开设企业管理、法律、计算机、外语、写作等课程。2008年,在上海大众汽车有限公司、上海汇众汽车有限公司、上海柴油机股份有限公司和上汽通用五菱汽车股份有限公司设有教学点。2008—2014年,在上海嘉定和烟台、南京、北京、重庆、青岛、柳州、沈阳建立与培训中心"双功能"教学点。

1992—1998年,上汽党校成为中央党校函授学院辅导站,开设函授大专、本科班。1995年,被评为中央党校函授学院上海市委党校分院先进辅导站。上汽党校还被中共上海市委党校授予企业党建工作研究型教学基地。

表 12-2-1　2008—2014年上汽培训中心与党校沪内沪外企业教学点设立情况表

时　间	沪内和沪外企业	教学点性质
2008年6月	烟台地区上汽企业	培训中心和党校"双功能"教育点,设立在上海通用东岳公司
2008年7月	南京地区上汽企业	培训中心和党校"双功能"教育点,设立在东华公司
2008年8月	上海大众汽车有限公司	党校教学点
2008年8月	上海汇众汽车制造有限公司	党校教学点
2008年9月	上海柴油机股份有限公司	党校教学点

〔续表〕

时　间	沪内和沪外企业	教学点性质
2008 年 10 月	上汽通用五菱汽车有限公司	党校教学点
2009 年 1 月	上海嘉定地区上汽企业	培训中心和党校"双功能"教育点,设立在上汽活动中心
2009 年 1 月	北京地区上汽企业	培训中心和党校"双功能"教育点,设立在北京公司
2009 年 10 月	重庆地区上汽企业	培训中心和党校"双功能"教育点,设立在上汽依维柯红岩商用车公司
2010 年 10 月	山东青岛地区上汽企业	培训中心和党校"双功能"教育点,设立在上汽通用五菱青岛分公司
2013 年 10 月	广西柳州地区上汽企业	培训中心和党校"双功能"教育点,设立在上汽通用五菱公司
2014 年 10 月	辽宁沈阳地区上汽企业	培训中心和党校"双功能"教育点,设立在上海通用北盛公司

资料来源：上海汽车集团股份有限公司培训中心

四、团校

上海汽车工业团校成立于 1987 年 2 月,原名上海汽车拖拉机工业联营公司团校(简称上汽团校),原校址在上海汽车传动轴厂,1991 年 7 月迁入上海汽车工业培训中心。上汽团校受上汽团委领导和共青团上海市委组织部、上汽党校指导,上汽党委分管书记任团校名誉校长,上汽团委书记任校长,上汽党校 1 名副校长兼任团校副校长,党校政教科承担团校教学工作。团校主要任务是负责对上汽团干部进行政治理论和业务知识培训。

1992 年以后,上汽团校培训科目和内容纳入党校的党群培训体系,由党校负责团干部教育培训并实行统一管理。1991—1995 年,上汽团校根据每年教育培训任务,开设各类培训班 19 期,培训 660 人次,其中以团支部书记岗位培训为主的培训班 13 期培训 407 人次,其他有中共中央重要文件团干部学习班、团干部拓宽知识培训班、团委书记理论学习班、团干部计算机班等短期培训班。1996 年以后,每年开办 1～2 期基层企业团委书记和新任团委书记班、团干部岗位知识班等。2008 年以后,沪外企业团干部培训由上汽党校设立的沪外教学点实施。2010 年以后,培训内容和形式有较大拓展,包括举办团干部 TOP 训练营,结合各企业项目攻关开办青年突击队长培训班等。2003—2015 年,累计举办团干部培训班 32 期,培训人数 1 353 人。

五、博士后工作站

1997 年 9 月,国家人事部、国家经济贸易委员会和全国博士后管理委员会批准上海汽车工业(集团)总公司(简称上汽集团)在内的 36 家企业开展博士后工作扩大试点。

1998 年 3 月,上汽集团下发通知,决定组建由总裁陈祥麟任主任,副总裁叶平、唐登杰任副主任的上汽集团博士后工作管理委员会,该办公室设在公司劳动人事部,并制定《上汽集团博士后科研工作站暂行管理条例(试行稿)》;4 月,上海企业博士后科研工作站联合揭牌仪式在上海图书馆举行,上海市副市长左焕琛为上汽集团等6家单位博士后科研工作站揭牌。

至2010年,进入上汽集团博士后工作站的上海交通大学、复旦大学、同济大学等院校的17名博士后完成17项课题研究。

表 12－2－2　1998—2010 年上汽博士后课题立项及完成情况表

序号	项目名称	实施单位	进站单位（流动站）	博士姓名	进站时间（年）
1	SANTANA2000 型轿车后部异常噪声诊断及分析	上海汇众汽车制造有限公司	上海交通大学	袁尚平	1998
2	SABS 业务流程优化及企业资源计划的实施	上海汽车制动系统有限公司	复旦大学	彭俊松	1998
3	上汽集团销售体系的战略与管理研究	上海汽车工业销售总公司	复旦大学	金 麒	1999
4	物流系统管理优化	上海汽车工业销售总公司	上海交通大学	刘立喜	1999
5	上汽集团人力资源开发	上海汽车工业(集团)总公司	复旦大学	袁安照	1999
6	经济全球化中的中国汽车企业成长战略	上海汽车工业(集团)总公司	复旦大学	蒋学伟	2001
7	汽车自动变速箱电子控制器的研究	上海汽车股份有限公司汽车齿轮总厂	同济大学	张新荣	2000
8	上汽股份资本运作的战略研究	上海汽车股份有限公司	上海财经大学	叶正茂	2001
9	降低大客车噪声的试验研究	上海申沃客车有限公司	上海交通大学	王秀峰	2001
10	大客车动力及传动系统匹配技术的研究	上海申沃客车有限公司	上海交通大学	鲁统利	2002
11	企业核心竞争力视域中的人力资源战略管理研究	上海汽车工业(集团)总公司	同济大学	李本乾	2003
12	多质量系统的汽车纵向驱动力动力学仿真软件开发	泛亚汽车技术中心有限公司	上海交通大学	王德平	2002
13	燃料电池汽车动力总成控制系统研究	泛亚汽车技术中心有限公司	上海交通大学	郭海涛	2002
14	虚拟样机技术的汽车分析和试验仿真系统研究	上海汽车工业(集团)总公司工程研究院	同济大学	于国飞	2003
15	混合动力客车失效模式识别与处理策略研究	上海申沃客车有限公司	上海交通大学	张 勇	2007
16	依维柯轻型客车舒适性关键技术研究	南京依维柯汽车有限公司	同济大学	胡巧声	2010
17	汽车尾气热电发电系统的热模拟与优化	中国科学院上海硅酸盐研究所	上海交通大学	鲁红亮	2010

资料来源:上海汽车集团股份有限公司人力资源部

六、上海市党建研究型教学基地

2007年9月,上汽党校被中共上海市委党校列为上海市党建研究型教学基地并签约挂牌。该基地成立后,根据中共上海市委党校要求,开展干部培训、理论研讨和课题研究。2007年,举办西藏干部班、上海市综合党委系统局级干部班,参与上海工业系统党校培训联盟党员教育影视片剧本编写拍摄。2010年6月,举办以"创新思维与学习型党组织建设"为主题的全国大型企业党校校长工作研讨会第21次年会。2014年6月,接待新疆建设兵团局级领导干部来访交流学习。2014年7月—2015年6月,承办上海市国资国企改革高级研修班。2014年12月,承办西藏自治区洛隆县干部人才学习培训班。

该基地还在上汽党委指导下开展多项课题研究。2011年,与上海社会科学院合作"知名民营企业机制研究"课题、参与上汽党委组织的"关于创建学习型领导班子研究"课题以及"新一轮上汽党员教育培训工作实施意见"的研究。

第二节　培　训　条　件

一、师资与教材

20世纪50年代,公司职工文化和技能教育师资力量依靠社会资源,职工补习文化主要进上海市工农速成学校,技术干部培养选送长春汽车拖拉机学院等大中专院校进修。50年代末60年代初,公司开始依靠工程技术人员作为师资力量创办技术进修学校。70年代,继续依靠工程技术人员师资力量筹办技术训练班并成立"七二一"工人大学;至70年代末,建立起有22名专职教师的师资队伍。80年代初成立公司职工大学,形成20名讲师和工程师为骨干的58人专职教师队伍。

1995年,上汽职工大学有专职教师59人,其中高级职称20人,基础课与专业基础课、主要专业课大都配有中级以上职称专职教师或兼职教师,职工大学开设专业均依据上海市高教局批准的教学计划并严格按计划实施,各课程均有符合大专要求的统编、自编教学大纲和教材。

随着上汽职工教育重点由学历教育、学历与培训并举,到培训高层次、外向型、复合型及紧缺人才为主要方向的转换,师资力量的学历层次也由20世纪90年代最高本科提高至硕士和博士研究生;最高专业职称也由副高级提升至正高级。同时,培训中心在长期教学实践中逐步形成一支以自有专职培训师为主导,行业内各级领导、专家,以及社会兼职培训师为主体的师资队伍,较好地满足了行业发展需要。

2000年以后,上汽培训中心基本结束学历教育,转向岗位知识技能培训为主。为此,不断开发新课程,组织编写新教材,包括《WTO与全球经营》《企业文化与核心价值观》《计算机网络与信息安全》《新能源汽车》《中国汽车工业创新》《汽车制造新技术》《汽车控制模块》《先期产品质量策划》《工程师与项目管理》《知识产权》《精益生产》《人人成为"经营者"管理模式》等,内容涵盖新思维、新趋势、新技术、先进管理等。至2015年,共计编写培训教材上百种。

表 12－2－3 1959—2015 年部分年份上汽教学培训机构师资情况一览表

年 份	名 称 变 化	师 资
1959	上海市动力机械公司技术进修学校	公司内技术人员
1960	上海农业机械制造专科学校	公司内技术人员
1974	上海市拖拉机汽车公司"七二一"工人大学	教职工 42 人,专职教师 22 人
1982	上海市拖拉机汽车公司职工大学	专职教师 58 人,讲师、工程师 20 人
1989	上海汽车拖拉机工业联营公司培训中心	教职工 150 人,专职教师 61 人,高级职称 4 人,中级职称 39 人
1995	上海汽车工业培训中心	教职工 179 人,专职教师 106 人,高级职称 20 人,中级职称 63 人
2004	上海汽车工业(集团)总公司汽车工业培训中心	教职工 118 人,专职教师 78 人,高级职称 19 人,中级职称 48 人
2006	上海汽车集团股份有限公司汽车工业培训中心	教职工 102 人,专职教师 71 人,高级职称 14 人,中级职称 26 人
2007	上海汽车工业(集团)总公司培训中心	教职工 92 人,专职教师 69 人,高级职称 11 人,中级职称 27 人
2008		教职工 88 人,专职教师 75 人
2010		教职工 107 人,专职教师 86 人,高级职称 9 人,中级职称 26 人
2012	上海汽车股份有限公司培训中心	教职工 95 人,专职教师 35 人,高级职称 8 人,中级职称 27 人
2013		教职工 105 人,专职教师 42 人,高级职称 7 人,中级职称 26 人
2014		教职工 106 人,专职教师 45 人,高级职称 8 人,中级职称 38 人
2015		教职工 106 人,专职教师 40 人,高级职称 7 人,中级职称 35 人

资料来源:上海汽车集团股份有限公司培训中心

表 12－2－4 2002—2015 年上汽培训中心开发课程、编写教材、课题研究统计表

年 份	课题研究(个)	开发培训课程(门)	开发培训教材(本)	年 份	课题研究(个)	开发培训课程(门)	开发培训教材(本)
2002	—	22	—	2009	—	14	10
2003	—	15	—	2010	—	10	8
2004	—	17	—	2011	10	15	8
2005	—	—	—	2012	7	15	8
2006	—	22	—	2013	—	—	—
2007	—	25	—	2014	5	33	6
2008	—	28	7	2015	3	30	10

资料来源:上海汽车集团股份有限公司培训中心

二、经费与运作

20 世纪 70—80 年代,公司员工培训经费基本由公司行政拨款。90 年代初,上汽规定各企业每年按工资总额 1.5% 计提职工教育经费,其中 0.5% 拨交上汽培训中心作为培训办班经费,上汽职工大学办学经费由公司拨款。由此形成培训办班拨交和公司行政拨款两部分教育资金来源,其中培训办班拨交经费用于为办班而支付的外聘教师兼课费、外付培训机构培训费、培训教材、物资以及其他所需的办班支出;行政拨款经费用于培训中心年度预算范围内的管理人员工资福利、办公费用、水电煤等管理类费用以及管理、培训所需添置的设备与软件等支出。"九五"期间,上汽和基层单位累计投入培训经费达到 3.7 亿元。

1995—2015 年,上汽培训中心培训收入、办班支出、年度预算经费呈现同步增长但快慢不一之特点。其中培训办班收入涨得最快,平均每年从 120 万元增至 1 200 万元,增长 9 倍,反映培训业务快速拓展、规模快速扩大;培训成本支出增长次之,平均每年从 90 万元增至 790 万元,增长 7.8 倍,反映培训成本控制意识增强和降本措施有效;年度预算经费增长最少,平均每年从 910 万元增至 2 400 万元,增长 1.6 倍,反映培训整体费用控制能力和综合管理水平不断提高。

上汽培训中心建立各项财务管理制度,涵盖财务人员职责分工、费用报销制度、审批流程、资金使用审批权限、资金保管措施及财务核算等各个方面。培训收入资金与预算拨入经费两条线核算,培训收入的资金只能用于培训办班各项支出,年度经费支出只用于在预算范围内的项目支出;每年末接受集团财务部对培训中心进行年度预算经费的核销和培训收入考核指标的复核,各项经费与办班收支结余,归入集团年度核销报表,上交集团财务部。集团财务部对上汽培训中心账户资金余额进行限额控制,强化培训经营性现金流的管控。培训中心内部各项内控制度建设逐年健全与完善。

三、校舍与设施

1959 年、1960 年和 1973 年,公司先后创办技术进修学校和上海农机制造专科学校、开办技术训练班,均因陋就简、勤俭办学,校舍和教室基本上借用公司下属工厂厂房或仓库。

1973 年 10 月,上海市拖汽公司 721 工人大学成立,开始有固定校舍,并添置实验桌和仪器,建立电器实验室。1980 年 6 月,成立上海市拖汽公司职工大学,校舍和教育设施条件有较大改观,并设有计算机室、实验室、语音室以及有一定藏书规模的图书室。1994 年,在北京西路西康路投资近 3 000 万元建成上海汽车工业培训中心,被誉为"黄金地段黄金工程黄金效益"。该处加上同样位于西康路的培训中心分部,学校建筑面达到 11 165 平方米,教室、计算机房、数控模拟实验室、多功能演讲厅、研讨室等一应俱全,分部的高级技工实习工场和考核站面积逾千平方米,至 2001 年有各类教学培训设备、计算机、实习工场机床设备等数百台。

2002 年 2 月,上汽培训中心搬迁至投资 3 610 万元的同嘉路原上海汽配厂改建的新校区,建成设有阶梯式教室、多媒体授课、远程式教育、工厂化实习、目视化管理等集各种先进教育设施于一体的培训基地,每天可容纳 500 名培训人员,具有年均 9.5 万人次的培训能力。

至 2015 年,上汽培训中心除了同嘉路校区外,还建有嘉定校区,占地面积共计 12 288.4 平方米,建筑面积 19 287.8 平方米;2 个校区共有教室、资料室、报告厅、研讨室 36 间,各类实训室和工场 27 个,各类固定资产设施 1 007 台/套。

四、管理与制度

1991 年 7 月,上汽总公司制定《职工教育培训管理办法》,作为公司系统教育培训管理工作的规范,各类教育培训实行分工负责、分级培训、归口管理。上汽培训中心对职工教育培训工作负责统一管理、规划、协调、指导和服务,形成总公司和基层单位两级管理格局。具体分工是:(1)职工大中专学历教育、干部岗位培训、继续教育、高级技工培训、职前职业技术培训等,由总公司统一规划,上汽培训中心和有关企业办学单位组织实施。(2)各种短期业务进修、培训由各业务部门提出计划,与上汽培训中心联合组织实施。(3)各基层企业负责开展初中级工等级培训和岗位培训。其间为了保证职工大学实行严格的教学管理,1989 年和 1992 年两次制定和修订教学管理制度 15 项、行政管理制度 22 项,使教学和行政管理更加规范化。

1994 年 6 月和 10 月,上汽总公司先后制定《实行全员培训登记制度》及《加强教育培训工作的几点意见》,提出"分层次培训,全员实行培训登记"的要求,做到总公司系统内全体职工培训登记考核定量化。1995 年 1 月,上汽总公司决定实行"每周 40 小时工作,每周六作为培训日确保 4 小时培训"的"40+4"工作学习制度。上汽培训中心进一步制定相应的《实行全员培训登记制度的实施意见》《各类技术人员、管理人员岗位实务能力培训和考核实施意见》《工人操作技能培训和考核意见》等,举办各类师资培训班,落实每周末 4 小时的培训,创造"周末学校"的经验,保证厂部级干部每年培训不少于 80 学时、一般干部技术人员每年培训不少于 60 学时、工人不少于 40 学时要求的落实。此后,结合贯彻《上海市职工教育条例》《上海市职业技术教育条例》,扩大企业办学自主权,制定《2000 年上海汽车工业企业职工教育战略目标和重要对策》等一系列宏观管理的规定和条例,实行目标管理。作为职工教育重点的岗位培训,公司系统采取按岗位规范培训和应急培训两条腿走路的方法。在干部教育方面,推行多证书制(学历证书、专业证书、岗位合格证书、单科合格证书等),开展多形式、多渠道、多层次的干部培训。

2000 年以后,上汽职工培训总体趋势转向高层次、外向型、复合型、紧缺人才的培训。上汽培训中心作为上汽集团二层次实体单位实行常态化管理,一方面,对集团的各阶段工作重点结合培训要求制定规划,以保证厂部级领导干部、各类专业技术管理人员、生产工人这三支队伍总体素质与行业发展要求相适应;另一方面,抓紧培训中心内部的管理体系规章制度的制定和完善,不断提高自身管理水平。至 2015 年,制定或修订了数以百计的管理文本,保证了集团培训工作的全面实施。

表 12-2-5　2001—2015 年上汽培训中心制定修订培训制度一览表

年份	公司培训规划		培训中心内部管理制度	
	名称或内容	数量	名称或内容	数量
2001	《上汽集团企业培训评价体系(框架)》	1	《员工绩效工资考核办法》等制度新建 4 个、修订 1 个	5
2002	《上海汽车(虚拟)大学建设方案》	1	《培训中心调整结构,推进劳动人事制度改革方案》修订 1 个	1

〔续表〕

年份	公司培训规划		培训中心内部管理制度	
	名称或内容	数量	名称或内容	数量
2003	《上汽集团企业培训评价体系（修订）》	1	《上汽培训中心内部控制制度汇编》制度新建1个、修订4个	5
2004	—	—	《劳动人事管理规定》等制度新建15个、修订3个	18
2005	《企业培训需求调研和持续跟踪办法》等	1	《培训实施过程管理办法》等制度新建11个、修订2个	13
2006			《培训项目计划与审批程序》等制度新建9个	9
2007	《上汽2006—2010年干部教育培训工作规划（讨论稿）》等	2	《中层干部管理实施办法》等制度新建9个	9
2008	《上汽培训中心（上汽党校）2009—2013年五年滚动发展规划（草案）》等	3	《课题、课程及教材开发管理办法》等制度新建10个；废止不适用管理制度文件27个	11
2009			《知识资源供应商管理办法》等制度新建11个	11
2010	—		《员工绩效管理办法》等制度新建10个、修订4个	14
2011			《上汽培训中心组织绩效管理办法（试行）》等制度新建5个、修订8个	13
2012	完成《内控分册》22个章节71个子流程的编制和试行，与集团总部内控体系的对接	—	《经济合同（协议）管理办法》等制度新建7个、修订27个	34
2013	《内控分册》22个章节74个子流程正式颁布实施	—	《培训师岗位能级评聘管理办法》等制度新建18个、修订5个	23
2014	—		《员工薪酬管理办法》等制度新建17个、修订13个，内控流程修订13个	43
2015	—		《党支部工作评价考核办法》等制度新建2个、修订63个，内控流程修订72个	137

资料来源：上海汽车集团股份有限公司培训中心

五、职工培训实施

20世纪50年代末，公司开始创办技术进修学校。60年代初建立农机制造专科学校。1966年以后的"文化大革命"期间，技术教育被迫中断。1973年，公司筹办技术训练班，1974年10月建立上海市拖汽公司"七二一"工人大学。"文化大革命"结束后经过整顿，1980年6月建立上汽职工大学，并有技工学校18所。

1982年后，教育和科技列为国家战略重点。针对行业发展和职工文化、技术不相适应的情况，公司对操作工实施"补初中文化、补初等技术"的"双补"教育；对干部和专业人员开办电子、财会、英

语等紧缺专业培训班;对工程技术人员开设计算机、汽车制造、机电一体化等教育班;建立技工考核
站,开展高级技工培训,各技工学校加紧培养技能工人。这些措施对解决"六五"期间汽车行业"人
才断层"困难起到积极作用。

进入"七五"时期,上海桑塔纳轿车国产化迫切需要进一步提升职工素质,上汽提出全面开展岗
位培训,着力提高职工技能素质的思路,并在1988年成立培训中心,以"干什么、学什么、缺什么、补
什么"的岗位培训思路,全力助推干部职工学习文化、技术、业务进程。进入"八五"时期,为加快推
进上海桑塔纳轿车国产化,适应建设上海第一支柱产业的战略,上汽的岗位培训和工程技术人员继
续教育得到进一步强化。其间推出工程技术人员继续教育学分登记制度以及实行全员培训登记制
度,提出"分层次培训,全员实行培训登记"的明确要求,做到上汽员工培训登记考核定量化,并在
1995年初实施"40+4"工时学习制度。同年,上汽和所属企业两级培训部门共计办班3 483班次,
参加全员培训职工达到255 059人次,平均每人4.08次。1997—2000年,两级部门培训总量达到
14 086 276课时。"九五"期间,两级部门共计办班11 849班次,参加全员培训职工达到1 056 579人
次,人均每年3.19次。"八五"和"九五"时期,上汽培训中心形成以岗位培训继续教育为主,学历教
育为补充的办学指导思想,同时,1994年与上海工程技术大学的合作,形成学历教育借助社会资源
的新思路。

"十五"以来,培训高层次、外向型、复合型及紧缺人才,构筑人才高地成为上汽重要战略目标。
随着学历教育的社会化,职工教育完全转型为企业所需要的各类培训教育。上汽培训中心以厂部
级领导干部、各类专业技术管理人员、高素质技术工人"三支队伍"的建设作为目标任务,将人力资
源管理与企业知识管理相融合,形成一套开放式的员工培训课程,同时为上汽分布全国的数十家沪
外企业创建电子化学习平台。

表 12-2-6 1981—1995 年上汽培训中心举办培训班统计表

年 份	办班数(个)	培训人员数(人)	年 份	办班数(个)	培训人员数(人)
1981	6	330	1989	63	3 179
1982	9	484	1990	85	3 356
1983	15	743	1991	103	4 254
1984	9	590	1992	147	5 938
1985	20	726	1993	145	4 781
1986	18	710	1994	144	7 861
1987	31	1 164	1995	164	7 716
1988	39	1 611	—	—	—

资料来源:上海汽车集团股份有限公司培训中心

表 12-2-7 1991—2015 年上汽员工参加两级培训总人/日统计表

年份	1991	1992	1993	1994	1995	1996	1997	1998	1999
人/日	25 698	28 103	31 097	30 793	255 059	144 811	218 963	218 546	218 945

〔续表〕

年份	2 000	2 001	2 002	2003	2004	2005	2006	2007	2008
人/日	255 314	—		276 738	215 485	374 421	232 835	268 172	272 776
年份	2009	2010	2011	2012	2013	2014	2015	—	—
人/日	351 517	420 351	696 140	492 471	528 884	680 075	700 447	—	—

资料来源：上海汽车集团股份有限公司人力资源部

表 12‑2‑8　2002—2015 年上汽培训中心开班数与培训量统计表

年 份	2 002	2003	2004	2005	2006	2007	2008
办班数(个)	486	476	527	519	635	829	830
培训量(人/日)	74 729	68 000	80 737	73 538	71 570	92 000	115 000
年 份	2009	2010	2011	2012	2013	2014	2015
办班数(个)	973	1 002	1 160	1 280	1 408	1 667	1 570
培训量(人/日)	121 529	130 003	150 698	162 232	165 082	185 290	192 355

资料来源：上海汽车集团股份有限公司培训中心

表 12‑2‑9　2005—2015 年上汽培训中心获奖一览表

类　别	奖　项	获　奖　者
一、上海市企业教育专项表彰	2007 年上海市优秀企业教育(培训)工作者	张德烨(上海大众汽车) 林　蓉(上海通用汽车) 蒋建华(上汽培训中心) 张建华(上汽乘用车分公司)
	2012 年上海企业教育十佳培训中心主任	蒋建华(上汽培训中心)
	上海市企业教育优秀管理干部(2012 年)	蒋建华(上汽培训中心) 钱光荣(上汽销售) 黄　涛(上汽商用车技术中心) 鲍时明(上汽制动系统) 张　宇(上海大众汽车)
	2012 年上海市企业教育优秀教师	况长清(上汽培训中心) 汤纪国(上汽培训中心)
	2015 年上海最有价值企业培训项目	上汽"上海汽车工程师继续教育" 上汽精益生产实训项目
二、全国、上海市成人教育系统表彰	2009 年全国优秀成人教育培训机构	上汽培训中心
	上海市 2006—2010 年成人教育先进集体	上汽培训中心 上海大众汽车 上海通用汽车
	上海市 2006—2010 年成人教育先进工作者	陈永强(延锋伟世通) 李乐平(上汽培训中心) 王董雨(上汽乘用车分公司)

〔续表〕

类　别	奖　项	获　奖　者
二、全国、上海市成人教育系统表彰	2007—2011 年度上海市推进学习型社会建设与终身教育先进单位(集体)	上汽培训中心
	2007—2011 年度上海市推进学习型社会建设与终身教育先进个人	况长清(上汽培训中心)
	2013 年上海市百名成人教育优秀教师	况长清(上汽培训中心)
	上海市成人教育十年(2005—2014 年)突出贡献奖	李乐平(上汽培训中心)
	2005—2015 年上海成人教育先进科研工作者	华闰祺(上汽培训中心) 刘懿艳(上汽乘用车分公司)
三、全国、上海市成人教育优秀科研成果、品牌项目	全国成人教育优秀科研成果一等奖	《坚持培训创新是适应新形势新挑战的核心主题——上汽集团培训中心培训创新的探索与实践》　李乐平(上汽培训中心,2001 年)
	上海成人教育优秀科研成果一等奖	《创新是集团培训机构持续发展的永恒主题——上汽培训中心培训创新的实践与思考》　李乐平(上汽培训中心,2010 年) 《上汽班组案例集》　王灵运等(上汽培训中心,2014—2015 年) 《TRIZ——众创思维与技法》(译著)　罗德明等(上汽培训中心,2014—2015 年)
	上海成人教育优秀科研成果二等奖	《上海企业教育在终身教育体系中的作用》　蒋建华(上汽培训中心,2010 年) 《上汽高技能人才队伍体系建设的实践与思考》　金伟春(上汽培训中心,2010 年) 《汽车制造企业质量成本控制体系构建》郑桂红(上汽培训中心,2014—2015 年) 《扎实做好培训需求分析,切实提高员工培训有效性》　孙竹(上汽培训中心,2010 年)
	上海市 2006—2012 年终身学习活动品牌项目	上汽培训中心"上汽育人大讲堂"
	2006—2013 年上海市百部(本)成人教育优秀培训教材	《"人人成为'经营者'"管理模式实施指南》上汽培训中心
	上海市终身教育十年(2005—2014 年)优秀项目奖	上汽培训中心"上汽育人大讲堂"
四、国际性会议表彰	第七届国际工作与学习大会优秀案例(2011 年)	《汽车工程师在线培训》　上汽培训中心

资料来源:上海汽车集团股份有限公司培训中心

第三节 高级管理人员培训

一、讲座、"小集中"学习

讲座、报告会和"小集中"学习是20世纪90年代以来上汽总公司高级管理人员培训的一种主要形式。讲座和报告会邀请上级领导、专家学者等主讲,内容有中共中央和中共上海市委重要会议精神学习辅导、时事热点问题解读、法律法规导读、经济形势分析、新知识新技术介绍、创新思维研究、行业动态研判等。"小集中"学习为厂部级干部不定期集中学习,内容多与上汽全年或阶段性重点工作相关,有主题报告、辅导报告和讨论、交流等,也有论坛等形式。讲座、报告会和"小集中"学习一般由上汽党委办公室、宣传部、组干部、培训中心等组织实施。

1995年以前,上汽举办厂处级干部各类讲座14次,2 380人次参加。1995年,为推进精益生产方式,上汽举办大型系列讲座17次,内容有"企业现代化管理思想和方法""现代企业文化与形象""中国特色社会主义理论""知识产权专利法""国际法知识讲座"等,参加者总计3 480余人次。

2000年以后,上汽党委构建"党委中心组学习、系统培训、自我学习、领导力论坛"为内容的领导干部"四轮驱动"学习平台,以"夯实理论基础、增强党性修养、坚定理想信念、提升工作能力"为目标,组织好各类领导干部培训项目,主要包括领导干部在线学习、"小集中"学习、党建研修班、党风廉政教育、英语口语能力培训班等。2009年以后,"小集中"学习形式基本不再举办,以党委中心组(扩大)学习为主要形式,每次学习人数在300人左右,2007—2015年参加学习的累计17 700人次。

二、研修学习

研修学习作为上汽厂部级领导干部岗位培训主要形式之一,兴起于20世纪90年代初。根据公司特点和业务发展需要,将学习内容组合成几个系列,让企业领导干部自主选择,然后采用每期集中脱产10天左右时间培训的方式,举办研修班,考核合格发结业证书。自1991年开始,每年举办2期,先后举办有"深化改革""转换经营机制""财务会计制度改革与国际接轨"以及为技术厂长举办的"企业技术进步与创造学"等各种专题研修班,至1995年共举办22期,513人次参加。1995年举办3期厂部级干部"精益生产"研讨班。

1997年3月,上汽与清华大学合作举办上汽—清华高级研修班,并成为上汽干部培训的重要渠道之一,重点培训厂部级干部和青年后备干部。研修班师资有国家两院院士、国务院有关部门领导和知名专家教授。课程内容涵盖国内外政治经济形势、行业发展趋势、企业经营管理和汽车产业技术发展趋势等,并组织到一些尖端学科的实验室参观学习。至2015年,该项培训已连续举办19期,共有627名学员参加研修。

表12-2-10 1997—2015年上汽—清华高级研修班学员统计表

年份	人数	年份	人数	年份	人数	年份	人数	年份	人数
1997	33	1999	27	2 001	29	2003	26	2005	40
1998	29	2000	29	2 002	28	2004	29	2006	32

〔续表〕

年份	人数	年份	人数	年份	人数	年份	人数	年份	人数
2007	33	2009	36	2011	38	2013	35	2015	37
2008	38	2010	35	2012	36	2014	37	—	—

资料来源：上海汽车集团股份有限公司培训中心

2002 年，为落实中央和上海关于加强基层党组织建设的要求，上汽党校结合实际加强基层企业党组织建设，提高党组织书记综合素质，配合上汽组干部举办上汽三层次企业党组织书记党建理论和工作实务研修班。培训对象除了党组织书记外，还包括党群后备干部。研修内容主要包括经典理论研读、形势任务学习、集团党建要求、党务工作实践和调研与课题研究等。至 2015 年共开办 10 期，累计培训 450 人。

与此同时，上汽不定期举办各类研修和研讨班。2000 年 1 月和美国通用汽车大学联合举办全球采购国际研讨班，集团领导和部门、企业负责人 200 余人参加。5 月，委托中欧国际工商学院开办"董事会运作"课程班，集团董事会、监事会、经理层等领导参加。其他还有提升技术研发和质量管理水平的"德国质量管理和整车开发"研修班，提升生产运作管理水平的"日本精益生产"研修班，提升企业运营管理水平的"美国全球化经营管理"研修班和"上海市企业经营管理者"高级研修班等。

2009 年开始举办厂部级领导干部党建研修班，系统学习马克思主义著作、中国特色社会主义理论和上汽党建工作纲要等，交流企业党建工作实践经验，进一步提高领导干部党建意识和工作能力。在授课师资上做到党校教师与有党务实践经验的领导干部辅导相结合，在教学形式上做到课堂授课与研讨交流相结合。至 2015 年共开办 7 期，参加学习的领导干部 199 人。

表 12–2–11　2000—2015 年上汽厂部级以上干部重要研修班一览表

年　份	研 修 班 名 称	组 织 者
2000	全球采购国际研讨班； "董事会运作"课程班	董办、总裁办
2001	厂部级干部人力资源管理研修班； 高层领导干部管理技能研修班	组干部、人力资源部、培训中心
2002	三层次企业党委书记理论研讨班； 高级财务管理研修班	组干部、财务部、培训中心
2003	厂部级领导"三个代表"重要思想研修班	组干部、培训中心
2004	现代质量管理研修班	培训中心
2005	党员先进性教育研讨班	组干部、培训中心
2006	厂部级领导"精益思想"研修班	培训中心
2007	贯彻党的十七大精神研讨班、三层次企业党委书记研讨班	组干部、培训中心
2008	厂部级领导干部学习和实践科学发展观专场	组干部、培训中心
2009	企业领导精益生产研修班	组干部、培训中心
2010	董事监事研修班、企业领导卓越管理研修班	组干部、培训中心

〔续表〕

年　份	研　修　班　名　称	组　织　者
2011	企业领导干部卓越管理研修班	组干部、培训中心
2012	"美国全球化经营管理"研修班； "上海市企业经营管理者"高级研修班	组干部
2013	十八大精神学习专题研讨班； 海外区域经理研修班	党办、组干部、培训中心
2014	学习贯彻习近平总书记系列讲话精神专题研讨班（3期）	组干部、培训中心
2015	第7期厂部级领导干部党建研修班	组干部、培训中心

资料来源：上海汽车集团股份有限公司培训中心

三、高校培训

1955年12月，公司输送人员进长春汽车拖拉机学院深造，开启技术和管理人员高校培训先例。1988年6月，上汽与吉林工业大学签约委托培养急需专业人才，第一批培训班开设车身设计、汽车底盘、拖拉机专业3个班。

20世纪90年代初，上汽实施"三总师"岗位培训，由上汽培训中心分别依托上海工业大学经济管理学院、复旦大学管理学院和上海财经大学师资力量联合开办总工程师、总经济师、总会计师岗位培训班。培训中心与高校有关专家共同制订教学计划，如总会计师班教学计划，其理论教学内容重点是国际通用的财务会计、管理会计和审计学等，增加股份制、企业财务与会计和金融体制改革等急需知识。1993和1994年，"三总师"培训班共结业学员70余人。

1994年，上汽培训中心与上海外国语学院联合举办厂部级领导干部英语培训班，全脱产3个月，当年招收2期学员45人。同年6月，委托华东政法学院举办法律专业培训班，全脱产1年。1997年，上汽与清华大学联合举办高级研讨班，至2015年，坚持19年之久。

四、境外培训

20世纪90年代，根据引进设备及合资企业工作需要，上汽每年赴国外进行对口的专业性培训600余人次。1992年和1995年，组织2批33名上汽领导、厂部级干部和后备干部参加日本丰田汽车公司精益生产培训。1996—2010年，该项培训组织15批211名厂部级干部和后备干部参加，对促进上汽精益生产、提高管理水平起到积极作用。同时，先后组织8批86名厂部级干部和后备干部赴美国通用汽车公司参加汽车服务贸易管理研修班，组织5批57名厂部级干部和后备干部赴德国大众汽车公司参加质量管理研修班。

2002年，上汽启动优秀青年人才出国培训计划，加快培育具有全球化意识、创造性新思维和复合型管理能力的厂部级干部，并逐步建立以所属海外公司、合作外方和海外著名高校为基础的境外培训基地，同年选派8名学员，通过考试赴加拿大多伦多大学和美国密歇根大学，学习高级工商管理、工程管理硕士课程，为期15个月～2年；推荐3人赴香港地区研修工业工程管理、1人赴英国研修工业生产管理。

五、后备干部培训

1992年，上汽决定建立近300人的后备干部队伍。为使后备干部先培训后上岗，公司开展后备干部专项培训，开设行政管理、技术管理、企业管理和党群工作等培训班，进行政治理论和业务知识培训。办班每期3个月，成绩合格发放结业证书，作为提职晋升的重要依据之一。1992—1995年，中青年后备干部培训班结业330余人。

2002年起，上汽党委组干部与培训中心开始有计划系统性实施后备干部培训，每年举办1～2期青年干部培训班，一般为两周集中学习，培训内容紧贴国家政治经济形势和上汽发展战略，对学员党的基本理论和相关基础知识、做强做大上汽的使命感和责任感、基层领导干部必须具备的群众意识和领导方法、解决实际问题的能力等方面进行强化培训。师资由上汽高层和部室领导、同济大学、华东政法大学、中共上海市委党校、上海市国资党校、工会干部管理学院、大企业集团领导等组成。授课方式有教授讲课、视频教学、与领导和劳模座谈交流，以及小组讨论、学员自学等。至2015年，连续举办16期青年干部培训班，累计有459名后备干部参加培训，其中132名经培训提拔为厂部级领导干部。

2003年，上汽纪委与培训中心开始每年举办新任厂部级领导干部岗初教育培训班。2008年党的先进性教育活动开展后，岗初教育成为后备干部重要培训项目。至2015年共举办13期，其中2010—2015年共有81名干部参加培训。

此外，2007年起，上汽党委组干部和培训中心共同举办后备干部公共理论学习系列大型讲座，至2015年，累计开班71个，累计培训13 078人次。

表 12‑2‑12　2007—2015年上汽后备干部公共理论讲座统计表

年 份	2007	2008	2009	2010	2011	2012	2013	2014	2015
开班(个)	5	9	7	8	8	10	9	7	8
培训人次	1 966	1 316	1 586	1 500	1 519	1 340	1 451	1 200	1 200

资料来源：上海汽车集团股份有限公司培训中心

第四节　专业人员培训

一、业务培训

1986年前，上汽对管理干部的业务培训一般采用一事一训的适应性培训方式，主要由上汽职工大学为基层中层干部进行企业管理知识轮训、工程师英语进修和英语口语等各种短期培训。1987年，开始进行计算机普训，以后逐年增加现代化管理师资培训、经济类初中级职称四门课程培训、科技情报检索、外向型经营管理讲座、汽车构造培训、拖拉机构造培训、数控机床培训、EGT等级考试B级C级辅导、企业管理专修预科、计算机辅助设计（CAD）培训等，以及专业性和应急性更强的培训，包括新工业会计制度、投入产出、计算机应用项目推广、审计人员财务会计接轨、质量认证标准和ISO、新税制税法、派驻外地营销人员等培训。

"八五"期间，上汽《"八五"人才培训规划》提出对各类专业管理人员有计划有步骤地进行规范性岗位培训要求,采取每周脱产一天或分段集中培训等多种形式,开办统计、财会、生产、营销、质量、人事、劳动工资、审计、公关、仓库记账等业务管理人员和车间主任的培训班,开展团队工作法(TEAM)等精益生产内容的培训。1990—1995 年,培训管理干部共 14 620 余人次。1993 年起,各类专业技术人员的培训纳入继续教育板块。

2000 年以后,上汽相对比较固定的管理业务培训中,质量管理类包括质量审核、贯标、供应商管理、精益生产、职业资格考试辅导等,安全管理类包括安全标准化、安全信息、事故分析等。2001年,上汽开始推介上海易初通用机器有限公司的人人成为"经营者"管理模式,培训中心配合开展一系列相关培训。此外,上汽培训中心根据基层企业需求,举办中层干部管理能力提升、现代制造业生产管理、设备综合管理、企业文化等方面的培训。2008 年上南合作后,上汽历史、上汽文化成为培训重点内容之一。

表 12‐2‐13　2001—2015 年上汽培训中心管理业务培训情况表

年　份	开班名称及综合内容
2001	质量管理类培训班(质量审核员、零缺陷质量管理、ISO/TS16949 内审员、用户满意工程、质量功能展开和实验设计等) 综合管理类培训班(财务管理、成本管理、团队建设与管理、管理创新、精益生产管理等) 计算机类培训班(Auto CAD 2000 升级、VB6.0 编程技术等) 新会计制度培训班; 质量专职人员职业资格考试辅导班; 合格汽车工人培训师资班
2002	计算机与外语基础培训班; 纪检监察干部财务会计知识班; 采购绩效评估、质量专业人员职业资格考试辅导班; 班组长工商管理初级培训班 2 期,300 人; 企业需求培训(上汽通用五菱班组培训、仪征中层干部技能、上汽销售全员意识、紫云宾馆办公自动化、汽齿厂 Visual Foxpro 6.0、Auto CAD 2000 课程等) ISO/TS16949(2002 版)质量体系要求培训班
2003	项目经理管理实务班; 精益生产与六西格玛专题讲座; 绩效管理与企业竞争班; 设备综合管理班; ISO10015 企业培训质量国际标准班; 中高级商务英语口语班; 现代数控设备新技术讲座
2004	海关法规与特种设备管理班; 企业采购部一、二级经理培训班; 工商管理核心课程班; 现代质量管理研修班; 企业需求培训班(汽齿总厂中层管理、金合利中层管理、申沃客车销售人员、上汽销售物资采购、物资公司汽车法规及物流供应链等)
2005	质量管理类培训班(质量审核、供应商管理、质量体系等) 企业安全干部、安全员培训
2006	企业需求培训班(KS 活塞、天合汽车、贝洱热电系统等 8 期) 合格汽车工人培训《5W(2006 版)》教材师资班 4 期; 安全干部培训,1 期,42 人

〔续表〕

年　份	开班名称及综合内容
2007	质量管理类培训班(丰田精益生产模式、质量审核、质量管理核心工具、流程管理、实验设计、合格供应商等) 生产管理类培训班(采购经理、生产经理、车间主任、现代制造业生产管理等) 进出口人员法律法规培训班
2008	上南合作、上柴合作思想文化融合培训班(车间主任、精益生产、班组长岗位指导、汽车品牌车型、汽车结构等49个班,4 208人)
2009	企业中层潜力人员培训班； 财务后备干部高级研修班； 质量管理中级培训班,40人； 人力资源管理师中级、高级培训班,62人； 《企业产品标准管理规定》宣贯培训班,60人； 《卓越绩效评价准则》国家标准培训班,180人； 《新会计准则》培训班
2010	企业卓越管理培训班； 安全管理类培训班(安全管理干部、安全生产技术、电工安全作业等,共8 200人) 乘用车公司委托各类专业管理人员内训班261个,6 525人； 重庆上依红公司委托班3个,240人/日； 无锡LDV项目部委托班1个,325人/日； 纪检监察干部培训班
2011	质量管理类培训班(供应商审核、商用车企业质量人员SQE专题) 企业需求培训班(商用车高级经理、智动未来、中层干部领导力提升、卓越班组长能力提升等15 442.75人/日) 企业卓越管理培训班； 安全干部培训班,2期,102人
2012	安全管理类培训班(班组长、安全管理干部、安全信息管理、安全标准化等71个班2 981人) 企业卓越领导力提升培训班； 企业中层潜力人员培训,33家企业
2013	中级管理人员培训共计6 275.5人/日 安全干部培训班,1期,195人
2014	海外经营培训班2期,68人； 质量经理研修班41家企业,51人； 安全管理类培训班(企业中层干部、班组长、安全管理员、安全标准化、事故分析、电工等3 043人) 企业中层潜力人员培训班,33家企业 设备管理培训班,70人； 企业卓越领导力提升班； 乘用车公司泰国工厂生产骨干提升班
2015	节能和新能源类培训班(节能减排、轻量化、新能源技术等) 安全管理类培训班(班组长3期、安全标准化3期、安全干部持证4期、安全干部能力提升3期,2 052人) 企业中层潜力人员培训班,13家企业； 电气控制线路电子化设计培训班,12期

资料来源：上海汽车集团股份有限公司培训中心

二、继续教育

1993—2015 年,上汽培训中心根据国家有关规定和上汽党政要求,会同有关部门实施工程技术人员、质量工程师、注册安全工程师、财会人员和审计人员的继续教育,共举办班级 2 194 个,累计培训 16.51 万人次。

【工程技术人员继续教育】

1993 年,上汽试行工程技术人员继续工程教育登记制度,颁布《试行工程技术人员继续工程教育登记制度的意见》和《继续工程教育学分制考核细则》。至 1995 年,继续教育共办班 241 个,接受继续教育者 7 877 人次。

1996 年以后,出于教育资质的原因,上汽工程技术人员继续教育暂时停止。2007 年恢复开展,当年培训 1.38 万人次。2008 年,培训人次突破 2 万人次,为 2.2 万人次,创历史最高纪录。同年,上汽工程系列汽车专业继续教育采取学分制,以 3 年为 1 个周期进行滚动,每个周期学分要求为 24 学分,2009 年采取相应的过渡办法,至 2010 年全面实施。至 2015 年,工程技术类的课程不断更新和增加,汽车标准化理论、汽车数字化开发技术、汽车电子软件工程、汽车制造新技术、汽车安全技术、汽车电子电磁兼容概述、现代数控技术发展趋势、整车测试技术与方法课程成为基本内容。2007—2015 年,除 2010 年为 9 733 人次外,其余年份工程技术人员继续教育均达 1 万人次以上,2011 年后培训人次逐年上升,2015 年达 1.81 万人次。2007—2015 年累计培训 13.57 万人次。

表 12‐2‐14 2007—2015 年上汽工程技术人员继续教育统计表

年 份	2007	2008	2009	2010	2011	2012	2013	2014	2015
培训人次	13 792	21 987	13 251	9 733	11 173	13 831	16 611	17 204	18 118

资料来源:上海汽车集团股份有限公司培训中心

【质量工程师继续教育】

2006 年起,根据国家质量监督检验检疫总局关于质量管理人员持证上岗的规定,上汽培训中心协同上海质量技术监督培训中心共同开设质量工程师继续教育培训班。课程包括项目质量管理、六西格玛管理、质量功能展开、卓越绩效管理、精益生产、质量功能展开(QFD)、失效模式和影响分析等。该项培训至 2013 年结束,累计举办 27 个班,培训 2 392 人。

表 12‐2‐15 2006—2013 年上汽质量工程师继续教育统计表

年 份	2006	2007	2008	2009	2010	2011	2012	2013
开班(个)	3	4	4	4	3	3	3	3
培训人次	160	253	238	246	357	388	370	380

资料来源:上海汽车集团股份有限公司培训中心

【注册安全工程师继续教育】

2013 年 5 月,根据国家安全生产监督管理总局《关于贯彻实施〈注册安全工程师管理规定〉有关事项的通知》,上汽培训中心和上海市安全科学研究所联合组织注册安全工程师继续教育培训班。教育内容包括企业安全管理经验介绍、《上海安全生产条例》解读、安全心理学、《上海安全生产事故隐患排查治理办法》解读、风险评估、电气安全工程等 6 门课程。至 2015 年,共开办 5 个班,培训156 人,其中 2013 年 1 个班 43 人、2014 年 2 个班 55 人、2015 年 2 个班 58 人。

【财会人员继续教育】

1997 年,上汽开始实行会计人员继续教育,培训课程包括企业所得税法、企业会计准则、企业财务通则、企业内部控制、企业所得税法差异分析、集团内控手册、税收实务操作等,培训师资包括上海财经大学、上海商学院老师,集团内部财务领导和专家,银行从业人员等。2013 年以后,教育内容增加货币结算与管理、内控与 SAP 管理统一、集团公司的资金池、票据池管理启示、外汇的结算与管理、集团内控制度解读、税务会计与财务会计差异分析、企业成本控制的演变等选修课。至2015 年,累计举办 265 个班,累计培训 25 270 人次。

表 12 - 2 - 16　2002—2015 年上汽财会人员继续教育统计表

年份	2002	2003	2004	2005	2006	2007	2008	2009	2010	2011	2012	2013	2014	2015
开班(个)	27	26	22	21	18	17	15	18	19	20	21	21	10	10
培训人次	2 000	1 646	1 747	1 683	1 500	1 700	1 740	1 780	1 924	1 955	2 053	1996	1 976	1 570

资料来源:上海汽车集团股份有限公司培训中心

【审计人员继续教育】

2008 年,根据国家审计署关于取得内部审计人员岗位资格证书和 CIA 证书的人员,都应当接受后续教育的规定,上汽培训中心按照集团要求开始举办审计人员继续教育。课程包括上汽财务系统 FIS 使用介绍、审计质量控制、全面风险管理、内部审计质量评估介绍、上汽内控手册最新修订内容介绍。师资为市审计系统专家、上汽审计室领导等。至 2015 年,累计开办 14 个班,累计培训1 565 人次。

表 12 - 2 - 17　2008—2015 年上汽审计人员继续教育统计表

年份	2008	2009	2010	2011	2012	2013	2014	2015
开班(个)	1	2	2	1	2	2	2	2
培训人次	120	210	218	110	212	220	236	239

资料来源:上海汽车集团股份有限公司培训中心

三、党群业务培训

上汽党群干部业务培训主要由党校组织实施,内容包含党的基础知识培训、基层政工干部岗位培训和业务提高培训、各个时期党的政治任务短期培训和师资培训。党校年度培训任务由上汽党委下达,教育计划由党校和宣传、组织、人事、工会等部门共同拟订。为加强管理,党校对每类培训班都制订详细的教学实施计划,并有教与学两方面的评议与考核措施。

【党支部书记岗位培训】

1990—1995 年,上汽党校开设 33 期党支部书记岗位培训班,每期 60～80 学时,累计培训党支部书记 1 349 人。1996 年后,每年组织在职党支部书记岗位培训,每期 35 人左右,主要课程有新时期思想政治工作、群众工作方法探索、演讲技巧及训练、案例撰写及案例交流等。2006 年,上汽落实上海市国有资产监督管理委员会党校布置的"万名书记进党校"培训工作,通过培训提升基层党支部书记政治理论、岗位职责和工作能力。2008 年上南全面合作后,上汽沪外企业党支部书记培训列为上汽党支部书记培训的组成部分。2011 年,与"万名党员进党校"相对应,上汽党委提出"千名书记上能级"的要求,党支部书记岗位培训进一步得到加强。据统计,2002—2015 年,上汽党校共举办党支部书记岗位培训班 122 期,累计培训 2 483 人次。

表 12‑2‑18 2002—2015 年上汽培训中心党支部书记岗位培训开班情况表

年 份	2002	2003	2004	2005	2006	2007	2008	2009	2010	2011	2012	2013	2014	2015
开班(个)	2	7	4	4	17	12	2	11	24	7	12	8	3	9
培训人次	54	131	101	84	480	435	45	385	822	367	680	400	131	400

资料来源:上海汽车集团股份有限公司培训中心

【党的基础知识培训】

1991 年,上汽党校开始举办入党积极分子党的基础知识培训班,帮助发展对象系统学习有关党的基础知识,明确党员标准,端正入党动机,为思想上入党奠定基础。每期培训时间约为 40 学时,课程内容为党章理论、党的发展历程、党性教育和参观学习 4 个模块。至 1995 年共开办 38 期,参加培训人数 1 401 人。2003—2015 年,继续举办党的基础知识培训班 202 期,参加培训的入党积极分子 7 582 人。

表 12‑2‑19 2003—2015 年上汽党校党的基础知识培训统计表

年 份	2003	2004	2005	2006	2007	2008	2009	2010	2011	2012	2013	2014	2015
开班(个)	15	18	16	16	14	14	18	15	14	19	17	12	14
培训人次	449	577	427	472	490	488	712	573	775	788	718	514	599

资料来源:上海汽车集团股份有限公司培训中心

【工会干部培训】

1991—1995 年,上汽培训中心开设工会干部培训班 6 期,每期根据不同职务和内容设置 24～160 学时,共培训工会干部 222 人。1996 年以后,随着上汽发展和 2001 年《工会法》修订、2008 年新的《劳动法》实施,上汽工会干部的培训内容进一步扩大,包括新上岗工会主席、工会经审人员培训、女工干部、工会企业经理等工会人员以及工会法律法规、工会民主管理、劳动合同法与争议调解等内容的培训。培训方式采取"请进来走出去"相结合。"请进来"即由上汽工会组织、上汽培训中心实施;"走出去"即由基层企业工会组织工会干部参加上海市工会管理学院等举办的相关内容培训。2000—2007年,上汽工会干部培训每年2 000~2 500人次;2008—2015年,增至每年3 500~4 000人次。

【团干部培训】

1991—1995年,上汽团校根据每年教育培训任务,开设各类培训班19期,培训660人次,其中以团支部书记岗位培训为主的培训班13期,407人次,其他还有团委书记理论学习班、团干部拓宽知识培训班、团干部计算机班等短期培训班。2000年以后,培训项目除了团支部书记岗位培训、团干部理论学习与实际交流以外,根据形势和任务不断扩充内容,2009年开始举办"团干部TOP训练营",内容包括理论学习、演讲、拓展训练、性格测试、互动交流等。同时结合企业项目攻关,举办青年突击队长培训班等。

表 12-2-20　2003—2015年上汽团校团干部培训统计表

年 份	2003	2004	2005	2006	2007	2008	2009	2010	2011	2012	2013	2014	2015
开班(个)	2	5	4	3	3	5	2	1	3	1	1	1	1
培训人次	51	243	116	98	164	208	58	60	173	58	32	50	42

资料来源:上海汽车集团股份有限公司培训中心

【上汽育人大讲堂】

2006年,根据上汽党委工作要求,上汽培训中心开办时事热点讲座,成为党群工作人员形势任务教育公共学习平台。2009年定名为"上汽育人大讲堂",成为上汽培训中心品牌培训项目,并进一步拓宽内容,形成党建论坛、时事热点、工程师创新论坛、技师创新论坛、现代管理沙龙、人文素养6个特色栏目,成为覆盖上汽员工的公共学习平台。2006—2015年,累计约1.9万人次的员工参加公共学习平台学习。

表 12-2-21　2006—2015年上汽育人大讲堂开班情况表

年 份	主 要 内 容	举办场次
2006	时事热点、党建论坛等专题讲座	10个专场
2007	贯彻党的十七大精神等专题系列讲座	8个专场
2008	中外时事热点、经济时讯等专题讲座	—
2009	时事热点、管理沙龙、工程师创新论坛、技师创新论坛等	4个专题
2010	时事热点、创新论坛等专题讲座和报告会等	10个专场
2011	时事热点讲座、管理沙龙、工程师创新论坛等专题讲座	14个转场
2012	时事热点、改革热点等专题报告会	15个专场
2013	党的群众路线教育专题等	12个专场

〔续表〕

年 份	主 要 内 容	举办场次
2014	习近平总书记关于宣传和意识形态工作系列讲话、深化国资国企改革、社会主义核心价值观、创新思维与创新意识等辅导报告等	12个专场
2015	工业4.0、"一带一路"历史与战略解读、2015年中国经济趋势展望、新常态下汽车行业应变之道与创新、汽车后市场新业态展望等	18个专场

资料来源：上海汽车集团股份有限公司培训中心

第五节　工　人　培　训

一、岗位技能培训

1988年以后,岗位技能培训开始成为上汽职工培训的重点内容。该培训是全员劳动合同制配套改革的组成部分,指导方针是"按需培训、分批实施、保证质量、讲究实效",根据职工文化程度、技术等级、业务水平、参加培训等情况,建立1人1卡制度,制订分批实施计划。培训类别包括上岗培训、在岗深化培训和转岗培训和待岗人员培训。上岗培训主要对职工进行岗前培训,实行持证上岗制度。1992年,上汽生产特区、桑塔纳配套车间和各企业关键岗位实行持证上岗。在岗培训是有计划对职工进行新技术新知识的理论和技能培训和复合培训,培养职工一专多能。待岗和转岗培训原则上与上岗培训要求相同,并经考核合格发放证书,择优推荐上岗。岗位培训分两个层次,基层企业的熟练工岗位培训一般由企业人事部门组织师资力量实施,管理人员岗位培训一般由上汽培训中心组织实施。1995年,开展以"精益生产"培训为主的全员培训,全公司有13万余人次参加。至2000年,上汽各类岗位培训每年在3万人次以上。

2010年以后,对劳务派遣制员工的生产安全和岗位资格培训成为岗位技能培训的重要内容。这项工作由企业和上汽培训中心共同承担,上汽培训中心主要接受基层企业的委托办班,以后劳务派遣人员生产安全上岗培训和岗位资格培训作为上汽培训中心一个固定项目持续举办。据统计,2010—2015年,仅上汽培训中心共举办的劳务派遣制员工上岗资格和安全生产培训班有135期,累计培训7 858人次。

表12-2-22　2010—2015年上汽培训中心劳务派遣制员工上岗资格安全生产培训统计表

年 份	2010	2011	2012	2013	2014	2015
开班(个)	46	25	24	13	12	15
培训人次	5 236	928	112	392	563	627

资料来源：上海汽车集团股份有限公司培训中心

二、班组长培训

2002年,上汽培训中心针对班组长开办岗位培训课程,以后逐年进行滚动轮训。上汽工会和上汽培训中心通过对企业培训需求问卷的调查分析,针对班组长层级岗位要求,设计网格化矩阵式培训课程框架,以保证培训课程对各类班组长的适用性。课程的具体内容有现场管理、TPM全员自主性维护、质量管理、5S管理、安全生产、沟通与协作等,做到专业理论知识讲授与企业先进班组长经验交流相结合,注重班组管理实务与案例分析相结合。通过每期3天的全封闭学习交流,班组长不仅学习专业理论知识,而且分享先进班组管理方法和成功经验。据统计,2002—2015年,上汽培训中心举办的班组长培训班共计489期,累计培训19 484人次。

表 12－2－23　2002—2015 年上汽培训中心班组长培训统计表

年　份	2002	2003	2004	2005	2006	2007	2008	2009	2010	2011	2012	2013	2014	2015
开班(个)	5	17	23	19	16	17	49	16	32	62	57	73	66	37
培训人次	88	566	696	515	664	627	1 553	612	1 181	2 842	2 420	3 260	3 063	1 397

资料来源:上海汽车集团股份有限公司培训中心

三、等级工培训

1984年,上汽开始培训高级技术工人。1991年,根据公司发展规划中关于建立一支适应生产发展需要,以中级工为主体,以高级工为骨干,兼有一定比例技师的技术工人队伍的要求,上汽总公司制定《职工教育培训管理办法》,实行总公司和基层单位两级管理,规定高级技工等培训由总公司统一规划,上汽培训中心组织实施;各基层企业负责开展初中级工等级培训和岗位培训。至1995年,上汽培训中心举办钳工、模具工、冷加工、弹簧工、检验工、维修电工、电焊工、热处理等工种的高级工和技师培训,共培训1 300人左右。

1997年,上汽编制《汽车行业工种分类目录》和《工人技术等级标准》。同时分析技能人才现状,制定符合上汽发展的技能人才总体规划。2003年,上汽成立职业技能鉴定中心,整体协调3个鉴定站,推进高技能人才培训鉴定工作,形成上汽特色职业技能鉴定体系。2004年,在上级劳动和社会保障部门支持授权下,上汽投资490万元,在培训中心建设国家级技能培训基地,新建5个汽车实验室、4个电子电工实验室,完善数控机床操作实习和维修工场,建立包括上汽培训中心和基层企业的10个特殊工种或主体工种培训和鉴定点。项目建成后,上汽培训中心每年对各类技术工人的培训能力大幅提升。

2006年,上汽作为全国和上海首批试行全国青工技能培训学分制企业,对35周岁以下青年技术工人高级工及其以上等级培训及鉴定工作,重新整合梳理"培训、练兵、比武、鉴定"四位一体流程和政策,并在学习培训和技能晋升中融入岗位绩效、岗位创新要素,探索构建上汽青年技能人才队伍建设体系,加快培养能满足上汽发展需要的合格青年技术工人。同时,通过"青工学分制""名师育高徒"等措施,首创"能力、技能"培养双通道,形成上汽特色的全方位技能人才培训模式。

1991—2015年,上汽申报和参加高级工培训15 765人,取得证书8 712人;申报和参加中级工培训92 778人,取得证书54 021人;申报和参加初级工培训112 246人,取得证书74 150人。

表 12‑2‑24　2002—2015 年上汽培训中心技师高级工培训情况表

年　份	办　班　内　容	开班(个)	培训人次
2002	高级工班	1	36
2003	高级工班、技师班,涉及机加工、生产线调整、冲压等工种	6	190
2004	高级工班、高技能强化班,涉及生产线调整、数控机床、冲压、机加工等工种	21	1 099
2005	高级工班、技师班,涉及机加工、生产线调整、冲压、电工、焊装、涂装、汽车装调等工种	28	651
2006	高级工班、技师班、高级技师班,涉及汽车装调、铸造、锻造、机加工、生产线调整、数控、钳工、电工等工种	27	628
2007	高级工班、技师班,涉及道路试验、发动机试验、汽车试装、机加工、数控等工种	35	1 343
2008	高级工班、技师班,涉及汽车装调、机加工、电工、数控加工等工种	25	615
2009	高级工、技师班,涉及汽车焊装、涂装、数控、冲压、机加工等工种	21	622
2010	高级工班、技师班,涉及汽车装调、数控、机加工、生产线调整等工种	16	608
2011	高级工班、技师班、高级技师班,涉及机加工线调整、汽车装调、冲压线调整冷加工、钳工、数控、汽车模型等工种	27	823
2012	高级工班、技师班、高级技师班,涉及机加线调整、汽车装调、冲压线调整涂装、焊装、钳工、维修电工、数控等工种	34	1 247
2013	高级工班、技师班、高级技师班,涉及汽车装调、冲压、涂装等 12 个工种	31	1 474
2014	高级工班、技师班,涉及机加工、生产线调整、汽车装调等 16 个工种	30	1 565
2015	高级工班、技师班,涉及生产线调整、机加工线调整、汽车装调等 14 个工种	32	1 587

资料来源:上海汽车集团股份有限公司培训中心

四、技术比武

　　1992 年,上汽组织第一届职工技术比武。此后发挥公司和企业两级作用,每年开展岗位练兵和技术比武活动,企业设立赛区作为初赛赛场,获得名次者参加总公司层面技术比武复赛和决赛,在此基础上选拔成绩优胜者参加上海市和全国各类技术比武。同时对比赛成绩优秀者,授予技术能手、"三学"标兵和其他荣誉称号,并给予一定奖励,比赛成绩计入本人档案。通过竞赛引导鼓励员工学习新知识、掌握新技术、岗位作贡献,广泛开展"一人会三岗,一岗三人会"的 2 个"1×3"活动,形成培

图 11‑2‑1　技术比武现场

训、练兵、比武"三位一体"机制,推进职工技能竞赛向纵深发展。

2000 年以后,上汽按照"造面向新世纪的车、育面向新世纪的人"的要求,不断推进技能人才队伍建设,并进一步把技术竞赛和职业技能鉴定挂钩,对比武优胜选手除给予精神和物质奖励外,符合条件的给予技术等级晋级,形成比武、奖励、晋级三者相结合的职工技术等级晋级激励新机制。

至 2015 年,上汽连续 24 年持续开展的职业技能竞赛,比赛内容实现从车工、钳工、装配工等普通工种到数控机床编程操作、AUTOCAD/

图 11－2－2　表彰优秀劳务派遣制员工

CAM 等高技能工种,再到数控机床维修、汽车造型设计、汽车装调、生产线调整、营销服务等复合型、智能型、专家型岗位工种的跨越,参加技能竞赛的人次累计超过 30 余万人次,平均每年达到万人参与的规模。通过职业技能竞赛,优秀选手实现技能晋级的总人数超过数千人,营造千人晋级的激励机制。上汽在全国和上海各类技能大赛获得汽车装配、汽车装调、发动机装配、数控机床操作、维修电工等工种第一名的多项荣誉。据统计,累计获得全国性比赛第 1 名(一等奖)7 项、第 2 名 1 项,上海市比赛第 1 名(一等奖)9 项。

表 12－2－25　1993—2015 年上汽技术比武情况一览表

年份	比 赛 内 容	参赛人数	市级以上获奖情况
1993	7 级车工和钳工、2 级厨师、消防、安全知识等 5 项	选拔赛 3 068 人、决赛 477 人	—
1995	英语、计算机操作、数控设备操作、精益生产知识等 4 项	选拔赛 4 696 人、决赛 333 人	—
1996	数控设备操作、编程和排除故障,初中级计算机操作应用,车工、钳工、维修电工、英语应用等	选拔赛约 1.2 万人	—
1997	计算机(中级)加赛市民通用英语、数控机床编程与操作、机电一体化、CAD、科技英语笔译、"5＋1"模式	决赛 222 人	—
1998	计算机复合英语、车钳铣电复合工种和市场营销、三五普法等 4 项	决赛 230 人	上海市复合工种大赛团体第 4 名
1999	汽车维修漆工、电工电子工等	选拔赛 6 777 人	上海市电工电子工技能大赛团体第 3 名,个人第 5 名
2002	数控车床和加工中心编程操作、信息网络技术应用	决赛 214 人	—
2003	上海市高级电工维修、高级数控机床维修、高级计算机辅助设计员、高级汽车维修 4 项; 上汽集团高级数控维修、电工维修 AUTOCAD2000 和汽车设计 UG 等 4 项	决赛 255 人	上海市高级数控维修个人第 1,2 名;高级维修电工团体第 2 名

〔续表〕

年份	比 赛 内 容	参赛人数	市级以上获奖情况
2004	机加生产线调整、汽车装调、数控机床、汽车造型设计、英语等5项	决赛1074人	—
2005	全国汽车装调工,"振兴杯"全国青年职业技能大赛等; 上海市高级数控机床工、女职工计算机辅助机械设计等; 上汽高级数控机床工、中级汽车装调工、中级网页设计制作、营销技能、英语技能等5项	决赛998人	全国汽车装调工个人一等奖2名、二等奖1名、优胜奖5名;营销技能竞赛金奖集体
2006	全国数控机床工、汽车维修工等; 上海市数控机床工、汽车装调工等; 上汽生产线机加、汽车维修(高级)、汽车装调(高级)、汽车发动机装调(高级)等5个项目	决赛1187人	全国2人获奖;上海市1人获奖
2007	全国汽车装调工等; 上汽维修电工(高级)、汽车装调(高级)、发动机装调(高级)、汽车计算机辅助设计(高级模块)、上汽品牌知识等5个项目	决赛400人	全国汽车装调工个人一等奖1名、二等奖2名、三等奖1名
2008	全国发动机装调工(高级)、维修电工(高级)、数控机床工(高级); 上海市维修电工(高级); 上汽发动机装调工(高级)、维修电工(高级)、数控机床工(高级)、维修电工(高级)等4项	决赛159人	全国发动机装调工团体优胜奖,个人第1、第3名;数控加工个人第1、第2名; 上海市维修电工团体银奖,个人第1名;数控加工个人第1、2、3名
2009	全国载货汽车装调工、数控车工; 央企数控车工; 上海市高级数控车工; 上汽数控技术、汽车装调工、计算机高级应用、乘用车驾驶技能、青年英语技能等5项	决赛300人	全国载货汽车装调工团体优胜奖,优秀组织奖,个人三等奖;数控车工团体第5名,个人第4名; 央企个人三等奖
2010	全国乘用车装调、数控车工; 上汽乘用车装调、世博知识、快乐工作、计算机辅助汽车设计等4项	决赛381人	全国乘用车装调工获团体优胜奖,个人一等奖
2011	全国乘用车装调; 上汽乘用车装调	决赛70人	全国乘用车装调团体优胜奖,个人一、二、三等奖
2012	全国发动机装调等3项; 上海市数控车工等2项; 上汽发动机装调工、模具工、上汽服务品牌知识等5项	决赛546人	全国发动机装调工团体第1名,个人第1、9、10名;柴油机组第1名;汽油机组第1、2、5、6、9名; 上海市数控车工个人三等奖
2013	上海市高级数控车工、高级维修电工; 上汽数控车工(高级)、维修电工(高级)、汽车维修工(高级)等4项;汽车维修钣金工(高级)、计算机辅助汽车设计、青年精益管理等6项	决赛255人	上海市高级数控车工团体第1名,个人第1、第2名;上海市高级维修电工团体第1名,个人第6名
2014	全国模具工(高级)、载货汽车装调工(高级)2项; 上汽工业机器人编程、可编程控制器应用维护、模具工(高级)等8项	决赛1109人	全国第三届模具工(高级)团体优胜奖,个人一、二、三等奖;全国第三届载货汽车装调工(高级)团体优胜奖,个人一、二、三等奖
2015	上海市级数控车工、维修电工等3项; 上汽集团自动控制维修、EPLAN电气设计、智能制造、汽车设计创意、互联网汽车创意等10项	初赛9627人,决赛630人	上海市数控车工竞赛个人第1名、团体第2名

说明:1994、2000、2001年无资料

资料来源:上海汽车集团股份有限公司培训中心

表 12-2-26 2003—2015 年上汽员工获全国、省部级技术比赛前 3 名一览表

序号	姓名	年份	比赛项目	名次	获奖人员单位
1	葛辰罡	2003	上海市"技能竞赛月"高级数控机床操作	第1名	上海乾通汽车附件有限公司
2	宋小斌	2003	上海市"技能竞赛月"高级数控机床操作	第2名	上海易初通用机器有限公司
3	薛峰	2005	全国汽车装调工竞赛	第1名	上海通用汽车有限公司
4	金雷	2005	全国汽车装调工竞赛	第3名	上海大众汽车有限公司
5	周巍	2005	上海市职业技能竞赛高级数控机床工	第2名	上海汽车股份有限公司汽车齿轮厂
6	倪为华	2006	上海市职业技能竞赛数控机床工（加工中心）	第1名	上海大众汽车有限公司
7	周巍	2006	上海市职业技能竞赛数控机床工（数控车工）	第1名	上海汽车股份有限公司汽车齿轮厂
8	赵元华	2006	上海市职业技能竞赛数控机床工（数控车工）	第3名	上海汇众汽车制造有限公司
9	蔡炯	2006	上海市职业技能竞赛维修电工	第3名	上海通用汽车有限公司
10	王广义	2007	全国第三届汽车（乘用车）装调工职业技能大赛	第1名	上海通用东岳汽车有限公司
11	蔡炯	2008	上海市职业技能竞赛维修电工	第1名	上海通用汽车有限公司
12	徐敏龙	2008	上海市高级数控机床工（加工中心）职业技能竞赛	第1名	上海圣德曼铸造有限公司
13	张捷	2009	全国首届发动机装调工技能竞赛	第1名	上海通用汽车有限公司
14	张宝振	2009	全国首届发动机装调工技能竞赛	第3名	上海通用东岳动力总成有限公司
15	徐海峰	2009	上海市职业技能竞赛数控机床工（加工中心）	第1名	上海汽车工业（集团）总公司培训中心
16	李仕鸣	2009	上海市职业技能竞赛数控机床工（加工中心）	第3名	上海三电贝洱汽车空调有限公司
17	沈峰	2009	上海市职业技能竞赛数控机床工（数控车工）	第2名	上海汽车变速器有限公司
18	牛志朋	2010	全国第二届乘用车汽车装调工职业技能大赛	一等奖	上海通用汽车有限公司
19	崔柳青	2012	全国第二届发动机装调工职业技能竞赛	第1名	上海柴油机股份有限公司
20	王仁江	2012	全国第二届发动机装调工职业技能竞赛（汽油机）	第1名	上海通用东岳汽车有限公司
21	刘昭涛	2012	全国第二届发动机装调工职业技能竞赛（汽油机）	第2名	上海通用东岳汽车有限公司
22	刘永胜	2014	全国第三届模具工职业技能竞赛决赛	个人优胜奖一等奖	上海汽车集团股份有限公司乘用车分公司

〔续表〕

序号	姓　名	年份	比　赛　项　目	名　次	获奖人员单位
23	薛　飞	2015	上海市职工数控技能比武大赛	第1名	上汽大众汽车有限公司
24	蔡　昀	2015	上海市维修电工（工业控制）职业技能竞赛	一等奖	上汽通用汽车有限公司

资料来源：上海汽车集团股份有限公司工会

五、技师培训评定

20世纪80年代以前，工人技师和高级技工升级评定，一般由劳动局下达指标，由上汽劳动工资科牵头，教育和技术部门配合，经考核后评定。

1986年，根据机械工业部《评定工人技师职称的若干规定》和上海市机电工业管理局《关于贯彻机械部〈评定工人技师职称的若干规定〉的实施意见》，上汽成立工人技师职称考核评定委员会，确定上海拖拉机厂、华丰钢铁厂、上海内燃机厂、上海重型车厂和上海汽车电机厂为试点单位，评出21名技师。1988年在试点单位取得经验基础上逐步推开，至1992年，上汽已有技师231人、高级技师2人。

1992年7月，工人技师评聘权下放到各总厂、专业公司等二层次企业。1995年5月，上汽人事部和培训中心联合制定《上海汽车工业总公司工人技师考核评审规定》，成立工人技师评审组，下设各专业技术考评组，负责评审工作，评审复审通过后报上海市劳动局核发证书。至1996年，上汽技师累计领证714人。

1997年，上汽编制《汽车行业工种分类目录》和《工人技术等级标准》。2003年和2004年，先后成立职业技能鉴定中心、建设国家级技能培训基地。1992—2000年，共有1749人参加技师培训，累计领证896人。

2004—2015年，上汽申报和参加高级技师培训634人，取得证书243人；申报和参加技师培训3248人，取得证书2254人。1986年试点评聘技师，至2015年，累计3150名技师领取证书。

第六节　文化学历教育

一、大专教育

【"七二一"工人大学教育】

1973年前后，上海拖拉机厂、上海汽车底盘厂、上海内燃机厂、华丰钢铁厂等10多家企业先后筹建"七二一"工人大学。1974年10月，上海市拖汽公司建立"七二一"工人大学，校址在上海市闸北区虬江路1473号，建筑面积400平方米。同年招收工业电气自动化专业班学生29人，完成设计、制造、调试简易数控双头自动钻床、CE7112仿形液压车床、光电自动抄表、齿坯生产流水线等10个项目的电控装置，1977年1月毕业。1978年，根据国务院要求对"七二一"工人大学进行全面整顿，上海市拖汽公司"七二一"工人大学获上海市高教局等验收通过，被评为第一类学校。至1979年，该校有教职工42人，其中专职教师22人；有电气实验室1个，实验桌30张和22台价值3万多元的仪器。

【职工大学教育】

1980 年 6 月,上海市拖汽公司职工大学经上海市政府批准建立,成为上海首批获准的 39 所职工高等院校之一。同月,学校迁至延安中路 527 号和武康路 390 号公司大楼 6 层。该校有专职教师 58 人,其中 20 人为讲师和工程师;教育计划及大纲均按照大专水平制定,教材大多使用大学统编教材,少数专业课教材自编;学生录取需通过上海市高等教育局统一组织的入学文化考试。1981 年开始,上汽职工大学对工农兵大学生和"七二一"工人大学毕业生分期分批进行 6～10 个月的脱产复训,按照高校同类课程标准补好基础理论课。同时公司还组织 1966 年后毕业的"老五届"大学生单科进修。1984 年,复训 341 名大学生的任务基本完成。

上汽职工大学建校初期仅设工业电气自动化一个专业,1981 年起增设汽车拖拉机制造工艺和机械工业企业管理两个专业,1986 年开设计算机应用操作专业高等职业技术专科班,1993 年开设机电一体化(机学电、电学机)复合型大专班,1994 年开设汽车电算化会计高职班,1995 年开设汽车制造自动化操作专业。除以上大专班和高职班外,还于 1979 年起开办电视大学辅导班,至 1986 年,开设工业电气自动化、工业企业管理、机械制造、审计和工业会计等专业班以及党政干部专修班。1992 年,中央党校函授学院上海汽车工业总公司党校辅导站获准建立,开设经济专业函授专科和本科。

上汽职工大学机械制造工艺专业于 1981—1989 年共招收 9 届学生;电器自动化专业于 1978—1980 年、1982 年、1984—1986 年、1995 年、1996 年共招收 9 届学生;企业管理专业于 1981—1986 年、1996—1998 年共招收 9 届学生。2000 年,上汽职工大学停止招生。2002 年 2 月,该校随上汽培训中心迁至上海市虹口区同嘉路 79 号。2003 年,上汽职工大学已无在校生,同年 4 月 28 日,根据上海市教育委员会通知,撤销建制。

表 12－2－27　1978—1993 年上汽职工大学大专班招生统计表　　　单位：人

年份	合计	专业				学　制
		工业电气自动化	机械工业企业管理	汽拖制造工艺	机制工艺及设备	
1978	110	39	—	上海拖拉机厂分部 22 人	上海柴油机厂分部 30 人,华丰厂铸造机械专业 19 人	全脱产 3 年制
1979	73	43	—	—	上海柴油机厂分部 30 人	全脱产 3 年制
1980	43	43	—	—	—	全脱产 3 年制
1981	58	—	19	39	—	全脱产 3 年制
1982	83	20	24	39	—	全脱产 3 年制
1983	83		41	42	—	全脱产 3 年制
1984	160	42	41	42 35		全脱产 3 年制 基本业余 4 年
1985	167	42	41	42 42		全脱产 3 年制 基本业余 4 年

〔续表〕

年份	合计	专业				学 制
		工业电气自动化	机械工业企业管理	汽拖制造工艺	机制工艺及设备	
1986	132	24	25	40 43	—	全脱产3年制 基本业余4年
1986	39	—	39（专修班）	—	—	基本业余2年
1987	48	—	—	20 28	—	全脱产3年制 基本业余4年
1988	17	—	—	17	—	基本业余3年半
1989	13	—	—	13	—	全脱产3年制
1993	38	机电一体化专业（机学电）20	—	—	机电一体化专业（电学机）18	基本业余4年
合计	1 064	273	230	464	97	

资料来源：《上海汽车工业志》

二、技校教育

20世纪60年代初，上海汽车电机厂、上海内燃机配件厂、上海拖拉机厂、上海内燃机厂等创办厂办学校，招收小学毕业生，学制3年，毕业后分配进厂当艺徒，当时称为工业中学，1964年起发展为半工半读技术学校或职业学校，招初中毕业生（学制3年）及部分高中生（学制2年），毕业后分配进厂当技工。1964年，上海汽车电机厂和上海诚孚动力机厂开办半工半读班。1965年，上海汽车传动轴厂、上海拖拉机厂、上海公兴动力机厂、上海轴瓦厂、大中华汽车材料厂、上海汽车配件厂等工厂开办半工半读班。上海汽车制造厂与上海内燃机厂联办半工半读学校，华丰钢铁厂办半工半读职业学校，上海内燃机配件厂成立职业学校。

1972年，开始发展技工学校，招收初中或高中毕业生，学制分别为3年或2年，毕业时达到三级工或四级工水平。1972—1986年，上汽所属企业开办技工学校18所。至1995年，这些技校共计培养11 400余名毕业生，占公司职工人数的1/5。1987—1995年，技校毕业生均进行等级工考核，共培养三级工3 100余人，四级工2 000余人，成为中级技术工人重要来源。至1995年，上汽对技校进行统筹布局，调整为7所厂办技校及2个教学班，改变以往各校规模较小、教学条件较差、经费使用分散的状况，提高教学质量。

1994年，上海市经济委员会下发《关于上海工业系统技校调整的实施意见》，要求至1995年年底，各技校在校生要达到300人以上，全系统技校平均在校生规模达400人以上，达不到标准的采取撤、并、联、建的调整措施。1996年12月，上汽将上海大众汽车有限公司、上海—易初摩托车有限公司、上海拖拉机内燃机公司、上海汇众汽车制造公司、上海汽车齿轮总厂和上海汽车有色铸造总厂6所技校组建成上海汽车工业联合技工学校，另有需要的企业设立总校教学点，总校校址设在西康路1501弄263号。该校成立后至2000年，累计为上汽输送技校毕业生1万余人。2000年4月，该校更名为上海汽车技术学校,2003 年 7 月停止招生。

2000 年 3 月,因上海—易初摩托车有限公司转制,上海幸福摩托车职业技能培训学校申办为社会培训机构。2010 年 7 月,该校更名为上汽职业技能培训学校,纳入上汽培训中心一体化管理,功能定位以围绕政府资助项目的培训和政府授权社会办学机构开办的资质项目培训为基本点。上汽将普通职工安全常识培训、专业人员安全技术培训、各级领导安全法规培训等归入上汽职业技能培训学校。

表 12 - 2 - 28　1972—1995 年上汽所属企业技校一览表

技 校 名 称	起止时间	毕业人数（人）	备 注
上海汇众汽车制造公司技校	1972 年 4 月—1995 年	1 238	上海汽车底盘厂技校和上海重型汽车厂技校 1992 年 1 月合并
上海汽车厂技校	1973 年 8 月—1986 年	1 270	—
上海内燃机配件总厂技校	1973—1993 年	1 745	上海诚孚动力机厂技校于 1991 年底并入上海内燃机配件总厂技校
上海实业交通电器有限公司技校教学班	1973 年 9 月—1995 年	648	—
上海拖拉机内燃机公司技校	1973 年 12 月—1995 年	2 331	上海拖拉机厂技校和上海内燃机厂技校于 1990 年 6 月合并
上海易初摩托车有限公司技校	1985 年 2 月—1995 年	794	—
上海申联专用汽车厂技校	1975 年 3 月—1993 年	696	—
上海纳铁福传动轴有限公司技校	1975 年 4 月—1990 年	453	—
上海汽车齿轮总厂技校	1975 年 4 月—1995 年	647	—
上海汽车有色铸造总厂技校	1976 年 4 月—1995 年	543	—
上海摩托车厂技工学校	1976 年 4 月—1982 年	240	—
上海汽车电器总厂技校	1976 年 9 月—1995 年	756	—
上海第二汽车底盘厂技校	1978 年 6 月—1982 年	150	—
上海大众汽车有限公司技校	1986 年 8 月—1995 年	648	—
上海乾通汽车附件有限公司技校教学班	1986 年 9 月—1995 年	238	—

资料来源:《上海汽车工业志》

三、中专教育

1960年,上海市农业机械制造公司教育科在江湾翔殷路仓库内建立上海市农业机械专科学校,开设机械制造专业二年制全脱产高专班,机械制造专业二学期中专班,以及技能等级为三、四级技工的全脱产二学期铸锻专业老工人进修班,先后培养550余名毕业生,充实生产一线。

1981年,上海汽车厂开设中专教学班,当年招收汽车车身制造专业14人。1983年招收车身制造和工业会计2个专业共75人。1984年1月,上海市拖汽公司建立职工中等专业学校,培养中等专业人才。职工中专附设于上汽职工大学,设置机械制造、工业企业管理、汽车车身制造、拖拉机汽车制造工艺及工业会计5个专业。当时,公司下属上海重型汽车厂、上海第二汽车底盘厂、上海消防器材总厂也分别开办中专教学班,1985年共招收机械制造专业68人。上海市拖汽公司还开展职工中等专业教育,由上汽职工大学和委托中华职业学校分办文、理两科,举办中专预科班,以及组织和输送到职工中专、电视中专学习,仅1984年就培训2 329人。

1985年6月,上海市教育局批准上汽职工中专改名为上海汽车拖拉机工业联营公司职工中等专业学校。1988年6月—1989年12月,原属上海航空工业办公室的航空工业学校划属上汽。1990年9月,上海市教育局同意将上海汽拖联营公司中专更名为上海汽车工业总公司成人中等专业学校。1994年4月,该校随上汽培训中心和职工大学迁至上海市西康路252号。2000年后,该校停止招生。

四、其他文化教育

1955年年底,公司下属各工厂自办学校,以半工半读、专业学习班、业余进修等形式,对职工进行文化教育,主要是抓扫盲。各厂兼管教育的人事部门输送职工到工农速成中学补习文化,选送干部到大学深造。20世纪50年代末—60年代中期,公司成立37所厂校对职工进行文化技术教育,参加学习的职工有9 497人,占职工总数的54.69%。

1978年起,公司教育部门对1968—1980年期间进厂的青年职工进行初中文化和初级技术的"双补"工作。初中文化补课应补16 907人,至1985年,累计完成补课15 188人,合格率达90%以上;初级技术补课应补15 263人,至1985年,累计完成补课14 393人,合格率达92%以上。

1979—1981年7月,为适应对外开放技术引进的需要,公司举办英语培训班,经考试录取44名学生。该班参照英语大专教学大纲及汽车拖拉机行业的实际,开设10余门课程,进行两年全脱产培训,使培训学员英语达到相当大专水平,学员毕业后相当一部分成为公司外事工作骨干。

1983年和1984年,公司开办半脱产干部初高中文化班、全脱产厂级干部高中文科班、政工和宣传干部高中文科班等。其中,公司教育科从各企业选送的46名学员在华丰钢铁厂脱产学习1年,补习语文、数学、物理、化学、政治等高中文化课程。该班学员毕业后,担任厂部级和科级等职务的有20多人。1984年,上汽对未达高中文化程度的干部和一部分有培养前途的青年工人进行文化补课,使他们达到高中文化水平,为职工大学、电视大学、业余大学等职工高校输送学员,参加高中文化教育的共有2 917人。同年,另有2 329人参加上汽职工大学、中华职业学校、电视中专等学习,接受中专文化程度教育。1991—1994年,上汽党校开办5期政工干部学历班,有829人参加学习。

2000年以后,上汽职工学历教育作为一种补充,采取以高校师资和上汽培训中心管理相结合、利用社会教育资源的形式,学历层次开始提升至大学以上。2002 年,上汽与上海交通大学合作开设车辆工程、工业工程、动力工程、机械工程 4 个专业的工程硕士学位复习班,90 余名工程技术人员参加该复习,其中 70 名参加全国统考。同年,与上海财经大学联合举办会计学专业硕士学位课程班,使财务、审计部门具有相关专业本科学历的学员通过 2 年基本不脱产学习,接受会计学专业研究生教育,符合学习资格的人员近 30 名。2004 年,与复旦大学太平洋金融学院合作,开通上汽 E-learning 学习平台,开展网络化学习,18 家企业 174 个用户注册选学 412 课次。2006 年,与上海交通大学举办工程硕士预科培训班,100 多名学员参加培训。2009 年,与上海交通大学、同济大学合作举办工程硕士考前辅导培训班,164 人参加。2011 年,与上海第二工业大学合作组织实施高技能人才专升本继续教育,开办 2010 级机械设计制造及自动化专升本班,58 人入学,并组织 2011 年专升本考前辅导班,42 人参加并全部通过考核。2012 年,继续与上海交通大学、同济大学合作举办工程硕士考前辅导班。2015 年,与新侨学院合作开办机电培训班及数控培训班,培养学生 59 名。

第三章　员 工 生 活

1956 年开始,特别是改革开放以后,上汽为员工提供劳动保险、养老保险、医疗保险和补充医疗保险以及住房公积金,解决职工住房困难,鼓励员工私人购车,组织开展群众性文艺体育活动。

第一节　劳动保险、疗休养

一、医疗保险

1994 年,上汽制定实施《上海汽车工业总公司医疗费改革暂行办法》,规定:在上海医疗改革办法尚未实施时,公司内部实行医疗补贴个人少量合理负担办法,补贴标准为连续工龄 20 年(含 20 年)以下的,每人每月 20 元;连续工龄 20 年以上的,每人每月 30 元;退休(含待退休)职工每人每月 30 元;在职职工和退休职工个人分别负担 10% 和 5% 医疗费用;特殊病例或经济困难者通过各种渠道给予补助或减免;在职或退休职工住院治疗、计划生育、体检普查以及职业病、癌症、瘫痪、精神病等特殊病例医疗费均由企业全额承担。

2000 年 12 月起,上汽统一执行《上海市医疗保险办法》,增加在职职工缴费工资基数 1% 的工资,以补偿由于医疗改革个人缴费的增加;提取工资总额 2% 的额度成本,建立补充医疗保险基金;调整在职职工医疗补贴,连续工龄 20 年以下(含 20 年)月医疗补贴 60 元,连续工龄 20 年以上月医疗补贴 80 元,离退休职工原享受的医疗补贴保留不变;企业可从福利费、工会经费及职工个人缴费等渠道筹措资金,形成单位、工会、个人共同负担相结合多种形式的补充医疗机制。2001 年 5 月,根据上海市《关于促进本市发展多层次医疗保障的指导意见》,制定《上海汽车工业(集团)总公司职工补偿综合医疗保险方案》。按照财政相关规定,各企业提取不超过工资总额 2% 的部分用于补充医疗保险。补充医疗保险由定额保险、公共基金、补充医保个人账户 3 部分组成。定额保险由企业为职工统一投保,投保项目与金额相等;保险项目包括意外身故保险、意外伤残保险、意外医疗保险、补充住院医疗保险、意外住院津贴保险、重大疾病保险和疾病住院津贴等 7 项;公共基金按不超过上年工资总额的 0.2% 建立,积累储存在保险公司。

2015 年,上汽所属企业中为员工购买商业补充医疗保险且重大疾病保额 5 万元及以上的有 30 家,参加综合保险或在职职工住院保险的企业占所属企业总数的 86%。

二、养老保险

1956 年,公司执行《中华人民共和国劳动保险条例》,所属工厂享受劳动保险的职工达 5 000 人。20 世纪 80 年代末—90 年代初,职工劳动保险以及其他福利待遇均按国家有关规定贯彻执行。

1992 年,上汽在全员劳动合同制配套改革中改进保障职工保险福利待遇。1993 年,执行上海市政府发布的《上海市城镇职工养老保险制度改革实施方案》,公司职工全部纳入社会养老保险体系。同年,制定实施《离退休职工养老补贴办法》,并于 1994 年修改完善。该办法规定:国有企业离退休职工享受上海统一规定的养老金以外的公司养老补贴,其计算方法为(岗位工资+年功工资-按本市规定计发养老金)×养老补贴系数=养老补贴金额。同时,公司所属中外合资企业则由企业为员工购买商业养老保险,作为员工退休后社会统筹养老金的补充。

1994年,上汽被批准为上海市实施《企业补充养老保险》试点单位。公司制定实施方案,主要内容包括:享受补充养老金范围为国有企业在职职工;建立个人缴费和企业缴费组成的补充养老保险个人账户,个人与单位缴费比例为1∶2,单位缴费由公司承担;补充养老保险费计算方法为:行业保险基值×个人保险系数×工龄系数=职工补充养老保险费;对作出突出贡献的人员增加补充养老保险额度,一次性计入本人当年个人账户。同年,公司规定因产品结构调整产生的富余人员中离法定退休年龄尚有3年的职工实行内部待退休,同样享受养老补贴以及其他有关福利。

2004年12月,上汽制定实施《上汽集团国有企业职工补充养老保险改革方案》,主要内容包括:对原补充养老保险账户实施封存,至退休时领取;对2004年年底在册职工建立一次性补充养老保险,计算公式为:一次性补充养老保险账户金额=补充养老保险月保险基数×N个月,最长期限不超过120个月;对突出贡献的职工增加奖励金额。2005年年初,上汽对在职职工缴付120个月补充养老保险后,暂停补充养老保险的缴付。

2008年年底,上汽根据劳动和社会保障部有关规定,开始实施企业年金制度,规定各企业按照经营及人工成本情况,报批集团同意后施行企业年金。企业缴费额度为职工上年度工资总额的8.33%,个人缴费额度为职工上年度工资总额的2.08%。

三、疗休养

1980年前,公司职工参加上海市总工会统一组织的疗休养。1980年后,改为参加上海市机械电子行业工会组织的职工疗休养。1985年,上汽工会建立南京、黄山、千岛湖、屏风山、天台山、雁荡山和武夷山7个职工休养点,至1987年,先后组织近万人次参加休养。1993年,又开辟无锡和虹桥2个疗养点和北京、西安、太湖西山、东钱湖4个休养点。参加疗休养的对象首先为从事尘毒作业的职工,确保国家规定的39种一级、二级和矽尘石棉尘等粉尘作业职工每年离岗休养一次;其他职工则优先安排劳动模范、先进工作者和技术骨干,在本单位工作5年以上从未疗休养的在职职工,以及即将离退休的老职工。1988—1995年,享受疗养或休养的职工分别累计404人次和24 769人次,合计25 173人次。

1998年4月,上汽工会制定《上海汽车工业(集团)总公司职工疗休养工作管理暂行办法》,成立公司职工疗休养中心管理委员会,下设管委会办公室为常设机构,具体负责职工疗休养选点、安排和管理,明确特殊岗位、有毒有害工种、各类先进、无偿献血职工为指令性疗休养群体。同年9月,位于江苏常熟的上汽沙家浜度假村投入运行,并列入上海市总工会职工疗休养管理体系。1999年5月,该度假村资产由公司行政一次性划拨公司工会并实行资产经营一体化管理,上汽工会开始组织一线职工疗休养。1996—2004年,上汽组织劳模先进、班组长、有毒有害工种、献血员工等赴上海市总工会组织的疗休养地进行疗休养,总计约4 500人次。2005年,上汽工会根据上海市总工会对接帮扶云南省总工会要求,开始组织劳模先进赴云南省总工会疗养院休养,每年约200人次。2011年12月,上汽工会出资改造沙家浜度假村并重新登记注册为上汽昆承湖度假村,定位为服务上汽职工为主的福利型职工疗休养基地,疗休养费用全部由公司工会承担。2012年起,上汽工会实施以"行业情、先锋行"为主题的千名先进职工疗休养计划,每年计划组织1 000名先进员工、优秀劳务派遣制员工、有毒有害岗位员工和当年退休员工短期疗休养。2005—2015年,上汽工会组织赴沙家浜度假村、昆承湖度假村和全国各地疗休养的员工共7 000名左右。1980—2015年,由上汽(不包括基层企业)组织的职工疗休养累计4.67万人次。

表12-3-1　1980—2015年上汽职工疗休养人次统计表

年　份	1980—1987	1988—1995	1996—2004	2005—2015	总　计
休养人次	10 000	25 173	4 500	7 000	46 673

资料来源:《上海汽车工业志》、上海汽车集团股份有限公司工会

第二节　文体活动

1956年,公司所属工厂建立归属各区县工会领导的工会,基层工厂开始开展职工文艺体育活动。1964年,作为上海市机械电子工会派出机构的公司工会,开始在公司层面组织开展职工文娱体育活动。1978年,公司工会在"文化大革命"后重建,职工文娱体育活动恢复开展。1984年后,上汽工会组织开展更加广泛多样和更高水平的职工文艺体育活动。1995年后,随着支柱产业的确立,文艺活动作为上汽职工精神文明建设的一个方面得到进一步重视。

一、文娱活动

1964年公司层面开始统一组织职工文娱体育活动后,至1979年有业余文艺团队10个、电影放映队7个。进入20世纪80年代,上汽层面的职工文娱活动更加广泛多样。1984年,举办文艺汇演和文艺大奖赛并参加上海"十月歌会"比赛。1985年5月,举办庆祝"五一"劳动节红五月女职工歌咏比赛、纪念五卅运动80周年和上海市总工会成立60周年智力竞赛;10月,举办"振汽杯"十月歌咏比赛。1987年,再次举办"振汽杯"歌咏大赛,同时组织文艺大奖赛。1991年3月,举办时装表演比赛;7—9月,举办4 000余名职工参加的首届艺术节。1992年4月,上汽总公司艺术团成立,设编导组、歌曲组、戏曲(曲艺)组、舞蹈组、音响舞美组和乐队。1993年9月,举办第2届艺术节暨国庆文艺汇演。此后每年一届,共举办过10届艺术节。1994年12月,调整充实艺术团,成立艺术委员会及音乐队、声乐队、舞蹈队和戏曲队。同年,上汽与上海警备区政治部军民共建,警备区文工团开始为公司艺术团组织培训,指导公司举办大型文娱活动,有效提高了职工文娱活动的水平。1995年后,职工文娱活动进一步成为建设集团文化、展示集团形象的重要举措。

表12-3-2　1995—2011年上汽重要职工文艺活动一览表

活动时间	活动名称	活动地点	参与规模
1995年5月21日	五月歌会	上海杂技场	20家单位1 600人
1997年11月8日	"迈向新世纪"广场音乐会	上海外滩陈毅广场	—

〔续表〕

活动时间	活动名称	活动地点	参与规模
1999年9月18日	庆祝中华人民共和国成立50周年"祖国万岁"歌咏大会	国际体操中心	约3 000人
2002年5月—2002年9月	"热爱党、热爱祖国，讴歌改革开放和上海汽车工业发展"职工文艺汇演	"金话筒"节目主持人专场 — 上海汽车工业大厦	31名选手参赛
		"我们的生活"器乐专场 — 延锋伟世通汽车饰件系统有限公司	47名选手参赛
		"鲜红的党旗"诗歌朗诵专场 — 联合汽车电子有限公司	—
		"上汽你好"职工文艺汇演专场 — 上海艺海剧场	1 000多人
2003年3月—2004年3月	上海职工合唱节	多个演出场馆	23支歌唱队
2006年8月25日	"激情上汽、和谐之声"上汽职工歌唱比赛	上海大剧院	228名参赛选手
2008年9月21日	"中国加油、上汽加油——上汽纪念改革开放30周年迎国庆歌咏会"	源深体育馆	23个歌队约3 300人
2011年6月18日	"献给党的歌——上汽职工喜迎建党90周年歌唱大赛"	上海商城剧院	900人

资料来源：《上海汽车报》、上海汽车集团股份有限公司工会

二、体育活动

1956年至20世纪60年代，公司乒乓球、羽毛球和棋类等体育活动比较广泛。70年代后，篮球、足球和游泳运动逐渐开展起来。

80年代职工体育活动更趋活跃。1981年起，公司工会每年举行"海豚杯"游泳比赛。1983年起，每年组织"团结杯"足球赛、"友谊杯"篮球赛。1986年，组织象棋、足球、长跑、游泳、篮球等10项体育比赛。1987年，上汽下属企业成立24个体育协会和171个运动队，参加者2 123人次；组织体育比赛346次，参加者1.1万人次。1988年，组织长跑、游泳、拔河等比赛。1989年，成立体育协会，举办乒乓球锦标赛和象棋"精英赛"决赛。1990年，组队参加上海市"棋协杯"比赛获得亚军，参加全国汽车行业首届乒乓球赛获女子团体亚军和男子团体季军。

1990年，开展百日锻炼迎"亚洲运动会"活动和足球、游泳比赛，组织围棋赛并成立围棋队，当年体育活动参加者达1.2万人次。1991年，上汽桥牌队获上海市"工人杯"桥牌团体赛冠军，并代表中国汽车工业总公司参加国家体育运动委员会举办的"五钢杯"桥牌比赛，获第5名。1992年，上汽体育协会有桥牌队、象棋队、乒乓球队和围棋队，下属企业有运动队95个，参加者1 118人次，开展体育比赛178次，参加者7 143人次；同年因地制宜开展跑楼梯比赛、顶球、自行车慢赛、双人拉圈、太极拳、练功18法、广播操、工间操等健身活动，并结合生产和安全开展滚油桶、滚轮胎、消防灭火等比赛；同年，冬练者占公司职工人数的1/3，达1.9万人次。1994年，举办"汽车杯"桥牌邀请赛。1995年，举办第3届"汇众杯"长跑邀请赛，所属10个企业和25个区、县、局35支长跑队参加，上海汇众汽车制造公司获第1名。

1996—2015年,通过上汽工会主办各企业工会轮流承办的方式,先后举办规模较大的5届上汽集团职工健身运动会,累计组织50个项目比赛,累计参赛选手约5万人次。2013年以后,随着上汽沪外企业增多,公司工会组织柳州、重庆、沈阳、南京等地上汽所属企业开展乒乓球、羽毛球、拔河等体育比赛。此外,延锋汽车饰件系统有限公司1996—2015年累计举办20届"延锋杯"上海市职工5人制足球赛。这一时期,上汽工会还组队参加第11—13届上海市运动会、1997年城市运动赛、2007年和2008年上海世博运动会等体育赛事。

表 12-3-3 1996—2015年上汽主要职工体育活动一览表

活动时间	活动名称	活动内容	活动地点	参与规模	组织者
1996年3月—1996年8月	"以健康体魄迈向21世纪"上汽全民健身活动	长跑、拔河、中国象棋、乒乓球、桥牌、广播操、保龄球、足球、台球等	东方明珠、虹口体育场	112个运动队3 103人次	上汽集团工会
1996年11月	首届"延锋杯"上海市职工五人制足球赛		江湾体育场	64支足球队	延锋汽车饰件
1997年8月	"幸福杯"迎第8届全运会游泳比赛		上海游泳馆	26家企业109名选手	上海易初摩托车
1997年11月	第2届"延锋杯"上海市职工五人制足球赛		江湾体育场	92支足球队	延锋汽车饰件
1998年4月	第2届"申雅杯"保龄球比赛		各区保龄球馆	32个单位150名选手	申雅密封件
1998年11月	第3届"延锋杯"上海市职工五人制足球赛		江湾体育场	121支足球队	延锋汽车饰件
1998年5月	第3届"采埃孚杯"桥牌双人赛		上海汽车工业大厦	23个单位100名选手	上海采埃孚
1999年4月	"双庆双迎客车杯"大怪路子扑克牌比赛		上海客车	31个单位32个队200名选手	上海客车
1999年11月	第4届"延锋杯"上海市职工五人制足球赛		江湾体育场	136支足球队	延锋汽车饰件
2000年5月—2000年11月	上汽集团首届职工健身运动会 15个大项、54个小项35个单位336支运动队,1.5万人次参加	"上离杯"保龄球比赛	各区保龄球馆	20个单位144名选手	上海离合器
		"KS杯"篮球比赛	上海体育馆	14家单位90名选手	上海科尔本斯密特
		"拖内杯"田径赛,100米短跑跳远、铅球等12个项目	同济大学田径场	15个单位170名选手	上海拖内
		"联合电子杯"拔河比赛	普陀体育馆	18个单位参赛队	联合电子
		"汇众杯"足球比赛	上海火车头体育场	22个单位参赛队	上海汇众
		"汇众杯"乒乓球比赛	上海源深体育发展中心	28个单位199名选手	上海汇众
		"汽车电器杯"中国象棋比赛	虹口足球场	23个单位100名选手	上海汽车电器
		"有色杯"台球比赛	新新桌球城	22个单位	上海有色铸造

〔续表〕

活动时间	活动名称	活动内容	活动地点	参与规模	组织者
2000年5月—2000年11月	上汽集团首届职工健身运动会 15个大项、54个小项 35个单位336支运动队，1.5万人次参加	"通用杯"游泳比赛	上海游泳馆	23个单位181名选手	上海通用汽车
		"汇众杯"桥牌比赛	青松城活动中心	20支参赛队	上海汇众
		"KS杯"体育舞蹈比赛	静安区体育馆	22个单位110名选手	上海科尔本斯密特活
		"汽齿杯"跳绳比赛	普陀区古越龙山体育馆	15支参赛队421名选手	上海汽车齿轮总厂
2000年11月	第5届"延锋杯"上海市职工五人制足球赛		公安专科学校	319支参赛队	延锋汽车饰件
2001年11月	第6届"延锋杯"上海市职工五人制足球赛		卢湾体育场	104支参赛队	延锋汽车饰件
2002年1月	第7届"延锋杯"上海市职工五人制足球赛		静安体育场	99支参赛队	延锋伟世通
2003年11月	第8届"延锋杯"上海市职工五人制足球赛		东华大学、北蔡中学	144支参赛队	延锋伟世通
2004年11月	第9届"延锋杯"上海市职工五人制足球赛		东华大学、北蔡中学	140支参赛队	延锋伟世通
2004年5月—2004年9月	上汽集团第2届职工健身运动会 12个大项，32家单位4000人次参加	五月健身长跑	上海科技馆广场、世纪大道	40个企业方队2000余名选手	上汽集团工会
		"上汽财务杯"大怪路子扑克牌比赛	上海大众美林阁大酒店	26家企业28支参赛队168名选手	上汽财务
		"联合电子杯"钓鱼比赛	嘉定区华亭镇	32家单位34支参赛队98名选手	联合电子
		"延锋伟世通杯"保龄球赛	保龄球馆	31支参赛队124名选手	延锋伟世通
		"上海汇众杯"足球比赛	源深体育中心	30个单位420名运动员	上海汇众
		"上实交通杯"中国象棋赛	上海实业交通	23家单位共69名选手	上海实业交通
		"皮尔博格杯"台球比赛	新新桌球城	25个单位参赛	上海皮尔博格
		"上海大众杯"游泳比赛	海军上海基地游泳馆	23个单位200名选手	上海大众汽车
		"上海通用汽车杯"羽毛球比赛	上海市体育宫	31个单位250名运动员	上海通用汽车
		"上汽股份杯"跳绳比赛	上海市体育宫	19个单位270名选手	上海汽车
		"上海KS杯"乒乓球比赛	卢湾体育馆	28家单位300名运动员	上海科尔本斯密特
		"上海汇众杯"桥牌比赛	上汽培训中心	23家单位36对选手	上海汇众

〔续表〕

活动时间	活动名称	活动内容	活动地点	参与规模	组织者
2005年7月—2007年9月	上汽集团第3届职工健身运动会 8个大项、44个小项，36家单位232支运动队2244名运动员，5000余职工参加基层选拔赛	羽毛球比赛	上海市体育宫	28家单位223名选手	上汽开发
		长绳比赛	上海体育宫	30家单位420名选手	上海汽车
		钓鱼比赛	上海西部渔村垂钓休闲中心	33家单位102名选手	上汽集团工会
		乒乓球比赛	源深体育中心	34家单位200名选手	上海汇众
		体育舞蹈大赛	上海市委党校海兴大厦	14家企业100名选手	延锋伟世通
		游泳比赛	上海大学体育中心	29家单位221名选手	上海大众汽车
		龙舟大赛	东方绿舟水上运动场	34家单位34支龙舟队800余名运动员	上汽集团工会
2005年11月	第10届"延锋杯"上海市职工五人制足球赛		东华大学、北蔡中学	152支参赛队	延锋伟世通
2006年9月	上海汽车股份第2届职工运动会		上海长征全民健身活动中心	7个单位130名选手	上海汽车
2006年11月	第11届"延锋杯"上海市职工五人制足球赛		东华大学、浦兴中学	120支参赛队	延锋伟世通
2007年11月	第12届"延锋杯"上海市职工五人制足球赛		上海体育场、高桥东陆中学	120支参赛队	延锋伟世通
2008年6月—2011年10月	上汽集团第4届职工健身运动会 12个项目，40家单位300支队伍2万余人参加	"荣威杯"上海职工双绳大赛	上海国际体操中心	2支参赛队	上汽集团工会
		跳绳比赛	上海市体育宫	41家单位600余名运动员	上海采埃孚
		拔河比赛	上海市平和双语学校	31家单位350名选手	上海汇众
		羽毛球比赛	上海市体育宫	37家单位385名选手	延锋伟世通
		钓鱼比赛	松江小昆山西部渔村垂钓中心	39家单位120名选手	上汽集团工会
		游泳比赛	上海七宝中学游泳馆	32家单位272名选手	上海大众汽车
		男子篮球比赛	上海南洋模范中学	29家单位300名选手	上汽集团工会
		龙舟大赛	淀山湖上海水上运动中心	37家单位37支龙舟队750名选手	上汽集团工会
2008年11月	第13届"延锋杯"上海市职工五人制足球赛		上海体育场外场、东华大学	120余支参赛队	延锋伟世通

〔续表〕

活动时间	活动名称	活动内容	活动地点	参与规模	组织者
2009 年 11 月	第 14 届"延锋杯"上海市职工五人制足球赛		上海体育场外场、东华大学	120 支参赛队	延锋伟世通
2010 年 12 月	第 15 届"延锋杯"上海市职工五人制足球赛		上海体育场外场、东华大学	128 支参赛队	延锋伟世通
2011 年 4 月	上汽职工跳绳大赛		上海市体育宫	40 家企业代表队 480 名选手	上汽集团工会
2011 年 11 月	第 16 届"延锋杯"上海市职工五人制足球赛		上海体育场外场、东华大学	120 支参赛队	延锋伟世通
2011 年 7 月	上汽职工羽毛球比赛		上海市体育宫	40 支代表队 386 名选手	上汽集团工会
2012 年 5 月—2015 年 10 月	上汽集团第 5 届职工健身运动会 16 个项目,45 家单位 720 支队伍 3 万余人参加	广播体操比赛	闵行体育馆	44 支参赛队 1 800 余名选手	上汽集团工会
		拔河比赛	各体育场馆	38 支代表队 400 余名选手	上汽集团工会
		桥牌比赛	上汽活动中心	24 家企业 40 支参赛队 80 位选手	上汽财务
		乒乓球比赛	上海师范大学体育馆	42 家企业 300 余名选手	泛亚技术中心
		男子篮球比赛	上海南洋模范中学	40 家单位 600 余名选手	上汽集团工会
		钓鱼比赛	上海松江泖田风情园	38 家企业 183 名选手	上汽集团工会
		象棋比赛	上汽活动中心	32 家企业 130 名选手	上汽财务
		羽毛球比赛	上海市体育宫	46 家企业 500 余名选手	延锋汽车饰件
		扑克牌比赛	上汽活动中心	41 家企业 180 名选手	上汽财务
		羽毛球比赛	上海市体育宫	41 家单位 400 多名选手	上汽集团工会
		多彩健康跑	上海汽车博览公园	43 家企业 1 200 余名选手	上汽工会
2012 年 11 月	第 17 届"延锋杯"上海市职工五人制足球赛		徐汇青少年体育馆	219 支参赛队	延锋伟世通
2013 年 11 月	第 18 届"延锋杯"上海市职工五人制足球赛		徐汇青少年体育馆	113 支参赛队	延锋伟世通
2014 年 11 月	第 19 届"延锋杯"上海市职工五人制足球赛		汇龙足球场、体育馆	120 支参赛队	延锋伟世通
2015 年 7 月	上汽集团柳州地区企业职工乒乓球比赛		上汽通用五菱河西工厂活动中心	7 家企业 78 名选手	上汽集团工会
2015 年 7 月	上汽集团重庆地区企业职工羽毛球比赛		重庆棕榈泉体育会馆	12 家企业 100 名选手	上海纳铁福

〔续表〕

活动时间	活动名称	活动内容	活动地点	参与规模	组织者
2015年8月	上汽集团沈阳地区企业职工拔河比赛		北盛汽车北厂	10家企业	上汽集团工会
2015年9月	上汽集团南京地区"荣威360杯"职工乒乓球比赛		南京体育馆	15家企业100多名选手	南汽集团
2015年11月	第20届"延锋杯"上海市职工五人制足球赛		汇龙足球场、体育馆	120支参赛队	延锋汽车饰件
2015年12月	上汽集团职工拔河比赛		上海体育馆	38家企业600名选手	上汽变速器

资料来源:《上海汽车报》、上海汽车集团股份有限公司工会

三、艺术活动

　　1985年,上汽工会与团委联合举办第1届职工业余艺术作品展。1986年3月,成立公司美术书法协会,聘请韩天衡、任政、方世聪、蔡天雄等书画家为顾问。1987年4月和1989年9月,先后举办第2届和第3届职工业余艺术作品展览。1990年3月,上汽书法美术协会换届,聘请顾振乐、曹用平、陈青野等书画家为顾问。1990—1995年,该协会组织黄山和雁荡山等地写生采风3次,举办画展4次,其中包括1994年举办第4届职工艺术作品展。会员作品有18件参加上海市展览,11件

图12-3-1至3　上汽员工歌咏活动

参加区展览,有 6 件作品分别获得二、三等奖。

1995 年,上汽工会重新登记成立职工书画协会和职工摄影协会。1997—2012 年,先后举办第5—10 届职工艺术展。2005 年 10 月举办"寻找身边闪光点"摄影大赛,参与职工 500 余人;2009 年9 月,上汽工会、宣传部和公共关系部联合举办庆祝中华人民共和国成立 60 周年"爱祖国、爱上海、爱上汽——上汽职工摄影大赛展",54 家单位 392 名职工参与,展出 122 幅作品。2012 年,举办规模最大的第 10 届职工艺术展,摄影作品入围 800 余幅,书画雕塑等作品入围 200 件。2014 年,上海市国有资产监督管理委员会和解放日报社联合举办"中国梦·国企行——上海国资系统职工书法摄影艺术展",上汽职工获一、二、三等奖各 1 名,入围奖 8 名。

表 12－3－4　1985—2012 年上汽历届职工艺术展一览表

届　次	展览时间	展 出 地 点	展 出 概 况
第一届	1985 年 4 月	—	展出书法、篆刻、绘画、摄影等展品
第二届	1987 年 4 月	—	展出 684 件书法、篆刻、绘画、摄影、手工艺品、集藏品(邮票、钱币)等展品
第三届	1989 年 9 月	—	展出 134 名作者 381 件书法、绘画、工艺美术、摄影、集藏等展品
第四届	1994 年 9 月	—	展出 189 件国画、油画、摄影、书法、工艺美术、集藏类等展品
第五届	1997 年 6 月	上海图书馆	展出 260 件摄影、书法、美术、集邮、工艺品、收藏、编结、缝纫、手工饰品等展品
第六届	1999 年 12 月	上海图书馆	展出 220 件书法、美术、摄影、集邮、工艺品制作及收藏等展品
第七届	2001 年 10 月	上海汽车工业大厦	以"汽车·人与自然"为主题,展出 171 件书法、绘画、摄影、集邮作品
第八届	2003 年 11 月	上海汽车工业大厦	以"汽车让生活更美好"为主题,展出 140 件美术、摄影、集邮、创意、工艺美术等展品
第九届	2005 年 6 月	上海汽车工业大厦	展出 120 余件摄影、绘画、书法和篆刻等作品
第十届	2012 年 10 月	上海图书馆	以"人与车,和谐之美"为主题,分"亲切关怀、事业精彩、生活多彩、笔墨华彩"4 个篇章,展出 800 多件摄影作品,200 件绘画、雕塑、书法和篆刻作品

资料来源:《上海汽车报》、上海汽车集团股份有限公司工会

四、"六室一厅"建设

1993 年年底,上汽在上海市黄浦区南苏州路建成可供职工娱乐活动的上海汽车娱乐总汇。项目建筑面积 2 000 多平方米,建有可容纳 150 人活动的多功能舞厅和 170 人的影视厅。

2010 年年底,上汽党委在 2011 年党委工作计划中确立"尊严生活、体面劳动、快乐工作"的和谐理念,要求推广上海拖拉机内燃机有限公司经验,建设好员工休息室、活动室、更衣室、盥洗室、培训室、保健室和餐厅等涉及员工工作、生活和培训的"六室一厅"场所,达到文明、优美、舒适的要求和标准。2011 年 2 月,上汽工会根据公司党委要求,下发《关于完善"六室一厅"建设的实施意见》,要

求各级工会摸底了解企业、分厂、车间和工段"六室一厅"建设、使用和维护情况,制订筹建、完善和整改计划,配合企业党政组织实施。

各企业认真落实上汽党委要求和工会意见,结合实际着手改进完善"六室一厅",员工工作、生活和培训场所硬件和管理达到新水平。上海通用汽车有限公司全覆盖、大力度、高投入、常态化建设完善"六室一厅",2010—2014年在上海金桥、山东东岳和辽宁北盛3个生产基地投入"六室一厅"改造资金3 602万元,实施改造项目170项;上海大众汽车有限公司在进一步优化完善上海基地"六室一厅"的同时,在南京分公司建成启用可容纳2 500人就餐、3 500人更衣洗浴并提供医疗服务的1.2万平方米生活楼,在仪征分公司建成启用拥有11个实验室、7个培训室、4个测评室及技能培训工场的培训中心,在新疆公司建成符合当地少数民族员工要求的餐厅;上海柴油机股份有限公司将厂房改建为2 000平方米培训中心,设置多媒体教室、技师工作室和发动机故障台架等实验室;安吉汽车物流有限公司无锡分公司改善餐厅、浴室、阅览室,并新建配备4台洗衣机的洗衣房;上海法雷奥汽车电器有限公司生产现场建有卫生保健室,车间洗手间均有热水;众多企业建成启用或改建扩建阅览室、健身房、娱乐室、篮球场等员工文娱体育活动场所;上海大众动力总成有限公司等企业启用新建扩建停车场,方便员工停车。此外,各企业认真落实上海市总工会关于建设爱心妈咪小屋的要求,至2015年,上汽所属企业中有21家获星级评定,其中5星级6家、4星级5家、3星级10家。

第三节　员工住房解困改善、员工购车

一、职工住房解困与改善

1949年后,公司职工住房由政府列入计划统一建造,职工住房困难户向居住所在地的房管部门提出申请,由政府房管部门按规定分配,少量住房由单位自建及职工自建公助。"文化大革命"期间,职工住房建造停顿,住房困难户大量增加。至1979年,公司近5万名职工中住房困难户有1万多户,其中人均3平方米以下居住困难户有6 000多户,其他各类困难户包括结婚无房户、外地全家调沪无房户、知识分子落实政策户、动拆迁户、点调户、居住严重不便户等有4 000余户,困难住房户占职工总数的20%以上。

1979年,中共上海市委、上海市政府为了加快改善职工住房困难,要求各企事业单位自行挖潜建造职工住房并自行解决职工住房困难。据此,公司于1980年成立住宅建设办公室,负责公司内部住宅建设及职工住房改善、解困工作。1988年4月,成立上海汽车工业住宅建设公司。1991年,先后成立公司职工住房改革领导小组及办公室,住房委员会和上海汽车工业房产管理公司,公司副总裁叶平任领导小组组长,党委副书记刘雅琴任副组长。1992年6月,成立上海汽车工业房地产开发经营公司。1993年4月,上海汽车工业住宅建设公司、上海汽车工业房地产开发经营公司、上海汽车工业房产管理公司等合并成立上海汽车工业开发发展公司(简称上汽开发),并行使公司住宅建设办公室职能,即负责从职工住房基地开发、工程设计、项目指标、居民动迁、工地管理、建材供应、施工监督、工程配套、住房分配、房屋管理等整套工作。同时,上汽所属单位也相应建立分房领导小组和建设办公室。

1980年成立住宅建设办公室以后,公司加强对职工住宅建设的领导和管理,确立"多造房、快造房、造好房"的方针,解决职工住房困难的建房规划列入领导议事日程,认真规划,安排资金,发挥建房专业部门及基层单位的积极性,加快职工住宅建设步伐,不断改善职工居住条件,做好特困户

的解困工作。根据上海市统一部署,上汽从1991年开始建立职工住房公积金制度,1994年开始进行公有住房出售。

1993—1995年,职工住宅建设和住房解困进一步加速,上汽开发先后建成小木桥汽车公寓、江浦汽车公寓、康定汽车公寓、昆明公寓、天目广场等职工住宅项目,全部解决人均3平方米以下的困难户及其他各类困难户,解决40%的人均4平方米以下困难户。1981—1995年,上汽累计投资2.74亿元,累计建成34.55万平方米住宅,累计解困和改善职工住房户近2万户。

表12-3-5 1981—1995年上汽职工住宅建设及住房解困改善情况表

年 份	投资总额(万元)	完成住宅建设面积(平方米)	改善、解困职工住房(户)
1981—1985	1 646.8	81 100.0	3 573
1986—1990	5 518.4	119 921.0	6 932
1991—1995	20 215.0	144 519.1	9 474
合 计	27 380.2	345 540.1	19 979

资料来源:上海汽车工业开发发展有限公司

1996年2月,上汽职工住房改革领导小组调整,仍由叶平任组长,刘雅琴任副组长,工会、党委组织干部部、总裁办公室、党委办公室、老干部部和上汽开发负责人为组员。1997年,上汽完成984户居住面积人均4平方米以下困难户的解困,提前3年完成上海市政府确定的到20世纪末职工住房解困目标。

1998年7月,根据全国城镇住房制度改革与住宅建设工作会议精神和上海市住房制度改革要求,上汽停止住房实物分配,开始实行福利住房货币化分配。1999年,上汽向上汽开发下达《关于上海汽车工业(集团)总公司加大房改力度有关问题的批复》,开始推进住房分配货币化改革,实施向职工出售职工住宅的方案,同年向30多个基层企业的职工出售1 591套建筑面积15.4万平方米的职工住宅。至2000年,上汽开发参建联建的住宅基地有28个,面积超过10万平方米;独立自建的住宅面积36万平方米,其中商品房面积10万平方米。

表12-3-6 1995—2007年上汽住房解困和职工住宅建设获奖情况表

年 份	奖 项	获奖单位
1995	上海市、上海市经委系统职工住房解困先进单位	上汽集团
1995—1997	上海市住宅建设立功竞赛先进集体	上汽住宅办公室
1995—2003	上海市经委系统住宅建设实事立功竞赛先进集体	上汽住宅办公室
1996—1999	上海市经委系统住宅建设住房解困实事立功竞赛先进集体	上汽住房解困办公室
1996—1999	上海市重点工程实事立功竞赛住房解困赛区优秀集体	上汽住房解困办公室
1998—2002	上海市经委系统住宅建设实事立功竞赛先进集体	上汽开发房产经营部
2003—2006	上海市住宅建设实事立功竞赛优秀集体	上汽开发房产经营部

〔续表〕

年　份	奖　　项	获奖单位
2000—2004	上海市建委系统住宅建设实事立功竞赛先进集体	上汽开发房产经营部
2004—2007	上海市经委系统住宅建设实事立功竞赛先进集体	尚凯大厦项目部
2007	上海市建交委系统住宅建设实事立功竞赛先进集体	尚凯大厦项目部

资料来源：上海汽车工业开发发展有限公司

二、公务用车改革、员工购车管理

1999年，为落实上海市政府关于防止通货紧缩、促进生产和消费的要求，上汽形成公务车改革、促进轿车进入家庭的设想。在上海市政府支持下，上汽在上海率先进行公务用车改革，发挥示范效应。

1999年8月上汽制订初步方案；9月中旬形成操作细则措施；9月，公司总裁办公会议原则同意公务用车改革实施方案，10月，上汽下发《关于下发〈改革公务用车、鼓励职工私人购车实施方案〉的通知》。方案规定：购车对象为工作满3年的在册职工和工作地点在上海的现职厂部级干部，实施改革后厂部级干部不再配备公务用车，职工所购车辆为上汽集团品牌产品，购车者给予一定优惠和津贴，公务用车改革后企业原则上不再保留公务用车。2000年1月，公司下发《本部厂部级以下职工私人购车实施办法》，进一步规定总部职工购车对象认定、车型选购、购车补贴方式，车辆转让和牌照使用、购车职工驾驶安全学习等事项，上汽总部私人购车实施办法成为所属企业参照标准。

2001年2月，针对有的企业职工驾车交通事故增多的情况，上汽发出通知，要求切实加强购车职工安全教育和管理，建立健全职工驾车安全责任制；5月，下发《关于切实加强安全行车、规范公务用车管理的若干意见》，严令杜绝酒后和疲劳驾车，重申企业主要领导公务活动驾车出市必须报集团审批等规定；7月，配合上海市道路交通管理条例的实施，上汽下发通知，要求企业认真学习贯彻，驾车职工一个不漏宣传教育到位，并将员工驾车安全列入企业安全性评价年度考核。2006年10月，上汽进一步健全完善公务用车改革和私人购车管理办法，将购车条件从工作满3年缩短为签订劳动合同满1年，启动2次以上购车或置换车辆实施措施，缩小干部工人用车津贴。2006年后，公司员工私人购车模式基本定型进入常态化管理。

上汽公务用车改革产生良好的社会效益和经济效益，成为领导干部廉政建设的有效措施，成为公司员工生活的组成部分和生活水平的重要体现；同时，拉动上海私车市场发展，助推轿车进入家庭，并为宝山钢铁公司等国有企业公务用车改革提供经验。

三、职工购车概况

1999年10月，上汽改革公务用车和职工私人购车开始实施，上海市政府给予车辆牌照等有力支持。2001年3月，厂部级公务用车改革和员工私人购车基本结束，累计购车1.1万余辆。2002年，上汽向上海市政府申请2002年继续进行公务用车改革并得到批准，私人购车需求基本得到满足，同年上汽购车员工约占职工总数的16％，达9 679人，其中上海大众汽车有限公司购车职工4 050人，占员工总数的50％。

表 12 - 3 - 7　2001—2015 年上汽员工购车情况统计表

年　份	年度合计(辆)
2001	11 000
2002	9 679
2003	246
2004	1 828
2005	2 048
2006	2 078
2007	1 832
2008	2 939

资料来源：上海汽车集团股份有限公司经济和质量运营部

表 12 - 3 - 8　2009—2015 年上汽员工购车情况表

年　份	购乘用车分公司车辆(辆)	购上汽大众车辆(辆)	购上汽通用车辆(辆)	年度合计(辆)
2009	125	—	3 155	3 280
2010	1 696	—	3 403	5 099
2011	714	8 593	2 831	12 138
2012	1 517	8 934	5 759	16 210
2013	1 320	9 160	3 255	13 735
2014	3 155	8 374	6 172	17 701
2015	707	6 145	4 806	11 658
合　计	—	—	—	111 471

资料来源：上海汽车集团股份有限公司经济和质量运营部

第十三篇

党群工作

概　述

　　1955 年年底始有上汽后,公司层面未设立党组织和群众组织,所属工厂党群组织归属所在地党委、工会和团委领导。1964 年,公司建立党委并隶属上级主管工业局党委领导。公司党委成立政治部和监察委员会,下设秘书科、组织科、干部科和宣教科。同年,公司成立工会和团委。上汽党群组织的历史自此开启。这一阶段,党委发动职工自力更生艰苦奋斗,研制成功轿车、载重车和拖拉机,保证上汽从零配件生产进入整车整机制造的历史时期。1966 年因受"文化大革命"冲击,党群组织瘫痪。1969 年,公司成立党的核心小组,党团组织恢复活动。1970 年开展党员代表会议选举产生公司党委并设立政治部,下设组织组、保卫组和政宣组。1972 年和 1982 年召开上海市拖拉机汽车工业公司第一次和第二次团员代表大会(简称团代会)。1978 年党委机构改为党委办公室、组织科、干部科、宣教科和保卫科。同年恢复工会组织。1979 年建立纪委。这一阶段,公司党委清除"文化大革命"影响,开展解放思想转变观念教育,推进"工业学大庆"和企业全面整顿,保证企业走上正轨;同时开展整党建党和清查整顿工作。

　　1984 年,公司党委机构与行政机构同步改科为部。同年和 1988 年召开上海汽车拖拉机工业联营公司第一次和第二次团代会。1987 年,党委机构与行政机构改部为处。1988 年召开第一次工会代表大会(简称工代会)。1990 年,党委机构增设老干部处、统战处、党校和纪检监察办公室,撤销保卫处。1993 年,党委机构与行政机构恢复为部。同年召开第一次党员代表大会(简称党代会)、第二次工代会和第三次团代会。这一时期,公司党委贯彻厂长负责制"三个条例",发挥政治核心和保证监督作用,围绕上海桑塔纳轿车国产化开展保进度、质量和数量的立功竞赛,探索合资企业党建并形成经验,促进上汽对外开放,建成上海第一支柱产业并取得中国轿车市场领先优势,同时完成全面整党等党内重要活动。

　　1995 年,上海汽车工业(集团)总公司(简称上汽集团)与上海汽车有限公司(简称上汽有限)同时成立,党群组织和党委机构实行"两块牌子,一套班子",同时干部部和组织部合并为组织干部部。1997 年和 2001 年,上汽召开第二次和第三次党代会,1998 年召开第三次工代会和第四次团代会,2003 年召开第四次工代会和第五次团代会。这一时期,上汽党委坚持"发展是硬道理",推进现代企业制度改革,通过党建促进上海通用汽车有限公司和上海大众汽车三厂等重大项目建设,促进全面实施合资合作和技术引进,保证上汽继续保持上海支柱产业和国内轿车领先地位;同时完成讲学习、讲政治、讲正气"三讲"学习教育活动等党内重要活动。

　　2004 年,上汽集团发起设立上海汽车集团股份有限公司(简称上汽股份),党群组织和党委机构实行"两块牌子,复合运行"。2006 年,老干部部和统战部合并为老干部和统战工作部,至 2015 年,党委机构未有变化。2008 年召开上汽集团第五次和上海汽车集团股份有限公司第二次工代会,2010 年和 2011 年召开第四次党代会和第六次团代会。这一时期,上汽党委坚持"围绕经济抓党建、夯实基础促发展",弘扬自主创新理念,开展创先争优活动,推进跨地和区域化党建,促进"出海跨洋"和自主品牌战略的实施,保证上汽合资合作与自主创新并举,实现从国内轿车领先到国内汽车领先,同时完成先进性教育活动和深入学习实践科学发展观活动等党内重要活动。

　　2011 年年底上海汽车集团股份有限公司整体上市后,上海汽车工业(集团)总公司党群组织及党委机构停止运行。至 2015 年,上汽党委以倾力打造富有创新精神的世界著名汽车公司为愿景,以创新转型为导向,进一步加强党的建设,保证公司继续保持国内汽车领先优势;同时完成党的群众路线教育实践活动和"三严三实"专题教育等党内重要活动。

上汽党建工作成效显著并获得多项全国性重要荣誉。1995 年获评全国思想政治工作优秀企业;1996 年和 2001 年党委获评全国先进基层党组织;2006 年,党政班子获评全国工业企业创建"四好"领导班子先进集体;2009 年和 2013 年先后获评全国文明单位和全国"五一"劳动奖状。

第一章 党委事务管理与党办工作

1964年,公司党委开始设立政治部及下属秘书科。1978年,公司党委开始设立党委办公室。该部门主要承担公司党委会务、保密、稳定和信访等事务管理,负责党建工作规划、调研和考核等牵头统筹工作。

第一节 机 构 组 织

一、党委办公室

1978年11月,上海市汽车拖拉机工业公司新一届党委成立,党委政治部开始设立党委办公室。1984年7月,新成立的上海汽车拖拉机工业联营公司(简称上海汽拖联营公司)党委不再成立政治部,设立党委办公室等部室。1985年10月,党委办公室改为处室建制。1990年3月,新成立的上海汽车工业总公司党委继续设立党委办公室等处室。1993年1月,党委办公室等党委处室恢复部室建制。

1995年9月,上海汽车工业(集团)总公司(简称上汽集团)和上海汽车有限公司(简称上汽有限)同时成立并均设有党委,党委办公室等党群部门实行"两块牌子,一套班子"的管理模式。同时,统战工作从党委组织处分离出来,与党委办公室合署办公。1997年11月,上汽有限党委办公室因公司改制为上市公司上海汽车股份有限公司而停止运行。

2004年12月,上汽集团发起设立上海汽车集团股份有限公司(简称上汽股份),上汽集团和上汽股份均设有党委,党委办公室实行"两块牌子,复合运行"。2006年9月,党委统战部与党委办公室不再合署办公,与党委老干部部合并为老干部和统战工作部。2007年7月,上汽股份党委办公室因公司工商注销而停止运作;9月,上海汽车股份有限公司更名为上海汽车集团股份有限公司(简称上海汽车)后设立党委办公室。2011年12月,上海汽车整体上市后简称改为上汽集团,党委继续设有党委办公室,上海汽车工业(集团)总公司党委办公室等党委机构停止运作。

2015年,上汽集团党委办公室设有综合科和信访科,设专兼职工作人员5名,主要职能是负责党委条线的综合协调工作;督促检查党委会决定及有关会议精神、领导批示指示贯彻落实情况;开展调查研究,收集信息和动态,并提出相关工作建议及时反馈党委领导;负责党委各类文件和材料起草;负责组织安排党委重要会议和重要活动;负责上汽党建信息平台日常管理;负责机要文件保密管理;负责保管使用党委和党办印章;负责受理人民来信和接待群众来访。

二、保密委员会

1985年2月,经中共上海市委同意,市委组织部通知上海汽拖联营公司党委按局级待遇发放文件。1990年1月,公司党委调整保密工作领导小组,由党委副书记任组长、副总经理任副组长,党委办公室、总经理(总裁)办公室、宣传部、工会主席等为保密工作领导小组成员。1991年7月,保密工作领导小组改称为保密委员会。

保密委员会主要职责是在公司党委领导下,贯彻执行国家保密法律法规和中共上海市委保密委员会关于保密工作的方针、政策、决定和指示,统一领导公司所属企业保密工作;制定年度保密工作重点并组织落实;制定和完善公司保密工作规章制度;督促、检查、指导各单位保密工作,及时研究解决有关单位保密工作中的问题;加强对机要秘书及涉密人员教育管理;指导协调所属企业保密工作人员培训;依法查处所属企业泄密事件;研究解决保密工作中存在的重要问题。

上汽保密委员会成立以来,历年机要文件收发管理达到中共上海市委机要局提出的"无差错"要求。2006年,上汽集团获2005和2006年度全国保密工作先进集体。

三、稳定工作领导小组

2004年7月,为进一步落实各级和各部门的信访责任,上汽集团成立信访领导小组,下设工作小组。2005年3月,上汽集团成立再就业和稳定工作领导小组,党委分管副书记、副总裁为负责人,组员由党委办公室、总裁办公室、工会、纪委、人力资源部、质量和经济运行部、安全监察部、规划发展部、组织干部部、老干部和统战工作部等部门负责人组成。此后,信访领导小组改为稳定工作领导小组。领导小组一般一个季度召开一次工作例会,传达上级精神,沟通情况,研究工作。工作小组组长由党委办公室主任担任,副组长由工会副主席、人力资源部执行总监担任。工作小组一般每月召开一次工作例会,遇有特殊情况时随时召开紧急会议。与此同时,下属企业也相应成立稳定工作领导小组和工作小组。

四、国家安全领导小组

1994年8月,为加强国家安全工作,上海汽车工业总公司调整国家安全领导小组,由党委副书记任组长,组织干部部、总裁办公室、党委办公室副主任为组员,党委办公室主任任联络员。

国家安全领导小组是根据国家安全机关和上级党委的统一部署,并经过批准在有涉外人员的单位内部建立的、处理本单位涉及国家安全方面的事务,并协助国家安全机关开展工作的组织。国家安全小组的工作,必须服从和服务于党的"一个中心、两个基本点"的基本路线,保卫国家安全,促进经济建设和改革开放。

第二节　党办事务管理

一、会务管理

党委办公室作为党委办事机构,会务管理是基本职责之一。除了做好党委会和党政联系会议会务工作外,政工例会和基层党组织书记会议是两个经常性会务管理的主要会议。

政工例会是公司党委召开的党群部门负责人参加的研究党群工作的会议。会议由公司党委书记或副书记主持召开,党委职能机构和工会、团委的负责人参加。会前,党委办公室负责征集议题;会后,负责跟踪督办。

基层党组织书记会议一般在每年年中和年终干部大会前召开。2009年11月,上汽集团开始形成每年两次党委书记率政工部门负责人下基层、召开企业党委书记座谈会的制度。座谈会一般按整车、零部件和服务贸易不同业务分板块进行,主要围绕评价集团党委工作开展情况、了解职工群众关注热点和需要解决的民生问题、分析研究党建工作面临的新情况新问题3个方面展开,通过会议吸纳有价值的意见和建议,充实完善公司党委工作报告,加强完善党建工作。

二、机要文件、保密管理

1998—2015年,进一步贯彻落实国家《保密法》,加强机要文件和保密工作管理,上汽集团制定印发一系列制度规定。

1998年8月,上汽集团保密委员会制定印发《国家秘密及其密级具体范围规定的实施细则》和《保密工作制度》。2001年3月,党委办公室制定印发《保守企业商业秘密的若干规定》。2002年3月,上汽集团党委印发《机要文件管理办法》。2005年3月,集团总裁(扩大)会议强调信息保密要求,重申信息发布统一由总裁办公室归口负责。2006年,重新修订印发《机要文件管理办法》,规定机要文件保密管理必须遵循"严格管理、严格防范、确保安全、方便工作"的原则,严格规范机要文件收发、传送、阅读和管理工作,保证机要文件及时运转和安全保密。同年,上汽集团获全国先进保密工作集体荣誉称号。2007年1月,信息系统部制定发布《上汽集团信息系统安全管理制度》,确保信息网络系统和电子数据的安全。2008年6月,公司编制《上汽集团内控制度手册2008-1.0版》,在《保密工作制度》专设"秘密文件资料保密"一目,对秘密文件和资料管理、传阅、清退、归档作出严格规定。2015年9月,上汽集团保密委员会修订印发《上汽集团保密工作规定》,涵盖保密文件和资料、宣传报道、涉外工作、商业和技术、涉密网络、非涉密网络等保密等相关内容。

上汽集团按照"谁主管、谁负责"的原则,切实落实国家安全和保密工作责任制和领导干部责任制。至2015年,未发生文件遗失及泄密事件。

三、信访、稳定工作

2005年上半年,上汽集团信访/稳定工作领导小组认真贯彻落实国务院新修订的《信访条例》,结合集团信访工作实际,制定《信访工作管理办法(试行)》。2006年5月,为加强集团总部信访突发事件的预防和控制,维护上汽集团在社会和公众中的良好形象,信访领导小组制定《上汽集团总部信访稳定工作预案》,并纳入集团的内部控制制度。

2008年6月,制定印行《内部控制手册附件2008-1.0版本》,其中包括对信访工作的规范。

2009年下半年,经修订的《信访工作管理办法》正式印发,该管理办法严格规范信访工作机构及工作人员、信访工作程序和信访工作责任制等。

2013年5月,为进一步完善和规范信访工作,有效提高初信初访办理效率和质量,根据集团党委对初信初访提出化解率要在80%以上的目标和要求,信访办公室制定印发《初信初访化解和办理工作制度》。该制度分为初信初访的界定、初信初访的办理原则、初信初访的办理部门和责任人、初信初访的办理流程、初信初访办理(首办)责任制的目标及考核、初信初访责任追究6个部分。同年下半年制定印发《关于建立重大决策社会稳定风险分析和评估机制的实施意见》,对企业重大决策社会稳定风险分析和评估机制的概念和意义、原则、适用范围、主要指标、组织实施、工作要求等作出明确规定。

第三节　党建工作创新

一、合资企业党建

1985 年年初,中外合资企业上海大众汽车有限公司(简称上海大众汽车)成立,公司党委和上海大众汽车党委开始探索试行"三同时、三公开"的做法,即在合资谈判时同时明确建立党组织,在确定中方行政干部时同时确定党委干部,在任命中方主要行政干部时同时任命党组织书记;合资企业党组织公开挂牌,党务干部公开身份,党组织公开活动。同时坚持"三先"原则,即企业重大决策,中方领导班子先统一思想;企业中层干部任免,中方党政领导先行讨论;企业重要工作,党员先知道先行动。而后,上汽在合资企业全面推广"三同时、三公开"经验,从机制上保证合资企业党组织的地位作用,受到中共中央组织部的肯定。1990 年,中共上海市委组织部在上海大众汽车召开上海市中外合资企业党建工作座谈会,推广上海大众汽车中外合资企业党建工作的经验。

1996 年 1 月,上汽集团党委在中国职工思想政治工作研究会第九次年会上作题为"站在振兴中国民族汽车工业的高度,大力加强党对合资企业的政治领导"的经验交流。其主要经验是:合资企业的领导体制和决策机制变了,党组织的政治核心地位和作用不能变;合资企业的管理方式变了,党的思想政治工作的优势不能变;合资企业的资产结构变了,全心全意依靠工人阶级的原则不能变。

1999 年,上汽地位首次召集合资企业党建工作研讨会,对合资企业党建工作经验进行总结。2000 年,党委组织合资企业党建工作调研,走访 9 个合资企业,通过访谈、座谈会、抽样调查等形式,完成《上汽集团中外合资党建工作调研报告》。2001 年,党委在专题调研和总结成功经验的基础上,制定下发《关于加强和改进合资企业党建工作的若干意见》。

2001 年 9 月,中共上海市工业工作委员会(简称上海市工业党委)在上汽召开上海市工业系统中外合资企业党建工作现场交流会,总结推广上汽集团合资企业党建工作的新思路和新经验。上海市工业党委书记吴明出席大会并讲话,上汽集团董事长、党委书记陈祥麟在会上作"坚持继承与创新相结合,推进合资企业党的建设"主题发言,上海大众汽车有限公司、上海通用汽车有限公司、上海易初通用机器有限公司、上海上汽大众汽车销售有限公司、上海汇众汽车制造有限公司、上海小糸车灯有限公司等上汽合资企业作交流发言。

2003 年 3 月,上汽党委编写出版《上汽集团特色管理(丛书)——合资企业党建工作管理》一书,系统总结合资企业党建工作成功经验,收录 27 个基层合资企业的经典案例,如上海大众汽车有限公司的党代会代表常任制,上海通用汽车有限公司的跨地企业党组织实行属地化管理,上海易初通用机器有限公司的人人成为"经营者"管理模式,上海小糸车灯有限公司的党员先锋岗与改善创新同步实施,延锋伟世通汽车饰件系统有限公司的发挥党组织资源推进 6 Sigma 管理,联合汽车电子有限公司的"三态(生态、人态、心态)文化",上海纳铁福传动轴有限公司的"2 个 1×3(1 名操作工掌握 3 台设备或 3 道工序,1 台设备有 3 名操作工胜任)"工作法等。

二、党建工作纲要

20 世纪 90 年代初,为实现建成上海第一支柱产业和国家重要轿车制造基地的目标,上汽党委提出"围绕经济抓党建,抓好党建促经济"的党建工作方针,并通过制定实施《党建工作纲要》等措施落到实处。

1995年1月,上汽党委编制印发《贯彻落实中共十四届四中全会决议,加强党的建设三年规划》,保证和促进"上汽三年再上三个新台阶"的奋斗目标。1998年3月,公司党委制定印发《新三年(1998—2000)加强党的建设工作的若干意见》,保证和促进上汽2000年发展目标的实现。

2006年1月,上汽党委颁发《上汽"十一五"党建工作纲要(试行)》,从加强思想保证、组织保证、人才保证、环境保证和提高党组织影响力、战斗力、创造力、凝聚力等8个方面提出加强党建工作的40项任务和措施,明确未来一个时期上汽党建工作的基本要求和目标任务。2008年1月,根据该党建工作纲要5年滚动发展的要求,上汽党委修改完善并发布《上汽"十一五"党建工作纲要(第二版)》,调整条文10个、充实条文17个,将"围绕经济抓党建、进入管理起作用"的党建基本方针调整为"围绕经济抓党建、夯实基础促发展",成为上汽党建工作的指导方针。2012年3月,上汽党委对该纲要作第二次修改完善,形成《上汽党建工作纲要(第三版)》,使党建工作进一步制度化、规范化和数字化。第三版党建工作纲要编入当年党委编辑出版《上汽党建特色工作》一书,作为开篇之作。

三、党建工作调研

1996年开始,上汽党委围绕党的中心工作和重点难点问题,以职工思想政治工作研究会的形式组织理论学习、党建工作、思想政治工作、企业文化等课题的调研。1999年1月,上汽职工思想政治工作研究会编辑出版《研究成果选编(1996—1998)》一书,收录公司和基层企业党委、党委书记和课题调研组撰写的86篇调研报告和文章。

2005年开始,上汽党委采用课题制方式,与上海社会科学研究院联合开展党建有关课题的研究工作。公司党委领导挂帅担任课题项目负责人,政工部门负责人共同参与课题研究。在选题上以思想政治理论、当前形势任务和上汽重点工作相结合为切入点,研究成果强调体现科学性、针对性和可操作性,并为形成和完善相关机制体制奠定基础。至2011年,经过课题制调研先后形成《党建工作与公司治理融合研究》《上汽集团党管干部的实现形式和制度安排》《以科学发展观指导企业党建工作》《人人成为"经营者"管理模式促进企业民主管理的理论与实践研究》《上汽集团构建学习型党组织机理与措施的研究》等一系列调查研究报告。

2011年开始,为提升领导干部学习力和理论素养,提升上汽党建工作科学化水平,公司党委实行以创建学习型党组织为抓手的课题调研。研究课题以当前工作为主、研究重点以问题导向为主、研究目的以实践应用为主,以达到边学习、边调研、边总结、边推动工作实践的目的。参加课题调研的人员是各单位党组织负责人和相关领导成员、集团党群部门负责人及有关行政职能部门负责人。课题调研采取上下结合、内外结合、党政结合、条块结合等形式。2011年调研课题是学习型领导班子建设、人人成为"经营者"管理、员工队伍建设、深化"快乐工作""创先争优"活动等;2012年调研课题是深化企业文化建设、完善用工管理、践行"快乐工作"、加强企业党建等;2013年调研课题是加快创新、风险防范、群众工作等。课题研究成果通过领导干部小集中学习、党委中心组学习会等形式进行发布,并编印成"创建学习型党组织——上汽领导力创新论坛课题报告"系列丛书,发至各基层单位党政领导供学习参考。

四、跨地、区域化党建

2002年12月,上汽集团与美国通用汽车公司(简称上海通用汽车)在山东烟台合资组建上海通用东岳汽车有限公司。上海通用汽车党委大胆探索,与中共烟台市委组织部共同协商,在上海通用汽车东岳基地创造跨地党建经验,形成双重管理、上海方面管班子管人管运行、烟台方面管建制管发展党员和党员管理3条基本原则。

"十五"期间,上汽加大"走出上海,跨地发展"的力度。2004年5月,公司党委下发《关于加强跨地区控股企业党建工作的实施意见》。决定从有利于企业发展、有利于企业党的建设、有利于投资各方党组织协调,对跨地区控股企业实行"属地属资结合,以属资为主"的企业党建工作运行机制,由上汽党委和跨地区控股企业所在地党组织实行双重管理。《关于加强跨地区控股企业党建工作的实施意见》对跨地区控股企业党组织的建制、换届选举、党员发展和党建工作考核等作了具体规定。至2007年12月,上汽已在沪外建有12个整车基地。2008年2月,上汽党委下发《关于进一步加强跨地区投资企业党建工作的意见》,规定沪外企业党组织要做到全覆盖,并针对经营场所固定经济工作稳定发展的企业、经营场所不固定经营业务跨地区且人员流动性大的企业、尚处建设初期的异地项目、投资规模小、党员和员工人数较少等不同情况的沪外企业,采取不同方式。

"十一五"和"十二五"期间,上汽零部件企业加快实施"走出去"战略,并在南京、烟台、沈阳、柳州等上汽主要沪外整车制造基地周边形成密集的整车零部件企业群。公司党委按照"组织全覆盖、体系可复制、机制成常规、队伍增活力"要求,开始探索实践跨地区域化党建新课题。2012年8月,在南京地区的15家企业党组织负责人举行党建工作联席会第一次会议,交流沟通企业党建工作,讨论通过《上汽在南京地区企业党建工作联席会制度》,上汽跨地区域化党建形成突破。2013年3月、5月和10月,先后召开烟台地区16家企业、沈阳地区10家企业和柳州地区10家企业党建工作联席会,讨论形成3个地区的党建工作联席会议制度。至此,上汽沪外主要企业集聚区均形成跨地区域化党建运作模式。

2013年,上海市国有资产监督管理委员会委员会党委对上汽157家沪外企业进行网上调研,并赴南京地区进行实地考察,对上汽跨地企业区域化党建的做法给予肯定。

五、党建制度化、规范化、数字化建设

"十五"以后,上汽党委进一步推进党建工作制度化、规范化和数字化建设,并作为党建工作创新的主要内容。2005年,制定实施《反腐倡廉建设工作评价办法》《员工思想指数调研模型》和《合理化建议排行榜制度》;2006年,制定实施《"四好"领导班子评价模型》和《班组TPM管理实施标准》;2007年,制定实施《党委会议事规则》《领导干部评价办法》《党支部工作评价指引》和《"TOP"团组织评价模式》;2008年,制定实施《共产党员素质能力作用评价办法》。内容全方位涵盖党委会地位作用、领导班子建设、党支部和党员管理、职工和青年队伍建设等诸多方面,创新成果集中编入纪念中国改革开放30周年之际编印的《上汽党建特色工作——党建工作制度化、规范化、数字化》一书。

六、党建工作考核

上汽党委采取日常监督与年终全面考核相结合的办法对所属基层党建工作进行考核。从2000年开始,每年结合年终干部考核同步进行,在上汽党委领导下,由组织干部部牵头,党委办公室、宣传部、老干部和统战部以及纪委、工会、团委等政工部室具体实施。2009年3月,上汽党委印发《上汽基层党组织党建考核细则》,内容包括组织领导、考核依据、考核内容、考核方法、考核权重、考核结果、考核程序、考核评价,以及考核后等级降级处理规定等9项内容,使基层党建工作考核进一步制度化、规范化。

党建工作考核主要内容包括:"四好"班子创建工作、保证和推动经济工作、党员和干部队伍建设、精神文明建设和企业文化建设、党风廉政建设、稳定工作、党对群众工作领导、老干部和统战工作、制度创新和工作特色等。考核实施分为5个程序:基层党组织自查总结,基层党组织书记述职,上汽政工部室提出考核意见和部门评分,组织干部部汇总情况计算综合评分并拟定考核评价,报上汽党委审定确定基层企业党建工作评价等级。考核结果定为"好"(90分以上)、"较好"(80～89分)、"一般"(70～79分)、"差"(70分以下)四级。考核情况向基层党组织和负责人反馈,考核结果作为企业党政主要领导干部综合考核内容之一。

第四节　党内重要活动

一、整党工作

1965年3月,公司党委根据中央和中共上海市委指示精神,组织所属64个单位分3批开展社会主义教育运动,至1966年7月结束。运动后期进行党员登记。同年因"文化大革命"冲击,党组织活动停止。1969年开始逐步恢复党组织活动。

1977年9月,上海市第一机电管理局党委派工作组进驻上汽开展清查和整顿活动,处理"突击入党"对象,76人被清除出党。1983年7月,学习贯彻中共十二届二中全会关于整党决定,以半年时间在公司系统各级领导班子中开展"讲党性、讲团结、讲全局、讲政策"活动,并边整边改。

1985年2月—1987年2月,上汽党委遵照中共中央关于全面整党的决定,统一组织开展整党及核查工作,57个单位7 095名党员(其中预备党员600名)分3批参加整党。整党结束时6 474名党员按期进行党员登记,7名党员分别作缓登1年或2年的处理。

二、"三讲"学习教育活动

2001年10月下旬—11月30日,上汽党委按照中共中央《关于在国有大中型企业领导班子及成员中开展以"讲学习、讲政治、讲正气"为主要内容的学习教育活动的意见》和中共上海市委和上海市工业工作委员会党委的部署,组织开展"三讲"学习教育活动。同年11月,召开"三讲"学习教育动员大会,而后按3个阶段的组织实施。

第一阶段:学习理论提高思想认识。班子成员围绕学习专题,进行集中学习讨论作重点发言。同时广泛征求干部群众意见,党代会常任制代表对领导班子和个人提出意见2 270条,其中"好的方面"1 144 条,"存在问题"和"希望"1 126 条;6 个座谈会提出 99 条意见,其中"好的方面"30 条,"存在问题"和"希望"69 条。上海市"三讲"指导检查组与 81 位同志个别访谈听取意见。

第二阶段:查找问题,开好民主生活会。领导班子和成员在认真撰写自我总结、听取民主评议基础上,积极参加民主生活会,开展批评与自我批评。上海市工业党委副书记姚春海对集团班子民主生活会的成效给予肯定。

第三阶段:制定整改方案落实整改措施。对"三讲"教育查找出来的突出问题,进行集中分析,制定整改方案和整改工作任务安排表,从整改项目、工作目标、进度要求、责任人和主办部门 5 个方面进一步作了明确。

"三讲"教育基本达到预期目标,统一了思想认识,振奋了精神,增强了发展上海汽车工业的信心;开展批评与自我批评,活跃党内民主生活气氛,提高了集团党政领导班子的凝聚力;找出存在问题,提出整改措施,推动了集团"十五"规划深化、技术开发和人才高地建设等工作;增强群众观念,改进工作作风,密切了党群、干群关系。

三、"三个代表"重要思想学习教育活动

2002 年,根据中共上海市委统一部署和上海市工业党委实施安排,上汽党委组织开展"三个代表"重要思想学习教育活动。同年 3 月 26 日,公司党委召开学习教育活动动员大会,党委书记、董事长陈祥麟作题为"加强领导、精心组织、注重实效、有序推进"的动员报告,上汽所属 38 家企业 300 余名厂部级领导干部参加学习。按照工作计划,上汽"三个代表"重要思想学习教育活动分两批开展,每批一个月,第一批从 3 月 26 日开始到 4 月底结束,第二批从 4 月底开始到 5 月底结束。

上汽"三个代表"重要思想学习教育活动采取公司举办学习班与基层企业学习讨论相结合等学习方式。学习班采取辅导讲座、学员自学、分组讨论和专题发言等方式,重点抓好自学和专题发言。上海市工业党委副书记姚春海,上汽集团党委书记、董事长陈祥麟,总裁胡茂元以及中共上海市委党校教授肖昌进等分别作了辅导报告,引导领导干部树立正确的世界观、群众观和权力观。各企业党组织在分散学习教育活动中,找准和解决领导班子及成员存在的影响企业改革和发展的突出问题,制定措施,实施整改。学习教育活动总体进展顺利,效果明显。

四、保持共产党员先进性教育活动

2005 年 1—12 月,按照中共中央统一部署,上汽党委组织开展保持共产党员先进性教育活动。1 月,上汽党委印发《关于开展保持共产党员先进性教育活动的实施方案》;成立领导机构和工作机构;召开教育活动动员大会,上汽集团党委书记、董事长陈祥麟作动员,上海市国资委党委先进性教育活动督导组组长竺涵达出席并讲话。

根据上海市国资委党委安排,上汽总部为上海市第一批活动单位,从 2005 年 1 月开始至 6 月结束,11 个党支部 268 名党员参加;上汽基层企业为上海市第二批活动单位,从 2005 年 7 月开始至 12 月结束,45 个基层党组织 709 个党支部 13 500 多名党员参加。每批教育活动分 3 个阶段,上汽党委组建 9 个督导组进驻 44 家基层企业指导帮助。

第一阶段:动员和学习。公司总部党员通过认真学习,形成总部共产党员先进性的 6 个方面的具体要求,即坚定的理想信念、勤奋的学习态度、高效的管理能力、优异的工作业绩、良好的团队

合作和务实的工作作风,为第二批基层企业动员和学习阶段提供经验。

第二阶段:分析和评议。公司总部先进性教育活动转入分析评议阶段后,通过 6 种形式,就"党员和党组织存在的突出问题""领导作风和工作作风存在的突出问题""影响集团改革、发展和稳定的突出问题""涉及群众利益方面的突出问题"广泛征求意见,征求到各类意见建议 1 741 条。4月,上汽党政领导班子召开专题组织生活会,开展批评与自我批评,深刻剖析思想根源,明确努力方向。基层企业在分析评议阶段,共发放 5 000 多份征求意见表,召开 434 个座谈会,开展谈心活动5.6 万人次,征求意见和建议 6.8 万多条。联系思想实际,严肃开展党性分析,深入查找问题,严格剖析思想根源。

第三阶段:整改和提高。进入整改提高阶段的核心环节,上汽召开联合党委会,反复讨论领导班子整改方案和个人整改措施,制定 54 条具体措施,明确分管领导、责任部门和整改期限,并制订实施计划。基层企业围绕群众关心的突出问题,把整改贯穿教育活动全过程,学习培训阶段落实即知即改整改措施 41 条,分析评议阶段落实整改措施 394 条,集中整改阶段列出 469 条整改措施。

2005 年 6 月和 11 月,上汽先后召开第一批和第二批先进性教育活动总结大会,两批先进性教育活动均取得预期成效。公司总部群众满意度达到 99.9%;45 家基层企业满意度测评,39 家"满意和基本满意率"比例为 99.37%;6 家困难企业"满意和基本满意率"比例为 98.84%。党员队伍整体素质进一步提高,党组织建设进一步加强,为基层和员工服务进一步加强,各项工作进展顺利。活动结束后,上汽党委还组织"回头看",巩固扩大先进性教育成果。

五、深入学习实践科学发展观活动

2008 年 10 月—2009 年 2 月,按照中共上海市委统一部署,上汽作为试点单位参加上海第一批深入学习实践科学发展观活动。参加范围是总部和基层企业 54 家单位,1 166 个基层党组织、280名厂部级以上领导干部、22 202 名党员,另有 1 878 名群众代表参与。上汽集团领导班子成员确定29 家基层单位为联系点,54 家基层单位领导干部确定 447 个联系点。上汽集团党委组成 11 个联络组赴基层单位指导和检查。

2008 年 10 月,上汽党委召开深入学习实践科学发展观活动动员大会。上汽根据"党员干部受教育、科学发展上水平、人民群众得实惠"的总要求,围绕"实践科学发展、提升两个能力"这一实践载体,聚焦对科学发展观的认识、提升核心竞争能力和国际经营能力、发展先进制造业和现代服务业、和谐稳定发展、加强和改进党的建设 5 个突出问题,按照学习调研、分析检查、整改落实 3 个阶段实施。

第一阶段:学习调研。组织学习党的十七大精神和中央领导同志一系列重要讲话精神,举办报告会 66 次,中心组学习 205 次,领导干部带头作报告 196 人次。上汽集团和基层领导班子成员分别确定 14 个和 210 个调研课题,深入基层、联系点、职工群众、市场和用户进行调研。上汽领导班子召开学习交流会示范带头。

第二阶段:分析检查。上汽领导班子认真查摆突出问题,深刻分析主客观原因,撰写分析检查报告初稿。经过 100 多名常任制党代表、职工代表、基层单位领导代表、离休干部代表、劳模先进代表和民主党派及党外人士代表等评议,集思广益八易其稿,最终形成《上汽领导班子学习实践科学发展观分析检查报告》。

第三阶段:整改落实。上汽领导班子经过广泛征求意见,形成整改落实方案 30 个、整改措施

150 项,其中学习活动期间已完成 32 项,年内将完成 84 项,中长期将完成 34 项;54 家基层单位累计提出整改落实项目 647 个 2 728 项措施,其中活动期间已完成 667 项,年内将完成 1 622 项,中长期将完成 439 项。

学习实践活动期间,正逢世界金融危机,上汽提出"过冬天、不畏寒,渡时艰、迎春来"的特殊时期特殊精神。领导干部带头过紧日子,下调出差标准,严控费用开支。同时加大对困难职工群体的帮扶力度,完善"困难补助、求学资助、医疗救助、就业帮助、法律援助"的"五助"帮扶体系。上汽组织学习实践活动群众满意度测评,测评结果"满意"为 97.08%,"比较满意"为 2.92%。通过学习实践活动,上汽发展观念思路取得新提高,破解发展难题取得新突破,加强队伍建设取得新进步,和谐稳定发展取得新成效,完善体制机制取得新进展。

2009 年 1 月 9 日,中央学习实践活动领导小组办公室召开部分试点国企、高校负责人座谈会,中央组织部副部长、中央学习实践活动领导小组成员兼办公室主任欧阳淞对上汽等试点单位的工作予以肯定。2009 年 3 月,上汽党委召开深入学习实践科学发展观活动总结大会,党委书记、董事长胡茂元作总结报告,中共上海市委学习实践活动第 12 指导检查组组长成作民讲话。

六、创先争优活动

2008 年,上汽党委在深入学习实践科学发展观活动中开展以"争做六个表率"和"发挥五个作用"为主要内容的党员先锋行动。2010—2012 年,党委持续组织开展"组织夺红旗、支部创标杆、党员争先锋"的党内活动。

2011 年 1 月 4 日,上汽党委根据中央关于深入开展创先争优活动的意见,制定印发《关于扎实推进创先争优活动的实施意见》,提出要按照中央"推动科学发展、促进社会和谐、服务人民群众、加强基层组织"的总要求,坚持上汽"围绕经济抓党建、夯实基础促发展"的总方针,扎实推进创先争优活动,力求实现进一步夯实思想基础、在引领科学发展上创先争优,进一步夯实人才基础、在提升素质能级上创先争优,进一步夯实群众基础、在构建和谐企业上创先争优,进一步夯实组织基础、在增强生机活力上创先争优等 4 个目标。同年 7 月,结合纪念建党 90 周年,上汽党委表彰 10 家红旗党组织、30 个标杆党支部、30 位优秀共产党员标兵、20 位优秀党务工作者,并将先进事迹汇编成《上汽创先争优排头兵》,广泛宣传学习。同年 10 月,召开深入开展创先争优活动推进会,总结推广 13 家基层企业成功经验和特色案例。

2012 年,上汽党委落实中央确定的"基层组织建设年"和"抓落实、全覆盖、求实效、受欢迎"的要求,进一步扎实推进创先争优活动。

七、党的群众路线教育实践活动

2013 年 8 月—2014 年 4 月,上汽被列为上海市第一批党的群众路线教育实践活动实施单位。公司领导班子、总部和 53 家企业共 300 余名领导干部、1 400 多个党组织、3 万余名党员参加。按照"照镜子、正衣冠、洗洗澡、治治病"的总要求,扎实做好各环节工作,确保"问题找得准、对照画得像、剖析看得透、整改抓得实"。上海市国资委党委第二督导组对上汽教育实践活动进行指导和督导,公司党委成立教育实践活动领导小组和办公室,组成 8 个督导组。

2013 年 8 月,上汽党委召开教育实践活动督导组工作会议,对教育实践活动进行部署。要求以领导班子为重点,做到带头学习交流撰写材料,带头听取意见查摆问题,带头开展批评和自我批评,带头以"钉钉子"精神抓整改落实,做到立说立行、边学边改。

在预热准备阶段,公司和各单位召开座谈会462场,发放调查问卷7 404份,个别访谈1 113人次,听取了解领导班子和领导干部存在的"四风"问题。活动开始后,集团党委以"为民务实清廉"为主题,组织7次集体学习,主要领导带头讲党课。企业组织专题辅导报告380余场,基层党支部开展学习活动1 800余次。

在查找问题中,上汽领导班子成员分赴54家单位与536名各类人员访谈座谈,共征求三大类258条意见建议。集团党委汇总梳理出"四风"方面问题18项,企业个性化问题40项。同时,深入查找"四风"问题产生的深层次原因,在理想信念、宗旨意识、勤勉履职、党性修养等方面进行深刻剖析。各单位通过"自己找、群众提、上级点、互相帮"深入查找问题,收集意见5 000余条,汇总梳理出1 800余条,其中聚焦"四风"问题的意见建议790条。

在此基础上,领导班子确定整改方向,落实整改措施。上汽领导班子制定整改落实方案,提出40条整改措施,列出11项需要健全完善的制度规定。同时,坚持即知即改,抓好中秋国庆期间严禁公款吃喝和收受礼金礼券购物卡,简化招待会团拜会等活动安排,公司评比项目由原来的41项减少到14项。基层企业提出整改项目901项,新建和修订制度738项,个别领导干部违规用车、小食堂用餐、铺张浪费等问题得到纠正,公务出国、公务差旅等相关制度规定得到完善,初步解决"四风"突出问题。

2014年2月,上汽总部及各基层单位全部召开教育实践活动总结大会。3月,公司党委布置教育实践活动"回头看",逐项检查整改项目、专项整治、建章立制和班子成员个人整改措施的落实情况。制定完善《上汽集团领导干部联系点制度》《上汽集团领导班子转变工作作风、密切联系群众若干措施》《关于进一步加强会议管理的规定》《关于严肃财经纪律的若干规定》《上汽集团厂部级领导干部延期退休管理办法》《行业内评比表彰管理办法》等制度规定。4月,上海市国资委党委第二督导组检查上汽教育实践活动"回头看"落实情况,给予较高评价。

八、"三严三实"专题教育

2015年5月,上汽党委按照中共中央、中共上海市委和上海市国资委党委关于在处级以上领导干部中开展"三严三实"专题教育的要求,印发实施方案。明确"三严三实"专题教育不分批次、不划阶段、不设环节,不是一次活动,融入领导干部经常性学习教育。同月,上汽集团党委书记、董事长陈虹结合专题教育动员部署,为厂部级领导干部上"三严三实"专题党课,专题教育正式开展,集团、总部及企业同步有序推进。

2015年12月,陈虹在年度党委工作报告中对"三严三实"专题教育进行总结。指出这次专题教育突出问题导向,把查找和解决问题贯穿专题教育全过程。集团领导班子查找6个方面16项突出问题,班子成员查找92条不严不实问题;57家基层企业和232位领导干部上报问题清单,并同步开展整改,针对不严不实问题,建制度立规矩,使"三严三实"制度化、常态化、长效化。

第二章 干部与组织工作

1964年,公司始有党委后均分设组织和干部管理机构;1995—2015年,上汽党委均设立组织干部部,负责党的组织建设和干部队伍建设,包括干部选拔任用、监督考核和后备干部管理,党员教育管理,基层党组织建设,党内民主建设等职能。

第一节 机 构 组 织

一、党委组织干部部

1964年7月,上海市农业机械制造公司党委政治部下设组织科和干部科,分别负责党的组织工作和干部工作。1966年5月,组织科和干部科等公司党委机构与公司党委、党委政治部一起均因"文化大革命"冲击而停止活动。1970年9月,上海市拖拉机汽车工业公司党委和党委政治部恢复后设立组织组,干部工作和组织工作均由该组负责。

1978年12月,上海市拖拉机汽车工业公司建立新一届党委及党委设政治部,组织科和干部科再次分设。1984年3月,上海汽车拖拉机工业联营公司党委成立,党委机构设组织部和干部部,组织部职责范围除了组织工作还包括统战工作,干部部职责范围除了干部工作还包括老干部工作。1985年10月,两部因公司党政机构均由处部改处,改为组织处和干部处。1990年3月,上海汽车工业总公司党委成立,继续设立干部处和组织处,同时设立统战处,组织处统战工作移交统战处。1993年1月,两处因公司党政机构由处改部,恢复干部部和组织部称谓。

1995年9月,同时成立的上海汽车工业(集团)总公司(简称上汽集团)和上海汽车有限公司(简称上汽有限)党委机构实行"一个机构,两块牌子"运行模式。同时,党委组织部和干部部合并为组织干部部,党委另设老干部部,原干部部老干部工作转由老干部部负责。1997年12月,上汽有限改制为上市公司上海汽车股份有限公司,其党委组织部和干部部停止运作。

2004年12月,上汽集团发起成立上海汽车集团股份有限公司(简称上汽股份)后,上汽集团不单独设组织干部部,其职能归人力资源部;上汽股份党委设立组织干部部。2007年7月,上汽股份工商注销后,党委组织干部部停止运作。9月,上海汽车股份有限公司更名为上海汽车集团股份有限公司(简称上海汽车)后,上汽集团和上海汽车党委均设有组织干部部并实行"两块牌子,复合运行"。2011年12月,上海汽车整体上市并简称上汽集团后,党委继续设立组织干部部,上海汽车工业(集团)总公司组织干部部停止运作。

2015年,上汽集团党委组织干部部设干部管理科、绩效管理科、综合管理科和组织发展科4个科,管理人员12名,主要负责党的组织建设和干部人才队伍建设工作。其中党的组织建设工作主要包括基层企业党组织设置,指导企业党组织加强党的思想建设、组织建设、制度建设和队伍建设等;干部人才队伍建设工作主要包括干部培养、选拔、任用、交流、监督、考核、奖惩和培训,企业领导班子配备调整,干部和人才队伍建设及日常管理工作等。2012年,党委组织干部部获中共上海市委组织部授予的上海市组织系统讲党性、重品行、做表率先进集体荣誉称号。

二、政工职称评审委员会

1990年6月,上海汽车工业总公司成立思想政治工作中级职务评审委员会,公司副总经理叶平任主任,党委副书记刘雅琴任副主任,由11名委员组成,委员分别是公司组织处、人事处、宣传处、工会等职能部门的负责人,以及公司所属大型企业、培训中心的党委书记。评审委员会成员每两年调整一次,其主要职责是负责公司内政工系列中级专业职务即政工师申报人员的任职资格审定工作,负责公司内政工系列高级专业职务即高级政工师申报人任职资格评议并向上海市思想政治工作高级职务评审委员会推荐。召开评审会议,以民主程序进行工作,必须有2/3以上的委员出席,以无记名投票方式表决,被评审对象应获得委员1/2以上赞成票,即取得中级职务任职资格,或确定向上海市思想政治工作高级职务评审委员会推荐的申报人员。

表13-2-1　1995—2015年上汽政工中级职务评审委员会成员一览表

年份	成员名单		成员							
	主任	副主任								
1995	叶平	刘雅琴	唐炜延	钱留生	高建政	曹碧峥	马军	金伟芬	汪国富	相光华	李永炎
2000	陈忠德	—	唐炜延	薛建	汪国富	何向东	张文达	高建政	相光华	李永炎	包抡文
2005	胡茂元	周郎辉	吴诗仲	薛建	黄强	汪国富	金伟芬	陈寿龙	何向东	熊传林	相光华
2007	叶炎章	周郎辉	吴诗仲	薛建	乐强华	汪国富	金伟芬	何向东	相光华	陈鹤庭	李乐平
2009	薛建	吴诗仲	陈伟烽	乐强华	汪国富	李佩珍	何向东	相光华	华杏生	胡顺华	李乐平
2011	薛建	吴诗仲	陈伟烽	李佩珍	何向东	华杏生	李乐平	高卫平	张国光	施一蒙	陈国联
2013	薛建	—	陈伟烽 孙玉玲	华杏生	高卫平	陈寿龙	黄强	张国光	施一蒙	陈国联	吴帅

说明:1990年度上汽政工职务评审委员会成员名单不详
资料来源:上海汽车集团股份有限公司档案室

第二节　干部管理

一、干部选拔任用

1955年公司成立后,下属工厂厂级干部任免由公司与所在地区委和公司上级主管工业局商定,下属工厂中层干部任免由公司与基层厂商定,党群干部统一由各区委负责任命及管理。

1964年7月公司成立党委,原归属各区委领导的下属工厂党组织改由公司党委领导后,总部科级和所属工厂厂级及以下干部开始由公司党委政治部负责。1984年9月,公司党委制定实施《关于干部审批权限的规定》,干部管理工作逐步正常化制度化。同年年底,公司对上海大众汽车有限公司合资企业的中方领导干部实行聘任制。

1988年,上汽在推进企业人事制度改革中开始引入竞争机制。年初,制定实施《企业行政领导聘任管理规定(试行)》,公司主要抓好企业党政正职,行政副职由厂长提名公司审核,各级干部实行逐级聘任制。同年3—8月,上海钢模厂、上海汽车电机厂、上海汽车研究所实行公开招聘招标厂(所)长。1990年3月,上汽制定实施的《企业领导干部管理制度》规定行政干部实行逐级聘用制、党群干部一般实行定期选举制。1993年,组织企业党政领导干部上下横向交流,当年交流的厂级和总部处级干部计97名。

1994年,为促进领导干部新老交替,上汽党委印发《关于领导干部退现职岗位问题的意见》和《关于对退现职岗位的领导干部效益工资计发办法的若干规定》。规定男性满55周岁、女性满50周岁以上,在厂部级领导干部岗位工作满10年以上者可主动让出岗位,因身体健康状况及其他不适合岗位要求的可由组织安排退岗,规定实施后加速年轻干部提前走上领导岗位。2003年1月,公司在上述两个文件基础上修定《上汽集团领导干部退岗规定》。

1998年5月,上汽党委印发《关于加快建立企业经营者择优录用竞争上岗机制的若干意见》,规定1个岗位2个以上人选,按照"民主推荐、公开竞聘、民主测评、专家审议、组织考察"方式进行竞聘,同月和7月上海汽车工业开发发展公司总经理和上海汽车锻造总厂厂长相继竞争上岗,同年,9个单位领导干部择优录取竞争上岗;同时有12名领导干部因能级不高或业绩不明显,分别以免职退岗方式作了调整。2003年1月,上汽编纂修订印发《领导干部任免办法》《领导干部招聘规定》并编入公司《内部控制制度汇编》,进一步对领导干部选拔任用进行规范。

"十一五"时期,自主创新成为上汽头等战略。2006年2月,上汽提出"引进一批海外人才,招揽一批国内人才,激活一队业内人才"的方针,锤炼一批德才兼备、能打硬仗、富有创新精神的高级经营管理人才。其具体目标是,科技创新学科带头人50名,高级经营管理人才500名,高级技能人才5 000名,打造一支具有国际竞争力的核心人才队伍。2011年,开始把民主推荐作为选拔任用干部的重要依据,在上海实业交通电器有限公司和上海中国弹簧制造有限公司开展"定岗不定人"的副总经理岗位拟任人选民主推荐试点,并各提拔1名副总经理,此后民主推荐成为集团干部选拔任用的常规性工作。

2015年,上汽提出干部选拔任用、加强人才高地建设新思路,重点抓好自主研发、国际经营和新业务领域的领导干部队伍建设。同年4月起,根据《党政领导干部选拔任用工作条例》规定,对新提拔厂部级领导干部进行任职前公示。5月,集团党委印发《大型企业一级经理任免前备案管理办法》,对上海汽车集团股份有限公司乘用车分公司、上汽大众汽车有限公司、上汽通用汽车有限公司、上汽通用五菱汽车股份有限公司、延锋汽车饰件系统有限公司等5家大型企业一级经理实行任免前备案管理,同时对集团直管企业及总部部室厂部级助理实行任免前备案管理。

1964年,上汽拥有各类干部4 114人,其中男性3 494人、女性620人;35岁以下1 365人,35~44岁的731人,45~54岁的952人,55岁及以上的90人;具有本科学历的4 114人;具有高级职称的7人,中级职称的47人,初级及以下的4 060人。

1995年,上汽拥有各类干部13 796人,其中男性9 599人、女性4 197人;35岁以下的4 782人,35~44岁的3 840人,45~54岁的2 983人,55岁及以上的1 221人;具有研究生学历的135人,本科学历的3 180人,大专及以下学历的10 404人;具有高级职称的444人、中级职称的2 068人,初级及以下的11 284人。

2015年,上汽拥有厂部级以上领导干部314人,其中行政干部230人、党群干部84人;男性283人,女性31人;35岁以下1人,35~44岁79人,45~54岁184人,55岁及以上50人;具有研究生学历的149人,本科学历的146人,大专及以下学历的19人;具有高级职称的147人、中级职称的123人、初级及以下的44人。

表 13‑2‑2　1957—1995 年部分年份上汽各类干部/1996—2015 年厂部级领导干部人数和结构统计表

单位：人

年份	人数	其中		性别		年龄				学历			职称		
		行政干部	党群干部	男	女	35以下	35～44	45～54	55及以上	研究生	本科	大专及以下	高级	中级	初级及以下
1957	1 382	—	—	1 253	129	720	366	271	25	—	128	1 254	1	3	1 378
1964	4 114	—	—	3 494	620	1 365	731	952	90	—	4 114		7	47	4 060
1978	8 389	—	—	6 602	1 787	2 218	2 096	2 096	426	—	8 389	—	10	95	8 284
1986	11 045	—	—	8 099	2 946	3 123	3 979	3 124	720	—	1 362	9 248	10	988	10 047
1992	13 632	—	—	9 621	4 011	4 729	4 300	3 162	1 456	78	2 583	10 863	294	1 564	11 774
1995	13 796	—	—	9 599	4 197	4 782	3 840	2 983	1 221	135	3 180	10 404	444	2 068	11 284
1996	218	142	76	194	24	6	38	142	32	7	71	140	152	51	15
1997	219	140	79	193	26	7	43	137	32	8	72	139	142	62	15
1998	226	142	84	197	29	6	48	133	39	9	73	144	147	64	15
1999	230	151	79	200	30	6	50	134	40	14	76	140	164	58	8
2000	253	162	91	220	33	13	55	129	56	20	100	133	177	70	6
2001	250	164	86	217	33	14	57	128	51	26	101	123	167	76	7
2002	244	165	79	212	32	20	55	120	49	42	110	92	150	82	12
2003	237	163	74	209	28	14	61	107	55	67	93	77	142	84	11
2004	237	162	75	209	28	10	60	99	68	67	93	77	142	84	11
2005	232	160	72	207	25	8	64	86	74	84	80	68	136	83	13
2006	261	189	72	229	32	12	85	94	70	108	91	62	139	103	19
2007	264	186	78	232	32	6	92	104	62	140	76	48	142	103	19
2008	306	216	90	275	31	0	38	151	117	152	115	39	161	122	23
2009	313	230	83	280	33	0	57	161	95	162	116	35	159	126	28
2010	307	231	76	275	32	0	60	162	85	160	117	30	149	129	29
2011	305	222	83	271	34	0	66	161	78	158	118	29	161	118	26
2012	325	240	85	293	32	1	87	170	67	90	204	31	163	124	38
2013	307	223	84	277	30	1	83	171	52	91	191	25	155	118	34
2014	312	226	86	283	29	3	86	173	50	155	137	20	147	125	40
2015	314	230	84	283	31		79	184	50	149	146	19	147	123	44

资料来源：上海汽车集团股份有限公司党委组织干部部

二、干部管理监督

1964 年 7 月公司党委成立后，总部机构科级和所属工厂厂级干部管理由公司党委政治部组织科负责。1984年7月,根据中央组织部、劳动人事部《关于整顿"以工代干"问题的通知》精神,上汽对20世纪60—80年代初占干部总数53.5%的5 431名"以工代干"人员进行整顿,经考核补办手续转为干部的3 296人。1990年3月,上汽制定实施《企业领导干部管理制度》,对企业领导干部任用、考核、监督、奖惩、交流、培养、调整和解聘、降免、生活待遇等作明确规定,实行管人管事相一致的原则,行政干部实行逐级聘用制,党群干部一般实行定期选举制。同年,上汽还制定《专业技术干部管理办法》《因公出国管理办法》等规定,并建立干部人事信息库,建立干部人事信息计算机辅助管理系统。1993年,相继制定实施《厂处级干部管理制度》《与企业领导谈心谈话制度》《领导干部遵守纪律、勤政廉洁的规定》《礼品上缴登记制度》《后备干部管理制度》和《后备干部轮岗锻炼的意见》等,干部管理工作逐步规范化。

1995年8月,上汽制定实施《领导干部收入申报的实施办法》;2003年,根据上级党委要求重新制定《领导干部收入申报实施办法》。1997年5月,印发实施《关于提高领导干部民主生活会质量的意见》;1999年对该意见进行修订,规定领导干部民主生活会每半年召开一次,公司纪委和党委组干部对各单位上报的民主生活会议题进行审议经同意后方可召开,民主生活会出席率要达到100%。2002年,结合上汽制定内控制度,修订《领导干部任免办法》《后备干部工作暂行规定》《领导干部收入申报实施办法》《领导干部退现职岗位的规定》,新制定《领导干部招聘规定》《领导干部考核办法》《领导干部出国(境)管理规定》《关于领导干部重奖实施办法》和《领导干部谈话制度》。

2007年10月,上汽印发《领导干部报告个人有关事项的实施办法》,对领导干部应报告、需要请示的事项,领导干部个人有关事项报告的受理作了明确规定,规定该事项由党委组织干部部负责日常管理,纪委监察部门监督检查。2013年1月,上汽总裁办公室和党委办公室印发《改进工作作风、密切联系群众的若干规定》,规定改进调查研究和现场办公、精简会议活动和文件、规范外事活动和商务活动、改进宣传报道、关心员工生产生活、加强督促检查等事项。2014年5月,根据中共中央组织部办公厅、中共上海市委组织部要求,上汽对所管理的厂部级以上领导干部中配偶移居国(境)外[没有配偶的子女均已移居国(境)外]的情况进行梳理甄别,并对在受限岗位任职的干部进行谈话或组织调整。此后,集团党委明确配偶已移居国(境)外,或没有配偶子女均已移居国(境)外的拟提任干部人选,不得列入考察对象。同年8月,集团党委根据中组部、中共上海市委组织部关于"规范、清理领导干部(含退离休领导)企业兼职(任职)"工作要求,按照"三年两不准"规定,对退(离)休领导干部在企业兼职(任职)情况进行规范清理,对符合规定继续兼职的按照规定办理审批(报批)手续。2014年8月,为认真贯彻执行中央八项规定和从严管理干部的精神,上汽党委根据中共中央组织部、中共上海市委组织部和上海市国资委党委《退(离)休领导干部在社会团体兼职清理规范》工作要求,对退(离)休领导干部社会团体兼职情况规范清理,对符合规定继续兼职的,按照规定办理备案审批手续。

三、干部考核激励

1986年,上汽开始实施民主评议干部,当年43个单位以职代会形式定期评议干部,评议意见作为考核使用干部依据之一。1988年,制定厂长和书记知识能力规定,开始对厂级干部进行考核。1989年,制定实施《厂处级干部考察考核办法》,规定通过述职评议等方式考核领导干部现实表现及工作业绩。

1993年,上汽将职代会评议干部办法改为每半年进行一次实绩能力考核,每年年底对二层次单位党政领导干部进行考核测评,每两年进行一次工作述职报告和测评,考核结果分为优秀、称职、基本称职和不称职4档。1997年7月,上汽党委印发《关于认真做好领导班子和领导干部考核工作的实施意见》,规定坚持党管干部原则,明确领导干部考核的指导思想、范围对象、重要内容、具体办法、结果处置等事项。

1998年开始,上汽完善干部考核机制,形成"六位一体"考核办法,制定以业绩考核为重点的领导干部综合评价指标;实行主管领导评价、领导班子互评、职工民主评议的方式;加大年终考核奖惩力度,对业绩突出的领导干部进行重奖,对工作业绩差、工作能力弱、群众意见大的干部进行诫勉谈话,对不称职的予以免职。

从2000年开始,上汽对年度考核评定为经营业绩"优异"的二层次单位和厂部级以上领导干部个人给予嘉奖,并在春节团拜会由集团党政主要领导颁布嘉奖令。上海易初通用机器有限公司总经理赵凤高管理因创立人人成为"经营者"管理模式并于2000年度取得显著业绩,在2001年1月上汽春节团拜会获得上汽首次嘉奖令,并获奖上海帕萨特轿车一辆。自2003年开始,在嘉奖个人同时嘉奖二层次单位。至2015年,上汽共嘉奖领导干部93人次、二层次单位71个次。

2003年1月,上汽修订印发《领导干部考核办法》《领导干部重奖实施办法》,并编入公司《内部控制制度汇编》。2007年3月,上汽党委组织开展"政治素质好、经营业绩好、团结协作好、作风形象好"四好领导班子建设,下发《"四好"领导班子评价模型》,在对领导班子"四好"要求16个要素民主测评、创建工作4个要素组织评价基础上,采用加权方法进行综合评价比较,确定领导班子年度综合得分,评价结果与领导班子和领导干部年终考核结果同步反馈。同年7月,印发《领导干部评价试行办法》,从"得、能、勤、绩、廉"5个方面10个要求,按优秀(好)、称职(较好)、基本称职(一般)、不称职(差)分类,对领导干部进行总体评价和要素评价,进一步探索领导干部评价科学化、规范化和制度化。

2012年3月,上汽实施激励基金计划,根据2012—2015各年度净利润完成情况,在年度激励基金可提取数额内,结合年度激励对象年薪总额,分别确定年度激励基金,吸引稳定中高级管理人员和关键骨干等核心人才队伍,并建立利益共享、风险共担机制。

四、后备干部管理

1989年,上汽印发《关于加强后备干部管理培养的若干意见的通知》,提出后备干部的条件、比例等。1992年,经层层推荐和考察、考核、选拔,公司建立近300人的后备干部队伍。

1993年,上汽进一步大胆起用年轻干部,印发实施《后备干部管理制度》和《后备干部轮岗锻炼的意见》。1994年2月,上汽党政召开干部工作会议,交流探索后备干部工作经验做法。会后,决定对后备干部采取分层次推荐,即公司领导层后备干部与各部室后备干部由二层次党政一把手及公司本部部级领导以上干部推荐,二层次党政正副职后备干部及青年后备干部由二层次单位自行推荐,经过酝酿推荐当年后备干部达到200名。1995年上半年,抽调63名35岁以下后备干部到二层次企业领导岗位挂职锻炼,挂职锻炼自此成为后备干部实践培养的重要形式。

1998年5月,上汽党委提出加强后备干部队伍建设,调整充实决策层、中坚层、希望层3个层次300名后备干部队伍,为形成经营者竞争上岗机制储备优秀人才。

2000 年,上汽印发《关于年轻干部选拔培养若干意见》及"加强年轻干部培养工作考核评分表",对后备干部工作提出具体要求,经过民主推荐组成 400 人左右的后备干部队伍,其中近期可上岗的 A 类后备干部 100 人,素质较好、潜力较大、经短期轮岗锻炼可上岗的 B 类后备干部 141 人,其余为素质较好、有一定潜力、需经多种岗位锻炼和相对较长时间培养的 C 类后备干部,并建立后备干部数据库。2002 年 3 月,举办首批青年干部培训班,自此培训班成为培养后备干部的重要课堂,每年举办 1～2 期,每期集中学习两周时间。2003 年 1 月,上汽编印的《内部控制制度汇编》规定:保持 350 人左右的后备干部队伍,企业正职领导岗位按 1∶2,副职领导岗位按 1∶1 数量配备,A、B、C 三类人员比例大致为 1∶1∶2。2007 年起,每年举办后备干部公共讲座,参加对象是总部正、副科长/经理,企业 A、B、C 类后备干部和团组织负责人,内容包括形势任务、国情教育、企业发展战略、国际化经营管理等。

1995—2015 年,上汽累计安排 200 人次后备干部参加轮岗挂职锻炼,其中 88 名被提拔为厂部级领导干部;2002—2015 年,累计举办 16 期青年干部培训班,总计培训 459 名后备干部,其中 161 名被提拔为厂部级领导干部;2007—2015 年,累计举办后备干部公共讲座 77 讲,共计培训 14 067 人次。

表 13－2－3 2005—2015 年上汽后备干部统计表

年份	人数(人)	后备干部分类占比(%)			平均年龄(岁)
		A 类	B 类	C 类	
2005	402	23	28	49	—
2006	490	17	35	48	37
2007	451	17	37	46	37.9
2008	544	28	42	30	38.2
2009	697	17	41	42	38.5
2010	725	18	16	66	38.7
2011	753	14	50	36	38.8
2012	806	14	48	38	40.2
2013	802(含沪外 54)	17.09	40.52	42.39	39.4
2014	888(含沪外 111)	A、B、C 比例为 1∶2∶2			39.8
2015	987(含沪外 133)	A、B、C 比例为 1∶2∶3			40.3

资料来源:上海汽车集团股份有限公司党委组织干部部

表 13－2－4 2007—2015 年上汽后备干部公共讲座统计表

年 份	2007	2008	2009	2010	2011	2012	2013	2014	2015
开设(次)	15	8	7	8	8	8	8	7	8
人次	1 966	1 513	1 488	2 084	1 530	1 317	1 442	1 564	1 163

资料来源:上海汽车集团股份有限公司党委组织干部部

第三节 基层党组织、党员

一、1964—1995 年直属党组织数量分布

1964 年 7 月,上海市农业机械制造公司党委经中共上海市委批准成立,原隶属各区县委领导的所属工厂党组织改由公司党委领导。其时下属 60 家工厂中党委单位 8 个、党总支单位 12 个、独立党支部 40 个。1970 年 9 月,上海市拖拉机汽车工业公司党委成立,直属基层党委 15 个、党总支 6 个、独立党支部 39 个。1987 年,上海汽车拖拉机联营公司党委直属基层党委 21 个、基层党总支 14 个、独立党支部 18 个。1992 年,上海汽车工业总公司党委直属基层党委增至 28 个、机关党委 1 个、党总支减至 2 个、独立党支部减至 2 个。1995 年 9 月,上海汽车工业(集团)总公司直属本部党委 1 个、基层党委 29 个、独立党总支 1 个、独立党支部 2 个。

二、1996—2015 年在沪党组织数量分布

1996 年,上海汽车工业(集团)总公司在沪各层次党组织总数 697 个,其中直属党组织 33 个;党委总数 67 个,其中直属党委 30 个;党总支总数 23 个,其中直属党总支 1 个;党支部总数 607 个,其中直属党支部 2 个。2015 年,上海汽车集团股份有限公司在沪各层次党组织总数增至 1 172 个,其中直属党组织 48 个;党委总数 82 个,其中直属党委 43 个;党总支总数 106 个,其中直属党总支 4 个;党支部总数 984 个,其中直属党支部 1 个。

表 13-2-5 1996—2015 年上汽在沪所属党组织数量与分布统计表　　　　　单位:个

年　份	党　委	党总支	党支部	合　计
1996	67	23	607	697
1997	69	26	642	737
1998	69	30	603	702
1999	69	33	617	719
2000	65	33	610	708
2001	63	31	581	675
2002	63	40	589	692
2003	64	31	601	696
2005	65	42	634	741
2006	68	70	725	863
2008	73	61	786	920
2009	74	82	852	1 008
2010	74	85	861	1 020
2011	75	90	881	1 046

〔续表〕

年　份	党　委	党总支	党支部	合　计
2012	76	101	919	1 096
2013	78	100	945	1 123
2014	81	100	966	1 147
2015	82	106	984	1 172

说明：2004 年、2007 年无资料

资料来源：上海汽车集团股份有限公司党委组织干部部

三、在沪党员人数结构

1964 年，上海市农业机械制造公司党委成立后，公司系统共有党员 2 682 人。此后，党员人数不断增加，1976 年增至 5 610 人，1992 年增至 8 639 人。1995 年，党员 9 079 人，占员工总数 14.9%。

1996 年，党员人数突破 1 万人，达到 1.02 万人；占员工总数的比例突破 15%，达到 16%；2008 年和 2011 年，党员先后突破 1.5 万人和 2 万人，分别达到 1.61 万人和 2.13 万人。2013 年，党员突破 2.5 万人，达到 2.59 万人；占员工总数的比例突破 20%，达到 20.4%。至 2015 年，党员人数为 27 991 人，比 1964 年增长 9.4 倍，占员工总数的比例达到历史最高的 22.3%。

随着企业结构和产品结构的转型升级，党员结构发生深刻变化。2015 年与 1996 年相比，上汽在沪党员从 10 230 人增至 27 991 人，增长 1.74 倍。党员年轻化程度明显提高，35 岁以下党员从 1 948 人增至 15 417 人，增长 6.75 倍；占党员总数的比例从 19.0% 增至 55.1%，占比增加 1.9 倍。文化程度明显提高，大专以上学历的党员从 3 334 人增至 22 629 人，增长 5.79 倍；占党员总数的比例从 32.6% 增至 80.8%，占比增加 1.5 倍；大专以上学历中研究生学历的党员达到 5 686 人，占党员总数的比例达到 20.3%，亦即 5 名党员中有 1 名是研究生学历。从事技术的党员比例明显提高，从 3 111 人增至 15 091 人，增长 3.85 倍；占党员总数的比例从 30.4% 增至 53.9%，占比增加 0.77 倍。

1996—2015 年，上汽 35 岁以下党员增长 6.75 倍，大专以上党员增长 5.59 倍，从事技术的党员增长 3.85 倍，均成倍于党员增长的 1.74 倍，党员结构显著优化。

四、沪外党组织党员数量

进入 21 世纪后，上汽走出上海、跨地发展，党的建设随之"走出去"开展工作。上汽按照党建工作"属地属资结合，以属地为主"的原则，逐步实施沪外企业党组织和党员组织建设。

2002—2015 年，上汽党委组织干部部对上汽通用五菱汽车股份有限公司、南京汽车集团有限公司、东华汽车实业有限公司、上海汽车集团（北京）有限公司、上汽依维柯红岩商用车有限公司 5 家主要跨地企业的党组织和党员基本情况进行分类统计。2015 年，5 家沪外企业基层党组织 370 个，其中基层党委 35 个、党总支 33 个、党支部 302 个；党员 7 411 人。

表13-2-6 1996—2015年上汽在沪党员数量结构统计表

单位：人

年份	党员总数	性别		岗位				年龄				学历					占员工总数的比率（%）
		男	女	工人	管理人员	专业技术人员	其他	35岁以下	35~45岁（含）	46~60岁（含）	60岁以上	研究生	大学本科	大学专科	中专、高中及中技	初中及以下	
1996	10 230	8 389	1 841	3 205	2 644	3 111	1 270	1 948	3 292	4 018	972		3 334		3 331	3 565	16.0
1997	10 662	8 709	1 953	3 513	2 712	3 451	986	2 321	3 257	4 214	870		3 798		3 510	3 354	16.6
1998	11 097	9 059	2 038	3 847	1 029	1 298	4 923	2 723	3 412	4 242	720	236	4 064		3 613	3 184	17.0
1999	11 704	9 572	2 132	3 902	2 712	4 207	883	2 927	3 648	4 367	762	307	4 579		3 779	3 039	18.0
2000	11 748	9 676	2 072	4 138	2 705	4 159	746	3 137	3 516	4 456	639	351	4 813		3 737	2 847	18.1
2001	11 788	9 766	2 022	3 900	2 481	4 063	1 344	3 377	3 404	4 354	653	431	2 153	2 851	3 647	2 706	19.5
2002	11 949	9 930	2 019	3 916	2 536	4 093	1 404	3 700	3 206	4 403	640	517	2 416	2 869	3 657	2 490	20.5
2003	12 526	10 344	2 182	4 051	6 989		1 486	4 238	3 020	4 643	625	661	2 788	2 930	3 782	2 365	19.3
2005	12 975	10 625	2 350	4 262	7 784		929	5 238	2 839	4 405	493	1 054	3 379	2 901	3 679	1 962	18.8
2006	14 169	11 543	2 626	4 384	8 413		1 372	5 488	2 989	5 009	683	1 229	3 773	3 103	3 991	2 073	19.6
2008	16 173	12 884	3 289	4 634	10 422		1 117	7 206	3 386	4 855	726	2 050	5 251	3 265	3 849	1 758	19.7
2009	17 838	14 154	3 684	4 946	3 931	7 795	1 166	7 942	3 856	5 194	846	2 291	6 045	3 639	4 051	1 812	18.5
2010	19 358	15 245	4 113	5 057	4 304	8 747	1 250	9 075	4 211	5 161	911	2 807	7 129	3 991	3 822	1 609	17.6
2011	21 293	16 495	4 798	5 900	4 726	9 433	1 234	10 598	4 703	5 074	918	3 359	8 255	4 202	3 988	1 489	18.4
2012	23 776	18 295	5 481	6 093	5 035	11 543	1 105	12 654	5 314	4 972	836	4 169	9 761	4 319	4 161	1 366	19.3
2013	25 903	19 948	5 955	6 335	5 314	13 256	998	14 227	6 026	4 835	815	4 955	10 855	4 514	4 327	1 252	20.4
2014	26 654	20 435	6 219	6 484	5 208	14 034	928	14 648	6 441	4 854	711	5 192	11 417	4 578	4 379	1 088	20.8
2015	27 991	21 485	6 506	6 596	5 282	15 091	1 022	15 417	7 013	4 825	736	5 686	12 334	4 609	4 371	991	22.3

说明 2004年、2007年无资料

资料来源：上海汽车集团股份有限公司党委组织干部部

表 13－2－7　2002—2015 年上汽 5 家沪外企业党组织党员情况统计表　　单位：个/人

年　份	党委数	党总支数	党支部数	党员人数
2002	1	0	11	425
2003	1	0	12	438
2004	1	0	12	482
2005	1	0	12	507
2006	1	1	18	917
2007	36	26	329	5 820
2008	31	25	319	5 773
2009	32	28	330	5 894
2010	33	34	329	6 184
2011	36	32	319	6 555
2012	35	32	335	7 093
2013	35	32	341	7 150
2014	37	32	341	7 525
2015	35	33	302	7 411

资料来源：上海汽车集团股份有限公司党委组织干部部

第四节　基层支部建设

一、建设思路

1998 年 3 月，上汽党委下发《新三年(1998—2000)加强党的建设工作的若干意见》，其中提出党支部建设以达标升级为抓手，修订党支部达标升级的标准，按照提高创建质量和水平的要求，不断提高基层党支部建设的水平。2002 年，上汽党委印发《关于加强基层党支部建设的意见》，提出要把"围绕中心、抓好主题，分类指导、整体推进，夯实基础、重心下移，典型示范、以点带面"作为抓好基层党支部组织建设的指导思想。2006 年 1 月，上汽党委颁布《"十一五"党建工作纲要(试行)》，提出党支部建设要深入推进党务公开，深入推进公推直选，加强党员教育管理。2007 年 5 月，上汽党委制定试行《党支部工作评价指引》，提出按照"基层、基础、基本"的基本思路，基层党支部工作评价增加"三服务、三测评"要求，即党的上级组织为下级组织服务、党的基层组织为党员服务、党的各级组织和党员为群众服务的服务机制，探索党员代表评价党委、党员评价支部、群众评价党员的评价机制。

2011 年 1 月，上汽党委印发《关于扎实推进"创先争优"活动的实施意见》，提出要以"组织夺红旗、支部创标杆、党员争先锋"行动，分层推进"创先争优"活动，并明确争创标杆党支部的 5 项重点内容。2013 年 4 月，上汽党委印发《关于进一步加强和改进党支部建设工作的若干意见》，提出扎实贯彻党的十八大精神，抓基层、打基础、增活力、建机制，按照"六个着力"的要求加强和改进党支部建设,即着力同步设置、合理配置,实现基层组织的全面覆盖;着力提升能级、形成合力,打造坚强有力的支委班子;着力提高素质、发挥作用,建设"创先争优"的党员队伍;着力健全制度、科学管理,完善运行有效的工作机制;着力保证经济、创新实践,发挥攻坚克难的堡垒作用;着力服务群众、凝聚员工,构筑联系群众的桥梁纽带。

二、达标升级

上汽党支部达标升级工作从 1998 年开始,当年从 603 个党支部中评定 93 个一级党支部,占比 15.4%。1999 年,修订一级党支部标准。2000 年 1 月,印发《关于开展 2000 年基层党支部达标升级评审工作的通知》,提出在巩固党支部达标的基础上,一级党支部达到 15% 的比例。

2001 年 6 月,上汽党委提出在评定一级党支部的基础上评比特色党支部,其特色工作和典型经验能代表上汽先进党支部的工作水平。经评审,从 108 个一级党支部中评选出上海大众汽车有限公司汽车三厂油漆车间党支部、上海通用汽车有限公司信息系统部党支部等 12 个"十佳特色党支部"。

2002 年 9 月,上汽党委组织干部部制定《基层党支部"达标升等"工作规范》,明确达标党支部、二级党支部、一级党支部、特色党支部等评定等级及基层党支部"达标升等"评比表彰工作流程。

2007 年 5 月,上汽党委按照"支委班子坚强、党员作用明显、基础工作扎实、群众工作有效、学习氛围浓厚"的要求,制定《党支部工作评价指引》,提出将党支部工作评价与党支部升级达标、先进党支部和特色党支部评比表彰相结合,明确通过党支部建设基本情况考核及党员、群众对党支部满意度测评实施,评定一级党支部、二级党支部和达标党支部。

2008—2015 年,上汽在评选特色党支部基础上评定标杆党支部。2008 年 5 月,召开党支部特色工作发布会,基层企业推荐的 50 个党支部进行现场发布,通过综合基础工作先期检查和特色工作评审打分,经上汽党委讨论决定,授予上海大众汽车发动机厂三轴车间党支部、上海汽车集团股份有限公司技术中心车身党支部等 15 家党支部为上汽标杆党支部称号。2011 年 7 月,开展"组织夺红旗、支部创标杆、党员争先锋"活动,评选出 30 个标杆党支部。

2012 年 4 月,按照上海市国资委党委关于建设"五好党组织"的要求,上汽党委进一步推进党支部达标升级工作。经过创建和评选,在沪企业 881 个党支部中,好的党支部 219 个,占 24.9%;较好的党支部 475 个,占 53.9%;一般的党支部 184 个,占 20.9%;不合格支部 3 个。

表 13 - 2 - 8　1998—2012 年上汽党支部达标升级情况统计表　　　　单位:个

年　份	党支部总数（个）	一级党支部		先进表彰		
		数量（个）	占比（%）	集团先进	集团标杆/特色	国资委先进
1998	603	93	15.4	93	—	—
1999	617	98	15.9	98	—	—
2001	581	108	18.6	95	10	3
2002	589	111	18.8	99	12	—
2003	601	112	18.6	102	10	

〔续表〕

年　份	党支部总数（个）	一级党支部		先进表彰		
		数量（个）	占比（%）	集团先进	集团标杆/特色	国资委先进
2004	—	105	—	101	—	4
2008	786	182	23.2	161	15	6
2011	881	213	24.2	177	30	6
2012	919	107	11.6	100	—	7

资料来源：上海汽车集团股份有限公司党委组织干部部

三、"班长工程"

1998年9月，上汽党委制订加强基层在职党支部书记岗位知识培训的工作计划，决定从同年下半年起每年组织对在职党支部书记队伍状况进行调研分析，建立在职党支部书记队伍状况数据库，明确年度实施"班长工程"目标和任务，即以整体提高党支部书记素质，优化党支部书记队伍结构为目标，强化政治、知识、能力三大素质，使基层党支部书记在树立理想、坚定信念、熟悉党务、懂得经济、敬业爱岗、联系群众、善做思想政治工作等方面的总体水平得到提高；决定采用与上海市工业党委党校联合办班、上汽党校举办"双休日"培训班、上汽党委组织干部部组织师资到基层上门办班3种方式对党支部书记进行培训。1999年，举办党支部书记培训班10期，培训602名党支部书记，占应训党支部书记的98.67%。

1999—2002年10月，上汽通过"班长工程"建设，党支部书记队伍结构得到优化：平均年龄降低3.5岁；大专以上学历达77.2%，比1999年提高13.6%；中级以上职称达64.4%，比1999年提高8.6%；兼职党支部书记达90%以上，双肩挑书记达55.4%。

2003—2015年，在基层企业组织党支部书记培训基础上，上汽把党支部书记培训列入常规培训，由上汽培训中心组织实施，先后开办党支部书记、新上岗支部书记、争创特色党支部书记、集团三层次党委书记和党总支书记等各类基层党组织书记培训班累计120个班次，累计培训基层党组织书记4 461人次。

第五节　党员教育管理

一、组织生活

20世纪50年代末，公司所属工厂有党的组织，特别是1964年公司建立党委以后，不断建立健全以党小组会、党员大会、支部委员会会议和党课"三会一课"制度为主要内容的党内组织生活，不断深入学习从马克思列宁主义、毛泽东思想到邓小平理论、"三个代表"重要思想、科学发展观等党的指导思想和重要理论，深入学习历次党代会精神和中央领导重要讲话精神；积极开展历次整党工作、"三讲"学习教育活动、先进性教育活动、深入学习实践科学发展观活动、创先争优活动、党的群众路线教育实践活动、"三严三实"专题教育等党内重要学习教育活动，不断增强党性、加强党纪、端正党风；不断围绕经济工作组织开展形式多样的主题活动和立功竞赛活动，充分发挥共产党员的先锋模范作用。

1996 年和 2001 年,上汽先后获中共中央组织部颁发的"全国先进基层党组织"称号。

2012 年,上汽党委印发《关于进一步加强和改进党支部建设工作的若干意见》,进一步提出严格三会一课制度、丰富组织生活内容、创新组织生活方式的要求,并将创新组织生活列入基层党建工作重点内容,作为党员对党支部工作满意度评价的重要指标。2015 年 7 月,上汽党委组织干部部举办上汽"让组织生活活跃起来"组织生活创新案例评比,39 家企业申报 51 个案例,其中 15 个案例获集团优秀案例发布奖。

表 13 - 2 - 9 1985—2015 年上汽党组织围绕经济开展主题活动情况表

年　份	活　动　名　称
1985—1988	开展"创业新速度、创业新效益,做发扬好传统、树立新观念、发挥先锋模范作用的带头人"的"两创一带头"主题活动;开展"在两个文明建设中作贡献"党内评比竞赛活动
1988—1990	开展"为党旗增光辉、为改革作贡献、为群众作表率"党内主题活动或竞赛系列活动
1990—1991	开展上海桑塔纳轿车国产化攻关的"保质量、保配套、保效益"为主要内容的"三保立功竞赛活动"
1992	开展"擎红旗、促改革、上等级、争先进"党内主题活动
1993	开展上海桑塔纳轿车"干 10 万辆、为 20 万辆、想 30 万辆"的主题活动
1994	开展"为 20 万辆轿车生产能力,出新型轿车,抓新的增长点,增强发展后劲作贡献"主题活动
1996	开展"上规模、上开发、上管理、下成本"为主题的凝聚力工程建设
1999—2000	坚持"一销(整车销售)二创(技术创新、管理创新)三挑战(来自市场、发展速度和 WTO 的挑战)主题活动
2001—2002	实施"用户满意、全面创新、全球经营、人本管理"四大工程
2003—2005	实施"生产自主品牌汽车 5 万辆,年产汽车 100 万辆,跻身世界 500 强"三大战略目标。
2006	"发扬'亮剑'精神,打好降成本、拓市场、自主创新、开发新能源的四场硬仗"
2007	"决胜三大目标、决战自主品牌、决裂传统体制"
2008	"攻坚自主品牌建设、攻克资源集成难题、攻占市场优势地位"
2009	"突出科学发展重点、突破机制运行障碍、突击市场下滑危机"
2010	"聚力发展上水平、聚焦转变调结构、聚首世博促和谐"
2011	"创新方式提内涵,创造记录上台阶,创新体制谋长远"
2012	"转变思想抓契机,转攻关键争排头,转战市场谋发展"
2013	"提高创新强实力,提增应变促发展,提升管控防风险"
2014	深化改革创新,突出攻坚克难,坚持市场导向、目标导向、问题导向
2015	围绕"创新驱动、转型发展"开展党建工作

资料来源:上海汽车集团股份有限公司党委组织干部部

二、万名党员进党校

2007年,为完善先进性教育长效机制,探索有效发挥万名党员的带头作用、带领本领的"双带作用",上汽党委组织干部部制订万名党员能力素质3年提升行动计划,并在3~5家基层单位先行试点,积累经验、以点带面。2008年4月,上汽党委成立"万名党员进党校"推进指导小组和指导与服务常设机构,拟定下发《关于开展"万名党员进党校"工作的实施意见》及4个配套文件、8个操作性附件。同月,上汽"万名党员进党校"培训工作启动。

【第一轮"万名党员进党校"】

2008—2010年,以保持党员先进性为主题,上汽党委组织第一轮"万名党员进党校"集中培训。学习内容包括"理论辅导"和"技能提高"两个部分。理论辅导部分主要有党的十七大精神、新党章、形势任务教育、党建工作、企业文化、"五五普法"教育等;技能提高部分主要以各单位为主,根据党员队伍现状和党员素质能力提升需求,确定学习内容,精心组织实施。根据不同情况,又推出党校办班、送教上门、教学点办班等灵活多样的办学方式。根据企业生产工作实际,实行进党校培训、送教到企业、在教学点办班、为流动党员提供培训资源、网上学习等灵活多样的办学方式,建立一支由中共上海市委党校、上海市国资委党校、工会干部管理学院,以及高校教授专家组成的兼职师资队伍。该轮培训累计举办培训班348期,培训在职党员22 692人,党员培训面达到99.8%。

【第二轮"万名党员进党校"】

2011—2013年,以"创先争优"为主题,实施第二轮"万名党员进党校"集中培训。本轮集中培训组织编写《上汽党员教育培训读本》培训教材,将中国特色社会主义理论体系、中国共产党的光辉历程、回顾"十一五"展望"十二五"、创先争优、上汽廉洁文化、普法等纳入培训内容,并充实师资队伍,建立完善兼职教师和课程数据库及测试题库,定期编印《党员学习教育资料》,举办"育人大课堂",使培训更为制度化和规范化。上汽党委强调企业党组织的主体作用,发挥集团党校主阵地作用,做到党校办班与教学点办班相结合、传统授课模式与现代教学手段相结合、集中学习与课外自学相结合、党员进党校培训与普法教育相结合。该轮培训累计举办培训班265期,累计培训在职党员28 137人,党员培训面达到99.5%。

【第三轮"万名党员进党校"】

2014—2016年,以服务型党组织建设为主题,开展第三轮"万名党员进党校"集中培训。该轮培训以坚定理想信念、增强发展意识、提高创新能力、强化群众观念为目标;培训内容包括理想信念、创新发展、党风党纪、社会实践等4个模块,并按照新形势新要求,进行调整充实。上汽党委提出党员参加政治理论集中培训不少于24学时。党员进党校工作实施情况列入对基层党建工作考核内容,党校要完善教学管理,做到统一教学计划、统一考试、统一发证等硬性要求。根据至2015年年底的培训进度,预计至2016年11月底该轮培训结束,可累计培训党员3.59万人,党员培训面可达99.7%。

三、党员民主评议

1988年12月,中共中央转发《中共中央组织部关于建立民主评议党员制度的意见》。上汽党委认真贯彻,开始建立党员民主评议制度,每年年底前或"七一"前组织一次党员民主评议工作,并形成制度。评议方法是:以党支部为单位,开好支部委员会,做好党员队伍分析工作;开好党小组会,抓好党员个人小结和民主评议;开好支部大会,搞好支部民主评议工作总结;在评议基础上评选推荐本年度优秀共产党员,做好处置不合格党员工作。

2007年1月,上汽党委印发《关于结合党员民主评议深入开展先进性教育的制度》。同年,党委组织干部部下发《关于开展党员民主评议工作的通知》,要求探索实施《上汽共产党员素质能力作用评价试行办法》。该办法规定:一般党员按素质、能力、作用3个项目6个要素测评,即学习理论的表率、思想觉悟的表率、掌握技能的表率、实践创新的表率、爱岗敬业的表率、服务群众的表率;党员领导干部按德、能、勤、绩、廉5个方面10个要素测评,10个要素即政治态度、思想品质、工作思路、领导水平、精神状态、工作作风、履职情况、科学发展、廉洁自律、诚信守法;通过个人自我评价、党支部评价、党员互评和群众评价,计算综合评价得分,成为党员民主评议的基本依据。2015年,上汽(含沪外企业)共1 296个党支部,有1 258个党支部实施民主评议党员工作,完成率占97.1%;35 526名党员中有34 236名党员参加民主评议,参加率占96.4%。

四、党员发展

1978年至20世纪80年代初,根据党中央关于落实知识分子政策的精神,上汽注重在知识分子中发展党员。1983—1985年,发展新党员中知识分子党员的比重不断上升,从25%增至35.6%,再增至41.8%。至1992年,具有中专以上文化程度的党员占党员总数的比例从1964年的4.2%升至39%。与此同时,上汽党委注重在一线生产班组中吸收新党员,努力降低无党员生产班组比例。1985年,生产一线无党员班组比1984年下降19.3%,1987年又比1986年下降2.52%。1991年和1992年,继续下降6.7%和3.5%。1985—1987年,新党员中35岁以下青年分别占新发展党员总数的33.8%、47.9%和45%。

1995年,上汽落实党委书记、组织科长、党支部书记抓党员发展工作责任制,实行企业党委本年考核、上汽党委年终评估两级考核制,通过结对交友等方法,重点抓好35岁以下党员和关键岗位有影响人物入党工作。同年,发展党员515名,其中35岁以下青年党员221名,占发展总数的42.9%;申请入党1 013名,其中35岁以下青年623名,占申请总数的61.5%。

1998年3月,上汽党委《新三年(1998—2000)加强党的建设工作的若干意见》提出,按照"坚持标准、保证质量、改善结构、慎重发展"16字发展方针和"理想信念、理论知识、发展程序、现实表现、工作业绩"工作内容,开展党员发展质量专项检查。

2003年2月,上汽党委组织干部部印发《关于建立发展党员工作公示制的意见(试行)的通知》,对党员发展公示的对象、内容、形式、范围、时间、程序和结果作了明确规定。

上汽党委高度重视劳务工、劳务工党员队伍建设。公司党政在提出劳务派遣制员工与合同制员工同等教育培训、同样劳动保障、同批先进评选、同时帮助关怀的"四同"原则的同时,上汽党委明确要求企业党组织要把劳务派遣制员工党员纳入党员管理范围,并推动优秀劳务派遣制员工发展入党。2010年10月,上汽党委印发《关于发展优秀劳务派遣员工入党的实施办法》及指南。至2012年年底,集团共发展152名劳务工入党,得到中共上海市委组织部肯定。2013年9月,上汽党委在全国发展党员和党员管理工作座谈会上作题为"适应企业发展需要和用工方式变革,做好在优秀劳务派遣制员工中发展党员工作"的经验介绍。

2013年,上汽党委在调研基础上制定《2013—2015年党员发展规划》。2014年,上汽党委组干部开始推行党员发展票决制试行办法。

据不完全统计,1996—2015年,上汽累计发展党员11 464人,其中35岁以下7 789人,占68%;技术人员5 094人,占44.4%;工人4 707人,占41.1%。

表13 - 2 - 10　1996—2015年上汽党员发展统计表　　　　单位:人

年份	发展党员总数	年龄 35岁以下	性别		岗位				学历		
			男	女	工人	管理人员	专业技术人员	其他	研究生	大学本科	大专
1996	573	294	442	131	310	263	182	0		191	
1997	663	328	507	156	328	335	248	0		262	
1998	601	319	475	126	284	232	85	0	11	235	
1999	531	282	405	126	252	64	214	0	10	239	
2000	488	295	354	134	205	71	212	0	9	243	
2001	421	269	321	100	160	75	186	0	16	137	102
2002	493	339	375	118	192	73	227	1	17	161	127
2003	463	343	342	121	195	290		0	18	144	118
2005	445	325	343	102	177	268		0	17	150	125
2006	460	341	350	110	179	278		3	9	184	115
2008	642	482	501	141	241	401		0	27	275	179
2009	727	557	579	148	197	529		1	35	297	232
2010	861	620	703	158	319	162	380	0	47	371	259
2011	804	586	627	177	278	180	346	0	33	406	236
2012	906	695	733	173	323	194	388	1	61	460	222
2013	919	642	754	165	425	190	304		45	440	242
2014	731	530	618	113	324	133	274	0	38	367	205
2015	736	542	622	114	318	135	283	0	44	413	180

说明:2004年、2007年无资料

资料来源:上海汽车集团股份有限公司党委组织干部部

第六节　党内民主建设

一、换届选举

上汽党委严格按照党章及党内选举的有关规定,扎实推进基层企业党组织换届工作。党委每年专题研究确定基层企业党组织换届计划,党委组织干部部制定具体实施流程,做到换届工作规范化、制度化。

2008年下半年,上汽党委积极推进党组织民主建设,启动"公推直选"试点工作,选择上海三电贝洱汽车空调有限公司、上海大众汽车有限公司、联合汽车电子有限公司、上海法雷奥汽车电器有限公司等25家企业党建工作和群众基础较好、党支部班子威信较高的29个党支部,结合支部换届选举,开展"公推直选"试点。2009年起,集团党委在党支部试点基础上,有计划、有步骤地在基层党委及党总支开展"公推直选"试点工作。2010年3月,形成党组织"公推直选"实施办法和操作流程,为基层落实推广提供规范和指导。2014年和2015年,有33家基层党委实行公推选候选人,部分党委实施直选;808个基层党总支和党支部到期换届。

二、党代会代表任期制

1996年,经上汽党委批准,上海大众汽车有限公司第三次党员代表大会通过《党代会代表常任制章程》和《党代会代表常任制实施细则》,决定实行党代表常任制。1997年12月,上海大众汽车有限公司召开107名常任代表参加的三届二次党代会,改变了党员代表只参加一次党代会的状况,党代表常任制正式实施。

2001年5月,上汽集团第三次党代会通过《中国共产党上海汽车工业(集团)总公司代表大会代表常任制试行办法》,规定常任制党员代表任期与集团党委任期相同。规定常任制党代表主要参与的5项活动,包括公司召开重大会议,邀请常任制党员代表参加;上汽党委有党内重大活动或重大事项,听取常任制党员代表意见;上汽党建工作检查考核,通过召开座谈会和个别访谈的形式听取常任制党员代表意见;企业领导班子召开民主生活会前,听取所在单位常任制党员代表意见;企业组织干部民主评议,邀请所在单位常任制党员代表参加评议。2010年8月,上汽集团第四次党代会通过《中国共产党上海汽车工业(集团)总公司代表大会任期制试行办法》,进一步修订完善党代会代表任期制制度。2010—2015年,上汽所属基层单位已有上汽大众汽车有限公司、延锋汽车饰件系统有限公司、上海汇众汽车有限公司、上海拖拉机内燃机有限公司、上汽变速器有限公司等15家企业实行党代会代表任期制。

第三章 宣传工作

1964年，公司党委设立宣教科，1970年改为政宣组，1984年开始改为宣传部，主要职能为领导干部理论学习、思想政治工作、形势任务教育、企业文化建设，文明创建活动、合格汽车工人培训和普法教育等。1984年，上海汽拖报社成立；1985年《上海汽拖报》创刊，同年更名为《上海汽车报》；2015年，该报发行7.44万份。

第一节 机构组织

一、党委宣传部

1964年7月，上海市农业机械制造公司党委政治部下设宣教科。1966年5月，宣教科等公司党委机构与公司党委、党委政治部一起均因"文化大革命"冲击而停止活动。1970年9月，上海市拖拉机汽车工业公司党委和党委政治部恢复后设立政宣组。

1978年11月，上海市拖拉机汽车工业公司建立新一届党委及党委设政治部，恢复设立宣教科。1984年7月，上海汽车拖拉机工业联营公司（简称上海汽拖联营公司）党委成立，党委机构设立宣传部。1985年10月，因公司党政机构均由部改处，宣传部改为宣传处。1990年3月，上海汽车工业总公司（简称上汽总公司）党委成立，继续设立宣传处。1993年1月，因公司党政机构由处改部，宣传处恢复宣传部称谓。1994年，宣传部设立音像室，负责公司重要活动摄影摄像和《上汽电视新闻》编播。

1995年9月，同时成立的上海汽车工业（集团）总公司（简称上汽集团）和上海汽车有限公司（简称上汽股份）党委实现"两块牌子，一套班子"管理模式，宣传部等党委机构实行"一个机构，两块牌子"运行模式。1997年12月，上汽有限因改制为上市公司上海汽车股份有限公司，其党委宣传部停止运作。2004年12月，上汽集团发起成立上海汽车集团股份有限公司（简称上汽股份），上汽集团和上汽股份均设立党委宣传部并实行"两块牌子，复合运行"。2007年7月，上汽股份工商注销后其党委宣传部停止运作；9月，上海汽车股份有限公司更名为上海汽车集团股份有限公司（简称上海汽车）后设立党委宣传部，并与上汽集团党委宣传部复合运作。2011年12月，上海汽车整体上市并简称上汽集团后，党委继续设立宣传部，上海汽车工业（集团）总公司党委宣传部则停止运作。

2015年，上汽集团党委宣传部有7名工作人员，其中音像室3名人员。其主要职责包括组织领导干部理论学习，开展思想政治工作和形势任务教育，抓好企业文化建设，指导上海汽车报社做好重要新闻报道，牵头实施职工政治轮训和普法教育。

二、上海汽车报社有限公司

1984年11月，经国家机械工业部同意和上海市新闻出版局批准，上海汽拖联营公司成立上海汽拖报社,负责创办《上海汽拖报》和对外新闻报道;明确报社为公司党委所属机构,组织上隶属党委宣传部,并具有相对独立性,实行总编负责制。

1985年1月1日,《上海汽拖报》创刊,为全国公开发行的汽车行业周报。同年5月1日,《上海汽拖报》更名为《上海汽车报》,上海汽拖报社相应更名为上海汽车报社。1995年,该报被评为全国百家最优专业报。1996—2002年,连续7届被评为上海市广告业"重信誉、创优质服务"先进单位。

2011年9月,上海汽车报社改制为上海汽车报社有限公司。2015年,该报社下设总编办公室、编辑部和经营部,在编人员32人。

三、精神文明建设委员会

1984年6月,上海汽拖联营公司成立"五讲四美三热爱"领导小组,并按照上级部署将活动重点转向文明单位建设。1987年6月15日,公司成立精神文明建设委员会。该委员会一般由公司党委书记任主任,行政主官和党委分管副书记任副主任,成员由党政相关部室和工会、团委负责人组成。

1996年12月10日,上汽集团党委印发《进一步加强精神文明建设的若干意见》,提出要加强领导,不断完善精神文明建设的管理体制和运行机制,努力形成党委统一领导、党政共同负责、党政工团齐抓共管,以专职政工人员为骨干、职工群众广泛参与的精神文明建设工作格局。

四、职工思想政治工作研究会

1984年12月,上海汽拖联营公司成立职工思想政治工作研究会(简称政研会),并作为上海市工业系统职工思想政治工作研究会分会。同月26日,召开第一届职工思想政治工作研究会第一次理事会,公司党委副书记王芝兰首任会长;1988年9月,副总经理叶平任会长;1991年11月,上汽总公司政研会由党委副书记刘雅琴任会长,工会主席王述祚、干部处长陆玉坤、党委宣传处长蒋继华任副会长;1996年3月,上汽集团政研会由党委副书记刘雅琴任会长,工会主席王述祚、党委组干部长张文达、宣传部长汪国富任副会长;1999年4月,改由党委副书记陈忠德任会长,副总裁唐登杰、工会主席唐炜延、党委办公室主任薛建、宣传部长汪国富任副会长;2005年12月,改由上汽集团副总裁沈建华、党委副书记叶焱章任会长,上汽股份党委副书记周郎辉、上汽集团工会主席吴诗仲任副会长。

政研会研究活动宗旨是:紧密围绕各个时期党的中心任务,结合实际进行调查研究和理论探索,交流各研究分会思想政治工作的经验。1984—1990年,政研会编印《求新》学刊。1986—1995年2月,先后召开9届年会。1995年和1999年,先后编印《1990—1995年思想政治工作论文集》和《1996—1998年思想政治工作研究成果选编》。至1994年,该政研会获国家机械工业部、中国汽车工业总公司、上海市及上海工业系统等先进研究单位称号。

2005年12月,政研会召开年会,修改通过《上海汽车工业职工思想政治工作研究会章程》。规定研究会宗旨是:坚持面向基层、面向实际的原则,研究活动以基层为主,研究课题以当前为主,研究目的以应用为主,把基层职工思想政治工作中的难点、热点、疑点作为研究的重点;研究形式生动活泼、小型多样,研究氛围宽松和谐、畅所欲言。此后,该会活动与党委宣传部有关工作合并实施。

第二节　理论学习

一、领导干部理论学习

1964年7月公司党委成立之前,领导干部和党员政治理论学习由所在地中共区委或县委布置实施;之后由公司党委政治部宣传科根据上级精神并结合实际统一安排。1965—1966年初,组织学习《毛泽东选集》有关著作。

1979年和1980年,进行中共十一届三中全会精神和改革开放路线方针的专题学习,突出解放思想、转变观念。1980年,组织干部学习社会主义经济理论。1981年,组织21级以上干部轮训,重点学习《关于建国以来若干历史问题的决议》,深入学习党的十一届三中全会精神。1986年,开始组织高中文化程度的总部人员和企业党政干部学习《马克思主义哲学》《政治经济学》《科学社会主义》《中共党史》4门基本理论,至1990年,共培训近4 000名干部。1987年,组织学习社会主义初级阶段理论和党的基本路线,领导干部分批参加上海市经委党校和上海市机电一局党校脱产轮训。1989年,组织学习四项基本原则。

1992年,重点学习邓小平南方谈话精神。1993—1995年,组织学习《邓小平文选》。1996—1999年,以"发展是硬道理"为主题,联系集团发展实际,深入学习邓小平理论和中国特色社会主义理论。同时,组织学习中共上海市委和上海市政府关于上海桑塔纳轿车国产化战略、建设上海第一支柱产业、建设上海汽车工业新高地等一系列重要决策和讲话精神。1996年12月,上汽党委印发《进一步加强精神文明建设的若干意见》,规定理论学习每年举办1～2次"小集中"教育、每月中心组学习不少于1次,党委中心组学习进一步成为领导干部理论学习的基本形式。1998年12月,编印《腾飞——纪念上海汽车工业改革开放20周年》一书,收录41篇集团和所属单位党委中心组和领导干部学习邓小平理论、推动企业发展的理论文章。

2000年和2001年,通过课题研究等方式,学习WTO有关规则和知识。2004年2月,印发《关于党委中心组实行课题制学习方式的通知》,规定每年结合本单位重点工作确定1～2个学习课题,课题制开始成为领导干部理论学习重要形式。2005年5月,制定《党委中心组学习制度》,强调发挥党委中心组"学理论、议大事、出思路"的重要作用;规定党委中心组成员由单位领导、党委委员和团委书记组成,党委书记和分管副书记分任中心组组长和副组长;学习方法主要包括举办辅导讲座和学习讨论、小集中轮训和课题制学习。2007年,举办3次党委书记"小集中"和1次总经理"小集中",提高党委书记决策参与能力和总经理党员责任意识。2010年5月,在上海市国资委党委举办的党委中心组学习讲坛上,上汽集团党委介绍党委中心组学习的经验体会。

至2015年,上汽党委在坚持党委中心组学习基础上,结合"三讲"活动、先进性教育活动、深入学习实践科学发展观活动、创先争优活动、党的群众路线教育实践活动、"三严三实"教育活动等党内重要学习活动,围绕集团"出海跨洋"、自主品牌建设、新能源汽车发展、国资国企改革、集团转型发展等重要战略,着重学习"三个代表"重要思想和科学发展观、党的十八大精神和习近平总书记重要讲话精神,以及中央和上海重要决策和部署。同时,每年对党委中心组课题制学习进行评估,以"领导力创新论坛"等形式进行成果发布并汇编成册。

表 13 - 3 - 1　2000—2015 年上汽党委中心组(扩大)学习辅导报告一览表

年份	日　期	学　习　内　容
2000	2 月	国际形势报告
	2 月	WTO 和经济全球化
		学习型组织建设
	3 月	台湾问题报告
	5 月	董事课程
	6 月	学习贯彻江泽民总书记关于"三个代表"的重要思想
	11 月	中心组学习讲 WTO 问题
	12 月	中心组学习讲 WTO 问题
2001	2 月	"十五"规划报告
	6 月	国际关系问题
	6 月	当前国际形势
	8 月	学习江泽民总书记"七一"讲话,坚持先进文化的前进方向
	8 月	代表先进生产力发展要求
	9 月	学习"三个代表"重要思想
2002	1 月	WTO 与上汽持续发展
	3 月 第一批"三个代表" 重要思想 学习教育活动	学习贯彻十五届六中全会精神
		认真学习贯彻党的十五届六中全会精神,把党风建设提高到一个新水平
		以"三个代表"重要思想学习教育活动为契机,切实推进企业改革发展
		提高思想认识,转变领导作风,促进集团发展
	4 月 第二批"三个代表" 重要思想 学习教育活动	学习贯彻十五届六中全会精神
		认真学习贯彻党的十五届六中全会精神,把党风建设提高到一个新水平
		以"三个代表"重要思想学习教育活动为契机,切实推进企业改革发展
		提高思想认识,转变领导作风,促进集团发展
	6 月	"三个代表"重要思想专题辅导
	6 月	学习贯彻江泽民总书记"三个代表"重要思想
2003	8 月	学习贯彻"三个代表"重要思想专题报告
	8 月	学习贯彻"三个代表"重要思想专题报告
2004	3 月	围绕汽车发展和人才培育,用科学发展观重新审视自主品牌开发
	6 月	学习贯彻宪法的重大意义
		学习贯彻《中国共产党党内监督条例(试行)》和《中国共产党纪律处分条例》
2005	2 月	收看视频:优秀共产党员牛玉儒先进事迹
	3 月	建立健全教育、制度、监督并重的惩治和预防腐败体系实施纲要
	7 月	投资控股型企业集团运营与管理模式

〔续表〕

年份	日　期	学　习　内　容
2005	8 月	专题研讨发展新能源汽车问题
	9 月	国家海关行政处罚实施条例专题辅导
2006	7 月	学习贯彻落实中共上海市委八届九次全会精神,建设社会主义新郊区新农村
	8 月	学习《江泽民文选》
2007	1 月	企业廉洁文化建设
	3 月	建设和谐社会
		加强党的作风建设
	3 月	世界汽车产业格局跟踪
	4 月	物权法
	5 月	中华人民共和国企业所得税法
	6 月	学习胡锦涛总书记6·25讲话
	10 月	党的十七大精神学习辅导
	11 月	党的十七大精神学习辅导
2008	2 月	台海局势
	3 月	当前国内经济形势
		当前国际形势
	4 月	学习实践科学发展观
		弘扬先进文化
	5 月	中国特色社会主义
		推进政治文明
	10 月	中国宏观经济形势
		学习实践科学发展观
	11 月	美国次贷危机和世界金融危机
2009	3 月	风险管理知识
	5 月	当前宏观经济形势
	8 月	企业文化竞争力与跨文化管理
	10 月	党的十七届四中全会精神
		党的民族政策
	12 月	低碳经济与排放清单
2010	2 月	牢固确立党的群众观点
	4 月	上海世博会和后世博经济
		突发事件处置与媒体应对

〔续表〕

年份	日　期	学　习　内　容
2010	9月	国家和上海市人才发展规划纲要解读
		学习世界先进企业，开创未来发展之路
	10月	国有企业领导人员廉洁从业若干规定辅导报告
2011	3月	学习宣传贯彻党的十七届五中全会精神——国际形势报告会
	6月	《红旗颂》与我的人生道路
	8月	胡锦涛"七一"重要讲话辅导报告
		如何做好新时期群众工作专题报告
	8月	用户满意度及上汽品牌竞争力分析报告
	10月	经济形势辅导报告
		党风廉政专题报告
2012	2月	上市公司规范运作
	6月	国际热点问题
	8月	上海市职代会条例辅导
		安全执行力专题培训
	12月	党的十八大精神导读
		第三次工业革命的源起、实质与启示
2013	1月　党的十八大专题学习（厂部级轮训3批）	学习贯彻十八大精神，确保经济社会可持续发展
		高举旗帜、凝聚力量
		走科学发展之路，全面建成小康社会
	4月	收入分配改革
		安全生产责任制
	9月	党的群众路线专题辅导
	11月	上海自贸区政策解析和发展机遇
2014	3月　学习贯彻习近平总书记系列讲话精神专题研讨班（厂部级轮训3批）	学习习近平总书记关于坚持和发展中国特色社会主义重要论述专题辅导
		学习习近平总书记关于实现中华民族伟大复兴中国梦重要论述专题辅导
		学习习近平总书记关于宣传思想和意识形态工作系列讲话辅导报告
		国资国企改革实施意见解读和宣讲
		学习习近平总书记关于党的建设重要论述专题辅导
		学习习近平总书记关于马克思主义世界观和方法论重要论述专题辅导
		学习习近平总书记关于深入贯彻落实科学发展观、全面深化改革开放重要论述专题辅导
		学习习近平总书记关于实现中华民族伟大复兴中国梦重要论述专题辅导
	4月	华为的开放创新与华为文化的内核

〔续表〕

年份	日　期	学　习　内　容
2014	8月	国家安全筹划中的战略思维
	10月	互联网对未来经济的影响
	11月	新常态下中国经济发展特点及宏观调控
	12月	习近平总书记治国理政思想的精神实质与核心要义
2015	5月	辩证唯物主义的哲学智慧与实践智慧
	5月	"三严三实"专题教育党课
	7月	习近平总书记关于马克思主义世界观和方法论重要论述专题学习辅导
	8月	安全生产专题辅导报告
		当前中国经济与社会转型
	10月	收看视频：廉洁从业警示教育片
		摩尔时代、大数据、机器智能和未来社会

资料来源：上海汽车集团股份有限公司党委宣传部

二、合格汽车工人培训

1983年，根据上级党委要求，上汽组织各企业政治学校对1966年以后进厂的青年工人分批脱产轮训，进行共产主义、爱国主义、国际主义、集体主义和坚持四项基本原则的教育；至1985年，完成应训对象98.8%，提前一年完成上海提出的轮训任务。1986年，上汽采用脱产、半脱产和工余结合等形式，对全体职工进行科学社会主义、共产主义道德和理想及法律常识的政治轮训；至1988年，完成应训职工的98%以上。

1992年11月，根据公司总经理陆吉安批示，上汽培训中心举办第一期"做一名合格汽车工人"培训班，陆吉安就形势与任务开讲第一课。从此，合格汽车工人培训成为公司组织全员培训的主要形式。同年，共开办10期，主要课程有形势任务、企业文化、职业道德、行业规范、危机管理等。1995年1月，公司发布实施《实行全员培训登记制度的实施意见》，合格汽车工人培训纳入"40+4"工作学习制度。

2000年以后，随着上汽价值观和上汽愿景相继确立，以上汽价值观相对应的"用户满意、全面创新、全球经营、人本管理"四大工程和"三为两力"愿景，成为合格汽车工人培训基本内容。培训中心和党委宣传部每年根据当年形势和公司工作主题，编写形势与任务、中国入世、学习型组织、上汽文化、"经营者"管理等培训教材，同时根据中央和上海要求开展《劳动法》《工会法》《劳动合同条例》等培训。每次培训，由培训中心和宣传部作统一布置和师资培训，然后由企业组织实施。2002年起，上汽培训中心与人力资源部共同举办新进大学生入职培训，作为合格汽车工人培训的延伸，培训科目包括上汽文化、汽车技术与管理两个模块。2003年，宣传部和公司培训中心开始以5W（即是什么、为什么、学什么、怎么想、怎么做）为基本模型编写每年培训读本。2013年，新员工入职培训设置价值理念、品牌诠释、战略发展、人力资源和青年成长5个必修课，以及汽车结构及技术发展、财务知识入门、走进团队、职场礼仪、青年信念、职业生涯管理、入职心理调适等选修课。

1992—2015 年,合格汽车工人职培训历经 24 轮。2002—2015 年,上汽培训中心累计举办新入职员工培训班 252 期,累计培训 22 635 人。2003—2015 年,《合格汽车工人培训 5W 读本》共印发 5 万余册。

表 13 - 3 - 2　2002—2015 年上汽培训中心新员工入职培训班情况统计表

年　份	常 规 培 训 班		委 托 培 训 班	
	期　数	人　数	期　数	人　数
2002	6	500	—	—
2003	8	609	2	135
2004	10	805	1	90
2005	5	377	—	—
2006	11	697	1	25
2007	10	980	14	556
2008	6	648	20	1 217
2009	4	309	7	326
2010	6	502	5	325
2011	8	1 199	30	1 746
2012	8	1 169	25	1 281
2013	14	2 468	18	1 241
2014	12	2 170	5	360
2015	16	2 900	—	—
合　计	124	15 333	128	7 302

资料来源:上海汽车集团股份有限公司培训中心

三、普法教育

从 1986 年开始,上汽根据中共决策部署,每 5 年组织一轮普法培训。1986—1990 年为"一五"普法。对象是所有员工,内容为中央规定的宪法、民族区域自治法、刑法、刑事诉讼法等"10 法 1 例"。上汽根据实际,着重组织宪法、婚姻法、经济合同法和治安管理处罚条例的宣传培训。

1991—1995 年为"二五"普法。对象是全体员工,重点是党政干部。内容以宪法为核心的国家基本法律和专业法律知识,同时强调依法治企。上汽集团获全国经贸系统"二五"普法工作先进集体,并与上海拖拉机内燃机公司同获机械工业"二五"普法宣传教育先进集体,上海乾通汽车附件有限公司获上海市"二五"普法宣传教育先进集体。

1996—2000 年为"三五"普法。重点建立法律顾问制度,推进依法决策、依法经营管理、健全企业内部监督约束机制和依法自律。措施是组织、教材、师资、时间和检查考核"五个落实"。党委宣传部和上汽培训中心编印《依法治企小故事》,为学法用法提供典型案例。2000 年 8 月,国家经济贸易委员会政策法规司副司长陈丽洁到上汽检查"三五"普法给予充分肯定。上汽集团获评全国和全国经贸委系统"三五"法制宣传教育先进集体。

2001—2005年为"四五"普法。基本要求是进一步提高领导干部依法决策、依法经营、依法管理、依法自律的能力。上汽党政领导通过党委中心组学习进行培训，厂部级领导干部培训率达到90%，223名新提任企业领导干部和中层干部进行岗初培训；举办经营管理人员培训班619期，培训17 020人，培训率98%；一般员工纳入合格汽车工人培训，举办普法培训班812期，培训45 842人，培训率98%。2003年3月和9月，上汽先后在上海法制宣传教育工作会和上海市企业经营管理者学法用法工作经验交流会作书面发言或大会发言。

2006—2010年为"五五"普法。上汽提出目标新定位、内容新拓展、对象新格局、机制新突破、手段新载体的"五个新"普法思路。2007年，编制《内控手册》，包括15个主流程75个子流程，进一步实现依法治企常态管理。至2010年，上汽培训中心开设法律培训班69个，培训3 398人/日；企业开设法律培训班898个，培训137 150人次，覆盖率100%，实现领导干部、专业人员、党员和员工"4个全覆盖"。上汽收录34个案例编印《上汽基层企业依法治企案例集》。上汽集团获"五五"全国法制宣传教育先进集体和上海普法先进单位。

2011—2015年为"六五"普法。上汽提出围绕中央和上海要求、集团"十二五"规划和年度重点、"两个能力"建设、党建纲要提出的要求、提升员工岗位能力素质和企业依法治企依法治事能力"五个重点"，做到与领导干部"小集中"、专业人员继续教育、新一轮党员进党校培训、合格汽车工人培训、学法用法依法治企"五个结合"，使普法对象全覆盖、内容全渗透、形式多样化。集团党委举办293名厂部级干部参加的3期学习习近平总书记系列重要讲话研讨班，将全面推进法治建设等内容列入培训，并在普法学习中落实中央"八项规定"，在改进调查研究和现场办公、精简会议活动和文件、规范外事活动和商务活动、改进宣传报道、关心员工生产生活、加强督促检查等6个方面作出20条规定。

第三节　宣 传 教 育

一、形势任务教育

1964年，公司贯彻全国工业交通工作会议精神，开展"比学赶帮"活动和自力更生艰苦奋斗教育，开展"工业学大庆"活动。1965年，广泛宣传全国大庆式企业上海汽车钢板弹簧厂艰苦创业事迹，推动增产节约运动。

1978年至20世纪80年代初，在国家历史性转折中，党委通过宣传教育，引导职工深刻理解党的十一届三中全会精神，解放思想、转变观念。80年代初期至末期，在公司实施扩大企业经营者自主权、厂长负责制、承包经营责任制等一系列企业改革举措中，通过宣传教育，引导职工克服"平均主义、大锅饭、铁饭碗"思想，树立改革意识，从计划经济走向市场经济。1985年后，在上海大众汽车有限公司等合资企业成立和桑塔纳轿车引进中，通过宣传教育，引导职工克服"左"的思想带来的困惑疑虑，从闭门造车走向对外开放。1989年开始，在60多家企业合并成20多家总厂或总厂型公司的企业结构大调整中，通过宣传教育，引导职工克服传统思想束缚，从小生产走向专业化大生产。

1991年和1992年，上汽党委围绕建设第一支柱产业战略目标和上海桑塔纳轿车国产化攻坚仗，宣传上汽2次万人誓师大会精神和精益求精精神，引导员工树立"发展是硬道理"和"质量是生命"的强烈意识。1992年，围绕劳动人事分配制度改革和全员劳动合同制推行，组织"改革大家谈"

活动,引导职工树立改革观念、竞争观念和市场观念。1993年,上海桑塔纳轿车年产突破10万辆,国产化率超过60％,在全国汽车工业领域处于领先地位,上汽开展上海汽车工业发展成果宣传月活动,鼓舞斗志。1994年和1995年,广泛开展"推进精益生产、深化一上一下"(上开发下成本)形势任务教育,党政领导亲自宣讲,宣传机器全面开动,形成强烈舆论氛围,引导干部职工居安思危、警钟长鸣。1996年,组织开展"上规模、上开发、上管理、下成本"为主题形势任务教育,引导员工增强成本意识。1998年,通过举办展览、编印书籍、强化报道等方式,纪念上海汽车工业改革开放20周年,激励员工进一步奋发有为。

2000年,开展"迎接WTO挑战,实施全球化战略"大讨论,引导员工认清形势、迎难而上。2001年开始,连续数年集中宣传"满足用户需求"的SAIC价值观,引导员工增强用户至上意识,积极投入用户满意工程,广泛开展群众性"三找"活动。2002—2004年,持续开展以实现2007年三大战略目标为主题的形势任务教育。2005年开始,持续开展人人成为"经营者"管理模式的宣传,引导员工树立成本意识和主人翁意识。

2006年开始,强化自主品牌建设宣传力度,引导员工树立强烈的责任意识和创新意识。2008年开始,集中宣传"三为两力"上汽愿景。同年,《上海汽车报》连续数月连载历任公司领导撰写的回忆文章,纪念改革开放30周年。2009年,面对金融危机冲击的特殊时期,弘扬"过冬迎春"特殊精神,提振信心、逆势而上。2010年,集中开展"迎世博"主题宣传,增强员工的社会责任感。

2011—2013年,围绕上汽"十二五"发展战略,聚焦自主创新,开展形势任务宣传教育。2014—2015年,围绕集团创新驱动、转型发展战略,集中宣传公司新愿景、使命和价值观,宣传公司品牌口号,设立创新实践平台,加强宣传报道和形势任务教育,营造全员创新的浓厚氛围。在形势任务教育中,党委宣传部自1999年开始持续20多年坚持编印《形势任务教育资料》小册子,至2015年,累计编印至107期,深受基层企业欢迎。

二、职工思想调研

【员工思想指数调研模型(THINK MODEL)】

思想调研是员工思想工作的头道工序。自1996年开始,上汽党委宣传部定期或不定期开展职工思想问卷调研,掌握思想情况,研究工作对策,为党委领导决策提供依据。

2005年10月,上汽党委宣传部创新职工思想问卷调研方式,设计实行员工思想指数调研模型(THINK MODEL),并于2008年5月修订。该模型旨在实现员工思想调研的要素化、数值化和规范化,提高思想工作的科学性、针对性和有效性。

该调研模型英文名称的THINK(思想)取自思想调研五要素英文单词第一字母,即信心(Trust)、满意(Happiness)、忠诚(Integrity)、需求(Need)、认知(Knowledge)。调研模型基本框架由反映员工思想总体状况的总指数、反映员工思想五大要素数值的分指数、反映某一分指数下若干具体问题思想状况数值的细分指数组成,经相应公式计算生成。该项调研每年6月和12月开展2次,每次调研样本总数1200名左右。调研结果成为公司党委半年度和年度工作报告关于员工思想状况分析和对策的重要依据和内容。

上汽员工思想指数调研模型(THINK MODEL)受到上海市委宣传部宣传处和上海市国资委党委宣传处的肯定,2007年在上海国资系统宣传工作会议作了交流,2008年向上海市国资委人事处作了汇报介绍。

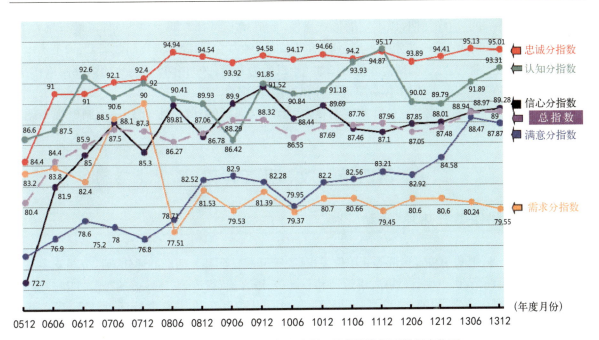

图 13‑3‑1　2005—2013 年上汽员工思想指数调研数据变化图

资料来源：上海汽车集团股份有限公司党委宣传部

【员工满意度调研】

2014 年，上汽开始实行员工满意度调研。该项调研围绕中共中央和中共上海市委提出的服务型党组织要有坚强有力的领导班子、本领过硬的骨干队伍、功能实用的服务场所、形式多样的服务载体、健全完善的制度机制和群众满意的服务业绩的"六有"目标，以及和服务改革发展、服务职工群众、加强基层组织建设的"两服务一加强"要求，结合员工满意度、员工需求评价等内容，从企业形象与文化、企业经营与管理、工作内容与环境、工作回报与激励、工作群体与关系、岗位建功与成才、基层党建工作 7 个维度，设计包含 22 项指标的调研问卷，通过需求和评价两类题型，了解员工感受、需求以及对所在党组织的评价等信息。

2014 年 7—8 月，上汽党委宣传部按照在沪 49 家企业从业人员总数 10% 比例，随机抽取 11 360 名员工，以无记名方式进行网上调研，经汇总分析，形成 1 份总报告和青年、研发人员、营销人员、一线员工、党员 5 份分报告，以及 49 家企业报告。2015 年 8 月，进一步将调研范围扩大到沪外单位，随机抽取 55 家企业 20 701 名员工，以无记名方式进行网上调研，最终形成 1 份总报告、55 份基层企业报告。结合调研结果分析，各单位制定实施整改项目，并通过党组织书记述职评议、实事公示等形式，反映服务型党组织建设成果。2015 年开始，进一步将考核结果纳入基层党组织党建工作考核范围。

三、上汽电视新闻

1994 年 9 月，上汽党委宣传部音像室拍摄制作的《上汽电视新闻》举行首映式，来自各企业主管宣传思想工作的领导和专业人员 100 多人出席。《上汽电视新闻》运用电视摄像手段，报道公司和企业的活动动态，成为公司向员工进行宣传的一个主要平台和员工获取公司信息的一个主要渠道。

《上汽电视新闻》运作初期,以不定期形式播发,此后增至每月 2 期。1998 年,再增至每月上、中、下旬 3 期。2008 年,进一步定为每周一期,每期 10 分钟左右,并固定为每周二播发。《上汽电视新闻》发至基层企业的方式,初期为录像带,2000 年以后为光盘,2008 年以后为集团内部网络传送,各企业下载后在食堂、班车、职工休息室播放,同时可上网观看。

1994—2015 年,上汽党委宣传部共编制播发《上汽电视新闻》673 期,此外还编制电视专题片 158 部。

第四节　文　明　创　建

一、"五讲四美三热爱"活动

1981 年 2 月,中共中央宣传部等 9 单位发出《关于开展文明礼貌活动的通知》后,公司党委决定开展讲文明、讲礼貌、讲卫生、讲秩序、讲道德和心灵美、语言美、行为美、环境美的"五讲四美"活动,由党委宣教科具体负责。1982 年 3 月,开展第一个文明礼貌月活动,与学雷锋活动结合,深入开展治理脏、乱、差活动。各级领导发动职工修订《职工守则》、文明公约及争创文明工厂、文明车间、文明班组等规划。此后该项活动由宣传部门牵头组织有关部门参加配合,成为经常性工作,对治理脏、乱、差起了一定作用。1984 年 6 月,上汽成立"五讲四美三热爱"领导小组,并逐步将"五讲四美三热爱"活动的重点转向文明单位建设。

1995 年 2 月,上汽第二届第九次职代会联席(扩大)会议通过《上海汽车工业员工文明公约和日常行为规范》。

二、文明单位创建活动

1984 年,"五讲四美三热爱"活动开始转向文明单位建设,由公司企业管理处、党委宣传处牵头,各业务处室分头定期对各企业条线进行考核和评审,每两年评比一次。1988 年年初,上汽进一步修改完善《文明单位评选方法》。同年 6 月将创建文明单位活动纳入企业升级工作的范畴。

20 世纪 90 年代开始,上汽党委提出百分之百的企业要达到市级文明单位标准的目标,党委宣传部组织开展文明单位建设达标活动。至 1995 年年底,30％的企业经过公司认定达到市级文明单位标准,上海大众汽车有限公司和上海—易初摩托车有限公司被评为上海市最佳工业企业形象单位,上海汽车齿轮总厂和上海汇众汽车制造公司被评为上海市优秀工业企业形象单位。

1985—2015 年,上汽共有 42 家所属企业获评上海市文明单位。2013 年和 2014 年的第 17 届、2015 年和 2016 年的第 18 届文明单位评比中,上汽各有 28 家企业获评上海市文明单位,占企业总数 50％以上。上汽大众汽车有限公司、上海汇众汽车制造有限公司、上海纳铁福传动系统有限公司、上海小糸车灯有限公司、华域三电汽车空调有限公司、上海汽车工业销售有限公司和上海汽车集团股份有限公司培训中心等 7 家单位获评上海市文明单位 10 次以上。

2004 年,上汽集团被评为全国机械行业文明单位。2009 年 3 月,上汽集团获评全国文明单位,并经 2011 年和 2015 年复查继续保留全国文明单位称号。此外,上汽所属沪外企业中的上汽通用五菱汽车股份有限公司于 2011 年获评全国文明单位,上汽依维柯红岩商用车有限公司于 2012 年获评重庆市文明单位。

表 13-3-3 1985—2015 年上汽获评上海市文明单位的企业一览表

届次/获评数	获 评 单 位	
第三届 (1985—1986 年) 2 家	上海内燃机厂	上海汽车传动轴厂
第四届 (1987—1988 年) 2 家	上海纳铁福传动轴有限公司	上海轴瓦厂
第五届 (1989—1990 年) 1 家	上海轴瓦厂	—
第六届 (1991—1992 年) 4 家	上海大众汽车有限公司 上海汇众汽车制造公司	上海汽车齿轮总厂 上海—易初摩托车有限公司
第七届 (1993—1994) 6 家	上海大众汽车有限公司 上海汇众汽车制造公司 上海纳铁福传动轴有限公司	上海易初摩托车有限公司 上海汽车齿轮总厂 上海乾通汽车附件有限公司
第八届 (1995—1996 年) 9 家	上海大众汽车有限公司 上海汽车齿轮总厂 上海纳铁福传动轴有限公司 上海汽车工业销售总公司 上海汽车工业培训中心	上海易初摩托车有限公司 上海汇众汽车制造有限公司 上海乾通汽车附件有限公司 上海汽车锻造总厂
第九届 (1997—1998 年) 11 家	上海汇众汽车制造有限公司 上海纳铁福传动轴有限公司 上海汽车锻造总厂 上海汽车工业培训中心 上海易初通用机器有限公司 上海小糸车灯有限公司	上海汽车股份有限公司汽车齿轮总厂 上海乾通汽车附件有限公司 上海汽车工业销售总公司 上海拖拉机内燃机公司 上海离合器总厂
第十届 (1999—2000 年) 16 家	上海易初通用机器有限公司 上海汇众汽车制造有限公司 上海汽车集团财务有限责任公司 上海小糸车灯有限公司 上海上汽大众汽车销售有限公司 上海延锋汽车饰件有限公司 上海拖拉机内燃机公司 上海申雅密封件有限公司	上海汽车股份有限公司 上海通用汽车有限公司 上海纳铁福传动轴有限公司 上海采埃孚转向机有限公司 上海汽车工业销售总公司 上海汽车工业培训中心 上海离合器总厂 上海实业交通电器有限公司
第十一届 (2001—2002 年) 18 家	上海大众汽车有限公司 上海上汽大众汽车销售有限公司 上海汽车股份有限公司 联合汽车电子有限公司 上海小糸车灯有限公司 上海采埃孚转向机有限公司 上海实业交通电器有限公司 上海汽车集团财务有限责任公司 上海萨克斯动力总成部件系统有限公司	上海通用汽车有限公司 延锋伟世通汽车饰件系统有限公司 上海易初通用机器有限公司 上海汇众汽车制造有限公司 上海汽车工业销售总公司 上海纳铁福传动轴有限公司 上海申雅密封件有限公司 上海汽车工业培训中心 上海法雷奥汽车电器系统有限公司

〔续表〕

届次/获评数	获 评 单 位	
第十二届 （2003—2004 年） 20 家	上海大众汽车有限公司 上海汽车股份有限公司 上海三电贝洱汽车空调有限公司 上海汽车工业销售总公司 联合汽车电子有限公司 上海实业交通电器有限公司 上海法雷奥汽车电器系统有限公司 上海萨克斯动力总成部件系统有限公司 上汽集团汽车工业培训中心 上海科尔本施密特活塞有限公司	上海通用汽车有限公司 延锋伟世通汽车饰件系统有限公司 上海纳铁福传动轴有限公司 上海汇众汽车制造有限公司 上海小糸车灯有限公司 上海采埃孚转向机有限公司 申雅密封件有限公司 上海汽车集团财务有限责任公司 上海皮尔博格有色零部件有限公司 上海汽车进出口公司
第十三届 （2005—2006 年） 18 家	上海大众汽车有限公司 上海三电贝洱汽车空调有限公司 上海小糸车灯有限公司 上海汽车工业开发发展公司 上海实业交通电器有限公司 上海汽车股份有限公司汽车齿轮总厂 申雅密封件有限公司 上海法雷奥汽车电器系统有限公司 上海机动车检测中心	上海通用汽车有限公司 延锋伟世通汽车饰件系统有限公司 上海纳铁福传动轴有限公司 上海采埃孚转向机有限公司 上海汽车集团财务有限责任公司 上海汽车资产经营有限公司 上海拖拉机内燃机公司 上海汽车进出口有限公司 上海汽车工业（集团）总公司汽车工业培训中心
第十四届 （2007—2008 年） 21 家	上海大众汽车有限公司 上海三电贝洱汽车空调有限公司 延锋伟世通汽车饰件系统有限公司 上海汽车集团财务有限责任公司 上海法雷奥汽车电器系统有限公司 上海汽车变速器有限公司 上海汽车工业开发发展公司 上海汽车制动系统有限公司 申雅密封件有限公司 上海汽车工业（集团）总公司培训中心 上海汽车进出口有限公司	上海通用汽车有限公司 上海纳铁福传动轴有限公司 联合汽车电子有限公司 上海小糸车灯有限公司 上海采埃孚转向机有限公司 上海汽车工业销售有限公司 上海实业交通电器有限公司 上海汽车资产经营有限公司 上海赛科利汽车模具技术应用有限公司 上海机动车检测中心
第十五届 （2009—2010 年） 24 家	上海通用汽车有限公司 上海申沃客车有限公司 上海三电贝洱汽车空调有限公司 上海纳铁福传动轴有限公司 上海小糸车灯有限公司 上海采埃孚转向机有限公司 申雅密封件有限公司 上海赛科利汽车模具技术应用有限公司 大众汽车变速器（上海）有限公司 上海汽车集团财务有限责任公司 上海汽车工业开发发展公司 上海机动车检测中心	上海汽车集团股份有限公司乘用车公司 延锋伟世通汽车饰件系统有限公司 上海柴油机股份有限公司 联合汽车电子有限公司 上海实业交通电器有限公司 上海法雷奥汽车电器系统有限公司 上海皮尔博格有色零部件有限公司 上海汽车制动系统有限公司 安吉汽车物流有限公司 上海汽车进出口有限公司 上海汽车资产经营有限公司 上海汽车工业（集团）总公司培训中心

〔续表〕

届次/获评数	获 评 单 位	
第十六届 （2011—2012 年） 23 家	上海大众汽车有限公司 延锋伟世通汽车饰件系统有限公司 上海纳铁福传动轴有限公司 上海小糸车灯有限公司 安吉汽车物流有限公司 上海机动车检测中心 上海法雷奥汽车电器系统有限公司 上海汽车变速器有限公司 上海汽车工业销售有限公司 上海汽车资产经营有限公司 申雅密封件有限公司 上海皮尔博格有色零部件有限公司	上海汽车集团股份有限公司乘用车分公司 上海三电贝洱汽车空调有限公司 联合汽车电子有限公司 上海汇众汽车制造有限公司 上海汽车工业开发发展有限公司 上海实业交通电器有限公司 上海汽车集团财务有限责任公司 上海汽车制动系统有限公司 上海菲特尔莫古轴瓦有限公司 上海汽车集团股份有限公司培训中心 上海采埃孚转向系统有限公司
第十七届 （2013—2014 年） 28 家	上海大众汽车有限公司 上海汇众汽车制造有限公司 延锋伟世通汽车饰件系统有限公司 联合汽车电子有限公司 上海实业交通电器有限公司 上海采埃孚转向系统有限公司 上海皮尔博格有色零部件有限公司 安吉汽车物流有限公司 上海机动车检测中心 上海汽车资产经营有限公司 上海菲特尔莫古轴瓦有限公司 上海柴油机股份有限公司 上海中国弹簧制造有限公司 上海汽车工业活动中心有限公司	上海汽车集团股份有限公司乘用车分公司 上海汽车变速器有限公司 上海三电贝洱汽车空调有限公司 上海纳铁福传动轴有限公司 上海小糸车灯有限公司 上海汽车制动系统有限公司 上海汽车集团股份有限公司培训中心 上海汽车集团财务有限责任公司 上海汽车工业开发发展有限公司 上海汽车工业销售有限公司 上海通用汽车有限公司 上海汽车进出口有限公司 上海汽车集团股份有限公司商用车技术中心 上海赛科利汽车模具技术应用有限公司
第十八届 （2015—2016 年） 28 家	上汽大众汽车有限公司 上海汽车集团股份有限公司乘用车分公司 上海柴油机股份有限公司 上海汽车集团财务有限责任公司 安吉汽车物流有限公司 上海汽车集团股份有限公司培训中心 上海汽车工业活动中心有限公司 上海机动车检测认证技术研究中心有限公司 上海纳铁福传动系统有限公司 上海小糸车灯有限公司 上海汽车制动系统有限公司 上海皮尔博格有色零部件有限公司 上海菲特尔莫古轴瓦有限公司 上海法雷奥汽车电器系统有限公司	上汽通用汽车有限公司 上海汇众汽车制造有限公司 联合汽车电子有限公司 上海汽车工业销售有限公司 上海汽车进出口有限公司 上海汽车工业开发发展有限公司 上海汽车资产经营有限公司 华域三电汽车空调有限公司 上海实业交通电器有限公司 延锋汽车饰件系统有限公司 博世华域转向系统有限公司 上海赛科利汽车模具技术应用有限公司 上汽大通汽车有限公司 上海拖拉机内燃机有限公司

说明：以上统计信息仅限于该企业归入上汽后获评情况
资料来源：上海汽车集团股份有限公司党委宣传部

三、文明窗口建设

20 世纪 90 年代开始，上汽在创建文明单位活动中着重组织企业电话总机、食堂、门卫、销售服务、仓储运输、医务室、托儿所、招待所和"三产"门市部等9类与企业形象关系密切的服务部门开展文明窗口建设和窗口建设达标活动。1994年12月,在上海大众汽车有限公司召开文明窗口建设现场交流会。1995年,首次表彰文明窗口,命名推广5个示范窗口及其工作法,其中创造"一条龙"工作法的上海汽车工业销售总公司营业大厅被评为上海市文明窗口,上海大众汽车有限公司的"姜祖效后勤工作法"得到中国后勤工作研究机关的肯定和推广。同年,公司所属30个单位450个9类窗口,有40%的窗口达到标准要求。1995—2011年,上汽基本上每年命名表彰文明窗口。2012年4月,印发《关于进一步做好创建文明窗口工作的通知》,明确评选周期调整为每两年一次,与评选上海市文明单位同步,文明窗口比例原则上控制在本单位窗口总数的20%以内,并新增设文明示范窗口。

表13－3－4　1995—2015年上汽文明窗口统计表　　　　　　　单位：个

年　　度	文明窗口(示范)数	文明窗口数
1995	5	55
1996	4	80
1997	—	124
2001	—	176
2002	—	178
2003	—	182
2004	—	185
2005	—	180
2006	—	188
2007	—	197
2008	—	220
2009	—	247
2010	—	263
2011	—	284
2012	29	267
2013—2014	30	233
2015—2016	24	227

说明：1998年、1999年、2000年无资料
资料来源：上海汽车集团股份有限公司党委宣传部

四、精神文明"十佳好事"评选活动

1989年起,上汽在"五讲四美三热爱"活动基础上,每年开展"树正气,创新风,大力提倡奉献精神"活动,宣传和表彰在职业道德、社会公德、家庭美德等方面表现突出的好人好事。

每年年初,上汽党委宣传部下发评选活动通知,各单位根据"十佳好事"评选条件,按照助人为

乐、见义勇为、诚实守信、敬业奉献、孝老爱亲等5个方面择优推荐。上报的事迹材料一般为一事一人，也有一人多事、多人一事。党委宣传部在各单位推荐的好事中遴选出比较典型、有一定代表性的事迹，编写简要事迹材料发至班组学习，并以班组为单位投票评选，在《上海汽车报》上揭晓评选结果，对评选出的"十佳好事"和个人进行宣传表彰。

1989—2015年，共评选表彰26批260件"十佳好事"和290名个人，其中不乏有较大社会影响的好事，包括"献血状元"上海汇众汽车制造公司汪有年获全国无偿献血金杯奖；被评为上海市精神文明"十佳好事"的上海汽车锻造总厂周云达勇擒犯罪集团"东方恶魔"要犯、上海乾通汽车附件有限公司袁雪峰深夜救助血泊中男孩、上海纽荷兰拖拉机有限公司姜一诚力排众议救助晕倒老人等先进事迹；在社会上广受赞誉的上海通用汽车有限公司"雪佛兰红粉笔乡村教育计划员工团"义务支教事迹等。

表13-3-5　1989—2015年上汽精神文明"十佳好事"一览表

年份	姓　名	获　奖　好　事	所　在　单　位
1989	卢关龙	奋不顾身抢救落水儿童	上海纳铁福传动轴有限公司
	陆新成	汽车油箱即将爆炸的危险时刻挺身而出	上海油嘴油泵厂
	张昌龙	奋勇救火，抢救国家财产	上海申光铸造厂
	吴金海	义务修车	诚孚动力机厂
	汪有年	义务献血二十多次	上海内燃机配件总厂
	陈仁群	廉洁奉公从自身做起	上海汽车报社
	周瑞刚　周瑞芳	拾金不昧	上海第一汽车附件厂
	汤志明	不计报酬讲奉献	新华有色锻造厂
	莫少童	关心孤老数年数度秋	华丰钢铁厂
	匡锡生	数十年如一日，修旧利废节材料	工农内燃机配件厂
1990	俞广镶	以身作则，为桑塔纳车身冲压件早日实现国产化作贡献	上海大众汽车有限公司
	奚玲芳	不辞辛劳，乐为归侨、侨眷送温暖	上海汽车工业总公司
	许建育	身先士卒，全力组织桑塔纳变速箱国产化攻关	上海汽车齿轮厂
	何耀甫　刘少康	以高度责任心为国家挽回损失	上海大众汽车有限公司
	陈因达	抱病工作，使引进的桑塔纳变速箱生产线提前试产	上海汽车齿轮厂
	茂纪庄	克服家庭困难，刻苦钻研，试制出桑塔纳国产化软轴软管	上海新建齿轮厂
	丁俄根	见义勇为，与行凶精神病患者奋勇搏斗	上海实业交通电器有限公司
	王庆云	廉洁奉公，为上海汽车行业当家理财	上海汽车工业总公司总部
	罗德厚	不顾身患绝症，坚持工作至最后一息	上海大众汽车有限公司
	莫少童	数年如一日，悉心照顾邻里孤老	华丰钢铁厂

〔续表〕

年份	姓　名	获　奖　好　事	所　在　单　位
1991	周云达	临危不惧舍身勇擒"东方魔人"	上海汽车锻造总厂
	汪有年	学雷锋为社会奉献热血奉献爱心	上海内燃机配件总厂
	曹瑞康	斗智斗勇夜擒拦路抢劫犯	上海汇众汽车制造公司
	季　军	照料聋母呆弟十几年如一日	上海新建齿轮厂
	朱红萍	见险而上只身救火救人	上海汽车电器总厂
	孙玉南	走在时间前面提前跨入九五年	上海拖拉机内燃机公司
	高　强	奋不顾身救起落水女孩	上海汽车齿轮厂
	任霞萍	粪池拾金交还失主	上海汽车电器总厂
	岑文远	科研出成果投入生产出效益	上海汽车研究所
	杜　功	见义勇为擒拿盗贼	上海活塞厂
1993	汪有年	长年为社会献热血献爱心	上海内燃机配件总厂
	杨　彪	保护失主巨款,主动驾车寻还	上海拖拉机内燃机公司
	方顺生	见义挺身相救,姑娘免遭侮辱	上海易初摩托车有限公司
	王金根	七年无偿献血5000毫升	上海汽车锻造总厂
	郑克强	见义勇为,勇擒窃贼	上海汇众汽车制造公司
	刘建平	主动相助,救人一命	上海易初摩托车有限公司
	潘铁虎	呕心沥血,敢啃技术"硬骨头"	上海汽车有色锻造总厂
	仰晓波	临危不惧,排除险情	上海延锋汽车内饰件厂
	张锦国	忘我工作,攻克国产化难关	上海汽车制动器公司
	奚红霞　王　晔 郭晓武　周玮晴 顾　英	照顾老人三年如一日	上海汽车电器总厂
1994	谢文武	巧妙周旋勇擒窃贼	上海汇众汽车制造公司
	刘金刚	临危不惧智擒歹徒	上海合众汽车零部件公司
	姚抗美	不是亲人胜似亲人	上海拖拉机内燃机公司
	陈红兰	拾到巨款四处寻找失主	上海拖拉机内燃机公司
	金　磊	身卧病榻心系企业	上海汽车制动器公司
	陆均敏　张谷馨	在列车上勇擒车匪	上海汽车锻造总厂
	王新华	救死扶伤奉献真情	上海汇众汽车制造公司
	徐善杰	热心资助失学儿童	上海易初摩托车有限公司
	平　耀	在上海大众二期工程规划中尽心尽责	上海大众汽车有限公司
	刘解民　戴建兵 龙　刚	路遇交通事故,主动救助伤员	上海易初摩托车有限公司

〔续表〕

年份	姓　名	获　奖　好　事	所　在　单　位
1995	杨　嵌	见义勇为,光荣负伤	上海汇众汽车制造公司
	石乾根	奋勇当先抓歹徒	上海汽车工业开发发展公司
	秦若镜	17次无偿献血献爱心	上海汽车汽齿总厂
	程雪之	勇擒扒手	上海延锋伟世通汽车饰件有限公司
	樊国梁	"上海学雷锋"再立新功	上海乾通汽车附件有限公司
	周小龙	拾到巨款急交公	上海易初摩托车有限公司
	钱国平	挺身而出,救助受伤女硕士	上海汽车有色锻造总厂
	瞿　亮	热心资助失学儿童	上海大众汽车有限公司
	谢仲达等10人	"共同家长"热心资助孤女上学	上海实业交通电气有限公司
	甘达淞等3人	在国外义助外单位病人	上海拖拉机内燃机公司
1996	李　明	见义勇为,勇擒歹徒	上海大众汽车有限公司
	李胜才	一片真情苦撑不幸的家	上海汇众汽车制造公司
	王菁华	奋勇当先救人救火	上海拖拉机内燃机公司
	张顺生	坚持十余年义助孤老	上海汇众汽车制造公司
	周耀忠	老当益壮,率众攻关	上海纳铁福传动轴有限公司
	张其龙	热心资助失学孤女	上海汽车齿轮总厂
	张正冈	技术革新屡克难关	上海汽车制动器公司
	陆　荣	毫不畏惧擒歹徒	上海客车制造公司
	武义华	拾金不昧,千方百计找失主	上海离合器总厂
	李红妹	侍奉老人无怨无悔	上海合众汽车零部件公司
1997	陈亚明　向梅英	热心资助失学儿童	上海大众汽车有限公司
	陆雄华	为产品开发、攻关忘我工作	上海汇众汽车制造公司
	高松根	二十年义务献血	上海拖拉机内燃机公司
	汪亚军	毫不畏惧力擒盗贼	上海拖拉机内燃机公司
	朱冬妹	拾金不昧找失主	上海离合器总厂
	宋曼华	尊老敬老献爱心	上海汽车股份有限公司
	张玉良	火眼金睛抓窃贼	上海汽车工业培训中心
	杨晓东	心系企业废寝忘食	上海通用汽车有限公司
	王惠琴	义助癌症患者	上海乾通汽车附件有限公司
	傅宝全	身先士卒拓市场	上海汽车工业销售总公司
1998	赵茂青	青心系"一号工程"	上海通用汽车有限公司
	张荣泰	率队攻坚,忘我工作	上海拖拉机内燃机公司
	乔敏辉	毫不畏惧,勇擒歹徒	上海拖拉机内燃机公司

〔续表〕

年份	姓 名	获 奖 好 事	所 在 单 位
1998	徐锦华	奋不顾身救小孩	上海大众汽车有限公司
	王永华	十三年义助孤老	上海客车制造公司
	胡新伯	一片爱心为孩子	上海纳铁福传动轴有限公司
	戴德国	临危不惧救人	上海汽车有色锻造总厂
	李兆铭	不顾小家为大家	上海汽车工业销售总公司
	干友超	八年资助失学儿童	上海汇众汽车制造公司
	金玉兰	数年照料八旬孤老	上海汽车股份有限公司
1999	葛文忠	临危不惧、舍己救人	上海大众汽车有限公司
	沈 曙	不畏强暴,勇斗凶顽	上海汇众汽车制造公司
	程士伟	奋不顾身,擒获劫匪	上海拖拉机内燃机公司
	陈佩飞	慷慨解囊情意浓	上海汽车股份有限公司
	陈鸿均	路见不平,伸张正义	上海客车制造公司
	付利国	抢占市场,创造"四个第一"	上海汽车工业销售总公司
	赵永顺	深情爱心抱养孤残儿	上海汇众汽车制造公司
	毛惠庭	识破金融诈骗案	上海汽车集团财务有限责任公司
	张 栋	智力扶贫中闪耀青春年华	上海汽车工业技术中心
	陈雄伟	开拓国际市场成绩突出	上海汽车电器总厂
2000	汪有年	挽救失足青年	上海汇众汽车制造有限公司
	李季荣	围追堵截,擒拿窃贼	上海大众汽车有限公司
	金敬良	拾金不昧,完璧归赵	上海汽车工业开发发展公司
	梁新萍	一片爱心,侍奉老人	上海拖拉机内燃机公司
	孙雨龙	不顾危险,勇斗歹徒	上海汇众汽车制造有限公司
	张俊强	沉着机智,勇擒凶犯	上海客车制造有限公司
	叶树基	服务用户,拓展市场	上海上汽大众汽车销售有限公司
	马以军 张福生	挺身而出,抢救伤员	上海实业交通电器有限公司
	王定国	毫不畏惧,制止凶案	上海科尔本施密特活塞有限公司
	周志宏	重病缠身,开发新品	上海汽车锻造总厂
2001	朱志华	面对厄运,坚忍不拔	上海汇众汽车制造有限公司
	袁 戟	急人所急,拾金不昧	上海拖拉机内燃机公司
	汪森林	毫不畏惧,勇斗歹徒	上海汇众汽车制造有限公司
	陆培芬	挺身而出,以正压邪	上海客车制造有限公司
	邵慧强	紧急救人,慷慨解囊	上海通用汽车有限公司
	冯世明	不畏艰辛,坚持打假	上海小系车灯有限公司

〔续表〕

年份	姓　名	获　奖　好　事	所　在　单　位
2001	肖鼎成	兢兢业业，勇挑重担	上海汽车工业销售总公司
	倪建忠	一片爱心，义务助学	上海大众汽车有限公司
	陈源龙	倾力相助，帮困解难	上海汽车股份有限公司
	许玉祥	强化服务，扩大市场	上海上汽大众汽车销售有限公司
2002	周少林	八十高龄，勇救他人	上海客车制造有限公司
	潘剑勇	单枪匹马，勇擒小偷	上海通用汽车有限公司
	叶　敏	义无反顾，无偿献血	延锋伟世通汽车饰件系统有限公司
	张云海	满腔热情，为民服务	上海汇众汽车制造有限公司
	朱　蓉	捐献骨髓，奉献爱心	上海大众汽车有限公司
	包科光　王建生	勇挑重担，开发新品	上海圣德曼铸造有限公司
	马力文	拾金不昧，急人所急	上海拖拉机内燃机公司
	郭雪岭	路拾钱包，寻找失主	上海汽车工业销售总公司
	裘英弈　许兰英 曹　斌	挺身而出，抢救伤员	上海汽车制动系统有限公司
	张　云	新婚之日，抢修设备	上海纳铁福传动轴有限公司
2003	沈鹤雷	机智果敢，勇抓歹徒	上海大众汽车有限公司
	郭世来　孙思磊	奋不顾身，水中救人	上海汽车集团总公司汽车工程研究院
	储可信	尽心尽责，服侍双亲	上海汇众汽车制造有限公司
	陈　琦	急人所急，拾金不昧	上海通用汽车有限公司
	王　鸿	忘我工作，抗击非典	延锋伟世通汽车饰件系统有限公司
	范　奇	不畏艰辛，开发新品	上海小糸车灯有限公司
	奚建华	助人为乐，抢救伤员	上海拖拉机内燃机公司
	江　湧	无怨无悔，照顾孤老	上海汽车集团总公司汽车工程研究院
	曹喜彪	夜以继日，技术攻关	上海皮尔博格有色零部件有限公司
	施　峰	毫不畏惧，智斗小偷	上海申雅密封件有限公司
2004	李　瑾	捐献骨髓，挽救生命	上海汇众汽车制造有限公司
	王富强	临危不惧，智斗窃贼	上海圣德曼锻造有限公司
	汪有年	满腔热情，一贯助人	上海汇众汽车制造有限公司
	罗庆义	伸张正义，保护他人	延锋伟世通汽车饰件系统有限公司
	浦　啸	坚持不懈，追回公车	上海汽车工业销售总公司
	王　群	急人所急，拾金不昧	延锋伟世通汽车饰件系统有限公司
	赵　华	爱岗敬业，带病工作	上海大众汽车有限公司
	梅娜安	热心公益，异国献血	上海通用汽车有限公司

〔续表〕

年份	姓名	获奖好事	所在单位
2004	范平	不畏辛劳，关爱同事	上海大众汽车有限公司
	金嫣	放弃休息，服务社区	上汽股份汽车齿轮总厂
2005	贾赵懿	捐献骨髓，挽救生命	延锋伟世通汽车饰件系统有限公司
	黄杰思	不顾受伤，擒拿小偷	上汽通用五菱汽车股份有限公司
	李正荣	血型罕见，无偿献血	上海申沃客车有限公司
	金志祥	寻找失主，完璧归赵	上海汽车股份有限公司汽车齿轮总厂
	何斌	十年接力，帮困助学	上海三电贝洱汽车空调有限公司
	顾国定	不惧恐吓，全力打假	上海萨克斯动力总成部件系统有限公司
	徐君浩	不怕危险，勇抓歹徒	上海大众汽车有限公司
	倪永刚	创新挖潜，降本增效	上海纳铁福传动轴有限公司
	孙运亮	挺身而出，救助路人	上海通用东岳汽车有限公司
	李丽娟	奉献爱心，资助他人	上海汇众汽车制造有限公司
2006	李卓阳	热心助人，捐献骨髓	上海汽车股份有限公司
	王本祥	不受利诱，智擒小偷	上海汇众汽车制造有限公司
	季仁	充满孝心，照顾病母	上海圣德曼铸造有限公司
	吴俊	耐心守候，寻找失主	上海大众汽车有限公司
	孙双妹	严格管理，攻克难关	上海纳铁福传动轴有限公司
	冯国庆 罗建平	忠于职守，勇抓窃贼	上海拖拉机内燃机公司
	张文娜	路见不平，伸张正义	延锋伟世通汽车饰件系统有限公司
	尚明红	帮助他人，无偿献血	上海皮尔博格有色零部件有限公司
	谭能超	热心公益，乐做义工	延锋伟世通汽车饰件系统有限公司
	金若伟	钻研技术，改造设备	上海小糸车灯有限公司
2007	何旭辉	毫不畏惧，伸张正义	上海汇众汽车制造有限公司
	刘岭	义无反顾，抢救儿童	延锋伟世通汽车饰件系统有限公司
	汤利明	拾金不昧，寻找失主	上海汽车变速器有限公司
	杨明	热心助人，捐献骨髓	上海汇众汽车制造有限公司
	王健	帮助他人，无偿献血	上海皮尔博格有色零部件有限公司
	邬佳良	奉献爱心，资助他人	上海通用汽车有限公司
	郑钟伟	不怕危险，勇抓歹徒	上海大众汽车有限公司
	沈寿峰	寻找失主，完璧归赵	上海汽车变速器有限公司
	顾屹	寻找失主，完璧归赵	上海大众汽车有限公司
	孟祥斐	热心助人，捐献骨髓	上海汽车集团股份有限公司技术中心

〔续表〕

年份	姓名	获奖好事	所在单位
2008	杨学锋	挺身而出,抓获窃贼	上海实业交通电器有限公司
	邓永平	奋不顾身,扑灭大火	上海汽车工业开发发展公司
	单立	满怀孝心,服侍双亲	上海汽车变速器有限公司
	潘勇	无怨无悔,照顾病妻	上海汇众汽车制造有限公司
	崔清	义不容辞,抢救伤员	上海大众集团股份有限公司汽车有限公司
	覃生辉	热心助人,服务社区	上汽通用五菱汽车股份有限公司
	潘晓珏	关爱孤儿,乐做义工	上海汽车乘用车分公司
	侯鑫伟	刻苦钻研,技术攻关	申雅密封件有限公司
	潘振威	奉献爱心,无偿献血	延锋伟世通汽车饰件系统有限公司
	朱一林 周君叶 华立彬	不畏艰险,义务支教	上海通用汽车有限公司
2009	刘洪根	奋不顾身,扑灭大火	上海科尔本施密特活塞有限公司
	钱红星	帮困结对,义务助学	上海大众汽车有限公司
	陈诚	热心公益,捐助病孩	上海通用汽车有限公司
	王红	挺身而出,抓获肇事司机	上海大众汽车有限公司
	陈湄	充满孝心,服侍养母	上海幸福摩托车有限公司
	张金福	拾金不昧,归还失主	上海汇众汽车制造有限公司
	高键镒	奉献爱心,无偿献血	上汽通用五菱汽车股份有限公司
	崔韙	毫不畏惧,擒获歹徒	上海中国弹簧制造有限公司
	韩军	奋勇灭火,保护设备	上海柴油机股份有限公司
	高荣昌	尽心尽责,孝老爱亲	上海汇众汽车制造有限公司
2010	李德华	长期关爱患精神疾病员工	上海纳铁福传动轴有限公司
	张玉夫	热心帮助患忧郁症员工及其家人	上汽通用五菱汽车股份有限公司
	陆慧明	十几年义务献血为他人	上海萨克斯动力总成部件系统有限公司
	舒忠民	长期坚持资助贫困学生	上海通用汽车有限公司
	杨忠跃	勇擒伪造贩卖世博会门票票贩	上海汽车集团股份有限公司商用车技术中心
	陆品莲	热心公益,义务献血,助学帮困	上海汽车集团股份有限公司乘用车分公司
	岳福毅	勇救落入化粪池内儿童	上海汽车变速器有限公司
	李建民	十几年如一日,义务照顾身患精神疾病同事	上海拖拉机内燃机公司
	张臣民	不顾危险抢救企业财产	东华汽车实业有限公司
	杨铮峥	奋力抢救车祸伤者	上海通用汽车有限公司

〔续表〕

年份	姓名	获奖好事	所在单位
2011	袁雪峰	深夜抱起血泊中的男孩	上海乾通汽车附件有限公司
	葛银河	毫不畏惧,擒获歹徒	南京依维柯汽车有限公司
	孙秋兴	不顾年纪大,下水勇救人	上海汽车变速器有限公司
	陈宏先	奋不顾身,勇救落水老人	安吉汽车物流有限公司
	顾炳强	路遇车祸,热心救人	上海大众汽车有限公司
	楼敬英	尽心尽责,孝老爱亲	上海萨克斯动力总成部件系统有限公司
	赵建峰	热心公益,义务助学	上海通用汽车有限公司
	刘健康	果断机智,救助学生	上海汇众汽车制造有限公司
	林桂生	无偿献血,关爱老人	上海汽车集团股份有限公司商用车技术中心
	刘涛等	帮困结对,奉献爱心	上海汽车集团股份有限公司乘用车分公司
2012	姜一诚	力排众议,救助晕倒老人	上海纽荷兰拖拉机有限公司
	郁建峰	奋不顾身,勇救落水儿童	上海大众汽车有限公司
	肖仪	不惧火海,救出独居老人	南京汽车集团有限公司南汽研究院
	王健	带动亲人,常年义务献血	上海皮尔博格有色部件有限公司
	张磊	一心一意,照顾重病母亲	上海汇众汽车制造有限公司
	庄瑾	热心公益,投身志愿服务	延锋伟世通汽车饰件系统有限公司
	钱爱民	临危不惧,勇斗行凶歹徒	安吉汽车物流有限公司
	计红虎	克服困难,照顾久病父亲	上汽通用五菱汽车股份有限公司
	黄志鑫	一身正气,阻止小偷行窃	上海通用汽车(沈阳)公司
	施佳雯	奉献爱心,带动同事助学	上海汽车集团股份有限公司乘用车分公司
2013	孙大庆	勇救儿童的"冒险"者	安吉汽车物流有限公司
	钱其锋等	合擒窃贼的"武侠客"	上海汇众汽车制造有限公司
	李群等	为客解难的"救火队"	延锋汽车饰件系统有限公司
	陶健	拾金不昧的好心人	上海大众汽车有限公司
	王彩玲	勇挑重担的好军嫂	安吉汽车物流有限公司
	史孝安	路救伤员的好党员	申雅密封件有限公司
	杨峻岭	热心公益的志愿者	上海汽车商用车有限公司
	陆海波	关爱奶奶的"孝子哥"	延锋汽车饰件系统有限公司
	路晓丽等	爱心基金"天使团"	泛亚汽车技术中心有限公司
	王靖	捐资助学的热心人	南京汽车集团有限公司

〔续表〕

年份	姓 名	获 奖 好 事	所 在 单 位
2014	秦 敏	坚强扛起家业重担	上汽依维柯红岩商用车有限公司
	张启进 柳华龙	路遇险情,奋勇救火	延锋汽车饰件系统有限公司
	罗祖林	接连跳江,果断救人	上海汽车变速器有限公司
	宋超等	无私关怀,陪伴老人	上海安吉汽车物流有限公司
	孙迪来	热心帮助抢救男孩	延锋汽车饰件系统有限公司
	姚 剑	急人所急,完璧归赵	东华汽车实业有限公司
	佘 磊	为智障儿撑起天空	上海通用汽车有限公司
	陈贤刚	冷静解救邻家女孩	上汽通用五菱汽车股份有限公司
	么玮琦等	爱心支教山区小学	上海汽车集团股份有限公司乘用车分公司
	王怀强	长期投身志愿服务	上汽依维柯红岩商用车有限公司
2015	王永革	及时灭火,避免重大事故	上汽大众汽车有限公司
	潘任端	智救寻短见少女	上汽大众汽车有限公司
	金凯华	勇救溺水儿童	延锋汽车饰件系统有限公司
	魏东旭	一呼即应,出手相助	南京汽车集团有限公司
	唐晓东	路遇病人勇相救	上汽通用汽车有限公司
	周长恩	坚持开展慈善活动	上汽通用五菱汽车股份有限公司
	施乾煌	热心公益、播撒阳光	上汽通用汽车有限公司
	费继兵等	关爱困难及特殊儿童	上海汽车集团股份有限公司乘用车分公司
	尚 露	果断施救癫痫病人	上海汽车集团(北京)有限公司
	杨常伟等	热心关爱孤残儿童	安吉汽车物流有限公司

说明:1992 年无资料
资料来源:上海汽车集团股份有限公司党委宣传部

第五节 《上海汽车报》

一、创办

1984 年 7 月,上海汽车拖拉机工业联营公司党政联席会议决定创办《上海汽拖报》。同年 11 月,公司向国家机械工业部递交请示报告。同月,机械工业部同意并批转上海市新闻出版局。同年 12 月,上汽举办上海汽拖报社创刊庆祝大会,中共上海市委宣传部新闻处和《文汇报》负责人,公司领导、所属企业和新闻界人士共 200 余人参加,中共中央顾问委员会委员夏征农出席并讲话。

1985 年 1 月 1 日,《上海汽拖报》出版创刊号。第一版刊登上海市副市长李肇基、上海市工业党委书记赵定玉发来的贺词,公司总经理陈祥麟接受《上海汽拖报》记者的专访和公司党委书记蒋以任发表的《为汽车工业的腾飞添翼》的文章。

《上海汽拖报》创办初期为内部发行,发至公司所属企业班组,每期数千份。同年3月,上汽决定该报更名并申请公开发行,据此向中共上海市委宣传部上报《关于〈上海汽拖报〉更名为〈上海汽车报〉及申请公开发行的报告》。同月,中共上海市委宣传部批复,同意该报更名,每周出版一期,4开4版,公开发行,并由自办发行改为邮局发行。

1985年5月1日,更名后公开发行的《上海汽车报》出版与读者见面。编辑部文章指出:《上海汽车报》立足于上海经济区,面向国内外,为汽车、拖拉机、摩托车行业及相关行业包括交通运输、汽车维修、汽车销售、旅游、汽车出租等行业服务。《上海汽车报》由此从企业报提升为既是企业报又是行业专业报。

二、版面

《上海汽车报》1985年1月创刊时,每月出版2期,每期4版。同年7月,改为每星期1期,每期4版。1993年11月起,以一期4版、一期8版交替出版。1994年6月起,固定每期出版8版,设置全国要闻、上海新闻、国际汽车、各地新闻、专稿特稿、汽车市场及广告等版面。1995年2月起,每月最末一期增添8版彩印月末版"车友沙龙",共16版。1996年6月起,每月中旬一期增添8版月中版"汽车商情",共16版。2000年10月起,每期固定出版16版。2002年1月起,每期出版20版。

2003年8月—2015年,每期出版24版,并分为A、B、C等3个板块。A版为新闻纸,包括A1头版、A2上海新闻、A3业界经纬、A4专题、A5广告、A6协会之窗、A7广告、A8国内新闻;B版为彩色铜版纸,包括B1大新闻、B2国际新闻、B3广告、B4七彩车流、B5～B8车市商情;C版包括C1～C4汽车俱乐部、C5～C8汽车城。2003年4月开始与嘉定区上海安亭镇合作编辑出版国际汽车城版面。《上海汽车报》出版30年,均为4开版面。

三、经营

1985年5月,《上海汽车报》开始公开发行,主要采取邮局发行模式。随着公司不断发展壮大和该报不断提高办报质量,发行量和发行收入逐年上升。1998年发行量超过2万份,达到2.25万份,发行收入46.8万元。1999年,发行量超过5万份,达到6.48万份,发行收入超过100万元,达到134.8万元。2000—2003年,发行量有所下降,为4万多份。2004年,再次超过5万份,达到5.12万份,发行收入266.2万元。2015年,发行量达到7.44万份,发行收入754.6万元。发行量中公司内部为6.1万份,公司外部为1.34万份,读者分布全国在31个省、市、自治区。同年9月,该报创刊《今日安亭》双周刊,在上海市嘉定区的安亭镇采取自办发行的方式。

《上海汽车报》广告业务主要客户是公司所属企业,同时经营上汽以外整车整机企业、零部件企业和汽车公关公司、展览公司的广告业务。1996年起,连续7年被评为上海市广告业重信誉、创优质服务先进单位。1998年,首次获评上海市广告业优质服务先进单位,以后连续3年获评。同年,广告收入超过100万元,达到134万元,以后广告收入逐年增长。2002年,广告收入超过500万元,达到520.9万元。2003年后,连续4次获评上海市合同信用3A级企业,连续5次获上海市守合同重信誉企业称号。2012年,广告收入超过800万元,达到805万元。2015年,广告收入为839.4万元。

表 13 - 3 - 6　1998—2015 年上海汽车报社发行和广告收入统计表

年　份	报纸发行(万份)	广告收入(万元)	发行收入(万元)
1998	2.25	134	46.8
1999	6.48	332.3	134.8
2000	4.96	403.8	154.9
2001	4.59	395.4	191.1
2002	4.43	520.9	184.6
2003	4.87	596.7	253.3
2004	5.12	645	266.2
2005	5.37	697.3	334.9
2006	5.39	663.6	336.4
2007	5.60	685	349.7
2008	5.87	723.9	366.4
2009	5.83	672.9	455.2
2010	6.1	643.7	476.1
2011	6.35	653.3	495.6
2012	6.92	805	702.4
2013	7.13	823.2	722.7
2014	7.01	808.4	711.3
2015	7.44	839.4	754.6

资料来源：上海汽车报社有限公司

第四章　老干部与统战工作

1984 年,上汽党委在干部部和组织部分别设立老干部科和统战科,1990 年设立老干部处和统战处,1993 年分别更名为老干部部和统战部,2006 年,老干部部与统战部合并为老干部和统战工作部,主要负责离退休干部管理与服务、统战工作和民主党派和团体建设。

第一节　机　构　组　织

一、老干部和统战工作部

1964 年 7 月,上海市农业机械制造公司党委成立后,统战工作由党委政治部指派一名干部负责。1982 年 2 月,中共中央关于建立老干部退休制度的决定发布后,上海市拖拉机汽车工业公司党委于 3 月在干部科配备兼职干部管理离退休干部工作。1984 年 7 月,上海汽车拖拉机工业联营公司党委分别在干部部内设置老干部科,在组织部内设置统战科。1990 年 3 月,上海汽车工业总公司成立,公司党委设立老干部处和统战处。1993 年 1 月,公司党政机构由处改部,老干部处和统战处分别更名为老干部部和统战部。

1995 年 9 月,上海汽车工业(集团)总公司(简称上汽集团)和上海汽车有限公司(简称上汽有限)同时成立后,均设有党委老干部部和统战部等机构并实行"一个机构,两块牌子"运行模式,同时统战部与党委办公室合署办公。1997 年 12 月,上汽有限改制为上市公司上海汽车股份有限公司,上汽有限党委老干部部和统战部停止运作。2004 年 12 月,上汽集团发起成立上海汽车集团股份有限公司(简称上汽股份),上汽集团和上汽股份均设立老干部部和统战部并实行"两块牌子,复合运行"。2007 年 7 月,上汽股份工商注销,老干部部和统战部停止运作;9 月,上海汽车股份有限公司更名为上海汽车集团股份有限公司(简称上海汽车)后,上汽集团和上海汽车党委老干部部与统战部合并为老干部和统战工作部,并实行"一个机构两块牌子"运行模式。2011 年 12 月,上海汽车整体上市并简称上汽集团,党委继续设立老干部和统战工作部,上海汽车工业(集团)总公司党委老干部和统战工作部则停止运作。

2015 年,上汽集团党委老干部和统战工作部有工作人员 6 人,主要负责离退休干部和统战工作。1995 年、2001 年、2011 年,上汽党委老干部部先后被评为上海市老干部工作先进集体。2003 年,上汽党委统战部被评为上海市基层统战工作先进集体。

二、老干部工作领导小组

1983 年 7 月,上海市拖拉机汽车工业公司成立老干部工作委员会,加强对老干部工作的领导。随着公司组织机构的变化,公司老干部工作委员会成员也相应调整,由公司党委副书记和行政副职担任负责人,委员分别由党委办公室、行政办公室、组织干部部、老干部部、人力资源部、财务部、工会和团委等部门负责人组成。公司老干部工作领导小组每年召开会议,学习传达上级老干部工作精神,听取公司党委老干部年度工作报告,部署新一年度的老干部工作,研究决定老干部工作中的重要事项。遇特殊情况,召开临时性会议解决落实相关重要事项。

三、咨询委员会

1990 年 3 月,上海汽车工业总公司决定成立咨询委员会,为公司重大决策提供咨询。咨询委员会由蒋涛任主任、仇克任副主任,咨询委员包括马揆、刘镇亚、周惠章、费振翼、翁建新、桑恭。咨询委员会成立之初,日常管理服务工作由公司行政办公室负责。2000 年开始,改由公司行政办公室和党委老干部工作部门联合管理,并由老干部工作部门承担日常管理服务职能。

咨询委员会的主要活动是:受邀参加公司重大活动;听取公司行政关于规划及技术、经济活动情况分析和动态报告;针对公司当期任务、长远规划和技术创新等中心工作开展调研和咨询活动并提出意见建议。

第二节　离退休干部管理与服务

一、人数与分布

1982 年,离休干部工作开始列入公司党委议事日程,党委认真贯彻党中央关于离休老干部"基本政治待遇不变、生活待遇略为从优,并注意很好地发挥他们的作用"的精神,扎实做好离休老干部工作。1993 年 11 月,厂部级以上退休干部开始列入公司老干部管理范围。

1995 年,上汽系统有离休干部 299 人,其中享受局级待遇 25 人,参照局级待遇 5 人,抗日战争期间参加革命工作的 92 人,解放战争期间参加革命工作的 207 人。

至 2015 年 12 月,上汽有离休干部 193 人,平均年龄 86.15 岁,其中享受局级待遇 11 人,抗日战争期间参加革命工作 34 人,解放战争期间参加革命工作 159 人;有退休厂部级干部 306 名,平均年龄 73.6 岁。离休和退休厂部级干部合计 499 名。

表 13-4-1　1995—2015 年上汽离休干部人数统计表　　　　单位:人

年份	年底总数	平均年龄（岁）	享受局级以上待遇人数	抗战时期参加革命人数	解放时期参加革命人数	当年去世人数	备注
1995	299	—	25	92	207	6	—
1996	316	—	27	97	219	6	市公用局公交公司、客车公司并入上汽 23 人
1997	307	—	27	91	216	9	—
1998	302	—	26	89	213	5	—
1999	294	—	22	86	208	8	—
2000	311	—	29	91	220	9	上海内燃机研究所并入上汽 26 人
2001	303	—	28	87	216	8	—
2002	294	—	26	82	212	9	—
2003	284	—	26	75	209	10	—

〔续表〕

年份	年底总数	平均年龄（岁）	享受局级以上待遇人数	抗战时期参加革命人数	解放时期参加革命人数	当年去世人数	备　注
2004	273	76	25	74	199	11	—
2005	303	77.6	29	86	217	12	上海彭浦机器厂并入上汽42人
2006	284	78.4	24	77	207	19	—
2007	272	79.4	23	73	199	12	—
2008	319	80.2	24	81	238	13	上海柴油机股份有限公司并入上汽60人
2009	302	81.1	22	75	227	17	
2010	288	82	19	68	220	14	—
2011	265	82.7	18	59	206	23	
2012	248	83.6	16	54	194	17	
2013	231	84.4	15	46	185	17	
2014	209	85.3	11	41	168	22	
2015	193	86.2	11	34	159	16	

资料来源：上海汽车集团股份有限公司党委老干部和统战工作部

二、政治待遇

1987年6月，上汽党委下达《关于离休干部阅读文件的通知》，保证离休干部按规定及时方便阅读有关文件和资料，为离休干部公费订阅《中国老年报》《上海汽车报》《支部生活》等报刊，满足离休干部的学习需求。1987年9月，开展老干部宣传周活动，宣传老干部浴血奋战打江山、艰苦创业作贡献的精神和事迹。每逢党代会、职代会、干部大会、春节团拜会、国庆招待会等重要会议和庆典活动，邀请离休干部参加并在显著位置就座。

1991年开始，上汽坚持每年敬老节开展"五个一"活动，即为每位离退休干部发一封慰问信，送一份慰问品，开展一次助老志愿服务，举办一个敬老节联欢活动及书画摄影作品展，在《上海汽车报》刊登一期宣传老干部老有所学、老有所乐及助老为老服务的专版。同年2月和10月，党政领导先后在离退休干部春节团拜会和敬老茶话会上向离退休老干部通报经济工作情况，开启一年两次向老干部通报情况的先例，以后持之以恒。1994年，分期分批组织老干部参观考察改革开放成果，计50次562人次参加。1995年，组织老干部看上海变化，计51次457人次参加。

2009年开始，上汽组织离退休老干部与团干部座谈，开展"传承·交流"系列活动，对青年干部进行革命传统教育。2010年以后，根据中共上海市委老干部局关于一年两次组织离休干部参观活动的精神，组织老干部看城乡变迁、看行业发展、看社会进步的"三看"活动，参观洋山深水港、老上海历史展、中共二大会址、临港自主品牌基地、教育家李叔同纪念馆等。

此外，上汽党委完善离退休党支部设置，老干部工作者进入离退休党支部协助工作搞好服务，2012年将所有离退休党员都编入党支部，做到党组织全覆盖。

表 13－4－2　1991—2015 年上汽"敬老节"活动情况表

时 间	主 题	活 动 内 容
1991 年 10 月	敬老日茶话会	离退休干部等 420 余人参加,公司领导孟庆令、胡茂元、刘雅琴等通报情况,市工业党委老委会常务副主任席炳午出席并讲话
1992 年 11 月	敬老日暨和睦文明家庭表彰会	霍建华等 19 位离休家庭接受表彰,市委老干部局金国正、谭甦萍、张旗 3 位局长到会,金国正局长讲话
1994 年 10 月	欢度敬老节	传达十四届四中全会精神,观看文艺演出
1995 年 10 月	老共产党员形象	新形势下老共产党员形象十佳先进表彰
1996 年 10 月	纪念红军长征胜利 60 周年	公司领导讲话,蒋涛代表老干部向青年赠送《长征精神永放光芒》一书,团委向老干部献保健用品,公司艺术团慰问表演
1997 年 10 月	欢度敬老节	组织老干部游戏活动
1998 年 10 月	"看上海、话改革、树形象"演讲会	演讲会
1999 年 10 月	"话祖国巨变"	举行演讲会,组织老干部表演及游艺活动
2000 年 10 月	欢度敬老节	观看电影
2001 年 11 月	欢度敬老节	敬老日大会
2002 年 10 月	尊重老人就是尊重历史	敬老日大会,为"我的离休生活"征文授奖
2003 年 10 月	欢度敬老节	观看电影
2004 年 9 月	欢度国庆暨敬老节	敬老节大会
2005 年 10 月	欢度敬老节	观看电影
2006 年 10 月	保健讲座	保健讲座,离退休干部自编自演联欢
2007 年 10 月	敬老节联谊活动	离退休干部自编自演联欢
2008 年 10 月	敬老节联欢会	老干部和老干部工作者同台演出
2009 年 10 月	弘扬美德,营造和谐	团员青年敬老志愿活动
2010 年 10 月	我与世博同行	分批组织参观、组织老干部世博知识竞赛、观展心得交流、专题组织生活会
2011 年 10 月	敬老节	敬老节活动暨健康讲座、专家咨询
2012 年 10 月	喜迎十八大暨敬老节	老干部喜迎十八大暨敬老节大会,"和睦家庭大家谈"交流演讲
2013 年 10 月	老干部联欢会	离退休干部文艺汇演
2014 年 10 月	"踏遍青山人未老"书画摄影展	展出离退休干部书画摄影作品 141 幅
2015 年 10 月	纪念抗日战争胜利 70 周年	离退休干部创作演出歌唱、朗诵、现场作画、器乐弹奏、魔术、时装走秀等节目

说明:1993 年无资料

资料来源:上海汽车集团股份有限公司党委老干部和统战工作部

三、生活待遇

上汽认真落实"老干部生活待遇略为从优"的精神,坚持对离退休干部生病住院、家有要事、生活困难、严寒酷暑、逢年过节、离退休干部有思想情绪等各级领导"六个必访"的制度,在生活补贴、住房解困、医疗养生等方面确保老干部生活待遇。

【生活补贴】

1988年起,上汽按照中央和上海有关规定,认真落实离休干部增发离休金、调整护理费、护工费、易地安置补贴、提高规范补贴、离休干部去世后一次性抚恤金发放以及遗属生活补贴等政策规定。2000年起,按照上海市《关于在国有企业改革和发展中进一步做好老干部工作的若干意见》提出的老干部生活待遇"通盘考虑,待遇到位"要求,认真做好兼并、重组、转制、改制企业中的离休干部安置工作,确保其生活待遇不变。2005年开始,按照上海市老干部局要求,每年调整提高离休人员补贴费标准,使离休干部及时享受到每月万元以上的新补贴。2007年,建立企业与社区一起为离休干部送生日蛋糕的制度,规定80岁以上离休干部逢"5"逢"10"生日之时,由离休干部所在单位购买生日蛋糕邀请社区一起慰问老同志。

【住房解困】

1995年,上汽落实上级党委关于优先解决离休干部住房的要求,离休老干部住房按照当时标准全部达标。2000年和2001年,公司两次落实资金和房源,为28位离休干部解决住房缺煤卫或煤卫合用的困难。2002—2004年,按照上海市文件精神和标准,为105位住房未达标的离休干部解决住房困难问题,发放解困资金683.79万元。

【医疗养生】

1997年起,上汽对离休老干部实行"老同志本人支付一点、家属子女承担一点、组织上补贴一点"的医保外医疗补贴,至2015年,"组织上补贴一点"的额度由30％调高到85％。2001年和2003年,为39名抗日战争时期参加革命的离休干部办理参照单项局级医疗待遇的上海市干部医疗证。2004年,开展走访一次老干部所在社区与社区老干部管理部门接头,为高龄多病行动不便的老干部建立一个家庭护理病床或联系一个保健医生,为老干部落实一个就近活动点的"三个一"活动,至同年6月底,与所有离休干部所在社区管理人员接上头,为27位高龄多病行动不便的老干部建立了家庭护理病床,为167位老干部联系了保健医生。

2009—2011年,上汽先后为离退休干部办理公众责任险和路途意外险,以保障其参加组织活动的安全;并向老干部摘编发放《送给您的健康》保健知识小册子。2010年,对患癌症的退休干部进行重点帮困。2011年,为退休干部办理看病就医"绿色通道"。2012年,编发《家和万事兴——上汽老干部"和谐家庭大家谈"征文集》。2013年,向离休干部发放内含家庭、亲属、单位和社区联系人电话,离休干部本人主要病症和过敏药物,保健医生联系电话等内容的老干部应急联系卡,以备离休干部救急之用。

四、作用发挥

1984—1995年,由上汽离退休干部创办的上海汽车拖拉机经济技术咨询公司累计实现营业额1.9亿元、利润1086万元、上交税收407万元,1994年被评为上海市委老干部系统"三产"先进集体。

1990 年,上汽面临资金短缺、市场疲软,生产不景气的困难,离退休老干部积极参与"行业有困难,我们怎么办?"大讨论,提出 62 条建议。2001 年,老干部积极为用户满意工程出谋划策,从战略决策、组织领导、管理机制等方面建言献策,许多建议被集团领导和部门接受采纳。

上汽咨询委员会成立之初,编撰《改革开放给振兴上海汽车工业带来曙光——上海轿车项目六年谈判过程概述》,长达近 3 万字的材料为上汽深化对外合作提供宝贵经验。以后,咨询委员会坚持围绕公司技术力量、开发能力、投入与成效以及经济运行开展调研,先后形成《提高技术开发能力的实践与现状》《关于上海汽车培育自主开发能力初步情况调查》《对于三个技术中心初步调研后的一些想法和建议》《有关留住老用户的有效经验和措施》《关于实现进入世界 500 强措施的思考与建议》《加快形成规模经济,参与国际市场竞争》《关于对延锋伟世通等五个零部件企业调研报告》和《汽车产业技术革命》等调研报告报送上汽领导,发挥积极作用。

五、老干部活动室

1985 年,上汽在上海市静安区威海路 651 弄 40 号设立老干部活动室,以后于 1988 年、1995 年和 1999 年,先后迁至上海市长宁区中山西路原欣达公司 3 楼、上海市黄浦区南苏州河路上汽娱乐总汇 2 楼、上海市长宁区天山路紫云宾馆 2 楼。

2008 年 8 月,上汽老干部活动室迁至上海市卢湾区老干部活动中心,租借部分活动场地并共同承担活动场所相关费用。该场所成为上汽离退休老干部主要活动场所,上汽党委老干部和统战部单独举办歌咏、时装、钢琴、手机、太极、舞蹈等兴趣班,没有条件单独办班的可参加卢湾区老干部活动中心各类班级,包括电脑班、中医养生班、英文班、编织班、老年时装班等,满足老同志精神文化需求。2011 年开始,聘请专业老师指导学习活动,活动质量明显提高。同时,老干部活动室活动内容与老干部工作相联系,结合建党、建军、中华人民共和国成立、香港回归、迎庆世博、改革开放 30 周年和 40 周年等重大节庆纪念,组织老干部创作书画、摄影、文艺等作品,举办作品展览和文艺汇演,做到老干部学习娱乐与思想政治建设相结合。

第三节　统战工作

一、工作沿革

1964 年,公司党委开始建立统战工作,组织民主党派人士学习党和国家方针政策,发挥统战对象在科技和管理等方面的特长作用。"文化大革命"结束后,统战工作于 1982 年恢复正常,公司党委组织 5 位归侨成立归侨联络组,民主建国会工商联联络组也恢复正常工作。1985 年 9 月,举行工商联、侨联、台联"三联"联谊会成立大会,为引进侨资、外资、人才和技术牵线搭桥。1986 年 5 月,按照中央文件精神落实"两航起义"人员待遇,14 名有关人员全部办妥审批发证手续。同时,170 名原工商业者恢复和补发工资。

1987 年开始,上汽党委进一步加强对统战工作的领导,建立每年召开两次公司党委与民主党派、人民团体负责人座谈会制度,每季召开民主党派与团体联席会议制度。1988 年,举办两期统战干部学习班。此后,每年都组织统战干部业务培训。1992 年,修改补充《上汽总公司统战工作条例》,进一步明确统战工作指导思想,坚持为经济工作服务。1995 年,制定完善《统战人士立卡制度》《统战工作例会制度》《与统战人士座谈和联络联谊制度》《领导干部与统战人士联系制度》等,使统战工作更加规范化。

1996年4月,上汽党委制定印发《统一战线工作条例》,进一步明确统战工作主要任务和10种统战对象。同年开始,企业党政领导班子成员与统战人士交友结对子,规定一年谈心2~3次。统战部为统战人士订阅《中国统一战线》《浦江同舟》《联合时报》《上海侨报》《上海对台工作》等相关报刊杂志。1999年,根据中共上海市委有关规定,对归侨、"两航起义"人员进行生活补助。同年9月台湾地震,上汽党委及时关心台胞台属情况,并在国庆前夕发去慰问信。同年,对员工亲属的新移民数量、移居时间、主要地区、年龄、知识结构、职业等基本情况进行调研,拓宽海外信息渠道,为公司发展外向型经济服务。2007年,对党外知识分子基本情况进行专题调研,为进一步开展工作提供素材和参考依据。2008年,对上汽统战干部队伍状况进行系统调研。2009年,在"两航起义"60周年纪念日之际,各基层单位党委走访慰问"两航起义"人员,送去慰问信和慰问金。2010年,党委统战部、组干部与党校联合举办统战代表人士思想建设理论研修班,为统战人士搭建学习提高和沟通交流的平台。2014年,建立上汽党外代表人士和党外优秀人才信息库。

二、统战对象

1964年至"文化大革命"开始时,公司有统战人士400名,包括民主党派成员、工商业者、归国华侨、少数民族、台胞台属等。1995年,上汽有民主党派组织1个、群众团体5个;统战人员7 100人,占职工总数的11%。其中党外知识分子5 171人,占统战人士总数的72%,党外知识分子成为统战工作的重点对象;归侨侨眷559人,眷属分布在35个国家和地区;其中经济上有实力、政治上有影响、学术上有专长、社会上有名望的统战人士26名;统战人士中全国和上海市政协委员2名、市和区人大代表3名、区政协委员4名。

至2015年,上汽有中国民主同盟上汽委员会、中国民主建国会上汽委员会2个民主党派组织,有上汽少数民族联合会、上汽工商界人士联合会、上汽侨眷侨属联合会、上汽海外联谊会4个群众团体;在沪统战人员2 983人,其中民主党派成员216人、无党派人士3人、党外知识分子762人、少数民族人士933人、归国留学人员1 023人、港澳台籍人士6人、老归侨29人、原工商业者8人、"两航起义"人员3人。

表13-4-3 2015年上汽统战人士统计表 单位:人

类别/民主党派组织		人　数	其　中		
			厂部级干部	企业中层干部	高级职称
民主党派	中国民主同盟上海汽车集团股份有限公司委员会	109	0	16	34
	中国民主建国会上海汽车集团股份有限公司委员会	107	1	28	29
	无党派人士	3	3	0	1
	党外知识分子	762	14	358	314
	少数民族职工	933	6	40	11

类别/民主党派组织	人 数	其 中		
		厂部级干部	企业中层干部	高级职称
归国留学人员	1 023	5	47	5
港澳台籍人士	6	0	0	0
老归侨	29	0	0	0
原工商业者	8	0	0	0
"两航起义"人员	3	0	0	0
合 计	2 983	29	489	394

资料来源：上海汽车集团股份有限公司党委老干部和统战工作部

三、同舟共济活动

1993—1995年，上汽党委围绕中心工作，在统战人士中开展"爱国家、比贡献"献礼活动，组织演讲会，开辟"我为汽车工业作贡献"专题报道，收到76个书面建议，评选出25个活动积极分子并给予表扬鼓励。1995年，将统战人士中的典型人物事迹拍摄成题为《同舟共济》的电视专题片进行宣传。

1996年，党委统战部结合集团"上规模、上开发、上管理、下成本"工作主题，首次组织建言献策活动，共收到建议1 023条，采纳230条。同年，除建言献策活动外，还组织"依靠科技，发展自我"征文活动，举办"在'三上一下'的日子里"摄影展，组织同舟共济成果演讲会。同年，3个基层党组织和1个党派团体获同舟共济组织奖，21位统战代表人士获同舟共济奉献奖。自此，建言献策、征文演讲、总结表彰成为每年同舟共济活动的基本形式。

1997年，党委统战部加强海外联谊会工作力度，利用其特殊优势，开展信息交流、牵线搭桥工作。1999年，结合欢庆上海解放50周年，组织统战人士开展"看行业、献计策、作贡献"活动，在统战人士中开展如何保持领先地位、加快技术创新、提高经济运行质量、深化劳动人事制度等8个专题问卷调查，共收到建议2 434条，为集团领导决策献计献策。同年，将6位统战代表人士的先进事迹拍摄成《同舟共济》专题片。

2004年和2005年，中国民主建国会上汽委员会（简称上汽民建）和中国民主同盟上汽委员会（简称上汽民盟）相继举行创新论坛，创新论坛由此成为上汽民主党派参与同舟共济主题活动的主要载体之一。至2015年，上汽民主党派和团体围绕创新发展主题，每年或每两年举办创新论坛，累计举办17场，发表课题报告或论文82篇。2008年，上汽民盟组织撰写《混合动力轿车概述及上汽技术中心的混合动力项目》《上汽商用车融资租赁业务探讨》课题报告，上汽民建组织撰写《对上汽集团通过产学研提升自主品牌创新能力的思考与建议》《加强上汽集团自主创新和产品开发能力建设的建议》调研报告。2010年，组织开展"我为世博做什么？"征文活动与主题论坛，上汽民盟、上汽民建提交《建立健全整车行驶试验能力，提升上汽竞争力》《新能源汽车的思考》《建立电动车开发能力，开拓电动车市场》《车身轻量化对可持续发展的思考》《上汽发展需要乘用车和商用车共同推进》《汽车金融公司经销商贷信用风险及操作风险》等课题报告，受到上海市委统战部肯定并作专题报道。2013年,上汽民盟在创新论坛中提出"制定车用汽油标准降低辛烷值,防止行业利益绑架公共利益"的建议被全国政协采用。上汽民建组织《崇明生态岛应用新能源汽车方案》课题调研,并就新能源汽车如何应用于崇明生态岛建设与政府相关部门进行沟通交流。2015年,统战人士积极参加上汽"种子基金"项目实践,共申报24个"种子基金"项目。

表13-4-4　1996—2015年上汽统战人士"同舟共济"献计献策情况表　　　单位:条

年份	主　　题	献计献策数		
		收到	采纳	实施
1996	"三上一下"	1 023	230	—
1997	"九五"创业	969	365	—
1998	同舟共济	908	355	—
1999	看行业、献计策、作贡献	2 434	—	
2000	我为本岗献良策	968	428	
2001	用户满意工程"五个一"	—	—	
2002	在推进实施"四大工程"中体现统战人士作用			
2003	世博会与上汽集团三大战略目标			
2006	全面创新,打好四场硬仗	3 016	1 521	1 427
2007	决胜三大目标,决战自主品牌,决裂传统体制	2 090	1 833	1 327
2008	攻坚自主品牌建设,攻克资源集成难题,攻占市场优势地位	2 812	1 528	857
2009	突出科学发展重点,突破机制运行障碍,突击市场下滑危机	3 093	2 100	1 557
2010	聚力发展上水平,聚焦转变调结构,聚首世博促和谐	2 858	1 938	1 471
2011	创变方式提内涵,创造纪录上台阶,创新体制谋长远	2 851	1 853	1 526
2012	转变思想抓契机,转攻关键争排头,转战市场谋发展	3 016	2 006	1 577
2013	提高创新强实力,提增应变促发展,提升管控防风险	3 476	2 265	1 862
2014	思想建设增动力,经济建设创活力,制度建设强定力	3 706	2 553	2 113
2015	带头转变观念,带头学习研讨,带头创新实践	4 472	3 162	3 346

说明:2004年、2005年无资料

资料来源:上海汽车集团股份有限公司党委老干部和统战工作部

第四节　民主党派与团体

一、中国民主同盟上汽委员会

中国民主同盟上汽委员会初建于2000年10月,成立中国民主同盟上汽总支部,最初的盟员主要由公司本部、企业中的高级职称人员和内燃机研究所的高级工程师组成,共33人。上汽民盟组织逐步吸收集团企业内的中层管理人员和技术骨干,2008年12月20日,上汽民盟从总支升格为盟委员会。

至2015年年底，上汽民盟共有6个支部，盟员人数为109人，平均年龄42岁，"70后""80后"的盟员正成为盟员队伍的中坚力量；盟员学历都是大学本科以上，有高级职称的盟员34人。在职盟员主要从事汽车制造和销售、技术服务和研发、零部件、金融服务和管理等领域工作，新发展盟员80％是中层岗位的部门经理、企业中的骨干和专业人才。上汽民盟由6名委员组成，主委全面负责盟务工作，副主委分别负责学习宣传、参政议政、建言献策和社会服务；组织委员和老年、青年、妇女委员各司其职。

上汽民盟围绕集团中心工作开展活动，特色工作有献计献策活动、一年一度的创新论坛、面向社会的献爱心活动、盟市委组织的学习教育等活动。

上汽民盟于2009年获民盟上海市委盟务工作先进集体、民盟上海市委社情民意工作先进集体；2010年获民盟上海市委社情民意工作先进集体；2011年获民盟中央先进基层组织；2013年获民盟中央先进基层组织、民盟上海市委社情民意工作先进集体。盟员顾阳获2012年度全国汽车行业领军人物；缪文泉获2013年民盟上海市委社情民意先进个人。

二、中国民主建国会上汽委员会

中国民主建国会上汽委员会初建于1986年12月，民建上汽支部成立。1996年6月，升格为民建上汽委员会。

至2015年年底，上汽民建下属6个支部，会员总数107人，平均年龄42.4岁；博士1人、硕士25人，本科78人，大专4人；高级职称29人，中级职称78人。会员从事的职业主要是企业管理、产品研发、信息技术、财会金融、审计统计、市场销售、售后服务等领域的中层行政及专业领导与专业技术人员。

上汽民建通常有9名委员，其中1名主委、2～3名副主委。主委负责全面领导及组织建设，副主委分别负责参政议政、创新论坛、建言献策、社情民意等，委员分工负责学习宣传、青年、妇女、社会服务等。

上汽民建围绕集团每年工作目标与方向，结合统战部同舟共济主题活动要求，以及集团和会员本企业发展热点、痛点问题，发挥专业特长，踊跃建言献策，引导会员结合自身工作岗位努力建功立业。民建上汽委员会还担负起应有的社会责任，关注社会发展进程中的出现的问题，认真开展社会调研，集思广益，撰写调研报告和提案，反映社情民意，积极参政议政。

上汽民建于2012年获上海市统一战线（工作）先进集体称号。民建上汽第一支部（上海大众汽车支部）于1999年获民建上海市先进支部称号，2005年获民建全国先进支部称号；民建上汽第二支部（浦东支部）于2005年获上海市先进支部称号；民建上汽第三支部（综合支部）于2010年获民建全国先进支部称号。民建上汽委员高凯生于1992年、1995年获民建全国优秀会员称号，1995年获民建上海市优秀会员称号；卢卫民先后于1999年、2010年获民建上海市优秀会员、民建全国优秀会员称号；陆雄华于1999年获民建上海市优秀会员称号；韩磊于2005年获民建全国优秀会员称号；刘艺、沐雅萍于2005年获民建上海市优秀会员称号；任纪良于2010年获民建全国优秀会员称号；马扎根于2010年获民建上海市优秀会员称号，2014年入选"上海市优秀技术带头人计划"。

表 13 - 4 - 5 1986—2015 年上汽民盟、上汽民建负责人一览表

党 派 名 称	职 务	姓 名	任 职 年 份
中国民主同盟上汽委员会	主委	许睿沁	2000—2006
		乐家珍	2006—2015
	副主委	乐家珍	2000—2006
		李国恩	2000—2015
		桂 淼	2000—2015
		许睿沁	2006—2015
		顾 阳	2011—2015
中国民主建国会上汽委员会	主委	高凯生	1986—2006
		卢卫民	2006—2015
	副主委	杨元铭	1986—1991
		张仲干	1991—1997
		孙振华	1991—2001
		卢卫民	2000—2006
		陆雄华	2001—2015
		施忠道	2006—2015
		马扎根	2010—2015

资料来源：上海汽车集团股份有限公司党委老干部和统战工作部

三、上汽少数民族联合会

上汽少数民族联合会(简称上汽民族联)于 1992 年成立,由 22 个少数民族组成,成员分布在上汽 36 个基层单位,高文海任会长。2015 年 9 月 25 日,上汽民族联召开委员会工作会议,通过会长人选的调整议程,杨晓东任会长。至 2015 年,会员总数 933 人,本科及以上学历 254 人,其中研究生及以上 68 人;中级职称及以上 83 人,其中高级职称 11 人。

上汽民族联紧紧围绕上汽的经营与发展的任务与目标要求,充分发挥民主少数民族同胞的特点和自身专业优势,鼓励少数民族同胞在本职岗位建功立业,积极为促进上汽集团的建设和发展作贡献。2008 年 5 月,为响应上海市少数民族联合会发出"支持四川灾区重建家园"的倡议,上汽少数民族同胞在多次捐款的情况下,再次为四川灾区重建家园伸出援助之手,235 人共计捐款 17 330 元。2013 年 9 月,上汽民族联加强联合会组织建设,从全体成员中遴选 35 名高学历、年轻化的少数民族代表,组成上汽民族工作的主要骨干队伍。

四、其他团体

【上汽工商联】

上海汽车拖拉机工业系统工商业者联欢会(简称上汽工商联)于 1979 年 8 月开始恢复活动。

该组织原称民建工商联机电一局拖汽行业联络组,上汽民建和上汽工商联合署办公,1991年分开。1981年,公司有工商业者338人,分布在所属46家基层单位。1987年10月,上汽工商联联络组改建并更名为上海市工商业联合会汽拖行业工作组,张仲干任主任、郑国裔任副主任,共有工商业者286人,退休260人。至1995年,上汽有136名工商业者,全部退休。截至2015年,上汽有工商业者8人,平均年龄89岁,其中2人定居国外。

【上汽侨联】

1982年6月,公司20名归国华侨组成归侨联络组。1985年9月,上汽工商业者联合会、归侨联络组和台湾同胞联合会自愿结合成立"三联联谊会"。1986年9月,成立上汽归侨联合会,王鹤珠任主席,郑万里任副主席,1991年改选,王鹤珠任主席,邱垂章任副主席。至1992年,归侨联合会有会员30人。1997年,为所有归侨举行归侨证发放仪式。至2015年,上汽有归侨29人,平均年龄77岁,其中2人定居国外。

【上汽海联会】

1987年7月上汽成立海外联谊会,常设机构为理事会,理事会组成人员以统战人士为主,郑万里任会长,王鹤珠、高凯生、李志宽任副会长,下设海外咨询服务部、海外联络部和文艺部。该会宗旨是广交朋友、增进友谊、交流信息、牵线搭桥,为促进海内外经济、技术、信息、进出口贸易的合作和交流,为振兴上汽服务。会员主要为上汽职工中的归侨、侨眷、台胞、台属等与海外人士有密切关系的各方面代表人士。1996年9月,更名为上海汽车工业海外联谊会,理事会组成人员调整为由有关方面领导与统战人士代表共同组成,除已有的个人会员外,增加团体会员。1995年,上汽有归侨32人、侨眷527人、台属622人、台胞12人。至2015年,上汽有归侨29人、港澳台籍人士6人。

第五章 纪检工作

1964年和1978年，公司先后设立监察委员会和纪律检查委员会。至2015年，上汽纪律检查委员会主要职能是建立纪检工作制度、开展廉洁教育、组织党风廉政监督检查和经营业务专项检查、进行信访处理、案件查处，以及执行民主生活会和党务公开制度等。

第一节 组织与机构

一、公司纪委

1964年8月19日，上海农业机械制造公司党委成立5名委员组成的监察委员会，由公司党委副书记姜猷良兼任监委书记。1966年"文化大革命"开始，公司监察委员会陷入瘫痪状态。1979年6月18日，根据中共中央纪律检查委员会和中共中央中组部《关于迅速建立和健全各级纪律检查机构的联合通知》，上海市拖拉机汽车工业公司党委建立纪律检查委员会（简称纪委）。

1984年6月，上海汽车拖拉机工业联营公司成立5名委员组成的新一届纪律检查委员会，由公司党委副书记孟庆令兼任纪委书记。1985年11月，公司党委副书记刘雅琴接任公司纪委书记。

1990年3月，上海汽车工业总公司成立并设有纪委；1992年2月，公司纪委班子调整，委员增至7人，刘雅琴继任纪委书记。1993年9月24日，上海汽车工业总公司第一次党员代表大会选举产生第一届纪律检查委员会，委员保持7人，刘雅琴当选公司纪委书记。

1995年9月1日，上海汽车工业集团总公司（简称上汽集团）和上海汽车有限公司（简称上汽有限）同时成立，均设有纪律检查委员会，并实行"两块牌子，一套班子"，均由刘雅琴任纪委书记。1997年6月27日，上汽集团第二次党员代表大会选举产生第二届纪律检查委员会，委员减为5人，刘雅琴再次继任公司纪委书记。1998年6月，公司党委副书记陈忠德接任纪委书记。2001年5月31日，上汽集团第三次党员代表大会选举产生第三届纪律检查委员会，委员继续为5人，陈忠德继任公司纪委书记。2004年8月，公司党委副书记周郎辉接任公司纪委书记。

2004年12月，上汽集团发起设立上海汽车集团股份有限公司（简称上汽股份），上汽股份成立纪律检查委员会，周郎辉改任上汽股份党委副书记兼纪委书记，吴诗仲接任上汽集团纪委书记。2005年8月，吴诗仲兼任上汽股份纪委书记。2010年8月，上汽集团第四次党员代表大会选举产生第四届纪律检查委员会，委员恢复至7人，吴诗仲继任纪委书记。

2011年12月，上海汽车集团股份有限公司整体上市并简称上汽集团，上海汽车工业（集团）总公司纪委因公司业务由新的上汽集团托管而停止运作。同月，上汽集团党委副书记薛建接任新纪委书记。2014年1月，陈伟烽接任上汽集团纪委书记。

二、公司纪检机构

1964年8月，上海农业机械制造公司党委成立监察委员会，开始设有纪律检查机构。1966年，公司监委因"文化大革命"冲击,纪检机构停止运作。1979年6月,根据中央关于迅速建立和健全各级纪律检查机构的要求,上海市拖拉机汽车工业公司恢复成立纪委及其工作机构。1979—1983年,公司所属17个党委厂均成立纪委,党总支、党支部兼职的基层厂钧设置纪律检查员。1982年4月,公司和下属企业根据中央和国务院统一部署,成立打击经济领域严重犯罪活动办公室宁,挂靠纪委。

1984年6月,上海市拖拉机汽车工业公司改制为上海汽车拖拉机工业联营公司,公司党委组建纪委机构。1990年3月,该公司更名为上海汽车工业总公司,设立纪委监察办公室;6月,公司人事处设立保卫监察科,开展企业监察工作。

1991年11月,上海汽车工业总公司成立监察室。1993年1月,根据中共中央纪律检查委员会和国务院文件规定,公司纪委和监察开始合署办公。1993年9月、1997年6月、2001年5月和2010年8月,公司先后召开4次党员代表大会,选举产生四届新的纪律检查委员会,每届纪委均设立纪委监察合署办公的工作机构。2004年11月,上汽集团发起设立上海汽车集团股份有限公司后,上汽集团与上汽股份的纪委和工作机构则实行"两块牌子,一套班子"。2011年12月,上海汽车集团股份有限公司委员会整体上市后,上海汽车工业(集团)总公司纪委及其机构不再挂牌。

上汽纪委监察室从设立至2015年,办公室维持4个岗位编制,纪委副书记兼监察室主任。

三、上汽监督工作联席会议

2009年,上汽集团党委批准纪委制定的《关于纪检监察工作融入企业生产经营管理的实施意见》,规定建立由纪委书记统一组织协调的纪检监察、审计、财务等部门负责人参加的监督工作联席会议制度,由纪委书记吴诗仲担任监督检查工作联席会议的组长。

2009年7月,监督工作联席会议召开第一次会议,通过《上汽监督管理工作联席会议制度》,规定联席会议由上汽纪委书记任组长,副总裁任副组长,财务、审计、组干、工会、监察等部门负责人参加。明确联席会议职责是:实行监管信息整合运用;对监管热点、难点、重点问题进行调研,提出意见和建议;对关系上汽发展战略的重要事项和倾向性问题开展专项检查;控制运营风险等。该制度还对纪检监察、组织干部部、财务部、审计室在监督工作联席会议中的职责进行分工,并规定开会时间和程序、会议决定报送、领导批示的整改跟踪督促落实等事项。

表 13 - 5 - 1　1964—2015 年上汽纪律检查委员会组成情况一览表

委员会名称	职　务	姓　名	任 职 时 间	
中共上海市农业机械制造公司监察委员会 (1964年8月19日由市机电一局党委批准成立)	书　记	姜猷良	1964年8月—	
	副书记	李建栋	1964年8月—	
	委　员	姜猷良	1964年8月—	"文化大革命"开始后监委瘫痪
		李建栋	1964年8月—	
		马金德	1964年8月—	
		赵国荣	1964年8月—	
		王殿同	1964年8月—	
		胡成一	1965年4月—	

〔续表〕

委员会名称	职务	姓名	任职时间
中共上海市拖拉机汽车工业公司纪律检查委员会(1978年11月起)	副书记	金自强	1982年4月—1982年11月
		赵炳甫	1982年11月—1984年7月
	委员	金自强	1982年4月—1984年7月
		赵炳甫	1982年11月—1984年7月
中共上海汽车拖拉机工业联营公司纪律检查委员会(1984年7月经上海市机电一局纪委批准后任命)	书记	孟庆令	1984年7月—1985年11月
		刘雅琴	1985年11月—1990年3月
	副书记	赵炳甫	1984年7月—1985年1月
		伍庆华	1985年1月—1988年2月
		高建政	1988年2月—1990年3月
	委员	孟庆令	1984年7月—1986年1月
		赵炳甫	1984年7月—1985年1月
		金自强	1984年7月—1986年1月
		邬文卿	1984年7月—1986年1月
		钱志德	1984年7月—1988年2月
		伍庆华	1985年1月—1988年2月
		刘雅琴	1985年11月—1990年3月
		李永炎	1986年1月—1988年2月
		朱志扬	1986年1月—1990年3月
		高建政	1986年1月—1990年3月
		陈永康	1988年2月—1990年3月
		张家驹	1988年2月—1990年3月
中共上海汽车工业总公司纪律检查委员会(1990年3月起)	书记	刘雅琴	1990年3月—1992年1月
	副书记	高建政	1990年3月—1992年1月
	委员	刘雅琴	1990年3月—1992年1月
		高建政	1990年3月—1992年1月
		陈永康	1990年3月—1992年1月
		张家驹	1990年3月—1992年1月
		朱志扬	1990年3月—1992年1月
中共上海汽车工业总公司纪律检查委员会(1991年12月请示,1992年2月任命/调整)	书记	刘雅琴	1992年2月—1993年9月
	副书记	高建政	1992年2月—1993年8月
	委员	刘雅琴	1992年2月—1993年9月
		高建政	1992年2月—1993年9月
		王述祚	1992年2月—1993年9月

〔续表〕

委员会名称	职务	姓名	任职时间
中共上海汽车工业总公司纪律检查委员会（1991年12月请示，1992年2月任命/调整）	委员	汪善继	1992年2月—1993年9月
		曹碧峥	1992年2月—1993年9月
		张家驹	1992年2月—1993年9月
		韩德荣	1993年8月—1993年9月
中共上海汽车工业总公司纪律检查委员会（1993年9月第一次党代会选举产生第一届纪委）	书记	刘雅琴	1993年9月—1995年8月
	委员	刘雅琴	1993年9月—1995年8月
		张家驹	1993年9月—1995年8月
		汪善继	1993年9月—1995年8月
		郁永健	1993年9月—1995年8月
		曹碧峥	1993年9月—1995年8月
		韩德荣	1993年9月—1995年8月
		蔡一平	1993年9月—1995年8月
中共上海汽车工业（集团）总公司纪律检查委员会、中共上海汽车有限公司纪律检查委员会（1995年8月经市委批准更名，"两块牌子，一套班子"）	书记	刘雅琴	1995年8月—1997年6月
	委员	刘雅琴	1995年12月—1997年6月
		韩德荣	1995年12月—1997年6月
		张家驹	1995年12月—1997年6月
		陈翠娣	1995年12月—1997年6月
		沈建华	1995年12月—1997年6月
		郁永健	1995年12月—1997年6月
中共上海汽车工业（集团）总公司纪律检查委员会（1997年7月第二次党代会选举产生新一届纪委）	书记	刘雅琴	1997年6月—1997年12月
		陈忠德	1998年6月—2001年5月
	副书记	韩德荣	1998年1月—2001年5月
	委员	刘雅琴	1997年6月—1997年12月
		韩德荣	1997年6月—2001年5月
		张家驹	1997年6月—2001年5月
		沈建华	1997年6月—2001年5月
		何向东	1997年6月—2001年5月
		陈忠德	1998年6月—2001年5月
中共上海汽车工业（集团）总公司纪律检查委员会（2001年5月第三次党代会选举产生新一届纪委）	书记	陈忠德	2001年5月—2004年7月
		周郎辉	2004年7月—2004年11月
		吴诗仲	2004年12月—2010年8月
	副书记	韩德荣	2001年5月—2005年6月
		李佩珍	2005年6月—2010年8月

〔续表〕

委员会名称	职 务	姓 名	任 职 时 间
中共上海汽车工业(集团)总公司纪律检查委员会(2001年5月第三次党代会选举产生新一届纪委)	委 员	陈忠德	2001年5月—2004年7月
		华杏生	2001年5月—2010年8月
		李佩珍	2001年5月—2010年8月
		陈寿龙	2001年5月—2010年8月
		韩德荣	2001年5月—2005年6月
		周郎辉	2004年7月—2004年11月
		吴诗仲	2004年12月—2010年8月
中共上海汽车集团股份有限公司纪律检查委员会(2004年11月26日)	书 记	周郎辉	2004年11月—2005年8月
		吴诗仲	2005年8月—2011年12月
	委 员	周郎辉	2004年11月—2005年8月
		薛 建	2005年1月—2010年2月
		陈翠娣	2005年1月—2006年12月
		钱国樑	2005年1月—2011年12月
		朱庆敏	2005年1月—2011年12月
		吴诗仲	2005年8月—2011年12月
		陈伟烽	2010年2月—2011年12月
中共上海汽车工业(集团)总公司纪律检查委员会(2010年8月第四次党代会选举产生新一届纪委)	书 记	吴诗仲	2010年8月—2011年12月
	副书记	李佩珍	2010年8月—2011年12月
		吴诗仲	2010年8月—2011年12月
		李佩珍	2010年8月—2011年12月
		吴 磊	2010年8月—2011年12月
	委 员	高卫平	2010年8月—2011年12月
		朱 宪	2010年8月—2011年12月
		朱庆敏	2010年8月—2011年12月
		李文红	2010年8月—2011年12月
中共上海汽车集团股份有限公司纪律检查委员会(2011年12月整体上市,上海市国资委党委确认纪委委员)	书 记	薛 建	2011年12月—2014年1月
		陈伟烽	2014年8月—
	副书记	李佩珍	2012年3月—2014年9月
		李文红	2014年9月—
	委 员	薛 建	2012年3月—2014年1月
		李佩珍	2012年3月—2014年9月
		吴 磊	2012年3月—2013年6月

〔续表〕

委员会名称	职务	姓名	任职时间
中共上海汽车集团股份有限公司纪律检查委员会（2011年12月整体上市，上海市国资委党委确认纪委委员）	委员	高卫平	2012年3月—
		朱 宪	2012年3月—
		朱庆敏	2012年3月—
		李文红	2012年3月—
		陈伟烽	2014年8月—

资料来源：上海汽车集团股份有限公司党委组织干部部

第二节　纪检制度、廉洁教育

一、纪检工作制度

1964—1966年5月，公司监委主要职责是贯彻上级监察委员会精神和工作要求。改革开放以后，公司纪委根据上级纪委要求，结合实际探索廉洁制度建设。1993—1998年，先后汇编3本《党风廉政规定》，制定《领导干部保持廉洁的规定》《加强同级监督，提高领导干部解决自身问题能力的几点意见》等12项制度文件，为端正党风，建立和完善领导干部的廉洁行为规范奠定了基础。其中，《关于完善内部监督约束机制若干意见》提出健全法人治理机构、规范企业重大问题议事规则和决策程序、加强对企业经济活动的法律监督、加强同级监督、健全党内监督、完善内部监督约束机制等12条指导意见，1996年9月，上海市纪委在全市转发并上报国家经济贸易委员会。同年10月，国家经济贸易委员会、监察部、国有企业领导干部廉洁自律工作领导小组向全国发简报，肯定"上汽集团把制度建设作为反腐倡廉根本性措施，重视制度针对性和可操作性，并加强监督检查，保证制度贯彻落实，推动党风廉政建设，促进效益不断增长"。

2002年，上汽汇编内控制度，编入《领导干部廉洁勤政工作责任制规定》等5项纪检监察管理制度。为预防腐败和舞弊风险发生，2003年1月，上汽纪委监察室把预防舞弊制度融入经营管理活动，在制定《精益采购管理办法》时，明确规定监察部门参加企业采购委员会，对重大采购决策实行监督。2004年5月，上汽制定管理制度文件，规定对企业重大采购项目必须签订廉政责任书和廉洁协议书。

2006年8月，上汽党政根据中共中央和中共上海市委要求，制定《关于建立健全教育、制度、监督并重的惩治和预防腐败体系实施纲要的若干意见》。该意见建立党委统一领导、党政齐抓共管、纪委组织协调、各部门分工负责的反腐倡廉领导体制和工作机制；明确预防措施融入企业管理，同步设计、同步实施、同步检查，形成全覆盖的源头治理和反腐倡廉基础工作；规定党风建设和反腐倡廉工作列入党政议事日程，严格责任考核，加强纪检监察部门和纪检干部自身建设；规范领导干部党风廉政教育、新干部岗初廉洁教育、典型案例警示教育和"清"字廉洁文化教育，完善反腐倡廉教育长效机制；规范重大问题集体决策、重点环节和重点岗位权力运行内控制约、党组织和党内民主监督等制度；规范制度执行监督，完善内部监督约束机制；规范查办来信来访和违纪案件查处等管理。

2008年,上汽汇编内控手册,将《受理舞弊行为投诉、举报工作办法》等5项制度列入内控手册第一章"控制环境",明确4个控制目标和10个关键控制活动。将《领导干部报告个人有关事项的事实办法》《监察工作管理办法》等6项制度列入第五章"监控范围",明确控制目标和关键控制活动。1995—2011年,上汽纪委监察室先后5次汇编党风廉政建设规定。

上汽纪委监察室在规范廉政管理制度的同时,制定包括纪委会议事规则、纪委联席会议制度、信访举报和处理管理制度、案件检查和审理工作办法等内部工作制度,规范纪检监察工作流程。

表13‑5‑2　1993—2015年部分年份上汽纪检工作制度一览表

年份	制定/修订	制 度 名 称
1993	制定	领导干部保持廉洁的规定
		领导干部礼品上交处理办法
1994	制定	关于加强同级监督,提高领导班子解决自身问题能力的几点意见
		领导干部廉洁勤政责任制
		领导干部回避问题的若干规定
1996	制定	领导干部加强调查研究,密切联系群众的若干措施
		关于完善内部监督约束机制的若干规定
		关于提高领导干部民主生活会质量的意见
		关于领导干部报告个人重大事项的事实办法
2003	汇编	《领导干部廉政读本》汇编10项廉洁制度,其中新增《重大案件和重要事件报告制度》《领导干部谈话制度》《企业重大损失领导干部责任追究办法》等制度
2006	制定	建立健全教育、制度、监督并重的惩治和预防腐败体系实施纲要的若干意见
2011	汇编	《上汽纪检监察工作实务》,汇编纪委监察法律法规、上汽纪检监察制度、操作实务
2012	编纂	《内控手册》,其中控制环境008:《反舞弊机制》
		领导干部保持廉洁的规定
		实行党风廉政建设责任制的规定
		重大案件和重要事件报告管理办法
		领导干部民主生活会管理办法
		领导干部报告个人有关事项的实施办法
		投资项目管理廉政规定
		企业资产损失责任追究办法
		关于推行廉政责任书和廉政协议书规定
		效能监察管理办法
		关于受理舞弊行为投诉举报工作办法
		领导干部职务消费行为监督管理暂行办法
		监察工作管理办法
		廉洁文化建设评估办法

〔续表〕

年份	制定/修订	制　度　名　称
2013	制定	改进工作作风、密切联系群众的若干规定
	制定	关于严肃财经纪律的若干规定
2014	修订	领导干部民主生活会管理办法
	制定	上汽纪委会议事规则
2015	制定	关于合理确定并严格规范上汽集团领导人员履职待遇、业务支出的实施办法

资料来源：上海汽车集团股份有限公司纪委

二、"两书"责任制

1998年，上汽纪委和监察室推广上海汽车股份有限公司汽车齿轮总厂在基建采购等部门签订廉洁责任书、与施工单位和物资供应商签订《廉政协议书》的经验，开始建立推行"两书"责任制，并下发"两书"范本。从2002年开始，上汽所属企业全面开展签订"两书"工作，签约率达到100％。2006年开始，上汽总部开展签订"两书"，由公司党委书记和总裁，分别与政工和行政部室的负责人签订廉洁责任书，落实总部部室管理人员的廉洁勤政责任。2009年，上汽纪委监察室按照上海市纪委提出的"党风廉政建设融入企业经营管理"的要求，修改完善项目建设、采购、资金、销售和人事等不同业务管理的廉洁责任书和廉政协议书范本，下发到全行业执行。廉洁责任书签约对象是企业关键岗位管理人员，明确企业每年召开党风廉政建设大会举行集体签约仪式。廉政协议书签约对象是企业经营业务的供应商，签约内容包括不得向发包企业和人员送礼、提供高档娱乐消费，以及为其配偶子女谋取其他不当利益等；规定与供应商签订供货合同的同时签订廉政协议书，并作为经济合同的组成部分，具有同等法律效力。

三、廉洁教育

1993年，上汽党委组织下属单位党员干部观看《新中国第一大案》，召开法制教育大会，分发上海市工业纪委编印的《企业领导干部廉洁自律学习资料汇编》，加大廉政教育力度。1995年，开展"保持廉洁自律、发扬艰苦奋斗作风"为主要内容的廉洁自律教育，对象从党员干部扩展到非党员干部；编印下发《党风廉政规定汇编》，通报违法违纪案例，对供销、物资、财务、外协等关键岗位人员进行法制和警示教育。

1996年开始，上汽廉政教育逐步制度化规范化。年初，召开党风廉政建设干部大会部署工作；年中，组织领导干部学习党纪条规和法律法规，观看典型案例警示片，抓第一责任人廉洁责任教育；年底前，组织领导干部民主生活会，对照廉洁自律规定检查执行情况，填报廉洁勤政责任制执行情况表、个人重大事项报告表等。

至2015年，上汽通过党委中心组学习、干部大会、党风廉政大会等，开展学习党内法规和党纪条规等制度文件，增强领导干部和管理人员廉洁从业纪律意识。开展"清洁造车、清白做人"为主题的廉洁文化教育，增强领导干部经济建设和廉政建设"两个底气"。开展党的群众路线教育实践活动"三严三实"专题教育、"两学一做"学习教育,加强思想政治建设和作风建设。开展做好廉洁文化"进企业、进班子、进岗位、进项目"宣导、全员培训和形象展示,制定《廉洁文化建设评估办法》,注重"全面教育与重点教育相结合、日常教育与任前教育相结合、新规解读与以案释纪相结合",切实发挥好教育引导作用等。

2003年开始,上汽每年4—5月由上汽纪委监察室会同党委组干部和上汽党校,对新任职的企业领导人员进行党纪法规和廉洁从业制度培训,新提任的厂部级领导干部100%接受岗初教育。至2015年,共举办13期。其中2010—2015年累计有81名新干部参加培训。

针对生产经营易发腐败高风险领域,上汽纪委会同规划部、培训中心等组织采购、基建项目、销售、财务、三产经理等关键管理岗位干部开展党纪条规和廉洁规定、《招标投标法》和《海关法》等教育;结合发生的典型案件,会同财务规划等部室开展《会计法》《票据法》等专题讲座。

1998—2004年,纪委监察室编写《前车之鉴》《警示教材》等典型案例剖析读本,进行违纪案例警示教育;编写《领导干部廉政读本》《党风廉政建设实践与探索》等书,开展纪检监察工作经验学习交流。2002年,每2个月编写《纪检监察工作交流》,内容包括党纪条规法律法规学习解读、中纪委和市纪委宣传教育材料摘编、党风廉政监察通报、典型案例剖析等。2004年,编写《党风廉政信息参考》。2005年,将两份信息合并编写《工作动态和信息交流》,通过上汽OA自动化办公信息平台供各企业浏览,至2015年共办92期。2008年,在上汽党建平台设置党风廉政教育信息栏目。

2009年,上汽经委监察室会同党委办公室、组干部、宣传部等调研上汽廉洁文化建设,探索上汽廉洁文化。2010年2月,下发《以"清洁造车、清白做人"为主题开展上汽企业廉洁文化建设的意见》,确立"清洁造车、清白做人"的"清"字廉洁文化,并进行广泛宣传。2013年,开辟廉洁文化网上专栏,制作"清"字廉洁文化推进工作纪实视频,编辑《"清"字廉洁文化推进资料汇编》,公司成为上海市第二批廉政文化创建示范点。

通过党风廉政教育,领导干部廉洁从业意识和自觉性增强,每年领导干部年终考评中职工对领导干部廉洁自律满意率均达90%以上。

第三节　监督检查、查信办案

一、党风廉政监督检查

1979—1985年,上汽纪委根据中央统一部署,复查平反冤假错案,清查与江青反革命集团有牵连的人和事。1982年,根据中央文件精神,开展打击经济来源犯罪活动,查处违法犯罪案件。1989年,开展清理整顿公司,查处单位投机倒把和反贪污、反贿赂专项工作。

1993年,上汽纪委组织企业领导干部对执行廉洁规定进行自查,组织重点检查并报告公司党政领导。1994年和1995年,根据中纪委和上海市纪委规定,开展领导干部廉洁自律5条新规、元旦春节期间严禁铺张浪费等纪律执行情况检查。1996年始,先后开展领导干部维护政治纪律和遵守廉洁自律规定、收入申报和住房申报、遵守礼品上交制度等纪律规定的检查,对个别领导干部住房分配违纪问题进行处理。

1997年以后,党风廉政建设工作领导体制和工作格局逐步形成,上汽纪委配合组干部对企业和厂部级领导干部党风廉政建设和廉洁自律情况进行监查,开展领导干部通讯工具清理和规范管理、公务用车改革、严格控制会议庆典活动、反对奢侈浪费等情况调研,会同审计部门开展业务招待费使用情况,向职代会报告制度执行情况。2000 年开始,在公司对企业和领导干部"六位一体"考核中开始实行"述职述廉"规定。

2006 年 5 月,中纪委下发《关于严格禁止利用职务上的便利谋取不正当利益的若干规定》,上汽成立专项工作领导小组,开展宣传教育和自查自纠,督促检查和案件查处。

2010 年,根据上海市委办公厅、上海市政府办公厅《关于严禁党政机关及其工作人员违规收送礼金礼券购物卡的若干规定》和上海市国资委纪委布置,上汽纪委监察室开展专项整治,22 家单位上报上交礼金、礼券、购物卡共计 66.9 万元。2011 年 4 月,又根据上海市纪委办公厅下发的《关于开展专项治理违规收送礼金礼券购物卡复查整改"回头看"的通知》要求进行复查整改,结果为零申报。

2012 年,根据上海市国资委要求,上汽纪委会同组干部开展领导干部垂直兼职情况专项调查,所有厂部级以上领导干部对兼职情况做好自查填报,没有发现未经集体讨论擅自兼职、兼职取酬、兼职不履职等情况。

2013 年,上汽纪委协助党委围绕落实党风廉政建设责任制、纪检组织协助党委协调党风廉政建设、贯彻落实中央八项规定、执行"三重一大"事项集体决策 4 个方面开展自查,并得到上海市国资委纪委的肯定。

2014 年和 2015 年,在党的群众路线教育实践活动和"三严三实"专题教育活动中,上汽纪委继续协助党委抓好中央八项规定执行,进一步解决"四风"和"不严不实"问题,不断加强党风廉政建设。

二、经营业务专项检查

20 世纪 90 年代以后,上汽纪委监察室根据上级和公司党委要求,围绕工程项目建设、国有资产产权交易、企业资金管理等业务,开展专项纪律检查。

【工程建设专项检查】

1997 年,根据上海市政府下发的《关于上海市建设工程项目执法检查工作实施意见》,上汽纪委监察室会同规划部、财务部和审计室首次对系统内建设工程项目开展专项检查,自查项目 66 项,建筑面积 35.91 万平方米,总投资 7.9 亿元,其中上海市建筑工程执法监察领导小组重点执法检查的上海申雅密封件有限公司、上海有色铸造总厂和上海法雷奥汽车电器系统有限公司技改项目均顺利通过并获肯定,公司通过专项检查完善《建筑工程施工管理办法》等管理制度。

1998 年,会同规划、财务、审计等部室将上海通用汽车有限公司、上海汇众汽车制造公司、上海汽车工业投资开发有限公司和上海汽车工业大厦等项目列入效能监察范围,定期检查,针对发现的 9 个方面的问题,提出 28 条整改意见和措施,分解到 5 个管理部门落实整改,制定完善 211 项规章制度,严格项目竣工决算审计,核减 1 300 余万元工程款,上海通用汽车有限公司北厂项目建设节约资金 35.7%。

2011 年,根据中纪委和上海市纪委关于开展工程建设领域专项治理的要求,会同规划部、审计室、安监中心部门对上海汽车集团股份有限公司乘用车分公司、上海联谊汽车拖拉机工贸有限公司、上海赛科利汽车模具技术应用有限公司、上海汽车变速器有限公司、延锋伟世通汽车饰件系统有限公司 5 家企业在建工程项目管理进行检查,经查工程项目执行《招投标法》、项目内控制度执行基本到位,合同执行和施工现场基本受控。

【产权交易专项检查】

2006年年初,上汽经委监察室根据上海市《国有资产产权转让管理专项检查的通知》,会同规划等部室对2005年和2006年集团和企业26宗产权交易开展自查自纠,经查所有产权交易均合规合法。2006年6月,根据上海市国资委《开展国有产权转让后国有资产收回情况专项检查》的要求,会同财务部、审计室开展专项检查,督促国有产权转让后逾期未收回资金的企业迅速整改。2006—2011年,会同规划部开展执行《招标投标法》《海关法》专项检查,邀请上海市机电设备招投标领导小组办公室和上海海关和领导专家进行法制宣传,利用典型案例进行警示教育;会同培训中心编写业务教材,对关键岗位人员进行上岗资格培训和测试;会同规划部完善集团项目建设公开招投标和进出口业务管理的内控制度。

2010年,根据上海市国资党委《关于开展国有企业土地监管情况专项检查工作的意见》,会同规划、财务、审计等部门对所属264家企业的土地监管情况进行调查摸底和自查自纠,并对上海拖拉机内燃机有限公司、上海汽车资产经营有限公司、上海实业交通电器有限公司和上汽人力资源管理中心等企业进行实地抽查。发现无证地块29幅,未入账地块有46幅,以及个别企业土地抵押或租赁未及时报批报审、土地房产出租租金拖欠、未建立土地管理内控制度等问题,督促有关企业整改落实。

此外,2012年会同财务部开展企业对外投资参股情况专项检查。经查123个参股投资企业总体管理有序、风险可控,同时对26家企业提出清退要求,并进一步落实对外参股投资管理的措施。

【资金管理专项检查】

2001年,上汽经委监察室按照上海市纪委统一部署,会同财务审计等部门开展清理"小金库"、执行财经纪律专项检查,通过自查抽查和复查,7家单位上报7个小金库,总金额102万元,按照规定,"小金库"资金全部上缴财务入账。之后,上汽制定《货币资金及票据管理办法》,规范现金管理制度。2011年,根据《上海市"小金库"专项治理工作实施方案》通知要求,进一步规范资金管理,对下属360家单位全面复查,9家单位上报14个"小金库",账外资金合计541.91万元,按照规定全部归入企业财务账户。

三、信访处理

1964年7月—1965年,公司监委共处理群众来信45件。1979—1992年,上汽纪委共处理来信来访2614件,其中申诉类82件、控告类1798件。1993—1995年,上汽纪委处理群众来信来电来访642件,内容以反映经济管理、以权谋私、住房等问题为多。

1995年12月以后,上汽纪委根据中纪委和国家监察部先后下发的《中国共产党纪委检查机关控告申诉工作条例》《关于依纪依法规范纪检监察信访举报工作若干意见》《中共中央纪律检查委员会、监察部关于保护检举控告人的规定》规定,完善信访举报管理制度,建立由纪委书记负全面责任,纪委副书记负直接责任的工作机制,根据"分级负责、归口办理"原则和干部管理权限,对信访举报进行分流处理、跟踪调查和处理结果落实,或直接参与调查处理,并与党委行政等信访部门沟通配合。

2007年9月,上汽纪委制定《关于受理舞弊行为投诉、举报工作办法》,规定投诉举报途径、举报电话和电子邮箱地址、受理部门和职责、处理流程、投诉举报人权益保护等。同年,该规定被收入上汽集团内控手册。2011年,上汽纪委将信访举报列入编印的《上汽纪检监察工作实务》,包括信访举报工作流程、处理方法、统计分析、调查报告格式要求、常用法律法规制度等。按照信访工作程序,遵循"初核、谈话函询、暂存、了结"处置标准,深入核实,做到事事有回应、件件有着落。

四、案件查办

1964年7月,公司监委成立后,开始按照党纪条规,查处党员违纪案件。1979—1985年,上汽纪委重建后根据中纪委和上海市纪委统一部署,开展复查冤假错案和清查与江青反革命集团有牵连的人与事的专项工作。对"文化大革命"中受党纪处分的149名党员和受过审查的395名人员进行复查,其中非正常死亡的81人,平反29人,按"干部病故"妥善处理52人;改正错划"右派"99人,撤销7人在反右倾思想运动中给予的处分;对611起"四清"案件进行复查,撤销原结论368人、"摘帽"30人;清查"文化大革命"中打砸抢、严重迫害干部群众的主要组织、策划、指挥者和打手193人,给予刑事处罚19人、党纪政纪处分12人、取消党员资格22人、开除党籍2人。

1987年5月—1994年3月,上汽纪委在受理涉纪案件调查和审理过程中制定案件检查和审理工作程序图,细化工作步骤,包括受理阶段做好受理权限、登记、处理3个环节,初核阶段规范初核手续、人员、方案、初核、处理5个环节,立案阶段做好立案主体、填表、批准3个环节,在调查阶段做好调查准备、调查实施、撰写调查终结材料、撰写调查报告4个环节以及召开党支部大会讨论决定党员纪律处分,案件移送审理时做好编制移送审理材料、办理移送手续、移送上级审理3个环节。

2000年,上汽纪委制定《重大案件和重要事件报告制度》,规定厂部级干部被司法机关调查,企业发生因领导干部失职渎职违规担保、合同诈骗等国有资产流失100万元以上的重大案件,企业纪委必须填写重大案件和重大事件报告表,在2日内向上汽纪委报告;规定企业查办案件过程必须同步考虑挽回经济损失,确保国有资产合法权益。2003年,进一步规定查处案件必须做到"三不放过",即原因不查明不放过、教育不开展不放过、整改不落实不放过。

2005年,上汽纪委根据《中国共产党纪律检查机关案件审理工作条例》关于"查审分离"规定和上海市纪委关于"下查上审"要求,成立案件审理组,统一负责党员违纪案件审理工作。同时制定《案件审理工作办法》,规定党员违纪案件经企业纪检部门调查取证调查终结后,须将案件材料送交上汽纪委案件审理组,经审理后方可进入党支部大会程序。

1999年和2007年,上汽纪委整理系统内发生的违纪案件,选择部分典型案例进行剖析,编写成《前车之鉴》和《警示教材》2本书,发到各单位,供领导干部和关键岗位管理人员学习,起到警示教育作用。

表13-5-3　1988—2015年部分年份上汽纪委受理信访查处违纪案件一览表

年　份	受理来信来访(件)	办结率	查处案件(件)	处理党员(人)	党纪处分(人)				
					开除党籍	留党察看	撤销党内职务	党内严重警告	警告
1988—1993	2 036	—	67	68	23	11	1	19	14
1994—1997	621	—	13	15	6	3		3	3
1998—2001	536	90%以上	15	21	13	—	—	6	2

〔续表〕

年 份	受理来信来访(件)	办结率	查处案件(件)	处理党员(人)	党纪处分(人)				
					开除党籍	留党察看	撤销党内职务	党内严重警告	警告
2002—2010	740	98%以上	21	25	20	1	—	4	—
2010—2015	521	100%	34	34	22	—	—	9	3
合 计	4 454	—	150	163	84	15	1	41	22

资料来源:上汽第一、二、三、四次党代会纪委工作报告

第四节 党 内 生 活

一、民主生活会

1986—1992年,上汽纪委制定《加强领导干部民主生活会制度》。1997年,制定《关于提高领导干部民主生活会质量的意见》,规定领导干部民主生活会出席范围、召开时间、会前准备、开展批评与自我批评和谈心活动等要求,并制定会议质量自评表、组织评议和反馈、填报廉洁勤政责任制执行情况表等。1997年,上汽领导干部民主生活会得到上海市工业纪委的肯定。2002年,上汽将《关于提高领导干部民主生活会质量的意见》修订为《企业领导干部民主生活会管理办法》,进一步规定民主生活会会前须广泛听取意见、实事求是汇总,原汁原味向领导班子成员通报,班子成员开展谈心、确定会议主题、检查上次会议整改措施落实等;会中按照会议主题,党政主要领导带头发言,班子成员逐一发言,联系自身思想和工作进行对照检查,开展批评与自我批评,在分析原因统一思想基础上制定整改措施,落实责任人。《企业领导干部民主生活会管理办法》编入公司内部控制制度。2004年开始,上汽纪委和党委组干部派员到北京、广西、重庆和江苏等地的户外企业,参加领导干部民主生活会,进行督促和指导。2014年,上汽纪委会同党委组干部修订和完善领导干部民主生活会的管理办法,巩固和发扬党的群众路线教育实践活动中的好经验和好做法。

至2015年,上汽先后就保持共产党员先进性、加强领导干部作风建设、领导干部执行廉洁从业八项规定、遵守政治纪律、加强作风建设、执行廉洁规定、内控制度"三对照""三严三实"等内容,召开专题民主生活会,联系思想工作实际,开展党性分析和自我检查,并作出承诺。集团领导参加企业民主生活会超过50%,上汽纪委、党委组干部参会率为100%,企业领导干部除特殊原因请假以外出席率基本保持在100%。

二、党务公开

2011年1月,根据中共中央办公厅《关于党的基层组织实行党务公开的意见》和《上海市关于贯彻落实〈关于党的基层组织实行党务公开的意见〉的实施意见》,以及上海市国资委党委的相关要求,上汽党委成立由公司党委书记任组长,副书记和纪委书记任副组长,党办、组干部、宣传部、纪委、工会、总裁办等部门负责人组成的党务公开工作领导小组和工作小组。2月,上汽党委制订《开展党务公开工作的实施计划》,明确党务公开动员部署、组织试点、总结推广、全面实施4个阶段的

工作要求及工作目标和内容。上汽下属各单位也建立党务公开工作领导小组,明确党组织主要负责人作为第一责任人,纪委作为牵头部门,各部门相互协调。

在实施党务公开过程中,按照"先试点,后推广"的要求,上汽选择上海通用汽车有限公司和泛亚汽车技术中心有限公司、上海大众汽车有限公司、上海汽车集团股份有限公司乘用车分公司、上海三电贝洱汽车空调系统有限公司、上海实业交通电器有限公司、上海汽车集团财务责任有限公司、上海赛科利汽车模具技术有限公司7家不同类型企业党组织作试点,其中上海通用汽车有限公司为上海市国资委试点工作直接联系点,上海大众汽车发动机厂维修科党支部等7个支部为集团党务公开试点工作直接联系点。通过两个层面上下结合试点,积累经验,为全面推进党务公开工作打基础。

至2011年年底,试点企业有368个基层党组织开展党务公开工作,其中党委20个、党总支40个、党支部308个,占上汽1 021个基层党组织的36%。

2012年2月,按照中央规定的"7+X"公开内容和上海市国资委"先下后上,先试后定"的原则,4月底试点单位制定本单位实施计划和"7+X""3+X"两套公开目录,上报上汽党务公开领导小组审批后进行公开。5—7月,完成包括8个一级目录、29个二级目录、63个三级目录的《上汽党组织党务公开目录》和《上汽开展党务公开工作实施方案》的编制,上报上海市国资委党委。9月底,召开上汽党务公开工作推进会,交流党务公开经验。

2012年5月,上汽党务公开工作小组建立党务公开工作制度和保障制度,监督检查和评价机制,为全面推行党务公开工作提供支持。8月,根据上海市纪委和上海市国资委党务公开工作要求,上汽组织党务公开"回头看",二层次单位开展自查工作,对6家企业开展党务公开工作进行抽查,所查企业党务公开基本达到开展工作、公开目录、组织机制等"三个全覆盖"。

2012年9月17日,上汽召开党务公开试点工作总结暨全面推进动员大会,党委副书记薛建代表集团党委作工作部署,上汽及其直接投资和管理的在沪和沪外单位的党组织以及下属的各级党组织中,有53家二层次党组织推进党务公开工作,涉及上汽系统1 203个基层党支部和25 704多名党员。

为规范党务公开工作,2013年起,上汽纪委利用上汽党建信息网,开通了党务公开专栏,分为工作动态、公开情况、制度建设、党员互动和资料下载5个方面内容,落实党员对党内事务的知情权、参与权、选举权、表达权、监督权,提高党员对党内事务的参与度,推进党务公开工作有序开展。

第六章 工 会

上汽工会于1964年建立，1988—2008年召开5次公司工会代表大会。至2015年，上汽有在沪基层工会55个，工会会员15.06万人。公司工会主要职能包括：劳动立功竞赛、合理化建议活动、劳模先进评选等工会经济工作，集体协商、职工法律援助、困难救助等权益保障工作，女工工作，以及工会经审、工会企业管理等工作。

第一节 工 会 组 织

一、公司工会代表大会

1988年3月29日和30日，上海汽车拖拉机工业联营公司举行第一次职工代表大会暨工会会员代表大会，245名正式代表和63名邀请代表出席会议。大会听取审议公司总经理陆吉安作的《行政工作报告》，审议通过《工会工作报告》《职代会条例实施细则》，讨论通过《上海汽车拖拉机工业联营公司贯彻〈全民所有制工业企业职工代表大会条例〉实施细则》。公司党委书记孟庆令在大会结束时发表讲话。大会选举产生第一届工会委员会、工会经费审查委员会和参加公司管理委员会的职工代表，王述祚当选工会主席、毛焕明当选工会副主席。

1993年3月21日和22日，上海汽车工业总公司第二届职工代表大会暨工会会员代表大会第一次会议召开，179名正式代表出席会议。大会听取审议公司总裁陆吉安所作的《行政工作报告》，审议通过《工会工作报告》《工会财务工作报告》和《工会经费审查工作报告》，上海市总工会主席滕一龙、党委书记林树楠分别在大会开幕式和闭幕式上讲话。大会选举产生公司工会第二届委员会、经费审查委员会和出席上海市工会第九次代表大会的代表，王述祚当选工会主席，郁永健当选工会副主席。1998年3月27日和28日，上海汽车工业（集团）总公司（简称上汽集团）第三次工会代表大会暨三届一次职工代表大会召开。出席会议的正式代表178人，列席代表36人，邀请代表13人。大会听取审议公司总裁陈祥麟所作的《行政工作报告》，审议通过《工会工作报告》《工会财务工作报告》和《工会经费审查工作报告》。上海市人大常委会副主任、上海市总工会主席包信宝，中国机械冶金工会机械工作部部长李洲到会祝贺，公司党委书记林树楠在大会闭幕式上讲话。大会选举产生上汽集团第三届工会委员会、工会经费审查委员会和出席上海市工会第十次代表大会的代表，唐炜延当选工会主席，蔡一平、华杏生当选工会副主席。陈祥麟和唐炜延在会上签署《上海汽车工业（集团）总公司集体合同》。

2003年8月22日，上汽集团第四届工会会员代表大会暨职工代表大会第一次会议召开，215名正式代表出席会议。大会听取审议公司总裁胡茂元作的《行政工作报告》；审议批准《工会工作报告》《财务工作报告》和《工会经费审查工作报告》。上海市人大常委会副主任、上海市总工会主席陈豪出席大会并讲话，公司党委书记、董事长陈祥麟在大会结束时讲话。大会选举产生23名委员组成的新一届工会委员会和经费审查委员会。同日，四届一次工会委员会选举产生9名委员组成的常务委员会，李积荣当选工会主席，李国明、马龙英当选工会副主席。

2008年10月10日,上汽集团第五届、上海汽车集团股份有限公司(简称上海汽车)第二届工会会员代表大会召开,260名正式代表出席会议。大会审议通过《上汽集团第四届、上海汽车第一届工会委员会工作报告》《工会财务工作报告》和《工会经费审查委员会工作报告》。上海市人大常委会副主任、上海市总工会主席陈豪出席大会并讲话,上汽集团党委书记、董事长胡茂元在大会结束时讲话。大会选举产生23名委员组成的新一届工会委员会和工会经费审查委员会。同日,上汽集团五届一次、上海汽车二届一次工会委员会选举产生13位委员组成工会常务委员,吴诗仲当选工会主席,陈寿龙、马龙英当选工会副主席。

二、公司工会委员会

1964年之前,公司层面未建立工会组织,基层工厂工会组织归属上海市工会联合会设在各区县的办事处领导。1964年4月,上海市各工业局建立工会,上海市农业机械制造公司开始设立工会,其性质为上海市机电工会的派出机构,负责领导和组织所属工厂工会开展工作。"文化大革命"期间,公司工会停止工作。

1978年8月,上海市拖拉机汽车工业公司重新建立工会,除工会正副主任外,设专职干部4名,分别负责组织民管、群众生产、女工生活、宣传文体4方面工作。1988年3月,上海汽车拖拉机工业联营公司第一次工会代表大会选举产生公司工会委员会。1989年10月,公司工会经批准从归属上海市机电工会领导改为直属上海市总工会领导。同时,公司工会建立组织民管部、宣教部、女工生活部、群众生产部、办公室"四部一室"。1990年3月,公司工会更名为上海汽车工业总公司工会。1993年3月,经公司第二届工会会员代表大会第一次会议选举,换届为第二届工会委员会。1995年10月,公司工会因公司改革重组相应改为上海汽车工业(集团)总公司工会。1998年3月和2003年8月,经公司第三次和第四次工会代表大会选举,公司工会换届为第三届和第四届工会委员会。2008年10月,通过上汽集团第五届、上海汽车第二届工会会员代表大会选举,公司工会换届为上海汽车工业(集团)总公司第五届工会委员会和上海汽车第二届工会委员会,并实行"两块牌子,一套班子"运行模式。2011年12月,上海汽车集团股份有限公司整体上市并简称上汽集团后,上海汽车工业(集团)总公司工会停止运作。2015年,上汽集团工会设置综合管理部和权益保障部两个部门,工会干部共15人。

2000年12月,上汽集团工会获全国模范职工之家荣誉称号。2013年,获全国"五一"劳动奖状、全国企业工会工作红旗单位称号。

表13-6-1　1964—2015年上汽工会负责人一览表

职级	姓名	公司名称	职务称谓	任职时间
正职	汤奇龙	上海市农业机械制造公司	工会负责人	1964年8月—1966年1月
	苏正平		(暂时代理)	1966年1月—1966年5月
	陈明康	上海市拖拉机汽车工业公司	工会主任	1972年9月—1976年3月
	宓坤元			1978年8月—1981年1月
	俞子骥		工会主席	1981年11月—1983年1月

〔续表〕

职级	姓名	公司名称	职务称谓	任职时间
正职	王述祚	上海汽车拖拉机工业联营工业公司 上海汽车工业总公司 上海汽车工业（集团）总公司	工会主席	1985年8月—1997年4月
	唐炜延	上海汽车工业（集团）总公司		1997年4月—2001年11月
	李积荣			2001年11月—2004年8月
	吴诗仲	上海汽车工业（集团）总公司 上海汽车集团股份有限公司		2004年8月—2011年12月
	李积荣	上海汽车集团股份有限公司		2011年12月—2014年8月
	钟立欣			2014年8月—
副职	寿朵瑾	上海市拖拉机汽车工业公司	工会副主任	1972年9月—1976年11月
	徐正兴			1972年9月—1973年3月
	金也杨			1972年9月—1978年9月
	孙志松			1974年12月—1981年2月
	余秀珍			1978年8月—1985年12月
	毛焕明	上海汽车拖拉机工业联营公司		1985年1月—1992年1月
	李振民	上海汽车工业总公司		1992年1月—1993年2月
	郁永健	上海汽车工业总公司 上海汽车工业（集团）总公司		1992年7月—1997年9月
	华杏生	上海汽车工业（集团）总公司	工会副主席	1997年11月—2001年11月
	蔡一平			1997年11月—2003年5月
	李国明			2001年11月—2008年6月
	马龙英	上海汽车工业（集团）总公司 上海汽车集团股份有限公司		2003年5月—
	陈寿龙			2008年6月—

资料来源：上海汽车集团股份有限公司工会

三、基层工会

2015年，上汽下属直管基层工会55个，其中在沪基层企业工会50个，沪外基层工会5个；工会会员总计150 555人，其中在沪工会会员112 926人，沪外工会会员37 629人；在沪专职工会干部188人。除此以外，上汽工会还代管业外军队、公安等厂方工会组织。

【在沪基层工会】

1964年4月，上海市农业机械制造公司工会下属70个企业基层工会。1978年8月，重新建立上海市拖拉机汽车工业公司工会。至1979年，下属企业基层工会61个、工会会员50 538人。1990年，上海汽车工业总公司工会直管基层企业工会55个，工会会员57 334人。1995年，上海汽车工业(集团)总公司工会直管基层工会 29 个,工会会员 60 748 人。2015 年,上海汽车集团股份有限公司工会直管基层工会 50 个,工会会员 112 926 人。

【沪外基层工会】

进入 21 世纪,随着上汽推进全国布局和跨地经营,沪外基层企业工会和工会会员逐年增多。2002 年,沪外工会会员 4 254 人,2006 年增至 11 592 人,2010 年增至 30 669 人,至 2015 年,增至 37 629 人。沪外基层工会以属地管理为主、上汽管理为辅。

表 13－6－2　1979—2015 年上汽基层工会组织及会员统计表

单位: 工会(个)/会员(人)

年份	总　　数		在　沪　工　会		沪　外　工　会	
	基层工会总数	工会会员总数	基层工会数	工会会员数	基层工会数	工会会员数
1979	61	50 538	61	50 538	—	—
1980	63	53 185	63	53 185	—	—
1981	67	55 004	67	55 004	—	—
1982	61	46 774	61	46 774	—	—
1983	60	47 621	60	47 621	—	—
1984	64	53 430	64	53 430	—	—
1985	65	54 055	65	54 055	—	—
1986	59	54 730	59	54 730	—	—
1987	58	54 685	58	54 685	—	—
1988	60	59 411	60	59 411	—	—
1989	57	56 544	57	56 544	—	—
1990	55	57 334	55	57 334	—	—
1991	30	58 312	30	58 312	—	—
1992	45	59 902	45	59 902	—	—
1993	30	56 045	30	56 045	—	—
1994	30	59 242	30	59 242	—	—
1995	29	60 748	29	60 748	—	—
1996	39	65 175	39	65 175	—	—
1997	41	64 799	41	64 799	—	—
1998	40	64 239	40	64 239	—	—
1999	54	64 888	54	64 888	—	—
2000	61	61 886	61	61 886	—	—
2001	69	63 252	69	63 252	—	—
2002	64	65 075	—	60 821	—	4 254
2003	61	67 950	—	63 188	—	4 762

〔续表〕

年份	总 数		在 沪 工 会		沪 外 工 会	
	基层工会总数	工会会员总数	基层工会数	工会会员数	基层工会数	工会会员数
2004	46	66 927	—	62 651	—	4 276
2005	46	70 274	—	65 908	—	4 366
2006	45	78 582	—	66 990	—	11 592
2007	45	80 051	—	66 895	—	13 156
2008	48	102 917	—	78 096	—	24 821
2009	48	105 687	—	78 673	—	27 014
2010	48	122 995	—	92 326	—	30 669
2011	49	144 648	—	112 462	—	32 186
2012	51	146 562	—	112 781	—	33 781
2013	51	149 594	—	115 065	—	34 529
2014	52	153 122	—	117 877	—	35 245
2015	50	150 555	—	112 926	—	37 629

资料来源：上海汽车集团股份有限公司工会

四、"职工之家""职工小家"创建

1983 年 6 月，根据上海市第一机电工业局工会布置，上汽各级工会开展创建职工之家活动。至 1985 年，有 36 个基层厂工会建成职工之家。1986 年，上汽工会所属 59 个基层工会中有 58 个建成职工之家，其中 8 个评为局级先进职工之家。1993 年，上汽重新命名表彰 30 个合格职工之家，并开始每 1～2 年组织一次先进职工之家（小家）评选活动。同年，所属企业创建成为职工之家达 100%，其中 11 个被评为先进职工之家，上海一易初摩托车有限公司工会被评为上海市和全国模范职工之家。2000 年 12 月，上汽集团工会获全国模范职工之家称号。

2005 年开始，上汽工会每两年将基层企业优秀的建家成果编撰成册，并以《凝聚》为书名印发至基层，至 2015 年已编印 7 册。2014 年 1 月，上汽工会制定实施《工会创建职工之家管理办法》，对评选先进职工之家（小家）基本条件、评选流程、组织领导、表彰奖励作了明确规定。至 2015 年，基层工会组织命名为全国模范职工之家 14 个、全国模范职工小家 12 个，上海市模范职工之家 39 个、模范职工小家 48 个，沪外省级模范职工之家 6 个、模范职工小家 3 个。

表 13 - 6 - 3　2000—2015 年上汽获全国、省市级模范职工之家（小家）一览表

称 号	年份	单 位
全国模范职工之家	2000	上海汽车工业（集团）总公司工会
	2003	延锋伟世通汽车饰件系统有限公司工会
		上海柴油机股份有限公司工会

〔续表〕

称　号	年　份	单　位
全国模范职工之家	2005	上海通用汽车有限公司工会
	2007	上海纳铁福传动轴有限公司工会
	2010	上海三电贝洱汽车空调有限公司工会
		上汽通用五菱汽车股份有限公司工会
	2011	上海小糸车灯有限公司工会
	2013	上海汽车集团股份有限公司工会
		联合汽车电子有限公司工会
		上海科尔本施密特活塞有限公司工会
	2015	泛亚汽车技术中心有限公司工会
		上海汽车工业开发发展有限公司工会
		上汽依维柯红岩商用车有限公司工会
全国模范职工小家	2003	上海大众汽车有限公司二厂区工会
		上海通用汽车有限公司动力总成工会
	2005	上汽通用五菱汽车股份有限公司东部涂装车间工会
	2007	泛亚技术中心车身外饰分工会
	2008	上汽通用五菱汽车股份有限公司东部车身车间工会
	2009	上海大众汽车有限公司徐小平班组
	2012	南京汽车集团有限公司质量保证部分工会
	2013	上海纳铁福传动轴有限公司移动节车间工会
		上海三电汽车空调有限公司工会
		上海汽车集团股份有限公司乘用车分公司临港基地分工会
	2015	上海实业交通电器有限公司技术中心分工会
		南京南汽冲压件有限公司冲压车间冲压班组
上海市模范职工之家	1995	上海大众汽车有限公司工会
	1998	上海汽车齿轮总厂工会
		上海-易初摩托车有限公司工会
		上海纳铁福传动轴有限公司工会
	2000	上海汽车工业(集团)总公司工会
		上海采埃孚转向机有限公司工会
		上海延锋饰件有限公司工会
		上海大众汽车有限公司工会
		上海易初通用机器有限公司工会

〔续表〕

称　号	年　份	单　位
上海市模范职工之家	2002	上海上汽大众汽车销售有限公司工会
		上海通用汽车有限公司工会
		上海汇众汽车制造有限公司工会
		联合汽车电子有限公司工会
		上海申雅密封件有限公司工会
	2005	上海汽车工业销售有限公司工会
		上海科尔本施密特活塞有限公司工会
		上海皮尔博格有色零部件有限公司工会
		安吉天地汽车物流有限公司工会
		泛亚汽车技术中心有限公司工会
		上海汽车工业开发发展公司工会
	2007	联合汽车电子有限公司工会
		上海采埃孚转向机有限公司工会
		大众汽车变速器（上海）有限公司工会
		上海汽车资产经营有限公司工会
		上海纳铁福传动轴有限公司工会
	2009	上海汽车制动系统有限公司工会
		上海实业交通电器有限公司工会
		上海中国弹簧制造有限公司工会
		上海小糸车灯有限公司工会
		上海乾通汽车附件有限公司工会
	2011	上海赛科利汽车模具技术应用有限公司工会
		上海汽车集团股份有限公司商用车技术中心工会
		上海汽车集团股份有限公司乘用车分公司工会
		上海汽车变速器有限公司工会
	2013	上海汽车集团财务有限责任公司工会
		上海海通国际汽车码头/物流有限公司工会
		上海拖拉机内燃机有限公司工会
		上海天合汽车安全系统有限公司工会
		上海大众联合发展有限公司工会

〔续表〕

称　号	年份	单　　位
沪外省级模范职工之家	2007	上汽通用五菱汽车股份有限公司工会
	2012	南京汽车集团有限公司工会
		南京依维柯汽车有限公司工会
		上汽依维柯红岩商用车有限公司工会
	2013	南京南汽东华汽车转向器公司工会
		南京汽车锻造有限公司工会

资料来源：上海汽车集团股份有限公司工会

五、跨地工会工作

为适应上汽全国布局、跨地经营的需要，2008 年 5 月，上汽工会印发《沪外地区企业工会工作委员会工作制度》，按照组织关系属地和工作内容属资相结合的原则，对沪外地区企业工会工作的工作原则、组织形式和主要任务、主要内容、活动形式、活动经费等作了明确规定。

2011 年 5 月，上汽工会首次在山东烟台地区建立上汽集团烟台地区企业工会工作委员会，为开展沪外工会工作起到示范作用。此后，按照"工厂建到哪里，工会组织覆盖到哪里"的基本思路，2011 年 8 月在江苏南京、2012 年 10 月在重庆、2013 年 1 月和 6 月先后在广西柳州和辽宁沈阳、2014 年 2 月在浙江宁波、2015 年 9 月在湖北武汉等地建立沪外企业工会工作委员会。至 2015 年，共建立沪外企业工会工作委员会 7 个。

上汽沪外企业工会工作委员会坚持"工建服务党建、组织关系属地和工作内容属资相结合、投资垂直管理关系不变"的原则，实行常委定期定点联系制度，搭建区域性工作学习交流、信息沟通、整零协同和文化融合等 4 个平台，做到组织建设到位、维权履职到位、发挥作用到位、帮扶关爱到位、建家创优到位，进一步发挥工会服务大局、服务经济、服务会员群众的作用。

第二节　保证经济与学习先进活动

一、劳动立功竞赛

1978 年，公司广泛开展以质量为中心的劳动竞赛，推行"QC"小组活动，开展多项综合性的高产优质低消耗竞赛、"五比"（即比产量、比质量、比设备、比节约、比安全）竞赛，开展单项性的质量信得过竞赛、百日无次品竞赛、全月无废品竞赛、定额"超千分"竞赛、安全百日竞赛、安全行车五万公里竞赛等。

1984 年，以提高经济效益为中心，针对企业生产中薄弱环节，上汽工会开展劳动竞赛。竞赛分公司级、厂级、车间级多层次进行。其中公司级的迎国庆"双革四新"（即技术革命、技术革新，新技术、新工艺、新材料、新装备）攻关竞赛，有 27 家厂参加，合计 258 个项目。1985 年，开展振兴汽拖工业建功立业劳动竞赛。

1988—1992年,上汽党委组织开展以确保上海桑塔纳轿车国产化为目标的保质量、保配套、保效益的"三保立功"竞赛。1993年,上海汇众汽车制造公司和上海汽车电器总厂分别开展产品质量"零缺陷"和"节百元"活动,取得显著成绩。上海汽车齿轮总厂、上海汇众汽车制造公司、上海活塞厂、上海汽车有色铸造总厂、上海汽车锻造总厂等开展技术攻关竞赛活动,推动国产化工作。上海拖拉机内燃机公司的袁世银在1992年、1993年间完成技革项目40余项,降低成本20万余元,获全国"五一"劳动奖章、全国优秀革新能手称号。

1995年开始,上汽劳动竞赛围绕提高经济效益、产品开发能力、职工技能素质、自主品牌建设等开展。竞赛分集团、企业、车间多层次进行。内容涉及生产经营的立功竞赛、提升技能职业竞赛、重点项目的专项竞赛和劳动保护的"安康杯"竞赛,以及"一上一下"(上开发、下成本)、精益生产、TEAM活动(即班组活动)等竞赛。

1998年开始,上汽劳动竞赛围绕"一个结合、两个跨越、三个延伸"的思路组织实施,即集团竞赛项目与上海市立功竞赛重点项目相结合,竞赛活动实现跨地区、跨行业开展,竞赛领域向开发、销售、服务三方延伸。其间开展的上海通用1998年市政府一号工程建设项目、确保上海大众帕萨特轿车国产化零部件配套质量和进度、迎APEC、确保200辆"申豪"新颖客车生产任务、确保抗击非典胜利、确保经济持续增长等立功竞赛活动,有效推进和确保各重点项目的有序进行。在上海市"建设上海工业新高地"立功竞赛活动中,上汽先后3次获综合优胜杯,2次被上海市重点工程实事立功竞赛领导小组授予优秀单位称号。

2003—2007年,上汽围绕产销整车100万辆、跻身世界500强、生产自主品牌汽车5万辆的"三大战略目标",积极开展以提高产品质量、促进技术进步、确保自主品牌上市、降低物料消耗、减少安全事故等为内容的各类劳动竞赛。先后开展"确保抗击非典胜利、确保经济持续增长、确保安全质量服务无重大事故""降本增效、节能减耗""精心塑造产品品牌、精心打造精致产品""创建'工人先锋号'"等形式多样的立功竞赛活动,发动广大职工为实现三大战略目标建功立业。

2009—2010年,上汽开展"同舟共济保增长、建功立业促发展""保增长、保世博""文明服务、文明观博、文明出行"等立功竞赛活动。按照集团"整零协同"的要求,打造以整车企业为龙头、零部件企业和服务贸易企业协同参与,全方位、多层次、广覆盖的劳动竞赛格局,促进产品质量、服务质量稳步提升。围绕自主品牌建设,重点开展乘用车、商用车两大赛区立功竞赛,细化竞赛目标、强化竞赛实效,为实现自主品牌逆势上扬发挥积极作用。

2011—2015年,上汽实施"先锋号在行动"计划,紧紧围绕公司党政工作目标,组织开展以整车企业为赛区跨产业链、供应商和经销商相互联动的立功竞赛,主题有节能减排当先锋、整零协共参与、沪外园区同建设、攻坚自主品牌建设等。每年制定竞赛目标、竞赛计划,分解考核指标,有重点、有主题、有内容、有考核、有表彰,80%以上班组和职工参与,为完成年度经济目标发挥积极作用。

二、合理化建议活动

20世纪50年代末公司成立后,所属企业就开展群众性的合理化建议活动。1981—1983年,上海内燃机厂采纳合理化建议874条,技革项目542项,创造经济效益211万元。

90年代,合理化建议活动在中外合资企业中有所创新。上海小糸车灯有限公司坚持开展群众性改善活动,1990—1993 年,员工共提出合理化建议 8 270 条,采纳 978 条。上海大众汽车有限公司汽车一厂开展 KVP2 活动(德国名词,意思是发动职工结合自己工作实际,提出问题,议定解决问题的办法,达到以最小支出取得最大效益),其中四门二盖铰链强度破坏性试验,过去每天用 10 块门板进行试验,经过改进焊接工艺,仅此一项每年可节约 250 万元。

　　1995 年,上汽参与合理化建议活动 10 124 人,提出合理化建议 9 011 条,采纳 4 866 条,实施 2 968 条,创经济效益 711 万元。进入 21 世纪,合理化建议活动不断发展,经济效益不断增加。2004 年,参与合理化建议活动 4.2 万人,提出合理化建议 5.8 万条,实施 36 480 条,创经济效益 5 000 万元。

表 13－6－4　1980—1995 年上汽合理化建议活动统计表

年　份	合 理 化 建 议		提出条数	采纳条数	实施条数	创经济效益(元)
	单位数	参与人次				
1980	25	817	816	505	311	1 136 080
1981	32	1 480	1 348	842	810	901 951
1982	39	1 882	1 073	780	621	—
1983	36	1 932	1 218	870	850	—
1984	40	2 251	1 899	787	—	—
1985	54	4 045	4 388	1 484	1 010	—
1986	42	4 005	4 902	1 924	1 053	197 021
1987	45	5 757	5 796	1 637	1 036	18 664 945
1988	39	2 535	1 681	1 046	830	8 027 942
1989	30	1 996	1 566	954	797	4 092 663
1990	44	11 239	13 731	3 384	2 117	7 879 409
1991	41	10 579	15 819	4 361	1 715	27 695 524
1992	29	9 158	14 375	4 651	1 971	42 326 580
1993	30	9 624	9 168	2 122	1 473	16 196 947
1994	18	6 284	5 153	1 752	872	1 604 000
1995	22	10 124	9 011	4 866	2 968	7 110 000

资料来源:上海汽车集团股份有限公司工会

　　从 2005 年开始,上汽工会以"节能降效、降本增效"为主题,围绕销售、开发、制造、投资、管理等 5 个方面,积极探索并建立合理化建议活动考核和评价制度,形成持续改善机制。2005 年年初,推出人均建议、职工参与、实施和人均节约金额 4 个考核指标,重点突出建议的可实施性和实效性。同年 3 月,实施合理化建议排行榜制度,委托专业软件公司开发合理化建议计算机申报系统和计算机管理系统,确保合理化建议评价和表彰的科学性。2006 年起,进一步深化合理化建议活动,开展创新实践小组和个人创新成果超过 100 万元的"双百万"创新实践活动。2006 年和 2007 年,共有 26

家企业 40 个班组和 19 名个人的 59 个项目先后突破百万元,节约总金额 1.5 亿元,其中有 20 人次、20 多项创新成果获市级以上表彰。

据统计,2005—2015 年,上汽员工累计提出合理化建议 862.29 万条,实施 783.57 万条,实施率 90.87%,创造经济效益 253.87 亿元。

表 13 - 6 - 5　2005—2015 年上汽合理化建议活动统计表

年　份	合理化建议		提出条数	实施条数	创经济效益（万元）
	单位数	参与人次			
2005	39	53 929	257 590	204 708	40 988.18
2006	39	51 275	342 146	287 811	76 832.48
2007	40	59 352	375 145	327 356	92 127.83
2008	42	69 232	424 885	379 219	108 554.48
2009	44	85 726	621 087	561 449	349 421.65
2010	48	100 041	818 208	739 455	197 569.45
2011	49	119 837	984 937	923 378	236 315.66
2012	50	139 138	998 029	939 513	320 281.90
2013	50	160 906	1 165 123	1 090 830	376 446.99
2014	53	166 927	1 265 422	1 106 471	404 381.90
2015	50	182 063	1 370 302	1 275 504	335 796.11
合　计	55	1 188 426	8 622 874	7 835 694	2 538 716.63

资料来源:上海汽车集团股份有限公司工会

三、班组建设

上汽班组建设始于 20 世纪 50 年代开展的学习马恒昌小组活动。1963—1966 年,开展创"政治思想好、完成任务好、学习文化技术好、团结互助好、遵守纪律好"的"五好"班组活动。1964 年起,开展"工业学大庆"活动,班组建设提倡大庆油田职工提出的"当老实人、说老实话、做老实事,严格要求、严密组织、严肃态度、严明纪律"的"三老四严"作风,健全行政组组长、工会组组长、政治宣传员、技术质量员、经济核算员、工具管理员、设备安全员的"二长五员"班组管理模式,建立以岗位制为中心的规章制度。1980 年起,开展"创马恒昌小组、创信得过班组、创局先进班组"的"三创"活动,加强班组长培训。1983 年,开展"加强班组建设,争合格、创先进班组"活动,把培养"有理想、有道德、有文化、守纪律"的职工作为班组建设目标,同时统一建立政治学习、生产、班委工作 3 本班组台账。1986 年,根据上海市机电管理局提出的《关于加强班组建设,开展文明班组、先进班组、模范集体竞赛的意见》,着重在提高职工政治、技术、文化和管理素质上下功夫。同年,有 97 个班组评为 1986 年度局级文明班组。

1993 年,结合"生产特区"建设深化创建合格班组活动,制定颁发《创建合格班组参考标准》,要求班组合格率达到 100%。同年,上汽工会被上海市总工会授予年度争创红旗班组优秀组织者称号,上海汽车电器总厂电器厂一车间装配二组等 4 个小组被上海市总工会授予上海市红旗班组称号。1994 年 6 月,制定和颁发《合格班组标准(修订)》,班组建设进一步规范化。至同年年底,上汽合格班组达到 99.3%,先进班组达到 20%,评选出标准班组 28 个,市劳模班组集体 5 个。1995 年 6 月,制定和颁发《标杆班组标准》,并组织开展创特色班组、评选标杆班组活动。同年,评出上海市模范集体(班组)5 个,其中上海汽车电器总厂电机二厂一车间转子综合组评为全国先进班组、上海市特色班组。

1996—2004 年,上汽响应上海市总工会号召,广泛开展"建文明班组、创文明岗位、做文明职工"活动,制定评选标准和考核内容,全面提升职工素质,带动班组建设上台阶。至 2005 年,合格班组达 100%、文明班组达 50%、红旗班组达 15%、学习型班组达 30%。

2005—2011 年,上汽在生产一线开展 TPM 班组建设,提高设备利用率;围绕人人成为"经营者"活动,开展"经营体"建设,表彰优秀"经营体"。至 2014 年,全部完成对一线班组长的培训,有 1 530 个班组开展 TPM 管理,占一线班组的 87.4%,有 10 多项 TPM 成果获全国机械冶金建材工会和上海市总工会的职工创新成果奖。评选产生 20 位"徐小平式班组长"、52 个优秀 TPM 班组受表彰,表彰近 300 个优秀"经营体"。

2012—2015 年,上汽制定印发《关于进一步加强上汽集团班组建设的工作意见》,形成党委领导、行政主导、工会推进、各方参与、职工为主体的班组建设格局;创建"三园"班组、体现"三力"团队,即成为自我管理的家园——体现执行力,能力提升的校园——体现创新力,快乐工作的乐园——体现凝聚力,发挥班组在上汽经济建设中的基础保障作用。至 2015 年,基本建成 100 个在全国、省市和行业有影响的模范班组,300 个具有行业、工种特点的特色班组。

1978—2015 年,上汽班组获得全国各类先进班组称号 12 个/次,其中沪外企业班组 1 个/次;在沪企业班组获得上海市各类先进班组称号 238 个/次,沪外企业班组获得省、市、自治区各类先进班组称号 28 个/次。

四、劳动保护监督

1998—2003 年,上汽建立工会劳动保护监督制度,15 家单位和 17 人次获上海市各类安全生产评比先进称号,其中上海通用汽车有限公司获全国"安康杯"竞赛优胜企业。

2002—2006 年,上汽工会等举办工会劳动保护干部培训班 7 期,共计有 350 人参加培训。2006 年 7 月,上汽工会、质量和经济运行部组织职工代表到各基层单位巡查安全生产和劳动保护情况,开展"隐患自查,问题自纠"的专项检查。2010 年 6 月,上汽安监中心和工会联手召开"平安世博——上汽安全生产月动员会",特别对安全行车进行动员和部署,强调企业重视接送职工上下班的班车安全管理,要求企业为职工班车安装头枕、增设两点式安全带等防护设备并注意行车安全。从 2013 年开始,每年组织职工开展安全生产月消防知识竞赛、安全生产法与职业健康知识等竞赛,先后有 122 家单位参加比赛。2014 年 9 月,上汽工会联合上海市职业安全健康研究院为工会劳动保护干部举办安全管理持证培训班,下属 33 家企业 48 名工会干部参加培训,并通过结业考试获得上海市安监局颁发的安全培训合格证书。2015 年 8 月,上汽工会印发《劳动保护监督检查实施细则》,对工会劳动保护监督组织、基本任务、制度和职责,及因工伤亡、建设项目、奖励与惩处等作了明确规定和规范。

上汽工会坚持每年开展"安康杯"竞赛活动,按照"安康杯"竞赛检查考核标准评分表做好"安康杯"的两查和总结。2008—2015年,共有24个基层单位获"安康杯"竞赛优胜单位,其中4家单位获得"安康杯"竞赛全国优胜单位称号,7个班组获得"安康杯"竞赛全国优秀班组称号。

五、劳模先进评选

【劳动模范评选】

1956—2015年,上汽认真落实上级工会关于劳动模范和"五一"劳动奖章评选活动。据统计,累计14人次获全国劳动模范称号,18人次获全国"五一"劳动奖章称号,32人次获部(委)级劳动模范称号,176人次获上海市劳动模范称号,14人次获上海市"五一"劳动奖章称号,21人次获沪外省、市、自治区劳动模范和"五一"劳动奖章称号。获得省、市、自治区级及以上劳动模范和"五一"劳动奖章称号的合计有276人次。

【先进生产(工作)者评选】

上汽先进生产(工作)者评选基本与上海市劳动模范评选同步,在评选先进生产(工作)者基础上择优推荐上海市"五一"劳动奖章、上海市劳动模范等候选人。2001—2014年,上汽共评选表彰先进生产(工作者)1 023人次,其中2001—2003年127人次,2004—2006年167人次,2007—2009年301人次,2010—2014年428人次。

1956—1959年,上汽职工评选申报并获得全国先进生产(工作)者称号累计15人次。1995—2015年,上汽职工评选申报并获得上海市先进生产(工作)者称号累计277人次。

六、学习徐小平活动

【学习宣传徐小平】

2002年4月,上海大众汽车有限公司发动机厂机修钳工、高级技师徐小平获上海工业十大工人标兵荣誉称号。同月,中共上海市委宣传部、上海市总工会、中共上海市工业工作委员会和上海市经济委员会联合召开上海工业十大工人标兵表彰暨先进事迹报告会,徐小平在会上介绍事迹和体会。2005年、2010年和2015年,徐小平连续三次获全国劳动模范称号。2006年1月,徐小平获2005年度全国知识型职工先进个人称号,同年9月,获中华技能大奖。2012年6月,徐小平获全国创先争优优秀共产党员称号。

2005年7月,上汽党委发出《关于广泛开展"向徐小平学习,做智能型员工"活动的通知》,号召全体员工学习徐小平突破常规,勇于开拓的创新精神,一丝不苟、锲而不舍的敬业精神,刻苦钻研、顽强好学的成才精神。同月,上汽在上海云峰剧场举行"徐小平同志先进事迹报告会",集团领导和员工2 000人出席,徐小平向大会作题为"我的成长之路——事业、团队、创新"的报告。8月,上汽邀请中共上海市委宣传部、上海市总工会、中共上海市委宣传党校及主要媒体召开"徐小平事迹典型意义"研讨会。2006年,编辑出版《徐小平——敢与世界对话的工人专家》。同年11月,召开第二次"徐小平事迹典型意义"研讨会。2010年7月,上汽在中共上海市委党校举行学习徐小平劳模先进事迹报告会,徐小平以"为了最美好的梦想"为题讲述自己在追求职业梦想征途上的心路历程和人生感悟。2013年9月,由中共上海市委宣传部、上海市精神文明建设委员会办公室主办的第三届"光荣与力量——感动上海年度十大人物"揭晓,徐小平荣膺第三届"感动上海年度十大人物"。

【培育推广"身边徐小平"】

2005年6月和2006年4月,上海大众汽车有限公司先后成立徐小平技术服务培训中心和徐小平维修技术服务中心,扩大徐小平作为上汽技术工人"领头羊"的示范效应和影响力。2007年7月,上汽工会、党委宣传部和团委开展学习宣传"身边徐小平"活动。2008年,上汽工会评选出首批44名"徐小平式"员工;2011年,再次评选出48名"徐小平式"员工,其中20名为优秀"徐小平式"员工。

与此同时,上汽以徐小平师徒为典范,广泛开展名师带徒活动,组织名师绝招绝技展示、高徒学艺经验交流、技术难题现场会诊专场。在制定技术等级提升目标的179对师徒中,有150个徒弟获得晋升,目标实现率达到83%,其中有4人晋升为高级技师。在青工学分制培训中,上汽组织青工以徐小平为榜样,通过职业发展教育培训学分、创新创效能力学分、技能竞赛学分和奖励学分,将青年技能等级提升与日常工作业绩直接挂钩,调动青工学习技术的积极性。2005—2007年,上汽在班组中广泛推广TPM管理,1 796个一线班组长进行全覆盖培训,10位班组长获得"徐小平式"班组长称号。

七、上汽工程师创新论坛

2005年4月,上汽工会与技术质量部、人力资源部、汽车工程学会联合举办首届"提高核心能力,建设工程师家园"创新论坛,近30家企业的相关部门负责人和工程师约280人参加。此后10年,逐步成立汽车底盘、动力总成、电子电器、节能减排等专业论坛,由专业领军人物担任召集人,每年不定期开展活动,费用由上汽工会支持。

2015年12月,上汽工会和技术管理部在工程师论坛基础上,建立上汽"工程师创新之家",把原先分散的工程师论坛活动整合串联为有固定地点和交流主题排片计划的"工程师创新之家",活动场所设在上海市漕溪北路400号上海实业交通电器有限公司技术大楼5楼。同时,推出《上汽"工程师创新之家"运行细则》。上汽工会负责支持该活动运营费用,上汽技术管理部负责牵头组织,上海实业交通电器有限公司负责提供场地并具体承办。

八、创新工作室

上汽劳模创新工作室是在学习推广徐小平活动中建立起来的。2011年,徐小平维修服务中心被上海市总工会授予首批上海市劳模创新工作室。2012年5月,中共中央政治局委员、上海市委书记俞正声视察该工作室,并予以肯定。

2012年6月,上汽工会制定印发《劳模创新工作室管理办法》,推动这项工作制度化、规范化、长效化。此后,按照"树立一个,带动一批,影响一代"的思路,创建范围从制造领域拓展到其他领域,创建工作从活动式、评比式拓展为长效化、平台化,创建地域由上海延伸至外地企业。至2015年12月,上汽共命名42个职工创新工作室,其中包括21个劳模领衔的创新工作室、3个市级劳模创新工作室、2个机械工业劳模创新工作室。42个创新工作室累计完成技改项目1 371项,直接经济效益187.63亿元;申报专利533项,其中365项已经获得授权。

表 13‑6‑6 2012—2015 年上汽职工(劳模)创新工作室一览表

序号	工作室名称	完成技改项目(项)	取得经济效益(万元)	申报专利(项)	已授权专利(项)	制定标准规范(份)	带教徒弟(名)
1	徐小平劳模创新工作室	188	15 443.36	24	19	273	18
2	周巍劳模创新工作室	30	600	0	0	5	15
3	陆恩斌创新工作室	38	486	7	6	12	10
4	于成发劳模创新工作室	6	65	2	2	0	2
5	岑根生创新工作室	45	1 400	5	5	4	16
6	尹建民创新工作室	10	1 504 750	120	90	25	40
7	杨建军劳模创新工作室	33	3 991	23	21	15	18
8	张力生劳模创新工作室	15	1 867.634	17	8	48	35
9	黄克林创新工作室	20	519	4	2	32	152
10	纪丽伟创新工作室	76	398	23	20	181	26
11	安盛船务老轨创新工作室	10	2 991	—	—	—	2
12	SGM创新工作室	3	60	—	—	5	6
13	机器人创新工作室	76	8 280	6	2	30	50
14	冲压创新工作室	12	155 000	7	0	13	145
15	动力总成创新工作室	330	17 000	11	5	5	140
16	焊接创新工作室	25	500	5	0	8	20
17	马森林劳模创新工作室	22	3 700	3	3	15	7
18	欧利民非标设备创新工作室	41	1 070	—	—	6	6
19	陆有根创新工作室	29	6 162	6	6	5	57
20	丁美玲创新工作室	19	18 718.7	20	4	33	18
21	工装创新工作室	43	2 102.1	11	10	8	7
22	炉料降本创新工作室	5	500	2	2	5	9
23	汽车装备技术创新工作室	28	45.68	—	6	5	52
24	动力总成试验创新工作室	35	200	6	3	8	20
25	林卫东劳模创新工作室	5	1 095	29	13	8	8
26	唐少波劳模创新工作室	6	1 938.3	30	15	0	43
27	褚卫东劳模创新工作室	17	600	20	23	30	15
28	侯鑫伟创新工作室	50	130	2	—	—	2
29	邵景峰创新工作室	0	0	40	28	6	35
30	易泽武创新工作室	11	962.5	6	6	8	35
31	乘用车公司临港模具创新工作室	5	20	0	0	0	0
32	汽车内饰创新工作室	62	677	—	—	2	14
33	制动系统真空助力器创新工作室	6	60 000	3	1	1	8

〔续表〕

序号	工作室名称	完成技改项目(项)	取得经济效益(万元)	申报专利(项)	已授权专利(项)	制订标准规范(份)	带教徒弟(名)
34	雍宁创新工作室	10	110.65	0	0	12	4
35	商用车座椅开发创新工作室	9	3 197.83	11	8	15	8
36	低碳环保创新工作室	21	4 205	6	4	0	5
37	对标创新工作室	3	100	3	3	0	2
38	东华公司冲压技术创新工作室	6	25.681 1	3	0	1	0
39	斯巴鲁奇技派工作室	2	30	0	0	2	8
40	电器自动化创新工作室	8	815.85	—	—	0	1
41	新能源创新团队建设创新工作室	0	1 096	0	0	4	2
42	涂装技术创新工作室	3	500	7	9	2	6
合计		—	1 371	1 876 320.285	533	365	1 197	1 081

资料来源:上海汽车集团股份有限公司工会

第三节　权　益　保　障

一、集体协商

1997年7月,延锋伟世通汽车饰件有限公司建立集体协商制度,成为上汽首家建立该项制度的企业。1998年3月,上汽集团第三届职工代表大会第一次会议审议通过《上海汽车工业(集团)总公司集体合同》和《上海汽车工业(集团)总公司集体协商制度试行办法》,由公司总裁陈祥麟和工会主席唐炜延共同签署。

上汽集体协商制度规定协商代表产生办法、人数、权利和义务,以及协商程序和集体合同履行、修订等方面内容,以法律形式明确企业和职工双方的权利和义务。上汽集体合同根据情况不断修改,至2015年已修订6版。第二版集体合同强调,在组建合资企业集中时期企业招聘应当"先业内、后业外"、整体转移劳动关系时应充分考虑"其在原单位连续工作时间";第三版集体合同增加"三个适时调整",保障离岗待退养职工基本生活待遇;第四版集体合同设立女职工特殊权益保护、劳动安全卫生、薪酬福利专章;第五版集体合同为体现公平公正的职工收入分配机制,补充"关注一线、激励骨干",实行"一厂一策"等条款;第六版集体合同明确企业转改制方案履行职代会审议建议权、职工安置方案履行职代会审议通过权等相关规定。

从2008年开始,上汽每年召开职代会联席会议暨工资集体协商会议,行政与职工方协商代表充分讨论,审议通过年度《上汽职工工资调整方案》。2011年起,通过工资集体协商,稳步推进实施增量提成激励方案。

二、职工法律援助

2002年3月,上汽工会举行上海市职工法律援助中心上汽集团分中心揭牌仪式。同月,印发

《上汽工会法律援助暂行办法》,对缺乏法律知识亟须法律帮助,而又经济困难的职工,通过法律援助机构聘请法律服务人员,提供法律帮助。

上海汇众汽车有限公司充分发挥调解委员会的作用,积极运用各种手段及时调解大量纠纷和矛盾,做到小纠纷不出车间、大矛盾不出厂区,将企业内的各种纠纷解决在基层和萌芽状态,充分发挥人民调解工作在维护企业稳定中的"第一道防线"作用,连续3届获得2002—2004年度上海市优秀人民调解员集体称号。

2008年8月,上汽工会举办第一期劳动争议调解员、工会法律监督员资格证书培训班,培训课程包括企业规章制度建设、人力资源管理、劳动基准法律、集体协商与民主管理、员工申诉与劳动争议处理等,40家企业工会专职干部接受培训并通过书面考核拿到资格证书。至2015年,上汽工会已有60%的工会专职干部获得劳动争议调解员、工会法律监督员"两员"三级资格考核证书。

2009年9月,上汽工会印发《上汽工会职工法律援助工作实施办法》。2015年,签约北京大成(上海)律师事务所,专业律师团队充实上汽工会职工法律援助中心和法律志愿者队伍。同时,在"上汽职工之家"微信号适时发布国家、地方法律法规解读,针对工会官方微信粉丝通过后台及来信来电咨询有关工作、生活中的法律问题,通过专业团队及时答复及协调处理。必要时给予诉讼代理等专业法律服务。同年,上汽工会法律援助分中心为企业工会和员工提供法律咨询及维权服务20余次。

三、帮困工作

1997年元旦前夕,上汽工会拨款200万元成立公司救急济难基金,用于持续开展职工困难救助和送温暖工作。

2002年6月,上汽工会印发《关于继续做好特困职工子女助学帮困工作的意见》,对助学帮困的原则、范围、条件、程序等作了明确规定和规范。8月,上汽工会助学帮困基金启动"曙光计划",上海申沃客车有限公司、上海幸福摩托车有限公司、上海乾通汽车附件有限公司等10余家企业的22名特困职工子女得到首批资助款。至2006年,受助困难职工子女达1 372名,其中义务教育阶段124人,高中和中等职业教育阶段551人,大专以上教育阶段697人。至2015年,受助困难职工子女约4 000名。

2005年元旦、春节期间,各基层单位对2 884名各类困难职工进行家访,发放慰问金额累计124.36万元,其中上汽工会(退管会)对各类困难职工的救助金额为77.34万元。同年3月,公司部署"双结对"工作,各基层单位积极响应,至4月下旬,共结对666对,捐助金额累计达44.74万元。2006年3月和5月,上汽党委印发《关于开展优秀青年干部与困难职工"双结对"工作的通知》和《关于开展厂部级以上领导干部与困难职工"双结对"工作的通知》,228位厂部级以上领导干部和117名青年后备干部与339名业内困难职工进行"双结对",初步建立干部与困难职工"双结对"联系制度。

2008年年初,上汽工会建立"重见光明"基金,为公司内患白内障疾病的职工和离退休职工提供手术费用。至7月,共资助17.8万元,使89名白内障退休职工"重见光明"。至2014年,累计为3 000余名患白内障的职工提供手术补贴,金额达700万元。

2009年6月,上汽工会印发《上汽工人先锋号帮扶中心实施意见(试行)》,建立完善困难救助、医疗补助、求学资助、创业帮助和法律援助的"五助"帮扶体系。至2015年12月,各级帮扶中心帮困慰问7.79万人次,拨付帮扶资金共计4 789.62万元。

2011—2014年,上汽及各企业确立每年7月前一周为"困难劳务工帮扶周",两级工会负责人分赴困难劳务工家中进行走访慰问。2014年11月,上汽工会修订《上汽集团先锋号帮扶中心实施意见》,拓宽对困难职工的界定,大幅度提高帮扶标准。同时要求各企业对当地职工互助保障计划、职工商业补充医疗保险做到应保尽保。2015年8月,上汽工会设立"助梦计划",承担困难职工子女国内普通学校的基本学费。

第四节 妇 女 工 作

一、女工委员会

1956年起,公司在所属各中心厂建立的基层工会组织设立女工委员。1957年,公司11 273名职工中女职工568名,仅占职工总数的5.03%。1965年,23 723名职工中女职工4 736名,占职工总数的比例升至19.9%。1979年,公司有女职工16 452名,占职工总数的比例进一步增至35.9%;上汽工会专设女干事1人,加强对61个基层工会女工工作的指导。1981年9月,公司基层工会试行全国总工会制订和颁布的《基层工会女工工作委员会条例(草案)》;同年,41家所属企业建立女工工作委员会。

1989年4月,上汽工会首次成立女职工委员会,并作为上海市妇女联合会团体成员,对基层工会女职工工作进行指导服务。此后,1993年3月、1998年3月、2003年8月和2008年10月先后召开的上汽工会代表大会和职工代表大会,均在选举产生新一届工会委员会的同时,产生第二届、第三届、第四届和第五届公司女职工委员会。

至2015年12月,上汽在沪企业有女职工2万余人,占职工总数11.5万人的17.5%。2009年,上汽集团工会女职工委员会获"全国巾帼文明岗"称号。

二、女工保护

1956年,公司所属中心厂工会组织中的女工委员主要职责之一为维护女职工合法权益。1979年,公司所属企业建立幼托机构46所,配备专职工作人员223人,受托儿童916人,解决了女职工的后顾之忧。1981年9月,所属企业建立女职工冲洗室43个。

1989年11月,上汽新设立的工会女职工委员会执行上海市政府颁布的《上海市女职工劳动保护法》。1992年7月,上汽工会女工部举办培训班组织贯彻落实《妇女权益保障法》。2005年,上汽工会女职工委员会认真贯彻《上海迎世博文明行动计划》,创建学习型女职工组织,积极推进女职工学上网、学法律、学技能、学礼仪、学健身等活动。2004—2009年,组织"经营幸福的婚姻""成功女性的奋斗之路""职业礼仪、形象礼仪"等培训255期,参加人员1.4万人次,其中女劳务工500人次,引导女职工树立自主自强意识和发展意识。2008年,成立女财会人员、女厂部级领导干部、女知识分子和女工干部等联谊会,每年开展学习交流活动。2012年8月,上汽工会召开女职工权益保护专项集体合同签订推进会,规定两年内100%签订,并要求把权益保护专项集体合同与相关法律法规相衔接、与集体合同相补充、与其他专项集体合同相配套。2014年起,上汽工会女职工委员会全面推进"爱心妈咪小屋"建设计划,至2018年建有百家小屋遍布全国,61家小屋获上海市星级爱心妈咪小屋。2015年起,上汽工会女职工委员会开设"巾帼讲堂",推出每季一讲和线上课堂。

三、"三八"红旗手评选

1983—2007年,上汽有4名女职工获全国"三八"红旗手称号。1960—2016年,有146名女职工获上海市"三八"红旗手称号。

2003年起,上汽工会女职工委员会每两年组织一次"三八"红旗手评选,并在年度"三八"国际妇女节进行表彰。至2015年,近500名女职工获上汽"三八"红旗手称号。

表 13-6-7　1960—2016年上汽女职工获上海市"三八"红旗手称号一览表

年　份	姓　名	单　位
1960	任阿翠	上海汽车电机厂
	肖月英	上海第一汽车附件厂
	罗银香	上海汽车电机厂
	杨燕雯	上海汽车电机厂
	胡荷菊	上海轴瓦厂
1963	孙秀华	上海农业药械厂
1964	林裳妹	上海汽车电机厂
1965	毛翠玉	诚孚动力机厂
	刘春琴	上海汽车电机厂
	严凤珍	上海汽车钢板弹簧厂
	邱英娣	上海摩托车厂
	陈金娥	上海第一汽车附件厂
	陆锦文	上海内燃机配件厂
	张玉霞	上海第一汽车附件厂
	徐载月	上海拖拉机厂
	黄桂宝	上海汽车电机厂
1978	包妙英	上海活塞厂
	沈美菊	上海拖拉机厂
	汪哲娟	上海第一汽车附件厂
	冯银凤	上海摩托车厂
	陈养娣	上海拖拉机附件厂
	张　琴	上海拖拉机齿轮厂
	张阿珍	上海汽车配件厂
	杨银珠	上海内燃机配件厂
	周崇智	上海模锻厂

〔续表〕

年　份	姓　名	单　　　位
1978	周菊萍	上海钢模厂
	俞淑华	上海拖拉机厂
	赵继红	上海汽车电机厂
	徐爱仙	中国弹簧厂
	寇兰珍	上海拖拉机厂
	赖慰萱	上海内燃机配件厂
1979	毛金娣	上海汽车电器厂
	田巧玲	上海汽车发动机厂
	许　明	华丰钢铁厂
	刘小玲	上海交通电器厂
	孙慧琴	上海汽车底盘厂
	沈庆云	华丰钢铁厂
	李佩珍	上海汽车底盘厂
	李雪恩	上海粉末冶金厂
	张广粉	上海合金轴瓦厂
	杨亚琴	上海工农内燃机配件厂
	杨根娣	上海第二汽车底盘厂
	杨惠玲	上海第二汽车底盘厂
	金桂英	上海压铸厂
	高静安	上海货车制造厂
	巢鸣珍	上海摩托车厂
	蒋爱娜	上海油嘴油泵厂
1980	李佩珍	上海汽车底盘厂
	汪哲娟	上海第一汽车附件厂
	张广粉	上海轴瓦厂
	徐爱仙	中国弹簧厂
	巢鸣珍	上海摩托车厂
1982	王玲娜	上海汽车电机厂
	水丽丽	上海第一汽车附件厂
	任金凤	上海工农动力机厂
	安淑珍	上海拖拉机厂
	李宏珍	上海拖拉机齿轮厂

〔续表〕

年　份	姓　名	单　　位
1982	莫兆华	上海摩托车厂
	张世凤	上海汽车电机厂
	张惠芳	上海汽车底盘厂
	徐爱仙	中国弹簧厂
	顾月英	上海内燃机配件总厂
	高静安	上海重型汽车厂
1984	王　琳	上海拖拉机厂
	王玲娜	上海汽车电机厂
	卢国珍	上海第一汽车附件厂
	吴中民	上海重型汽车厂
	吴莉萍	上海汽车电机厂
	竺素卿	上海内燃机厂
	张荣芳	上海交通电器厂
	张斌纹	上海汽车厂
	高静安	上海重型汽车厂
	顾月英	上海内燃机配件总厂
1986	丰　敏	上海易初摩托车有限公司
	吴中民	上海重型汽车厂
	吴巧兰	上海第一汽车附件厂
	吴莉萍	上海汽车电机厂
	周佩兰	上海交通电器厂
	张云珍	上海汽车厂
	高静安	上海重型汽车厂
	姚惠秀	上海大众汽车有限公司
	顾才莲	上海汽车传动轴厂
	费惠芳	上海汽车底盘厂
	竺素卿	上海内燃机厂
1988	孙兰钧	上海内燃机油泵厂
	刘忠厚	上海汽车拖拉机工业联营公司总部
	陈孟湘	上海汽车研究所
	陈静莉	上海汽车电镀厂
	周佩兰	上海交通电器厂
	顾才莲	上海汽车传动轴厂

〔续表〕

年　份	姓　名	单　位
1990	孙金华	华丰钢铁厂
	周佩兰	上海实业交通电器有限公司
1994	陈梅华	中国弹簧厂
	杨宝妹	上海汽车娱乐总汇
	邬美华	上海汇众汽车有限公司
1995	吴雪珍	上海制动器公司一分厂
1996	程平珠	上海飞翼汽车制造公司
	顾美芳	上海易初摩托车有限公司
2000	夏　燕	上海大众汽车有限公司
	梁　焕	上海通用汽车有限公司
	孙兰钧	上海易初摩托车有限公司
	姚　毅	上海实业交通电器有限公司
	周婉婷	上海华克排气系统有限公司
2002	林丽华	上海大众汽车有限公司
	余秀慧	上海通用汽车有限公司
	桂　淼	上海汇众汽车有限公司
	丁美玲	泛亚汽车技术中心有限公司
	徐培龄	上海拖拉机内燃机公司
2004	余秀慧	上海通用汽车有限公司
	陈　珺	上海大众汽车有限公司
	桂　淼	上海汇众汽车有限公司
	王锡羚	延锋伟世通汽车饰件系统有限公司
	王　勤	上海汽车拖拉机内燃机有限公司
	黄文妮	上海圣德曼铸造有限公司
2005—2006	许青桥	上海大众汽车有限公司
	顾　雯	上海通用汽车有限公司
	李　瑾	上海汇众汽车制造有限公司
	程玲玲	上海小糸车灯有限公司
2007—2008	顾晓琼	上海大众汽车有限公司
	顾建新	上海通用汽车有限公司
	霍宏煜	上海汽车集团股份有限公司技术中心
	李　育	上海汽车变速器有限公司
	陈丽霞	上海萨克斯动力总成部件系统有限公司
	马莉黛	上海汽车集团股份有限公司总部

〔续表〕

年　份	姓　名	单　位
2009—2010	金　平	上海大众汽车有限公司
	刘　桢	上海通用汽车有限公司
	张　戈	上海汽车集团股份有限公司乘用车分公司
	苏春霞	上海汽车变速器有限公司
	王　琼	上海法雷奥汽车电器系统有限公司
	乌　兰	上海采埃孚转向系统有限公司
2011—2012	俞　峻	上海通用汽车有限公司
	马丽华	延锋伟世通汽车饰件系统有限公司
	冯　芳	上海汽车变速器有限公司
	费　英	上海柴油机股份有限公司
	杨绍杰	上海彭浦机器厂有限公司
2013—2014	程　力	上海大众汽车有限公司
	谷　敏	上海通用汽车有限公司
	王永华	上海汽车集团股份有限公司乘用车分公司
	潘颖慧	上海汇众汽车制造有限公司
	叶　燕	上海赛科利汽车模具技术应用有限公司
2015—2016	杨　虹	上汽通用汽车有限公司
	崔　嵩	泛亚汽车技术中心有限公司
	田利红	上海汽车变速器有限公司
	马　闯	上海汽车制动系统有限公司
	夏春英	皮尔博格有色零部件(上海)有限公司
	凌君旸	上海柴油机股份有限公司

资料来源：上海汽车集团股份有限公司工会

第五节　工会其他管理

一、经审工作

1988年，上海汽拖联营公司工会成立第一届经费审查委员会。1993年4月，上汽总公司组成第二届经费审查委员会，汪善继任经审主任。1998年3月，上汽集团产生第三届工会经费审查委员会，华杏生兼任经审主任。2003年8月，上汽集团产生第四届工会经费审查委员会，马龙英兼任主任。2008年10月，产生上汽集团第五、上海汽车第二届工会经费审查委员会，马龙英兼任主任。

上汽及所属各级工会经费审查委员会依照《中国工会审计条例》规定的职责、权限和程序，实行统一领导、分级管理、分级负责、下审一级的工作体制,对工会经费收支、资产管理等全部经济活动的真实、合法与效益实施审计监督。2004—2015 年,上汽工会经费审查委员会连续被评为上海工会经审工作 A 级单位(特等奖);2007 年获全国工会经审工作先进集体和上海工会经审工作先进集体称号;2015 年 11 月,获得中华全国总工会颁发的全国工会经审工作先进集体称号。

二、财务管理

2004 年 3 月,上汽工会编制印发《上汽集团工会经费预算管理办法》,严格执行工会经费预算制,加强对工会经费收缴和经审工作。2006 年 9 月,制定印发《上汽工会财务管理制度》《上汽工会本级财务管理实施细则》和《上汽基层工会经费审查工作规范化建设标准》等制度。2009 年 11 月,就新旧《工会会计制度》衔接作出部署,2010 年 1 月开始执行,实现平稳过渡。2010 年 11 月,印发《关于进一步规范上汽工会经费使用的管理办法(修订)》,明确工会经费使用范围,进一步加强现金管理、代币券(卡)管理。2012 年 8 月,分别印发《关于工会经费收缴管理中若干问题的处理意见》,对劳务派遣员工入会会费收缴、沪外企业工会经费收缴和跨区域、多层级工会活动费使用,作出明确规定。同年 11 月,重新修订印发《上汽集团工会经费收缴管理制度》《上汽集团工会经费使用管理制度》,对工会经费收缴和使用管理作出更为详细具体的规定。2014 年 1 月,根据公司《关于严肃财经纪律的若干规定》要求,经汇总梳理原有制度制定《关于规范上汽集团本级工会部分费用类开支标准》,要求在经费具体使用上做到"五个坚持":坚持实行"一支笔"制度,工会各项费用支出必须由工会主席审批;坚持审计制度,每年对工会经费收、管、用进行两次审计,对出现的问题及时纠正整改;坚持归口管理,工会各部门预算费用由工会财务统一管理,对外投资由工会企业办公室统一管理;坚持账目公开,定期通报工会经费预算方案、工会财产管理使用情况、工会预算执行和使用情况以及工会各类资金使用情况;坚持凭证不齐、手续不全、报销不符合规定的不报不批,严格把好经费支出关。

2000 年以来,上汽工会接受全国总工会督察组、中共上海市委巡视组、中共上海市纪委、上海市国资委、上海市审计局等各类审计审查 10 余次,检查结果表明,财务管理有序可控,未发生重大经济责任事故。2009—2015 年,上汽工会连续 7 年蝉联中华全国总工会授予的全国工会财务工作先进单位称号。

三、工会企业管理

【基本情况】

上汽工会所建企业始于 1986 年 5 月建立的上海松江春申塑料制品有限公司,注册资本 500 万元。上汽工会企业以"谁出资谁管理"为原则,以"服务经济、服务大局、服务职工"为宗旨,支持母体企业创造就业岗位、吸纳富余人员和转岗分流人员,并补充工会经费用于改善职工物质和精神文化生活。

至 2015 年年底,上汽工会和直属企业工会投资的企业 269 家,从业人员 3.6 万人,拥有总资产267.35 亿元,净资产 103.08 亿元,同年销售收入 367.4 亿元,利润总额 18.83 亿元。经营范围涉及制造类、服务类、贸易类 3 个板块。制造类包括整车制造、整车改装、汽车零部件制造,占工会企业总数的 42.91%;服务类包括运输服务、能源管理、汽车维修、工厂物业、工程维修、加油站、废旧物资处理、技术咨询服务和培训咨询等生产技术服务,以及餐饮服务、职工服务、宿舍管理、养老院、医院、旅游等生活服务,占 39.27%;贸易类包括汽车零部件贸易和汽车销售,占 17.82%。269 家工会企业中的 82 家在沪外,主要集聚在烟台、沈阳、柳州、南京、仪征、重庆等整车制造基地,从事整车制造、零部件(总成)制造、工厂物流、工业地产投资和公寓服务等业务。

【监督管理】

1999 年 1 月,上汽工会成立工会企业办公室,负责工会所属企业的管理、指导和调控。2003 年 7 月,上汽工会印发《关于派出责任董(监)事的管理试行办法》《经济责任制考核办法》等管理制度,以使工会企业经营管理更科学更规范。同年 12 月,印发《进一步加强工会企事业管理的若干意见》和《进一步规范工会企事业工作暂行规定的通知(试行)》,进一步抓好整顿、理顺产权、调整结构、拓展渠道,加强工会对外投资管理,规范工会企事业工作。2005 年 4 月,印发《加强工会投资企业转改制的管理办法》,对拆屋管理、对外投资管理及对经营者离任、企业歇业、兼并的管理进行严格规范。同年 12 月,印发《上汽工会对外投资管理制度》,并于 2010 年 8 月修订进一步基层工会新办企业的必备条件、流程及要求、工会投资管理等。2006 年 6 月,印发《关于进一步加强工会资产管理的补充意见》,强调企业之间不得进行借款融资,任何企业不得将企业资金借款给其他企业或个人,工会和工会企业不得对外进行担保,不得随意抵押。2007 年 4 月,印发《关于加强工会企业资产监督管理的若干意见》,旨在建立适应社会主义市场经济发展的工会企业资产管理体系,建立和完善工会资产管理制度,规范工会资产运作,推动工会企业发展。2008 年 9 月,上汽工会印发《工会企业、多元经营实体财务统计管理规定》,明确规定工会企业、多元经营实体财务统计的对象、主要内容、管理要求、组织活动和实践安排。

2012 年 4 月,上汽党委组成联合课题组,对工会投资企业开展"规范工会企业"的专题调研,上汽党委根据该调研报告形成"规范管理、适度发展"的决策意见;8 月,上汽工会成立工会资产监督管理委员会,将工会企业办公室更名为工会资产监督管理办公室,进一步加强对工会资产、工会企业的监督管理。

2013 年 4 月,上汽工会集中下发一批集投资、审批、经营、管理的 9 个指导性文件,包括《上汽集团工会对外投资指南》《上汽集团工会资产监督管理办法》《上汽集团工会对外投资管理规定》《上汽集团工会对外投资审批规定》《关于进一步规范工会经费使用和投资企业经济活动管理的意见》《上汽集团工会投资企业董事、监事及部分经营管理人员任职资格管理(暂行)办法》《关于加强工会投资企业内控管理的意见》《关于强化工会投资企业利润分配的若干规定》《上汽集团工会内部对外投资审批流程》。

2014 年,根据上海市总工会文件精神,上汽工会印发《对国资委所属企业职工技协开展清理和规范工作》,对所属及代管托管单位的职工技协进行清理,年底完成 18 家职工技协的清理工作。

【持股清理】

2007 年 12 月,上汽党委要求对基层企业下属"三产"企业和员工持股情况进行调研,摸清 128 家"三产"企业的情况,妥善处理经营者持股的善后工作,保障非公企业职工切身利益。

2008 年 2 月,上汽工会经调研、分析和研究,提出《关于工会企业"职工股股权减持退让"处置方案指导意见》,启动职工持有工会企业股权的清退工作。按照"对工会企业职工持股进行改制,逐年逐步稳妥地把职工股权转为集体股权"的原则,经过 3 年工作,于 2012 年年底全部完成清退任务,共涉及下属 7 家单位工会企业,共清退持股职工总人数 21 166 人,清退职工持股总金额 16 908.8 万元。

第七章 共 青 团

上汽团委于1964年成立。1972—2011年召开8次团员代表大会。至2015年,有基层团组织164个,团员5万人。公司团委主要职能是:基层团组织和团干部队伍建设、团员青年思想教育、团员青年服务经济活动、青年志愿者活动、团员青年先进表彰等。

第一节 团 组 织

一、公司团员代表大会

1972年12月15—16日,共青团上海市拖拉机汽车工业公司(简称上海市拖汽公司)第一次代表大会召开,出席大会的正式代表375人。会议选举产生共青团上海市拖汽公司委员会,委员15人,杨定华当选团委书记。1982年9月5—6日,共青团上海市拖汽公司第二次代表大会召开,出席会议的正式代表295人,列席代表20人,特邀代表77人。大会选举产生共青团上海市拖汽公司第二届委员会,委员13人,李积荣当选团委书记,李新华、曹玲当选团委副书记。

1984年10月24—26日,共青团上海汽车拖拉机工业联营公司(简称上海汽拖联营公司)第一次代表大会召开,出席大会的正式代表461人。大会选举产生共青团上海汽拖联营公司第一届委员会,委员17人。同日,公司团委会会议选举产生7人组成的常务委员会,李积荣当选团委书记,李新华、华杏生当选团委副书记。1988年10月20—22日,共青团上海汽拖联营公司第二次代表大会召开,出席会议的正式代表292人。大会选举产生共青团上海汽拖联营公司第二届委员会,委员14人。同日,公司团委会会议选举产生5人组成的常务委员会,李新华当选团委书记,华杏生当选团委副书记。

1990年6月,召开上海汽车工业总公司(简称上汽总公司)团员代表会议,会议增选公司团委委员,选举华杏生为团委书记。1993年11月11日和12日,共青团上汽总公司第三次代表大会召开,出席大会的正式代表238人,列席代表30人。公司党委书记林树楠、总裁陆吉安等公司领导,共青团上海市委副书记薛潮应邀出席大会。大会选举产生共青团上汽总公司第三届委员会,委员11人。同日,公司团委会会议选举产生5人组成的常务委员会,李国明当选团委书记,孙玉玲当选团委副书记。

1995年10月24日,共青团上海汽车工业(集团)总公司(简称上汽集团)、上海汽车有限公司(简称上汽有限)代表大会召开。会议选举产生上汽集团和上汽有限第一届团委委员9人,孙玉玲任书记。1998年11月11日和12日,共青团上汽集团第四次代表大会召开,出席大会的正式代表231人。上汽集团党委书记林树楠等出席并祝贺,上汽集团总裁陈祥麟、上汽集团党委副书记陈忠德出席并讲话。大会选举产生共青团上汽集团第四届委员会,委员9人,孙玉玲当选团委书记,周郎辉当选团委副书记。2003年7月11日,共青团上汽集团第五次代表大会召开,出席会议的正式代表226人。共青团上海市委副书记顾洪辉,上汽集团党委书记、董事长陈祥麟等出席,上汽集团党委副书记、总裁胡茂元出席并讲话。大会选举产生共青团上汽集团第五届委员会,委员9人,祝培莉当选团委书记,苏荟宇、张正祥当选团委副书记。2011年11月8日,共青团上汽集团第六次代表大会召开,出席大会的正式代表203人。上汽集团党委书记、董事长胡茂元到会祝贺并讲话。大会选举产生共青团上汽集团第六届委员会,委员11人,张正祥当选团委书记,邹海川当选团委副书记。

二、公司团委会

1955年年底至20世纪60年代初,公司基层工厂团组织属地区团组织领导。1964年7月,正式成立共青团上海市农业机械制造公司委员会,领导基层工厂团组织。1966年"文化大革命"开始后,共青团组织受到冲击陷于瘫痪。1969年6月开始,所属各厂陆续开展整团建团工作。

1972年,经公司团代会选举产生上海市拖汽公司第一届团委。1984年10月,公司团委更名为上海汽拖联营公司团委,并由上海市机电一局团委领导改为直属上海市团市委领导。1988年,经公司团代会选举产生第二届团委。1990年3月,更名为上汽总公司团委。1993年11月,经公司团代会选举产生第三届团委。1995年10月,经公司团代会选举产生上汽集团和上汽有限团委,并实行"两块牌子,一套班子"运行模式。此后,1998年11月、2003年7月和2011年11月,经公司团代会选举先后产生上汽集团第四届、第五届、第六届团委。

上汽集团团委获2002年度上海市"五四"红旗团组织称号,2005年度获全国"五四"红旗团委称号,2014年获全国汽车行业"五四"红旗团委称号。2004—2015年,连续12年获上海青工系统先进团组织标兵称号。

表13-7-1 1964—2015年上汽团委负责人一览表

职 务	姓 名	公 司 名 称	任 职 时 间
团委书记	陆一军	上海市拖拉机汽车工业公司	1972年12月—1973年12月
	杨定华		1973年12月—1975年3月
	王云珍		1975年3月—1978年8月
	吴诗仲		1982年2月—1982年9月
	李积荣	上海市拖拉机汽车工业公司 上海汽车拖拉机工业联营工业公司	1982年9月—1988年10月
	李新华	上海汽车拖拉机工业联营工业公司 上海汽车工业总公司	1988年10月—1990年6月
	华杏生	上海汽车工业总公司	1990年6月—1993年11月
	李国明	上海汽车工业总公司 上海汽车工业(集团)总公司	1993年11月—1995年10月
	孙玉玲	上海汽车工业(集团)总公司	1995年10月—2000年4月
	周郎辉		2000年4月—2003年7月
	祝培莉	上海汽车工业(集团)总公司	2003年7月—2011年11月

〔续表〕

职　务	姓　名	公　司　名　称	任　职　时　间
团委书记	张正祥	上海汽车工业(集团)总公司 上海汽车集团股份有限公司	2011年11月—2012年10月
	邹海川	上海汽车集团股份有限公司	2012年10月—2014年10月
团委副书记	姚友杰	上海市农业机械制造公司	1964年7月—不详
	王云珍		1973年12月—1975年3月
	李积荣	上海市拖拉机汽车工业公司	1978年8月—1982年9月
	余亮坤		1975年3月—1977年8月
	李新华	上海市拖拉机汽车工业公司 上海汽车拖拉机工业联营工业公司	1982年5月—1984年10月
	曹　玲		
	李新华	上海汽车拖拉机工业联营工业公司	1984年10月—1988年10月
	华杏生		
	贾恩强		1984年10月—1987年8月
	李国明	上海汽车工业总公司	1991年9月—1993年12月
	孙玉玲	上海汽车工业总公司 上海汽车工业(集团)总公司	1993年11月—1995年10月
	周郎辉	上海汽车工业(集团)总公司	1998年11月—2000年4月
	祝培莉		2000年5月—2003年7月
	苏荟宇		2003年7月—2011年11月
	张正祥		
	邹海川	上海汽车工业(集团)总公司 上海汽车集团股份有限公司	2011年11月—2012年10月
	张东驰	上海汽车集团股份有限公司	2013年8月—2014年10月 (2014年10月起主持工作)

资料来源：上海汽车集团股份有限公司团委

三、基层团组织

1973年，上海市拖汽公司团委有企业团委14个、团总支12个、团支部229个，团员5 326人。1995年，上汽集团有基层团委34个、团总支25个、团支部328个，团员6 278人。2002年以后，随着公司加快全国布局和跨地经营，团组织和团员数量迅速增长，2007年拥有团委46个、团总支22个、团支部289个，团员总数破万达到11 091人。

至2015年，上汽有14～35岁青年143 666人，占从业人员总数231 025人的62%。有基层团委164个，其中沪外51个；团总支124个，其中沪外48个；团支部1 072个，其中沪外485个；团员49 963人，其中沪外31 058人，团员占青年比例为34.8%。

表 13 - 7 - 2　1973—2015 年部分年份上汽共青团基层组织及团员一览表　　单位：个/人

年　份	团　组　织			团　员
	团　委	团　总　支	团　支　部	
1973	14	12	229	5 326
1974	12	14	231	5 187
1975	12	15	274	5 248
1976	12	15	272	5 727
1977	13	17	275	5 627
1980	16	31	348	7 872
1985	22	21	317	6 836
1990	27	21	331	5 504
1991	33	25	350	5 864
1992	23	23	311	6 146
1993	38	23	303	6 024
1994	34	21	300	5 546
1995	34	25	328	6 278
1996	44	27	342	7 111
1997	43	36	368	7 622
1998	44	31	353	8 209
1999	47	28	373	7 854
2000	51	26	342	7 623
2003	41	17	261	8 358
2004	49	23	316	9 631
2005	53	28	335	9 271
2006	51	27	311	9 982
2007	46	22	289	11 091
2008	55	26	349	13 985
2009	80	72	530	19 107
2011	37	64	511	21 097
2012	42	79	715	38 623
2013	43	84	732	50 394
2015	164	124	1 072	49 963

资料来源：上海汽车集团股份有限公司团委

第二节 组 织 建 设

一、基层团组织建设

1955 年年底至 20 世纪 60 年代初,公司基层工厂团组织归属地区团组织领导。1964 年公司团委成立后开展团的组织建设。1966 年"文化大革命"开始后,团组织受冲击。1969 年 6 月起,公司所属各厂在党组织领导下陆续开展整团建团工作。1976—1981 年,团组织进行整顿,配齐配好负责人。1983 年,公司团委统一抓基层团组织有一个坚强的班子、有一个整齐的队伍、有一个活跃的阵地、有一套可行的制度的"四有"团支部活动,并建立党团联系制度。1984 年,公司所属独立团组织开展"红旗团组织"竞赛活动,至 1993 年,共有 31 家单位获得"红旗团组织"的称号。

1990 年,上汽党委召开青年工作会议,提出加强青年工作的意见。团委据此制定《团支部工作考核细则》,使团支部工作建设有规范,考核有依据;当年有 48 个团支部被评为先进团支部,21 个单位制定《加强青年工作意见和措施》,6 家中外合资企业建立团组织。同年 8 月,建立合资企业共青团工作联席会,力求探索共青团工作新路子。1991 年,组织基层团支部开展"晋级创优"活动,团支部分为四级(不合格)、三级(合格)、二级(良好)、一级(优胜),同年有 46 个团支部被评为一级团支部。1993 年,成立公司技工学校共青团组织工作联席会,加强技工学校共青团工作指导。下半年,建立基层团组织工作季度反馈制度。1995 年,建立基层团委工作目标责任制,进一步加强对基层指导考核。1996 年,指导新经济组织建立团组织。2003 年,整理修订团委各项规章制度,规划推进电子团务网站建设。2004 年,制定跨地区控股企业的团建管理意见,与集团跨地区控股企业团组织进行交流,开通集团电子团务网站,配合团市委电子团员证申领工作,完成企业团员信息登记工作。

2006 年,上汽建立上海通用东岳汽车有限公司和上海通用东岳动力总成有限公司团组织,制定烟台地区上汽企业团组织联系会议制度,进一步统一和完善跨地区团建工作模式。2008 年,制订推出《上汽共青团关于加强基层组织建设和基层工作的工作计划》,完成《上汽 TOP 团组织工作手册》(试行稿)并启动手册文件汇编工作。2010 年,积极探索基层团组织公推直选和沪外企业跨地团建有效途径。2011 年,指导 6 家企业试点筹建劳务派遣制员工团组织,尝试在 2 家暂时没有团员的单位设置青年工作联络人,基本实现组织全覆盖。2012 年,坚持党建带团建,学习借鉴党支部工作经验,在"推优入党"中加大生产一线优秀青年的培养和推荐力度。2014 年 6 月,上汽南京地区团建联席会成立,南汽团委和东华团委为召集单位,其他单位作为轮值单位。2015 年,加强网格化团建,指导基层团组织按照"地域相近"原则,开展联络快互评互学工作。

二、团干部队伍建设

1981 年,上汽团委对团干部任免调动及共青团组织审批权限和手续作出规定。1987 年,要求基层团组织主要负责人每半年就自身建设等方面情况向党组织和上级团组织作一次书面汇报。1987 年 2 月,成立公司团校。1984—1988 年,通过团校等各种形式培训的团干部有 1 866 人次,270 名团干部获得共青团上海市委颁发的团支部书记岗位培训证书。1990 年,建立各单位团组织书记述职考核制度,考核结果作为团干部转岗输送和培养提拔的重要依据。1991 年开始,组织开展"团干部优胜岗位竞赛"活动,至 1993 年有 30 人被评为优秀团干部;首次实行基层团干部到总公司团委见习制度。1996年,组织企业团委书记理论学习班,37名团干部参加学习;组织新上岗团支部书记岗位培训班,76名新上岗团干部参加培训。1999年5月,成立上汽集团青年联谊会,邀请优秀企业领导与青年交流探讨,为青年干部提高水平、开阔思路创造条件。2003—2006年,整合资源,组织团支部书记实务、青年团队管理、新进大学生入司培训班,组织青年管理者论坛,举办领导艺术、"优势管理"、时间管理、英语、演讲技巧、心理辅导等培训课程,每年参加培训千余人次。

2007年,设计完成上汽优秀青年人才信息系统(单机版),为团干部、获得团内推荐的优秀青年、在专业领域作出重大贡献的专业精英青年和具备某种兴趣爱好的特长青年建立个人信息表。2008年,实施上汽TOP团干部培训,使培训更有效、更具针对性。2009年实施上汽TOP组织考评。从2010年开始,每年开展跨度全年的上汽TOP团干部训练营,即企业团组织书记系列培训课程,开展每月一次的基层团组织负责人培训,并以中医理论中的"望、闻、问、切"来定义培训中各模块的设置。2010年,整理编写《"党旗辉映团旗红"团组织书记培训心得汇编》《基层团组织"一团一品"建设案例》,作为团干部培训教材。2012—2014年,连续3年组织"听、说、读、写"4种能力训练,提升团干部和后备青年干部的综合素质。2013年,组织团干部前往整车、零部件、服务贸易等沪内外20余家企业团组织开展调研,深入交流。2015年,结合集团本部党委"头脑总部""党员先行"活动,组织基层团组织团干部积极参与,了解上汽集团未来规划和发展;选派7名基层团干部参加中国汽车行业青年工作(武汉)年会,开拓团工作视野,选派4名基层团干部参加全国汽车行业团干部学习中央精神主题读书班,加强团干部思想政治理论学习。

第三节 主题活动

一、思想教育

1978年至20世纪80年代初,公司团委组织学习党的十一届三中全会精神,开展真理标准讨论,进行拨乱反正宣传教育。1983年,贯彻全国共青团十一大提出的"英勇劳动、勤奋学习、开创新风"三项基本任务,进行共产主义人生观等思想政治教育。1983年以后,开展"振兴中华"读书活动,58个基层单位组织300个读书小组,6910人参加。1984—1988年,分析团员青年思想动态,围绕如何进一步调动广大青年积极性,发挥共青团组织在企业两个文明建设中的作用进行研讨,发表论文79篇,其中有16篇获奖。1987年,组织团员青年进行党史和本单位发展史"两史"、国情和单位当前情况"两情"教育。1988年11月—1989年1月,实行团员证制度,强化团员意识教育。1990年,开展"学团史、讲传统、树理想、献青春"活动,组织团员青年参观团史展览,学习继承团的历史传统,彰显共青团员先锋形象。

1990年,上汽贯彻落实《中共中央关于加强和改善党对工会、共青团、妇联工作的领导的通知》精神,由公司党委组织处、老干部处、团委联合建立聘请团支部政治辅导员制度,基层单位300余个团支部聘请政治辅导员。同年,公司党委组织部和团委制定《关于建立推荐优秀青年入党制度的意见》。1991年,上汽团委开展"青年文明岗,争做岗位标兵"活动,编印《青年礼赞》《青年风貌》画册和《上海汽车工人形象风貌演讲集》。1993年,开展学习《邓小平文选》活动。同年6月,会同党委老干部部、组织部举行"忆传统、讲党史、青年跟党走"大型座谈会。1994年,在公司技校开展"18岁成人仪式"活动。1995年5月,上汽和团市委在外滩人民英雄纪念塔前联合举办"1995上海市18岁成人仪式",100名技校学生向市级护送国旗,誓言"我为祖国尽责,我为国旗增辉"。

2000 年,上汽团委引导团员青年参与公司开展的"迎接 WTO 挑战,实施全球化战略"大讨论,收集 11 个国家近 220 份资料,撰写论文 91 篇。2001 年,开展"21 世纪团员素质发展要求"大讨论,引导青年从社会发展、企业进步、岗位成才角度,对自身发展进行正确定位。2002 年 4 月和 5 月,与《上海汽车报》联合举办"青春与时代同行——我为 SAIC 添光彩"主题征文活动,收到诗歌、散文等各类作品 76 篇,近 20 篇优秀征文在《上海汽车报》发表。2005 年 9 月—2006 年 4 月,开展增强共青团员意识主题教育活动,基本做到"党建带团建"制度保证、"推优入党"数量和质量明显增加、流动团员有效覆盖、团支部活力普遍增强、团干部素质较大提高。2006 年 1 月,开展"优秀主题团日活动"集中展评活动,评选出"十佳优秀主题团日活动奖"。2010 年 10 月,按照公司党委提出"快乐工作"理念,团委以"快乐工作,活力无限"为主题开展系列活动,举办上汽"快乐工作"青年辩论赛,制作《快乐工作宝典》,积极营造"尊严生活、体面劳动、快乐工作"和谐氛围。

2011 年,以纪念建党 90 周年为契机,上汽团委开展"学党史、知党情、跟党走"系列活动,举行"党和祖国哺育我"恳谈会,组织观看《建党伟业》,开展"读红书、看红剧、唱红歌、走红路"系列活动,组织读红书活动 9 场次、看红剧活动 23 场次、唱红歌活动 23 场次、参观学习 29 次、报告座谈 74 场次。2012 年,按照党委统一部署,主持完成"践行快乐工作"课题研究,在上汽纪念建团 90 周年大会上发布,并以视频和现场表演方式发布《上汽快乐工作歌》和"快乐工作吉祥物";举办老劳模与优秀青年座谈交流会,邀请公司全国劳模徐小平为团员青年上团课,与青年高技能人才周巍座谈交流,开展上汽青年"服务明星"征文等活动。2013 年,以"感悟十八大,青春正能量"为主题,听取公司领导提高年轻干部创新实践能力专题报告会,与老共青团干部"快乐面对面"座谈;开展"我的中国梦"宣讲交流活动;会同工会举办"中国梦、汽车梦、我的梦"金话筒主持演讲大赛;组织各级团组织开展青春励志故事交流会、岗位成才报告会、励志微视频传播等活动。2014 年,以"我为社会主义核心价值观代言"为主题,指导基层团组织围绕主题学习、自主创新、青年成才、快乐工作等方面开展一系列活动;开展上汽品牌口号征集活动,征集品牌口号 3 万余条,通过集团品牌口号项目组遴选修饰,最终形成"爱上汽车,畅通天下"的品牌口号。2015 年,举办"牢记历史,不忘使命"主题座谈,与中国船舶团委缔结共建单位,开展"上汽青年成长路""伙伴计划"活动,进一步凝聚推动上汽发展的青春正能量。

二、服务经济

1970—1981 年,公司团委开展以生产为中心的"争标兵、夺红旗、迎十一""挖潜力、多增产、每人节约 100 元"竞赛,开展以提高技术水平为中心的"四会一专多能""双佳双优"竞赛等。1982 年,举行职工技术操作群英会,258 名青工参加应知考试,282 名参加应会考试,146 人获三级工应知应会考核合格证书。1983 年,开展"小发明、小创造、小建议、小改革、小设计"的"五小"活动,上海第一汽车附件厂团员青年设计研制的活塞销电涡流自动探伤仪获全国第二届青工"五小"智慧杯竞赛三等奖。

1986 年,上汽团委开展"创一流岗位达标,在先锋岗位建功"百日竞赛活动,上海汽车厂车身车间团支部获上海市新长征突击队称号。1987 年,与技术开发处联合举办"青年学习运用价值工程"竞赛,上海汽车底盘厂、上海汽车钢板弹簧厂、上海汽车传动轴厂分获一、二、三等奖。开展桑塔纳轿车国产化立功成才系列竞赛活动,上海交通电器厂技术员吴建荣研制的汽车喇叭获第二届全国发明银质奖。上汽团组织发起的桑塔纳轿车国产化青春之光联谊赛,在上海几十家企业团组织中展开,成为团市委抓市重点工程八大赛区中时间跨度最长、横向配套单位最多的赛区。1987年和1988年,上汽团委创建7 320个青年文明岗,有15名青年被评为市青年文明岗,汽车电机厂团委被团市委授予"岗位达标育人才"红旗单位。1989年4月,上海汽车底盘厂国产化青年突击队、耀华玻璃厂桑塔纳轿车专用玻璃加工车间青年班组等4个单位获上海市新长征青年突击队称号。1989年,200多支青年突击队参加"双增双节再建功"百日竞赛。

1990年,上汽45支青年突击队2 428人组成21个攻关小组参加公司党委开展的桑塔纳轿车国产化保进度、保数量、保质量"三保"立功竞赛,完成34个攻关课题,3人获上海市新长征突击手称号。1991年,200支青年突击队3 000多名队员在"三保"立功竞赛活动中无私奉献,15支青年突击队和1支服务队被重点工程实事竞赛领导小组授予上海市重点工程实事立功竞赛优秀集体称号。1993年,会同《上海汽车报》、总公司生产部开展"干10万辆青年突击队"立功竞赛活动,共取得"五小"成果342项。1994年,参与团市委组织的上海10大重点工程赛区开展"1994上海市青年突击队、青年立功竞赛活动",作为上海大众汽车二期工程赛区理事长单位积极组织竞赛,该赛区被评为优胜赛区,3个青年集体被评为上海市优秀青年突击队;同年,会同人事部、统战部、培训中心联合举办关键岗位专业人才师徒传帮带活动,首批110对师徒签约。

2000年,上汽团委组建青年工程55个、青年突击队76个,努力做到"青年有项目、项目有青年",参与实践项目中获得锻炼、增长才干。此后,青年工程、青年突击队成为上汽团组织常规活动。同年8月,组织"网际飞轮"杯青年汽车电子商务创意竞赛活动,就网上汽车营销、汽车网上采购、互联网与物流配送、网上汽车租赁、网上汽车后续服务、网上共享开发等专题开展电子商务创意设计。123位团员青年参赛,上海汽车集团财务有限责任公司参赛的《为上汽集团装上划时代的"电子引擎"——信息流、物流和资金流的网络化管理方案》获一等奖。2001年7月,开展以技术创新、管理创新、机制创新为核心内容的青年科技论文征集活动,收到科技论文105篇。此后,该活动更名为"青年创新论坛"并成为上汽团组织的常规活动,2001—2010年共举办6次,收到论文1 675篇。2003—2004年,开展"抗击非典,青春建功"立功竞赛活动,组建青年突击队61支,承建青年项目92项,参与的青年突击队员857人。

2010年,以"生力军在行动"为主题口号,创建"青"字号项目,下属289家基层团支部立项申报青年突击队208支、青年文明号97支、青年岗位能手98个、青年技术比武70个、青年创新论坛73个、青年志愿者服务队78个、青年优质工程10个,覆盖青年2.1万多人次。2011年3月,举行自主品牌青年突击队承诺仪式,22支青年突击队、80余名青年突击队员宣誓为上汽自主品牌建设贡献力量。当年669个团支部参加活动,共申报青年突击队307支、创建青年文明号54家、开展青年技术比武17场次、承接青年优质工程10项。2012年,继续开展"生力军在行动"主题活动,5月协助安监部门举办"学知识,赢竞赛"安全生产知识竞赛,8月举办上汽服务品牌知识竞赛。2013年,把"网格化"团建联建、联谊、联智的思路注入"青"字号岗位建功,引导青年员工争创"精益管理、精湛工艺、精致产品、精心服务"标杆。2014年,深化岗位建功行动,指导上海汽车销售有限公司团委开展"我爱我车"志愿服务品牌增值服务活动;组织青年、新媒体大V参与新能源车体验营,传播上汽产品品牌形象;开展上汽青年营销管理竞赛,135支队伍近550名青年参加,围绕自主品牌、电商和海外经营等内容展开竞赛,提升青年战略品牌营销等专业素养。2015年3月,与上汽—阿里互联网汽车项目组共同举办互联网汽车创意大赛,收到有效创意提案36 504个,参与青年数达8 642人,提案网站的浏览量突破43万。

三、青年志愿者活动

【为民服务、志愿者服务】

1981—1984年,上汽团组织开展"学雷锋、树新风、做好事"活动,其中1982年3月为民服务1.88万人次,清理垃圾200吨,植树8 636株。1986年8月,开展"岗位贡献一小时,为非洲灾民募捐义务贡献周"活动,87%的单位组织参与,义务劳动贡献值为15 102元。1990年,深入开展学雷锋活动,1 500余人次参加义务奉献日、便民服务等活动,上海—易初摩托车有限公司青年修理队被团市委命名为优秀青年服务队;上海拖拉机内燃机公司拖拉机用户服务队走访上海10个县及江苏地区等,修理拖拉机70台;上汽300名团员青年到上海南浦大桥建设工地参加劳动。1995年3月,近500名青年在闹市街区参加维修保养咨询等14项服务项目,服务3 597人次。1997年3月,在上海浦东第一八佰伴、五角场和嘉定影剧院前广场,300名上汽共青团员为民服务,服务项目包括轿车、摩托车和拖拉机维修保养、购买咨询,以及理发、小家电维修等共20项;上海汽车股份有限公司汽车齿轮总厂青年志愿者和"众仁公寓"老人组成模拟家庭,1999年被团市委授予上海市优秀青年服务先进集体称号。

2001年,上汽所属企业团组织组建23支青年服务队投入用户满意工程,面向市场走访用户。2002年3月,上汽团委组织青年用户服务队集中开展为汽车用户提供车辆养护咨询,为百余部车辆提供现场检修服务。2003年3月,与宝山钢铁集团公司团委联合开展"我爱我车"青年志愿者服务活动,为宝钢轿车用户提供购车、养车、置换、租赁等服务。2005年12月,提出"每位团员参加一次志愿者服务"要求,开展服务用户走访用户志愿活动。2006年3月,会同共青团静安区委组织开展"相亲相爱一家人——青年志愿者爱心大行动"活动,20家企业团组织、62个共青团号、512名团员青年参加活动,让贫困儿童感受社会温暖。2009年,授权上海汽车销售有限公司团委设计制定"我爱我车"标准化服务模式,规范新车选购、用车服务、旧车置换等一系列咨询服务内容,使之成为上汽团委倡导志愿精神、加强品牌宣传、塑造上汽形象的一项品牌活动。

2010年2月开始,上汽团委发动各单位团组织开展"七彩志愿"之青春送温暖行动,共开展47项青春送温暖行动,覆盖受助青年3 002人,总计发放物品、现金355 544元。2011年1月,启动"关爱行动"和"冬日阳光"青春送温暖集中活动,重点关注困难青年员工、来自灾区青年员工、外派青年员工家庭、劳务派遣青工、住宿青年员工、造血干细胞捐献志愿者和节日期间坚守在一线岗位的青年员工。2012年2月,继续开展"冬日阳光"青春温暖集中行动,34家基层团组织共开展83项青春送温暖行动,覆盖受助青年4 973人,总计发放物品、现金1 498 703元。至2014年,上汽团委每年元旦春节期间均开展"冬日阳光"青春送温暖集中行动。2013年4月,举办2013上海车展上汽展台青年志愿者专题培训。

2015年,上汽各级团组织共建立104个青年志愿服务队,拥有3 294名青年志愿者。

【上海世博青年志愿者服务】

2009年4月,上汽团委召开纪念五四运动90周年暨迎世博创文明行动推进大会,并宣告上汽世博青年志愿者服务队成立,上汽党委副书记薛建向志愿者队代表授予印有"青春世博,精彩上汽"口号的志愿者服务队队旗。这支志愿者服务队由40名团干部组成,常驻上汽—通用汽车馆并担任管理骨干,分批参与汽车馆运营接待、服务和讲解。同时,还有一支覆盖上汽全部基层单位的537人组成的业余志愿者队,利用双休日提供志愿服务。在世博会运行期间,青年志愿者克服高温烈日、台风暴雨等恶劣天气影响,应对汽车馆双休日大客流高峰压力,以无私奉献精神热情为每一位游客服务。在上海世博期间,上汽青年志愿者获得全国级荣誉2人,上海市级荣誉20人次,世博园区级荣誉近300人次。2010年12月,上海大众汽车有限公司华恩德、上海通用汽车有限公司李婷、上海三电贝洱汽车空调有限公司宋一栋、上海汇众汽车制造有限公司陈牧等4名世博青年志愿者被授予中国2010年上海世博会优秀志愿者称号。

【义务献血】

1998年9月,上汽及下属企业贯彻《上海市公民义务献血条例》,将义务献血作为企业精神文明建设、创建文明单位的一项重要工作,确保完成上海各区下达的年度献血指标。

上汽大众汽车有限公司自1994年开始组织员工义务献血,至2015年,累计参加义务献血7 684人次,年均献血人数400余人次,累计献血量达1 501 778毫升。其中2015年度组织5次献血活动,报名参加献血员工逾千人,实际献血人数达811人,总献血量高达162 400毫升,创历史纪录。该公司于2012年、2013年、2015年获上海市献血工作考核优秀集体称号,2015年6月获国家卫生和计划生育委员会、中国红十字会总会等联合颁发的全国无偿献血促进奖(单位奖)。联合汽车电子有限公司自1996年建厂至2015年,累计献血人数达1 166人次,累计献血量233 200毫升,连续10余年被评为上海市浦东新区企事业单位献血工作考核优秀集体。上海汽车集团股份有限公司乘用车分公司于2009—2015年累计献血人数达4 287人次,累计献血量达857 400毫升,连续7年被评为上海市社区企事业单位献血工作考核优秀集体。

上汽各企业还涌现出义务献血先进个人。上海汇众汽车制造有限公司汪有年从1986年开始义务献血30多年,于1993年6月获第34届南丁格尔奖章、第三届全国无偿献血金杯奖和上海市红十字会无偿献血金质奖,并受到党和国家领导人亲切接见。

据不完全统计,1998—2015年,上汽共有33家二层次企业组织员工义务献血,累计献血人数达30 912人次,累计献血量达6 182 400毫升。

表13-7-3 1993—2012年上汽义务献血者获重要奖项一览表

姓 名	单 位	奖 项 名 称	获奖时间	献血量(毫升)
汪有年	上海汇众汽车制造有限公司	第34届南丁格尔奖章暨第三届全国无偿献血金杯奖 上海市无偿献血金质奖	1993年6月16日	6 000
高松根	上海拖拉机内燃机有限公司	2006—2007年度上海市无偿献血纪念奖	2009年2月	8 400
王 健	上海皮尔博格有色零部件有限公司	2010—2011年度上海市无偿献血白玉兰奖 2010—2011年度全国无偿献血奉献奖金奖	2012年6月12日	35 900
张 勇	上海汽车制动系统有限公司	上海市无偿献血白玉兰奖	2012年7月11日	10 000

资料来源:上海汽车集团股份有限公司团委

【造血干细胞捐献】

2001年4月,上汽团委积极参与上海团市委、上海市红十字会联合开展的"为了生命的希望工程——上海青年骨髓捐献志愿者行动",发动团员青年踊跃报名。同年 11 月,上汽有 296 名青年加入骨髓捐献志愿者队伍,上海采埃孚转向机有限公司的陈刚成为上海青年骨髓捐献第 2 万名志愿者,团市委副书记顾洪辉向其授予证书。2004 年 9 月,上汽团委组织开展青年造血干细胞捐献志愿者行动周活动,400 多名青年志愿者报名参加造血干细胞捐献,其中来到现场的 350 余名志愿者参加集体验血。上海汇众汽车制造有限公司青年员工李瑾成为上汽第 1 例成功配对的造血干细胞捐献志愿者。至 2015 年,上汽已有 7 名志愿捐献者配对成功。

表 13－7－4　2003—2010 年上汽造血干细胞捐献成功者一览表

序　号	捐献人	捐献年份	所 在 单 位
1	李瑾(女)	2003	上海汇众汽车制造有限公司
2	贾赵懿	2005	延锋伟世通汽车饰件系统有限公司
3	李卓阳	2006	上海汽车集团股份有限公司技术中心
4	孟祥斐	2007	上海汽车集团股份有限公司技术中心
5	杨　明	2007	上海汇众汽车制造有限公司
6	沈秋彦	2010	上海采埃孚转向机有限公司
7	朱乾安	2010	上海汇众汽车制造有限公司

资料来源:上海汽车集团股份有限公司团委

四、评选表彰先进

【全国先进】

1984—2015 年,上汽团员青年获全国青年新长征突击手称号 1 人,获全国青年岗位能手称号 3 人,获全国优秀共青团干部称号 1 人,获全国优秀共青团员称号 1 人。1979 年上海内燃机厂动力科获全国新长征突击队称号;2007 年上海通用五菱汽车有限公司冲压车间团支部获全国红旗团支部/团总支称号。

表 13－7－5　1984—2011 年上汽获全国青年重要荣誉称号一览表

年　份	获奖人	获奖名称	所 在 单 位
1984	吕春萍	全国新长征突击手	上海大众汽车有限公司
	葛晨罡	全国青年岗位能手	上海乾通汽车附件有限公司
2005	祝培莉	全国优秀共青团干部	上海汽车工业(集团)总公司总部
	宋小斌	全国优秀共青团员	上海三电贝洱汽车空调有限公司
2006	黄　斌	全国青年岗位能手	泛亚汽车技术中心有限公司
2011	谢　隽	全国青年岗位能手	上海汽车集团股份有限公司乘用车分公司

资料来源:上海汽车集团股份有限公司团委

【上海市和沪外省级先进】

1960—2015 年，上汽青年获上海市青年五四奖章 8 人次，获"青春世博行动"上海市青年五四奖章 1 人次，获上海市标杆青年突击手称号 1 人次；1960—1995 年，获上海市青年突击手、新长征突击手、青年岗位能手等称号 39 人次；2000—2008 年，获上海市新长征突击手称号 32 人次；1998—2000 年，获上海市杰出青年岗位能手称号 2 人次；2011 年获上海市青年岗位能手标兵称号 1 人次；1997—2015 年，获上海市青年岗位能手称号 31 人次；2010 年，获"青春世博行动"上海市青年岗位能手称号 1 人次。上汽青年获上海市集体称号情况：获上海市青年五四奖章（集体）6 个次，获"青春世博行动"上海市青年五四奖章集体 1 个次，获上海市五四红旗团委标兵 2 个次，获上海市五四红旗团委 6 个次。

表 13－7－6　1960—2015 年上汽获上海市青年重要荣誉称号一览表

获 奖 名 称	年份	获奖人	所 在 单 位
上海市青年五四奖章	2011	蒋　晨	泛亚汽车技术中心有限公司
		华恩德	上海大众汽车有限公司
		邵志特	上海汽车集团股份有限公司总部
	2012	杨　明	上海柴油机股份有限公司
	2013	郭邻嘉	上海实业交通电器有限公司
		李辰豪	上海通用汽车有限公司
	2014	张爱民	上海柴油机股份有限公司
	2015	杨　磊	上海汽车集团股份有限公司商用车技术中心
"青春世博行动"上海市青年五四奖章	2010	吴　江	上海汽车工业销售有限公司
上海市标杆青年突击手	2012	韩　明	联合汽车电子有限公司
上海市青年突击手/新长征突击手/青年岗位能手	1960	金兴涛	上海汽车电机厂
		陶竹山	上海货车制造厂
	1979	高　原	上海第一汽车附件厂
		丘潭星	上海汽车电机厂
	1981	忻洁民	上海第一汽车附件厂
		匡惠国	诚孚动力机厂
		胥传银	上海汽车配件厂
		朱一平	上海离合器厂
	1984	吕春萍（女）	上海汽车厂
		匡惠国	诚孚动力机厂
		张丙东	上海摩托车厂
	1986	匡惠国	诚孚动力机厂

〔续表〕

获奖名称	年份	获奖人	所 在 单 位
上海市青年突击手/ 新长征突击手/ 青年岗位能手	1987	王　雄	上海汽车底盘厂
		成伟星	上海汽车电机厂
		陆伟敏	诚孚动力机厂
	1988	厉见罕	上海汽车底盘厂
		赵　演	上海汽车底盘厂
		缪剑波	诚孚动力机厂
	1989	华杏生	上海汽车拖拉机工业联营公司
		唐登杰	上海大众汽车有限公司
		王书锦	上海油嘴油泵厂
	1990	赵伟明	上海汽车齿轮厂
		李鸿春	上海粉末冶金厂
		姚　敏	上海第一汽车附件厂
		张　弘	上海汽车底盘厂
		傅镇龙	上海延锋内饰件厂
		王晨霞	上海汽车齿轮总厂
		罗小培	上海易初摩托车有限公司
	1991	孙玉玲（女）	上海第二汽车底盘厂
		徐秋敏	上海易初摩托车有限公司
		孙玉南	上海油嘴油泵厂
		曹志坚	上海拖拉机厂
		陈雄伟	上海汽车电器总厂
		黄继荣	上海大众汽车有限公司
		李春明	上海大众汽车有限公司
	1992	黄乃兵	上海合众汽车零部件总厂
		范玉玲	上海申联专用机厂
		缪爱华	上海汇众汽车制造公司
	1995	金觉明	上海汽车销售总公司
上海市新长征突击手	2000	林　海	上海小糸车灯有限公司
		禹红斌	上海采埃孚转向机有限公司
		刘　敏	上海大众汽车有限公司
		张伟翔	上海大众汽车有限公司
		顾伟红	上海汇众汽车制造有限公司
		王　虎	上海汽车工业技术中心

〔续表〕

获 奖 名 称	年份	获奖人	所 在 单 位
上海市新长征突击手	2001	司文俊	上海通用汽车有限公司
	2002	陈 勇	上海延锋伟世通饰件有限公司
		祝培莉	上海汽车工业(集团)总公司总部
		张 宇	上海大众汽车有限公司
		傅 强	上海大众汽车有限公司
		孙中伟	上海通用汽车有限公司
		陈 蓉	上海汽车股份有限公司汽车齿轮总厂
	2003	沈伟鹤	上海延锋伟世通饰件有限公司
	2004	蔡 果	上海三电贝洱汽车空调有限公司
		葛晨罡	上海乾通汽车附件有限公司
		孟 俊	上海延锋伟世通饰件有限公司
		陆 凯	上海延锋伟世通饰件有限公司
		谈哲炜	上海汽车工业(集团)总公司总部
		张正祥	上海大众汽车有限公司
		祁 敏	上海大众汽车有限公司
		徐 喆	上海通用汽车有限公司
		崔天葆	上海汇众汽车制造有限公司
	2006	宁 波	上海大众汽车有限公司
		吴 昉	上海通用汽车有限公司
		许 缘	上海汇众汽车制造有限公司
		周 巍	上海汽车股份有限公司汽车齿轮总厂
		李卓阳	上海汽车集团股份有限公司汽车工程研究院
		孟祥斐	上海汽车集团股份有限公司汽车工程研究院
	2008	邹海川	延锋伟世通汽车饰件有限公司
		邵景峰	上海大众汽车有限公司
		杨 明	上海汇众汽车制造有限公司
上海市杰出青年岗位能手	1998	高德华	上海大众汽车有限公司
	2000	刘毅刚	泛亚汽车技术中心有限公司
上海市青年岗位能手标兵	2011	乐洁毅	联合汽车电子有限公司
上海市青年岗位能手	1997	缪桃生	上海汽车锻造总厂
	1998	曹忠新	上海汽车齿轮总厂
	1999	王险峰	上海易初通用机器有限公司
		金咏毅	上海汇众汽车制造有限公司

〔续表〕

获奖名称	年份	获奖人	所在单位
上海市青年岗位能手	2000	蔡宾	上海大众汽车有限公司
	2002	马森林	上海汽车股份有限公司汽车齿轮总厂
		齐洪元	上海汽车股份有限公司商用车技术中心
	2005	宋小斌	上海三电贝洱汽车空调有限公司
		向东平	上海大众汽车有限公司
		黄斌	泛亚汽车技术中心有限公司
	2007	倪为华	上海大众汽车有限公司
		蔡炯	上海通用汽车有限公司
		刘涛	上海汽车集团股份有限公司乘用车分公司
		周巍	上海汽车变速器有限公司
		肖帆	上海乾通汽车附件有限公司
	2008	吴越	上海通用汽车有限公司
		苏春霞	上海汽车变速器有限公司
		莫毅	延锋伟世通汽车饰件系统有限公司
	2012	张爱明	上海柴油机股份有限公司
		李桢	上海汇众汽车制造有限公司
	2013	曹詹超	上海通用汽车有限公司
		张美华	上海汽车集团股份有限公司乘用车分公司
		金建军	上海汽车集团股份有限公司乘用车分公司
		汪庆春	上海汽车集团财务责任有限公司
		徐志卿	上海汽车制动系统有限公司
	2014	张美华	上海汽车集团股份有限公司总部
		方少非	上海汽车变速器有限公司
		曹詹超	上海通用汽车有限公司
		沈静	安吉汽车物流有限公司
	2015	裘文钧	上汽大众汽车有限公司
		蔡昀	上汽通用汽车有限公司
"青春世博行动"上海市青年岗位能手	2010	谢隽	上海汽车集团股份有限公司乘用车分公司
		乐洁毅	联合汽车电子有限公司
		窦宝华	上海申沃客车有限公司
		邵志特	上海汽车工业(集团)总公司总部

资料来源：上海汽车集团股份有限公司团委

表 13－7－7　2007—2015 年上汽获上海市青年集体荣誉称号一览表

获 奖 名 称	年 份	获 奖 单 位
上海市青年五四奖章(集体)	2011	上海汽车集团股份有限公司乘用车分公司新 MG3 项目团队
	2012	泛亚汽车技术中心有限公司自动变速箱性能优化团队
	2013	上海大众汽车有限公司发动机厂维修团支部
	2014	上海捷能汽车技术有限公司新能源动力系统开发青年团队
	2014	上海通用汽车有限公司金桥南厂总装车间青年集体
	2015	延锋汽车饰件系统有限公司延锋汽车内饰亚太技术中心工程三部一科青年团队
"青春世博行动"上海市青年五四奖章集体	2010	上汽青年志愿者服务总队
上海市五四红旗团委标兵	2009	共青团上海大众汽车有限公司委员会
	2013	共青团上海通用汽车有限公司委员会
上海市五四红旗团委	2007	共青团上海通用汽车有限公司委员会
	2008	共青团延锋伟世通汽车饰件有限公司委员会
	2010	共青团上海汽车工业销售有限公司委员会
	2011	共青团上海汽车集团股份有限公司乘用车分公司委员会
	2014	共青团延锋汽车饰件系统有限公司委员会
	2015	共青团上海汽车工业销售有限公司委员会

资料来源：上海汽车集团股份有限公司团委

沪外企业团员青年获省市自治区青年个人称号有：上汽通用五菱汽车股份有限公司(简称上汽通用五菱)吕俊成获 2014 年广西青年"五四"奖章称号,该公司王栋栋获 2011 年广西优秀团员称号,商英获 2010 年广西优秀团干部称号。沪外企业团组织获省市自治区青年集体称号有：上汽通用五菱团委获 2012 年广西"五四"红旗团组织称号；上汽依维柯红岩商用车有限公司团委获 2014 年重庆"五四"红旗团委称号；上汽通用五菱东部总装团委获 2013 年广西"五四"红旗团委称号；上汽通用五菱西部涂装车间团支部获 2007 年广西"五四"红旗基层团组织称号；上汽通用五菱冲压车间团总支获 2009 年广西先进基层团组织称号；上汽通用五菱东部涂装团支部获 2004 年广西"五四"红旗团支部标兵称号；南京汽车集团有限公司车身生产部总工段总焊线获 2009 年江苏青年文明号称号。

【上汽集团先进】

2001 年开始,上汽团委每年评选表彰上汽十佳青年岗位标兵,2005 年改为上汽十佳青年标兵。至 2015 年,共评选表彰十佳青年标兵 150 人次。

2000—2012 年,上汽团委评选表彰上汽红旗团组织 120 个次。2013—2015 年,评选表彰上汽"五四"红旗团委 31 个次,上汽"五四"红旗团(总)支部 33 个次。2008—2015 年,评选表彰上汽青年文明号 180 个次,上汽青年突击队 661 个次,上汽优秀青年突击队员 747 人次。2001—2015 年,评选表彰上汽青年岗位能手 1 547 人次,评选表彰上汽优秀团干部 343 人次、上汽优秀共青团员 504 人次。

表 13 - 7 - 8 2001—2015 年上汽十佳青年标兵一览表

年 份	姓 名	所 在 单 位	所 在 部 门
2001	王晨均	上海汇众汽车制造有限公司	研究开发中心系统研发室
	张正祥	上海大众汽车有限公司	规划部
	朱明华	上海小糸车灯有限公司	光学设计科
	沈 琦	上海乾通汽车附件有限公司	研究开发技术科
	孙 薇	联合汽车电子有限公司	生产二科
	李永红	上海科尔本施密特活塞有限公司	技术准备车间
	马森林	上海汽车股份有限公司汽车齿轮总厂	总师室
	陈 闽	上海上汽大众汽车销售有限公司	物流部
	毛向阳	泛亚汽车技术中心有限公司	试验认证部
	倪 军	上海法雷奥汽车电气系统有限公司	生产制造部
2002	孙中伟	上海通用汽车有限公司	王港车身车间
	王文琴	上海法雷奥汽车电器系统有限公司	技术中心
	李 宁	上海汽车股份有限公司汽车齿轮总厂	规划发展部
	童惠康	上海易初通用机器有限公司	空调厂技术科
	姚燕民	上海萨克斯动力总成部件系统有限公司	工业工程部
	辛 宇	上汽大众汽车销售公司	网络发展部
	陈 鹏	泛亚汽车技术中心有限公司	动力总成部
	薄莉赟	上海汇众汽车制造有限公司	轿车车桥厂
	罗 滨	上海汽车信息产业投资有限公司	技术部
	叶永亮	上海汽车工业(集团)总公司汽车工程研究院	产品开发部
2003	葛晨罡	上海乾通汽车附件有限公司	压铸厂压保车间
	徐 喆	上海通用汽车有限公司	市场营销部
	刘 岩	上海大众汽车有限公司	质量保证部
	王锡羚	延锋伟世通汽车饰件系统有限公司	重庆分公司
	朱向东	上海汇众汽车制造有限公司	产品工程部
	唐少波	上海采埃孚转向机有限公司	产品工程部
	沈惠峰	上海汽车工业销售总公司	安吉天地汽车物流有限公司
	吴 兵	上海纳铁福传动轴有限公司	工业工程科
	沈 磊	上海小糸车灯有限公司	生产技术部
	杨 辉	上海机动车检测中心	被动安全试验部
2004	骆正龙	上海汽车股份有限公司	汽车齿轮总厂
	向东平	上海大众汽车有限公司	西北销售服务中心

〔续表〕

年 份	姓 名	所 在 单 位	所 在 部 门
2004	黄 斌	泛亚汽车技术中心有限公司	设计部
	董臻伟	上海皮尔博格有色零部件有限公司	泵类车间
	王 勤	上海拖拉机内燃机公司	齿轮车间
	刘 涛	上海汽车集团股份有限公司汽车工程研究院	产品工程部
	左 竞	延锋伟世通汽车饰件系统有限公司	业务系统科
	马 骏	上海三电贝洱汽车空调有限公司	开发中心
	韩 露	上海汽车工业销售总公司	管理技术部
	田迎新	上海圣德曼铸造有限公司	生产部
2005	宋小斌	上海三电贝洱汽车空调有限公司	生产制造部
	张成宝	上海采埃孚转向机有限公司	产品工程部
	薛 峰	上海通用汽车有限公司	南厂总装返修班
	练朝春	上汽通用五菱汽车股份有限公司	技术中心
	李天兵	上海大众汽车有限公司	产品工程部
	周 巍	上海汽车股份有限公司	齿轮总厂四车间
	肖 帆	上海乾通汽车附件有限公司	烟台工厂
	张 琳	上海汽车股份有限公司	中国弹簧厂商务部
	王晨均	上海汇众汽车制造有限公司	产品二科
	张晓文	延锋伟世通汽车饰件系统有限公司	技术中心
2006	胡 敏	泛亚汽车技术有限公司	车身外事部
	邵慧强	上海通用汽车有限公司	金桥整车北厂
	邵景峰	上海大众汽车有限公司	产品工程部
	陈宗一	上海汽车工业销售有限公司	销售部
	薛晓东	上海汽车股份有限公司汽车齿轮总厂	销售公司综合管理科
	周 静	延锋伟世通汽车饰件系统有限公司	制造部
	童剑飞	上海采埃孚转向机有限公司	生产规划部
	陈庆涛	上海小糸车灯有限公司	生产制造部
	蔡延风	上海圣德曼铸造有限公司	总经办、党办、团委
	程 伟	上海汇众汽车制造有限公司	研究开发中心
2007	金晓辉	上海汽车工业销售有限公司	华南物流中心
	沈万松	上海大众汽车有限公司	东北销售服务中心
	沈云啸	上汽通用五菱汽车股份有限公司	青岛分公司冲压车间
	苏春霞	上海汽车变速器有限公司	产品设计公司

〔续表〕

年　份	姓　名	所　在　单　位	所　在　部　门
2007	吴　越	上海通用汽车有限公司	别克五区
	徐建国	上海采埃孚转向机有限公司	产品工程部
	江　娜	上海机动车检测中心	项目建设办公室
	刘富强	上海赛科利汽车模具技术应用有限公司	工程师技术部
	宣　乐	上海三电贝洱汽车空调有限公司	营销本部
	黄　琼	上海法雷奥汽车电器系统有限公司	生产制造部
2008	茅海峰	延锋伟世通汽车饰件系统有限公司	机械零件厂
	陈碧峰	上海机动车检测中心	被动安全检测试验技术研究所
	郑志军	上海大众汽车有限公司	产品工程部
	蔡　炯	上海通用汽车有限公司	南厂油漆车间
	侯黎明	上海汽车集团股份有限公司乘用车公司	制造工程部
	朱晓中	南京汽车集团有限公司	销售公司服务部
	徐筱叶	上海中国弹簧制造有限公司	技术中心
	倪　科	上海小糸车灯有限公司	信息管理部
	张　进	东华汽车实业有限公司	产品研发部
	鲍时明	上海汽车制动系统有限公司	市场营销部
2009	徐廷睿	上海大众汽车有限公司	产品经理部
	毛洋林	上海通用汽车有限公司	生产控制与物流部
	姜　超	上海汽车集团股份有限公司乘用车分公司	动力总成项目管理部
	张　昊	上海汇众汽车制造有限公司	安亭轿车底盘厂
	费　英	上海柴油机股份有限公司	动力工程研究院
	戴志伦	南京汽车集团有限公司	南汽动力总成
	唐稳生	上汽通用五菱汽车股份有限公司	冲压车间
	是　乐	安吉汽车物流有限公司	规划与物流计划部
	于　斌	上海汽车资产经营有限公司	综合管理部
	李玉强	上海赛科利汽车模具技术应用有限公司	模具制造部
2010	王伟森	上汽通用五菱汽车股份有限公司	西部车身车间
	田兰图	上海通用汽车有限公司	质量部
	沈　钊	上海汇众汽车制造有限公司	轿底厂四车间
	严治国	上海汽车集团股份有限公司商用车技术中心	新能源技术部
	茅晓东	上海大众汽车有限公司	质量保证部
	赵新红	上海汽车资产经营有限公司	常务副总经理

〔续表〕

年 份	姓 名	所 在 单 位	所 在 部 门
2010	姜 骏	上海汽车集团股份有限公司乘用车分公司	试验认证部
	顾怡雯	延锋伟世通汽车饰件系统有限公司	项目一部
	徐 隽	安吉汽车物流有限公司	江苏安吉天地物流
	鲍为祖	上海汽车变速器有限公司	设计工程公司
2011	方少非	上海汽车变速器有限公司	箱体厂
	何伟东	上汽通用五菱汽车股份有限公司	西部总装车间
	陈 尹	上海柴油机股份有限公司	发动机二厂
	胡晓明	南京汽车集团有限公司	第二车身厂涂装车间
	莫 毅	延锋伟世通汽车饰件系统有限公司	延锋伟世通印度公司
	顾 丹	上海小糸车灯有限公司	生产准备部
	顾丹华	上海通用汽车有限公司	质量部
	高光海	上海汽车集团股份有限公司乘用车分公司	质量保证部
	樊 平	泛亚汽车技术中心有限公司	泛亚汽车柳州分公司
	潘立胤	上海大众汽车有限公司	VW售后服务部附件业务科
2012	王 炜	泛亚汽车技术中心有限公司	泛亚海外工程中心
	王 韬	上海汇众汽车制造有限公司	工程支持部
	朱国权	上海大众汽车有限公司	安亭汽车二厂总装车间
	杨思宇	上海汽车集团股份有限公司商用车技术中心	工程支持部
	杨珏晶	上海小糸车灯有限公司	开发部光学科
	金建军	上海汽车集团股份有限公司乘用车分公司	临港整车厂
	胡佳妮	上海通用汽车有限公司	市场营销部
	娄俊伟	延锋伟世通汽车饰件系统有限公司	宁波公司总经理
	郭 强	上海赛科利汽车模具技术应用有限公司	模具制造部
	彭晓骏	上海柴油机股份有限公司	发动机二厂
2013	王 印	上汽通用五菱汽车股份有限公司	发动机制造部
	王舒林	上海汽车工业销售有限公司	车辆资源管理
	刘 颖	上海汽车商用车有限公司	项目管理部
	汤 进	上海大众汽车有限公司	安亭汽车三厂车身车间
	易 斌	上海汽车集团股份有限公司乘用车分公司	集成设计分析
	徐辰扬	上海通用汽车有限公司	质量工程
	符兴胜	上海柴油机股份有限公司	产品研发中心
	董 彧	泛亚汽车技术中心有限公司	底盘及动力总成集成部

〔续表〕

年　份	姓　名	所　在　单　位	所　在　部　门
2013	惠煜宇	安吉汽车物流有限公司	整车物流事业部
	曾佳杰	上海汇众汽车制造有限公司	技术中心开发部
2014	顾　超	上海通用汽车有限公司	冲压车间
	郭昌平	上海大众汽车有限公司	斯柯达品牌大西北区部门
	杨　磊	上汽集团股份有限公司商用车技术中心	技术中心
	巫绍宁	上汽通用五菱汽车股份有限公司	技术中心
	刘树清	延锋汽车饰件系统有限公司	技术中心
	刘健康	上海汇众汽车制造有限公司	安亭轿车底盘厂
	黄　达	上海小糸车灯有限公司	技术开发部
	张晔平	上海汽车变速器有限公司	技术中心控制与标定部
	童荣辉	上海汽车集团股份有限公司乘用车分公司	整车集成部
	闵益峰	泛亚技术中心有限公司	动力总成部
2015	徐大江	上汽大众汽车有限公司	营销战略管理部
	马　欣	上汽通用汽车有限公司	采购部
	王东萃	上海汽车集团股份有限公司乘用车分公司	电驱系统部
	鲍思吉	延锋汽车饰件系统有限公司	业务整合部
	薛红梅	泛亚汽车技术中心有限公司	工程质量部
	宗　亮	上海汽车变速器有限公司	技术中心
	萧　楠	安吉汽车物流有限公司	规划管理部
	姜进京	上海汽车集团股份有限公司商用车技术中心	车身及造型部
	辛　野	上海汽车集团财务有限责任公司	乘用车业务部
	牛毅峰	上汽通用五菱汽车股份有限公司	重庆分公司

资料来源：上海汽车集团股份有限公司团委

第十四篇

社会责任

概　　述

上汽在60年发展历程中,始终坚持把履行社会责任、当好企业公民,作为重要职责。

作为汽车企业,节约资源、减少排放是上汽履行的首要社会责任。20世纪50—60年代初,公司就开展增产节约活动。"六五""七五"期间,公司设立节能管理机构,开展节煤、节电、节油、节水工作。"八五"至"十二五"期间,节能减排成为上汽重点工作。公司建立健全节能管理机构和管理网络,编制执行节能规划和管理制度,加大节能减排投资力度,充分使用节能减排先进技术,严格节能减排监督考核,确保节能减排有序、有效推进,能源消耗持续快速下降。至2015年,上汽累计有108款新能源汽车进入国家新能源汽车推荐目录,新能源汽车累计销售1.36万辆,提前完成燃煤锅炉淘汰改造,清洁能源比例达到83%,上海地区企业全部使用清洁能源,光伏发电获吉尼斯世界纪录。2015年和1990年相比,上汽工业总产值增长95.72倍,整车销量增长133.14倍,但年能耗总量仅增长13.43倍,万元产值能耗降低85.1%。

社会捐助是上汽履行社会责任的重要内容。1991—2014年,上汽向太湖流域特大水灾、长江等流域特大洪灾、南方特大冰灾、台湾地区洪涝灾害、印尼海啸、抗击"非典"以及汶川、玉树、雅安和鲁甸等地震灾害地区累计捐款近1亿元。1995—2013年,上汽累计向20个省市贫困地区捐建52所希望小学,累计捐款2451万元。1969—2008年,上汽向中国共产党第十五次全国代表大会、第九届全国人民代表大会和中国人民政治协商会议第九届会议、上海合作组织(APEC)会议、北京奥林匹克运动会、博鳌亚洲论坛等国家或国际性重要活动累计提供5500多辆会务或活动车辆。2001—2015年,上汽累计援助西藏和新疆拖拉机230辆以及其他车辆。此外,20世纪90年代初至2015年,上汽及所属上汽大众汽车有限公司、上汽通用汽车有限公司、上汽通用五菱汽车股份有限公司等企业持续捐助国家教育、慈善、环保、卫生、体育和艺术事业,其中捐助慈善事业累计9000万元,1992—2015年,上海大众汽车长期捐助中国国家男子足球队和青少年足球事业;2015年,上海汽车集团股份有限公司捐助上港足球队达1.5亿元。

特别是2010年,上海汽车工业(集团)总公司与美国通用汽车公司一起成为2010年上海世博会全球合作伙伴。双方合作投资8.7亿元建成上汽集团—通用汽车馆,上海世博会期间累计接待游客217万人次,该馆被评为最佳企业馆和最具科技含量馆第1名、最受喜爱展馆第3名。上海申沃客车有限公司等上汽所属企业共提供纯电动、超级电容、燃料电池和混合动力四大类型1125辆新能源汽车,安全运行184天,行驶总里程2900万公里,总载客1.2亿人次,圆满完成上海世博会新能源汽车示范运行任务,创造了规模最大、品种最多、水平最高、运行最集中的世界新能源汽车运行纪录。

至2015年,上汽各项社会捐助累计达到10亿元。

第一章 节能减排

20世纪50—60年代,公司开展增产节约活动。"六五"至"十二五"时期,上汽和整车企业持之以恒抓好产品和生产过程的节能减排。2008年,上海汽车资产经营有限公司建成上海花园坊节能环保产业园并成为上海节能环保的标志性园区。2015年,该公司建成全球最大的太阳能光伏建筑一体化发电站并获吉尼斯世界纪录,上海幸福瑞贝德动力总成有限公司成为中国汽车发动机再制造标杆企业。

第一节 公司节能减排

一、"七五"及之前节能减排

1955年年底公司成立后,即按照国家要求抓能源节约工作。1959年,21家工厂节约煤炭1500多吨、油41吨、电39万度、煤气5万立方米。1963年,开展增产节约活动,减少能源消耗,全年节约的煤炭、焦炭、石油和电,分别高于下达指标44%、12%、21%和52%。

"六五"期间,公司相继建立健全能源购入消耗台账,上报能源消耗和节约统计情况,定期分析和预测预报能源情况。1981年7月,上海拖拉机汽车工业公司设立节能办公室。1982年,组织所属企业的生产生活锅炉房参加上海市第一机电工业管理局开展的创造先进锅炉房竞赛活动,上海内燃机厂分部、上海内燃机配件总厂分厂、上海摩托车厂、上海汽车电镀厂、上海拖拉机厂锅炉房被评为局特级先进锅炉房和年度市级先进锅炉房。

1987年,上海汽车拖拉机工业联营公司成立材料供应公司,下设管理科,负责公司节能、节材和资源利用工作。"七五"期间,上汽改造电加热炉窑67台/座、煤气加热炉9台、快装锅炉34台,更新淘汰机电设备458台/套,推广节能变压器、新光源、高频硅整流焊机,实行热网保温,冷却水循环利用。1990年,上海汽车工业总公司建立节能法规执行情况检查领导小组,开展节能执法检查。至当年,共节约碳煤11 447余吨、汽油柴油3 680余吨、煤气328万立方米、电3 914万千瓦时。上海重型汽车厂、上海油嘴油泵厂、中国弹簧厂、上海汽车电机厂、上海拖拉机底盘厂等5家企业被批准为国家节能二级企业,另有12家企业被评为上海市节能先进企业、6家企业被评为上海市节约用水先进企业、6个锅炉房被评为行业优等锅炉房。

二、"八五"节能减排

【规划举措】

"七五"末至"八五"时期,节能减排开始成为上汽谋划实施的重点工作之一。公司综合计划处或生产计划部设立节能科,负责能源管理工作,43个下属企业成立节能领导小组,12个企业设有节能机构,有72名专职管理人员、1 398名兼职节能人员,初步形成能源管理网络。

1991年1月,上海汽车工业总公司(简称上汽总公司)编制《"八五"节能技改规划》,要求以降低产品能耗为目标,认真抓好能源基础管理、定额考核、节能技改和节能监测,防治工业污染,优化生产环境。

"八五"伊始,上汽总公司下达主要产品能耗定额,考核83项单位产品能耗,包括电耗50项、煤气9项、焦炭5项、柴油6项、煤耗13项,并层层落实到车间班组的各道工序和主要耗能设备,实行节奖超罚,考核的能源消耗占公司能源总消耗量的75.6%。对所属企业电镀、热处理、铸造、锻造四大工艺颁发生产许可证,要求企业积极推行清洁工艺,采用先进设备,消除工业污染。1992年,在上海汽车工业质量检测研究所设立中国汽车工业总公司节能监测中心上海监测站,后于1993年成立上海市汽车工业能源利用监测站(简称上汽能源站),定期监测所属企业锅炉、工业炉窑、电加热炉,现场测定热效率,并为企业举办锅炉标准、煤气管理、水质处理等培训班,促进了企业热能平衡工作。1992年起,上汽所属企业空压站、锅炉房、工业炉窑及耗电50千瓦以上设备配备计量仪器仪表,各有11家和12家企业分获国家和上海能源计量合格证书。同年起,在锻造、铸造等热加工企业实施炉窑站(房)的节能技术改造,消灭等外炉,20%的工业炉达到一等炉水平,上海内燃机配件总厂2吨中频电炉技改项目被评为上海市第3批优秀节能技改项目。1994年,上海大众汽车有限公司(简称上海大众汽车)、上海汇众汽车制造公司(简称上海汇众)汽车底盘厂、上海拖拉机内燃机公司(简称上海拖内)油嘴油泵厂的锅炉房被评为上海市样板锅炉房。"八五"期间,上汽总公司完成能量平衡企业1家、电能平衡企业4家、水能平衡企业17家。

与此同时,上汽总公司严控新的污染源,认真执行建设项目的污染治理设施与主体工程同时设计、同时施工、同时投产的"三同时"规定。1990—1995年8月底,共审查建设项目环境影响报告书10份,环境影响报告表175份,环境保护"三同时"送审单243份,完成建设项目124项,累计环保投资5 555万元,实现年增长废水治理能力64万吨、年净化废气52 393万标立方米、减少烟尘粉尘排放量357吨、治理噪声点20个。另一方面是重点治理现有污染。"八五"期间治理污染项目10项,工厂车间搬迁项目17项,关停并转项目3项,共计30项;耗用资金8 129万元,年增加废水治理能力8万吨、年废气治理能力124 421万标立方米、减少烟尘粉尘排放量1 087吨、治理噪声点33个,减少对548户居民的影响。

【成效荣誉】

"八五"期间,上汽总公司万元产值能耗保持年年下降态势。1995年与1991年相比,工业总产值从68.54亿元增至290.73亿元,增长3.24倍;汽车销量从4.4万辆增至16.01万辆,增长2.64倍;同时,年能耗总量从12.13万吨标煤增至23.31万吨标煤,仅增0.92倍,远低于工业总产值和汽车产量的增速;万元产值能耗从0.177吨标煤降至0.080 1吨标煤,降幅高达53%。

"八五"期间,上海汽车齿轮总厂(简称汽齿总厂)、上海拖内被评为上海市1993年度节约能源先进企业,上汽车能源站于1995年被评为全国节能先进集体,汽齿总厂、上海易初通用机器有限公司(简称上海易通)分别被评为1995年度上海市降耗增效十佳企业和上海市资源节约综合利用先进企业,中国弹簧厂被评为机械工业部"八五"节能节材先进集体。

三、"九五"节能减排

【规划举措】

"九五"期间,上海汽车工业(集团)总公司(简称上汽集团)根据国家"九五"规划提出的"坚持资源开发与节能并举,把节约放在首位"的要求和"节约资源、综合利用"的总方针,贯彻落实《上海市节约能源条例》和上海市资源节约综合利用工作会议精神,在制定 2000 年经济目标的同时,确定万元产值能耗下降 5% 的节能目标。

1996 年,上汽集团组织 7 期 400 人参加节电、锅炉、空调和煤气安全培训班,推广应用一批节电新技术新光源。1997 年,以节电和合理用热为重点实行综合管理,同时加强对企业节能的监测和执法力度,全年监测复测 40 家企业的能耗,测试锅炉 38 台、热处理炉 80 台;举办节能培训班 7 期,培训人员 378 人次。1996 年和 1997 年共实施 10 余项技术改造项目,总投资 800 万元。1998 年,贯彻《中华人民共和国节约能源法》,围绕降本增效主题,继续推进节能降耗,建立节能降耗激励机制,开发利用新能源,调整优化能源结构,推广节能降耗新技术和技术改造示范工程。进一步做好能源监测工作等,举办 10 期培训班培训 300 余人次。1999 年和 2000 年,加大《中华人民共和国节约能源法》和《上海市节约能源条例》宣传培训力度,举办各种类型节能培训班,完善节能技术规章制度和绩效考核体系,加强节能基础管理和节能监测,加大节能技术改造力度,推广节能新技术,应用绿色节能产品。

【成效荣誉】

2000 年与 1995 年相比,上汽集团工业总产值从 290.13 亿元增至 613.13 亿元,增长 1.11 倍;整车产销从 16.01 万辆增至 25.40 万辆,增长 0.59 倍。同期,年能耗总量从 23.31 万吨标煤增至 41.60 万吨标煤,增长 0.78 倍;万元产值能耗从 0.08 吨标煤降至 0.067 8 吨标煤,下降 18%。

"九五"期间,上海大众汽车和上海拖内油嘴油泵厂锅炉房于 1996 年被评为上海市第 2 批十佳锅炉房;上汽能源站于 1997 年被评为上海市能源监测系统先进集体,于 1998 年和 1999 年连续被评为上海市综合利用先进集体;上海汽车工业物资公司于 1998 年被评为上海市综合利用先进集体。

四、"十五"节能减排

【规划举措】

"十五"期间,国家加大对环境整治力度,进一进加强对汽车排放严格管理,鼓励汽车企业生产低污染、低排放汽车产品,实行减征汽车消费税政策。上汽集团对标国际环保先进标准,在"十五"规划发展纲要中确定节能环保目标和项目:汽车尾气排放要达到欧洲 2 号标准以上,其中中高级轿车达到欧洲 3 号标准或以上,以内燃机为动力源的汽车产品燃油消耗水平要达到 21 世纪初国际先进水平;投资 1.6 亿元用于新能源汽车前期调研、燃料电池汽车前期研究和开发等。

2005 年 7 月,上汽集团根据上海建设节约型城市的要求,制定下发《关于建设节约型企业的实施意见》,要求围绕"建设节约型企业,实现良性循环发展"的目标,厉行节约、精益管理、开源节流、降本增效。集团总部和企业认真贯彻落实,在生产运营中努力降低资源消耗,提高资源利用效率;在项目投资中坚持符合低能耗低污染、高附加值的发展方向;在材料利用上发展废车回收、废钢利用和轮胎再生,提高资源再利用水平;在办公用品上提倡无纸化办公,并严格执行上海市对办公楼宇空调温度的要求。

"十五"期间,上汽集团开始发展低污染小排量轿车并启动新能源汽车建设战略。2001 年,大众品牌的桑塔纳和帕萨特,别克品牌的 GS、GL8 和赛欧等轿车通过国家低污染排放小汽车减征消费税能力审核,获得国家减征汽车消费税 8 亿元。2003—2005 年,相继研制成功燃料电池轿车"超越一号""超越二号"和二甲醚城市客车。2004 年,上汽集团建立采购平台,一体化集中采购拓展至油料、生铁、炉料、塑料、橡胶等辅料以及铝合金材料,节约了资源、降低了成本。

【成效荣誉】

2005 年与 2000 年相比,上汽集团工业总产值从 613.13 亿元增至 1 086.39 亿元,增长 0.77 倍;整车销量从 25.4 万辆增至 105.71 万辆,增长 3.16 倍。同时,年能耗总量从 41.6 万吨标煤增至 62.96 万吨标煤,增长 0.88 倍,增幅明显低于汽车产量增幅,但略高于工业总产值增幅;万元产值能耗从 0.067 8 吨标煤增至 0.072 3 吨标煤,增加 0.07 倍。

这一时期节能环保获得的主要奖项包括:2001 年,上海汽车工业能源利用监测站被授予上海市节能检验测试首批资质机构;上海实业交通电器有限公司(简称上实交通)、延锋伟世通汽车饰件系统有限公司(简称延锋伟世通)、上海汇众内燃机配件厂获评上海市节约用水先进企业。2002 年,延锋伟世通、上海易通获评上海市十佳样板锅炉房;上汽能源站欧阳洪胜等获评上海市十佳节能降耗先进工作者;上实交通、汽齿总厂分别获评上海市节水型先进企业和上海市用水先进集体;上实交通黄定六、上海汇众梁建华和张淑涛等获评上海市节约用水先进个人。2003 年,联合汽车电子有限公司、延锋伟世通获评上海市节水型企业;上海汇众、上海纳铁福传动轴有限公司(简称上海纳铁福)获评上海市节水先进集体;上海皮尔博格有色零部件有限公司周红德等 4 人获评上海市节约用水先进个人。2004 年,上海汇众、上海乾通汽车附件有限公司获评上海市节水先进集体。

五、"十一五"节能减排

【新能源汽车规划举措】

2005 年 9 月和 2006 年 2 月,上汽集团和上海汽车集团股份有限公司(统称上汽)开始编制"十一五"发展规划,最终确定的《"十一五"发展规划纲要(调整版)》将加强新能源汽车和清洁能源产品研发和利用、2010 年生产新能源汽车 5 万辆、提升内燃机技术和开发新能源并举,分别列为指导思想、战略目标和业务发展原则;并在整车业务板块中专设新能源汽车部分,就其发展思路、发展目标、发展策略、时间节点和开发费用进行全面规划;在零部件业务板块中提出结合新能源汽车发展战略,择机形成混合动力关键零部件配套能力的对策措施。

"十一五"期间,上汽新能源汽车建设开始加速并取得显著成效。2006 年,上海汽车工业(集团)总公司与上海世博会事务协调局签署包括为 2010 年上海世博会提供 1 000 余辆新能源汽车在内的合作协议,上海汽车集团股份有限公司与同济大学合作的燃料电池轿车和客车、混合动力客车等开发项目被列入国家 863 计划,上汽开始资助新能源汽车"孵化"项目。2007 年,上海牌燃料电池轿车和混合动力轿车、PASSAT 领驭燃料电池轿车、混合动力客车 4 款新能源汽车在第九届世界必比登挑战赛获 7 个 A 的好成绩。2008 年,PASSAT 领驭燃料电池轿车成功服务北京奥运会。2010 年,上海申沃客车有限公司、南京南汽专用车有限公司、上海大众汽车和上海通用汽车有限公司(简称上海通用汽车)的混合动力、纯电动、超级电容和燃料电池四大类 1 125 辆新能源汽车在上海世博会期间创造了世界新能源汽车集中运行纪录,节省燃油 2 811 吨,减少二氧化碳排放 8 854 吨,减少有害气体排放 285 吨,体现"绿色世博"特色。上汽 43 款汽车入围国家"节能产品惠民工程"汽车推广目录,占该目录车型总数16％。

【节能降耗规划举措】

"十一五"初,上汽根据上海市工业节能降耗总体目标,确定到2010年万元工业产值能耗比2005年下降35％的目标并付诸实施。

2006年,上汽集团与上海市经济委员会(简称上海市经委)签署"十一五"产业节能目标责任书。2007年,根据上海市经委关于对年耗5万吨标煤以上重点用能企业开展能源审计的要求,对上海大众汽车、上海通用汽车等企业进行能源审计;实施燃煤工业锅炉(窑炉)技术改造、余热回收利用、电机系统节能改造和绿色照明等重点节能工程,推进创建节能样板锅炉工程、工业锅炉"二优一达标"工程和创建上海市节能标杆锅炉房活动,上海大众汽车建成上海首座节能标杆锅炉房。2008年,上汽内控手册制定节能降耗控制流程,考核节能降耗目标、管理制度建立健全、节能项目措施实施,以及统计数据等控制目标,以及5个关键控制活动;所属10余家重点能耗企业完成能源审计和电平衡工作;延锋伟世通改造调整30台工业锅炉节煤13 700吨,成为上汽第2家上海市节能标杆锅炉房;推广上海纳铁福空压机余热利用项目;5 000吨以上重点能耗企业能源管理员及从事锅炉、空压机、中央空调制冷、水处理、工业管道、压力容器岗位的操作工均通过岗位培训取得证书;集团工会组织开展"先锋号"节能减排(JJ)改进小组活动。2009年,组织开展企业班组节能降耗现场调查,一批在开展节能减排(JJ)活动中表现优异的团队获得表彰。2010年,将再制造业务列为重点节能减排工作之一,并收购以发动机变速箱零部件再制造为主业的全国汽车零部件再制造试点企业上海幸福瑞贝德动力总成有限公司;将节能减排和资源综合利用效率列为上汽零部件产业园区规划建设重要评估要素;淘汰高耗能S7系列变压器,推进节能项目推广示范和电能平衡,推广水蓄能、冰蓄能、热蓄能空调节能技术等;重点关注新建或投资改造项目,对年耗能折合2 000吨标煤以上固定资产投资实施能耗评估。

2006—2010年,上汽所属企业实施节能技改项目260多项,投入资金1.8亿元,年节能约6万吨标煤。其中28项节能技改打包项目获得上海市政府节能奖励1 800多万元。

【降耗成效与荣誉】

2010年与2005年相比,上汽工业总产值从1 086.39亿元增至2 896.55亿元,增长1.67倍;整车销量从105.71万辆增至358.26万辆,增长2.39倍。同时,年能耗总量从62.96万吨标煤增至101.87万吨标煤,增长0.62倍,远低于工业总产值和汽车产量的增速;万元产值能耗从0.072 3吨标煤减至0.035 2吨标煤,大幅降低54％,远超降低35％的规划目标。

2006年,上海通用汽车、上海大众汽车被评为2004—2005年度上海市节能先进企业;上汽能源站欧阳洪胜、上海通用汽车张颖、上海汇众梁建华被评为上海市节能先进个人。2007年,上汽能源站欧阳洪胜、上海通用汽车张颖、上海汇众员工梁达华被评为上海市节能先进个人。2008年,上海通用汽车、上海萨克斯动力总成部件系统有限公司被评为上海市节水型先进企业,上海通用汽车被评为上海市节能先进单位,上海大众汽车施跃中、上海汽车资产经营有限公司张国新被评为上海市节能先进个人。2009年和2010年,上汽集团总部陆文耀和上海拖内陶培勇分别被评为年度上海市节水先进工作者或先进个人。2010年,上海市节能降耗第八届高峰论坛召开,上汽集团被评为上海市节水工作先进集体,上海大众汽车施跃中被评为节能先进个人。

"十一五"期间,上海大众汽车、上海圣德曼铸造有限公司(简称上海圣德曼)、延锋彼欧汽车外饰件系统有限公司(简称延锋彼欧)、上海通用汽车、上海汽车集团股份有限公司乘用车分公司获上海市节能减排先进集体称号,上海大众汽车施跃中、上海圣德曼王金明、上海纳铁福传动轴陆爱军、延锋彼欧严晓华等获上海市节能减排先进个人称号。

六、"十二五"节能减排

【思路目标】

2010年8月,上汽编制的《"十二五"发展规划纲要》将2015年新能源汽车国内市场占有率达到20%列为战略目标之一,将统筹推进节能减排与新能源汽车产业化列为发展原则之一,将新能源汽车及其关键零部件制造、与汽车相关的循环经济业务列为重点培育的业务之一,将大力推进新能源汽车产业化和实施节能减排措施列为规划重点内容之一。据此,该规划纲要专设新能源汽车及关键零部件研发制造、深化清洁生产推进节能减排的2个部分。

在新能源汽车及关键零部件研发制造部分,该规划提出力争将上汽新能源汽车打造成为国内技术先进、产业链完整的新能源汽车动力研发制造及系统产品和服务的领先者,形成新能源汽车整车控制集成、动力系统开发和关键零部件开发三大核心能力,确定混合动力汽车和电动汽车产业化、燃料电池汽车升级运行的技术路线,以及2012年实现产业化的进度目标。在深化清洁生产推进节能减排部分,该规划提出以低碳经济为引导,把绿色发展措施落实到产品设计、生产制造、售后流通等环节,持续深化清洁生产,推动节能减排降耗治污落实到基层班组的思路,2015年在2005年基础上万元产值综合能耗下降40%达到0.0432吨标煤目标,以及重点推进节煤、节点、节天然气、节水和环境保护等措施。

【实施举措】

2011年,上汽开展电能质量调查,完成23家企业电能平衡工作,并形成电能平衡报告,为电机系统节能挖潜打下基础;15款车型入围国家第7批节能汽车推广目录,占入围车型总数30.6%;首款中高级环保轿车荣威750混合动力轿车上市;深入开展节能减排(JJ)改进小组活动。

2012年,上海汽车集团股份有限公司(简称上汽集团)内控手册根据国家法律法规,进一步明确能源管理的内控流程,确定控制目标和关键控制活动;荣威E50轿车批量上市并成为中国首款量产纯电动轿车,新能源汽车产业化阶段性目标实现;荣威550插电强混和荣威750燃料电池车入选国家新能源汽车产业化技术创新工程支持项目;11款新能源汽车进入国家推荐目录;实施上海市经济信息化委员会编制印发的《上海产业能效对标指南(2011版)》,积极开展能效对标达标工作;所属12家企业上半年完成电平衡测试工作,多数企业完成清洁生产审计;继续推进高效电机推广工作,完成上海市经信委的节能降耗目标;推进电平衡和清洁生产审计工作。

2013年,上汽集团重点推进节能改造项目和落实能源管理制度,将能耗总量目标和节能技改完成情况列入企业节能工作考核内容,对12家重点用能企业按照"节能目标完成情况评价考核及评分表"自查和评分;下属企业重新修订包括能源考核、运行、统计、计量等方面内容的能源管理制度,29家重点用能企业修改能源管理制度合计157项;持续改进制造工艺,推广包括余热利用、高效电机、水蓄冷、节能热水技术和光伏发电在内的五大节能技术。

2014年,上汽集团74款新能源汽车车型进入国家新能源汽车推荐目录,其中乘用车14款、商用车60款;上汽新能源汽车在第12届必比登世界新能源汽车挑战赛上成为该赛事历史上首个包揽纯电动组、混合动力组和燃料电池组第一的企业；根据上海市经信委下发的《关于制定空气重污染工业行业应急预案的通知》要求，成立空气重污染应急领导小组和工作小组，制定空气重污染专项应急预案。

2015年，在新能源汽车建设方面：上汽集团累计108款新能源汽车进入国家新能源汽车推荐车型目录，其中乘用车16款、商用车92款，上汽成为中国唯一全面实施纯电动、插电强混、燃料电池3条技术路线的汽车集团；新能源汽车销量超过1.36万辆，技术水平在国内处于领先地位；新能源零部件基本形成电控技术开发能力，具备电驱动单元集成设计能力，自主掌控电池管理系统、电机和电力电子等动力系统关键零部件设计试验认证及集成能力。在节能减排方面：严格控制大气、水、固体、噪声等污染排放并达国家标准；累计完成30家5 000吨以上企业能源审计；提前完成燃煤锅炉淘汰改造，清洁能源比例从74％增至83％，上海地区企业全部完成清洁能源替代，上汽在上海地区结束以原煤作为生产用能的历史；上汽地区企业按照上海市《汽车制造业（涂装）大气污染排放标准》，升级改造涂装工艺、涂装材料和末端处理设备，新建油漆车间，关停老旧涂装设备，改造后涂装工艺达国际先进水平，污染物处理率达95％；光伏发电项目在已有50兆瓦规模基础上，启动新一轮500兆瓦发电规模建设；响应"上海市100＋企业绿色链动计划"，引导供应链上下游企业共同打造绿色供应链，包括加强废水处理，采用震动分离技术实现废弃机油再利用，处理厂区工业和生活废水使之成为用于企业冷却塔和绿化的中水等。

【降耗成效与荣誉】

2011—2015年，上汽集团累计实施重要节能技改项目42项（不包含光伏和分布式供能），总节能量5.7万吨标煤，温室气体排放量稳定在100吨左右，上海地区碳排放总量保持在300万吨左右，单台乘用车碳排放强度下降24％，较好地完成了节能降耗总量和强度控制目标。

2015年与2010年相比，上汽集团工业总产值从2 896.55亿元增至6 629.38亿元，增长1.29倍；汽车销量从358.26万辆增至590.19万辆，增长0.65倍。同期，能耗总量从101.87万吨标煤增至175.05万吨标煤，增长0.72倍，增幅略高于汽车产量增幅，但明显低于工业总产值增幅；万元产值综合能耗逐年下降，从0.035 2吨标煤减至0.026 4吨标煤，大幅下降33.33％，更比2005年的0.072 3大幅下降173.86％，超额完成"十二五"规划设定的2015年万元产值综合能耗在2005年基础上下降40％达到0.043 2吨标煤的节能主要目标。

2014年，在《联合组织气候变化框架公约》第20次缔约方会议暨《京都议定书》第10次缔约方会议上，上汽集团获联合国气候变化框架公约组织颁发的旨在鼓励和表彰国际低碳领域作出重要贡献企业的2014年低碳"今日变革进步奖"。

表14-1-1 1991—2015年上汽能源消耗与经济指标比较统计表

年份	工业总产值		汽车销量		能源消耗		
	数值（万元）	同比增减（％）	数值（万辆）	同比增减（％）	能耗总量（吨标煤）	万元产值能耗（吨标煤）	同比增减（％）
1991	685 406	—	4.40	—	121 324	0.177 0	—
1992	1 143 978	＋66.9	6.94	＋57.72	146 062	0.127 6	－38.7
1993	1 608 829	＋40.6	10.24	＋47.55	163 257	0.101 4	－25.8

〔续表〕

年份	工业总产值		汽车销量		能源消耗		
	数值（万元）	同比增减（%）	数值（万辆）	同比增减（%）	能耗总量（吨标煤）	万元产值能耗（吨标煤）	同比增减（%）
1994	1 955 434	+21.5	11.68	+14.06	163 257	0.083 4	−21.6
1995	2 907 314	+48.6	16.01	+37.07	233 090	0.080 1	−4.1
1996	3 913 208	+34.6	20.02	+24.0	257 866	0.065 9	−21.4
1997	4 377 299	+11.8	23.20	+15.9	288 111	0.065 8	−0.1
1998	4 507 911	+3.0	23.65	+2.1	314 984	0.069 9	+6.0
1999	5 365 183	+19.0	25.21	+6.6	366 194	0.068 3	−2.3
2000	6 131 291	+14.3	25.40	+0.7	416 036	0.067 8	−0.7
2001	7 771 584	+26.8	28.95	+14.0	459 335	0.059 1	−14.7
2002	10 627 422	+36.7	56.08	+93.7	522 979	0.049 2	−20.1
2003	16 572 511	+55.9	78.23	+39.5	668 432	0.040 3	−22.1
2004	11 875 523	−39.6	84.92	+8.6	726 320	0.068 6	+70.2
2005	10 863 894	−9.3	105.71	+24.5	629 603	0.072 3	+5.4
2006	11 786 568	+8.5	134.41	+27.1	718 189	0.060 9	−18.7
2007	14 115 377	+19.8	169.05	+25.8	795 099	0.056 4	−8.0
2008	13 075 820	+9.3	182.62	+8.0	771 707	0.059 0	+4.6
2009	20 063 699	+53.4	272.50	+49.2	1 005 216	0.050 1	−17.8
2010	28 965 548	+43.2	358.26	+31.5	1 018 712	0.035 2	−70.3
2011	45 471 337	+57.0	401.18	+12.0	1 481 005	0.032 6	−8.0
2012	48 503 007	+6.7	449.02	+11.9	1 448 404	0.029 9	−9.0
2013	56 593 674	+16.4	510.58	+13.7	1 645 429	0.029 1	−2.6
2014	64 931 306	+11.5	562.02	+10.1	1 779 955	0.027 4	−3.6
2015	66 293 798	+2.1	590.19	+5.0	1 750 530	0.026 4	−3.7

资料来源：《上汽集团统计年报汇编》、上海汽车集团股份有限公司经济运行部

第二节　整车企业节能减排

一、上汽大众节能减排

【产品节能减排】

1999年，上海大众汽车有限公司（简称上海大众汽车）在国内首家开发出电喷发动机并应用于所有车型，全面淘汰化油器发动机，排放达到欧Ⅰ排放标准，引领国内发动机新技术革命。2001年，经天津国家轿车质量监督检验中心验证，该公司全部车型比国家法规要求提前4年达到欧Ⅱ排放标准，带动国内汽车排放全面升级。同年11月，通过国家经贸委和国家环保总局对其进行的低污染排放小汽车减征消费税产品检验及生产一致性审查。

2007 年,上海大众汽车在国内率先启动以达到国四排放标准及国家第 2 阶段油耗标准为目标的"动力总成战略"。2008 年年初,经过动力系统 E‐Gas 电子油门、二次空气系统和匹配的升级优化,所有产品提前 2 年达到国四排放标准。2008 年 6 月,朗逸 1.4L、明锐 1.4L、昊锐 1.4L 等 7 款车型入选国家第 1 批节能产品惠民工程节能汽车推广目录。2009 年起,主要产品应用代表国际汽车发动机节能减排先进水平的 TSI 涡轮增压直喷技术及 DSC 双离合器变速系统,首款朗逸轿车搭载 1.4TSI 发动机和配置 DQ200 自动变速箱,综合工况油耗降低 13％以上。

2011 年起,上海大众汽车在国内率先启动以达到国家第 3 阶段油耗标准的"整车油耗战略",全方位应用发动机效率优化技术、发动机小型化技术和高效传动变速器技术,逐步推进 StartStop 起停系统、能量回收系统,开展整车轻量化设计、整车造型风阻优化设计及绿色低阻轮胎的应用,明锐 1.6L MQ 和朗逸 1.6L MQ 等畅销车型投产铝缸体发动机项目,并实施变速箱长速比等降油措施,分别降低油耗 4％和 2.2％。2012 年,投产的新桑塔纳轿车、朗逸轿车采用轻量化铝缸体发动机,油耗下降 9％,排放下降 20％左右。2014 年,开发的 EA888 第 3 代发动机投产,该机轻量化、动力性、排放标准和燃油经济性均实现大幅提升。

2015 年 6 月,由上海大众汽车更名的上汽大众汽车有限公司(简称上汽大众)中外股东签署安亭基地升级改造及纯电动技术合作协议。同年,上汽大众投产的 EA211 1.2T 小排量发动机使用小排量涡轮增压、连续可变流量机油泵、缸盖集成排气歧管等先进节能减排技术;先后开发 EA211 1.2TSI 发动机、EA888 第 3 代发动机以及混合动力 PHEV 新能源汽车等;凌渡、昊锐和途安等车型相继使用新一代 7 档湿式双离合变速箱 DQ380,与 6 档 DQ250 变速箱相比,降低二氧化碳排放约 1 克。同年,上汽大众产品百公里油耗 6.75 升,低于国家第 3 阶段 2015 年百公里油耗 7.30 升的标准,并提前 4 年实现国家规定的国五排放要求。

表 14‐1‐2　2012—2015 年上汽大众整车产品百公里油耗一览表

项目 \ 年份	2012	2013	2014	2015
国家第 3 阶段油耗目标(升/100 公里)	8.07	7.80	7.53	7.30
企业油耗实际值(升/100 公里)	7.45	7.12	6.86	6.75

资料来源:上汽大众汽车有限公司

上汽大众在努力减少传统汽车污染排放的同时,积极发展新能源汽车。20 世纪 90 年代,为上海出租车行业研制生产使用液化石油气(LPG)、压缩天然气(CNG)的轿车。2006 年,参与国家 863 计划,联合同济大学、德国大众汽车公司及核心零部件供应商开展燃料电池轿车样车开发,成功为 2008 年奥运会提供 20 辆帕萨特领驭氢燃料电池轿车。2009 年,帕萨特领驭氢燃料电池轿车代表德国大众在美国加利福尼亚示范运行。2010 年,帕萨特新领驭氢燃料电池轿车成功参与上海世博会新能源汽车运行。2011 年,完成天越纯电动轿车研发。2013 年和 2014 年,联合同济大学、德国大众以及部分核心零部件供应商开展燃料电池增程式电动轿车样车开发。2014 年,开始批量化研发插电式混合动力车型和纯电动车型。

至 2015 年,上汽大众累计有 6 款车型获评上海市节能产品,3 款车型获中国质量认证中心节能产品,78 种车型款式获节能产品惠民工程车型,441 种车型款式达到国四、国五排放要求,42 种车型款式获评环境标志产品。

【生产过程节能】

2011—2015年,上汽大众制定绿色环保工厂规划,从全面改变工艺技术入手,不断推出新技术、新工艺、新设备,实现节能降耗目标。

2013年,宁波工厂冲压车间采用一模多件新工艺,提高生产效率和设备利用率。模具制造采用工艺仿真和适用于高冲次的模具结构设计,减少模具数量、降低试模材料消耗、短试模时间,提高材料利用率。车身车间白车身顶部采用激光焊接新技术,使用二极管激光源设备,降低88%激光源能耗。涂装车间采用国际最先进的水溶性油漆、无中涂技术及全自动喷涂和检测、干式漆雾分离等新技术新工艺,大幅度提高油漆利用率,节约能源、降低污染排放,实现降本50%;采用无铅无锡电泳漆大幅降低电泳废水中的重金属含量;采用干式喷漆室技术,取消循环水系统,节约大量自来水;使用80~95循环风,减少60%能源消耗。总装车间通过采用充电枪替代气动枪新工艺和雨淋试风循环的方式,减少坚固铆钉用能86%,并减少水电能耗。发动机车间采用曲轴加工中的乳化液冷却系统和回收系统,发动机测试采用冷测试和少量热测试方法等,大幅度降低能耗;使用新一代KUKA机器人,年节约能源25%~30%。

2006年,上海大众汽车在国内行业率先推进零部件回收利用和再制造,包括可回收性设计、可拆解性设计、禁用/限用物质管理、供应链零部件材料信息收集、产品拆解分析、编制产品回收利用策略、可再利用率和可回收利用率计算等。至2009年,旧车拆解可回收利用率达98%。

2010年起,上海大众汽车开始在各厂推进光伏发电项目,包括建筑屋顶光伏改造和光伏停车场项目。其中汽车一厂光伏车棚建成后,年发电269万度,节约标煤1085吨,减少二氧化碳排放2668吨;汽车三厂光伏车棚年发电132万度,节约标煤533吨,减少二氧化碳排放1312吨;南京工厂光伏车棚年发电1400万度,节约标煤4440吨,减少二氧化碳排放11544吨,该太阳能光伏发电项目于2015年获"世界最大建筑光伏发电站"吉尼斯证书;2015年上汽大众宁波工厂55兆瓦光伏建筑一体化项目一期20兆瓦工程竣工,该项目为全球最大光伏发电项目,每年可生产绿色电力2200万度,约占该厂年用电需求的10%,每年可节约标煤6600吨,减少二氧化碳排放1.7万吨。

至2015年,上汽大众对生产中的水资源循环利用率达90%以上。2010—2013年锅炉蒸汽冷凝水回收利用量达207.3万立方米;包装材料、金属切削物等100%回收利用。"十二五"期间,该公司工业总产值同比上升17.38%,万元产值能耗比"十一五"时期下降了7.16%。

【生产过程减排】

1997年,上海大众汽车成为中国汽车行业首个通过ISO14001环境管理体系认证的汽车企业。2005年,上海大众汽车被准予从1998年版环境管理体系标准升级到2004年新版标准。至2015年,该公司位的南京、仪征、新疆、宁波和长沙分公司或子公司均通过ISO14001认证,其中长沙分公司获得国家住建部颁发的"绿色建筑三星"认证。

2010—2015年,上汽大众在中国汽车行业率先推进整车制造节能减排工作,要求所有工厂通过采用新技术、新工艺、新材料及强有力的管理,到2018年将所有对环境影响的指标降低25%。该公司各工厂建设均采用节约型园林绿化模式,建设集生化、反渗透、中水回用为一体的废水处理站,并将处理后的工业废水用于冷却塔补水、绿化灌溉和工厂卫生;实施车间屋顶降噪、天然气锅炉房降噪、空压站降噪等改造,减少噪声污染;实施油漆车间废气处理设施改造,减少废气排放;采取水旋式吸收处理喷漆室废气、蓄热式高温燃烧烘房废气,低温等离子净化法处理RTO焚烧废气等环保措施。

上汽大众节能减排获得社会认可,1992—2015年,该公司获得中国最佳企业公民年度综合大奖、中国社会责任优秀企业、中国企业社会责任榜年度杰出企业奖、中国环境标志优秀企业、国家环境保护百佳工程第一名、上海市环境保护先进集体、上海市资源节约综合利用先进企业、上海市节约用水先进集体、"十一五"上海市节能减排先进集体等荣誉称号。

二、上汽通用节能减排

【产品节能减排】

2001年9月,上海通用汽车有限公司(简称上海通用汽车)低污染排放小汽车生产一致性保证能力通过国家经济贸易委员会会同国家环保总局专家组审查和抽测,其生产的SMG7300、SMG7250、SMG6510、SMG7160等系列17种款式轿车通过低污染排放小汽车减征消费税产品检验及生产一致性审查。

2008年1月,上海通用汽车启动主题为"绿动未来"的节能环保战略行动,全方位发展绿色产品、打造绿色体系、承揽绿色责任。根据该规划,该公司大力开发绿色产品,将在动力总成上投入近11亿美元,引进并本土化规模生产十多款先进的发动机。推出搭载全新动力总成的车型,比老一代产品油耗和碳排放降低了8%～13%,而性能平均提升10%,节油1.35万吨。2008年6月,国家公布第1批入选节能产品惠民工程的71款节能汽车推广目录,上海通用汽车雪佛兰品牌的新赛欧两厢和三厢全系、乐风、乐骋1.2升、科鲁兹1.6MT,以及别克品牌的新君威1.6T共12款车型榜上有名,占总数17%,名列第一。同年,该公司全部车型达到国四排放标准,新产品具有国五排放的技术能力。2009—2010年,上海通用汽车推出11款小排量、高功率、低油耗发动机。采用1.2升S-TECⅡ发动机的雪佛兰新乐骋在原有1.4升产品的基础上,推出1.2升和1.6升全新排量,其中1.2升S-TECⅡ发动机是美国通用汽车全球技术平台率先开发的小车专属高效发动机,其升功率和低油耗在国内同级车型中首屈一指。

2010年,上汽通用汽车推出第2阶段"绿动未来"发展战略,规划至2015年推出12款高性能发动机,实现整体油耗和碳排放在现有基础上再降低15%,性能提升14%,同时新能源汽车取得实质性突破。2011年,该公司引入雪佛兰Volt沃蓝达增程型电动车;2012年,推出合资企业首款量产纯电动车赛欧Springo BEV和多款Hybrid混合动力车型。至2015年,累计推出12款新发动机,集中在1.4升～2.5升排量区间;全部车型款式为绿色,平均油耗下降至7.5升,比2010年下降13.5%;节约燃油15.61万吨,性能提升11.8%,均超过规划目标;全部车型达到国五排放标准。至2015年,由上海通用汽车更名的上汽通用汽车有限公司(简称上汽通用)累计销售别克品牌君越油电混合动力轿车(出租车)1 500余辆。

表14-1-3　2012—2015年上汽通用整车产品百公里油耗一览表

项目 ＼ 年份	2012	2013	2014	2015
国家第3阶段油耗目标(升/100公里)	7.81	8.3	7.83	7.66
企业油耗实际值(升/100公里)	7.56	7.52	7.5	7.23

资料来源:上汽通用汽车有限公司

【生产过程节能】

2008年年初,上海通用汽车制定并实施"绿动未来"三大战略,其中之一是建设绿色体系,发挥业务链龙头作用,带动上下游共创绿色产业生态系统。同年5月,经与第三方非营利组织世界环境中心(WEC)考核评审,40家零部件主力供应商被授予绿色供应商证书。这40家企业2008年确立131个改进项目,90%于年内完成,共节电超过1 700万度,减少天然气消耗140万立方米,节约用水55万多吨,减少废气排放434万吨,节能减排收益折合人民币4 576万余元。至2015年,上汽通用汽车绿色供应商达300余家,绿色经销商达495余家。

"十一五"期间,上海通用汽车金桥、烟台、沈阳三大生产基地以及泛亚汽车技术中心共实施节能减排项目78项,节省支出5 350万元。其中金桥基地完成节能减排技术改造项目26项,共节约11 816吨标煤。至2010年,该公司单车能耗下降10%,单车水耗下降21%,节电1 600万度。"十二五"期间,上汽通用汽车共完成节能减排技术改造项目37项,节约4 994吨标煤。至2015年,上汽通用三大基地平均单车能耗0.30吨标煤,比2009年下降29%;平均单车水耗3.65吨,比2009年下降22%。该公司还大面积推广应用光伏技术,通过新生产基地规划和现有基地改造,利用建筑物屋顶和成品车停车场安装太阳能发电组件,年减少碳排放76 920吨,节能28 309吨标煤。

【生产过程减排】

2004年,上海通用汽车金桥南厂建设中建造中水制水装置,对废水站达标排放的工业废水作进一步深化处理。"十一五"期间,该公司对废水处理系统实行严格管理,三大生产基地中水回用设施采用国外先进污水处理技术,工业污水和生活污水全部实行无害化处理,工厂废水和各项污染物处理稳定达标。其中金桥南厂处理后的中水使用于热交换站热水泵水冷却、绿化喷洒、景观水、厕所冲洗和地坪清洁等,总回用水量每天达210立方米,回用比例达日废水排放量的23%。

图14-1-1　2008年1月,上海通用汽车启动"绿动未来"全方位绿色战略

"十一五"期间,上海通用汽车五大生产工艺采用水性漆、车身光纤激光焊接、涂装车间烘房能源高效利用等先进工艺技术。2008年,三大生产基地油漆车间全部建成具有国际环保先进水平的水溶漆生产线,挥发性有机化合物排放比传统汽车涂装工艺减少80%以上,单一油漆车间年减少污染气体排放3 000多千克,加之无铅电泳、无铬钝化、静电喷涂、废气焚烧净化等先进环保技术,实现从源头有效控制和最大限度减少废气排放。公司新工厂规划设计采用干式文丘里和沸石轮转＋燃烧处理等新工艺,加大喷房废气循环利用,大大降低新风量,挥发性有机物VOCs去除效率达90%~95%,其中凯迪拉克工厂涂装车间引入先进的喷房废气处理系统和干式文丘里等技术,废气处理后洁净度相比传统工艺提升近3倍。与此同时,上海通用汽车加强废弃物管理,建立废弃物分

类投放、分类收集处理设施,保证废弃物100%处置,有效避免二次污染。至2015年,上汽通用单车废水排放1.25吨,比2009年降低10%;中水回用量提高28%,废弃物综合利用率达97.3%。

上汽通用汽车"绿动未来"战略得到社会认可,至2015年,公司获得国家环境友好企业、中国最佳企业公民10年卓越贡献大奖、中国企业社会责任榜年度杰出企业奖、上海市节约用水示范单位、上海市清洁生产示范企业、上海市"十一五"节能减排先进单位等荣誉称号,连续10年获年度杰出企业奖。

三、上汽乘用车分公司节能减排

【产品节能减排】

2009年,上海汽车集团股份有限公司乘用车分公司(简称上汽乘用车分公司)开发K41.8TFR和K41.8T混合动力发动机,该系列发动机采用先进的节能减排技术和全铝机体等轻量化结构,达到国际先进水平,排放满足国五标准,主要应用于荣威750、550以及MG6等轿车。2010年,该分公司开发NSE1.5SVCT、NSE1.3L及NSE1.5T多款发动机,应用于荣威350和MG3等车型,产品达到国内同类领先水平,排放达到欧Ⅳ标准,并具备升级欧Ⅴ能力。

2012—2015年,上汽乘用车分公司共有4款荣威新能源汽车上市。至2015年,荣威和MG有9款轿车入围国家惠民工程节能汽车目录;荣威E50纯电动轿车、E550插电式混合动力轿车入围工信部新能源公告;荣威E50纯电动轿车入围节能与新能源汽车推广目录;产品百公里平均油耗从7.52升降至6.92升,降幅8.6%;所有整车排放均达国五标准。

表14-1-4 2012—2015年上汽乘用车分公司整车产品百公里油耗一览表

年份 项目	2012	2013	2014	2015
国家第3阶段油耗目标(升/100公里)	7.52	7.31	7.11	6.9
企业油耗实际值(升/100公里)	7.78	7.71	7.22	6.92

资料来源:上海汽车集团股份有限公司乘用车分公司

【生产过程节能】

2009年,上汽乘用车分公司临港基地能源中心冷却水系统改造项目竣工,年节约标煤1 969吨。2010年,临港基地2号能源中心空调用冷却水一次泵变流量系统/BA系统竣工,年节约标煤169吨;能源中心冷冻水系统(工艺/空调用)改造项目落成,年节约标煤466吨。2011年,临港基地3 000吨水蓄冷项目竣工,年节约标煤466吨;油漆车间空调控制方式优化改造项目竣工,年节约标煤550吨。2012年,临港车身制造技术节能改造项目竣工,手工分体式工频交流焊机改为手动或自动一体式工频和中频焊机,年节约标煤268吨。2013年,节能管理进入规范化常态化,临港基地光伏改造项目竣工,年节约标煤2 880吨。2014年,临港一期12兆瓦光伏发电项目落成,年发电量每小时960万千瓦,年节约标煤3 600吨。2015年,临港基地RTO余热回收项目落成,年节约标煤537吨。2009—2015年,累计完成节能技术改造项目10余项,累计节约标煤6 373吨。

"十二五"期间,上汽乘用车分公司万元产值能耗和单车能耗都呈下降趋势,万元产值能耗从

2010 年的 0.033 吨标煤降至 2015 年的 0.026 吨标煤;单车能耗从 2010 年的 0.205 吨标煤降至 2015 年的 0.165 吨标煤。至 2015 年,乘用车平均燃油消耗量降至百公里 6.9 升,节能型乘用车燃油消耗降至百公里 5.9 升。

【生产过程减排】

2013—2015 年,上汽乘用车分公司先后对临港基地油漆车间,南京基地新老油漆车间及郑州基地一期油漆车间的油漆工艺进行技术升级改造,其中南京基地新油漆车间及郑州一期油漆车间采用先进的水性 2C1B 免中涂工艺及 DURR 喷涂机器人,提高涂料利用率,降低漆雾浪费和挥发性有机化合物(VOC)排放量,同时增加废气处理装置,将含 VOC 的废气浓缩后焚烧处理,至 2015 年,该项目 VOC 总计减排 1 481 吨。

2014 年,上汽乘用车分公司临港基地发动机厂 SGE 机加工车间建成乳化液集中供应系统,每年减少废水排放 234 吨。同时,革新临港基地油漆车间前处理工艺,首次将前处理传统磷化工艺切换成硅烷薄膜工艺,前处理工艺实现无镍排放,单车减少重金属镍排放 28 克,至 2015 年,总计减少重金属镍排放 8 400 公斤。至 2015 年,郑州基地一期和二期、宁德基地一期的油漆车间前处理均采用无镍排放的硅烷工艺。

四、上汽通用五菱节能减排

【产品节能减排】

上汽通用五菱汽车股份有限公司(简称上汽通用五菱)致力于高品质低能耗小型车开发生产,2005 年,该公司开发的小排量发动机具有领先优势,乐驰轿车配备的 1.2L 排量 P‐TEC 发动机,升功率超过国家规定的节能环保型发动机 50 千瓦标准,达 52.2 千瓦,百公里油耗仅 5.7 升;五菱鸿途微型客车搭载的 B 系列发动机升功率高达 52.24 千瓦,百公里油耗仅为 6.8 升,2008 年该机获中国十佳发动机称号。

"十二五"期间,该公司继续积极挖掘车型降油耗潜力,应用 MCE、涡轮增压变速器等节能技术降低油耗,制定实施第 1 阶段和第 2 阶段节油技术研究课题。第 1 阶段主要进行节油技术研究。2012 年 9 月项目启动,降油耗目标 0.3 升/100 公里,至当年 12 月实际降油耗 0.36 升/100 公里;第 2 阶段重点深化节油技术研究,2015 年 2 月项目启动,降油耗目标 0.4～0.5 升/100 公里,至当年 12 月实际降油耗 0.56 升/100 公里。

2011 年 6 月,上汽通用五菱生产的五菱鸿途 1.2L (7 座、8 座)4 个款式及配备 P‐TEC 1.0L、1.2L 发动机的雪佛兰乐驰 2 个款式的车型入围国家首批节能产品惠民工程节能汽车推广目录,至 2015 年,共有 12 个车型款式进入该推广目录。

2014 年和 2015 年,上汽通用五菱加强动力总成研发,不断改善产品油耗,整车百公里油耗不断下降。其中,五菱宏光、五菱荣光和五菱之光等车型百公里油耗分别下降 0.62 升、0.18 升和 0.84 升,宝骏 730 和五菱荣光汽车百公里油耗实际值分别低于目标值 0.61 升和 0.35 升。经过多年技术研发,该公司汽车整体百公里油耗由 2012 年的 7.23 升降至 2015 年的 6.86 升。至 2015 年,该公司开发的四大车型 12 个款式中,1.5 升及以下排量的节能型车型占比高达 90% 以上,共有 365 个车型款式达到国家规定的燃油标准值。

表 14-1-5　2012—2015 年上汽通用五菱整车产品百公里油耗一览表

项目　　　　　　　　年份	2012	2013	2014	2015
国家第 3 阶段油耗目标(升/100 公里)	7.40	7.21	7.14	7.17
企业油耗实际值(升/100 公里)	7.22	7.17	7.98	6.86

资料来源：上汽通用五菱汽车股份有限公司

【生产过程节能】

2013 年起,上汽通用五菱重视新工厂生产基地节能减排,在重庆、青岛生产基地和柳州宝骏基地新厂房规划建设时,采用联合厂房和一物流作业方案,能源站房和物流仓库紧邻生产现场,缩短距离减少物流能源损耗,并选用中空玻璃等保温隔热材料达到建筑节能效果。同时,注重节能技术推广应用,优化节能工艺,添置节能设备,优化能源结构,包括冲压工艺选用高效节能先进设备,涂装工艺应用 3C1B 中面涂新工艺替代 3C2B 工艺,加强能源回收重复利用。2014 年,该公司完成东涂 C 线 RTO 余热回收改造,启动东涂 AB 线 RTO 余热回收,在重庆和青岛基地完成空压站废热回收利用、电泳烘炉加热箱高温烟气利用,在河西工厂完成锅炉改造,以天然气取代燃煤。同时,控制非生产能耗,每月组织搜集各工厂车间节能改善亮点,持续实施节能改善活动。同年,建立符合 GB/T 23331-2012 标准的能源管理体系并通过第三方认证,健全能源管理制度,发布企业能源管理文件 20 余份。2005—2010 年,该公司先后完成涂装车间 RTO 余热回收、厂房通风改造、空压站改造、推广节能灯替换金卤灯、电机变频改造等较大节能工程 10 余项。2011—2015 年,该公司累计完成能源改善项目 500 余项。

2015 年,上汽通用五菱总能耗超过 13 万吨标煤,万元产值能耗为 0.015 2 吨标煤,比 2010 年下降 12.7%。2011—2015 年,累计节能 14 703 吨标煤,超额 235%完成柳州市政府下达的节能目标,比"十一五"时期多节约 11 751 吨标煤。

【生产过程减排】

2002 年,上汽通用五菱合资成立之时就确立环保治污与工程项目建设"三同时"的理念,精心选购先进的治污设备及有相关管理资质的运营商,按照"清污分流"原则,生产废水废液及生活污水均进入新建污水处理站处理。2011 年,建成新的废水在线监测站,实时对出水进行检测,并委托有经验的第三方运维商运维保养在线监测设备。同年,启动绿色供应链动示范项目,选择 5 家优秀一级供货商参加,经培训指导后实施 22 项绿色绩效改进方案。至 2012 年,该项目的用水量、温室气体排放和废物减少和能源效率等绩效均有显著提升。

至 2015 年,该公司新建 2 座污水处理效果更优的处理站代替原有处理站,污水处理能力为每小时 150 立方米和 90 立方米,厂区管网实现雨污分流,所有污水经处理后达标排放,用于绿化灌溉和冲厕使用;屋面机械排风改造为自然排风,改造老厂房天窗,加快空气流动速度,提高自然换气次数,改善空气质量;涂装车间采用文丘里漆雾去除装置,4 套蓄能式热力焚烧炉处理含有二甲苯和非甲烷总烃的废气,净化效率达 98%,废气排放达标;涂装车间产生的油漆渣、磷化渣和污泥,其他生产车间产生的废油和危险废弃物均由具备危废处理资质的单位安全合规处置。经过多年建设,上汽通用五菱柳东乘用车基地建成符合美国通用汽车全球最高环保标准的绿色生产基地。至 2015 年,上汽通用五菱共完成 20 个节能环保改造项目,总投资 1.35 亿元,"三废"排放比"十一五"时期下降 5%。

2010—2014 年,该公司连续 5 年获柳州市环境保护目标责任制考核优秀单位称号。2014 年,该公司获中国节能协会节能减排企业贡献一等奖。

五、上汽大通节能减排

【产品节能减排】

2011 年,新成立的上海汽车商用车有限公司(简称上汽商用车)编制"十二五"节能减排规划,规定 2015 年单车能耗降至 0.29 吨标煤。同年,该公司研制的大通牌 SH6501A2D4 和 SH6571A4D4 轻型客车通过中国质量认证中心评审认证。2014 年,研制成功大通牌新能源 V80 纯电动客车和 V80 燃料电池客车,均进入国家节能与新能源汽车示范推广应用工程推荐车型目录。至 2015 年,由上汽商用车更名的上汽大通汽车有限公司(简称上汽大通)开发的 V80、G10 和 EV80 三大车型系列 24 种款式均达国家燃油和排放标准。2015 年,该公司单车能耗从 2011 年的 0.9 吨标煤降至 0.288 吨标煤,下降 212.5%,并超额完成公司"十二五"时期单车能耗目标。

图 14-1-2　大通 EV80 纯电动轻型客车

图 14-1-3　大通 EG10 纯电动 MPV

表 14-1-6　2012—2015 年上汽大通整车产品百公里油耗一览表

项目	年份 2012	2013	2014	2015
国家第 3 阶段油耗目标(升/100 公里)	—	10.1	10.46	10.31
企业油耗实际值(升/100 公里)	—	8.58	9.83	9.17

资料来源:上汽大通汽车有限公司

【生产过程节能】

"十二五"期间,上汽大通采取措施推进生产过程节能,包括无锡基地新建扩建项目加速设备更新改造优化能源结构,采用水蓄冷、热蓄能、太阳能及地源热泵等先进节能技术,并对耗电量大的空压站房、35 千伏变压器等进行技术改造。2013 年,对空压站 3 台空压机进行变频改造,并增加变频空压机,全年节约 39.38 吨标煤。2014 年,实施蒸气站孔板改造,每年节约 484 吨标煤;回收利用空压机余热为生产车间浴室供热,当年比 2012 年节省 4 254 吨蒸汽和 548.8 吨标煤。2015 年,1 号地块 4 万平方米 VDC 停车场建成利用太阳能的光伏车棚,每年节电 22 万元;实施联合动力站房水泵工频变频改造,2016 年运行后预计全年可节电 140 万元、节标煤约 198 吨,同时减少二氧化碳、二氧化硫和烟尘排放 51.88 万吨、1 600 吨和 1 500 吨;涂装车间实施水蓄冷技术改造,每年节约能耗成本 85 余万元。

"十二五"期间,上汽大通万元产值能耗逐年下降,2015 年万元产值能耗 0.041 吨标煤,比 2011 年的 0.102 吨标煤下降 148.8%,成效显著。

【生产过程减排】

2010 年,上汽商用车实施无锡工厂涂装车间预脱脂槽工艺改造,有效减少废水排放。2012 年,无锡工厂改造疏水系统疏水阀,每年减少二氧化碳排放 274 吨,折合节约 47.8 吨标煤。2013 年,无锡工厂对涂装车间压缩空气管道实施技术改造,每年减少二氧化碳排放 352.8 吨,折合节约 49.16 吨标煤。2014 年,改造生产车间废水排放系统,增加脱氮除磷工艺,减少氮磷排放约 20%;增加沸石转轮焚烧设备,减少 VOCs 排放量约 20%;购置重力除尘设备,减少颗粒物排放量 50%。至 2015 年,上汽大通累计投资 5 400 万元实施 10 余项节能减排技改项目,公司"三废"排放均符合国家标准。

六、上海申沃客车节能减排

【产品节能减排】

2000 年,上海申沃客车有限公司(简称上海申沃客车)合资成立后即制定节能客车和新能源客车发展规划,确定 2001 年至 2014 年产品先后达到国二至国五排放标准的规划。

2000 年年底,上海申沃客车与上海公交申新巴士有限公司联合研制成功 35 辆 SWB6115Q-3 单燃料 CNG 城市客车并投入试运行。2003 年,与上海交大联合研制 SWB6115LNG 城市客车;与上海巴士股份有限公司等 4 家单位联合研制国内首辆 SWB6115GP-3 超级电容变频调速空调新概念无轨电车。2006 年,成功开发达到欧 3 标准的 12 米、11.5 米和 10.5 米高中等级系列城市公交客车。其中,SWB6940HG4 柴油城市客车于 2009 年 5 月达到国四排放标准,SWB6107Q8 燃气城市客车于 2013 年 4 月达到国五排放标准。至 2015 年,上海申沃客车累计研制生产节能客车 136 款、新能源客车 14 款,其中达到国四和国五排放标准的 77 款。

2005 年,上海申沃客车的 12 米沃尔沃牌城市客车获第 2 届全国客车大赛中国客车节油奖;2008 年,12 米申沃牌超级电容城市客车获世界客车联盟年度最佳环保巴士奖;2010 年,12 米油电混合动力城市客车获第 5 届中国国际客车大赛 CIBC 新能源客车金奖;2012 年,12 米纯电动城市客车获第 7 届 CIBC 年度最具影响力新能源客车奖;2013 年,12 米增程式油电混合动力城市客车获中国首届公共汽车节能大赛金奖。

表 14-1-7　2001—2014 年上海申沃客车节能客车产品一览表

序号	车　型	年份	能源类型	序号	车　型	年份	能源类型
1	SWB5105-3	2001	柴油	6	SWB6105HP1-3	2001	柴油
2	SWB5105GP-3	2001	无轨电车	7	SWB6105HZP-3	2001	柴油
3	SWB5105KGP-3	2001	无轨电车	8	SWB6105P-3	2001	柴油
4	SWB5115GP-3	2001	无轨电车	9	SWB6115HP5-3	2001	柴油
5	SWB5117HG	2001	柴油	10	SWB6115HP8-3	2001	柴油

〔续表〕

序号	车　型	年份	能源类型	序号	车　型	年份	能源类型
11	SWB6850	2004	柴油	45	SWB6890MG	2007	柴油
12	SWB6105HDP10-3	2005	柴油	46	SWB6126MG	2007	柴油
13	SWB6105HDP4-3	2005	柴油	47	SWB6116HE	2008	柴油
14	SWB6105HDP9-3	2005	柴油	48	SWB6940HG	2008	柴油
15	SWB6105Y	2005	柴油	49	SWB6105-3	2008	柴油
16	SWB6111	2005	柴油	50	SWB6116DME	2008	二甲醚
17	SWB6115CQ-3	2005	天然气	51	SWB6110	2008	柴油
18	SWB6115EQ1-3	2005	天然气	52	SWB6115Q5-3	2008	天然气
19	SWB6115HP2-3	2005	柴油	53	SWB6116	2009	柴油
20	SWB6115HP6-3	2005	柴油	54	SWB6116C1	2009	柴油
21	SWB6115HP7-3	2005	柴油	55	SWB6121EV	2009	纯电动
22	SWB6115HP9-3	2005	柴油	56	SWB6121EV1	2009	纯电动
23	SWB6115KHP6-3	2005	柴油	57	SWB6940HG4	2009	柴油
24	SWB6115KQ-3	2005	天然气	58	SWB6127HE2	2010	柴油
25	SWB6115Q1-3	2005	天然气	59	SWB6107Q6	2010	天然气
26	SWB6115Q2-3	2005	天然气	60	SWB6129FC	2010	燃料电池
27	SWB6115Q-3	2005	天然气	61	SWB6890MG4	2010	柴油
28	SWB6115Q3-3	2005	天然气	62	SWB6820MG4	2010	柴油
29	SWB6105D	2005	柴油	63	SWB6129FC1	2010	燃料电池
30	SWB6115EQ2-3	2005	天然气	64	SWB6129FC2	2010	燃料电池
31	SWB6115EQ-3	2005	天然气	65	SWB6117MG4	2010	柴油
32	SWB6115EQ3-3	2005	天然气	66	SWB6127HG4LE	2010	柴油
33	SWB6116Y1	2005	柴油	67	SWB6107HG4	2010	柴油
34	SWB6106	2006	柴油	68	SWB6107MG4	2010	柴油
35	SWB6106HG	2006	柴油	69	SWB6115-3	2011	柴油
36	SWB6880	2006	柴油	70	SWB6702	2011	柴油
37	SWB6116MG1	2006	柴油	71	SWB6100G	2011	柴油
38	SWB6106MG1	2006	柴油	72	SWB6110G1	2011	柴油
39	SWB6106MG	2006	柴油	73	SWB6120G	2011	柴油
40	SWB6116HG	2006	柴油	74	SWB6940Q	2011	天然气
41	SWB6116MG	2006	柴油	75	SWB6120	2011	柴油
42	SWB6980	2007	柴油	76	SWB6702MG4	2011	柴油
43	SWB6105MG	2007	柴油	77	SWB6110G	2011	柴油
44	SWB6820MG	2007	柴油	78	SWB6110G1L	2011	柴油

〔续表〕

序号	车　　型	年份	能源类型	序号	车　　型	年份	能源类型
79	SWB6110T	2011	柴油	108	SWB6127LNG2	2012	天然气
80	SWB6120G1	2011	柴油	109	SWB6110CG	2013	柴油
81	SWB6850Q	2011	天然气	110	SWB6110CG1	2013	柴油
82	SWB6860	2011	柴油	111	SWB6115 - 3MG4	2013	柴油
83	SWB6127LNG	2011	天然气	112	SWB6120G1A	2013	柴油
84	SWB6900G1L	2011	柴油	113	SWB6120GA	2013	柴油
85	SWB6900GL	2011	柴油	114	SWB6120NG1A	2013	天然气
86	SWB6127Q6	2011	天然气	115	SWB6120NGA	2013	天然气
87	SWB6850MG4	2011	柴油	116	SWB6850Q8	2013	天然气
88	SWB6105 - 3MG4	2011	柴油	117	SWB6860G	2013	柴油
89	SWB6107Q	2011	天然气	118	SWB6940Q8	2013	天然气
90	SWB6117HG4	2011	柴油	119	SWB6107HG41	2013	柴油
91	SWB6117SHEV	2011	混合动力	120	SWB6127SHEV6	2013	混合动力
92	SWB6121EV3	2011	纯电动	121	SWB6117HG4LE1	2013	柴油
93	SWB6127HG4ALE	2011	柴油	122	SWB6127HG4LE1	2013	柴油
94	SWB6127CHEV	2012	混合动力	123	SWB6127PHEV1	2013	混合动力
95	SWB6107CHEV	2012	混合动力	124	SWB6127PHEV2	2013	混合动力
96	SWB6110G1L1	2012	柴油	125	SWB6107Q8	2013	天然气
97	SWB6110GL1	2012	柴油	126	SWB6117Q8	2013	天然气
98	SWB6120G1LA	2012	柴油	127	SWB6127N8	2013	天然气
99	SWB6120GLA	2012	柴油	128	SWB6127Q8	2013	天然气
100	SWB6860G1L	2012	柴油	129	SWB6702EV19	2014	纯电动
101	SWB6900G	2012	柴油	130	SWB6107PHEV9	2014	混合动力
102	SWB6900G1	2012	柴油	131	SWB6127PHEV4	2014	混合动力
103	SWB6900G2	2012	柴油	132	SWB6107HG5	2014	柴油
104	SWB6107LNG	2012	天然气	133	SWB6107PHEV10	2014	混合动力
105	SWB6107SHEV1	2012	混合动力	134	SWB6127SHEV8	2014	混合动力
106	SWB6115Q7 - 3	2012	天然气	135	SWB6121EV57	2014	纯电动
107	SWB6127	2012	柴油	136	SWB6127PHEV	2014	混合动力

资料来源：上海申沃客车有限公司

【生产过程节能减排】

2009 年，上海申沃客车对 2 台燃煤锅炉进行脱硫技术改造，每年二氧化硫减排 8.15 吨。2015 年，对 2 台 6 吨燃煤锅炉采用替代清洁能源集中供热方式，每年二氧化硫、氮氧化物和烟尘分别减少排放 43.7 吨、9.31 吨和 6.93 吨。2015 年,该公司万元产值能耗为 0.034 2 吨标煤;单车能耗 1.31 吨标煤。

为满足 2017 年 1 月起上海市大气污染物排放标准要求,上海申沃客车于 2014 年开始计划实施挥发性有机化合物(VOC)环保改造项目,包括喷漆室全部改造成满足水性漆喷涂设备,整车彩条漆由溶剂型转成水性,1 号和 4 号喷漆室使用溶剂型漆产生的废气经过沸石转轮+蓄势燃烧装置(RTO)处理后排放;烘房全部改造为天然气烘房,废气经过蓄势燃烧装置处理后排放;预清理、发泡和腻子填补工位、补漆工位改造成密闭工位,并设置送排风设施,废气经活性炭设备处理后排放;新增自动化输调漆系统;交付车间喷蜡室改造,设置送排风系统,废气经过活性炭设备处理后排放;废水站室外废水池加盖,废气引入活性炭设备处理后排放;加油站采用活性炭吸附设备,净化柴油储罐挥发的废气。上述项目计划至 2016 年完成,年挥发性有机化合物排放量将从 2015 年的 148 吨降至 21.48 吨,减少排放 126.52 吨,减排率约 85.5%。

七、南京依维柯节能减排

【产品节能减排】

2007 年,南京依维柯汽车有限公司(简称南京依维柯)成为国内汽车行业首批获得新能源汽车资质的 5 家整车企业之一。此后先后开发纯电动、插电式混合动力、燃料电池等新能源汽车,2014 年开始批量生产,至 2015 年先后推出 PD 纯电动客车、TD 纯电动客车、PD 纯电动厢式物流车等多款车型,产品销至全国 30 多个城市,减少二氧化碳排放 6 000 吨。

2008 年,该公司开发搭载 SOFIM 这一达到国三排放标准发动机的 Turbo Daily 系列车型,以及配备该款发动机和同样达到国三排放标准的 F1C/F1A 发动机的 Power Daily 轻型客货车系列车型,满足国家第 3 阶段排放法规要求。2008—2015 年,先后对依维柯得意系列车型完成改进提升,连同褒迪系列车型、改进型军用越野车、军用越野救护车、纯电动车、专用校车以及"威尼斯之情"车型等,共计完成 8 款车型开发。其中 5 款达到国四标准,2 款达到国五标准;1 款为新能源电动车。其间于 2013 年开发搭载 SOFIM 发动机的 Turbo Daily 系列车型及配备 SOFIM 发动机和 F1C/F1A 发动机的 Power Daily 系列车型,排放开始达到国四标准,满足国家第 4 阶段排放法规要求。2015 年,该公司开发搭载 SOFIM 国五发动机的 Turbo Daily 系列车型(轻型客车)和搭载 F1C 国五发动机的 Power Daily 系列车型(轻型客车),排放达到国五标准,满足国家第 5 阶段排放法规要求。2015 年百公里油耗从 2010 年的 13.9 升减至 12.1 升,下降 13%,优于国家消耗限值标准。

表 14-1-8 2012—2015 年南京依维柯整车产品百公里油耗一览表

项目 \ 年份	2012	2013	2014	2015
国家第 3 阶段油耗目标(升/100 公里)	15.5	15.5	13	13
企业油耗实际值(升/100 公里)	13.5	13	12.5	12.1

资料来源:南京依维柯汽车有限公司

【生产过程节能减排】

2008 年起,南京依维柯建立能源管理监测系统,实时监控冲压、焊装、涂装、总装、旅行车、动力总成及公共区域的水、电、天然气和压缩空气动态消耗。2013 年,对质量超过 100 克的塑料件及质量在 200 克以上的橡胶件实行材料商标,便于末端拆解企业进行回收利用。2015 年,对整车产品及零部件和材料中禁止/限制使用的物质提出要求;推行 M1 类新产品禁限用物质含量全面合规产品开发,从设计源头对禁用物质进行管控。

2010—2015 年,采用集中供应动力能源模式;利用空压机余热回收技术,经换热后产生的热水用于涂装车间洗澡用水和生活热水;将喷漆室废气收集后先后送至废气浓缩装置和蓄热式氧化炉进行处理,废气浓缩率和蓄热氧化炉处理率分别达 90％和 98％以上,未进入浓缩装置的 10％有机废气,经收集后通过 60 米高排气筒向外排放。

2015 年和 2010 年相比,南京依维柯单车能耗从 2 415 元降至 1 931 元,下降 20.04％;万元产值能耗从 0.486 吨标煤减至 0.326 吨标煤,下降 32.92％;综合能耗累计减少 3 183 吨标煤。

八、上汽依维柯红岩节能减排

【产品节能减排】

2007 年,上汽依维柯红岩商用车有限公司(简称上汽依维柯红岩)开发轻量化、低排放、低油耗的红岩 CQ4184 和 CQ4254 系列半挂牵引重型汽车,搭载 cursor 9 系列和 13 系列发动机,与竞争对手同类型车型相比,燃油消耗低 3％～5％,排放数值更低。2011 年,开发以液化天然气和 LNG 为替代燃料的红岩 CQ4186、CQ4256 系列半挂牵引重型汽车和 CQ3256 系列自卸重型汽车,搭载潍柴动力 WP10 系列和 WP12 系列、上柴股份 SC10 系列和 SC12 系列发动机。同年,红岩 CQ4254HTVG324V 牵引车获第四届中国国际卡车节油大赛节油冠军奖;2012 年,红岩杰狮 480 马力 6×4 牵引车获第五届中国国际卡车节油大赛节油冠军奖;2013 年,红岩杰狮 480 马力 6×4 牵引车获第六届中国国际卡车节油大赛节油冠军奖。

2014 年起,上汽依维柯红岩每年设立降油耗专项年度项目,从滚动阻力、摩擦阻力、空气阻力、优化匹配等方面入手,进行电控风扇、可控空气压缩机、能量回收、AMT 变速器及混合动力方面的技术研发,深挖降低油耗的潜力,保证红岩重型汽车油耗国内同行领先。至 2015 年,该公司所有重型汽车燃油消耗量均满足《营运货车燃料消耗量限值及测量方法》JT/T 719—2016 标准和《重型商用车辆燃油消耗量限值》GB 30510—2018 标准,天然气重型汽车全部达到国五排放标准;重型汽车污染物排放限值均满足《重型柴油车污染物排放限值及测量方法(中国第 6 阶段)》GB 17691—2018 标准。

表 14 - 1 - 9　2012—2015 年上汽依维柯红岩整车产品百公里油耗一览表

车　型	项　目	2012 年	2013 年	2014 年	2015 年
CQ4254HTG334	国家油耗目标(升/100 公里)	54	54	54.0/47.0	47
	企业油耗实际值(升/100 公里)	38.74	—	—	—
CQ3254HTG384	国家油耗目标(升/100 公里)	—	—	—/43.5	43.5
	企业油耗实际值(升/100 公里)	28.85	—	—	—
CQ4255HTG334	国家油耗目标(升/100 公里)	54	54	54.0/47.0	47
	企业油耗实际值(升/100 公里)	—	37.21	—	—

〔续表〕

车　型	项　　目	2012 年	2013 年	2014 年	2015 年
CQ3255HTG384	国家油耗目标(升/100 公里)	—	—	—/43.5	43.5
	企业油耗实际值(升/100 公里)	—	25.68	—	—
CQ4256HTG334	国家油耗目标(升/100 公里)	54	54	54.0/47.0	47
	企业油耗实际值(升/100 公里)	—	—	—	40.31
CQ3256HTG384	国家油耗目标(升/100 公里)	—	—	—/43.5	43.5
	企业油耗实际值(升/100 公里)	—	—	—	35.55

资料来源：上汽依维柯红岩商用车有限公司

【生产过程节能减排】

2008 年,上汽依维柯红岩开始实施至 2015 年生产过程节能减排规划。据此,该公司新建工程和技术改造工程优先选用节能新工艺、国家推荐的节能设备和其他节能产品;使用清洁能源和原辅材料、加速设备更新改造;优化主体工艺结构和产品结构,建立装备结构大型化、资源利用高效化、物质消耗减量化的高效生产体系;推进节能技术改造项目,在冲压和油漆车间、驾驶室面漆涂装线和塑料件生产线以及输配电用电系统等部门应用节电技术,实施技术改造;强化节能减排基础管理,实施月度 KPI 考核。

2013 年,上汽依维柯红岩在年产 30 万根车桥项目建设中,优化工艺布局,采取一系列降低"三废"排放措施。包括对车桥厂热处理生产线进行技术改造,采用新设备新工艺,实施清洁生产,关停电镀生产线,将电镀加工业务全部外协;停止烟尘飞扬的铸造厂铸一车间生产,每年减少排放烟尘 20.63 吨、二氧化碳 49.53 吨、废渣 1 000 吨;改造锅炉房及蒸汽管道,每年减少燃煤消耗 440.4 吨,减排废气 312.68 万标准立方米,减排二氧化碳 1.82 吨,减排烟尘 0.62 吨,减排氮氧化合物 1.25 吨,减排灰渣 161 吨。同时,该公司重庆江北基地全面推行清洁生产,包括加强环保设施管理维护,保证正常运行杜绝跑冒滴漏现象;驾驶室涂装线增设自动喷涂机器人,减少油漆及稀释剂消耗和废气废渣排放;驾驶室涂装工艺将"电泳＋中涂＋面漆"改为"电泳＋面漆",每年减少溶剂型油漆用量 115 吨;购置 Correlux P2 高精度数字仪器设备,用于供水管道查漏,减少水资源浪费,年节水 2.35 万立方米。

2010—2015 年,上汽依维柯红岩累计实施节能减排技术改造项目 8 项,总投资 169 万元,年节约 528.93 吨标煤。2015 年,单车能耗 0.756 吨标煤,比 2010 年下降 29％;万元产值能耗 0.027 吨标煤,比 2010 年下降 18％。

表 14 - 1 - 10　2015 年上汽所属整车企业"三废"排放一览表

分类	排放物	国家标准	上汽大众	上汽通用	上汽通用五菱	上汽乘用车分公司	上汽大通	上海申沃客车	南京依维柯	上汽依维柯红岩
废水	总氮	40 毫克/升	—	—	6.50	—	27.77L	—	—	—
	总磷	8 毫克/升	—	0.81	3.93	1.28	0.65	—	—	0.22
	COD	500 毫克/升	166	67.89	38	79.30	88.30	22	109	24
	SS	400 毫克/升	33.125	16.26	6	64.50	95.20	15	18	9.91

〔续表〕

分类	排放物	国家标准	上汽大众	上汽通用	上汽通用五菱	上汽乘用车分公司	上汽大通	上海申沃客车	南京依维柯	上汽依维柯红岩
废水	氨氮	35毫克/升	8.585625	1.49	0.41	11.90	18.3	1.15	—	1.5
	石油类	20毫克/升	0.309375	0.92	0.10	1.14	0.23		0.22	0.101
	总锌	5毫克/升	0.065	0.03	0.105	0.11	0.11			0.027
	总镍	1毫克/升	0.082	0.13	0.10	0.57	0.13			0.027
废气	颗粒物	120毫克/立方米	12	2.04	2.90	5.94	9.59	40.60	9	26
	二甲苯	70毫克/立方米	1.22	5.78	0.399	1.25	0.05	0.0015	0.23	0.594
	非甲烷总烃	120毫克/立方米	25.5	14.61	2.04	3.39	20	—	0.83	0.421
	二氧化硫	100毫克/立方米	—	8.77	—	2.86	5.08	48	—	4.85
	氮氧化物	400毫克/立方米	—	27.54	50	77.02	129	230	—	14.65
固体废弃物	一般固体废弃物	安全处置	一般固体废弃物回收利用或安全处置	一般固体废弃物回收利用	一般固体废弃物回收利用	一般固体废弃物回收利用或安全填埋	一般固体废弃物回收利用或安全填埋	一般固体废弃物回收利用	一般固体废弃物回收利用	一般固体废弃物回收利用
	危险废弃物		危险废弃物焚烧处理或综合利用	危险废弃物焚烧处理或利用	危险废弃物焚烧处理	危险固体废弃物焚烧处理或安全填埋	危险固体废弃物焚烧处理或安全填埋	危险固体废弃物焚烧处理	危险固体废弃物焚烧处理	危险固体废弃物焚烧处理

资料来源：上汽集团所属整车企业

第三节　上汽资产经营、上海幸福瑞贝德节能减排

一、花园坊节能环保产业园

【绿色工程建设】

2006年，上海汽车资产经营有限公司（简称上汽资产经营）拓展创意业务，决定在上海乾通汽车附件有限公司搬迁后的上海市虹口区中山北路121号原址创建上海花园坊节能环保创产业园（简称上海花园坊）。项目占地面积8.69万平方米，建筑面积3.79万平方米。

2007年8月，该公司上报的项目建设方案获批。2008年1月，上海花园坊节能技术有限公司成立。同年10月，上海花园坊节能环保产业园竣工。项目严格按照美国LEED绿色建筑标准和中国3星绿色建筑标准规划设计和施工，大量采用遮阳、节能门窗、室内自然通风和外墙保温等建筑节能技术，LED等节能灯具，地源热泵和VRV等节能空调，太阳能光伏发电、风力发电、太阳能集

中热水和储能电站等新能源技术和设施,墙面垂直、屋顶和移动等垂直绿化,雨水回收、垃圾分类回收、废旧电池利用储能、新能源汽车充电桩、节水等节能环保技术和设施。园区 B1 和 B2 楼获得美国 LEED 绿色建筑铂金奖认证,A1 楼获得美国 LEED 绿色建筑金奖认证,成为上海第 1 家、中国第 2 家由 LEED 认证的绿色楼宇;A1~A7 楼按照中国 3 星绿色建筑标准建设改造。2013 年 6 月,2013 年上海市节能宣传周在花园坊节能环保产业园开幕。

图 14-1-4 上海花园坊节能环保产业园

至 2015 年,上海花园坊节能环保创产业园人驻的单位达 10 余家,包括多家上海市级重要的节能环保机构,园区成为上海节能环保的标志性园区。

【上海市节能产品技术交易中心入驻】

2008 年 6 月,上海市节能产品技术交易中心入驻上海花园坊,成为首家入驻的市级节能环保机构。该中心由上海市节能技术服务中心和能源研究会创建,主要任务是宣传和推广节能新技术新产品,并通过举办技术交易会,搭建市场交易平台,促进节能产品市场化产业化。1985 年起,该中心每年 11 月举办一次节能产品技术交易会,交易会分设供热系统、节电仪表、燃烧设备、余热回收、新产品新技术和新材料等展示交易展台。至 2015 年,该中心累计举办节能产品技术交易会达 30 场,推广节能产品 50 余项,累计交易金额达 200 万元。

【上海市环境能源交易所入驻】

2008 年 8 月,国内首个环境能源交易平台上海环境能源交易所成立并入驻上海花园坊。该所是上海市政府批准设立的服务全国、面向世界的综合性环境能源权益交易平台,涵盖环境能源的物权、债权、股权和知识产权等权益交易服务,重点涉及节能减排环保技术、节能减排资产、CDM 项目、污水处理和二氧化硫等交易。至 2015 年,上海环境能源交易所已累计实现的挂牌项目金额达 336 亿元,成交金额突破 70 亿元,自愿碳减排项目个人开户数超过 21 万户,成为中国最活跃、规模最大、具有国际影响力的环境能源交易市场和权益交易平台之一。

【上海市科学节能展示馆入驻】

2009 年 12 月,由上海市经济和信息化委员会(简称上海市经信委)为主联合创办的上海市科学节能展示馆在上海花园坊开馆。展馆面积 3 450 平方米,分为序厅、工业节能、新能源、家庭节能、楼宇节能、交通节能、青少年体验和新品发布 8 个展区。展馆被列为中国浦东干部学院现场教学点、上海市科普教育基地、上海市科普旅游示范基地、世界自然基金会(WWF)低碳教育活动基地和中国终端能效项目示范点,与上海 300 多所中小学建立节能环保科普教育合作关系。展馆每年举办多个具有影响力的展会,成为国内展示面积最大、展项最全展示技术最先进的上海节能环保科普教育重要基地。

【上海市能效中心入驻】

2008 年 8 月,上海市能效中心入驻上海花园坊。该中心是直属上海市经信委领导,为上海市节能服务中心基础上建立的具有推进节能管理、评价节能产品、传播能效信息、开展节能咨询研究服务、举办政府公益性节能项目等功能的非营利性机构。2008年,该中心成为国家发展和改革委员会、联合国开发计划署、全球环境基金共同启动的中国终端能效项目(EUEEP)的示范点。中国终端能效项目旨在提高中国在工业和建筑等主要能耗部门能源利用效率,通过国际合作,帮助中国建立可持续的和基于市场的节能政策和标准,提高经济生产率,减少温室气体排放,改善全球环境。该中心每年发布上海市节能产品公示名单。

二、水蓄冷、光伏发电等节能减排

2010年10月,上汽资产经营将节能事业部组建为专业从事节能环保业务的上海安悦节能技术有限公司(简称上海安悦)。

【上海安悦水蓄能】

2009年,上汽资产经营节能事业部建设的第1个水蓄冷项目在上海汽车工业活动中心(蓝宫大饭店)落成。该项目为采用水蓄冷＋地源热泵＋热回收技术的综合节能空调系统改造,年节约585吨标煤。项目获2009年度中国节能服务产业优秀示范项目。2012年和2014年,上海安悦自主研发的高效节能型水蓄冷系统分别获得上海市高新科技成果转化项目和上海市科技发明选拔赛银奖。2014年,该公司建成上汽集团单体最大的水蓄冷项目上海大众汽车宁波分公司水蓄冷项目,项目单体装机容量1.2万立方米,采用该公司多环高效布水技术和自动控制技术专利,年节约运行费用192万元左右。至2015年,上海安悦先后完成上汽乘用车分公司、上海乾通汽车附件有限公司烟台福山分公司、上海飞机制造有限公司8号和9号厂房等8个规模较大的水蓄冷项目。

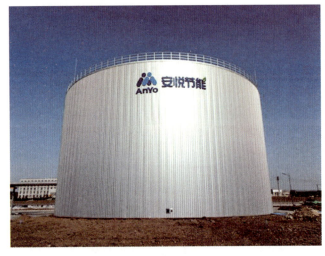

图14-1-5　安悦节能水蓄能装置

2011年,上海安悦利用可再生能源技术为上海飞机制造有限公司72号车间进行地源热泵空调改造,项目集地源热泵、水泵变频、分层空调、集中控制等多项节能技术于一体,采用分层送风形式,满足车间10.8米挑高大差别温度需求,相比传统中央空调系统节省运行费用30%以上,且系统运行过程中提取地表浅层地热无任何污染。

【上海安悦光伏发电】

2013年1月,上汽资产经营投资建设运用光伏发电的上汽集团50兆瓦金太阳示范工程被列为国家金太阳第5期光伏项目,该项目为上汽集团节能减排的重要项目之一,并由上海安悦承担该项目的施工业务。50兆瓦装机容量包括上汽集团位于上海的企业20兆瓦、位于南京的企业30兆瓦,涉及上汽大众汽车、上汽乘用车分公司、上海汽车变速器有限公司、安吉汽车物流有限公司,以及上汽资产经营所属上海国际工业设计中心等单位。

该项目于 2013 年 6 月启动,总投资 4.5 亿元。金太阳上海地区 20 兆瓦光伏发电项目于 2013 年 9 月正式开工建设,2014 年 11 月竣工,年发电量 3 500 万千瓦;金太阳南京地区 30 兆瓦光伏发电项目于 2013 年 11 月开工建设,2014 年 11 月竣工。该项目投入运行后实现并网发电,运转正常。光伏电站年发电量 5 000 万千瓦,折合节约标煤 1.5 万吨,减少二氧化碳排放 5 万吨。至 2015 年,50 兆瓦金太阳光伏发电项目累计发电 1.8 亿千瓦,折合节约标煤累计 5.4 万吨,减排二氧化碳累计 14.2 万吨。该项目中的上汽大众南京分公司一次可停放 4 466 辆车的光伏车棚,总装机容量 10.213 兆瓦,年发电量 2 000 千瓦,2015 年 1 月获"全球最大光伏建筑一体化电站"吉尼斯世界纪录证书。

2015 年 3 月,上汽资产经营投资建设的全球最大太阳能光伏建筑一体化发电站吉尼斯纪录颁证暨新一轮 500 兆瓦太阳能光伏项目启动仪式在上海花园坊节能环保产业园举行。6—12 月,上海安悦实施完成上汽大众宁波工厂光伏建筑一体化一期项目,该光伏车棚可停放车辆 2 万多辆,体量超过上汽大众南京分公司光伏车棚 5 倍,总装机容量 20 兆瓦,年发电 2 100 万千瓦,折合节约标煤 6 300 吨,减排二氧化碳等有害气体 1.65 万吨,再次刷新上海安悦创造的世界纪录,并获得全球最大光伏建筑一体化电站新的吉尼斯世界纪录。此外,2015 年 10 月开工建设上汽大众仪征分公司 20 兆瓦分布式光伏发电项目,计划于 2016 年 3 月并网发电。该项目采用上汽资产经营自主研发的可调式结构光伏车棚,即根据太阳公转角度选择最佳受光点,发电效率提升 10% 以上。2015 年,上汽大众宁波工厂 30.5 兆瓦光伏屋顶发电项目立项。

至 2015 年,上海安悦累计建成 70 兆瓦金太阳示范工程,成为全国最大的分布式光伏综合应用商之一,每年可节约标煤 2.16 万吨,减排二氧化碳 5.63 万吨。公司于 2013 年获评"十一五"全国节能先进集体。

表 14-1-11　2013—2015 年上海安悦节能减排项目一览表

序号	节能减排类型	项目名称	开工/竣工时间	节能减排数据
1	光伏发电	金太阳上海地区 20 兆瓦光伏发电项目	2013 年 9 月— 2014 年 11 月	年均节约标煤 6 000 吨 年减排二氧化碳 15 760 吨
2		金太阳南京地区 30 兆瓦光伏发电项目	2013 年 11 月— 2014 年 11 月	年节约标煤 9 000 吨 年减排二氧化碳 23 640 吨
3		上汽大众宁波一期项目 20 兆瓦光伏电站项目	2015 年 6 月— 2015 年 12 月	年节约标煤 6 600 吨 年减排二氧化碳 1.7 万吨
4		上汽乘用车分公司临港基地 5 兆瓦光伏电站项目	2015 年 10 月—	预计年节约标煤 1 650 吨, 年减排二氧化碳 4 334 吨
5	水蓄冷	上汽活动中心蓝宫饭店项目	—	年节约标煤 585 吨
7		上汽大众宁波分公司项目	—	节约资金 192 万元
8		上汽乘用车分公司项目	—	—
9		上海乾通公司烟台福山分公司项目	—	—
10		上海飞机制造厂项目	—	—

资料来源:上海汽车资产经营有限公司

三、汽车发动机再制造

上海幸福瑞贝德动力总成有限公司(简称上海幸福瑞贝德)成立于 1995 年 6 月,其前身是上海大众瑞贝德动力总成有限公司,主要从事汽车发动机和变速器再制造业务。2010 年 5 月,由上海幸福摩托车有限公司收购并更名为现名。

1998 年,上海幸福瑞贝德在上海大众汽车支持下启动发动机再制造业务。该公司在消化吸收德国大众发动机技术基础上,摸索总结旧件回收、拆解清洗、加工制造、检查测试和产品营销 5 个环节,对旧发动机运用高科技清洗和修复工艺,保证产品技术性能安全质量达到原产品设计功能,实现产品再制造。

2000 年,该公司桑塔纳系列再制造发动机通过国家型式试验并批量生产。2008 年,被国家发展和改革委员会列为第一批汽车零部件再制造试点企业。2009—2010 年,代表上汽集团牵头或参与编制 10 余项再制造国家标准和行业标准。2010 年,获得上海通用汽车再制造业务授权点。2011 年,通过国家汽车零部件再制造试点验收,入围十大再制造发动机和变速箱产品,列入国家再制造产品目录。2012 年,具备独立的再制造发动机认可试验能力并通过上海大众汽车认定,并被评为高新技术企业。2013 年,被列为国家内燃机整机及关键零部件再制造示范工程。2014 年,具备核心件新件批量加工能力。2015 年,被列入第一批享受国家"以旧换再"补贴政策的企业。

2015 年,上海幸福瑞贝德再制造年产能力为 1.5 万台。累计再制造发动机 3.6 万台,以每台再制造发动机节约钢材 59 公斤、铝材 8 公斤、电 170 度,减少二氧化碳排放 56 公斤、一氧化碳排放 6 公斤、氮氧化物排放 1 公斤、硫化物排放 4 公斤,减少固体废弃物 290 公斤计算,该公司累计节约钢材 212.4 万公斤、铝材 28.8 万公斤、电 612 万度,减少二氧化碳排放 201.6 万公斤、一氧化碳排放 21.6 万公斤、氮氧化物排放 3.6 万公斤、硫化物排放 14.4 万公斤,减少固体废弃物 104 万公斤。2013 年,再制造变速箱自开始投产;至 2015 年,累计销售 1 500 台。实现了良好的社会效益,成为中国汽车发动机再制造行业标杆企业。

2009 年,上海幸福瑞贝德被推举为中国汽车工业协会汽车零部件再制造分会副理事长单位和内燃机再制造产业联盟副理事长单位。

第二章 社 会 捐 助

20世纪90年代初至2015年,上汽以回报社会为己任,持之以恒捐助抗灾救灾、贫困地区和希望小学,捐助教育、科技、国防、慈善、环保、卫生、体育和艺术等事业,捐助国家重要活动和北京奥运会、上海世博会,累计捐款、捐物价值10亿元。

第一节 捐助抗灾救灾

一、捐助抗洪救灾

1991年,太湖流域发生特大水灾,上海汽车工业总公司(简称上汽总公司)企业员工响应中央和中共上海市委市政府号召,捐款捐物支援抗洪救灾。同年7月,上汽总公司向灾区捐赠50台上海拖拉机内燃机公司生产的上海牌SH-50型拖拉机,其中包括上海拖内1万名员工为此义务劳动半天增产的3台拖拉机。至同月17日,上汽总公司捐款捐物达320.7万元,其中员工捐款35万元。1995年7月,江西和湖南等地遭受暴雨洪涝灾害,上海大众汽车有限公司(简称上海大众汽车)资助200万元用于救灾。

1998年6—7月,中国长江、嫩江、松花江等流域爆发特大洪水灾害,上海汽车工业(集团)总公司(简称上汽集团)积极捐款捐物,支援灾区、奉献爱心。同年7月28日,上汽集团副总裁郁子冲带领慰问团赴洪灾最严重的湖北武汉,拜会武汉市政府有关领导,代表上汽集团向武汉市捐赠20万元,用于购买各项防汛物资。同月11日,上汽集团在上海市抗洪救灾大型义演晚会上再次向灾区捐款350万元。同月25日,上汽集团和上海大众出租汽车股份有限公司、上海歌舞团及上海电视台在美琪大戏院联合举办"我们众志成城"抗洪救灾义演晚会,共收到各主办单位职工捐款400万元,其中上汽集团所属上海大众汽车有限公司(简称上海大众汽车)、上海通用汽车有限公司(简称上海通用汽车)、上海汇众汽车制造公司、上海拖拉机内燃机公司等40家企业6万余名职工捐款323.18万元,上海大众汽车员工捐出的75.6万元中包括12名外方人员捐助的1.4万元。至同年10月,上汽集团单位和个人捐款累计690多万元,其中单位捐款累计370万元,员工捐款累计323.18万元。

2004年12月—2005年1月,印度尼西亚等东南亚国家发生严重海啸。上汽集团组织"一日捐"活动募集152万元,分别通过上海市慈善基金会和上海市总工会转交灾区。2008年年初,中国南方发生大范围低温雨雪和冰冻灾害。2月,上海市政协在上海市各界人士元宵联欢晚会上组织部分企业为受灾地区捐款,上汽集团捐赠100万元。2009年夏季,中国台湾因"莫拉克"台风遭受50年一遇的洪涝灾害,上汽集团响应中国上海市委和上海市政府号召,于同年9月通过海峡两岸关系协会向台湾灾区同胞捐赠200万元,表达对台湾同胞的诚挚慰问。10月26日,中共中央台湾工作办公室致信上汽集团表示感谢。

二、捐助抗击"非典"

2003年,中国发生非典型性肺炎(简称"非典")重大疫情灾害,上汽集团认真贯彻党中央、国务院和中国上海市委市政府关于严加防范"非典"的指示和要求,在有力有序有效防范"非典"的同时,积极守望相助、全力支持抗击"非典"。同年5月14日,上汽集团举行捐赠仪式,向上海市防治"非典"指挥部捐赠价值500万元的10辆别克GL8公商务旅行车和20辆赛宝多功能车,分别用于防治"非典"的医务救护和医疗物品运送。同月16日,上汽集团所属上海通用汽车、上海汽车股份有限公司、上海汽车集团财务有限责任公司、上海汽车工业销售总公司、上海汇众汽车制造有限公司、上海

图14-2-1 上汽捐赠抗击"非典"专业车辆

实业交通电器有限公司、上海申雅密封件有限公司、上海易初通用机器有限公司、上海纳铁福传动轴有限公司、上海采埃孚转向机有限公司、上海法雷奥汽车电器系统有限公司和上海汽车进出口有限公司等企业共同购买抗击"非典"福利彩票500万元,捐助上海市民政局社会福利救灾救济基金会设立的抗击"非典"专项基金。6月30日,上汽集团通过上海市民政局救灾救济办公室向上海出租汽车行业捐赠500万元,补偿其在"非典"期间的运营损失。截至6月底,上汽集团捐赠抗击"非典"的金额累计达1 500万元。

与此同时,上汽集团积极贯彻中央和上海关于确保抗击"非典"胜利、确保经济发展的"两个确保"精神,同年上半年累计销售汽车35万辆,其中轿车26万辆,比2002年增长56.5%,继续保持国内轿车市场领先地位,实现上半年经济工作"双过半"。

三、捐助汶川地震等

1996年2月,云南省丽江市发生地震灾害,上汽集团捐助50万元。2008年5月12日,四川省阿坝藏族自治州汶川县发生8.0级特大地震。上汽集团中外员工迅速行动,悼念遇难同胞,筹集赈灾款项,支援灾区重建家园。地震次日,上汽集团通过上海市民政局向受灾地区捐款400万元。至同月16日,集团所属企业捐款达到1 000万元,其中上海通用汽车300万元,上海大众汽车200万元,上汽通用五菱汽车股份有限公司(简称上汽通用五菱)100万元,泛亚汽车技术中心有限公司20万元,上汽依维柯红岩商用车有限公司240万元。同月19日,上汽集团本部及所属企业举行四川汶川特大地震遇难同胞默哀仪式。至同月23日,集团捐款增至1 800

图14-2-2 上汽依维柯红岩捐助汶川抗震救灾

余万元,其中在沪员工 2 次捐款计 1 082 万元,沪外企业南京汽车集团公司员工捐款 54 万元、上汽通用五菱员工捐款 35 万元。至同年 7 月,上汽集团向汶川地震灾区捐款总计达 3 744.62 万元,其中集团和企业共捐款 1 789.44 万元,员工共捐款 1 618.59 万元、捐献衣被 5.46 万件,中国共产党员交纳特殊党费 336.59 万元。此外,集团还向设在四川省都江堰市的上海市对口援助灾后重建指挥部捐赠 8 辆双龙雷斯特越野车,总价值 296 万元。当年,上汽集团获上海市慈善奖。2009 年,中国残疾人福利基金会发起在都江堰筹建给因灾致残学生 9 年义务教育的都江堰友爱学校,上汽集团捐款 36 万元。

汶川地震募捐活动涌现许多感人事迹。上海汽车集团股份有限公司乘用车分公司临港工厂来自农村的劳务派遣制员工捐出参加公司拔河比赛获得团体冠军的全部 3 000 元奖金;上海小糸车灯有限公司向 11 位来自灾区的劳务派遣制员工每人送上 1 000 元慰问金;延锋伟世通汽车饰件系统有限公司组织"我们和你们在一起"募捐活动,为 118 名来自灾区的家庭或亲属遇难或房屋受损的劳务派遣制员工献爱心;正在上海三电贝洱汽车空调有限公司访问的日方股东日本三电株式会社社长牛久保雅美获悉地震信息后,当即捐款 100 万日元;正在上汽访问的韩国双龙汽车公司工会人员获悉地震信息后,当场捐款 3 000 元。

2010 年 4 月 14 日,青海省玉树藏族自治州玉树市发生 7.1 级强烈地震,上汽集团向灾区捐助 574 万元。2012 年 4 月,上汽集团向青海省教育部门捐赠 2 辆大通牌 V80 轻型客车,用于玉树灾后重建工作。2013 年 4 月 20 日,四川省雅安市芦山县发生 7.0 级强烈地震,上汽集团向灾区累计捐助 1 000 万元,其中上汽集团含乘用车分公司和商用车公司 500 万元,上海大众汽车和上海通用汽车各 150 万元,华域汽车系统股份有限公司 100 万元,上汽通用五菱和南京依维柯汽车有限公司各 50 万元。2014 年 8 月 3 日,云南省昭通市鲁甸县发生 6.5 级地震,上汽集团及所属企业向灾区捐助 1 200 万元,包括上汽集团 600 万元,上海大众汽车、上海通用汽车和上汽通用五菱各 200 万元。

第二节　捐助国家与国际重要活动

一、捐助国家重大活动

1969 年 10 月,上海汽车制造厂研制的 SH 32 吨自卸载重汽车在北京参加中华人民共和国成立 20 周年庆祝活动。1997 年 9 月,上海大众汽车有限公司生产的 310 辆桑塔纳 2000 型轿车抵达北京,用于中国共产党第十五次代表大会会务专用车,这是上汽生产的汽车首次批量成为党和国家重大会议的会务专用车辆。1998 年 2 月,200 辆上海桑塔纳 2000 型轿车成为第九届全国人民代表大会和中国人民政治协商会议第九届全国委员会会议的专用车辆。

二、捐助亚太经合组织(APEC)会议

【捐助 2001 年会议】

2001 年,APEC 会议在上海举行。为确保中国举办的规模最大、规格最高的多边外交活动取得成功,上汽集团认真贯彻上海市政府有关精神,积极提供会务车辆服务。同年 1 月,上汽集团召开专题会议,决定成立专门对口机构,严格落实上海 APEC 会议筹备办公室关于车辆提供的要求。同年 6 月,上海申沃客车有限公司生产的申豪牌公交客车被上海市政府选为上海 APEC 会议公交车辆置换的首选车型,该车于上海 APEC 会议举办前夕向上海公交系统提供 100 辆并投入运营。同

年 9 月 24 日，上汽集团赞助上海 APEC 会议车辆交接仪式暨供车保障誓师大会在上海体育场举行，上海市副市长蒋以任、上海市政府外事办公室副主任杨国强、上汽集团董事长兼党委书记陈祥麟、上汽集团总裁胡茂元等出席。会议宣布上汽集团向上海 APEC 会议赞助由上海通用汽车有限公司生产的 348 辆别克轿车作为会务用车。上海通用汽车总经理陈虹表示，为确保 APEC 会议期间别克会务

图 14－2－3　上汽为 APEC 会议提供专用车辆

用车正常使用，该公司采取有效措施，组织上海地区所有 13 家别克维修站为会议用车提供快捷优质服务，在各会议专用停车场建立 24 小时驻点服务队伍、提前安排应急车辆、设立 24 小时配件订货系统支持和 24 小时技术服务支持。上海 APEC 会议结束后，上汽集团获上海市政府颁发的上海 APEC 会议优秀协作奖。

【捐助 2014 年会议】

2014 年，亚太经合组织再次在中国举办会议。上汽集团作为该届会议的汽车合作伙伴，先后于同年 5 月、9 月和 10 月，分别向该次 APEC 会议的贸易部长会议、中小企业部长会议和工商领导人峰会交付荣威和大通两个自主品牌车辆，为与会亚太地区政要和贵宾提供服务。

三、捐助上海合作组织峰会

【捐助 2006 年峰会】

2006 年 6 月，上海合作组织在上海举办峰会和成立 5 周年庆典活动，上海汽车集团股份有限公司（简称上汽股份，2007 年 9 月后简称上海汽车，2011 年 12 月后简称上汽集团）负责为该次峰会提供上海大众汽车生产的大众领驭、上海通用汽车生产的别克荣御和君威，以及上海汽车工业进出口公司所属上海腾众汽车销售服务有限公司经销的德国大众豪华车型辉腾，合计 4 种款式 118 辆轿车，作为上海峰会接待与会国家元首和政府首脑的专用车辆，并由上海锦江国宾车队负责驾驶。3家国宾车辆提供企业严格按照外事工作要求，提前对车辆进行全面检测和精心保养，确保圆满完成重要外事接待任务。

峰会结束后，上海市政府外事办公室和上海合作组织峰会上海筹备工作办公室致函上汽股份表示衷心感谢，称赞上海大众汽车和上海通用汽车"发扬注重细节、精益求精、无缝衔接、团结协作、周密细致、追求完美、连续作战、不辱使命的精神，全力以赴，为峰会作出了重要的贡献，体现'开拓创新、追求卓越'的上海城市精神，为上海的对外交往事业作出新的成绩"。

【捐助 2007 年峰会】

2007 年 8 月，上海合作组织峰会在吉尔吉斯斯坦首都比什凯克举行。中国政府援助 30 辆上汽荣威 750 轿车，作为该国政府礼宾车护卫迎送参加峰会的各国领导人。2014 年 5 月，上汽大通汽车有限

公司 G10 轻型客车成为当年度上海合作组织峰会贸易部长会议官方指定商务车。同年 9 月,上汽集团作为第 21 次 APEC 中小企业部长会议汽车合作伙伴,携荣威、大通两大自主品牌为与会亚太地区政要和贵宾提供服务。10 月,上汽大通 G10 轻型客车成为当年 APEC 工商领导人峰会官方指定用车。

四、捐助博鳌亚洲论坛

2008 年 4 月 11—13 日,博鳌亚洲论坛当年度年会在海南省琼海市博鳌镇举行,上海通用汽车生产的别克轿车成为该论坛唯一指定贵宾用车和唯一指定商务用车,上汽集团同时赞助该论坛 90

万元和 100 辆轿车使用权。年会举办首日,别克高档行政轿车林荫大道和 GL8 陆尊公务商务车交付仪式在博鳌论坛主会场举行,上海汽车副总裁、上海通用汽车总经理丁磊将别克轿车钥匙模型交予博鳌亚洲论坛年会秘书长龙永图,博鳌亚洲论坛年会副秘书长拉莫斯出席交车仪式。

2009 年 4 月和 2010 年 4 月,上海通用汽车别克高档行政轿车林荫

图 14-2-4 上海通用汽车为博鳌亚洲论坛提供专用车辆

大道和 GL8 陆尊公务商务车继续成为博鳌亚洲论坛 2 次年会的唯一指定贵宾用车和唯一指定商务用车。上海通用汽车连续为 3 次博鳌亚洲论坛年会累计提供别克轿车 300 多辆,累计接待各国政要和各界人士 3 600 多人次。至 2014 年,凯迪拉克品牌连续 7 年襄助博鳌亚洲论坛。

第三节　捐助北京奥运会

一、成为合作伙伴

2001 年 7 月 13 日,在俄罗斯首都莫斯科举行的国际奥林匹克运动会第 112 次全会上,中国首都北京获得第 29 届夏季奥林匹克运动会(即 2008 年北京奥运会)主办权。2004 年 6 月,德国大众汽车公司(简称德国大众)宣布成为 2008 年北京奥运会唯一的汽车企业合作伙伴,德国大众将与其在中国的 2 家合资企业上海大众汽车有限公司和一汽大众汽车有限公司,共同为 2008 年北京奥运会、2008 年北京残疾人奥运会、北京奥运会组织委员会、中国奥林匹克委员会,以及出征 2006 年冬季奥运会和 2008 年奥运会的中国体育代表团提供汽车方面的服务与赞助。

2005 年 1 月 27 日,大众汽车(中国)公司(简称大众中国)在北京举办"大众一心,鼎力北京奥运"活动,宣布全面启动对 2008 年北京奥运会的赞助支持项目,德国大众、上海大众汽车和一汽—大众汽车有限公司(简称一汽大众)共同帮助北京奥运会实现绿色奥运、科技奥运和人文奥运,包括为北京奥运会提供使用阳光燃油和合成油等新型清洁燃料和代用燃料的汽车,联合开发更新更先进的燃料电池车型,实施交通事故研究和驾驶培训等道路安全项目等。大众中国董事长魏智博、上汽股份董事长兼上海大众汽车董事长胡茂元、中国第一汽车集团公司总经理兼一汽大众董事长竺

延风、大众中国总裁雷思能、上海大众汽车总经理陈志鑫、一汽大众总经理秦焕明等出席活动。同年 11 月 23 日,大众中国与 2008 年北京奥运会另一合作伙伴中国银行共同签署《中国银行—大众奥运战略合作伙伴框架协议》,上海大众汽车销售执行经理叶永明出席签字仪式。协议约定大众中国、上海大众汽车、一汽大众与中国银行共同制订并实施支持 2008 北京奥运会计划,充分利用双方营销网络共享客户资源,以企业对企业方式开展集团销售、金融服务、电子资金转账、信用卡计划及 VIP 客户与员工优惠计划等多项合作。

二、提供官方用车

作为 2008 年北京奥运会唯一汽车合作伙伴的成员,上海大众汽车需提供 2 000 余辆奥运会官方用车。2008 年 6 月 23 日,上海大众汽车首批 291 辆新一代途安旅行车运抵北京。7 月 16 日,由上海大众汽车、上海燃料电池汽车动力系统有限公司和同济大学等单位自主研发生产的拥有完全自主知识产权的 20 辆第 4 代 PASSAT 领驭氢燃料电池轿车从上海发送北京,全国政协副主席、科学技术部部长万钢在发车仪式上致辞,上汽集团董事长胡茂元、上海大众汽车总经理刘坚出席。同日,上海大众汽车 10 批次发送的 2 133 辆奥运官方用车全部顺利抵京。

2008 年 7 月 11 日,2008 年北京奥运会新能源汽车示范运行交车仪式在北京奥体中心举行,中共中央政治局委员、北京市委书记刘淇和全国政协副主席、科学技术部部长万钢出席。移交的总计 500 辆新能源汽车中包括上海大众汽车的 20 辆 PASSAT 领驭燃料电池轿车,其中 10 辆作为出租车提供给北京市运输局交通保障团队,10 辆提供给国家“863”项目办公室进行宣传展示。

2008 年 8 月 8—24 日北京奥运会赛事期间,上海大众汽车开展 24 小时奥运官方用车服务保障工作,并派出 18 名专业技术人员组成奥运会车辆维修技术专家小组,提供 48 名维修技师担负场站及现场服务,14 家上海大众汽车设在北京的特许销售商为奥运会车辆定点服务,确保奥运会期间官方用车正常运行。除了上海大众汽车提供的 2 000 余辆汽车外,上海汇众汽车制造有限公司也为北京奥运会提供 1 000 辆服务用车,受到奥运会组委会的好评。

此外,2008 年 6 月 17 日,上海汇众汽车制造有限公司生产的 1 000 辆伊思坦纳商务用车发往北京,在北京奥运会期间承担车辆服务工作。上汽集团董事长兼党委书记胡茂元剪彩,上汽集团副董事长兼上海汽车总裁陈虹致辞,上海汽车副总裁肖国普等出席发车仪式。

三、举办奥运公益活动

在迎奥运和奥运会举办期间,上海大众汽车组织开展多种形式的以奥运为主题的社会公益活动。2007 年 3 月,推出“奥运心林”计划,在全国精选若干区域建设林地,呼吁公众投身环保事业,同月还设立绿色奥运专项基金。同年 6 月,会同上海市体育运动总会、上海国际赛车场和上海安吉汽车俱乐部联合举办“全民健身与奥运同行,F1 赛道百姓体验日”活动。7 月,发起并联手联合国儿童基金会、搜狐科技发展有限公司和中国移动通信集团有限公司共同开展“领驭奥运、关爱里程”奥运主题公益试驾活动,并招募奥运关爱大使,全国政协副主席周铁农、北京奥运会中则委员会市场开发部副部长刘军、上海大众汽车总经理陈志鑫、搜狐互联网信息服务有限公司董事局主席兼首席执行官张朝阳等出席启动仪式。8 月,先后举办“铭记奥运、大众共享”——北京 2008 年奥运会官方电影《北京奥运会》开机仪式,“与奥运同行、为特奥加油”——2007 年世界夏季特殊奥运会主题歌揭晓仪式,"好运北京"——2007 年国际排联女子沙滩排球挑战赛和"好运北京"国际公路自行车邀请赛。9 月,与内蒙古自治区呼和浩特市林业局签约,双方联手在呼和浩特建立面积达 4 000 亩的上海大众汽车奥运内蒙古林地,上海大众汽车出资 300 万元为这一林地提供养护支持,使之成为守护北京、预防风沙的一道屏障。

2008 年 2 月,上海大众汽车"奥运火炬手关爱大使"选拔赛落幕。3 月,上海大众汽车斯柯达品牌联手北京人民广播电台等单位,共同启动"绿色骑手、奔向北京"大型绿色主题公益活动。该活动用绿色纽带联结南北 6 座城市,成为覆盖面最广规模最大的民间自行车骑行活动。同年 9 月,大众中国携手上海大众汽车和一汽大众举行奥运英雄颁奖典礼,为获得金牌和表现优异的 15 位中国运动员颁发大众品牌和斯柯达品牌汽车。10 月,上海大众汽车斯柯达嘉奖北京奥运会羽毛球男单冠军林丹 1 辆即将上市的斯柯达明锐夺金纪念版轿车。

四、护航奥运火炬境内传递

2007 年 4 月 26 日,2008 年北京奥运会组委会宣布奥运火炬传递计划路线。2008 年 2 月 28 日,大众中国、上海大众汽车和一汽大众宣布大众汽车成为 2008 年北京奥运会火炬中国境内接力供应商,将为火炬境内传递提供车辆服务、技术支持和后勤保障。3 月 24 日,希腊古奥林匹亚遗址点燃北京奥运圣火,上海大众汽车奥运形象大使、雅典奥运游泳冠军罗雪娟成为第 1 位举起北京奥运圣火的中国人和奥运历史上第 1 位持火炬走出古奥林匹亚遗址的非希腊火炬手。5 月 4 日,北京奥运火炬接力到达境内传递第 1 站海南省三亚市,上海大众汽车提供的火炬接力用车 PASSAT 领驭、途安和明锐轿车开始全程护航奥运圣火,上海大众汽车技术执行经理宇杰作为上海大众汽车第 1 棒火炬手,参加当天火炬传递。同月 23 日,北京奥运圣火传至上海,上汽集团董事长和党委书记、上海大众汽车董事长胡茂元,上汽集团副董事长、上海汽车总裁陈虹,上汽集团总裁沈建华作为上海大众汽车火炬手参加火炬传递。24 日,奥运圣火传至上海大众汽车总部所在地嘉定区安亭镇,上海汽车执行副总裁陈志鑫、上海大众汽车总经理刘坚、上汽集团财务执行总监刘榕、上海大众汽车副总经理兼商务执行经理赛曼、上海大众汽车销售与市场执行经理张海亮和该公司全国劳动模范徐小平等参加火炬传递。至此,上汽共有 90 名员工参加奥运圣火传递。

以"点燃激情传递梦想"为主题的北京奥运火炬传递历时 130 天,总里程约 13.7 万公里,其中中国境内传递 4 万多公里,途径 116 个城市和地区,参与传递活动的火炬手 21 780 人,为奥运历史上线路最长、范围最广、参与人数最多的圣火传递。奥运火炬接力期间,上海大众汽车共提供赞助车辆 165 辆、售后服务车 55 辆、工作用车 304 辆,这些车辆组成的车队为历经 19 个省、市、自治区 63 座城市和 57 天 3 万公里的火炬传递全程护航;上海大众汽车在全国的 600 家服务中心在火炬经过之处建立定点服务网络,成立服务小组,完成奥运圣火护航车队车辆的验收、预检和路试,全力保障奥运火炬传递安全顺畅。

第四节 捐助希望小学与贫困地区

一、捐助希望小学

1995 年 6 月,上海大众汽车向上海市希望工程办公室捐赠 45.7 万余元,结对助学学生 243 对,并在新疆哈密市巴里坤哈萨克自治县奎苏镇援建上海大众奎苏希望小学。1996年8月，上汽集团团委响应共青团中央号召，向所属团组织发出通知，决定9月1—20日在团员青年中开展希望工程募捐活动，所捐款项资助贫困地区儿童求学。该活动得到上汽团员青年积极响应，活动期间共捐款47.74万元，可结对失学儿童108对。9月，上汽集团所属10家企业决定在贫困地区出资建设希望小学。10月，4所希望小学建成，包括上海大众汽车在新疆奎苏捐建的上海大

图 14 - 2 - 5　上汽通用五菱捐助希望小学

众奎苏希望小学、上海大众汽车特约维修站在江苏捐建的韬奋希望小学、上海—易初摩托车有限公司在广西天等捐建的幸福希望小学、上海汽车电器总厂在福建长汀捐建的朱溪希望小学。至同年12月底，上汽集团所属企业33家企业和4万多名参加希望工程和希望小学捐助活动，捐建希望小学9所，捐款340万元，其中职工捐款152万元，结对失学儿童508对。1996年，上汽集团向全国1 498所希望小学捐赠一大批儿童报刊杂志。此后，上汽集团和各企业继续捐款捐物支持希望工程建设。

　　1994—2013年5月，上汽及所属17家企业在广西、贵州、云南、安徽、新疆、宁夏、西藏、四川、甘肃、内蒙古、青海等20个省、市、自治区的贫困地区共捐建52所希望小学，累计捐款2 451.6万元，其中建校金额1 400.8万元，捐款捐物1 050.8万元，受助学生10余万人。此外，1996—2015年，上汽大众汽车还为全国1 000余所希望小学订阅优秀儿童报刊杂志，总金额逾700万元。

表 14 - 2 - 1　1994—2015 年上汽捐建的希望小学一览表

序号	援 建 单 位	希望小学名称	建立时间	援助金额（万元）
1	上海汽车集团股份有限公司	江西省吉安县富田乡上汽集团陂下希望小学	1997 年 6 月	26
2	上海汽车集团股份有限公司	安徽省岳西县上汽集团南庄希望小学	1998 年 8 月	30
3	上汽大众汽车有限公司	新疆巴里坤地区上海大众奎苏希望小学	1994 年 5 月	40.5
4	上汽大众汽车有限公司	江苏省韬奋希望小学	1995 年 8 月	50
5	上汽大众汽车有限公司	安徽省安庆太湖县上海大众赵河希望小学	1996 年 6 月	53.3
6	上汽大众汽车有限公司	西藏普当希望小学	1997 年 6 月	40
7	上汽大众汽车有限公司	新疆巴里坤县上海大众奎苏希望小学	1995 年 7 月	46
8	上汽大众汽车有限公司	新疆库尔勒市托布力其上海大众希望小学	2001 年 8 月	67
9	上汽通用汽车有限公司	宁夏回族自治区彭阳县王洼乡希望小学	2001 年 11 月	18

〔续表〕

序号	援建单位	希望小学名称	建立时间	援助金额（万元）
10	上汽通用汽车有限公司	内蒙古自治区开鲁市义和塔拉苏木希望小学	2001年10月	20
11	上汽通用汽车有限公司	内蒙古自治区阿拉善右齐塔木素格拉格苏木	2001年10月	20
12	上汽通用汽车有限公司	新疆维吾尔自治区库车县县城小学(县三小)	2002年3月	20
13	上汽通用汽车有限公司	甘肃省天祝县华藏寺镇希望小学	2002年9月	18
14	上汽通用汽车有限公司	青海省互助县五十乡希望小学	2002年9月	18
15	上汽通用汽车有限公司	广西壮族自治区钟山县两安瑶族乡希望小学	2002年9月	18
16	上汽通用汽车有限公司	云南省绥江县中城镇希望小学	2002年9月	18
17	上汽通用汽车有限公司	重庆市江县万兴乡希望小学	2002年9月	18
18	上汽通用汽车有限公司	陕西省蓝田县九间房乡希望小学	2002年9月	18
19	上汽通用汽车有限公司	山西省左权县辽阳镇希望小学	2002年11月	18
20	上汽通用汽车有限公司	贵州省凤冈县蜂岩镇希望小学	2002年11月	18
21	上汽通用汽车有限公司	四川省剑阁县羊岭镇希望小学	2002年11月	18
22	上汽通用汽车有限公司	江西省铜鼓县排埠镇梅洞村希望小学	2005年3月	20
23	上汽通用汽车有限公司	四川都江堰沿江小学希望小学	2009—2011年	21
24	上汽通用汽车有限公司	四川羊岭镇羊岭学校希望小学	2009—2011年	19
25	上海汇众汽车制造有限公司	上汽集团上海汇众山西大同阳高希望小学	1997年8月	22
26	上海汇众汽车制造有限公司	上海汇众上海大学云南南现希望小学	2000年5月	20
27	上海汽车变速器有限公司	贵州省晴隆县沙子镇上齿三合希望小学	1997年8月	31
28	上海汽车集团财务有限责任公司	上海汽车集团财务公司江西井冈山畔田希望小学	1997年7月	22
29	上汽通用汽车金融有限责任公司	四川省天全县紫石乡上汽通用汽车金融希望小学	2009年11月	80
30	上海汽车工业销售有限公司	云南省路南县亩竹箐乡上海汽车工业销售总公司亩竹箐希望小学	1998年3月	25
31	上海汽车工业销售有限公司	重庆市北培区澄江镇上马台村上海汽车工业销售总公司澄江希望小学	1999年3月	30
32	上海汽车工业销售有限公司	辽宁省大连庄河市塔岭镇上海汽车工业销售总公司塔岭希望小学	1998年9月	20
33	上海汽车工业销售有限公司	湖南省长沙市长沙县安沙乡上海汽车工业销售总公司时中希望小学	1999年9月	30
34	上海汽车工业销售有限公司	甘肃省庄浪县南湖镇上海汽车工业销售总公司南湖希望小学	1999年9月	30
35	上海汽车工业销售有限公司	云南贫困地区希望小学(一次性捐款)	1999年10月	20

〔续表〕

序号	援 建 单 位	希望小学名称	建立时间	援助金额（万元）
36	上海汽车工业销售有限公司	河南省新密市苟堂镇靳寨村上海汽车工业销售总公司新密希望小学	2001 年 3 月	20
37	上海汽车工业销售有限公司	江西省南昌市进贤县捉牛岗乡上海汽车工业销售总公司进贤希望小学	2001 年 9 月	25
38	上海汽车工业销售有限公司	新疆库尔勒市托布力其乡上海汽车工业销售总公司库尔勒希望小学	2001 年 7 月	25
39	上海汽车工业销售有限公司	广西壮族自治区柳州上汽销售五菱之光希望小学	2005 年 5 月	25
40	上海汽车工业销售有限公司	江西省临川县上汽销售希望小学	2006 年	25
41	上海汽车工业销售有限公司	江西浮梁县上汽销售总公司希望小学	2007 年 5 月	25
42	上海汽车进出口有限公司	江西省吉安县福田乡江背村希望小学	1998 年 6 月	30
43	延锋伟世通汽车饰件系统有限公司	安徽省岳西县店前辅导小学	2011 年 5 月	—
44	延锋伟世通汽车饰件系统有限公司	江西婺源沱川中学	2001 年 5 月	—
45	上海拖拉机内燃机有限公司	云南大理州祥云县沪祥希望小学	1997 年 3 月	21
46	上海实业交通电器有限公司	湖北省鄂州声佳希望小学	1998 年 4 月	20
47	上海离合器总厂	江西省于都县新长征希望小学	1997 年 5 月	31
48	上海汽车制动系统有限公司	贵州德江县希望小学	1997 年 8 月	31
49	上海幸福摩托车有限公司	广西天等县希望小学	1994 年 3 月	20
50	泛亚汽车技术中心有限公司	四川省阿坝自治州汶川县映秀镇中心小学	2007 年 8 月	75
51	南京汽车集团有限公司	江西井冈山畔田希望小学	1998 年 8 月	6
52	联合汽车电子有限公司	安徽省舒城县千人桥镇千人桥联电希望小学	2012 年 12 月	50

资料来源：上汽集团团委

二、援藏援疆

【援助西藏】

2001 年 8 月 2 日，上海市援藏援疆工作领导小组与上海拖拉机内燃机公司(简称上海拖内)签订《援建西藏日喀则地区农业机械化工程委托任务书》。该项目由上海市政府援建，上海拖内承办，分 2 批捐赠西藏地区上海牌 SH-500 拖拉机 120 辆及维修配件和农机具，总金额 1 000 万元。同月 27 日，首批上海牌 SH-500 拖拉机 60 辆，并配备 30 台套维修配件及 60 台 525 型犁具运抵西藏日喀则地区，上海拖内同时派出专业人员指导帮助日喀则的江孜、拉孜两县建立农机维修站，并举办拖拉机驾驶、维修保养等技术培训。同年10月,第2批60辆上海牌SH-500拖拉机运抵西藏日喀则地区。2005年6月,上海市政府合作交流办公室召开上海市代表团出访西藏专题会议,决定向日喀则地区捐赠60辆上海牌SH-500拖拉机选作政府支援产品,上汽集团和上海久事(集团)有限公司各出资210万元。7月,上海纽荷兰拖拉机有限公司生产的60台上海牌SH-500拖拉机运抵西藏日喀则。

此外,2008年3月、2010年10月和2012年9月,上汽先后向西藏捐赠别克陆尊GL8商务车、大众途观越野车、荣威W5越野车和大通商务车各1辆,用于公务活动。

【援助新疆】

2004年7月16日,根据上海市援藏援疆工作领导小组要求,上海纽荷兰拖拉机有限公司生产的50辆上海牌SH-50系列拖拉机作为上海市政府支援项目产品,捐赠给新疆维吾尔自治区阿克苏市,其中上海牌SH-500型拖拉机25辆、上海牌SH-504型拖拉机25辆,总价值149.77万元。

2007年6月,上汽集团向阿克苏经济贸易委员会捐赠领驭轿车1辆,价值21.5万元。2011年1月6日,上汽集团向上海市对口支援新疆工作前方指挥部捐赠3辆双龙爱腾越野车,总价值62.97万元。2012年,上汽大众汽车有限公司计划连续5年每年资助新疆教育基金会和新疆青少年发展基金会捐款120万元,共计600万元,捐赠重点用于捐助维吾尔族青少年。至2015年已经捐助480万元,帮助新疆地区的希望小学和乌鲁木齐职业大学配置语音教研室、希望图书馆和爱心体育器材等。

三、其他捐助帮困

2004年3月,上汽集团向云南省红河州、文山州等地区捐赠30辆赛宝多用途车,总价值208.2万元,用于上海对口云南帮扶地区的公务用车。2005年12月,上海汽车向上海市民帮困互助基金捐赠200万元。2007年1月,上汽集团为居住在云南省边远山区的苦聪人走出山林异地安置定居捐赠38.2万元。2011年9月,上汽集团向青海省果洛藏族自治州捐赠5辆荣威W5尊域版SUV越野车,总价值150.99万元。2012—2015年,上汽大通汽车有限公司携手上海烟草集团有限责任公司,分别向云南省、四川省、贵州省和青海省的教育系统,向陕西省安康市、商洛市、延安市和咸阳市,黑龙江省牡丹江市、辽宁省丹东市、吉林省延吉市,以及江西省的中学、小学和幼儿园,捐赠大通牌V80专用校车,改善贫困地区学生上学的交通问题,所赠车辆累计60余辆,总价值1080万元。

四、对口帮扶崇明

2007年7月,根据中共上海市委关于"村企结对共建社会主义新农村活动"的指示精神,上汽集团总部党委携手上海大众汽车、上海通用汽车、上海拖内等企业,选择上海市崇明县中兴镇胜利村、汲浜村、中兴村和激中村4个经济薄弱村作为"村企结对"对象。同月20日,上汽集团财务总监朱根林带队赴中兴镇实地调研并商议帮扶工作。8月16日,结对双方签订为期3年的结对帮扶协议,约定上汽集团向结对帮扶对象捐赠拖拉机及配套农机具、建立4村联合参股的农机合作社、筹措帮扶资金改善村民医疗卫生条件等。同月,结对双方共同出资捐建的上海四欣农机服务专业合作社挂牌成立,上汽集团4家单位向4村捐送上海拖内生产的10辆上海牌拖拉机。9月,资助方向4村享受低保家庭的68位学生发放爱心助学款。2008年3月,上汽集团向崇明县中兴镇财政所捐赠10万元,用于帮扶该镇的胜利村。2010年7月,上汽集团党委副书记薛建带领上海大众汽车、上海通用汽车、上海拖内、延锋伟世通汽车饰件系统有限公司、上海汽车工业销售公司、联合汽车电子有限公司、上汽总部党委7家单位党组织书记赴崇明,与中兴镇等7个经济薄弱村举行新一轮结对帮扶签约,新3年帮扶资金达465万元。

2013年12月,上汽集团与崇明县人民政府签署为期5年的《农村综合帮扶合作框架协议书》,双方约定上汽集团帮助崇明县开展新一轮综合帮扶工作,每年安排不少于500万元的帮扶资金。至2015年,上汽集团和所属企业向帮扶对象捐助资金累计达2 000余万元。

第五节 资助教育、经济科技、国防等事业

1993年1月和1996年2月,上汽先后发起成立上海汽车工业教育基金会和上海汽车工业科技发展基金会,2个基金会成为上汽资助教育和科技事业并推动产学研合作的主要平台。与此同时,上汽和上海大众汽车、上海通用汽车等主要企业通过各种方式,在社会公益范畴内积极资助教育和科技事业。

一、捐助教育事业

【上汽主要捐助项目】

1996年4月,上汽集团向上海交大捐赠计算机软硬件64台/套、教学用具22台/套,合计275万元;10月,上汽集团向华东理工大学董事会提供20万元董事会基金。2001年6月,上海实业交通电器有限公司向上海宋庆龄儿童基金会捐赠50万元;11月,该公司将原用于50周年庆典的10万元,改为资助上海100名家庭贫困自强不息的少年儿童,上海市政协副主席左焕琛、上海市妇联主席孟燕堃、上汽集团党委副书记李积荣等出席该项捐赠仪式。2003年9月,上汽集团在上海市教育基金会成立10周年之际向该基金会捐赠100万元。2005年10月,上汽股份向上海视觉艺术学院捐赠伊思坦纳轻型客车和别克GL8商务车各1辆,价值44.8万元;11月,上汽集团向上海韩哲一教育扶贫基金会捐赠50万元。2006年12月,上汽集团向中国浦东干部学院捐赠5 000万元。2007年4月,在同济大学百年校庆期间,上汽集团和上汽股份分别向该校汽车学生创新及国际交流基金捐赠100万元现金和价值100万元的实物。2010年11月,向上海宋庆龄基金会和中国福利会少年宫捐赠300万元,用于2011—2013年连续3年举办的"2030成长·畅想——中国儿童绿色驰骋之旅系列活动",激励少年儿童进一步传承上海世博精神。2013年5月,上汽集团向上海科普教育发展基金会捐赠价值21万元的大通V80商务车1辆。

【上汽大众主要捐助项目】

1993年11月,上海大众汽车有限公司捐款160万元建造上海嘉定区安亭中学教育楼,上海市副市长谢丽娟、上海大众汽车总经理洪积明等出席落成典礼。1994年3月,向上海市教育发

展基金会捐赠 300 万元设立上海市教育发展基金会上海大众基金。2007 年 5 月,向同济大学捐赠价值 99.36 万元的荣威、大众领驭、别克陆尊和伊思坦纳各 1 辆。2008 年 4 月,与大众中国共同在同济大学设立上海大众汽车教育基金,实施预备工程师联合培养项目,3 年累计资助 200 万元,其中上海大众汽车 100 万元。2011 年起,在预备工程师联合培养基础上向同济大学捐赠 500 万元,用于国际交流助学项目,通过无息助学借款形式,鼓励和帮助同济大学中德学院、汽车学院双学位硕士研究生赴德留学,至 2013 年,有 58 名学生获得资助。同年 7 月,向同济大学中德学院的德国大众、上海大众汽车人力资源管理教席每年捐赠 2 万欧元,连续 5 年累计 10 万欧元;向该学院的上海大众汽车新能源汽车教席每年捐赠 30 万元,连续 5 年累计 150 万元。2012 年 5 月,向新疆资助教育基金会捐赠 600 万元,用于建设希望小学。2013 年 3 月,向乌鲁木齐职业大学捐赠 150 万元,用于共建自动化培训基地。同年 12 月,携手上海市教育发展基金会、同济大学和上海交大,启动上海大众教育公益捐赠项目,向上海市教育发展基金会捐赠 1 100 万元,其中 600 万元和 200 万元分别资助同济大学和上海交通大学硕士双学位助学借款和预备工程师项目,300 万元用于促进汽车专业人才的培养。同年,向同济大学捐赠 500 万元资助该校优秀在读研究生赴德国交流学习。2014 年 4 月,向浙江省宁波市教育基金会捐赠 400 万元,其中 200 万元设立上海大众奖助基金,200 万元用于改善宁波市学校教学条件;向上海外国语大学教育发展基金捐赠 50 万元。2014 年和 2015 年,分别向同济大学新能源汽车基金捐赠 30 万元。

【上汽通用雪佛兰红粉笔乡村教育计划】

2005 年,上海通用汽车有限公司开始启动雪佛兰红粉笔乡村教育计划。该计划旨在号召和组织受过良好教育的商务人士进行每次 2 周的乡村学校支教,帮助改善偏远地区师资力量薄弱状况,支教课程为音乐、体育和美术为主的素质教育。至 2015 年,该计划已连续开展 10 年,来自全国各地近 550 名志愿者参与乡村支教,27 个省份 50 余所乡村小学接受支教,受助学生 2 万余名。

图 14-2-6　上汽通用雪佛兰红粉笔乡村支教

2015 年,上汽通用向中国儿童少年基金会捐赠 486.55 万元,用于开展别克英朗"和孩子一起共同成长"为主题的全国范围儿童教育公益活动。

表 14-2-2　2006—2015 年上汽通用雪佛兰红粉笔乡村教育计划实施情况表

年份	支教对象	支教人数	受教人数
2006	云南省丽江市金安乡龙山民族光彩小学	50	765
	贵州省贵阳市开阳县城关镇顶方小学		
	安徽省滁州市琅琊区高庙小学、团山小学		

〔续表〕

年份	支教对象	支教人数	受教人数
2006	内蒙古自治区呼伦贝尔市鄂温克旗辉河苏木鄂温克小学	50	765
	四川省资市古井小学		
2007	贵州省黔东南州雷山县郎德镇报德小学	56	589
	陕西省安康市旬阳县构元乡构元小学		
	内蒙古自治区呼伦贝尔市鄂温克旗伊敏镇红花尔基学校		
	甘肃省甘南迭部县藏文小学		
	青海省西宁市大通县宝库乡麦理会环保希望小学		
2008	云南省保山市腾冲县界头乡中心小学	50	890
	云南省保山市腾冲县界头乡小河小学		
	四川省绵竹市天河小学		
	陕西省汉中市宁强县广坪小学		
	甘肃省陇南市康县案门口小学		
2009	广西壮族自治区桂林市阳朔县阳朔镇骥马小学	60	1 027
	四川省成都市大邑县高山小学		
	山西省大同市新荣区安乐庄小学		
	辽宁省丹东市凤城市鸡冠山镇白菜地小学		
	湖北省黄冈市红安县华河镇水口小学		
2010	海南省乐东黎族自治县大安镇木棉小学	80	3 026
	山西省晋中市太谷县程家庄小学		
	宁夏回族自治区固原市西吉县三合小学		
	青海省海东市民和县马场垣乡翠泉小学		
	云南省曲靖地区宝山镇被古村民族小学		
	北京市朝阳区童心实验学校		
	广州市海珠区华怡小学		
	上海市浦东新区紫罗兰小学		
2011	山东省日照市后村镇宅科小学	75	1 654
	吉林省德惠市松花江镇初垞小学		
	湖南省浏阳市荷花街道建新小学		
	云南省丽江市金安乡龙山光彩民族小学		
	云南省丽江市金安乡增明完小		

〔续表〕

年份	支教对象	支教人数	受教人数
2011	云南省丽江市金安乡三古完小 江西省九江市武宁杨洲小学	75	1 654
2012	广东省湛江市徐闻县乙神村东风小学 河南省驻马店市上蔡县蔡屯小学 宁夏回族自治区银川市永宁县黄夷小学 西藏自治区林芝市米林县羌纳乡小学 内蒙古自治区呼伦贝尔市鄂温克旗伊敏镇红花尔基学校 四川省万源市花萼乡中心小学	60	3 070
2013	河北省保定市阜平县栗元铺小学 新疆维吾尔自治区吐鲁番市托克逊县布拉克巴什小学 黑龙江省漠河市北极乡中心小学 山东省日照市岚山小学 云南省迪庆藏族自治州香格里拉县虎跳峡中心校分校 福建省三明市宁化县庙前小学	60	3 000
2014	海南省东方市天安乡公爱小学 青海省西宁市湟中县鲁沙尔镇陈家滩小学 吉林省白城市通榆县双岗镇小学 西藏自治区林芝市米林县羌纳乡小学 内蒙古自治区赤峰市米什克腾旗同兴镇天和园小学 河南省信阳市商城县吴河乡范棋小学	64	2 764
2015	陕西省安康市旬阳县构元小学 湖北省黄冈市红安县华河镇水口小学 云南省迪庆藏族自治州香格里拉县虎跳峡中心校 湖南省浏阳市荷花街道建新小学 河南省驻马店市上蔡县蔡屯小学 云南省大理市双廊镇伙山完小	60	4 530

资料来源：上汽通用汽车有限公司

【上汽通用其他主要捐助项目】

2007年12月，上海通用汽车与国家教育部签署协议并启动与中国儿童少年基金会合作，选择近50所中等职业学校合作培养汽车维修专门人才,教育部副部长吴启迪和上海汽车副总裁、上海通用汽车总经理丁磊出席签约仪式。该项目于2008年4月追加捐赠886.4万元。2008年9月,将上海通用汽车烟台大学奖学金从原来100万元追加至160万元。至2012年5年时间,上海通用汽车累计向中国儿童少年基金会捐赠337万余元钱款和3 028万元物资。2013年,校企合作项目启动第2个5年计划,上海通用汽车加大投入,捐赠专项资金累计将超过609万元,捐赠物资则累计将增至4 350万元。至2013年年底,在20所院校开展汽车售后服务技能校企合作,在38所院校实施汽车青年教育课程推广项目,培养学员超过6 000人。2013年,捐赠340万元支持教育部和交通部举办的全国职业院校技能大赛,再次出资160万元在山东烟台设立上海通用汽车奖学基金。

【上汽通用五菱助学春蕾班、励志班】

2004年,上汽通用五菱汽车股份有限公司获悉广西壮族自治区柳州市三江侗族自治县同乐乡61名女童因家庭贫困即将辍学,即成立上汽通用五菱春蕾班,全额资助61名贫困女童完成初中学业,开启慈善助学之路。至2007年,春蕾班连续3年获得广西柳州先进班级和学雷锋先进班级称号,多人获得全国英语竞赛3等奖和广西英语竞赛1等奖,中考在三江县2 600多名考生中排名前20位。同年7月,春蕾班学生初中毕业。

2004年,上汽通用五菱在三江侗族自治县三江中学成立励志班,组织员工、供应商和经销商与贫困及品学兼优的学生"结对子"捐资助学,同时公司出资资助受助学生完成从高中到大学的学业。励志班开班以后,连续获得县级和市级先进班级称号。至2015年,励志班已毕业4届学生,多数学生高考成绩突出,大学本科(一本)上线人数逐届增多,其中第4届励志班本科上线学生29人。2015年,上海交通大学在三江中学设立奖学金和奖教金,激励励志班学生更好学习。

2004—2015年,上汽通用五菱共有1 500多名员工以及供应商和经销商参与结对助学活动,捐助金额累计50万元,受助贫困学生累计450多名。

二、资助经济科技事业

2003年9月,上汽集团向上海市科技馆基金会捐赠8辆赛宝多用途车和2辆别克GL8商务车,价值111万元。2004年4月,向上海市科技成果转化基金会捐赠50万元。2008年1月,上汽集团捐赠中国汽车工程学会100万元用于中国汽车工业的科技进步和人才队伍建设;7月,上海科技成果转化促进会发起设立上海市促进科技成果转化基金会,上汽集团作为首批参加筹建的企业之一,向该基金会捐赠1 000万元;9月,上汽集团向中国汽车工业协会捐赠100万元,助其开展纪念中国汽车工业改革开放30周年系列活动;向上海市海外经济技术促进会捐赠10万元,庆祝其成立20周年。2009年9月,由中共中央原政治局委员、国务院原副总理曾培炎任理事长的中国国际经济研究交流中心决定设立中国国际经济交流基金,上汽集团成为该基金会发起人之一并捐赠500万元。同年和2010年、2013年、2014年和2015年,上汽集团先后5次向上海市经济学会捐赠,合计50万元。2011年10月,向上海市企业联合会捐赠48.8万元,用于上海企业100强宣传活动。11月,上汽集团向上海市公共外交协会捐赠价值60.3万元的别克君越轿车和GL8公务车各 1 辆。2012 年 8 月,上汽集团向中国汽车工业协会捐赠 100 万元,用于纪念饶斌诞辰 100 周年纪念活动。

2012 年 11 月,上汽集团向第 9 届中国国际航空航天博览会提供包括上汽大通轻型客车在内的 40 辆商务车,承担该展会嘉宾接待任务。12 月,在中国人民解放军总装备部、国家国防科工局、中国航天科技集团公司国防科技生产力促进中心支持下,上汽商用车有限公司联手航天系统启动中国航天太空搭载全国巡展活动,中国第 1 位宇航员杨利伟少将出席发布会,上汽集团党委副书记薛建致辞。该活动在全国 10 座城市开展为期 1 年的航天巡展,大通牌 V80 轻型客车与"神舟八号""天宫一号"等搭载的物品一起在巡展中与全国公众见面。

三、捐助国防与社会事业

1994 年和 1995 年,上汽总公司先后捐赠上海市交警总队 3 辆上海桑塔纳轿车和 2 辆桑塔纳 2000 型轿车。2003 年 4 月,上汽集团向上海市社会治安综合治理委员会捐赠 30 万元,用于对见义勇为人员的奖励。2004 年 3 月,上汽集团向渔阳里共青团中央旧址纪念馆捐赠 10 万元;8 月,上汽集团在上海市"爱国固长城"社会募捐活动中向上海市拥军优属基金会捐助 200 万元;12 月,上汽集团向中央军委办公厅直工局捐助别克君威轿车 3 辆,价值 91.3 万元。2005 年 1 月,上汽集团向上海市国家安全局捐赠别克轿车 1 辆,价值 33.8 万元;11 月,上汽股份向中共中央办公厅警卫局管理处捐赠别克陆尊公务车 1 辆,价值 35.8 万元。2010 年 11 月,上汽集团参与发起设立上海公安金盾基金会并捐赠 1 000 万元,用于革命烈士、因公牺牲、负伤民警、特困民警家庭的优抚慰问以及优秀民警的奖励。2012 年 9 月,上汽集团向上海市拥军优属基金会捐赠 300 万元,用于南京路上好八连展览馆重建工作。

第六节　捐助慈善、环保、卫生事业

一、捐助慈善事业

1994 年 8 月,上汽总公司在上海市"人人参与,为困难企业职工献爱心"活动中向上海市社会帮困基金捐款 100 万元。1995 年 6 月,上汽总公司向上海市残疾人康复中心捐赠 50 万元。2003 年和 2004 年,上汽集团每年向上海市老年基金会捐款 10 万元。2004 年 1 月的上海市一年一度爱心捐款日,上汽集团向上海市慈善基金会捐款 1 200 万元。同年 2 月,上汽集团与上海市慈善基金会签订《共同设立上海市慈善基金会上汽慈善专项基金的协议》并捐款 1 000 万元。同时,上汽集团工会组织开展慈善募捐活动,并将募集的 266 万元建立上汽集团慈善专项基金,用于帮助社会困难群体。2006 年,上汽集团向上海市老年基金会捐赠 12 万元。2007 年 3 月和 2009 年 8 月,上汽集团分别向上海市慈善基金会和中国残疾人福利基金会捐赠车辆。2009 年 9 月和 2011 年 1 月,上汽集团先后向上海市老年基金会捐赠 500 万元钱款或价值 500 万元的 25 辆助老服务车伊思坦纳轻型客车。2010 年,上汽通用五菱向中国红十字会捐赠 500 万元,加入"中国红"行动。2011 年 6 月,上汽集团向上海市慈善基金会捐赠 20 万元。2012 年 2 月,上汽集团向上海市慈善基金会虹口分会捐赠 95 万元,助其参与云南省文山州假肢维护更换工作。同月和 4 月,上汽商用车有限公司先后向中华健康快车基金会和上海市慈善基金会捐赠 45 万元现金和价值 40.96 万元实物。同年 9 月,上海通用汽车向上海市慈善基金会"姐妹情"项目捐赠 100万元。2013 年 8 月,上汽集团向上海市老年基金会捐赠价值 500 万元的 30 辆助老服务车大通轻型客车;11 月,上汽集团向上海中福会养老院捐赠荣威 950 轿车;同月,上海大众汽车向上海市儿童基金会捐赠 2 000 个儿童安全座椅,价值 194 万元至 217 万元。同年,中国妇女联合会、中国儿童少年基金会召开 2013 年度中国儿童慈善奖表彰大会,上海通用汽车第 2 次获得最高奖项中国儿童慈善奖·杰出贡献奖。同年,上海大众汽车携手上海市精神文明建设办公室、上海市教育委员会、上海市交通警察总队等举办"宝贝安行"儿童乘车安全公益行动,捐赠 1 940 万元。2014 年 8 月,上海通用汽车向中国儿童少年基金会捐赠 366 万元,合作开展"别克英朗与孩子一起成长"的全国儿童教育公益活动,2015 年,上汽通用再次向中国儿童少年基金会捐赠 486.6 万元,合作举办别克智慧家庭课堂,赠送 1.2 万个别克英朗爱心志愿包;同月,上汽大众向中国青少年发展基金会捐赠 500 万元,用于建设 5 所希望小学;上汽通用五菱参加中国红十字会"天使之旅——新站新健康计划",捐赠 500 万元。

二、捐助环保事业

1994 年 9 月,上汽总公司向上海市环境卫生管理局捐赠 2 辆大通牌 15 吨自卸重型汽车,价值 50 多万元。2008 年 1 月,上海通用汽车捐赠中华环境基金会 270 万元,共同成立上海通用汽车绿色公益基金,同时捐赠价值 30 万元的别克君越混合动力轿车 1 辆,捐赠合计 300 万元;7月,上汽集团向上海水资源保护基金会捐赠 200 万元。2009 年 11 月,上汽集团向中国国际商会联合英国《金融时报》举办的 2009 中国清洁能源国际峰会捐赠 50 万元。2010 年,上海通用汽车向中华环境基金会捐赠 200 万元,用于高校绿色环保科研项目支持计划;上汽依维柯红岩商用车有限公司参加绿化长江重庆行动,捐款 20 万元。2012 年 11 月,上汽集团再次向上海水资源保护基金会捐赠 250 万元。2013 年 3 月,上汽集团第 3 次向上海水资源保护基金会捐赠 250 万元。2014 年 4 月,上汽集团向上海市滨水区开发建设服务中心捐赠价值 26 万元的荣威轿车。

三、捐助卫生事业

【上汽捐赠项目】

1994—2015 年,上汽向上海交通大学附属中山医院、上海交通大学附属华山医院、上海医科大学附属儿科医院和复旦大学附属上海耳鼻喉科医院 4 所医院和上海市卫生局累计捐赠 987.8 万元。其中捐赠上海交通大学附属中山医院 6 次累计 350 万元,包括 1994 年 2 次各 50 万元,1995年、1996 年和 2002 年 3 次各 50 万元,1999 年 1 次 100 万元;捐赠上海医科大学附属儿科医院 5 次累计 300 万元,包括 1994 年、1995 年、1996 年和 2002 年 4 次各 50 万元,1999 年 1 次 100 万元;捐赠上海交通大学附属华山医院 2 次累计 150 万元,包括 1999 年 100 万元、2002 年 50 万元;2004 年捐赠上海市卫生局 158 万元,捐赠复旦大学附属耳鼻喉科医院别克 GL8 商务车 1 辆价值 29.8万元。

此外,1992年9月,上海—易初摩托车有限公司向上海市第一人民医院捐赠100万元;2011年7月,上海通用汽车向安徽省广德县卫生局捐赠1 000万元,要求帮助该卫生局进一步提高应急救援能力,包括为上海通用汽车广德试车场提供急救支援。2014年,上海大众汽车向上海市罕见病防治基金会捐赠50万元。

【上汽通用五菱博爱行动】

2007年3月26日,上汽通用五菱与中国红十字基金会在北京设立红十字天使计划——上汽通用五菱博爱基金,帮助解决中国贫困地区卫生医疗设施缺乏和农民看病难问题,首批注入专项基金200万元。同时,启动援助中国乡村医疗卫生事业的上汽通用五菱博爱行动,为贫困地区和少数民族地区援建博爱卫生站(院)。与上述活动相配套,上汽通用五菱以国内最大的慈善团体分会上汽通用五菱慈善分会为平台,将经销商、服务商和供应商乃至用户吸引到博爱行动中,持续开展送医药下乡、义诊和医疗培训等活动。

图14-2-7 上汽通用五菱捐赠的母婴安全爱心车

2007年6月20日,首家博爱卫生站广西隆安爱华村五菱博爱卫生站建成运营。2008年9月,上汽通用五菱博爱志愿者行动启动。2010年6月,上汽通用五菱向中国红十字基金会捐赠500万元,帮助贫困地区改善医疗卫生条件及培训乡村医生。7月,首期上汽通用五菱乡村医生培训班在北京协和医院结业。2011年,上汽通用五菱与通用汽车(中国)公司共同出资100万元,援建位于广西田阳的那满镇博爱卫生院。2012年8月,双方再次在广西百色联合举办百家博爱卫生院(站)回访行动,同时成立上汽通用五菱博爱车队。此后1

图14-2-8 上汽通用五菱捐赠红十字博爱卫生院

年,该回访行动走进全国各地的五菱博爱卫生院(站),提供医疗设备,举办义诊,帮扶贫困病患家庭,开展农村医师培训。

至2015年,上汽通用五菱累计向中国红十字基金会捐赠2 561.83万元注入上汽通用五菱博爱基金,惠及100多万人;在全国20余个省、市、自治区援建165所博爱卫生站(院);举办9期乡村医生培训班,累计培训900人;捐赠红十字防灾备灾用车135辆。此外,该活动还延伸至国外,在柬埔寨进行人道救援工作,援建水井18口、援建卫生厕所348个。

表 14－2－3　2015 年五菱博爱卫生站(院)一览表

序号	省　份	援建年份	所　在　地　址	捐资(万元)	服务人口
1	福建省	2009	龙岩市新罗区苏坂乡和目村	5	586
2		2009	南平市浦城县古楼乡中潭村	5	1 121
3		2009	南平市光泽县李坊乡杨里村	5	2009
4		2009	南平市建阳县徐市镇宸前村	5	1 250
5		2009	南平市松溪县松源街道东门村	5	5 000
6		2009	三明市清流县灵地镇灵和村	5	1 600
7		2009	三明市宁化县济村乡武层村	5	1 697
8		2009	三明市建宁县溪源乡上坪村	5	648
9		2009	宁德市寿宁县犀溪乡甲坑村	5	1 160
10		2009	宁德市霞浦县柏洋乡塔后村	5	1 143
11		2009	泉州市德化县赤水镇猛虎村	5	1 200
12		2011	龙岩市上杭县古田镇五龙村	10	1 181
13	甘肃省	2007	平凉市静宁县甘沟乡阎湾村	5	770
14		2009	天水市武山县杨河乡西山村	5	1 076
15		2009	天水市武山县杨河乡河东村	5	886
16		2009	天水市武山县杨河乡杨楼村	5	785
17		2009	天水市武山县杨河乡王河村	5	429
18		2009	天水市武山县咀头乡管沟村	5	1 240
19		2015	白银市景泰县草窝滩镇猎虎山村	15	998
20		2015	庆阳市宁县春荣乡徐家村	15	3 069
21		2015	甘南州迭部县多儿乡台力傲村	15	334
22		2015	甘南州迭部县旺藏乡亚日村	15	427
23	广东省	2009	广州番禺区榄核镇大坳村	5	3 955
24	广西壮族自治区	2007	百色市平果县果化乡山营村	5	11 600
25		2007	南宁市隆安县南圩镇爱华村	5	3 347
26		2008	桂林市恭城县平安乡大江村	5	1 155
27		2008	桂林市荔浦青山满洞村	5	2 793
28		2008	柳州市柳城县凤山镇旧县村	5	2 790
29		2008	柳州市三江县独洞乡平流村	5	4 750
30		2008	柳州市三江县老堡乡东竹村	5	1 300
31		2008	柳州市融水县怀宝乡盘荣村	5	1 973
32		2008	柳州市柳江县进德镇四连村	5	2 450

〔续表〕

序号	省　份	援建年份	所　在　地　址	捐资(万元)	服务人口
33	广西壮族自治区	2008	防城港市防城区那梭镇平木村	5	3 158
34		2008	南宁市青秀区刘圩镇谭村	5	2 230
35		2009	玉林市兴业县高峰镇上河村	5	2 107
36		2009	玉林市兴业县大平山镇田寨村	5	1 910
37		2009	玉林市兴业县洛阳镇新忠村	5	2 997
38		2009	百色市西林县林产工业园区	5	7 000
39		2009	百色市西林县马蚌乡鲁维村	5	868
40		2009	百色市凌云县加尤镇陇槐村	5	2 991
41		2010	百色市田阳县那满镇	100	23 000
42		2011	河池市凤山县长洲乡百乐村	10	3 682
43	贵州省	2007	贵阳市息烽县永靖镇(院)	10	51 105
44		2007	黔西县太来乡榨房村	5	1 520
45		2007	黔西县林泉镇韦寨村	5	1 859
46		2009	黔南州都匀市小围寨办事处茶农村	5	2 580
47		2009	黔东南州榕江县八开乡腊西村	5	900
48		2009	黔东南州凯里市大风洞乡黎山村	5	3 000
49		2011	遵义市桐梓县楚米镇八一村	10	3 400
50	河南省	2007	焦作市武陟县三阳乡樊庄村	5	1 730
51		2008	新乡市辉县市拍石头乡松贡水村	5	928
52		2009	新乡市辉县市上八里镇杨树庄村	5	1 450
53		2009	焦作市沁阳市紫陵镇神农山	5	80 000
54		2009	焦作市博爱县清化镇原马营村	5	1 200
55		2009	平顶山市郏县冢头镇圪塔王村	5	1 800
56		2009	平顶山市鲁山县四棵树乡代坪村	5	2 036
57		2015	平顶山市叶县辛店镇岗底村	15	1 650
58		2015	南阳市新野县新甸铺镇套楼村	15	2 925
59		2015	商丘市宁陵县城郊乡李七庄村	15	1 100
60		2015	洛阳市汝阳县刘店镇昌村	15	1 170
61	河北省	2009	秦皇岛市青龙县木凳镇付丈子村	5	1 647
62		2009	石家庄市平山县西柏坡镇	20	20 000
63		2009	保定市望都县固店镇北阳村	5	2 208
64		2011	石家庄市鹿泉市宜安镇岭口村	10	126

〔续表〕

序号	省　份	援建年份	所　在　地　址	捐资(万元)	服务人口
65	河北省	2015	邢台市临城县赵庄乡围场村	15	1 513
66		2015	沧州市黄骅市旧城镇池庄村	15	700
67		2015	承德市滦平县邓厂乡下王营子村	15	768
68		2015	秦皇岛市青龙县青龙镇北坎子村	15	1 210
69	湖北省	2009	仙桃市长埫口镇扁花村	5	1 700
70		2009	黄冈市罗田县匡河乡	20	65 000
71		2010	潜江市竹根滩镇前明村	5	1 886
72		2015	鄂州市梁子湖区涂家垴镇官田村(改址)	15	4 560
73		2015	黄冈市英山县雷家店镇阮基冲村(改址)	15	754
74		2015	黄石市大冶市茗山乡杨桥村	15	3 500
75		2015	孝感市大悟县河口乡石盘村	15	2 650
76	湖南省	2009	宁远县棉花坪乡养口村	5	1 005
77		2010	湘西龙山县红岩溪镇红岩村	5	1 100
78		2011	湘潭市湘潭县梅林桥镇梅林村	10	2 400
79		2015	常德市桃源县枫树维回乡桐岭村	15	2 078
80		2015	湘西州永顺县灵溪镇司城村	15	1 600
81		2015	怀化市会同县若水镇八宋村	15	823
82		2015	怀化市中方县花桥镇汤家村	15	1 132
83	吉林省	2009	大安市四棵树乡德昌村	5	3 370
84		2009	大安市海坨乡兴功村	5	2 400
85	江苏省	2009	宿迁市宿城区中扬镇范集村	5	5 680
86		2010	淮安市洪泽县万集镇山阳村	5	3 227
87	江西省	2011	赣州市瑞金市黄柏乡胡岭村	10	2 780
88	内蒙古自治区	2007	兴安盟科右中旗杜尔基镇新力化嘎查	5	1 900
89		2008	兴安盟扎赉特旗巴岱乡	20	17 312
90		2009	乌兰察布市察右后旗当郎忽洞苏木察汗淖村	15	2 935
91		2015	赤峰市巴林右旗索博朗日嘎镇朝阳村	15	580
92		2015	呼伦贝尔市鄂伦春旗大杨树乡架子山村	15	908
93		2015	包头市土右旗沟门镇北只图村	15	5 600
94	宁夏回族自治区	2009	中卫市沙坡头区迎水桥镇姚滩村	5	2 586
95		2009	石嘴山市平罗县姚伏镇灯塔村	5	1 600
96	青海省	2009	循化县查汗都斯乡赞卜乎村	5	2 507

〔续表〕

序号	省 份	援建年份	所 在 地 址	捐资(万元)	服务人口
97	山东省	2009	招远市温泉办事处腾家村	5	1 300
98		2009	菏泽市东明县刘楼镇焦楼村	5	2 200
99		2009	菏泽市单县黄岗镇前阁村	5	10 000
100		2009	滨州经济开发区里则办事处西街村	5	725
101		2009	泰安市肥城市汶阳镇张庙村	5	1 670
102		2009	威海市文登市泽头镇虎口窑村	5	1 950
103		2011	临沂市莒南县大店镇彭家仕沟东村	10	1 331
104		2015	济南市历城区柳埠镇苇沟村	15	865
105		2015	平度市蓼兰镇西杜家村	15	590
106		2015	济宁市嘉祥县马村镇山营社区	15	3 700
107		2015	临沂市平邑县武台镇孟家庄村	15	37 938
108		2015	菏泽市郓城县张鲁集乡聂厂村	15	2 568
109	山西省	2009	吕梁市文水县刘胡兰镇刘胡兰村	5	2 030
110		2011	长治市屯留县上村镇积石村	10	2 453
111		2012	大同市浑源县永安镇	100	12 067
112	陕西省	2007	汉中市略阳县白石沟乡牌坊坝村	5	615
113		2009	咸阳市永寿县御驾宫乡师家埝村	5	465
114		2009	宝鸡市陇县牙科乡闫家庵村	5	847
115		2009	宝鸡市陇县埪底下镇枣园村	5	1 656
116		2009	宝鸡市陇县河北乡东坡村	5	2 670
117		2009	咸阳市兴平市西吴镇北马村	5	1 670
118		2011	延安市宜川县秋林镇显头村	10	971
119		2015	宝鸡市千阳县张家塬镇曹家塬村(改址)	15	2003
120		2015	宝鸡市千阳县水沟镇丰头村	15	1 176
121		2015	商洛市洛南县麻坪镇宋村	15	1 147
122		2015	商洛市洛南县麻坪镇斜岭村	15	1 473
123	四川省	2007	雅安市汉源县梨园乡三江村	5	1 647
124		2007	广安市邻水县丰禾镇太平村	5	2 750
125		2011	达州市大竹县石河镇新华村	10	1 940
126		2011	资阳市乐至县孔雀乡广盐村	10	864
127		2011	乐山市市中区安谷镇龙口村	10	1 800
128		2011	南充市高坪区小龙镇宝胜寺村	10	1 256

〔续表〕

序号	省 份	援建年份	所 在 地 址	捐资(万元)	服务人口
129		2011	广安市广安区大龙乡果坝村	10	1 364
130		2011	广安市广安区大龙乡玉庙村	10	1 187
131		2013	雅安市石棉县美罗乡狮子村	14	2 137
132		2013	雅安市石棉县美罗乡坪头村	14	1 688
133		2013	雅安市石棉县美罗乡山泉村	14	1 018
134		2013	雅安市石棉县美罗乡牟家村	3	1 076
135		2008	绵阳市江油市因明村	8	—
136		2008	德阳市绵竹市汉旺乡新开村	8	—
137		2008	德阳市什邡市蓥华镇石门村	8	—
138		2008	德阳市什邡市红白乡峡马口村	8	—
139		2008	德阳市什邡市红白乡红白村	8	—
140	四川省	2008	德阳市绵竹市汉旺乡凌法村	8	—
141		2008	德阳市绵竹市汉旺乡群力村	8	—
142		2008	德阳市绵竹市汉旺乡白果村	8	—
143		2008	德阳市绵竹市汉旺乡柏林村	8	—
144		2008	绵阳市安县河清镇宝华村	8	—
145		2008	绵阳市安县河清镇白马村	8	—
146		2008	绵阳市安县河清镇广红村	8	—
147		2008	绵阳市江油市星火村	8	—
148		2008	绵阳市江油市团山村	8	—
149		2008	绵阳市江油市南塔村	8	—
150		2008	绵阳市江油市公坪村	8	—
151		2008	绵阳市江油市涪阳村	8	—
152		2008	绵阳市江油市水口庙村	8	—
153		2014	和田地区于田县加依乡阿訇艾日村	10	1 200
154		2014	和田地区于田县加依乡吉日木村	10	1 310
155		2014	和田地区策勒县博斯坦乡敦巴格村	10	843
156	新疆维吾尔自治区	2014	和田地区策勒县博斯坦乡吉格代博斯坦村	10	817
157		2014	和田地区策勒县博斯坦乡乃则尔巴各村	10	632
158		2014	和田地区策勒县策勒乡托帕村	10	1 350
159		2014	和田地区民丰县尼雅乡托皮村	10	1 345
160		2014	和田地区民丰县尼雅乡奇木里克吾斯唐村	10	765

〔续表〕

序号	省　份	援建年份	所　在　地　址	捐资(万元)	服务人口
161	新疆维吾尔自治区	2014	第十四师—牧场一连	10	400
162		2014	第十四师—牧场七连	10	900
163	云南省	2007	大理州弥渡县红岩镇章岗村	5	4 103
164		2013	昭通市彝良县洛河镇彝河卫生分院	50	64 761
165		2015	昭通市鲁甸县水磨镇卫生院	200	48 517
166		2015	昭通市鲁甸县龙头山镇卫生院翠屏分院	200	23 400

资料来源：上汽通用五菱汽车股份有限公司

第七节　捐助体育、艺术事业

一、捐助亚运会、上海特奥会、南京青奥会

1990 年 9 月，中国首次承办的规模最大的国际综合运动会第 11 届亚洲运动会在北京工人体育场开幕，上海—易初摩托车有限公司捐赠 70 辆幸福摩托车。10 月，国家主席杨尚昆向来访的南太平洋岛国瓦努阿图共和国总统蒂马卡塔赠送 2 辆该公司新开发生产的幸福 250J 型警用摩托车。

2007 年 10 月，世界夏季特殊奥林匹克运动会在上海举行。上汽集团在参加该赛事执行委员会举办的"2007——情系特奥献爱心"捐资活动中，向上海特奥会捐资 2 000 万元。

2014 年 8 月，第 2 届夏季青年奥林匹克运动会在中国南京举行。同年 5 月，上汽集团与南京青奥会组织委员会签订协议，成为该赛事汽车合作伙伴。7 月，南京青奥会官方用车交车仪式在南京奥林匹克体育中心举行，上汽集团将上汽乘用车分公司生产的荣威轿车、上海大通汽车有限公司生产的大通轻型客车和上海申沃客车有限公司生产的申沃客车共计 1 000 辆官方用车交付给南京青奥会组委会。其中荣威 950 轿车、大通 G10MPV 和 V80 商用车作为赛会期间的贵宾用车，荣威 W5 越野车作为电视转播用车和特警巡逻用车，申沃 LNG 客车用作接待用车，330 余辆申沃公交客车覆盖南京 47 条专用公交线路和 15 个比赛场馆。为确保青奥会车辆安全运行，上汽集团制定用车服务保障方案，对近千名驾驶员进行系统的车辆驾驶和安全培训，组建应急维修工作组和青奥车辆服务保障团队，启动 24 小时服务机制，保证赛事顺利进行。

二、捐助足球项目

【上汽大众捐助中国足球队】

1992 年 2 月，上海大众汽车有限公司总经理方宏提议出资为中国男子足球队聘请德国教练的建议，得到国家体育运动委员会和中国足球协会（简称中国足协）的赞同。4 月，上海大众汽车和《新民晚报》联合举办振兴中国足球研讨会，中国足协马克坚和中国男子足球队教练徐根宝等参加。5 月，国家体育运动委员会主任伍绍祖访问上海大众汽车，对上海大众汽车支持中国足球事业发展

表示感谢。同月,上海大众汽车和中国足协赴德国选择施拉普纳为中国男子足球队主教练。6月,施拉普纳与上海大众汽车和中国足协签约,受聘中国男子足球队主教练。同年10月,施拉普纳率领的中国男子足球队获得第10届亚洲杯足球赛季军。1993年2月,由上海大众汽车倡议发起并捐资1000万元的桑塔纳振兴中国足球基金成立,公司总经理方宏任基金会理事长。该基金会每年为中国男子足球队提供100万元,改善足球训练设施及方法,奖励有突出贡献的教练员和运动员,提高中国足球水平。3月,上海大众汽车新任总经理洪积明接任理事会理事长,表示继续支持中国足球运动发展。5月,中国男子足球队未能取得1994年世界杯足球赛参赛资格后,施拉普纳改任中国男子足球队技术顾问。1994年,中国足球队获得日本广岛亚运会第2名,随后施拉普纳从中国男子足球队离职。2015年9月,上汽大众向中华全国体育基金会捐赠472.5万元设立上汽大众青少年足球发展基金,资助为期3年在上海、宁波和长沙3地的青少年足球训练营训练。

【上汽捐助上港足球队】

2015年12月,上汽集团在上海港集团有限公司足球俱乐部(简称上港足球俱乐部)提前取得2016年亚足联冠军联赛资格后,决定捐助该俱乐部,在回报社会、促进中国足球事业发展的同时,通过足球联赛推广上汽集团品牌和荣威、MG名爵等自主品牌,提高集团品牌知名度。同月,上汽集团与上海港(集团)集团有限公司(简称上港集团)举行上港足球俱乐部战略合作协议签约仪式,双方约定上汽集团捐助上港足球俱乐部1.5亿元,上港足球队运动员参赛球衣胸前广告使用"上汽集团"字样,背后广告使用"上汽荣威"字样,参加亚冠联赛时球衣使用"上汽名爵"字样。上汽集团董事长、党委书记陈虹与上港集团董事长陈戌源共同发布上港足球队新赛季球衣,上汽集团总裁陈志鑫、副总裁王晓秋和张海亮等出席签约仪式。2016年,上港足球队队员开始身着新球衣参加中国足球超级联赛。

【延锋汽车饰件捐助5人制足球赛】

1995年,上海申花队夺得全国甲A联赛冠军,上海掀起足球热潮。在上海市总工会、上海市体育局支持下,上海市足球协会与延锋伟世通汽车饰件系统有限公司合作,决定每年12月组织上海市职工5人制足球锦标赛,并冠名延锋杯。

1996年12月,首届延锋杯5人制足球锦标赛在上海江湾体育场开赛,共有64支企业职工业余球队参赛。至2015年,延锋杯足球赛事连续举办20届,累计参赛队伍达2700余支,参赛人数逾3.1万人,该赛成为上海市职工业余足球比赛的主要赛事。从2015年开始,延锋杯足球赛加入上海市民足球节活动。

2015年11月,上海市总工会、上海市体育局、上海市足球协会、上海市职工文化体育协会和延锋汽车饰件系统有限公司共同举办第20届延锋杯上海市职工5人制足球锦标赛暨发展论坛,中华全国总工会通过网络向延锋杯5人制足球锦标赛20周年发来祝贺信,上海市体育局副局长赵光圣出席论坛并发言,指出经过20年执着耕耘,延锋杯足球锦标赛开创了上海群众足球运动的新纪元,为沪上广大职工搭建了以球会友的大舞台。上汽集团工会主席钟立欣做主旨演讲。上海市总工会、上海市体育局为延锋汽车饰件颁发延锋杯优秀品牌项目奖及最佳合作伙伴奖。同时,该论坛组委会向为延锋杯足球锦标赛作出贡献的组织者和参与者颁发20周年贡献奖、20周年最佳裁判奖和20周年最佳球队奖。

三、捐助举重、桥牌、赛车、斯诺克项目

【上汽通用五菱捐助中国举重队】

2007年5月，上汽通用五菱与中国举重队签署战略合作协议，双方约定2007—2009年上汽通用五菱向中国举重队赞助800万元。2008年北京奥运会期间，中国举重队获得8块金牌1块银牌，成为中国夺冠最多的参赛项目，其中中国女子48公斤级举重选手陈燮霞为中国体育代表团夺得北京奥运会首块金牌。2009年协议期满后，上汽通用五菱汽车继续赞助中国举重队，双方签订为期4年的赞助合作协议，约定2010—2013年上汽通用五菱向中国举重队赞助2300万元。2010年，中国举重队在土耳其举行世界举重锦标赛夺得14块金牌12块银牌6块铜牌，位居中国运动队金牌榜和奖牌榜首位。2013年，上汽通用五菱与中国举重队第3次签订为期4年的赞助合作协议，2014—2017年赞助资金达2900万元。至2015年，上汽通用五菱累计赞助中国举重队4400万元。

【上汽捐助上海桥牌俱乐部】

1996年3月，上海成立中国第一家职业桥牌俱乐部EAA桥牌俱乐部，上汽集团开始每年资助该俱乐部30万元。1997—1999年，EAA俱乐部累计获得5个全国冠军。2000年，EAA俱乐部成为上海第1个获得所有全国公开赛冠军的A类俱乐部。此后，由于该俱乐部战绩不佳和自身造血功能缺乏，上汽集团于2003年取消对该俱乐部的赞助。

2009年2月，根据上海市政府和上海市体委的要求，上汽集团冠名成立上海汽车桥牌俱乐部；10月，上汽集团冠名成立上汽女子桥牌俱乐部并每年向该俱乐部捐赠96万元。2011年2月，上汽集团冠名赞助2011—2013年连续3年的上汽荣威全国大企业桥牌大赛，赞助资金150万元。3月开始，上汽集团在冠名期间每年赞助上海汽车桥牌俱乐部296万元，其中男队200万元、女队96万元。1996—2015年，上汽集团资助上海桥牌事业的资金累计1060万余元。

上海汽车桥牌俱乐部和上汽女子、男子桥牌队成立后，在全国性比赛中取得良好成绩。2009年，上海汽车桥牌俱乐部获得6个冠军、2个亚军、4个季军，2010年获得7个冠军、7个亚军、8个季军，2011年获得9个冠军、4个亚军，2012年获得6个冠军、1个季军。2013—2015年累计获得国内比赛8个冠军。

【上汽捐助捐助F1中国大奖赛】

2009年4月，年度F1（一级方程式赛车世界锦标赛）中国大奖赛在中国上海举行，上海久事（集团）有限公司获得该大奖赛电视直播权。根据上海市政府文件精神和上海市国有资产监督管理委员会召开的F1赛事电视转播冠名赞助工作专题会议要求，上汽集团与上海久事集团有限公司（简称上海久事）签订合作协议，上汽集团以实物形式向F1赛事电视转播冠名赞助上海申沃客车有限公司生产的申沃客车、价值5000万元，并获得F1赛事广告宣传等相关权益。

2010年4月，上汽集团和上海久事再次达成赞助2010年度F1赛事合作协议，上汽集团向上海久事赞助价值2000万元的申沃旅游客车。

【上汽大众捐助333车队】

2001年，上海大众汽车与上海333赛车俱乐部有限公司共同组建上海大众333车队，并参加中

国汽车拉力锦标赛。2004年,开始同时参加中国汽车拉力锦标赛以及中国房车锦标赛。2001—2005年,该车队连续5年获得中国汽车拉力锦标赛年度总冠军,并于2004年和2005年在亚太汽车拉力锦标赛和世界汽车拉力锦标赛获得不同参赛组别冠军。

2005年,该车队签约著名作家车手。至2015年,上海大众333车队拥有韩寒、王睿等多名优秀车手和40多辆专业赛车,具备国内最先进的赛车改装技术与经验,累计获得8项年度总冠军,包括中国汽车拉力锦标赛3项年度总冠军、中国房车锦标赛5项年度总冠军,成为中国著名的赛车车队。上汽大众对车队累计捐助800万元。

【上汽乘用车分公司捐助斯诺克大师赛】

2007年7月,上海汽车集团股份有限公司乘用车分公司(简称上汽乘用车分公司)总经理王晓秋与世界斯诺克协会亚洲区首席代表李塞文(Simon Leach)、上海东亚体育文化中心有限公司总经理胡神奇共同签订《世界斯诺克荣威上海大师赛冠名赞助协议》。上海东亚体育文化中心有限公司获得斯诺克上海大师赛5年举办权,上汽乘用车分公司连续5年全程冠名赞助斯诺克上海大师赛。上海体育局副局长邱伟昌出席签约仪式。8月,2007世界斯诺克荣威上海大师赛在上海体育馆举行,该赛事位列世界职业斯诺克七大排名积分赛之一。

四、捐助艺术事业

【捐助上汽荣威儿童文化中心(上海儿童艺术剧场)】

2010年上海世博会闭幕后,上汽集团决定将展会期间观众达200万人次并获评"观众最喜爱的世博企业馆"等荣誉的上汽集团—通用汽车馆捐赠给社会。2012年12月,集团总裁办公会议经审议同意与中国福利会合作,将上汽集团—通用汽车馆改建为上海儿童艺术剧场,同时冠名上汽荣威儿童文化中心的方案,决定每年捐赠该剧院800万元,合作期限10年。2013年2月,上汽集团与中国福利会签署"上汽荣威儿童文化中心——上海儿童艺术剧场"冠名合作协议,上汽集团胡茂元、陈虹和周郎辉,中国福利会宋仪侨和王禄宁等出席。2013年5月15日,上汽集团与中国福利会举行上海儿童艺术剧场(上汽荣威儿童文化中心)落成首演新闻发布会。6月1日,该剧场投入运营,小演员们演出首场音乐剧《快乐的成长》。开园期间,上汽集团与中国福利会共同举办"中国儿童绿色驰骋之旅"系列活动,引导青少年畅想未来的城市交通、崇尚低碳环保的生活方式。

【捐助上海交响乐团】

1993年2月,上海交响乐团改制为董事会领导下的非营利性艺术团体,上汽总公司成为该乐团董事会的第1个企业成员。同年6月,为支持高雅艺术的普及和发展,上汽总公司决定每年向上海交响乐团捐赠20万元。1994年1月,上汽总公司首次向上海交响乐团捐赠50万元。同年8月,再次捐赠给上海交响乐团50万元,同年2次捐赠,总数达到100万元。

1995年9月上汽集团成立后,继续实施该项捐助活动,同年和1996年分别捐赠上海交响乐团50万元。1994—1996年,上汽向上海交响乐团捐赠总额达到200多万元。

【捐助刘海粟美术馆】

2001年,上汽集团与刘海粟美术馆签订合作协议,上汽集团每年资助刘海粟美术馆10万元,用于该馆业务发展;刘海粟美术馆每年为上汽集团及所属企业中外员工和家属举办美术创作培训班,指导上汽举办员工书画展并提供场地和服务。至 2015 年,上汽集团向该馆累计助资100 万元。

2004 年 10 月,上海市外商投资协会汽车分会携手上汽集团工会与刘海粟美术馆共同举办首届外籍专家太太中国画学习班。至 2015 年,共举办 40 期,累计培训学员 400 余名。同时,在上海虹弘艺术机构、上海市长宁区文化局等单位支持下,共举办 9 届外国太太绘画展、外国太太爱心绘画展和慈善义卖捐赠活动,编辑出版 9 期外国太太水墨画画册。法国电视台、上海电视台等中外新闻媒体均作过报道。

【捐助上海警备区文工团】

1994 年,上汽总公司与上海警备区政治部签订《军民共建共约》,上汽每年捐助上海警备区政治部军民共建经费 10 万元,上海警备区文工团每年对上汽职工文娱活动给予指导,帮助提高水平,此项经费 2008 年起每年增至 30 万元,至 2015 年,累计助资 300 万元。

五、其他主要捐助项目

【上汽其他主要体育捐助项目】

1990 年 9 月,上海—易初摩托车有限公司向第 11 届亚洲运动会捐赠总价值 42 万元的 70 辆幸福 XF125A 型摩托车,该车被亚运会组委会指定为新闻摩托车快递队唯一用车。全国人大常委会副委员长彭冲出席捐赠仪式。1993 年 2 月,上汽总公司向东亚运动会捐款 200 万元,捐款数居上海之首。1996 年 12 月,上汽集团通过购买上海 8 万人体育场看台 5 套包厢方式,支持上海重要体育场馆建设,其中上汽集团 3 套,上海大众汽车和上海通用汽车各 1 套,价值 2 250 万元。2010 年 9月,上汽集团向第 14 届世界游泳锦标赛组委会赞助总价值 300 万元的别克轿车和荣威轿车。至2014 年,别克品牌连续 5 年资助中国国际公路自行车赛。

【上汽其他主要艺术捐助项目】

1995 年 6 月,为加强青少年爱国主义教育,中共上海市委宣传部组织拍摄电视系列短剧《东方小故事》,上汽总公司资助捐赠 60 万元。1999 年 5 月,云南省昆明市举办世界园艺博览会,上汽集团捐赠价值 500 万元的 23 辆桑塔纳"时代超人"轿车和 2 辆别克新世纪轿车。2004 年 5 月,上汽集团捐助上海演员剧团拍摄的电视剧《真的不容易》50 万元。2014 年 5 月,上汽集团向上海韩天衡文化艺术基金会捐赠价值 22 万元的汽车实物。

表 14-2-4　1991—2015 年上汽社会捐赠项目(30 万元以上)一览表

序号	捐赠时间	受赠单位/项目	捐赠金额/实物	用　途
1	1991 年 7 月	太湖流域灾区	320.7 万元(包括 50 台上海 50 拖拉机)	支援太湖流域洪灾救灾
2	1992 年 9 月	上海市第一人民医院	100 万元	增添医疗设施
3	1993 年 2 月	东亚运动会	200 万元	支持体育事业

〔续表〕

序号	捐赠时间	受赠单位/项目	捐赠金额/实物	用　途
4	1994 年 1 月	中山医院	50 万元	购置骨密度仪
5			50 万元	修整病区病房
6	1994 年 8 月	上海医科大学儿童医院	50 万元	门急诊室改建和专家门诊室的装修
7		上海市社会帮困基金	100 万元	参与"上海市为困难职工献爱心"活动
8		上海交响乐团	50 万元	支持高雅艺术
9	1994 年 9 月	上海市环境卫生管理局	50 万元(2 辆大通 15 吨重型汽车)	支持环保事业
10	1994—2015 年	上海警备区文工团	累计 300 万元	开展军民共建
11	1994 年 12 月	上海交响乐团	50 万元	支持高雅艺术
12		上海市残疾人康复中心	50 万元	捐赠慈善事业
13	1995 年 6 月	中共上海市委宣传部	60 万元	资助拍摄《东方小故事》
14		中山医院	50 万元	建立呼吸衰竭监护病房
15		上海医科大学儿科医院	50 万元	医疗综合大楼建设
16	1995 年	上海交响乐团	50 万元	支持高雅艺术
17	1996 年 2 月	云南丽江灾区	50 万元	支援丽江地震救灾
18	1996 年 4 月	上海交通大学	275 万元	捐赠计算机软件教学工具等
19	1996 年 12 月	中山医院	50 万元	建立急救室
20		上海医科大学儿童医院	50 万元	医疗综合大楼后续建设
21	1998 年 8 月	长江流域等特大洪灾	693 万元	支援长江流域特大洪灾灾区
22	1999 年 1 月	中山医院	100 万元	实施人才培训计划
23	—	上海医科大学儿科医院	100 万元	内科病房大楼卫生设施改善、诊疗部门空调购置
24	—	华山医院	100 万元	更新 CT 检查仪
25	1999 年 5 月	云南昆明世界园艺博览会	500 万元(23 辆桑塔纳轿车,2 辆别克新世纪轿车)	支持艺术事业
26	2001—2015 年	刘海粟美术馆	累计 100 万元	支持艺术事业
27		中山医院	50 万元	新门诊、急诊医疗综合大楼建设
28	2002 年 1 月	上海医科大学儿童医院	50 万元	人才培养学科梯队建设
29		华山医院	50 万元	人才培养学科建设和抢救设备添置更新

〔续表〕

序号	捐赠时间	受赠单位/项目	捐赠金额/实物	用途
30	2003年4月	上海市社会治安综合治理委员会	30万元	用于见义勇为奖励
31	2003年5月	上海市民政局社会福利救灾救济基金会	500万元	抗击"非典"
32	2003年6月	上海市民政局社会福利救灾救济基金会	500万元	用于上海出租车更新车辆抗击"非典"
33		上海市防治"非典"指挥部	515.8万元(10辆别克GL8商务车,20辆赛宝多用途车)	抗击"非典"
34	2003年9月	上海市教育基金会	100万元	庆祝该基金会成立10周年
35		上海科技馆基金会	111万元(8辆赛宝多用途车,2辆别克GL8商务车)	支持科技事业
36	2004年2月	上海市卫生局	158万元	支持卫生事业
37		上海市慈善基金会	1000万元	共同设立上海市慈善基金会上汽慈善专项基金
38	2004年3月	云南省思茅市	76.1万元	援助西部地区
39		云南省红河州文山州	208.2万元(30辆赛宝多用途车)	支援西部地区
40	2004年4月	上海市科技成果转化基金会	50万元	支持科技事业
41	2004年6月	上影演员剧团电视剧制作公司	50万元	资助拍摄电视剧《真的不容易》
42	2004年7月	新疆阿克苏地区	149.8万元(25辆上海50拖拉机)	援助新疆
43	2004年8月	上海市拥军优属基金会	200万元	"爱国固长城"募集
44	2004年12月	中央军委办公厅直工局	91.3万元(3辆别克君威轿车)	支持国防事业
45	2005年1月	上海市国家安全局	33.8万元(1辆别克君威轿车)	支持社会事业
46		上海市慈善基金会	152	支援印度尼西亚海啸
47	2005年7月	上海市出访西藏代表团	210万元(60台上海50拖拉机)	援助西藏
48	2005年8月	上海市政府合作交流办公室	210万元(30台上海50拖拉机)	捐助西藏日喀则地区
49	2005年10月	上海视觉艺术学院	47.8万元(1辆伊思坦纳面包车,1辆别克GL8商务车)	用于该校班车
50	2005年12月	上海市民帮困互助基金会	200万元	帮困互助
51	2006年12月	浦东干部学院	5000万元	支持干部培训工作

〔续表〕

序号	捐赠时间	受赠单位/项目	捐赠金额/实物	用　　途
52	2007 年 1 月	上海市政府合作交流办公室	38.2 万元	云南苦聪人异地安置
53	2007 年 4 月	同济大学	100 万元	设立同济大学汽车先生创新及国际交流基金
54	2007 年 10 月	上海特殊奥林匹克运动会	2 000 万元	参加"情系特奥献爱心活动"
55	2008 年 1 月	中国汽车工程学会科技奖励工作委员会	100 万元	支持中国汽车工业科学技术奖
56	2008 年 2 月	上海市红十字会人道捐助基金	100 万元	捐助中国南方雪灾
57		上海水资源保护基金会	200 万元	支持保护水资源
58		上海市民政局	400 万元	援助四川汶川地震救灾
59	2008 年 7 月	上海市支援都江堰灾后重建指挥部	296 万元（8 辆双龙汽车）	—
60		上海市促进科技成果转化基金会	1 000 万元	支持设立上海市促进科技成果转化基金
61	2008 年 9 月	中国汽 5 工业协会	100 万元	资助纪念中国汽车工业改革开放 30 周年活动
62		上海市体育发展基金会	46.3 万元	支持全运会
63	2009 年 4 月	上海久事（集团）有限公司	5 000 万元（62 辆申沃客车）	支持 F1 赛事
64	2009 年 8 月	中国残疾人福利基金会	36 万元	资助都江堰友爱基金会
65		海峡两岸关系协会	200	支援台湾"莫拉克"台风灾害
66	2009 年 9 月	上海市老年基金会	500 万元	帮助特困老人，资助建造老人康复医院
67		中国国际经济研究会	500 万元	支持成立该基金会
68	2009 年 10 月	中国国际商会	50 万元	资助清洁能源国际峰会
69	2009 年 11 月	上海韩哲一教育扶贫基金会	50 万元	支持成立该基金会
70	2009—2015 年	上海市经济学会	50 万元（捐赠 5 次每次 10 万元）	支持经济研究工作
71	2010 年 1 月	上海汽车桥牌俱乐部	296 万元	用于组建该俱乐部
72	2010 年 4 月	青海玉树灾区	574 万元	支援玉树地震救灾
73	2010 年 6 月	中华环境保护基金会	200 万元	用于高校绿色环保科研项目
74	2010 年 10 月	上海久事（集团）有限公司	2 000 万元（申沃旅游客车）	支持 F1 赛事
75		上海公安金盾基金会	1 000 万元	发起设立上海公安金盾基金会
76	2010 年 11 月	中国福利会少年宫	300 万元	支持 2030 成长畅想——中国儿童绿色驰骋之旅活动

〔续表〕

序号	捐赠时间	受赠单位/项目	捐赠金额/实物	用 途
77	2010 年 12 月	上海市老年基金会	500 万元(1 辆别克林荫大道轿车,25 辆伊思坦纳面包车)	支持老年慈善事业
78		第 14 届世界游泳锦标赛组委会	300 万元(3 辆别克轿车,11 辆荣威轿车)	资助该届游泳锦标赛
79		上海汽车桥牌俱乐部	96 万元	用于桥牌赛事奖励
80	2011 年 1 月	上海市支援新疆工作指挥部	63 万元(3 辆双龙轿车)	支援新疆
81	2011 年 3 月	上海汽车桥牌俱乐部	296 万元	冠名上海汽车男子/女子桥牌俱乐部
82		上海市体育发展基金会	150 万元	冠名全国大企业桥牌大赛
83	2011 年 6 月	上海市慈善基金会	200 万元	支持慈善事业
84	2011 年 9 月	青海省果洛藏族自治州	160 万元(5 辆荣威 W5 越野车)	援助西部地区
85	2011 年 10 月	上海市企业联合会	48.8 万元	赞助上海企业 100 强宣传活动
86	2011 年 11 月	上海市公共外交学会	60.3 万元(别克 GL8 商务车、君威轿车各 1 辆)	支持外交工作
87	2011 年 12 月	上海汽车桥牌俱乐部	296 万元	冠名上海男女桥牌俱乐部
88	2012 年 2 月	上海市慈善基金会虹口分会	95 万元	资助云南文山假肢维护更换
89	2012 年 8 月	上海市拥军优属基金会	300 万元	资助重建南京路上好八连事迹展览馆
90		中国汽车工业协会	100 万元	饶斌诞辰 100 周年纪念活动
91		西藏自治区工业信息化厅	43.9 万元	援助西藏
92	2012 年 11 月	上海市水资源保护基金会	250 万元	支持水资源保护项目
93	2012 年 12 月	上海儿童艺术剧院	每年 800 万元,共 10 年	支持儿童慈善事业
94	2013 年 3 月	上海市水资源保护基金会	250 万元	支持水资源保护项目
95	2013 年 4 月	上海市慈善基金会	500 万元	援助雅安地震
96	2013 年 8 月	上海市老年基金会	500 万元(30 辆大通 V80 轻型客车)	捐赠老年服务用车
97	2014 年 8 月	云南省接收救灾捐赠办公室	600 万元	捐赠云南鲁甸地震
98	2015 年 12 月	上港足球队	1.5 亿元	支持上海足球事业

说明:本表不包括下属企业捐助

资料来源:上海汽车集团股份有限公司大事记等

第三章 服务上海世博会

2010年，上海汽车工业（集团）总公司和美国通用汽车公司成为上海世博会全球合作伙伴，双方建成的上汽集团—通用汽车馆以及上汽所属企业提供的1125辆新能源汽车，均在上海世博会期间成功运行184天。该事项成为上汽回报社会、履行责任的标志性事件。

第一节 组 织 实 施

一、成为世博会合作伙伴

2006年7月12日，上海世博会事务协调局（简称上海世博局）向上海部分企业发出《中国2010年上海世界博览会汽车合作伙伴方案征集书》。8月31日，上海汽车工业（集团）总公司（简称上汽集团）回复同意成为2010年上海世博会汽车合作伙伴。同年11月28日，上海世博局与上汽集团、通用汽车（中国）投资有限公司（简称通用中国）签署《上海世博会汽车合作伙伴赞助协议》，上汽集团和通用汽车正式成为中国2010年上海世博会全球合作伙伴。上海世博会执委会专职副主任、上海世博局党组书记钟燕群，上汽集团董事长胡茂元，通用中国总裁兼总经理甘文维分别代表3方在协议书上签字，上海市副市长、上海世博会组委会委员和执委会常务副主任杨雄等出席签约仪式。

根据协议，上汽集团和通用汽车将向上海世博局支付总额4亿元的赞助款，用于世博会运营和中国国家馆建设，并为上海世博会提供汽车相关方面的产品和服务，包括车辆租赁、维护等服务项目；4亿元资助款中，上汽集团和通用中国各占40％，上海通用汽车有限公司（简称上海通用汽车）占20％；上汽集团和通用汽车将在全球范围内享受最高级别的上海世博会市场开发参加者待遇。

二、成立组织机构

2007年8月20日，上汽集团、上海汽车集团股份有限公司（简称上海汽车）召开联合党委会，决定成立上汽世博决策与指导委员会和上汽世博执行委员会；上汽世博决策与指导委员会由上汽集团董事长胡茂元为主任，上汽集团副董事长、上海汽车总裁陈虹和上汽集团总裁沈建华为副主任，上海汽车副总裁肖国普、上汽集团副总裁陈因达和上海汽车副总裁汪大总为委员；上汽世博执行委员会由肖国普为主任，陈因达和上汽集团副总裁叶永明为副主任。

2008年9月8日，中共上海市委、上海市政府召开全市动员大会，要求全面实施《迎世博600天行动计划》。同月23日，上海市国有资产监督管理委员会发出《关于成立世博600天行动领导机构和工作机构的通知》。据此，上汽集团和上海汽车于10月23日成立上汽世博600天行动领导机构和工作机构，领导机构由胡茂元任主任，陈虹和沈建华任副主任，肖国普、叶永明和上汽世博会项目部总监金麒任委员；工作机构由肖国普任主任，叶永明、上汽工会主席吴诗仲和金麒任副主任，上汽总部有关部门负责人钟立欣、杨静怡、夏军、朱湘君、汪国富、马龙英、张正祥任委员。

2010年3月16日，上汽集团和上海汽车成立上汽世博工作指挥部，由胡茂元任总指挥，陈虹、沈建华任副总指挥;指挥部下设 5 个小组,分别由上汽集团党委副书记薛建任世博会安保维稳工作小组组长,叶永明任世博会上汽集团—通用汽车馆运营小组组长,肖国普任世博会车辆保障小组组长,上汽集团副总裁李积荣任世博会宣传媒体报道小组组长,上海汽车副总裁周郎辉任世博会接待工作小组组长。

三、动员部署

2006 年 8 月上汽集团成为中国 2010 年上海世博会汽车合作伙伴后,上汽党政领导班子多次召开专题会议、总裁联席办公会议,研究和部署上海世博会相关工作,确保各项重要任务按时间节点完成。同时,多次召开集团党政干部大会,积极宣传和贯彻落实中共上海市委、上海市政府关于办好上海世博会的重要精神。2008 年 10 月上汽世博 600 天行动领导机构和工作机构成立后,进一步强化动员部署的力度。同年年底,上海将扎实推进世博会新能源汽车项目、确保车辆安全性可靠性、确保高质量按时交付作为 2009 年重点工作之一进行部署。2009 年 5 月,上汽召开的加快推进新能源汽车誓师大会,要求确保上海世博会 1 000 辆新能源汽车安全顺利运营。同年年底,上汽集团党委把"聚首世博促和谐,增强使命感"和"聚力发展上水平,增强责任感;聚焦转变调结构,增强紧迫感"一起作为 2010 年的"三聚"工作主题,要求全力以赴、一丝不苟,确保世博会新能源汽车按时高质量交付和世博会期间运行可靠,保障上汽集团—通用汽车馆高质量建成展出期间安全顺畅。2010 年 2 月春节后上班第一个工作日,上汽集团党政在公司总部负责人会议上再次动员部署,要求近千辆新能源汽车和上汽集团—通用汽车馆坚决做到万无一失。同月 26 日,上汽世博决策与指导委员会召开扩大会议,听取世博筹备工作情况汇报,提出全面推进世博筹办工作的要求。胡茂元主持会议并讲话,强调一定要贯彻落实中央领导和中共上海市委的要求,把世博筹办工作做深做细做强。3 月 24 日,上汽集团党委借公司职代会召开之机进行世博会临战动员。

上汽世博项目筹备和运营期间,上汽世博工作指挥部和世博各工作小组组长按照分工职责,通过召开 30 多次世博会总裁专题办公会议等方式,研究部署和推动工作。其中总裁陈虹在公司总部或世博新能源申光厂基地召开 6 次总裁专题会议,研究部署世博会新能源汽车等事项;负责世博会新能源汽车的副总裁肖国普召开的世博会总裁专题会议达 20 次之多。

四、参与轨道安保

2010 年 4 月,上汽集团按照中共上海市委组织部关于做好上海世博会期间轨道交通安全保卫任务的统一部署,成立上汽世博会轨道交通车站安保办公室,组建 19 家所属企业 250 余名干部职工组成的上汽世博会轨道车站安保队,进入轨道交通 6 号线、7 号线、8 号线和 9 号线 4 条线路的 17 个站点 46 个出入口上岗值勤,其中 7 号线沿途的后滩、长清路、耀华路(世博第一岗)、云台路和龙阳路等 5 个站点 15 个出入口是重要岗位。轨道车站安保队以值守单位和值勤站点为基础,成立 9 个临时党支部和 7 个临时团支部,承担安保人员思想教育和服务保障工作。同月 15 日,上汽召开轨道安保查疑防控培训会,上汽集团党委副书记薛建出席会议并提出要求。同月 20 日至 11 月 15 日的 210 天,上汽全体安保人员坚守轨道车站出入口值勤岗位,累计上岗 28 980 人次,值勤 173 880 小时,发现、询问并劝阻携带危险品者和可疑人员 13 425 人次,检查可疑包裹 17 339 个,协助处理各类突发事件 1 138 起,引导乘客解答疑问 623 706 人次,确保所负责的轨道车站出入口安全有序,圆满完成"平安世博、保驾护航"的安保任务。

此外,按照中共上海市委组织部关于开展世博先锋行动的要求,上汽集团16家企业组建党员志愿者参加31个社区的轨道交通和公交站点执勤、地区安保、社区活动、环境整治等活动,参加人数6 000人次。

五、获得奖项

2010年8月16日,中共上海市委、上海市政府召开上海世博园区运行中期总结推进暨表彰大会,上汽集团—通用汽车馆运营团队和上海申沃客车有限公司(简称上海申沃客车)获上海世博园区服务保障先进集体称号,上汽集团—通用汽车馆馆长金麒、上海申沃客车总经理张立春获上海世博工作优秀个人称号,金麒同时被授予上海市"五一"劳动奖章。上海世博会结束后,上汽世博会轨道车站安保队获上海轨道交通世博保畅立功竞赛先进集体称号,联合汽车电子有限公司等值守单位获上海轨道交通站点世博安保先进集体称号,上海法雷奥电器系统有限公司安保队员黄琼和上汽轨道安保办公室吴江获上海市"创先争优世博先锋行动五带头"共产党员称号,上海汽车集团股份有限公司商用车技术中心安保队员杨忠跃获上海市世博安保先锋称号。

2010年12月27日,在北京人民大会堂举行的上海世博会总结表彰大会上,上海申沃客车世博新能源汽车运营服务保障团队获中共中央、国务院授予的上海世博先进集体称号,上海申沃客车总经理张立春获中共中央组织部、中央创先争优活动领导小组授予的上海世博会创先争优优秀共产党员称号。

2011年1月5日,上海世博局在世博中心举行中国2010年上海世博会市场开发工作总结暨赞助商表彰大会,上汽集团被授予中国2010年上海世博会特别贡献奖金奖,上汽集团董事长、党委书记胡茂元被授予中国2010年上海世博会赞助企业卓越管理者奖。

第二节 上汽集团—通用汽车馆

一、签约

2006年11月,上汽集团与美国通用汽车联合成为中国2010年上海世博会全球汽车合作伙伴后,于2007年7月28日和11月5日先后向上海世博局递交《确认参展意向函》和《上汽集团—通用汽车上海世博会企业馆主题陈述》。2008年5月22日,上汽集团董事长胡茂元、通用中国首席财务执行官Hans De Vriese与上海世博局局长洪浩签署《中国2010年上海世博会上汽集团—通用汽车企业馆参展协议》,成为第一家签订上海世博会参展合同的企业,上汽集团副董事长、上海汽车总裁陈虹等出席签约仪式。同年7月20日,上海世博局与上汽集团、通用中国签署上海世博会参展合同补充协议,将《参展合同》的签约主体通用中国变更为美国通用汽车。

2008年7月,上汽集团和美国通用汽车成立上汽集团—通用汽车馆联合工作机构,上汽集团—通用汽车馆由金麒任馆长,张正祥、李思践、刘奇(通用中国)任副馆长。同时,编写联合机构工作机制、预算管理和采购流程,并经上汽世博会决策与指导委员会和上汽集团—通用企业馆联合指导委员会审批通过执行。

二、建设

2008年2月，上汽集团批准上汽集团—通用汽车馆展示演出及项目管理、建筑施工、运营实施3部分预算总投资3.5亿元，其中50%由通用汽车承担。后总计划投资调整为10.53亿元，至项目竣工实际总投资8.7亿元。

项目设计单位为上海现代建筑设计集团（有限）公司现代都市建筑设计院，施工单位为上海建工集团上海第一建筑有限公司，建筑装潢和设备安装单位为上海辽申幕墙工程有限公司、中国京冶工程技术有限公司、上海电器成套厂有限公司等15家单位，监理单位为上海同济建筑监理有限公司，管理单位为上海泰尚建筑工程管理咨询有限公司。

2009年1月19日，上汽集团—通用汽车馆外观发布。该馆坐落于上海世博会浦西园区，占地面积6 000平方米，建筑面积9 996平方米，楼高27.8米、4层楼面，外形为圆形螺旋型建筑，直径65米。主体结构采用3维空间弧形结构，主展厅内没有钢柱，直径达到55米。展馆幕墙由4 000多块四边形曲面铝板组成，外立面嵌有1块200平方米LED大屏幕，被誉为"天使之眼"。4楼建有"未来之窗"，参观者在此可观赏黄浦江及浦东世博园区景观。

2009年4月17日，该馆举行奠基仪式，洪浩、胡茂元和通用中国总裁兼总经理甘文维等为汽车馆奠基培土，上汽集团总裁沈建华主持奠基仪式。同年8月26日，汽车馆实现整体钢结构封顶，并通过专家验收。与此同时，汽车馆进入内部装修阶段，动感剧场的展演硬件设施进入施工现场，该剧场可容纳500人，剧场设置1个由4块巨型硬质屏幕组成，高6.5米长38米144度弧形可升降屏幕和488个零延迟单体动感座椅。这批经过特别研制的单体动感座椅由上汽集团技术中心原创设计、上海延锋江森座椅有限公司自主开发和制造，成本低于进口产品，性能指标优于进口产品。9月，汽车馆进行墙体和公用动力设施的施工，并配合内部展演开始交叉施工。10月，汽车馆动感剧场大型环型升降屏幕的设计方案与施工方案通过专家组审核，并在工厂内提前制造成品。同月，"我的2030"上汽集团—通用汽车馆官网上线。11月，汽车馆动感剧场完成大型环型升降屏幕中第1块大型屏幕的安装，12月完成所有屏幕安装工作。

2010年1月，上汽集团—通用汽车馆设计风格"旋动"获上海市建筑设计最高奖公共建筑优秀奖，该馆成为上海世博会唯一获得此奖的企业馆和上海世博会浦西园区的地标性建筑。3月，该动感剧场完成全部动感座椅的现场安装。4月，汽车馆建筑施工和外立面幕墙安装等工程全部竣工，并投入试运营。至此，整个汽车馆的设计和施工历时131天。5月1日，上汽集团—通用汽车馆正式开馆，胡茂元、甘文维等为汽车馆开馆剪彩，肖国普、周郎辉、叶永明等出席开馆仪式。

三、展演

建成后的上汽集团—通用汽车馆以"直达2030"为主题，展现"零排放、零交通事故、远离对石油依赖、远离交通堵塞、实现有趣而又时尚驾驶"的2030美好城市交通生活。该馆展览区域分为前展区、主展区和后展区。前展区主要通过数字、图片和影像，展示城市交通发展成就与问题，引发观众对未来交通的思考；主展区放映3D电影《2030，行》，该影片展示2030年上海交通景象，让观众身临其境体验"行愈简、心愈近"的未来汽车生活；后展区通过多媒体展示上汽集团和通用汽车研发的概念车"叶子"和电动联网概念车EN-V，呈现电力化、车联网、自动驾驶三大未来汽车技术，观众可近距离互动。整个展演时间 11 分钟,每天循环上演 24 场。

2010 年 3 月,上汽集团副总裁李积荣召开总裁专题会议,研究世博会期间宣传和媒体服务等事项。同月,上汽集团团委选拔的上汽 200 名优秀青年、300 名新进上汽的应届大学毕业生及东华大学、上海工程技术大学在校大学生,组成 500 人的汽车馆青年志愿者团队开始培训上岗。同月 5日,上海汽车副总裁周郎辉召开总裁专题会议,研究确定世博会期间汽车馆重要活动、嘉宾邀请、接待标准、门票分配等事项。4 月 11 日,上汽集团—通用汽车馆媒体体验日在汽车馆举行,来自全国各地的 300 位记者和贵宾出席仪式,上汽集团自主研发的概念车"叶子"与通用汽车概念车 EN‑V首次同台向国内媒体展演。同月 24 日,上汽集团团委举行"青春世博精彩上汽"志愿者誓师大会,上汽集团党委副书记薛建出席会议并动员。

5 月 1 日,汽车馆开馆当日参观者众多,突破万人。至 12 日,日均参观人数 7 000 余人。同月 13 日,展馆迎来第 10 万名观众。6 月 12 日,汽车馆举办"直达 2030"特别活动日,"叶子"和"EN‑V"概念车驶出汽车馆与游客零距离互动。同月上海开始入夏,汽车馆及时采取户外排队区域加装遮阳棚、喷雾设备和大功率电扇,给排队观众发放冰块、冰毛巾和矿泉水等防暑降温人性化措施,受到同月 26 日前来检查工作的中共中央政治局委员、上海市委书记俞正声的肯定。此后,汽车馆又首创设置长条凳"以坐代站"和快乐互动的排队方式,并在上海世博园区内得到推广,长条凳后收入世博会纪念馆。至 7 月 26 日,上汽集团—通用汽车馆参观者达到 100 万人次。10 月 15 日,上汽集团与通用汽车在该馆举办"直达 2030 世博会与汽车工业可持续发展"论坛,上海市发展和改革委员会副主任池洪,胡茂元、陈虹和甘文维等出席。同月 19 日,上汽集团—通用汽车馆产生第 200 万名观众。

2010 年 10 月 31 日,上海世博会闭馆。沈建华、甘文维共同封存装有汽车馆馆册《行愈简,心愈近》、纪念片 DVD 和汽车馆最后 1 名观众 2030 年愿景的"时空胶囊",李积荣、周郎辉、叶永明和上海汽车副总裁、上海通用汽车总经理丁磊,华域汽车系统股份有限公司总经理张海涛等出席汽车馆闭馆日活动。

在上海世博会 184 天运营期间,上汽集团—通用汽车馆累计展演 4 535 场,累计接待中外游客217 万人次,日均接待 1.3 万人,其中包括现任和原任党和国家领导人,国家部委和省、市、自治区党政领导,各界知名人士及国际友人等,观众、各大新闻媒体、官方网站均给予高度评价。该馆获上海世博会唯一国家级刊物《世博周刊》与国际权威调研机构尼尔森公司发起授予的上海世博会最受大众游览者喜爱的企业馆冠军称号;在上海世博会展馆评选中,汽车馆获最佳企业馆和最具科技含量馆第 1 名、最受喜爱世博展馆第 3 名。

四、捐赠

2010 年 10 月,上汽集团决定将上汽集团—通用汽车馆的建筑和部分展演设备、新能源概念车"叶子"和电动联网概念车 EN‑V 等赠予上海世博局。

上海世博会结束后,上汽集团—通用汽车馆被上海市政府列为保留建筑。2011 年 2 月 25 日,上汽集团与通用汽车正式将该馆捐赠给上海世博局,洪浩、沈建华、甘文维出席捐赠仪式并签约。2012 年,经上海市政府批准,上海世博局将上汽集团—通用汽车馆赠予中国福利会,并改建为上海儿童艺术剧场。同年 12 月 24 日,上汽集团同意上海儿童艺术剧场冠名上汽荣威儿童文化中心,并决定每年向该中心提供经费 800 万元,合作期限 10 年。2013 年 6 月 1 日,改建后的上海儿童艺术剧场(上汽荣威儿童文化中心)正式启用。该剧场(中心)占地面积 10 528 平方米,建筑面积 15 668 平方米,可容纳 1 088 名儿童观众,为中国最大的儿童剧场。该剧场(中心)设有 360 度中心旋转升降舞台、镜框式舞台和才艺表演秀台、大型 LED 背景和 270 度高清全幅投影屏幕,以及多功能厅(小剧场)、儿童戏剧长廊、互动体验室、电影放映厅等,成为上海十大文化建设项目之一。

第三节　上海世博会上汽新能源汽车

一、概况

2007 年 3 月 27 日,根据上汽集团、通用中国与上海世博会局签署的《中国 2010 年上海世博会汽车全球合作伙伴协议》关于上汽集团和通用汽车向上海世博会提供汽车的约定,上汽集团向上海世博局交付首批 88 辆赞助车辆,标志着上汽集团、通用汽车与上海世博局的车辆合作计划正式启动,上海世博局局长洪浩、上汽集团董事长胡茂元等出席交车仪式。同年 8 月 5 日,上汽集团在上海汽车工业大厦举办名为"上汽路,绿色心"的上汽绿色文化墙揭幕仪式,上海世博会执委会专职副主任、上海世博局党委书记钟燕群和上汽集团副董事长、上海汽车总裁陈虹为上汽绿色文化墙揭幕。2009 年 4 月 20 日,上汽集团与上海市新能源汽车推进领导小组办公室签署《世博新能源汽车推进项目协议》,上海市经济和信息化委员会主任王坚与胡茂元签约,陈虹致辞,上汽集团总裁沈建华主持签约仪式。

至 2010 年 4 月,上汽共向上海世博会提供纯电动、超级电容、燃料电池和混合动力四大类型 1 125 辆新能源汽车,其中包括 120 辆纯电动大客车、150 辆混合动力大客车、61 辆超级电容大客车、6 辆燃料电池大客车、380 辆纯电动场馆和观光车、350 辆混合动力轿车以及 64 辆燃料电池轿车。上海世博会运营期间,上汽提供的新能源汽车经受暴雨、台风、高温等严酷气候的考验,连续安全运行 184 天,行驶总里程 2 900 万公里,总载客 1.2 亿人次,圆满完成上海世博会新能源汽车示范运营任务,创造规模最大、品种最多、水平最高、频次最强、运行最集中的世界新能源汽车运行纪录;累计节约燃油 2 811 吨,减排二氧化碳 8 854 吨,减排有害排放物 285 吨,其中世博会园区节约燃油 2 143 吨,减排二氧化碳 6 752 吨,减排有害排放物 217 吨。

二、上海申沃客车世博会新能源汽车

2008 年,上海申沃客车有限公司(简称上海申沃客车)与上海汽车新能源事业部、商用车事业部和上海汽车集团股份有限公司商用车技术中心(简称上汽商用车技术中心)共同努力,承担上海世博会 120 辆纯电动公交客车、61 辆超级电容公交客车、150 辆混合动力公交客车、6 辆燃料电池大客车,合计 337 辆新能源公交客车的研发、生产和运营服务保障。2010 年 2 月,新能源公交客车全部制造完成,并按时分批交付上海世博会。为确保新能源客车安全运行,上海申沃客车和上汽商用车技术中心组成 50 多人的技术服务团队,负责上海世博会园区内新能源客车运营保障和技术整改。

在上海世博会运营期间,上海申沃客车提供的新能源公交客车在世博园区每天接送旅客 60 万~103 万人次,总行驶里程 500 多万公里,圆满完成上海世博会运营任务。

三、上汽乘用车分公司世博会新能源汽车

2007 年 3 月,上海汽车集团股份有限公司乘用车分公司(简称上汽乘用车分公司)生产的自主品牌轿车被确定为 2010 年上海世博会指定用车。2010 年 4 月 15 日,该分公司在世博园中国馆南广场举行"绿色出行、让世博更清洁"为主题的 2010 年上海世博科技——新能源汽车交车仪式,向上海世博会交付 44 辆燃料电池轿车,标志着上海世博会新能源汽车示范运营正式启动。该批新能源汽车包括上海牌 plug-in 燃料电池轿车 4 辆、上海牌 863 燃料电池轿车 30 辆、荣威及 GM 名爵汽车 10 辆,主要作为上海世博会贵宾接待用车和开道车。全国政协副主席、科学技术部部长万钢,科学技术部副部长杜占元,工业和信息化部副部长娄勤俭,上海市副市长沈晓明等出席并剪彩,上汽集团董事长、党委书记胡茂元致辞,上海汽车副总裁肖国普向运营单位递交新能源汽车钥匙。在上海世博会期间,44 辆新能源汽车分别在浦东济阳路基地和嘉定基地提供服务,至上海世博会结束共行驶里程 32.96 万公里,接待来宾 5 347 人次。

四、南汽专用车世博会新能源汽车

2008 年 4 月,南京南汽专用车有限公司(简称南汽专用车)与上海汽车新能源事业部、上海燃料电池汽车动力系统有限公司、上汽商用车技术中心等组成项目组,共同研发制上海世博会用新能源场馆车。2009 年 3 月,该项目获批立项。至同年 10 月,先后完成第一轮 CNC 样车试制、高温适应性试验和道路可靠性试验,以及工装、模具开发和生产线、检测线、测试实验室建设等。2010 年 1 月,开始定型批量生产。至同年 4 月 6 日,首批 250 辆新能源场馆车全部交付上海世博会组委会。6 月 30 日,又向上海世博会组委会交付追加生产的 130 辆新能源观光车,合计 380 辆,包括 110 辆燃料电池观光车、130 辆纯电动观光车和 140 辆纯电动场馆车。同时,该公司组成 40 人上海世博会服务小分队,开展维修服务工作。上海世博会期间,南汽专用车 110 辆燃料电池观光车共出车 1.13 万次,行驶 55.29 万公里,载客 171.9 万人次;130 辆纯电动观光车共出车 1.62 万次,行驶 123.35 万公里,载客 234.49 万人次;140 辆纯电动场馆车作为工作用车由上海世博会行政中心调度使用,共行驶 54.53 万公里,均圆满完成世博会车辆运行和维修服务任务。

在上海世博会闭幕期间举行的 2010 全球城市信息化论坛上,万钢称赞南汽专用车生产的新能源观光车体现当前中国新能源汽车的最高水平。

五、上汽大众世博会新能源汽车

上海世博会期间,上海大众汽车有限公司(简称上海大众汽车)承担改装世博会途安专用出租车的任务。2010 年 3 月 12 日,上海市总工会携手上汽集团在上海大众汽车举行上海职工"文明服务、文明观博、文明出行"世博先锋号行动启动仪式,上汽集团董事长胡茂元向上海市交通运输和港口管理局局长孙建平递交世博途安出租车钥匙,上海市人大常委会副主任、上海市总工会主席陈豪,上海市世博局党委副书记陈安杰,上汽集团工会主席吴诗仲等出席启动仪式。同月 21 日,首批229 辆途安世博专用出租车通过验收并交付上海大众出租汽车有限公司、强生出租汽车有限公司等出租车公司。同月,上海大众汽车成立世博服务保障团队,负责对上海五大出租汽车公司的途安

世博专用出租车驾驶员进行培训,分发包括头枕、腰枕、茶杯、雨伞等在内的服务用具;每周对途安世博出租车进行质量跟踪,每月抽调10辆出租车返厂"体检",同时为各出租车公司维修车间修理途安出租车开通技术支持通道。同时,上海大众汽车成立内部保障小组,对车辆可能产生的问题进行协调,做到快速反应。至4月15日,3 650辆途安世博专用出租车全部改装交付完毕,该车成为上海世博会的一道风景线。

上海世博会期间,上海大众汽车还为上海世博会提供20辆帕萨特新领驭氢燃料电池轿车,总计运行7.7万多公里,累计载客2 100多人次。

六、上汽通用世博会新能源汽车

根据上海世博会车辆赞助协议,上海通用汽车的别克、雪佛兰、凯迪拉克的10款车型为上海世博会服务,其中雪佛兰新景程轿车被确定为上海世博会指定用车。同时,上海通用汽车还承担专为上海世博会改装350辆别克君越Eco-Hybrid油电混合动力出租车的任务。

2007年3月24日,100辆车身喷涂"绿动未来"字样的别克君越Eco-Hybrid油电混合动力出租车,加盟世博专用出租车行列投入运营。同月27日,上汽集团和美国通用汽车向上海世博会提交首批赞助的88辆世博会用车,其中包括上海通用汽车生产的别克君越轿车、别克GL8陆尊商务旅行车、雪佛兰新景程轿车计75辆汽车。至同月底,上海通用汽车负责改装的350辆别克君越混合动力出租车全部交付上海巴士出租汽车有限公司投入使用。上海世博会期间,350辆别克君越混合动力出租车总行驶里程1 750万公里。

第十五篇

人　物

概　　述

本篇主要记载 1955—2015 年上汽负责人、先进人物和先进集体。

鉴于 1984 年 3 月起上海汽车拖拉机工业联营公司及以后的公司为局级单位,以此为界,本篇第一章人物传略和第二章人物简介,主要记载上海汽车拖拉机工业联营公司之前的公司党政正职,之后(含该公司)的公司党政正副职。此外,第一章和第二章还记有来自上汽的中国共产党全国代表大会代表、全国人民代表大会代表、中国人民政治协商会议全国委员会委员和全国劳动模范。据此,两章分别记有 10 人和 64 人,合计 74 人。

第三章人物表记载个人名录 750 人(次)、集体名录 191 个(次)。个人名录包括上汽的全国和省(市)部级党政人民团体、民主党派代表、委员或负责人,全国和省(市)部级劳动模范,全国和省(市)级"五一"劳动奖章获得者,全国先进生产(工作)者,全国优秀共产党员、"三八"红旗手和青年新长征突击手,享受国务院特殊津贴专家,获国家友谊奖、上海市荣誉市民和上海市白玉兰奖的外籍人士。集体名录包括全国和省(市)部级模范集体、"五一"劳动奖状获得单位。此外,人物表还包括上汽集团嘉奖个人、嘉奖单位等。

第一章　人物传略

1955—2015年，上汽有10位上海汽车拖拉机工业联营公司之前的主要负责人和之后的负责人逝世，本章予以记载并以卒年先后排列。

魏　如(1897年3月—1966年6月)　浙江诸暨人。

民国5年(1916年)考入交通大学前身南洋公学，民国8年(1919年)在五四运动中从事宣传活动。民国9年(1920年)毕业于交通大学电机科，先后在填昌洋行、华昌贸易公司等担任工程师。鉴于帝国主义侵略压迫，立志发展民族工业，民国14年(1925年)集资筹办新中工程公司，生产柴油机，开启中国柴油机工业。民国20年(1931年)"一·二八"事变，新中厂被日本侵略军炮火所毁，倾注全力予以重建。民国26年(1937年)率厂内迁，辗转于武汉、长沙、祁阳、重庆等地，克服重重困难，为发展民族工业、支援抗日战争作出贡献。其间，受进步思想影响，民国34年(1945年)参加黄炎培、胡厥文等发起组织的中国民主建国会。抗日战争胜利后，国民党重新挑起内战，要求新中厂承担改装装甲车的军工任务，他坚决拒绝。

中华人民共和国成立后，积极响应政府号召，在抗美援朝运动中带领同行组织捐献飞机大炮，并参加赴朝慰问团。1950年，申请企业公私合营，接受社会主义改造，1952年10月1日获批，为上海机器制造行业最早的公私合营工厂，在同行中发挥骨干带头作用。1958年3月—1961年10月，先后任上海市动力机械制造公司经理、上海市农业机械制造公司经理。

1959年、1964年分别当选第二届、第三届全国人民代表大会代表，1964年当选上海市第五届人民代表大会代表。曾担任中国民主建国会常委，民主建国会上海市常委、副主任委员、代主任委员，全国工商业联合会执委，上海市商业联合会副主任。

王公道(1909年11月—1981年3月)　浙江余杭人。

民国10年(1921年)起在浙江海宁、上海当工人。民国21年(1932年)在上海参加中国共产党领导的反帝反战大同盟，任执行委员、常务委员。民国22年(1933年)加入中国共产主义青年团。民国23年(1934年)参加中国共产党。民国24年(1935年)2月被捕入狱，民国26年(1937年)5月出狱，继续从事党的秘密工作。民国27年(1938年)1月参加新四军，历任新四军兵站岩寺镇站派出所党支部书记、新四军江南指挥部第一兵站站长，苏中军区中心兵站站长，华中军区部兵站站长。民国37年(1948年)3月起历任中国人民解放军第三野战军随营学校大队长、第

三野战军兵站部部长、华东军区后勤运输部副部长、华东军区后勤油料部部长。1954年3月任上海船厂第一副厂长。1956年5月—1960年8月任上海市内燃机配件制造公司经理。1960年8月任上海市机械工业局副局长。1961年8月任上海市第一机械局副局长。1966年1月，任上海机电系统三线建设指挥部副总指挥，并负责全局军工生产。1977年9月退居二线，任上海市第一机电工业局顾问。

在上海市内燃机配件公司经理任内,从 1956 年 5 月起,领导对 290 余家厂房简陋、设备陈旧、管理混乱的弄堂小厂,根据规模大小、技术条件,有计划分步骤进行调整,形成专业化大协作生产布局,为制造整机整车创造条件。1957 年,上海市政府统一组织协调三轮汽车试制工作,王公道任市三轮汽车试制委员会副主任,主持三轮汽车的协作试制,获得成功,并形成批量生产,揭开上海制造汽车的序幕。1958 年,组织协作试制凤凰牌轿车获得成功,为发展上海轿车工业奠定基础。同时,先后主持开发成功红旗 27 型拖拉机和工农-7 型手扶拖拉机,成为上海拖拉机生产的起点。同年,上海不少专业公司撤并或下放质量检验机构,其坚持质量检验机构保持稳定不变,并将公司检验科改为技术检查科,确保公司系统各厂检验机构未有撤并或下放,保证产品质量稳定提高。此后,为形成汽车和拖拉机批量制造能力,1958—1960 年组织所属工厂开展技术革新活动,依靠工程技术人员、干部和工人,建成 90 多条生产流水线和 600 多台自动化、半自动化专机,初步改变了手工操作状况,实现了机械化、半机械化生产,试制成功双曲线螺旋伞齿轮等一批关键零部件,公司 42 种产品居国内一流水平。

1956 年分别当选中国共产党上海市第一次代表大会代表、上海市第二届人民代表大会代表。

刘东海(1913 年 8 月—1994 年 8 月)　原名李文涛,山东寿光人。

民国 27 年(1938 年)参加革命,民国 28 年(1939 年)8 月加入中国共产党。民国 27 年(1938年)组织成立山东省寿光县第七区抗敌后援会。民国 30 年(1941 年)3 月起历任中共寿潍二边办事处书记兼主任、中共寿光县委组织部部长、中共广北县委副书记、中共寿光县委书记、中共寿南县委书记、中共昌潍特委组织部部长和地委委员等职。中华人民共和国成立后,历任上海锅炉厂副厂长和党委书记、中共杨浦区委副书记、上海市手工业局党委副书记兼政治部主任。在上海锅炉厂工作期间,著有《光辉胜利的十年 1949—1959》一书。1966 年 6 月调任上海柴油机厂党委书记。1974年 4 月任上海市拖拉机汽车工业公司党委代书记兼革命委员会代主任。1977 年 4 月—1978 年 11月任上海市拖拉机汽车工业公司革命委员会主任。1979 年 4 月调离上汽,任上海市化学工业局党委副书记、副局长。

霍建华(1917 年 12 月—1998 年 11 月)　山东单县人。民国 27 年(1938 年)10 月参加革命,同月参加中国共产党。高中文化程度。局级离休干部。

抗日战争初期参加革命后,先后任连文化教员、县武装委员会主任、县委宣传部部长,发动群众开展生产自救、减租减息和对敌伪顽的斗争,负责党内外宣传教育、拥军、建党工作。民国 35 年(1946 年)春,根据中共鲁南区委决定,带领 300 多人工作团,赴兖州以南、津浦铁路两侧开辟新区,发动群众开展反奸、诉苦、减租、减息、清算、复仇运动。民国 36 年(1947 年)4 月,在治病休养期间因对敌斗争环境恶化,鲁南后方党委任命其为干部修养大队队长、教导员、党委副书记,负责鲁南地委各县北撤干部的收容和整顿工作。民国 37 年(1948 年)6 月任藤县县委宣传部部长兼组织部部长、县委委员。民国 38 年(1949 年)1 月,任中共藤县县委副书记,负责组织、宣传和民运部工作。同年 6 月,调任中共中央山东分局组织部工作,任干部干事和调配组组长。

1951 年 7 月,参加中共华东局第一期党校调训整党干部学习班。1952 年 1 月,调任山东省总工会干部学校参加与领导"三反"运动。同年8月,任山东省五金工会筹委会负责人。1953年3月由华东局调上海市五金工会主席室任副秘书长、党组常委。1954年8月任上海汽车配件工具厂厂长兼党支部书记、区委组织员。1956年任上海市内燃机配件制造公司副经理。1958年4月任上海市动力机械制造公司副经理。1960年3月任上海市农业机械制造公司副经理。1961年10月任上海市农业机械制造公司经理、分党组书记。1969年11月任上海市拖拉机汽车工业公司革命委员会主任和党的核心小组组长。1970年9月任上海市拖拉机汽车工业公司党委书记。1977年10月任上海市拖拉机汽车工业公司顾问,为上海汽车工业的发展做了大量工作。1983年12月离休。

1963年12月当选中国共产党上海市第三次代表大会代表。

曹冠五(1917—1999年) 山东枣庄人。民国27年(1938年)12月加入中国共产党,并参加革命工作。

抗日战争时期,历任中共鲁南特委文书、地委文书科科长,泰宁县放城分区区委书记、县委书记,泰宁中心县委秘书、放城分区区委书记、仲里分区区委书记、鲁中城工部训练班学员等职。解放战争时期,历任济南工委干事、济南市委秘书科科长、第七区区长、第八区区委书记。

中华人民共和国成立后,历任济南市轻工业局工委书记、党委副书记,济南市委组织部秘书科副科长,华东区党校学员,上海卷烟厂厂长、党委书记,上海烟草公司经理,上海市南市区副区长。1960年3月—1961年8月任上海市农业机械制造公司经理。后调任上海市机电工业局副局长。

1958年当选中国共产党上海市第二次代表大会代表。

洪积明(1942年2月—2005年8月) 浙江镇海人。1962年10月参加工作,1984年9月加入中国共产党。大专文化程度,正高级工程师。

1959年9月考入上海机电工业专科学校内燃机制造专业。1962年10月毕业后到上海柴油机厂工作,历任技术员、柴油机技术服务组组长、销售科副科长,1983年11月任上海柴油机厂副厂长。1986年1月任上海机电工业管理局副局长。1993年3月任上海大众汽车有限公司总经理。1995年8月—2003年2月任上海汽车工业(集团)总公司副总裁并兼任上海大众汽车有限公司总经理。1995年8月—1999年6月兼任上海汽车有限公司副总经理。1994年11月—2002年12月任上海桑塔纳轿车国产化共同体理事长。

在上海柴油机厂工作期间,从事柴油机设计,主持多项柴油机改进项目,负责对朝鲜、越南、柬埔寨和秘鲁技术援助,为上海柴油机厂生产、销售、供应等作出积极贡献。在担任上海机电工业管理局副局长期间,主管规划、企业管理和技术改造等工作,为上海机电行业发展作出积极贡献。

担任上海大众汽车有限公司总经理期间,带领公司大力实施上海桑塔纳轿车纵向和横向国产化建设,积极推进上海市政府和上海汽车工业总公司关于桑塔纳轿车零部件布点的"上海牌"和"中华牌"战略,1993年,上海桑塔纳轿车国产化率突破80%,创造了中国轿车引进消化成功经验和中国第一个年产轿车10万辆纪录,公司开始取得国内轿车行业领先优势。1995年兼任上海汽车工业(集团)总公司副总裁后,于同年完成上海大众汽车二期工程,并推出中国汽车工业第一个参与国际联合开发的桑塔纳2000型轿车。1999年完成三期工程建设,建成上海大众汽车三厂,公司形成30万辆轿车年产能力,成为中国最大的轿车制造基地。同年,上海大众汽车建成国内一流水平的轿车开发中心,并推出中高级轿车帕萨特轿车。同时,积极支持零部件配套企业的发展。在他领导下,

2000 年和 2002 年上海大众汽车年产销连续突破 20 万辆和 30 万辆，2003 年年产销轿车近 40 万辆，为 1993 年的 4 倍，公司整车销量、工业总产值、销售收入和利润连续 10 年位列全国汽车行业首位。上海大众汽车获得中国机械工业优秀企业、全国"五一"劳动奖状、全国及上海市外商投资先进企业、全国十大最佳合资企业（生产型）等一系列荣誉称号。

1998 年当选上海市第十一届人民代表大会代表，获 1996—1997 年度上海市劳动模范称号。

汪儒文（1919 年 12 月—2006 年 9 月） 安徽枞阳人。民国 29 年（1940 年）1 月参加革命，同年 11 月加入中国共产党。初中文化程度。正局级离休干部。

民国 29 年（1940 年）1 月参加新四军，先后担任教导队指导员、党支部书记、政治处主任、政委、军干部副部长等职务。抗日战争和解放战争时期，先后参加黑郎庙、淮泗三棵树、淮阴守卫战、淮海战役、渡江战役等战斗，荣获三级独立勋章和解放勋章各一枚。抗美援朝时期参加朝鲜金城反击战，两次负伤，荣获朝鲜一级独立自由勋章。

1959 年 2 月转业，任上海起重运输机械厂党委书记、厂长。1960 年 10 月任上海市第一机电工业局副局长、党委副书记。1972 年 7 月任安徽铜陵新桥矿工程指挥部负责人。1978 年 4 月起历任上海市机电一局副局长、党委副书记、党委书记。1984 年 4 月任上海汽车拖拉机工业联营公司副董事长并兼任上海—易初摩托车有限公司董事长，参与和领导改革开放初期上海汽车工业对外合作工作。

1985 年 12 月离休。离休后继续关心公司发展，开展调查研究，撰写的调研报告得到中央和上海市领导的肯定，获国家机电工业部优秀调研成果二等奖和上海市机电一局优秀调研成果一等奖。

宣洪涛（1931 年 9 月—2009 年 9 月） 上海市人。民国 33 年（1944 年）2 月参加工作，1952 年 12 月加入中国共产党。大学学历，高级工程师。

民国 37 年（1948 年）1 月起先后在荣泰机器厂、中美机械厂、上海农业药械厂当工人。1952 年 1 月起先后任上海农业药械厂车间主任、副厂长。1962 年 2 月进入吉林工业大学农业机械技术管理专业学习，1964 年 10 月留校工作。1965 年 7 月回上海农业药械厂先后任技术副厂长、生产技术组负责人、援外办公室负责人。1969 年 7 月赴越南筹建农药喷雾器厂。1978 年 5 月任上海内燃机厂厂长。1983 年 3 月任上海市拖拉机汽车工业公司副经理。1984 年 3 月任上海汽车拖拉机工业联营公司副总经理。1990 年 1 月和 1993 年 1 月先后任上海汽车工业总公司副总经理和副总裁。其间于 1990 年主持筹建上海拖拉机内燃机公司并兼任总经理。1997 年 7 月退休。

在上海内燃机厂担任技术副厂长期间，组织攻关小组开发成功植保机械喷雾器、喷粉器等产品，产品被全国农业机械行业广泛使用；主持研制 495 柴油机，推动产品上等级，495A 柴油机于 1978 年被评为国家"信得过产品"，1979 年被评为上海市优质产品，1980 年和 1982 年两次获国家金质奖。担任上海市拖拉机汽车工业公司副经理和上海汽车拖拉机工业联营公司副总经理期间，组织上海拖拉机厂和上海内燃机厂开发的上海牌 504 型拖拉机，在国际拉力赛中获得两个第一名，并于 1986 年首次出口海外。1987 年组织拖拉机企业试制出上海牌 400、404 和 654 三种款式的拖拉机样机,为批量生产和拖拉机制造技术更新换代创造条件。20 世纪 90 年代初,主持筹建上海拖拉机内燃机公司,该公司成为上汽第一家总厂型公司。

1997 年 7 月退休后,任上海汽车工业(集团)总公司咨询委员会委员,参与完成《关于对延锋伟世通等五个零部件企业调研报告》《汽车产业技术革命》等多个课题研究。

鞠泽泉(1925 年 12 月—2009 年 12 月)　山东荣城人。民国 33 年(1944 年) 10 月加入中国共产党,次年 7 月参加革命。初中文化程度。享局级离休干部待遇。

民国 34 年(1945 年)7 月起先后任中国共产党领导的山东省荣城县风头村青救会会长、区青联委员、区委组织干事。民国 37 年(1948 年) 3 月起先后任华东野战军十三大队队员、副政治指导员。民国 38 年(1949 年) 9 月起先后任华东军区直属农场副主任、农场场长。1952 年 7 月任华东工业部驻正泰橡胶厂工作组组员、轻工业部党委检查组组员。1955 年 3 月起先后任上海市轻工业管理局党委宣传科副科长、调研科负责人。1960 年 9 月任上海市普陀区委工业部副部长。1964 年 6 月起历任上海市机床公司党委副书记、政治部主任、书记。1973 年 11 月任上海沪东造船厂党委副书记。1976 年 11 月任上海市工业交通办公室学大庆办公室副主任。1978 年 7 月任上海市机床公司党委书记。1982 年 4 月任上海市拖拉机汽车工业公司党委书记。1984 年 7 月任上海汽车拖拉机工业联营公司调研员。1987 年 12 月离休。

在上海机床公司工作期间,加强思想政治工作,抓好技术改造和产品更新。在上海市拖拉机汽车工业公司工作期间,负责抓"文化大革命"冤假错案平反和清查"文化大革命"三种人的工作。离休后继续关心上汽的发展,参加有关会议和学习活动,结合工作经验和感受建言献策。

仇　克(1926 年 4 月—2014 年 12 月)　河北定县人。民国 33 年(1944 年) 1 月参加革命,次年 6 月加入中国共产党。大学文化程度。副局级离休干部。

民国 33 年(1944 年)1 月参加革命,先后担任青救会和抗联主任。民国 37 年(1948 年)初随中国人民解放军南下进入上海,参与接管上海市税务局,任机关财务科科长。1957 年从上海市手工业局调往上海市机电工业管理局,任财务处副处长。1958 年春赴清华大学学习,1962 年 6 月进入上海市农业机械制造公司任副经理。1966 年带队援助越南,帮助建设 5 个机械和军工产品制造工厂,被越南工业部授予勋章。1972 年 7 月任上海市拖拉机汽车工业公司革命委员会副主任。1973 年 1 月和 1978 年 11 月先后任上海市拖拉机汽车工业公司党委副书记和经理。

1978 年 10 月—1984 年 10 月,负责上海轿车技术引进和中外合资工作,先后带队参与美国、德国、日本、法国等 7 家跨国汽车公司洽谈,历经 6 年坚忍不拔、艰难曲折的考察谈判,攻克技术转让、政策法规、市场销售、注册资本等中外合作的开创性难题,在中央和上海市政府领导关心下,与德国大众汽车公司的谈判成功,为合资成立上海大众汽车有限公司铺平了道路。1987 年 6 月任上海汽车拖拉机工业联营公司副董事长,并出任上海大众汽车有限公司第一任董事长。1988 年 1 月—1995 年 9 月任上海市汽车工程学会理事长。

1991 年 7 月离休,任上海汽车工业总公司咨询委员会副主任,围绕上汽技术研发、人才培养、投入与成效、目标与措施等问题建言献策,开展专题调研,形成多篇调研报告。参与编撰的《改革开放给振兴上海汽车工业带来曙光——上海轿车项目六年谈判过程概述》,全文近 3 万字,为上汽后续发展和中外合作提供了宝贵经验。1992—1999 年,在上海市第一轮志书编纂工作中,负责主编《上海汽车工业志》。

第二章 人物简介

本章主要记载至 2015 年年底健在的、1984—2015 年担任上海汽车拖拉机工业联营公司、上海汽车工业总公司、上海汽车工业（集团）总公司、上海汽车集团股份有限公司主要负责人或负责人的人物计 49 人。记载上汽当选中国共产党全国代表大会代表、全国人民代表大会代表、中国人民政治协商会议全国委员会委员和全国劳动模范的人物计 15 人（不含当选者中的公司主要负责人或负责人），合计记载 64 人。排列以出生时间先后为序。

第一节 公司主要负责人

蒋　涛　民国 10 年（1921 年）12 月出生，河北涞源人。民国 27 年（1938 年）5 月参加革命，民国 29 年（1940 年）7 月加入中国共产党。高中文化程度，高级经济师。享受副省（部）级医疗待遇。

民国 27 年（1938 年）5 月进修于八路军晋察冀边区五台师训班。同年 8 月起在晋察冀边区从事革命工作，先后任五·七区区长、怀安县县长。民国 38 年（1949 年）1 月随中国人民解放军南下，同年 5 月任安徽省芜湖市皖南行署财经委员会秘书长。1951 年 1 月任华东工业部、中共上海市委工业部处长。1954 年 7 月任上海市第一重工业管理局副局长、局长。1979 年 7 月任上海市计划委员会副主任。1984 年 6 月任上海汽车拖拉机工业联营公司董事长。1990 年 5 月任上海汽车工业总公司咨询委员会主任。1991 年 3 月离休。

1982 年 7 月当选上海市第七届人民代表大会常务委员会委员，并任上海市七届人大财经委员会主任。

陆吉安　民国 22 年（1933 年）11 月出生，浙江鄞县人。1954 年 9 月参加工作，1982 年 8 月加入中国共产党。大学学历，教授级高级工程师。

1952 年 9 月在上海华东纺织工学院学习。1954 年 9 月起先后在上海第四棉纺织厂、上海纺织工业局、上海手帕进出口公司工作。1984 年 4 月任上海市经济委员会副主任。1986 年兼任上海市桑塔纳轿车横向国产化领导小组组长。1987 年 6 月任上海市经济委员会副主任兼任上海汽车拖拉机工业联营公司副董事长、总经理，同年 7 月兼任上海市桑塔纳轿车国产化协调办公室主任。1990 年 1 月任上海汽车工业总公司总经理。1992 年 4 月兼任上海汽车工业总公司董事长。1993 年 1 月任上海汽车工业总公司总裁。1995 年 9 月上海汽车工业（集团）总公司成立时离任，协助领导中外合资上海通用汽车有限公司和泛亚汽车技术中心有限公司筹建工作。1999 年 9 月退休。

1992 年当选中国共产党上海市第六次代表大会代表，1993 年获上海市劳动模范称号并被评为上海市优秀企业家，1994 年获全国优秀企业家称号。

孟庆令 民国25年(1936年)7月出生,辽宁盘山人。1957年9月参加工作,1960年3月加入中国共产党。中专学历,高级政工师。

1954年9月考入沈阳机械制造学校学习,1957年9月毕业后到上海华丰钢铁厂工作,历任技术员、车间副主任、技术科副科长、党委副书记、副厂长、代理党委书记。1983年3月任上海市拖拉机汽车工业公司党委副书记。1984年3月任上海汽车拖拉机工业联营公司党委副书记(主持工作)。1985年8月任上海汽车拖拉机工业联营公司党委书记,同年12月—1990年1月任上海汽车拖拉机工业联营公司副董事长。1990年1月任上海汽车工业总公司党委书记。1992年11月调离上汽任中共上海市工业工作委员会书记。

在上汽工作期间,于1986年和1992年当选中国共产党上海市第五次、第六次代表大会代表和中国共产党上海市第五届、第六届委员会委员。1959年获全国先进生产(工作)者称号,1959年、1960—1962年获上海市先进生产(工作)者称号。

林树楠 民国28年(1939年)10月出生,福建石狮人。1958年12月加入中国共产党,1966年9月参加工作。大学学历,高级工程师。

1960年9月考入清华大学无线电系。1966年9月毕业后留校工作。1968年1月起历任上海无线电专用机械厂车间党支部书记、设计科副科长、党委书记。1984年1月任上海电子仪器设备工业公司党委书记。同年8月起历任上海仪表电讯工业局党委副书记、书记、局长。1992年11月任上海汽车工业总公司党委书记。1995年8月—1999年6月任上海汽车工业(集团)总公司党委书记,上海汽车有限公司党委书记、副董事长。2005年1月退休。

在上汽工作期间,于1992年当选中国共产党第十四次全国代表大会代表,1992年和1997年先后当选中国共产党上海市第六次、第七次代表大会代表,中国共产党上海市第六届委员会委员。1998年当选上海市第十一届人民代表大会常务委员会委员,并历任上海市十一届人大财经委员会副主任、预算工作委员会主任。

蒋以任 民国31年(1942年)10月出生,上海市人。1966年参加工作,1970年12月加入中国共产党。大学学历,教授级高级工程师。

1960年考入清华大学,1966年毕业后到上海内燃机研究所任技术员。1968年进入上海柴油机厂工作,历任工人、技术员、党总支干事、宣传科副科长、党委政治部副主任、副厂长兼设计科科长。1983年任上海市第一机电工业局党委副书记。1984年7月任上海汽车拖拉机工业联营公司党委书记,同年10月任上海汽车拖拉机工业联营公司副董事长。1985年8月调离,任中共上海市工业工作委员会副书记兼市机电一局党委书记。

1996年6月—2009年2月,在先后担任的中共上海市委常委、上海市人民政府副市长、常务副市长、中国人民政治协商会议上海市第十届委员会主席和党组书记、中国人民政治协商会议第十一届全国委员会常务委员、上海市工业经济联合会和上海市经济团体联合会会长期间,兼任上海汽车工业(集团)总公司监事会主席。

兼任上海汽车工业（集团）总公司监事会主席期间,于 1997 年和 2002 年当选中国共产党第十五次、第十六次全国代表大会代表,1998 年当选上海市第十一届人民代表大会代表,2003 年当选中国人民政治协商会议第十届全国委员会委员和中国人民政治协商会议上海市第十届委员会主席,2008 年当选中国人民政治协商会议第十一届全国委员会常务委员。

陈祥麟　民国 33 年(1944 年)10 月出生,江苏吴县人。1967 年 9 月参加工作,1965 年 12 月加入中国共产党。大学学历,高级经济师。

1967 年 9 月复旦大学数学系毕业。1968 年 9 月起先后任上海东海阀门厂生产组长、副厂长、厂长。1983 年 8 月任上海市第一机电工业局副局长。1984 年 3 月任上海汽车拖拉机工业联营公司副董事长兼总经理。1986 年 12 月调离上汽,任上海市计划委员会主任。1995 年 8 月调回上汽任上海汽车工业（集团）总公司总裁、党委副书记,上海汽车有限公司董事长、总经理、党委副书记。1999 年 6 月—2006 年 7 月任上海汽车工业（集团）总公司党委书记、董事长,其间于 2004 年 4 月任中国机械工业联合会副会长。2008 年 8 月退休。2009 年 11 月任上海市工业经济联合会、上海市经济团体联合会常务副会长。

在上汽工作期间,于 1985 年 9 月当选中国共产党全国代表会议代表,1997 年当选中国共产党第十五次全国代表大会代表,1998 年当选第九届全国人民代表大会代表。1986 年、1997 年和 2002 年当选中国共产党上海市第五次、第七次、第八次代表大会代表和中共上海市第五届、第七届、第八届委员会委员。2003 年当选中国人民政治协商会议上海市第十届常务委员会委员,并任上海市十届政协经济委员会主任。

蒋应时　1949 年 12 月出生,江苏南京人。1968 年 9 月参加工作,1973 年 1 月加入中国共产党。研究生学历,研究员。

1968 年 9 月进入上海人民电机厂工作,历任车间工人、调度员、车间副主任。1981 年 9 月考入上海工业大学企业管理专业,1983 年 8 月毕业后返回上海人民电机厂工作,先后任企业管理办公室负责人、副厂长、党委书记。1988 年 8 月复旦大学研究生毕业后进入上海市经济委员会工作,历任技术改造处主任科员、副处长、办公室主任。1995 年 7 月任上海市化学工业局副局长。同年 12 月任上海化工控股（集团）公司副总裁。1996 年 10 月任上海华谊（集团）公司副总裁。1997 年 1 月起历任上海市计划委员会副主任、市外国投资工作委员会副主任、市发展计划委员会副主任。2003 年 7 月任上海市发展和改革委员会主任、党组书记。2009 年 2 月起任上海汽车工业（集团）总公司监事会主席、上海电气（集团）总公司监事会主席、上海机场（集团）有限公司监事会主席。2012 年 5 月—2014 年 5 月任上海汽车集团股份有限公司监事会主席、上海电气（集团）总公司监事会主席、上海机场（集团）监事会主席。

在上汽工作期间,为中国共产党第十七次全国代表大会代表、中国人民政治协商会议第十一届全国委员会委员、中国共产党上海市第九次代表大会代表。

胡茂元　1951 年 4 月出生,浙江绍兴人。1968 年 12 月参加工作,1980 年 7 月加入中国共产

党。研究生学历,管理学博士,教授级高级工程师,高级经济师。

1968 年 12 月到上海拖拉机厂工作,历任班组长、车间副主任。1983 年 9 月任上海拖拉机厂厂长。1985 年 9 月任上海汽车拖拉机工业联营公司副总经理。1990 年 1 月起历任上海汽车工业总公司总经理助理、副总经理、副总裁,1992 年 1 月兼任上海汇众汽车制造有限公司总经理。1995 年 8 月任上海汽车工业(集团)总公司副总裁,并于 1997 年 5 月兼任上海通用汽车有限公司总经理。1995 年 8 月—1999 年 6 月兼任上海汽车有限公司副总经理。1999 年 7 月任上海汽车工业(集团)总公司总裁、党委副书记,2003 年 3 月兼任上海市外商投资企业学会汽车分会会长,2004 年 11 月兼任上海汽车集团股份有限公司董事长、党委书记。2006 年 7 月任上海汽车工业(集团)总公司董事长、党委书记,上海汽车集团股份有限公司董事长、党委书记。2007 年 4 月任中国汽车行业协会会长。2013 年 11 月—2014 年 5 月任上海汽车集团股份有限公司董事长。2009 年任上海市企业联合会、上海市企业家协会会长。2014 年 7 月退休,继续任上海市企业联合会、上海市企业家协会会长。

2002 年、2007 年先后当选中国共产党第十六次、第十七次全国代表大会代表,中国共产党上海市第八次、第九次代表大会代表,2007 年当选中国共产党上海市第九届委员会委员。2003 年当选上海市第十二届人民代表大会代表,2008 年当选中国人民政治协商会议上海市第十一届常务委员会委员,并任上海市十一届政协经济委员会副主任。1998—2007 年获全国劳动模范、上海市优秀共产党员、上海市工业商业领军人物、CCTV2004 中国经济年度人物等称号。

张广生 1952 年 6 月出生,河北沧县人。1969 年 4 月参加工作,1973 年 12 月加入中国共产党。研究生学历,研究员。

1969 年 4 月起在黑龙江省爱辉县四嘉子人民公社务农。1975 年 8 月在复旦大学经济学系政治经济学专业学习。1978 年 8 月任国务院机关事务管理局总务处秘书。同年 12 月任中国科学院工业研究所研究人员。1979 年 9 月在复旦大学经济学系政治经济学专业研读研究生。1982 年 9 月在上海市经济发展研究中心工作。1984 年 7 月—1988 年 7 月先后任上海市体制改革办公室副处长、处长。1988 年 8 月任上海市体制改革研究所副所长。1990 年 1 月—1995 年先后任上海市政府研究室综合处处长、研究室副主任、代主任、主任。1995 年 4 月任中共上海市委研究室主任。2000 年 3 月任中共上海市委副秘书长、市委研究室主任。2003 年 1 月—2011 年 12 月任上海汽车工业(集团)总公司副董事长。

在上汽工作期间,于 2002 年当选中国共产党上海市第八次代表大会代表,2003 年当选上海市第十二届人民代表大会代表,2008 年、2013 年当选中国人民政治协商会议上海市第十一届、第十二届委员会委员,并任上海市十一届政协、第十二届政协经济委员会常务副主任。

沈建华 1953 年 3 月出生,江苏盐城人。1970 年 4 月参加工作,1975 年 9 月加入中国共产党。研究生学历,管理学博士,高级经济师。

1970 年 4 月任江西省清江县义城人民公社会计。1978 年 12 月进入上海摩托车厂工作,历任工人、厂长办公室主任。1984 年 12 月起历任上海汽车拖拉机工业联营公司总经理办公室科长、副主任。1990 年 1 月任深圳中瑞汽车机械工业有限公司总经理。1995 年 9 月起历任上海汽车工业

（集团）总公司总裁办公室主任、副总经济师、总裁助理。2001年2月任上海汽车工业（集团）总公司副总裁。2004年11月任上海汽车集团股份有限公司副总裁，2005年8月兼任上海汽车集团股份有限公司零部件业务董事局主席。2006年7月任上海汽车工业（集团）总公司总裁、党委副书记。2011年12月—2014年8月任上海汽车集团股份有限公司副董事长、党委副书记。

2007年、2012年当选中国共产党上海市第九次、第十次代表大会代表。2008年、2013年当选上海市第十三届、第十四届人民代表大会代表，并任上海市第十四届人大农业与农村委员会委员。

卞百平　1956年4月出生，江苏无锡人。1974年3月参加工作，1978年12月加入中国共产党。大学学历，法学学士学位，高级经济师、高级工程师。

1974年中学毕业后，赴安徽插队务农，1976年12月应征入伍，1980年1月退伍回沪后在静安区老松盛饮食店工作。1984年8月借调上海市静安区委组织部工作；1988年12月任共青团上海市静安区委书记、区青年联合会主席、上海市青年联合会常委。1991年5月起先后任上海市静安区建设党工委书记兼区建设委员会常务副主任、主任，上海市静安区区长助理。1997年11月任上海市静安区副区长。2001年8月任上海市城市交通管理局副局长、党委副书记；2003年4月任上海市城市交通管理局局长、党委书记。2006年11月任上海市长宁区委副书记、副区长、代理区长；2007年2月任上海市长宁区委副书记、区长；2008年12月任上海市长宁区委书记、区长；2009年4月任上海市长宁区委书记。2014年10月任上海汽车集团股份有限公司监事会主席，2015年4月兼任上海城投（集团）有限公司监事会主席。

在上汽工作期间，为上海市十四届人民代表大会代表。

陈志鑫　1959年5月出生，江苏无锡人。1979年9月参加工作，1986年4月加入中国共产党。研究生学历，教授级高级工程师。

1979年9月进入上海汽车厂工作。1983年7月考入上海市拖拉机汽车工业公司职工大学企业管理专业。1986年7月毕业后进入上海大众汽车有限公司工作，历任工业工程科生产计划员、生产计划股股长、汽车一厂厂长助理、工业工程科经理、计划与物流控制部经理、供应部经理。1997年12月任上海采埃孚转向机有限公司总经理。2000年11月任上海汽车工业（集团）总公司总裁助理，2001年2月任上海汽车工业（集团）总公司副总裁，2002年9月兼任上海大众汽车有限公司总经理。2003年兼任上海市外商投资企业协会汽车分会副会长。2004年11月任上海汽车集团股份有限公司副总裁兼上海大众汽车有限公司总经理，2006年12月兼任上海上汽大众汽车销售有限公司总经理。2007年9月任上海汽车集团股份有限公司执行副总裁，同年12月兼任南京汽车集团有限公司总经理，2008年12月兼任上海汽车集团股份有限公司乘用车分公司总经理。2014年5月任上海汽车集团股份有限公司总裁、党委副书记。2014年12月任上海市外商投资协会副会长兼汽车分会会长。

2013年当选中国人民政治协商会议上海市第十二届委员会委员，2008年被授予上海市领军人才称号。

陈　虹　1961年3月出生,浙江嘉善人。1984年6月加入中国共产党,同年7月参加工作。大学学历,教授级高级工程师,高级经济师。

1984年7月—1985年8月历任上海汽车拖拉机工业联营公司职工大学教师、公司总经理办公室秘书、轿车项目联络员。1985年9月—1995年4月历任上海大众汽车有限公司人事执行经理助理、政策研究室主任、领导人员管理科经理、发动机厂副经理和经理。1995年9月任上海汽车工业浦东轿车项目组副总经理。1997年5月任上海通用汽车有限公司副总经理,1999年6月任总经理。2003年1月任上海汽车工业(集团)总公司副总裁。同年3月兼任上海市外商投资企业协会汽车分会副会长。2004年11月任上海汽车集团股份有限公司副董事长、总裁、党委副书记。2006年7月任上海汽车工业(集团)总公司副董事长、党委副书记,上海汽车集团股份有限公司副董事长、总裁、党委副书记。2013年11月任上海汽车集团股份有限公司党委书记、总裁、副董事长。2014年5月任上海汽车集团股份有限公司党委书记、董事长。

2003年、2008年当选第十届、第十一届全国人民代表大会代表。2012年当选中国共产党十八次全国代表大会代表。2002年、2007年、2012年分别当选中国共产党上海市第八次、第九次、第十次代表大会代表,2012年当选中国共产党上海市第十届委员会委员。2000年获上海市劳动模范称号,同年起享受国务院政府特殊津贴。2002年获全国"五一"劳动奖章,2006年被授予上海市领军人才称号。

第二节　公司负责人

张昌谋　民国18年(1929年)7月出生,安徽全椒人。1953年7月参加工作,1984年3月加入中国共产党。研究生学历,高级经济师。

1953年7月进入上海柴油机厂工作,历任经济计划科副科长、生产办公室组长、柴油机车间调度员、柴油机车间计划组长、生产调度科副科长、生产计划科副科长、企业整顿领导小组副组长。1983年12月任上海市第一机电工业局企业管理处负责人。1984年3月任上海汽车拖拉机工业联营公司副总经理,1985年3月兼任上海大众汽车有限公司总经理。1987年8月调离上汽。

陈廷越　民国22年(1933年)10月出生,浙江平阳人。1949年9月参加工作,1960年12月加入中国共产党。大学学历,教授级高级工程师。

1949年9月在浙江省平阳县山门乡中心小学当教员。1952年9月考入清华大学汽车专业学习。1957年9月任长春第一汽车制造厂技术员。1964年1月任第一机械工业部工程师。1969年9月进入第一机械工业部江西省奉新五七干校学习。1972年5月任湖南大学机械系教师、汽车专业教研室副主任。1976年5月到长沙汽车工业公司工作,历任革命委员会副主任、副总工程师、副经理、经理。1981年7月任中国汽车工业总公司副总工程师。1987年10月任上海汽车拖拉机工业联营公司副总经理兼总工程师。1990年1月任上海汽车工业总公司副总经理兼总工程师。1993年1月—1995年8月任上海汽车工业总公司副总裁兼总工程师。1996年8月—2000年4月任上海市汽车工程学会理事长。1999年7月退休。

1996年起享受国务院政府特殊津贴。

王芝兰 民国25年(1936年)1月出生,江苏丹阳人。1953年9月参加工作,1956年7月加入中国共产党。大学学历,高级工程师。

1953年9月入伍,先后在中国人民解放军南京海军预科学校和大连海军机械学校学习。1960年12月起先后在大连海军机械学校、大连海军工程学院、武汉海军工程学院任助教,1962年1月被授予中尉军衔。1978年10月转业到上海第一汽车附件厂工作,历任车间技术副主任、设计科副科长。1984年1月任上海第一汽车附件厂副厂长。同年5月任上海汽车拖拉机工业联营公司党委副书记。1987年12月任上海汽车拖拉机销售公司经理。1990年1月任上海汽车工业销售总公司党委书记兼副总经理。1999年1月退休。

仲逸民 民国25年(1936年)5月出生,江苏苏州人。1959年8月参加工作,1979年11月加入中国共产党。大学学历,高级工程师。

1959年8月到上海汽车底盘厂工作,历任技术员、工程师、技术副厂长、副总工程师。1983年11月任上海汽车底盘厂厂长。1984年3月任上海汽车拖拉机工业联营公司副总经理兼总工程师。1987年10月任上海汽车拖拉机工业联营公司副总工程师。1990年3月任上海汽车工业总公司副总工程师。1987年10月起先后兼任上海汽车空调联合公司总工程师、上海汇众客车(集团)公司董事长。1996年7月退休。

王述祚 民国25年(1936年)12月出生,辽宁新金人。1965年1月加入中国共产党,同年2月参加工作。大学学历,高级经济师、高级政工师。

1965年2月起先后在上海宁国中学、上海市劳动局半工半读学校当教师。1969年11月到上海汽车底盘厂工作,历任教师、工会干事、工会副主席、工会主席、党委书记。1984年12月任上海汽车拖拉机工业联营公司宣传部部长,1985年10月任上海汽车拖拉机工业联营公司工会主席。1990年3月任上海汽车工业总公司工会主席。1995年9月任上海汽车工业(集团)总公司工会主席。2001年11月退休。

曾任中国机械冶金工会第一届委员会委员,1991年和1996年先后当选中国机械冶金工会第二届、第三届委员会委员。1988年、1993年先后当选上海市总工会第八届、第九届委员会委员。

叶 平 民国26年(1937年)10月出生,江苏昆山人。1958年4月参加工作,1982年8月加入中国共产党。大学学历,教授级高级工程师。

1958 年 4 月在北京航空学院附属工厂当工人。1962 年 10 月入伍当兵，先后在空军学院、空军工程学院任教员，1964 年 2 月被授予中尉军衔。1969 年 11 月复员后到上海货车制造厂当工人。1973 年 5 月到上海重型汽车厂工作，历任技术员、工具科副科长、模具车间副主任。1983 年 9 月任上海重型汽车厂厂长。1984 年 9 月任上海汽车拖拉机工业联营公司外事部主任。同年 11 月任上海汽车拖拉机工业联营公司副总经理。1990 年 1 月任上海汽车工业总公司副总经理。1993 年 1 月任上海汽车工业总公司副总裁。1995 年 8 月—1998 年 7 月任上海汽车工业（集团）总公司副总裁。1995 年 8 月—1999 年 6 月兼任上海汽车有限公司副总经理。1995 年 9 月—1996 年 8 月任上海市汽车工程学会理事长。2002 年 9 月退休。

1998 年起享受国务院政府特殊津贴。

郁子冲　民国 28 年（1939 年）1 月出生，江苏启东人。1961 年 9 月参加工作，1987 年 5 月加入中国共产党。大学本科学历，高级会计师。

1961 年 9 月起先后在上海市长宁区财政局、市财贸五七干校、上海毛麻机修一厂、上海十六毛纺厂工作。1974 年 2 月起先后任上海市财政局业务科副科长、局长助理。1987 年 8 月任上海市经济研究中心办公室副主任。1988 年 9 月任国家审计署驻上海特派员办事处副特派员。1989 年 10 月任上海市财政局副局长，1992 年 3 月兼上海市国有资产管理局局长。1996 年 9 月—1999 年 6 月任上海汽车工业（集团）总公司副总裁、上海汽车有限公司副总经理。1997 年 8 月兼任上海广电（集团）有限公司副董事长；同年 11 月兼任上海汽车股份有限公司董事长。1999 年 7 月任上海工业投资（集团）有限公司副董事长。2004 年 3 月退休。

1998 年当选中国人民政治协商会议上海市第九届委员会委员。

唐炜延　民国 30 年（1941 年）8 月出生，上海市人。1964 年 8 月参加工作，1973 年 8 月加入中国共产党。大学学历，高级政工师。

1964 年 7 月在上海汽车厂工作，1970 年 3 月起历任该厂政宣组干事、副科长、厂办公室主任，1982 年 2 月任厂工会主席。1983 年 11 月任上海汽车发动机厂党委书记。1985 年 1 月任上海大众汽车有限公司党委书记兼工会主席。1997 年 4 月任上海汽车工业（集团）总公司工会主席。2001 年 9 月—2006 年 8 月先后任上海市汽车行业协会副会长、常务副会长。2001 年 11 月任上海市工业经济联合会副会长。2006 年 9 月退休。

1988 年、1993 年先后当选上海市第九届、第十届人民代表大会代表。1993 年、1998 年先后当选上海市总工会第九届、第十届委员会委员。1998 年当选中国工会第十三次代表大会代表。

陈忠德　民国 32 年（1943 年）10 月出生，江苏盐城人。1961 年 8 月参加工作，同年 11 月加入中国共产党。大专学历，高级经济师、高级政工师。

1961年8月入伍在中国人民解放军陆军28军炮兵131团当士兵。1962年11月在南昌步兵学校机要专业学习。1964年4月在陆军28军司令部机要处任译电员、参谋。1977年5月转业到上海汽车底盘厂工作,历任党委办公室秘书、宣传科科长。1984年11月任上海汽车底盘厂党委副书记,1985年10月任该厂党委书记。1990年6月任上海汽车电器总厂党委书记。1993年11月任上海拖拉机内燃机公司党委书记,1995年1月兼任该公司总经理。1997年4月任上海汽车工业(集团)总公司组织干部部部长。1998年6月—2004年7月任上海汽车工业(集团)总公司党委副书记、纪委书记。2003年3月—2005年6月兼任上海市外商投资企业协会汽车分会副会长。2006年7月任上海市企业家协会和上海市工业经济联合会副会长。2006年9月—2009年1月任上海市汽车行业协会常务副会长。2007年10月退休。

1996年获上海市优秀企业家称号。

陈因达 民国35年(1946年)11月出生,浙江绍兴人。1965年9月参加工作,1994年6月加入中国共产党。研究生学历,教授级高级工程师,高级经济师。

1965年9月进入上海汽车齿轮厂工作,历任技术员、动力科科长。1986年9月在上海工业大学工业管理工程专业学习。1988年7月回上海汽车齿轮总厂工作,先后任厂长助理、副厂长,1993年5月任该厂厂长。1997年11月—2006年7月任上海汽车工业(集团)总公司副总裁。1997年11月—1999年6月兼任上海汽车有限公司副总经理。2002年8月兼任上海汽车工业(集团)总公司汽车工程研究院院长。2000年4月—2010年7月兼任或任上海市汽车工程学会理事长。2007年12月退休。

1996年获上海市优秀企业家称号。

蒋志伟 民国37年(1948年)12月出生,浙江余姚人。1969年3月参加工作,1972年6月加入中国共产党。研究生学历,教授级高级工程师,高级经济师。

1969年3月在中国人民解放军4316部队服役。1970年2月在上海汽车厂工作,历任团支部书记、车间主任、生产调度科科长、生产副厂长、厂长。1991年12月起任上海大众汽车有限公司物资供应部经理、公司人事与行政执行经理。1996年6月—2006年7月任上海汽车工业(集团)总公司副总裁。1996年6月—1999年6月兼任上海汽车有限公司副总经理。1999年9月—2004年4月任上海市汽车行业协会会长,2003年3月兼任上海市外商投资企业协会汽车分会副会长,2008年7月任上海市交通电子行业协会会长。2010年7月退休。

叶焱章 民国37年(1948年)12月出生,湖北武汉人。1965年4月参加工作,1972年9月加入中国共产党。研究生学历,研究员级高级工程师。

1965年4月在湖北省体育运动委员会航海俱乐部工作。1969年11月起先后任第二汽车制造厂发动机厂团委书记、党委副书记、副厂长。1983年11月起先后任第二汽车制造厂水箱厂第一副厂长、厂长、党委书记。1989年4月起先后任第二汽车制造厂销售处处长、东风汽车贸易公司总经理。1991年3月起先后任中国汽车工业总公司办公厅第一副主任、主任。1994年5月任中国汽车工业总公司副总经理。2004年12月—2009年1月任上海汽车工业(集团)总公司党委副书记。2009年任上海市汽车行业协会常务副会长。2010年7月退休。

刘雅琴　女,1949年11月出生,辽宁沈阳人。1968年9月参加工作,1970年1月加入中国共产党。大学学历,工学硕士,高级政工师。

1968年9月在辽宁省凌源县三家子人民公社插队,后任公社党委常委、县政府干部。1972年4月进入吉林工业大学学习,1975年12月毕业后进入本溪拖拉机厂工作,历任技术员、助理工程师、加工车间党支部副书记。1982年12月进入上海第二汽车底盘厂工作,历任技术科助理工程师、党支部副书记、组织科科长、党委书记。1985年5月任上海汽车拖拉机工业联营公司党委副书记。1990年1月任上海汽车工业总公司党委副书记,1991年12月兼任公司纪委书记。1995年8月任上海汽车工业(集团)总公司党委副书记、纪委书记,1996年6月兼任公司监事会副主席。1997年12月调离上汽,任中共上海市嘉定区委副书记。

在上汽工作期间,于1992年、1997年先后当选中国共产党上海市第六次、第七次代表大会代表,并当选上海市第十一届人民代表大会代表。

吴诗仲　1951年12月出生,江苏泰兴人。1968年12月参加工作,1973年7月加入中国共产党。研究生学历,高级经济师。

1968年12月进入上海汽车发动机厂当工人,1974年7月起历任该厂团委副书记、团委书记,1978年8月起历任动力维修车间、基建动力科负责人,1980年8月起历任党委组织科科长、党委副书记。1982年2月任上海市拖拉机汽车工业公司团委书记。1986年7月任上海汽车拖拉机工业联营公司职工大学党总支书记。1988年5月任上海申光铸造厂厂长。1992年1月起历任上海汇众汽车制造公司党委副书记(主持工作)、党委书记兼副总经理、总经理兼党委书记。1996年7月任上海大众汽车有限公司人事与行政执行经理。2001年任该公司党委书记、工会主席兼人事与行政执行经理。2003年2月任上海上汽大众汽车销售有限公司总经理兼上海大众汽车人事与行政执行经理。2004年8月任上海汽车工业(集团)总公司工会主席,2004年12月任上海汽车工业(集团)总公司纪委书记、工会主席,上海汽车集团股份有限公司工会主席。2005年7月—2011年12月任上海汽车工业(集团)总公司、上海汽车集团股份有限公司纪委书记、工会主席。2012年9月退休。2013年12月任上海市交通电子行业协会会长。

2002 年、2007 年当选中国共产党上海市第八次、第九次代表大会代表。2003 年当选上海市第十二届人民代表大会代表，2008 年当选上海市第十三届人民代表大会代表、中国人民政治协商会议上海市第十一届委员会委员并任上海市十一届政协文史资料委员会副主任。2004 年、2008 年当选上海市总工会第十一届、第十二届常务委员会委员。2006 年当选中国机械冶金建材工会第二届委员会委员。2008 年当选中国工会第十五次全国代表大会代表。1995 年和 1999 年分别获国家机械工业部和上海市优秀企业家称号。

薛　建　1953 年 7 月出生，江苏常熟人。1969 年 1 月参加工作，1971 年 8 月加入中国共产党。研究生学历，高级政工师。

1969 年 1 月入伍中国人民解放军 39977 部队，历任战士、机械师。1982 年 1 月转业到上海拖拉机齿轮厂工作，先后任技术员、组织干事、党委副书记、厂长助理。1991 年 1 月进入上海汽车工业总公司工作，历任党委宣传处副处长、党委办公室副主任。1994 年 3 月起先后任上海汽车工业（集团）总公司党委办公室主任、董事会办公室主任、本部党委书记。2001 年 10 月任上海汽车股份有限公司党委书记、纪委书记、工会主席。2004 年 12 月任上海汽车集团股份有限公司组织干部部长兼总部党委书记。2009 年 1 月任上海汽车工业（集团）总公司党委副书记兼上海汽车工业（集团）总公司、上海汽车集团股份有限公司组织干部部部长。2010 年 5 月任上海汽车工业（集团）总公司党委副书记。2011 年 12 月任上海汽车集团股份有限公司党委副书记、纪委书记。2012 年 3 月任上海汽车集团股份有限公司党委副书记、纪委书记、监事会副主席。2013 年 12 月任上海市汽车行业协会常务副会长兼秘书长。2014 年 4 月退休。

2001 年获上海市优秀党务工作者称号，2003 年获上海市优秀思想政治工作者称号。

肖国普　1954 年 1 月出生，湖南宁乡人。1971 年 12 月参加工作，1976 年 6 月加入中国共产党。研究生学历，高级经济师。

1971 年 12 月在安徽省广德县山北人民公社插队，后任大队党支部副书记。1978 年 10 月在上海市杨浦区控江街道组织科工作。1979 年 2 月任上海汽车电机厂党支部书记。1986 年 7 月任上海汽车钢板弹簧厂厂长。1990 年 12 月任上海汽车锻造总厂厂长。1994 年 2 月任上海汽车工业总公司总裁助理。1996 年 4 月任上海汽车工业销售总公司总经理。2000 年 8 月任上海上汽大众汽车销售有限公司总经理、党委副书记。2003 年 2 月任上海汽车工业（集团）总公司副总裁。2004 年 11 月任上海汽车集团股份有限公司副总裁。2004 年 4 月—2014 年 8 月兼任上海市汽车行业协会会长。2013 年 12 月任上海市汽车工程学会常务副理事长。2014 年 10 月退休。

1999 年获上海市优秀企业家称号。

汪大总　1954 年 5 月出生，美籍华人。1976 年 12 月参加工作。研究生学历，理学硕士、博士。

1976 年 12 月从河南省济源市 531 机械工业学校毕业后留校任教。1978 年考入华中理工大学研究生院学习,毕业后留校任教。1981年被选派为中国第一批研究生入美国康奈尔大学机械与航空学院学习,获理学硕士和博士学位。1985年毕业后在美国通用汽车公司研究中心和系统工程中心工作,历任高级工程师、主任工程师、首席工程师、部门经理、工程总监。1994年任德尔福能源及发动机系统大中国区总经理兼总工程师。1997年进入美国通用汽车公司总部工作,历任整车集成、工程设计、分析及计算模拟总监。2006年3月任上海汽车集团股份有限公司副总裁。2008年2月离任。

李积荣 1954年5月出生,安徽芜湖人。1971年9月参加工作,1973年6月加入中国共产党。研究生学历,高级经济师。

1971年9月在上海汽车厂当工人,后历任团支部书记、党支部副书记、团委副书记。1977年1月起历任上海市拖拉机汽车工业公司团委干事、团委副书记(主持工作)、团委书记。1984年10月起历任上海汽车拖拉机工业联营公司团委书记、宣传处副处长、教育处副处长。1990年3月任上海汽车工业总公司教育处副处长,同年9月主持上海诚孚动力机厂行政工作。

1991年7月任上海离合器总厂厂长。1997年3月任上海拖拉机内燃机公司总经理。2001年6月任上海汽车工业(集团)总公司党委副书记,同年11月兼任公司工会主席,2004年6月兼任上海汽车集团(北京)有限公司党委筹委会书记。同月12月任上海汽车工业(集团)总公司副总裁,同月兼任上海汽车集团(北京)有限公司总经理、党委书记。2010年5月任上海汽车工业(集团)总公司副总裁。2011年12月任上海汽车集团股份有限公司工会主席。2014年8月退休。同月任上海市汽车服务行业协会副会长兼秘书长。

1994年获上海市优秀青年企业家称号。2003年、2013年当选中国工会第十四届、第十六届全国代表大会代表,2001年、2012年当选中国机械冶金建材第一届、第三届工会委员会委员,2003年、2010年、2013年当选上海市总工会第十一届、第十二届、第十三届委员会常务委员。

墨 斐(PHILIP Murtaugh) 1955年5月出生,美国国籍。美国通用汽车学院毕业,获斯坦福大学工业管理硕士学位。1973年参加工作。

1973年在美国通用汽车公司费希尔车身工厂工作,1985年任通用汽车LANSING汽车分部助理厂长,1991年任通用汽车海外公司日本业务部制造总监。1992年任五十铃自动车株式会社产品规划总监。1994年任英国IBC汽车公司总裁。1996年任通用汽车(中国)投资有限公司上海代表处总经理,1997年兼上海通用汽车有限公司执行副总裁。2000年任通用汽车(中国)投资有限公司董事长兼首席执行官。2006年6月任上海汽车集团股份有限公司执行副总裁,2007年9月离任。

1999年被授予上海市荣誉市民称号,2000年获国家友谊奖。

朱根林 1955年9月出生,江苏镇江人。1973年11月参加工作,1975年8月加入中国共产党。研究生学历,高级经济师、副研究员。

1973 年 11 月在上海市南市区战斗鞋厂工作。1976 年 5 月任南市区服装鞋帽公司团总支副书记、团委书记。1979 年 9 月考入上海财经学院(现上海财经大学),任校学生会主席,1983 年 7 月毕业后留校任教,历任校团委书记、党委宣传部副部长(主持工作)、会计学系党总支书记、校党委委员。1993 年 7 月任上海国际信托投资公司计划部经理、基金投资管理部经理兼上投投资管理公司总经理。1998 年 9 月任上海汽车集团财务有限责任公司总经理兼党总支书记。2000 年 2 月任上海汽车工业(集团)总公司副总会计师、兼任上海汽车集团财务有限责任公司总经理、党总支书记。2002 年 2 月任上海汽车工业(集团)总公司财务总监,2020 年 2 月—2004 年 6 月兼任上海汽车集团财务有限责任公司董事长,2004 年 6—12 月兼任上海汽车集团(北京)有限公司总经理,2006 年 2—9 月兼任上海汽车工业(集团)总公司财务部经理,2009 年 4 月兼任华域汽车系统股份有限公司监事会主席,2010 年 5 月兼任上海汽车集团(北京)有限公司总经理、党委书记。2010 年 8 月起任上海汽车工业(集团)总公司副总裁兼任华域汽车系统股份有限公司监事会主席、上海汽车集团(北京)有限公司总经理和党委书记。2012 年 1 月任上海汽车集团股份有限公司副总裁兼上海汽车集团(北京)有限公司总经理、党委书记。2015 年 6 月任上海汽车集团(北京)有限公司总经理、党委书记,同年 8 月任上海汽车集团(北京)有限公司总经理。

张海涛 1959 年 5 月出生,江苏海门人。1979 年 9 月参加工作,1996 年 6 月加入中国共产党。研究生学历,教授级高级工程师。

1977 年 9 月进入上海电焊机厂技工学校学习,毕业后历任教师、团总支书记。1981 年 9 月进入上海机电工业大学学习。1984 年 9 月任上海电焊机厂设计科科员。1985 年 9 月考入上海工业大学机械设计与制造专业。1988 年 12 月毕业后回上海电焊机厂工作,任设计科科员、团支部书记。1989 年 6 月赴美国塞班岛工作,1992 年 1 月回国后进入外商驻沪机构工作。同年 12 月进入上海纳铁福传动轴有限公司工作,历任产品工程科工程师、销售部经理、总经理助理、副经理,2001 年 3 月任总经理。2005 年 3 月由上海汽车集团股份有限公司派驻韩国双龙汽车股份有限公司,历任首席执行副社长、代表理事、共同代表董事。2007 年 9 月任上海汽车集团股份有限公司副总经济师、上海汽车集团股份有限公司乘用车分公司与双龙汽车股份有限公司协同效应委员会副主席。2009 年 4 月起任华域汽车系统股份有限公司总经理,2010 年 8 月任上海汽车工业(集团)总公司董事长助理(副总裁级)兼华域汽车系统股份有限公司总经理。2011 年 12 月起任华域汽车系统股份有限公司总经理。2014 年兼任上海市外商投资协会汽车分会副会长。

2007 年获上海市劳动模范称号。

俞建伟 1960 年 11 月出生,江苏无锡人。1982 年 8 月参加工作,1984 年 10 月加入中国共产党。研究生学历,研究员级高级工程师。

1982 年 8 月进入南京汽车制造厂工作,任锻热厂技术科工艺员。1983 年 8 月考入华中理工大学材料系金属材料专业,攻读研究生。1986 年 6 月毕业后回南京汽车制造厂工作,历任汽车研究所材料试验科工程师、团委书记、党支部副书记、党支部书记,1991 年 4 月任南京汽车制造厂团委书

记。1993年8月任南京汽车制造厂转向器厂厂长。1995年6月起历任跃进汽车集团公司转向器厂厂长、总经理助理、总经理兼党委副书记。2002年12月任南京汽车集团有限公司总经理兼党委副书记。2008年1月任南京汽车集团有限公司党委书记、常务副总经理,同年10月任上海汽车集团股份有限公司副总裁兼南京汽车集团有限公司党委书记、常务副总经理,同年12月任上海汽车集团股份有限公司副总裁兼南京汽车集团有限公司党委书记。

2008年当选江苏省第十一届人民代表大会代表。获2011—2015年度江苏省劳动模范称号。

沈 阳 1961年9月出生,广西贺州人,1982年2月参加工作,1995年12月加入中国共产党。大学学历,经济学硕士学位,教授级高级工程师。

1981年12月于长沙铁道学院内燃机专业毕业。1982年2月起历任昆明铁路局开远机务段助理工程师、开远分局机务科助理工程师。1985年6月起历任柳州微型汽车厂检查处科员、副科长、副处长,总装车间主任,副厂长。1998年6月任柳州机械厂厂长。1999年1月任柳州微型汽车厂厂长、柳州五菱汽车有限责任公司总经理。2002年8月任上汽通用五菱汽车股份有限公司总经理。2014年8月任上海汽车集团股份有限公司副总裁兼上汽通用五菱汽车股份有限公司总经理。

2012年当选中国共产党第十八次全国代表大会代表。2008年、2013年当选广西壮族自治区第十一届、十二届人民代表大会代表。2005年获广西壮族自治区劳动模范称号,2010年获全国劳动模范称号。2008年起享受国务院政府特殊津贴。

陈伟烽 1962年10月出生,浙江海宁人。1982年2月参加工作,1988年7月加入中国共产党。大学学历,政工师。

1982年2月进入上海诚孚动力机厂发动机车间工作。1986年4月起历任上海诚孚动力机厂团委干事、团委副书记、团委书记。1988年9月借调上海汽车工业总公司团委工作,1989年6月任上海汽车工业总公司团委办公室主任。1992年2月起历任上海汇众汽车制造公司团委书记、党办副主任、重型汽车厂副厂长。1998年7月任上海汽车工业(集团)总公司总裁办秘书科副科长。2000年2月任上海汽车工业开发发展公司副总经理、党委副书记、纪委书记、工会主席。2005年3月任上海汽车集团股份有限公司组织干部部副部长。2006年9月起历任上海汽车工业(集团)总公司、上海汽车集团股份有限公司组织干部部副部长、副部长(主持工作)、部长。2011年12月任上海汽车集团股份有限公司组织干部部部长。2014年8月任上海汽车集团股份有限公司纪委书记。

陈德美 1962年10月出生,福建莆田人。1984年8月参加工作,1984年7月加入中国共产党。研究生学历,高级经济师。

1984年8月任上海汽车底盘厂科员、车间副主任、主任、联营厂副厂长。1992年8月任上海汇众汽车制造公司严桥车桥厂生产科科长。1994年11月任上海汽车工业总公司生产部科员。1997年11月任上海汽车工业(集团)总公司经济运行部计划科科长。1998年10月起历任上海汽车工业(集团)总公司经济运行部副经理、经理。2004年12月任上海汽车集团股份有限公司经济运行部经理。2006年9月任上海汽车工业(集团)总公司质量与经济运行部执行总监。2007年10月任上海汽车集团股份有限公司副总经济师、上海汇众汽车制造有限公司总经理、上海万众汽车零部件有限公司总经理。2011年2月任上海汽车工业(集团)总公司副总裁、兼任服务贸易事业部总经理,2012年1月任上海汽车集团股份有限公司副总裁。

钟立欣　1963年7月出生,江苏南京人。1985年7月参加工作,1985年4月加入中国共产党。研究生学历,高级经济师。

1985年7月任江西工业大学机械系教师。1994年4月起先后任上海市人民政府综合处干部,办公厅秘书处主任科员、副处级秘书、正处级秘书。2003年1月任上海汽车工业(集团)总公司总裁助理。2004年12月任上海汽车集团股份有限公司总裁助理、总裁办公室主任。2014年8月任上海汽车集团股份有限公司工会主席兼总裁助理、总裁办公室主任。2014年9月任上海汽车集团股份有限公司工会主席兼党委办公室主任。

2013年当选中国人民政治协商会议上海市第十二届委员会委员。2014年增补中国机械冶金建材工会第三届委员会委员,2014年增补上海市总工会第十三届委员会委员。

丁　磊　1963年10月出生,上海市人。1988年7月参加工作,1993年10月加入中国共产党。研究生学历,高级工程师。

1988年7月进入上海大众汽车有限公司工作,历任质量保证部工程师、股长。1995年12月任上海汽车工业(集团)总公司浦东轿车项目组质量小组负责人。1997年7月起历任上海通用汽车有限公司质量保证部副经理、质量工程科科长、采购部经理。2003年12月任上海汽车工业(集团)总公司技术质量部副经理。2004年12月任上海通用汽车有限公司总经理。2007年10月任上海汽车集团股份有限公司副总裁兼上海通用汽车有限公司总经理。2011年2月调离上汽,任上海张江(集团)有限公司党委书记、总经理。

唐登杰　1964年6月出生,江苏建湖人。1986年7月参加工作,1991年8月加入中国共产党。研究生学历,高级工程师。

1986年7月到上海大众汽车有限公司工作,历任生产规划部工业工程科技术更改员、生产控制股股长、工业工程科经理。1994年5月任上海汽车工业总公司规划发展部副经理。1995年6月任上海采埃孚转向机有限公司总经理。1997年11月任上海汽车工业(集团)总公司副总裁。1997年11月—2001年2月兼任上海汽车有限公司副总经理。2001年2月调离上汽,任上海电气(集团)总公司总裁、党委副书记。

在上汽工作期间,1989 年获上海市新长征突击手称号。

王晓秋 1964 年 8 月出生,江苏昆山人。1988 年 7 月参加工作,1984 年 12 月加入中国共产党。研究生学历,工学博士学位,教授级高级工程师。

1988 年 7 月起先后任上海大众汽车有限公司质量保证部外协评审员、外协评审股股长、发动机二厂质保科经理。1996 年 12 月任上海汽车工业质量监督中心副主任,1999 年 1 月任上海汽车工业技术中心副主任。2000 年 9 月任上海大众汽车有限公司质量保证部副经理。2002 年 6 月任上海皮尔博格有色零部件有限公司副总经理。2003 年 12 月任上海汽车股份有限公司副总经理,2004 年 3 月兼任上汽仪征汽车制造有限公司总经理、党委书记,2006 年 2 月兼任上汽汽车制造有限公司总经理。2006 年 12 月任上海汽车集团股份有限公司采购部执行总监、上海汽车股份有限公司副总经理、上海汽车股份有限公司乘用车分公司总经理;2007 年 4 月任上海汽车集团股份有限公司采购部执行总监、上海汽车股份有限公司乘用车分公司总经理;2008 年 12 月任上海汽车集团股份有限公司乘用车分公司副总经理。2009 年 11 月任上海柴油机股份有限公司总经理兼党委副书记,2011 年 2 月任上海汽车集团股份有限公司副总经济师。2013 年 8 月任上海汽车集团股份有限公司副总经济师、上海通用汽车有限公司总经理。2014 年 6 月任上海汽车集团股份有限公司副总经济师、乘用车分公司总经理。2014 年 8 月任上海汽车集团股份有限公司副总裁兼乘用车分公司总经理、技术中心主任。

2007 年、2012 年当选上海市第十三、十四届人民代表大会代表。

叶永明 1964 年 11 月出生,浙江宁波人。1981 年 3 月参加工作,1991 年 6 月加入中国共产党。研究生学历,经济师。

1981 年 3 月进入上海内燃机油泵厂工作。1984 年 9 月考入上海汽车拖拉机工业联营公司职工大学学习。1987 年 7 月毕业后返回上海内燃机油泵厂工作,历任企业管理科科员、财务科科员、汽车空调分厂财务科科长。1990 年 6 月起历任上海易初通用机器有限公司制造部经理、采供部经理、总经理协理。1996 年 7 月任上海汽车工业(集团)总公司计划部副经理。1997 年 5 月起历任上海汽车工业销售总公司副总经理、总经理兼党委副书记。2004 年 8 月任上海大众汽车有限公司执行经理、上海上汽大众汽车销售有限公司总经理。2006 年 12 月到上海汽车工业(集团)总公司工作,分管上海世博会项目和服务贸易业务。2007 年 9 月起任上海汽车工业(集团)总公司副总裁,2008 年 2 月兼任集团服务贸易事业部总经理。2011 年 2 月任上海汽车集团股份有限公司副总裁兼上海通用汽车有限公司总经理。2013 年 8 月调离上汽,任百联集团有限公司总裁。

在上汽工作期间,2013 年当选上海市第十四届人民代表大会代表。

蓝青松 1965 年 1 月出生,湖北恩施人。1987 年 7 月参加工作,1996 年 10 月加入中国共产党。研究生学历,工程师。

1987 年 7 月任上海汽车电机总厂施工员、计算机房程序员,1990 年 7 月任上海汽车电器总厂计算机房程序员。1995 年 11 月任上海汽车工业(集团)总公司浦东轿车项目组系统管理员。1997

年 10 月起先后任上海通用汽车有限公司系统运行科科长,生产计划与控制科科长,生产计划与物流分部副主任、总监,人力资源部总监,总经理办公室主任,采购部执行总监。2007 年 1 月任上海萨克斯动力总成部件系统有限公司执行副总经理。2007 年 9 月任双龙汽车股份有限公司首席执行副社长。2009 年 2 月任上海汽车集团股份有限公司商用车事业部副总经理,2011 年 4 月兼任上海汽车商用车有限公司总经理。2014 年 8 月任上海汽车集团股份有限公司副总裁兼商用车事业部总经理、上海汽车商用车有限公司总经理。2014 年 8 月兼任上海市汽车行业协会会长。

程惊雷 1967 年 9 月出生,四川西充人。1989 年 8 月参加工作,1998 年 1 月加入中国共产党。研究生学历,教授级高级工程师。

1989 年 8 月起先后任上海大众汽车有限公司工业工程科计划员,生产计划股代理股长、股长,计划与物流控制部生产计划与控制科经理,计划与物流控制部经理,规划部副理,产品工程部副理。2000 年 12 月任上海汽车工业(集团)总公司技术质量部经理,2002 年 6 月兼任汽车工程研究院常务副院长。2004 年 12 月任上海汽车集团股份有限公司技术质量部经理、上海汽车工业(集团)总公司汽车工程研究院常务副院长、常务副院长(主持工作)。2005 年 6 月任上海汽车集团股份有限公司副总工程师、技术质量部经理、汽车工程研究院院长。2006 年 9 月任上海汽车集团股份有限公司副总工程师、战略与业务规划部执行总监、战略和规划部执行总监。2014 年 8 月任上海汽车集团股份有限公司总工程师。

2001 年获上海市劳动模范称号。2004 年起享受国务院政府特殊津贴。

张海亮 1970 年 10 月出生,河北武清人。1994 年 7 月参加工作,1992 年 10 月加入中国共产党。研究生学历,高级工程师。

1994 年 7 月进入上海大众汽车有限公司工作,历任生产规划部工业工程科产计划员、产品工程部产品开发协调科工作研究员、供应部经理助理、供应部生产采购科进口零部件采购股股长、供应部国产化协调科代经理、经理、供应部生产采购科经理、供应部代经理、进口件及钢材采购科经理、供应部经理、计划物流控制部经理、规划部副理、规划部党总支部书记、产品工程部副理,其间于 2004 年 4 月—2005 年 4 月挂职上海大众汽车有限公司总经理助理。2006 年 12 月任上海大众汽车有限公司销售与市场执行经理,2007 年 9 月兼上海上汽大众汽车销售有限公司总经理。2010 年 9 月任上海大众汽车有限公司总经理、党委副书记。2014 年 8 月任上海汽车集团股份有限公司副总裁,同月任上海市汽车服务行业协会会长。

2013 年当选上海市第十三届人民代表大会代表。

周郎辉 1971 年 7 月出生,江苏泰州人。1995 年 7 月参加工作,1989 年 6 月加入中国共产党。大学学历,高级工程师。

1995 年 7 月进入上海汽车工业销售总公司工作,历任营销部科员、营销一部经理助理、党委办公室副主任。1997年6月借调上海汽车工业(集团)总公司党委组织干部部工作。1998年11月起历任上海汽车工业(集团)总公司团委副书记和团委书记、组织干部部副部长和部长。2004年8月任上海汽车工业(集团)总公司党委副书记、纪委书记,同年10月兼任上海汽车集团股份有限公司总部党委书记、上海科尔本施密特活塞有限公司总经理。2007年9月起任上海汽车集团股份有限公司副总裁,2010年12月—2011年12月兼任上海汽车集团股份有限公司人力资源部执行总监。2014年8月任上海汽车集团股份有限公司党委副书记、副总裁。

谷　峰　1972年1月出生,江苏泗阳人。1996年11月加入中国共产党,1997年3月参加工作。研究生学历,管理学博士,正高级会计师。

1997年3月进入上海通用汽车有限公司工作,历任财务部会计科应收账款主管、会计科科长。2001年2月任上海汽车工业(集团)总公司财务部副经理。2004年12月任上海汽车集团股份有限公司财务部副经理。2006年9月任上海汽车集团股份有限公司资本运营部执行总监。2007年4月任上海汽车集团股份有限公司财务总监兼资本运营部执行总监。

吴　磊　1977年7月出生,安徽肥东人。1996年3月参加工作,2002年8月加入中国共产党。研究生学历,管理学博士,工程师。

1996年3月进入上海大众汽车有限公司任职员,同年9月考入同济大学会计学专业学习。2000年7月毕业后返回上海大众汽车有限公司工作,历任财务部计划员、财务部助理、商务控制股股长。2003年2月任上海大众汽车有限公司总经理助理,同年8月在上海大众汽车驻德国狼堡办公室工作。2004年7月起历任上海大众汽车有限公司供应部非金属零部件采购科内饰股股长、项目管理科代经理、经理。2005年10月挂职上海汽车集团财务有限责任公司总经理助理。2006年2月任上汽汽车制造有限公司副总经理,同年9月任上海汽车集团股份有限公司董事长助理。2007年9月任大

众汽车变速器(上海)有限公司副总经理。2008年12月任上海汽车工业(集团)总公司财务部执行总监,2010年8月任上海汽车工业(集团)总公司财务总监。2012年1月任上海汽车集团股份有限公司副总裁、国家工业和信息化部规划司副司长(挂职)。2013年调离上汽,任上海市经济和信息化委员会负责人、上海市国防科技工业办公室主任。

第三节　全国党代会代表、全国人大代表、全国政协委员、全国劳动模范

翁建新　1977年当选中国共产党第十一次全国代表大会代表。

民国13年(1924年)4月出生,浙江湖州人。1961年2月加入中国共产党。大学学历,教授级高级工程师。

民国35年(1946年)9月起历任国民党空军通讯器材修造厂、空军通讯总队研究室、上海科学

模型厂、上海科工制造厂助理研究员、技术员。1955 年 10 月到上海汽车配件厂工作,历任生产技术科工程师、副科长、科长、副总工程师、总工程师。1973 年 2 月任上海汽车厂副厂长兼总工程师。1977 年 6 月到上海市第一机电工业局工作,历任生产办公室工程师、技术处处长、副总工程师。1979 年起作为上海市第一机电工业局代表参加上海轿车合作项目。1985 年 1 月到上海汽车拖拉机工业联营公司工作,历任副总工程师、支援上海大众建设办公室副主任、技术委员会委员。1989 年 12 月退休。

1956 年、1959 年、1960—1962 年、1976 年、1977 年获上海市先进生产(工作)者称号。1992 年起享受国务院政府特殊津贴。

吴苗强 1978 年当选第五届全国人民代表大会代表。

民国 21 年(1932 年)5 月出生,江苏海门人。1953 年 12 月加入中国共产党。初中文化。

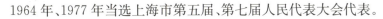

民国 34 年(1945 年)5 月在上海市天津路益盛申庄当勤杂工。民国 38 年(1949 年)8 月在上海薄荷化工香料厂当炊事员,1951 年 9 月在该厂广州办事处当勤杂工,1952 年返回该厂当配料工。1954 年 8 月任该厂党支部书记、工会主席。1956 年 1 月任上海市杨浦区内燃机公私合营工作组组长。同年 6 月任上海卫海铁工厂公方副厂长。1968 年 3 月任上海汽车钢板弹簧厂厂长,1970 年 6 月兼任该厂党支部书记。1981 年 12 月退休。

1964 年、1977 年当选上海市第五届、第七届人民代表大会代表。

刘炎生 1995 年获全国劳动模范称号。

民国 24 年(1935 年)9 月出生,浙江松阳人。1957 年 1 月加入中国共产党。大学学历,教授级高级工程师。

1957 年 8 月进入长春第一汽车制造厂工作,负责产品设计和工厂规划。1976 年 2 月调入湖北十堰第二汽车厂工作,历任该厂规划处处长、副总工程师、副厂级干部(副局级)。1986 年进入上海大众汽车有限公司任规划部经理,并兼任大连铁道学院顾问教授。1995 年 9 月退休。

1993 年获上海市劳动模范称号。

孙振华 1993 年、1998 年当选中国人民政治协商会议第八届、第九届全国委员会委员。

民国 27 年(1938 年)10 月出生,江苏南通人。1986 年 5 月加入中国民主建国会。大学学历,教授级高级工程师。

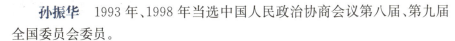

1963 年 8 月进入上海汽车底盘厂工作,任技术员。1977 年 1 月进入上海第三汽车底盘厂工作,历任技术员、技术科副科长。1982 年 1 月进入上海汽车研究所工作,历任汽车研究室副主任、主任,1988 年 5 月任上海汽车研究所副所长。1991 年 4 月进入上海大众汽车有限公司工作,历任产品工程部设计员、底盘工程科副经理。1998 年 9 月借调上海汽车工业(集团)总公

司技术质量部工作。2003 年 3 月退休。

曹幼铉　1998 年当选为第九届全国人民代表大会代表。

民国 31 年（1942 年）2 月出生，江苏无锡人。1999 年 7 月加入中国共产党。研究生学历，教授级高级工程师。

1967 年 9 月在第八机械工业部南京农业机械化研究所任技术员。1968 年 8 月调入无锡油泵油嘴厂，历任工艺员、产品设计员、产品开发处处长、副总工程师。1994 年 2 月参加联合汽车电子有限公司筹建。1996 年起历任联合汽车电子有限公司无锡厂副经理、经理。2006 年 1 月退休后担任联合汽车电子有限公司高级技术顾问。

1995 年享受国务院政府特殊津贴，1996 年被授予国家中青年有突出贡献专家称号。

陈祖权　2000 年获全国劳动模范称号。

民国 37 年（1948 年）5 月出生，浙江余姚人。1974 年 11 月加入中国共产党。初中学历，高级技师。

1965 年 8 月参加工作。1988 年 5 月从浙江"小三线"回沪进入上海柴油机厂工作，从事机械设计制造、技术攻关工作。

1985 年、1995 年、1997 年、2000 年、2001 年获上海市劳动模范称号，1994 年获全国机械工业劳动模范称号，2004—2005 年度被授予上海市十大工人发明家称号，2007 年被授予全国机械工业技能大师称号。

徐小平　2005 年、2010 年、2015 年获全国劳动模范称号。

1960 年 8 月出生，上海市人。2002 年 10 月加入中国共产党。大学学历，高级工程师，高级技师。

1977 年 9 月在上海宝山冷冻设备厂工作。1989 年 8 月进入上海大众汽车有限公司，历任工人、维修班长、工长。2010 年 10 月起任上海大众汽车发动机厂维修部门高级经理、党支部书记。2006 年起主持"劳模创新工作室"。

2002 年被授予上海市工业十大工人标兵称号。2003 年、2006 年获上海市劳动模范称号。2007 年被授予全国"五一"劳动奖章和中国机械工业技能大师称号。2007 年、2012 年当选中国共产党上海市第九次、第十次代表大会代表。2008 年当选上海市第十三届人民代表大会代表。2013 年当选第十二届全国人民代表大会代表。2012 年获全国优秀共产党员称号。2008 年起享受国务院政府特殊津贴。

姚佐平　2015 年获全国劳动模范称号。

1964 年 5 月出生，广西北流人。1991 年 4 月加入中国共产党。博士学位，教授级高级工程师。

1985 年 8 月进入柳州微型汽车厂（上汽通用五菱汽车股份有限公司前身），历任工艺处工程师、主管工艺员,供应处高级工程师、副处长,采购部部长。2001年8月任上汽五菱汽车股份有限公司副总经理。2010年2月任通用上汽印度合资公司总经理、观察员、董事兼任上汽通用五菱汽车股份有限公司副总经理。2014年10月起任上汽通用五菱汽车股份有限公司党委书记、副总经理。2006年获广西科技进步一等奖,2011年获国家科学技术进步二等奖、广西科学技术特别贡献奖。

2009年被授予全国五一劳动奖章。2011年起享受国务院政府特殊津贴。

陆雄华 2000年获全国劳动模范称号。

1964年11月出生,上海市人。中国民主建国会会员。大学学历,高级工程师。

1987年7月进入上海第二汽车底盘厂工作,任技术员。1992年6月任上海汇众汽车制造公司设计科副科长。1997年2月起历任该公司技术开发中心主任助理、产品工程部副部长、部长。2002年3月任上海汇众汽车制造有限公司副总工程师,2008年1月兼任该公司总经理助理。2011年4月任上海汽车商用车有限公司副总经理兼无锡申联专用汽车有限公司总经理。2015年11月任上汽大通汽车有限公司副总经理。

2003年、2008年当选上海市第十二届、第十三届人民代表大会代表,1997年获上海市劳动模范称号。2006年起享受国务院政府特殊津贴。

纪丽伟 2010年获全国劳动模范称号。

1965年2月出生,浙江丽水人。1996年1月加入中国共产党。研究生学历,教授级高级工程师。

1987年9月进入上海柴油机股份有限公司工作,历任技术员、发动机研究所副所长、技术中心副主任、产品研发中心主任。2007年6月任上海柴油机股份有限公司副总工程师兼产品研发中心主任。

2002年被授予上海市科技创业领军人物称号,2003年、2006、2009、2015年获上海市劳动模范称号。

余秀慧 2005年获全国劳动模范称号。

1966年3月出生,上海市人。1986年11月加入中国共产党。EMBA硕士,教授级高级工程师。

1988年7月起任职于上海大众汽车有限公司生产规划部。1995年12月加入上海汽车工业集团总公司浦东轿车筹建项目组,1998年起历任上海通用汽车有限公司制造部执行总监、整车制造工程及新项目执行总监、质量管理委员会执行总监。2006年10月任泛亚汽车技术中心有限公司执行副总经理。2011年4月任上海汽车集团股份有限公司乘用车分公司副总经理兼技术中心主任。2014年9月任上海赛科利汽车模具技术应用有限公司总

经理。

2007年、2012年当选中国共产党上海市第九次、第十次代表大会代表，2013年当选上海市第十四届人民代表大会代表。2004年获上海市劳动模范称号。

张力生 2010年获全国劳动模范称号。

1966年8月出生，江苏扬中人。工程硕士，研究员级高级工程师。

1989年8月起先后在南京汽车集团公司技术中心工艺研究所和产品设计所、南京名爵汽车有限公司研发一部、上海汽车集团股份有限公司技术中心(南京)车身部工作，历任工程师、车身设计首席工程师、车身部主任工程师。2002年获江苏省科技进步二等奖。

2002年被授予江苏省"五一"劳动奖章，2004年被授予全国"五一"劳动奖章，2006年获江苏省劳动模范称号。

雍　宁 2015年获全国劳动模范称号。

1974年7月出生，江苏南京人。2008年6月加入中国共产党。大学学历，工程师，高级技师。

1992年7月起在南京依维柯汽车有限公司整车厂焊装车间从事维修电工工作。

2005年被授予全国机械工业突出贡献技师、江苏省新长征突击手、江苏省青年岗位能手；2006年被授予全国技术能手、江苏省技术能手、江苏省青年岗位能手；2007年被授予江苏省知识型职工标兵、江苏省有突出贡献高级技师；2008年被授予江苏省有突出贡献中青年专家；2010年被授予江苏省有突出贡献高级技师；2011年获江苏省劳动模范称号，被授予江苏省企业首席技师；2012年获江苏省文明职工称号；2013年被授予全国"五一"劳动奖章、江苏省"五一"劳动奖章，获江苏省十佳文明职工称号；2014年个人命名工作室被授予江苏省技能大师工作室称号。2009年起享受国务院政府特殊津贴。

唐少波 2015年获全国劳动模范称号。

1975年5月出生，江苏南通人。1996年10月加入中国共产党。硕士研究生学历，高级工程师。

2000年4月进入上海采埃孚转向系统有限公司，历任产品研发部设计人员、产品研发部设计科经理。2009年5月起任该公司产品研发部执行副总监。

2009年获全国机械工业劳动模范称号，2010年获上海市劳动模范称号，2014年被授予全国"五一"劳动奖章。

邵景峰 2015年获全国劳动模范称号。

1976年5月出生，吉林磐石人。1997年11月加入中国共产党。研究生学历，高级工程师。

1999年8月在上海大众汽车有限公司技术中心造型科工作，历任设计师、外型主设计师、造型科高级经理等职。2011年10月进入上海汽车集团股份有限公司技术中心任设计部总监、党支部书记。

2008年被授予上海市"五一"劳动奖章,2009年获全国机械工业劳动模范称号,2014年获中国汽车工业优秀青年科技人才奖、上海市十大高端创意人才奖,2015年获上海市劳模年度人物称号。

第三章 人 物 表

　　本章记载的是 1955—2015 年上汽获得各类重要荣誉称号的个人和模范集体，总计个人名录 750 人（次）、集体名录 191 个（次）。个人和集体名录包括：当选中国共产党全国代表大会代表和全国代表会议代表、全国人民代表大会代表、中国人民政治协商会议全国委员会委员，中国共产党上海市代表大会代表和中共上海市委委员，上海市人民代表大会代表和市人大常务委员会委员，中国人民政治协商会议上海市委员会常务委员和委员，以及各人民团体和民主党派的代表和委员等，合计 244 人（次）；获得全国劳动模范、全国“五一”劳动奖章、全国先进生产（工作）者，部级劳动模范，上海市和省级劳动模范和“五一”劳动奖章，全国优秀共产党员、全国“三八”红旗手、全国青年新长征突击手等称号，合计 291 人（次）；享受国务院政府特殊津贴专家，合计 70 人；获得国家友谊奖、上海市荣誉市民、上海市白玉兰荣誉奖和纪念奖的外籍人士，合计 52 人（次）；获得全国、机械行业、上海市和省级劳动模范集体及“五一”劳动奖状等先进集体称号，合计 122 个（次）；获得上汽年度嘉奖的个人和单位，合计嘉奖个人 93 人（次）、嘉奖单位 69 个（次）。

表 15 - 3 - 1　1956—2014 年上汽员工当选中共、人大、政协、人民团体代表或委员情况表

类　　别	届次	年份	姓　名	单　　　位
一、中国共产党全国代表大会代表	第九次	1969	周金华	上海汽车电机厂
	第十一次	1977	翁建新	上海汽车制造厂
	第十四次	1992	林树楠	1992 年 10 月于上海市仪表电讯工业局当选，同年 11 月任职于上海汽车工业总公司
	第十五次	1997	陈祥麟	上海汽车工业（集团）总公司
	第十六次	2002	胡茂元	上海汽车工业（集团）总公司
	第十七次	2007	胡茂元	上海汽车工业（集团）总公司
			蒋应时	2007 年 10 月于上海市发展和改革委员会当选，2009 年 2 月任职于上海汽车工业（集团）总公司
	第十八次	2012	陈　虹	上海汽车集团股份有限公司
			沈　阳	上汽通用五菱汽车股份有限公司
二、中国共产党全国代表会议代表	—	1985	陈祥麟	上海汽车拖拉机工业联营公司
三、全国人民代表大会代表	第二届	1959	魏　如	上海市内燃机配件制造公司
	第三届	1964	魏　如	上海市内燃机配件制造公司
	第五届	1978	吴苗强	上海汽车钢板弹簧厂
	第九届	1998	陈祥麟	上海汽车工业（集团）总公司
			曹幼铉	联合汽车电子有限公司无锡厂

〔续表〕

类　　别	届次	年份	姓　名	单　位
三、全国人民代表大会代表	第十届	2003	陈　虹	上海汽车工业（集团）总公司
	第十一届	2008	陈　虹	上海汽车工业（集团）总公司
			蒋应时	2008 年 3 月于上海市发展和改革委员会当选，2009 年 2 月任职于上海汽车工业（集团）总公司
	第十二届	2013	徐小平	上海大众汽车有限公司
四、中国人民政治协商会议全国委员会委员	第八届	1993	孙振华	上海大众汽车有限公司
	第九届	1998	孙振华	上海大众汽车有限公司
五、中国共产党上海市代表大会代表	第一次	1956	王公道	上海市内燃机配件制造公司
			赵　斌	上海汽车配件厂
			彭益颜	上海农业药械厂
	第二次	1958	张殿康	上海内燃机配件厂
			曹冠五	上海市农业机械制造公司
			顾海楼	上海货车修理厂
	第三次	1963	毛意甫	上海拖拉机厂
			霍建华	上海市农业机械制造公司
			（列席代表）	
			李玉林	卫海铁工厂
			谷元浩	上海货车修理厂
			张宝坤	诚孚动力机厂
	第四次	1971	王雪涛	上海摩托车制造厂
			寿朵瑾	上海拖拉机齿轮厂
			刘阿洪	上海小客车厂
			郑根华	上海农业药械厂
			周金华	上海汽车电机厂
			瞿翠兰	上海汽车制造厂
			张阿珍	上海汽车配件厂
			鞠鸿业	上海合金轴瓦厂
			强春生	上海货车制造厂
	第五次	1986	万信家	上海内燃机厂
			陈祥麟	上海汽车拖拉机工业联营公司
			孟庆令	上海汽车拖拉机工业联营公司
			姚惠秀	上海汽车厂

〔续表〕

类　别	届次	年份	姓　名	单　位
五、中国共产党上海市代表大会代表	第六次	1992	方　宏	上海大众汽车有限公司
			王文彬	上海汽车齿轮总厂
			孟庆令	上海汽车工业总公司
			林树楠	上海汽车工业总公司
			刘雅琴	上海汽车工业总公司
			陆吉安	上海汽车工业总公司
			周佩兰	上海实业交通电器有限公司
	第七次	1997	陈祥麟	上海汽车工业（集团）总公司
			林树楠	上海汽车工业（集团）总公司
			刘雅琴	上海汽车工业（集团）总公司
			孙孟钧	上海大众汽车有限公司
			汪有年	上海汇众汽车制造有限公司
			夏传平	上海拖拉机内燃机公司
			周丽明	上海汽车工业技术中心
	第八次	2002	陈祥麟	上海汽车工业（集团）总公司
			胡茂元	上海汽车工业（集团）总公司
			张广生	上海汽车工业（集团）总公司
			陈　虹	上海通用汽车有限公司
			吴诗仲	上海大众汽车有限公司
			赵凤高	上海汽车股份有限公司
			王德新	泛亚汽车技术中心有限公司
			倪　妹	上海汇众汽车制造有限公司
	第九次	2007	胡茂元	上海汽车工业（集团）总公司
			陈　虹	上海汽车工业（集团）总公司
			沈建华	上海汽车工业（集团）总公司
			吴诗仲	上海汽车工业（集团）总公司
			曹碧峥	上海汽车集团股份有限公司乘用车分公司
			余秀慧	泛亚汽车技术中心有限公司
			徐小平	上海大众汽车有限公司
			杨灿华	延锋伟世通汽车饰件系统有限公司
	第十次	2012	孙玉玲	上海纳铁福传动轴有限公司
			余秀慧	上海汽车集团股份有限公司乘用车分公司
			李文红	上海汽车集团股份有限公司

〔续表〕

类 别	届次	年份	姓 名	单 位
五、中国共产党上海市代表大会代表	第十次	2012	杨灿华	延锋伟世通汽车饰件系统有限公司
			沈建华	上海汽车集团股份有限公司
			陈 虹	上海汽车集团股份有限公司
			周 魏	上海汽车变速器有限公司
			胡茂元	上海汽车集团股份有限公司
			徐小平	上海大众汽车有限公司
			高菊珍	上海汽车集团股份有限公司
六、中国共产党上海市委员会委员	第五届	1986	孟庆令	上海汽车拖拉机工业联营公司
			陈祥麟	上海汽车拖拉机工业联营公司
	第六届	1992	孟庆令	上海汽车工业总公司
			林树楠	上海汽车工业总公司
	第七届	1997	陈祥麟	上海汽车工业(集团)总公司
	第八届	2002	陈祥麟	上海汽车工业(集团)总公司
	第九届	2007	胡茂元	上海汽车工业(集团)总公司
	第十届	2012	陈 虹	上海汽车集团股份有限公司
七、上海市人民代表大会代表	第二届	1956	方志发	上海五金店员工会
			王公道	上海市内燃机配件制造公司
			桑 恭	中国机械工具厂
			溥松泉	华丰钢铁厂
			魏 如	上海市动力设备制造公司
	第三届	1958	孙学样	上海货车修理厂
			桑 恭	中国机械工具厂
	第四届	1962	俞肇德	上海农业药械厂
			桑 恭	上海第一汽车附件厂
			薛和生	发利翻砂厂
	第五届	1964	孙学样	上海货车修理厂
			桑 恭	丰收拖拉机厂
			严开镐	华丰钢铁厂
			谢步云	上海拖拉机厂
			薛家宝	上海第一汽车附件厂
			吴苗强	上海汽车钢板弹簧厂
			薛和生	发利翻砂厂
			俞肇德	上海农业药械厂
			魏 如	上海市农业机械制造公司

〔续表〕

类　　别	届次	年份	姓　名	单　　位
七、上海市人民代表大会代表	第七届	1977	吕以英	上海工农内燃机配件厂
			施家兴	上海货车制造厂
			陈学林	上海汽车发动机厂
			赵嘉瑶	上海马铁铸造厂
			吴苗强	上海汽车钢板弹簧厂
			溥仁法	上海轴瓦厂
			周裕良	上海第一汽车附件厂
			薛才发	上海拖拉机底盘厂
	第八届	1983	陈学林	上海汽车发动机厂
			袁瑞济	上海内燃机厂
			傅仁法	上海轴瓦厂
	第九届	1988	袁瑞济	上海内燃机厂
			唐炜延	上海大众汽车有限公司
	第十届	1993	许网熙	上海客车厂
			张根友	上海小糸车灯有限公司
			唐炜延	上海大众汽车有限公司
			穆鹏飞	上海水工机械厂
	第十一届	1998	林树楠	上海汽车工业(集团)总公司
			刘雅琴	上海汽车工业(集团)总公司
			洪积明	上海汽车工业(集团)总公司
			尤石樑	上海实业交通电器有限公司
			孙兰钧	上海易初通用机器有限公司
			赵永彬	上海离合器总厂
			李中亮	上海内燃机研究所
			岳凯	上海拖拉机内燃机公司
	第十二届	2003	胡茂元	上海汽车工业(集团)总公司
			张广生	上海汽车工业(集团)总公司
			吴诗仲	上海汽车工业(集团)总公司
			陆雄华	上海汇众汽车制造有限公司
			乐家珍	上汽通用金融有限责任公司
			李中亮	上海内燃机研究所
	第十三届	2008	沈建华	上海汽车集团股份有限公司
			吴诗仲	上海汽车集团股份有限公司

〔续表〕

类　　别	届次	年份	姓　名	单　　位
七、上海市人民代表大会代表	第十三届	2008	王晓秋	上海柴油机股份有限公司
			蒋建华	上海汽车集团股份有限公司培训中心
			陆雄华	上海汇众汽车制造有限公司
			乐家珍	上汽通用金融有限责任公司
			胡　敏	泛亚汽车技术中心有限公司
			徐小平	上海大众汽车有限公司
			刘　坚	上海大众汽车有限公司
	第十四届	2013	沈建华	上海汽车集团股份有限公司
			余秀慧	上海赛科利汽车模具技术应用有限公司
			王晓秋	上海汽车集团股份有限公司乘用车分公司
			蒋建华	上海汽车集团股份有限公司培训中心
			乐家珍	上汽通用金融有限责任公司
			胡　敏	泛亚汽车技术中心有限公司
			卫　东	上海汽车系统制动有限公司
			张海亮	上海汽车集团股份有限公司
			叶永明	上海汽车集团股份有限公司
八、上海市人民代表大会常务委员会委员	第七届	1982	蒋　涛	上海汽车拖拉机工业联营公司
	第十一届	1998	林树楠	上海汽车工业(集团)总公司
九、中国人民政治协商会议上海市委员会常务委员	第九届	1999	高凯生	上海汽车电器总厂
	第十届	2003	陈祥麟	上海汽车工业(集团)总公司
	第十一届	2008	胡茂元	上海汽车工业(集团)总公司
十、中国人民政治协商会议上海市委员会委员	第二届	1958	张宝书	上海内燃机配件厂
	第三届	1962	张宝书	上海拖拉机厂
			顾庆丰	上海钢模厂
	第四届	1964	张宝书	上海拖拉机厂
	第五届	1977	张宝书	上海拖拉机厂
	第六届	1983	张宝书	上海拖拉机厂
	第七届	1988	郁永健	上海易初摩托车有限公司
			高凯生	上海汽车电机三厂
	第八届	1993	高凯生	上海汽车电器总厂
			孟庆令	上海汽车工业总公司
	第九届	1998	郁子冲	上海汽车工业(集团)总公司
			高凯生	上海汽车电器总厂

〔续表〕

类　别	届次	年份	姓　名	单　位
十、中国人民政治协商会议上海市委员会委员	第十届	2003	陈祥麟	上海汽车工业(集团)总公司
			高凯生	上海汽车电器总厂
			邢　普	上海汽车信息产业投资有限公司
	第十一届	2008	胡茂元	上海汽车工业(集团)总公司
			张广生	上海汽车工业(集团)总公司
			甘　平	上海汽车工业(集团)总公司
			吴诗仲	上海汽车工业(集团)总公司
			卢卫民	上海德尔福汽车门系统有限公司
	第十二届	2013	陈志鑫	上海汽车集团股份有限公司
			张广生	上海汽车集团股份有限公司
			钟立欣	上海汽车集团股份有限公司
			甘　平	上海汽车集团股份有限公司
			卢卫民	上海德尔福汽车门系统有限公司
十一、中国工会全国代表大会代表	第十三次	1998	唐炜延	上海汽车工业(集团)总公司
	第十四次	2003	李积荣	上海汽车工业(集团)总公司
	第十五次	2008	吴诗仲	上海汽车工业(集团)总公司
			许林华	上海通用汽车有限公司
	第十六次	2013	李积荣	上海汽车集团股份有限公司
			林卫东	联合汽车电子有限公司
十二、中国机械冶金工会委员会委员	第一届	年度不详	王述祚	上海汽车拖拉机工业联营公司
	第二届	1991	王述祚	上海汽车工业总公司
	第三届	1996	王述祚	上海汽车工业(集团)总公司
十三、中国机械冶金建材工会委员会委员	第一届	2001	李积荣	上海汽车工业(集团)总公司
	第二届	2006	吴诗仲	上海汽车工业(集团)总公司
	第三届	2011	吴诗仲	上海汽车工业(集团)总公司
			许林华	上海通用汽车有限公司
		2012	李积荣	上海汽车工业(集团)总公司
		2014	钟立欣	上海汽车集团股份有限公司
十四、上海市总工会委员会常务委员	第十一届	2003	李积荣	上海汽车工业(集团)总公司
		2004	吴诗仲	上海汽车工业(集团)总公司
	第十二届	2008	吴诗仲	上海汽车工业(集团)总公司
		2010	李积荣	上海汽车工业(集团)总公司
	第十三届	2013	李积荣	上海汽车集团股份有限公司

〔续表〕

类　　别	届次	年份	姓　名	单　　位
十五、上海市总工会委员会委员	第八届	1988	王述祚	上海汽车拖拉机工业联营公司
	第九届	1993	王述祚	上海汽车工业总公司
			唐炜延	上海大众汽车有限公司
	第十届	1998	唐炜延	上海汽车工业(集团)总公司
	第十三届	2014	钟立欣	上海汽车集团股份有限公司
十六、中国共产主义青年团全国代表大会代表	第十五次	2003	祝培莉	上海汽车工业(集团)总公司
	第十六次	2008	张正祥	上海汽车工业(集团)总公司
	第十七次	2013	邹海川	上海汽车集团股份有限公司
十七、中国共产主义青年团中央委员会委员	第十六届	2008	张正祥	上海汽车工业(集团)总公司
十八、中国共产主义青年团中央委员会候补委员	第十五届	2003	祝培莉	上海汽车工业(集团)总公司
十九、中国民主建国会中央委员会委员	第五届	1988	高凯生	上海汽车电机二厂
	第六届	1992	高凯生	上海汽车电器总厂
	第七届	1997	高凯生	上海汽车电器总厂
二十、中国民主建国会上海市委员会常务委员	第九届	1997	高凯生	上海汽车电器总厂
	第十届	2002	高凯生	上海汽车电器总厂
	第十二届	2012	卢卫民	上海恩坦华汽车门系统有限公司
二十一、中国民主建国会上海市委员会委员	第八届	1992	姚汶薇	上海大众汽车有限公司
	第九届	1997	姚汶薇	上海大众汽车有限公司
			高凯生	上海汽车电器总厂
	第十届	2002	高凯生	上海汽车电器总厂
	第十一届	2007	卢卫民	上海恩坦华汽车车门系统有限公司
二十二、中国民主同盟上海市委员会委员	第十二届	2002	乐家珍	上海通用汽车金融有限责任公司
	第十三届	2007	乐家珍	上海通用汽车金融有限责任公司
	第十四届	2012	乐家珍	上海通用汽车金融有限责任公司
二十三、中华全国归国华侨联合会委员	第六届	1999	张义荣	上海汽车工业(集团)总公司培训中心
二十四、上海市台湾同胞联谊会理事会副会长	第八届	2008	甘　平	上海汽车集团股份有限公司
	第九届	2013	甘　平	上海汽车集团股份有限公司
二十五、上海市少数民族联合会副会长	第四届	1999	高文海	中国弹簧厂
	第五届	2004	高文海	中国弹簧厂
	第六届	2009	高文海	上海中国弹簧制造有限公司

资料来源：上海汽车集团股份有限公司党委组织干部部、工会、团委、党委老干部和统战工作部

表 15‐3‐2 1955—2015 年上汽获国家和省(市)部级主要荣誉先进人物情况表

类　别	年　份	姓　名	单　　位
一、全国劳动模范	1995	刘炎生	上海大众汽车有限公司
	2000	胡茂元	上海汽车工业(集团)总公司
		陆雄华	上海汇众汽车制造有限公司
		陈祖权	上海柴油机股份有限公司
	2005	徐小平	上海大众汽车有限公司
		余秀慧	上海通用汽车有限公司
	2010	徐小平	上海大众汽车有限公司
		纪丽伟	上海柴油机股份有限公司
		张力生	上海汽车集团股份有限公司乘用车技术中心(南京)
		沈　阳	上汽通用五菱汽车股份有限公司
	2015	徐小平	上汽大众汽车有限公司
		唐少波	上海采埃孚转向系统有限公司
		邵景峰	上海汽车集团股份有限公司乘用车分公司
		姚佐平	上汽通用五菱汽车股份有限公司
		雍　宁	南京依维柯汽车有限公司
二、全国"五一"劳动奖章	1990	吴　可	上海延锋汽车内饰件厂
	1992	王文彬	上海汽车齿轮总厂
	1993	顾永生	上海大众汽车有限公司
		袁世银	上海拖拉机内燃机制造公司
		潘耀曾	上海汽车工业技术中心
		潘耀曾	泛亚汽车技术中心有限公司
	1998	夏传平	上海华克排气系统有限公司
		江文宇	上海汽车制动器厂
	2001	陈　虹	上海汽车工业(集团)总公司
	2002	陈　涛	上海汽车工业销售有限公司
	2007	徐小平	上海大众汽车有限公司
	2008	胡美芳	南京汽车集团有限公司
	2009	姚佐平	上汽通用五菱汽车股份有限公司
	2011	周　巍	上海汽车变速器有限公司
		韦　勇	上汽通用五菱汽车股份有限公司
	2012	欧利民	上海实业交通电器有限公司
	2013	雍　宁	南京依维柯汽车有限公司
		何向东	上汽大众汽车有限公司
	2014	唐少波	上海采埃孚转向系统有限公司

〔续表〕

类　别	年　份	姓　名	单　位
三、全国先进生产(工作)者	1956	丁焕成	上海农业药械厂
		陈士祥	郑兴泰汽车机件制造厂
		罗银香	上海汽车电机厂
		顾谒金	上海内燃机配件厂
		傅松泉	华丰钢铁厂
		寿水林	上海货车修理厂
		沈海权	诚孚铁工厂
		桑　恭	中国机械工具厂
	1959	孙桂芳	上海货车修理厂
		陈士祥	郑兴泰汽车机件制造厂
		金兴涛	上海汽车电机厂
		桑　恭	上海第一汽车附件厂
		寿水林	上海货车修理厂
		萧顺泰	诚孚铁工厂
		孟庆令	华丰钢铁厂
四、部(委)级劳动模范	1957	沈文俊	上海第一拖拉机站
		陆忠培	上海汽车钢板弹簧厂
	1978	傅仁发	上海合金轴瓦厂
		薛才发	上海拖拉机底盘厂
	1989	李荣鑫	上海客车厂
	1991	李荣鑫	上海客车制造公司
	1994	陈祖权	上海柴油机股份有限公司
五、全国机械工业劳动模范	2009	杨春保	上海汽车变速器有限公司
		王　诚	上海皮尔博格有色零部件有限公司
		邵景峰	上海大众汽车有限公司
		胡镇雄	上海通用汽车有限公司
		唐少波	上海采埃孚转向机有限公司
		顾裕弟	上海汽车集团股份有限公司
		杨绍杰	上海彭浦机器厂有限公司
		宋小斌	上海三电贝洱汽车空调有限公司
		栗鸣斌	上汽通用五菱汽车股份有限公司
		黄智明	上汽通用五菱汽车股份有限公司

〔续表〕

类 别	年 份	姓 名	单 位
五、全国机械工业劳动模范	2013	沈鸿彪	上海通用汽车有限公司
		汪伟栋	上海汇众汽车制造有限公司
		费 英	上海柴油机股份有限公司
		尹建民	泛亚汽车技术中心有限公司
		沈 醒	延锋伟世通汽车饰件系统有限公司
		张海亮	上海汽车集团股份有限公司
		袁智军	上汽通用五菱汽车股份有限公司
六、上海市劳动模范	1955	丁焕成	上海农业药械厂
		王宗道	上海客车修理厂
		朱永琪	上海汽车电机厂
		刘忠云	上海振声钢铁厂
		寿水林	上海货车修理厂
		劳阿山	上海汽车电机厂
		邱阿春	上海农业药械厂
		沈林根	上海客车修理厂
		沈荣根	上海内燃机配件厂
		沈海权	诚孚铁工厂
		李银娣	上海汽车电机厂
		李鼎年	上海交通电器厂
		应爱斌	上海七一农业机械厂
		陈阿四	上海汽车电机厂
		杨金泉	上海汽车配件工具厂
		杨锦益	公兴动力机厂
		金步高	上海汽车电机厂
		林国珍	郑兴泰汽车材料厂
		罗银香	上海汽车电机厂
		张 旭	上海汽车配件工具厂
		张振江	华丰钢铁厂
		殷树松	上海农业药械厂
		桑 恭	中国机械工具厂
		施阿珍	上海汽车电机厂
		顾根生	上海汽车电机厂

上海市级专志·上海汽车集团股份有限公司志

〔续表〕

类　　别	年　份	姓　名	单　　　位
六、上海市劳动模范		顾谒金	上海内燃机配件厂
		龚翠宝	上海汽车电机厂
	1955	路林泰	上海货车修理厂
		傅松泉	华丰钢铁厂
		戴福祥	上海汽车电机二厂
	1956	沈文俊	上海第一拖拉机站
		陈忠培	上海汽车钢板弹簧厂
		张培兴	上海红光翻砂厂
	1978	姚寿钱	上海第三汽车底盘厂
		傅仁法	上海轴瓦厂
		潘　廸	上海仪表粉末冶金厂
		潘金根	上海摩托车厂
		丁绍耕	上海汽车底盘厂
		万信家	上海内燃机厂
		陈养娣	上海内燃机油泵厂
		何家华	上海拖拉机厂
		林轩君	上海吴淞锻造厂
	1979	张培兴	上海红光翻砂厂
		俞广镶	上海柴油机厂
		赖慰萱	上海柴油机配件厂
		潘　廸	上海仪表粉末冶金厂
		潘金根	上海摩托车厂
		薛才发	上海拖拉机底盘厂
		丁绍耕	上海汽车底盘厂
		安淑珍	上海拖拉机厂
		吕文广	上海汽车电器厂
	1981	何家华	上海拖拉机厂
		俞广镶	上海柴油机厂
		赵恩发	上海内燃机厂
		张培兴	上海申光铸造厂
		潘　廸	上海仪表粉末冶金厂

〔续表〕

类　别	年　份	姓　名	单　位
六、上海市劳动模范	1983	万信家	上海内燃机厂
		吕文广	上海汽车电器厂
		吕春萍	上海汽车厂
		何家华	上海拖拉机厂
		杨克介	华丰钢铁厂
		张培兴	上海申光铸造厂
		潘金根	上海摩托车厂
	1985	汪新海	上海拖拉机齿轮厂
		陈祖权	上海柴油机厂
		李荣鑫	上海客车厂
	1987	汪新海	上海拖拉机齿轮厂
		沈金源	上海球墨铸铁厂
		陈国荣	上海汽车电机厂
		陈慧芳	上海汽车发动机厂
	1989	吴　可	上海延锋汽车内饰件厂
		汪新海	上海拖拉机齿轮厂
		顾永生	上海大众汽车有限公司
		盛佩霞	上海汽车电器厂
		王文彬	上海汽车齿轮厂
	1991	吴　可	上海延锋汽车内饰件厂
		汪新海	上海拖拉机齿轮厂
		袁世银	上海拖拉机齿轮厂
		顾永生	上海大众汽车有限公司
		陆吉安	上海汽车工业总公司
	1993	袁世银	上海拖拉机内燃机公司
		刘炎生	上海大众汽车有限公司
		惠中金	上海汽车齿轮总厂
		王怡达	上海汇众汽车制造公司
	1995	潘耀曾	泛亚汽车技术中心有限公司
		沈利平	上海汽车电器总厂
		褚国富	上海汽车齿轮总厂
		王国兴	上海汇众汽车制造有限公司

〔续表〕

类　别	年份	姓　名	单　位
六、上海市劳动模范	1995	孙孟钧	上海大众汽车有限公司
		夏传平	上海拖拉机内燃机公司
		陈祖权	上海柴油机股份有限公司
	1997	潘耀曾	上海汽车研究所
		陆文渊	上海拖拉机内燃机公司
		夏传平	上海拖拉机内燃机公司
		陆雄华	上海汇众汽车制造有限公司
		梁文涌	上汽股份有限公司齿轮总厂
		童惠康	上海易初通用机器有限公司
		陈祖权	上海柴油机股份有限公司
		傅佩珍	上海彭浦机器厂有限公司
		洪积明	上海大众汽车有限公司
		江文宇	上海汽车制动器公司
		周耀忠	上海纳铁福传动轴有限公司
	1998—2000	陈　虹	上海汽车工业(集团)总公司
		赵凤高	上海易初通用机器有限公司
		陆中屏	上海纳铁福传动轴有限公司
		陈祖权	上海柴油机股份有限公司
		周长浩	上海纽荷兰农业机械有限公司
		李宏宝	上海大众汽车有限公司
		王　兵	上海柴油机股份有限公司
		高坚平	上海柴油机股份有限公司
		程惊雷	上海大众汽车有限公司
		倪　妹	上海汇众汽车制造有限公司
		陈海琴	上海彭浦机器厂有限公司
		王德新	泛亚汽车技术中心有限公司
	2001—2003	陈祖权	上海柴油机股份有限公司
		余秀慧	上海通用汽车有限公司
		徐小平	上海大众汽车有限公司
		赵爱民	上海大众汽车有限公司
		马森林	上海汽车变速器有限公司
		赵启华	延锋伟世通汽车饰件系统(上海)有限公司

〔续表〕

类　别	年　份	姓　名	单　位
六、上海市劳动模范	2001—2003	郝达军	上海汇众汽车制造有限公司
		金强华	上海实业交通电器有限公司
		黄荫新	上海采埃孚转向机有限公司
		童惠康	上海易初通用机器有限公司
		陆恩斌	申雅密封件有限公司
		陈伟彬	申雅密封件有限公司
		纪丽伟	上海柴油机股份有限公司
		吴　斌	上海彭浦机械厂有限公司
	2004—2006	丁美玲	泛亚汽车技术中心有限公司
		徐小平	上海大众汽车有限公司
		陆恩斌	申雅密封件有限公司
		吴　斌	上海彭浦机器厂有限公司
		纪丽伟	上海柴油机股份有限公司
		张海涛	上海汽车工业(集团)总公司
		樊　勇	上海汽车集团股份有限公司乘用车分公司
		黄可基	上海通用汽车有限公司
		岑根生	上海赛科利汽车模具技术应用有限公司
		张　淼	联合汽车电子有限公司
		赵　演	上海采埃孚转向系统有限公司
		金维伟	安吉汽车物流有限公司
		胡　敏	泛亚汽车技术中心有限公司
		许青桥	上海大众汽车有限公司
		杨建军	延锋伟世通汽车电子有限公司
		赵雪林	上海通用汽车有限公司
	2007—2009	金晓春	上海汇众汽车制造有限公司
		陆有根	上海纳铁福传动轴有限公司
		欧利民	上海实业交通电器有限公司
		褚卫东	上海拖拉机内燃机有限公司
		黄明礼	上海汽车变速器有限公司
		林卫东	联合汽车电子有限公司
		唐少波	上海采埃孚转向系统有限公司
		叶勤书	上海法雷奥汽车电器系统有限公司
		侯鑫伟	申雅密封件有限公司

〔续表〕

类　别	年　份	姓　名	单　位
六、上海市劳动模范	2007—2009	钱　俊	上海柴油机股份有限公司
		熊伟铭	上汽依维柯红岩商用车有限公司
		纪丽伟	上海柴油机股份有限公司
		马振刚	延锋汽车饰件系统有限公司
		高毅华	上海汽车变速器公司
	2015	王晓冬	上汽通用汽车有限公司
		芦　勇	上海汽车集团股份有限公司乘用车分公司
		王　瑞	上汽大通汽车有限公司
		潘颖慧	上海汇众汽车制造有限公司
		薛锦达	上海纳铁福传动轴有限公司
		罗　刚	上海实业交通电器有限公司
		苏春霞	上海汽车变速器有限公司
		须俊华	上海赛科利汽车模具技术应用有限公司
		吴富庆	上海圣德曼铸造有限公司
		郭晓潞	联合汽车电子有限公司
		徐建国	上海采埃孚转向系统有限公司
		程志明	上海法雷奥汽车电器系统有限公司
		梁序戬	上海科尔本施密特活塞有限公司
		陆炎彪	安吉汽车物流有限公司
		赵　原	上海汽车集团财务有限责任公司
		陈碧峰	上海机动车检测中心（上海市先进工作者）
		郑　巍	泛亚汽车技术中心有限公司
		纪丽伟	上海柴油机股份有限公司
七、上海市"五一"劳动奖章	2006	王锡羚	延锋伟世通汽车饰件系统（上海）有限公司
	2008	邵景峰	上海大众汽车有限公司
		王　城	上海皮尔博格有色零部件有限公司
	2009	杨建军	延锋伟世通汽车饰件系统（上海）有限公司
	2010	周　巍	上海汽车变速器有限公司
		金　麒	上海汽车集团股份有限公司
	2011	仇　杰	泛亚汽车技术中心有限公司
	2012	邓　龙	泛亚汽车技术中心有限公司
		于　斌	上海汽车资产经营有限公司
	2013	汪伟栋	上海汇众汽车制造有限公司

〔续表〕

类　别	年　份	姓　名	单　　位
七、上海市"五一"劳动奖章	2014	方少非	上海汽车变速器有限公司
		薛锦达	上海纳铁福传动轴有限公司
		谢美莲	上海柴油机股份有限公司
	2015	薛　飞	上汽大众汽车有限公司
八、沪外省级劳动模范及"五一"劳动奖章	2004	吉林省劳动模范	
		张生春	上海赛科利汽车模具技术应用有限公司
	2005	广西壮族自治区劳动模范	
		沈　阳	上汽通用五菱汽车股份有限公司
	2006	广西壮族自治区劳动模范	
		姚佐平	上汽通用五菱汽车股份有限公司
	2007	陕西省劳动模范	
		魏建新	联合汽车电子有限公司西安厂
	2009	江苏省"五一"劳动奖章	
		史有和	南京汽车集团有限公司
		向　前	东华汽车实业有限公司
		广西壮族自治区劳动模范	
		黄智明	上汽通用五菱汽车股份有限公司
	2010	广西壮族自治区"五一"劳动奖章	
		韦业忠	上汽通用五菱汽车股份有限公司
		周忠长	上汽通用五菱汽车股份有限公司
		蒋敏军	上汽通用五菱汽车股份有限公司
	2011	江苏省劳动模范	
		张贵卿	东华汽车实业有限公司
	2012	广西壮族自治区"五一"劳动奖章	
		张　韬	上汽通用五菱汽车股份有限公司
		练朝春	上汽通用五菱汽车股份有限公司
	2013	江苏省"五一"劳动奖章	
		潘晓元	东华汽车实业有限公司
		广西壮族自治区"五一"劳动奖章	
		黄元毅	上汽通用五菱汽车股份有限公司
	2014	江苏省"五一"劳动奖章	
		蒋尚能	南京依维柯汽车有限公司

〔续表〕

类 别	年 份	姓 名	单 位
八、沪外省级劳动模范及"五一"劳动奖章			辽宁省"五一"劳动奖章
	2014	纪 伟	上海通用北盛汽车有限公司
			广西壮族自治区"五一"劳动奖章
		杨 晓	上汽通用五菱汽车股份有限公司
			广西自治区劳动模范
		练朝春	上汽通用五菱汽车股份有限公司
	2015	易泽武	上汽通用五菱汽车股份有限公司
			江苏省"五一"劳动奖章
		华 军	东华汽车实业有限公司
九、全国优秀共产党员	2012	徐小平	上海大众汽车有限公司
十、全国"三八"红旗手	1983	徐爱仙	中国弹簧厂
	1988	周佩兰	上海实业交通电器有限公司
	2004—2005	陈 珺	上海大众汽车有限公司
	2006—2007	马龙英	上海汽车工业(集团)总公司
十一、全国青年新长征突击手	1984	吕春萍	上海汽车厂

资料来源:上海汽车集团股份有限公司工会、上汽沪外基层企业

表 15－3－3　1990—2014 年上汽享受国务院政府特殊津贴专家情况表

年 份	姓 名	单 位
1990	江厚渊	上海内燃机研究所
1991	张盛林	上海客车制造有限公司
	邵慰严	上海内燃机研究所
	王钦泉	上海内燃机研究所
1992	吴树梁	上海客车制造有限公司
	王明华	上海内燃机研究所
	屠铸宗	上海内燃机研究所
	田广文	上海内燃机研究所
	丁贤华	上海内燃机研究所
	许道诞	上海内燃机研究所
	汤人牧	上海内燃机研究所
	沈永生	上海内燃机研究所
	刘正椿	上海内燃机研究所

〔续表〕

年　份	姓　名	单　　位
1992	杜任方	上海内燃机研究所
	翁建新	上海汽车工业(集团)总公司
	刘镇亚	上海汽车工业(集团)总公司
	岑文远	上海汽车工业技术中心
	吴　可	上海延锋江森座椅有限公司
	严信本	上海柴油机股份有限公司
	李大战	上海柴油机股份有限公司
1993	徐景雍	上海科尔本施密特活塞制造有限公司
	赵永彬	上海离合器总厂
	张立人	上海内燃机研究所
	周宽伟	上海内燃机研究所
	梁　志	上海内燃机研究所
	邱培基	上海内燃机研究所
	金张甫	上海内燃机研究所
	张健航	上海内燃机研究所
	杨　杰	上海内燃机研究所
	赵嘉鼎	上海内燃机研究所
	裘孔光	上海内燃机研究所
	胡安生	上海汽车工业(集团)总公司
	胡鸿友	上海汽车股份有限公司汽车齿轮总厂
	曹邕震	上海申沃客车有限公司
	马宝富	上海申沃客车有限公司
	张振民	上海拖拉机内燃机公司
	罗婉珠	上海延锋汽车饰件有限公司
	何耕南	上海彭浦机器厂有限公司
	王士钫	上海柴油机股份有限公司
1994	王之麒	上海内燃机研究所
	郁公鲁	上海柴油机股份有限公司
1995	罗庄岩	上海内燃机研究所
	王怡达	上海汽车工业(集团)总公司
	曹幼铉	联合汽车电子有限公司无锡厂
1996	钱品根	上海内燃机研究所
	陈廷越	上海汽车工业(集团)总公司

〔续表〕

年　份	姓　名	单　　位
1997	沈　励	上海法雷奥电器系统有限公司
	倪琴华	上海内燃机研究所
	金永锡	上海圣德曼铸造有限公司
1998	叶　平	上海汽车工业(集团)总公司
1999	潘耀曾	泛亚汽车技术中心有限公司
	平银生	上海内燃机研究所
	陈　虹	上海通用汽车有限公司
2000	汪　飚	上海内燃机研究所
	严炎祥	上海乾通汽车附件有限公司
2002	张振华	泛亚汽车技术中心有限公司
2004	程惊雷	上海汽车工业(集团)总公司
2006	高卫民	泛亚汽车技术中心有限公司
	陆雄华	上海汇众汽车制造有限公司
2008	沈　阳	上汽通用五菱汽车股份有限公司
	张觉慧	上海汽车集团股份有限公司
	徐小平	上海大众汽车有限公司
2009	雍　宁	南京依维柯汽车有限公司
2010	黄文华	上海汽车集团股份有限公司技术中心
	胡镇雄	上海通用汽车有限公司
2012	余秀慧	上海汽车集团股份有限公司
	杨　棣	上海大众汽车有限公司
	周　巍	上汽变速器有限公司
2014	陆恩斌	申雅密封件有限公司
	张新权	上海汽车集团股份有限公司

资料来源：上海汽车集团股份有限公司人力资源部

表 15‑3‑4　2000—2015 年上汽获重要荣誉外籍人士情况表

类　别	年　份	姓　名	国　籍	单　位
一、国家友谊奖	2000	墨　斐	美国	上海通用汽车有限公司
二、上海市荣誉市民	1997	马丁·波斯特	德国	上海大众汽车有限公司
	1999	墨　斐	美国	上海通用汽车有限公司
	2003	福尔克·魏斯盖伯	德国	上海大众汽车有限公司
	2005	高博文	英国	上海通用汽车有限公司

〔续表〕

类　别	年　份	姓　名	国　籍	单　位
三、上海市白玉兰荣誉奖	1993	马丁·波斯特	德国	上海大众汽车有限公司
	1996	福尔克·魏斯盖伯	德国	上海大众汽车有限公司
		木濑胜征	日本	上海小糸车灯有限公司
	1998	彼得·吕弗	德国	上海大众汽车有限公司
	1999	泰益克	澳大利亚	延锋汽车饰件系统有限公司
	2000	福伯豪	瑞士	上海采埃孚转向系统有限公司
	2002	施雷斯	美国	上海通用汽车有限公司
	2003	高博文	英国	上海通用汽车有限公司
四、上海市白玉兰纪念奖	1989	保　尔	德国	上海大众汽车有限公司
	1990	魏尔茨	德国	上海大众汽车有限公司
	1991	魏克纳	德国	上海大众汽车有限公司
	1993	巩特·莱纳特	德国	上海大众汽车有限公司
		彼德·托普	德国	上海大众汽车有限公司
	1994	齐　克	德国	上海大众汽车有限公司
		彼得·吕弗	德国	上海大众汽车有限公司
	1995	迪得·明斯特	德国	上海大众汽车有限公司
		法尼·贝恩特	德国	上海大众汽车有限公司
		沃尔禾岗·郭杜拉	德国	上海大众汽车有限公司
	1997	彼得·柯尼希	德国	上海大众汽车有限公司
		克劳斯·莱霍特	德国	上海大众汽车有限公司
	1998	德特雷夫·伯勒	德国	上海大众汽车有限公司
		迪特·哈肯贝克	德国	上海大众汽车有限公司
		瓦格纳	德国	上海通用汽车有限公司
	1999	戴念祖	美国	上海大众汽车有限公司
		罗文斯	美国	上海通用汽车有限公司
		沟口胜由	日本	上海大众汽车有限公司
	2000	雷　休	美国	上海通用汽车有限公司
		恩厄斯泰特	德国	上海大众汽车有限公司
	2001	托马斯	加拿大	上海大众汽车有限公司
		大狱隆司	日本	上海小糸车灯有限公司
	2002	盖拉德·斯瓦茨	德国	上海大众汽车有限公司
	2003	海尔韦格	澳地利	延锋汽车饰件系统有限公司
		马盛隆	加拿大	上海采埃孚转向系统有限公司

〔续表〕

类　别	年　份	姓　名	国　籍	单　位
四、上海市白玉兰纪念奖		乔　治	英国	上海通用汽车有限公司
	2004	白耀伟	德国	上海通用汽车有限公司
		白浩德	澳大利亚	上海大众汽车有限公司
	2005	宫泽健治	日本	上海大众汽车有限公司
	2006	白雷蒙	美国	上海大众汽车有限公司
		安德烈亚斯·约瑟克	德国	上海大众汽车有限公司
	2007	叶思豪	德国	上海大众汽车有限公司
	2008	迪特·赛曼	德国	上海大众汽车有限公司
		班尼同	委内瑞拉	上海大众汽车有限公司
	2009	傅瑞兹	德国	上海大众汽车有限公司
	2010	玛丽安	德国	上海大众汽车有限公司
		李添泽	美国	上海通用汽车有限公司
	2011	何思渊	德国	上海大众汽车有限公司
		英格尔	德国	上海大众动力总成有限公司
	2012	吴博锐	德国	上海大众汽车有限公司
	2013	戴安娜	美国	上海安吉星信息服务有限公司
	2015	柏　历	美国	上汽通用汽车有限公司
		邓瑞德	法国	延锋彼欧汽车外饰系统有限公司

资料来源：上海汽车集团股份有限公司人力资源部

表 15 - 3 - 5　1979—2015 年上汽获国家和省(市)部级模范集体情况表

类　别	年　份	单　位
一、全国"五一"劳动奖状	1992	上海易初摩托车有限公司摩托车厂二金工车间减震柱小组
	1995	上海汽车电器总厂电机二厂一车间转子综合组
	2001	上海上汽大众汽车销售有限公司
	2003	上海汽车工业(集团)总公司
	2004	上海三电贝洱汽车空调有限公司
	2006	上海大众汽车有限公司徐小平班组
	2007	上海汽车变速器公司别克轿车项目团队
		上海通用汽车有限公司别克轿车项目团队
	2008	上海汽车乘用车公司荣威 750 开发项目组
	2009	上海纳铁福传动轴有限公司
	2011	上海通用北盛汽车有限公司

〔续表〕

类　别	年　份	单　　位
一、全国"五一"劳动奖状	2012	联合汽车电子有限公司
	2013	上海汽车集团股份有限公司工会
		延锋汽车饰件系统有限公司
		上海汽车集团股份有限公司乘用车分公司E50纯电动轿车项目组
	2014	上海皮尔博格有色零部件有限公司
二、全国机械工业先进集体	1986	上海汽车电器厂五车间自动车小组
	1992	上海汽车工业总公司统计科
	2009	延锋伟世通汽车饰件系统有限公司
		上海汽车集团股份有限公司技术中心试验认证部
	2014	上海汽车集团股份有限公司乘用车分公司
三、上海市模范集体	1979	上海红光翻砂厂造型二组
	1981	上海拖拉机厂五金仓库小组
		上海内燃机厂金工车间七组
		上海摩托车厂动力车间金工小组
		上海汽车电器厂五车间自动车小组
		上海交通电器厂二车间冲床小组
	1983	上海拖拉机厂五金仓库小组
		上海摩托车厂动力车间金工小组
		上海汽车电机厂二车间整流子小组
		上海汽车电器厂五车间自动车小组
	1985	上海内燃机厂研究所试验小组
		上海汽车电机厂二车间整流子组
		上海易初摩托车有限公司动力车间金工小组
		华丰钢铁厂警卫小组
	1987	上海易初摩托车有限公司动力车间金工小组
		上海拖拉机厂一金工车间车工二组
		上海内燃机厂研究所试验小组
		上海汽车电机厂二车间整流子组
	1989	上海纳铁福传动轴有限公司四车间总成一组
		上海内燃机厂研究所试验小组
	1991	上海易初摩托车有限公司摩托车厂二金工车间减震柱小组
		上海实业交通电器有限公司四车间节拍小组
		上海汽车齿轮总厂桑塔纳一车间

〔续表〕

类　别	年份	单　位
三、上海市模范集体	1993	上海大众汽车有限公司发动机厂总装车间短发动机装配
		上海易初摩托车有限公司摩托车厂二金工车间前轮壳组
		上海汽车电器总厂电机二厂一车间转子综合组
		上海拖拉机内燃机公司拖底厂热处理组
		上海大众汽车有限公司油漆车间
	1995	上海汇众汽车制造公司重型汽车厂电泳涂装组
		上海大众汽车有限公司汽车一厂油漆车间
		上海乾通汽车附件有限公司装配车间汽油泵装配班组
		上海大众汽车有限公司发动机厂三车间中凸线 C 班
		上海汽车电器总厂电机二厂一车间转子综合组
	1997	上海汽车股份有限公司汽车齿轮总厂总装车间
		上海大众汽车有限公司汽车一厂车身车间 B 班门盖组
		上海汇众汽车制造有限公司汽车底盘厂三车间装配一班
		上海离合器总厂磨具制造部精密加工组
		上海合众汽车零件公司汽车配件厂铝散热器组
		上海法雷奥汽车电器系统有限公司七车间转子综合组
		上海拖拉机内燃机公司内制部五车间 495A 柴油机总装组
	1998—2000	上海上汽大众汽车销售有限公司东北分销中心
		上海易初通用机器有限公司前盖皮带轮小组
		上海汽车股份有限公司汽车齿轮总厂一车间壳体组
		上海汇众汽车制造有限公司内燃机配件厂二车间轮鼓甲组
		上海小糸车灯有限公司工装车间 NC 组
		上海实业交通电器有限公司开关制造厂装配三组
		上海延锋汽车饰件有限公司漕河泾厂方遮车间热合组
		上海拖拉机内燃机公司配套件车间液压泵小组
		上海通用汽车有限公司发动机装配 A 工段
		上海大众汽车有限公司发动机厂缸体二线 B 班
		上海大众汽车有限公司整车试验科耐久试验股
	2001—2003	上海大众汽车有限公司汽车三厂油漆车间设备维修股
		上海上汽大众汽车销售有限公司华北销售服务中心
		上海通用汽车有限公司整车平台价值工程项目组
		上海纳铁福传动轴汽车有限公司康桥工厂二车间实轴组

〔续表〕

类　别	年　份	单　位
三、上海市模范集体	2001—2003	联合汽车电子有限公司上海厂电子控制器(ECU)班组
		上海延锋江森座椅有限公司机械零件厂WITS小组
		安吉天地汽车物流有限公司SGM整车物流管理供应商替代项目组
		上海汽车股份有限公司汽车配件厂铝质总成装配组
		上海汇众汽车制造有限公司轿车车桥厂一车间机修组
		上海幸福摩托车总厂发动机厂动力转向泵专机组
	2004—2006	上海大众汽车有限公司售后服务部
		上海通用汽车有限公司市场营销部别克销售团队
		上海纳铁福传动轴有限公司锻工车间精锻生产线班组
		上海汽车集团股份有限公司乘用车分公司工程研究院荣威750开发项目组
		上海汇众汽车制造有限公司轿车底盘厂四车间埃生曼电泳线班组
		延锋百利得(上海)汽车安全系统有限公司工程科设备管理维护团队
		上海拖拉机内燃机公司技术部
		大众汽车变速器(上海)有限公司生产规划物流部总装
		上海小糸车灯有限公司开发部亚洲科
		联合汽车电子有限公司技术中心EOBD匹配科
	2007—2009	上海通用汽车有限公司供应链捍卫团队
		上海大众汽车有限公司VW品牌营销事业部销售部
		上海汽车集团股份有限公司乘用车公司临港整车管理团队项目团队
		上海柴油机股份有限公司"倪龙妹"班组
		泛亚汽车技术中心有限公司新赛欧发动机设计团队
		延锋伟世通汽车饰件系统(上海)有限公司彼欧外饰公司工厂工程部
		上海汇众汽车制造有限公司轿车副车架焊接组
		上海汽车集团股份有限公司商用车技术中心新能源技术部
	2010—2014	上海大众汽车有限公司大众品牌市场营销团队
		上海通用汽车有限公司动力总成创新工作室
		上海汽车集团股份有限公司乘用车分公司新能源动力系统开发团队
		上海汽车集团股份有限公司商用车技术中心上汽大通G10整车产品工程研发项目组
		延锋汽车饰件系统有限公司延锋伟世通汽车电子公司测试部
		联合汽车电子有限公司汽油直喷发动机电子控制器MED17.8.10平台项目开发团队

〔续表〕

类 别	年 份	单 位
三、上海市模范集体	2010—2014	上海汇众汽车制造有限公司轿车车桥厂凯迪拉克发动机装配班组
		上海汽车变速器有限公司技术中心控制与标定部
		泛亚汽车技术中心有限公司家用经济型小车(Scar)工程开发团队
		安吉汽车物流有限公司上海安盛汽车船务有限公司船舶管理部
四、上海市"五一"劳动奖状	2006	上海小糸车灯有限公司
	2008	上海纳铁福传动轴有限公司
	2009	联合汽车电子有限公司
		上海柴油机股份有限公司
	2010	泛亚汽车技术中心有限公司世博 EN－V 技术支持团队
	2011	上海皮尔博格有色零部件有限公司
		上海通用汽车有限公司营销部世博君越混合动力出租车售后保障组
	2012	上海汽车集团股份有限公司乘用车分公司
	2013	上海采埃孚转向系统有限公司
		上海汽车工业开发发展有限公司
	2014	上海汽车商用车有限公司
	2015	泛亚汽车技术中心有限公司
五、沪外省级"五一"劳动奖状	2009	江苏省"五一"劳动奖状 南京汽车集团有限公司名爵分公司
	2010	江苏省"五一"劳动奖状 东华汽车实业有限公司
	2008	辽宁省"五一"劳动奖状 上海通用北盛汽车有限公司
	2012	广西壮族自治区"五一"劳动奖状 柳州上汽汽车变速器有限公司

资料来源：上海汽车集团股份有限公司工会

表 15－3－6 2000—2015 年上汽年度嘉奖个人和单位情况表

年 份	嘉奖类别	个人/单位
2000	个人嘉奖	赵凤高 上海易初通用机器有限公司 总经理
2001	个人嘉奖	肖国普 上海上汽大众汽车销售有限公司 总经理
		赵永彬 上海离合器总厂 副厂长、总工程师
2002	个人嘉奖	陈 虹 上海通用汽车有限公司 总经理
		赵启华 延锋伟世通汽车饰件系统有限公司 常务副总经理

〔续表〕

年 份	嘉奖类别	个人/单位
2003	个人嘉奖	陈　虹　上海通用汽车有限公司　总经理
		陈志鑫　上海汽车工业（集团）总公司副总裁兼上海大众汽车有限公司总经理
		叶永明　上海汽车工业销售总公司　总经理
		赵启华　延锋伟世通汽车饰件系统有限公司　常务副总经理
		张海涛　上海纳铁福传动轴有限公司　总经理
		王晓秋　上海皮尔博格有色零部件有限公司　副总经理
	单位嘉奖	上海通用汽车有限公司
		上海大众汽车有限公司
		上海汽车工业销售总公司
		延锋伟世通汽车饰件系统有限公司
		上海纳铁福传动轴有限公司
2004	个人嘉奖	杨春保　上海汽车股份有限公司汽车齿轮总厂　总经理
		张海涛　上海纳铁福传动轴有限公司　总经理
	单位嘉奖	上海汽车股份有限公司汽车齿轮总厂
		上海纳铁福传动轴有限公司
2005	个人嘉奖	沈　阳　上汽通用五菱汽车股份有限公司　总经理
		曹碧峥　上海小糸车灯有限公司　总经理、党委书记
	单位嘉奖	上汽通用五菱汽车股份有限公司
		上海小糸车灯有限公司
2006	个人嘉奖	陈志鑫　上海汽车集团股份有限公司副总裁兼上海大众汽车有限公司总经理、上海上汽大众汽车销售有限公司总经理
		丁　磊　上海通用汽车有限公司　总经理
		沈　阳　上汽通用五菱汽车股份有限公司　总经理
		薛　建　上海汽车工业（集团）总公司、上海汽车集团股份有限公司组织干部部长、上汽集团总部党委书记
	单位嘉奖	上海大众汽车有限公司
		上海通用汽车有限公司
		上汽通用五菱汽车股份有限公司
2007	个人嘉奖	丁　磊　上海汽车集团股份有限公司副总裁兼上海通用汽车有限公司总经理
		阳树毅　上汽依维柯红岩商用车有限公司　总经理
		张海涛　双龙汽车股份有限公司　首席副社长
		崔馨铎　双龙汽车股份有限公司　社长
		郑完用　双龙汽车股份有限公司　副社长

〔续表〕

年 份	嘉奖类别	个人/单位
2007	个人嘉奖	沈剑平 双龙汽车股份有限公司 副社长
		陈贤章 联合汽车电子有限公司 总经理
		赵启华 延锋伟世通汽车饰件系统有限公司 常务副总经理
		薛锦达 上海纳铁福传动轴有限公司 总经理
		高文华 上海三电贝洱汽车空调有限公司 总经理
		沈根伟 上海汽车集团财务有限责任公司 总经理
		何向东 上海大众汽车有限公司 党委书记、工会主席
		刘 榕 上海汽车集团股份有限公司 副总会计师、财务部执行总监
	单位嘉奖	上海通用汽车有限公司
		上海大众汽车有限公司
		上海汽车集团财务有限责任公司
		联合汽车电子有限公司
		延锋伟世通汽车饰件系统有限公司
		上海纳铁福传动轴有限公司
		上海三电贝洱汽车空调有限公司
2008	个人嘉奖	沈 阳 上汽通用五菱汽车股份有限公司 总经理
		杨德君 上海法雷奥汽车电器系统有限公司 总经理
		郭肇基 上海小糸车灯有限公司 总经理
	单位嘉奖	上汽通用五菱汽车股份有限公司
		上海法雷奥汽车电器系统有限公司
		上海小糸车灯有限公司
2009	个人嘉奖	丁 磊 上海汽车集团股份有限公司副总裁兼上海通用汽车有限公司总经理
		沈 阳 上汽通用五菱汽车股份有限公司 总经理
		陈贤章 联合汽车电子有限公司 总经理
		沈根伟 上海汽车集团财务有限责任公司 总经理
		赵启华 延锋伟世通汽车饰件系统有限公司 常务副总经理
		杨德君 上海法雷奥汽车电器系统有限公司 总经理
		薛锦达 上海纳铁福传动轴有限公司 总经理
		郭肇基 上海小糸车灯有限公司 总经理
		高文华 上海三电贝洱汽车空调有限公司 总经理
		黄荣发 上海皮尔博格有色零部件有限公司 总经理
		陈志鑫 上海汽车集团股份有限公司执行副总裁兼乘用车分公司总经理

〔续表〕

年 份	嘉奖类别	个人/单位
2009	个人嘉奖	刘 坚 上海大众汽车有限公司 总经理
		杨春保 上海汽车股份有限公司汽车齿轮总厂 总经理
		何向东 上海大众汽车有限公司 党委书记、工会主席
	单位嘉奖	上海通用汽车有限公司
		上汽通用五菱汽车股份有限公司
		联合汽车电子有限公司
		上海汽车集团财务有限责任公司
		延锋伟世通汽车饰件系统有限公司
		上海法雷奥汽车电器系统有限公司
		上海纳铁福传动轴有限公司
		上海三电贝洱汽车空调有限公司
		上海小糸车灯有限公司
2010	个人嘉奖	丁 磊 上海汽车集团股份有限公司副总裁兼上海通用汽车有限公司总经理
		沈 阳 上汽通用五菱汽车股份有限公司 总经理
		陈贤章 联合汽车电子有限公司 总经理
		沈根伟 上海汽车集团财务有限责任公司 总经理
		高文华 上海三电贝洱汽车空调有限公司 总经理
		郭肇基 上海小糸车灯有限公司 总经理
		黄荣发 上海皮尔博格有色零部件有限公司 总经理
		张立春 上海申沃客车有限公司 总经理
		金 麒 上海汽车集团股份有限公司 世博会项目部执行总监
		黄 强 上海通用汽车有限公司 党委书记、工会主席
	单位嘉奖	上海通用汽车有限公司
		上汽通用五菱汽车股份有限公司
		联合汽车电子有限公司
		上海汽车集团财务有限责任公司
		延锋伟世通汽车饰件系统有限公司
		上海小糸车灯有限公司
		上海三电贝洱汽车空调有限公司
		上海皮尔博格有色零部件有限公司
2011	个人嘉奖	叶永明 上海汽车集团股份有限公司副总裁兼上海通用汽车有限公司总经理
		张海亮 上海大众汽车有限公司 总经理

〔续表〕

年 份	嘉奖类别	个人/单位	
2011	个人嘉奖	沈根伟	上海汽车集团财务有限责任公司 总经理
		薛锦达	上海纳铁福传动轴有限公司 总经理
		高文华	上海三电贝洱汽车空调有限公司 总经理
		余 德	安吉汽车物流有限公司 总经理
		王庆宇	东华汽车实业有限公司 总经理、党委书记
	单位嘉奖	上海大众汽车有限公司	
		上海通用汽车有限公司	
		上海汽车集团财务有限责任公司	
		上海纳铁福传动轴有限公司	
		上海三电贝洱汽车空调有限公司	
		安吉汽车物流有限公司	
2012	个人嘉奖	叶永明	上海汽车集团股份有限公司副总裁兼上海通用汽车有限公司总经理
		张海亮	上海大众汽车有限公司 总经理
		沈 阳	上汽通用五菱汽车股份有限公司 总经理
		沈根伟	上海汽车集团财务有限责任公司 总经理
		余 德	安吉汽车物流有限公司 总经理
		马振刚	延锋伟世通汽车饰件系统有限公司 常务副总经理
		邱 琪	上海采埃孚转向机有限公司 总经理
		杨春保	上海汽车变速器有限公司 总经理
	单位嘉奖	上海大众汽车有限公司	
		上海通用汽车有限公司	
		上汽通用五菱汽车股份有限公司	
		上海汽车集团财务有限责任公司	
		上海汽车变速器有限公司	
		延锋伟世通汽车饰件系统有限公司	
		上海采埃孚转向机有限公司	
		安吉汽车物流有限公司	
2013	个人嘉奖	张海亮	上海大众汽车有限公司 总经理
		沈 阳	上汽通用五菱汽车股份有限公司 总经理
		沈根伟	上海汽车集团财务有限责任公司 总经理
		马振刚	延锋伟世通汽车饰件系统有限公司 常务副总经理
		薛锦达	上海纳铁福传动轴有限公司 总经理
		高文华	上海三电贝洱汽车空调有限公司 总经理
		余 德	安吉汽车物流有限公司 总经理

〔续表〕

年　份	嘉奖类别	个人/单位	
2013	单位嘉奖		上海大众汽车有限公司
			上汽通用五菱汽车股份有限公司
			上海汽车集团财务有限责任公司
			延锋伟世通汽车饰件系统有限公司
			上海纳铁福传动轴有限公司
			上海三电贝洱汽车空调有限公司
			安吉汽车物流有限公司
2014	个人嘉奖	沈　阳	上海汽车集团股份有限公司副总裁兼上汽通用五菱汽车股份有限公司总经理
		沈根伟	上海汽车集团财务有限责任公司 总经理
		邱　琪	上海采埃孚转向系统有限公司 商务总经理
		薛锦达	上海纳铁福传动系统有限公司 总经理
	单位嘉奖		上汽通用五菱汽车股份有限公司
			上海汽车集团财务有限责任公司
			上海采埃孚转向系统有限公司
			上海纳铁福传动系统有限公司
2015	个人嘉奖	沈　阳	上海汽车集团股份有限公司副总裁兼上汽通用五菱汽车股份有限公司总经理
		蓝青松	上海汽车集团股份有限公司副总裁兼商用车事业部总经理、上汽大通汽车有限公司总经理
		陈贤章	上汽大众汽车有限公司 总经理
		姚佐平	上汽通用五菱汽车股份有限公司　党委书记兼副总经理
		熊伟铭	联合汽车电子有限公司 总经理
		沈根伟	上海汽车集团财务有限责任公司 总经理
		马振刚	延锋汽车饰件系统有限公司 总经理
		朱　军	上海汽车集团股份有限公司技术中心副主任、上海捷能汽车技术有限公司总经理
	单位嘉奖		上汽通用五菱汽车股份有限公司
			上汽大通汽车有限公司
			联合汽车电子有限公司
			上海汽车集团财务有限责任公司
			上汽大众汽车有限公司
			延锋汽车饰件系统有限公司

资料来源：上海汽车集团股份有限公司党委组织干部部

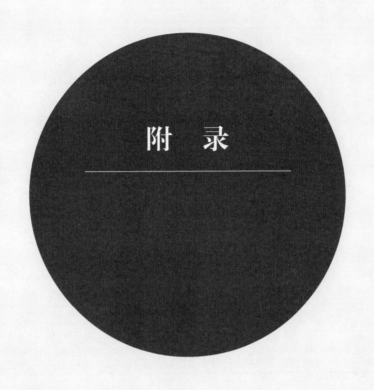

附 录

上汽历史沿革中公司全称简称对照表

序　号	全　　称	简　　称
1	上海市内燃机配件制造公司	上海市内配公司
2	上海市动力机械制造公司	上海市动力机械公司
3	上海市农业机械制造公司	上海市农机制造公司
4	上海市拖拉机汽车工业公司	上海市拖汽公司
5	上海汽车拖拉机工业联营公司	上海汽拖联营公司
6	上海汽车工业总公司	上汽总公司
7	上海汽车工业(集团)总公司	上汽集团(2011年12月前,2011年12月后不用简称)
8	上海汽车有限公司	上汽有限
9	上海汽车工业有限公司	上汽工业有限
10	上海汽车集团股份有限公司	上汽股份(2007年9月前) 上海汽车(2007年9月后) 上汽集团(2011年12月后)

2015 年上汽直管企业全称简称对照表

序 号	全 称	简 称
1	华域汽车系统股份有限公司	华域汽车
2	上汽大众汽车有限公司 （2015 年 12 月前上海大众汽车有限公司）	上汽大众 （2015 年 12 月前上海大众汽车）
3	上汽通用汽车有限公司 （2015 年 7 月前上海通用汽车有限公司）	上汽通用 （2015 年 7 月前上海通用汽车）
4	上汽通用五菱汽车股份有限公司	上汽通用五菱
5	上海汽车集团股份有限公司乘用车分公司	上汽乘用车分公司
6	上汽大通汽车有限公司 （2015 年 11 月前上海汽车商用车有限公司）	上汽大通 （2015 年 7 月前上汽商用车）
7	上海上汽大众汽车销售有限公司	上汽大众销售
8	上汽通用汽车销售有限公司	上汽通用销售
9	上海汽车集团股份有限公司技术中心	上汽技术中心
10	泛亚汽车技术中心有限公司	泛亚技术中心
11	上海汽车集团股份有限公司商用车技术中心	上汽商用车技术中心
12	上汽依维柯红岩商用车有限公司	上汽依维柯红岩
13	南京汽车集团有限公司	南汽集团
14	南京依维柯汽车有限公司	南京依维柯
15	上汽通用北盛汽车有限公司	上汽通用北盛
16	上汽通用东岳汽车有限公司	上汽通用东岳
17	上汽通用东岳动力总成有限公司	上汽通用东岳动力
18	通用上汽印度有限责任公司	通用上汽印度
19	上海申沃客车有限公司	上海申沃客车
20	上汽正大有限公司	上汽正大
21	南京南汽专用车有限公司	南汽专用车
22	上海彭浦机器厂有限公司	上海彭浦
23	上海内燃机研究所	上内所
24	上海汇众汽车有限公司	上海汇众
25	联合汽车电子有限公司	联合电子

序 号	全 称	简 称
26	延锋汽车饰件系统有限公司 (1994年11月—2001年11月上海延锋汽车饰件有限公司) (2001年12月—2014年1月延锋伟世通汽车饰件系统有限公司)	延锋饰件系统 (上海延锋) (延锋伟世通)
27	上海汽车变速器有限公司 (1992年5月—2008年1月上海汽车齿轮总厂)	上汽变速器 (汽齿总厂)
28	大众变速器(上海)有限公司	大众变速器上海
29	上海大众动力总成有限公司	上海大众动力总成
30	上海柴油机股份有限公司	上柴股份
31	华域三电汽车空调有限公司 (1990年7月—2004年4月上海易初通用机器有限公司) (2004年5月—2015年4月上海三电贝洱汽车空调有限公司)	华域三电 (上海易通) (上海三电贝洱)
32	上海纳铁福传动系统有限公司	上海纳铁福
33	上海实业交通电器有限公司	上实交通或上海实业交通
34	上海小糸车灯有限公司	上海小糸车灯或上海小糸
35	上海采埃孚转向系统有限公司	上海采埃孚
36	上海法雷奥汽车电器系统有限公司	上海法雷奥电器
37	上海汽车制动系统有限公司	上汽制动系统
38	上海萨克斯动力总成部件系统有限公司	上海萨克斯动力
39	华东泰克西汽车铸造有限公司	华东泰克西
40	上海科尔本施密特活塞有限公司	上海科尔本施密特
41	上海皮尔博格有色零部件有限公司	上海皮尔博格
42	上海乾通汽车附件有限公司	上海乾通
43	上海圣德曼铸造有限公司	上海圣德曼
44	上海赛科利汽车模具技术有限公司	上海赛科利
45	上海拖拉机内燃机有限公司	上海拖内
46	上海中国弹簧制造有限公司	中国弹簧
47	上海幸福摩托车有限公司 (2005年10月前上海-易初摩托车有限公司)	幸福摩托 (上海易初摩托车)
48	上海联谊汽车拖拉机工贸有限公司	上海联谊工贸
49	上海天合汽车安全系统有限公司	上海天合
50	上海菲特尔莫古轴瓦有限公司	上海菲特尔莫古轴瓦
51	上海菲特尔莫古复合材料有限公司	上海菲特尔莫古材料

〔续表〕

序　号	全　　　称	简　　　称
52	华域大陆汽车制动系统(重庆)有限公司	华域大陆重庆
53	联创汽车电子有限公司	联创电子
54	上海捷能汽车技术有限公司	上海捷能
55	上海捷新动力电池系统有限公司	上海捷新
56	华域汽车电动系统有限公司	华域电动
57	新源动力股份有限公司	新源动力
58	上海汽车集团(北京)有限公司	上汽北京
59	上海汽车集团财务有限责任公司	上汽财务
60	上海汽车集团股权投资有限公司	上汽股权投资
61	上汽香港投资有限公司	上汽香港投资
62	上汽依维柯商用车投资有限公司	上汽依维柯投资
63	上海汽车工业销售有限公司	上汽销售
64	上海汽车进出口有限公司	上汽进出口
65	安吉汽车物流有限公司	安吉物流
66	上海汽车工业开发发展有限公司	上汽开发
67	上海汽车资产经营有限公司	上汽资产经营
68	上海国际汽车城发展有限公司	汽车城发展
69	东华汽车实业有限公司	东华实业
70	上海汽车集团(北美)有限公司	上汽北美
71	上海汽车集团(欧洲)有限公司	上汽欧洲
72	上海汽车工业香港有限公司	上汽香港
73	上汽大陆汽车制动系统销售有限公司	上汽大陆销售
74	上海汽车英国控股公司	上汽英国
75	上汽加州创新中心	上汽加州创新
76	上汽加州资本管理有限公司	上汽加州资本
77	上海汽车集团保险销售有限公司	上汽保险
78	上海汽车集团股份有限公司培训中心	上汽培训中心
79	上海尚鸿置业有限公司	尚鸿置业
80	上海汽车工业活动中心有限公司	上汽活动中心

专业术语英文缩写与中文翻译对照表

序号	英文缩写专业术语	中 文 翻 译
1	ABS	防抱死制动系统
2	ADS	经销商管理系统
3	ADSL	非对称数字用户线路
4	AGV	电磁导向自动导引小车
5	ALIAS	工业设计和A面造型设计软件
6	Alias	工业设计和A级曲面建模软件
7	ANDON	暗灯
8	ANS	前处理软件
9	APLS	整车物流管理系统
10	APQB	零件先期质量控制
11	ARTIS	刀具监控及机床状况监控系统
12	ASMP	售后服务管理平台
13	ASRS	自动化立体仓储系统
14	AVI	自动车辆识别
15	AVL	发动机试验台
16	AUTOSAR	汽车开放系统架构
17	Benchmarking	竞品分析
18	BCM2.0	车身控制器
19	BK	振动噪声模态分析系统
20	BDC	经油漆后车身进总装前物流缓冲区域
21	BIDLINK	供应商在线竞价系统
22	BKM	产能需求管理系统
23	BMC	热固性
24	BOD	存储物流
25	BOM	汽车零部件材料清单
26	BPM	业务流程管理
27	BX	无刷直流电机

〔续表〕

序号	英文缩写专业术语	中 文 翻 译
28	CAD/CAM	计算机辅助设计系统/计算机辅助制造
29	CAE	计算机辅助分析工程
30	Call Center	呼叫中心
31	CAN	控制器局域网
32	CARE	产品交付前用户接受审查和评估
33	CAT	计算机辅助测试
34	CATIA	三维绘图软件
35	CBD	商务核心功能
36	CCD	电荷耦合器
37	CEM	客户体验管理系统
38	CFD	计算流体力学
39	CI	信息系统部
40	CIM	营销流程系统
41	CIP	产品开发与生产流程系统
42	CIS	战略性控制与管理流程系统
43	CKD	进口汽车零部件(全散件)
44	CNC	计算机数字化控制紧密机械加工
45	CPP	核心件
46	CNG	压缩天然气
47	C - NCAP	中国新车评价规程
48	CO	成本控制
49	CO_2	二氧化碳气体保护焊接
50	Control Tower	控制塔
51	CRM	客户关系系统
52	CSC	电子采购系统
53	customer portal	车厂与车主的在线沟通系统
54	DAB	车载天线
55	DBU	数据管理系统
56	DCS	数据标准体系
57	DD/JIT	拉动式准时配送
58	Dealer Portal	经销商门户网站
59	Delta	通用汽车紧凑级车型平台
60	DFMEA	设计失效模式与效应分析

〔续表〕

序号	英文缩写专业术语	中　文　翻　译
61	DMS	经销商管理系统
62	DLP	数字光学处理技术
63	DMU	数字式全尺寸模型
64	DOSS	第二代整车零售系统
65	Dspace	实时仿真系统
66	DSRC	专用短程通信技术
67	DV	设计验证
68	DVCP	垂直连续电镀生产线
69	DVT	汽车动态测试
70	EBOM	工程物料清单
71	E - Budget	预算系统
72	E - Contract	电子合同系统
73	ECOS	嵌入式可配置实时操作系统
74	EDW	企业级数据仓库
75	EKB	知识管理系统
76	EMS	电动自行小车
77	EMS+VAC	电动单轨机运系统加可升降吊具
78	ENP	模具管理系统
79	EPB	电子驻车系统
80	E - Procurement	电子采购与流程
81	EPS	电动助力转向系统
82	EP	工程样车
83	FEA	有限元分析
84	ESO	工程签发
85	ED	骨架平台
86	ERP	企业资源计划系统
87	ESC	电子稳定控制系统
88	ESP	车身电子稳定系统
89	ESTA	喷涂机器人
90	E - Supply	电子化采购
91	Euro - NCAP	欧洲新车安全评鉴协会
92	EU6b	欧洲 6B 阶段排放限值
93	EWM	扩展仓库管理

〔续表〕

序号	英文缩写专业术语	中文翻译
94	EMC	电磁兼容性
95	FAM	小型发动机
96	FI	财务管理
97	FIRE	意大利缸体铸芯生产线
98	FIS	标准生产信息控制系统
99	FLEX	柔性生产订单管理系统
100	Flexnet	企业执行系统
101	FPS	每秒所运行的帧数
102	FTTB+LAN	光纤到楼加局域网
103	GBOM	物料清单管理平台
104	GCA	客户评审
105	GCC	海湾阿拉伯国家合作委员会标准认证
106	GDM	文档管理系统
107	GEN3	通用汽车第三代发动机制造平台
108	GEO-pallet	高速随行工装
109	GEPICS	生产信息与控制系统
110	GPDP	动力开发流程
111	GPS	卫星定位系统
112	GVDP	整车开发流程
113	GD&T	几何公差
114	HORIBA	排放测试系统
115	INVCON2.3CN	电力电子控制器
116	I-DEAS	集成设计、分析工程一体化软件
117	ISOFIX	儿童座椅固定装置
118	IMC	反向轨道输送链
119	IMDS	国际材料认证机构
120	IMES	集成的支持柔性生产的制造执行系统
121	Ippe	集成产品和工艺工程
122	IT	服务管理系统
123	ITIL	信息技术基础构架库
124	ITW	高强度弹簧钢
125	JIS	排序供货
126	JIT	及时供货

〔续表〕

序号	英文缩写专业术语	中 文 翻 译
127	J–JUMP	前处理电泳传输系统
128	JPC	采购委员会
129	JPH	每小时生产量
130	JSC	联合采购委员会定点会
131	K&C	运动学特性和平顺特性
132	KD	散装件
133	KN	压力单位千牛
134	KPI	关键绩效指标体系
135	KVS	产品数据管理系统
136	kW	千瓦
137	LABCAR	试验车架
138	LEED	国际性绿色建筑
139	LOC	物流优化中心（厂内库）
140	LPG	液化石油气
141	MATRIX	明细报表系统
142	MDS	企业材料数据管理系统
143	MES	制造管理
144	MIS	制造执行系统
145	MKD	中途拆散件
146	MM	物料管理
147	MPS	主生产计划
148	MPL	主零件清单
149	MCU	微控制单元
150	MQB	横置发动机模块化平台
151	MTS	道路模拟系统
152	MY	年型车
153	Newpro	国产化信息平台
154	NVH	噪声、振动与声振粗糙度
155	Nm	牛·米
156	NSE	新一代小排量发动机
157	NEDC	新欧洲驾驶循环
158	OA	办公自动化
159	OEM	原始设备制造商（汽车）

〔续表〕

序号	英文缩写专业术语	中 文 翻 译
160	OPCS	零件在线拉动供货系统
161	OKADA	五轴全尺寸汽车模型加工中心
162	ORACLE EBS	财务管理系统
163	OS	零批量生产(汽车)
164	OTS	工装样品认可
165	PAB	安全气囊
166	PCS	生产拉动系统
167	PDI	出厂前检查
168	PDM	产品数据管理系统
169	PHS	热冲压工艺过程
170	PLC	可编程逻辑控制器
171	PLM	全生命产品数据管理平台
172	PMC	生产物料控制
173	POMS	售后配件订单管理系统
174	Portal	企业级门户
175	PP	生产计划
176	PPAP	生产件批准程序
177	PPS	小件消耗拉动系统
178	PPV	产品和过程验证
179	PQ35	大众第五代 A 级车平台
180	PQ46	大众第六代 B 级车平台
181	PRCS	问题交流报告
182	PR-online	采购申请系统
183	PS+PTL	拍灯捡配系统
184	PVC	聚氯乙烯
185	PT	动力总成
186	PRP	产品标志流程
187	PXE	预启动电机
188	QC&A	质量控制与保证
189	QMAP	质量监控预警平台
190	QMS	质量管理系统
191	RDC	研发中心
192	RFID	远程监控射线识别技术

序号	英文缩写专业术语	中 文 翻 译
193	RFQ	准备及发放
194	RTT	模拟渲染纹理软件
195	RTT	专业高端3D可视化软件
196	SANBAO	售后三包子系统
197	SAPIS-AUTO	汽车行业信息技术集成解决方案
198	SDMP	嵌入式软件开发平台
199	SGE	小排量汽油发动机
200	SKD	进口汽车部件(半散件)
201	SMART	整车销售管理分析决策支持系统
202	SMC	片状模塑料
203	SMIS	船舶管理信息系统
204	SOL	在线供应商协同
205	SOP	批量生产启动
206	SPS	零部件成套供应
207	SQE	供货商管理工程师
208	SQS	供应商质量管理系统
209	Super	工程物料清单
210	SVO	特种车辆
211	TAR	废气焚烧集中供热装置
212	TB	电脑计算机硬盘内存容量单位
213	TBOX	车载通信模块
214	TCAE	全球汽车开发工程数据管理解决方案
215	TCM	技术更改管理系统
216	TCU	变速箱控制器
217	TDC	技术中心
218	TDM	试验数据管理
219	TDP	物流数据平台
220	TIPS	技术信息和车型项目管理系统
221	TMS	运输管理系统
222	UBS	车轮罩边涂胶
223	UG	3D设计软件名称
224	UK	英国营销系统
225	UPS	不间断电源

〔续表〕

序号	英文缩写专业术语	中 文 翻 译
226	VAS	车辆装配结构系统
227	VAVE	降低成本
228	VBOX	整车基本性能
229	VIN	车辆配置代码
230	VITAS	车辆信息追溯系统
231	VIUMS	车辆信息上传管理平台
232	VMS	车辆管理系统
233	VOC	挥发性有机化合物
234	VSN	车辆识别码
235	V/AMT/ESP	电控机械自动变速器/车身电子稳定系统
236	VSAS	汽车综合、分析和仿真
237	国 V	国四排放法规
238	国 Ⅵ	国五排放法规
239	WLTP	全球轻型车测试规程
240	WMS	仓库管理系统
241	WPM	三包服务系统
242	yunOS	阿里手机操作系统

索　引

说明:

一、主题词索引按主题词首字的汉语拼音字母顺序排列(同音字按声调);首字相同,按第二字音序排列,以此类推。

二、表格索引按在正文出现顺序排列。

主题词索引

1785

上海拖内　36,42,43,49,52,337,340,401,491,572,
573,702,710,757,787,853,854,909,1054,1055,
1251,1252,1361,1409,1506,1652,1653,1655,1678,
1687—1689,1785

上海小糸　36,50,53,327,328,337,339,341,342,
344,345,348,364,559,560,614,625,718,744,745,
788,825,858,859,909,910,915,1048,1049,1108,
1181,1182,1285,1286,1327,1328,1342,1351—
1357,1362—1366,1785

上海小糸车灯有限公司　36,85,102,183,197,215,
218,221,222,235,237,242,265,298,309,327,334,
394,427,514,559—561,717,718,722,744,770,832,
858,859,909,1048,1049,1107,1148,1149,1181,
1204,1206,1285,1331,1338,1342,1442,1523,
1560—1563,1569,1570,1607,1608,1610,1623,
1639,1643—1647,1680,1754,1770,1773—1778,
1785

上海信托投资　40,387,929,930

上海幸福摩托车有限公司　310,515,524,582,706,
707,761,829,1061,1109,1253,1443,1571,1618,
1677,1687,1785

上海易初摩托车　5,6,8,30,31,34,35,38—46,48,
49,187,321,389,390,394,409,582,706,766—768,
851,852,1002,1137,1353,1409,1443,1499,1506,
1561,1566,1567,1622,1623,1639,1755,1771—
1773,1785

上海—易初摩托车有限公司　29,30,82,89,199,
219,283,321,389,400,442,789,790,833,838,842,
851,852,859,1002,1137,1331,1409,1450,1462,
1498,1499,1560,1561,1606,1635,1685,1696,1702,
1706,1724

上海易通　334,335,577,578,756,859,860,1293—
1295,1652,1654,1785

上海中国弹簧制造有限公司　310,514,524,536,
538,541,718,728,828,829,908,1027,1028,1110,
1204,1206,1267,1331,1533,1563,1571,1608,1645,
1757,1785

上海重型汽车厂　28,29,31,33,38,39,42,86,87,
89,90,179,281,284,388—390,394,442,489,490,
527,701,703,704,724,726,734,763,852,1000,
1021,1136,1147,1159,1196,1250,1361,1440,1499,

1500,1622,1651,1734

上南合作　11,61,62,113,185,424,425,452,471,
475,476,496,608,636,642,835—837,885—888,
899,948,984,988,1093,1200,1211,1347,1404,
1416,1484,1485

上内所　501,502,933,1784

上汽北京　57,624—626,884,885,1107,1786

上汽变速器　62,218,334,336,543—545,735—737,
762,788,906,1029,1030,1143,1170,1171,1256—
1261,1272,1303,1328,1336,1366,1367,1510,1548,
1769,1785

上汽财务　95,102,240,247,250,251,254—256,
337,339,507—509,511,877,878,1102,1487,1507,
1509,1786

上汽乘用车分公司　11,13,61,63—66,68—74,214,
231,232,241,243,244,345,348,425,428,434,437,
438,468—472,476,533,541,564,567,599,604,609,
724—730,733,736—738,741—750,752—761,765,
770—772,776,787,792,927,980—984,986,1074,
1087—1095,1167,1168,1170,1173—1175,1177,
1178,1183,1184,1186,1189,1207—1211,1213,
1222,1223,1253,1254,1258,1260,1263,1264,1269,
1271,1273,1275—1277,1281—1285,1287,1288,
1290,1291,1295,1296,1302,1305—1309,1322,
1344,1351,1352,1357—1360,1365,1373,1374,
1385,1396—1399,1413,1416,1418,1436,1437,
1443,1478,1479,1663,1664,1675,1676,1702,1705,
1717,1784

上汽大通　11,12,71,74,224,347,348,359,435—
437,472—474,500,529,542,547,571,588,601,609,
650,651,694,729,730,737,745,757,758,764,781,
785,787,811—813,988,990,995,1093,1115,1203,
1221,1259,1273,1375,1376,1402,1403,1414,1416,
1418,1437,1443,1666,1667,1682,1694,1774,1784

上汽大通汽车有限公司　11,74,120,211,241,260,
362,435,442,444,472,474,547,636,650—652,696,
705,706,811,925,926,941,989,1093,1095,1115,
1192,1209,1221,1259,1370,1375,1380,1402,1403,
1437,1563,1666,1681,1688,1747,1765,1780,1784

上汽大众　74,120,180,187,224,333,341,345,347,
359,365,435—438,444—454,499,528,529,533,
534,537,541,544,551—553,557,560,562,564,567,

表格索引

编 后 记

2018年8月,上汽集团在上海第二轮修志中承编的两本志书之一《上海市志·工业分志·汽车业卷(1978—2010)》(简称《汽车业卷》)出版。时隔2年4个月,志书之二《上海市级专志·上海汽车集团股份有限公司志》(简称《上汽集团志》)面世。至此,上汽集团8年修志完满收官。

2012年8月,根据上海市地方志编纂委员会部署和上海市地方志办公室安排,上汽集团成立编纂委员会、组建编纂室、下达实施方案,志书编纂正式启动,其进程"先合后分"。

"先合"为两本志书同步篇目设计和资料收集。2013年4月,同步完成篇目设计修改下发执行,并启动资料同步收集。"后分"为先《汽车业卷》后《上汽集团志》。2016年,《汽车业卷》先行进入撰稿,在完成内审和通过专家评议审定后,2018年3月上报市方志办验收。

《汽车业卷》报验之际,集团修志进入《上汽集团志》时间。次月,主编会议确定本志编纂要求和进度目标;总裁办公室召开《上汽集团志》再推进专题会议动员布置;联络员队伍在各部室各企业支持下调整充实;编纂室兵不息懈、笔不停耕,开始全力以赴专攻本志。

得益于各方精诚携力,《上汽集团志》编纂进程环环紧扣、步步密接。2018年8月,在《汽车业卷》出版之时,《上汽集团志》基本完成资料补充收集,4个月新增资料卡片1400余张202万字。2019年3月,基本完成初稿撰写和分纂。同年9月,完成总纂。10月中旬,通过集团志书编纂委员会成员、老领导、集团总部和所属企业的内审。10月底,完成内审后修改。2019年11月8日,《上汽集团志》(评议稿)正式上报市方志办。

市方志办接报后,于2019年12月4日召开专家评议会。编纂室根据方志办下达意见和主编要求,逐条对照认真修改,于2020年1月20日上报本志(审定稿)。因受困于新冠病毒疫情,市方志办原定2月下旬的志书审定会延至4月16日召开。2020年6月19日,上汽集团向市方志办上报经再次逐条对照修改后的本志(验收稿)。7月10日,志书通过市方志办验收,交付印刷出版。

《上汽集团志》是集团和有关方面领导专家、部室企业、编纂人员共同努力的产物。

在领导专家层面:政协上海市第10届主席蒋以任在《汽车业卷》之后,再次亲任《上汽集团志》评议专家组和审定专家组组长;市方志办主任洪民荣,副主任、一级巡视员王依群,专志工作处处长过文瀚加强指导;上海市发改委原主任蒋应时、市工业党委原副书记姚春海等18位专家精心评审;上汽集团党委书记、董事长、志书编纂委员会主任陈虹召开编纂委员会会议讨论决定有关重要事项,党委副书记兼副总裁周郎辉代表集团志书编纂委员在评审会上讲话凸显党政重视;志书编纂委员会副主任、主编沈建华定期召开主编会议决定有关事项直接领导编纂;陈祥麟、陆吉安、林树楠、胡茂元等集团老领导精心审阅志书内容;总裁办公室三任主任钟立欣(后任集团工会主席)、高卫平、庄菁雄夯实修志必要条件,确保志书编纂顺利进行。

在部室企业层面:集团财务部和人力资源部及时襄助资金和人力,各部室各企业负责人认真把控本单位修志内容和进度。信息战略和网络安全部顾咏梅、陈文韬等热心维护网络正常运行,总裁办档案室翟艳明、党委宣传部张培新积极提供大量历史文件或照片,质量和经济运行部桂森、规划部范晓斌细心校阅集团经济数据。特别是上汽大众汽车有限公司宛小芬、上汽通用汽车有限公司汪怡、上汽集团财务部陈志彦、技术管理部沈玲、党委组织干部部傅瑢、华域汽车股份有限公司和延锋汽车饰件系统有限公司华嘉伟、上海实业交通电器有限公司施寅生、安吉汽车物流有限公司阮树辉等联络员,以及上海汽车集团股份有限公司乘用车分公司和上汽通用五菱汽车股份有限公司等联络员多次调整的企业,百余位联络员或勔勔数载或棒棒相接,不厌其烦尽心尽责,由其协调落实之资料提供和内容审阅者达千余之众,包括集团领导和老领导40人,集团和华域汽车总部193人,整车整机企业344人,零部件企业521人,投资、金融、服务贸易企业及汽车行业协会学会等182人,合计1 280人,《上汽集团志》因此众手成志。

在编纂人员层面:编纂室众编辑既悉心洽联又潜心笔耕、既毕力其责又通力其分,编纂过程紧张有序。本志由汪国富总纂,汪国富、钱国樑、田克新分纂。志书组成部分及正文15个篇的初稿撰写者为:汪国富负责卷首照、凡例、总述、第四篇"规划发展"、第五篇"合资合作"和多篇概述章下序,钱国樑负责第二篇"治理结构"、第三篇"行政管理"、第九篇"技术引进"(部分)、第十一篇"供销物流"、第十三篇"党群组织"(部分),田克新负责大事记、第二篇"治理结构"(部分)、第三篇"行政管理"(部分)、第十三篇"党群组织"和第十五篇"人物",韩祖伦负责第一篇"体制改革"、第六篇"品牌产品"(部分)、第九篇"技术引进"(部分)和第十二篇"员工队伍",陶明德负责第六篇"品牌产品"、第九篇"技术引进"、第十篇"技术创新"和附录3,何四雨负责第七篇"合资合作"(部分)和第八篇"基建装备"(前期),胡静华负责第五篇"所属企业"、第十篇"技术创新"(部分)和第十四篇"社会责任",王伟麟负责第八篇"基建装备"和附录3。同时,汪国富、何四雨、王伟麟负责随文照。此外,曾先后在编纂室工作的胡孝渊、吴常娥、翁建国和李佩珍也做了基础性工作,其中翁建国完成第五篇"所属企业"部分资料收集。

上汽集团承编的两本志书边界清晰有区别、形神相似有联系。

两本志书的区别主要在于:志书门类有别,《汽车业卷》为行业志,《上汽集团志》为公司志;时间断限有别,《汽车业卷》从1978年记至2010年,共计32年,《上汽集团志》从1955年记至2015年,正好60年一甲子。这两大区别派生出内容框架、入志单位、涉及领域等多项区别。

两本志书(《汽车业卷》为前者,《上汽集团志》为后者)的联系主要在于:均致力于彰显发展主题。前者彰显上海汽车行业从小到大的发展轨迹,后者进一步彰显上汽先从无到有、再从小到大、后又向强企目标进军的发展轨迹。均致力于彰显改革开放主旨。前者本为改革开放志;后者则一脉相承,继续设置"体制沿革""合资合作""技术引进""技术创新"等专记改革开放的篇目,力求使主旨演绎淋漓尽致。均致力于彰显轿车主业。前者作为行业志专记汽车;后者详记轿车,同时兼顾其他整车整机。均致力于彰显事物全貌,在记好各入志单位个体之"木"的同时,着力记好集团整体之林,凸显集团统领地位,做到既见"树木"更见"树林"。均致力于彰显人的历史作用,做到以事带人、以人见事,人事互印,相得益彰。

八载耕耘伴甘苦,两志修成连今昔。以《上汽集团志》出版为标志,上汽二轮修志画上句号。本志有资料卡片1.36万张1 481.9万字、资料长编近2 700条1 102.8万字;成书后计15篇72章287节1 454目;照片540张,其中卷首照200张,随文照340张;图表550张,其中表470张,图80幅;印刷字数350.6万字1 833页。据统计,两本志书资料卡片合计多达2.21万张2 436.2万字,资料长编合计多达4 500余条1 646.1万字,成书后总容量高达3 000页575万字。

值此《上汽集团志》问世和志书编纂收官之际,谨对鼎力相助各方致以诚挚谢意!囿于能力条件,但凡谬误之处,敬请读者指正。

上海汽车集团股份有限公司志书编纂室

2020年12月

图书在版编目(CIP)数据

上海市级专志. 上海汽车集团股份有限公司志 / 上海市地方志编纂委员会编 .— 上海 : 上海社会科学院出版社,2020

ISBN 978 - 7 - 5520 - 3320 - 5

Ⅰ.①上… Ⅱ.①上… Ⅲ.①上海—地方志 ②汽车企业—概况—上海 Ⅳ.①K295.1 ②F426.471

中国版本图书馆 CIP 数据核字(2020)第 184592 号

上海市级专志·上海汽车集团股份有限公司志

编　　者:上海市地方志编纂委员会
责任编辑:董汉玲
封面设计:严克勤
美术设计:周清华
出版发行:上海社会科学院出版社
　　　　　上海顺昌路 622 号　邮编 200025
　　　　　电话总机 021 - 63315947　销售热线 021 - 53063735
　　　　　http://www.sassp.cn　E-mail:sassp@sassp.cn
排　　版:南京展望文化发展有限公司
印　　刷:上海中华商务联合印刷有限公司
开　　本:889 毫米×1194 毫米　1/16
印　　张:118.25
插　　页:37
字　　数:3506 千字
版　　次:2020 年 12 月第 1 版　　2020 年 12 月第 1 次印刷

ISBN 978 - 7 - 5520 - 3320 - 5/K · 573　　　　　定价:980.00 元